# 仁化年鉴

## 2015

仁化年鉴编纂委员会 编

方志出版社
Publishing House of Local Records

**图书在版编目（CIP）数据**

仁化年鉴．2015／《仁化年鉴》编纂委员会编．—北京：方志出版社，2015.11
ISBN 978-7-5144-1777-7

Ⅰ．①仁…　Ⅱ．①仁…　Ⅲ．①仁化县—2015—年鉴　Ⅳ．①Z526.54

中国版本图书馆CIP数据核字（2015）第269515号

**仁化年鉴（2015）**

**编　　者**：《仁化年鉴》编纂委员会
**责任编辑**：章　瑾

**出 版 人**：冀祥德
**出 版 者**：方 志 出 版 社
地址　北京市朝阳区潘家园东里9里（国家方志馆4层）
邮编　100021
网址　http：//www.fzph.org
**发　　行**：方志出版社发行中心
电话（010）67110500
**经　　销**：各地新华书店
**印　　刷**：韶关市新华宏达印务有限公司

**开　　本**：889×1194　　1/16
**印　　张**：36.75
**字　　数**：984千
**版　　次**：2015年11月第1版　　2015年11月第1次印刷
**印　　数**：0001~1000册

ISBN 978-7-5144-1777-7　　定价：280.00元

# 编 辑 说 明

一、《仁化年鉴（2015）》是中共仁化县委领导、县人民政府主持、县史志办公室组织实施、各承修单位共同参与编纂的地方综合年鉴。该年鉴以马克思列宁主义、毛泽东思想、邓小平理论、“三个代表”重要思想、科学发展观，以及中共十八届三中全会为指导，全面、系统地记述仁化县自然、政治、经济、文化、社会等方面基本面貌和发展情况，为社会各界和海内外人士了解和研究仁化提供全面、真实、准确的地情资料。

二、《仁化年鉴（2015）》采用分类编辑法，主体内容设类目、分目、条目三个结构层次，以条目为表现内容的基本形式。全书条目的标题统一用黑体加【 】表示，少数包含多方面资料的条目则在文内用楷体标题标明各段内容的主题。

三、《仁化年鉴（2015）》着重反映2014年仁化县经济社会发展基本情况。全书分正文和彩页两大部分，正文内容由特辑、大事要闻、仁化概貌、行业专文、中央省市驻仁化单位、镇（街道）概况、先进单位先进个人、社会经济统计资料、附录、索引等组成，共31个类目213个分目1168个条目，计984千字；彩页主要反映年内全县政务活动（部分内容适当下延至2015年）。

四、该年鉴所录资料，分别由县域各有关部门负责提供，并经各撰稿单位领导审核。附录所选文献均照录原文。文中“党的群众路线”是指“中共党的群众路线”。统计数据以县统计局提供的“社会经济统计资料”为准。文中“上年”指“2013年”，计量单位除亩产量用“公顷”外，其余用法定单位。

五、该年鉴稿件撰稿人姓名署于条目之后，若连续两个以上条目均由同一人撰写，则在最后一个条目下署名。

六、该年鉴的编辑出版工作是在中共仁化县委、县政府领导下，依靠各单位撰稿人员共同完成，并得到各部门、各单位、驻仁化各单位、各镇（街道）以及社会各界人士大力支持，在此谨表谢意。书中难免有疏漏差错之处，敬请读者批评指正。

# 仁化年鉴编纂委员会



# 仁化年鉴编辑部

# 《仁化年鉴（2015）》撰稿人名单

（按姓氏笔画为序）

王月武　王加平　王佩又　王贵妹　王思粉　仇旭君　文小平　邓卫华　邓立权　邓松胜
邓健贵　邓堂忠　邓慧华　邓巍巍　龙　飞　叶　睿　叶仲林　叶建平　叶莉华　田小群
丘文超　冯艳丽　朱应杰　朱家强　朱福娣　华少滨　刘　勇　刘　志　刘工溥　刘大旺
刘小东　刘文婷　刘玉生　刘石英　刘庆华　刘志强　刘国平　刘国添　刘春香　刘树永
刘俊文　刘俊杰　刘美军　刘晓霞　刘润萍　刘娟宁　刘韫琦　李　荣　李　健　李少锋
李有鸿　李伟忠　李庆云　李兴歌　李宇峰　李杰英　李春华　李淑艳　杨秀芬　肖　莲
肖润华　吴长发　吴江海　吴孙强　吴进波　吴春松　邱云辉　邱少芸　邱文凤　何为亲
何光理　邹健伟　沈远龙　宋晓雯　张友财　张水甜　张达程　张伟民　张明福　张建珍
张相群　张秋利　张祥运　张燕梅　陈广平　陈旭虹　陈丽娟　陈诗华　陈胜辉　陈铁雄
范　全　林　灿　林　洁　林龙田　欧阳剑蔚　易　佳　罗　威　罗永宁　罗永芳　罗有发
罗润桃　罗培槐　罗献良　罗楚红　周　璇　周庆国　周国明　郑玉江　郑荣权　胡成明
胡宗云　胡翠秀　钟　坚　钟　福　钟舒萍　段子浩　侯燕梅　祝向恩　袁　虹　聂　超
徐志勇　奚铭敏　高山妹　郭　粤　郭六生　唐　军　黄仁烽　黄伟华　黄秀青　黄林珍
黄育红　黄敦雄　黄福成　崔　鑫　章　文　梁欢欢　梁建军　彭正源　彭僖华　董育娜
董朝元　童凌云　曾凡文　曾勇权　温成娣　温观华　温杨明　温荣生　谢纪亮　谢纪根
谢明清　谢嘉文　蓝传宝　蒙万胜　蒙传敏　赖东华　赖建新　蔡俊华　廖耀霞　谭　坚
谭玉玲　谭芳苗　谭玮玲　谭建华　谭梅兰　黎学荣　黎奎芳　潘思琴

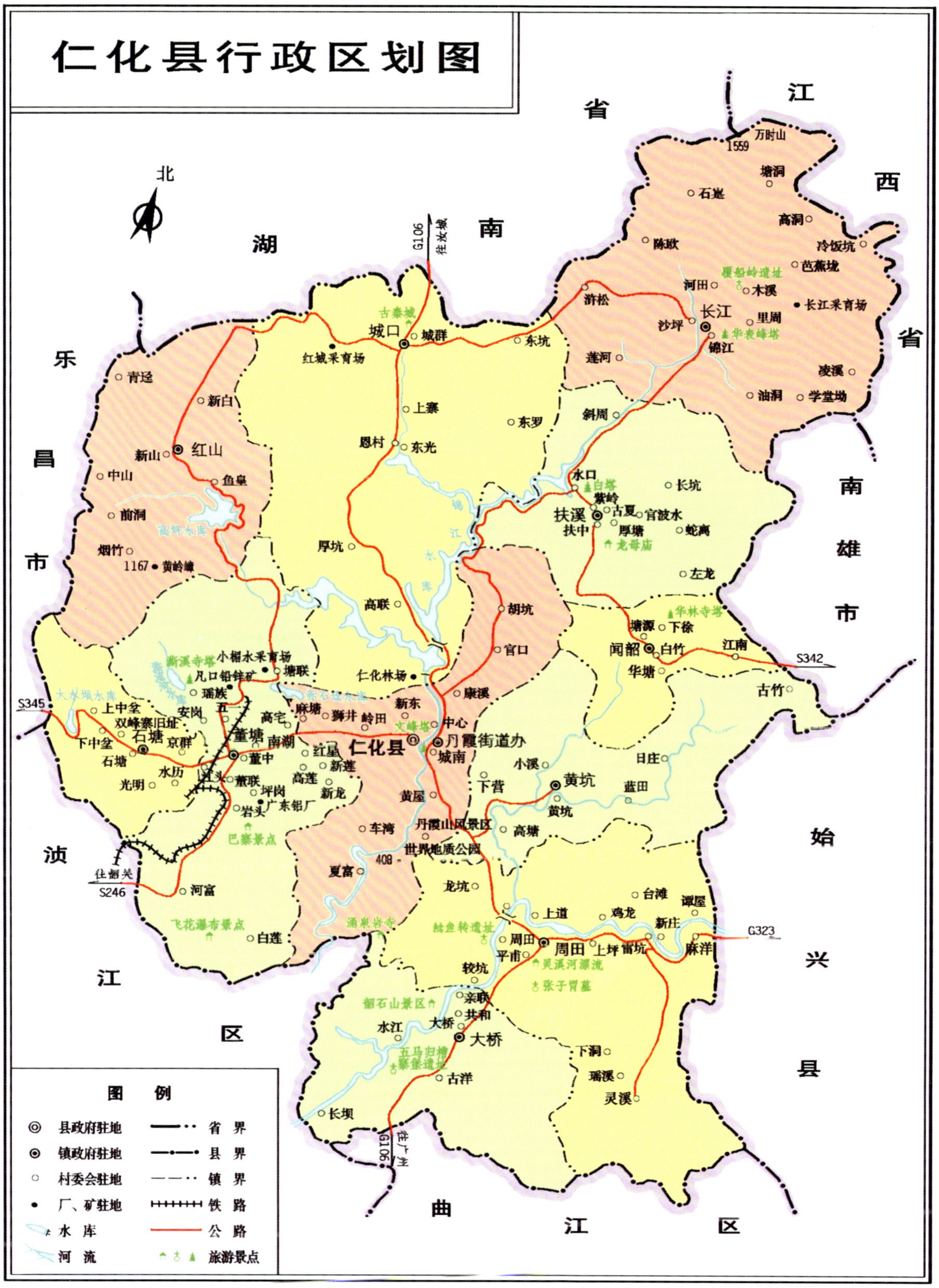


出自广东省地图出版社2009年出版的《韶关市地图册》（审图号为：粤S（2009）013号）

# 数字仁化2014

土地面积222321.98公顷

年末常住人口205887人

年末户籍总人口236948人

地区生产总值899220万元

第一产业增加值173762万元

第二产业增加值377169万元

全部工业增加值340181万元

第三产业增加值348289万元

第一、第二、第三产业构成18.2:45.9:35.9

人均地区生产总值46722元

全社会固定资产投资506881万元

货物周转量90689万吨/公里

邮电业务总收入4749万元

社会消费品零售总额229923万元

实际利用外商直接投资1721万美元

地方财政一般预算收入61017万元

地方财政一般预算支出158496万元

国家税收收入11349万元

地方税收收入31540万元

城乡居民储蓄存款余额531937万元

职工年平均工资46962元

城镇居民人均可支配收入19318元

农村居民人均纯收入11277元

城镇居民家庭恩格尔系数40%

医院、卫生院床位666张

2014年9月30日，赣韶铁路丹霞山站通车运营。图为中共广东省委常委、常务副省长徐少华（左四）与有关部门负责人一起专程从广州乘坐首趟广州至赣州的K1666次火车在仁化县丹霞山火车站考察

（县政府办　供稿）

2014年3月27日，广东省人大常委会原主任张帼英（左三）在韶关市委副书记陈向新（右一）、仁化县委书记刘锋（右二）陪同下，调研省级非物质文化遗产石塘堆花米酒的产业发展情况

（县政府办　供稿）

2014年8月22日，中共韶关市委书记郑振涛（左三）在仁化县委书记刘锋（前右一）、县长王晓梅（左一）陪同下，到仁化县有色金属循环经济产业基地调研

（县政府办　供稿）

2014年2月10日，韶关市市长艾学峰（右二）在仁化县委书记刘锋（前右三）、县长王晓梅（左一）陪同下到董塘镇、石塘镇调研

（县政府办　供稿）

2014年3月10日，仁化县深入开展党的群众路线教育实践活动集中学习交流会　　（县政府办　供稿）

8月13日，县委书记刘锋（左二）参加董塘镇岩头村专题组织生活会
（县政府办　供稿）

县委书记刘锋（左一）下基层与群众面对面亲切交谈
（县政府办　供稿）

2014年，虎门、仁化两地主动，全面深入地推进两地对口帮扶工作。图为2014年1月3日，虎门镇党委书记叶孔新（右一）、镇长曲洪祺（右三）在县委书记刘锋（右二）陪同下，到仁化县有色金属循环经济产业基地调研

（虎门仁化对口帮扶指挥部办公室　供稿）

图为2014年4月11日，虎门仁化对口帮扶第一次联席会议在仁化县政府礼堂召开

（虎门仁化对口帮扶指挥部办公室　供稿）

2014年3月13日，全县宣传文化工作暨创建全国文明县城再动员会议在仁化县政府礼堂召开

（县政府办　供稿）

2014年12月5日，全国文明城市（县城）提名资格测评工作仁化县汇报会在县城锦城宾馆举行

（县政府办　供稿）

2014年4月28日，仁化县举行首批20家“丹霞仁家”星级农家乐授牌仪式　　（县政府办　供稿）

图为2014年4月28日，获授“丹霞仁家”星级农家乐代表合影　　（县政府办　供稿）

2014年10月，仁化县美丽乡村创建活动正式拉开帷幕。图为董塘镇新龙新坪村　　（县生态办　供稿）

2014年10月4日，张标兵作品《霞光布景》荣获第三届加拿大温哥华国际摄影节铜奖并被加拿大邮政制作成邮票全国发行　　（张沛然　供稿）

2014年1月19日，仁化县举办首届石塘堆花米酒旅游文化节。图为县领导为石塘堆花米酒展览馆揭幕

（县政府办　供稿）

2014年12月6日，仁化县黄坑镇举办贡柑文化节

（县政府办　供稿）

2014年10月28日至11月16日，仁化县大桥镇举办长坝金柚节

（大桥镇　供稿）

2014年10月20日，由中共中央党史研究室宣传教育局、中共广东省委党史研究室、中共韶关市委、广东中共党史学会、广东中共党史人物研究会主办，中共仁化县委、仁化县人民政府承办的“弘扬苏区精神 促进改革发展——纪念仁化暴动87周年暨红军长征过境粤北80周年学术研讨会”（下称“学术研讨会”）在仁化县举办。图为学术研讨会现场

（县史志办 供稿）

左图为中共中央党史研究室宣传教育局副局长薛庆超在学术研讨会上讲话，右图为中共广东省委党史研究室主任杨汉卿在学术研讨会上做总结

（县史志办 供稿）

图为学术研讨会参会专家学者、革命后代参观被中共广东省委誉为"农民暴动中最伟大的战斗"的仁化暴动革命遗址——石塘双峰寨 （县政府办 供稿）

图为陈毅元帅之子、中国人民对外友好协会原会长陈昊苏在学术研讨会休息期间即兴题诗 （县政府办 供稿）

参加学术研讨会的开国将帅后代合影（左为陈毅元帅之子陈昊苏、中为仁化籍中将谭甫仁之子谭一兵、右为朱德元帅外孙刘建）

（县政府办　供稿）

参加研讨会的革命后代留影（左为中共仁化县委第一任书记阮啸仙之孙阮钦彤、中为陈昊苏、右为刘建）

（县政府办　供稿）

图为参加学术研讨会的专家、学者，革命后代代表和主办单位、承办单位主要领导合影

（县政府办　供稿）

总经理曾军干在瑶山电站#2机组扩大性大修现场检验定子

第五届劳动技能大赛

开展国学教育，建设企业文化

# 锦江电力开发总公司

JINJIANGDIANLIKAIFAZONGGONGSI

锦江电力开发总公司是仁化县属国有中型水电企业，主要负责锦江梯级电站的开发和经营管理工作，机组总装机容量4.131万千瓦，固定资产总值5.66亿元，现有职工总人数346人。总公司设行政办、党办、生技科、财务科4个科室，下辖锦江电厂、黄屋电站、丹霞电站、瑶山电站、九龙岩电站5个厂站。从1993年锦江电厂首台机组并网发电到2014年，共发电31.965亿千瓦时，发电收入12.175亿元，上缴财税4.54亿元。该公司先后获得“全国优秀水利企业”、“全国模范职工之家”、“全国职工书屋”（公司图书室）、“国家守合同重信用企业”，连续三届省“文明单位”、“全国‘安康杯’竞赛广东赛区优胜企业”、“广东省先进集体”．“广东省模范职工之家”、“广东省国有企业‘四好’领导班子创建活动先进单位”、“广东省企业思想政治工作先进单位”、“广东省扶贫开发‘规划到户、责任到人’工作优秀单位”、“广东省守合同重信用企业”等荣誉称号。

群众路线活动专题民生活会

丹霞电站技术改造后高压室

黄屋电站#2机组扩大性大修现场

# 仁化县地方税务局

RENHUAXIANDIFANGSHUIWUJU

仁化县地方税务局成立于1994年9月,是主管仁化县地方税务工作的正科级行政单位。内设六个职能股室(办公室、人事教育股、监察室、征收管理股、税收政策股、纳税服务股);一个直属单位(稽查局),下辖城区、董塘、周田、长江、城口五个基层税务分局。主要负责营业税、企业所得税、个人所得税、资源税、房产税、城镇土地使用税、城市维护建设税、印花税、土地增值税、车船税、契税、耕地占用税等十二个税种和社保费、教育费附加、地方教育附加、文化事业建设费、残疾人就业保障金、堤围防护费、工会经费、价格调节基金等八项规费的征收管理。2014年,现有在职干部职工88人,大专以上学历85人,占总人数的96.59%。

2014年,仁化县地方税务局在仁化县委、县政府和韶关市地方税务局的正确领导下,深入贯彻党的十八大、十八届三中、四中全会精神及习近平总书记系列讲话精神,坚持以依法组织税费收入为中心,积极应对复杂多变的经济税收形势,上下一心,锐意进取,以改革创新精神攻坚克难、奋发作为,圆满完成了以组织收入为中心的各项工作任务。全年累计完成税费收入7.51亿元,同比增收1.13亿元,增长17.77%。其中:税收收入4.74亿元,同比增收1.04亿元,增长28.25%;八项规费收入2.77亿元,同比增收895万元,增长3.34%;其中,社保费收入2.22亿元,同比增收695万元,增长3.23%;其他规费收入5526万元,同比增收200万元,增长3.76%。为仁化经济发展和社会稳定做出了积极贡献。

全县协税护税工作会议在地税局召开,县委书记刘锋、县长王晓梅等领导出席会议

县政协主席廖志常(右三)在县局局长朱伟东(左一)等领导陪同下到挂扶点调研指导

市地税局局长王中高(中)在县局局长朱伟东(左三)等领导陪同下到长江分局调研指导教育实践活动

市地税局副局长苏韶娟(左三)莅临仁化县局基层分局调研指导工作

县局党组书记、局长朱伟东慰问扶贫村贫困户

在圆满完成各项税费收入任务的同时，仁化县地方税务局广泛深入开展地税文化建设，以地税成立20周年为契机，充分发挥党团工青妇组织作用，积极开展地税征文、书画、摄影等各类文化活动。2014年该局被韶关市政府评为2012-2013年市级文明单位，被仁化县委、县政府评为2013年度维护稳定及社会管理综合治理目标管理责任制考核优秀单位、信访维稳工作优秀单位，在县政府纠风办组织开展的民主评议政风行风工作中，获得了“优胜单位”等荣誉称号，同时以优异成绩荣获全县2013年度绩效考评优秀单位一等奖。

新的一年，仁化县地方税务局将紧紧围绕韶关市局党组和仁化县委、县政府的工作部署，主动适应服务经济社会发展的新常态，紧扣实事求是、稳中求进的总基调，坚持以依法组织收入为中心，以绩效管理为抓手，深入推进风险防控，加强队伍建设，改进工作作风，全面提升征管质效和纳服质量，努力在经济新常态下实现仁化地税各项工作上新水平，为仁化经济社会持续稳定健康发展作出新贡献。

县地税局召开领导班子专题民主生活会

参观仁化县反腐倡廉警示教育基地

开展“廉洁读书月”活动推进廉政文化建设

联合县国税局开展走访重点税源户互动

组织党员到双峰寨接受廉政教育

开展法制宣传日活动

联合国税局举办“听民意、解民忧”税企座谈会

县地税局干部参加县“工会杯”羽毛球赛

# 仁化县丹霞街道办事处

RENHUAXIANDANXIAJIEDAOBANSHICHU

丹霞街道办事处(简称“丹霞街道”)位于仁化县中南部，四周与黄坑、闻韶、扶溪、仁化林场、董塘、大桥、周田及浈江区接壤。是仁化县委、县人民政府驻地，全县政治、经济、文化、金融、信息和科技中心。总面积28813公顷，其中耕地面积2748公顷，山地面积21268.71公顷。下辖13个村委会，123个村民小组，4个社区居委会，2个农场，总户数18579户，总人口61399人，其中农业人口27970人。境内自然资源和人文景观丰富。

丹霞街道域内旅游资源丰富，有国家4A级景区，世界地质公园，被誉为中国红石公园的“丹霞山”、历史悠久的瑶前晒谷岭古人类遗址、明代文峰塔和“广东省古村落”夏富村等。现有酒店、接待中心58家（星级酒店2 家），农家乐100多家（其中，10家农家乐被评为县首批星级“丹霞仁家”，“福宝农家乐园”为全县唯一一家四星级“丹霞仁家”），建成瑶塘农家旅游服务新村、断石农家旅游服务新村、大山门旅游商贸街、断石旅游商贸街、青湖塘新村等旅游商务服务中心，有省级科普教育基地2家，博物馆2家，农业科技园1 家，五大农业（沙田柚、台湾百香果、毛竹、五指毛桃、大果红花油茶）旅游观光基地，加工销售旅游工艺品商家100多个。企业有规模以上工业、重点服务业、限额以上贸易业、资质建筑业与房地产业等82家，如仁化县泰和元有限公司、广东银海有色金属渣业集团有限公司、鸿伟木业（仁化）有限公司、广东富然农科有限公司等。土特产有丹霞沙田柚、七彩番薯、丹霞红皮香芋、“农民头”辣椒酱等，其中以丹霞沙田柚闻名。

丹霞街道围绕“四化推四区”工作思路，征地拆迁和主要责任项目工作稳步推进。其中：红锦湾旅游项目已完成建设，并已投入运营；丹霞山1号已完成青湖塘“水浸田”土地征收工作；瑶塘新村项目的主体工程已完成；全年完成征地任务约874亩，这些项目的顺利推进，壮大了街道的经济实力，推动了县域经济发展，激发了经济社会发展的后劲。

丹霞街道被省农业厅、省旅游局评为“广东省休闲农业与乡村旅游示范镇”

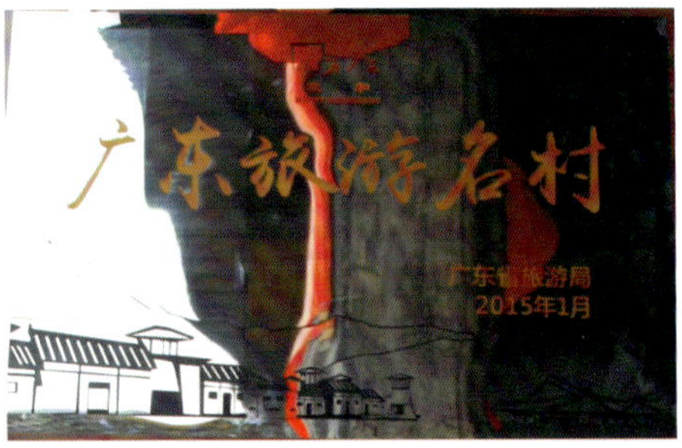

丹霞街道夏富村被广东省旅游局命名为“广东旅游名村”

街道被县社会管理综合治理委员会评为“2013—2014年度社会管理综合治理暨平安创建工作先进单位”

3月27日，原省人大常委会主任、省关工委主任张帼英（右二）在县委书记刘锋、县委常委谢庆伟的陪同下到丹霞街道考察指导工作，并实地参观考察了丹霞街道黄屋新村建设情况

1月26日，市委常委、常务副市长陈波（右二）在副县长黄付养及市、县挂扶单位负责人的陪同下，到挂点扶贫村街道夏富村进行春节走访慰问

县委书记刘锋（左一）到街道老城社区调研

1月27日，县长王晓梅等县领导在街道干群会客厅，与回乡过年的外出务工人员代表亲切座谈

县委常委李秀荣（左一）深入胡坑村开展“三同三谈”活动

街道团委开展“关爱留守儿童”志愿者服务活动

市委常委张志才（右三）到董塘镇调研仁化县土地确权工作

县委书记、县人大常委会主任刘锋（右二）到董塘镇岩头村调研“美丽乡村”工作

# 董塘镇 DONGTANGZHEN

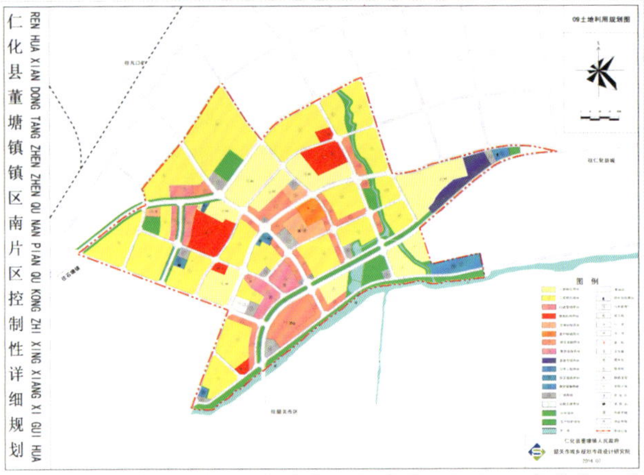


2014年编制完成的镇区南片区控制性详细规划——土地利用规划图

董塘镇位于仁化县城西南12公里，东邻县城，北邻红山镇，西邻乐昌市廊田镇，南邻浈江区，辖区总面积为24330公顷，墟镇面积309公顷，耕地3384.66公顷。董塘镇交通便利，省道S246线贯穿墟镇半小时内可到韶关，S345线可达乐昌，京广铁路黄岗支线从镇区北面经过。下辖17个村委会，3个社区居委会。2014年户籍人口为42617人，其中农业人口为31829人，非农业人口10788人，流动人口5105人。

董塘镇旅游资源丰富，境内有大丹霞景区巴寨、燕岩、大石山、五仙岩、飞花瀑布等旅游景点。镇域古塔林立，有国家级文物保护单位、广东省内唯一的唐代砖塔云龙寺塔；省级文物保护单位澌溪山寺塔；还有建于明代万历年间的腾风塔。董塘镇是革命老区镇，域内革命遗址有位于云龙寺塔旁的云龙寺，思诒堂、董劝书院、华阳寨等。

工业项目主要有铁矿、铅锌矿、石灰石、油料加工，石灰制造、铅锌矿精选、竹木加工等。镇内有亚洲最大的铅锌矿基地——凡口铅锌矿，有世界铅锌“单打冠军”——丹霞冶炼厂。种植业产品主要有优质稻、地膜花生、淮山、柑橘、火龙果、竹

县委书记、县人大常委会主任刘锋（右四）到董塘镇调研重点项目进展情况

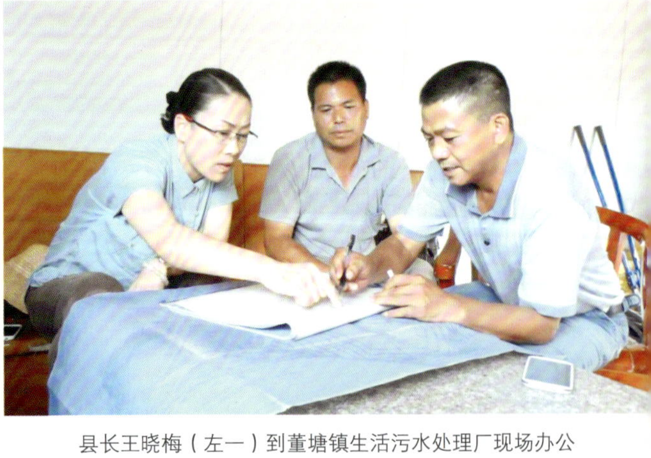

县长王晓梅（左一）到董塘镇生活污水处理厂现场办公

董塘镇镇召开2014年教育表彰大会

董塘镇第一个房地产项目——骏凯轩花园

类等。

2014年，在县委、县政府的正确领导下，团结带领全镇广大干部群众，深入贯彻落实党的十八大及十八届三中、四中全会精神，紧紧围绕“四化推四区”发展战略和全面深化改革的部署，求真务实，攻坚克难，实现了社会经济平稳较快发展。全镇完成地区生产总值30.92亿元，本级税收完成2114.86万元，全镇农业总产值42324万元，农村经济总收入39725万元，农村人均纯收入10920元，固定资产投资25138万元。完成改造县城至董塘镇自来水公司10公里路段自来水管工程；骏凯轩花园建设工程已基本完成。镇垃圾中转站和村（居）高标准垃圾收集点建成使用。总投资1400多万元的董塘镇污水处理厂及污水收集管网建设工程已完成厂区主体工程和污水收集管网第一期工程。编制完成了董塘镇南片区控制性详细规划，创建市级卫生村1个，名村、示范村4个，高莲村被评为省级名村。投入资金80多万元开展乡村清洁美工程，镇村卫生环境大大改善。筹集

董塘镇污水处理厂人工湿地

中国南方电网
CHINA SOUTHERN POWER GRID

# 广东电网韶关仁化供电局

GUANGDONGDIANWANGSHAOGUANRENHUAGONGDIANJU

仁化供电局领导班子

2014年，广东电网韶关仁化供电局(简称“仁化供电局”）紧紧围绕“一体化、创先进” 的工作思路，以可持续、协调、和谐发展为引领，从 安全、可靠、优质、经济、绿色（“五个维度”）入手，认清形势、把握机遇，扎实开展各项工作，取得了新的成绩。全年累计供电量7.89亿千瓦时；售电量7.54亿千瓦时，其中工业6.39亿千瓦时，农业0.09亿千瓦时，商业0.26亿千瓦时，住宅0.80亿千瓦时；缴纳税款0.20亿元，其中上缴仁化县国税局0.16亿元，仁化县地税局0.04亿元。

一年来，仁化供电局结合仁化县“四化”推“四区”的发展战略，秉承“主动承担社会责任，全力做好电力供电”的企业理念，进一步完善电网建设，为仁化经济社会发展提供了坚强的电力保障。安全维度方面，未发生受上级考核的人身事故事件，未发生四级及以上电力安全事故事件和设备事故事件，实现了全年安全运行。可靠维度方面，供电可靠率99.967%，同比提高了0.022个百分点；用户平均停电时间为2.9小时，同比减少了1.97小时。

2014年，仁化供电局全体干部职工在工作中践行“万家灯火、南风情深”的核心价值观，为推进地方经济发展和社会文明做出了积极的贡献。五一”前夕，仁化供电局获广东省总工会授予“广东省五一劳动奖状”荣誉称号。

局长章文查看现场巡视表单

党委书记陈广平到供电所营业厅视察工作

35kV黄坑、古洋变电站交接后仁化供电局运维人员巡视变电站设备

仁化供电局领导班子、干部在双峰寨党风廉政教育基地宣誓

“爱岗敬业，廉洁自律”演讲比赛

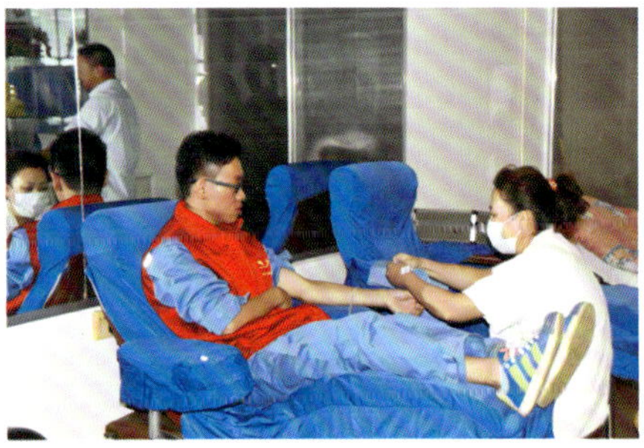

仁化供电局青年志愿者从容无偿献血

2014年计量装置安装及维护技能竞赛

县电视台跟拍道德模范提名奖获得者刘群山

仁化供电局与南雄供电局团青干部及代表参观水口战役纪念公园

仁化供电局代表韶关供电局参加省公司广播体操比赛获奖

# 仁化县工商行政管理局

Renhua County Administration for Industry & Commerce

2014年1月9日，副县长丘光强（右二）在县工商局局长陈治平（左一）等陪同下对扶贫挂点村贫困户开展春节前慰问工作

2014年3月25日，韶关市工商局副局长黄少洲（右二）到仁化，与市、县工商局干部一起深入基层和企业开展党的群众路线教育实践活动

• 2014年，仁化县工商局在县委、县政府和市局的正确领导下，紧紧围绕县“四化推四区”的发展战略和上级的工作部署，全面深化改革，认真履行工商职能，以深入开展“党的群众路线”教育实践活动、推进工商登记制度改革、贯彻落实《企业信息公示暂行条例》等工作为抓手，全面提升监管效能，积极服务仁化经济社会发展，各项工作取得新成绩、呈现新亮点，如：举办“诚信经营，文明经商”道德讲堂、大力开展百城万店无假货活动、开展工商联络员业务培训、开通仁化工商局门户网站等。全年共荣获上级表彰奖励集体荣誉3项，个人荣誉12项，其中，被评为仁化县2013-2014年度社会管理综合治理暨平安创建工作优秀单位。

2014年7月，仁化县工商局门户网站正式开通，为群众提供企业信息查询、网上办事等服务

2014年4月3日，仁化县工商局、仁化县消委会邀请广东省消委会法律理论研究专业委员会专家潘力仁老师在丹霞山景区为经营户举办以“关注食品安全、解读新旧消法”为主题的法律法规知识讲座

2014年3月4日，商事登记改革后，仁化县工商局核发仁化县第一份新版营业执照时，仁化县工商局局长陈治平（左二）、副局长钟立强（右一）、登记注册股股长谢文艳（左一）与业主（右二）合影

2014年5月23日，仁化县工商局举办道德讲堂讲座暨开展创建百城万店无假货动员

2014年3月6日，仁化县工商局召开“党的群众路线”教育实践活动动员大会

2014年1月28日，县工商局副局长范全创作的对联入选全省工商系统“红盾清廉迎新春联”征集作品集

2014年7月14日，仁化县工商局党员干部到仁化县爱国主义教育基地石塘双峰寨开展重温入党誓词和爱国主义教育活动

2014年3月14日，仁化县工商局、仁化县消委会在县城文化广场开展“3·15”国际消费者权益保护日宣传咨询活动

2014年9月25日，仁化县工商局执法人员开展国庆节节前市场检查

Nonfemet

# 深圳市中金岭南有色金属股份有限公司
# 凡口铅锌矿

深圳市中金岭南有色金属股份有限公司凡口铅锌矿（简称“凡口铅锌矿”）位于广东省韶关市仁化县境内，西南距韶关市48公里，矿区公路与省道246线相接，矿内铁路与京广线相连，矿区面积约为 607 公顷。

凡口铅锌矿资源丰富，品位高，储量大，按矿产资源种类划分，是目前亚洲最大的铅锌银矿种生产基地之一，是集采、选于一体的综合性企业。矿石中除富含13%左右的铅锌金属外，还赋存大量的银和锗、镓等稀散金属，主要产品有铅精矿、锌精矿、混合铅锌精矿和高铁硫精矿。

凡口铅锌矿于1958年建矿，1968年正式投产，原设计生产规模为日处理铅锌矿石3000吨，年产铅锌金属量12万吨。历经多次改造，目前达到日处理铅锌矿石5500吨、年产18万吨铅锌金属量的生产能力。

采矿工艺有无底柱和常规大直径深孔采矿法、盘区机械化中深孔采矿新工艺、全尾砂充填、泡沫砂浆新材料充填等；选矿工艺有高碱快速浮选电位调控优化工艺、新四产品选矿工艺。

近几年来，面对井下生产战线长、生产组织难度越来越大、安全环保压力大和技改任务重等困难，凡口铅锌矿广大员工心齐力坚，努力践行中金岭南公司“做不到，没有理由”的企业核心价值观，同心同德攻坚克难，圆满完成了公司下达的各项工作任务，保持了矿山的和谐发展。

加强生产一线管理力保安全生产

开展劳动竞赛激发员工生产积极性和革新创造性

**地址：广东省韶关市仁化县凡口铅锌矿　　邮编：512325**

加大井下采矿设备投入提高生产效率

提高探矿力度增强矿山发展后劲

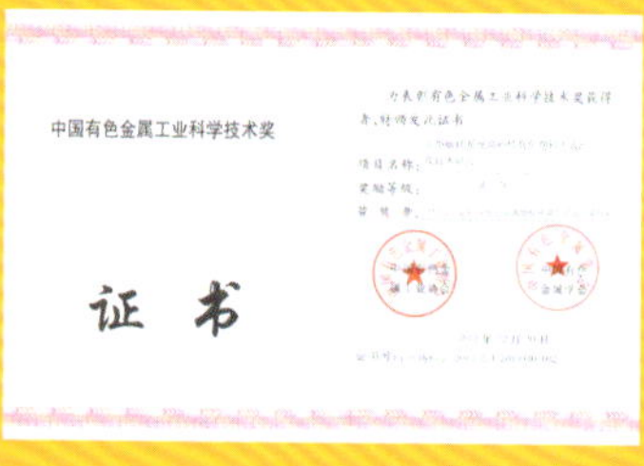

启动选矿厂升级改造工程提高选矿产能

完成帷幕注浆工程减少井下水抽排量三分之二

电话：（0751）6310270　传真：（0751）6311999

RENHUAXIANXINTAIJIFANGDICHANKAIFAYOUXIANGONGS

# 仁化县新泰基房地产开发有限公司

仁化县新泰基房地产开发有限公司，成立于2007年8月23日，注册资金1200万元，公司现有员工60多人，公司主要经营房地产开发与销售，是一个组织机构完善、规章制度健全、内部管理严格的现代化房地产开发企业。

仁化县新泰基房地产开发有限公司本着“质量为本、用户至上”的管理方针，坚持“锐意进取、精益求精”的企业精神，在短短几年内铸造了一个又一个的辉煌。

公司于2008年12月份成功兴建了“仁化新东晖景园”，总建筑面积约50000平方米，标准的花园式设计与建设，让“仁化晖景园”得到了仁化县各级领导的赞赏与仁化人民的垂青，所有的住房与商铺于2010年10月份就已全部销售完毕。2009年8月份，公司又开始兴建“仁化晖景园商贸城”，总建筑面积约90000平方米，商贸城是集住宅与商业贸易于一体的综合性小区，现已基本销售完毕，并且受到了仁化各界人士的一致好评。

公司审时度势，2013年8月份开始于仁化县城新东大街与五谷村连遍开发“晖景·一品城”，总建筑面积约150000平方米，包括普通住房、别墅和商铺，公司已经精心设计该项目，计划把“晖景·一品城”打造成仁化县超一流品牌的住宅小区。现“晖景·一品城”C区已基本开发完成，进入验收阶段，房产预售率已达80%。

2008年公司加入了“韶关市房地产企业诚信联盟”，该公司成立伊始就是“韶关市房地产行业协会常务理事单位”。2010年6月1日，仁化县工商局授予该公司“守合同重信用企业”称号。2013年8月8日经仁化县住房和城乡规划建设局考核评定，该公司被升级为“房地产开发叁级资质企业”。

该公司将继续保持发展动力，坚持“创造精品，奉献社会”的经营理念，遵循“追求卓越，筑造精品”的宗旨，继续为社会做出贡献并竭诚希望与社会各界携手并进，共谋发展，同创美好未来。

新泰基
xin tai ji
地址：仁化县城新城路29号晖景园商贸城F幢三楼
电话：6282333　传真：6282021　邮编：512300

Nonfemet

# 中金岭南丹霞冶炼厂

ZHONGJINLINGNANDANXIAYELIANCHANG

国家环保部核查组莅临丹霞冶炼厂检查工作

中金岭南丹霞冶炼厂系国有控股上市公司深圳市中金岭南有色金属股份有限公司直属企业之一，成立于2007年3月，工程总投资18亿元，是国内首家采用氧压浸出湿法炼锌工艺专利技术的大型锌冶炼企业，项目采用的氧压浸出釜、立式砂磨机、$3.2m^2$大极板电解技术及全自动剥锌机组均为当今世界领先的先进设备技术。项目实现了高度的自动化、信息化控制，提高了资源的综合利用水平，属国家鼓励的环保型清洁生产工艺项目。2009年9月试生产，2011年锌锭生产达到了10万吨/年的设计规模。目前在职员工900余人，其中，高级职称以上人员41人，中级职称人员75人。主产品有锌锭、硫磺、硫酸、硫酸锌等，其中，“丹霞”牌锌锭在上海有色金属交易所挂牌交易。

通过不断管理创新和技术创新，近年来工厂发展取得了长足的进步，先后通过ISO 9001:2008质量管理体系认证、ISO 14001:2004环境管理体系认证、OHSAS 18001:2007职业健康安全管理体系认证。先后荣获“广东省五一劳动奖状”、“广东省现代产业500强项目”、“全国安康杯竞赛优胜单位”、“广东省十项工程劳动竞赛模范集体”等殊荣。

工厂获得三标一体化管理体系认证证书

中金岭南公司在丹霞冶炼厂举行中金岭南公司丹霞冶炼厂镓锗铟铜综合回收技改工程评审会

# 仁化县华粤煤矸石电力有限公司

**RENHUAXIANHUAYUEMEIGANSHIDIANLIYOUXIANGONGSI**

仁化县华粤煤矸石电力有限公司始建于2003年，位于仁化县董塘镇河富村，距韶关市区35公里处，仁化县城20公里处，占地面积17.73公顷，注册资本为18000万元。公司内设六个部门:生产技术部、检修部、安环部、经营部、综合部、财务部。公司装机容量为2X60MW，年发电量7亿千瓦时以上，上网电量6亿千瓦时以上，年纳税2000万元以上,是资源综合利用发电厂，是仁化县的纳税大户、重点民营企业。

**【生产经营与目标】**企业的管理目标：安全第一，预防为主；夯实基础，完善制度；强化执行，刚性考核；稳产降耗，创造效益。目标是：实现信息化管理，建立新型的环保电厂。

**【企业管理】**一、加强员工培训，全面提升员工的职业素质和知识技能，培育高素质的员工团队；二、拓展人才晋升通道，营造求真务实的、高素质人才施展才华的环境；三、坚持科学管理、价值追求。四、坚持以人为本。要科学用人，注重人才的归属需要、自尊需要、自我实现、道德完善和审美需要。

**【企业方针】**走清洁生产企业、持续发展的道路，以实现先进的环保型电厂。贯彻落实科学发展观，大力发展火力发电行业的资源综合利用，响应国家节能减排的号召，树立经济与环保和谐的理念，坚持可持续发展战略，自愿开展清洁生产审核工作，全面实施清洁生产。

近年来，公司先后荣获“广东省先进环保单位”、“仁化县重点保护企业”、“广东省清洁生产企业”等荣誉称号。

继往开来，公司将继续以科技进步为支撑，加大资金投入，提高清洁生产的意识；加大管理力度，提高清洁生产绩效，努力实现经济与环境的和谐发展，为维护生态发展与社会环境作出更大的贡献。

# 盈保电业（仁化）有限公司

## EPRO HYDRO（REN HUA）CO., LTD.

新庄水电站是一座低水头径流式电站，位于韶关市仁化县周田镇境内，是浈水干流梯级开发的第六级电站。控制流域面积411300公顷，该工程发电为主，兼有航运、旅游和养殖等综合效益的水利水电工程。

枢纽工程由拦河闸、厂房、升压站、船闸及两岸连接段组成。工程等级为Ⅲ等，主要建筑物为3级，次要建筑物为4级。设计洪水30年一遇，校核洪水100年一遇，抗震裂度为Ⅵ度。

拦河闸共9孔，总长127米。每孔净宽12米，闸墩厚2米。闸墩高10.40米，闸底板高程74.80米，长20米，厚3.8米。交通桥宽5米。采用12米×8.8米弧形门挡水，正常蓄水位83.30米，库容1200万立方米。设计洪水流量3505立方米/秒，水位83.12米。校核洪水流量4151立方米/秒，水位84.20米。6"7"8"闸孔设消力池，消力池长30米。护坦长8米，海漫长8米。其余闸孔闸下设30米长护坦和8米长海漫。

电站安装3台贯流式机组。单台机组容量3900千瓦，设计水头5.5米，最大水头8.5米，最小水头2.5米，设计流量84.58立方米/秒。总装机1.17万千瓦。三台满发下游水位76.88米，一台满发下游水位75.98米。多年平均发电量4508万千瓦小时，年利用小时3853小时。电站进水渠前设拦污浮排，厂房进水口设有拦污栅、检修闸门，尾水设检修闸门。主厂房尺寸36米×16.5米，副厂房尺寸为36米×13.36米，安装间尺寸为13米×16.5米。主厂房分三层：运行层高程81.55米，设备层高程77.43米，廊道层高程66.23米。副厂房为二层：上层高程81.55米，下层高程76.5米。安装间高程81.55米。

升压站平面尺寸51米×27米，布置两台变压器，一台1万千伏安、一台5千千伏安。

船闸长70米，宽8米，底板高程72.47米，侧墙顶高程83.8米，上下出口闸门宽8米。上游引航道长60米，下游引航道45米，航道最小水深1.5米。船闸通航等级为7级，最大通航单船吨位50吨，船型标准尺寸为36米×6.6米×0.7米（长×宽×槛上最小水深），改善航道14千米。

两岸连接段为土堤。库区防护堤按10年一遇洪水标准，治涝标准按10年一遇24小时暴雨三天排干设计。

主体工程量：土石方开挖15.04万立方米，土方填筑27.08万立方米，石渣和回填2.35万立方米，砌石2.35万立方米。砼及钢筋砼5.59万立方米，金属结构制作安装930吨，水泥灌浆1806立方米。

主要建筑材料：水泥1.66万吨，钢筋1362吨，木材943立方米。施工总工期18个月。

工程总投资1.085亿元，每千瓦投资0.927万元，每千瓦小时投资2.41元。

# 周田
ZHOUTIAN

建设中的新庄工业园

县委常委、镇委书记邱志坚（左一）下乡检查计生工作

周田镇第十五届人民代表大会第五次会议

村、社区“两委”干部就职宣誓承诺大会

周田镇位于仁化县南部，属省级中心镇，是仁化县重点发展镇和经济发展的“桥头堡”。全镇总面积29612公顷，辖15个村委会和1个社区居委会，168个村民小组，总人口27465人。耕地面积2162公顷（其中水田1423.8公顷），山地近2.44万公顷。

2014年，全镇生产总值74357万元，同比增长20.77%；全镇固定资产投资147335万元;本级两税收入803.43万元，同比增长26.67%；农民人均纯收入12083.31元，同比增长11.6%。

该镇具有优越的交通和区位优势，境内有赣韶铁路、韶赣高速公路、国道106线、国道323线穿镇而过，并分别设有“丹霞”高速公路出入口和“丹霞山”火车站，即将动工兴建设的武深高速公路仁化段也从该镇境内经过，浈江河自西向东横贯全镇，从而形成了相当便利的水陆交通网络，成为粤北地区交通枢纽重镇。

近年来，周田镇全面落实科学发展观，紧紧围绕“建设美丽周田、打造仁化新城（县城次中心）”为奋斗目标，突出抓好“工业强镇、农业稳镇、旅游旺镇、商贸兴镇”四大战略。一是工业强镇：省市共建项目有色金属循环经济产业基地、省市县重点建设项目“宝能华南大宗物流农特产品交易中心”、广东富然农科红花油茶有限公司等多个大型项目落户该镇境内。其中有色金属循环经济产业基地2011年1月被省经信委认定为“第一批省市共建循环经济产业基地”。截至2014年年底，基地已引进企业20家，计划总投资18亿元，已完成投资7亿元，部分已试产或投产。行业涉及铝型材、氧化锌、蓄电池、机械加工等。2014年基地企业已实现生产总值4.008亿元，税收1100万元。二是农业稳镇：农村经济坚持以市场为导向，以效益为中心，大力发展“一村一品”等特色农业，加快发展农村第二、第三产业及农村富余劳动力的转移，着力推进农业产业化进程，有效确保了农民的增产增收。三是旅游旺镇：周田山清水秀，风景优美，自然资源和人文景观丰富。境内有大丹霞风景区韶石山、省级文物保护单位鲶鱼转、市级文物保护单位唐朝名相张九龄祖父张子胄之墓、列入市级古村落名录的周田张屋村（村中珍藏有张九龄夫妇神位牌匾）、灵溪客家围屋、灵溪河森林旅游度假公园。目前，周田张屋已确定为省级新农村文明示范片建设点。接下来，该镇将以建设“美丽乡村”、“丹霞彩虹”为契机，大力抓好旅游配套设施建设，以优美环境喜迎八方来客。其中周田村委被定为广东省首批“美丽乡村”建设示范点。四是商贸兴镇：城区“三旧”改造、商住小区建设（建有“丹月花园”、“亲和园”、“顺景苑”三个商住小区）大大提高了城镇品味，丹霞山火车站广场成为一道亮丽风景，城镇美化、绿化、亮化和清洁美工程建设不断推进，公共基础设施日臻完善，城镇化进程加快。该镇科学谋划，勇于开拓，积极进取，实现了经济社会又好又快发展，“宜居、幸福、美好”新周田正如一轮红日冉冉升起。

孝心村文艺晚会

庆祝教师节

丹霞山火车站

镇长詹碧清

镇委书记彭国强

# 扶溪镇

**FUXIZHEN**

扶溪镇位于仁化县境东北部，东连南雄市百顺镇，南接闻韶镇，西与丹霞街道、县城为邻，北与长江镇交界，属山区镇。镇政府驻紫岭村委会，距县城37公里。省道342公路贯穿全境，锦江河与扶溪河相接，交通便利。辖区面积18790公顷，山地15942.50公顷；常用耕地面积1927.43公顷，其中水田930公顷。下辖村委会9个，居委会1个，总户数3972户，总人口13344人。全镇有学校1所（分为初中部与小学部），另有教学点3个、幼儿园1所，在校学生867人；有文化站1个，广播站1个。2014年，全镇工业总产值5069万元，农业总产值19268.5万元，农民人均收入11256元。扶溪镇是典型盆地山区镇，整个地势属山地丘陵地带，山岭连绵起伏、茂林修竹终年覆盖，地形特征俗有"九山、半水、半分田"之称。境内物产资源丰富，矿产资源主要有铀、铁、钨、硅石、花岗石等，土特产主要有优质稻米、板鸭、沙糖橘、贡柑、冬笋、香菇等。境内水资源丰富，年均降雨量达1690毫米，水能蕴藏量达10000千瓦。

扶溪镇有悠久的历史，境内存有石拱桥、石坎路、古亭、寺庙、宝塔、碉楼、明清古建筑群体和土法造纸遗址，部分保存完好。其中，明代水口白塔（又名水口塔、双水塔），是省重点文物保护单位；唐代南台庙（龙母庙）具有深厚文化底蕴，是旅游和历史考察景观，具有深度开发前景。同时扶溪镇有八音、花灯、走马灯、火狮、火龙、禾斋、板凳舞等民俗文化，其中八音、走马灯已列入市非物质文化遗产名录。

水口双水塔

左龙碉楼

蛇离麦岭瀑布

梯田人家

古夏禾斋节

# 城口镇

CHENGKOUZHEN

市人大常委会副主任徐紫玲（右一），市人大常委会原副秘书长刘雪庚（左一），县组织部副部长肖春波到城口督导第二批“党的群众路线教育实践活动”

城口镇位于粤湘两省交界处，北与湖南省汝城县三江口镇接壤，南连丹霞街道，东邻长江、扶溪镇，西靠红山镇。全镇总面积26689公顷，其中耕地1435公顷，山林面积24278.73公顷，森林覆盖率87.1%。镇辖7个行政村和1个居委会，共68个村民小组。2014年，全镇总人口10413人，其中农业人口9563人。

县委书记刘锋（右二）在城口调研

县委常委、组织部部长李湘柱（左二）到恩村古村调研

城口镇海拔318米，是典型的“九山半水半分田”山区镇。境内竹木、水力、矿产、温泉等自然资源丰富，盛产冬菇、竹笋、辣椒、香芋、大棚蔬菜、优质大米、白毛茶、板鸭等特色农副产品。公元前207年，南越王赵佗在仁化北端筑城，为南越北端隘口，城门刻“古秦城”3字，“城口”因而得名。城口有保存较好文物31处，有恩村和上寨2个保存较好古村落，其中，恩村现存古建筑中，有家庙1座，古庙2座、祠堂3座，牌坊2座，门楼4座，城墙1段，古码头1个，古民居50栋（间），历史文化遗产丰厚。

全镇干部职工下乡割稻子

城口镇是革命老区，具有光荣革命斗争史。1927年至1932年，朱德、彭德怀、滕代远率部转战到城口。1934年10月底至11月初，中国工农红军第一方面军红一、三、五、八、九军团长征经过仁化时，突破国民党设在城口一带的第二道封锁线，奇袭城口，在城口进行一系列战斗，如著名的铜鼓岭阻击战等，谱写许多可歌可泣篇章。在城口，留存有红军标语13幅。

2014年10月28日，“弘扬优秀传统美德，践行社会主义核心价值观”文艺下基层巡演活动在城口举办

2014年仁化县文化惠民文艺下乡巡演活动

2014年10月28日，县关工委在城口学校举办文艺活动

2014年11月8日，首届仁化金柚节在大桥镇长坝举行

2014年12月20—22日，中国丹霞山“盛世丹霞杯”首届全国山地自行车邀请赛在大桥镇古洋举行

大桥镇地处仁化县南部，距仁化县城24公里。北部与本县周田镇相接，东、西、南部毗邻韶关市区。辖6个村委会，1个社区居委会，全镇总人口10824人。

大桥镇地理位置优越，交通网络发达，国道106、323线贯通全境，韶赣高速、韶赣铁路穿镇而过；全镇13280.01公顷的面积近三分之二囊括在世界自然遗产丹霞山辖区内，森林覆盖率达66.2%，美丽的浈江河紧挨该镇自北向南款款流淌。旅游资源丰富，“五马归槽”、“韶石山庄”、“大桥青云林竹林生态园”等多个景点是探幽、访古、休闲的好去处；韶石桑果园、金桔园等是体验采摘、钓鱼农家乐趣的好选择。有沙田柚、铁皮石斛、红瓜子、西瓜、蚕桑、桑果等特色农业产品。

长坝沙田柚是大桥镇的名优产品，被誉为“中华名果”，是仁化县第一个国家地理标志保护农产品。长坝沙田柚种植规模不断扩大，截至2014年年底，有沙田柚种植户222户，种植面积扩大到了1500公顷，年产值达2.16亿元。

大桥镇党委、政府注重展示乡村特色和生态旅游，在建设美丽乡村上下功夫，通过整治农村环境，完善农村公共基础设施建设，建成了以长坝河口、古洋下墩坪为代表的一批新农村建设示范点。

大桥镇美丽乡村——长坝河口

沙田柚基地风景

桑果园

大桥镇古洋下墩坪新农村

# 长江镇

**CHANGJIANGZHEN**

2014年，长江镇党委、政府按照县委、县政府“四化决战四区”部署，紧紧围绕“宜居、宜业、宜商、幸福”新长江奋斗目标，努力把长江镇建设成以林竹生态产业为主，绿色生态旅游和商贸流通服务业为辅的生态特色强镇。在全镇人民的共同努力下，全镇实现地区生产总值81150万元，同比增长11.2%；农业总产值26323万元，同比增长5.1%；农民人均纯收入达11195元，同比增长11.2%。镇属电站发电量3214.44万千瓦小时，总收入为1698.13万元。

2014年，长江镇人民政府着重推进重点项目建设，夯实镇域经济基础，完善基础设施建设。文化健身广场建设不断完善、中山公园修缮完工、便民服务中心如期投入使用、污水处理厂主体工程完工并试运行、垃圾中转站和村级垃圾收集点完成建设、综治中心地块进行招投标、高标准农田建设逐步推进等等，为建设“宜居、宜业、宜商、幸福”新长江奠定了坚实的基础。

省水利厅厅长林旭钿（右一）在县长王晓梅（左一）、镇党委书记邹汉明（左二）的陪同下视察锦江河堤（长江段）建设维护情况

县委书记刘锋（右三）在镇党委书记邹汉明（左二）、镇长谭卫财（右二）的陪同下视察中山公园等“四区”项目建设情况

试运行的污水处理厂

美丽的文化健身广场和河滨休闲绿道

德育教育基地——中山公园

功能齐全的长江镇便民服务中心

大力支持和鼓励种养大户发展高效农业，尤其是袋装大棚香菇种植、柑桔种植、地膜花生种植、禽畜养殖（浒松腊鸭已实现生产线生产）等等，都为农民致富创造了良好条件。

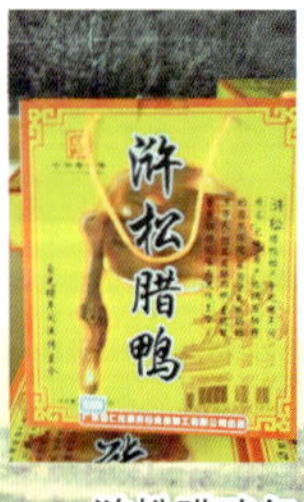

浒松腊鸭包装盒的注册商标

品种多样的腊味

大棚香菇种植基地

硕果累累的沙糖橘

长江镇人民政府以“生态长江、美丽家园”为主攻方向,继续实施“农业稳镇、科教兴镇、林竹富镇、商旅旺镇、生态强镇”五大战略，全面推动长江镇经济协调可持续发展。

# 闻韶镇

WENSHAOZHEN

闻韶镇位于仁化县东部，与南雄市百顺镇毗邻，接壤于黄坑镇，丹霞街道和扶溪镇，距县城32公里，总面积8578公顷。其中耕地面积702.55公顷。2014年，全镇辖区有5个村委会，1个社区居委会，40个村民小组总人口6295人，有初级中学和完全小学各1所，在校学生524人。

闻韶镇2014年奖教助学暨教师节慰问会议

闻韶镇自然资源丰富，物产丰饶，水利资源充沛，4条河流环绕全镇。境内建有水电站12座，装机5300千瓦，是全镇经济支柱之一。矿产资源主要有金、银、铜、磁铁、稀土、翡绿岩、黄腊石、温泉。闻韶山青水秀，植被完好，四季山花烂漫，鸟语花香，有“天然氧吧”美誉。旅游资源有人文景观省级文物保护单位北宋华林寺塔、山寨、古围、围寨式古村，古盐关、石拱桥、庙宇和自然风光旅游景点笔架山、风车巷、温泉。

2014年闻韶镇工业总产值2776万元，农业总产值9778.1万元比上年增长7.5%。镇财政收入523万元，比上年增长5%。农村人均收入9847元，比上年增长10%。

闻韶镇主要领导参加植树活动

闻韶镇全体党政班子成员参加党的十八大知识竞赛

闻韶镇举办柑橘种植培训班

闻韶镇生态风光

团结奋进的国税领导班子（中：局长黄盛明，右一：纪检组长曾昭林，右二：副局长罗锋，左一：副局长罗群，左二：副局长肖雄）

仁化县国税局开展扶贫济困传递温暖（右二：局长黄盛明，右一：副局长罗锋）

仁化县国税局纳税服务工作会议

中共仁化县国家税务局党组中心组理论学习会

仁化县国税局深入企业开展调研

中国税务

# 仁化县国家税务局

## RENHUAXIANGUOJIASHUIWUJU

仁化县国家税务局于1994年11月成立，是仁化县主管国家税收工作的职能部门，为正科级全职能局。主要负责征收国内增值税，中央与地方所属企、事业单位组成的联营企业、股份制企业缴纳的企业所得税，农村信用社缴纳的企业所得税，2002年1月1日以后注册的企业、事业单位缴纳的企业所得税，外商投资企业和外国企业所得税，储蓄存款利息所得个人所得税，出口产品退税，国家税务总局明确由国家税务局负责征收的其他税收及负责征收各税种的滞纳金、补税和罚款。2014年，内设9个机构，级别为正股级。分别为办公室、征收管理股、人事教育股、监察室、收入核算股、政策法规股、纳税服务股、税源管理一股、税源管理二股。1个直属机构（稽查局），1个事业单位（信息中心）和3个派驻机构（董塘税务分局、长江税务分局、周田税务分局）。2014，仁化县国家税务局有正式干部职工68人，其中公务员60人，事业管理人员6人，工人2人；离退休人员34人。2014年，全县国税系统共组织税收收入46107万元，为地方经济的发展做出了贡献。在加强税收各项工作的同时，认真贯彻“法治、公平、文明、高效”的工作方针，遵循“带好队，收好税”的总体要求，紧紧围绕“内强素质，外树形象”的工作思路，突出抓好“创优质服务，树文明新风”这一中心，把“建设一流的班子，带一流的队伍、实施一流的管理、创一流的业绩、树一流的形象”作为工作目标，有力地推动了国税事业的健康发展，保证了各项工作任务的圆满完成。

今后工作：将按照“坚持税务工作宗旨，推进和谐国税建设，服务经济社会发展”的工作思路，准确把握形势，找准着力点，增强责任和服务意识，努力“抓好五个建设”：一、抓好组织收入建设，确保税收与经济协调新增长。二、抓好征管基础建设，力求征管质量和效率新提高。三、抓好服务机制建设，实现纳税服务质效新提升。四、抓好干部队伍建设，推进平安和谐国税再上新台阶。五、抓好行政效能建设，促进精神文明创建取得新进步。

求真务实，开拓创新的国税干部

2014年10月29日，市委常委、宣传部长柳琛子（右二）到县广播电视台视察指导工作

县长王晓梅（中）参加2014年11月的记者节活动

# 仁化县广播电视台 RENHUAXIAN GUANGBODIANSHITAI

2014年，仁化县广播电视台围绕县委、县政府中心工作，把握正确舆论导向，做好宣传报道工作，在省台播出新闻12条，市电视台244条，市电台311条；获全国城市台新闻评比一等奖1件，三等奖1件；获省新闻作品评奖一等奖1件，二等奖1件，三等奖3件，获广东省政府新闻奖三等奖1件；市新闻作品评奖一等奖1件，二等奖4件，三等奖2件。强化内部管理，健全相关制度，加大有线电视网络建设和管理力度，大力发展高清互动业务，扩大中央、省、市、县广播电视节目覆盖，积极开拓数据多功能增值业务，进一步推进县社会治安视频监控网（“天网”工程）建设（建设视频监控网二类点共104个），做好安全播出工作，广播电视事业得到较快发展。全县有线数字电视用户37608户（主机31319台、副机6289 台），新发展有线数字电视用户1376户（主机1376台、副机629台），个人宽带总用户数1491 户（新增用户107户）；专线 493 条（新发展326条）。2014年，县广播电视台被县评为“安全生产先进单位”。

团结、创新、活力的台班子

先进的新闻编辑播出设备

社会治安监控视频二类点建设监控点

# 仁化县食品药品监督管理局

RENHUAXIANSHIPINYAOPINJIANDUGUANLIJU

2014年度，食药监局积极开展食品药品各项专项行动。图为2014年春节前，局长刘世标（左二）带队检查食品药品经营企业

2014年，仁化县食品药品监督管理局按照上级工作部署，完成了派出机构的成立以及食品生产、食品流通、酒类专卖监管职能移交工作。相继开展了保健食品化妆品专项检查、食品流通市场“三打两整治”、药品“两打两建”、保健食品打击“四非”、集体食堂、食品非法添加和滥用食品添加剂、婴幼儿配方乳粉质量安全等专项治理。一年来该局共出动执法人员2108人次，检查医疗机构146家次，药店92家次，食品生产加工企业和小作坊103家次，食品流通经营企业97户次，食品餐饮服务单位457家次，保健食品经营企业102家次，化妆品经营企业215家次；下发责令整改通知书11份，监督意见书80份，查处一般程序案件42起，办结案件42件，罚没款117571.55元，移送公安机关3起，有效维护了辖区内公众饮食用药安全。全年未发生重大食品药品安全事故。

2014年3月31日，仁化县黄坑食品药品监督管理所挂牌成立，标志着仁化县食品药品安全监管触觉向基层延伸。图为揭牌现场

2014年4月，食药监局与县质监局、县工商局、县经信局完成食品生产、食品流通、酒类专卖的职能无缝移交。图为与县工商局食品流通职能交接仪式

积极参加宣传活动，多层次开展食品药品安全宣传活动。图为宣传现场

# 仁化县卫生和计划生育局

**RENHUAXIANWEISHENGHEJIHUASHENGYUJU**

2014年,仁化县卫生和计划生育局在县委、县政府的坚强领导和市卫计局的正确指导下，深入贯彻党的十八大精神，贯彻落实科学发展观，以民生为己任，坚持政府主导，进一步完善全县公共卫生服务能力和医疗救治水平，稳定低生育水平，提高人口素质，推进全县卫生计生事业协调发展，有效缓解了群众看病难、看病贵问题；切实履行了行政执法职能，依法管理水平不断提高，行业作风持续优化；群众关注的焦点热点问题得到及时妥善解决；仁化县计生工作在2014年度省卫计委年终考核工作中，被授予“全省计划生育工作受表扬单位”荣誉称号，实现了仁化县卫生计生事业在新起点上的新发展。

县卫计局开展道德讲堂活动

医务人员为群众开展义诊

副县长李志贞（后排右一）到县卫计局指导卫生计生工作

局领导深入基层与群众谈心

承办“锦江欢歌”之卫计专场文艺演出

# 仁化县司法局

RENHUAXIANSIFAJU

作为韶关市两个试点县之一，仁化县召开"一村一法律顾问"工作动员大会

12月30日上午，仁化县丹霞街道公共法律服务中心揭牌仪式

城口司法所、镇综治中心在诉前组织双方进行调解

仁化县司法局位于县城丹霞大道，是政法系统的重要组成部分，担负着法律服务、法律宣传、人民调解、社区矫正等重要职能。内设政工科、办公室、基层股、宣教股、公证律师管理股、社区矫正股6个职能部门，下辖仁化县公证处、仁化县法律援助处两个下属事业单位及11个乡镇（街道）基层司法所。

2014年，在县委、县政府的正确领导下。在上级业务部门的指导和各有关部门的支持配合下，仁化县司法局的各项工作全面推进：

1、 普法依法治理工作有新举措，围绕法治仁化有针对性地做好法制宣传教育，继续开展"创建平安校园"、"关爱留守儿童、共建平安校园"、等法律辅导和法制宣传教育活动，取得良好宣传效果。

2、人民调解工作全面推进,围绕基层社会稳定不断强化人民调解在维护稳定、促进和谐的作用，我们积极调处矛盾纠纷，做好各类矛盾纠纷的排查、分析、研判，制定解决方案，把化解矛盾纠纷作为工作的重中之重。2014年全县各级人民调解组织共调解纠纷903件、成功894件、调解成功率99.03%。

3、社会管理创新工作有新作为，完善了社区矫正监管中心各项硬件设施建设，安装了电子监控平台、电脑等设施，并强化管理、重在教育，全年未出现脱管、漏管现象。

4、法律服务工作有新亮点，积极开展"一村（社区）一法律顾问"试点工作，驻村律师为各镇（街）村（居）两委提供专业性的法律服务、取得良好的社会效果；法律援助民心工程有新促进，援助维权渠道畅通，将法律援助触角延伸至基层，做到应援尽援；律师积极参与县委、县政府的有关法律事务工作，为创建"平安仁化"提供法律服务和法律保障。公证业务有新拓展。认真办理涉及教育、养老、医疗、就业、住房等重要民生领域的公证事项，为预防纠纷、化解矛盾发挥了重要作用。

2014年，在全局干部职工的努力下，仁化县司法局获得全县绩效考评社会类管理第二名，为仁化的经济社会发展争创了良好的社会环境。

举办了2014年人民调解员培训班，来自全县各镇（街）综治信访维稳中心专职副主任、专职人民调解员，全县各村（居）调委会主任、企业（行业）调解组织负责人共180多人参加

"一村（社区）一法律顾问"工作，邀请律师，为县司法局"扶贫双到"挂点村——狮井村举办了一场以"拉近距离，服务群众"为主题的法制宣传讲座

仁化县司法局、大桥镇团委、锦电总公司到大桥镇省善希望小学联合开展了主题为"关爱留守儿童、共建平安校园"的普法宣传活动

为加强中小学生法制、安全知识教育，深入开展创建"平安周田"活动，激活"平安校园"细胞，周田司法所联合周田派出所、周田交警中队到周田小学开展了法制、安全教育知识讲座

仁化县司法局组织青年律师法律服务志愿者在县城步行街开展"3·5"青年志愿者法制宣传教育活动

2014年9月25日，副县长张元展（左一）到环保局进行工作调研

2014年10月27日，召开党的群众路线教育实践活动总结大会

# 仁化县环境保护局

RENHUAXIANHUANJINGBAOHUJU

2014年，仁化县环保局以科学发展观为指导，围绕建设“生态、活力、幸福”新仁化的目标，加强建设项目管理，加大环保执法力度，着力解决关系群众切身利益的环境问题，加强农村环境保护，确保农村饮用水安全。仁化县环境质量总体保持稳定，主要河流锦江和董塘河水质良好，县城饮用水源地赤石迳水库水质良好。县城空气质量优良，达到国家二级标准，降水质量稳定,县城区声环境质量整体良好。全年区域大气环境质量共监测357天，优良天数共349天，优良率为97.76%；水质达标率100%；主要污染物化学需氧量下降41.67％、二氧化硫下降32.77％，氮氧化物下降68.83％、氨氮下降40.08％， 为全县污染减排做出了积极贡献。

2014年3月13日，省环监分局领导重金属污染防治工作专题调研

2014年4月17日，环保局到石塘镇光明村开展扶贫帮扶工作

2014年6月5日，世界环境日在县城主要街道开展环保宣传咨询活动

2014年10月16日，在扶溪镇开展“新环保法”环保法律法规宣传咨询活动

# 仁化县质量技术监督局

RENHUAXIANZHILIANGJISHUJIANDUJU

（一）宣传、贯彻落实国家和省有关质量技术监督工作的方针政策和法律法规，根据有关法律法规开展行政执法工作。

（二）承担产品质量诚信体系建设工作。实施国家质量振兴纲要，组织、协调、实施质量强省有关工作，推进名牌带动战略；会同有关部门组织实施重大工程设备质量监理制度，参与对重大产品质量事故调查；监督管理产品防伪工作。

2014年7月10日，仁化县副县长杨云（前排右四）带领仁化县质监局工作人员赴海南参加全国地理标志保护产品技术审查会（仁化白毛茶为审查项目之一）

（三）负责产品质量安全监督工作。负责产品质量安全强制检验、风险监控、监督抽查工作；协助做好工业产品生产许可证管理和纤维质量监督检验工作；监督管理产品质量安全仲裁检验、鉴定工作，组织开展产品质量安全专项整治工作，依法查处产品质量违法行为，按分工打击制售假冒伪劣商品违法行为，组织协调本行政区域有关专项打假工作。

（四）承担标准化工作。推进技术标准战略，监督标准的贯彻执行，推行采用国际标准和国外先进标准，指导企事业单位的标准化工作，监督管理本行政区域组织机构代码和商品条码工作。

（五）负责监督管理计量工作。推行法定计量单位和组织执行国家计量制度，依法管理计量器具，组织量值传递和比对工作，推行工业计量现代化，规范和监督商品量和市场计量行为。

（六）负责管理认证工作。按权限依法对产品质量检验检测机构进行监督管理，依法监管认证中介机构，依法监督管理体系认证和产品认证工作。

（七）承担综合管理特种设备安全监察、监督工作的责任。监督检查高耗能特种设备节能标准的执行情况，承担特种设备事故调查处理工作。

（八）配合所在地人民政府开展科技发展和技术机构建设工作。

（九）按权限管理辖区内质量技术监督系统人事、劳动工资、机构编制、经费等工作，领导下级质量技术监督部门业务工作。

（十）承担县打击制售假冒伪劣商品违法行为办公室的日常工作和上级“打假办”交办的工作，组织协调全县有关专项打假活动。

（十一）承办上级质量技术监督机关和所在地人民政府交办的其他事项。

2014年3月7日，仁化县质监局开展春季农资打假专项行动

2014年9月23日，仁化县质监局在黄坑镇开展以“推进‘三个转变’建设质量强县”为主题的质量月现场咨询活动

# 仁化县体育局

RENHUAXIANTIYUJU

仁化县庆"七·一"(工商联杯)乒乓球赛

2014年仁化县中小学生"供电杯"篮球赛

2014年仁化县"农信杯"篮球赛

仁化县体育运动委员会是1956年10月由县政府批准成立的行政机关单位，1997年更名为"仁化县体育发展中心"，2001年全县党政群机构改革时为保留机构，属县政府直属正科级事业单位，赋予行政管理职能，归口县政府办公室管理。2006年10月，根据县机构编制委员会《关于县体育发展中心更名为县体育局的通知》（仁机编字[2006]29号）文件精神，设置"仁化县体育局"，为仁化县人民政府直属的参照公务员管理的体育行政管理的正科级事业单位。其主要职责是：1、贯彻执行国家有关体育工作的方针、政策和法规，研究拟定体育工作的发展战略。2、指导全县各部门开展体育工作；协同各部门做好学校、厂矿企业、机关、城市和农村的体育工作；协同县有关部门规划、协调体育设施建设布局；指导实施"全民健身计划"。3、对竞技体育进行宏观指导和管理。统一规划竞技运动项目设置与重点布局，制订训练竞赛体制改革措施，指导业余训练工作。4、负责在本县举办的比赛和参加市以上综合性运动会的组织管理及统筹安排，指导、协调、监督全县性的体育竞赛工作。5、指导体育系统以及民间体育外事工作。6、根据国家发展体育运动的政策、规定及工商管理法规，研究制订体育经济和经营活动的政策，发展体育市场。7、负责全县性体育社团的资格审查。管理和指导全县性体育社团工作。8、承办县人民政府和市体育局交办的其他事项。局机关内设人秘股、竞技体育股、群众体育股、体育场馆管理股等4个职能股，行政定编为事业编制7名，其中设局长1名，副局长2名，股长4名。

仁化县开展"南粤幸福周"体质测定与运动健身指导志愿服务活动

2012年8月7日，中国气象局党组副书记、副局长许小峰（右二）在广东省气象局局长许永锞（左一）、韶关市副市长张志才（左二）、仁化县县长王晓梅（右一）、韶关市气象局局长林杰荣（前排中）等领导的陪同下，对仁化县气象为农、为旅游服务情况进行视察和调研

2013年1月8日，中国气象局副局长沈晓农（右二）一行在省气象局局长许永锞、市气象局局长林杰荣（左一）、仁化县县长王晓梅（中）等领导的陪同下参观了仁化南岭生态气象中心

# 仁化县气象局

RENHUAXIANQIXIANGJU

2014年5月8日，省气象局副巡视员林献民（右二）在市气象局党组书记副局长李国毅（中）、县气象局局长苏祥芳（左二）的陪同下莅临南岭生态气象中心调研指导工作

2013年10月30日，广东省气象局纪检组长邹建军（左一）、副局长刘锦銮（左二）率观测处、大探中心、气候中心有关领导到南岭生态气象中心开展工作调研

2013年5月9日，韶关市气象局党组副书记、副局长李国毅（右二）到仁化局开展台站工作调研

# 仁化县疾病预防控制中心

RENHUAXIANJIBINGYUFANGKONGZHIZHONGXIN

主要肩负仁化县的疾病监测，疾病防治研究（流行病学调查研究、疾病流行规律研究、病因研究、疾病预测与疾病发生研究、影响健康因素研究、疾病防治效果评价研究）疾病预防与控制、卫生监测、卫生检验、突发卫生事件处理、健康教育宣传与健康行为促进、血吸虫病防治。2014年2月21日，根据《仁化县事业单位分类改革方案和有关配套政策》的通知（仁机编〔2014〕2号）,县疾病预防控制中心分类为公益一类，副科级单位。同年5月5日，经县机构编制委员会（仁机编〔2014〕11号）,核定县疾病预防控制中心事业编制34名，其中主任1名，副主任3名；内设机构领导职数11名，经费按县财政补助一类拨付。2014年实有在职人员40人（在编34人，临聘6人），退休30人，（血防站19人、疾控中心11人）血防站遗孀1人。内设9个科室：办公室、免疫规划科、流行病科、卫生监测科、检验科、健康教育科、公共卫生管理科、预防接种门诊、血吸虫防治科。人员和工作经费从2015年1月起按县财政补助一类拨付。

2014年年终会议全体成员合影留念，全体人员共40人，合影37人。中心班子成员5人，主任：朱勇，副主任：邓礼明、杨佐成、王世贤、汪日华，原中心主任：杨小明（2003–2013）

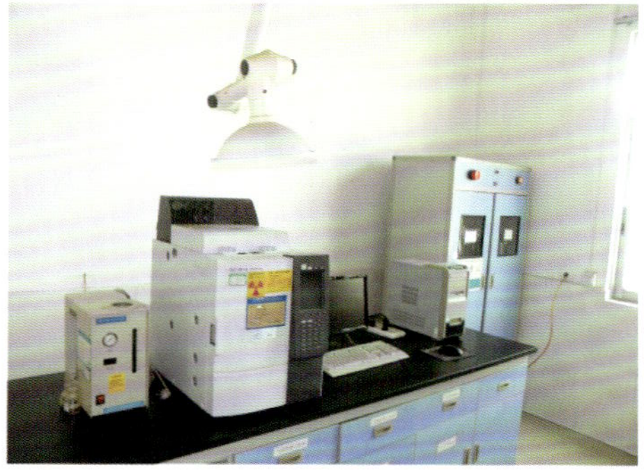

中心拥有原子吸收、原子荧光、气相色谱、紫外分光、酶标仪、电子分析天平、X射线机、心电图机、全数字超声诊断系统等较完备的贵重大型仪器设备。且通过了省级有关部门的实验室资质认定认证、食品检验机构资质认证、职业卫生健康检查资质认定、卫生监督检验检测机构资质认定，出具的数据和结果可确保科学、准确、高效

仁化汽车客运站

韶关市粤运汽车运输有限公司仁化汽车站原为广东省韶关市汽运集团有限公司仁化汽车站。2014年9月19日，广东省交通集团与韶关市政府交通运输合作项目正式签约，广东省韶关市汽运集团成功转制为韶关市粤运汽车运输有限公司。

韶关市粤运汽车运输有限公司仁化汽车站始建于1955年，位于老街旧邮电所旁，仅20平方米，街道停车。随着社会的不断发展，县城区域逐渐扩大，1964年迁址于县田家炳对面，1968年迁址于建设路29号丹霞城市步行街，2008年11月迁至仁化县建设路135-2号，沿用至今，是一个公用型的二级客运站场。

仁化汽车站占地20849平方米，建筑总面积4532.5平方米；各安全服务功能设施设备齐全有效，候车环境优美，布局合理；配备售票管理系统、财务管理系统、电子显示系统、视频监控系统、车载视频监控系统、GPS定位系统、行李安检机等先进设备；下设综合事务办、安全技术办，经营发展办、保修厂、财务管理办以及仁化县飞马汽车客运有限公司等6个部门，拥有客运车辆85辆，经营仁化经周田往返韶关、仁化往返长江、扶溪、闻韶、红山、城口、白莲、南雄、汝城等客运班线；仁化往返董塘、黄坑、周田、胡坑、夏富、石塘、丹霞山以及广东铝厂、丹霞山火车站和周田往返灵溪等农村客运班线。现有进站经营客车营运仁化经董塘往返韶关班线、仁化往返广州、深圳、兴宁、东莞等长途客运班线，并承接旅游包车。

仁化汽车站发往韶关的早班车是5：30时、晚班是19：00时；韶关往返仁化早班车是6：50时、晚班是20：30时；自早上7：00时至16：00时每半小时发一班开往韶关高铁站的班车。

仁化汽车站保修厂是一个具有汽车二类维修资质的汽车修理厂。

仁化汽车站秉承“安全第一，服务至上，诚信经营”的宗旨，坚持“准点发车不兜客，途中有难帮乘客；按价收费不斩客，安全优质为乘客”的服务承诺，竭诚为广大旅客服务。

# 仁化县泰和元有限公司

# RENHUA COUNTY TAIHE YUAN CO.,LTD

仁化县泰和元有限公司成立于2003年，地处优秀旅游城市广东省韶关市，紧邻风景秀丽的国家5A级旅游景点丹霞山，交通方便，厂区占地面积达6.67公顷。

仁化县泰和元有限公司主要产品为仲钨酸铵、蓝色氧化钨等钨、钼制品。年生产能力：钨制品5000吨以上，钼制品2000吨以上，年产值达六亿元。仁化县泰和元有限公司注重科技进步并与中南大学、株洲硬质合金有限泰和元、厦门钨业等国内院企，成立联合攻关团队，将其“难冶钨资源深度开发应用关键技术”彻底解决了该方面的技术难题，在提高资源利用率的同时，在技术上也使钨资源回收能产出高品质的最终产品。泰和元先后于2009年至2011年间分别获得 “有色金属行业协会一等奖”和“2011年度国家科技进步一等奖”，凭着先进的技术，过硬的产品质量和良好的信誉，赢得了业内广泛认可和赞许。

中国的钨资源储量为世界第一，自然资源是有限的，不可再生的，但钨资源回收、再生和利用仅占年总用量的20%。泰和元采用 “难冶钨资源深度开发应用关键技术”给经济方面带来良好效益、环保方面做出突出贡献。对于钨资源回收、再生和利用已提升到国家对资源节约和保护的战略高度，并有着重大战略意义。

广东银海有色金属渣业集团有限公司

GUANGDONGYINHAIYOUSEJINSHUZHAYEJITUANYOUXIANGONGSI

2009年6月23日，副省长肖志恒来公司视察

董事长吴壮海

广东银海有色金属渣业集团有限公司前身是创办于1997年的韶关市银海金属矿业有限公司，由仁化县委、县政府于2006年引进的投资建设项目，是一家资源综合回收利用的大型民营企业。

企业于2013年正式成立广东银海有色金属渣业集团。集团由母公司广东银海有色金属渣业集团有限公司，子公司韶关银海金属矿业有限公司、仁化华晟置业有限公司、仁化华曦工贸有限公司、仁化华益工贸有限公司组成。

公司座落于仁化县丹霞街道群乐村，占地面积60000多平方米，建筑面积35000平方米，总投资5亿元人民币，固定资产投资2.5亿元。企业通过十多年不断吸收和培养，拥有一批专业研发技术人才和生产管理人才：总员工500多人，其中高级管理人员30多名，高级工程师8名，专业研发技术人员30多名，公司结合自身研发和技术创新，采用火法、湿法相结合的先进清洁生产工艺设备，该工艺被评定为国内领先水平，项目年可处理废渣、废料30000吨以上，每年可产高纯电解铜7000吨，产值可达4000万。稀贵金属锗40吨，产值可达4800万。高纯铟30吨、产值可达1400万。高纯银140吨，黄金0.3吨，高纯碲锭40吨，高纯二氧化硒60吨，铋20吨，镓20吨以及钯、铂、等多种稀贵金属，总年产值达8.5亿元人民币以上。

公司可处理工业废渣、废料的品种有：冰铜、分银炉渣、贵铅炉渣、净化渣、铅泥、铅渣、含锑烟尘、含铅烟尘以及含锗、镓、铟等稀有金属的多种有色废渣废料。

公司项目通过了广东省环保局审核批准，指定为危险废物定点处理单位，并已取得广东省危险废物经营许可证（证号：4406080900），取得了广东省科技厅认定的高新技术认定企业证书（统一编号：07440021303240）和广东省经济贸易委员会资源综合利用认定证书（粤资综〈2007〉第174号）；通过了省、市级清洁生产认定；通过了ISO9001国际质量管理体系认证和ISO14001环境保护管 理体系认证；企业长期与各高校交流合作形成产、学、研共进，为企业进一步做精、做细奠定良好的基础。

公司始终以社会责任为己任，以人为本，向“做大、做强、做好，努力创建一流的环保产业”目标而奋斗。

锦霞华府效果图

# 仁化县和悦房地产开发有限公司

仁化县和悦房地产开发有限公司成立于2010年8月10号，主要经营房地产开发与销售，是一个组织机构完善，管理制度严谨的企业。

和悦房地产开发有限公司于2011年成功开发“和悦雅居”项目，现已基本销售完毕。现正在兴建“锦霞华府”商住楼，该楼盘建筑面积近40000平方米；拟开发地块仁化县工艺厂,建筑面积15000平方米。公司理念是以符合仁化整体城市规划设计，满足仁化城市发展需求，改善仁化市民居住、休闲、娱乐环境，为量造仁化优秀旅游城市，提高仁化商业、住宅、文化档次，完善多功能城市中心主体区域策划。

和悦房地产公司坚持以人为本，以诚立业的经营管理理念，培养专业的房地产精英为消费者提供方便、快捷、高效的全程无忧服务。作为定位发展全仁化一流的房产置业公司，和悦地产以专业服务为基础、以高标准的定位为依托、以超强规模为保障，将会树立起仁化房地产行业的一面旗帜，并立志打造同行业的一流品牌。

十七层住宅之一

**地址：仁化县建设路丹冶公寓斜对面　　电话：6282186**

中国移动
China Mobile

# 中国移动通信集团广东有限公司仁化分公司

ZHONGGUOYIDONGTONGXINJITUANGUANGDONGYOUXIANGONGSIRENHUAFENGONGSI

仁化县委书记刘锋（后排右二）、市公司总经理周忠坤（后排右三）到分公司调研

与丹霞山景区签署合作协议

**2014年，中国移动通信集团广东有限公司仁化分公司围绕4G发展中心，做强做优网络建设，打造精品网络质量，保持网络领先地位；多措并举巩固既有优势，创新运营思维，推进精细运营，强力发展，助力企业转型升级；狠抓基础管理，加强综合管控能力，夯实企业发展基础。全年公司整体经营情况保持良性稳健发展，完成年度各项经营目标。**

员工在丹霞山景区进行4G信号测试

全球通服务厅重新装修开业，前台围满了办理业务的客户

志愿者到挂点扶贫村开展“安全文化进校园”活动

举办“传承孝道　学会感恩”道德讲堂活动

# 目　录

## 中共仁化县委员会

## 仁化县人大常委会



## 仁化县人民政府

## 政协仁化县委员会



## 中国共产党仁化县纪律检查委员会

## 民主党派·群众团体

## 法　治

## 武　装



## 交通·邮电·信息化工作

## 供电·供水·供气



## 水利·气象·水文监测

## 城乡建设



## 环境保护



## 经济综合管理

## 农　业

## 工　业



## 商　贸

## 旅游业



## 财政·税务

## 银行 · 保险

## 教科文体卫

## 社会生活

## 中央、省、市驻仁化单位



## 镇（街道）概况

## 先进单位·先进个人



## 社会经济统计资料



## 附　录



## 索　引

# 特　辑

## 弘扬苏区精神，促进改革发展

### ——纪念仁化暴动87周年暨红军长征过境粤北80周年学术研讨会

#### 序　言

2014年10月20至21日，由中共中央党史研究室宣传教育局、中共广东省委党史研究室、中共韶关市委、广东中共党史学会、广东中共党史人物研究会联合主办，中共仁化县委、仁化县人民政府承办的“弘扬苏区精神，促进改革发展——纪念仁化暴动87周年暨红军长征过境粤北80周年学术研讨会”在广东省韶关市仁化县举行。

研讨会由中共中央党史研究室宣教局副局长薛庆超，中共广东省委党史研究室主任杨汉卿、副主任李淼翔主持。中共韶关市委副书记、市长艾学峰，中共仁化县委书记、县人大常委会主任刘锋致欢迎辞。薛庆超作重要讲话。革命后代代表朱德元帅外孙、解放军装备学院副院长、少将刘建，陈毅元帅之子、北京市原副市长、中国人民对外友好协会原会长陈昊苏等深情回顾了朱德、陈毅在仁化的光辉战斗历程。

薛庆超在讲话中指出：要充分认识“仁化暴动和红军长征过境粤北”的历史地位、历史启示。党的领导核心力量是革命向前发展的前提条件；党和人民群众休戚与共是战胜一切困难的关键；做好统一战线工作可以助力革命事业的发展；只有在党的统一领导下相互配合革命才能胜利。他强调，“资政、育人”是党史工作的重要方面。要充分利用党史研究成果，围绕中心，服务大局。要充分利用韶关丰富的党史资源，深入开展党史、革命传统、爱国主义教育；加大对革命遗址的保护、利用力度，开发富有地方特色的红色旅游线路。

张志才在致辞中说，通过这次研讨会，促进韶关市的改革和发展，争取韶关成为国家级文明城市和国家级历史文化名城。

与会专家学者就仁化暴动和红军长征过境粤北的历史地位和意义，仁化暴动与粤北湘南暴动，仁化苏区与井冈山革命根据地、中央苏区的关系，以及革命人物在仁化的活动及历史贡献等，进行了深入地探讨和研究。

杨汉卿就仁化对中国新民民主义革命的突出贡献，仁化暴动的意义、特点、地位与影响，中央红军长征过境粤北，仁化暴动与湘南暴动的关系，仁化与井冈山根据地、中央苏区的关系，仁化党史人物研究，仁化红色资源利用的研究等方面进行了归纳和总结。他指出：这次研讨会具有规格高，专家学者多，研究领域广，成果丰的特点。

该次研讨会共收到论文102篇。参加会议的有中央党史研究室、中央文献研究室、中央党校、解放军军事科学院、国防大学、总后勤部后勤学院、中国社科院等单位，北京、重庆、江西、内蒙古、四川、福建、湖南、广西、陕西、安徽等省、市、自治区的党史军史专家、学者、研究人员，朱德、陈毅、阮啸仙等老一辈无产阶级革命家的后代代表，以及广东省老促会、省老建办、韶关市、仁化县有关领导、有关部门负责人，《光明日报》、《南方日报》《羊城晚报》、广东卫视、《红广角》杂志、《源流》杂志、《韶关日报》、韶关电视台等媒体记者，共计160余人。

现精选在“纪念仁化暴动87周年暨红军长征过境粤北80周年学术研讨会”上的部分讲话稿、致辞、论文，以飨读者，为进一步“弘扬苏区精神，促进改革发展”，推动“生态、活力、幸福”新仁化建设，“共圆实现中华民族伟大复兴的中国梦”而添薪加柴。

## 创业艰难百战多

中共中央党史研究室宣传教育局副局长　薛庆超

（2014年10月20日）

1928年年初，在中国南方的广东，韶关仁化暴动打响了粤北湘南暴动的第一枪。中共组织和革命农民组建了革命武装队伍，建立了工农革命政权。1934年10月，中共中央率领中国工农红军第一方面军开始长征后，顺利经过粤北，成功突破国民党军的粤北封锁线。这两个历史事件都具有十分重要的意义。

**仁化暴动、红军长征过境粤北都是历史发展的组成部分**

历史是由一个一个链条构成的，任何一个链条都不能缺少。仁化暴动就是中国革命历史上的链条之一。1927年大革命失败后，中国革命进入低潮时期，国民党反动派实行独裁专制统治，残酷镇压、屠杀共产党人和革命群众。在严峻的生死考验面前，在中国革命面临血雨腥风的岁月，中国共产党没有被吓倒，毅然决然地领导人民举起了武装反抗的旗帜。7月中旬，中共中央临时政治局决定，组织湘鄂粤赣四省农民，在秋收季节举行暴动。8月7日，中共中央在汉口秘密召开紧急会议，确定土地革命和武装起义方针。广东的中共组织早在广州四一五反革命政变后就在全省发动和组织了反击国民党新军阀的夏季讨蒋起义。八七会议后，又发动了接应南昌起义部队进军广东的秋收起义、以广州为中心的各地武装起义，以及1928年年初的年关暴动。这些起义发生时间早，规模大，范围广，次数多，持续时间长，给国民党反动派以沉重打击。仁化暴动早在夏季讨蒋起义时就开始，既是其中的组成部分，又是其中较早的武装暴动之一。

仁化暴动是在朱德领导的南昌起义部队帮助、影响和推动下发生的武装暴动之一。南昌起义主要部队在广东潮州、汕头地区失败后，朱德率领南昌起义部队余部于1927年12月10日到达广东仁化董塘，在当地中共组织、农会、农军配合下，逮捕土豪劣绅33人，召开5000余人的公审大会，宣判27名罪大恶极的土豪劣绅死刑，立即执行。这一重大举措，极大地鼓舞了仁化革命群众。董塘暴动打响了粤北湘南暴动的第一枪。1928年1月，朱德率部从韶关回师董塘，与当地农民500多人，攻取仁化县城，缴获一批枪支弹药，救出被捕的革命群众。朱德将仁化农军改编为工农革命军独立第四团，后改编为广东工农革命军北路第八独立团。从此，仁化有了第一支中国共产党领导的工农革命武装力量。

仁化暴动是中共广东省委组织的北江暴动的重要组成部分。当时，中共广东省委确定，全省武装暴动中心为海丰、陆丰、北江、琼崖等地。为了将仁化发展为北江暴动的中心，中共广东省委特派省委委员阮啸仙到仁化，成立中共仁化县委、仁化县革命委员会，阮啸仙担任仁化县委书记后，建立了安岗乡苏维埃政府、五区（董塘）苏维埃政府等区一级和乡一级的苏维埃政府，组织指挥仁化农民暴动，召开武装农民大会，再次攻打仁化县城，组织了华阳寨战斗、石塘寨战斗。其中，石塘寨（双峰寨）保卫战坚持时间长达9个月，第八独立团、赤卫队和群众等700多人在国民党军队长期围困和猛烈进攻下，英勇奋战，坚韧不拔，宁死不屈。最终，弹尽粮绝，奋勇突围，守寨军民有400多人壮烈牺牲，写下了广东革命史上的悲壮篇章。

仁化暴动受到中共六大和共产国际的重视，具有重要的国际意义和历史地位。中共广东省委对华阳寨、石塘寨保卫战给予高度评价，称其为“农民暴动中最伟大的战斗”。1928年6月18日至7月11日，中国共产党第六次全国表大会在莫斯科举行。阮啸仙与邓中夏、苏兆征、李富春等人作为广东代表团代表，参加了由瞿秋白、周恩来等主持的中共六大。会上，阮啸仙就中共六大政治报告、农民与土地问题做了发言，并对仁化暴动情况做了详细介绍。阮啸仙对仁化暴动的介绍和评价，他总结的仁化暴动的经验与教训，既受到大会的重视，也受到共产国际的关注。大会选举阮啸仙为中央审查委员会委员。会后，阮啸仙根据中共中央要求留在莫斯科，负责整理广东仁化苏维埃和海陆丰苏维埃的材料。他系统总结的在中国广东建立苏维埃政权的经验与教训，作为中共六大的会议资料存入档案。

中共中央率领红一方面军在粤北湘南间顺利突破国民党军队的封锁线是长征初期的重大胜利。1934年中央革命根据地第五次反“围剿”失败后，中共中央率领红一方面军实行战略转移。10月下旬至11月中旬，红一方面军大部和部分先后经过广东北部的南雄、仁化、乐昌。11月下旬，红一军团、红五军团、红九军团一部长征经过连县。红一方面军经过粤北地区时，得到当地人民群众的极大支持。红军在沿途宣传革命道理，播撒了革命的火种。其间，红军在仁化进行了奇袭城口镇和铜鼓岭的战斗，成功突破了国民党军队设在城口和汝城间的第二道封锁线。随后，红军分别攻占宜章县城，抢占乐昌九峰山和宜章白石渡镇，突破了国民党军队设在湘粤边境郴县、良田、宜章、乐昌之间的第三道封锁线，进入湘南地区。

**从仁化暴动和红军长征过境粤北中汲取政治智慧和历史智慧**

推动革命形势发展必须具有坚强的领导核心。当时的仁化县委书记阮啸仙，是广东河源人，熟悉当地的历史和现状。他是中国共产党早期党员之一、广东青年运动先驱、大革命时期著名的农民运动领袖。他担任过中国社会主义青年团广州地委书记并代理粤区执行委员会书记、第一次国共合作时期的国民党中央农民运动委员会委员、中国共产党第五届中央委员、中共广东省委农民运动委员会书记等职务，具有丰富的多方面领导工作经验。阮啸仙任仁化县县委书记后，十分重视发挥县委的集体领导作用。县委各位常委、委员分工明确，各自负责专门委员会的工作。他注意抓好党的基层组织建设和党的思想建设。整顿基层组织，发展党员，上好党课。注意开展群众运动，深入乡村，调查研究，与农民面对面进行宣传和发动，组织领导群众运动。这样，仁化县委和各级党组织在推动革命形势发展中一直发挥着核心领导作用，领导仁化暴动，建立革命政权，推动革命形势发展。仁化暴动受挫后，县委仍然发展党员到200多人。仁化暴动失败后，党组织仍在澌溪山等地领导游击战争，坚持革命斗争。

来自群众、扎根群众、服务群众，与群众风雨同舟、生死与共。仁化石塘寨（双峰寨）保卫战期间，工农武装力量和群众首先做了守寨准备，把大批粮食、副食品、煤炭、硝药等物资运进寨内储存起来。寨内有广东工农革命军北路第八独立团指战员、赤卫队员和群众700多人。共产党员李载基、李翠基在誓师大会上号召军民团结起来，同仇敌忾，粉碎国民党军队的进攻。在守寨战斗中，国民党军队多次增兵，切断水源、大炮轰击、放火烧寨、飞机轰炸、重兵围困、投送传单等，甚至炸崩石塘寨西南楼阁、正南楼角。但是，在国民党军队发动的数次进攻面前，守寨军民勇敢战斗，坚守了阵地。直到经过9个月坚守，寨内弹尽粮绝，饮水告罄，医药缺乏、疾病流行，在这种危急局面下，守寨军民才分路突围。在突围中，黄梅林等领导人壮烈牺牲。在整个石塘寨（双峰寨）保卫战期间，共产党员、领导干部始终同群众团结在一起、战斗在一起，同甘苦、共患难。

统一战线是长征和中国革命顺利发展的重要法宝之一。长征初期，中共中央率领红一方面军能够顺利通过国民党军队设置的第一、第二道封锁线，一个重要原因就是，在长征前夕，中共中央派何长工、潘汉年和国民党南路军总司令陈济棠的代表进行了秘密谈判。经过谈判，双方达成就地停战、互通情报、解除封锁、相互通商和必要时互相借道等5协议。当中共中央率领红一方面军开始长征时，陈济棠履行了互相借道的秘密协定，让开大路40里。因此，当中共中央率领红一方面军向南突围时，陈济棠的部队一边打一边撤，没有堵截红军，让开了道路。这是一次通过统战工作实现红军既定目标的成功范例。

统一领导、团结一致、互相配合、顾全大局，才能实现既定方针。广州起义失败后，广东省委、北江特委决定“以仁化为中心，与南雄、曲江、乐昌的一部做成割据的局面，同时发动英德、清远的暴动。”这是北江地区各县发展革命、举行暴动的共同行动目标。中共仁化县委按照北江特委预定计划，发动了农民武装暴动。然而，清远因党组织领导人被捕，一个月未曾发动；曲江西水无发展；马坝几次酝酿，没有实现暴动计划；英德进攻潭洞，声势不大；南雄虽在1928年2月13日广泛暴动，北江特委全不知道。在这种形势下，北江特委发出第四号通告，各县暴动仍然发动不起来。随后，北江特委自行解体。北江各县党组织随之中断了与上级的联系。仁化暴动陷于孤立无援的境地，成了国民党军队的主要进攻目标。这说明，无论革命高潮时期、还是革命低潮时期，各级党组织都要集中统一领导，团结一致；各地的革命力量，都要互相配合，顾全大局；只有这样，才能实现上级的既定方针，达到预期的目的，形成一定范围的较大的革命形势。

**研究、宣传仁化暴动和红军长征过境粤北的现实意义**

中共十八大以来，习近平多次强调：“历史是最好的教科书”，“中国革命历史是最好的营养剂”，“历史是最好的老师”。通过党史研究、运用党史资源进行资政育人是党史工作的重要内容。就韶关、仁化来说，充分利用党史研究成果，围绕中心，服务大局，就要深入研究、广泛宣传仁化暴动和红军长征过境粤北的现实意义。

要发挥韶关地理位置和党史资源丰富的优势。韶关地处粤北，外接湘赣，内联珠三角，自古是中国南方的交通要冲，素有广东的“北大门”之称。孙中山曾两度率国民革命军在韶关誓师北伐。毛泽东、朱德、邓小平、彭德怀、陈毅等老一代革命家都在韶关战斗过。粤北苏区与中央革命根据地接壤，中共中央率领红一方面军长征、南方三年游击战争都在粤北留下了历史的足迹。全国抗日战争时期，韶关为广东国民党政府的战时省会。中共广东省委、粤北省委也曾设在韶关，领导全省敌后抗战。全市有99个镇（街道）4796个自然村属于革命老区，党史资源极其丰富。这些历史事实、历史遗址、历史遗迹、历史资源，都可以深入研究、实施开发、充分利用、发挥效益。

要深入开展党史教育、革命传统教育和爱国主义教育。仁化暴动和红军长征过境粤北留下的宝贵精神财富，是开展党史教育、革命传统教育、爱国主义教育的生动教材。近年来，党史部门、宣传部门、教育部门等越来越重视党史教育、革命传统教育、爱国主义教育，先后公布了一批教育基地。中共广东省委党史研究室加大了省党史教育基地的评选工作。这些，都为研究、宣传仁化暴动和红军长征过境粤北提供了广阔的空间。

要加大对革命遗址的保护、开放和利用力度。仁化暴动和红军长征过境粤北期间，在粤北遗留了大量革命遗址和遗迹。这些遗址和遗迹包括战斗遗迹、战场遗址、机构旧址、红军部队驻地、苏维埃政府旧址、革命标语遗迹、革命烈士墓、烈士纪念碑等等。这些遗址、遗迹的保护和利用情况，有很大的差异。其中，既有保护利用级别较高的双峰寨旧址，也有较多如思怡堂这样保护较差的旧址。总的来看，革命遗址、遗迹的保护状况应当进一步加强。

要谋划开发富有地方特色的红色旅游线路。韶关是中国优秀旅游城市、广东省历史文化名城，拥有丰富的地理资源、历史资源、党史资源：丹霞地貌的标志——国家级风景区丹霞山世界地质公园，佛教禅宗六祖慧能弘扬南宗禅法的发祥地——南华寺，著名的“马坝人”出土处——马坝人遗址、梅岭古道（梅关古道），珠玑巷等著名景点。在地理研究、历史研究、党史研究的基础上，进一步挖掘韶关革命遗址、党史资源的特点，将红色资源、绿色资源、古代资源、人文资源、地理资源统一整合，协调开放，融为一体，互相连接，就可以形成具有独到特色、富有韶关特点的旅游线路，推动经济发展，为全面建成小康社会提供正能量。

## 在“纪念仁化暴动87周年暨红军长征过境粤北80周年学术研讨会”上的讲话

陈毅元帅之子、中国人民对外友好协会原会长　陈昊苏

（2014年10月20日）

对中央和广东省两级党史研究室与韶关仁化合作举办仁化暴动87周年暨红军长征过境粤北80周年学术研讨会召开，我表示热烈祝贺！感谢热情的东道主对我们的邀请和接待。我谨代表一起前来参加会议的革命后代刘建、谭一兵、阮钦彤等同志向与会同志表示热烈祝贺和衷心感谢！

两年前我从广州到湖南汝城，曾路过韶关参观学习，留下深刻印象。当时写过诗作，对韶关、仁化以及湘南粤北赣南的同志们表达敬意，现在征引如下：

第一首　一行粤北探繁荣，放眼岭南盛业隆。

韶乐关雄连水碧，丹升霞举映山红。

第二首　农军死战事空前，坚守孤城近一年。

粤北奇观开创日，井冈星火正燎原。

第三首 建军历史溯源头，三省雄飞俱一流。

红色中华原创地，由南至北信天游。

我总的印象，粤北和湘南赣南乃至闽西一样，都是老一辈无产阶级革命家毛泽东、周恩来、朱德、彭德怀、陈毅、邓小平等同志战斗过的地方，都是英雄的工农群众为红色中华事业浴血奋战创建功勋的革命热土，都是我们革命后代永远不能忘怀的革命胜利的源头和出发点。研究粤北湘南革命前辈用鲜血书写的红色历史，对于我们今天弘扬苏区精神坚守中国特色社会主义事业，具有重大的现实意义。今天正好欣逢党的十八届四中全会在首都北京胜利召开，习近平总书记正领导全党全军全国人民谋划全面深化改革的宏图大计，我们为之欢欣鼓舞，更要从党和军队的光荣历史中吸取不断进取的创新活力，在新世纪的伟大长征中奋力前行，迎接中华民族伟大复兴的光明前景。让我们共勉共励，为党和国家的未来贡献一份激情，也收获一份喜悦。

我看了会议主持者编纂的“弘扬苏区精神，促进改革发展”的研讨会论文集，几十位专家学者提供了很有深度的研究成果，令人欣慰和敬佩。仁化暴动与湘南暴动在革命史上相互呼应，共创了土地革命初期的辉煌历史，确实值得我们给以更多的关照和深入研究。从仁化暴动开始，在整个土地革命进程中，粤北始终是红军斗争的重要节点。原双峰寨农民武装坚守9个月的革命遗址，早在80年前经阮啸仙同志在中共六大做了宣传介绍，在国际上都受到关注，是我们红军战争第一流的纪念地。阮啸仙同志牺牲在80年前，当时我父亲陈毅元帅和他一样在中央红军长征之后坚持三年游击战争，在突围作战中阮啸仙同志不幸牺牲。我父亲曾写诗《哭阮啸仙、贺昌同志》，其中用“阮誉传岭表”来赞誉阮啸仙同志在粤北的光荣战斗历史。我来到双峰寨农军战斗的遗址，为当年粤北人民在阮啸仙同志领导下创造的革命功勋得到纪念和彰显感到欣慰。广东韶关仁化的同志们对这段历史做了出色的保存宣传工作，我谨表示崇高敬意！

昨天我和刘建同志先后去双峰寨，看到为此次纪念活动布置好的史迹陈列，又一次受到感动，又敬题七绝一首：

血战双峰共死生，工农壮志百年情。

天旋地转英雄气，万世千秋拜典型。

我衷心希望通过这次研讨会，系统地梳理革命历史，重温仁化和粤北革命老区的辉煌。充分利用各位专家学者研究探讨的丰硕成果，为改革和发展服务。进一步保护和利用好革命遗址，深入开展党的群众路线教育，广泛进行爱国主义和革命传统教育。我和与会的众多同志们一样，盼望各级党委、政府对仁化等革命老区、苏区、边远贫困地区加大扶持力度，争取国家振兴发展原中央苏区的有关政策落实到位。

当前，韶关市正在围绕稳中求进，深化改革，扩大开放的目标，建设“粤湘赣省际开放先行区”、“岭南门户城市”。这个目标很实在，是强市富民的好举措。相信在市委、市政府领导下，韶关人民一如既往地围绕这个目标扎实工作。动员全市力量，推动经济和社会事业又好又快发展，一定会取得更大理想的胜利成果。

# 铭记历史 展望未来

朱德外孙、解放军装备学院副院长、少将 刘 建

（2014年10月20日）

今天，我们怀着深厚的感情和崇敬的心情，齐聚广东仁化这片红色热土，共同纪念仁化暴动87周年暨红军长征过境粤北80周年。来到这个地方，我感到十分亲切，因为这里是爷爷朱德曾经生活过、战斗过的地方。不论是仁化暴动还是红军长征过境粤北时，这里都留下了朱老总的身影。回顾那段历史，缅怀革命先烈的丰功伟绩，对于我们坚定理想信念，确保红色基因代代相传具有十分重要的意义，感谢中央党史研究室、广东省委党史研究室主办这次纪念座谈会。下面，我依据史料，回顾一下朱老总在仁化暴动和红军长征过境粤北前期所做的主要工作。

**一、1927年年底，朱德、陈毅率领南昌起义余部转战仁化等地，与国民党范石生部队结成反蒋统一战线，保住了革命胜利的种子，并在当地镇压土豪劣绅，有力促进了党对农民暴动的成功领导**

1927年12月，朱德、陈毅率领南昌起义军余部从湘南进入粤北，转战仁化、曲江、乳源、乐昌等地，到1928年年初离开，时间虽然不长，却留下了许多令人追忆的往事。

当时，驻在湘南的国民党十六军军长范石生与朱老总是云南陆军讲武堂的同学，两人又一起参加过同盟会和护国讨袁战争，经历了生死考验，使他们“彼此志同道合，遂订兰交，过从甚密”。

加上范思想进步，我党也一直有和他合作的考虑。朱老总后来回忆说：“南昌起义后，部队南下时，恩来就给我们写了组织介绍信，以备可能同范石生部发生联系时用。”朱老总率部南下过程中先后经过天心圩、大庾、上堡3次整训，“部队走向统一团结了，纪律性加强了，战斗力也提高了。”但是，给养问题一直没有解决，天寒地冻，大家穿的仍是起义时发的单衣短裤，粮食薪饷更无着落，尤其是枪支弹药和被褥无法得到补给。正当大家为此发愁时，一天，朱老总在报纸上意外看到了国民党第十六军的消息。朱老总冷静分析了革命面临的形势，他说：“在这一带活动的是滇军。滇军我熟悉，他们和蒋系、桂系是有矛盾的。我们只要很好地掌握这个矛盾，一定能想出办法来。”于是，朱老总同陈毅等商量后，便写信给范石生，希望开展合作。当然，起义军与范石生合作是有条件的。朱老总在谈判时就提出了组织上独立、政治上自主、军事上自由三原则。他说，我们是共产党的队伍，党什么时候调我们，我们就什么时候走；范石生给的物资补充，完全由起义军自己支配；起义军内部组织和训练等完全按自己的决定办，范部不得干涉。事实上也是这样执行的。范石生给朱老总一个团的编制，并给起义军配发子弹、军饷和军需用品，部队给养困难得到了解决，全团将士面貌焕然一新。

朱老总化名王楷率部在汝城活动时，接到中央广东省委的指示：支援广州起义，并率部向粤北仁化进发。当时，范石生为向粤北扩张，要求把部队移防粤北，这为起义军向仁化进发提供了依据。12月10日，朱老总率部调防到达仁化董塘。当晚，朱老总召开各乡

农干会议，连夜抓获了3名土豪劣绅。第二天，部队在禾坪岗召开群众大会，当即处决了24名恶贯满盈的土豪劣绅，后来又处决了3名。朱老总在会上号召农民组织起来，恢复农会，开展武装斗争。随后，部队向农民赠送了一批枪弹，大大鼓舞了农民的斗志。尽管部队不久就离开了仁化，但却狠狠打击了当地土豪劣绅的嚣张气焰，有力促进了随后的农民暴动。

**二、1934年11月，长征过境粤北前，在周恩来、朱德的领导下，红军与陈济棠率领的粤军结成统一战线，确保了红军顺利通过粤北**

中央红军长征出发，是选择南线粤军的防线作为突破口的。之所以如此，是因为在第五次反"围剿"受挫后，为保存革命有生力量，准备战略转移前，在周恩来和朱德的领导下，红军与广东军阀陈济棠进行了一次成功的谈判，双方达成了"就地停战"和"互相借道"的协议。

1934年9月，陈济棠向红军递交了一份停战声明，并电约红军举行秘密军事谈判。朱总司令立即表示同意，并同周恩来商议后，决定派潘汉年、何长工两名同志为我方谈判代表，同陈济棠的代表进行了秘密谈判。行前，朱总司令就谈判原则专门向潘、何2人做了交代。谈判中间，又专门给陈济棠发了一封信。信中首先揭露了蒋介石降日反共的罪恶和蒋企图吞并两广的阴谋，并提出"合作反蒋抗日"的5条建议。根据朱总司令的建议，双方代表经过3天谈判，达成了就地停战，取消敌对局面；互通情报；解除封锁，互相往来；红军可以在粤北设后方医院；可以互相借道等5项协议。

随后的实践证明，这个协议对于中央红军突围时顺利通过粤北发挥了重要的作用。1934年10月，中央红军主力及中央、军委机关和直属部队8万余人开始向粤北突围转移。陈济棠按照"秘密协议"，给红军让出了一条宽40里的通道。这样，使红军较为顺利地突破了蒋介石布置的第一道封锁线。蒋介石得知红军突破第一道封锁线后，命令陈济棠等人在粤北组织第二道封锁线。陈济棠命令部下到仁化、乐昌、汝城附近设防。但下属军官同时也得到命令："让出红军西进道路。"10月27日，红军下达突破第二道封锁线的命令，同样没有经过激烈的战斗，红军于11月4日又顺利突破了敌人的第二道封锁线。中央红军突破第二道封锁线后，蒋介石再次颁布"堵剿"电令，在第三道封锁线上构筑了数百座碉堡，加强堵防。在这个过程中，红军认真执行"秘密协议"，不入广东腹地，只沿粤北西进。于是，红军一路未遇粤军顽强阻截，又突破了敌人的第三道封锁线。可以说，红军过境粤北时，几乎没有进行大的战斗，较好地保存了有生力量，这与周恩来、朱德与陈济棠结成的统一战线是分不开的。

在南昌起义失败，革命火种能否保存的危难时刻；在第五次反"围剿"失利，红军能否突出重围的关键时期，面对两次困境，朱老总积极开展工作，率领部队化险为夷，转危为安，打开了新局面。南昌起义时周恩来曾评价说，"朱德是一个很好的参谋和向导"。时任起义军连长的肖克说："朱德是在用自己的社会关系，为革命作贡献。"纵观朱老总的革命生涯，不论是在南昌起义、红军长征还是抗战时期，每每到革命危难时刻，朱老总总是在坚持原则的前提下，想尽一切办法，利用一切可以利用的力量，团结一切可以团结的人，千方百计为革命谋出路。在革命斗争最艰苦、最复杂、最困难的时刻，由于毛泽东与朱德、周恩来等领导者之间的相互支持，密切配合，使他们逐步从最初的朱毛红军的灵魂人物发展成为全国革命武装力量的最高决策者。老一辈无产阶级革命家为了革命事业殚精竭虑、百折不回的精神值得我们做后辈的永远铭记。

同志们，以毛泽东、刘少奇、周恩来、朱德、任弼时为代表的这一代伟大的革命者们历经艰苦跋涉，不懈探索，用鲜血和生命为我们开启了“中国梦”的第一章——“解放梦”，他们出生入死打天下，推翻了压在中国人民头上的三座大山，建立了新中国。以邓小平为核心的党的第二代领导集体率领我们走进了新时代，在以江泽民为核心的党的第三代中央领导集体、以胡锦涛为总书记的党中央领导下，经过30多年的奋斗，续写了“中国梦”的第二章——“富国梦”。当前，让我们紧密地团结在以习近平为总书记的党中央周围，继续为“中国梦”的第三章“强国梦”而努力奋斗。

## 在“弘扬苏区精神，促进改革发展——纪念仁化暴动87周年暨红军长征过境粤北80周年学术研讨会”上的致辞

中共韶关市委副书记、韶关市人民政府市长　艾学峰

（2014年10月20日）

尊敬的各位领导、各位专家学者，同志们：

大家上午好！由中共中央党史研究室宣传教育局、中共广东省委党史研究室、中共韶关市委、广东中共党史学会、广东中共党史人物研究会共同主办的“弘扬苏区精神，促进改革发展——纪念仁化暴动87周年暨红军长征过境粤北80周年”学术研讨会，今天在美丽的仁化县隆重开幕了。首先，我谨代表中共韶关市委、韶关市人民政府向与会的各位领导、各位专家、各位嘉宾表示热烈欢迎！向学术研讨会的召开表示热烈祝贺！

韶关是一座有着光荣革命传统的红色之城，是广东省革命老区，朱德元帅的祖籍地，全市共有99个镇（街道）、4796个自然村属革命老区。韶关还是朱、毛红军最早的联络地，朱德与范石生建立反蒋统一战线的开花结果地，红军游击战术“十六字诀”的诞生地，连接井冈山和中央苏区的秘密通道，也是红军长征通过第二、三道封锁线的突破口。孙中山先生曾两次率军在韶关誓师北伐；毛泽东曾四次亲临粤北，以巩固井冈山根据地、建立中央革命根据地；老一辈革命家朱德、邓小平、彭德怀、陈毅、林彪、聂荣臻、罗荣桓、何长工等到粤北仁化等县，打响了粤北湘南暴动第一枪。在艰苦卓绝的革命战争年代，无数革命先烈和英雄的韶关儿女为了中国革命的胜利，为了中华民族的富强，用血肉之躯铸造了壮丽的历史丰碑。

87年前，阮啸仙受中共广东省委的派遣，担任中共仁化县委书记，来到仁化县组织农民运动，先后召开了董塘区武装大会，成立了仁化县第一个红色政权——安岗乡苏维埃政权，成立了由朱德同志派来的军事干部担任团、营长的“广东工农革命军北路第八独立团”，发表了《革命委员会政纲》和《暴动宣言》，举行了仁化大暴动，攻占了仁化县城，打响了华阳寨和石塘寨等一系列保卫战，开创了仁化武装割据的新局面。中共广东省委对华阳寨、石塘寨保卫战给予了很高的评价：“仁化农民暴动失败后坚持石塘10个月，抵抗反动军队进攻，这亦是农民暴动中最伟大的战斗”。韶关人民以不屈的革命精神和顽强的抗争意志，为中国革命胜利立下了不朽功勋，在中国革命史上写下了辉煌的一页。

2014年是我国抗战胜利69周年，也是中华人民共和国成立65周年。当前，韶关正处

于全面深化改革、加快振兴发展的关键时期。前不久，市委十一届六次全会做出了“实施文化名城战略，大力弘扬以中央苏区为代表的红色文化，凝聚全市改革创新的精神动力”的重要部署。举办这次学术研讨会，深入研究粤北地区特别是仁化县与中央苏区的关系，深切缅怀老一辈无产阶级革命家的丰功伟绩和光荣传统，使社会各界充分了解韶关和仁化县对井冈山、中央革命根据地，乃至对中国革命做出的重要贡献，必将进一步激发韶关人民的凝聚力和战斗力，对于打造韶关文化品牌，提升城市形象，成功申报全国文明城市和国家历史文化名城，促进经济社会发展具有积极推动作用。

我们衷心希望与会的各位领导、各位专家学者为韶关的文化建设和城市发展献智献策，不吝赐教，发表真知灼见，指导我们更好地传承苏区精神，发扬革命传统，推动改革发展。我们衷心希望仁化县委、县政府加强与各科研单位、各位专家学者的沟通和交流，继续深入挖掘和研究红色革命资源，积极修缮和保护好革命史迹，大力发展红色旅游文化产业，为地方经济、文化建设做贡献。全市各级、各有关单位要乘着这次研讨会的东风，努力传承优良的革命传统和革命精神，进一步弘扬红色文化，提振精神，开拓创新，艰苦奋斗，为推动我市改革发展做出新的更大的贡献。

最后，预祝研讨会取得圆满成功。祝愿各位领导、各位专家学者和朋友们身体健康、工作顺利、万事如意！

谢谢大家！

## 在“弘扬苏区精神，促进改革发展——纪念仁化暴动87周年暨红军长征过境粤北80周年学术研讨会”上的致辞

中共仁化县委书记、仁化县人大常委会主任　刘　锋

（2014年10月20日）

尊敬的各位领导、各位专家学者、各位来宾：

大家好！今天，我们相聚在人文气息浓郁的锦江河畔，迎来了“弘扬苏区精神，促进改革发展——纪念仁化暴动87周年暨红军长征过境粤北80周年”学术研讨会。在此，我谨代表中共仁化县委、仁化县人民政府和23万仁化人民，向前来参加这次学术研讨会的各位领导、各位专家学者、各位来宾，致以热烈的欢迎和最诚挚的感谢！

仁化县地处广东省北部，粤湘赣三省交界地，与被认定为中央苏区范围的湖南汝城，江西崇义、大余接壤，是革命老区，也是广东欠发达地区，全县辖10个镇、1个街道办事处和124个村（居）委会，总面积2223平方公里，总人口23.55万人。

在大革命时期，仁化普遍建立了农民协会和苏维埃政权。南昌起义失败后，中国革命处于低潮，朱德、陈毅率部与阮啸仙等领导的仁化党组织、革命武装紧密结合，实行土地革命和武装割据，使仁化成为“海陆丰第二”、北江割据的中心，打响了粤北湘南暴动的第一枪。仁化暴动受到党的“六大”和共产国际的关注，为中国革命提供了宝贵经验。

为了夺取粤闽两省的胜利，中央红军把仁化纳入中央苏区活动范围，成为中央苏区活动西南方的重要通道。仁化是中央苏区革命力量活动的重要范围，为井冈山、中央苏区的巩固和发展提供了大量人财物。同时，也是中央红军长征

越过第二道封锁线的突破口。在这片红色土地上，留下了朱德、彭德怀、陈毅、罗荣桓、聂荣臻等开国元帅和党的第二代领导核心邓小平的光辉足迹，养育了“100位为新中国成立做出突出贡献的英雄模范人物”之一的阮啸仙，以及共和国开国将军谭甫仁，造就了蔡卓文、黄梅林、邓祝三等革命骨干力量。

仁化，是粤北抗日和五岭地区解放战争的根据地，仁化党组织领导人民群众长期开展革命斗争。据不完全统计，全县12000多人为革命牺牲，其中可考的革命烈士700多人，石塘李载基一家就有7名亲人捐躯。他们以对国家和人民的赤胆忠诚，用生命谱写了可歌可泣的壮丽诗篇，留给我们后代子孙弥足珍贵的精神遗产。

习近平总书记指出：历史是最好的教科书。对我们共产党人来说，中国革命历史是最好的营养剂，重温我们党领导人民进行革命的伟大历史，心中就会增添很多正能量。今天，中央党史研究室宣传教育局和省委党史研究室以及市委、市政府在我县举办此次学术研讨会，既是对我县人民为革命事业做出贡献的充分肯定，也是对我县老区人民的关心与厚爱，更是对我县加快改革发展、为革命老区人民谋福祉的有力鞭策。今后，我县将以此次学术研讨会的召开为契机，进一步挖掘苏区历史，争取早日列入中央苏区振兴发展规划，推动我县经济社会发展；大力弘扬苏区精神，始终保持求实务实的干劲，勇于担当的拼劲，攻坚克难的韧劲，努力开创我县改革发展新局面；大力弘扬亲民为民的优良革命传统，践行党的群众路线，努力改善老区群众的生产生活条件，让老区人们过上更加幸福美好的生活。同时，我们也真诚期盼各位领导、各位来宾常来仁化检查指导工作。

最后，预祝本次研讨会圆满成功。祝大家身体健康，工作顺利，万事如意！

谢谢大家！

## 仁化暴动87周年暨红军长征过境粤北80周年研究的丰硕成果

中共广东省委党史研究室主任　杨汉卿

（2014年10月20日）

“纪念仁化暴动87周年暨红军长征过境粤北80周年”学术研讨会在大家的共同努力下即将圆满结束。我受主办单位的委托，对这次研讨会做一总结。

这次研讨会，得到了中共中央党史研究室的大力支持，对于办好会议，中央党史研究室副主任高永中给予了具体指示，省委党史研究室、中共韶关市委、中共仁化县委对此高度重视。今天的会议，韶关市委副书记、市长艾学峰等5位市领导出席，仁化县委、县人大、县政府、县政协领导和有关单位负责同志参加了会议。上午的会议上，中共仁化县委书记、县人大常委会主任刘锋同志和中共韶关市委副书记、市长艾学峰同志分别发表了热情洋溢的欢迎辞。中央党史研究室宣教局副局长薛庆超同志做了主旨报告。朱德元帅外孙、解放军装备学院副院长、少将刘建同志，陈毅元帅之子、中国人民对外友好协会原会长陈昊苏同志做了重要讲话，深情缅怀了朱德、陈毅等革命前辈在仁化从事革命活动的丰功伟绩。会议的主办和承办单位领导、革命后代代表、特邀嘉宾、入选论文作者、仁化县有关部门负责同志、韶关市县党史部门负责同志以及新闻媒体的朋友160多人参加了今天的研讨会。

这次研讨会由中央党史研究室宣传教育局、广东省委党史研究室、韶关市委、广东中共党史学会、广东中共党史人物研究会联合主办，中共仁化县委、仁化县人民政府承办。中国共产党历史网、《红广角》杂志等媒体刊登了研讨会征文通知，征文工作得到了全国党史部门、党校、高等院校、社科文博、军队等有关单位、部门的专家、学者和理论工作者的热情参与和大力支持。

本次研讨会具有4个特点：一是规格高。研讨会的举办地尽管在仁化县城，但得到了中共中央党史研究室的大力支持，中央党史研究室宣传教育局是本次研讨会的主办单位之一。特邀嘉宾朱德元帅外孙、解放军装备学院副院长、少将刘建同志，陈毅元帅之子、中国人民对外友好协会原会长陈昊苏同志，谭甫仁中将之子、湖南省军区原副司令员、少将谭一兵同志，中共仁化县委第一任书记阮啸仙同志之孙阮钦彤同志，广东省老区建设促进会副会长李小鲁同志出席了会议。中央党史研究室、中央文献研究室、中国社科院、国防大学、军事科学院、解放军后勤学院等科研教学单位高水平的专家学者出席了会议。二是专家学者区域广泛。本次研讨会得到全国党史、党校、高校、社科、军队等系统专家学者的广泛关注，论文作者有来自中央有关部门、军队和北京、江西、湖南、四川、重庆、福建、内蒙古、广西、广东等省市区的同志，是一次真正意义的全国性的学术研讨活动。三是研究领域广。本次研讨会的论文涉及仁化对中国革命的贡献、仁化暴动、中央红军长征过境粤北、红七军过境仁化、仁化苏区与中央苏区的关系、仁化暴动与湘南起义的关系、在仁化活动过的党史人物的研究、红色资源利用等方面。四是成果丰。本次研讨会先后收到论文102篇。按作者类别来分，党史部门43篇，高校10篇，党校15篇，军队4篇，社科、文博等部门8篇，党政机关、企业等22篇。经过征文评审委员会专家认真评审，确定了66篇论文入选研讨会。

这次研讨会上，与会的16位专家学者做了精彩的学术交流，其他与会的专家学者提交的论文对粤北地区革命斗争历史，多视角、多层次、全方位进行了广泛、深入地探讨。在大家的共同努力下，取得了一系列有价值的研究成果，概括起来，主要有以下7个方面：

第一，关于仁化对中国新民主主义革命突出贡献的研究。有专家从多个角度系统地考察了仁化在大革命、土地革命时期的发展历程，概括了仁化对中国革命的突出贡献：仁化是北江农民运动的典范、武装割据的“中心”，掀起了具有举足轻重地位的仁化农民运动；爆发了引起国内外高度关注的仁化暴动，实施了把革命暴动重心从城市转到农村的战略决策；与井冈山根据地、中央苏区有重要渊源关系，体现了仁化人民与中央苏区以及中央红军血肉相连、生死与共的精神；仁化人民用鲜血和生命捍卫了来之不易的革命成果，为中国革命做出了重大的牺牲。

专家学者还从某个侧面探讨和研究了仁化对中国革命的历史贡献。如，有学者认为，仁化是朱德、陈毅率领的南昌起义军余部与农民运动相结合的起点，南昌起义军余部把武装斗争与农民运动相结合起始于广东仁化，创造了适合中国国情的武装斗争与农民运动相结合的经验。有学者研究了仁化与中国共产党早期探索革命道路的溯源关系，认为仁化的革命斗争是探索马克思主义中国化革命道路“伟大开篇”的一个有机组成部分；仁化暴动以及建立苏维埃政权的尝试，为中国共产党独立领导革命和政权建设提供了实践经验和理论基础。

第二，关于仁化暴动的意义、特点、地位与影响的研究。仁化暴动是广东境内仅次于海陆丰暴动的一次有重大影响的农民武装起义，被称为“海陆丰第二”。

有学者认为，仁化暴动的伟大意义不仅在于它是对国民党反动派背叛革命的一次武装反抗，从实践上呼应了海陆丰暴动，响应和配合了湘南起义，而且对工农武装割据的中国革命新道路进行了初步的尝试和有益的探索。同时，仁化暴动坚持“守土割据”、“把寨守口”军事斗争策略的失败，从一个侧面为探索适合中国国情的游击战略战术原则提供了深刻的经验教训。

仁化暴动与同时期其他武装暴动相比，有很多共同点，但也有其自身的特点。有学者认为，仁化暴动从一开始，就是带着在国民党反动力量薄弱的农村实现武装割据一方、建立苏维埃政权的目的发动的。它先建立苏维埃政权，后发动武装起义；先建立乡苏维埃，后成立区苏维埃，自下而上，目标性、计划性较强。有专家认为，仁化暴动有着显著的特点：一是持续时间长达10个月，二是据寨坚守。仁化暴动是粤北、湘南一带农民暴动的中心，是党在农村发动群众，建立根据地的一次尝试，被广东省委称为“农民暴动中最伟大的战斗”。专家认为，长期以来，仁化暴动未被党史界所关注，但是仁化暴动不能被忘却，要进行深入研究。尽管仁化暴动失败了，但它仍然有很大的历史作用：它策应了湘南暴动，呼应了井冈山革命根据地的斗争；先后建立了区、乡苏维埃政府和县革命委员会，为建设基层革命政权做出了可贵的探索。

仁化暴动不同于国内其他地区的农民暴动，它的社会影响已经远远超出了一般的地域局限性。有专家对阮啸仙领导仁化暴动和参加中共六大这段历史进行考察指出，阮啸仙在莫斯科召开的中共六大专题介绍了仁化暴动的经验教训，这给当时全国各地农民武装暴动提供了重要的借鉴和指导作用。有学者对仁化暴动走上共产国际进行了专题研究，认为中共六大闭幕后，应列席大会苏联同志的请求，根据中共中央的安排，仁化暴动被整理成为专题报告，并被译成俄文，存入共产国际档案，这在中共历史上是一件并不多见的事情。它使得仁化暴动从国内走向了共产国际的舞台，从某种意义上说，仁化暴动成为共产国际考察其指导中国土地革命的一个样本。

第三，关于中央红军长征过境粤北的研究。粤北地区是中央红军长征途中穿越的第二、第三道封锁线。有学者对中央红军长征过境粤北，特别是过境仁化的主要活动认真进行了梳理，指出：中央红军在粤北进行了奇袭城口镇和铜鼓岭等系列战斗，摧毁敌人的数十座碉堡，成功突破了国民党军设在城口至桂东间的第二道封锁线，是实现战略撤退的一次伟大飞跃。

关于中央红军长征顺利过境粤北的原因，有学者认为，一是中央红军审时度势，同陈济棠代表进行秘密的“罗塘谈判”，建立抗日反蒋统一战线，客观上有利于中央红军西进。二是采用避实就虚、奇袭等灵活机动的战术，避免了时间、物资、人员上的消耗战，为顺利经过粤北赢得了战略上的主动。三是朱德、彭德怀、邓小平、阮啸仙等老一辈革命家在粤北撒播了革命的火种，粤北地区群众的革命基础较好。四是中央红军沿途进行了广泛的宣传，深入人心。红军纪律严明，热心帮助和爱护群众，取得当地群众的大力支持。五是粤北地区物产丰富，为中央红军提供大量的军粮、军饷。

中央红军在粤北地区认真执行党的群众路线，沿途积极宣传共产党和红军的主张，同当地群众建立了鱼水般的感情，取得人民群众的大力支持和衷心拥护，这是中央红军长征顺利过境粤北的主要原因。也有学者认为卓有成效的群众工作，对红军克服困难、提供军需给养、护理伤病员起了重要作用，有力地保障了红军顺利北上。

此外，有学者还对红七军过境粤北，红五军、红三军团转战粤北进行研究，认为红军在粤北的活动客观上打击了粤北地区的军阀势力，加强了当地党组织和群众组织建设，宣传发动群众，播下了革命的种子。

第四，关于仁化暴动与湘南暴动关系的研究。仁化与湘南地处两省交界，地域相邻，山水相依。1928年前后，两地相继爆发了著名的仁化暴动、湘南暴动。有学者对这两次暴动做了比较研究，认为这两次暴动存在较多相同或相似之处，是一个整体。两次暴动的牵头者是朱德、陈毅率领的南昌起义部队和粤北、湘南党组织。两次暴动时间上是连贯的，粤北湘南一先一后，互相呼应。两次暴动发生地域相连，暴动发生的结果、作用相似。仁化暴动和湘南暴动最终都失败了，但在粤北湘南广大地区掀起的革命风暴影响深远，在建立苏维埃政权、成立工农革命武装、开展土地革命等方面进行了初步而有益的尝试。通过比较仁化暴动和湘南暴动，学者认为，以仁化为中心的粤北暴动声势浩大，与湘南暴动存在密切的关联性。因此可把两个暴动统一称作“粤北湘南暴动”。这一称谓，更加符合历史事实，也是本次研讨会取得的重要成果之一。有学者呼吁，仁化暴动相对于湘南暴动而言，研究不够、成果较少、宣传力度不大、知名度不高。今后要在史料征集、研究和宣传方面多下功夫，不断取得新的研究成果，提高宣传效果，擦亮“仁化暴动”红色品牌。

第五，关于仁化苏区与井冈山根据地、中央苏区关系的研究。仁化在地理位置上与井冈山革命根据地所辖的湖南省汝城县；中央革命根据地所辖的江西省崇义、大余县，广东省南雄县接壤，革命斗争实践与井冈山、中央革命根据地有着紧密联系。有学者认为，仁化与井冈山根据地关系密切，主要体现在4个方面：一是朱德率领部队上井冈山前夕曾到仁化开展农民运动。二是朱德在仁化县毗邻的韶关犁铺头会见何长工，促成了井冈山会师。三是参加井冈山革命斗争的红五军到仁化开展了游击活动，谭甫仁等仁化英杰参加了井冈山革命斗争。四是仁化与井冈山革命斗争紧密相连，是井冈山革命斗争的重要组成部分，仁化人民为井冈山革命根据地的创建、巩固和发展做出了重要贡献；关于仁化与中央苏区的关系，有学者研究指出：土地革命战争时期，仁化因独特的地理环境优势和良好的群众基础，成为中央苏区南部的一块重要游击区域，也成为红七军进入中央苏区、中央红军战略转移的一个重要通道。有学者指出，仁化是井冈山苏区、湘赣苏区及中央苏区的组成部分，是拱卫中央苏区和湘赣苏区的一个重要军事战略支点。仁化是井冈山根据地、湘赣苏区以及中央苏区军事供给、兵员补充和战略物资的重要保障基地之一。

第六，关于朱德、陈毅等重要人物在仁化活动的研究。本次研讨会有关仁化党史人物研究的文稿所占比重较大，研究对象的范围也较为宽泛，不仅有仁化本土的革命英烈，也有与之相关联的我党我军重要党史人物。有学者从仁化英烈群体的角度，对1921—1937年间仁化革命英烈进行考察研究，探讨了仁化英烈成长的社会历史环境、成长规律及其历史贡献，指出：中国近代的社会大背景以及仁化特殊的人文社会环境，催生了一批具有共产主义理想信念、为革命英勇献身的英雄人物。仁化英烈的成长是党组织培养与其自身努力共同作用的结果。有学者对仁化县农运领袖蔡卓文进行了研究，对他的成长进步与历史贡献做了概括。

学者除了对仁化本地优秀党史人物研究之外，对朱德、陈毅、阮啸仙、彭德怀等老一辈革命家在仁化的革命活动进行了研究。有专家研究认为，朱德、陈毅领导仁化暴动，打响了粤北湘南暴动第一枪，仁化和粤北革命运动由低潮转入高潮。朱德、陈毅率领南昌起义军余部抵达仁化宣传党的八七会议精神，恢复基层党组织，建立农会组织，宣传发动群众，组织训练农民自卫军，组建工农革命军独立第四团、第八独立团，为仁化暴动奠定了组织基础和群众基础，提供了军事人才支撑。朱德、陈毅在仁化时间虽短，但对仁化暴动的顺利发展具有卓越的贡献；阮啸仙是仁化暴动的主要策动者和领导者，学者认为，阮啸仙领导仁化暴动，实行土地革命、建立苏维埃政权，为大革命失败后探索新的革命道路做了大胆有益的尝试。阮啸仙在仁化暴动中有六大贡献：一是重视党的建设，发挥党组织的领导核心作用；二是雷厉风行开展土地革命，建立苏维埃政权；三是精心策划仁化暴动，开创武装割据新局面；四是力挽狂澜抓紧枪杆子，粉碎敌人猖狂进攻；五是千方百计武装捍卫革命政权，领导仁化暴动；六是勇于探索革命道路，丰富和发展了马克思主义理论。此外，有学者从阮啸仙与中共六大、阮啸仙对农村武装斗争的探索、阮啸仙与广东农民运动的发展、阮啸仙在仁化暴动中的政治勇气与担当等方面做了研究；粤北是彭德怀军事活动的重要实践地。在土地革命战争时期，彭德怀率领中国工农红军第五军、第三军团先后3次转战粤北，宣传革命，发动群众，开展武装斗争，为井冈山根据地和中央苏区的巩固与发展做出了重要贡献。此外，有学者还对李明瑞、邓小平率红七军过境仁化进入中央苏区；聂荣臻、林彪率红一军团征战仁化，突破红军长征途中第二道封锁线进行了研究。

第七，关于仁化红色资源利用的研究。仁化革命遗址众多，红色资源丰富。有学者认为，红色旅游是推进革命老区发展的重要方式、传承革命精神的重要途径，要深入挖掘仁化红色旅游资源，加强革命遗址的保护、开发和利用工作，加大红色旅游品牌推介力度，完善各项旅游服务设施建设，创新工作模式，努力把仁化红色资源优势转化为经济发展强势。有学者认为，仁化应当加强长征旅游历史文化创意项目保护性开发。有学者认为，红色资源是对党员干部进行理想信念和拒腐防变教育、对青少年进行革命传统和爱国主义教育的好教材，在大力发展仁化红色旅游的基础上，还必须充分发挥红色资源的资政育人作用，大力推动红色资源进会堂、进讲堂、进展厅、进学校、进社区工作。

本次研讨会研究范围甚广，专家学者还对其它学术问题进行了研讨。有学者提出了新观点，比如对游击战“十六字诀”的产生过程进行了分析，提出了和以往不同的学术观点。有学者对打响粤北湘南暴动第一枪进行了学术考证，目前，党史、军史界将湘南宜章年关暴动定为打响湘南起义的第一枪。研讨会上有专家分析了大量史料，认为打响湘南起义第一枪的应是粤北仁化董塘暴动。

本次研讨取得了一系列重要研究成果，但值得注意的是，仁化暴动、红军长征过境粤北的研究领域仍有待进一步拓宽，特别是仁化暴动与湘南暴动的关系，粤北地区与井冈山根据地、中央苏区的关系研究还比较薄弱。有关史料的挖掘需进一步深化，特别是中共六大闭幕后，仁化暴动专题报告的中文稿、俄文稿原文到目前为止尚未找到，希望引起与会的专家学者关注。红色资源的发掘、利用、宣传以及党史资源如何更好地服务当地经济社会发展等方面的研究还存在一定差距，需要进一步加强。这些，都是今后进一步研究的方向和重点。

各位领导、嘉宾、专家、学者、同志们，本次研讨会圆满成功召开，取得丰硕的成果，是大家共同努力的结果。我相信，通过这次学术研讨会，必将进一步推动土地革命战争时期的粤北党史研究，为革命老区仁化县进入《广东省贯彻国务院〈赣闽粤原中央苏区振兴发展规划〉实施意见》

提供历史依据，为苏区经济社会发展提供强大动力。

最后，感谢所有的领导、嘉宾、专家、学者、论文作者对这次研讨会的大力支持！感谢韶关市委、市政府和仁化县委、县政府为会议的召开所做的精心筹备和周到安排！感谢为研讨会的筹办和成功召开付出辛劳的韶关市史志办、仁化县史志办和有关同志、朋友们！

## 试论仁化暴动

中共中央党史研究室研究员　王新生

大革命失败后，中国共产党不畏白色恐怖，以武装斗争来回答国民党反动派的血腥屠杀，领导了一次又一次的武装起义，仁化暴动便是其中之一。长期以来，仁化暴动不被党史界所关注，笔者认为，仁化暴动不能被忘却，要进行深入研究。

**一、大革命时期仁化的农民运动蓬勃开展，为暴动打下深厚的基础**

1924年1月国共第一次合作建立后，在共产党人的推动下，广东各地农民运动快速发展，尤其是东江地区。同年冬，仁化董塘乡农民廖汉忠到东江探亲，那里的农民运动的开展给他很大影响。回到仁化后，廖汉忠便在本地农民中宣传东江农民运动开展的情况。1925年7月，中共党员、国民党中央农民部特派员谭昆等先后到仁化董塘开展农民运动。谭昆、廖汉忠等带领人，逢到董塘圩日的时候，就在圩场摆两张长凳，站在长凳上，宣传开展农民运动，号召“农民要团结起来，打倒土豪劣绅，打倒帝国主义，打倒军阀”和“联俄、联共，扶助农工”的政策。同年秋，共产党员、广州农民运动讲习所第三届主任、广东省农民协会常务委员阮啸仙到仁化指导农民运动工作，帮助农民建立农民协会。旋即，共产党员黄克、刘战愚、叶凤章、宋华、侯凤墀先后到仁化，宣传共产党的主张，号召农民组织农民协会，开展反帝反封建斗争，受到农民群众的热烈欢迎。1926年3月，仁化第一区（附城）农民协会筹备委员会成立，选举姚子昭、刘光华、刘炳森、叶云胜、徐程华（女）5人为委员。6月11日，第五区（董塘）农民协会筹备委员会成立，推举黄梅林、蔡卓文、廖汉忠、刘振平等为委员，黄梅林为主任。经过筹备后，第五区农民协会执行委员会正式成立，选举执行委员7人，候补执行委员3人。黄梅林、蔡卓文、廖汉忠为常务委员。随后，第二区（城口）、第三区（扶溪）、第四区（长江）陆续成立了农民协会筹备会。1927年2月间，第二、第三、第四区的农民协会执行委员会相继正式成立。至此，农民协会组织遍及全县。

各区农民协会成立后，积极领导农民群众开展斗争，从政治上打击土豪劣绅，提高农民协会的威信；在经济上废除苛捐杂税，实行减租减息，提高农民革命积极性；同时开展禁烟禁赌，推翻封建宗法制度，使社会风气明显好转，农民群众精神面貌发生巨大变化。

1926年5月召开的广东省第二次农民代表大会通过了《农民自卫军组织大纲》，规定：“为巩固农民协会，保护农民利益，防御外来侵略起见，广东农民协会特根据政府宣言在一定计划之下组织农民自卫军。”根据这个大纲，仁化各区农民协会纷纷筹备建立农民自卫军。7月，第五区农民协会发动300多农民，在董塘组成农民自卫军大队，下设两个中队，邓祝三任第一中队队长，谭兆麟任第二中队队长。10月至11月，第五区农民自卫军模范队训练班在董塘江头惠潮嘉会馆开办，重点学习政治、军事。军事课目主要是练操步、持枪、射击等。训练班共办3期，每期10天，学员10人。各乡农民协会挑选青壮年农民积极分子参加，训练班结束后学员各回原乡训练农民自卫军。这样，就培养了30来人的基层农民军事骨干。

12月9日，广东省农民协会北江办事处为培养农民自卫军干部，在韶关创办北江农军学校，仁化选派了谭广居（谭甫仁）、邓祝三、张义成、谭秋茂、谭福茂、冯成世、邓文光、周汉亭、陈耀发、李春林、黎锡伍、朱云轩、曾招元、黄国范、谭连连、温作新、李雨生等近20人参加学习。其中，谭广居、邓祝三等人在学习期间加入中国共产党，成为仁化农民运动产生的第一批党员。1927年2月，北江农军学校第二期招生，仁化派谭广泉、曹万林、李建华、张继良、卜燕林、刘明善、谢当仔、冼汝南等十多名农运骨干参加。这些学员后来成为仁化农民自卫军的骨干力量。

北伐战争开始后，仁化农民协会积极组织农民群众支持北伐军。各区乡农民协会一方面动员群众挑选青壮年农民组成运输队，帮助北伐军运送枪支弹药和其他物资，一方面在北伐军经过的路段设立招待站、茶水站，热情招待、慰问北伐军将士，为北伐战争顺利进行做出了贡献。

蒋介石发动“四一二”反革命政变后，广东反动当局也发动了“四一五”反革命政变，北江农民自卫军积极支持武汉政府，仁化农民自卫军100多人加入北上队伍。由于受马日事变的影响，北江自卫军大队滞留在衡阳以南。当时，北江农民自卫军对国民党反动派的屠杀政策非常愤怒，一分为二。一部分由欧日章率领北上武汉，后编入第二十军第三师为教导团，参加了南昌起义；一部分主要是仁化、曲江、乐昌的农民自卫军，组成南返大队，由梁展如任总指挥，叶凤章任大队长，杨洁松、邓祝三分别任中队长。

仁化农民自卫军主力北上武汉后，豪绅谢梅生就纠集300人的反动武装，进攻第五区的董塘、石塘、江头等村庄，大肆逮捕和杀害共产党员、农民协会会员，企图一举摧毁这些农运最活跃的地方。第五区农民协会负责人一方面率领农民自卫军和群众与敌人展开激烈的战斗，一方面派出人员到湖南汝城等地寻找援军。南返自卫军大队听到这个消息后，立即日夜兼程南下仁化，在澌溪山与第五区农民协会负责人黄梅生、蔡卓文、廖汉忠、刘振平等率领的农民自卫军会合。6月23日，南返农民自卫军和第五区农民自卫军向仁化县城发起猛烈进攻。在内应的配合下，农民自卫军攻入城内，击溃县团警队，国民党反动县政府人员四处奔逃。攻下县城后，救出被关押的农民协会会员和群众80多人，并缴获枪支弹药及各类物资一批。之后，农民自卫军撤出县城，分两路转移到澌溪山坚持斗争。

由上笔者认为：1.仁化是大革命时期建立农民协会较早较普遍的地方；2.党的革命思想得到传播，农民群众受影响深刻，农民运动开展深入、广泛；3.建立了农民自卫军，培养出一批农民武装骨干力量，经受了大革命危机时刻同反动地主豪绅进行战斗的考验，初步积累了武装斗争的经验。这些为仁化暴动奠定深厚的基础。

**二、朱德、陈毅率领的南昌起义军余部进入粤北推动了仁化暴动的发生**

1927年11月，朱德、陈毅率领南昌起义军余部转战到湘南，通过与云南讲武堂时的同学、时任国民革命军第十六军军长范石生的谈判，部队改用第十六军第四十七师第一四〇团的番号，朱德化名王楷，任第四十七师副师长兼第一四〇团团长。这时，由汝城、宜章农军组成的工农革命军第二师第一团200余人，由范石生部的中共地下党员韦昌义介绍，与朱德取得联系，改称第十六军特务营，原第一团团长何举成任营长，驻广东乐昌县境，朱德派人到这个营当副连长、排长。

12月上旬，根据中共中央指示，朱德、陈毅率领部队南下参加广州起义。部队从湖南资兴到达仁化县境，同中共广东北江特委取得联系，朱德被任命为北江特委委员。朱德在同范石生谈合作条件时曾提出："我们是共产党的队伍，党什么时候调我们走，我们就什么时候走。""给我们的物资补充，完全由我们自己支配；我们的内部组织和训练工作等，完全按照我们的决定办"，"不得进行干涉"。朱德后来在回忆中说："事实上也是这样执行的。""我们进到广东仁化时，还是照旧打土豪，杀了几个地主恶霸。"在仁化，朱德派出十多人帮助恢复农民协会。经过发动，首先恢复了安岗农民协会。接着各地农民协会也很快恢复了活动。不久，朱德率部经城口、厚塘、赤石迳到达董塘。据有关回忆：朱德到董塘后，"连夜在邓祝三家里开会，接着又在泰丰店开会布置，组织农会干部和农军到各乡去抓了三十多个土豪劣绅，第二天在禾坪岗开大会就地处决了二十四人"。"在禾坪岗开大会的那天，各乡农会的干部群众敲锣打鼓，举着红旗，从四面八方来到会场，大会由邹耀胜主持，介绍了王团长（朱德）来仁化支持我们仁化的农民运动，然后朱德同志在会上讲了话"。"次日朱德部队下韶关路经岩头又杀了已经抓到的三个土豪劣绅。"

12月19日，朱德、陈毅率部到韶关，与广州起义失败后撤出的200余人相遇，得知广州起义失败。将这200余人编入部队后，转移到韶关西北30里的犁铺头，进行休整和练兵。1928年1月上旬，国民党广东当局发现朱德部队隐蔽在范石生部，要范石生解除朱德部的武装，并逮捕朱德。范石生不忘旧谊，通知朱德撤离。这时朱德也接到中共广东省委通知，要他脱离范石生部，到东江地区与广州起义军余部会合。朱德即以"野外演习"为名，率部撤出犁铺头北上，第二次到达仁化。朱德部队到达董塘后，当晚便开会，决定"组织农军一百多人，朱德部队三百人左右，于初十黎明时候攻打仁化"。次日，朱德部在仁化农军的配合下，攻下仁化县城，救出被反动派关押的农运积极分子四五十人，并抓到了暗杀邓祝三父亲的凶手，拉到邓祝三父亲墓前处决。朱德、陈毅还在县城南校场召开大会，县城许多群众都参加了。陈毅在大会上讲话，宣传土地革命。当天，部队又回到董塘，在这里住了一个晚上。

朱德部队临走时，把当地农军改名为工农革命军独立第四团，刘三凤为团长。下设4个营，第一营营长为谭广泉，第二营营长为冯安，第三营营长为伍牛仔，第四营营长为李翠基。全团共有1000多人。朱德还送独立团子弹两箱，并抽调滕铁生、杨开平、石生根、蒋国杰、孙德隆、刘海、范卓、何大修8名人员留在仁化，领导当地打土豪，收缴地主枪支。

滕铁生来到石塘，与李载基等人商量打土豪斗地主，收缴到地主李爵三等人的驳壳枪两支、左轮枪一支、步枪数支、粉枪40支、马刀两把，还分了地主的粮食、财物。在安岗，何大修、刘三凤、蔡卓文等领导发动群众，与地主土豪做斗争，收缴地主各类步枪8支、粉枪台枪30余支。杀了谭礼崇、谭子云、谭清阮、谭世酋等4个土豪，没收了一批财产。农民协会在麻塘，杀了5个地主，连塘坝杀了4个地主豪绅，岩头杀了一个地主，历林村杀了几个地主，并没收了四五百担粮食及一批物资。

很明显，朱德部队两次经过仁化，打击了仁化反动派的嚣张气焰，并派出骨干力量，对仁化农民运动的恢复，尤其是革命武装的建立，给予了很大的帮助，推动了此后不久仁化暴动的发生。

**三、仁化暴动的特点、历史作用**

在土地革命战争时期党领导的武装暴动中，仁化暴动是一次非常有特点的暴动。笔者认为，仁化暴动的特点有以下两个：

第一，暴动持续时间长，达10个月。

仁化暴动起始于1928年1月中旬。广州起义失败后，中共广东省委于1927年12月20日致信北江各县委及全体武装同志，指示："省委得到了从广州退出的这部分革命武装力量，已开到花县的消息，……省委认为，这部分力量应该成为北江农民起来干土地革命的一种重要副力"。"目前这部分武装，无异议即要开始帮助北江农民群众起来暴动"。指示还认为："全省夺取政权的暴动，不久就要再爆发，敌人统治是在动摇中"。要求"你们必须严格的执行省委命令，努力去做，与各地工农一齐起来，重夺广州政治的中心"。根据省委的指示，中共北江特委于1928年1月15日制定了《关于各县暴动工作纲领》，就党的工作方面、发动群众、杀地主豪绅及国民党党员、没收反革命财产、没收土地、组织苏维埃、武装问题、粮食问题、破坏工作、侦查、交通及运输、对付敌军问题、口号、土匪问题做出部署和规定。1月16日，中共北江特委又做出《关于目前党的任务给各县委的指示》，认为"北江的政治环境，比任何地方都好，桂系还以全力对付东江战事，许克祥的部队，也得即日调回广州。可以说桂系是全无力量兼顾北江的。蒋介石在目前更无力顾到北江，方鼎英的十三军已调往西江，范石生只是将五千人左右，镇守北江势力薄弱。所以目前的北江局面，非常有利于农民群众的暴动。"鉴于此，中共东江特委"必须在北江号召群众爆发大规模的暴动，深入土地革命，做成像海陆丰一样的割据局面。"1月18日，中共广东省委在给中央的报告中报告了北江暴动的情况，其中称："仁化亦有四区的农民起来暴动，杀了地主豪绅数十人，没收谷米万余石。""省委除详细指导外，并已派△△同志前去担任书记（因该县工作极为重要，将成为北江第二割据局面的中心）。"很明显，仁化暴动起始于1928年1月中旬。

仁化暴动结束于1928年11月中旬。1928年3月15日，中共仁化县委和县革命委员会撤出华阳寨后，决定第八独立团第四营和第一营部分指战员守卫石塘寨。守寨军民面对国民党军队重兵围攻，坚持到1928年11月12日，终于寡不敌众，寨子被敌攻破，除突围出50多人外，大部被捕或牺牲。石塘寨失守，标志着仁化暴动最终失败。这样，仁化暴动坚持长达10个月整。这堪称党在土地革命战争中领导的武装暴动坚持时间之"最"。

第二，据寨坚守。

仁化暴动发生后，即遭到反动武装的猛烈围攻。中共仁化县委、县革命委员会率领第八独立团在董塘两次击退敌人进攻。在敌我力量悬殊的情况下，县委、县革命委员会、第八独立团团部及第一、第二营和群众700多人，逐步退守安岗华阳寨。这时，中共北江特委对仁化形势的判断是："虽然反革命军队民团的联合进攻，农民困守在乡村里，但董塘群众，已充分的发动，各区以前也曾有代表到董塘参观，董塘农民也曾派人到各区宣传，农民刀始终保存。曲江游击战争的继续，各县暴动之发动与扩大，将使仁化农民之反攻更为有效。如果反革命军队及民团一经溃败，农民暴动必然有更伟大的发展。"2月23日，中共北江特委给仁化县委去信，认为"目前仁化虽受包围，但不是暴动已经失败"。指示："继续奋斗，必能把敌人击退或消灭。""你们目前最重要的"，"是先要同志不恐慌不动摇"，"不等待外来军事力量的援助，而继续领导斗争"。"你们应该相信自己的力量制胜敌人，并你们不应该只看到敌人民团之多。"如何解仁化之危，中共北江特委的对策是："仁化安岗乡死力抵抗，如有可能则冲出一部到敌人后面去进攻，或到别的乡村去活动。其余乡村无论有无武装或武装数目多少皆号召勇敢的及有武装的农民进攻，解安岗之围，各乡村山岭遍插旗帜，各处随时（特别是晚上）吹角，呐喊，鸣锣，击鼓，放枪、放炮、放火（山上及乡村特别是敌人防线及宿营地附近）以骚扰敌人，特委并加派一人去指挥。”

中共北江特委关于解决仁化华阳寨被围的措施得到了广东省委的基本肯定，认为“特委现在对北江暴动的策略的决定，在原则上大部分都是对的，如对仁化应反守为攻，各乡一致动作，以扩大暴动”。因而，省委指示“仁化安岗，须马上实行反攻，同时在其他各乡与一、二、三、四区加紧布置，这样才能使暴动渐渐扩大起来，会合成为一总暴动的局面。”这样，中共广东省委、北江特委形成了寨内固守坚持，外面发动，内外结合，转守为攻的策略方针。这个方针是工农革命军第八独立团据寨坚守的指导思想，从而出现了安岗华阳寨失守后，又在石塘寨坚守的情况。两次据寨坚守，前后长达9个月，这是仁化暴动另一个鲜明的特点。

仁化暴动最终失败了，但无疑有很大的历史作用，表现在：

第一，策应了湘南暴动，呼应了井冈山革命根据地的斗争。

1927年12月27日，中共中央曾致信朱德，要他在率领部队脱离范石生部后，“联络北江的农军及广州暴动后退往北江的队伍，参加北江区域的农民暴动，扩大和深入北江的土地革命，做成北江农暴的主要副力，造成海陆丰农暴割据东江的同样的局面”。要求朱德“立即与广东省委接洽，直接受广东省委的北江特委（大约在韶关）的指导，完成你们对北江农暴应尽的责任”。负责送这封信的李鸣柯先后到江西、湖南，几经辗转未能找到朱德及其部队，只好返回上海。就这样，朱德部没有参加北江农民暴动，而是到湘南，领导了湘南年关暴动。仁化暴动后，中共北江特委虽然很希望朱德部队能够返回北江支持暴动，派人给朱德送信，希望“你们的部队必须设法立即回来，在仁化一带帮助农民暴动，在仁化一带农民群众已充分起来，可以自己的力量保护土地革命胜利，更有力量帮助各县暴动时，再把部队（或只一部分）调到英德及清远，在清远、英德做成第二个北江割据局面。”同时，北江特委又指出：“我们不要盼望着朱德回来，我们应该相信只有……切实工作，从一切苦难中奋斗才是发展暴动，……只有如此才能完成北江割据的局面”。这种矛盾的心态正说明，仁化暴动对湘南暴动起到的策应作用。湘南暴动能够顺利发动，并且迅速发展，仁化暴动的策应作用是不可忽视的。仁化暴动坚持长达10月，也呼应了井冈山革命根据地的斗争。

第二，先后建立了区、乡苏维埃政府和县革命委员会，为建设基层革命政权做出了可贵的探索。

在仁化暴动中，首先于1928年1月28日建立了安岗乡苏维埃政府，选出委员13人，阮啸仙任主席，蔡卓文为副主席。2月10日，中共仁化县委主持召开第五区群众大会和其他各区、乡代表会议，建立了第五区苏维埃政府，选举13人为委员，阮啸仙为主席，蔡卓文为副主席，其他分别为土地革命委员、生产委员、宣传委员、审判委员、财经委员、妇女委员、青年委员、组织委员、文教委员、卫生委员等。并成立了县革命委员会，由全县5个区的代表组成，选举蔡卓文为主席。县革命委员会下设参谋团，协助县委、县革命委员会指挥全县革命武装。此后，其他各区、乡也开始陆续建立苏维埃政府。应该说，仁化是建立苏维埃政权较早的地方，为苏维埃运动的发展做出了贡献。

第三，仁化暴动是党在农村发动群众，建立根据地的一次尝试。

仁化暴动后，党把主力精力放在发动乡村农民群众上，在农村建立政权，开展土地革命，打击豪绅地主，建立革命武装。第八独立团在赤卫队和群众配合下，曾攻占仁化县城，但达到目的后，立即撤回到农村开展斗争，巩固已经取得的成果。中共仁化县委、县革命委员会及第八独立团的领导者坚持在农村开展斗争，为党在农村建立根据地提供了经验。

由于党当时还缺乏军事斗争经验、党的组织基础薄弱、犯有烧杀“左”倾错误、缺乏有力支援等原因，仁化暴动失败了。但是，仁化人民不畏强敌，英勇反抗国民党反动派的统治，为中国革命做出的贡献，将永远铭刻在历史的丰碑上。我们要传承仁化人民的革命精神，认真总结仁化革命历史经验，为在新的历史条件下实现中华民族伟大复兴的“中国梦”而奋斗。

## 赣、粤、湘边游击战争与“十六字诀”的产生

中国社会科学院民族学与人类学研究所处长、研究员　郭军宁

1957年前后，《星火燎原》“编辑部为核对毛泽东游击战争作战原则（十六字诀）”，写信向陈毅咨询：“十六字诀究竟是在什么时候、什么场合提出来的？”是不是在1928年5月20日召开的在湘赣边界党的第一次代表大会时提出来的？陈毅在这封信上用毛笔做了3个批示。

第一个批示是针对“是不是在1928年5月20日召开的在湘赣边界党的第一次代表大会时提出来的”问题，他写道：“不能作这样的推断。”明确否定了在1928年5月20日召开的在湘赣边界党的第一次代表大会时提出来的估计，这个否定实际上是否定了《星火燎原》编辑部认为“十六字诀”是毛泽东提出来的看法。

第二个批示是：“根据一九二七年冬和一九二八年春初的游战经验即形成十六字诀。”陈毅讲的这个形成时间，是朱德领导的南昌起义余部转战赣南、湘南和粤北地区的时间。那时陈毅一直和朱德在一起，他对朱德的战法感同身受。他没见过毛泽东，因此他说的游战经验不是毛泽东领导的秋收起义军的，只可能是朱德起义军的。这个批示的意思非常清楚：上井冈山之前，朱德就已经形成了（有了）“十六字诀”。

第三个批示是：“一九二八年五月即广泛宣传了。”朱毛红军井冈山会师的时间是1928年4月28日，“一九二八年五月”是朱德起义军到达井冈山后不久的时间。此批示是说朱德上山后不久即“广泛宣传”了游击战术“十六字诀”。不提出来怎么进行宣传？所以我认为“广泛宣传”含有正式提出的意思。从词义上说，“宣传”和“提出”这两个词的首个含义是一样的：“宣传”的首个含义是宣布，是说出来、告诉大家；“提出”的首个含义是揭示，也是说出来、告诉大家。因此也可以做出这样的理解：1928年5月，朱德在井冈山正式提出了游击战术“十六字诀”，并使这一战争法宝得到了广泛宣传。

这3个批示证据的价值极大：1.陈毅是亲历者，除了朱德，他最有发言权。那时陈毅一直跟随朱德辅佐朱德，是朱德起义军的政治主官。他对“十六字诀”形成、提出和宣传的回忆，无疑是最为可信的。2.批示的时间是在1957年前后。再以后，由于众所周知的原因，涉及最高领袖的有些回忆内容就不那么可信了。3.陈毅的回答非常郑重非常正式，是他针对编辑部提出的问题，经过深思熟虑之后，亲自用毛笔写下的。不是出于宣传的目的笼统地说一说。它是关于游击战术“十六字诀”究竟是在何时形成、何时提出、由谁提出这

些问题的最可靠的证据之一。

笔者写作本文的目的，是想通过介绍1927年冬天至1928年夏初朱毛红军在赣、湘、粤边区的游击战争，为陈毅这3个结论性的批示提供史实材料、史实根据和史实佐证，以进一步说明游击战术“十六字诀”是怎样产生出来的。

**一、在赣南上堡，朱德正式确立了开展游击战的战略方向**

军事战略是战争胜负的最为基本的问题。武装力量要想取得战争的胜利，首先要确立正确的战略思想，有了正确的战略思想，才可能实行正确的战术原则，才有可能取得战役战斗的胜利。中国共产党领导的武装斗争是从1927年八一南昌起义开始的。那时人民军队刚刚建立即投入血雨腥风的武装斗争，没有战争经验，很难形成自己正确的军事战略。那时党的政治战略是在中心城市发动武装暴动，人民军队的主要成分是参加北伐战争的原国民党军队，所以，延用北伐战争时期的正规战、阵地战和运动战的军事战略，是很自然的。

这个错误的军事战略是南昌起义失败的主要原因之一。改变这一军事战略，确立中国共产党和人民军队正确军事战略的人，是朱德。

南昌起义部队南下攻打会昌时，朱德就在正规战战中采用了游击战术，让手下的黄埔军官们感觉“非常新奇”。三河坝分兵，朱德率部完成阻击任务后，为部队确立了“隐蔽北上，穿山西进，直奔湘南”的战略决策，初步开始了中国革命的中心由城市向农村的转变。

1927年11月2日，部队到达赣南崇义县东部的上堡、文英、古亭地区，在此地驻扎了20多天。在上堡，朱德明确地提出了转变战术打游击的问题，正式确立了游击战的战略方向。当时朱德对部队进行游击战训练，天天上小课，每隔一两天上一次大课。他讲解战略和战术的转变问题，讲解怎样从打大仗转变为打小仗，怎样化整为零，分散行动等，为使部队适应军事战略的转变打好基础。朱德回忆说：“从此以后即开始转入正确的方向——游击战的方向。不是采取过去占大城市的办法，而是实事求是，与群众结合，发动群众起义，创造革命根据地。战术也变了，有把握的仗就打，没有把握的仗就不打，不打就‘游’。方向正确，革命力量就能存在，而且还能得到发展。”朱德能够改变人民军队的军事战略以至不久后提出寓意深刻便于运用的游击战术“十六字诀”，绝非偶然。他参加共产党之前就是滇中名将，他上过正规的军事学校，当过军事学校的教官，当过连长、营长、团长、旅长，身经百战经验丰富，并总结出一套自己的特殊战法——运动战与游击战相结合的流动游击战术。

**二、在粤北犁铺头，朱德科学地总结出28字游击战方针**

在上堡，朱德做的又一件大事是给当时驻扎在湘南郴州的国民革命军第十六军军长范石生写信，同他建立了武装反抗国民党反动派的统一战线，保存了革命火种。从1927年11月2日到崇礼县上堡等地至1928年1月3日离开范石生部队的两个月时间里，朱德部队的活动地区是湘南的汝城、资兴和粤北的仁化、韶关、曲江等地。在汝城、资兴，朱德与范石生面谈合作事宜，得到了范石生的慷慨资助，建立了十六军党支部，召开了湘南、粤北7个县的党组织代表会议，制订了湘南农民起义计划；在仁化，朱德起义军配合农军攻克仁化县城，还在董塘协助石塘、安岗、高寨等乡农民自卫打击土豪劣绅，击溃了地主武装300多人的反扑。

1927年12月10日前，朱德到达仁化县，和广东北江特委取得联系，成为北江特委3个委员之一。特委同志告诉朱德，说中央有指示，要他立即率领部队南下去参加广州起义。于是率部开赴韶关，准备乘火车前往广州。部队在韶关火车站住了一夜。第二天，范石生告诉朱德，广州起义提前举行并且已经失败。他便把部队带到韶关西北30里的曲江县的犁铺头镇。在犁铺头，朱德抓紧时间，再次对部队进行集中训练，掀起了轰轰烈烈的练兵高潮。

在这次练兵中，朱德特别注意培训教学骨干，经常到现场指挥、讲解，亲自示范。当时的教导队长李奇中回忆道：当时，朱德同志讲的很多。他要求我们在讲授战术动作时，抛弃旧的一套队形，采用新的战斗队形。例如将旧的疏开队形改为电光形即梯次配备的疏开队形，以减少密集队伍在接敌运动中受到敌人火力杀伤；又如散兵队形由一字散兵线改为弧形的和纵深配备散兵群，已构成阵地前纵深的和交叉火网而在战斗上造成以少胜多的条件。在战术上，他特别强调知己知彼的重要，要求指挥员重视对于敌情的搜索和侦查工作，不摸清敌人的情况不动手……他总是谆谆告诫我们：一定要让每个同志牢牢记住，我们人少枪少，不能和敌人硬拼，我们要瞅敌人的弱点。我们要注意避实击虚的游击战术。

老红军赵镕回忆了当时朱德总结研究游击战术的情况："那时，练兵没有教材。朱德同志便废寝忘食，根据自己在德国、苏联学到的军事知识，和辛亥革命后在滇越边境平息战乱以及护国、靖国战争中所摸到的一些经验，亲手草拟了《步兵操典》和《阵中勤务》两部教材……后来红军的某些军事教材就是根据这两部教材编写而成的。朱德同志还根据当时敌强我弱的情况，提出了必须掌握运用灵活战术。例如，强敌进攻莫硬打，抓敌弱点我猛攻，孤敌疲敌我围歼，常遣精兵骚扰敌。"

这28个字的游击战术方针是朱德特殊战法的升华、归纳和总结，其含义和"十六字诀"差不多，但不如"十六字诀"朗朗上口易懂易记。"强敌进攻莫硬打"的"莫硬打"就有"退"的含义；"常遣精兵骚扰敌"的核心是"扰"；"抓敌弱点我猛攻"的"猛攻"就是"打"；"孤敌疲敌我围歼"是消灭孤敌疲敌，其中也有"追"的意思。所以我们可以认为，此时朱德已经形成了"十六字诀"的基本内容，只不过还需要做进一步的提炼加工而已。

**三、在湘南起义中，朱德进一步丰富发展了流动游击战术，最终形成言简意赅的"十六字诀"**

1928年1月3日，范石生派人送来一封密信，说统战事宜被告发，望从速离开。随后又送来了几万元现洋和一批枪支弹药及军需装备。在万分紧急的情况下朱德召开会议，决定把部队拉到广东省的海陆丰地区与广州起义部队会合。部队当夜就离开了犁铺头。当部队走到仁化县东南的鸡笼圩附近时发现了国民党阻击部队。朱德当机立断，放弃原来的打算，挥师北上，去实现他那酝酿已久的湘南起义计划。

1月4日，部队进至仁化董塘。晚上，朱德召开仁化党组织、区农会、农军领导人会议，讨论攻打县城事宜。5日，朱德起义军一部和农军、群众500多人再次攻克仁化县城，缴获一批枪支弹药，救出农友50多人，筹款2000多元。可以认为，此役是湘南起义的前奏。6日，朱德遵照上级指示，在董塘将仁化农军改编为工农革命军独立第四团，留下滕铁生等8名军事人员充实该团，而后来到粤北乐昌县的杨家寨子。在这里，朱德、陈毅、王尔琢和龚楚、胡少海、杨子达等人开会决定，举行湘南起义。

1月12日，朱德起义军智取宜章，揭开了湘南起义的序幕。当时控制着广东的李济深密令曾经发动马日事变，大量屠杀工农的独立第三师师长许克祥前去"进剿"。许克祥认为以他6个团的兵力去吃掉朱德的一个团，不成问题，因此立刻从广东乐昌兼程北上。

面对许克祥数倍于我军的兵力，朱德坚决抛弃了南昌起义后那种死打硬拼的方法，命工农革命军第一师和宜章农军撤出宜章城，退入到宜章城西南40公里的黄沙堡、圣公坛一带大山隐蔽起来，以逸待劳。许克祥找不到朱德的部队，以为朱德被吓跑了，洋洋得意，他将部队摆成一字长蛇阵，露出了明显的破绽。这是"敌进我退”。

在战斗过程中，朱德派农军在四面山丘摇旗呐喊、放铳吹号，使敌人找不到起义军的主力而疲于应付。这是“敌驻我扰”。

朱德抓住敌人孤立疲惫之师狠打猛打，一下就击垮了许克祥的两个主力团。许克祥见势不妙落荒而逃。这是“敌疲我打”。

打垮了许克祥主力后，朱德命令部队乘胜追击，不给许克祥有喘息的机会。部队不仅一举拿下许克祥的大本营——坪石镇，还穷追猛打一二十里，打得许克祥只剩下七八个人，逃了命。这是“敌退我追”。

坪石大捷升华了28字游击战方针，促进了“十六字诀”战术原则的形成。在此后湘南起义的两个多月中，郴县良田打虎牵羊、永兴偷袭、骜山庙伏击、二攻耒阳、三打资兴、四打桂阳、进击安仁、骚扰罐子场（冠市）等大小战斗均按坪石大捷的战法进行，屡屡奏效。

笔者根据这些史实判断：陈毅所说“一九二七年冬和一九二八年春初的游战”指的就是部队进入上堡后，主要在湘南起义中开展的以坪石战役的战法为主要内容的游击战。朱德在指挥这些战役战斗的过程中一定对28字游击方针做了进一步的提炼概括，将其浓缩为寓意深刻、朗朗上口、便于应用的“十六字诀”，并对陈毅讲过或者征求过陈毅等人的意见。所以陈毅才会说，“根据一九二七年冬和一九二八年春初的游战经验即形成十六字诀。”

**四、在井冈山反“围剿”战斗的间隙，朱德正式提出了游击战术“十六字诀”，使该战术原则得到广泛宣传**

形成了、有了，不等于正式提了出来。我至今没有找到能够证明朱德上井冈山之前就已经提出“十六字诀”的任何材料。然而除了陈毅批示，还有多个材料可以证明：朱德上井冈山不久即正式提出了“十六字诀”，时间是1928年5月。

1928年4月24日，朱德、陈毅率领湘南起义部队登上位于湘赣边界的井冈山，和毛泽东领导的秋收起义部队会师。会师时，朱德的部队有12000多人，毛泽东部队是千余人，所以又叫朱毛会师。根据朱德的提议，两军合编后部队叫工农革命军第四军，下辖四4个团。朱德任军长，是这支主力红军的最高军事指挥员，负责作战具体指挥。毛泽东任党代表，主要负责战略运筹和政治组织建军。肖克曾说：“红四军在井冈山时期主要是朱德指挥战斗。”跟随毛泽东上井冈的二十八团党代表何长工说：“特别是二占永新的胜利，表现了朱德同志非凡的指挥才能。”事实也是如此。

井冈山会师之前，朱毛红军分别面临着湘赣敌军10个师的联合“会剿”。会师时，由于爆发了蒋、桂、冯、阎对张作霖的战争，“会剿”部队大部分北调，进攻井冈山的国民党军队只剩下滇军杨如轩1个师。所以会师后部队面临的主要任务是粉碎杨如轩师的进攻。朱德根据我情与敌情，集中主力于主要方向，用于打攻坚战、伏击战和歼灭战；非主力部队安排于次要方向，担任警戒、掩护、阻击、骚扰等任务。

首战杨如轩，红四军确定了集中兵力歼敌一路的方针。由朱德、陈毅、王尔琢率领二十八团和二十九团，在遂川方向迎战杨如轩的第八十一团；毛泽东率三十一团，抢占七溪岭有利地形，阻击敌七十九团，袁文才率三十二团担任对湖南敌军的警戒任务。在遂川方向，二十九团三营营长肖克率先出击，在黄坳同敌激战两小时，打垮了敌八十一团的先遣营。此仗胜利后，朱德采取声东击西的战法，在五斗江设伏，一举消灭了敌八十一团。第三天，朱德又率领部队奔袭永新，一举占领了永新城。这次战斗，历史上称之为“一打永新”。

杨如轩不甘心失败，很快纠集了4个团的兵力，再次向井冈山进攻。红四军避其锋芒，敌进我退，然后再次声东击西，在草市坳设伏。杨如轩果然再次上当，他的七十九团走进红军的埋伏圈后遭王尔琢指挥二十八团痛打，一个小时就全军覆没。然后，红军乘胜前进，再次拿下永新城。这就是历史上所说的“二打永新”。

就在敌人向井冈山发动第三次“进剿”前夜的1928年5月13日（此时间来自《龚楚将军回忆录》，是孤证）下午，红四军成立了前敌委员会，常委是毛泽东、朱德、龚楚。

那天晚上，前委召开红四军领导干部会议，3位常委都做了专题发言。朱德就是在这次会议上正式地提出了著名的“十六字诀”。

龚楚回忆道：“前敌委员会召集了一次扩大会议，各团、营长及党代表均出席参加。朱德发表意见。他说，我们以少数兵力，劣势装备和人数众多装备优良的敌人作战，要采取游击战术来配合运动战。游击战术，他提出以下各点：（一）敌进我退：保存实力，待机转移攻势。（二）敌退我进：打击其士气，积小胜为大胜。（三）敌驻我扰：以疲惫敌人，造成对我有利之形势。（四）敌疲我打：应即集中兵力，主动进攻，以歼灭敌人。经过一番热烈的讨论和阐述之后，会议便告结束。红军的战略战术，从此就奠定了基本原则。”

毛泽东也是那次会议的主要参加者，他在《中国革命战争的战略问题》一文中写道：“我们的战争是从1927年秋天开始的，当时根本没有经验。南昌起义、广州起义是失败了，秋收起义在湘赣边界地区的红军，也打了几个败仗，转移到湘赣边界的井冈山地区。第二年4月，南昌起义失败后保存的部队，经过湘南也转到了井冈山。然而，从1928年5月开始，适应当时情况的带有朴素性质的游击战争基本原则，已经产生出来了，那就是所谓‘敌进我退，敌驻我扰，敌疲我打，敌退我追’的十六字诀。”毛泽东这段话不仅说明“十六字诀”是朱德提出来的，而且十分确切地讲了“十六字诀”产生的时间，是1928年5月。

我曾费过很多时间和精力，寻找足以证明是毛泽东在1928年5月提出了游击战术“十六字诀”的证据，可是一件都没有找到。看到的是说毛泽东在1927年年底前后提出了“十六字诀”的一些是是而非的回忆，以及不少没有时间、地点及具体内容的、人云亦云的、没有证明力的言论。1928年3月，由于误传，毛泽东被开除党籍，被任命为工农革命军第一师师长，他表示为难，说“军旅之事，未之学也”。由此可见，“当时根本没有经验”，朱毛会师后又主要负责党的工作和根据地建设的毛泽东，在1928年5月提出“十六字诀”的可能性极小。

赵镕当时是朱德身边的人，他在回忆录里写道：朱德“乃于1928年5月间，在井冈山一次讨论游击战术时，而提出‘敌进我退，敌驻我扰，敌疲我打，敌退我追’的十六字诀。这一完整的游击战术的十六字诀，当即得到毛泽东的赞扬而经常引用。”赵镕这段话讲的很清楚：“十六字诀”是朱德于1928年5月的一次讨论游击战术的会议上提出来的。他后来还针对“十六字诀”的发明者有了新的说法，特意说：“有人认为‘十六字诀’是毛主席创造的，其实是朱德创造的……朱总是从来不讲他的贡献的和他的优点、长处的，无论如何也不讲。我就曾问过他，‘十六字诀’不是您提出来的吗？怎么成了毛主席提出的了？他说‘只要对革命有利，谁提的都一样’”。朱德做出这种既不肯定也未否定的答复，潜在的含义不言自明，明白人都会明了，朱德实际是认可赵镕这句肯定性的问话的。否则，如果真是毛泽东首先提出来的，朱德肯定会批评赵镕而指出是毛泽东的首创。

另外，军旅作家刘白羽在其所著《大海——记朱德同志》的书里（此书原名为《朱德将军传》，未公开出版），以及美国作家史沫特莱在其所著《伟大的道路》里面都说朱德在井冈山提出了游击战术“十六字诀”（限于篇幅，不再引述）。他俩不是当事人，是采访朱德并为朱德写传的作家，朱德如果没有明确地告诉他们自己在井冈山提出了游击战术的“十六字诀”，他们怎么会那样写呢？

从以上介绍中可以看出，毛泽东、朱德（通过刘白羽、史沫特莱转述）、龚楚和赵镕，他们对“十六字诀”由谁提出的、什么时候、在什么地方提出的问题，都做出了明确的回答。这些回答都可以作为陈毅批示的佐证。

## 试论仁化暴动的地位及其与湘南暴动的关系

中共广东省委党史研究室编辑出版处处长、《红广角》杂志主编、
广东中共党史学会副秘书长　吕湛忠

仁化暴动被中共广东省委称为“农民暴动中最伟大的战斗”，因为阮啸仙在中共“六大”上所做的专题介绍而闻名共产国际。仁化暴动至今已过去87年，其在广东大革命历史乃至中国革命史地位一直存在争议，其原因是多方面的。

仁化暴动在中国共产党以农村包围城市、武装夺取政权的不断探索中发挥了其独特的作用，是中国共产党探索中国革命道路过程中具有重要意义的一次革命实践。

**一、仁化暴动的地位**

仁化暴动在中国共产党组织开展的一系列武装暴动中起承上启下的作用。在中国共产党探索中国革命道路的过程中，仁化暴动是一个很有意义的节点。从时间上来说，早在1927年4月中旬，仁化的党组织就派遣农民自卫军参加北江农民北上讨蒋行动。6月下旬，仁化党组织联合湖南汝城农民自卫军首次攻占仁化县城，救出农会职员和群众80多人后撤离。这是大革命失败后在广东发生较早的农民暴动，虽然规模不大，但由两省农民联合行动，一度占领县城，吓跑了反动县长，影响很大。

“四一二”反革命政变后，由中国共产党主导的中国革命陷入了低谷，在强大的反动势力面前，中国共产党开始认识到必须拥有属于自己的武装力量才能够与反动势力继续斗争，才有可能继续领导中国革命走向胜利。在八一南昌起义后，中国共产党拥有了属于自己的革命军队，“八七”会议确定了“枪杆子里面出政权”的斗争路线，并决定开展土地革命，走上了武装反抗反动势力的道路。在探索中国革命道路的过程中，中国共产党先后发动了南昌起义、秋收起义和广州起义等一系列武装斗争，主要以占领中心城市（镇）为目标，试图武装推翻反动统治，建立苏维埃政权。革命军队在攻打大城市中损失惨重，中国共产党逐步意识到，要在敌人力量强大的大城市中斗争取得革命胜利是无法取得胜利的。而在广大的农村地区，敌人力量相对薄弱，我们党在大革命时期在农村有比较好的群众基础，有利于革命力量的发展。同时当时各派军阀持兵自重，武装割据，也使革命力量能够在敌人统治边缘地带生存下来。在毛泽东领导的秋收起义部队转入井冈山地区，与当地的农民武装共同革命，开始了中国革命农村包围城市，武装夺取政权的道路。

广东党组织在探索中国革命道路问题上也进行了积极的努力，在大革命失败后的几个月内在全省领导发动了数十次武装暴动，虽然都失败了，但打响了反抗国民党反动派的枪声，对于探索中国革命如何发展具有重要意义。仁化暴动是广东党组织探索中国革命道路的又一次尝试，虽然暴动最后

失败了，但因其主要领导者阮啸仙在莫斯科召开的中共“六大”上的介绍而闻名共产国际，为世人所知。

仁化暴动是贯彻中共中央和广东省委决策的一次武装暴动。1927年8月3日，中共中央在南昌起义后的第三天制定了《关于湘鄂粤赣四省农民秋收暴动大纲》，决定在大革命时期工农运动基础较好的湘、鄂、粤、赣4省举行秋收暴动。“八七”会议总结大革命失败的经验教训，确定了土地革命和武装反抗国民党反动派的总方针，把发动农民举行秋收暴动作为当前党的最主要任务。“八七”会议后，中共广东省委根据中央的决定精神，先后制定了《暴动的各县市工作大纲》、《我们目前的任务与政策》、《关于农民运动大纲》等文件，对广东秋收暴动进行部署。同年8月至9月间，省委先后对各地党组织发出秋收暴动的计划和大纲，要求各地立即发动武装起义。在省委的组织下，广东全省掀起了秋收暴动的高潮。东江、琼崖、北江、西江、中区和南路先后爆发了秋收暴动。从1927年8月至11 月，广东共有30多个县（市）发动了秋收起义，其中有16个县一度占领了县城，海丰、陆丰等县建立了工农革命政权，形成了广东全省的工农武装起义的又一次高潮。

广州起义失败后，中共中央认为：“广州暴动是广东总暴动的开始，是全国各地工农暴动的信号”。中央还指示由朱德、陈毅领导的转移到粤北的南昌起义军余部，要“参加区域的农民暴动，扩大和深入北江的土地革命，做成北江农暴的主要副力，造成海陆丰农暴割据东江的同样的局面”。

为加强对北江地区武装暴动的领导，省委于1928年1月派张善铭（省委常委）、阮啸仙、赵自选等赴北江（张善铭任中共北江特委书记，赵自选任委员，阮啸仙任仁化县委书记）领导北江地区的秋收暴动。1928年1月27日，阮啸仙在仁化县董塘区主持召开了农民武装大会，宣布“没收一切地主的土地归原耕农民”，提出“杀尽豪绅地主！”，随后成立了安岗乡和第五区苏维埃政府，攻取了仁化县城，开启了仁化暴动。这次暴动，一直坚持到1928年11月12日石塘寨失守，其中石塘寨战斗从1928年3月12日始，第八独立团第四营在寨内坚持战斗，长达8个月之久。国民党调用大炮甚至飞机多次轰炸，战斗极为惨烈。仁化暴动也因此成为当时粤北农民暴动的中心，动摇了国民党反动派在粤北的统治。

综上所述，仁化暴动以武装革命坚决回击了国民党反动派的大屠杀，在北江地区掀起了武装暴动一次高潮，在武装斗争、武装割据、革命政权建设、土地革命、动员组织农民等方面进行了勇敢的实践，为广东党组织探索中国革命道路做出了贡献。朱德在总结这一段历史时曾说：“大败之后重新整理队伍，恢复元气，转变方向，深入农村，得到了群众的拥护，才得以发展”。

**二、仁化暴动与湘南暴动的关系**

仁化暴动与湘南暴动是发生在粤北、湘南的两次暴动，这两次暴动在地域、时间、性质以及暴动的主力存在很多共同之处，因此，近年来，有研究人员将这两次暴动相提并论，把两者结合起来进行研究，这是很有意义的。

*1.两次暴动的牵头者相同*

仁化暴动与湘南暴动的牵头者都是朱德、陈毅领导的南昌起义部分队伍。粤北、湘南是大革命时期农民运动蓬勃发展的地区。大革命失败后，粤北、湘南地区的共产党员和革命群众在白色恐怖下仍继续坚持斗争，开展武装暴动的群众基础较好。1927年11月26日，朱德、陈毅在汝城主持召开会议，参加会议的有粤北、湘南各县党组织的负责人。会议决定发动粤北、湘南暴动（又称湘南起义、年关暴动）。粤北暴动首先在仁化爆发。

从仁化暴动的主力军来说，朱德、陈毅发挥了重要作用。朱德、陈毅部队先后两次到达仁化，协助当地农运骨干打土豪，斗地主，处决了20多名土豪劣绅，联合农军再次攻入仁化县城，把仁化农民自卫军改编为工农革命军独立第四团，并留下一批枪支弹药，提高其战斗力。2月，根据上级要求，阮啸仙将工农革命军独立第四团改编为广东工农革命军北路第八独立团，下设3个营，团、营长都换了新人，由朱德部队留下来的8名干部加强军事领导。

朱德、陈毅部队的这些行动，对仁化暴动的影响很大。1928年1月22日，朱德、陈毅部队从仁化进入湘南发动暴动，湘南暴动以智取宜章县城为开篇，拉开了湘南暴动的序幕。朱德、陈毅将部队整编为工农革命军第一师，并在广东坪石一带消灭了前来镇压起义的国民党军许克祥师。此后资兴、永兴、耒阳等县农民攻入县城，建立了苏维埃政府，起义烈火燃遍了整个湘南。

从仁化暴动和湘南暴动的牵头者来看，都是朱德、陈毅率领的南昌起义部分队伍。南昌起义失败后，朱德、陈毅部队从江西辗转至湖南，至广东，再由广东到湖南，沿途积极发动群众，杀土豪劣绅，协助所到之处的党组织和农会成立革命武装。因其是正规的部队，因此整体战斗力强，守纪律，理所当然地成为这两次暴动的牵头者和主力。正如朱德所说："我们把队伍由韶关拖出来，先打仁化，不久转入湘南宜章，举行了湘南起义。从此，我们的军队就和湖南农民运动结合起来"。

朱德、陈毅部队属于流动队伍，在进入井冈山革命根据地前，一起处于流动状态，最困难的时候还寄身于国民党范石生部。因此，朱德、陈毅部队所经之处，能够有效组织开展武装斗争的地方多是群众基础较好的地区，在朱德、陈毅部队到来之前就已打下坚实的群众基础，当地党的组织战斗力较强，能够把群众组织起来。因此，在仁化暴动和湘南暴动中，革命斗争以当地党组织为主，朱德、陈毅部队则发挥了支持、帮助、推动的关键作用。没有朱德、陈毅部队的支持帮助和强有力的推动，刚刚经历过大革命失败的地方党组织无力组织成规模的暴动，同样，没有地方党组织的积极参与和发动，也无法动员组织广大农民参加革命。粤北的情况是如此，仁化的情况也是如此，湘南的情况也基本一样。当时中共北江特委指出（朱德、陈毅部队）"虽然走过许多地方，然而民众没有起来，走了以后，仍然是反动的地方"。实际情况也确实如此。朱德、陈毅部队在江西、湖南、广东之间来回游动，既疲于行军，又要应付来自敌人袭击和进攻，没有时间和精力动员群众，开展土地革命。因此，朱德、陈毅部队离开仁化后，仁化的革命斗争由中共北江特委和仁化县委领导，虽然坚持时间较长，但规模已大不如前。1928年4月，朱德、陈毅部队进入井冈山革命根据地后，湘南的革命斗争就转入了低潮。因此，正是有了朱德、陈毅率领的南昌起义部队与粤北、湘南党组织相互配合，才成功组织和发动了仁化暴动和湘南暴动。

2.两次暴动发生的时间相同

仁化暴动与湘南暴动在时间上是连贯的，从1928年1月开始起至1928年4月，先从仁化起事，革命风暴迅速向北发展，发生了湘南暴动，粤北湘南一先一后，互相呼应，高潮互现。仁化暴动以朱德、陈毅部队在1928年1月初第二次进入仁化，攻入仁化县城为标志拉开序幕，随后，朱德、陈毅部队从仁化进入湘南，于1928年1月22日智取宜章县城，开始了湘南暴动。把仁化暴动与湘南暴动两个暴动中发生的重要节点做对照就能发现，两个暴动是同时发生，同时进行的。两个暴动在粤北和湘南一南一北，此起彼伏，有力地打击了国民党在这个地区的统治。

朱德、陈毅部队掀起仁化暴动后转入湘南，粤北的革命斗争转由广东省委委员、仁化县委书记阮啸仙领导。1月27日阮啸仙在粤北仁化董塘召开农民武装大会，第二天，成立了仁化县内第一个红色政权——安岗乡苏维埃政府，阮啸仙任主席，蔡卓文为副主席。其他各乡也先后成立了苏维埃政府，2月4日，阮啸仙将工农革命军独立第四团改编为“广东工农革命军北路第八独立团”，下设四个营。2月10日，董塘区苏维埃政府和仁化县革命委员会成立，武装暴动的准备工作就绪。2月13日，仁化县委率领独立团及赤卫队共500多人的队伍进入仁化县城，在城内颁布了《仁化县革命委员会政纲》和《暴动宣言》，号召全县农民起来暴动。

1月22日，朱德、陈毅部队在湘南智取宜章县城，第二天，中共宜章县委在西门广场召开群众大会，庆祝暴动胜利。朱德宣布起义军改名为“工农革命军第一师”，朱德任师长，陈毅任党代表，王尔琢为参谋长。在坪石战役击溃许克祥后，成立了宜章县苏维埃政府。朱德、陈毅率领工农革命军第一师，由宜章北上占领郴县。随即分兵协助资兴、永兴、耒阳等县农军攻占县城，并在这些县建立苏维埃政府。在此期间，安仁、茶陵等9县大部地区的农民，也纷纷举行起义，起义军占领湘南十多个县，广泛发动工农群众，建立革命政权，工农革命军很快发展到1万余人。1928年4月，在国民党重兵的围堵下，朱德、陈毅部队撤离湘南转入井冈山革命根据地。仁化的革命斗争则顽强坚持到11月12日石塘寨失守方告失败。

3、两次暴动发生的地域相连

粤北与湘南山水相依，仁化县与汝城县地域相连，两个县城间直线距离仅52公里，仁化与宜章两个县城间的直线距离不到90公里。粤北与湘南地处两省交界，在大革命时期，中国共产党在这里组织开展了农民运动，组织农民协会和农民自卫军。“四一二”反革命政变后，仁化党组织还派遣了农民自卫军140多人北上武汉，这支农军的大部分人还参加了南昌起义。

湘南的农民运动则更早，规模更大。北伐战争时期，湖南迅速发展为全国农运的中心，北伐军进入湖南后，农民协会由秘密转入公开，到1926年11月初，湖南75个县中已有50多个县成立了由贫农为骨干的农民协会，有会员130多万。就全省来说，“以长沙为中心的湘中各县最发展，湘南各县次之”。

“四一二”反革命政变后，大革命失败，轰轰烈烈的农民运动转入低潮，但粤北湘南的农运基础尚在，朱德部队在进入井冈山革命根据地前，一直都在粤北湘南间活动。朱德、陈毅部队在率领仁化农军攻入仁化县城后，接着向北进入湘南，成功智取宜章县城，接着在粤北迎击许克祥部，取得坪石大捷。然后向北挺进进入湘南，打败了驻郴州之敌，相继攻下耒阳、资兴、永兴、桂东、汝城等县城，在湘南掀起了声势浩大的革命风暴。

可见，由于粤北湘南的地域相邻，又处于两省交界，地处较偏僻的广袤山区，国民党统治势力较弱，便于组织和发动群众，粤北和湘南的农民运动较容易结合在一起，共同行动。朱德、陈毅部队的活动也正得到粤北湘南两地农民群众积极响应和大力支持，才如鱼得水，不断取得胜利。在坪石大捷后，朱德在祝捷大会上说过，没有宜章和乐昌人民的支持，是不会取得这么大的胜利的。

4.两次暴动发生的结果、作用相似

仁化暴动和湘南暴动最终都失败了，但两个暴动为我们党开展武装夺取政权革命道路的探索提供了宝贵的实践经验，两个暴动在粤北湘南广大地区掀起的革命风暴影响深远，两个暴动在建立苏维埃政权、成立工农革命武装、开展土地革命等方面进行了初步而有益的尝试，对创建红军提供了实践经验。

（1）仁化暴动、湘南暴动为农村包围城市、武装夺取政权的革命道路理论提供了宝贵的实践经验。在大革命失败后，在残酷的斗争环境前，阮啸仙领导的广东工农革命军北路第八独立团，朱德、陈毅领导的南昌起义部队把武装斗争与农民运动结合起来，与土地革命结合起来，与建立苏维埃政权结合起来，建立农村革命根据地，实行工农武装割据。这些都为毛泽东农村包围城市、武装夺取政权的中国革命道路的理论探索提供了宝贵的实践经验。

（2）仁化暴动、湘南暴动为人民军队的建立和发展做出了初步的探索。朱德在仁化、湘南领导暴动期间，大力帮助组织和发展当地农民武装和群众武装，开始了中国革命军队的初步尝试。在粤北、湘南期间，朱德、陈毅部队每攻下一个县城，即着手帮助地方县委组建地方部队。在仁化，将仁化农民自卫军改编为工农革命军独立第四团；在湘南，先后建立了宜章工农革命军第三团、郴县工农革命军独立第七师、永兴苏维埃政权赤色警卫团、资兴独立团和耒阳工农革命军独立第四师。朱德、陈毅部队在离开仁化和湘南各县城时，都留下一批骨干和枪支弹药，充实农军建设，提高了其战斗力。朱德创造的将正规部队、地方武装和群众武装相结合的武装力量形式，对探索建立革命军队是很有意义的。这是在城市武装起义失败后，撤退至农村，与农民运动相结合的成功探索。

（3）仁化暴动、湘南暴动互相支持，为井冈山革命根据地的发展贡献了力量。仁化暴动、湘南暴动在同一地域同时发生，互相配合，互相支持，有效地牵制了国民党的武装力量。特别是朱德、陈毅于1928年4月离开湘南转入井冈山革命根据地后，仁化的革命斗争一直坚持到11 月。仁化暴动牵制了大批粤军，使其无法全力参与对井冈山革命根据地的第一、二次“围剿”，在客观上起到了调动、牵制粤军的作用，成为井冈山革命根据地外围的一块武装斗争的根据地，第八独立团长达8个月的武装斗争成为保卫井冈山革命根据地的重要副力。

通过比较仁化暴动和湘南暴动，我认为，两者发生的时间、地域、暴动的牵头者及其影响和作用都存在相同或相似之处，因此，可把两个暴动统一称作“粤北湘南暴动”。

仁化暴动和湘南暴动至今已过去87年，仁化暴动的领导者、组织者和参与者大多牺牲较早，存留下来的史料有限。新中国成立后党史学界对仁化暴动的研究还不够充分，研究成果也不多。广东、韶关党史学界今后应加大力度，在仁化暴动的史料征集、研究和宣传教育方面多下功夫，不断取得新的研究成果。

## 仁化暴动走上共产国际及其影响

中共广东省委党史研究室第一研究处主任科员　张启良

阮啸仙，广东河源人，是中国共产党的早期党员、广东青年运动的先驱、大革命时期著名的农民运动领袖、第一任中央审计委员会主任。1928年1月，发动和领导著名的仁化暴动。6月，出席在莫斯科召开的中国共产党第六次全国代表大会，第一次把仁化暴动的声音传递到共产国际，产生了重要影响。

### 一、阮啸仙临危受命，策动和领导仁化暴动，为仁化暴动声播共产国际奠定了实践基础

1927年4月，以蒋介石为代表的国民党右派公开叛变革命，轰轰烈烈的大革命运动在全国范围内失败了。在革命面临转折的危急关头，1927年8月，党的“八七会议”在武汉召开，确立了以土地革命和以武装反抗国民党反动派的屠杀政策的总方针。

遵照“八七会议”精神，中共广东省委在全省范围内开展了声势浩大的武装暴动。著名的“仁化暴动”就是广东全

省1928年年关暴动的重要组成部分。

1928年1月，中共广东省委确定把仁化作为北江暴动的中心，“该县工作极为重要，将成为北江第二割据局面的中心。”“省委对北江的新决定是要以仁化做中心，与南雄、始兴、曲江、乐昌一部做成割据局面。”阮啸仙受中共广东省委委派到仁化担任县委书记，领导武装暴动和土地革命。针对仁化“党部极弱，经过‘四一五’反革命政变的大屠杀，到现在仅余七人，简直无法领导群众”，阮啸仙建立健全组织，大力发展新党员，壮大党员队伍，把“勇敢农民和现有农军无条件容许入党”，到1月31日止，“安岗乡已发展同志四十五人”。与此同时，加强党员的思想教育，使其发挥“冲锋陷阵的尖兵”作用，深入基层，宣传、组织和发动群众，革命暴动的条件越来越成熟。

1928年1月27日，仁化县委决定在董塘区召开农民武装大会，全县23个乡的农民武装共2000多人参加了大会，举行了声势浩大的阅兵式。阮啸仙主持大会，并做了关于土地革命和武装暴动的报告。这次大会还明确宣布：“没收一切地主土地归原耕农民，限七日内掘去田基，限七日后起用，领取土地使用证”、“没收或征收豪绅地主谷石、银两、枪械”，提出“高举工农兵的红旗”“组织我们的工农政府”“铲平田基，烧尽田契”“没收一切土地归农民”等革命口号。会后，仁化农民掀起了斗土豪、分土地、镇压反革命、烧田契、缴枪、收谷物的热潮。“锄田基、担豪绅地主的谷石，缴其枪械，执豪劣地主反动派或枪毙或征发粮食出军饷……诸如此类之事，每日无时无之”。

第二天（1月28日），阮啸仙主持成立仁化县第一个苏维埃政权——安岗乡苏维埃政府，并当选为苏维埃政府主席。在成立大会上，阮啸仙阐述了苏维埃政府的性质、任务和政策，号召团结起来，以安岗为首创，以后各乡次第成立苏维埃。2月10日，阮啸仙主持召开了董塘全区大会和各方代表会议，成立董塘区苏维埃政府，委员13人，阮啸仙任主席，蔡卓文任副主席，其余的委员分别担任土地革命、生产、宣传、财经、审判、妇女、青年、文教、卫生等职务。仁化县革命委员会同日宣告成立，下设参谋团，各级军事干部在革委会的领导下去基层组织武装训练，发展和指挥全县暴动。县、区、乡苏维埃政权的诞生，标志着仁化县武装割据进入了一个全盛时期。

2月13日，在阮啸仙为首的中共仁化县委领导下，刚刚组建不久的广东工农革命军北路第八独立团在五六百农民赤卫队的配合下，攻占了仁化县城，发布《革命委员会政纲》和《暴动宣言》，号召全县农民大暴动。仁化暴动，打破国民党的白色恐怖，震撼了粤北大地，开创了仁化地方武装割据的新局面。

仁化暴动如火如荼，红色革命政权的诞生更是引起国民党反动派的极度恐慌和仇视。从2月14日起，国民党军队及地方反动武装大举围攻董塘和安岗乡华阳寨。阮啸仙、蔡卓文等领导工农革命军第八独立团和赤卫队，打退敌人的多次进攻，打死打伤敌人200多人，守寨军民牺牲17人。3月中旬，阮啸仙离开仁化请援，根据其安排部署，仁化县委决定退出华阳寨，率领部分农军撤往澌溪山开展游击战，其余700多人坚守石塘寨。敌人采取爆破、断水、火攻等手段，并以飞机、大炮相配合，围攻石塘寨数月均未得手。11月中旬，石塘寨军民坚守8个月之久，寨内断水断粮，疾病流行，被迫突围。寨内老弱病残200余人来不及转移被捕，其中120多人惨遭杀害。石塘寨战斗尤为惨烈，打退敌人几十次进攻，毙敌100多人，农军和群众先后牺牲400多人。

仁化暴动持续近一年的时间，是北江农民暴动坚持斗争时间最长的地区。仁化暴动以武装斗争和土地革命为手段，以建立苏维埃红色政权、实现工农武装区域割据为目标，对中国革命道路进行了勇敢的探索和实践，声势之浩大，斗争之英勇惨烈，持续时间之长，为广东农民武装斗争史所罕见，在全国也较为少见。中共广东省委第二次扩大会议《纪念死难诸先烈》称仁化暴动“这亦是农民暴动中最伟大的战斗”。

阮啸仙是仁化暴动的参与者、组织者、领导者和见证人。他对仁化暴动有着不同寻常的切身体会，对仁化暴动的伟大意义有着深刻的理解。他亲自发动和领导了仁化暴动，从而为仁化暴动传递到共产国际奠定了实践基础。

**二、阮啸仙作为广东代表，辗转到莫斯科出席中共六大，为仁化暴动传递到共产国际提供了历史机缘**

阮啸仙带领农军据守华阳寨，遭到敌人优势兵力的集中围攻。寨内军民奋起迎战，多次打退敌人的大规模进攻，但敌强我弱，力量悬殊，守寨军民武器弹药越来越缺乏，战况十分危急。阮啸仙、蔡卓文等主要领导人客观分析了战斗形势，认为只有派人出寨请援，才能打破敌人的围攻。鉴于此前派人出寨请援未果，阮啸仙提出亲自去北江特委商量对策，以挽救危局。

蔡卓文等人考虑认为：请援非常迫切，越快越好，阮啸仙亲自前往希望较大。“于是在二月初九日深夜，指派专人用箩绳把阮啸仙吊出寨外，并派党员干部谭新玲等四人跟随护送到韶州。谭新玲完成任务在返仁化途中，被敌人杀害。阮啸仙也因敌人重兵封锁道路，不能返回仁化。”

阮啸仙离开仁化后，抵达北江特委，研究如何在仁化进一步开展武装暴动问题。1928年3月初，他奉命回到香港，向中共广东省委做了关于仁化暴动情况的汇报。随后，被选为中共六大代表，经上海、哈尔滨，坐船又坐火车，经过两个月才抵达莫斯科，参加中国共产党第六次全国代表大会。

1927年大革命失败后，中国共产党开始走上了独立领导中国革命的道路。在关于中国社会性质以及革命对象、动力、前途等关系革命成败的重大问题上，迫切需要召开一次党的全国代表大会认真加以解决。经共产国际同意，1928年6月18日至7月11日，中国共产党第六次全国代表大会在莫斯科郊外的一所原地主庄园旧址召开。出席大会的代表共142人。这也是中共历史上唯一一次在国外召开的党代会。中共六大是在特定历史时期和历史条件下召开的具有重大历史意义的会议。会议通过了关于政治、苏维埃政权等问题决议案，通过了经过修改的《中国共产党章程》，统一了全党思想，对克服党内存在的“左”倾情绪，实现工作的转变，起到了巨大的作用。

这次大会，苏联和共产国际方面也十分重视。大会开幕前夕，斯大林曾专门与中共一些负责人进行了谈话。斯大林、布哈林为大会主席团成员。6月19日，共产国际书记布哈林向大会作报告，阐述中国革命的性质、任务和形势等问题。共产国际代表、意大利共产党代表、苏联共产党代表、少共国际代表还分别向大会祝词。

广东代表团是各省代表团中最大的一个代表团，团长是李立三，正式代表有苏兆征、阮啸仙、杨殷等19人。饶卫华（饶君强）为指定参加及旁听代表。

阮啸仙出席这次大会，并被选为中央审查委员会三委员之一。按照会议议程，他还分别在6月26日讨论政治报告、7月2日讨论农民与土地问题时做了发言。

6月26日，在讨论政治报告时广东代表团有3人做了会议发言，他们是：苏兆征、阮啸仙、曹更生。“六月二十六日，大会继续讨论政治报告。发言的有王仲一（顺直代表）、向忠发（湖北代表）、……苏兆征（广东代表）、罗章龙（湖南代表）、王子清（顺直代表）、阮啸仙（广东代表）、项英、申明、邓颖超（中央妇委）、曹更生（广东代表）”。

7月2日，大会讨论农民与土地问题的报告，阮啸仙作为广东代表团唯一代表做了大会发言。“七月二日，继续举行大会。开始讨论农民与土地问题的报告。发言的有：张世煦、王培五（列席代表兼工作人员）、阮啸仙、罗章龙、夏曦、任旭、瞿秋白、王茂廷、张金刃（陕西代表）、王子清、方维夏（列席代表兼工作人员）、张国焘、胡秉琼、蔡和森、胡大才、王若飞。李立三作关于农民土地问题讨论的结论。”

在讨论农民与土地问题时，阮啸仙在大会上做了“仁化县农民斗争的经验教训”的发言，向与会代表介绍了他在仁化建立苏维埃政府、组织农民暴动的情况，讲得具体生动，受到大会代表们的重视。据当时受党的委派在莫斯科东方大学学习、参与大会秘书处工作的列席代表饶卫华回忆，阮啸仙在发言中充分肯定了仁化暴动的伟大作用。“仁化县农民的武装起义，是全国各地许多农民起义，武装夺取政权，实行土地革命战争的开始，也是伟大的斗争序幕。在党的大会上，总结这次斗争经验与教训，就可以用来指导以后其他地区的武装斗争，以取得更大的胜利”。

阮啸仙在这次大会发言中介绍了仁化暴动的情况，指出仁化暴动具有伟大的革命意义。饶卫华回忆：“阮啸仙的发言中，阐述到‘四一五’后，中国革命的形势，认为国民党叛变革命，蒋介石代表中国的大资产阶级利益，出卖革命人民和盟友，转身和地主豪绅、帝国主义相勾结，虽然暂时取得胜利，但是，他们对于中国民主革命存在的问题，一个也没有解决。中国大地仍是布满了干柴，革命的星星之火，今后必将燎原，全国人民反帝反封建的斗争，必将迅猛发展下去，越来越强大。最后人民革命斗争洪流，一定能够把国民党反动政权完全冲垮！在仁化农民中点燃起来的革命烈火的伟大意义，就在于此。”从饶卫华的这段回忆可以看出，阮啸仙站在革命全局的高度正确地评价了仁化暴动的伟大意义。

阮啸仙在中共“六大”上关于仁化暴动的发言，引起了大会的热烈反响，也引起了列席会议的苏联同志极大兴趣，为仁化暴动传递到共产国际创造了历史契机。

如果——当然历史不能假设——阮啸仙不被选为中共六大代表或虽然被选为“六大”代表，而由于路途遥远，困难重重，险象环生，不能按时到达或者根本不能抵达莫斯科，那么就不可能把仁化暴动传递到中共“六大”会场，也就无法引起共产国际的关注。因此说，阮啸仙被选为中共“六大‘代表，并按时出席这次大会，是把仁化暴动传递到共产国际另一个必不可少的条件。

**三、阮啸仙对仁化暴动的精彩讲述与科学分析，引起苏联同志的高度关注，促使仁化暴动走上共产国际**

中共“六大”在莫斯科召开，一部分苏联同志应邀列席大会。阮啸仙关于仁化暴动的发言精彩纷呈，既有丰富的革命斗争实践，又有高屋建瓴的科学分析，备受与会代表及列席会议的苏联同志关注。

1983年3月16日，饶卫华回忆：“阮啸仙对一九二七年和一九二八年春，仁化县农民武装起义斗争，所作的详细正确分析和结论，不但得到大会的重视，而且引起了前来参加大会的苏联同志的关注。因此，他们要求阮啸仙在大会闭幕后，抽出一段时间，把仁化农民武装斗争的前后经过，写成一个专题报告，作为大会材料，存入苏共的档案馆保存，以供研究使用。”

中共“六大”闭幕后，阮啸仙根据苏联同志的要求以及周恩来的指示，继续留在莫斯科，负责整理包括仁化在内的苏维埃政权建设经验材料，并翻译成俄文，作为大会材料，存入共产国际档案。

阮啸仙在整理仁化暴动专题报告的过程中，得到广东“小老乡”饶卫华的帮助。饶卫华因此成为重要的参与者、见证人。55年后，饶卫华以亲历者的身份深情地回忆了那段岁月：

“阮啸仙在大会闭幕后，即利用回国前的时间，找我做他的助手，帮助他记录整理和抄缮工作。当时我是广东党派送到莫斯科东方大学学习的学生，‘六大’开幕前夕，党中央指定把我从学校抽调出来，到大会秘书处工作，并列席参加大会。对阮啸仙的要求，我取得大会秘书处的同意后，便全力帮助他完成这一工作。首先由他拟好提纲，然后详细讲述，我则专心为他记录整理，随后，又由他自己修改补充，译成俄文，先交给参加大会的苏联同志（东方大学教授、共产国际东方部的干部）库之違错夫，请他提了意见，再作修改补充，最后才完成这一工作，将文稿交给大会秘书处转送苏联有关同志。”

从饶卫华的亲身回忆可以看出，阮啸仙对于整理关于仁化暴动的专题报告是颇费心力，几经修改、补充和完善，最后才定稿。可以推断：这份报告应当是一个较为完整的专题性报告，比较系统地反映和记录了仁化暴动前后的详实情况，是研究仁化暴动以及仁化革命斗争史十分珍贵的史料。

阮啸仙整理的仁化暴动专题报告，究竟涉及哪些具体内容呢？就目前而言，国内尚未见到这份报告的文稿。关于这份报告的主要内容，饶卫华是这样回忆的：

“现在，这件事已过去将近六十年了，我回想起来，只能记忆这份报告的大体内容，如当年仁化党的县委领导，党员人数公布，以及县委以下党支部的组织情况。全县农民协会会员人数，各区分布情况。农民自卫军武装情况，领导人的姓名，以及工会、妇女会、青年团等组织。各区乡先后的斗争具体行动，提出的斗争口号。仁化县有名的地主豪绅姓名，地主武装同国民党的县政府的武装组织，军警武装力量分布。各阶层群众的政治态度等，都作了调查分析。斗争经过时间、地点以及胜利和失败的经过及其原因，失败后受到的残杀牺牲等都有详细的叙述。”

饶卫华的回忆，粗略地勾画了阮啸仙整理的仁化暴动专题报告的基本轮廓，但要详细地了解还需查看原稿。笔者费尽心思，试图查找这份报告的国内中文稿，但一直未果。由中共广东省委宣传部学习室、广东省档案馆编辑，广东人民出版社1984年出版的《阮啸仙文集》以及中共仁化县委党史研究室编辑的《仁化党史研究资料选编（1923—1949）》等文献性资料，也均未曾收录。

当年的见证人饶卫华是否保留有这份珍贵的专题报告底稿呢？饶卫华在1983年最后回忆说：“由于历史的发生年代远，而我年事又高，现在对这一报告的具体细节内容，我已无法再回忆得出来了，手上亦无任何参考材料，只能说明当年有过这回事及其起草的经过，以供参考。”由此可以看出，饶卫华并未保存阮啸仙关于仁化暴动专题报告的中文底稿。

阮啸仙按照苏联同志的要求和周恩来的指示整理的那份关于仁化暴动专题报告的底稿去向便成了一个未解的历史之谜，而俄文稿则沉寂在共产国际的档案里。也许，未来某一天它会再次呈现在公众的视野——这自然是研究仁化暴动的众多专家学者之热切期盼。

阮啸仙第一次把仁化暴动通过中共“六大”，继而传递到共产国际舞台，具有一定的国际层面意义，其深远影响有待于进一步研究。笔者认为，主要体现在5个方面：一是阮啸仙在中共“六大”上关于仁化暴动经验教训的发言引起列席会议的苏联同志的关注，在他们中间产生了最初的局部影响。二是阮啸仙根据苏联同志的要求和周恩来的指示，在中共“六大”闭幕后整理仁化暴动专题报告，并译成俄文，使得仁化暴动的读者对象扩展到中文以外的语种受众。三是仁化暴动专题报告译成俄文后存入共产国际档案，仁化暴动的经验教训对国际共产主义运动具有一定的参考借鉴作用。它成为共产国际及其成员国了解中国革命和农民武装暴动的一扇重要窗口。四是仁化暴动专题报告为世界范围内研究中国革命以及共产国际运动的专家学者们提供了珍贵的史料，具有重要的史料研究价值。五是仁化暴动专题报告为世界范围内研究中国革命以及共产国际运动的专家学者们提供了珍贵的史料，具有重要的史料研究价值。

## 仁化与井冈山革命根据地的关系

井冈山大学人文学院教授、教育部高校人文社科重点研究基地井冈山大学“中国共产党革命精神与资源研究中心”研究员、江西省高校人文社科研究基地井冈山大学庐陵文化研究中心研究员　黄惠运

### 一、朱德率领部队上井冈山前夕曾到仁化开展农民运动

南昌起义军在三河坝失败后，1927年11月，朱德、陈毅率领剩余的队伍，经过艰苦转战，到达江西崇义县上堡，在这里进行了为期一个月的军纪军事整训，此即“赣南三整”中的“上堡整训”。上堡整训的内容包括整顿纪律和军事训练等，主要强调革命军队除打仗外还需要做群众工作，要发动农民打土豪，以建立群众基础。朱德亲自给整训部队讲课，反复说明“什么叫鼓动宣传？”“战法大纲有几部？”“在军事上的主要经验，就是采取了游击战争的做法”，怎样从打大仗转变为打小仗（即游击战），以及把一线式战斗队形改为“人”字和“品”字战斗队形等。上堡整训密切了军民关系，使南昌起义军余部在上堡稳住了脚跟。上堡整训和“三湾改编”一样，在人民军队建军史上都具有重要的地位，为毛泽东后来总结的“以农村包围城市，最后夺取城市”的中国革命道路思想，提供了实践依据。上堡整训使部队面貌焕然一新，但是，部队的给养问题仍然没有得到解决，这时隆冬季节即将来临，大家穿的还是八一起义时那身单衣短裤，粮食、薪饷更是没有着落，尤其严重的是枪支弹药和被服无法得到补充。为了部队的生存和发展，朱德千方百计寻求帮助。恰好此时，朱德在云南陆军讲武堂的同学，一起参加过辛亥革命，同蒋介石有很深矛盾的国民革命军第十六军军长范石生，派在军内工作的共产党员韦拔萃送信到上堡，希望与朱德合作。朱德挑选50位精兵强将随同前往湖南汝城，与范石生谈判建立统一战线问题。朱德后来回忆：“南昌起义军部队南下时，恩来同志就给我们写了组织介绍信，以备可能同范石生发生联系时用。”大革命时期，范石生遵照周恩来的命令在十六军内建立了以共产党人为主的政治部，设立了党代表，和共产党建立了正式的统一战线关系，朱德与范石生有了合作基础。朱德与范石生谈判后双方达成3条协议：1.同意合作后朱德部队的编制不变，要走随时可走；2.朱德部改用十六军四十七师一四〇团番号隐蔽起来，朱德化名王楷，任十六军总参议、副师长兼一四〇团团长；3.按一个团的编制，发一个月的薪饷，立即发放武器弹药和被服。朱德还向范石生提出了保留条件，即保持部队组织的独立性。朱德后来回忆说：“我们是共产党的队伍，党什么时候调我们走，我们就什么时候走，他给我们的物资补充，完全由我们自己支配，我们的内部组织和训练工作等，完全按我们的决定办，他不得进行干涉。”朱德与范石生建立统一战线后，随范部进入粤北仁化、曲江（韶关）、乐昌

等地，打击地方反动势力，有力地帮助和支持粤北的农民运动，留下许多脍炙人口的革命佳话。

镇压董塘土豪劣绅，救济贫苦农民。上堡整训时，朱德已派出10名指战员潜入仁化县董塘，宣传贯彻八七会议精神。朱德曾在汝城召开衡阳所属各县委书记会议，仁化有共产党员参加了会议。1927年12月初，根据中共广东省委“支援广州起义”的指示，朱德率部向粤北仁化进发。范石生也想向粤北扩张，希望朱德将部队移防粤北仁化一带。1927年12月9日，朱德化名王楷，以国民革命军十六军四十七师副师长兼一四〇团团长的名义，率领南昌起义军余部1200多人，进入粤北仁化县城口镇。10日，到达该县董塘圩。朱德首先和中共广东北江特委联系，特委回复说：“中央有指示：第一，要你参加北江特委。第二，要你率部队南下，参加广州起义。”这样，朱德便成了北江特委三委员之一。朱德率部到董塘后，人民群众纷纷前来向部队控诉土豪劣绅的滔天罪行，迫切要求严惩反动土豪劣绅。朱德根据群众的强烈要求，召开了各乡农会干部会议。会后，由农会干部和农军带领部队分头到各乡抓获了33名土豪劣绅，收缴了他们的枪支。11日，朱德在董塘坪的禾坪岗召开群众大会，公审土豪劣绅。朱德在大会上讲话，号召农民们进一步组织起来，恢复农会，壮大革命武装，坚持革命斗争。公审大会宣布将24名恶贯满盈的土豪劣绅当场枪决，农民们无不拍手称快。禾坪岗大会后，朱德部队离开董塘，临走时向农军赠送了一批枪支、子弹。朱德率领部队离开董塘后，逃亡的恶霸地主纠集反动武装300多人，向农民自卫军反扑，朱德再次率部回到董塘，击溃了反动武装。

攻占仁化县城，救出监狱农友。1928年1月3日，朱德遵照中共中央“为避免消灭的危险，你们只有坚决的脱离范部”的指示，离开了范石生部。4日，进抵董塘。当晚，朱德召开仁化党组织、区农会、农军领导人会议，讨论攻打仁化县城。5日，在人民群众支援下，朱德率部由董塘出发一举攻占仁化县城。救出狱中农友50多人，筹款2000多元，缴获一批枪支弹药等物资。陈毅在召开群众大会宣传发动群众后，和朱德率部回师董塘。

将仁化农民自卫军改编为工农革命军独立第四团。1928年1月6日，遵照上级指示，朱德在董塘集合第五区农军，将仁化农民自卫军改编为工农革命军独立第四团，下辖4个营。朱德留下滕铁生等8位军事人员在该团工作，送给两箱子弹等武器，然后西进乐昌。

创制游击战原则。朱德在仁化提出并实行了“强敌进攻莫硬打，抓敌弱点我猛攻，孤敌疲敌我围歼，常遣精兵骚扰敌”等游击战原则。

输送和教育干部，帮助发展地方武装等工作。1928年1月6日，朱德率领南昌起义余部离开董塘前夕，留下南昌起义军中滕铁生、杨开平、石生根、蒋国杰、范卓、孙德隆、刘海、何大修8名指战员，帮助仁化工农革命军独立第四团工作，为阮啸仙将仁化工农革命军独立第四团改编为广东农革命军北路独立第八团，“团营长则由滕、范、孙、杨军事同志充任。”朱德、陈毅等还通过谈话、群众大会等形式，培养教育了蔡卓文、廖汉忠、谭广泉、刘三凤等农民运动骨干，为仁化暴动准备了干部条件。

朱德离开仁化，发动湘南起义上井冈山与毛泽东率领的秋收起义部队会师后，仍然关心仁化革命斗争的发展，与仁化党组织和地方武装保持密切的联系，史载仁化地方革命武装“与朱德部有好的联络”，“时常信使往返。”1928年初，朱德率部抵达湖南宜章，“拟由郴州下城口再来仁化。”但因军务繁忙，未能成行。1928年1月17日，中共北江特委致信朱德，指示朱德要发动农民开展武装斗争，进行土地革命，指出：“兄等的部队是农民群众暴动的副力，你们应该发动群众，应该是暴动的组织者。”朱德执行中共中央和的中共北江特委指示，组织官兵深入附近乡村发动群众，帮助恢复农会，发展农军，两次派兵支援了曲江西水农民暴动。

1928年9月，井冈山斗争“八月失败”后，朱德派人到仁化澌溪山联络仁化县委。仁化县委向北江特委报告：“朱德现在江西瑞川（当为江西遂川——笔者注），已派人来找我们，指定胡鳌（胡少海）与龚楚（后叛变）带武装六百多杆，在桂东南洞等（桂东为桂阳即汝城）待我们报告情形即马上来仁化，并指定工农革命军第十一师在坪石一带，叫我们将广州状况报告他好定计划南下。”“朱德闻说薛岳、张发奎欲进广州，要我们探查确实报告他。”“朱已派人来找我们，同时又派人去通知欧日章，叫我们部队无论如何不可解散灰心。”北江特委接到仁化县委报告后又转告广东省委，同时指示仁化县委：“朱德部队能南来自然是好，然而不一定要他南来，只要他们和我们上述工作计划去发展他们的游击战争工作便是有益的事情，但能南来将会令我们北江工作于全局更易于发展。”

**二、朱德在仁化县毗邻的韶关犁铺头会见何长工，促成了井冈山会师**

1927年12月，朱德、陈毅、王尔琢奉命率领八一南昌起义军余部由江西赶赴广州参加广州起义。12月12日，到达韶关。14日，得知起义失败，部队驻守韶关，旋又移驻犁铺头（今韶关市浈江区犁市镇）休整。为保存革命力量，朱德利用与十六军军长范石生的同学关系，以十六军四十七师一四〇团的番号隐蔽在十六军内，进行革命活动。在留驻犁铺头期间，朱德率领部队开展了著名的新式练兵运动。朱德提出了“有把握的仗就打，无把握的仗就不打”，不打就“游”的游击战术思想，为在上井冈山后和毛泽东共同创制“敌进我退，敌驻我扰，敌疲我打，敌退我追”的游击战争“十六字决”奠定了实践基础。朱德亲自编写了中国工农红军最早的军事教材《步兵操典》《阵中勤务》等，给部队训练使用。在战术训练中，朱德把旧式疏开队形改为梯次配备，以减少密集队伍在接敌运动中受敌火力杀伤的可能性；把旧式的一字散兵线改为弧形和纵深配备的散兵群，以构成阵前纵深的和交叉的火力网，造成以少胜多的条件。经过军训，大大提高了部队指战员的战术水平和战斗能力。

毛泽东率领秋收起义部队上井冈山后，一直关心着周恩来、朱德等人的消息。1927年10月5日，毛泽东派何长工去打听南昌起义军的下落，到粤北联系革命力量。1928年元旦前夕，毛泽东特使何长工来到韶关犁铺头。有一天，何长工去犁铺头的澡塘洗澡，偶然听到了朱德部队驻扎在犁铺头的消息。他惊喜交加，急急忙忙找到了一四〇团团部，见到了老朋友陈毅、王尔琢、蔡协民等，十分亲热。何长工与陈毅一起在巴黎留过学，王尔琢是何长工工业学校的老同学，蔡协民和何长工曾经在湘西洞庭湖一道并肩战斗过几个春秋。何长工见到朱德后，汇报了行程经过与使命。何长工回忆：“我把毛泽东同志上井冈山，直到我这次由广州脱险，意外地找到此地的经过，向他报告了。”朱德很详细地听取了何长工介绍毛泽东领导秋收起义和现在转战井冈山的情况，高兴地说：“好极了，从敌人的报纸上看到了井冈山的消息。我们跑来跑去也没有个地方落脚，正要找毛泽东同志呢！前些天刚派毛泽覃同志到井冈山联系去了。”何长工在回忆中写道：陈毅对毛泽东开辟井冈山根据地是很感兴趣的，他特别赞赏毛泽东在三湾改编中提出的“支部建在连上”的原则，说：“不能用老的套套带部队，毛委员的办法是治本的，把党团员分配到连队去作用就是大呢。”从他的言语中，看出了他对毛泽东的信任，对井冈山革命根据地的向往。第二天，朱德给何长工一封介绍信和30块银洋。临走时，朱德握着何长工的手说：

"一路上，地方党的同志会帮助你的，希望你赶快回到井冈山，和毛泽东同志联系。"这样，朱德和何长工在犁铺头的会见，沟通了朱德率领的南昌起义余部和毛泽东率领的秋收起义部队的联系，直接促成了两支部队在井冈山会师，毛泽东和朱德两位历史伟人在井冈山的会见。

何长工从犁铺头返回井冈山向毛泽东复命，经广东曲江、湖南汝城到江西赣州、万安、遂川，于1928年1月上旬，回到井冈山。此时，朱德、陈毅已经领导发动了湘南起义。毛泽东受湘南特委之命，率领工农革命军出击湘南，掩护朱德部队转移，上井冈山。1928年4月28日，毛泽东和朱德在宁冈龙市的龙江书院会见。何长工回忆说：朱德、陈毅先到了龙江书院，当毛泽东到来时，朱德赶忙偕同陈毅到门外迎接。我远远看见他，就报告毛泽东说："站在最前面的那位，就是朱德同志，左边是陈毅同志。"毛泽东点点头，微笑着向他们招手。5月4日，在龙市召开会师庆祝大会，大会执行主席陈毅讲话。他说：今天是"五四"纪念日，我们今天来开个大会庆祝胜利会师，是具有特别重要意义的。接着他宣布，根据四军军委的决定，全体部队改编为中国工农革命军第四军，下辖3个师6个团，朱德任军长，毛泽东任党代表，陈毅任政治部主任，王尔琢任参谋长。接着，朱德讲话，他说："我们党领导的两支革命武装的会合，意味着中国革命的新的起点。参加这次会师大会的同志一定都很高兴，可见敌人却在那里难过。那么，就让敌人难过去吧，我们不能照顾他们的情绪，我们将来还要彻底消灭他们呢！这次胜利会师，我们的力量扩大了，又有井冈山作为根据地，我们就可以不断地打击敌人，不断地发展革命。"他希望两支部队会师后，加强团结。他又向群众保证，红军一定保卫红色根据地，保护群众分田的利益。接着，毛泽东讲话。他指出这次会师是有历史意义的，同时分析了红军部队的光明前途。他说："我们红军不光要打仗，还要发动群众，组织群众。现在我们在数量上、装备上不如敌人，但是，我们有马列主义，有群众支持，不怕打不败敌人。敌人即使有孙悟空的本事，我们也有办法对付他们，因为我们有如来佛的本事，他们总逃不出如来佛的手掌！我们要善于找敌人的弱点，然后集中兵力专打这一部分。十个指头有长短，出水荷花有高低，敌人也是有强有弱，兵力分布也难保没有不周到的地方，我们抓住敌人的弱点，狠狠地打一顿，打胜了，立刻分散到敌人背后去'捉谜藏'。这样，我们就能够掌握主动权，把敌人放在手心里玩。"

井冈山会师后，红四军在毛泽东、朱德的领导下进行巩固和发展井冈山革命根据地的斗争。在艰苦的斗争岁月里，朱德和毛泽东配合双契，相得益彰，形成了"朱毛"不可分的战斗群体。毛泽东和朱德是井冈山革命斗争时期两根擎天柱。他们一面抓党政，一面抓军事，携手共建革命根据地，共同开辟了井冈山革命道路。井冈山会师在中国革命史上具有划时代的意义，是一块里程碑。毛泽东和朱德是这次历史性会师的两位巨人。

由于十六军教导团团长丁熙是蒋介石的亲信，他将朱德和范石生建立统一战线的消息密告蒋介石。蒋介石电令掌管广东军政大权的军阀李济深要范石生就地解决朱德部队。范石生派亲信杨昌龄给朱德送来一封密信，内容大意说：一、孰能一之？不嗜杀人者能一之；二、为了避免部队遭受损失，你们还是要走大路，不要走小路；三、最后胜利是你们的，现在我是爱莫能助。随后又送来1万块钱和10箱子弹，以示送行。朱德立即召开紧急会议，和陈毅、王尔琢、蔡协民以及北江特委的同志一起商量对策，北江特委主张部队应立即开往东江的海陆丰和广州起义部队会合。1928年1月2日，在范石生的帮助下，借"野外练习"之机，朱德率部队迅速离开了犁铺头，4日，进抵仁化县董塘，开展农民运动。然后向宜章山区进发，领导发动湘南起义。

**三、参加井冈山革命斗争的红五军到仁化开展游击战争**

1928年12月11日，彭德怀、滕代远率领平江起义后组成的红五军主力上井冈山，和毛泽东、朱德领导的红四军在宁冈新城会师，增强了井冈山革命根据地的革命武装力量。1929年1月，根据柏露会议的决定，红五军和王佐的三十二团一起留守井冈山。因敌强我弱，红五军未能打破敌人“会剿”，被迫突围转移。1929年4月1日，从井冈山突围到赣南的红五军在瑞金与红四军会合后，开进到于都县。在于都，毛泽东主持召开了前委扩大会议，决定红四军继续留在赣南闽西活动，红五军重回井冈山，重建湘赣边界政权，两军配合，互为犄角。会后，红五军离开于都。4月下旬，红五军到达遂川。5月初，抵达井冈山茨坪和大小五井，与坚守井冈山的王佐、何长工、陈正人、李灿、张纯清等人会合。5月2日，彭德怀在茨坪代表前委发给群众每人一块银圆，向井冈山人民表示慰问。5月10日，在宁冈古城召开湘赣边界党的二届四次执委扩大会议，研究了坚持井冈山斗争的方案，决定湘赣边界由公开割据转变为秘密割据；特委机关移至永新的一个农村去；并制订了游击工作政纲，红军独立一团编入红五军，为第六纵队，王佐为司令员，何长工为党代表。还选举产生了新的特委执委会，邓乾元为书记，陈正人为秘书长。从此，井冈山革命斗争汇入湘赣苏区，开始形成以永新为中心的湘赣革命根据地。

这时，江西敌人金汉鼎的两个团侵入宁冈。1929年5月20日，按照红五军军委和湘赣特委共同确定的“向外发展，在发展中巩固苏区”的方针，彭德怀、滕代远率领红五军和王佐特务营共千余人，离开井冈山，转战湘东、粤北。为了保存实力，红五军退往湘南，攻克了酃县、桂东、桂阳等县城，打垮了当地反动地主武装，缴获了大量枪支、粮食、现款和物资，营救出被国民党关押的大批革命群众，帮助恢复了当地工会、农会组织。接着，进抵粤北开展游击战争。20日，攻占了粤北仁化县城口，获得大批食盐、布匹、药品等，解决了经济上的困难。彭德怀在自述中说：“城口是广东省向湘东南出口之小商埠，有三四百户，在城口缴获步枪数十支，子弹三万余发，筹款约三万元。打听到南雄无正规守军，又决定夺取南雄。”23日，为了甩掉湘南胡凤璋匪部的追击，保存实力，彭德怀率领红五军主动撤出城口，进占长江圩，准备攻占仁化县城。27日，又撤离长江圩，占领扶溪圩。28日，撤离扶溪，经白石岭、胡坑到达腊口，欲向仁化县城进军，但得知仁化县城驻有敌军，南雄没有国民党正规军的防守，只有民团、警卫队等地方武装，战斗力不强，于是决定改为奔袭南雄，立即改道东进，向南雄进发。6月1日，占领了南雄县城。

彭德怀率领红五军在仁化城口、长江、扶溪、腊口地区历时9天。部队露天住宿，纪律严明，秋毫无犯。他们吃了居民的粮食和菜，烧了居民的柴，都按当时市价付了银圆；用了群众的门板、禾草等都清还，损坏的都赔偿，而且把街道打扫得干干净净。红五军派出小分队做宣传和发动群众工作，全体指战员帮助群众挑水、搞卫生，与群众谈心，关系群众疾苦，镇压土豪劣绅。在仁化闻韶，一位战士误杀了农民水牛，彭德怀令其买回一头大水牛赔给农民，赢得了当地农民群众的交口称赞。红五军的文明仁义行动，群众看了都十分感动地说：“从来没有见过这样好的军队。”红五军游击仁化，不仅筹措了给养，而且发动了群众，播下了革命的火种，打击了国民党反动派的反动统治，推动了粤北地区革命斗争的发展和油山革命根据地的创建。1929年6月下旬，红五军经赣南的大余返回井冈山，又接连攻克了遂川、宁冈县城，巩固和发展壮大了湘赣革命根据地，并且有力地支援了湘鄂赣和赣西南革命根据地的创建和发展。

**四、参加井冈山革命斗争的仁化英杰**

谭甫仁（1910—1970），广东仁化城口镇人。出身贫苦农民家庭，原名谭正古，学名谭广居，号甫仁。11 岁时，父亲因劳累过度去世。1926年，谭甫仁在仁化县立第四高级小学毕业，参与筹备仁化县第二区农民协会。是年底，谭甫仁进北江农军学校第一期训练班学习，经校长朱云卿介绍加入了中国共产党。1927年春，谭甫仁参加农民运动，加入广东农民自卫军，北上武汉，参加南昌起义。由于缺乏战斗经验，北江农军被敌人打散。谭甫仁与几位散失战友在途中找不到革命队伍，于是议定回广东寻找组织，走到江西樟树，报名参加了正在招新兵的“贺龙、叶挺”部。当谭甫仁和其他百余名新兵被运到南昌兵营时，才获悉这个所谓的“贺龙、叶挺招兵处”原来是江西军阀朱培德部金汉鼎假借贺、叶招牌，招揽人马。谭甫仁暗下决心，一定要寻机逃离，早日回到革命阵营中去。

1927年10月下旬，毛泽东率领秋收起义部队到达井冈山茨坪，开始创建井冈山革命根据地。湘赣敌军极为恐慌，蒋介石下令“清剿”。1928年1月中旬，国民党军第二十七师七十九团王国桢营进占宁冈县城，准备进攻万安，对井冈山发动第一次“进剿”。谭甫仁正在王国桢营当兵。2月8日拂晓，工农革命军第一、二团在赤卫队的配合下，攻占宁冈县城，全歼守军一个营和宁冈县靖卫团，俘虏近300人。谭甫仁当了俘虏，被送到宁冈茅坪拘押，由工农革命军军官教导队统一看护管理。晚上，谭甫仁唱起了自己在广东北江农军学校朱云卿校长教唱的那首《国际歌》：“起来，饥寒交迫的奴隶！起来，全世界受苦的人……”负责监管俘虏营的红军军官教导队区队长陈士榘听到有人唱《国际歌》，将那名唱《国际歌》的俘虏带了出来，问道：“你叫什么名字？唱的歌是从哪儿学来的？”谭甫仁起身回答：“我叫谭甫仁，是广东省仁化县人，1926年在仁化参加了当地的农民协会，后来到了北江农军学校学习了3个月，唱的《国际歌》就是我们农军学校的校长朱云卿亲自教会的。”接着，谭甫仁把参加北江农军北上和南昌起义被打散后，误入国民党赣军的情况向陈士榘一一做了汇报。陈士榘当即带谭甫仁去见此时正担任中国工农革命军第一师一团参谋长的朱云卿。谭甫仁请求加入工农革命军。陈士榘将谭甫仁的情况报告了毛泽东。毛泽东高兴地称赞他是“一棵红色的苗子哩！”最后，一锤定音：“优待俘虏，留下谭甫仁。”这样，谭甫仁参加了工农革命军，在第一师一团当班长。1928年5月，重新加入中国共产党。不久任红四军士兵委员会干事。他参加过黄洋界保卫战，据说敌前沿指挥部遭红军炮弹击中，是谭甫仁、谭家述发的炮。谭甫仁为巩固和发展井冈山革命根据地做出了一定贡献。谭甫仁后来逐步成长为中华人民共和国开国中将，成为仁化人民的骄傲。

上述可见，仁化与井冈山革命斗争紧密相连，是井冈山革命斗争的重要组成部分，仁化人民为井冈山革命根据地的创建、巩固和发展做出了重要贡献，将永载中国革命史册，值得永久纪念。

# 转作风　促发展　惠民生

## ——仁化县践行党的群众路线教育实践活动纪实

**【活动概述】** 根据中共中央和中共广东省委、韶关市委关于开展党的群众路线教育实践活动统一部署，仁化县为第二批党的群众路线教育实践活动对象，全县共有473个党组织、11487名党员参与集中学习教育。教育实践活动自启动以后，围绕“为民、务实、清廉”主题，贯彻落实“照镜子、正衣冠、洗洗澡、治治病”总要求，坚持做到“规定动作”不走样，“自选动作”有特色，完成了学习教育、听取意见，查摆问题、开展批评，整改落实、建章立制等环节各项工作，取得明显成效。

**【加强领导，真抓实导】** 年内，成立由中共仁化县委书记任组长、县长任第一副组长的县委党的群众路线教育实践活动领导小组，抽调精干力量组建实践办。提出了把握“一个”要求、完成“两个”动作、解决“三大”问题、坚持“四个”原则、实现“五个”提高的目标要求。通过在互联网设立网页专栏、户外宣传标语、宣传栏、发送短信和先进事迹报告会等形式，营造浓厚的舆论氛围。层层建立督导组，层层传导督导压力，统一制订县委督导组工作手册，建立“十有五带头”标准，对单位开展教育实践活动进行督导，使督导工作更加扎实有效。

**【强化学习，深化认识】** 采取学习理论知识、观看电教片、开展讨论、体验式学习等方式，全县各级党员干部认真学习十八届三中全会和习近平系列讲话精神，阅读《论群众路线——重要论述摘编》《了凡四训》《群书治要》等书目。在县领导班子中开展教育实践“夜学”活动，解决工学矛盾。开设专题辅导讲座，举办全县村（社区）党支部书记教育实践活动培训班。组织县委班子成员到全省爱国主义教育基地——石塘双峰寨开展集中学习，分两批组织县直副科以上单位“一把手”近200人到省反腐倡廉警示教育基地参观学习，达到以先进人物为榜样，以反面典型进行警示的效果。

**【创新载体，搭建平台】** 创新活动载体，通过教育引导党员干部践行群众路线，进一步密切党群干群关系。

“一厅三档案”活动。“一厅”即“干群会客厅”，每周一晚8点至晚10点，县、镇领导轮流定时定点坐班，与群众、企业业主、信访当事人约谈，听取意见建议，让领导干部接地气听民声，在喝茶聊天中解决群众问题，进一步畅通县、镇领导与群众沟通交流渠道。“三档案”即“民忧档案”、“企忧档案”和“民信档案”活动。深入拓展“民忧档案”活动，建立电子信息平台，形成“卡片+网络+热线”三位一体的“知民情，解民忧”格局，共收回“民忧卡”1012张，收集民忧931宗、意见建议81条，解决889宗，办结率为95.5%，切实解决好群众反映强烈的突出问题；全县74个县直单位为87家企业提供“五心级”（热心、诚心、真心、精心、贴心）服务，为企业解决项目建设过程中涉及供水、供电、用地、报建等各项事务。

全县各级领导干部累计深入企业走访、座谈672次，收集“企忧事项”16宗。在全县28个贫困村全面推广“民信档案”金融扶贫模式。据统计，全县已采集农户信息7506户，评定出信用户3609户，已有16户农户拿到了56.5万元贴息贷款，为群众解决发展资金紧缺难题。

“三个三”活动。一是在各级领导班子中开展“三同三谈”（同吃同住同劳，谈产业发展、谈村容村貌、谈干群关系）活动，县党政班子党员领导干部带头沉下身子接地气，与群众同吃同住同劳，带头下基层调研和体验生活。二是开展“三联三访三服务”（党员干部联系1家企业、1个农村党支部、1户困难户；访老干部、专家学者、致富带头人；为基层组织、经济发展、社会和谐服务）活动。县班子成员带头联系挂扶87家企业，全县2374名干部挂点联系2781户群众，机关党员干部每2个月深入基层不少于1次，每年为群众办1—2件好事实事。村（居）建立服务群众平台，送信息、送政策、送服务。三是创新开展“三级干部五送帮耕”（送农具、送化肥、送农膜、送种子、送技术，帮助春耕）活动。据统计，全县共有1000多名党员干部下到春耕生产一线服务群众，组织农技培训班28场，培训农民5000余人，印发农业技术资料及书籍2.1万份，发放春耕农资折合人民币100多万元。

**【广开言路，找准问题】** 2014年，仁化县各级各单位采取下基层调研、召开专题座谈会、设置征求意见箱、个别访谈、到干群会客厅和党代表工作室接待群众等方式，通过群众提、自己找、上级点、互相帮、集体议等多种渠道广泛征求意见。对查找出的“四风”问题进行梳理汇总，并制订初步的整改措施，明确责任单位，形成班子的问题综合台账。坚持边查找问题边完善台账，及时将查找的问题和市委督导组反馈的问题充实到台账中。县委常委班子建立的问题综合台账共反映问题36条，其中“四风”突出问题18条，群众反映强烈的突出问题和联系服务群众“最后一公里”问题各9条。

**【深入剖析，开好“两会”】** 各级领导班子及班子成员紧紧围绕主题，分析对照力求精准，班子对照检查材料反复修改，为召开高质量的专题民主生活会奠定了坚实基础。在专题“两会”上，各单位“一把手”都能以身作则，抛开面子自揭短处，直指要害批评同志，心悦诚服接受批评，班子成员做到不躲不藏，自我批评敢于揭短亮丑，达到了红脸出汗的效果。同时，各基层党组织开展民主评议党员工作，全县共有11383名党员参加民主评议，其中民主测评结果“好”的有5022人，“一般”的有6361人，没有党员被评定为“不合格”等次。

**【整改落实，建章立制】** 严格按照“细、实、严、明”四字要求，认真整改。健全完善整治项目责任制，建立整改台账，明确路线图、任务书和时间表，既有近期目标，又有中长期安排，将整改任务逐项分解，落实到位。根据中共中央部署的“7+4”专项整治任务和中共广东省委部署的21项专项整治工作要求，结合仁化县前期按照市委的部署组织开展“三难”（门难进、脸难看、事难办）、“两侵”（侵占、侵害群众利益）、“两车”（违规用车和车费超支）和涉法涉诉4个专项整治行动，县级层面重点制订21项专项整治方案，镇（街道）和县直单位结合查摆出来的“四风”问题和损害群众利益等方面问题，有选择性确定本单位专项整治内容，制订专项整治工作方案。针对查找出来的“四风”问题，县委认真贯彻执行中央“八项规定”和《党政机关厉行节约反对浪费条例》，并制订出台了县委“十项制度”和大力开展整治“庸、懒、散、奢”活动，切实为发展凝聚作风正能量。

**【主要成效】** 一是广大党员干部践行群众路线的思想意识显著增强。党员干部补了“钙”、充了“电”、提了“神”，树牢了为民务实清廉的价值理念，改进作风、密切联系群众思想更加自觉、行动更加坚定、氛围更加浓厚。二是批评和自我批评的优良传统得到大力弘扬。广大党员干部在民主生活会上红了脸、出了汗，受到了一次严格的党性锻炼，经历了一次深刻的思想洗礼，批评和自我批评的优良传统得到大力弘扬，取得“红红脸、出出汗、排排毒、治治病”效果。三是作风之弊和行为之垢得到有效整治。坚持“改”字当头，边查边改、立行立改，对作风之弊、行为之垢进行一次大排查、大检修、大扫除，破除一些“官场陋习”，攻克不少顽症痼疾，“四风”问题得到有效遏制。四是党群干群关系更加融合。通过开展“一厅三档案”“双联双进”“三联三访三服务”“三同三谈”“三级干部五送帮耕”“党代表工作室”等一系列活动，聚力解决联系和服务群众“最后一公里”问题，进一步密切了党群干群血肉联系。五是标本兼治“四风”问题的机制进一步健全。立足于标本兼治，着眼于从制度层面解决“四风”问题，进一步扎严作风“篱笆”，扎紧制度“笼子”，筑起反对“四风”制度堤坝，初步构建了促进党员干部坚持“为民务实清廉”的长效机制。

（刘国平）

# 虎门仁化全面推进对口帮扶工作

【概况】 2014年，东莞虎门镇和仁化县认真贯彻落实《中共广东省委广东省人民政府关于进一步促进粤东西北地区振兴发展的决定》《中共广东省委办公厅、广东省人民政府办公厅关于调整珠三角地区与粤东西北地区对口帮扶关系的通知》《中共广东省委办公厅、广东省人民政府办公厅关于印发〈促进粤东西北地区产业园区扩能增效工作方案〉的通知》《东莞韶关对口帮扶总体方案》文件精神，积极主动、全面深入地推进两地对口帮扶工作。

【工作重点】 一是推动产业园区扩能增效。围绕县产业园主导产业，大力实施项目招商、产业链招商，打造以产业链为纽带的特色园区。积极引导虎门乃至东莞企业向仁化转移升级，将仁化打造成为虎门乃至东莞企业增资扩产、转型升级的主要承接地。充分利用仁化“有色金属之乡”基础和优势，引导支持有色金属企业转型升级进入园区。扩大产业园区规模，提高产业园区效益，将仁化产业园区打造成为虎门仁化合作的主要载体和辐射带动仁化县工业发展的重要引擎。二是推动仁化县振兴发展。以仁化县产业园区建设和城市基础设施建设为抓手，重点强化在产业园区发展和基础设施建设等方面的帮扶，因势利导推动产业梯度有序转移，特别是加大产业链整体转移力度，大力发展特色产业，发展专业园区，形成产业园区与周边城镇互相依托、互相促进的格局，工业化与城镇化互动发展取得显著成效。三是推动仁化经济社会全面发展。通过调动两地各方面的力量和资源，加快仁化基础设施建设、民生社会事业发展、深化改革扩大开放的工作步伐。引导虎门乃至东莞的社会资本和金融机构参与仁化县的基础设施项目建设。积极帮助仁化县解决就业、社保、人才、教育、医疗卫生和困难群体住房难等民生问题，提升仁化县基本公共服务管理水平。充分发挥虎门先行先试优势，积极帮助仁化县加快行政审批制度、企业投资管理体制、商事登记制度和社会管理体制改革。

【工作措施】 一是加强组织领导。成立由1名虎门镇党委委员（兼任仁化县委常委）任总指挥的对口帮扶指挥部，分别从两地抽调8名优秀干部常驻指挥部办公室，落实办公场所、办公设备、工作用车和经费。建立对口帮扶工作联席会议等相关制度，定期召开专题会议，及时解决相关问题。研究制定《虎门仁化对口帮扶总体方案》和年度工作计划，明确各项目标任务、工作重点、责任分工和保障措施，推动虎门仁化对口帮扶工作取得良好成效。二是建立全面合作交流机制。虎门、仁化两地有关部门建立一对一专项合作机制，成立一对一专项合作工作小组，通过协商，拟定具体合作事项，并研究制订年度行动计划，明确工作责任，落实具体措施。三是完善扶持政策。落实东莞市鼓励产业转移、加快“腾笼换鸟”相关政策，继续加大产业转移的政策扶持。两地共同研究制订招商引资优惠政策和实施办法，形成合力推动招商工作。坚决执行省政府税费减免等有关政策，积极出台政策减轻企业负担。对于已经被认定为高新技术企业、资源综合利用企业的，转移到产业园按规定办理相关手续后延续认定资格，依法享受税费等优惠政策，不需再次申报认定。企业在东莞市获得的相关资质、品牌等，转移到园区按规定办理相关手续后直接延续使用。支持园区制订和完善招商引资相关配套政策，进一步优化园区投资商务环境。四是加大人才支持力度。建立两地互派干部交流任职制度，坚持引进人才与培养当地人才两手抓。虎门镇派出干部到仁化县产业园挂职，抽调优秀干部组成经营团队参与富仁公司运营管理；仁化县派出干部到虎门镇职能部门挂职。开展两地校企合作，为仁化劳动力转移畅通渠道，为虎门培养技工人才。支持园区引进高层次人才，鼓励企业通过股权、期权等多种形式的激励机制吸引人才。五是完善督促考核。建立目标管理督查工作制度，定期组织对口帮扶工作目标完成情况进行评估，及时改进和加强相关工作。加强对口帮扶工作执行情况的监督检查和行政问责，对两地执行不力的有关部门、单位的主要领导进行问责。组织部门要对选派干部进行定期考核。选派干部要主动接受服务对象的评价和监督。

**【工作成效】** 一是动员虎门本土民营企业丰泰集团向仁化县文联捐赠30万元，创建全国“摄影之乡”赞助基金并启动“广东摄影之乡”创建工作，组织开展系列摄影采风、比赛和展览活动。仁化于2014年10月份被评为“广东摄影之乡”。二是完成仁化县在校贫困学生摸底调查活动，组织虎门相关单位和企业捐赠一批价值10多万元的教学物资，用于改善山区薄弱学校办学条件。三是建立虎（门）仁（化）职能部门和村居结对帮扶共建制度，并从组织、产业、人才等方面全方位对接。其中虎门18个社区结对帮扶仁化28个省级贫困村的140万元资金已全部到位，帮扶项目正在组织实施。仁化选派两批12名年轻干部到虎门相关部门挂职锻炼。四是由虎门镇政府以承担铺面租金帮扶方式，在虎门开设“丹霞仁家”特产品牌店，并结合网络电商渠道，销售红山茶叶、扶溪优质米、黄坑贡柑、长坝沙田柚、山茶油等优质农特产品，产品销售反应良好，市场反映热烈，加强和推广了仁化农贸特产业发展。五是成立由虎门镇及仁化县共同出资的“广东富仁实业投资开发有限公司”（简称“富仁公司”），积极为当地产业发展和基础设施建设筹措资金。六是开设虎门仁化对口帮扶指挥部驻虎门办事处，将对口帮扶仁化招商工作前移，方便仁化县在东莞及珠三角进行招商引资。通过加强与虎门乃至东莞市行业协会、商会等组织联络，积极开展专业招商、专题招商、以商招商等工作取得一定成效，引进了东莞大通家具公司、肉牛养殖观光基地、城口温泉古镇开发等一批项目，另有日立电池、液压密封件生产等多个项目正在洽谈。

（丘文超）

# 凝聚道德正能量　建设文明新仁化

## ——仁化县创建全国文明城市（县级）活动侧记

仁化县坚持建设与管理并重、硬件与软件结合，以建设“全国生态旅游休闲目的地、广东宜居宜旅休闲‘慢城’、珠三角和韶关的‘后花园城市’”为目标，以弘扬以“仁”为核心的中华优秀传统文化为重要抓手，深入推进全国文明县城创建工作，县城面貌焕然一新，功能日趋完善，市民素质不断提高，塑造了仁化的良好形象，促进了县域经济社会发展。2014年，全县地区生产总值、公共财政预算收入、固定资产投资分别完成96.06亿元、6.1亿元、50.69亿元，分别比2013年增长7.8%、16.1%、23.2%。仁化先后获“国家卫生县城”“中国最佳生态休闲旅游名县”“全国最美生态旅游示范县”“广东省文明县城”“广东省旅游强县”“广东省教育强县”等荣誉称号。

### 突出抓好机制建设，统筹推进文明创建工作

完善领导机制。2014年9月，仁化县调整了创建全国文明县城工作领导小组成员，由县委书记为组长，县长为执行组长的，建立党委政府统一领导、文明办组织协调、职能部门各负其责、相关部门密切配合的领导机制，全县上下形成主要领导亲自抓、四套班子合力抓、条块结合共同抓，职能部门具体抓的齐抓共管大格局。

完善考核机制。把创建工作纳入绩效考核，制定《仁化县创建全国文明县城工作考核方案》，层层细化、级级量化工作目标任务，确保责任落实到位。

完善督查机制。印发《仁化县加强创建全国文明县城督查工作实施方案》，设立“创文”工作督查组，对县城环境卫生、市容市貌、交通秩序等各项创建工作进行明察暗访，有效促进了创建工作的落实。

### 突出抓好“十项重点工作”，着力打造“文明之城”

2014年，仁化县坚持以中央文明委确立的“十项重点工作”为重心，大力推进“文明县城”建设。

深入学习贯彻中共中央总书记习近平系列重要讲话精神。2014年，仁化县召开以“学习贯彻习近平总书记重要讲话，加快‘四区’建设”为主题的中共仁化县委理论中心组专题务虚会议，并举办学习贯彻习近平总书记重要讲话精神专题培训班，县委书记、县长为县管干部660人授课。

深化中国特色社会主义和中国梦学习教育。年内，举办“我的中国梦”网上签名寄语活动和“共筑中国梦，美丽仁化你来策划”征文活动、“中国梦”主题书法、美术活动。

培育和践行社会主义核心价值观。开展“我们的价值观·我们的家园梦”、“‘裙’说价值观，文明进家庭”等主题宣传活动，举办公民道德宣传大型图片展、“明礼崇德，以仁化人”、“弘扬优秀传统美德、践行社会主义核心价值观”文艺下基层巡演活动，并在周田镇周田村、董

塘镇高联村建立社会主义核心价值观示范点。

推进诚信建设制度化。推进覆盖全社会的征信系统建设，在全市率先开展“民信档案”活动，走访企业1639次，受理和解决企忧事项125宗，为720户信用户授信放贷1400多万元。

推进志愿服务制度化。逐步完善志愿者注册、管理、培训及表彰奖励机制，截至2014年年底，全县完成志愿者登记3200名。

提升公民旅游文明素质。在县电视台、县政府公众信息网设立“提升公民旅游文明素质行动”专栏，大力宣传“文明旅游出行指南”“中国公民国内旅游文明行为公约”和文明旅游十大提醒语。

开展“讲文明树新风”公益宣传。据初步统计，2014年，全县发送创文宣传短信17500多条，派发宣传手册15000份、市民倡议书30000份；在县城主干道、公共场所和公路沿线设置文明创建大型户外宣传牌12块，设置创文灯柱广告130多个，设立“遵德守礼”提示牌500多个；在建筑工地设置“讲文明树新风”公益广告牌23个。

推进美丽乡村建设。召开县委全会，专题研究部署仁化美丽乡村建设工作。县财政每年安排专项资金投入到美丽乡村建设，力争到2020年年底，80%以上行政村建成美丽乡村。

广泛开展“我们的节日”主题活动。坚持以社会主义核心价值观为导向，整合民族传统节日、重要纪念日和当地特色节日文化资源，开展“三关爱”志愿活动、清明节“缅怀先烈·文明祭祀”活动、端午节传统民俗活动、中秋节月姐歌活动、春节祭祀和“装故事”、“香火龙”舞龙舞狮活动等。

积极运用网络传播文明。成立网络文明传播志愿者队伍，开通仁化文明网、微博和微信，在网络空间传播文明、引领风尚，推动公民道德建设。

## 突出抓好发展环境建设，着力打造“活力之城”

政务环境廉洁高效。坚持政务公开，推动政府部门公开、公平、公正地行使社会管理职能。深入开展“一厅三档案”（干群会客厅、民忧档案、企忧档案、民信档案）活动。2014年，全县开展干群会客活动432场，解决各类问题和事项累计636宗；分别解决“企忧”、“民忧”事项294宗、861宗，采集意见建议1056条。

法治环境公平公正。开展普法宣传教育，全县法制教育普及率达95%；法律援助机构健全，县城区4个社区均设有人民调解委员会，县、镇（街道）均设立法律服务热线电话“12348”和法律援助中心。

市场环境规范守信。开展“诚信企业”“百城万店无假货”示范店和示范街评选表彰活动，扎实推进“两建”工作，营造公平竞争市场环境。开展创建文明县城后，县域没有出现影响恶劣的制造、销售假冒伪劣商品事件和集中性制造、销售假冒伪劣商品窝点和市场。

## 突出抓好生活环境建设，着力打造“宜居之城”

生活环境舒适便利。大力推进民生项目建设，仁化县投入3亿多元，集中打造“一江两岸”亮化、县城至丹霞山绿道、“汉字”文化广场公园、韶赣高速公路丹霞出口至周田镇“穿衣戴帽”、丹霞火车站广场、城南森林公园等一大批体现城市特色的亮点工程，新田家炳小学、县生活垃圾卫生填埋场、十六冶棚户区改造、新“三馆”、新华文化广场等民生工程建设正加快推进。认真落实“门前三包”责任制和机关单位划区挂点保洁包干制，实施全天候环卫保洁，确保城区环境洁净、舒适、便利。

社会环境安全稳定。扎实推进“六大专项行动”（涉毒、涉黄赌、涉食药假、涉电信诈骗及银行卡、涉车、涉枪犯罪“六大专项”），人民群众对社会治安满意率达96%。2012—2014年，全县交通事故死亡率平均1.74人/万车。完善网上违法有害信息和违法网站处置机制。2014年处置有害信息122条。基本实现全县各主要路口、重点区域、人员密集场所进行实时高清视频监控。对县城区大型商场（超市）、宾馆、娱乐场等重点场所和小区进行常态消防安全检查。

生态环境持续改善。2014年，全县森林覆盖率达77.4%，县城建成区绿化覆盖率为41.6%，绿地率为40.6%，人均公共绿地达到16平方米，城市污水处理率达到86.19%，城市水域功能区水质达标率100%，2012年、2013年、2014年全年空气质量优良天数分别为327天、333天、349天。

## 突出抓好人文环境建设，着力打造“仁义之城”

大力弘扬中华优秀传统文化。把开展“弘扬中华优秀传统文化”学习教育活动作为培育和践行社会主义核心价值观的有效抓手，广泛开展中华优秀传统文化进校园、进机关、进企业、进农村、进家庭、进看守所活动。创办仁化县“道德讲堂”总堂，截至2014年年底开讲11期，听众累计达3500多人次，同时以点带面向全县铺开，全县有74个单位（含镇村企事业单位）开办道德讲堂，其中，周田镇周田村开展了以孝道文化为主要内容的孝心村创建活动，是广东省唯一的孝心村示范点。此外，县委党校开设党员干部修身堂，按照中共总书记习近平提出的“三严三实”要求，进行修身教育学习。

开展丰富多彩道德培育活动。开展美德少年、道德模范、仁化好人等系列评选活动，树立可亲、可敬、可信、可学的身边道德模范；开展“节俭养德”活动，提倡“光盘行动、文明就餐”新风尚；开展“文明交通、安全出行”活动，形成“文明行车，文明行走”浓厚氛围。

开展各类群众性精神文明创建活动。新修订《仁化县精神文明创建活动实施意见》，推荐县国税局等4个单位申报创建省级文明单位，县人民法院等12个单位申报创建市级文明单位。

营造健康向上的人文环境。着力营造良好的交通秩序，大力整治、净化网吧市场环境。推进“文化惠民”工程，通过“户户通”工程解决偏远山区农户广播电视收视问题340户；新增设5个镇（街道）流动图书馆；抓好“2131”工程（一村一月放映一场电影），2012—2014年，分别组织送戏、送书、送电影下乡活动187场次、134场次、3280场次。

推进未成年人思想道德建设工作。截至2014年年底，全县完成7所乡村少年宫建设，建成“温馨港湾”心理咨询室25个，县域中小学校全部建立图书馆，并依托电脑室建立电子阅览室，向未成年人免费开放。

回顾2012—2014年，仁化县“创文”工作取得一定成绩，也存在不足之处，如市民素质有待提升，城市基础设施建设有待完善，城市管理有待加强等，尤其是在城市基础设施建设方面，因仁化属粤北欠发达山区县，财政收入有限，建设相对缓慢。

“路漫漫其修远兮”，仁化县将以创建全国县级文明城市测评验收为契机，认真听取测评组意见和建议，虚心学习兄弟县城先进经验，以更高标准、更严要求、更硬措施、更大力度，持续深入推进“文明仁化”建设，让文明成果惠及全县人民，让文明之花开遍仁阳大地。

（黄秀青）

# 仁化县开展“美丽乡村”创建活动纪实

**【建设美丽乡村背景】** 中国共产党十八大报告首次提出：“要努力建设美丽中国，实现中华民族永续发展。”2013年中央一号文件提出建设“美丽乡村”奋斗目标，把加强农村生态建设、环境保护和综合整治工作作为改善农村人居环境、促进农业增效、农民增收的重要内容，推进城乡建设协调同步发展。

**【学习调研，明确定位】** 2014年8月28日至29日，中共仁化县委书记、县人大常委会主任刘锋率考察学习组赴浙江德清、安吉学习考察。9月4日，中共仁化县委召开十二届第六十次常委会议，初定在10月下旬召开内容为“学习安吉、德清经验，打造仁化美丽乡村，建设全省一流生态县”县委全会，并成立由县四套班子领导牵头负责的5个调研组，对农家乐、洋家乐、古村落、非物质文化遗产、乡村清洁美、污水处理、建设用地、配套资金、产业政策、农村住房建设、村庄整治、乡风文明等内容进行密集调研，分析评估仁化县开展美丽乡村建设的可行性和必要性。

2014年10月28日，中共仁化县委召开主题为“坚持生态发展之路，建设仁化美丽乡村”十二届八次全会，提出并启动建设美丽乡村行动。至此，仁化县美丽乡村创建活动正式拉开帷幕。全县各级各部门按照“四化推四区”总体部署，立足农村经济条件、基础建设、村容村貌、乡村特色、乡风文明等实际，坚持“分步实施、全面覆盖、注重个性、塑造品牌、突出主体”原则，紧紧围绕规划科学布局美、特色鲜明建筑美、生态自然环境美、产业发展生活美、乡风文明和谐美“五美”和宜居、宜业、宜游“三宜”总体要求，以11个“美丽乡村”示范村为创建重点，创新机制、强化措施、狠抓落实，稳步推进“美丽乡村”创建工作。

**【加强领导，成立机构】** 2014年11月17日，仁化县成立由中共仁化县委书记任组长、党政班子相关领导任副组长、各镇（街道）及部门“一把手”为成员的建设美丽乡村工作领导小组，设立以生态办为主框架、共10个职能部门为成员单位的仁化县建设美丽乡村工作领导小组办公室（简称“县美丽乡村办”），负责统筹指导、组织策划和检查督促各级各部门开展美丽乡村建设工作。

**【统筹规划，制定方案】** 根据中共仁化县委十二届八次全会精神，中共仁化县委、县人民政府制定《仁化县建设美丽乡村行动纲要》，确定从2015年起，用6年时间分3个阶段实施仁化美丽乡村建设工作。县美丽乡村办按照县统一部署，先后制定《仁化县2015年建设美丽乡村工作方案》《仁化县建设美丽乡村评定标准及验收工作方案》《仁化县建设美丽乡村工作“以奖代补”实施方案》《仁化县建设“美丽乡村”评定标准各项指标解释说明》，全方位深入谋划、指导美丽乡村建设工作。同时，把建设美丽乡村工作纳入贯彻落实科学发展观与县主体功能分区考核工作范围，作为评价各级领导班子、领导干部工作实绩的重要依据和工作能力、工作水平的重要内容；对通过评定验收的创建点予以授牌表彰，通过“以奖代补”方式激励全县美丽乡村创建工作稳步推进。

**【广泛宣传，增强信心】** 在县电视台、电台、政府信息中心全方位宣传与解读县委十二届八次全会关于建设仁化美丽乡村政策精神，为全民参与美丽乡村建设营造氛围、强化认识、提升信心。县美丽乡村办定期编写工作简报，对仁化县各地各部门开展美丽乡村建设工作进展情况和成效进行总结宣传，并编印《仁化县建设美丽乡村宣传小册子》10000份发放至各示范村。各镇街在主要交通干道制作户外宣传牌和宣传标语，设计制作美丽乡村宣传栏，大力宣传开展美丽乡村建设的意义，动员群众参与美丽乡村建设行动，充分发挥群众主体作用，形成全社会关心、支持和监督美丽乡村建设的良好氛围。

**【选点创建，示范带动】** 2014年年底，仁化县美丽乡村办对各镇（街道）申报的22个拟创建点进行实地调查、评估和遴选，在充分了解各村组的村庄规划、基础设施建设、农业产业特色、生态环境、乡风文明以及村民意愿等创建条件基础上，从中遴选出11个基础条件较好的村组作为首批美丽乡村示范村，先行开展美丽乡村建设工作，以点带面，起到示范带动作用，同时也为下一步在全县范围内开展美丽乡村建设工作探索方法、积累经验。各镇（街道）结合县委工作要求制订建设美丽乡村工作方案和示范村工作计划，明确工作目标、建设任务和时间节点，并由各镇（街道）、村、村组干部任责任人，负责各项工作落实。

**【加强指导，汇聚民智】** 仁化县建立县领导联系挂点美丽乡村示范村建设工作制度，由县四套班子领导负责全面指导和督促挂点示范村建设工作的落实。县美丽乡村办联合县社工委制定《仁化县美丽乡村大家谈“干群会客厅”主题活动方案》，县四套班子领导全部在春节前到各挂点镇（街道）组织开展“美丽乡村大家谈”活动。在与镇村干部和村民代表们零距离交流中，既做到宣传释疑和动员，又广集民智民意，为抓好村庄规划布局、村容村貌整治、道路建设、公共服务设施建设、农村产业增收、乡风文明建设等重点工作集纳宝贵意见。

**【加大投入，联动推进】** 仁化县美丽乡村建设坚持政府主导、群众参与、社会支持的多元投入机制。县财政从2015年起，连续6年将美丽乡村发展规划纳入仁化县国民经济和社会发展年度计划，每年安排不低于当年财政一般预算收入1%—2%的专项资金，采取“基础普惠投入，特色奖补返还”方式，不断加大美丽乡村各项基本建设投入。各部门涉农项目资金和各镇（街道）的配套资金必须向美丽乡村建设倾斜。同时，鼓励和引导社会资金投入美丽乡村建设。县、镇（街道）、村三级上下联动，加强对接，整合资源，集中用于美丽乡村建设。

**【把仁化美丽乡村打造成为全省知名品牌】** 截至2014年年底，仁化县全面启动美丽乡村建设工作，初步遴选出11个创建点作为示范村加以打造，推动全县美丽乡村建设工作，力争到2020年年底，全县80%以上行政村建成美丽乡村，并建成特色村20个以上、品牌村10个以上，确保美丽乡村建设走在全省前列，成为全省生态文明建设知名品牌。

（黄仁烽　王思粉）

# 发挥摄影资源优势 打造摄影文化品牌 建设摄影名县

## ——仁化打造“广东摄影之乡”工作纪实

**【概况】** “广东摄影之乡”是广东省摄影家协会授予符合“广东省摄影家协会关于申报广东省摄影之乡的基本条件”的省内乡镇、区、县和地级市的荣誉称号。其目的是为了进一步全面发展广东摄影事业，变革创新摄影观念，壮大广东省摄影队伍，实现广东由摄影大省迈向摄影强省目标，建立“广东摄影之乡”申报制度，以使一批有健全机制，积极开展摄影活动，取得一定成绩的基层单位能够为当地乃至全省的社会和经济发展发挥更大的作用。2014年10月，在广东省第25届摄影展览颁奖仪式上，仁化县荣膺“广东摄影之乡”称号，成为全省第一个获此殊荣的山区县（市、区）。

**【组织机构保障】** 仁化县是一个旅游资源丰富、人文历史厚重的山区小县。2010年以来，中共仁化县委、县政府把“仁化摄影”作为一个文化品牌来抓，把摄影纳入县委“四化推四区”总体规划中旅游区域发展规划，致力用摄影语言，提高仁化旅游知名度和美誉度，加快旅游经济发展。组织成立以中共仁化县委副书记、县长王晓梅为组长，县委常委、宣传部部长赖小红为执行副组长，县委常委、常务副县长区毅明，县委常委、县委办主任谢庆伟，县人民政府副县长黄付养、刘建发、李志贞、杨云任副组长，各相关部门有关人员组成的仁化县申报“广东摄影之乡”系列活动工作领导小组（简称“县申摄工作领导小组”），办公室设在县摄影家协会。由何为君任办公室主任，具体负责协调、联系和落实日常工作。

**【组织申报】** 2014年7月，县申摄工作领导小组成员根据申报摄影之乡的基本条件和程序，正式向广东省摄影家协会提交《仁化县申报“广东摄影之乡”的报告》及申报表。

申报前期分析阶段。根据2011年12月15日广东摄协第九届主席团第二次会议审议通过申报“广东摄影之乡”实施细则，县申摄工作领导小组成员收集相关文字、图片资料，编制《仁化县申报“广东摄影之乡”汇报材料》上、下卷，从摄影创作资源和申报条件等方面进行综合归类。

①生态人文资源。仁化县地处南岭山脉南麓，是粤、湘、赣三省的交界地，总面积2223平方公里，总人口23.46万人。拥有优美的自然风光，奇特的景点景观，厚重的人文历史，纯朴的民俗风情，同时享誉国家卫生县城、全国城市环境综合整治优秀县城、全国绿化百佳县、全国绿化模范县、全国文明城市提名城市（县级）、中国最佳生态休闲旅游名县、全国最美生态旅游示范县、广东省文明县城、广东省旅游强县，以及中国“白毛茶

之乡”、“毛竹之乡”、“古塔之乡”等殊荣。

仁化县以丹霞山、万时山为主的风光系列，以梯田、水稻、花卉为主的农耕文化，以农家乐为主的“丹霞仁家”旅游系列，以古村、古城、古塔、古桥为主的古建筑系列，等等，散落全县各地的风光名胜。神奇迷人的山水孕育出极富乡土风情的民俗文化和宗教文化，勤劳纯朴的仁化人在衣食住行，婚丧嫁娶等方面都独具特色。流传和保存了许多曲折动听的故事传说。以“月姐歌”“装故事”“香火龙”“舞春牛”“走花灯”为主的民俗系列，以广场舞、民乐社为主的广场文化系列，以竹篾编织、仁化土法造纸、老理发、民间小吃为主的“传统老把式”系列，等等。

②仁化摄影机构健全。仁化县摄影家协会成立2010年5月。当时会员仅为30多人，截至2014年12月，协会会员达到134人（国家级会员10人，省级会员43人）。近年来，县摄影家协会先后邀请中国著名风光摄影大师作摄影培训讲座共10多期次，联合省摄影技术培训考核办举办国家高级摄影师培训班1期，会员通过培训考试取得国家高级摄影师证29名；先后组织举办不同主题、不同级别摄影比赛活动10余次。

③打造仁化摄影品牌。2010—2014年，仁化县在财政紧张情况下，划拨经费逾100万元，先后组织举办《大众摄影》首次“中国好风光全国摄影大擂台·仁化站”赛事、“仁化杯”广东省第25届摄影展的启动和“全球百名华人摄影家走进仁化”采风活动开幕仪式暨仁化申报“广东摄影之乡”启动仪式的组织工作和采风、“石塘文化古村杯”、“生态、活力、幸福新仁化”、“仁化新貌”、“摄影大篷车下基层”等不同主题、不同级别摄影比赛活动10余次，适时大力宣传仁化大美风光和厚重人文，捧回仁化“中国好风光项目拍摄地”和石塘古村“广东摄影创作基地”铭牌，“仁化摄影”逐渐成了品牌。

专家考评阶段。2014年5月14日，广东省摄协专职副主席郭小宁和东莞市虎门镇摄协领导11人，到仁化县指导帮助创建“广东摄影之乡”工作。座谈会上，县摄影家协会负责人介绍仁化县群众摄影活动基本情况及前期创建“广东摄影之乡”工作和下一步工作措施。在听取仁化摄影之乡创建方案后，省摄协专职副主席郭小宁表示，虎门镇于2012年年底成功创建“广东摄影之乡”，在创建工作中有丰富经验，而且虎门帮扶仁化创建“广东摄影之乡”工作是虎门仁化对口帮扶工作重要内容之一。希望两地能在密切交流创建“广东摄影之乡”过程中的工作经验，认真参照申报“广东摄影之乡”实施细则基本要求，积极筹划承办“仁化杯”广东省第25届摄影展览，促成仁化“广东摄影之乡”申报。

2014年8月6日，仁化县申报“广东摄影之乡”评审会在仁化县锦城宾馆会议室举行，广东省摄影家协会主席团对仁化县申报“广东摄影之乡”进行评审。与会主席团成员通过综合评价：仁化县有健全的摄影组织机构和正常活动机制，经常性地开展各类摄影活动，会员人数达标，连续3年在省级以上主要摄影展赛中获得多个奖项，举办多次摄影展，出版发行了摄影画册，承办了摄影展览并有一定的摄影资源。一致通过仁化县成为“广东摄影之乡”。

**【仁化获授“广东摄影之乡”铭牌】** 2014年10月17日，“仁化杯”广东省第25届摄影展览开幕和仁化县荣获“广东摄影之乡”授牌仪式在广州市人民北路871号广东文联艺术馆举行。该活动收到全省21个地级市1249人摄影作品稿10543件，评出纪录类获奖入选作品172件，艺术类获奖入选作品172件，商业类获奖入选作品48件，多媒体类获奖入选作品11件，策展人奖入选3人，青年组获奖入选作品36件，本土摄影奖18件（其中纪录类11件，艺术类6件，青年组1件）。颁奖盛典当日，广东省摄影家协会向仁化县颁发“广东摄影之乡”牌匾，副县长黄付养代表仁化县人民政府接受牌匾。仁化县成为全省第一个获得该项殊荣山区县（市、区）。

（陈旭虹）

# “丹霞仁家”品牌助推化县域经济发展

近年来，旅游产业正经历着由单一的观光旅游向综合的休闲度假旅游转变，旅游消费市场日趋丰富和多样，以进农家院、品农家菜、饮农家茶、采农家果为特色的休闲旅游在全国各地迅速兴起。为抢抓当前旅游产业转型发展的有利时机，仁化县充分发挥世界自然遗产丹霞山品牌优势，积极打造“丹霞仁家”农家乐品牌，努力推动农家乐休闲旅游走品牌化、特色化发展路子。

据调查，该县现有农家乐总数达157家。按餐位数计算，已形成8000多人的接待能力。据了解，仅2013年接待近300万人次，实现经营收入2亿多元，解决就业人员（含季节性就业人员）1120人。如今，漫步锦江两岸，像丹霞街道的“福宝农家乐园”那样建筑设计讲究、周边环境优雅、经营项目颇具特色的一大批农家乐已经成为仁化旅游事业的一道新风景。

## 亮点聚焦

1.精细管理，规范“仁家”发展

该县自2013年始致力于打造“丹霞仁家”星级农家乐品牌，在全县精心挑选20家各具风格特色的农家乐作为首期“丹霞仁家”创星包装建设项目，对农家乐经营场所、营业项目、配套设施、环境卫生、接待能力、安全保障等软硬件设施进行提档升级，以点带面推动全县农家乐朝着特色化、标准化、规范化方向发展。

该县出台《仁化县关于进一步促进旅游业发展的优惠办法》，明确规定“对新评定的三星级、四星级、五星级农家乐，分别给予旅游经营户10万元、20万元、30万元的奖励”。设立“丹霞仁家”发展专项资金，用于农家乐建设的考察学习、前期宣传、星级评定奖励等。成立“丹霞仁家”评审委员会，对“丹霞仁家”的设立、管理、评星、监督等进行了全方位的规范，严格规范“丹霞仁家”的经营行为，促进旅游业健康持续发展。经评定，福宝农家乐园为四星级“丹霞仁家”农家乐，山水湾农庄和喜洋洋农庄为三星级“丹霞仁家”农家乐，倚云山庄等11家为二星级“丹霞仁家”农家乐，走马坪农庄等6家为一星级“丹霞仁家”农家乐。

2.因地制宜，创建“仁家”系列

近日，来自深圳的周先生一家自驾车到丹霞山游玩，途经三星级“丹霞仁家”山水湾农庄时正值饭点，恰被立于门口的巨型旋转水车吸引，举目望去，里边山水环绕，环境清幽，不由得停车，驻足小憩。特色的菜肴，周到的服务给周先生一家留下深刻的印象，他表示：“很不错，下次会推荐朋友过来。”

按照把“丹霞仁家”当旅游景点建设的理念，该县积极引导各农农乐业主，紧扣休闲度假经营宗旨，在做好餐饮住宿服务的基础上，根据地域特点、自然环境及文化特色，因地制宜确定建筑风格和主题色调，设置独特景观和特色活动。通过差异化发展，形成各自的核心竞争力，助推“丹霞仁家”整体良性发展。截至2013年年底，该县已成功创建各具特色的“丹霞仁家”20家，其中有的依托夏富、车湾一带丹霞风光，发展以观光、摄影、游憩等为主题的“山里仁家”；有的依托石塘、扶溪、城口等古村资源和历史文物遗迹，发展以风情体验、休闲度假为主体的“古村仁家”；有的依托丹霞源国家水利风景区，配套建设以农庄大棚、生态餐厅、水上娱乐等设施为主的“水上仁家”。

3.营销推广，打响“仁家”品牌

“去年没赶上，今年我们严格按照‘丹霞仁家’的有关标准和要求来做”，在看到“丹霞仁家”品牌效益后，该县火龙果山庄负责人王贤东日前正抓紧完善配套的住宿等相关设施，“争取今年通过‘丹霞仁家’评审。”如今，成为“丹霞仁家”星级农家乐，正逐渐成为越来越多农家乐业主的追捧。

该县十分重视“丹霞仁家”品牌的塑造与营销，把“丹霞仁家”纳入旅游宣传整体方案，编入《悠游仁化》旅游宣传册和仁化旅游指南折页。精心策划和包装“丹霞仁家”旅游示范点，引导旅行社及旅游企业与之合作，将“丹霞仁家”纳入旅游线路，融入大丹霞旅游格局。同时，该县还充分利用报纸、电视、网络、微信（仁化旅游）等平台发布信息，在高铁站等人流量较大的地方投放灯箱广告，策划主题推介会和节庆活动等方式宣传推广“丹霞仁家”。构建多维度、深层次、全方位的品牌营销模式，着力打响“丹霞仁家”农家乐品牌。

4.金融服务，助推“仁家”升级

针对“丹霞仁家”农家乐存在缺乏有效抵押物、产权不清、未建立经营户联保模式、经营资金监测难等因素导致贷款难，在一定程度上阻碍“丹霞仁家”农家乐升级的问题，该县通过引导金融机构大力创新开发“助保贷”“妇女贷”“联保贷”“信用贷”等信贷产品，合理确定贷款利率、期限、还款方式，在有效控制风险的前提下，简化贷款审批手续，有效破解了“丹霞仁家”农家乐建设融资难的“瓶颈”。景阳农家菜馆就是首批享受农家乐“信用贷”业务的“丹霞仁家”，该农庄向县农村信用联社成功贷款了100万元，已新增了4间客房、600多平方米花园，开发了品茶观景、游玩休憩、养生健体等经营项目，实现月经营收入21.7万多元，

截至2014年年底，该县金融机构累计向“丹霞仁家”农家乐经营业主发放贷款金额1200多万元，全力助推“丹霞仁家”农家乐升级。

一份耕耘，一份收获。在该县强力主导下，形成以四星级“丹霞仁家”福宝农家乐园、三星级“丹霞仁家”山水湾农庄和喜洋洋农庄为代表的20家星际“丹霞仁家”农家乐，由“山里人家”、“古村人家”和“水山人家”组成的“丹霞仁家”品牌日益凸显经济和社会效应。

## 发展定位

“丹霞仁家”是仁化旅游发展定位“仰止丹霞、回望人家”系统工程载体之一，俗指“农家乐”，是指地处乡村、水边、古村、山野等处的“古村人家”“山里人家”“水岸人家”系列，以“吃农家饭、住农家屋、干农家活、享农家乐”为主要内容，以旅游经营为目的的经营实体。

（1）为游客营造舒心的“丹霞仁家”环境。依托丹霞地貌的独特山水风光和客家农村的民俗文化风情，精心营造“丹霞仁家”的景观环境，做到处处是风景、处处显温馨，让游客来到仁化感受如家一般的整洁、干净、美丽和舒适。

（2）为游客提供贴心的“丹霞仁家”服务。按照“宾客至上”的服务要求，想游客之所想、解游客之所忧，为游客提供像对待家人一样的贴心周到、优质全面的服务，让游客吃得有味、住得舒服、玩得尽兴、买得放心。

（3）为游客设置开心的“丹霞仁家”活动。紧扣休闲度假这一经营宗旨，因地制宜

地设置传统农耕体验、家庭亲子农活比赛、农业知识游戏、民间艺术欣赏、特色菜肴烹制等各类农家娱乐项目，让游客尽情享受农家之乐。

## 工作重点

（1）强化管理，规范服务。建立和完善管理和服务体系，对农家乐经营实施有效管理和高效的服务，促其增添必要的卫生设施，落实各项卫生防范措施，为游客创造一个良好的旅游和生活环境，促进农家乐经营走上规范化、标准化管理轨道。同时，加强对农家乐经营者和从业人员的培训，促其自觉遵纪守法，诚信经营，提高管理服务水平。

（2）突出个性，形成特色。引导经营者自我包装与营销，发挥农村独特的自然禀赋和交通、区位优势，重点在民俗游、休闲游、生态游上做文章，发挥美丽的自然风光和农家特色，努力把农家乐打造成城郊游的首选地。

（3）健全机制，加强自律。进一步完善星级丹霞仁家评选标准和办法，促其不断上档升级；尽可能统一农家乐服务质量标准，为强化服务管理提供依据；统一行业标识，推行资源共享，鼓励联合经营，加强行业自律，促进农家乐健康有序发展。

（祝向恩　谭玉玲）

# 大事要闻

## 重大新闻

1月13日，《韶关日报》头版以《仁化茶添新贵：该县一红茶获中国绿色食品A级产品认证》为题，报道经中国绿色食品发展中心审核，由广东丹霞天雄茶叶有限公司研制的“丹霞岩红·红茶”被认定为中国绿色食品A级产品，是全市被中国绿色食品协会认定为绿色食品A级产品两个茶叶产品之一。据了解，该公司主要生产红茶、绿茶、白茶等六大茶类，“丹霞岩红·红茶”系选用白毛茶中新品种“丹霞一号”和“丹霞二号”的一芽一叶或一芽二叶为主要原料，由国家茶叶产业技术体系专家团队和仁化县茶叶研究所，按照创新红茶制作技术和绿色食品工艺标准要求制造而成。

1月20日，《南方日报》《广州日报》《韶关日报》等报刊以《仁化举办石塘堆花米酒旅游文化节：打造古村古酒品牌》为题，报道首届石塘堆花米酒旅游文化节在仁化县石塘镇开幕，活动还为省级非物质文化遗产堆花米酒博物馆揭幕。标志着濒临失传的传统堆花米酒酿酒技艺有了自己独有的展示、传承基地。该次文化节旨在通过一系列酒文化活动进一步挖掘和展示石塘革命老区及仁化丰富的旅游资源，提升和创新石塘酿酒文化，推动“美丽仁化”和“魅力石塘”建设。

2月27日，《南方日报》《南方都市报》《韶关日报》等媒体，以《随叫随到的乡村“120”》为题，报道仁化县黄坑镇小溪村乡村医生张三坤，她在接受中央电视台《新闻联播》关于践行社会主义核心价值观的采访时说：“我觉得村民需要我，虽然辛苦，但有价值。”据了解，张三坤扎根山区，20多年来，共为小溪村平安接生400多个孩子，存活率100%；免费为900多名村民治病，为40多人垫付共计3万多元医药费。她曾多次获得县、镇级优秀党员，“三八”红旗手，优秀工作者，优秀乡村医生等荣誉，先后高票当选镇党代表、人大代表。

3月29日，《韶关日报》以《张帼英在仁化指导工作时指出：把群众满意作为最高标准》为题，报道省人大常委会原主任、省关工委主任张帼英在市领导陈向新、许红、徐紫玲等陪同下，先后考察仁化县石斛种植基地、有色金属产业基地、黄屋旅游新村、丹霞新城、县城干群会客厅、红锦湾丹霞仁家、农产品交易中心等项目。张帼英要求仁化县在加快发展的同时，严格抓好环境保护工作，做到既要金山银山，又要绿水青山。张帼英还在仁化讲授党的群众路线教育实践活动专题辅导课，指出作为一名党员领导干部，要把群众满意作为工作的最高标准，诚心诚意地为群众解难事、办实事、做好事，让广大人民群众共享改革发展的成果。

4月23日，《韶关日报》以《全国刨花板产业发展研讨会在仁化举行：“院企合作”

共谋发展》为题，报道2014年中国刨花板产业发展研讨会在仁化县举行，副市长兰茵，国家林业局、省林业厅等相关部门负责人，以及来自全国各地的生产和经营企业代表约150人参加了研讨会开幕式。当天，鸿伟木业（仁化）有限公司还与中国林科院木材所签订“技术合作框架协议书”，双方以“院企合作”方式共同研究刨花板领域新技术新工艺新产品新方法，为刨花板技术发展做出新贡献。

4月29日，中国新闻网、《南方日报》、《韶关日报》等媒体，以《仁化20家“丹霞仁家”星级农家乐挂牌：有效提升旅游接待实力》为题，报道仁化县大力实施美丽乡村休闲旅游建设计划，在全县精心挑选20家各具风格特色农家乐作为首期“丹霞仁家”创星包装建设项目，以点带面推动全县农家乐朝着特色化、标准化、规范化方向发展。经该县星级“丹霞仁家”评审委员会评审打分，评定出福宝农家乐园为四星级“丹霞仁家”农家乐，山水湾农庄和喜洋洋农庄为三星级“丹霞仁家”农家乐，倚云山庄等11家为二星级“丹霞仁家”农家乐，走马坪农庄等6家为一星级“丹霞仁家”农家乐，并分别给予0.8万元至20万元不等的现金资助。

4月30日，《韶关日报》以《2016年全省基本完成农村土地承包经营权确权登记颁证工作：仁化今年试点全市明年铺开》为题，报道韶关市召开会议，部署农村土地承包经营权确权登记颁证试点工作。会议指出，根据省委、省政府关于“2014年起在各地级以上市各选择1个县进行农村土地承包经营权确权登记颁证试点，2015年全面铺开，2016年全省基本完成确权登记颁证工作”要求，安排仁化县为全市农村土地承包经营权确权登记颁证试点县，其他县（市、区）各选择1个试点镇。截至2014年4月底，仁化县召开试点工作动员会，选择4个镇8个行政村88个村小组先行试点。

6月2日，《韶关日报》以《仁化和湖南汝城签协议：促进边际经济金融合作》为题，报道湖南汝城县金融机构与仁化签订金融协作协议。两地将加强粤湘两省边际地区金融运行基本情况、重大事项及重要信息交流，共同搭建金融稳定、反洗钱、国债、征信管理等宣传平台，联合创建多层次应急处理机制，共同协作重点课题调研和共享调研成果。

7月8日，《韶关日报》以《仁化列为省国土资源规范化建设试点：推动执法监察重心下移》为题，报道省国土资源厅下发了《关于开展基层国土资源所规范化建设试点工作的通知》，在全省部署6个县（区）开展国土所规范化建设试点工作，仁化县列为试点县之一。试点工作主要内容：机构设置科学、人员配置合理、制度管理规范、推进事权下放。通过试点工作，逐步规范国土所的工作流程、方法与步骤，进一步做好国土资源违法违规行为早发现、早报告、早制止、早查处工作，推动执法监察工作“重心下移、关口前移”。

8月2日，《韶关日报》以《仁化成立首个“政协委员联系群众工作站”：广纳民意服务群众》为题，报道仁化县首个政协委员联系群众工作站在城口镇成立。该工作站从2014年8月开始，每月第2个星期二上午9时至11时30分和下午2时30分至5时，县政协安排1至2名城口镇辖区内政协委员值班，定时进行群众接访，并公开值班委员姓名、单位、联系方式，方便群众联系。是该县延伸政协服务群众、广纳社情民意重要窗口之一。

8月26日，《韶关日报》以《全国各地志愿者义工助力仁化创建全省首个孝心村：弘扬孝文化传递正能量》为题，报道仁化县在周田镇周田村举行为期7天“孝亲尊师·梦想成真”夏令营活动，9位来自全国各地志愿者义工和仁化县40多名学生及家长参加该次活动，为创建周田孝心村预热。据了解，周田村是中华孝行天下工程组委会在广东省选定的首个孝心村，也是首个试点村。9位来自全国各地志愿者义工将在周田村驻扎1年时间，帮助仁化县建立首个孝心村。

9月13日，中国新闻网、《广州日报》、《韶关日报》等媒体，以《仁化推动茶叶产业发展：白毛茶获批国家地理标志保护产品》为题，报道国家质检总局发布公告正式批准对仁化白毛茶实施地理标志产品保护，保护范围包括红山镇、城口镇、丹霞街道办事处、董塘镇、闻韶镇、黄坑镇共6个镇（街道）现辖行政区域，是仁化县继长坝沙田柚后，获批第2个国家地理标志保护产品。

9月23日，《韶关日报》以《国家民政部官员到仁化调研时指出：推动社区民主协商走向制度化》为题，报道民政部基层政权和社区建设司副司长朱耀垠到仁化县调研城乡社区治理工作，副市长李安平参加调研。朱耀垠一行深入到丹霞街道黄屋村，实地调研“三三制”基层工作、民忧档案、民情日记、集体经济、计生工作情况。朱耀垠鼓励黄屋村在居委会整治与户籍制度改革工作方面仍需加把劲，村小组要推动社区民主协商向制度化发展，规范协商程序，加强跟踪评估，确保协商实效，将每一分钱统一分配到农户手中，着力帮助群众解决生产生活中的实际困难。

10月21日，《南方日报》《羊城晚报》《光明日报》《韶关日报》等媒体，以《纪念仁化暴动87周年暨红军长征过境粤北80周年学术研讨会在我市召开：弘扬苏区精神 促进改革发展》为题，报道纪念仁化暴动87周年暨红军长征过境粤北80周年学术研讨会在仁化举行。研讨会由中共中央党史研究室宣教局副局长薛庆超，中共广东省委党史研究室主任杨汉卿、副主任李淼翔分别主持。陈毅元帅之子、北京市原副市长、中国人民对外友好协会原会长陈昊苏，朱德元帅外孙、解放军装备学院副院长、少将刘建，韶关市委副书记、市长艾学峰及市领导张志才、孔云龙、柳琛子出席研讨会。会上，革命后代代表刘建、陈昊苏等深情回顾了朱德、陈毅在仁化的光辉战斗历程。与会专家学者就仁化暴动和红军长征过境粤北历史地位和意义，仁化暴动与粤北湘南暴动，仁化苏区与井冈山革命根据地、中央苏区关系，革命人物在仁化的活动及历史贡献等，进行深入探讨和研究。艾学峰在致辞中说，举办该次学术研讨会，使社会各界充分了解韶关和仁化县对井冈山、中央革命根据地，乃至对中国革命作出的重要贡献，必将进一步激发韶关人民的凝聚力和战斗力，对于打造韶关文化品牌，提升城市形象，成功申报全国文明城市和国家历史文化名城，促进经济社会发展具有积极推动作用。

10月23日，中国新闻网、《南方日报》、《韶关日报》以《仁化荣膺“广东摄影之乡”：成为全省第一个获此殊荣的山区县》为题，报道在广东省第25届摄影展览颁奖仪式上，仁化县荣膺“广东省摄影之乡”，成为全省第一个获此殊荣山区县（市、区）。

10月28日，《韶关日报》以《仁化获“全国县级文明城市”提名：成为韶关唯一获此殊荣的县》为题，报道在江苏张家港召开的全国县级文明城市创建工作现场会传来消息，仁化县被确定为“全国县级文明城市提名城市”，是韶关市唯一获此殊荣的县（市、区）。该次提名，是综合2013年中国县域科学发展百强县市排名、各省辖县市数量及其经济发展竞争力排名情况，并权衡县市文明创建整体水平而确定的。

11月2日，《韶关日报》以《虎门18个社区结对帮扶仁化28个贫困村：“五对接”力促农户脱贫》为题，报道虎门镇与仁化共同出台《关于虎门镇社区与仁化县贫困村开展“五对接”活动实施方案》，标志着虎门镇18个社区结对帮扶仁化县28个贫困村工作正式启动，是继产业对接工作之后，两地开展的又一次深层次合作与交流。

12月22日，《韶关日报》以《丹霞山首届全国山地自行车邀请赛昨鸣锣开赛：在骑行中享受丹霞美景》为题，报道由国家体育总局自行车击剑管理中心、中国自行车运动协会和市政府共同主办的2014中国丹霞山“盛世丹霞杯”首届全国山地自行车邀请赛在仁化县大桥镇古洋山地自行车训练基地鸣锣开赛，来自广东、湖南、江西、广西、福建、香港、台湾等地区和美国等国家近千名车手在生态美景中激情竞速，享受在丹霞山骑行的快乐。市领导陈波、柳琛子、徐紫玲、邓建华出席开幕式，省体育局巡视员、省自行车运动协会会长曾晓红，亚洲小轮车锦标赛冠军马丽芸，全国场地自行车冠军张利应邀参加活动。该次比赛以“释放激情、挑战极限、享受丹霞”为赛事主题，比赛赛道按照国家标准规划修建，全长约5公里，30%为上坡，35%为下坡，10%～15%为技巧路段，其余为平路，百分百全越野。比赛共设韶关市民男子山地体验组、山地自行车男子普通A组、山地自行车男子普通B组、山地自行车女子公开组和山地自行车男子公开组5个组别。经过激烈的争夺，来自韶关捷安特车队的彭剑辉、道卡斯（中国）车队的颜锦弟、长沙顺时针车队的陈湘源、大时代车队的邓湖平和美利达挑战者队的封宽杰分别获得上述5个组别冠军。

12月25日，《韶关日报》以《仁化巨资打造“美丽乡村”：力争2020年年底80%以上行政村实现建设目标》为题，报道仁化县召开县委十二届八次全会，提出2015年，各镇（街道）至少建成1个美丽乡村示范村，力争到2020年年底，80%以上行政村建成美丽乡村，并建成特色村20个以上和品牌村10个以上，确保美丽乡村建设走在全省前列，成为全省生态文明建设知名品牌。同时，从2015年起，连续6年每年安排当年财政一般预算收入的1%～2%为专项资金，专门用于美丽乡村各项基本建设投入和奖补，加快美丽乡村建设。

12月31日，《韶关日报》以《广东县域经济综合发展力研究报告发布：仁化县位居山区县第三》为题，报道广东县域经济研究与发展促进会在广东省委党校发布《2014广东县域经济综合发展力研究报告》，是在广东省经济高速增长转为中高速增长、经济结构不断优化升级等经济发展“新常态”下，首份系统分析广东县域经济发展的研究报告。报告公布全省61个县域单元综合发展力测评结果，仁化县位居28个山区县（市）经济综合发展力第3位。

（祝向恩　谭玉玲）

# 大事记

## 1月

**1日** 仁化县第三次全国经济普查进入入户登记和数据采集工作阶段。

**是日** 仁化县财政业务一体化平台正式运行。

**是日** 《丹霞山古摩崖碑刻集》出版发行。该书收录丹霞山风景名胜区现存摩崖碑刻拓片200多件，分《别传寺卷》《锦石岩卷》《山外卷》3卷，内容有释文、介绍有关拓本情况（包括原刻所处位置、年代、作者等），以及对个别字词简注，且八成以上内容与佛教、寺院有关，并有部分世俗题名、记事、题咏等。

**是日** 仁化供电局正式接管周田、黄坑、大桥3个镇供电业务。5月正式成立周田供电所，按混岗管理模式运作。

**2日** 仁化县全面启动第三次全国经济普查入户登记工作。

**3日** 广东省农业厅副厅长顾幸伟一行到仁化县调研国家现代农业示范区建设工作，先后视察国家现代农业示范区核心区车八岭石斛组培基地及韶关现代生态农业展览馆建设现场，实地了解雪印公司高效设施蔬菜种植基地建设情况及高标准基本农田建设工作。

**是日** 国家旅游局与环保部联合发文，公布首批“国家生态旅游示范区”名单，丹霞山成为全国首批39家“国家生态旅游示范区”之一。

**8日** 仁化县政协副主席邓诗勤到广州列席政协十一届广东省委员会第二次会议。

**是日** 鸿伟木业（亚洲）控股有限公司在香港联合交易所有限公司创业板上市，成为仁化县首家在香港上市的民营企业总部。

**9日** 仁化县基层人大代表在线交流平台试点系统正式开通。

**18日** 仁化县创业中心揭牌仪式在县中职学校举行。

**19日** 仁化县首届石塘堆花米酒旅游文化节在石塘镇举办。同时，举行石塘镇“两中心一馆”（石塘镇旅游咨询服务中心、土特产交易中心、石塘堆花米酒展览馆）揭牌。

**26日** 仁化县卫生和计划生育局正式组建（2月28日，完成办公场所整合和搬迁）。

**27日** 韶关市仁化公路局将原省道S246线仁化县城穿城段共3.5公里（桩号K48+000~K51+500，包括仁化大桥）无偿移交给仁化县住建局。

**是日** 仁化县在县城和各镇（街道）集中开展“外出务工人员走进干群会客厅”活动。当晚8时，县委书记刘锋、县长王晓梅分别在县城、丹霞街道“干群会客厅”，下午3时，其他县领导到各自联系镇（街道）“干群会客厅”，会同当地党政领导，参加会客活动。活动当天，全县135位外出务工人员参与干群会客活动，征集意见和建议73条。

**31日** 马年正月初一，春节。“美丽仁化·迎新春有奖灯谜竞猜”活动、舞龙舞狮团拜活动在仁化县文化广场举办。

**1月16日至2月24日** 2014年春运。其间，全县发出客运车辆26079班次，安全运送旅客51.31万人次。

## 2月

8日 由中共仁化县委、县政府主办，县人社局承办，就业局协办的仁化县2014年“春暖行动”企业用工招聘会在县文化广场举行，组织进场招聘企业72家，提供就业岗位6000个。

**是日** 仁化县反腐倡廉警示教育基地（位于县国土局资源局9楼）建成正式投入使用。

**14日** 仁化县召开党的群众路线教育实践活动动员部署会议。

**16日** 中央电视台《新闻联播》以《践行核心价值观 从点滴做起》为题，采访广东、江苏等省优秀研究员、律师、乡村医生、教授代表6人。仁化县黄坑镇小溪村乡村医生张三坤作为践行社会主义核心价值观倡导的爱国、诚信、敬业、友善代表之一被采访报道。

**17日** 仁化县社会治安视频监控一类点建设完工暨交付仪式在仁化县公安局10楼会议室举行。

**17—19日** 仁化县政协主席廖志常、副主席马志忠与其他市政协委员出席政协第十一届韶关市委员会第三次会议。

**20日** 广东省国土资源厅副厅长李俊祥到仁化县督导“一村一镇一地图”工作。

**21日** 全国著名写字教育专家胡一帆应邀到仁化县田家炳小学进行书法讲座。

**25—27日** 中国人民政治协商会议仁化县第十届委员会第三次会议在县政府礼堂召开。会议议程有：①听取和审议中国人民政治协商会议仁化县第十届委员会常务委员会工作报告；②听取和审议中国人民政治协商会议仁化县第十届委员会常务委员会关于十届二次会议以来提案工作情况的报告；③表彰先进政协小组和优秀提案；④列席县十四届人大四次会议，听取和讨论仁化县人民政府工作报告；⑤选举县政协秘书长，增选县政协常委4名；⑥协商讨论并通过中国人民政治协商会议仁化县第十届委员会第三次会议决议。

**26—28日** 仁化县第十四届人民代表大会第四次会议在县城召开。会议听取和审议《政府工作报告》《仁化县人民代表大会常务委员会工作报告》《仁化县人民法院工作报告》《仁化县人民检察院工作报告》，审查《仁化县2013年国民经济和社会发展计划执行情况与2014年各项主要宏观计划预期安排（草案）的报告》《仁化县2013年财政预算执行情况和2014年财政预算（草案）的报告》，并作出相关决议。代表对县“一府两院”及其部门2014年度履职满意度进行测评。会议依法选举廖兰英为县十四届人大常委会副主任，连辉标、罗有发为县十四届人大常委会委员。

**是月** 仁化县被确定为广东省农村土地承包经营权登记试点县。

## 3月

**1日** 2013年仁化县高标准基本农田建设项目工程进场施工。

**是日** 全省全面推行工商登记制度改革。

**4日** 中国共产党仁化县纪律检查委员会第四次全体会议在县政府礼堂1楼召开。

**是日** 仁化县工商局颁发工商登记制度改革后首张新版营业执照。

**6日** 国家统计局韶关调查队到仁化县开展2013年群众幸福感测评民意调查。

**8日** 2014年首批丹霞山科普志愿者在丹霞山地质博物馆正式授牌。丹霞山管委会、市科协、团市委、韶关民声网、丹霞山旅游投资经营有限公司、水上丹霞有限公司等单位领导，以及36名丹霞山科普志愿者参加活动。

**10日** 国家质检总局发布公告受理仁化白毛茶地理标志保护申请。

**14日** 中央电视台“远方的家”系列节目《江河万里行》栏目摄制组到仁化县丹霞山、石塘古村和夏富牛鼻村采风拍摄。

**19日** 广东省农业厅副厅长牛宝俊到仁化县调研，深入到大桥、周田、董塘3镇，先后察看大桥金果公司、石斛种苗科研繁殖基地，周田富然农科油茶基地、鑫三洲农特产交易市场，董塘霞丰农机合作社等经济经营实体，随机听取汇报，实地了解经营运作情况。

**24日** 仁化县总工会举办第五届劳动技能大赛。

**26日** 仁化县公共资源交易管理办公室挂牌运作（是年9月2日划归县政府办管理）。

**27日** 仁化县首次在董塘镇高宅、红星、五一3个村委会举办企业用工招聘会，有6家县域企业入场，涉及餐饮住宿、家政服务、物业管理、木制品加工等行业，提供就业岗位120个，现场到场求职者160人，现场达成就业意向72人，其中高宅村28人，红星村13人，五一村31人。

**是日** 广东省人大常委会原主任、省关工委主任张帼英到仁化县考察丹霞街道黄屋新村建设情况，并到县有色金属循环经济产业基地调研，听取县有色金属产业基地建设情况汇报，还深入到广东省志成冠军集团有限公司仁化分公司车间参观指导。

**是日** 香港商报记者推出“走进韶关”大型系列采访报道，就经济社会发展、文化、生态文明建设，以及特色农业、旅游、投资环境、招商引资等话题采访中共仁化县委书记刘锋，并参观采访县有色金属循环经济产业基地、深水湾农庄、石塘双峰寨及古村落、福宝农家乐等。

**是日** 仁化县流通环节食品安全监管职责正式由仁化县工商局移交至仁化县食品药品监督管理局，食品生产加工环节监管职能由仁化县质监局移交仁化县食品药品监督管理局负责。

**28日** 广东省人大常委会原主任、省关工委主任张帼英应邀为仁化县500多名党员干部作《坚持群众路线，践行群众路线》专题讲座。

**是月** 丹霞山地质博物馆被广东省国土资源厅命名为“广东省国土资源科普教育基地”，成为全省首批五个科普基地之一。该博物馆位于丹霞山世界地质公园内，占地总面积5000多平方米，内设丹霞山全景模拟沙盘，综合厅、多媒体厅、地球科学厅、地质厅、生物厅等展厅，通过图文展板、多媒体播放、实物标本等形式生动展示地质基础知识，丹霞地貌形成、演化及研究发展，丹霞山区域生物多样性，以及丹霞山发展历史。

**是月** 县级公立医院改革试点工作全面开展。

## 4月

**10日** “孝行天下”走进仁化公益演出暨仁化县首届道德模范颁奖典礼在仁化县体育馆举行，授予张三坤等18人“道德模范”称号。省委宣传部副部长、省文明办主任顾作义，省文明办副主任马必文，市委常委、宣传部部长许红等出席颁奖典礼。该次道德模范分别设立“助人为乐模范”“孝老爱亲模范”“诚实守信模范”“爱岗敬业模范”和“道德模范提名奖”等5类奖项。受到表彰的道德模范来自全县各个阶层，有普通百姓、基层干部、教师、工人等。

**是日** 《香港商报》在“珠三角百达通”专栏头版刊出《锦江探源，古村寻幽——悠游仁化田园丹霞》一文报道仁化。

**15日** 《香港商报》在《直通南粤》栏目报道中共仁化县委书记刘锋专访《仁化：打造粤港澳的“慢城”》。

**18日** 中共广东省委省直机关工委副书记姚楚旋、省委宣传部宣教处长吴祖清应邀到仁化分别作《践行群众路线，改进机关作风》《一项实现中华民族伟大复兴的“铸魂工程”》专题辅导。

**是日** 万时山申报省级地质公园资料通过省专家组评审。

**是日** 仁化县董塘镇中心幼儿园香港大埔爱心教育楼落成。香港新界华侨联会会长陈汉明、香港大埔七约乡公所主席梁官华出席典礼。

**23日** 仁化县在县图书馆电子阅览室举办农民工计算机技能大赛。

**28日** 中国人民银行广州分行中央银行会计核算数据集中系统（ACS）上线令签署工作电视电话会议召开，中国人民银行仁化县支行ACS系统正式上线运行。

**是日** 仁化县在丹霞街道车湾福宝休闲农庄举行首批“丹霞仁家”星级农家乐授牌仪式。

**是月** 仁化县省道S246线康溪2号桥危桥改造工程开工。

**是月** 全县完成已离岗接生员和赤脚医生生活困难补助申报工作。

## 5月

**5日** 中央电视台《科技之光》栏目摄制组到仁化县拍摄专题片，摄录优美丹霞风光，并进一步探秘姐妹峰“丹霞迷宫”峡谷。

**6日** 仁化县国土资源储备交易中心更名为仁化县土地储备中心，隶属于仁化县国土资源局。

**是日** “2014市县联动就业服务招聘会”仁化县分会场在县文化广场举办，现场入场参加招聘单位44家（其中县域企业36家），提供就业岗位2900个，现场求职者2133人，现场达成就业意向620人。

**7日** “韶关市‘民声热线’走进仁化”大型户外活动在仁化县体育馆举行。县四套班子领导成员、法检“两长”、县各单位主要领导和分管“民声热线”领导、各镇（街道）党（工）委书记、镇长（主任）、党（工）委副书记、纪委书记、综治中心专职副主任参加活动。县委书记、县人大常委会主任刘锋，县长王晓梅现场解答群众反映的问题。

**8日** 广东省公安厅纪委副书记陈楚镇率省公安厅第一巡视组到仁化县公安局督导检查。

**8—9日** 中央电视台CCTV-10科教频道《科技之光》栏目组在丹霞山开展为期3天拍摄活动，专题拍摄探秘丹霞迷宫姐妹峰，揭秘丹霞迷宫地质成因、峡谷中奇特动植物等科学知识。

**11日** 国家文物局副局长童明康、资源处处长辛泸江、考古处处长张磊、考古处副处长佟薇，广东省文化厅副厅长杨伟时、省文物局副局长龙家有、文物保护与考古处罗泽平到石塘双峰寨和石塘古村考察。

**13日** 中共广东省委宣传部、省实践办组织中央、省媒体（具体包括《南方日报》、《羊城晚报》、广东广播电视台）记者到仁化开展典型集中采访活动，采访黄坑镇小溪村卫生站医生张三坤。

**17日08时至18日08时** 受弱冷空气和西南暖湿气流共同影响，仁化各地普降大到大暴雨。全县有11个自动站点录得暴雨以上量级，其中胡坑村委会录得最大降水126.8毫米。降雨造成全县直接经济损失44.7万元。

**19日** 仁化县“道德讲堂”总堂正式成立并举行揭牌仪式，中共仁化县委副书记黄令遥，县委常委、宣传部部长赖小红参加仪式并揭牌。

**19日17时至20日08时** 受高空槽和切变线共同影响，仁化各地普降中到大雨，局部暴雨。大桥镇录得最大降水126.0毫米。降雨造成全县直接经济损失665.7万元。

**19—20日** 广东省农业厅副巡视员潘秀芬在省农机推广站熊元芳、财政专家陈丽梅、省农机化办胡兵文陪同下，到仁化县开展省农机化示范县项目中期检查。

**20日** 广东省司法厅厅长、党委书记，省委政法委委员严植婵一行5人在韶关市司法局局长周正祥等人陪同下到仁化县专题调研律师进村（居）、法律援助工作。

**21日** 广东电视台新闻中心记者对仁化县“民信档案”金融扶贫模式进行采访报道。

**是日** 广东省教育厅副厅长李学明带领省教育厅师资管理处、基建财务处负责人到仁化县调研师资培训和教师队伍建设，以及农村义务教育学校公用经费管理和使用情况。

**23日** 仁化县在县“道德讲堂”总堂举办诚信经营道德教育活动暨“百城万店无假货”启动仪式。

**26日** 仁化县丹霞山北门水上入口综合服务区“三旧”改造项目启动。该项目位于仁化县丹霞山开发区金霞小区C

面（原丰宾电子厂），用地面积5.37公顷，计划投资54499万元。

**是日** 仁化县公安局在10楼会议室召开“六大专项”打击整治行动破案目标工作冲刺布署会，决定成立3个刑侦小组，分别负责县城、董塘、周田片区刑事案件侦破工作，试行大刑侦模式。

**27日** 中共仁化县委书记刘锋代表仁化县应邀参加全省培育和践行社会主义核心价值观座谈会，并作《“一厅三档案”解民忧，以“仁”化人促和谐》经验交流发言。

**是日** “广东仁化、湖南汝城金融协作协议签约仪式”在中国人民银行仁化县支行举行，开启广东省跨省跨地区毗邻支行金融协作先例。

**是日** 仁化县公安局城口交警中队在国道106线查获一起无证运输卷烟案件，并将案件移交仁化县烟草专卖局处理。现场查获卷烟白沙（精品）、白沙（精品二代）、双喜（软）等24个品牌79.96万支（3998条），案值353780元。

**28日19时至29日00时** 受热对流强降雨云团影响，仁化各地普降大到暴雨。县城录得最大降水87.6毫米。降雨造成全县直接经济损失161.7万元。

**是日** 广东省公安厅警卫局副局长张熙泉一行到仁化县调研公安警卫工作落实中共中央“八项规定”和落实全省公安警卫工作会议精神情况。

## 6月

**4日** 韶关市中小学“名班主任工作室”启动仪式暨培训活动在仁化县实验学校举行，广东省中小学德育研究与指导中心教授李季、韶关市教育局副局长朱伙新等出席仪式。

**是日** 仁化县“金融扶贫”信息中心在中国人民银行仁化县支行正式挂牌成立。

**6日** 韶关市名班主任工作室——沙桂香工作室在仁化县实验学校举行挂牌仪式。该工作室是仁化县首间名班主任工作室。

**16日** 中央电视台播放“远方的家·江河万里行”系列专题片《丹山碧水话锦江》，讲述广东仁化锦江中下游自然风光、风土人情，展现韶文化特点以及两岸人们生产生活风貌，时长45分钟。

**是日** 2011—2012年度大桥镇市级基本农田保护示范区项目工程全面完工。

**17日** 广东省文化厅副巡视员顾民强，中共广东省委宣传部副处长陈英闻等到仁化县开展省级爱国主义教育基地复评工作。

**20日** “数字仁化地理空间框架建设项目暨‘一村一镇一地图’工程验收会”和“数字仁化地理空间框架建设项目成功推广会”在仁化县国土资源局举行。

**是日** 广东电视台“今日关注”记者到仁化采访并予以报道和宣传仁化胡坑村通过建设小水电让农户发家致富新闻事件。

**28日** “梦里的古村”——广东省古村落摄影大展暨广东省“美丽仁化·魅力扶溪”摄影大赛开机仪式在扶溪镇古夏村举行。

## 7月

**1日** 仁化廉政教育基地在全国重点文物保护单位双峰寨正式揭牌启用。该廉政教育基地设在石塘双峰寨内，环寨墙三面布展，整个展示分两大部分五项内容。第一部分主要展示上世纪20年代大革命时期，石塘双峰寨保卫战斗争史。第二部分为该县其他时期革命斗争介绍。

**2日** 仁化县企业信息网上查询服务开通。

**4日** 仁化县召开镇（街道）党的群众路线教育实践活动汇报会。

**7日** 仁化县文明办、县工商局、县食药监局、县质监局、县发改局、县住建局联合发文《关于表彰2014年仁化县“百城万店无假货”示范街（店）的通知》，决定表彰仁化县新城横路商业街为2014年仁化县“百城万店无假货”示范街，仁化县宏祥粮店、广东东明股份有限公司东明广客隆荣昌店、仁化县上海人家专卖店、仁化县东方眼镜店4家商店为2014年仁化县“百城万店无假货”示范店。

**10日** 仁化县护理学会成立。

**11日** 仁化供电局与曲江供电局进行35千伏黄坑变电站与35千伏古洋变电站运行管理交接仪式，标志仁化供电局正式接管35千伏黄坑变电站与35千伏古洋变电站运行维护工作。

**14日** 由省、市、县专家组成水稻高产创建活动测产验收组和花生测产验收组对仁化县水稻（早稻）示范片和花生示范片开展验收。早造水稻湿谷亩产684.93公斤，折干谷亩产534.24公斤，花生示范片平均亩产329.14公斤，非示范片亩产262.00公斤。

**16日** 广东省国土资源厅到仁化县开展土地出让、耕地保护等专项审计。

**17日** 仁化县文明办在县工商局举行“百城万店无假货”示范街（店）授牌仪式。

**20日** 中华孝心村工程组委会志愿者入驻广东省首个孝心示范村仁化县周田镇周田村。

**24日** 中共广东省委宣传部教授、省委讲师团原团长曾凡光应邀到仁化县作《一项凝魂聚气强基固本的基础工程》专题辅导。

**是日** 广州铁路公安处国保支队支队长邬金生一行到仁化县对韶赣铁路丹霞站沿线治安状况，以及丹霞山火车站派出所成立相关工作进行调研。

**28日** 仁化县流动图书馆凡口社区分馆建成。

**29日** 仁化县首个“政协委员联系群众工作站”在城口镇成立。

**30日** 韶关市气象局联合市安监、公安、住建及经信部门组成检查组，对仁化县重点建设项目单位进行气象灾害防御暨防雷安全设施“三同时”专项工作检查。

**是日** 仁化县政协首期“委员之家”网络互动平台使用培训班在中共仁化县委党校开班。

**31日** 仁化县公安局破获1宗特大贩卖毒品案“刘某斌贩卖毒品案”，涉案价值300多万元。

**是月** 仁化白毛茶顺利通过国家地理标志产品保护技术审查。

**是月** 首台国产3立方米遥控铲运机在凡口铅锌矿试用。

## 8月

**1日** 台湾“立法院”顾问沈智慧博士、台湾国学大师郑尧章应邀到仁化县分别作《生命的觉醒》《国学的人生智慧》专题国学讲座。

**7日** 仁化县27所义务教育学校100%为标准化学校，被市教育局核对认定义务教育标准化学校。

**10日** 仁化县和中华孝行天下工程组委会共同在广东省创建的第一个“孝心村”周田镇周田孝心示范村正式挂牌。

**12日** 《广东党风》杂志社社长、总编辑杨晓萍一行到仁化县调研并参观县反腐倡廉警示教育基地和仁化县廉政教育基地。

**22日** 仁化县扬子坑水库拦河坝工程完成验收。

**是日** 仁化县总工会举行“百万帮扶暖千家”暨金秋助学活动仪式，发放助学金8万元，资助品学兼优贫困大学生32名。

**25日** 仁化县第一中学、县实验学校被韶关市教育局命名为“2014—2016年度韶关市艺术特色学校”。

**26日** 广东省水利厅厅长林旭钿一行5人在县长王晓梅陪同下，到长江镇视察锦江河堤建成后维护运行情况。

**是日** 原曲江县周田信用社及其辖属黄坑分社、大桥分社同时划转仁化县农村信用合作联社管辖。

**28日** 仁化县20名摄协会员40幅作品在参加台湾新北市三重社教馆由广东省摄影家协会主办、中华艺术摄影家学会协办的“大美广东—虎门·仁化摄影作品展”上，从不同视角展现美丽仁化的名山胜水，天下独绝的丹霞山风光，古塔、古桥、古刹、古村等胜迹给台湾观众留下美好印象。

**29日** 中共中央宣传部宣教局在穗召开中共党员践行社会

主义核心价值观座谈会，中共仁化县委常委、宣传部部长赖小红代表仁化县应邀参加。

**是日** 广东省社科院科研处处长、博士赵细康应邀到仁化县作《仁化如何走生态发展之路》辅导报告。

**是月** 仁化县卫计局与广东省人口文化促进会《名人》杂志社联办的《仁化专刊》（总第48期）出版。

## 9月

**1—2日** 仁化县烟草专卖局（分公司）联合县公安、工商、质监等执法部门，对辖区内卷烟零售市场开展“中秋”节前清理整治专项行动。出动执法人员28人次，检查卷烟零售经营户220户，排查物流、快递站（点）4家，排查可疑地点6个，清理无证经营户1户，查获涉烟违法案件7宗，查获涉案卷烟1.34万支，案值5100元。

**5日** 国家质检总局发布2014年第96号公告正式批准“仁化白毛茶”成为地理标志保护产品。“仁化白毛茶”是仁化县继“长坝沙田柚”后第2个获批国家地理标志保护产品。

**是日** 中共湖北省委宣传部副部长喻立平应邀到仁化县作《中华文化与我们的价值观》辅导报告。

**10日** 仁化县红山学校烟竹教学点成为韶关市唯一一间被教育部－百度公司“蒲公英教育计划”百度作业帮平台首批“校帮校”试点学校，并在北京参加新闻发布会。

**是日** 仁化县重新核定村、社区“三定”干部编制数。

**11日** 中共广东省委宣传部副部长蔡伏青一行到省爱国主义教育基地仁化县石塘双峰寨调研。

**12日** “仁化县新闻发言人和新闻助理培训班”在仁化县举办，中共广东省委宣传部互联网新闻信息中心主任曾胜泉应邀作《突发事件舆情应对指南》专题报告。

**18日** 国家教育督导团高学贵、宋师亮在省市教育部门陪同下，对仁化县农村义务教育学校基本办学条件进行专项督导。

**19日** 由中共广东省委宣传部指导，广州画院、广东美术馆、南方日报社共同主办的“山不在高——广东四大名山画卷创作·丹霞山站”开笔仪式在仁化举行。

**是日** 仁化县在县城文化广场举办“爱国、诚信、敬业、友善”公民道德宣传日图片展开幕仪式，同时举办“‘裙’说价值观 文明进家庭”活动。中共广东省委宣传部副部长、省文明办主任顾作义出席开幕仪式。

**23—26日** 仁化县分别在黄坑、周田、大桥镇墟日街市举办2014年仁化县“深入群众，送岗到镇”企业用工招聘会，入场企业8家，提供就业岗位430个。

**26日** 广东省供销合作联社理事会副主任陈栋到仁化县调研，详细了解仁化县供销系统经济业务、专业合作社发展、资产盘活、人员经费和基层社运作情况。

**30日** 赣韶铁路丹霞山站通车运营。赣韶铁路全长179千米，是京广和京九铁路连接线。丹霞山站位于仁化县周田镇境内，距离仁化县城15公里，距丹霞山10公里，建筑总面积约6000平方米。

**是日** 中国首个烈士纪念日。丹霞街道在仁化暴动纪念碑前举行公祭革命烈士活动。

**是月** 仁化县省道S246线长江镇至丹霞街道（仁化镇）及仁化大桥至岭田村段路面改造工程完工。

## 10月

**1—7日** 仁化县公安局按照市公安局及中共仁化县委、县人民政府部署要求，精心组织，全警动员，每天安排160多名警力参与县城巡逻执勤、重点路面、路口交通疏导和丹霞山景点安全防控工作。

**9日** 中国南航集团文化传媒股份有限公司旗下《空中之家NIHAO》杂志采编人员到仁化县采访拍摄中国历史文化名村石塘村以及石塘堆花米酒传

承人。

**17日** 仁化县科学技术协会第五次代表大会在县科教局召开。

**19日** 中共中央党史研究室宣教局副局长薛庆超，朱德元帅外孙、解放军装备学院副院长、少将刘建，陈毅元帅之子、北京市原副市长、中国人民对外友好协会原会长陈昊苏，中共广东省委党史研究室主任杨汉卿、副主任李淼翔，中共韶关市委副书记、市长艾学峰等参观全国重点文物保护单位、广东省爱国主义教育基地、广东省中共党史教育基地双峰寨。

**是日** “弘扬苏区精神，促进改革发展——纪念仁化暴动87周年暨红军长征过境粤北80周年文艺晚会”在仁化县文化广场举办。

**20—21日** “弘扬苏区精神，促进改革发展——纪念仁化暴动87周年暨红军长征过境粤北80周年学术研讨会”在仁化县城锦城宾馆3楼会议室召开。会议由中共中央党史研究室宣传教育局、中共广东省委党史研究室、中共韶关市委、广东中共党史学会、广东中共党史人物研究会联合主办，中共仁化县委、仁化县人民政府承办，具有规格高，专家学者多，研究领域广，学术成果丰特点。是广东省第一次由县级筹划承办的全国性党史学术研讨会。会议收到相关论文102篇。有党史军史专家学者、研究人员，老一辈无产阶级革命家后代代表，媒体记者，共计160余人参加会议。该次研讨会在广东省内开启由县级承办高规格中共党史学术研讨会先例。

**21日** 中央投资项目“石塘镇石塘村历史文化名镇名村保护设施建设项目”招投标工作完成。

**是日** 中共中央党史研究室宣传教育局副局长薛庆超，中共广东省委党史研究室主任杨汉卿、副主任李淼翔在市县领导陪同下，到仁化县史志办公室调研并慰问全体史志工作人员。

**22日** 由省、市、县专家组成水稻（晚稻）高产创建活动测产验收组对仁化县董塘镇农业部水稻万亩高产创建示范片进行收割验收，湿谷亩产711.62公斤，折干谷亩产达583.52公斤。

**28日** 仁化县流动图书馆董塘分馆建成。

**30日** 仁化县人力资源和社会保障公共服务平台建设通过省检查组验收。

**是月** 仁化获授“广东摄影之乡”铭牌，成为全省第一个获得该项殊荣山区县（市、区）。

## 11月

**1日** 仁化县公安局启动应急追逃预案，调动武警、公安民警在县内多个交通要道及重点路口设卡拦截搜查，全面搜捕北江监狱逃犯。

**8日** 仁化县公安局城口交警中队及县巡特警大队在仁化县城口公安检查站查获一起无证运输卷烟案件，并将案件及时移交仁化县烟草专卖局处理。经执法人员现场清点，涉案卷烟有白沙（精品）、白沙（精品二代）等13种品牌24万支（1200条），案值14.17万元。

**是日** 中共仁化县委、仁化县人民政府和广东省水果行业协会在大桥镇长坝举办“‘生态长坝•柚香万里’2014仁化长坝金柚节”，《南方日报》、中新社、《南方都市报》、《广东建设报》、《香港商报》、香港《紫荆》杂志、《环境财经》杂志、广东广播电视台、南方卫视TVS、《今日韶关》杂志、《韶关日报》等媒体到现场宣传报道。

**10日** 红山镇烟竹村委天盛实业有限公司一栋平房搭建铁皮瓦时发生一起高处坠落事故，事故造成1死1伤。

**15日** 国道G106线仁化县锦江大桥维修加固工程通过竣工验收。

**20日** 中共仁化县委召开《学习贯彻习近平总书记系列重要讲话精神，推动仁化“四化推四区”》专题务虚研讨会。

**是日** 广东开放大学（原广东广播电视大学）继续教育学院副院长罗鉴棠等到仁化电大调研。

**27日** 2014年全省农村经营管理统计培训班在仁化县周田镇鑫三洲农业培训基地举行。广东省农业厅副巡视员陈华富出席开班仪式并作动员讲话。

**28日** 2014年仁化县“文明交通，安全出行”健步行动在县文化广场举办。

**29日** 第七届徒步穿越丹霞山活动举行。活动由市体育局、市旅游局、丹霞山管委会联合主办。来自全国32个省（区、市）和美国、马来西亚共6000多人参加徒步穿越世界自然遗产丹霞山活动。

**是月** 仁化县在县政府礼堂2楼召开全县定密工作会议。

**是月** 仁化县首期家政服务培训班在周田镇人社所成功开办，有周田、大桥、黄坑镇学员59人参加该次免费业务技能培训。

**是月** 仁化县地震局获广东省地震局《关于授予广州市荔湾区金花街陈家祠社区等48个社区广东省地震安全示范社区称号的通报》通报。

## 12月

**2日** 广东省政协党组副书记、副主席梁伟发率队到仁化县调研县级政协基本情况，市领导李飞、林嘉和县领导刘锋、廖志常、马志忠、张标兵、邓诗勤陪同调研。

**是日** 广东省社会工作委员会专职副主任王光圣率队到仁化县开展社会治理工作调研，考察仁化县“干群会客厅”“民忧档案”项目。

**3日** 全省第一期村干部农业经营管理培训班在仁化县周田镇鑫三洲农业培训基地开班，为期4天。中央农业广播电视学校副校长齐国和广东省农业厅党组成员、巡视员余俭娥在开班仪式上作讲话。

**4日** 仁化县在县城文化广场举办首个“国家宪法日”宣传活动。

**是日** 农业部人事司副司长刘英杰一行在广东省农业厅党组成员、巡视员余俭娥等陪同下，到仁化县调研“三农”和农村实用性人才培训工作。

**5日** 国道G106线仁化县锦江大桥正式移交仁化公路局管养。

**6日** “贡柑飘香•和谐黄坑”仁化县黄坑镇第二届贡柑文化节在黄坑中学体育场开幕，《南方日报》、中新社、《广州日报》、《羊城晚报》、广东广播电视台、《广东建设报》、《韶关日报》、韶关新媒体发展中心记者到现场宣传报道。

**是日** 2014年粤湘赣丹霞书法围棋艺术节活动暨“南枫杯”书画作品邀请赛在丹霞山开幕，邀请中国围棋国手九段刘小光、中国八段棋手王元参加。

**7日** 仁化县与湖南汝城县联合出台《关于共同构建县际矿产资源联合执法机制的意见》，每月定期对各边界地区开展联合巡查，重点打击整治非法开采稀土、破坏森林资源和生态环境涉矿违法违规行为以及经常发生反弹和死灰复燃矿点、矿区，并结合实际开展水土保持和复耕复绿工作。

**11日** “百名记者百矿行”活动记者走进凡口矿进行专项采访，省、市、县各级安监部门领导及有关工作人员陪同接待采访。媒体记者见证省、市、县安监部门在矿山井上井下进行行政执法全过程，市安监局代表安监部门对检查中发现的安全隐患下发限期整改指令书。

**16日** 新华社广东分社记者到仁化，以感动中国为主题，采访黄坑镇小溪村卫生站医生张三坤，宣传弘扬感人事迹和精神。

**17日** 丹霞山南门服务基地建设项目启动暨安置房开工奠基仪式在古洋水乡举行。

**18日** 广东省农业厅测评组对仁化县省级现代农业示范区进行年度测评。

**21日** 2014中国丹霞山“盛世丹霞杯”首届全国山地自行车邀请赛在仁化县丹霞山古洋山地自行车训练基地举行。该赛由国家体育总局自行车击剑管理中心、中国自行车运动协会和韶关市政府共同主办，来自广东、湖南、江西、广西、福建、香港、台湾等地区和美国等国家近千名车手参加比赛。该次比赛以“释放激情、挑战极限、享受丹霞”为赛事主题，比赛赛道按照国家标准规划修建，全长约5公里，百分百全越野。比赛设韶关市民男子山地体验组、山地自行车男子普通A组、山地自行车男子普通B组、山地自行车女子公开组和山地自行车男子公开组5个组别。

**22—26日** 中国文联美术艺术中心在仁化开展“中国文联·中国美协送欢乐下基层——全国著名美术家下乡采风活动”，以笔会、艺术交流、画室辅导等形式开展送文化、种文化活动，搭建当地基层美术工作者、学生与艺术家近距离接触和艺术家真正深入基层、深入人民汲取营养、创作优秀作品，奉献社会、服务人民桥梁，促进仁化文艺事业发展。

**23日** 仁化县第三次全国经济普查领导小组办公室荣获全国先进集体称号，成为韶关市唯一受到国家表彰的县（市、区）。

**30日** 第26届粤赣湘仁化、崇义、汝城三省三县文化艺术节“南岭和韵”专场演出在仁化县文化广场举办。

**是日** 仁化县丹霞街道公共法律服务中心揭牌。

**30—31日** 仁化县烟草专卖局（分公司）联合仁化县公安局、工商局和质监部门开展清理整顿联合行动，重点检查名烟名酒店、土特产店、日杂批发零店、物流、快递站（点）等经营场所。联合单位出动执法车辆4台次，出动执法人员14人次，检查卷烟零售经营户100余户，排查物流、快递站（点）4家，查获涉烟违法案件3宗，查获涉案卷烟3.428万支（条），案值6300元。

**是月** 仁化县人民检察院“办案用房和专业技术用房”大楼竣工，正式投入使用。

**是月** 仁化县石塘双峰寨成功通过省级爱国主义教育基地复核。

**是年** 仁化县根据韶关市人民政府统一部署，在周田镇开展宅基地调查试点工作。

**是年** 广东省文联、广东省摄影家协会、仁化县人民政府联合举办“仁化杯”广东省第25届摄影展览活动。该次活动是仁化县历次摄影展览活动中规格最高，影响最大，参与人数最多的全省性摄影展览活动。

**是年** 仁化县与韶关市旅游局签订“广州南站灯箱广告发布协议”，在广州南高铁站投放仁化旅游宣传广告3期，广告时间为2014年3月17日至2015年2月28日（共计12个月）。

**是年** 仁化县有1248人参加高考（普通类1237人，高职类11人），有1187名考生被有关高校录取，总录取率95.11%。其中：普通类录取1176人，录取率95.07%；高职类录取11人，录取率100%。

# 仁化概貌

## 自然地理

【位置、范围和面积】 仁化县隶属于广东省韶关市，位于南岭山脉南麓，广东省东北部，北纬24° 49′ 10.1″ ~25° 27′ 25.8″，东经113° 30′ 09.5″ ~114° 03′ 01.9″，东与始兴县、南雄市接壤，东北与江西省崇义县、大余县接壤，南面紧邻浈江区、曲江区，西与乐昌市、浈江区接壤，北与湖南省汝城县毗邻，是名副其实粤、湘、赣三省交界地。县城距韶关市区49公里，距广州市区270公里。国道G106、G323 线，省道S345、S342、S246线 穿越境内，韶赣高速公路经过境内周田镇，并设有出口；韶赣铁路在周田镇设立丹霞山火车站；准备动工建设的武深高速公路横穿县境，在县城设有出口。县道四通八达，镇、村都有公路可通，交通便利。县境内东西相距47.3公里，南北相距44公里（最宽处为67.65公里），西北至东南最短距11公里。全县边境长303.6公里，总面积2223.22平方公里。

【地质、地貌】 仁化县地处广东省最北部、南岭山脉中段，地势大体北高南低，地形复杂，以山地丘陵为主，其中山地约占70%、丘陵约占20%、小平原占10%，总体走向为东南向。北部及东南部主要为中低山及丘陵，中部以丘陵为主。董塘至县城一带为覆盖下岩溶盆地，地形平坦。丹霞山一带山体柱立，风景优美，以独特“丹霞地貌”闻名于世，是国家AAAAA级风景名胜区、世界地质公园、世界自然遗产。全县地势总体北部及东南部高，中部低。北部最高点万时山海拔1559米，南部长坝一带最低点海拔61.5米，相对高差1497米，北江支流锦江斜贯全境。

区域位于南岭巨型纬向构造带中段，地质结构发育，岩浆活动频繁。区内出露地层从老到新有寒武系、奥陶系、泥盆系、石炭系、二叠系、三叠系、侏罗系、白垩系、古近系、第四系。寒武系较广泛分布于县域中北部小楣水林场、丹霞林场及东南部黄坑、灵溪一带，岩性主要为一套板岩、浅变质砂岩。奥陶系见于东南部灵溪一带，岩性以板岩为主，次为浅变质砂岩。泥盆—石炭系分布于中部石塘、董塘、仁化县城、胡坑一带，岩性主要为灰岩、泥岩、砂岩。二叠系级三叠系见于西部董塘至花坪一带，岩性为含煤砂质岩。侏罗系零星分布石塘西南侧，岩性主要为泥岩、砂岩。白垩—古近系分布于中南部丹霞山、周田、大桥一带，零星见于中北部塘村，岩性主要为砂砾岩、砂岩、泥岩。第四系主要见于中部董塘—仁化盆地，为冲洪积中细沙、粉砂、粘土，偶有砂砾层；侵入岩广泛分布于北部红山、城口、长江、扶溪及东部闻韶、黄坑一带，属诸广山岩体一部分，主体为印支期—燕山期侵入体，岩性主要为中粗粒黑云母花岗岩及中粗粒斑状黑云母花岗岩、中西粒黑云母花岗岩。扶溪一带有海西期花岗闪长岩呈岩株产出；区内地质结构有东西向、北东向、西北向3组，以东西向构造最为发育，表现为诸广山岩体及由泥盆—石炭系地层组成的董塘—仁化复向斜作东西向展布。北部向构造以断裂构造最为发育，为吴川—四会深断裂带北段（仁化—韶关断裂带）组成部分。北西向构造表现为寒武系、奥陶系地层作北西向紧密褶皱产出。

（温杨明）

**【气候】** 气候特征。仁化县地处中亚热带南沿，地势北高南低；北部多崇山峻岭，南部为丘陵平地；具有明显季风气候特点，气候暖湿，热量丰富，降雨充沛，无霜期长，四季分明。但由于降水集中，旱涝灾害常有发生。灾害性天气以低温阴雨、龙舟水、暴雨、干旱、寒露风、低温霜冻、高温、冰雹、龙卷风等为主。

2014年，全县总的气候特点：年平均气温正常，年降水量正常偏少；年日照正常；气候复杂多变，异常气候事件频发。

①日照。2014年，全县年日照时数为1838.5小时。月日照时数最大值出现在7月，为274.3小时，月日照时数最小值出现在3月，为50.2小时。

②气温。2014年，全县年平均气温为20.1℃。最冷月出现在12月，月平均气温为9.5℃；最热月出现在7月，月平均气温为29℃。年极端最高气温39.0℃（7月31日），年极端最低气温-3.8℃（1月22日）。日最高气温≥35℃炎热天气开始于6月，终止于9月，以7月、8月出现最多，全年日数为55天。日最低气温≤0℃寒冷期出现19天，以1月份出现天数最多。

③降水。2014年，全县年总降雨量为1516.0毫米。月最大降水量出现在5月达398.6毫米。汛期（4—9月）总降水量为1108.1毫米，占全年总降水量73.1%。24小时最大降水量为73.6毫米，出现在5月17日。日降水量≥50毫米的暴雨，共出现2天，集中出现在4—5月。

特殊天气。①雾。2014年，全年出现雾日数13天。全县各地一年四季均有雾出现。从季节分布看，冬季、春季雾日最多，秋季次之，夏季最少；从地形分布看，山区多于平地，林区多于荒山杂草地带；从雾的聚散时间看，一般形成于0—6时，太阳出来后雾浓度加大，上午9—10时逐渐消散。浓雾密布，水平能见度小，容易造成交通安全事故发生。

②霜。县内初霜日，山地早于平地；霜日，山地多于平地。海拔每升高100米，无霜期约缩短4—9天。2014年，全县无霜期为294天，初霜日出现在11月29日，终霜日出现在次年2月21日。霜日数是23天（2013—2014年）。

③雪。2014年，全县出现降雪天气2天，分别是初雪日2月13日、终雪日2月19日。

④雷暴。2014年，全县全年雷暴日数69天。一年中最早闪雷是3月10日，最晚雷暴日是10月2日。雷暴日集中在5—8月。7月和8月最多达16天。

（蓝传宝）

**【水文】** 仁化县地处浈江流域，县区内河流均属于山区性河流。最大河流为锦江，河流全长108公里，集水面积1913平方公里，其中仁化县境内河长90公里，集水面积1874平方公里；县境内集水面积100平方公里以上河流有5条，分别为扶溪水、城口水、黎屋水、董塘水、百顺水，其中百顺水为浈江一级支流，其余4条河流为锦江一级支流。

2014年，仁化县降水量1694.5毫米，比上年（1635.1毫米）多3.6%；比多年平均降水量（1669.1毫米）多1.5%。降水量时空分布不均，多集中在3—8月。年降水量最大值为兰洞站2061.0毫米，年降水量最小值为石塘站1406.0毫米。是年有3场较大降水过程，分别出现在5月16—23日、6月2—6日和8月12—20日。

2014年，仁化县地表水资源量为21.65亿立方米，比多年平均值少0.7%，其中入境水量为2.09亿立方米；地下水资源量5.90亿立方米，比多年平均值少14.2%。仁化县属山丘区，地下水资源量即河川基流量，故地表水资源量包含地下水资源量。

2014年，仁化县境内河流水质监测断面2个，监测、评价二级河流水功能区2个，锦江丹霞山景观用水区水质目标为Ⅲ类，水质现状为Ⅳ类，不达标；锦江江口饮用农业用水区水质目标为Ⅱ类，水质现状为Ⅲ类，不达标。

境内水库水功能区2个：赤石迳水库开发利用区水质目标为Ⅱ类，水质现状为Ⅱ类，达标；锦江水库开发利用区水质目标为Ⅱ类，水质现状为Ⅱ类，达标。2个水库水功能区营养状态均为中营养。

（王贵妹　文小平）

**【自然灾害】** 暴雨洪涝。①5月17日08时至18日08时，受弱冷空气和西南暖湿气流共同影响，仁化县各地普降大到暴雨。全县有11个自动站点录得暴雨以上量级，其中丹霞街道办胡坑村委会录得最大降水126.8毫米。达到暴雨以上量级的站点雨量为：气象局94.4毫米，红山镇54.7毫米，董塘103.4毫米（大暴雨），扶溪102.9毫米（大暴雨），闻韶98.4毫米，周田105.6毫米（大暴雨），大桥92.3毫米，石塘121.3毫米（大暴雨），丹霞山101.1毫米（大暴雨），董塘小楣水51.3毫米，丹霞街道胡坑126.8毫米（大暴雨）。据县“三防”办统计，截至5月18日10时，全县各镇（街）遭受不同程度灾害，受灾人员355人，倒塌闲置房屋1间，粮食作物受灾45.33公顷，粮食作物26公顷，灌溉水渠塌方20米，周田镇灵溪河堤损坏30米，大坑底水库消力池损坏侧墙1处；直接经济损失44.7万元，其中水利设施直接经济损失26万元。

② 5月19日17时至20日08时，受高空槽和切变线共同影响，仁化县各地普降中到大雨，局部暴雨。全县有2个自动站点强降水明显，录得暴雨以上量级，录得大桥镇最大降水126.0毫米，周田灵溪村委106.3毫米。据县“三防”办统计，5月11日至24日16时，全县各镇（街）遭受不同程度灾害，受灾人口7067人，倒塌房屋47间，其中闲置房屋27间，房屋受淹340间，转移人口47人；农作物受灾面积517.79公顷，成灾面积21.81公顷，绝收面积4.74公顷；董塘镇2座小（二）型水库放水涵漏水，损坏河堤7处510米，山塘4座，灌溉设施48处，电排站1座，公路中断5条次，直接经济损失1028.8万元，其中水利设施直接经济损失581.77万元。

③5月28日19时至29日00时，受热对流强降雨云团影响，仁化县各地普降大到暴雨。全县有6个自动站点强降水明显，录得暴雨以上量级，其中县城录得最大降水87.6毫米，丹霞山、胡坑村委79.6毫米。据县“三防”办统计，截至29日12时，全县各镇（街）遭受不同程度灾害，受灾人口2285人，倒塌房屋7间，其中闲置房屋3间，受淹房屋46户，转移人口225人；农作物受灾面积45.33公顷，公路中断1处，损坏山塘1座，灌溉设施3处，直接经济损失161.7万元，其中水利设施直接经济损失22.5万元。

（蓝传宝）

## 资源物产

**【土地资源】** 仁化县土地资源相当丰富，全县总面积2223.22平方公里，人口23.55万，人均土地拥有量约0.9公顷。全县有耕地20960.46公顷，土地肥沃，灌溉条件良好，少风、水、旱灾害。全县25度以下山坡地近万公顷可开发利用。2014年，全县有园地1915.51公顷，林地180624.43公顷，草地2591.90公顷，城镇村及工矿用地4896.72公顷，水域及水利设施用地7159.31公顷，其他土地共计2077.69公顷。

**2014年仁化县各镇（街道）各类土地面积一览表**

表1　　　　单位：公顷

| 行政区域名称 | 行政区域总面积 | 耕地 | 园地 | 林地 | 草地 | 城镇村及工矿用地 | 交通运输用地 | 水域及水利设施用地 | 其他土地 |
|---|---|---|---|---|---|---|---|---|---|
| 仁化县 | 222321.98 | 21450.25 | 1915.51 | 180624.43 | 2591.90 | 4896.72 | 1606.17 | 7159.31 | 2077.69 |
| 丹霞街道 | 28813.13 | 2748.14 | 617.44 | 21268.71 | 412.46 | 1234.68 | 240.22 | 1987.15 | 304.33 |
| 城口镇 | 26689.37 | 1434.90 | 49.27 | 24278.73 | 134.03 | 155.97 | 118.02 | 349.03 | 169.42 |
| 长江镇 | 30064.44 | 3101.26 | 15.17 | 25630.03 | 53.05 | 491.42 | 118.33 | 308.15 | 347.03 |
| 扶溪镇 | 18790.39 | 1927.43 | 13.80 | 15942.50 | 37.89 | 176.05 | 79.73 | 419.85 | 193.14 |
| 董塘镇 | 24333.76 | 3405.81 | 175.53 | 17086.12 | 660.76 | 1345.41 | 258.70 | 1086.05 | 315.38 |
| 石塘镇 | 7791.74 | 1634.37 | 55.75 | 5174.41 | 210.59 | 238.59 | 64.33 | 302.49 | 111.21 |
| 闻韶镇 | 8577.79 | 702.55 | 6.40 | 7527.13 | 67.16 | 73.31 | 37.46 | 82.79 | 80.99 |
| 红山镇 | 16964.19 | 1188.40 | 31.38 | 14985.71 | 17.82 | 124.86 | 69.53 | 398.86 | 147.63 |
| 大桥镇 | 13280.01 | 1328.57 | 144.71 | 10180.55 | 311.66 | 205.21 | 187.57 | 805.52 | 116.22 |
| 周田镇 | 29612.24 | 2162.21 | 472.81 | 24438.03 | 409.66 | 580.38 | 353.09 | 1046.14 | 149.92 |
| 黄坑镇 | 16493.87 | 1752.41 | 330.00 | 13324.92 | 255.12 | 268.29 | 77.27 | 350.92 | 134.94 |
| 镇与镇争议地 | 911.05 | 64.20 | 3.25 | 787.59 | 21.70 | 2.55 | 1.92 | 22.36 | 7.48 |

注：表内数据来源于仁化县2013年土地调查数据库

（温杨明）

**【水资源】** 仁化县境内山多林密，雨量充沛，多年平均降雨量1669.1毫米，年降水总量36.8亿立方米；多年平均地表水资源量21.8亿立方米；多年平均地下水资源量6.88亿立方米。境内有流域面积100平方公里以上河流6条，流域面积100平方公里以下一至三级支流约120条，其中集雨面积100平方公里以上河流有扶溪河、城口河、塘村河、董塘河，呈树枝状分布在锦江干流上，在大桥镇水江汇入浈江；黄坑河（百顺河）由南雄市百顺流经闻韶、黄坑和周田3镇，由周田镇和平汇入浈江；灵溪河由周田镇平甫汇入浈江。全县年径流与降雨分布规律相似，多年平均径流深，自南向北分布在800毫米—1100毫米之间。县境内，浈江河主干长约40公里，从周田镇（新庄电站处）入境水量约36.8亿立方米，从大桥镇（湾头电站处）出境水量约60.7亿立方米。县境内，浈江河一级支流锦江河（仁化县主要流域地）全长108公里，流域面积1913平方公里，多年平均年产水量17.66亿立方米（含外省县292平方公里集雨面积产水量及湖南省龙洞水库跨流域引入流量为1立方米每秒水量）；浈江河一级支流黄坑河（百顺河）全长59公里（其中县境内32公里），流域面积392平方公里（其中县境内268平方公里），年产水量约6亿立方米；浈江河一级支流灵溪河全长38公里，流域面积116平方公里，年产水量约1.5亿立方米。全县水力资源丰富，理论蕴藏量约16万千瓦。境内还有少量地热水资源，水量较少，属硫磺矿温泉，主要分布在城口、长江、红山、扶溪、闻韶和周田等镇。2014年，全县降雨量1516毫米，年降水总量33.7亿立方米，为平水偏枯年；全县有1万立方米以上蓄水工程352宗，蓄水库容3亿多立方米。

（刘　志）

**【矿产资源】** 仁化县矿产资源丰富，是中国“有色金属”之乡。探明和开发矿藏主要有铜、铅、锌、钼、铋、银、汞、镓、锗、铁、煤、铀、萤石、钾长石、石英石、水泥用灰岩、建筑用灰岩、地热水等，已发现的矿产类型有12类51种，其中探明有储量（查明上表矿区）矿产地7处，铅锌矿和煤矿资源分别在省、市占重要位置。县域分布矿产资源特点是：矿产种类较多，分布范围广，大矿、富矿相对集中，域内凡口铅锌矿是东南亚最大铅锌矿生产基地，是中国目前探明储量最大铅锌矿之一，矿石中除含14.1%铅锌金属外，还富含（伴生）银、锗、镓、汞、钼、铋等元素，是中国较大的银矿生产基地，也是中国三大镓、锗矿之一。全县大中型以上矿产地较少，非金属矿产则以小型为主。

仁化县矿产资源丰富，但分布不均匀。域内优势矿种为铅、锌、银、汞，以及地热水、煤、铀等矿床，主要分布于董塘镇、长江镇，集中于凡口、格顶、云顶和棉花坑矿区；钨、锡、钼、铋多金属矿床多以伴生形式出露，铌、钽、稀土等与花岗岩密切相关矿床，主要分布于县域北部诸广山岩体内。

（温杨明）

**【生物资源】** 2014年，仁化县国土总面积为2223平方公里，林业用地面积17.36万公顷，占78%，森林覆盖率78.26%，活立木蓄积量1139.93万立方米。森林有针叶林、阔叶林、针阔混交林、经济林、毛竹林、灌木林等。在生态林保护区及自然保护区内，多为大面积连片、保护较完好天然阔叶林。在阔叶林群落中，上层主要以壳斗科、木兰科、樟科、山茶科植物占优势，下层多以桃金娘、细齿叶柃、芒萁、乌毛蕨为主。

根据调查统计，仁化县共有维管植物191科611属1074种，其中栽培植物56科101属138种，野生植物176科534属936种。在176科534属936种野生维管植物中，就其习性而言，以草本植物占优势。其中蕨类植物的99%以上为草本，木本蕨类植物有国家二级保护濒危植物桫椤；单子叶植物中则有101种为草本。

仁化县野生动物资源较丰富，经调查鉴定，全县境内野生动物资源共有4纲26目53科148种，其中兽类23种，鸟类89种，爬行类21种，两栖类15种。分布有国家一级保护野生动物华南虎、云豹、黑鹿、蟒蛇、豹、白颈长尾雉、白鹳、娃娃鱼8种，黄嘴白鹭、白鹇、勺鸡、小青脚鹬、豺、穿山甲、褐翅鸦鹃等国家二级保护动物20多种。

（崔　鑫）

## 人口·语言

**【人口】** 2014年，全县：总人口236948人，比2013年增长0.6%；出生人口3175人，出生率13.4‰，比2013年提高1.86个千分点；自然增长率为7.64‰，比2013年提高0.68个千分点；农业人口18.35万人，比2013年增长1.38%；非农业人口5.34万人，比2013年下降1.11%；农业人口占总人口比重77.5%，非农业人口占总人口比重22.5%；男性人口11.99万人，占总人口比重为50.6%，女性人口11.69万人，占总人口比重49.4%；性别比例（女性=100）102.52%，比2013年下降0.33%；人口密度106.6人/平方公里，比2013年105.9人/平方公里增加0.7人/平方公里；社会各行业在业人口10.87万人，比2013年增加0.01万人。

（袁　虹）

**【语言】** 仁化县位于粤赣湘三省交界处的粤北边陲，境内城乡居民大多数是客家人，且有部分江西、湖南、粤语区（珠江三角洲）和河源县移民，加上有少量历史上早已定居县内的瑶民，方言比较多样。由于历史渊源不同，客方言就有董塘话、长江话、附城话、塞麻（同虱嫲、虱乸、虱婆）话（原与北江船话相通）、河源话5个变体。其中董塘话与兴宁、梅县、惠州客方言更为接近，操这种方言人数约占全县客方言人口一半。2004年7月，调整韶关市行政区划，从曲江县划入仁化县管辖的周田、黄坑、大桥3镇方言，因为村民所居与仁化相邻，客方言、虱婆声、粤方言（白话）等均与仁化县相同类别方言接近。只有在周田镇道管、新庄村委会与大桥镇共和村委会等处部分村民，还有一种连滩话，该方言与潮州话相似，属闽南方言系统。

（谢嘉文）

## 民族·宗教

**【民族】** 仁化县居民以汉族为主，2014年年末，有瑶、畲、壮、回、满、苗、彝、土家族等21个少数民族，少数民族总人口2569人，占全县总人口1.1%，其中男性1317人，女性1252人。县域少数民族中，瑶族人口最多，达1853人，占少数民族人口72.1%；其次为畲族314人，占少数民族人口12.2%；壮族170人，占少数民族人口6.6%；苗族70人，占少数民族人口2.7%；土家族57人，占少数民族人口2.2%。各镇（街道）均有分布，瑶族主要分布在董塘镇瑶族村委会、周田镇瑶族村委会、周田镇雷坑村委会、黄坑镇小溪村委会以及县内中央、省市驻仁化厂矿中。除长期定居仁化的瑶族、畲族外，其余都是中华人民共和国成立后迁移到仁化。

**【宗教】** 截至2014年年底，全县有合法宗教活动场所8个，分别是丹霞山别传寺、丹霞山灵树禅院、丹霞山锦石岩寺、丹霞山仙居岩道观、董塘云龙寺、仁化妙善禅寺、基督教丹霞聚会点、基督教董塘聚会点，宗教已备案教职人员60人，信教群众6500多人，信教人数比2013年增加18.2%。未登记（非法）宗教场所28处，信教群众约5000多人，信教人数比2013年增加25%。

（朱福娣）

## 环境质量

**【概况】** 2014年，仁化县环境质量总体保持稳定，主要河流锦江和董塘河水质良好，县城饮用水源地赤石迳水库水质良好。县城空气质量优良，达到国家二级标准，降水质量稳定，酸雨频率有所上升。县城区声环境质量整体良好。

**【水环境质量】** 饮用水源。2014年，县城饮用水源地赤石迳水库水质质量整体良好，12个月监测有12个月达到国家Ⅲ类水质标准。

主要江河。2014年，全县主要河流水质优良，100%断面水质达到功能区划Ⅲ类水质要求。董塘河段水质和锦江河段水质良好。

**【大气环境质量】** 县城区空气质量。2014年，县城区环境空气质量达到国家《环境空气质量标准》（GB3095—1996）二级标准。县城区空气质量总体保持稳定，空气质量优良。首要污染物为可吸入颗粒物。

县城区降水。县城区降水酸度较强，2014年pH年均值为4.83，酸雨频率有所上升，酸雨污染严重。

**【声环境质量】** 2014年，县城区域声环境较好，全年等效声级为50.7分贝，未超标。县城区域环境噪声源构成仍以生活和交通类声源为主。2014年，县城区域城市道路交通声环境较好，等效声级为63.9分贝，比上年58.7分贝有所上升，未超过城市道路交通噪声等效声级年均值70分贝。

（胡宗云）

## 建置·区划

【建置沿革】 仁化县古属百越之地，秦末汉初仁化地域属南越国南海郡。南越归汉，仁化为曲江县地域。南朝齐（479—502年）析曲江县地，始置仁化县。南朝梁至唐垂拱三年（502—687年）撤销仁化县，并入曲江县。唐垂拱四年（688年）复置。北宋开宝五年（972年），仁化县并入乐昌县，宋真宗咸平三年（1000年）恢复建置。南宋至元、明、清、民国时期，均相沿未改。中华人民共和国成立后，1949年10月16日，成立仁化县人民政府。1958年11月7日，仁化县并入广东省韶关市，为市辖郊区。1961年1月17日，仁化县从韶关市划出，恢复县建置，属广东省韶关地区。1983年6月，韶关市与韶关地区合并，以市带县，仁化县属广东省韶关市辖。2004年7月，韶关市部分行政区划调整，原曲江县辖黄坑镇、周田镇、大桥镇划归仁化县管辖。此后未再变动。2014年，仁化县辖10个镇和1个街道办事处。

（谢嘉文）

【行政区划】 2014年，全县辖董塘、石塘、城口、红山、扶溪、闻韶、长江、黄坑、大桥、周田、丹霞街道办事处等10个镇、1个街道办事处，16个居民委员会（社区），109个村民委员会，1111个村民小组。

（罗润桃 叶莉华）

## 经济社会发展

【简述】 2014年，仁化县面对极为错综复杂国内外形势，在中共仁化县委、县政府坚强领导下，全县上下围绕“四化推四区”发展战略，主动适应经济发展新常态，扎实做好稳增长、调结构、促改革、打基础、优生态、惠民生各项工作，全县经济社会发展保持稳中有进、提质增效态势。

【稳中显现新亮点】 经济运行稳字当头。2014年，全县生产总值（GDP）89.9亿元，按可比价计算，比上年增长7.2%，其中：第一产业增加值17.4亿元，比上年增长5.3%，对GDP的贡献率为19.4%；第二产业增加值37.7亿元，比上年下降0.8%，对GDP贡献率为41.9%，其中，工业增加值34亿元，比上年下降1.5%；第三产业增加值34.8亿元，比上年增长20.6%，对GDP贡献率为38.7%。在第三产业中：交通运输仓储和邮政业比上年增长26.7%，批发和零售业比上年增长9.0%，住宿和餐饮业比上年增长9.5%，金融业比上年增长24.9%，房地产业比上年增长10.7%，其他服务业比上年增长14.2%。三次产业结构从上年19.9：46.2：33.9调整为18.2：45.9：35.9，其中：第一产业比重比上年下降1.7个百分点，第二产业比重比上年下降0.3个百分点，第三产业比重比上年提高2个百分点。人均地区生产总值46722元，按平均汇率折算为7609美元。全县民营经济增加值53.8亿元，比上年增长9.7%。固定资产投资50亿元，比上年增长23.2%；公共财政预算收入6.1亿元，比上年增长16.1%；社会消费品零售总额23亿元，比上年增长11.1%。

就业形势稳中向好。2014年全县城镇新增就业人数达3269人，安置城镇失业人员再就业2114人。城镇登记失业率为2.3%。

居民收入稳步增长。2014年，全县城镇和农村居民人均可支配收入持续提高。城镇和农村居民人均可支配收入分别增长8.6%和9.5%，增速均快于GDP增速。

城乡消费稳中有升。2014年，城镇居民家庭人均消费性支出为8868元，同比下降12.89%。“八大类支出”为“三升五降”：居住支出、教育文化娱乐支出、其他商品和服务支出，同比增长分别为15.37%、62.03%和5.53%；食品支出、衣着支出、家庭设备和服务支出、交通和通信支出和医疗保健支出呈现负增长，同比分别下降5.99%、58.67%、31%、5.57%、11.94%.随着生活水平的提高，居民在教育文化娱乐方面的投入出现大幅度的增长，人均支出1018元，比上年增长62.031%。显示消费理念转变，开始向文化教育消费领域倾斜。随着生活水平进一步提高，在这方面投入会有更加大增长空间。2014年，城镇居民居住支出呈增长态势。抽样调查数据显示，城镇居民人均居住支出1399.46元，比上年增长15.37%。随着居民生活理念及生活方式逐步改变，大多数人购买有物业管理小区，物业管理费和出租房房租上涨导致城镇居民居住支出有较大增长。由于城镇居民的工资收入和转移性收入大幅下降，对衣着支出、生活用品及服务支出也出现了大幅下降，分别比上年下降58.67%、31%。随着居民生活水平提高，食品支出的略有下降，食品支出人均3546元，比上年下降18.51%。恩格尔系数（居民家庭消费支出中用来购买食品支出所占比重）继续下降，城镇居民家庭恩格尔系数为40%，比2013年同期下降2.77个百分点，比2012年同期下降1.5个百分点。恩格尔系数逐年下降，城镇居民生活进一步提高。其他商品和服务支出增速5.53%。越来越多的居民购买金银珠宝饰品，金银珠宝成为居民的消费趋向理性。

服务消费更追求质量。随着社会保障投入加大和医疗改革深入，以及居民生活观念转变，居民医疗和保健成本在下降，负担逐步减轻，消费支出呈现新格局。2014年，仁化县城镇居民人均医疗保健支出253.62元，比上年下降11.94.%。

社会保障体系不断完善。截至2014年年末：全县参加失业保险13556人，比上年增长1.1%；参加城乡居民基本医疗172028人，比上年下降3.2%；参加生育保险16102人，比上年增长6.6%；参加工伤保险17003人，比上年增长3.3%。全县享受社会养老保险离退休人员6631人，比上年增长5.1%。全县参加城乡养老保险人数70766人，比上年增长2.4%。全县11个镇（街道）全部建立最低生活保障制度，享受低保救济户3728户，享受低保救济7522人。

**【优中进发新动力】** “三大产业”增长平稳，发展势头持续向好。①农业生产稳定增长。2014年，全县坚持以发展现代农业为目标，以示范区和龙头企业为抓手，不断加大农业投入，大力推进农业产业化建设。全年全县农林牧渔业实现增加值27.8亿元，比上年增长4.6%，较上年提高0.8个百分点。粮食生产喜获丰收，全县粮食作物单亩产量达到428公斤/亩，全年全县粮食总产量10.4万吨，比上年增长4.22%。畜牧业生产稳步发展。全年肉类总产16.5万吨，比上年下降0.1%，生猪出栏17.98万头，比上年增长2.8%，生猪饲养量27.5万头。渔业生产平稳发展。全年水产品产量为9113吨，比上年增加308吨，同比增长3.5%。②工业生产稳中有进。全县坚持以“主攻项目、决战四区”为目标，加速培育重点企业和支柱产业，新型工业化实现加速推进。全年规模以上工业实现增加值30.5亿元，总量居全市第3位，比上年增长6.5%。主导产业引领作用增强。2014年全县有色金属企业完成工业增加值196090万元，占全县规模以上工业增加值总量的68%。产销衔接状况良好。全县规模以上工业企业产销率达97.4%，全县工业企业生产和销售衔接状况持续向好。③服务业发展稳步提升，逐渐成为经济引擎。中共仁化县委、县政府重视服务业发展，瞄准服务业发展新动态、新方向，大力培育新兴服务业，改造提升传统服务业，促进服务业发展繁荣。2014年，仁化县服务业对GDP贡献率为44.8%，比上年提高17.1个百分点。

节能降耗成效明显。2014年，中共仁化县委、县政府在抓好经济发展的同时，致力为仁化人民营造生态宜居、产业兴盛、文化繁荣美好城市，为仁化县生态文明建设掀开美丽篇章。2014年：全县规模以上工业企业综合能源消费量45.95万吨标准煤，同比增长2.8%；

全社会能源消耗总量为78.29万吨标准煤，比上年增长1.28%；单位GDP能耗为0.885吨标准煤，比上年下降6.05%。

工业发展提速增效。2014年，仁化县围绕新型工业化发展战略，培植壮大龙头企业，坚持提质增效，产业得到优化升级，优势产业明显。全年工业发展呈低开高走趋势。全年全县规模以上工业企业完成增加值30亿元，同比增长6.5%，增速分别比2014年第一季度、上半年、前三季度快5.8、6.4和5.7个百分点，达到年内最高增速。全县规模以上工业企业经济效益综合指数达190%，同比增长19.1%。

消费市场潜力释放。2014年，仁化县在继续发挥投资对经济增长关键性作用的同时，大力挖掘消费市场潜力，发挥消费对经济增长基础性作用。全年全县完成社会消费品零售总额22.9亿元，同比增长11.1%，对经济增长贡献率为20.6%。

城乡结构优化。2014年，全县城镇常住人口比上年末增加400人，城镇化率38.25%；农村居民人均可支配收入增速比城镇居民人均可支配收入增速高0.9个百分点，城乡居民人均可支配收入倍差为1.71，比上年缩小0.01。

旅游产业发展迅速。2014年，仁化县被评为“广东摄影之乡”；经省农业厅和省旅游局批准，丹霞街道办成为全市唯一荣获首批“广东省休闲农业与乡村旅游示范镇”荣誉镇（街道）；宝能国际旅游度假一期、丹霞山北门水上入口综合服务区、丹霞山博士生态园等环丹霞山生态旅游产业园项目主体工程基本建成。全年全县接待旅游人数614万人次，比上年增长12.3%，旅游综合收入34.7亿元，比上年增长12.3%。

新常态需要新认识、新常态需要新思路、新常态需要新作为。适应新常态贵在主动，主动才能把握先机，主动才能大有作为。2014年，仁化县经济已经走上加速转型升级、提质增效新路，但全县经济总量偏小、工业创新不够、服务业比重不高、房地产业低迷等问题依然存在。

（袁　虹）

## 政治文明建设

**【概况】** 2014年，仁化县深入贯彻落实中共十八大和十八届三中、四中全会精神，扎实开展党的群众路线教育实践活动，围绕“四化推四区”（以新型工业化推动有色金属循环经济产业园区建设、以新型城镇化推动县城和乡镇建成区建设、以休闲商旅化推动环丹霞生态旅游景点景区及配套服务设施建设、以农业产业化推动国家现代农业示范区建设）发展战略，结合全县实际，抓好依法行政和依法治理工作，促进仁化经济社会稳定、和谐发展。

**【依法治县】** 2014年，中共仁化县委加强领导依法治县工作，研究制定《仁化县2014年依法治县工作要点》，落实依法治县各项工作任务。

5月，召开全县依法治县领导小组会议，县人大常委会副主任廖兰英在会议汇报仁化县2013年依法治县工作及《仁化县2014年依法治县工作要点》，县委充分肯定县依法治县工作。

6月，组织有关单位到闻韶镇开展法治文化下基层活动。活动以设立宣传咨询服务台、摆放展板、发放宣传资料、现场解答等方式进行，向当地群众宣传了妇女儿童权益保护、安全生产、人口与计划生育政策等法律法规知识。此次活动共接待群众200余人次，发放宣传资料1000多份。

12月，在县文化广场举行“弘扬宪法精神、建设法治中国”主题宣传活动。县政法委、公安局、检察院等31家职能部门参加活动。活动吸引上千名群众、学生咨询和领取相关法律法规宣传资料，共发放宣传资料2万多份，解答群众疑难问题近百个。

**【依法行政】** 严格林业行政执法，以“利剑”行动为契机，抓好资源林政管理工作。2014年，县林业局以开展“亮剑”行动为基础，结合全省“利剑”行动，重点打击乱垦滥占林地、乱砍滥伐林木、乱收滥运木材、乱捕滥猎野生动物、纵火烧山等涉林违法犯罪行为。一是建立健全林政各项管理制度，严格落实林木采伐规定。制定印发《关于进一步完善落实林木采伐与更新一本帐管理工作制度》《仁化县林业局行政执法与刑事司法衔接工作制度》等管理制度；完善伐区审核小组审批、采伐公示、告知制度，从源头上堵塞漏洞，有效制止乱砍滥伐和异地采伐现象发生。截至2014年年底，全县核发林木采伐许可证313份，限额采伐林木蓄积102145立方米，采伐更新林地面积1300公顷。二是加强全县木材经营加工企业后续监督管理。严格执行省林业厅《关于停止木材经营加工许可证核发行政审批后续监督管理办法》精神，防止木材经营加工企业迅速无序扩建和资源过度消耗，随意收购无证木材，引发滥伐和盗伐林木，破坏森林生态建设。三是加强林地资源管理，完善征占用林地审核审批制度。坚决遏止林地资源非法流失，有效保护县域林地资源。全年全县共审核审批征占用林地手续4宗，涉及使用林地面积57.08公顷。四是加强野生动植物保护力度。多次对县城内、景区等主要市场、酒家、饭馆开展野生动物清查行动。全年组织野生动物专项执法检查行动15次，出动人员500余人（次），收缴各类保护野生动物400余只（条），并及时放生。五是通过“亮剑”“利剑”行动，查处一批破坏森林资源案件。截至2014年，全县立案查处行政案件309宗、刑事案件219宗，依法严惩涉案人员450人，依法没收木材1000多立方米，挽回经济损失上百万元。通过行动，有力震慑违法犯罪分子，保障林区秩序稳定。

加强工商执法监督。2014年，县工商局认真履行工商职能，加大执法力度。开展无照经营、查处取缔“黑网吧”、打击传销规范直销、打击走私、扫黄打非、反不当竞争等专项整治行动，维护市场经济秩序。截至2014年12月底，全县工商系统查处各类经济违法违章案件206宗，遏制无证无照经营行为，促进全县市场经济健康有序发展。全年全县没有行政复议和行政诉讼案件发生，无要求听证案件。

积极调处矛盾纠纷。2014年，仁化县做好各类矛盾纠纷排查、分析、研判，制订解决方案，落实专人负责，实行领导包案制度。截至2014年年底，全县各级人民调解组织调解纠纷903件，成功894件，调解成功率99.03%。其中，县医调委调解医患纠纷3起，成功调解2起，在调1起。开展“一村（社区）一法律顾问”试点工作，驻村律师协助各镇（街道）举办村（居）两委干部、人民调解员法制讲座和业务培训班22期，参加培训380多人次；开展法制宣传活动40场次，接受群众法律咨询500余人次；成功调解疑难复杂纠纷21宗，协助修改村规民约3次，代理各类法律援助案件137宗。

健全维权机制，加强劳动监察执法，确保劳动者合法权益得到有效维护。2014年，县人社局牵头联合地税、公安、社保分局、经信、住建、工商、开发区、工会等单位联合开展全县用人单位遵守劳动用工和社会保险法律法规专项检查，重点检查劳务派遣单位、农民工招用较多的建筑、制造、冶炼、小矿厂、砖厂、服务、餐饮业和其他中小型劳动密集型企业以及个体经济组织共55家，涉及劳动者2824人，各用工企业和劳动者签订合同2548份，未签订劳动合同276人，督促用人单位签订劳动合同276份，参加社保1999人，未参加社保825人，督促补缴社保903人，未发现违反女职工、未成年人工等特殊保护规定。2014年，县人力资源和社会保障局按照省委、省政府推进“社会矛盾化解年”及“劳资纠纷处置攻坚年”工作部署，深入全县各用人单位开展排查调解工作，做到及早预防，减少不稳定因素。全年全县排查涉劳资纠纷案件12宗，其中欠缴社保费案件3宗，拖欠工资案件9宗。其中领导包案6宗，排查的矛盾全部化解，化解率100%；共审用人单位173家，涉及劳动者6809人，年审合格率达到100%。全年有6家建筑商或承建单位按照市、县建筑行业工资支付方案办理存款手续，收取工资支付保证金额169.5万元。

坚持宽严相济，全面加强刑事审判和检察工作，努力维护社会稳定。2014年，县人民法院受理各类案件1340件，审（执）结1319件，结案率达99.54%，解决诉讼标的金额14910.94万元。县人民检察院全年受理提请逮捕144件198人，决定批准逮捕122件155人；受理审查起诉和不起诉案件183件239人，向人民法院提起公诉159件213人，审结案件197件270人。

**仁化县依法治县办公室负责人名录：**

**主　任：**刘宝明

**副主任：**刘晓霞（女）

聂萍秀（女）

（刘晓霞）

## 精神文明建设

**【概况】** 2014年，全县精神文明建设工作坚持以邓小平理论、“三个代表”重要思想和科学发展观为指导，深入学习贯彻中共十八大，十八届三中、四中全会和中共中央总书记习近平系列重要讲话精神，围绕中心，服务大局，坚持培育和践行社会主义核心价值观为主线，突出“素质提升、城市建设、环境整治、民生改善”四个重点，以创建全国文明县城活动为抓手，扎实有序推进各项创建工作，着力提升人的文明素质和社会文明程度，取得显著成效。

**【培育和践行社会主义核心价值观】** 2014年，仁化县按照中共仁化县委工作部署，制定《仁化县关于培育和践行社会主义核心价值观的实施方案》，分别在周田镇周田村、董塘镇高莲村建立省级社会主义核心价值观示范点和市级社会主义核心价值观示范点。切实加强“讲文明树新风”公益广告宣传。设计、制作一批优秀公益广告，在主要道路和县城主要街道设置大型广告牌12块，在公共场所、主干道、商业大街、居民小区等醒目位置及灯箱、灯柱上设立文明宣传广告语共260多个。在电台、电视台重要时段播放公益广告，把公益广告做到群众身边，形成正能量。在乡镇街道、公园广场、县城出入口及住宅小区等公共场所设立“遵德守礼”提示牌，使人们耳濡目染，受到熏陶。广泛开展公民道德规范和文明礼仪主题教育活动。开展“‘裙’说价值观，文明进家庭”、“弘扬传统美德，践行核心价值观”工商联杯演讲大赛等主题活动；开展社会主义核心价值观文艺下基层巡演活动，深入开展文明礼仪、道德规范宣讲活动，广泛开展“我们的节日”主题活动，使公民道德规范和文明礼仪知识家喻户晓、深入人心；在周田镇周田村创建全省首个“孝心村”示范点，得到中共广东省委宣传部肯定。组织开展文明餐桌、文明交通、文明旅游、文明网络行动，印制、派送各类文明宣传单、海报，加强宣传教育和制度约束，优化公共秩序，引导人们养成“做文明人、办文明事”良好行为习惯。2014年5月，中共仁化县委书记刘锋参加全省培育和践行社会主义核心价值观座谈会，并作题为《“一厅三档案”解民忧，以“仁”化人促和谐》发言交流，是唯一一个县级单位代表在全省交流会上发言单位。

**【公民道德建设】** 2014年，仁化县抓好道德模范、“仁化好人”的评选、宣传活动，广泛开展“我推荐、我评议身边好人”活动，制订工作方案，下达工作指标，积极参与推荐“韶关好人”评选活动，全县评选出道德模范10名、道德模范提名奖8名，“仁化好人”8位、获得“仁化好人”集体1

个，其中伍润兰、曾祥伍、赵卉、何秋玉4人获得2014年“韶关好人”季度好人荣誉称号，评选出仁化县“美德少年”23名，其中，3人获得韶关市“美德少年”称号。编辑印发《仁化县首届道德模范风采录》，通过电视台、网络等大力宣传先进事迹。抓好“道德讲堂”建设。在县广播电视台开设空中道德讲堂、在县看守所开设监所视频道德讲堂等特色道德讲堂，设立仁化县道德讲堂总堂，按月定期开展活动，每月集中组织1场道德讲堂。推进社区道德讲堂、农村道德讲堂、学校道德讲堂建设，把道德模范、身边好人、优秀志愿者等先进典型请上讲台，让身边人讲身边事，用身边事教育身边人，扩大受众面，提高影响力。抓好道德模范帮扶，通过节日走访慰问、社会志愿服务等多种形式，对生活困难道德模范及各类先进人物进行帮扶、救助，形成好人有好报价值导向。

**【学雷锋志愿服务活动】** 2014年，仁化县开展“弘扬雷锋精神，开展志愿服务”活动，县领导带头主动参与志愿服务活动，开展“清除杂草，美丽周田”“关爱留守儿童”“关爱女孩行动”“慰问敬老院老人”一系列“三关爱”志愿服务活动。同时深入开展“学雷锋志愿服务月”活动，发动全县机关单位以“弘扬志愿服务精神，共创美好文明县城”主题志愿服务活动，开展法律、文体、科技、医疗卫生“四进”社区志愿服务活动30多次，参加活动志愿者500多人次。充分利用网络文明传播志愿者服务队，发动志愿者63名开展网络文明传播志愿活动，通过QQ群、微信圈等文明传播平台，参与评论和转载文明信息1200多条。发动交通安全志愿服务队伍，组织200多名文明交通安全志愿者上街执勤，向行人派发宣传资料。

**【群众性精神文明创建活动】** 2014年，仁化县做好全面迎接全国文明城市测评组对仁化县全国文明城市（县级）提名资格测评工作，专门召开创文再动员大会和迎检大会，动员全县上下全力冲刺创文工作。结合“讲文明树新风”公益宣传，对仁化县创文工作成效进行集中宣传报道，营造人人参与创文氛围。举办针对全县所有创文责任单位资料员资料收集整理工作培训，认真指导各责任单位对照创文迎检各项指标进行查漏补缺，高标准做好创文资料整理归档，对各单位、各部门目标任务完成情况进行跟踪督办，督促各责任单位抓好达标和常态管理工作，使仁化县以高分通过全国文明（县级）提名资格测评验收。做好2012—2013年度省、市、县级，文明单位、文明镇、村、社区考核测评工作，县烟草专卖局等8个单位被评为市级文明单位，文明镇、村、社区，城口镇卫生院等31个单位被评为县级文明单位，文明镇、村、社区；深入开展2014—2015年度精神文明单位创建活动，推荐县国家税务局、县文广新局、县田家炳小学、中国移动仁化分公司4个单位申报创建省文明单位，推荐县人民法院、行政服务中心、董塘镇、红山镇鱼皇村等单位申报创建市文明单位，文明镇、村、社区，县林业局、扶溪镇、丹霞街道康溪村、董塘镇广东铝厂社区等单位申报创建县文明单位，文明镇、村、社区，全县形成自上而下文明创建联动形式。

**【未成年人思想道德建设】** 2014年，仁化县开展核心价值观主题活动，在时间节点安排各相关单位开展相应主题教育活动，如“幸福厨房，快乐成长”、“童享爱心压岁钱，共筑幸福中国梦”、清明祭英烈活动、学习雷锋做美德少年、“做一个有道德的人”、“中国梦”、“我们的价值观”等主题教育活动；开展《弟子规》《三字经》《增广贤文》等优秀传统文化经典诵读活动，激发未成年人对祖国语言文字和中华优秀文化的热爱，加深对民族精神和优秀传统文化的理解。抓好“三个学校”

建设，通过各学校家长会、家长学校、家庭教育指导中心、教育局“五好”关工委等工作载体，在新城社区、水南社区、高坪社区设立家长学校；在各校推进“温馨港湾”心理咨询室建设和心理健康教师师资培训工作，全县建成“温馨港湾”心理咨询室25个；开始2所中央专项彩票公益金支持的乡村学校少年宫建设工作，完成丹霞中心小学、董塘中心小学、石塘中心小学、周田中心小学、大桥中心小学、黄坑中心小学、扶溪学校、闻韶学校、红山学校、城口学校10所乡村少年宫建设。县博物馆、图书馆等文化场所免费为未成年人开放，抓好部门协调，加强出版物等文化市场监管，加强网吧娱乐场所监管与执法，净化校园周边环境。

**仁化县精神文明建设办公室负责人名录：**

**主　任：** 邹雪玲（女，2014年9月任职）

（黄秀青）

## 生态文明建设

**【概况】** 2014年，仁化县坚持以科学发展观为指导，牢固树立生态发展理念，围绕建设“生态、活力、幸福新仁化”发展目标，科学制订生态文明建设工作规划，加强生态文明建设宣传调研，深入推进城乡环境综合整治及污染治理工作，加快经济结构调整步伐，大力推动经济建设与环境保护协同发展。

**【科学制订生态文明建设工作规划】** 2014年，仁化县围绕“四化推四区”发展战略，立足“生态立县”定位，结合全县各项中心工作，制定《仁化县2014年生态文明建设工作要点》，把建设生态文明的经济运行体系、环境支撑体系、人居环境体系、生态建设改革、生态文明宣传教育等作为全年工作主线，明确县直各部门分工与责任，深入推进“粤北绿色生态强县”“广东生态文明示范区”创建工作。6月5日，仁化县作为韶关市主体县之一被国家发改委等六部委列入国家生态文明先行示范区建设范围。

**【生态文明建设战略项目研究工程实施】** 2014年，仁化县生态文明建设工作领导小组办公室（简称“县生态办”）牵头与中山大学、广州大学合作，在全国县一级率先自主开展“生态系统生产总值（GEP）核算”及“生态文明建设研究项目”工程。以生态效益与经济效益协调发展为目标，全面调查仁化县生态环境资源现状后，对生态系统服务价值进行评估并设立生态系统服务功能评估指标体系，为仁化生态资源合理定价、有效补偿提供科学理论依据，为仁化打造绿色经济产业、创建全国生态示范县创造有利条件。

**【乡村清洁美工程】** 完善农村生活垃圾收运处置体系。2014年，县生态办督促全县11个镇（街道）将乡村“清洁美”工程纳入党委政府10大民生实事工作范围，投入大量资金更新改造和添置一批环卫设施，截至2014年12月，全县各镇均建成垃圾中转站，建有垃圾收集点2025个，垃圾压缩车4台，压缩箱体10个，聘请相对固定保洁员176名。

启动镇街严控区及道路环境综合整治。进一步规范各镇街严控区及国、省道沿线垃圾池（屋）、垃圾桶（箱）选址和布点设置，完成国道106线、省道246线重点路段旁垃圾桶撤除或转移工作，采取美化或遮蔽垃圾池、加聘保洁员、定时定点上门收集生活垃圾等措施，做好沿线村庄垃圾收集处理工作。

开展农村环境卫生专项综合整治。将长江镇陈欧村万时山沿线村庄垃圾收集点建设和木溪村老虎板组垃圾下河、董塘镇岩头村垃圾收集点建设、江头村垃圾池定期清运管理、黄坑镇黄坑村垃圾集中倾倒、周田镇垃圾收运管理、城口镇恩村村委门口垃圾下河、石塘镇重新设置双峰寨对面纪念碑垃圾收集点等纳入乡村“清洁美”工程专项整治内容，各相关镇村基本能按要求予以落实改进。

开展村容村貌整治督查行动。制定《仁化县2014年镇（街）村环境卫生整治工作方案》《仁化县村容村貌整治工作督查方案》。成立由县生态办、县住建局、县爱卫办人员组成督查组，按照“分步实施、逐步推进”原则办法，以各镇（街道）辖区内“国道、省道、县道、乡道及通往旅游景区的主干道”及两旁100米内可视范围及沿线为主，划定212个村庄为重点督查区域，集中督查各村庄、墟镇环境卫生和垃圾收集处理、污水排放、禽畜圈养、乱堆乱放、乱建、违章建筑，实行每月“一督查、一行动（集中清洁）、一排名、一通报”制度，对发现的问题及时督促整改。开通和利用“短信通知、文明网播放、电视台曝光”平台，通报各镇（街道）工作实际情况与排名。镇（街道）建立卫生保洁巡查及镇班子挂点联系制度，确保日常保洁管理常态化。

加大财政资金奖补投入。县生态办牵头制定《仁化县推进乡村“清洁美”工程建设工作方案》，明确从2015年起，县财政安排专项奖补资金213.08万元，保障各镇（街道）实施乡村“清洁美”工程运行经费。其中，给予沿国、省道重点村庄保洁员补助每年每人2400元，242个村庄共58.08万元；垃圾清运奖补经费按中心镇每年20万元，县食水源头、生态重点镇每年15万元、其他镇每年10万元标准给予补助。

**【农村环境连片综合整治】** 2014年，仁化县黄坑、丹霞、扶溪被列入省农村环境连片综合整治范围，共获奖补资金470万元，具体为：①黄坑镇。获广东省农村环境综合整治项目环保专项资金120万元，用于镇墟、南庄村、蓝田村、火星村、桥背上村和大面岭村环境综合整治，主要建设农村小型污水处理设施以及生活垃圾处理设施。②丹霞街道办。获项目资金200万元，用于完善丹霞山周边村庄，包括丹霞街道黄屋村、城南村、岭田村、车湾村、夏富村生活污水截污管网工程和污水处理工程、夏富古村环境整治和清淤净化生态建设工程、生活垃圾清运收集工程。③扶溪镇。获项目资金150万元，用于夏村、扶中村和紫岭村生态环境综合整治。

**【排污设施建设及污染治理】** ①新建县城污水截污管网支管工程。县污水处理系统支管网工程（新东片区排污渠接入丹霞新城箱涵点至体育馆侧截污间旁污水井段）总长度710米，总投资120.68万元，截至2014年年底，箱函、管道工程全面完工。②新建长江镇生活污水处理厂。采取边建设、边完善手续工作方式加快建设，截至2014年年底，污水处理厂厂区主体工程完工，建好在线监测办公用房，污水处理设备安装好并进行调试，管网工程正在建设中。③新建董塘镇生活污水处理厂。采取边施工、边完善手续方式加快建设，截至2014年年底，厂区主体工程完工，附属工程加紧施工，一期管网完工，二期管网正在施工。④规模化畜禽养殖场（小区）治理。规模化畜禽养殖场减排任务共38家，其中肉牛养殖场2家，生猪养殖场36家，养殖场需完成雨污分流、堆肥场污水沼液储存池、浇灌管网设施建设，实行干清粪、雨污分流、沼气利用、沼液利用、粪污后续氧化及稳定处理措施，其经治理后粪污全部综合利用。⑤有机肥厂建设。位于董塘镇江头村滴水寨的广东华农温氏畜牧股份有限公司丹霞分公司猪粪处理中心正式投产，截至2014年年底，各项设施设备运转正常。该中心占地17316平方米，厂房面积3000平方米，总投资153.75万元，采用以大型翻抛机为核心设备条垛式发酵工艺，集中处理县域范围内丹霞分公司规模化养猪场及养猪户生产的猪粪，进行有机肥生产，年生产能力达1.5万吨。

**【生态农业】** 2014年，仁化县推广科学使用化肥和农药，实施测土配方施肥项目，开展农作物病虫害绿色防控，实施诱虫色板、诱虫器、杀虫灯诱杀害虫技术；实施专业化统防统治，推广使用高效、低毒、低残留农药新品种，提高生物农药使用比例，指导农民科学用药，提高防治效果，减轻农药污染。推行农作物秸秆综合利用，加强农机、农技、农艺等秸秆还田技术的配套和创新，扩大水稻机收面积，实行秸秆粉碎还田，提高秸秆还田数量，秸秆资源化利用率27.3%，加强季节性督察和技术指导，控制秸秆焚烧，有效减少秸秆对环境的污染。把畜禽养殖污染治理和综合利用作为防治农业面源污染重点工作来抓，抓好畜禽养殖污染减排工作，按照农业源减排指标要求指导养殖户进行减排设施建设，采取资源化、无害化和减量化治理办法，有针对性开展粪便和尿液等污染物综合治理；对规模不大、条件简陋、设施较差养殖场，采用干湿分离，化粪池发酵，尿液过滤还田等办法，进行资源化利用，减少粪便和污水污染。全年完成6390立方米堆肥场，4900立方米沼气池，16120立方米沼液/尿液储存池建设，完成市下达减排任务。开展增殖放流和禁渔活动，在高坪水库举行春季渔业资源休渔放生活动，结合高坪水库水域实际状况，分批投放鳙鱼、鲢鱼、鲤鱼等各类大规格鱼苗15万尾，增加生物资源数量，修复渔业种群结构，维护江河渔业生态平衡，促进仁化江河渔业资源有效增长；在辖区内主干河流、区别河段，确定全年禁渔区和分时段禁渔区，在禁渔期间，全年渔政大队出动检查车81辆次、执法人员240人次，检查渔船214艘次。组织开展农业企业（合作社）申报工作和农业“三品”（无公害食品、绿色食品、有机食品）认证工作，制定出台《仁化县三品认证补助办法》等相关认证奖补政策，以文件规定将“三品”认证作为项目申报前置条件或优先条件，先后有仁化县粮食企业总公司、仁化县丹源水果农民专业合作社、广东温氏畜牧股份有限公司丹霞分公司、广东富然农科有限公司、广东丹霞天雄茶叶有限公司等5家公司取得无公害农产品证书、绿色食品证书。截至2014年年底，全县有“三品”认证35个，其中，无公害农产品8个，绿色食品2个，有机食品25个。有国家地理标志保护产品2个（长坝沙田柚、仁化白毛茶）。

**【生态工业】** 2014年，仁化县推动传统工业向生态工业转型发展，初步构建以有色金属、竹木制品、电力产业为主导，以新能源开发利用为方向，以新型建材生产和特色农产品精深加工为补充生态工业体系。加大企业技改力度，淘汰落后产能，推广清洁生产，全年全县实施各类技改项目41个，完成投资5.87亿元。发展新能源产业，抓住“十二五”期间国家支持新能源发展战略机遇，依托资源优势，正式启动董塘光伏发电项目建设。循环产业体系初具规模，以县有色金属循环经济产业基地内建设项目循环经济项目为重点，全县循环经济产业发展步伐加快。节能减排成效明显，按照标本兼治原则，拆除霞山水泥一厂、二厂等5家水泥企业7条机立窑和2条旋窑，共计淘汰落后水泥产能100万吨。同时，落实节能减排相关扶持政策，帮助企业申报技改补助资金，支持鼓励企业实施节能和循环经济项目。

**【生态林业】** 2014年，仁化县围绕抚育、改造、提升生态景观林带、森林碳汇阔叶树造林、森林进城围城、乡村绿化美化“四大工程”开展工作。加强生态景观林带建设，完成韶赣高速路仁化段22.5公里两边景观林带建设，抚育、追肥景观林带90公顷，增种树高2米以上樱花树11250株，提升景观林带景观效果。开展碳汇林义务植树活动，全年植树造林0.208万公顷，其中，用材林0.165万公顷，防护林0.023万公顷，经济林0.02万公顷；新增封山育林面积0.053万公顷，森林碳汇造林0.162万公顷，树种为枫香、杜英、木荷、乌桕，中幼林抚育0.33万公顷；全县参加义务植树人数11.2万人次，义务植树54万株；大田育苗22公顷，培育苗木186万株；容器育苗4.27公顷，培育苗木490万株。推进森林进城围城工作，全年建立镇级森林公园4个，完善镇级森林公园增种绿化，建立起长江镇森林公园2公顷、城口森林公园45公顷、扶溪森林公园54.85公顷、锦山森林公园33.33公顷。大力开展乡村绿化美化工作，根据《中共广东省委、广东省人民政府关于全面推进新一轮绿化广东大行动的决定》精神，在全县11个镇（街道）20个行政村中建成7个绿化美化示范点和13个绿化美化村，种植绿化树樟树、含笑、八月桂、杜英、罗汉松、四季桂、红叶石楠、红继木球、樱花、阴香共7800多株。加强野外火源管理，严防山火发生，对专职森林防火人员及半专业防火队伍进行一系列培训及防火演练，提高防火队作战能力，完善森林防火装备，指挥车2台、工具车2台、消防水车1台、运兵车1台、消防水车1台、风力灭火机28台，配置灭火水枪、油锯、割灌机、二号扑火工具等一批消防器械。健全县镇村三级测报网络，强化林业有害生物预测预报，监测面积22.62万公顷，监测准确率89%，监测率100%。对城口镇、长江镇、扶溪镇竹林、松林进行无公害防治，马尾松166.67公顷、竹蝗面积333.33公顷、华竹毒蛾300公顷，无公害防治率100%。防治用白僵菌2000公斤、森得宝150公斤、仿生物农药640公斤、其它化学农药100公斤。把好入境松科植物检疫关，对调入松科植物及其制品严格进行抽样复检。对县内生产、培育、经营林木种苗的单位及个人加强检疫监管，检疫面积20.67公顷，产地检疫率100%。木材调运检疫57122立方米，竹材180448株，绿化树苗226株。

**【自然资源保护】** 2014年，仁化县以全省林业自然保护区“规范化建设启动年”为契机，加强高坪省级自然保护区规范化、科学化建设管理，坚决守住自然资源保护底线，提升自然保护区管理水平。加大《中华人民共和国森林法》《中华人民共和国自然保护区条例》等法律法规宣传力度，印发资料至村委会、社区群众，在保护区重要路口设立保护区宣传牌、警示公告牌。在全区开展“爱鸟周”活动，有效保护野生动植物资源。严厉打击盗伐行为，协助和配合林业主管部门制止和打击一切人为破坏森林资源等违法行为，不定期开展全面彻底的执法检查和清理检查活动，杜绝各类林政案件发生。切实维护资源安全，成立防火工作领导小组，制定防火工作方案和防火应急预案，签订防火责任状，抓好重点时期、重点区域防火工作，维护森林资源生态安全，实现保护区“零火灾”。提升管护能力，采取重点核心区，兼顾缓冲区，监督试验区管理方式，对自然资源进行有效保护，形成点面结合、有所侧重进行保护格局，核心区管理规范化，缓冲区保护走入正轨，实验区监督机制得到完善，核心区连续10多年保持无珍稀动植物非正常死亡事件。

**【生态文明建设宣传调研】** 8月29日，仁化县召开县委中心组学习扩大会议，县生态办邀请广东省社会科学院环境经济与政策研究中心主任赵细康到仁化县作《仁化如何走生态发展之路》专题报告，全县副科以上干部700多人参与听讲。开展生态文明建设成果宣传，在《南方日报》、《韶关日报》、头条网、县文明网、县政府信息网等媒体刊载《仁化开启生态文明新时代》《建设美丽乡村，打造幸福家园》等专版。结合村容村貌整治活动，精心编印《仁化县村容村貌整治宣传小册子》5000份并发放至各镇（街道）、村。加大农业面源防污宣传，通过信息公示栏宣传、发放配方施肥建议卡等形式，引导广大农民树立“科学、经济、环保”施肥理念，增加使用有机肥，提高肥料利用率。广泛宣传焚烧秸杆危害性和森林防火，在重要地段设立防火宣传牌，向群众发放防火宣传单40000多份。

**仁化县生态文明建设工作领导小组办公室负责人名录：**

**主　任：**谢翊辉

**副主任：**黄仁烽

（黄仁烽）

# 中共仁化县委员会

**中共仁化县委员会负责人名录：**

**书　记：**刘　锋
**副书记：**王晓梅（女）
黄令遥
**常　委：**张朝盛
李秀荣
区毅明
谢庆伟
邱志坚
赖小红（女）
黄飞跃
李湘柱
何庆华（挂职，2014年1月任职）

## 综　述

2014年，中共仁化县委在中共韶关市委、市政府正确领导下，认真贯彻落实中共十八大、十八届三中、四中全会和中共中央总书记习近平系列重要讲话精神，深入开展党的群众路线教育实践活动，团结带领全县干部群众一心一意谋发展，聚精会神抓党建，统筹推进经济、政治、文化、社会、生态文明建设和党的建设，全县呈现经济稳步增长、民生持续改善、社会和谐稳定、各项事业全面进步局面。坚持以加快发展、改善民生为主线，以深化改革、创新驱动为动力，以主攻项目、决战“四区”为抓手，以依法治县、从严治党为保障，积极抢抓粤东西北产业对接机遇，深入实施“四化推四区”发展战略，适应新常态，统筹推进经济、政治、文化、社会、生态文明建设和党的建设，开创仁化经济社会发展新局面。围绕“为民、务实、清廉”主题和“照镜子、正衣冠、洗洗澡、治治病”总要求，坚持做到“规定动作”不走样，“自选动作”有特色，创建“三同三谈”（“三同”即到联系点与联系户群众吃同样的饭、睡同样的床、干同样的农活。“三谈”一是谈产业发展，听取联系户群众在家庭生产生活及加快发展中的意见建议，针对存在问题谈建议和解决方案；二是谈村容村貌，听取联系户群众对村庄规划、基础设施建设和村庄整治等方面的意见建议，积极协调有关职能部门共同解决普遍存在的共性问题；三是谈干群关系，听取联系户群众对各级领导班子及成员的意见和建议，征集“四风”方面存在的问题。）等密切联系群众载体，着力解决“四风”问题和群众反映强烈的突出问题，高质量开好专题民主生活会和组织生活会，抓好专项整治和建章立制，得到省、市委督导组充分肯定。

2014年，全县地区生产总值、地方公共财政预算收入、固定资产投资分别完成96亿元、6.1亿元、50.7亿元，比上年分别增长7.8 %、16.1%、23.2%。人均GDP达4.67万元，比上年增长12.5%，在全市7县（市）率先超过全国平均水平。根据《2014广东县域经济综合发展力研究报告》，仁化县位居全省28个山区县（市）经济综合发展力第3位。被中央文明委确定为全国县级文明城市提名城市，是韶关市唯一获该项殊荣的县（市、区）。

## 重要会议

**【县委全委会】**　中国共产党仁化县第十二届委员会第七次全体会议。2014年1月17日，中国共产党仁化县第十二届委员会第七次全体会议在县政府礼堂一楼召开。全会由中共仁化县委常委会主持。全会深入贯彻中共十八届三中全会、省委十一届三次全会和中共韶关市委十一届五次全会精神，总结2013年工作，部署全面深化改革和2014年工作任务，组织和动员全县各级党组织和广大干部群众，进一步解放思想、开拓创新、求真务实，以改革破难题，以改革促发展，努力开创全县全面深化改革、推动加快发展的新局面。全会听取中共仁化县委书记刘锋代表中共仁化县委常委会所作的题为《全面深化改革 推动加快发展》报告和在第二次全体会议上的讲话，以及县委副书记、县长王晓梅关于经济工作的讲话。

全会充分肯定中共仁化县委常委会2013年工作。一致认为，县委团结带领全县党员干部群众，深入贯彻落实中共十八大和十八届二中、三中全会及中共中央总书记习近平系列重要讲话精神，认真贯彻省委十一届二次全会、市委十一届四次全会精神，突出抓好自身建设、“四区”建设、社会民生建设和党的建设，全县呈现经济起暖回升、民生改善、城乡变美、社会和谐的良好态势。

全会强调，要统一思想认识，增强全面深化改革的使命感和责任感，用扎扎实实的改革成效推动发展、造福于民。要准确把握改革的方向，坚持问题导向原则、当前利益和长远利益相结合原则、改革与稳定相结合原则，以改革增创仁化营商环境、“政策高地”、内生发展动力新优势。突出全面深化改革的重点，根据中央和省、市全面深化改革的部署，结合仁化县实际，重点要深化经济体制、行政体制、社会体制、文化体制、农业农村及生态文明体制改革。要深入学习调研，注重有序推进，加强组织领导，实现全面深化改革的良好开局。

全会提出，2014年工作的总体要求是：深入贯彻落实中共十八届三中全会、中央经济工作会议、省委十一届三次全会和市委十一届五次全会精神，以科学发展观为统揽，以全面深化改革为动力，以建设“生态、活力、幸福”新仁化为目标，以“主攻项目，决战四区”为抓手，深入实施“四化推四区”战略，全面加强经济、政治、文化、社会、生态文明建设和党的建设，实现仁化经济社会健康有序发展。强调要突出抓好工业园区建设，着力打造实力仁化；突出抓好旅游景点景区建设，着力打造美丽仁化；突出抓好城镇建成区建设，着力打造宜居仁化；突出抓好国家农业示范区建设，着力打造富庶仁化；突出抓好社会建设，着力打造幸福仁化；突出抓好生态文明建设，着力打造绿色仁化。

全会指出，全面深化改革，推动加快发展，关键在党、根本在人。强调要以党的十八届三中全会精神为统领，不断提高党的建设科学化水平，为全面深化改革、推动加快发展提供更加坚实组织保障。要加强党的群众路线教育，着力建设践行宗旨、执政为民的干部队伍；加强思想政治建设，着力锤炼政治坚定、思想解放的中坚力量；加强干部队伍建设，着力打造崇尚实干、敢于担当的先锋团队；加强基层组织建设，着力构筑充满活力、基础牢固的战斗堡垒；加强党风廉政建设，着力营造廉洁高效、风清气正的发展环境。

全会号召，全县各级党组织、全体共产党员和广大人民群众要更加紧密地团结在以习近平同志为总书记的党中央周围，以不甘人后的拼劲、勇往直前的闯劲、百折不挠的韧劲，奋力开创仁化全面深化改革、推动加快发展的新局面，为建设“生态、活力、幸福”新仁化做出新的更大贡献。

**中国共产党仁化县第十二届委员会第八次全体会议。** 2014年10月28日，中国共产党仁化县第十二届委员会第八次全体会议在县政府礼堂1楼会议室召开。全会由中共仁化县委常委会主持。全会深入贯彻中共十八大、十八届三中、四中全会、省委十一届三次全会和中共韶关市委十一届六次全会精神，研究部署建设仁化美丽乡村工作，动员全县各级、各部门和广大党员干部群众，统一思想，迅速行动，积极投身于建设仁化美丽乡村实践之中，努力打造幸福美好家园。全会听取中共仁化县委书记刘锋代表中共仁化县委常委会所作题为《坚持生态发展之路，建设仁化美丽乡村》报告和在第二次全体会议上的讲话，以及中共仁化县委副书记、县长王晓梅关于贯彻落实美丽乡村建设工作的讲话，审议通过《仁化县建设美丽乡村行动纲要》。

全会充分肯定仁化县美丽乡村建设工作取得的成绩。一致认为，全县认真贯彻落实中共中央和省委、市委精神，高度重视社会主义新农村建设工作，尤其是农村卫生环境整治工作，农村人居环境得到较大改善，农民幸福指数得到较大提升。

全会认真分析美丽乡村建设面临的形势，认为仁化县建设美丽乡村政策条件支持、基本条件具备、发展现实需要，面临着千载难逢的机遇。明确提出：2015年，各镇（街）至少建成1个美丽乡村示范村，并成功创建全国休闲农业与乡村旅游示范县；力争到2017年年底50%以上行政村建成美丽乡村；力争到2020年年底，80%以上行政村建成美丽乡村，并建成特色村20个以上和品牌村10个以上，确保美丽乡村建设走在全省前列，成为全省生态文明建设知名品牌。

全会要求，美丽乡村建设必须突出重点、统筹兼顾、合力推进，大力实施“五大”工程，打造“五美”乡村：一是大力实施“规划引领”工程，打造“规划科学布局美”乡村。要高起点制订全县美丽乡村建设整体规划；高密度对接各类规划；高效率推进“规划双到”工作。二是大力实施“民居建设”工程，打造“特色鲜明建筑美”乡村。要推进美丽乡村民居建设，严格管控新建房屋，完善公共服务设施。三是大力实施“村庄整治”工程，打造“生态自然环境美”乡村。要大力整治农村生活垃圾和生活污水，全力推进绿色村庄建设。四是大力实施“创业增收”工程，打造“产业发展生活美”乡村。要坚持产业富民；坚持创业富民；坚持改革富民。五是大力实施“以‘仁’化人”工程，打造“乡风文明和谐美”乡村。要深入开展中华优秀传统文化进乡村活动；深入开展农村精神文明创建活动；全力保护历史文化遗产；加强基层组织建设；深入开展平安乡村创建活动。

全会要求，各级、各部门要加强领导，切实保障仁化美丽乡村建设取得实效。一是组织保障要到位。建立党委领导、政府主导、农民主体、部门协作、社会参与的工作机制。二是资金保障要到位。将美丽乡村发展规划纳入仁化县国民经济和社会发展年度计划，积极向上级争取各类涉农专项资金，盘活各类农村闲置资源。三是用地保障要到位。要加快推进乡村闲置土地增减挂钩改革试点工作，制订农村宅基地流转政策。四是宣传保障要到位。通过广泛宣传与深度挖掘相结合，着力营造社会高度关注、干部激情创业、群众普遍参与的浓厚氛围。五是考核保障要到位。把美丽乡村建设工作纳入镇域经济考核，建立工作督查和情况通报制度，确保美丽乡村建设落到实处。

全会按照党章规定，决定递补县委候补委员徐于平、梁炜、梁志明、连辉标、何旺财、曾军干为县委委员。

全会号召，全县各级党组织、全体共产党员和广大人民群众要紧密团结在以习近平为总书记中共中央周围，高举中国特色社会主义伟大旗帜，以邓小平理论、“三个代表”重要思想和科学发展观为指导，振奋精神，鼓足干劲，全面推进美丽乡村建设，为建设“生态、活力、幸福”新仁化，造福23万仁化人民而努力奋斗！

**【县委常委会】** 2014年，中共仁化县委员会召开县委常委会24次，主要通过《仁化县创建幸福村居工作方案》《仁化县政府投资项目管理暂行办法》《仁化县党政领导班子关于改进工作作风、密切联系群众的十项制度》《仁化县农村土地承包经营权确权登记颁证工作实施方案》《中共仁化县委关于全面深化改革的实施意见》《仁化县申苏及研讨会工作方案》《仁化县贯彻落实〈广东省培育幸福导向型产业体系五年行动计划〉实施方案》《仁化县人民政府职能转变和机构改革方案》《仁化县推进全面深化改革的实施方案》《中共仁化县委常委班子党的群众路线教育实践活动整改方案》《仁化县农村土地承包经营权确权登记颁证试点工作报告》及人事任免相关事宜。

## 县委决策

**【茶叶产业发展】** 2014年4月15日，中共仁化县委、县人民政府印发《仁化县茶叶产业发展意见》，以科学发展观为指导，以市场为导向，以科技为支撑，以优化产业结构和提高经济效益为核心，以建设生态茶园和生产无公害茶叶、绿色茶叶、有机茶叶为重点，扶持龙头企业，实施品牌战略，健全投入和管理机制，完善服务体系。按照“公司+农户+基地”发展思路，快速做大做强做优茶叶产业，打造“世界丹霞茶”品牌，为富民兴县、建设生态文明、建设社会主义新农村作贡献。根据统一规划、分步实施的原则，综合考虑现有基础、资源条件和国内外市场需求情况，重点发展传统山区茶园，兼顾新发展山区茶园和旅游景观茶园，2013—2020年，采用新种或嫁接改造，力争2017年全县茶园总面积达2000公顷以上，2020年达到2666.67公顷，其中投产茶园1333.33公顷以上，绿色食品基地茶园达333.33公顷以上，无公害茶园达100%。争创省级龙头企业1—2家，市级龙头企业2—3家。完成“丹霞茶”品牌、仁化白毛茶地理标志产品保护申报工作；建设仁化茶叶专业交易市场1个，建设仁化茶青交易市场2—3个；在县城各大超市开设仁化茶叶专卖柜，在广州、韶关等大中城市开设仁化茶叶专卖店。力争到2017年，茶产业综合产值达到6亿元，涉茶农户达到6000户；到2020年，茶叶总产量达0.3万吨以上，茶产业综合产值超过14亿元，涉茶农户达到10000户，把茶叶产业建成富民兴县主要支柱产业。

**【全面深化改革实施意见】** 2014年5月22日，中共仁化县委、县人民政府印发《中共仁化县委关于全面深化改革的实施意见》。按照中共中央和省、市统一部署，针对制约仁化经济社会发展突出问题和体制机制性障碍，全面深化重要领域和关键环节改革，为加快“四化推四区”建设提供强大动力和体制机制保障。力争到2020年，在重要领域和关键环节改革上取得决定性成果，形成系统完备、科学规范、运行有效的制度体系，使经济更具活力效率、政治更加清明廉洁、文化更加发展繁荣、社会更加和谐有序、生态更加平衡持续、党的建设更加坚强有力、人民生活更加富裕幸福。坚持发展导向原则，以改革促发展。坚持问题导向原则，着力破解阻碍经济社会发展的体制机制障碍。坚持因地制宜原则，探索具有仁化特色的改革发展之路。坚持人民主体地位原则，践行党的群众路线，依靠人民群众推动改革，让改革成果更多惠及人民群众。贯彻落实中共中央和省、市关于全面深化改革总体部署和要求，认真履行改革领导责任。成立仁化县全面深化改革工作领导小组，切实抓好改革总体设计、统筹协调、整体推进、督促落实，制订年度改革任务和责任分工，有序推动改革工作。各级各部门要按照县委统一部署，以自我革新勇气和积极主动精神，研究提出改革具体措施。深入研究各领域改革关联性和配套改革整体性，相互促进、协同配合，形成工作合力。各级领导干部要加强全面深化改革的学习与实践。要营造勇于改革、敢于担当、鼓励创新、宽容失败的人才成长环境，使各类勇于善于改革的干部人才脱颖而出。加大改革宣传力度，充分调动干部群众推进改革的积极性、主动性、创造性，激发社会参与改革热情，努力营造理解改革、拥护改革、支持改革的良好社会氛围。强化监督检查，抓好跟踪督办，建立年终评估机制和考核奖惩机制，把全面深化改革工作纳入领导干部实绩考核的内容，推动各项改革顺利进行。

（仇旭君）

## 重要活动

**【党的群众路线教育实践活动】** 2014年，仁化县根据中共中央、省、市和县委统一部署，组织开展第二批党的群众路线教育实践活动，全县有473个中共党组织11487名共产党员参加活动，做到“全覆盖”。教育实践活动自2014年2月启动，10月基本结束。中共仁化县委组织部作为牵头抓总部门，始终坚持把活动放在组织工作重中之重来抓，围绕“为民、务实、清廉”主题，贯彻落实“照镜子、正衣冠、洗洗澡、治治病”总要求，坚持做到“规定动作”不走样，“自选动作”有特色，确保教育实践活动抓出成效。全县组织200名“两代表一委员”对活动进行民意测评，总体评价为“好”的有179人，占89.5%；“较好”的有21人，占10.5%。

强化学习，深化认识，广大中共党员干部践行群众路线思想意识增强。2014年，仁化县坚持以“知”促“行”，以“行”促“知”，通过持续深入学习教育，端正广大中共党员干部世界观、人生观、价值观。坚持抓好每周集中学习不少于半天，县委班子带头学习，全年开展集中学习活动16次，其中开展“夜学”6次。组织各级党员干部认真学习中共十八届三中全会和习近平系列讲话精神，观看《焦裕禄》等电教片。邀请省人大常委会原主任、省关工委主任张帼英等作专题辅导学习讲座3场，共有1450人次参加学习。开展考学活动，全县有2720名党员干部参加“考学”，参考率达100%；组织2716名党员干部参加教育实践活动网上知识竞赛，合格率100%，达到以考促学效果。同时，组织各级党员领导干部200人到省和县反腐倡廉警示教育基地、廉政教育基地参观学习，进一步增强党性修养和廉政自律意识。

创新载体，搭建平台，党群干群关系更加融洽。2014年，仁化县创新活动载体，通过教育引导党员干部践行群众路线，进一步密切党群干群关系。活动期间，搭建“一厅三档案”（干群会客厅、民忧档案、企忧档案和民信档案）为民服务平台。如：“干群会客厅”活动，县、镇领导每周一20时至22时轮流定时定点坐班，与群众、企业业主、信访当事人约谈，听取意见建议，畅通县、镇领导与群众沟通交流渠道。拓展“民忧档案”活动，形成“卡片+网络+热线”三位一体“知民情，解民忧”格局；深化拓展“企忧档案”活动，共安排74个县直单位挂钩联系87家企业，对项目建设过程中涉及供水供电和用地等事务提供“五心级”（热心、诚心、真心、精心、贴心）服务；拓面铺开“民信档案”活动，在全县28个贫困村全面推广“民信档案”金融扶贫模式，全县采集农户信息7506户，评定出信用户3609户，有16户农户拿到共56.5万元贴息贷款，解决群众发展资金紧缺难题。同时，创新开展“三同三谈”活动，各级领导干部积极深入农村与联系户同吃、同住、同劳动，达到接地气，听民意效果。创新开展“三级干部五送帮耕”（送农具、送化肥、送农膜、送种子、送技术，帮助春耕）活动，组织200多名机关干部到红山镇帮助茶农采摘清明茶，达到学用结合目的。各镇（街道）开展“兑现承诺、取信于民”活动，承诺为民办民生实事10件，推动解决一批关系群众切身利益问题。

找准问题，开好“两会”，批评和自我批评优良传统得到弘扬。2014年，中共仁化县委坚持开门搞活动，广泛听取意见，找准找实存在问题，高质量开好专题民主生活会和组织生活会，广大党员干部受到严格党性锻炼。年内，全县各级各单位下基层召开听取意见座谈会639场次，通过群众提、自己找、上级点、互相帮、集体议方式收集意见建议2861条。各级班子成员之间开展“四必谈”（党委书记和班子成员之间必谈、班子成员相互之间必谈、班子成员和分管部门主要负责同志之间必谈、督导组和每名班子成员必谈）活动，认真撰写对照检查材料，为高质量开好“两会一评议”打好基础。各级各单位严格按照标准和程序，开好专题民主生活会、专题组织生活会和民主评议党员工作，县、镇两级班子每位成员查摆出“四风”问题在12条以上，个别超过20条。相互批评真刀真枪、见筋见骨，每位班子成员对其他班子成员提出批评意见2条，做到“红红脸、出出汗，动真格、有辣味”。省委第六督导组常务副组长陈文杰对县委专题民主生活会作出“会议氛围好、督导组指导得好、班长带头做得好、班子其他成员自觉行动做得好”点评。各级党员领导干部还指导参加联系点专题“两会”，并以普通党员身份参加所在党支部专题组织生活会。同时，各基层党组织开展民主评议党员工作，全年全县有11383名党员参加民主评议，没有党员被评定为“不合格”等次。

整改落实、建章立制，作风之弊和行为之垢得到有效整治。2014年，仁化县深入贯彻落实“三严三实”（严以修身、严以用权、严以律己，谋事要实、创业要实、做人要实）精神，坚持立行立改，“四风”问题得到有效遏制。全县各级各单位建立健全“两方案一计划一清单”，采取网络、公开栏方式进行公示，接受群众监督。全县重点制订专项整治方案21项，建立检查评估标准和监督问责机制，确保专项整治工作落到实处。如整治文山会海方面，2014年召开全县性会议48次，比上年下降13%，全县性发文344个，比上年下降19%；从2013年年初开始，全县评比达标表彰项目由15项减少到12项，压缩3项，压缩比例20%；清理清退公务用车8辆，调整腾退办公用房14151.16平方米，查纠城乡低保错保漏保615人，专项整治工作取得明显效果。大力开展整治“庸、懒、散、奢”活动，县委制订出台“十项制度”，从公务活动等10个方面建立制度规范，有效解决窗口单位和执法部门办事推诿、拖拉、效率不高问题。同时，做好规章制度废、改、立工作，县委修改完善《关于改进工作作风密切联系群众的十项制度》《党员干部直接联系服务群众实施办法（试行）》等一系列制度。全年全县各单位经认真梳理，拟废止制度329项，修订完善制度1672项，新建制度358项，进一步扎严作风“篱笆”，扎紧制度“笼子”，构建促进党员干部坚持“为民务实清廉”长效机制。

（刘国平）

## 县委中心组学习会

2014年，中共仁化县委中心组认真贯彻落实省委、市委《2014年党委中心组理论学习意见》和建设学习型组织要求，创新学习形式，加强和推进县委中心组理论学习，为建设“生态、活力、幸福” 新仁化，实施“四化推动四区”战略目标，构建“经济增速、城乡变美”发展格局提供理论支撑和思想保证。

围绕中心，开展专题学习。2014年，中共仁化县委中心组围绕中共中央、中共广东省委重大部署和中共仁化县委确立的发展战略及党的群众路线教育实践活动主题，精心设计课题，开展专题学习，全年召开学习会14次。学习《反腐倡廉教育专题》《公款姓公，公权为民》《坚持群众路线，践行群众路线》《学习习近平总书记在兰考调研时的重要讲话》《践行群众路线，改进机关作风》《一项实现中华民族伟大复兴的“铸魂工程”》《广东省信访条例解读》《一项凝魂聚气强基固本的基础工程》《生命的觉醒》《国学的人生智慧》《仁化如何走生态发展之路》《中华文化与我们的价值现》《依法治国——解读十八届四中全会》13个专题。同时，把党的群众路线教育实践活动纳入县委中心组理论学习，召开“党的群众路线教育实践活动”专题学习会16次。

举办专家学者讲座。全年举办专家学者讲座11期，邀请专家学者到仁化作专题讲座，分别有：中共韶关市委党校副教授刘意《公款姓公，公权为民》，广东省人大原主任、省关工委主任张帼英《坚持群众路线，践行群众路线》，中共广东省委省直机关工委副书记姚楚旋《践行群众路线，改进机关作风》，中共广东省委宣传部宣教处处长吴祖清《一项实现中华民族伟大复兴的“铸魂工程”》，韶关学院政治与公共事务管理学院副院长、教授梅献中《广东省信访条例解读》，中共广东省委宣传部教授、讲师团原团长曾凡光《一项凝魂聚气强基固本的基础工程》，台湾博士沈智慧《生命的觉醒》，台湾国学大师郑尧章《国学的人生智慧》，广东省社科院科研处处长、博士赵细康《仁化如何走生态发展之路》，中共湖北省委宣传部副部长喻立平《中华文化与我们的价值观》，韶关学院法学院副院长、副教授陈军《依法治国——解读十八届四中全会》。

举办务虚研讨会。2014年11月20日，仁化县围绕县“生态旅游、有色金属产业、城乡建设、现代服务业”发展主题主线，加快推进“有色金属循环经济工业园区建设，县城和乡镇建成区建设，环丹霞生态旅游景点景区及配套服务设施建设，国家现代农业示范区建设”战略，举办《学习贯彻习近平总书记系列重要讲话精神，推动仁化“四化推动四区”战略专题研讨会》。

理论引领，加快推进仁化“有色金属循环经济工业园区建设，县城和乡镇建成区建设，环丹霞生态旅游景点景区及配套服务设施建设，国家现代农业示范区建设”战略实施。

（李有鸿）

## 县委办公室工作

**【概况】** 2014年，中共仁化县委办公室（简称“县委办”）在中共仁化县委、县人民政府领导下，坚持“高水平谋事、高效率办事”，积极主动开展服务，扎实抓好工作，充分发挥参谋助手、督促检查、综合协调和后勤保障作用，有力保证各级党政机关高效运转，办公室各项工作取得新进步。

**【办文办会】** 2014年，县委办充分发挥“咽喉”“纽带”作用，坚持讲政治、顾大局，坚持善统筹、勤协调，坚持勇创新、求实效，坚持严管理、强队伍，坚持树形象、抓作风，努力在强化办文、办会、办事职能中提升工作科学化水平，增强为领导服务、为部门和基层服务、为人民群众服务能力，切实为推动经济转型跨越发展、社会和谐稳定发展、民族共同繁荣发展做出应有贡献，得到县委领导和上级主管部门充分肯定。

办文工作。在公文办理上，县委办注重把好四个关口：一是把好发文关，主要检查文中内容是否符合党和国家的方针政策，是否符合法律、法规，与过去发的文件是否抵触、矛盾，不一致的地方或出台的改革措施是否有解释和说明等，同时检查公文的文字是否正确反映行文机关意图，是否简明扼要，通俗易懂，是否遵守语法，合乎逻辑，是否正确使用标点符号，数字、计量单位是否规范等等。二是把好制作关，公文板式、纸张、文头、文号等必须符合行文规定，印制水平要高。三是把好收文关，安排专门工作人员、设备负责收文工作，防止公文在签收、拆封、登记等环节出现纰漏。四是把好传文关，完善传阅方式，加大现代信息化技术运用，充分利用网络、视频文件等形式传阅公文，提高工作效率。对需要催办的文件，做好传阅催办，分清轻重缓急予以登记，注意催办方法和技巧，确保顺利完成催办任务。2014年，全年拟发县委和县委办各类公文381件，处理各种明、暗电文件755件，未发生漏发、错发、重发、遗失和失密等现象，保证行文严肃性，公文运行质量不断提高。

办会工作。一是会前筹备“细致”。会议主题一经确定，县委办深入细致做好各项准备工作。首先拟定会务方案，内容涉及会议时间、地点、参会人员及费用，会务联系电话与联系人，会议报到及会议议程、日程，与会者信息，领导讲话和文件起草，会议通知、宣传报道、住宿安排、安全保卫等与会议相关的各项工作，做到心中有数。其次做好会场布置工作，会场布置形式符合会议类型，确保会场设施齐全，会场照明、通风、录音、录像、音响、座位等能够正常使用，装饰性设施合理，会标、会徽、花卉等摆设恰当，会议材料发放准确无误。二是会中服务“灵活”。提前制订和完善会议召开工作预案，做好必要准备，并时刻保持警觉，发现突发事件，快速反应，启动预案，有效处理各类问题，确保会议顺利实施。三是会后工作“及时”。每次会议结束后，在第一时间，高质量地撰写会议纪要，对会议议定事项进行认真安排部署。抓好会议议定事项跟踪落实工作，加强督查催办，并以会议简报、督查专报等形式，向领导及时反馈工作进展情况，确保会议取得实效。全年承办各类会议及活动156次，其中大型会议3次，发出会议通知179份。

**【调研、信息、新闻报道工作】** 2014年，县委办文字组充分发挥领导参谋助手、上下联系纽带作用，积极服务领导、服务部门、服务基层，通过全办上下共同努力，有力保证县委各项决策顺利实施和县委机关高效运转，较好完成各项工作任务。

调研工作。县委启动全面深化改革工作后，将县委改革办挂靠县委办，增设改革规划股和改革协调股，配齐配强改革专职工作人员。牵头起草《中共仁化县委关于全面深化改革的实施意见》和《仁化县推进全面深化改革的实施方案》，明确73项改革任务，实现经济、生态文明、文化、社会、党建等改革领域“全覆盖”。积极向市改革办和县委全面深化改革领导小组报告改革工作最新进展情况，全年编写改革简报5期。完成县委十二届八次全会报告、经济分析会讲话稿等县委重要材料起草、审核工作，得到县委主要领导肯定。2014年，共起草、审核各类领导讲话稿100余篇，组织编写各类会议纪要51篇，编写县委书记调研指示任务分解表31篇。围绕全县经济社会发展中的重大问题，深入开展调研，形成一大批有情况、有问题、有分析、有建议调查报告，为县委科学决策提供可靠依据。其中，县委常委、县委办主任谢庆伟调研文章《实施“智慧旅游”战略，打造仁化旅游“升级版”》在《韶关日报》等刊物上发表。

信息工作。2014年，县委办信息工作围绕县委中心工作，按照市委信息科要求，恪尽职守，尽心尽责做好信息报送工作。突出重点信息捕捉、编撰和报送，《丹霞深处有“仁家”》《聚全民之力，建仁爱之城》被列为全市专题信息，《干部群众对十八届四中全会的期盼》《扶贫工作的问题和建议》等多篇信息上报到省委办公厅信息调研处，全年信息采用得分稳居全市各县（市、区）前列。对重大紧急信息，坚持做到及时了解、及时采编、及时报送，没有出现迟报、漏报、瞒报和错报现象。

新闻工作。2014年，县新闻报道工作小组围绕县委、县政府“四化推四区”发展战略，宣传全县经济社会发展新做法、新经验、新成效，凝聚发展正能量，提升仁化县知名度。据统计，2014年，全县在中央、省、市等党报党刊发表稿件434篇，其中在《韶关日报》用稿379篇，日均1.04篇，居全市县（市、区）第一。

**【督查工作】** 2014年，中共仁化县委督查室围绕重点工作开展督查。一是围绕县委常委会工作要点、政府工作报告和全县经济工作会议精神，迅速将任务落实到责任单位，实行重点督办、全程跟办，并制定下发《2014年县委、县政府督办工作要点》，明确重要工作的具体内容和责任单位，做到目标明确、内容具体、可操作性强。二是认真执行领导批示要求。始终把督促办理主要领导批示当作树立威信、提高效能和推动落实的重要手段抓紧抓好，做到全程掌握了解批示件办理各个环节，对办理不合格批示件坚决退回重办，确保领导批示每一件都落到实处，保证办结质量。

**【网络问政】** 2014年，中共仁化县委督查室依托网络问政平台，坚持把加强督促整改作为解决群众反映热点难点问题重要工作来抓，通过不断督促受理单位提高办理质量、加快办理程序、落实答复事项等方面，使群众感受到党委、政府对群众诉求的重视，时时刻刻为群众服务。2014年，全县受理网民留言910条，办结率为100%，公众满意度达80%以上。

**中共仁化县委办公室负责人名录：**

**主　任：**谢庆伟

**副主任：**罗金宝　祝向恩

罗海红　张名城

潘小明

（仇旭君）

## 组织工作

**【概况】** 2014年，全县组织系统围绕中共仁化县委中心工作，突出中国共产党建设制度改革重点，认清新形势，适应新常态，各项工作取得新进展、呈现新亮点，为推动全县经济社会平稳较快发展提供坚强组织保证和人才支撑。

**【党的群众路线教育实践活动】** 2014年，根据中共仁化县委部署安排，全县473个中共党组织11487名共产党员参加第二批党的群众路线教育实践活动，围绕“为民、务实、清廉”主题，按照“照镜子、正衣冠、洗洗澡、治治病”总要求，扎实有序推动活动开展。各级党组织严格把好“学习教育、听取意见”“查摆问题、开展批评”“整改落实、建章立制”3个环节具体要求，做到“‘规定动作’不走样，自选动作有特色”，并结合实际，建立“夜学制度”“一厅三档案”“三同三谈”“五送帮耕”等活动载体，得到市委督导组肯定。教育实践活动开展期间，全县受理各类问题2277宗，解决2006宗，切实解决好群众反映强烈的突出问题；有1000多名党员干部下到春耕生产一线服务群众，发放春耕农资折合人民币100多万元。通过开展群众路线教育实践活动，全县党员干部受到深刻思想洗礼，“四风”问题得到有效整治，党员干部作风改进，党群干群关系密切。活动民意测评，总体评价为“好”的占89.5%；“较好”的占10.5%。

**【干部选拔任用】** 2014年，仁化县坚持“好干部”标准，积极稳妥推进干部人事制度改革，选优配强各级领导班子。严格实行用人失察失误责任倒查制度，把好干部动议提名关、考察考核关、程序步骤关。建立科级领导班子和领导干部分析研判制度，及时掌握领导班子运行状况和领导干部现实表现。开展“三超两乱”（超职数配备干部、超机构规格提拔干部、超审批权限设置机构，擅自提高干部职级待遇、擅自设置职务名称）问题专项整治，废止“土政策”；集中力量对干部档案“三龄两历一身份”（年龄、工龄、党龄；学历、工作经历；干部身份）进行专项审核，全力解决干部档案中历史遗留问题。实施“墩苗压担”计划，公开推荐选拔一批结构合理、综合素质较高“三类”（年轻干部、女干部、党外干部）后备干部队伍；选派12名优秀年轻干部赴东莞虎门挂职（跟班）学习；从新提拔科级领导干部和后备干部中选派13人到县信访部门挂任信访督查员；抽调60名年轻干部参与县重点项目建设，提高年轻干部综合能力。围绕从严管理干部，建立健全强化预防、及时发现、严肃纠正工作机制。执行重大事项报告制度和单位主要领导离任责任交接制度，加强对领导干部经济责任审计。完善领导干部谈心谈话制度，中共仁化县委组织部领导与全县各单位、部门、镇（街道）373名班子成员进行“一对一全覆盖式”谈心谈话和开展届中考察，及时掌握单位领导班子和班子成员情况，对干部身上出现的苗头性、倾向性问题，做到早提醒、早纠正，分别对民主测评较低、工作被问责和有来信反映的2个单位领导班子和8名班子成员给予“温馨提示”、“预警提示”和“提醒教育”；调整2名不作为、乱作为领导干部，避免干部由“亚健康”变成“不健康”，保证干部健康成长。

**【人才培养与管理】** 2014年，仁化县发挥党管人才和组织部门牵头抓总作用，针对全县高层次人才总量偏少、人才引进环境不够优良、人才分布结构不平衡情况，完善人才政策，加强招才引智工作，发挥本土人才作用。建立“有色金属循环经济产业园区、县城和乡镇建成区、环丹霞生态旅游景点景区和国家现代农业示范区”“四区”人才库，实现对企业经营管理人才、高技能人才专项指导，增强人才核心竞争力，发挥人才实效。实施“引才引智工程”，全年通过向社会公开招聘、校企对接，引进各类人才135人，为全县经济社会发展提供有力人才保障。注重实用人才和乡土人才培养，加大基层培育人才政策扶持和人才支持力度，农村人才总量有所扩大，基层技术人才对推动基层发展作用明显。围绕国家现代农业示范区，组织实施国家现代农业示范区人才培育工程项目“扬帆计划”特色人才项目，发挥好专业技术拔尖人才和高层次、高技能、高学历人才示范引领作用。

**【干部教育培训】** 2014年，仁化县围绕中共十八届三中、四中全会和习近平系列重要讲话精神，组织县处级领导和单位“一把手”集中轮训；各基层党（工）委、县直各单位呈现出积极主动学、多种方式学、联系实际学特点，引导党员干部深刻领会、准确把握精神实质。同时，以“专题选学、课程选学、讲座选学”为载体，开展自主选学，建立健全领导干部述学、评学、考学、自主学习办法，防止“自主选学”变为“自由选学”，切实保障培训效果；邀请中山大学、广东工业大学等高校专家教授到仁化县作经济社会发展战略、城镇规划、新型工业化、农业现代化、仁化县有色金属行业现状及发展前景等专题讲座；对学员较为集中的单位实行“送课上门”，实现选学培训全覆盖。采取“一函一送一谈一测”方式，突出抓好领导干部、组工干部和干部群众“三个层面”对新修订的《党政领导干部选拔任用工作条例》进行学习教育。全年全县举办主体培训班11个、自主选学培训班16期，累计培训干部3150人次；并选送各级领导干部67人参加省市举办的培训班，促进全县各级干部知识结构转型升级。

**【基层党组织建设】** 2014年，仁化县创新基层组织建设平台和载体，推进基层党建“五大工程”（基层支部创先争优、赶超整治工程，农村党员创业致富引领工程，农村党支部书记培养工程，基层组织建设保障机制工程，城乡党建资源统筹工程），推动农村基层党支部活力进一步增强、党员先进性进一步彰显、党支部书记“领航”作用进一步发挥、基层激励保障机制进一步健全、基层党建工作资源进一步整合。实行“三包”责任制，安排县直单位帮扶，派驻干部挂任软弱涣散村（社区）党组织“第一书记”，抓实12个软弱涣散村（社区）党组织整顿转化工作，突出问题得到解决。全面开展党员干部直接联系服务群众活动，拓展直接联系服务群众渠道。采取先支部后村委换届方式，推行“两推荐两考察两结合”方法，全县109个村、16个社区完成“两委”换届，实现“一肩挑”和交叉任职比例分别为94.4%、94.01%，新一届“两委”班子平均年龄比换届前降低2.3岁，大专以上学历提高23.08%，村级班子结构优化。实施“五强书记建设工程”（党性观念强、服务本领强、致富能力强、化解矛盾能力强、廉洁意识强）和村干部“素质提升”工程，村（社区）干部和后备干部参加大专学历培训班；选育120名党组织书记后备干部，并实行镇领导跟踪培养，解决村干部后继乏人问题。开展“十佳农村党支部书记”评选活动。建立村“两委”干部逐年提高待遇机制，村干部补贴实行“基本补贴+绩效补贴”方式，激发农村基层党组织活力。按照“五个好”（领导班子好、党员队伍好、工作机制好、工作业绩好、群众反映好）标准，在“两新”组织深入开展“创先争优”和“七个有”[有固定办公场所，有标牌（党支部名称），有工作人员（党支部成员、党建指导员、党建联络员的分工和职责），有规范的工作制度，有活动设施齐全的党员活动室（配桌椅、文件柜、有党旗、书报、悬挂“马恩列斯毛”伟人像），有记录（开展“三会一课”工作记录、党支部发展党员记录、开展党建工作记录），有“两新”组织党建工作宣传栏]活动，发挥“两新”党组织在企业生产中政治领导核心作用和党员先锋模范作用。

**【党员发展和管理】** 2014年，中共仁化县县委组织部组织全县各级党组织和广大共产党员学习贯彻《中国共产党发展党员工作细则》。按照“控制总量、优化结构、提高质量、发挥作用”总要求，加强基层党（工）委发展党员指导，建立完善发展党员预报制度、发展党员审核制度、定期研究发展党员制度、发展党员责任追究制度，规范发展党员工作，保证新发展党员的质量，加强发展党员工作督导。2014年，全县发展中共党员146名，其中：发展女性党员39名，占26.71%；35岁以下109名，占74.66%；高中（中专）以上学历126名，占86.30%。

**【自身建设】** 2014年，仁化县以开展党的群众路线教育实践活动为契机，全县组工干部坚持高标准、严要求抓好自身活动，主动发挥统筹协调作用，认真贯彻执行中共中央“八项规定”，带头改进作风，做到“六个要”，即：政治责任感要更强一些，服务中心工作要更主动一些，工作作风要更实一些，工作要求要更严一些，工作方法要更科学一些，工作态度要更认真一些。开展经常性警示教育，引导广大组工干部发扬组织部门优良传统，增强党性修养，严格执行“十严禁”。围绕“创新、创优、创品牌”主题，开展部机关组织工作创新活动，推动组织工作创新发展；落实组工干部联系基层党建工作责任制，推进“组织部长和组工干部下基层”“组织部长谈心双约”“三同三谈”等活动，做好新形势下的组织工作；带头践行“三严三实”要求，建设“讲政治、重公道、业务精、作风好”模范部门，争做新时期优秀组工干部，增强组工干部党性观念、服务意识、廉洁意识和表率意识。

**中共仁化县委组织部负责人名录：**

**部　长：**李湘柱

**副部长：**易永恒　肖春波

王记有　林坚（兼职）

熊树生（兼职，任至

2014年1月）
李坚平（兼职，2014年1月任职）
刘秀琼（女，兼职）
（刘国平）

## 宣传工作

【概况】 2014年，仁化县宣传思想文化战线在中共仁化县委、县政府领导和上级部门指导下，以深入贯彻中共十八大和十八届三中、四中全会精神为主线，坚持以中共总书记习近平系列讲话精神为指导，围绕县委、县政府中心工作，为全县经济社会发展提供强大思想舆论支持和精神文化力量。

【重大主题宣传】 一是围绕“建设生态、活力、幸福新仁化”中心，坚持以党的群众路线教育实践活动、社会主义核心价值观、弘扬优秀传统文化、中国梦、四区建设、巩卫创文、“两建”工作为重点，在县城主要路口和显眼位置设立大型户外宣传广告和悬挂宣传标语，给市民发送宣传资料和宣传短信。2014年，全县制作和发放文明上网宣传资料、文明倡议书、创文宣传小册子以及培育和践行社会主义核心价值观宣传资料48000份，核心价值观围裙3000条，环保袋13000个，悬挂横幅、张贴海报402张，制作户外广告牌、宣传栏计1037个，在县广播电视台、县政府门户网站、县文明网通过开辟专题专栏，刊播广告255条，短信33961条，各单位LED屏刊播广告10765条。在当地新闻媒体（报纸、电视台、电台、网络媒体）开设教育实践活动宣传专题专栏5个，刊播教育实践活动有关稿件356条，其中评论言论96条。在中省（境外）和市直主流媒体刊播教育实践活动有关稿件125条。通过多种形式做好宣传报道工作，取得良好宣传效果，充分营造清正廉洁、文明和谐浓厚氛围。二是加强与中央、省、市主流新闻媒体沟通联系，加大正面宣传力度，精心组织策划，着重加强仁化本土特色宣传。对仁化“梦里的古村”——广东省古村落摄影大展暨广东省“美丽仁化·魅力扶溪”摄影大赛、“山不在高——广东四大名山画卷创作·丹霞山站”写生活动、“纪念仁化暴动87周年暨红军长征过境粤北80周年”学术研讨会、石塘堆花米酒节、长坝金柚节、黄坑贡柑节系列重大活动进行大规模高标准集中宣传报道。其中，在中国共产党历史网报道“纪念仁化暴动87周年暨红军长征过境粤北80周年”学术研讨会，《锦江探源 古村寻幽——悠游仁化田园丹霞》《仁化：打造粤港澳的〈慢城〉》发表在《香港商报》，《来“粤北第一村”唱月姐歌饮堆花酒——一座拥有两项省级非物质文化遗产和护城河的古村落》发表在《羊城晚报》专版，在南航《空中之家》杂志宣传石塘米酒，有效提高仁化影响力和知名度。三是大力推动城市精神文明建设工作，仁化县申报“全国精神文明县城”提名得到验审通过，获得“广东省摄影之乡”称号，策划制作、推出仁化音乐综合形象片和音乐片，全面展示美丽仁化新风采，有效加深外界了解仁化，塑造仁化良好外部形象。

【加强舆情应对】 2014年，仁化县建立全县新闻发言人队伍，完善新闻舆情应急机制。全年编写《仁化县网络舆情信息专报》26期、《仁化县网络舆情信息月报》7期，抓好“网吧违规接纳未成年人”“3500亩水稻难发芽”等各类热点敏感问题的舆论引导与新闻应对工作，发挥舆情化解社会矛盾、维护地方稳定作用。

【编印宣传刊物】 2014年，《仁化宣传》继续发挥传达学习贯彻中国共产党路线、方针、政策主流刊物作用，编辑水平、印刷质量得到提升。全年编印《仁化宣传》4期，每期印刷500份，提供学习材料和理论文章69篇。

【加强理论调研】 2014年，中共仁化县委宣传部上报调研文章4篇、工作信息50条，其中报告《“一厅三档案”解民忧，以“仁”化人促和谐》在2014年第6期《广东宣传》和第148期《当代检察官》刊登。

【党报党刊征订工作】 2014年，中共仁化县委宣传部继续做好党报党刊征订发行工作。全年征订《人民日报》300份、《南方日报》1749份、《韶关日报》2692份、《求是》杂志160份、《南方》杂志2925份。

**中共仁化县委宣传部负责人名录：**

**部　长：**赖小红（女）

**副部长：**罗有发　李子初

邹雪玲（女）

（郑玉江　唐　军　王佩又）

## 统战工作

【概况】 2014年，中共仁化县委统一战线工作部（简称“县委统战部”）按照中共中央和中共广东省委、中共韶关市委统战部要求，继续打造“同心”品牌，着眼科学发展、改善民生、服务社会和促进和谐，发挥统战成员服务发展责任意识和特色优势。全县统战工作围绕中心任务，真抓实干，锐意进取，完成全年各项目标任务。

【党的群众路线教育实践活动】 2014年，县委统战部根据中共仁化县委教育实践活动领导小组工作安排，按照深入开展党的群众路线教育实践活动实施方案部署和要求抓好落实。结合全县统一战线工作实际，突出统战特色，深入查摆“四风”突出问题和关系群众切身利益问题、联系服务群众“最后一公里”问题，坚持开门纳谏，学习领会中共中央“八项规定”和中共总书记习近平重要讲话精神，组织开展工作，扎实开展教育实践活动。全年，县委统战部召开专题学习5次，查摆“四风”问题3个，整改率100%；走访联系群众50人次，收集群众建言、意见8条，采纳6条，作出答复8条；接待群众来信来访3件7人次，办结3件，办结率100%。

【服务群众】 2014年，县委统战部带领中共党员干部转变作风，走出办公室，深入到基层农村服务群众。3月15日，联合中共韶关市委统战部组织粤北医院部分医务人员、无党派知识分子到县扶溪镇扶中村委会开展联合义诊，免费义诊扶中村委及周边群众1000多人。4月9日、5月29日到挂点联系村董塘镇瑶溪梅花垅村开展“五送帮耕”“三同三谈”活动，帮助当地群众解决困难。如为瑶族村3户特困户送上生产资金1800元，帮助当地农户清理贡柑园、花生地杂草。

【统战联谊助力县域经济发展】 2014年，县委统战部坚持把发展作为统一战线团结奋斗第一要务，就全县经济社会发展重大问题进行考察调研、建言献策，积极开展社会服务和引资引智工作。3月8日，组织商会、仁化邮政银行联合开展“三八联谊会”。9月25日，县工商联组织县域部分民营企业家到贵州茅台企业股份有限公司考察，学习先进经营理念，提高自主创新能力，打造企业核心竞争能力，助力县域经济“转型提升”。

【党外人士工作】 夯实合作共事思想政治基础。2014年4月30日，中共仁化县委统战部召开民主党派、工商联、政协和无党派人士代表座谈会。会议由县委统战部副部长刘建存主持。市委统战部部长何伟清，县委副书记黄令遥、县委常委兼组织部部长李湘柱参加会议。会上县委副书记黄令遥通报2013年全县贯彻落实《中共中央关于加强新形势下党外代表人士队伍建设的意见》《中共广东省委关于进一步加强新形势下党外代表人士队伍建设的意见》等文件精神，加大党外代表人士培养选拔力度、建立人才库，加强党外后备干部培养选拔情况。2014年，县委统战部联系的无党派人士227

人，通过自主选学、脱产培训等方式培训党外代表人士17名，选送1名党外领导干部参加市委党校（处级）领导干部进修班学习，选送2名党外干部参加市社会主义学院举办的党外干部中青年（科级）培训班。注重加强对党外干部实践锻炼，适时分配急难险重工作任务。

充分发挥党外人士参政议政优势。2014年，县委统战部加强中国共产党多党合作和政治协商制度建设，推进民主党派基层组织工作开展，提供党外人士队伍健康发展环境。健全党外代表人士培养机制，重视做好党外干部发现培养工作，积极向组织部门推荐，促进党外干部选拔和任用。围绕全县经济社会发展总体思路，发动广大党外知识分子立足本职，发挥自身优势，积极参与全县经济社会政治工作。民进支部和党外知识分子、工商联代表联谊会通过深入基层调查研究，提出“建设幸福仁化打造生态旅游之县”“关于加快优化我县道路交通环境的几点建议”等建议、提案、议案10余件。

**【民族宗教工作】** 开展民族工作。①积极稳妥做好涉及民族因素矛盾纠纷处置工作。2014年，县委统战部做好涉及民族因素矛盾纠纷排查工作，主动协调董塘镇瑶族村西坑村组与董联村宋一、宋二组土地纠纷。通过县、镇相关部门协调解决，推动在董塘镇瑶族村西坑村组与董联村民宋祖林协议的基础上，重新协商确定该项土地使用权属，土地争议得到处置。②有效保障散居少数民族合法权益。切实保障少数民族参政议政权利。县和镇党委在人大、政协人事安排上，都按要求确定少数民族人大代表和政协委员比例，全年全县有县级少数民族人大代表1人、政协委员3人、镇人大代表5人，副科级以上干部10人。切实保障少数民族平等受教育权利。落实县域散居少数民族学生升中考照顾10分优惠政策，解决流动少数民族人口子女入学问题。全年为10名符合条件少数民族居民办理民族成分变更手续，为42名少数民族高考生和11名中考生办理民族成分审核验证。③稳步推进少数民族经济社会发展。2014年，全县有15个村委会得到省宗教界扶贫资金15万元扶持，6名考上大学少数民族学生享受省财政每生每年1万元助学资助。④民族团结进步事业得到长足发展。年内，调整和成立民族宗教工作领导小组。经常深入基层，开展调研工作，把调研中发现的问题以及群众要求和意见及时向县委、县人民政府分管领导汇报，把矛盾化解在萌芽状态。定期或不定期检查民族团结目标责任书落实情况，发现问题及时提出，逐一落实。在工作中始终坚持“是什么问题就按什么问题处理，在哪里发生就在哪里解决”原则，不把不是民族问题的事往民族问题上拉，不把问题扩大化。相信和依靠基层组织，发挥基层组织积极作用。做好来信来访工作，尊重各民族风俗习惯和宗教信仰，不伤害民族感情。重视政策法律法规宣传教育，让各族人民学法知法守法，经常与民族宗教界人士交心谈心，建立友好感情。扎实推进民族团结进步创建活动，营造民族团结和谐社会氛围，以点带面，巩固和发展社会主义民族关系。

抓好宗教活动场所各项制度建设，做到有法可依、依法管理。①2014年，仁化县抓好“教风年”创建活动，提高宗教人士遵纪守法意识。及时转发上级有关文件，制订全县“教风年”活动工作方案，要求各宗教活动场所结合实际，有针对性开展治理工作。组织宗教场所负责人参加市民宗局举办的全市宗教团体、活动场所负责人培训班，牢固树立宗教界代表人士遵纪守法意识。②建立健全民族宗教工作机制。成立仁化县民族宗教工作领导小组，印发《仁化县民族宗教事务安全联防联动方案》《仁化县涉及民族矛盾纠纷应急预案》，完善全县民族协调议事机构及工作机制。以管理与服务为重点，创新社会管理和矛盾纠纷应急处理机制，做好少数民族合法权益保障工作，促进民族团结和社会和谐稳定。③加强佛教、道教活动场所规范化建设，推动各场所加强自身管理。要求全县宗教活动场所建立相关管理制度，并做到制度上墙；建立教职人员人事档案，并指派专人负责管理；建立健全治安消防工作机制；保持宗教活动场所整洁卫生，做好文物保护和卫生防疫工作。④抓财务监督，推进财务管理制度化、规范化。各宗教活动场所基本建立财务管理制度，成立场所财务管理小组，财务管理较为规范，账目基本清晰。各宗教活动场所能按要求在银行开立单位银行结算账户。设有捐款箱的，指定有专人管理捐款箱，捐款箱开启时有3人在场，当场清点捐款数额，登记并由3人签字后，交本场所财务管理人员入账，年内没有发生将场所收入据为个人所有或在场所会计账簿外核算现象。

**【机关作风建设】** 深化机关作风建设。2014年，县委统战部结合全县县开展“企忧档案”活动，主动联系、走访企业，深入挂点企业振濠企业有限公司和仁化县山里人家商贸汇，与相关部门沟通、协商，为挂扶企业排忧解难。在解决企业难题的同时，转变统战机关作风，优化服务，确保“企忧档案”真正成为企业排忧解难重要载体。

加强思想理论建设。2014年，县委统战部深入学习贯彻党的群众路线，在第五督导组指导下，按照“照镜子、正衣冠、洗洗澡、治治病”总要求，围绕为民务实清廉内容，结合统战工作特点和实际，扎实完成学习教育、听取意见，查摆问题、开展批评，整改落实、建章立制环节工作任务，达到预期目标。开展批评与自我批评，及时整理形成《仁化县委统战部领导班子党的群众路线教育实践活动专题民主生活会情况的报告》上报县委实践办。强化中心组学习组织和管理，推进学习型党组织建设。每周五安排副部长参加县委中心组集中学习活动，严格考勤制，增强部内凝聚力和工作执行力，保持良好工作状态。

**【为台服务】** 2014年，县委统战部切实做好为台服务工作。一是多途径开展对台宣传和涉台教育工作。组织台胞台属召开新春座谈会和走访慰问台胞台属8户，发出慰问金3200元。二是积极开展联台交流交往活动。2014年接待到仁化台胞台商10人次。三是维护台胞台属合法权益，认真处理涉台信件，全年妥善处理涉台事件2起，来信来访3件。四是经常深入台资企业调研，了解情况，及时为台企台商排忧解难。

**中共仁化县委统一战线工作部负责人名录：**

**部　长：** 马志忠

**副部长：** 刘建存（任至2014年11月）

肖作顺　谢树富

（朱福娣）

## 县直属机关工委工作

**【概况】** 中共仁化县直属机关工作委员会（简称“县直机关工委”）县直属机关工委设人秘股、组织股、宣传股3个职能股和县直机关纪工委、县直机关武装部。行政编制5名。其中：书记1名、副书记1名（兼任纪工委书记）、武装部长1名（副科级）、正副股长2名。机关总编制5名。2014年，县直机关工委贯彻执行中共路线、方针政策，指导县直行政事业和企业单位中共党务工作，抓好中共党员思想、组织和作风建设，指导县直机关、事业和企业单位党组织做好教育管理、学习培训和党员干部、职工思想政治工作，开展社会主义精神文明建设和创建文明单位活动，完成上级组织交办任务。

**【党的群众路线教育实践活动】** 2014年，县直机关工委深入贯彻中共十八大、十八届三中全会精神和中央、省、市、县委部署，围绕保持中国共产党先进性和纯洁性，以为民务实清廉为主要内容，以“照镜子、正衣冠、洗洗澡、治治病”为总要求，加强全体党员马克思主义群众观点和党的群众路线教育，落实仁化县委十项制度，突出作风建设。坚决反对形式主义、官僚主义、享乐主义和奢靡之风，密切党群干群关系，增强县直机关创造力、凝聚力和战斗力，发挥共产党员先锋模范作用，提升机关党建工作科学化水平，重塑机关党建新形象。每月编写《为民务实清廉简报》1期240份，全年共印2160份。

**【学习弘扬优秀传统文化】** 学习背景。随着形势变化发展基层党务工作者越来越感到工作中有许多困惑：①机关工作重要性与共产党员先锋模范作用不尽相吻合。按照“机关党建走在党的基层组织建设前头”要求，机关工作标准、质量都应比其他基层组织要高，但是在机关中却出现个别共产党员信仰发生动摇、宗旨意识变淡薄，不但与共产党员先锋模范作用相差甚远，甚至成为反面典型，严重影响中国共产党在人民群众心目中的光辉形象。②各级党组织对党员干部教育管理方法单一，效果不明显，作用力不持久。基层党组织开展活动内容单一、形式少、方法陈旧，新鲜感、时代感不强，仅满足于一般学习文件等政治说教、催交党费，使得机关党建缺乏应有生机和活力，党支部战斗堡垒作用越来越弱，号召力越来越弱。结合锦电公司从2010年开始组织学习中华优秀传统文化，取得“人心向善、家庭幸福、单位和谐，困扰单位管理者的事情少了、担子轻了，但工作质量和效率上去了，提升单位形象各种荣誉接踵而来”活动效果。县直机关工委决定在各县直机关、事业和企业中开展学习弘扬优秀传统文化教育，促进全县中共思想、组织和作风建设。

*开展弘扬优秀传统文化学习活动*。2014年，县直机关工委开展以“马列教育为核心，党性教育是主线，国学教育做基础”使学习和弘扬中华优秀传统文化作为党员干部修身要求，作为对党员干部进行思想教育有效途径。年内，支持配合中共仁化县委开展“道德大讲堂”活动。利用召开各种会议、学习班进行传统文化推广普及，营造浓厚学习氛围。大张旗鼓宣传学习传统文化，利用手机信息平台进行宣传发送信息3万多条。县直机关工委坚持每周二下午进行传统文化学习。全年组织3批共160多名党员干部到省五建和龙川参加幸福人生讲座学习。开展严以修身、笃行群众路线宣讲活动。结合视频、录音、图片增强宣讲效果，为各级党组织和广大党员干部进行专项辅导7场计800多人次参加。

**【党的群众路线专题辅导课】** 2014年4月18日，中共仁化县委根据《仁化县深入开展党的群众路线教育实践活动实施方案》安排，邀请省直机关工委副书记姚楚旋到仁化县讲授《践行群众路线，转变机关作风》党的群众路线专题辅导课。

**【共产党员修身大家谈】** 7月17日，县直机关工委组织县直各机关党委书记、县直工委委员和工委下辖各党总支书记30人，在中共仁化县委党校301室“党员干部修身讲堂”，开展以结合个人成长和工作实际，谈理想信念，谈道德情操，谈自律守法，谈权利责任，谈自律自省，谈诱惑坚守，谈党员教育管理为内容“共产党员修身大家谈”活动。

**【党务干部培训】** 2014年9月25—26日，县直机关工委在中共仁化县委党校302室举办党务干部培训班，县直机关各党委、党总支、党支部组织委员141人参加培训。10月16—17日，县直机关工委在中共仁化县委党校举办县直机关党务干部培训班，县直机关各党委、党总支书记，党支部书记或副书记143人参加。通过学习，增长机关党务干部掌握新时期党建工作有关知识，提高业务能力与工作水平。

**【歌唱比赛】** 2014年，县直机关工委根据中共仁化县委宣传部《关于印发〈唱响中国梦，百歌颂中华群众歌会（锦电杯）活动方案〉的通知》要求，组织各机关组成合唱团参加仁化县“唱响中国梦，百歌颂中华”群众歌会合唱比赛，并获三等奖。

**【党支部书记述职评议】** 12月29日，县直机关工委根据中共仁化县委组织部《关于转发〈中央组织部中央党的群众路线教育实践活动领导小组关于开展市县乡党委书记抓基层党建工作述职评议考核的通知〉的通知》精神，按照不低于20%比例选取下级党组织书记开展述职评议，召开县直属机关老干局等20个党支部书记述职评议会议。20个县直机关基层党支部书记依次作述职报告。31位评议代表对20位党支部书记进行评议。

**中共仁化县直属机关工作委员会负责人名录：**

**书　记：**刘秀琼（女）

**副书记：**何光华（2014年7月任职）

（刘树永）

## 老干部工作

**【概况】** 2014年，全县老干部工作以党的群众路线教育实践活动为载体，继续抓好老干部政治、生活待遇落实，加强离退休干部思想政治建设和老干部党支部建设，丰富老干部精神文化生活，确保全县老干部队伍稳定。截至2014年年底，全县有离休干部45人，其中，抗日战争时期参加工作的3人，解放战争时期参加工作的42人（离休干部中，享受副处级以上待遇的27人）；退休干部2022人（副处级以上退休干部36人）。全年接待老干部来信、来访、来电20人次。

**【老干部“两费”待遇落实】** 县财政在年初把全年离休干部离休费、医药费（简称“两费”）所需资金纳入预算，并付诸落实。从2014年1月1日起提高离休干部护理费标准，即抗战时期参加工作的由每人每月400元提高到每人每月1200元；解放战争时期参加工作的干部由每人每月250元提高到每人每月600元；因瘫痪等原因生活完全不能自理的离休干部由每人每月600元提高到每人每月2600元，完全按省规定标准执行，并于2014年8月全部落实到位。

**【鼓励老干部建言献策】** 2014年，在党的群众路线教育实践活动中，县委老干部局通过召开座谈会和发放问卷调查方式就全县“四风”问题和经济社会发展问题广泛征求来干部意见建议，鼓励老干部为全县作风建设和经济社会发展建言献策，共梳理出老干部意见建议八大类84条，经整理后提交中共仁化县委、县政府。中共仁化县委、县政府及相关部门予以一一答复，并在“重阳”茶话会上通报老干部们所提意见建议落实情况。在“重阳”“迎春”茶话会上，中共仁化县委、县政府主要领导向全县离休干部和副处级以上退休干部通报全县经济和社会事业发展情况。

**【组织老干部共享改革开放成果】** 2014年1月27日，组织全县离休干部和副处级以上退休干部参观黄屋新村、宝能集团旅游度假项目建设工地和丹霞山红锦湾酒店。黄屋村党支部书记、宝能集团建设工地项目经理和丹霞山红锦湾酒店业务员分别向老干部们介绍各自建设情况和发展方向。4月25日，组织全县离休和副处级以上退休干部到鸿伟木业参观。鸿伟木业负责人向老干部们介绍该公司原材料收集、生产、销售、产值等具体情况。县环保局和林业局有关人员从如何保护和发展全县森林资源和环境保护角度向老干部们介绍鸿伟木业具体情况，打消老干部们担心鸿伟木业会大量消耗当地木材、损害森林资源和污染环境顾虑。9月29日，组织全县离休和副处级以上退休干部参观田家炳新校区、丹霞山北门水上入口综合服务区、县循环经济产业园区和丹霞山火车站，共享改革开放成果。

【慰问探访老干部】 2014年，县老干部局做好定期或不定期老干部家访，老干部患病、住院探望慰问工作，开展春节、“八一”建军节、中秋节慰问全县离、退休老干部活动。全年慰问探访老干部260多人次，探望住院老干部110多人次。

【关心老干部健康】 2014年，县老干部局组织巡回医疗小组上门为行动不便离休干部解决看病难问题20人次。10月，县老干部局组织全县离休干部和副处级以上退休干部到县人民医院体检，并要求各单位关心离退休干部身体健康，自行组织科级以下退休干部体检。

【关心老干部学习】 2014年，县老干部局注重全县老干部精神文化建设。全年，老干部大学春秋两季共开办11个班，培训学员548人。为离休、退休老干部订阅《秋光》杂志1656份，《中国老年报》《老人报》700多份。

【老干部活动】 2014年，县老干部局坚持每天在县老干部活动中心开展麻将、扑克、象棋、桌球、门球、乒乓球、健身舞、交谊舞等日常文体活动。组织老干部文艺团体经常开展各种联欢和演出活动。“五一”期间，组织离退休干部120人在县老干部活动中心参加庆“五一”国际劳动节游园活动；5月28日，组织仁化县老干部金秋艺术团到格顶小学开展“关爱留守儿童，老少共筑中国梦”联欢活动，送戏送书关爱留守儿童；9月26日，组织金秋艺术团到董塘镇敬老院进行“重阳节”慰问演出，并赠送慰问品；11月21日，组织县老干部金秋艺术团、县关工委艺术团木兰拳团体参加2014年韶关市木兰拳邀请赛暨韶关市木兰拳协会成立20周年活动，一举夺得木兰扇（单扇）项目金奖，文艺表演获邀请赛特别奖。

【关心下一代工作】 2014年，县关心下一代工作委员会组织人员深入基层调查研究，送爱国主义教育、革命传统教育、传统文化教育、法制教育到基层中小学校，促进下一代健康成长。通过开展“关爱明天，普法先行”青少年普法教育活动，继续推动“朝阳读书”活动深入开展。全年，组织“五老”（老干部、老战士、老专家、老教师、老劳模）队伍和法制副校长开展普法宣传、法律咨询活动和法制教育专题报告会20多场次，发放法律法规宣传资料2500多份，受教育人数11000多人次，组织学生观看法律教育电影60多场次，出黑板报和宣传栏40多期。推动已建立党、团、工会、妇女组织非公企业建立关心一代工作组织。截至2014年年底，有12家非公企业建立关工委组织。全年举办农村青年创业种养农业科技培训班1期（邀请广东科学院研究所教授曾继吾讲课），参加学习人数150人。

**中共仁化县委老干部局负责人名录：**

**局　长：**林　坚

**副局长：**杨日生

何光华（任至2014年7月）

（刘石英）

## 编制工作

【概况】 仁化县机构编制委员会办公室（简称“县编办”）内设职能股综合股、行政机构编制股、事业机构编制股3个，定编8人，后勤服务人员数1名。事业单位登记管理局定编2名。2014年，县编办有在职人员6人，其中主任1人，副主任2人。

2014年，县编办围绕中共仁化县委、县政府中心工作，按照上级部署要求，加强机构编制管理，完成各项工作任务。

【机构编制管理】 加强机构编制管理。2014年12月，仁化县编委贯彻落实省、市关于加强机构编制管理、严格控制机构编制精神，就全县进一步加强机构编制管理发文提出新要求：一是在政府机构改革、事业单位分类改革期间，冻结审批增设机构、增加编制事项；确需增设新机构的，按“撤一建一”原则办理。二是坚持空编优先使用。单位提出增编事项，首先通过空编解决；没有空编，原则上在该部门系统内部同类性质编制中调剂解决。三是不定期清理各部门事业空编，对职能任务萎缩单位及时核减编制，予以收回、统筹使用。四是坚持机构编制“一支笔”审批制度。五是进一步加强机构编制核查工作，加快推进实名制信息公开，主动接受群众和社会监督。六是注重保障基层一线队伍，凡镇街（包括基层卫生院、学校）新招公务员、事业单位工作人员，原则上不调入县机关事业单位工作。

建立编制核准制度。建立机关事业单位编制核准制度，实行用编申请、批准使用、人员核准、领导审批、办理列编等一系列程序，完善用编、进人环节，明确相关职能部门责任，严格编制管理工作。同时，2014年5月，举办业务培训班，辅导核准制度、机构核查、登记管理工作。

加强机构编制实名制管理。2014年，仁化县加强机构编制实名制信息动态管理，从源头上控制机构编制和财政供养人员增长，优化财政支出结构，降低行政成本，提高工作效率。一是完善实名制管理系统数据。上半年，组织人员补充单位信息、人员基本信息、上传电子头像，完善全县机构编制实名制管理系统数据，提升系统功能，实现信息适时更新。二是加强业务培训。5月9日，县编办在中共仁化县委党校举办机构编制业务培训，全县政工、组织委员及干事200人参加。主要对实名制系统机构和人员信息各项指标进行详细说明，现场解答有关单位对实名制系统提出的相关问题，夯实仁化县全面对接省实名制管理系统基础。

【机构改革】推进新一轮政府职能转变和机构改革工作。2014年，根据《中共广东省委办公厅、广东省人民政府办公厅〈关于市县政府职能转变和机构改革的意见〉通知》精神，县政府职能转变和机构改革在中共仁化县委、县政府统一领导下，由县机构编制委员会负责组织实施，县机构编制委员会办公室承担具体工作。3月，经过县编办草拟方案、向县委县政府报告及与市编办沟通后修改方案，由县委县政府方案上报市委市政府审批；8月，经市委市政府同意，市编委批复仁化县改革方案；9月15日，正式印发《中共仁化县委、仁化县人民政府关于印发〈仁化县人民政府职能转变和机构改革方案〉的通知》。截至2014年年底，仁化县新一轮政府职能转变和机构改革进入实施阶段，印发相关部门“三定”规定，完成县政府机构改革工作。

深化行政审批制度改革和清理行政职权工作。2014年，县编办着手制订仁化县第二批行政审批制度改革事项目录。1月24日，《仁化县人民政府行政审批制度改革事项目录（第二批）》发布，其中取消行政审批事项56项，转移行政审批事项3项，推进全县行政审批制度改革工作。制订全县行政审批事项保留目录。根据省、市深入推进行政审批制度改革工作部署，县编办在市《2014年县级行政审批制度改革保留事项目录》基础上，通过与市级历次公布的改革事项目录中下放至县级实施的审批事项以及仁化县前两批公布的《仁化县人民政府行政审批制度改革事项目录》进行比照核对、增删整理，形成仁化县行政审批保留事项目录征求意见稿，经过多次和全县各相关单位征求意见、沟通协调和修改调整，最后由县政府常务会议审议通过并印发《仁化县人民政府2014年决定保留的行政审批事项目录（315项）》，其中，全县保留实施的行政审批事项以大项计共315项，以子项计共465项，行政许可审批236项，非行政许可审批229项。对比2012年全县行政审批事项压减43%。开展转变政府职能、清理行政职权和编制权责清单工作前期工作。按照韶关市2014年转变政府职能深化行政审批制度改革工作要求，全市各县区要在年底前完成县、镇两级权责清单编制工作。年内，县编办将市级试点单位权责清单与仁化县相关单位进行调研和沟通，听取单位意见，为全县权责清单编制工作提供参考和依据。

基本完成全县事业单位分类改革工作。2014年，仁化县对全县300多个事业单位进行整合、撤销，并划定类别，分别确定为公益类、经营服务类、暂缓分类3大类；印发机构编制（分类改革）文件，进一步明确各单位工作任务、编制等事项，为事业单位更好发挥公益职能提供机构编制保障。

**【事业单位登记管理】** 2014年，县编办根据中央对加强党政机关网站安全管理和规范党政机关、事业单位网上名称要求，按照中央、省、市对党政机关网站开办审核、资格复核和网站标识管理工作部署，对全县党政机关、各镇（街道）以及事业单位主管部门开展相关工作培训，传达中央文件精神，继续推进党政机关、事业单位中文域名注册工作，并对全县党政机关网站进行开办网站审核、资格复核和网站标识管理，加强全县党政机关网站安全管理。

**仁化县机构编制委员会负责人名录：**

**主　任：**陈新华

**副主任：**李远扬　李淑艳（女）

（李淑艳）

## 保密工作

**【概况】** 2014年，仁化县保密工作围绕贯彻中共总书记习近平关于“要加强对领导干部的保密教育”指示精神，突出工作重点，加强指导监督，狠抓工作落实，为全县经济建设和社会和谐发展提供强有力保障。年内，3位保密干部获广东省“保密工作铜质纪念章”。

**【加强保密工作领导】** 2014年年初，制发《中共仁化县委保密委员会2014年工作要点》，细化保密工作要点，加强保密工作统筹部署，强化督促检查，狠抓工作落实；建立党政领导、保密委、各部门齐抓共管“大保密”工作格局。走访保密委成员单位、共商加强保密工作之计。6月，制发《仁化县2014年度保密工作考核方案》，督促各镇、县各单位切实将履行保密承诺书情况纳入领导干部考核和民主生活会内容。并按照“谁主管，谁负责”原则，逐级签订保密责任书。

**【保密工作完成情况年度考核】** 2015年3月，仁化县开展2014年度保密工作完成情况年度考核。抽查乡镇、县重点涉密单位、县保密委成员单位、企业、机关单位15个。综合抽查情况，有3个优点：一是严格密件保密管理，专人取送、收发登记手续齐全，存放场所符合“三铁”（铁门、铁窗、铁柜）要求；二是严格履行信息公开审查手续；三是计算机管理规范，做到非涉密计算机设置开机、屏幕保护密码，安装杀毒软件，不处理涉密信息，保密管理制度上墙。通过抽查，促进各单位进一步加强保密工作重视程度，达到以查促改、以查促管、以查促教、促进措施落实、促进规范管理效果。其中，长江镇的涉密文件保密管理最规范，存放密件场所是实现“三铁”条件的独立空间；县委党校高标准建设保密室，附带有值班室；县人民医院、县邮政局、闻韶镇、周田镇重视该次考核工作，分别委派单位“一把手”和副书记参与座谈；锦电公司在《锦电通讯》刊登开展保密工作情况，单位“一把手”亲自讲保密党课，并开展中心组理论学习保密知识；县人民检察院严格规范管理分级保护系统，高标准建立直观化管理制度《警钟长鸣——保密提醒20条》。

**【保密工作会议】** 4月15日，全县保密工作会议在县锦城宾馆3楼会议室召开。中共仁化县委保密委员会全体成员、县重点涉密单位分管保密工作负责人、各镇（街道）、县各单位保密员共170多人参加会议。会议传达学习省、市有关保密工作会议精神，通报分析有关泄密案例，总结2013年全县保密工作并部署2014年全县保密工作。中共仁化县委副书记、县委保密委主任黄令遥出席会议并作讲话。

**【保密组织领导讲保密党课活动】** 2014年8月，中共仁化县委常委、县保密委副主任谢庆伟在全县纪律教育学习月活动动员大会暨领导干部党纪政纪法纪教育培训班上，主讲保密专题党课。会后县各单位根据县委保密委工作部署相继开展本单位保密组织领导讲保密党课活动。县保密局领导应邀参加董塘镇等若干单位讲保密党课活动。县工商局、发改局、社保局、人民法院、食品药品监督管理局、政法委、安监局、县委宣传部、住建局、质量技术监督管理局、旅游局、广播电视台、林业局、文广新局、石塘镇等单位到县保密局借阅《保密专题党课授课提纲》和电教片，按时按质完成讲保密专题党课任务。

**【保密宣传教育】** 保密宣传教育月活动。2014年7—9月，仁化县开展形式多样宣传保密法纪教育月活动。活动期间，向县“四套”班子领导、县各单位有关涉密人员发送保密法纪宣传教育短信息，频率是每星期发送3条，共发送宣传短信息15条，宣传覆盖面260余人。发挥电视平台作用，在县广播电视台连续播出保密法纪宣传教育标语。借助仁化县人民政府信息网站保密宣传专栏刊登保密知识文章、泄密窃密漫画。组织全县各单位征订保密宣传教育图文资料，全年全县征订《保密法实施条例宣传挂图》18套、《国家秘密及其具体范围的规定汇编》（2014年版，秘密级）23本、《保密法实施条例解读》92本及其他保密宣传教育图文资料10多种，并要求各单位组织学习及张贴保密宣传挂图。要求各单位要及时与调整工作职务涉密人员签订保密承诺书。各单位积极组织保密宣传活动，活动形式包括借阅县保密局《全国窃密泄密案例警示教育展（DVD）》《涉密经济数据泄露警示录（DVD）》《〈密战〉警示录（DVD）》光碟，借阅保密专题党课授课题纲，集中观看电教片《警惕！现代办公设备泄密》，传阅保密知识杂志读本、张贴保密知识宣传挂图，报送保密法纪宣传教育总结和宣传简讯。

更深层次推广保密宣传教育，增强干群保密防范意识。12月4日，参加仁化县2014年国家宪法日暨“12·4”全国法制宣传日广场活动。派发宣传单100多份，释疑解惑30余次。12月开展全县学刊用刊工作，全县征订《保密工作》《保密科学技术》杂志77份。

**【保密技术防范】** 2014年，县保密局结合抓好各项保密工作，提高保密人员保密技术防范意识和能力。年内，开展中央涉密文件保密管理专项检查，严格规范涉密文件传阅范围、对象、时间和程序，做到涉密范围不扩大、对象不扩散、时间相对固定、程序井然。4月，组织开展中央涉密文件保密管理专项检查，抽查单位15个。经过自查和检查，未发现有违规行为，均能严格按照保密规定管理中央涉密文件。6月，开展全县保密普查，统计保密组织机构单位74个，普查发现：未发生数据变化单位32个，发生数据变化单位40个，新增新成立单位2个，删除解体单位2个。通过普查，实现全县各单位涉密人员动态管理。加强计算机上网管理，推进党政机关、涉密单位互联网接入和集中监管工作，及时清除各类互联网门户网站和电子政务外网涉密信息。9月，组织开展非涉密网络保密管理专项检查，抽查单位12个，检查计算机56台。抽查发现，各单位能较好地对非涉密网络进行保密管理。规范上网行为，针对年度考核中基层纪检存在携带便携式计算机及打印机外出办案情况，存在失窃、连接无线网络、维修时泄密隐患，提出涉密移动存储介质使用情况登记及涉密便携式计算机外出携带审批记录。按照“控制源头、加强检查、明确责任、落实制度”和“谁上网，谁负责”原则，加强涉密网络管理。规范涉密载体管理，指导商业秘密保护。6月，指导银行系统规范定密，并进行银行办公场所和计算机保密检查。针对检查中存在问题，提出整改意见。

**【招员考试保密工作管理】** 抓好高考、中考各类考试保密管理。2014年，县保密局配合考试主管部门做好高教、中考考试期间各项保密管理工作，完成中、高考保密管理工作任务。7—11月，配合完成县人力资源和社会保障局、县卫生局、县林业局招考人员考试保密工作。

**【红色保密故事征集】** 积极开展红色教育。2014年4月，县保密局响应省、市国家保密局征集“红色保密故事”号召，积极组织各单位投稿，向省保密局报送红色保密故事稿件《地下交通员温和英的红色保密故事》（县保密局）、《蔡卓文的红色保密故事》（县交通运输局）、《刘芳岁的红色保密故事》（长江镇政府）3篇。

**【保密培训】** 定密工作动员培训。2014年11月，仁化县定密工作动员培训会议在县政府礼堂2楼召开。县各单位保密人员参加会议100余人。会议传达全市定密工作动员培训会议精神，解读《国家秘密定密管理暂行规定》和《广东省国家秘密定密管理实施细则（暂行）》相关知识点，对定密工作作出详细说明和部署，会后组织相关部门开展定密申报工作。会议增强涉密人员保密业务技能，规范全县定密工作。

初任保密员培训。2014年12月，县保密局组织初任保密员24名参加全市保密干部全员培训班，系统学习相关业务知识，提升全县保密队伍整体业务素质。

全员培训。2014年12月，县保密局在县政府礼堂2楼举办保密干部全员培训班。各镇（街道）、县副科级以上单位及有关企业115个单位保密员或从事保密工作人员120人参加培训。培训内容包括当前国内外保密形势分析、计算机保密管理、国家秘密的确定变更和解除、保密组织、政府信息公开保密审查和涉密载体的保密管理。同时，结合“仁化县2014年度保密工作完成项目（含奖罚）评定表”详细讲解全县保密工作具体工作要求和操作技巧，并进行保密知识测试。

科级干部和中青年领导后备干部保密知识讲座。2014年10月20日至11月3日，仁化县同期举办科级干部培训班和中青年领导后备干部培训班。培训班系统学习中共十八届三中、四中全会精神、中国特色社会主义理论体系、社会主义核心价值观和保密法律法规等政策法规。授课教师从国家秘密概述、保密工作的发展、保守国家秘密的战略意义、涉密人员如何模范遵守保密法规制度方面开展保密知识讲座，提高学员保密意识和保密技术水平，增强科级干部和中青年领导后备干部保守国家秘密责任感和使命感。

**仁化县保密局负责人名录：**

**局　长：**陈胜辉

（陈胜辉）

# 信访工作

**【概况】** 2014年，仁化县辖区群众来信来访总量238批，同比下降8.7%。群众到县上访182批1116人次，同比批次下降11.2%、人次下降12.5%；集体访60批871人次，同比批次上升7%、人次下降4.6%；来信27件次，同比下降7.2%。到市集体访立案交办3批37人次，同比批次下降25%、人次下降9.8%。到省集体访立案交办2批17人次，同比批次持平、人次上升30.8%。无群众进京非正常上访。列入国家信访局交办“三初”（初信、初访、初网）信访事项3件次，均按期保质办结。网上信访24件次，同比上升26.3%。群众反映的问题类别是：林业管理38批，占16%；土地资源管理33批，占13.9%；涉法涉诉30批，占12.6%；土地征用23批，占9.7%；城镇拆迁14批，占5.9%；社会保险12批，占5%；劳动纠纷11批，占4.6%；村（社区）管理10批，占4.2%；干部作风、工资福利、水库移民、企业改制、环境污染等问题67批，占28.1%。全县信访维稳总体形势趋于稳定，实现全国全省“两会”、“八一”、国庆、中共十八届四中全会、APEC峰会等时期辖区群众无赴省进京上访。

**【全县信访维稳工作力度加大】** 2014年，中共仁化县委、县政府重视信访维稳工作，加强信访维稳工作领导，做到维护稳定与经济发展同部署、同落实、同考核、同问责。多次召开党政班子会、专题工作会、部门联席会，专题研究部署信访维稳工作，落实工作措施，解决具体问题。县委书记、县长等县班子领导亲自接待群众来访，阅批群众来信，包案解决信访问题。县信访维稳领导小组领导成员精心谋划，敢于担当，每月定期组织召开联席会议，研判信访案情，商讨工作对策，协调处理具体问题，全县形成主要领导带头抓，分管领导重点抓，其他领导配合抓，职能部门各司其职、基层信访工作人员专门抓信访工作大格局。

**【信访维稳工作迈入制度化轨道】** 2014年，仁化县加强信访维稳工作协调领导小组按照中共仁化县委、县政府总体部署，未雨绸缪，狠抓责任落实，完善信访工作机制。全县信访维稳工作实行县四套班子领导包挂点镇（街道）、镇（街道）班子领导包驻点村、村委干部包村小组稳定“三包”责任制。加强信访维稳工作规范管理，依据《广东省信访条例》规定和有关文件精神，成立县信访事项复查复核委员会，明确信访事项复查复核委员会成员单位职责分工。先后制定实施《仁化县四套班子领导接待群众来访工作实施方案》《仁化县2014年信访维稳工作考核办法》《仁化县综治信访维稳形势分析研判联席会议制度》《仁化县人民政府信访事项复查复核实施办法》，并根据重要时期工作要求，制定实施《全国、全省“两会”信访维稳工作方案》《“八一”期间仁化县信访维稳工作方案》《2014年国庆期间仁化县信访维稳工作方案》《关于做好党的十八届四中全会期间信访维稳工作方案》《关于做好亚太经济合作组织峰会期间信访维稳工作方案》，形成“抓领导、领导抓”信访维稳工作体系。

**【矛盾纠纷排查化解】** 2014年，县信访维稳领导小组落实《社会矛盾纠纷定期排查制度》《综治信访维稳形势分析研判联席会议制度》，采取经常排查和重点排查相结合、自查与联合排查相结合方式，组织各镇各部门开展全方位、滚动方式排查，确保及早发现问题、及时调处化解，确保矛盾解决在基层、化解在萌芽状态。各镇（街道）每月召开村（社区）治调主任会议1次，对排查出来的社会矛盾，分门别类、汇总建档。对排查出来的重点矛盾纠纷和突出信访问题，县信访维稳领导小组每月定期召集成员单位召开联席会议1次，分析研判维稳形势，研究处理信访案件，落实措施责任，集中交办有关单位办理。各责任单位在调处过程中坚持做到：群众诉求合理合法的，及时依法予以解决；诉求合理，一时难以解决的，努力做好疏导劝说工作，创造条件逐步予以解决；诉求缺乏政策依据且缺乏充分理由的，明确给予答复，并细致说明，耐心解释，劝告当事人要理性对待，明白是非，不要继续缠访，有力推动问题及时就地化解和信访人稳定。全年全县开展集中排查12次，累计排查矛盾纠纷和信访问题216宗，均落实相关责任和责任人进行调处化解，及时调处化解率达95%以上。

**【领导接访】** 2014年，仁化县切实转变干部作风，畅通群众诉求渠道，及时解决民生信访问题，县四套班子领导认真执行《领导干部定期接待群众来访工作制度》，定期在县信访局轮流值班接待来访群众41批138人次。加强县、镇（街道）“干群会客厅”管理，健全完善领导干部会客制度。县四套班子领导坚持每周一晚上轮流在县“干群会客厅”接见来访群众，倾听群众呼声，收集社情民意，集思广益为群众和企业排忧解难，交流探讨推动仁化各项事业发展计策。截至11月30日，全县各级领导开展干群会客活动480场，座谈会见社会各界人士665批1244人次，其中县班子领导主持会客活动40场，座谈约访群众257批569人次。如中共仁化县委书记刘锋接待董塘镇岩头村村民反映老板炼山引发森林火灾，要求予以赔偿损失问题；县长王晓梅接待群众反映县城老城区解放东路行路难问题时，认真倾听群众诉求，诚恳解答问题，亲自协调处理，问题很快得到妥善解决。各镇（街道）开展会客活动440场，座谈会见社会各界人士408批675人次。

**【领导包案化解积案】** 2014年，中共仁化县委、县政府结合党的群众路线教育活动要求，以“事要解决”为目标，综合施策，采取灵活与规范措施，定期排查特殊疑难信访问题。重点排查久拖不决、难以划分责任主体、事关民生复杂疑难信访问题，特别是对上级交办仍未息诉罢访进京到省上访信访积案进行全面排查清理，建立台账，明确责任主体，落实办案工作组和责任人。制订措施，强化责任，加强督导，全力攻克一批时间跨度长、情况复杂“无头案”“钉子案”“骨头案”。如中共仁化县委书记刘锋在包案调处原煤矿关闭业主张伟明信访问题工作中，综合考虑政策因素和信访人实际诉求，从人文关怀方面出发，酌情给予信访人合理救助，最终使信访人签订《息诉罢访承诺书》；县长王晓梅在包案调处十六冶棚户区（晟泰花园）改造项目工程进度缓慢，一直难以解决问题时，深入实地调查了解，多方协调，使问题很快得到圆满解决。同时，县委组织督导组长期深入各镇各部门对信访积案化解情况督查督办，抓好责任和措施落实，推动疑难信访问题有效解决。全年全县排查疑难信访积案8宗，调处化解8宗，化解率100%，其中国家信访局交办1宗，省信访局交办1宗。

**【《广东省信访条例》宣传】** 2014年7月1日，《广东省信访条例》（简称《条例》）实施。中共仁化县委、县人大、县政府切实做好《条例》宣传普及工作，精心组织，周密部署，通过电视、标语、短信、电子屏幕、宣传资料、宣讲活动形式开展一系列学习宣传培训活动。集中宣传活动期间，县、镇集中开展《条例》宣传日活动，发放《条例》15000多本、宣传手册18000余份，悬挂横幅135条，发送手机短信30000多条。邀请市宣讲团到仁化县作专题授课，全县副科级以上领导干部及县机关信访干部500多人参加学习培训。同时，县人大，县信访维稳领导小组组织信访、司法、国土、林业、农业部门组成宣讲培训团，深入11个镇（街道），结合山林、土地、农田承包纠纷调解业务知识，开展以《条例》宣讲培训活动。活动期间，全县举办学习培训班11场次，镇（街道）干部、村委干部及村小组长1400多人参加学习培训。通过广泛宣传，促进全县广大干部群众对《条例》的了解，提高各级干部依法办事自觉性，有效引导群众依法、理性维护自身权益，收到良好宣传效果。

**【重要时期信访稳控工作】** 2014年，仁化县围绕增强做好全国全省“两会”、“八一”、国庆、中共十八届四中全会、APEC峰会等重要时期信访维稳工作针对性和有效性，综合施治，积极谋划，全力维护重要时期社会大局稳定。年内，成立由中共仁化县委副书记任组长，县委常委和副县长等相关县领导任副组长的特防期工作领导小组，加强重要时期信访维稳工作组织领导，精心研制相关预案，确保工作顺利开展和取得实效。强化信息沟通，启动重要时期信访信息报送和研判机制，实行“24小时值班制度”和“零报告制度”，确保信息畅通、指挥协调、处置高效。强化稳控措施，对越级上访、群体上访和缠访闹访，安排稳控小组，指定领导负责，采取外松内紧办法，依法依规做好思想教育工作，采取相应措施，安排专人跟踪管理，确保不发生择机上访事件。强化备勤劝返，抽调得力干部组成驻京或驻穗工作组，定期在广州、北京驻会值班开展劝返工作，防止上访人员在广州或北京滞留，确保越级上访人员及时安全劝返回当地。

**【规范信访工作秩序】** 2014年，仁化县依照《国家信访局关于进一步规范信访事项受理办理程序引导来访人依法逐级走访的办法》《关于创新群众工作方法解决信访突出问题的意见》《关于依法处理涉法涉诉信访问题的意见》和《广东省信访条例》精神和规定，对全县信访秩序进行全面治理整顿。一是严格规范接访登记程序。凡是群众来信来访事项，一律录入电脑，登记建档，统一纳入信访管理系统。规范信访事项复查复核工作，依法依规对信访事项予以终结，有序引导信访人通过复查复核程序解决问题。二是严格规范信访问题受理权限。对群众反映的信访事项，严格实行“诉访分离”及依法逐级走访制度，对涉法涉诉、“三级终结”（处理、复查、复核终结）等超越《广东省信访条例》规定范围信访事项不再受理、交办，仅书面告之信访人到有处理权限的职能部门反映，通过法律途径解决问题。三是加大违法上访行为打击力度。对违法上访行为，坚持“先处置行为，后处理问题”原则，对不听劝导，恶意堵门堵路、冲闯党政机关等缠访闹访违法行为，依法予以训诫、治安拘留。通过实施一系列治访措施，扭转群众缠访闹访频发局面，全县信访秩序好转，切实维护法律权威和党政机关正常办公秩序。

**仁化县信访局负责人名录：**

**局　长：**罗海红

**副局长：**谭群辉　邹小华

（温荣生　谭梅兰）

## 史志工作

**【概况】** 2014年2月，仁化县史志办公室（简称“县史志办”）根据《关于印发〈仁化县事业单位分类改革方案和有关配套政策〉的通知》，编制《仁化县史志办公室机构编制方案》（下称《方案》）报县机构编制委员会办公室审核。该《方案》明确县史志办主要任务、内设机构和人员编制。截至2014年年底，县史志办有在编人员4人，比上年新增1人；借调1人，返聘1人。

2014年，县史志办贯彻落实中共群众路线教育实践活动，抓实做好各项业务工作，紧抓发展机遇，高效完成各项工作。

**【纪念仁化暴动学术研讨会在仁化召开】** 2013年10月，仁化县史志办公室开始筹划“纪念仁化暴动87周年暨红军长征过境粤北80周年学术研讨会”（下称“学术研讨会”）事宜，着手深入收集、挖掘、整理大革命时期到解放战争时期仁化史料。截至2013年12月底，经六易其稿，形成392页计40余万字相关材料。2014年1月，县史志办提请中共仁化县委、县人民政府召开以“纪念仁化暴动87周年暨红军主力长征过境粤北80周年”为主题学术研讨会，得到中共仁化县委、县人民政府重视。同时，形成学术研讨会请示报告呈报中共仁化县委，中共韶关市委，中共广东省委党史研究室，中共中央党史研究室审批。其间，中共仁化县委、县史志办多次派员到中共广东省委党史研究室和中共中央党史研究室汇报、请示有关事宜。

2014年4月，在中国共产党历史网、近代中国研究、中国人民抗日战争纪念馆、仁化地情网、《红广角》等主流媒介上刊登学术研讨会征稿启事。2014年8月，学术研讨会进入倒计时阶段，县史志办将所征集论文整理、结集。

2014年10月20日，“弘扬苏区精神，促进改革发展——纪念仁化暴动87周年暨红军长征过境粤北80周年学术研讨会”在仁化县城锦城宾馆3楼会议室召开。学术研讨会由中共中央党史研究室宣传教育局、中共广东省委党史研究室、中共韶关市委、广东中共党史学会、广东中共党史人物研究会联合主办，中共仁化县委、仁化县人民政府承办，具有规格高，专家学者多，研究领域广，学术成果丰特点。与会专家学者就仁化暴动和红军长征过境粤北的历史地位和意义，仁化暴动与粤北湘南暴动，仁化苏区与井冈山革命根据地、中央苏区的关系，革命人物在仁化的活动及历史贡献等进行深入探讨和研究，共收到论文102篇。有中共中央党史研究室、中央文献研究室、中共中央党校、解放军军事科学院、国防大学、总后勤部后勤学院、中国社科院等单位，北京，重庆、江西、内蒙古、四川、福建、湖南、广西、陕西、安徽等省、市、自治区党史军史专家学者、研究人员，朱德、陈毅、阮啸仙等老一辈无产阶级革命家的后代代表，以及《光明日报》《南方日报》《羊城晚报》、广东卫视、《红广角》杂志、《源流》杂志、《韶关日报》、韶关电视台等媒体记者，共计160余人参加会议。

10月21日，学术研讨会成功落下帷幕。随即，中国共产党历史网、中红网、光明网、南方网、新浪网、中国知网、韶关市人民政府网、仁化县人民政府门户网站，《光明日报》《南方日报》《羊城晚报》《红广角》《源流》《韶关日报》，以及广东卫视、韶关电视台等主流网站、报刊、新闻媒体对该次学术研讨会予以报道。

**【《中国共产党仁化县历史（第三卷）》启动撰写】** 2014年8月，县史志办通过实地调查、走访，在充分收集、整理党史资料和原有纲目拟定基础上，《中国共产党仁化县历史（第三卷）》进入初稿撰写阶段。截至2014年年底，完成《中国共产党仁化县历史（第三卷）》第一章“拨乱反正的实现与改革开放的起步”和第二章“全面展开改革开放与社会主义初级阶段基本路线的贯彻”初稿。

**【地方志资料年报工作稳步推进】** 2014年，是全县开展地方志资料年报工作的第二年，根据广东省人民政府办公厅《广东省人民政府办公厅关于进一步做好地方志工作的通知》和“2014年全省地方志工作暨《广东年鉴》组稿工作会议”精神，2月18日，中共仁化县委办公室、县人民政府办公室下发《关于进一步做好地方志工作的通知》（下称《通知》）。《通知》要求2014年全县各有关单位要在总结上一年资料年报工作经验基础上，认真落实年报工作机构，保障工作条件，扎实做好资料搜集、整理与报送工作，按时保质完成地方志资料年报任务。

按照《关于印发〈广东省地方志资料年报制度实施办法〉的通知》、《关于印发〈仁化县地方志资料年报工作实施方案〉的通知》和县地方志资料年报工作动员大会要求，2014年除完成2013年资料编报任务外，还要完成2001—2006年资料编报任务，时间紧，任务重。为了能按时保质完成资料编报任务，全县各有关单位高度重视，精心组织编写人员依法依规做好本单位地方志资料年报工作，县史志办多次深入各有关单位进行业务指导和督促检查。经过11个月努力，全县95个单位按时完成2001—2006年和2013年资料年报编报任务。

**【《仁化年鉴（2014）》出版发行】** 2014年是《仁化年

鉴》走上“一年一鉴、公开出版、当年出版”规范化轨道第3年。年初，县史志办做到早筹划、早调研、早启动，在充分调研2013年仁化县“要、大、新、特”县情基础上，形成《〈仁化年鉴（2014）〉编纂工作方案》报中共仁化县委办、县政府办审批。2月18日，中共仁化县委办、县政府办下发《关于进一步做好地方志工作的通知》，《仁化年鉴（2014）》编纂工作正式启动。2014年8月，完成《仁化年鉴（2014）》送审稿；10月，《仁化年鉴（2014）》由方志出版社出版、发行。2014年11月，《仁化年鉴（2014）》报送参加由中国出版协会主办、年鉴工作委员会承办的第五届全国年鉴编纂出版质量评比活动。

**【申苏申老区工作】** 2014年，仁化县根据韶关市扶贫开发领导小组办公室《关于紧急报送欠发达革命老区县名单及编制说明材料的补充通知》和韶关市申苏申老区工作办公室精神，成立仁化县申苏申老区工作领导小组，下设办公室（设在县史志办）负责日常工作。年内，巩固“纪念仁化暴动87周年暨红军长征过境粤北80周年学术研讨会”后续工作，重点查找、挖掘、整理仁化革命历史文化资源，完善仁化苏区史略，绘制朱德部队和红军在仁化活动路线示意图。起草《关于要求呈报确认仁化县属于井冈山根据地、中央苏区范围的请示》《关于仁化县属于欠发达革命老区的说明材料》，并呈报上级部门。

**【践行党的群众路线】** 2014年，县史志办以“照镜子、正衣冠、洗洗澡、治治病”为总要求，结合具体工作实际，开展党的群众路线教育实践活动。严格执行中共中央“八项规定”和中共仁化县委有关文件精神，着眼于自我净化、自我革新、自我提高。全年，县史志办征集群众意见、建议11条，查摆整改问题4条，整改率100%。通过开展党的群众路线教育实践活动，县史志办工作人员政治思想认识、综合素质和业务能力均得到提高。

**【领导调研】** 2014年10月21日，中共中央党史研究室宣传教育局副局长薛庆超，中共广东省委党史研究室主任杨汉卿、副主任李森翔，在市史志办主任丁伟志，县领导王晓梅、谢庆伟陪同下，到县史志办调研并慰问全体史志工作人员。

**【其他工作】** 2014年，县史志办抓好、抓实扶贫挂点村帮扶工作和“企忧档案”工作，主动联系，帮助协调挂点村、帮扶企业解决实际困难，受得挂点村和挂点企业好评。做好广东省地方志资源开发利用项目年度申报，挖掘仁化县地方资源，助推仁化县域经济社会发展。完善“仁化地情”网站，结合县域特色及时上传地情信息，宣传、推介仁化；截至2014年年底，网站点击率突破30万人次。如期完成中共仁化县委、县人民政府交办工作。

**仁化县史志办公室负责人名录：**

**主　任：**徐诚林

**副主任：**彭丽云

（谢嘉文　刘小东）

## 党校、电大、教师进修学校工作

**【概况】** 中共仁化县委党校、仁化县广播电视大学、仁化县教师进修学校“三校”合一。学校领导班子成员5名，其中县委副书记兼党校校长1名，党校常务副校长兼电大、教师进修学校校长1名，副校长3名。党校党总支直属县机关工委，下设支部3个，截至2014年12月底，有中共党员40人（其中，第一支部7人，第二支部8人，老干支部25人）。学校内设行政办公室、教务处、招生办、培训处、总支办，截至2014年12月底，有在职教职工30人，离退休人员39人。在职教职工中，有行政干部2人，教师23人，职工5人；研究生3人，本科学历20人，大专学历7人；高级职称4人，中级职称13人，初级职称12人。

校园总面积16576平方米，有教学楼、办公楼、住宿楼4幢，建筑面积5100平方米，设有饭堂、运动场，环境优雅，是仁化县园林式单位。2014年，学校有课室17间，其中：电脑室3间、多媒体教室3间、琴室1间、舞蹈室1间；图书室3间，藏书2.33万册；电脑室电脑及办公电脑151台。

2014年，中共仁化县委党校、县电大、县教师进修学校围绕“建设高素质干部队伍”中心，落实各级党校工作会议精神和县委、县政府工作部署，重视教师队伍建设，大力开展教研工作，完善各项制度，提高办学水平，积极推动仁化党员干部教育培训事业发展，为仁化经济社会发展提供智力支持。

**【干部教育培训】** 为2014年，中共仁化县委党校发挥党校“三个阵地，一个熔炉”作用，推动全县“四化推四区”建设。按照“实事求是、与时俱进、艰苦奋斗、执政为民”中共党校教育总体要求，针对干部及公务员成长特点和需求，结合仁化经济社会发展具体实际，举办各类专题研讨班、学习班、培训班和论坛，提高县域干部和公务员政策理论水平，增强公务员服务意识。全年，县委党校举办县管干部学习贯彻习近平总书记系列讲话精神培训班、村党支部书记主任培训班、工会干部业务培训班、建党对象培训班、干部自主学习培训班、经济责任审计专题培训班、专业技术人员培训班、领导干部问责办法培训班、组工干部业务培训班、中青年后备领导干部培训班、科级干部培训班、公务员全员培训班、单位公积金经办人业务培训班等各类主体班计59期8130人次。

**【学历教育】** 原中央广播电视大学更名为“国家开放大学”。仁化电大是国家开放大学设置的学习中心，接受省、市电大领导和管理，以现代信息技术为支撑，以学习者为中心，基于网络自主学习、远程学习支持服务与面授辅导相结合的新型学习模式，运用电视、文字教材、音像教材、计算机课件和网络等多种媒体进行教学。2014年，仁化电大克服生源日趋减少困难，严抓常规管理，提高教学质量，提升教师队伍整体水平，拓宽学校生存空间。加强教学科学性和针对性，针对学员不同特点，不同需求，广开专业，满足学员需求，在开设学前教育班、土木工程班、奥鹏教育专业基础上，针对乡镇工作需要，新开设农村行政管理专科专业。2014年，仁化电大春秋两季招生256人，其中专科142人，本科96人，奥鹏18人；全校有教学班35个（其中本科班16个），开设专业19个，学员823人；毕业284人。

**【自身建设】** 2014年，中共仁化县委党校建立以激励为价值取向，以建制度、强考核、重培养为措施用人新机制，形成能上能下、能出能进、目标管理、激励导向局面。推行教师队伍全员聘任制、岗位责任制、绩效考核制，提高学校人才管理水平。根据党校教师不同阅历和特点，本着量才用人，扬长避短原则，实行党校与电大之间，党校与机关之间干部相互交流，培养专才和通才，调动党校教师积极性，增强党员领导干部队伍生机和活力。开展学校青年人才培养计划，制订培养规划，落实培养措施，提高青年人才综合素质。年内，通过公开竞争和择优录取，充实一批年轻教师担任学校教学骨干。2014年8月，中共仁化县委党校完成“党员修身讲堂”建设，有效提升学校硬件条件。

**【教学教研教改】** 2014年，中共仁化县委党校、县电大、县教师进修学校重视提高老师教学教研教改能力。一是强化教师在岗时的自学，围绕教师岗位要求和所开课程，重点检查教师备课笔记、教案。二是选派教师参加上级党校业务培训班学习。年内选派教师3名参加上级党校培训班进修学习，培训教师占专兼职教师总数60%。三是开展教师授课双向选择活动，在主体班和函授班开课前，先让教师选择拟定课题和开设课程，由校领导和教务部门综合平衡，最后在小范围内试讲，促进提高教师授课能力和授课效果。四是把教研纳入教师考核重要内容。2014年，全校在省级刊物发表文章1篇，李建维《浅析〈诗经〉中的省略与留白传统》发表在《语文教学通讯》2014年第10期。

**中共仁化县委党校、县广播电视大学、县教师进修学校负责人名录：**

**党校校长：**黄令遥

**党校常务副校长、电大、教师进修学校校长：**刘炳鸿

**党校、电大、教师进修学校副校长：**张功煌

**电大、教师进修学校副校长：**

李碧芬（女）　邱云辉

（邱云辉　钟　坚）

# 仁化县人大常委会

**仁化县人大常委会负责人名录：**

**主　任：**刘　锋

**副主任：**张云勃

赖绍奇（任至2014年2月）

张元展（任至2014年7月）

邓田庭

马小荣（女）

连福强

廖兰英（女，2014年2月任职）

## 概　况

2014年，仁化县人大常委会机关设办公室、内务司法工作委员会、经济工作委员会、选举联络人事任免工作委员会和教育科学文化卫生工作委员会1室4委。县人大常委会行使重大事项决定权、监督权、任免权。2014年，县人大常委会围绕全县工作大局，履行职责，坚持监督与支持并重，完成县十四届人大四次会议确定的各项工作任务。全年依法召开常委会10次，听取和审议“一府两院”工作报告9个和作出决议决定10项，任免国家机关工作人员45人次，组织代表集中视察3次，开展专题调研4个，对县卫计局、县食药监局进行工作评议，发挥地方国家权力机关作用。

## 重要会议及决策

**【代表会议】** 2月26日至28日，县第十四届人民代表大会第四次会议在县城召开。会议听取和审议《政府工作报告》《仁化县人民代表大会常务委员会工作报告》《仁化县人民法院工作报告》《仁化县人民检察院工作报告》，审查《仁化县2013年国民经济和社会发展计划执行情况与2014年各项主要宏观计划预期安排（草案）的报告》《仁化县2013年财政预算执行情况和2014年财政预算（草案）的报告》，并作出相关决议。代表对县“一府两院”及其部门2014年度履职满意度进行测评。会议依法选举廖兰英为县十四届人大常委会副主任，连辉标、罗有发为县十四届人大常委会委员。

**【常委会会议】** 县十四届人大常委会第20次会议。2014年1月13日，县十四届人大常委会第20次会议在县政府礼堂2楼会议室召开。会议议程有3项：一是听取和审议县2013年财政预算执行情况与2014年财政预算安排情况汇报；二是听取和审议县十四届人大三次会议代表议案建议情况汇报；三是讨论召开县十四届人大四次会议有关事项。

县十四届人大常委会第21次会议。1月24日，县十四届人大常委会第21次会议在县政府礼堂2楼会议室召开。会议议程主要是人事任免。会议以无记名投票表决通过，决定免去熊树生县人力资源和社会保障局局长职务，终止李坚平县人口和计划生育局局长职务；任命陈喜年为仁化县卫生和计划生育局局长，李坚平为仁化县人力资源和社会保障局局长。免去赖慈辉仁化县人民法院长江人民法庭庭长职务，蔡政祥仁化县人民法院周田人民法庭副庭长职务，骆勇仁化县人民法院刑事审判庭副庭长职务。任命赖慈辉为仁化县人民法院周田人民法庭庭长，梁娟为仁化县人民法院周田人民法庭副庭长，许瑞琳为仁化县人民法院民事审判第二庭副庭长，蔡政祥为仁化县人民法院民事审判第一庭副庭长，骆勇为仁化县人民法院立案庭副庭长。

县十四届人大常委会第22次会议。2月12日，县十四届人大常委会在县政府礼堂2楼会议室召开第22次会议。会议议程有4项：一是人事任免；二是讨论通过县人大常委会工作报告（稿）；三是讨论县十四届人大四次会议有关建议名单、日程安排草案；四是听取关于代表的补选情况。会议采用无记名投票方式表决接受赖绍奇辞去县人大常委会副主任职务。

县十四届人大常委会第23次会议。4月9日，县十四届人大常委会在人大会议室召开第23次会议，会议议程是审议决定个别代表辞去职务的申请。会议以无记名投票方式进行表决，同意接受黄新文辞去韶关市第十三届人民代表大会代表职务。

县十四届人大常委会第24次会议。4月15日，县十四届人大常委会在政府礼堂2楼召开第24次会议，会议审议通过《仁化县人大常委会2014年评议工作方案》《仁化县人大代表履职经费管理办法》《仁化县人大常委会关于办理代表建议、批评和意见工作考评办法》《仁化县授予荣誉市民称号暂行办法》。会议根据县人民政府提请，同意授予梁官华、陈汉明2人“仁化县荣誉市民”称号。

县十四届人大常委会第25次会议。6月19日，县十四届人大常委会在政府礼堂2楼召开第25次会议。会议议程有3项：一是听取和审议县政府关于仁化县“六五”普法工作情况汇报；二是听取和审议县环保局和县住建局评议“回头看”工作情况汇报；三是人事任免。会议通过无记名投票表决，任命刘晓霞等20人为仁化县人民法院人民陪审员；决定免去刘建发仁化县人民政府副县长职务。

县十四届人大常委会第26次会议。7月30日，县十四届人大常委会在县政府礼堂2楼会议室召开第26次会议，会议议程有6项：一是听取和审议县审计局关于2013年财政预算执行与其他财政收支情况审计工作报告；二是听取和审议县政府关于2014年上半年国民经济和社会发展计划执行情况报告；三是听取和审议县政府关于2014年上半年本级财政预算执行及其他财政收支情况报告；四是评议县卫计局工作；五是评议县食药监局工作；六是人事任免。会议同意接受张元展辞去县人大常委会副主任职务，决定任命张元展为县人民政府副县长，决定免去蒙军仁化县人民法院副院长职务，免去林树鸿仁化县人民法院立案庭庭长职务，免去黄丛渊仁化县人民法院民事审判第二庭庭长职务，决定任命黄丛渊为仁化县人民法院立案庭庭长、林树鸿为仁化县人民法院民事审判第二庭庭长。

县十四届人大常委会第27次会议。9月18日，县十四届人大常委会在县政府礼堂2楼会议室召开第27次会议，会议听取和审议县政府关于办理未结代表议案情况报告；审议通过《仁化县城市建筑风格和色彩景观专项规划》《仁化县石塘镇、城口镇名镇建设规划》。同时，会议接受吴玉环辞去韶关市第十三届人民代表大会代表职务。

县十四届人大常委会第28次会议。11月27日，县十四届人大常委会在县政府礼堂2楼会议室召开第28次会议，会议听取和审议副县长、县公安局局长杨云关于刑事侦查工作情况汇报。会议通过无记名投票表决，任命刘三瑞为仁化县人民法院审判员、审判监督庭副庭长，秦艳华、周远平为仁化县人民法院审判员。县人大常委会副主任马小荣报告十四届人大代表变动情况，并对补选代表情况进行说明。

县十四届人大常委会第29次会议。12月24日，县十四届人大常委会在人大会议室召开第29次会议。会议议程是有关人事任免。会议经以无记名投票方式进行表决，免去刘建存县民宗局局长职务，任命马小荣为县十四届人大常委会代表资格审查委员会主任委员。

## 重要活动

3月17日，韶关市人大常委会副主任徐紫玲，副秘书长朱光华带领市人大教科文卫工委及市食品药品监督局一行12人到仁化县调研，县人大常委会副主任邓田庭、县人民政府副县长丘光强及有关单位人员陪同参加调研。

5月16日，市人大常委会副主任温新才率调研组到仁化县调研中小河流治理工作。县人大常委会副主任张元展陪同调研。调研组到仁化董塘河现场查看治理工程进展情况。

6月13日，仁化县召开全县宣传贯彻《广东省信访条例》动员大会。市人大常委会副秘书长朱光华出席会议，县委书记、县人大常委会主任刘锋，县长王晓梅，县政协主席廖志常，县委副书记黄令遥到会。县人大常委会常务副主任张云勃主持动员大会。

7月16日，县人大常委会党组班子召开专题民主生活会。县委书记、县人大常委会主任刘锋主持会议，市委督导组常务副组长、市人大常委会原副秘书长刘雪庚到会指导。县人大常委会党组副书记张云勃，党组成员张元展、马小荣、连福强、廖兰英、黄本奎出席会议。县人大常委会副主任邓田庭列席会议。张云勃代表县人大常委会党组班子作对照检查。

7月23日，县人大常委会党组班子召开党的群众路线教育实践活动专题民主生活会情况通报会。县委书记、县人大常委会主任刘锋主持会议，并对专题民主生活会有关情况作通报。市委督导组常务副组长、市人大常委会原副秘书长刘雪庚出席会议。

8月14日，市人大常委会副主任张平率领部分市人大代表到仁化县视察社区矫正工作。县人大常委会副主任连福强、廖兰英陪同参加视察活动。视察组首先到丹霞街道司法所实地观摩社区矫正人员学习教育活动，随后到县司法局社区矫正股查看GPS手机定位监控平台运行情况。座谈会上，视察组听取县司法局社区矫正工作情况汇报，并与在会县、局、丹霞街道办事处领导和部分司法所所长进行座谈了解。

12月25日，市委副秘书长文火玉、市人大农工委副主任李步林、市委督查室副主任熊杰等一行在县人大常委会常务副主任张云勃、副主任连福强陪同下，到城口镇检查指导人大工作。主要检查仁化县贯彻落实《中共韶关市委转发〈中共韶关市人大常委会党组关于进一步加强全市乡镇人大工作的意见〉的通知》文件精神情况。

## 主要工作

**【监督工作】** 坚持围绕中心，力推经济社会发展。一是关注经济运行。2014年，县人大常委会适时调研全县经济运行情况，听取和审议上半年国民经济和社会发展计划执行情况报告。针对经济运行过程中存在的问题，建议县政府要多措并举抓好工业园区及重点项目建设。支持县政府及相关部门推进“稳增长，调结构，促改革、惠民生”各项政策措施落实，保障全县经济社会健康有序发展。二是监督财政管理。采取措施逐步推进全口径预决算审查监督，为人民管好“钱袋子”。听取和审议县政府财政预算执行情况报告和2013年财政预算执行审计工作报告。提出要加快构建全口径预决算体系、严格财政审批和监管等意见和建议。督促县政府在宏观经济下行压力较大情况下，要确保法定支出及重点项目和各项社会事业投入，要重点向部门预算、“三公”经费和专项资金开展延伸审计，提高财政资金使用效率。三是助推“四化推四区”建设。8月28日，组织部分市县人大代表到新田家炳小学、水上丹霞入口、宝能国际旅游度假、有色金属循环经济产业基地、丹霞山火车站广场、铁皮石斛种植基地等重点项目现场视察，针对全县在“四化推四区”重点项目建设过程中存在的问题和不足，提出要努力创新征地拆迁工作方式方法，加大重点项目建设督办力度，着力解决建设工程进度与质量问题，做到保进度，保质量。四是助推旅游事业发展。10月23日，组织部分市县人大代表视察全县旅游发展工作。要求相关部门要围绕全市建设“大丹霞”理念，完善仁化县环丹霞山旅游规划，抓好生态旅游景点建设、旅游引导和扶持工作，完善县城旅游配套设施服务，建设“宜游、宜居”美丽仁化。

坚持依法监督，着力促进民生改善。一是继续开展工作评议。2014年，县人大常委会根据县十四届人大四次会议期间代表对县政府组成部门及法、检“两院”进行测评的结果，主任会议选定测评满意率排名靠后的县卫计局和县食药监局作为受评单位。在评议中，县人大常委会按评议方案，进行评议动员、民主测评、民意调查、座谈调研等评议程序。在7月30日召开的县人大常委会会议上，采取无记名投票对受评单位进行测评，县卫计局和县食药监局被评定为满意单位。同时，注重评议意见建议落实整改工作，听取和审议了2013年被评议单位县环保局和县住建局整改工作情况汇报。二是关注封山育林工作。5月20日，组织部分市县人大代表到红山、城口视察封山育林工作。督促政府及其林业部门要加强封山育林工作宣传和资金投入，及时查处和打击偷砍盗伐破坏森林资源行为，提高林农耕山积极性，保护青山绿水。三是重视环境卫生整治工作。根据中共仁化县委安排，县人大常委会于9月到全县各镇（街道）及部分村，专题调研农村环境卫生整治情况，详细了解全县农村环境卫生整治工作所取得的成效及存在的困难和问题，建议县政府及其相关部门要建立和完善环卫管理工作长效机制，加大宣传力度，增加资金投入，增强群众爱卫意识，动员和依靠全县人民群众建设生态文明美丽新仁化。四是关注山区医疗体制改革。县人大常委会调研组到全县各镇卫生院和县医疗、医保相关单位部门，专题调研山区医疗体制改革后工作情况。针对基层卫生院医疗体制改革后出现的突出问题，建议县政府要对基层卫生院在医疗设备、医护人员配备与培训等方面给予更多支持，切实提高全县医疗防治整体水平。

维护法律尊严，扎实推进依法治县。一是督促检查“六五”普法。围绕仁化实施“六五”普法规划，专题调研全县“六五”普法工作情况，听取和审议县政府关于仁化县“六五”普法工作情况汇报。要求政府及其相关部门要继续创新方式，加大宣传，齐抓共管，形成合力，加强对各级干部职工、青少年学生、务工农民等重点对象普法教育。二是开展刑事法律实施监督。县人大常委会听取和审议县公安局刑侦工作情况报告。要求县公安局围绕建设“平安仁化”目标，加强和改进刑侦工作，整治社会治安突出问题，依法查处各类刑事案件，保障人民群众生命和财产安全，维护犯罪嫌疑人合法权益，确保司法公正。三是广泛开展法制宣传。贯彻中共十八届四中全会精神，开展依法治国法制宣传教育。围绕县委、县政府各项中心工作，做好法制宣传教育。督促开展“创建平安校园”“法律进学校”法律辅导和法制宣传教育活动。开展《广东省信访条例》宣讲活动以及“12·4”全国法制宣传日暨国家宪法日活动。全年开展《信访条例》宣讲12场次，参与人数3000多人次。

**【人事任免】** 坚持任前法律考试，任前表态发言，颁证和任后跟踪监督制度，规范有序做好人事任免工作。2014年，县人大常委会依法任命国家机关工作人员33名，免去国家机关工作人员职务10名，接受国家机关工作人员因工作需要辞去职务2名，依法补选县十四届人大代表14名。

【代表工作】 规范运作人大代表联络室。2014年，全县各镇（街道）人大代表联络室运作规范，做到年初有计划，活动有制度，操作有标准，代表服务和保障工作有序、到位。据统计，全年全县各镇（街道）人大代表联络室开展活动268次，参加代表800多人次，联络选民2000多人次，收集意见建议177条，经转交有关承办部门，办结121件。

加强联系基层代表。制定《仁化县人大常委会组成人员联系县人大代表计划安排》，要求县人大常委会组成人员与全体代表建立相对固定"全覆盖"联系。通过联系基层代表，了解掌握基层代表生产生活情况，为进一步指导基层代表工作、发挥基层代表作用打下基础。全年，县人大常委会组成人员联系走访代表500多人次。

强化履职经费保障。4月15日，县人大常委会根据韶关市委关于进一步加强人大工作意见精神，审议通过《仁化县人大代表履职经费管理办法》。分别就编制预算、经费开支、经费标准、代表交通费方面作详细明确规定，加强和规范县人大代表履职经费使用和管理，保证代表履职活动顺利开展。

【服务全县中心工作】 2014年，县人大常委会树立大局意识，参与招商引资、重点项目建设、"企忧档案"等中心工作。县人大常委会领导带头招商，带队督办计生、创文、农村环境卫生整治工作，坚持参加"干群会客厅"活动。县人大机关各委室认真做好"企忧档案"工作，做好挂点企业服务，为企业排忧解难，促进全县各项重点工作开展。

【来信来访工作】 2014年，县人大常委会班子领导坚持到信访局和干群会客厅接访群众。专题调研涉法涉诉信访情况。妥善处理群众来信来访，认真对待群众诉求，全年接待群众来信来访54件137人次。

【自身建设】 践行群众路线。2014年，县人大常委会按照中共仁化县委统一部署，开展"为民务实清廉"主题党的群众路线教育实践活动，坚持高标准、严要求，以反对"四风"为突破口，促进人大机关作风建设和制度完善，实现群众路线教育与发挥人大职能作用契合，形成人大机关风清气正氛围。

强化对外宣传。县人大常委会重视加强人大制度、人大工作和人大重要活动宣传。利用省、市广播电视、杂志和网络等新闻媒体宣传仁化县人大工作和全县各级人大代表履职风采，办好县人大网站和《人大信息》刊物，提升人大影响力。全年，被省、市人大刊物采用文章、信息20多篇，编发《人大信息》9期。县人大办被市人大评为宣传工作先进单位。

指导基层人大。县人大常委会重视镇人大建设，坚持县人大常委会领导联系镇人大工作、镇人大负责人列席常委会会议制度。加强与镇人大联系沟通，安排机关业务骨干指导开展各项工作，增强镇人大工作实效。各镇人大坚持在县人大常委会指导和镇党委领导下，组织代表开展调研、视察活动，与县人大常委会工作形成良性互动，提升全县人大整体工作水平。

**仁化县人大常委会各工委负责人名录：**

**办公室主任：**黄本奎

**内务司法工委主任：**邱建华

**经济工委主任：**谭家福

**选联任工委主任：**李集生

**教科文卫工委主任：**刘永保

（黄林珍）

# 仁化县人民政府

**仁化县人民政府负责人名录：**

**县　长：** 王晓梅（女）

**副县长：** 区毅明

黄付养

李志贞（女）

刘建发（任至2014年4月）

张元展（2014年8月任职）

杨　云

丘光强

## 综　述

2014年，仁化县人民政府在中共仁化县委领导和县人大、县政协监督支持下，深入贯彻中共十八大和十八届三中、四中全会精神，扎实开展党的群众路线教育实践活动，以科学发展观为指导，以全面深化改革为动力，以加快转变经济发展方式为主线，以保障和改善民生为重点，全面实施"四化推四区"战略，力促产业加快转型升级、经济总量持续壮大、民生改善不断加强。2014年，全县完成生产总值96亿元，比上年增长7.8%。其中第一、二、三产业增加值分别完成17.4亿元、44.1亿元和34.5亿元，分别比上年增长5.1%、6.6%和11.3%。全县人均GDP为4.67万元，比上年增长7%。全县完成固定资产投资50.7亿元，比上年增长23.2%。完成地方公共财政预算收入6.1亿元，比上年增长16.1%。创建全国文明县城提名资格测评验收获高分通过，重性精神病管理工作被评为省先进单位，县人武部连续第14次被省军区评为标兵人武部，完成全国第三次经济普查工作，并被评为全国先进集体。

## 重要会议

**【县政府常务会议】** 2014年，县政府召开县政府常务会议10次。主要讨论通过《如何解决我单位享受定期社保养老金退休人员差额退休费的请示》《关于享受仁化县政府总部经济扶持政策的协议》《关于仁化县市管浈江河道周田河段采砂招标的请示》《关于批准仁化县仁兴家私厂"三旧"改造方案的请示》《关于批准仁化县新华文化广场"三旧"改造方案的请示》《关于印发〈仁化县防盗网暂行管理办法〉的请示》《仁化县授予荣誉市民称号暂行办法》《仁化县丹霞实业发展有限公司整体绩效考核试行方案》《仁化县锦江温泉旅游运营有限公司组建方案》《对现有招商引资优惠政策进行审核情况报告》《关于要求批准广东省仁化县小型农田水利重点县（1—5万亩灌区配套改造试点县项目）2013年度项目实施方案的请示》《关于2014年招聘教师的调查报告》《关于仁化县2013年重点项目得分及奖惩情况说明》《关于完善我县债务管理制度的请示》《关于请求拨付农村土地承包经营权确权登记颁证试点工作前期经费的请示》《关于提请县政府常务会议审议〈仁化县商事登记制度改革方案〉的请示》《关于贯彻落实县人大十四届四次会议精神抓好2014年重点部署落实的工作安排》《关于要求审批〈仁化县城市建筑风格和色彩景观专项规划〉的请示》《关于要求审批〈韶关仁化县丹霞火车站站前广场修建性详细规划〉的请示》《关于批准仁化县原人民法院宿舍地块（怡雅轩项目）"三旧"改造方案的请示》《关于批准仁化县原丰宾电子地块（丹霞山北门水上入库综合服务区项目）"三旧"改造方案的请示》《关于仁化县环城路加油站地块国有土地使用权出让有关事项的请示》《仁化县贫困村信贷风险补偿基金管理办法（讨论稿）》《仁化县防盗网暂行管理办法》《仁化县重金属重度超标农田生态修复治理改变种植结构项目实施方案》《关于批准实施广东省仁化县有色金属循环经济产业基地规划（2013年修编）的请示》《关于下达仁化县2014年人工商品林采伐指标的请示》《关于提高县农村五保供养标准的请示》《关于提高我县城乡低保最低标准的请示》《关于审查发布〈仁化县城乡用地增减挂钩试点项目实施办法〉的请示》《仁化县对“两违”建筑不予提供水电等公共服务实施方案》《关于启动丹霞山周边区域兴建污水处理厂及管网相关事宜的请示》《关于调整仁化中学择校费的请求》《关于要求将县煤炭大厦等三处资产进行处置的请示》《仁化县“十三五”规划编制工作方案》《关于要求搬迁黄坑镇敬（养）老院的请示》《关于实施仁化县残疾人生活津贴和重度残疾人护理补贴发放的方案》《关于重新核定村、社区“三定”干部编制并明确计生协管员岗位的通知》《关于要求审批〈仁化县城口镇名镇建设规划〉等2个名镇规划、〈仁化县城口镇恩村名村建设规划〉等10个名村规划及〈仁化县大桥镇大桥村示范村建设规划〉等25个示范村规划的请示》《关于移交有关工作职能的请示》《仁化县家庭农场认定管理办法（试行）》《仁化县示范性家庭农场评选认定及扶持奖励办法》《关于审议〈仁化县人民政府2014年决定保留的行政审批事项目录〉的请示》《仁化县贫困村“民信档案”贷款贴息方案》《仁化县人民政府党组党的群众路线教育实践活动整改方案》，研究关于招商引资优惠政策、教师招聘、重点项目完成情况考核、农村土地承包经营权确权登记颁证试点工作、城市建筑风格和色彩景观专项规划、整治“两违”、餐饮行业的监督和管理、“十三五”规划编制工作、武装部原有老职工编制问题、贫困村“民信档案”贷款贴息工作、美丽乡村行动纲要、校车运营与管理等事项。

**【县政府工作会议】** 2014年1月6日，县长王晓梅在县政府办会议室召开县长办公会议，研究南岭生态气象中心业务楼建设、（石塘）堆花米酒旅游文化节筹备事宜。1月7日，县长王晓梅在县政府办会议室主持召开仁化县工业园区及重点项目用电配套设施建设工作协调会议，研究工农协调、工业园区及重点项目用电配套设施建设工作。1月24日，县长王晓梅在县政府办会议室主持召开县长办公会议，研究2013年度全县各镇（街道）和有关单位贯彻执行县委、县政府关于推动全县经济社会加快发展系列奖励激励工作。2月17日，县政府在县政府办会议室召开“黑砖厂”整治工作会议，研究开展打击“黑砖厂”整治专项行动。2月24日，县政府在锦城宾馆2楼会议室召开全县网吧整治工作专题会议，研究部署网吧经营市场监管工作。3月3日，县长王晓梅在县政府办会议室主持召开县长办公会议，研究仁化县2014年度审计项目计划、仁化县产业转移工作园规划建设方案、补充治安队员等工作。3月19日，县政府在县政府办会议室召开乡村“清洁美”专题工作会议，研究村容村貌整治工作和城乡垃圾收集清运工作。3月28日，县政府在县水务局3楼会议室召开县城自来水价格调整工作会议，研究县城自来水价格调整方案。4月4日，县政府在县政府办会议室召开有色金属循环经济产业基地征地拆迁工作会议，专题研究基地搬迁安置奖补标准及2014年征地拆迁工作责任书等事项。4月10日，县政府在县政府办会议室召开丹霞山火车站项目工作协调会议，研究国防光缆迁改等工作。4月14日，县长王晓梅在县政府办会议室主持召开县长办公会议，研究重新调整“企忧档案”企业名单、引进仁化县火龙果种植观光项目、补助“三品认证”（即无公害农产品、绿色食品和有机农产品）农产品等工作。5月27日，县长王晓梅在县政府办会议室主持召开专题会议，讨论和研究污水处理厂建设、卫生保洁和绿化养护等有关工作。6月3日，县政府在县政府办会议室召开丹霞山火车站站前广场建设工作专题会议，研究施工图纸的会审和红线划定、用地审批上报等工作。6月16日，县长王晓梅在县政府办会议室主持召开县长办公会议，研究仁化县大村至油洞段公路改建、兴建仁化县锦城加油站、候车亭穿衣戴帽及新建县城公交候车亭建设等工作。7月2日，县政府在县交通运输局3楼会议室召开小企业创业基地闲置土地清理工作专题会议，研究《仁化县小企业创业基地闲置土地清理工作方案》。7月3日，县政府在锦城宾馆2楼会议室召开社会抚养费征收工作协调会，研究全县社会抚养费征收有关问题。7月22日，县长王晓梅在县政府办会议室主持召开县长办公会议，研究调整2014年“企忧档案”工作奖励方案、丹霞山北门山水广场码头建设等工作。8月7日，县长王晓梅在县政府办会议室主持召开宝能现代农业生态园项目建设工作专题会议，研究项目征地报批工作。8月12日，县长王晓梅在县政府办会议室主持召开县长办公会议，研究县房地产开发公司改制、处理违规公务用车、拍卖原科技局办公楼资产等工作。9月9日，县长王晓梅在县政府办会议室主持召开会议，专题研究“梦幻丹霞”项目推进工作和武深高速（仁化段）前期工作。10月8日，县长王晓梅主持召开丹霞山北门水上入口综合服务区和宝能国际旅游度假项目工作推进会，研究项目征地、施工问题。10月9日，县政府在县政府办会议室召开石塘古村近中远期工作协调会，研究石塘古村基础设施建设、保护开发、宣传推介工作。11月3日，县长王晓梅在县政府办会议室主持召开县长办公会议，研究县城公共照明LED改造、大学生村官续聘转岗等工作。11月6日，县长王晓梅在县政府办会议室主持召开项目推进工作专题会议，研究韶赣高速公路丹霞出口公路两旁建筑物“穿衣戴帽”改造工程、丹霞山绿道项目（一期）征地拆迁、宝能项目征租地等工作。12月1日，县长王晓梅在丹霞山广东竹稻农业科技有限公司现场办公，专题研究竹稻农业科技有限公司在发展中存在的问题。12月15日，县长王晓梅在县政府办会议室主持召开县长办公会议，研究行政服务中心综合服务大厅建设、护林资金安排等工作。

## 重大政事

**【虎门仁化对口帮扶】** 2014年，虎门、仁化两地贯彻落实省、市对口帮扶工作精神，开展产业对接、基础设施建设、教育卫生、社会治理领域对口交流与帮扶合作，成立由1名虎门镇党委委员（兼任仁化县委常委）任总指挥的对口帮扶指挥部，建立对口帮扶工作联席会议等相关制度，制定《虎门仁化对口帮扶总体方案》，明确各项目标任务、工作重点、责任分工和保障措施，推动对口帮扶工作有序开展，取得初步成效。建立虎仁职能部门和村居结对帮扶共建制度，从组织、产业、人才方面全方位对接。其中，虎门18个社区结对帮扶仁化28个省级贫困村的140万元资金到位，帮扶项目正在组织实施。仁化选派2批12名年轻干部到虎门相关部门挂职锻炼。投融资平台有效运营，两地出资组建的富仁实业投资开发公司启动资金到位，并正在与金融机构沟通合作，为当地产业发展和基础设施建设筹措资金。动员虎门民企丰泰集团捐赠30万元设立基金并启动“广东摄影之乡”创建工作，组织开展系列摄影采风、比赛和展览活动。2014年10月，仁化被评为“广东摄影之乡”。开展爱心助学活动，完成仁化县在校贫困学生摸底调查活动，虎门民营商会援建周田中心小学300万元捐赠资金到位，组织虎门相关单位和企业捐赠教学物资一批价值10多万元，用于改善山区薄弱学校办学条件。产业帮扶取得实效，成立虎仁指挥部驻虎门办事处，开展招商引资工作，引进东莞大通家具公司、肉牛养殖观光基地、城口温泉古镇开发等一批项目，另有日立电池、液压密封件生产多个项目正在洽谈。

**【一村（社区）一法律顾问试点工作】** 2014年，仁化县贯彻落实中共广东省委办公厅、广东省人民政府办公厅《关于开展一村（社区）一法律顾问工作的意见》，中共韶关市委办公室、韶关市人民政府办公室《韶关市贯彻落实〈关于开展一村（社区）一法律顾问工作的意见〉工作方案》文件精神，于7月正式启动一村（社区）一法律顾问工作，聘请律师22名（其中韶大律师事务所18名，广东维群律师事务所3名，广东丹霞律师事务所1名），进驻全县125个村（社区），实现全县农村（社区）法律顾问全覆盖。同时，明确农村法律顾问聘任资格，制订法律顾问工作和监督管理制度，以广覆盖、广受益、可持续发展为目标，要求农村法律顾问充分考虑当地农村社会发展状况、法律服务需求等实际情况，灵活开展农村法律顾问工作，维护村民合法权益，化解矛盾纠纷，确保农村法律服务质量，促进农村经济发展、民主法治建设，构建和谐农村。截至2014年年底，全县法律顾问开展法律咨询、法律知识讲座、法制教育课77场次，制作法制宣传栏36期，成功调解各类矛盾纠纷34件，办理法律援助案件4宗，代理诉讼案件2宗。

**【重点领域改革深化】** 2014年，仁化县推进工商登记制度改革，出台相应改革方案。截至2014年年底，县工商审批事项精简至7项。全面完成事业单位分类改革，对全县保留的274个单位分别划定为行政类、公益一类、公益二类、公益三类、经营服务类、暂缓分类6种类型。按照“撤一建一”原则，规范事业单位设立，严控事业编制总量，优化结构布局和运行机制。推进经营服务类、公益三类事业单位改革，推进有条件事业单位转为企业或社会组织。理顺事业单位与主管部门关系，逐步取消学校、科研院所、医院等单位行政级别。截至2014年年底，全县划定经营服务类单位11个、公益三类单位7个和部分暂缓分类单位。

**【仁化县被确定为“全国县级文明城市提名城市”】** 2012年，仁化县在全市率先提出创建全国文明县城后，围绕“城市建设、环境整治、民生改善、素质提升”重点，精心设计载体，开展“道德讲堂”建设、“文明餐桌行动”、“中国梦”宣传教育、“美德少年”评选、首届道德模范推荐评选、志愿服务、“书香仁化”全民阅读、“仁化精神”表述语征集、创建“百城万店无假货”示范店、示范街等系列主题活动，在县域电视台、门户网站、内刊杂志、户外信息栏设立“创文”专栏专题，提升“创文”市民参与度和社会文明程度。抢抓国家、省、市加大基础设施建设投入重大政策机遇，把城区当景区建设，高水平、高质量推动县域建设，集中打造一批体现城市特色的亮点工程。截至2014年，仁化县累计投入3亿元，完成县域商贸城、老市场综合改造、县城“一江两岸”景观灯光亮化、县城自来水增容扩建等工程以及“森林围城、树木进城”绿城行动，提升县城综合服务功能。县城建成区绿地面积247公顷，绿化覆盖率42%，城区人均占有公共绿化面积19平方米。整合国土、住建、林业部门执法力量，组建城市管理综合执法队，推进县城及周边环境综合整治，完成韶赣高速周田出口至县城路段沿线各垃圾收集点的撤转、美化及垃圾堆清理，集中整治县城国道106线、省道246线沿线两侧乱搭乱建、乱摆乱卖行为，对城区主街道、中心广场、商贸街区等公共场所实施“门前三包”责任制和机关单位划区挂点保洁包干制，全天候落实环卫保洁，提升市民文明程度。2014年10月，仁化县被确定为“全国县级文明城市提名城市”，成为韶关市唯一获得该项殊荣的县（市、区）。

**【美丽乡村建设】** 2014年，仁化县通过实施乡村“清洁美”工程建设、村容村貌整治督查、名镇名村示范村、生态镇村、幸福村居创建等综合性工作，农村环境卫生面貌焕然一新，公共基础设施得到改善。2014年10月，仁化县召开中共仁化县委十二届八次全会，部署和启动建设仁化“美丽乡村”工作，明确分3个阶段和步骤推进美丽乡村建设，制定出台《仁化县建设“美丽乡村”行动纲要》《仁化县建设“美丽乡村”评定标准及验收工作方案》《仁化县建设美丽乡村工作“以奖代补”实施方案》。美丽乡村建设初具基础和规模。全县森林覆盖率78.26%，居全省前列；开展以县城饮用水源环境保护工程项目为抓手的农村生活污水处理设施建设，全县建成生活污水处理设施村28个，1114个村庄建有垃圾收集点2025个，建成垃圾中转站镇10个，配有垃圾压缩车 4 台，压缩箱体10个，各镇（街道）成立保洁员队伍，聘请固定保洁员176人。其中，红山、扶溪镇列入市生态示范镇，丹霞街道办、黄坑镇列入省农村环境卫生连片综合整治示范点，农村人居环境得到改善。

**【赣韶铁路丹霞山站通车运营】** 2014年9月30日，赣韶铁路丹霞山站通车运营。赣韶铁路全长179千米，是京广和京九铁路连接线。该站位于仁化县周田镇境内，距离仁化县城15千米，距丹霞山10千米。站房建筑地上2层（局部3层），建筑高度18.75米，建筑总面积约6000平方米。火车站大楼、站前中心广场、公共停车场、公交和的士站、景观绿化区等功能配套设施融合仁化人文历史和丹霞特色。该站属于四级支线车站，日均客流量1000人，旅游高峰期间日均客流量2000人。

（丘文超）

## 县政府办公室工作

**【行政督促检查】** 2014年，仁化县人民政府办公室（简称“县政府办”）围绕全县“四化推四区”发展战略，发挥“综合协调、督查落实、信息调研、参谋决策”职能作用，探索完善长效管理机制，加强办公室干部队伍建设。倡导“办公室无小事，细节决定成败”思想，发扬任劳任怨、埋头苦干、严谨细致、精益求精、不计得失和善于补位精神，要求全体人员在工作上不分分内分外、难度大小、紧急与否，对领导交办的事交必办、办必果、果必报；正常业务工作不拖办、压办、误办、漏办；紧急任务，急事急办，特事特办，做到准确、及时、到位。深入贯彻实施县委、政府“四化推四区”战略；对一些重点项目、主攻项目如循环经济产业园项目、政府9件民生实事做好参谋助手和后勤保障，制订项目进程时间表，稳步推进项目建设协调、督导；做好县政府领导组织召开的各类会议会务工作，及时印发会议纪要，跟踪落实会议纪要事项，由政府督办室督办进度缓慢、停滞不前建设项目，定期编写督办简报，供政府领导批阅。做好扶贫工作，全年县政府办投入挂点贫困村（石塘光明村）扶贫资金70万元，实施帮扶项目5个。帮扶家庭281户，其中贫困户109户，贫困户人均收入帮扶前收入2800元，帮扶后收入5400元，实现收益2600元。开展办公室行风评议活动，改善政风行风，提升工作效能。2014年9月，县政府OA电子办公系统建成运行，办事流程优化，文件流转和办事效率得到提升，电脑办公全面实现。继续做好督办工作，着重抓好县政府重大决策部署的督导落实。一是围绕县委、县政府中心工作进行督办。二是围绕上级督办事项和领导临时交办事项进行督办。三是围绕群众关心热点、难点问题进行督办。通过“民生热线”“县长信箱”等途径，及时捕捉群众关心关注问题，明确专人处理。确保做到督查事项件件有着落，事事有回音。2014年，县政府办向镇（街道）及县直有关单位下发督办事项173件，办复率100%。

**【政务工作】** 2014年，全县以县政府名义下发的各类文件81件，以县政府办名义下发的各类文件138件，处理各种会议材料、资料684件，收到各部门专项报告、请示3023件，收到市以上文电1534件（次）。审核规范性文件12件，审查县领导临时交办文件、合同68件。办理2014年度县人大代表议案、建议和政协提案105件。办理行政复议案件20件，办结20宗，其中维持12件，撤销5件，终止审查2件，不予受理1件。围绕中共仁化县委、县政府中心工作，特别是在县政府9件民生实事推进、“四化推四区”重点工作中，做好相关会议记录、纪要，撰写领导有关会议讲话、工作总结、督办情况汇报材料，撰写县十四届人大五次全会《政府工作报告》。全年更新县政府和县政府办政务公开栏内容4期。做好档案整理、归档工作，全年整理档案1187件（其中：永久473件，30年232件，10年482件），查阅档案164人次。

**仁化县人民政府办公室负责人名录：**

**主　任：**谭卫东

**副主任：**罗运全（任至2014年7月）

黎　明

肖武荣（任至2014年1月）

唐　华

刘建新

钟韶荣（2014年1月任职）

李志平（借调，2014年6月任职）

徐于冠（借调，2014年9月任职）

赵丹宁（兼职，任至2014年7月）

梁家宁（兼任，任至2014年7月）

林伟浩（兼任，任至2014年7月）

曾韶基（兼任，任至2014年7月）

（廖耀霞）

## 接待和机关事务管理

**【概况】** 2014年，仁化县机关事务管理局围绕全县经济社会发展大局，发挥“管理、保障、服务”职能，团结带领广大干部职工，认真履行职责，扎实工作，做到服务到位，保障有力，较好完成全年各项工作任务，为实现仁化县发展目标做出贡献。

**【机关建设】** 2014年，县机关事务管理局加强和改进机关中共党的建设，全面提高机关后勤党建工作科学化水平，推动机关后勤各项工作有序开展。年内，结合深入开展党的群众路线教育实践活动和县机关事务工作实际，组织学习贯彻中共十八大、十八届三中全会和中共中央总书记习近平系列重要讲话精神，贯彻落实中共中央“八项规定”精神，坚持为民务实清廉，严标准、严措施、严纪律，确保教育实践活动不虚、不空、不偏、不走过场，以作风建设新成效凝聚推动科学发展正能量，夯实机关事务工作科学发展基础，发挥服务保障作用，树立党政机关良好形象，推进节约型机关建设。

**【接待】** 2014年，县机关事务管理局严格贯彻执行中共中央“八项规定”要求，坚持“厉行节约”为本，严格控制中共仁化县委、县人民政府规定的接待开支标准，从基础工作抓起，规范常规接待，深化重点接待，精心细致安排好各项接待工作，较好完成各项接待任务。全年累计接待来自全国各地领导、同行，海内外客商及检查组等402批次7000人次，其中接待省部级以上领导66批次，外商侨胞及港澳台同胞86批次。做好香港中华总商会、孝行天下艺术团、摄影文化交流活动团、虎门镇帮扶单位、“仁化杯”广东省第25届摄影展览评选活动、广东四大名山画卷创作团、仁化县摄影交流活动组的接待工作，为宣传推介仁化做出努力。出色完成在县城召开的县村委支部书记培训班，政协仁化县十届三次会议，县十四届人大四次会议、县村社区党支部书记（主任）培训班，“仁化暴动87周年暨红军长征过境粤北80周年”学术研讨会，县第十二届委员会第八次全体会议等各类大型工作现场会接待工作，得到与会人员好评。

**【财务管理】** 2014年，县机关事务管理局财务工作人员严格遵守财经工作纪律，坚持照章办事，严格费用支出，做到依法理财。严格执行专项经费支出预算，不挤占、不挪用，保证专款专用，深入开展治理小金库等项工作。做好县四大办专用经费、办公经费等各项财务账目，按时完成编制报表、财务归档等事务，如期完成领导交办的各项工作。

**【物业管理】** 2014年，县机关事务管理局加强社会治安综合治理，为政府大院干部职工营造安全、舒适的工作和生活环境。年内，县机关事务管理局做到综合治理工作常抓不懈，明确单位负责人安全工作责任；加强政府大院及周边环境综合整治，做好政府大院环境绿化、美化和卫生工作，营造良好办公环境；保证机关大院水电正常供应，定期检测和维护保养电器设备和会议室音响系统，确保政府大院及会议中心正常运转；做好安全保卫工作，结合局职能管辖和安全管理监管工作指导范围开展进出管理，增加监控盲区巡逻次数，加强现有监控系统维护和保养。全年妥善处理群众上访事件215起（其中20人以上38起），配合公安机关打击各种犯罪行为8人次，抓获犯罪嫌疑人4次11人，制止社会青年和未成年人斗殴3次，清除安全隐患9处，治理政府前、后大门口乱搭乱摆19次，扑灭火灾隐患7次（均为农历七月十四日住户在住宅区绿化带祭祀），为老干部、群众做好事21件次，帮助教育3人次。不定期检查、走访出租屋、出租门店，确保无“黄、赌、毒”活动，小区内社会风气良好，综合治理工作得到巩固和提高。

**【会务管理】** 2014年，县机关事务管理局严格执行会务制度，加强工作人员管理和业务培训，加强保密宣传教育，提高快速处置和反应能力，提高服务水平、服务质量，定期维护保养会议中心设备，创造良好会务环境。全年提供会议服务180次。

**【扶贫工作】** 2014年，县机关事务管理局与县发改局、县农机局对口帮扶周田镇台滩村。该村有466户2272人，经评估，为相对贫困村，村民人均纯收入低于全省农村人均收入60%，其中，有51户为对口扶贫户，人数156人。年内，县机关事务管理局成立帮扶领导小组，专门派出人员驻村负责日常扶贫工作，做好扶贫规划工作跟踪落实。通过对困难户给予资金、物资及农业技术扶持工作，各贫困户年收入达到计划内目标。

**仁化县机关事务管理局负责人名录：**

**局　长：**赵丹宁

**副局长：**赖新友　李勇明

（罗永芳）

# 行政服务

【概况】 2014年，根据《关于印发〈仁化县事业单位分类改革和有关配套政策〉的通知》文件精神，县行政服务中心为县人民政府直属公益一类事业单位，正科级。2014年4月，县行政服务中心下属事业单位“县政府招标采购中心”正式整合到县公共资源交易中心；2014年5月，根据《关于印发仁化县行政服务中心机构编制方案》通知精神，县行政服务中心内设正股级机构办公室、业务股、督查股、服务协调股4个，核定事业编制12名，其中主任1名，副主任2名，内设机构领导4名，后勤服务人员2名。经费按县财政补助一类拨付。

【管理规范】 2014年，仁化县各行政窗口未入驻县行政服务中心统一办公，所受理事项全部由县行政服务中心工作人员全权代办，代办员严格执行首问负责制、一次告知制、承诺办结制、限时办结制，代办管理得到加强。同时，县行政服务中心推行双休日值班和预约服务制度，只要企业、群众急需，代办员都无条件做到急事急办、特事特办，为企业、群众提供全程优质服务。

【联办代办服务企业】 2014年，县行政服务中心坚持“服务群众、促进发展”宗旨，秉承“便民、高效、廉洁、规范”理念，以打造优质高效行政审批服务为平台，提升审批效率，开辟重点项目行政审批“绿色通道”，对重点项目实行特事特办，马上办。推行上门服务、预约服务、延时服务，各项工作取得成效，提高县行政服务中心新形象。2014年，县行政服务中心接待服务对象820多人次，办理各类服务事项580件；行政许可服务准确率100%，承诺件按时办结率100%；为新办企业办证48家，注册资金26566万元。

【“企忧档案”管理】 2014年，仁化县继续全面开展“企忧档案”活动，支持企业发展，帮助企业解困，推动服务企业常态化、制度化。2014年，全县各挂点单位累计深入企业走访、座谈1639次，提出“企忧”事项75宗，解决“企忧”事项50宗（包括上年未解决事项）。历年累计提出“企忧”事项343宗，解决“企忧”事项294宗。

2014年9月，县行政服务中心按照县政府要求，组织开展2014年挂点企业评议挂点单位工作。县企忧办将企业评议较好，能切实为企业解决困难，挂点服务工作中具有亮点、经验突出的挂点单位挑选出来，作为先进典型向其他挂点单位通报表扬和推介，对工作不积极企业评议较差单位进行通报批评。同时，结合县群众路线教育实践活动中“四风”整改以及“回头看”要求，县行政服务中心对“企忧档案”工作开展情况进行摸底调查，结合调查中存在问题及各单位反馈意见，对挂点企业的领导和单位进行调整，重新修订《2014年“企忧档案”工作奖励方案》。通过调整，各单位能严格按照2014年“企忧档案”挂点单位调整方案表，联系单位新挂点企业，并做到主动联系企业、走访企业，针对企业存在困难和问题，坚持一线服务、主动服务、靠前服务，做好“企忧档案”工作，确保“企忧档案”成为为企业排忧解难重要载体，及时有效解决企业生产经营、建设过程中遇到难题和困难，取得成效，完善全县企业生存发展环境。

【行政审批管理】 2014年，县行政服务中心采取多项措施推进行政审批管理，优化行政审批流程，压缩行政审批时限。对照省市审批项目变动，清理、取消、调整县级部门行政审批事项，依法对审批项目进行动态管理。对未列入县级保留行政审批项目目录的，一律不得再审批，确保各部门进入行政服务中心办理的行政审批事项合法有效。按照承诺办结时限比法定时限提速60%以上标准，县行政服务中心配合县编办、县法制局编制了行政审批事项和公共服务事项 的“办事指南”和“审批流程图”。按照行政审批事项“八公开”（即公开项目名称、办理地点、许可依据、申报条件、申报材料、办理程序、承诺期限、收费标准）要求，在行政服务中心办事大厅通过触摸屏进行公示，统一印制办事指南，免费向申请人提供。

**【创先争优工作】** 2014年，县行政服务中心贯彻落实中共十八大精神、中共中央关于改进工作作风、密切联系群众“八项规定”和中共总书记习近平关于厉行勤俭节约、反对铺张浪费重要批示精神，根据市、县有关文件部署，结合党的群众路线教育实践活动，开展整治“庸懒散奢”不良风气专项活动，召开治理活动动员会，进行宣传教育，加强干部职工队伍思想作风教育。结合“创先争优”活动，在治理“庸、懒、散、奢”问题时，做到内容形式相统一，整治工作各个环节扎实有序开展，取得一定成效，全体干部职工工作作风和办事效率有较大提高。

**【优化便民服务】** 深入推进村级便民服务站是中共仁化县委、县政府积极将行政职能向农村延伸与拓展重要举措，是一项“民心工程”“廉政工程”“效能工程”。2014年，县行政服务中心继续协助每个镇建立村级便民服务代办站，将便民服务向村级延伸，确保在最基层就能有效解决群众在生产、生活中遇到的各种困难和问题，实现“群众不出村、便能办成事”目标。全年全县挂牌成立镇级便民服务中心11个，村级便民服务代办站109个。

**【采购管理】** 2014年1—3月，县行政服务中心规范采购管理，推进政府采购阳光平台建设。一是严肃采购程序。采购过程中，邀请县检察院、县财政局、采购单位代表参与全流程监督，确保整个采购流程公正与透明。二是按照相关法律法规规定，加大督促检查力度，扩大采购规模。配合县纪委、审计、财政部门，加强县直单位政府采购进行专项检查，督促检查力度，提高县直部门应采尽采意识。三是有效降低财政支出，发挥资金使用效益。2014年1—3月，县政府招标采购中心共办理采购业务71宗，完成采购预算1515万元，实际采购金额1427万元；节约资金8.8万元，节约率5.8%；公务车维修150次，维修总价格39万元。2014年4月，县政府招标采购中心正式整合到县公共资源交易中心。

**仁化县行政服务中心负责人名录：**

**主　任：**梁家宁

**副主任：**苏　恬（女）

潘秀红（女）

（黄伟华）

## 港澳事务

**【港澳同胞接待】** 2014年，仁化县接待的港澳来宾主要有香港中华总商会、香港邝氏宗亲会理事长邝高明等各界人士。

**【捐赠监管】** 2014年，全县接受港澳同胞捐赠项目5项，总金额45.22万元人民币，惠及人数1500多人。其中，捐建仁化县大桥小学综合教学楼20万元。

**【荣誉市民授予工作】** 为鼓励和表彰对仁化县经济、科教文卫等事业做出重大贡献国内外人士，促进全县对外交往和经济发展，根据国家有关法律法规，结合全县实际，通过认真调研论证，广泛听取相关部门意见，县外事侨务局起草并先后经县法制局把关论证、县人民政府常务会议、县委常委（扩大）会议讨论和修改，形成《仁化县授予荣誉市民称号暂行办法》（下称《办法》，2014年4月15日仁化县第十四届人大常委会第24次会议通过）。根据《办法》有关规定，经县教育局推荐，县政府审核拟定，县人大审议，决定授予香港大埔七约乡公所主席梁官华、香港新界华侨联会会长陈汉明“仁化县荣誉市民”称号。

## 外事·侨务

**【概况】** 2014年，县外事侨务局贯彻落实中共中央总书记习近平系列重要讲话精神，中央及省、市、县委决策部署，结合工作实际，自觉把“以人为本、为侨服务”与建设“生态、活力、幸福新仁化”作为一种政治责任和历史使命，增强贯彻落实中央决策部署责任感、使命感、紧迫感，坚持抓落实，完成各项工作任务。

**【因公出国（境）审核报批工作】** 2014年，县外事侨务局贯彻执行中共中央、省、市外事方针政策，坚持公务出访审批原则，建立健全出访报批工作制度，严格按照人事管理权限，行政隶属关系报批，严格审核每件申请出访报批件，制止出访任务不明确、人员结构不合理团组，调整出访人数、天数和行程安排方面不符合要求团组，杜绝公费变相出国（境）旅游。全年减少不必要临时因公出国（境）3批7人次。

在强化管理同时，注重服务至上，为各类符合条件团组提供热情周到、高效便捷服务。简化出国（境）执行经贸考察、招商引资任务团组手续，对确实急需出访的，加班加点，专人急办，为其顺利出访排忧解难。通过公开办证流程等政务内容，采取一次性告知资料方法，从中简化工作程序，提高办事效率。抓办件质量，尽量做到材料不退件，力争从受理申请3天内组织好材料报送至市外事侨务局，保证及时出证，配合全县经济、旅游工作开展。全年审核报批11批12人次出访任务，其中：半年多次2批2人次，一次性9批10人次。

**【外宾、华侨、华人接待与友好交流工作】** 2014年，全县接待来宾16批96人次。在接待过程中，县外事侨务局发挥直接宣传作用，借助丹霞山“世界地质公园”和“世界自然遗产”品牌优势，向来宾宣传仁化资源优势，全面展示“生态、活力、幸福”新仁化形象，扩大仁化影响力，提升仁化知名度。

**【外事安保工作】** 协助做好外事安保工作，准确掌握县域境外非政府组织活动情况，加强境外非政府组织在县域活动管理与服务。2014年5月30日起，县外事侨务局组织力量开展为期40天的县域境外非政府组织情况调查摸底。经调查，在仁化活动的境外非政府组织共9个，总部均设在中国香港，其中，社会团体5个（宗教团体1个），基金会4个，民办非企业单位0个；列入《从事渗透和破坏活动的境外非政府组织名单》一类（渗透型）、二类（两面性）组织均为0个，无从事渗透活动组织；在仁化项目领域均属教育、慈善，活动形式为捐资助学。县外事侨务局在全面梳理分析县域境外非政府组织活动情况基础上，提出加强依法管理、分类管理工作意见建议。

**【为侨服务】** 一是宣传涉侨法律法规，依法办理涉侨事务，推动法治建设。2014年，县外事侨务局走访全县11个镇（街道），在侨胞回国定居、出入境服务方面做好涉侨政策宣传，并根据省市上级侨务部门规定做好相关办理工作，维护侨胞权益。二是深入归侨侨眷，普遍开展“送温暖”工作。利用传统节日走访和慰问归侨侨眷，及时送去党和政府关怀和温暖。对于重病困难归侨，制订特别帮扶计划，争取本级财政和上级侨务部门资金支持，解决重病困难归侨实际问题，帮助部分困难归侨改善生活质量。全年帮扶归侨24户，通过银信部门直接存入归侨个人账户补助金2.95万元。无截留、挪用、擅自扩大或缩小资金专项使用范围、改变补助标准行为，并按规定发放、报账，严格管理，会计核算真实规范。三是继续做好侨胞信访工作。采取调解和解、说服教育、心理疏导方式，依据法律、政策化解矛盾纠纷，防止矛盾纠纷激化引发影响社会稳定事端。全年接待归侨侨眷来访16人次，信访1件次，未发生归侨侨眷上访现象。

**【外事侨务队伍建设】** 利用德育建设构建政务诚信，通过组织干部职工学习中国传统文化，组织观看《群书治要》《弟子规》，促进干部职工生成信用行政理念。通过业务研讨、外派培训方式，增进干部职工了解国际形势、国情市情县情，提升干部职工业务能力和服务水平。通过明察暗访、群众直评及社会各界公正人士综合评议对包括作风建设情况、落实"八项规定"情况等内容进行监督、评议，提出合理化建议，着力解决思想和干部队伍工作中存在"软、懒、散、浮"不良作风，增强公仆意识、大局意识、责任意识和服务意识，提供优质服务，实现零差错工作目标。

**仁化县外事侨务局负责人名录：**

**局　长：**罗运全

（梁欢欢）

## 法制办工作

**【概况】** 2014年，仁化县法制局，内设为行政复议应诉股（县人民政府行政复议办公室）及行政执法监督股（县人民政府行政执法督察办公室）2个机构，有工作人员4名。县法制局主要负责县依法行政工作办公室日常工作，当好县委、县政府在推进依法行政以及处理法律事务方面参谋助手和法律顾问；负责全县规范性文件审查、修改及备案工作；协调解决县政府各部门间在规范性文件制订及有关法律、法规、规章、规范性文件实施中的矛盾和争议；对全县行政执法主体和行政执法人员资格进行审查确认；负责对行政执法部门作出的重大具体行政行为审核备案；办理行政复议案件，代理县政府行政应诉事务，负责行政争议案件的协调和调解工作；审核以县政府名义作出的关于土地、山林纠纷案件的行政处理决定；负责各乡镇政府、街道办事处和县政府各部门法制工作业务指导和全县行政执法人员培训和考核工作；负责县人大代表议案、建议及县政协提案交办、独办工作；承办县政府和市法制局交办其他事项。

**【依法行政工作】** 2014年，县法制局围绕深入推进依法行政，加快建设法治政府目标，做好仁化县2014年依法行政迎检工作。根据《韶关市人民政府办公室关于印发韶关市2014年度依法行政考评方案的通知》要求及市政府依法行政工作部署，结合全县实际情况，制定《仁化县迎接2014年市依法行政考评工作方案》，根据《韶关市法治政府建设指标体系（试行）》和《韶关市依法行政考评办法》，按照相关部门工作职能，制定《仁化县迎接省2014年依法行政考评工作任务分解表》，组织召开迎接2014年度市依法行政考评工作会议，收集、整理相关文件台账，及时查漏补缺，撰写2014年依法行政工作自查报告。

**【规范性文件审查】** 2014年，县法制局按照《广东省行政机关规范性文件管理规定》，审查各类规范性文件12件，其中通过审查发布政府规范文件《仁化县政府投资项目管理暂行办法》《仁化县授予荣誉市民称号暂行办法》《关于修改〈仁化县防盗网暂行管理办法〉的决定》《仁化县贫困村信贷风险补偿基金管理办法》《仁化县公共资源交易中心投标保证金管理暂行办法》5件，完善和规范公布、备案程序，提高县政府规范性文件质量，保障人民合法权益。

**【行政执法监督】** 2014年，县法制局办理行政执法证279个，其中新证申领63个，年审换证216个；注销36个。加强持证行政执法人员资格审验，对调离执法岗位、因违法执法被责任追究取消执法资格，强化执法证件管理工作，杜绝不合格人员持证，杜绝无执法主体资格单位执法，做到“持证执法、执法亮证、到期换证”。5月和9月，在县政法委牵头组织下，县检察院、县纪检、县法制局组成检查组开展全县范围“两法”衔接工作监督检查，有效规范和促进行政执法工作。6月，县法制局会同县纪委监察局、县财政局、县审计局和县物价局开展政府非税收入征收及财政票据管理情况检查。

**【行政复议和行政应诉情况】** 2014年，县法制局受理行政复议申请20件，其中不服山林权属行政裁决13件，不服村民资格认定7件，经审理，维持12件，撤销5件，终止审查2件，不予受理1件。代县政府参加行政诉讼案件4宗。在办理行政复议案件过程中，做到重事实，重证据，重程序，重时效，集思广益，坚持原则，公正廉洁，严格按照法律、法规作出行政复议决定，坚决纠正违法、不当具体行政行为，保护公民、法人和其他组织合法权益。

**【法制参谋助手工作】** 2014年，县法制局发挥在依法行政方面的参谋、助手和法律顾问作用，审核以县政府为主体签订的重要经济合同、协议68件，涉法文件、工作实施方案等105件，为县政府处理有关社会热点、难点问题提供法律意见。

**【人大议案、建议及政协提案督办工作】** 2014年“两会”期间，全县收到人大议案、建议65件，政协提案40件，内容涉及城市建设、环境保护、农林水、养老保险多个方面。县法制局认真做好人大建议、政协提案交办及交办后跟踪督促工作，及时收集、处理、传递和反馈办理过程中各方面信息和情况，做好代表与承办单位之间的协调、沟通和联系，各承办单位均在规定期限内答复完毕，答复率100%。承办市人大建议2件，市政协提案1件，均按时答复。

**仁化县法制局负责人名录：**

**局　长：**黎　明

**副局长：**廖国钰（女）

（宋晓雯）

## 档案管理

**【概况】** 2014年，仁化县档案局以建立健全覆盖人民群众的档案资源体系、方便人民群众的档案利用体系、确保档案安全保密的档案安全体系为目标，加强档案基础业务建设，加大档案开放开发利用力度，提高档案工作服务社会经济建设能力，促进全县档案事业科学发展。

**【档案馆基础业务】** 馆舍建设。2014年，县档案局继续有序推进档案信息化建设进程，筹集资金添置高速扫描仪、复印机、数码相机、计算机等档案数字化设施。加强档案安全管理，购置抽湿机5台，柜式冷暖空调5台。

档案资源建设。2014年，县档案馆组织人员规范整理新中国成立后各单位和乡镇作废公章271枚；规范整理县委组织部移交进馆的干部死亡档案；接收县经信局、县总工会、县发改局、县人社局、董塘镇、红山镇到期文书档案654卷、88件；接收专门档案（司法公证档案、农业普查、经济普查、1%人口抽样普查）855卷；接收资料26种106册；接收县信息中心、县移民办、县人大办电子照片200多张，涉及内容有湾头水利枢纽工程移民安置征地拆迁补偿、专项设施建设指导调研、领导视察扶贫“双到”、网络建设等；征集李氏族谱1册、周氏族谱1册，《仁化通讯》《仁化宣传》等各单位内部发行刊物26份。

档案开放鉴定。2014年，县档案局组织人员，重新鉴定中共仁化县委办公室文书档案（1950—1980年）247卷；鉴定县总工会1950—1983年文书档案221卷。

档案资源开发利用。2014年，县档案馆接待查档人员1200余人次，查阅各类档案资料2500余卷（册），接待查档率100%，查到率95%，为全县经济建设、编史修志、落实政策、工作查考、调解纠纷、核实工龄、工作调动、户口迁移、学术研究提供翔实档案资料。及时跟踪档案利用实例效果，全年拟写档案利用实例20篇，其中，在《韶关档案》刊登4篇。编写“民信档案”案例入选《创新思维——广东省档案管理与服务优秀案例选编》。

**【机关档案管理】** 一是撤并单位档案指导。2014年4月，派出业务骨干对撤并单位档案工作深入指导，确保档案延续、完整和安全。二是机关档案指导。年内，县档案局变被动为主动，积极联系相关单位，进行业务指导。如在指导县公安交警大队、县财政局、县国土资源局等单位档案工作时，与档案人员共同整理，边操作边示范指导，及时解决整理工作问题，确保该单位档案管理工作规范标准。三是创建全国文明县城资料收集整理。2014年3月底至12月，县创文办抽调县档案局2名业务人员主导全县创文资料收集整理工作。经过8个多月努力，县创文资料做到收集齐全，规范整理，受到省检查组肯定，仁化县获得全国文明县城提名资格。

**【镇（街道）档案考核】** 2014年1月，县档案局根据县委办关于各镇（街道）主功能分区绩效考核要求，成立镇（街道）档案工作考核小组，制定档案工作考核内容及评分标准，从行政管理、基础业务、库房管理、开发利用4个方面开展全县各镇（街道）2013年档案管理考核评分。通过检查考核，规范各镇（街道）档案工作，推进镇村档案工作常态化、规范化。

**【档案信息化建设】** 一是馆藏目录数字化。截至2014年12月底，累计录入馆藏卷内目录50万多条，案卷级目录1.8万条，馆藏档案文件级目录数字化达100%。二是档案全文数字化。2014年，新增档案全文数字化180卷3.5万余页，累计馆藏档案全文数字化724卷12.1万页。三是馆藏照片档案全部实现数字化。四是档案信息服务。2014年7月，仁化档案信息网重新改版、开通，公民利用未开放档案等3个服务项目在广东省网上办事大厅韶关仁化分厅实现网上在线申办。

**【档案业务培训】** 2014年，县档案局结合县“两委”换届结束后，部分村居（社区）档案员变动事实，组织档案业务人员编写村级文书档案归档整理教材，对全县11个镇（街道）、125个村居（社区）档案员开展业务培训，免费发放培训资料计400多份8000多页。6月，县档案局组织全县机关初任档案员14名参加韶关市第64期全市档案工作人员岗位培训班。10月，派出业务人员对隶属县卫计局管理副科单位档案员进行专门档案业务培训。通过培训，档案工作人员掌握文书档案收集归档方法，提高档案人员业务操作技能。

**仁化县档案局（馆）负责人名录：**

**局（馆）长：**刘映芳（女）

**副局（馆）长：**施旭臻

汪慧慧（女，任至2014年7月）

顾仁福（2014年7月任职）

（谢纪根）

# 政协仁化县委员会

**政协仁化县委员会负责人名录：**

**主　席：** 廖志常

**副主席：** 马志忠　曹杰权
张标兵　包伟红(女)
彭俊余　邓诗勤

**秘书长：** 许关平（任至2014年2月）
熊树生（2014年2月任职）

## 概　况

2014年，中国人民政治协商会议仁化县委员会（简称“县政协”）在中共仁化县委领导下，高举中国特色社会主义伟大旗帜，深入贯彻落实科学发展观，学习贯彻十八大、十八届三中、四中全会和中共总书记习近平系列重要讲话精神，紧贴加快转型发展主线，突出团结和民主“两大主题”，履行政治协商、民主监督、参政议政“三大职能”，发挥协调关系、汇聚力量、建言献策、服务大局“四大作用”，完成县政协十届三次会议确定的各项工作和县委交办的各项任务，为加快建设“生态、活力、幸福”新仁化做出贡献。

## 重要会议

**【全委会议】** 2014年，县政协召开全委会议1次。

政协仁化县第十届委员会第三次全体会议。2014年2月25日至27日，政协仁化县第十届委员会第三次会议在县政府礼堂召开。县领导刘锋、王晓梅、廖志常和175名县十届政协委员出席大会。

县政协主席廖志常在会上作政协仁化县第十届委员会常务委员会工作报告，报告回顾县政协2013年工作，提出2014年工作意见。县政协副主席张标兵代表县十届政协常委会作县政协十届二次会议后提案工作情况报告。县政协副主席马志忠宣读关于表彰十届二次会议先进政协小组和优秀提案的决定。县领导刘锋、王晓梅、廖志常等为受表彰的6个先进政协小组和《关于周田、大桥、黄坑镇用电管理权属划归仁化供电局管理的提案》等8件优秀提案颁奖。大会期间，丹霞政协小组代表作“关于县城开发建设应与优化环境同步推进建议”发言；长江政协小组代表作“关于进一步加大养猪治污力度的建议”发言；医卫政协小组代表作“关于我县医学人才队伍建设的建议”发言。政协委员还列席县十四届人大四次会议，听取和讨论仁化县人民政府工作报告。县政协十届三次会议上，熊树生当选县政协十届秘书长，刘建存、范全、张深文、曾宪衔4人当选县政协十届常务委员。与会县十届政协委员一致通过县政协十届三次会议决议（草案）。县委书记刘锋在会上讲话，就做好政协工作，提出：一要围绕中心、服务大局，在推动改革发展上有新作为；二要关注民生、履职为民，在促进社会和谐上有新贡献；三要抓好班子、建好队伍，在提升政协工作水平上有新举措。

县委书记、县人大常委会主任刘锋，县人民政府县长王晓梅，县政协主席廖志常，县委副书记黄令遥，县政协副主席马志忠、曹杰权、张标兵、包伟红、彭俊余、邓诗勤在主席台前排就座。县委、县人大、县政府、县法院、县检察院、县武装部、在仁化历届县政协主席等领导在主席台就座。各镇（街）党（工）委书记、县直机关各部门主要领导和市垂直管理单位负责人列席大会。

**【常务委员会议】** 2014年，县政协召开常务委员会议4次。

政协仁化县十届委员会第六次常委会议。1月8日，县十届政协召开第六次常委会议。会议由县政协主席廖志常主持，与会人员听取区毅明代表县政府作关于“县政府2013年的工作情况和提案办理情况通报”，听取县法院、检察院2013年工作情况通报。在听取2013年政府工作情况及提案办理情况通报后，廖志常肯定了县政府2013年的工作，并指出，2013年，在全球经济形势严峻的形势下，仁化县生产总值和公共财政预算收入都实现两位数增长，实属不易，表明县政府2013年工作坚强有力，效果明显。县政府重视政协提案，在财力有限情况下，全部抓好落实，努力解决问题和改善民生。对于县法院、县检察院2013年的工作，认为“两院”工作很好地为仁化县经济和社会发展保驾护航。会议还协商通过县政协十届三次会议议程和日程，讨论修改《县政协2013年常委会工作报告（讨论稿）》和《提案工作报告（讨论稿）》，协商通过2013年先进政协小组名单和优秀提案，协商通过《仁化县优秀政协委员评选办法（草案）》及讨论关于增补和调整部分县政协委员有关事宜。县政协副主席马志忠、邓诗勤就有关事项进行解释说明。

政协仁化县十届委员会第七次常委会议。3月31日，县政协常委会召开第七次会议。县政协主席廖志常，副主席马志忠、曹杰权、包伟红、彭俊余、邓诗勤与全体政协常委参加会议。会议由廖志常主持。该次会议议程有协商通过县十届政协常委会2014年工作要点，协商增补政协委员，协商审定县政协十届三次会议以后委员提案及协商确定重点提案，学习《全国政协十二届二次常委会工作报告》《刘锋书记在全县深入开展党的群众路线教育实践活动动员部署会上的讲话》精神等5项议程。廖志常指出，一个地方的发展离不开工业的发展，因此，县政协也将围绕加快工业园区基础设施建设，加强招商引资力度，改善投资环境等工作进行调研，为县委、县政府决策提供参考。廖志常认为，政协委员所提提案与县域经济社会发展息息相关，反映百姓呼声，质量高，希望委员们都关注和重视提案工作。

政协仁化县十届委员会第八次常委会议。7月23日，政协仁化县十届委员会第八次常务委员会议在县政府礼堂2楼会议室召开。会议由县政协主席廖志常主持。会议主要听取县政府《2014年上半年经济社会发展情况的通报和下半年工作打算》，各政协小组上半年工作汇报及下半年工作计划。与会人员围绕县政府《2014年上半年经济社会发展情况的通报和下半年工作打算》进行协商讨论，就工业发展、环境保护、社会民生事业方面，提出意见和建议。县政协副主席马志忠、曹杰权、包伟红、彭俊余、邓诗勤与全体政协常委参加会议，各政协小组长、县政协科（室）主要负责人列席会议，县委常委、常务副县长区毅明应邀列席会议。

政协仁化县十届委员会第九次常委会议。12月26日，县十届政协召开第九次常委会，县政协主席廖志常主持会议。县委常委、常务副县长区毅明代表县政府向与会人员作仁化县2014年经济社会发展、2015年工作计划及县政府办理县十届政协三次会议提案的情况通报，与会人员还听取县法院、县检察院2014年工作情况通报和2015年工作打算。廖志常在讲话中认为，县政府的情况通报全面并实事求是总结2014年政府工作，2015年的工作计划也符合仁化实际情况。廖志常建议，2015年要调整财政支出结构，统筹安排，集中精力和财力做好全县重点工作和项目，让有限的财力发挥最大作用。廖志常对提案办复情况表示满意，对县法院、检察院2014年工作给予肯定。会议还讨论通过县十届政协四次会议日程和议程，协商讨论通过十届三次会议先进政协小组、优秀提案和优秀政协委员，协商讨论通过十届四次会议委员发言题目，协商通过增补委员人员及同意终止3位政协委员资格。县政协副主席马志忠、张标兵、邓诗勤就有关事项作说明，与会县政协常委纷纷发言，对政府、法院、检察院工作提出建议和意见。

**【主席会议】** 2014年，县政协主席廖志常主持召开主席会议8次。会议主要内容一是学习全国、广东省、韶关市会议精神，学习中共中央、省委、市委、县委有关会议精神；二是讨论研究县十届政协2014年工作要点；三是作出增减政协委员等决定；四是听取提案委情况汇报，确定重点提案；五是研究和讨论常务委员会工作报告；六是确定常委会时间和议程；七是确定县政协十届四次全会时间和议程；八是讨论通过先进政协小组、优秀政协委员和优秀政协提案；九是研究布置开展党的群众路线教育实践活动；十是研究布置政协工作；十一是协商讨论县政协履行职能的相关制度、县政协重大调研课题及重点项目建设工作。

## 重要活动

**【调研视察活动】** 2014年，县政协开展调研3次、视察活动3次。

深入开展专题调研。县政协针对县域工业经济增长乏力，存在土地、环评等瓶颈制约因素，组织委员重点对全县工业发展、“两违”整治、农村住房建设情况进行调研，深入基层，广求意见，把“脉”开“方”，共召开座谈会18次，参加座谈部门20多个。组织部分委员赴福建泰宁和江西于都学习考察，经过调查研究和听取专家意见，形成《关于加快推进我县工业发展的思考》《关于推进治理“两违”的思考》《关于农村住房建设情况的考察》等调研报告。县委、县政府主要领导对调研报告作出批示，认为报告具有很强的针对性和指导性，要求相关部门深入研究，认真采纳，抓紧落实。县政协参政议政实效增强。

精心组织委员视察。县政协紧扣事关改革发展稳定课题和民生问题，深入开展视察活动。2014年，先后组织政协委员就“建成一镇一公办幼儿园”“理顺县城公园归属管理的问题”“农产品质量安全监管”课题开展视察活动，提出一批富有建设性意见建议，得到相关部门采纳，一批委员关注、群众关心的热点、难点问题得到逐步解决和落实。

**【党的群众路线教育实践活动】** 2014年，县政协党组和政协机关开展“为民务实清廉”群众路线教育实践活动。采取集中收听收看、座谈交流方式，学习领会中共十八届三中、四中全会精神实质及中共中央“八项规定”和县委“十项制度”，帮助委员、群众了解大政方针，认清发展形势。认真对照检查，查找不足，召开民主生活会，对作风之弊、行为之垢进行“大排查、大检修、大扫除”，解决人民群众反映强烈的突出问题，改进工作作风，形成自觉密切联系群众思想。以《中国人民政治协商会议章程》和中共中央、省、市委相关文件为依据，结合群众路线教育实践活动，制定和修订《党组成员走访委员制度》《表彰政协小组、优秀提案的实施方案》《仁化县政协机关厉行节约反对浪费制度》等5项制度，废止制度1项，推进县政协工作制度化、规范化、程序化建设。

## 主要工作

**【提案工作】** 2014年，县政协紧抓社会热点推动提案办理。贯彻落实中共中央办公厅、国务院办公厅《关于进一步加强人民政协提案办理工作的意见》，发挥提案民主监督作用。突出抓好提案征集、审查、立案、督办、反馈评议环节，完善工作机制，优化办理效果。在提案办理工作中，实行重点提案领导包抓制度、提案办理督办制度和办理结果回访制度，提高提案办理速度、质量和效果。县政协委员所提提案涉及仁化经济社会各领域，反映情况真实，部分提案研究分析深入，所提建议针对性和可行性强，体现出政协特色和时代特点。40件提案中涉及城市建设和管理方面6件，占15%；涉及科教文化方面8件，占20%；涉及财税方面5件，占12.5%；涉及公路交通方面4件，占10%；涉及医疗卫生方面3件，占7.5%，涉及农林方面4件，占10%；涉及环卫环保方面4件，占10%；涉及治安司法、工商、经贸、旅游等方面6件，占15%。《关于加强我县医学人才队伍建设的建议》《关于县城开发建设应与优化环境同步推进的建议》《关于加大我县消费维权力度的提案》《关于完善滨江路（宝马花园段）与丹霞大桥东侧连接路段的提案》《关于打造生态景观林，发展我县生态文化旅游的建议》5件提案经县政协主席会议审议，确定为2014年度县政协重点提案。提案涉及承办单位21个、协办单位6个。全部提案于7月底答复委员，所涉及问题已经解决或基本解决的15件，占立案总数的37.5%；列入规划、计划逐步解决的20件，占50%；因资金、条件等其他原因暂时不能解决的5件，占12.5%。收到反馈意见28份，其中“满意”26份，“基本满意”2份。

**【加强团结合作工作】** 2014年，县政协贯彻新时期统一战线方针政策，促进各界关系团结和谐，加强与民主党派、工商联和无党派人士团结协作，提供参政议政平台，畅通渠道，凝聚港澳台各界人士智慧和力量参与全县经济社会发展。少数民族和宗教界委员围绕民族团结进步，推动宗教界与仁化县经济社会发展相适应，促进民族宗教关系和谐与社会稳定做了一定工作。

**【文史工作】** 发挥文史资料“存史、资政、团结、育人”作用，挖掘、抢救、保护地方文化资料，组织编撰完成《2007—2013年仁化县文史专题片解说词汇编》。协助省政协开展敢为人先——改革开放广东一千个率先组稿活动，其中《民忧档案》和《全国第一批电气化县》稿件2份送省政协审批。在县电视台开辟委员风采专栏，宣传政协委员事迹，展现政协委员风采。坚持每季发行1期《仁化政协》，丰富栏目内容，及时宣传全国、省、市政协精神和县委、县政府重大决策部署，扩大政协社会影响，树立人民政协形象。

**【信访维稳工作】** 2014年，县政协领导参加县领导干部“大接访”和“干群会客厅”活动，围绕群众关心的征地拆迁、涉法涉诉、生态环境、工农矛盾问题，耐心听取群众心声，通过现场办公、召开协调会议等方式，会同有关部门共同商讨解决办法，督促办理落实。全年，县政协接待处理群众来信来访36件（次），参与调处化解矛盾纠纷20余起。

**【反映社情民意工作】** 2014年，县政协广泛收集社情民意，通过《社情民意信息》，向县委、县政府反映，紧接地气，力促社情民意落实，得到县委、县政府重视。县政府组织召开常务工作会、相关职能部门协调会，认真研究《社情民意信息》中反映的问题，书面回复有关情况，并抓落实。全年收到县政协委员反映的社情民意信息百余条，编印《社情民意信息》3期，推动一批事关群众切身利益、影响社会和谐稳定问题得到解决。2014年7月，仁化县首个“政协委员联系群众工作站”在城口镇成立，开辟一条新形势下政协委员密切联系群众、征集社情民意，促进经济社会和谐发展新渠道，成为社会各阶层各群体利益表达和协调新平台。

**政协仁化县委员会各科（室）负责人名录：**

**秘书长兼办公室主任：**熊树生

**办公室副主任：**蒙万胜　张小兰

**组织联络科科长：**徐仁辉

**组织联络科副科长：**张炳森

**宣传科科长：**朱保森

**宣传科副科长：**叶汉明

（蒙万胜）

# 中国共产党仁化县纪律检查委员会

**中国共产党仁化县纪律检查委员会负责人名录：**

**书　记：**张朝盛

**副书记：**江　云　廖永香（女）

**常　委：**谭春宏　李润平　张建珍（女）　陈少忠

**仁化县监察局负责人名录：**

**局　长：**廖永香（女）

**副局长：**谭春宏　陈少忠　麦海燕（女）

## 概况

2014年，仁化县坚持以中共十八届三中全会精神为指导，贯彻落实中共中央、省、市纪委全会各项工作部署，坚持标本兼治、惩防并举，抓好党风廉政建设“两个责任”落实，按照转职能、转方式、转作风要求，强化主业意识，推进体制机制和方式方法创新，全面推进党风廉政建设和反腐败斗争。

## 重要会议

**【“三转”研讨会】** 2014年1月24日，中国共产党仁化县纪律检查委员会（简称“县纪委”）在县锦城宾馆2楼会议室召开“三转”（转职能、转方式、转作风）研讨会。会上，中共仁化县委常委、县纪委书记张朝盛传达中纪委十八届三次全会精神，与会人员围绕如何落实“三转”展开讨论。

**【中共仁化县纪委十二届四次全会】** 2014年3月4日，中国共产党仁化县纪律检查委员会第四次全体会议在县政府礼堂1楼召开。中共仁化县委常委、县纪委书记张朝盛代表县纪委作《深化改革，锐意进取，努力开创党风廉政建设和反腐败工作新局面》工作报告，中共仁化县委书记、县人大常委会主任刘锋出席会议并讲话。

**【县委反腐败协调小组联席会议】** 3月25日，仁化县在锦城宾馆2楼会议室召开仁化县反腐败协调小组联合办案工作会议。县委常委、县纪委书记、县反腐败协调小组组长张朝盛，副县长、县公安局局长、县反腐败协调小组副组长杨云参加会议。

**【纪律教育学习月活动大会】** 8月15日，仁化县在县政府礼堂1楼会议室召开全县纪律教育学习月活动动员大会暨举办领导干部党政纪政法纪教育培训班。县四套班子领导、法检“两长”，各镇（街道）党（工）委书记、镇长（主任）、纪工委书记，县直单位党政“一把手”，县各副科级以上单位主要领导，县纪委全体干部参加会议。

**【仁化县经济责任审计工作联席会议第一次会议】** 9月1日，仁化县经济责任审计工作联席会议第一次会议在县审计局7楼会议室召开。县委常委、县纪委书记、县经济责任审计工作领导小组组长、县经济责任审计工作联席会议召集人张朝盛出席会议并讲话。

## 主要工作

**【落实党风廉政建设责任制】** 2014年，仁化县落实党风廉政建设党委主体责任和纪委监督责任，制订县党政领导班子和乡科级领导班子党风廉政建设岗位职责，逐项任务分解，签订职位责任书，形成确责、担责、负责局面。加强督促，县委常委会每次安排2名县直机关或乡镇党政“一把手”汇报落实“主体责任”情况。召开基层党委书记、纪委书记座谈会2次，县纪委主要领导约谈乡科级党政“一把手”或纪委书记36人次，督促落实主体责任和监督责任。强化考核和责任追究，制订“两个责任”落实测评体系，实现从注重形式考核到注重结果，从注重年终集中考核到注重平时监督检查的转变，强化考核公平性和权威性。对没有认真履行好责任的15名科级干部实行问责，其中免职3人，公开道歉12人。

**【领导干部廉洁自律】** 2014年，仁化县结合中共中央、国务院和中共广东省委贯彻八项规定精神新要求，修订《仁化县党政领导班子关于改进工作作风、密切联系群众的十项制度》，制定《仁化县党政机关国内公务接待管理实施意见》《关于进一步加强和改进科级干部出国（境）的通知》等制度。开展“会所腐败”整治工作，全年全县33名处级党员干部和585名科级党员干部签订“党员干部不违规出入私人会所承诺书”。

**【“三转”工作】** 2014年，中共仁化县纪委落实“三转”（转职能、转方式、转作风）工作，厘清党委党风廉政建设主体责任和纪委监督责任，明确职能定位，开展议事机构清理，把不该由纪检监察机关承担工作移交给相关职能部门，清退县纪检监察机关参与的议事协调机构87项，精简74%。把小汽车定编、电子监察、绩效考评等工作移交给相关职能部门，确保纪检监察机关回归主业，凝心聚力做好主业，不越位、不错位、不缺位。年内，开展内设机构改革，增设纪检监察二室、纪检监察三室，增强办案力量。清理乡镇纪委书记兼职过多问题，规定乡镇纪委书记要将100%精力放在纪检监察工作上，推进乡镇纪委规范化建设。完成县纪检监察机关内设机构调整、“双重领导”体制和“一案双报告”（线索处置和案件查办在向同级党委报告的同时必须向上级纪委报告）办案机制改革。

**【纪检监察体制机制改革】** 2014年8月11日，中共仁化县纪委在旧锦城宾馆A座502室召开县纪委常委会议。根据上级关于纪检监察体制机制改革有关文件精神，会议决定，在编制、领导职数不变前提下，调整委局机关内设机构设置：保留办公室、宣教室、信访室、审理室；撤销党廉室、监察综合室、效能监监督室、纠风室；成立党风政风监督室（县纠正行业不正之风办公室）；成立案件监督管理室（查办案件指挥协调保障中心）；纪检监察室改为纪检监察一室，另成立纪检监察二室、纪检监察三室；干部室加挂干部监督室牌子。调整方案报市纪委和县委县政府同意后实施。从会议召开之日起，委局按新机构方案试运行。

**【党风政风监督】** 2014年，中共仁化县纪委开展暗访活动13次，对作风涣散、效能低下或不作为、乱作为25个单位和34名干部给予公开通报批评。查处村干部公款旅游案件4起、公车私用案件1起、为官不为案件4起，处理18人，其中给予党纪政纪处分7人。会同有关部门开展规范津补贴、治理“吃空饷”专项行动，查处违规发放津补贴案件1起，清理“吃空饷”人员1名。开展作风突出问题专项整治，与2013年相比，全县发文数量减少28%，会议数量减少31%，“三公”经费下降11.94%；腾退超标办公用房面积14151.16平方米，公开拍卖公务用车8辆。加强作风建设有关制度落实情况监督检查，防止问题反弹，推动作风建设常态化。

【廉政宣传教育】 2014年，仁化县建立县反腐倡廉警示教育基地和廉政教育基地“两个基地”，组织全县党员领导干部到“两个基地”参观接受教育，“两个基地”接待县域参观人数分别是1669人、3000人，接待县外参观人数分别为150人、23877人。开展纪律教育学习月活动，举办党纪、政纪、法纪教育专题培训班。认真剖析县域近年发生的领导干部违纪违法案件，用好反面教材开展廉政教育。开展新提拔科级领导干部任前学廉、考廉、诺廉和谈话活动，提高领导干部廉洁为民意识。深入开展廉政文化“六进”（进机关、进社区、进学校、进企业、进农村、进家庭）系列活动，加强宣传报道，妥善处理网络舆情，营造廉政文化氛围。

【廉政风险防控】 2014年，仁化县开展重点项目廉政风险防控工作，对高标准基本农田建设、周田镇“穿衣戴帽”工程、石塘古村维护开发工程、村集体林地交易、移民资金使用、征地资金分配发放等17个涉资4.1亿元重点项目，实行同步风险防控。抓住项目重点环节，深入排查廉政风险，制定廉政风险防控流程图，规范项目申报审核、招投标管理、组织实施及工程监理、验收、资金支付程序，建立监督和预警机制，做到全过程留痕，有效预防腐败问题。

【民主评议政风行风】 2014年，仁化县列入民主评议政风行风单位52个，其中教育、公安、司法等10个单位为重点评议单位。在全县范围内通过各种方式，广泛征求群众对被评议单位政风行风建设工作意见，共收集意见（建议）194条，经梳理后将142条建议反馈给32个单位限期整改。5月7日，“韶关市‘民声热线’走进仁化”大型户外活动在县体育馆举行，中共仁化县委书记、县人大常委会主任刘锋，县人民政府县长王晓梅上线，并在活动中现场解答群众反映的问题。

【查处违纪案件】 2014年，全县纪检监察机关受理信访举报119件（次），初核线索119件（次），初核率100%；立案63宗64人，其中党纪处分58人，政纪处分18人，党纪政纪双重处分12人，被处分干部中科级干部11人。通过办案，挽回经济损失163万元，澄清问题保护干部45人。年内，仁化县新建谈话点，改善办案条件，强化办案；新增纪检监察室2个，增加办案力量，办案人数达到编制数84.6%，成立办案小组13个，办案协作区3个，建立办案人才库，根据需要，统一调配使用办案人员；建立县纪检监察机关查办案件激励机制；实行从信访初查到移送审理一体化办案制度，完善办案协调机制、联合办案机制、安全办案责任机制。严格落实“查办腐败案件以上级纪委领导为主，线索处置和案件查办在向同级党委报告的同时必须向上级纪委报告”制度。坚持用法治思维和法治方式反腐败，规范并严格执行中共纪律审查审批程序，遵守保密纪律，依纪依法安全审查，确保文明安全办案。

【源头治腐】 2014年3月26日，仁化县公共资源交易管理办公室正式挂牌成立运作（9月2日，划归县政府办管理），并加强监管，建立健全相关制度，公共资源交易不断规范。全年全县通过交易中心公开招标建设工程46宗，中标价5.23亿元；招拍挂出让国有土地11宗，成交8555万元；政府采购70宗，采购金额2310万元；产权交易5宗，交易金额269万元。

【镇（街道）纪委规范化建设】 2014年，中共仁化县纪委根据省纪委统一部署，开展“镇（街道）纪委规范化建设”活动，以推进镇（街道）纪委硬件、软件建设实现两个“六有”（硬件“六有”指有组织、有牌子、有专职工作人员、有专用办公室、有必要的办案设备、有工作经费保障；软件“六有”指有行为规范、有工作职责、有办案规程、有工作制度、有工作台账、有良好形象）为重点，提升镇（街道）纪委建设规范化科学化水平，促进镇（街道）纪委充分发挥职能作用。

**【纪检监察队伍建设】** 2014年，中共仁化县纪委开展群众路线教育实践活动，整改纪检监察机关自身存在“四风”和“庸懒散软浮虚”突出问题20个。广泛开展谈心谈话活动，对干部进行“三严三实”（严以修身、严以用权、严以律己，谋事要实、创业要实、做人要实）教育，强化纪检监察干部纪律意识和自律意识。完善内部管理监督制度，加强纪检监察干部行为规范、廉洁自律十项规定、办案工作制度和外出请示报告制度执行情况监督检查，严防“灯下黑”。开展“转职能、转方式、转作风”大讨论活动，强化纪检监察干部责任意识、担当意识。开展镇（街道）纪委规范化建设工作。分批组织干部到外地交流学习办案经验，派送乡镇纪委书记、副书记参加省纪委举办的业务培训，组织乡镇纪委干部到县纪委跟班学习，提高纪检监察干部履职能力。

**县纪委监察局各室主任、派驻组组长、纪工委书记名录：**

**办公室主任：**（空缺）
**干部室主任：**兰长福
**宣传教育室主任：**王　敏（女）
**党风廉政建设室主任：**张秀群（女）
**监察综合室主任：**黄雪辉
**效能监察室主任：**李志民
**信访室主任：**李兆用
**纪检监察室主任：**赵仕雄
**案件审理室主任：**叶燕红（女）
**纠风室：**（空缺）
**第一派驻组组长：**谭德永
**第二派驻组组长：**胡　伟
**第三派驻组组长：**苏学州
**第四派驻组组长：**李秋霞（女）
**第五派驻组组长：**李　艳（女）
**县直机关纪工委书记：**谭水明
**县政法系统纪工委书记：**刘运山
**霞街道纪工委书记：**饶长田
**县公共资源交易管理办公室：**陈贤德（负责人，2014年3月任职）

（张建珍　曾凡文　胡成明）

# 民主党派·群众团体

## 中国民主促进会仁化县支部

**【概况】** 2014年，中国民主促进会仁化县支部（简称“民进仁化支部”）在民进韶关市委会和中共仁化县委领导，中共仁化县委统战部支持下，坚持以邓小平理论、“三个代表”重要思想和科学发展观为统领，加强会员政治理论学习，围绕中共仁化县委中心工作，积极参政议政，开展社会活动，完成年度工作目标。

**【自身建设】** 2014年，民进仁化支部以专题学习方式组织会员学习中共十八届四中全会精神和全国“两会”及中共仁化县委全委会精神。开展学习中华优秀传统文化活动。学习和交流“优秀传统文化和社会主义核心价值观的关系”“阳明的致良知”“中华传统文化的基本精神”等内容。学习民进中央和民进韶关市委会有关文件精神。通过学习，深入理解中共十八届四中全会精神和中共仁化县委中心工作，提高会员政治理论水平和政治把握能力，为参政议政打下坚实理论基础。

**【参政议政】** 2014年，民进仁化支部重视参政议政，为仁化经济社会发展建言献策。年内，民进仁化支部组织会员抓好选题，要求会员围绕中共仁化县委、县人民政府中心工作，注意收集有关参政议政信息，确定好1个选题上报给支部，支委讨论后确定好选题；深入调查，听取各方意见，提升提案质量。2014年2月，在政协仁化县第十届委员会第三次会议上，民进仁化支部提交《关于加大民办幼儿园的管理力度的提案》和《关于完善滨江路（宝马花园段）与丹霞大道仁化大桥东侧连接路段的提案》2件，民进仁化支部政协会员提交3件提案和1件代表建议。同时，民进仁化支部向民进韶关市委会提交《抓好农村住房建设规划，建设美丽乡村》《加快炭汇林交易平台的建设，推进林业健康发展》等7件选题，供民进韶关市委会作信息和大会发言参考。

**【社会服务】** 2014年，民进仁化支部班子深入会员单位，了解会员工作情况，督促会员认真工作。会员单位对民进会员工作给予高度评价，年内，会员获县以上表彰有5人。同时，民进仁化支部组织会员参与民进韶关市委会组织的济困日捐款计2000元，并组织会员到敬老院开展慰问等活动。

**【开展会员谈心活动】** 2014年，民进仁化支部班子成员利用业余时间，深入会员家中谈心，征求会员对支部活动开展的意见，提出会员工作要求。坚持慰问老会员，了解老会员生活和身体健康，汇报支部工作，获得退休会员好评。同时，及时给予生病或有困难会员关心。

**中国民主促进会仁化县支部负责人名录：**

**主　任：** 邓田庭

**副主任：** 陈运莲（女）　罗兆祥　赖丽恒（女）

（朱家强）

## 仁化县总工会

【概况】 2014年，仁化县总工会有干部职工8人，其中公务员4人，下属单位有工人文化宫，下辖乡镇工会11个，系统工会11个，工会基层组织876个，工会会员50847人。

2014年，县总工会在中共仁化县委领导和市总工会指导下，学习贯彻中共十八大精神，以科学发展观为指导，围绕县委、县政府“四化推四区”战略发展思路，服务大局，服务中心，服务职工，解放思想，开拓创新，狠抓落实，为推动全县经济平稳较快发展及社会事业建设做出应有贡献。2014年，仁化县总工会连续7年被市总工会评为韶关市工会工作先进单位，获“两个普遍”三年工作规划优秀奖；在韶关市职工焊接技能比赛中，被市总工会授予“韶关市职工技术技能竞赛优秀组织奖”；广东电网韶关仁化供电局获广东省五一劳动奖状；县环境卫生管理所被授予“2014年韶关市工人先锋号”称号；远明工艺品有限公司工会被评为省模范职工之家。

【“两个普遍”重点工作】 2014年，县总工会依法推动企业普遍建立工会组织，围绕非公企业建会和会员发展重点，对非公企业法人数据库内未建会企业逐一排查摸底。以组建区域性、行业性工会为突破点，创新途径，推进区域性、行业性工会组建。全年新组建基层工会15家，其中社会组织3个，发展会员825人，非公企业数据库工会组建率100%，入会率100%。在抓建会“数量”基础上，注重建会“质量”。围绕推动企业发展、促进企业稳定、维护职工权益，通过开展“双亮工程”“职工之家”和厂务公开民主管理活动，发挥工会参与、服务、建设作用。依法推动企业普遍建立工资集体协商制度，全年实现建会企业工资集体协商建制率81%以上目标。通过抓典型、树样板，以点带面推动工作开展，保障劳动者合法权益，促进企业健康发展。

【帮扶工作】 2014年，县总工会按照中共仁化县委、政府和上级工会工作部署，切实转变观念，强化服务意识，扎实开展以帮扶困难职工群众为主体活动，为全县广大困难职工办实事、办好事、解难事。深入开展送温暖工程。春节期间，县总工会筹集10万多元，对全县538名困难职工、困难劳模进行慰问；筹集资金15万元，对30人进行生活救助及对20人进行医疗救助。开展夏送清凉活动。2014年8月，筹集资金4万余元，为全县20多家企业工作在一线和野外作业职工送上“王老吉”等清凉饮品一批。积极解决困难职工、农民工子女上学难问题，开展“金秋助学”活动，全年帮扶特困职工子女32名，发放助学金8万元。协助县人社部门在县城文化广场举办“春暖行动”企业用工招聘会，参加招聘用人单位有72家，提供就业岗位6000个。

【维护职工合法权益】 2014年，县总工会加强民主管理和民主监督工作，完善以职代会为载体厂务公开制度，要求企业依法公开相关事项，保护职工群众知情权、参与权，畅通利益诉求渠道，行使职工民主权力。规范平等协商集体合同制度。在企业中，广泛开展建立和谐关系活动，联合人社部门检查重点企业用工单位集体合同、劳动合同签订履约情况，把工资兑现、养老及工伤保险等作为必查内容，检查中发现履约情况好的企业占85%。加大源头参与和监督检查力度，完善以县人力资源和社会保障局、县总工会和县经贸委为成员单位劳动关系三方协调会议制度。采取悬挂宣传横幅、标语、发放宣传资料、义务法律咨询等形式，开展法律宣传活动。12月4日，县总工会在县文化广场宣传发放《中华人民共和国工会法》《中华人民共和国劳动合同法》《中华人民共和国劳动法》《广东省企业集体合同条例》等资料500

多份，增强全县广大职工法律意识和法律观念，学会运用法律武器依法维护自身合法权益。

**【仁化县第五届劳动技能大赛】** 2014年3月，仁化县举办全县第五届劳动技能大赛。大赛设传统文化书法大赛、林业消防技能大赛、现场创伤急救技能大赛、中小学语文教师基本技能大赛、免维护铅酸蓄电池装配大赛、水库防洪技能大赛、现代办公技能大赛7大项目，有5000多人、100家单位参加竞赛活动。通过竞赛，有66人次、8家单位分别获得大赛奖项。

**【宣传弘扬劳模精神】** 2014年，仁化县开展“劳动光荣、工人伟大”系列宣传活动，宣传劳模先进事迹，弘扬劳模精神，在全县营造学习劳模、关爱劳模、尊重劳模、劳模光荣氛围。完善劳模档案资料，深入调查、逐个核实，完善全县103名各级劳模档案，促进劳模管理规范化。做好劳模体检、劳模休养和劳模慰问工作。

**【工会业务培训班】** 2014年3月27日至28日，县总工会在中共仁化县委党校举办工会干部培训班，邀请广东省总工会干部学校南华工商学院副校长李晓明、教授魏晓琳授课，参加培训工会干部100多名。7月，举办工会财务培训班，参加培训工会干部70多名。

**【文体活动】** 2014年，县总工会积极开展群众性业余文化体育活动。春节和重阳节期间，组织退休干部职工参加“庆新春、迎佳节”象棋、麻将比赛活动。10月，举办“工会杯”羽毛球比赛，有20个单位参加比赛。

**仁化县总工会负责人名录：**

**主　席：**张元展（任至2014年7月）

　　　　马小荣（女，2014年8月任职）

**常务副主席：**温永清

**副 主 席：**叶华青

（易　佳）

## 共青团仁化县委员会

**【概况】** 中国共产主义青年团仁化县委员会（简称“团县委”）定编5人，其中，行政编制4人，工勤编制1人。截至2014年年底，在职3人，其中：书记1人，副书记1人，科员1名。全县各镇（街道）、县直属机关、县直属学校均设有共青团组织，具有完整的组织网络。全年全县有镇（街道）团委11个，县直属机关、事业单位团总支（或团支部）18个，学校团委11个，专（兼）职团干部120人；覆盖14周岁至35周岁青年5.6万人，在册团员10250人，团青比例18.3%。

2014年，团县委深入开展中共“党的群众路线”教育实践活动，围绕履行根本职责，充分发挥基本职能，坚持服务大局、服务社会、服务青年，继续开展“关爱留守儿童”“南粤会亲”“志愿服务”活动，参与社会管理和创新，团结动员广大团员青年为构建“生态、活力、幸福”新仁化发挥新时代青年表率作用。

**【青年志愿服务】** 开展学雷锋全民志愿服务行动月活动。2014年，团县委全面开展“弘扬雷锋精神，深化志愿服务”主题学雷锋全民志愿服务行动月活动。3月5日，团县委、县志愿者联合组织各机关团组织走上街头集中开展志愿者服务一条街活动。各级团组织到敬老院开展关爱老人志愿服务活动。仁化一中、县实验学校青年志愿者开展环境保护志愿服务活动以及植绿护绿系列活动活动。团县委组织志愿者团队14个近千名志愿者参加行动月活动，发放各类政策、法规及常识科普宣传资料1000余份，服务群众5000余人次。

配合全县大型活动。2014年3月，团县委组织学校学生志愿者800余人次上街开展街道义务保洁活动，提高市民卫生意识，动员全县市民积极参与创文巩卫活动。4月，组织志愿者10名协助在县体育馆举行的仁化县首届道德模范颁奖典礼。

9—10月，组织近百名志愿者协助县创文办在县文化广场、新城路开展2次“‘裙’说价值观文明进家庭”主题宣传活动。国庆期间，组织志愿者20余名在县城新、老车站开展“文明出行，关爱生命”主题志愿服务活动。11月，联合县公安局交警大队开展“文明出行，从我做起”交通安全志愿服务活动，100人分成4个服务方队轮流上路劝导行人、协助交警疏导交通，为老幼、残疾等特殊人群提供服务。

**【关爱青少年成长成才系列行动】** 关爱留守儿童活动。2014年1月，仁化县在县城文化广场举行“壹基金温暖包”发放活动，全县有144名孤儿、残障儿童领取“壹基金温暖包”。春节期间，团县委开展“幸福广东·青春情暖”2014年春节留守儿童关爱活动，赠送闻韶镇镇泰学校和扶溪镇厚塘小学科普书籍一批，价值8000多元，并为留守儿童送上新书包。通过“结业礼”“开学礼”渠道，向少先队员发出倡议，号召少先队员主动积极参与爱心压岁钱捐赠活动，共筹集爱心捐助资金16557.8元。“五四”期间，团县委统一部署和组织全县各级团组织围绕关爱留守儿童主题，开展关爱留守儿童志愿服务活动。

预防未成年人犯罪工作。5月26日，团县委联合县检察院、县教育局邀请检察院专家在仁化一中举办预防青少年违法犯罪专题讲座，有300多名学生参加。6月26日，联合县公安、司法、妇联等部门在县文化广场开展“仁化县‘6·26’国际禁毒日宣传活动”，现场解答咨询市民200多名。开展“共青团与人大代表、政协委员面对面”活动，发挥人大代表、政协委员在维护青少年合法权益、预防青少年违法犯罪、促进青少年健康成长方面的作用，并进行“加强法律保护，保障未成年人安全和身心健康”主题调研。做好社会治安综合治理联系点工作，深入联系点长江镇莲河村开展调研活动。

“国酒茅台·国之栋梁”希望工程活动。经过严格筛选，确定3名2014年考上大学寒门学子为资助对象，大学期间向他们每人每年资助5000元；向全县29名贫困留守儿童发放2013—2014学年第二学期、2014—2015学年第一学期希望工程助学金合计11000元。

虎门捐资助学活动。5月18日，东莞虎门镇税务部门、团委、以纯集团有限公司到胡坑小学开展捐资助学活动，捐助体育器材、电脑等教学物质一批，价值8万余元。仁化团县委、县教育局、县国税局、县地税局负责人参加活动。

举办“南粤会亲”活动。11月9日，仁化县举行第七届希望工程“南粤会亲”活动，县领导黄令遥、邓田庭、包伟红参加活动。该次会亲活动筹措资金25500元，资助全县各乡镇贫困学生51名。县领导为受资助学生代表发放助学金，向积极参与希望工程扶贫助学和青少年公益事业社会各界爱心人士表示衷心感谢，鼓励学生们珍惜机会，好好学习，做“有理想、能吃苦、懂感恩”之人。受助学生代表表示要谨记恩情，勤奋学习。活动结束后，学生们到爱国主义教育基地石塘双峰寨参观。

**【服务青年】** 2014年，仁化县继续实施“启航计划——韶关青年创业圆梦行动”、“展翅计划——广东大学生就业创业能力提升行动”，联系各乡镇、县直机关及企事业单位为大学生提供实（见）习岗位300个，帮助大学生实现就业创业能力提升。开展大学生暑期“三下乡”活动，有来自广东医学院、华南农业大学等学校在校生50余名到仁化开展暑期社会调研、社会服务、农村支教社会实践活动。开展“青年创业小额贷款”工作，通过整合社会资源，争取上级政策支持，帮助青年获得贷款总计55万元，全部录入台账。提升农村青年技能，联合县农业局开办青年创业培训和技术培训班6班次，培训农村创业青年共150多人次。

【团干部培训】 12月19日，团县委组织全县各级团组织干部100多人在县锦城宾馆参加2014年仁化县团干培训班。培训班邀请韶关市海邻社会工作服务中心中级社会工作师授课，主要讲授社会工作理论和实践、社会加志愿者联动、志愿服务和活动案例等知识，通过观看社工开展服务活动视频，加深团干社会工作认识。

**共青团仁化县委员会负责人名录：**

**书　记：**叶志琴（女，任至2014年1月）
　　　　肖武荣（2014年2月任职）

**副书记：**徐　泳

（叶　睿）

# 仁化县妇女联合会

**【概况】** 2014年，仁化县妇女联合会（简称“县妇联”）深入学习践行党的群众路线，以党群共建创先争优为契机，扎实开展巾帼建功，妇女维权、妇女培训、妇女创业等重点工作，取得工作成效。县妇联2014年成功创建省级“妇女之家”示范点长江镇沙坪村、省巾帼种植示范基地黄坑镇下营村，县妇联被省妇联评为“广东宣传工作先进单位”，仁化县连续4年是省妇联“妇女创业小额贷款工作示范县”。

**【妇女创业行动】** 扎实开展妇女技能培训。2014年，县妇联坚持实际实用原则，利用基层妇女之家开展农村种养技能培训。全年全县妇联系统自办、联办各类培训班25期，培训妇女2700人次，选送3批23名农家女免费到北京农家女学校进行“SYB创业培训”，组织妇女参加县人社局劳动就业培训。通过培训学习有关市场经营和创业知识、技能，帮助创业妇女创新和开拓事业。

政策支持助力女性创业。2014年，县妇联联合县农信社抓好“城乡妇女小额贷款，助推女性创业”活动。年内，发放“妇女创业小额贷款”709万元，贷款回收率达100%。积极推动指导农村妇女创建种植示范基地和新的经济组织，2014年新成立以妇女为主的农村妇女种养经济专业合作社6个，黄坑镇下营村贡柑种植基地被评为2014年韶关市唯一一个省级“巾帼种植致富示范基地”，并获得省妇联4万元基地建设经费。同时，协助县人社局、职校等部门开展“春暖行动”招聘会，提供妇女就业推介服务职位200多个。

**【“巾帼文明岗”创建】** 2014年，县妇联注重发挥机关妇委会组织作用，以创建“巾帼文明岗”为载体，发挥女职工积极能动性，引导全县女职工岗位成才，岗位建功，鼓励各行业女干部职工勇于探索，勇于创新，争创一流业绩，在工作中起到半边天作用，县社保局、县人民银行2个单位被评为市级“巾帼文明岗”。加强省级“巾帼文明岗”跟踪管理，发挥各级巾帼文明岗示范带动作用。

**【妇女维权行动】** 2014年，县妇联从妇女群众最关心、最直接、最现实问题出发，履行维护妇女儿童合法权益职能。

妇女维权宣传。2014年，全县各级妇联组织抓住“三八”维权周、“6·26”禁毒日、“12·1”防艾日、“12·4”法制宣传日等节点，开展形式多样、丰富多彩妇女法制宣传教育活动和法律培训，组织巾帼志愿者到大桥、长江、闻韶等镇开展街头妇女法律宣传或法律知识有奖竞赛活动。全年全县印发《中华人民共和国妇女儿童权益保护法》、制止和反对家庭暴力等宣传资料10000多份，悬挂横幅20条，设立咨询点13个，接受咨询人数3万余人。

妇女信访工作。2014年，县妇联发挥“联”功能，将各种社会资源有效整合到妇女维权工作中，提高妇女维权实效。年内，相继接待多起典型案例，县妇联联系司法、公安、综治等部门协同解决。全年，县妇联受理妇女群众来信来访75宗88人次，做到每起案件有回音、有结果，结案率100%。

妇联维权干部培训。2014年4—9月，县妇联采取社会工作方法，组织乡镇维权干部开展“共同探索，共同成长”成长业务提升小组项目，活动分6期进行，内容有学习培训、案例分析、维权工作分享、自身困惑解答等。该项目创新开展得到上级妇联肯定，并在全市推广。

【六一儿童节活动】 2014年，县妇联整合各类资源，开展一系列关爱儿童公益活动。“六一”儿童节期间，县妇儿工委办协调有关单位，组成由县长王晓梅带队的慰问团分赴基层慰问贫困儿童和教学设施较差的中小学校、幼儿园，送去慰问品、慰问金计2万多元。联合市妇联、安利（中国）韶关分公司，在周田镇中心小学开展“安利幸福盒子计划——为幸福加一公斤”公益活动，20余名志愿者们为100名留守儿童送去学习用品一批，邀请医生讲授溺水、摔伤等各种意外事故处理知识，志愿者与留守儿童一起包饺子，共进晚餐，送给孩子们社会关爱和温暖。

【“关爱女孩”行动】 2014年，县妇联贯彻落实男女平等基本国策，利用基层妇联组织“妇女之家”“儿童友好社区”等阵地开展关爱女孩活动。9月，县妇联邀请心理学专家在周田中学举办“我的青春我做主——青春期女生的自我保护”主题知识讲座，教育预防性侵犯知识。12月，联合县卫计局在城口镇开展“关爱女孩冬季送暖活动”，为挂点联系计生纯二女户送上资金、衣服、书本、文具等物品，让受关爱女孩感到“心有人爱，身有人护，难有人帮”。

【关爱贫困妇女儿童】 2014年，县妇联开展元旦、春节“真情三送”（送爱心、送知识、送健康）活动，组织动员各级妇联干部、女能手和社会各界热心人士为困难妇女送温暖、献爱心，共慰问贫困妇女儿童110人，送上慰问金4.5万元。持续开展贫困妇女儿童扶贫帮困工作，全年全县有“两癌”妇女6名获得粉红春天关怀救助基金2.7万元，为黎道英、曾庆凤等4名贫困单亲母亲争取上级和社会资金共2万多元，筹措资金3.78万元资助贫困学生78名。

【家庭美德教育】 2014年，县妇联以弘扬家庭美德为重点，培育和践行社会主义核心价值观，促进家庭讲文明、讲孝道、讲礼仪、讲仁爱，举办“幸福人生”公益讲座，在全县妇联系统开展“感恩父母，践行孝道”主题活动，外派妇联干部参加县内外中华优秀传统文化学习班，联合学校幼儿园举办“亲子游戏”“感恩父母，促进和谐”等活动，营造崇德明礼氛围。

【文明创建活动】 2014年，县妇联围绕创建全国文明县城及创建平安仁化工作总体要求，开展“平安家庭’创建活动，将书香家庭、廉洁家庭、绿色家庭、最美家庭等各类特色家庭创建活动置于文明平安家庭建设大主题中。“三八”国际劳动妇女节期间，全县命名表彰文明平安家庭标兵户21个、好媳妇17名，绿色家庭18个、书香家庭18个。挖掘和推荐优秀家庭参加省、市妇联评选活动，其中，何秋玉（城口镇）、曾清华家庭被省妇联评为“最美家庭”，赵卉（县卫计系统）被评为“广东百名孝女”，朱玉彩、陈玉莲被评为“广东百名贤妻”，有20户家庭被评为市级五好文明家庭和平安家庭。

【妇女之家建设】 2014年，县妇联按照“资源共享、阵地共建、工作共做”方针，把“妇女之家”建设与基层党组织阵地建设同步推进。结合省市妇联布署要求，以抓示范点推动工作有效开展，全年创建省级市范点4个，市级2个，县级11个。省、市、县示范点均做到“四统一”（即统一牌匾，统一宣传展板内容，统一印制工作制度汇编，统一建档资料样式、内容），实现省、市、县示范点“三级联创”，市、县、镇、村（社区）“四级同管”。上级拨付给省、市示范点经费分别为4万元和2万元。各“妇女之家”借势借力借智，因地制宜开展各类实用技能、家庭道德教育、巾帼志愿服务、妇女创业小额贷款等培训及丰富多彩活动，成为妇联组织凝聚妇女、服务妇女的重要载体。2014年9月，仁化县妇女联合会被《中国妇女报》《农家女》杂志社评为2014年度“妇女之家”标准化建设宣传工作先进集体。

**【“三八”妇女节活动】** 2014年，县妇联为纪念“三八”国际劳动妇女节104周年，组织开展一系列富有意义纪念活动。3月6日，在县体育馆举行纪念“三八”妇女节暨男女平等基本国策宣传及“快乐健身、幸福仁化”巾帼风采展示活动。县领导刘锋、黄令遥、马小荣、李志贞、包伟红与2000多名妇女姐妹们一起参加活动。成立仁化县巾帼志愿者服务队，引导广大妇女热心公益、服务群众；表彰县级妇女先进典范一批，其中县巾帼文明岗1个，县巾帼建功先进个人42人，并利用广播、电视宣传各条战线先进妇女典型，取得良好宣传效果。

**仁化县妇女联合会负责人名录：**

**主　席：**蔡雪香（女）

**副主席：**徐石英（女）

　　　　肖　莲（女）

（肖　莲）

## 仁化县工商业联合会

**【概况】** 2014年，仁化县工商业联合会（商会）（简称“县工商联”或“县商会”）在中共仁化县委、县政府领导下，在上级工商联和县委统战部指导下，坚持以邓小平理论和中共中央总书记习近平系列重要讲话精神为指导，坚持“团结、服务、引导、教育”方针，参加群众路线教育活动，围绕中共仁化县委、县政府中心工作，以“服务企业，促进两个健康发展”为主题，扎实履职，完成各项工作任务。

**【会员教育】** 2014年，中共仁化县工商联党组成员扎实开展党的群众路线教育实践活动，系统学习中国特色社会主义理论，中共十八大精神，中共中央总书记习近平系列重要讲话。结合单位实际，开展系列活动。对照“为民、务实、清廉”总要求，撰写剖析材料和整改措施。通过学习，县工商联班子切实把思想认识和行动统一到中共中央、省、市、县决定部署上来，形成合力。按市工商联统一部署，开展以理想、信念为主题教育活动，增强县工商联会员理论自信，道路自信，制度自信和企业发展信心。宣传落实国家、省、市、县关于加快民营经济发展有关文件精神，促进推动全县非公有制经济健康发展。学习《关于加强和改进新形势下工商联工作意见》，印发仁化县鼓励非公有制经济发展优惠措施。结合群众路线教育实践活动深入走访会员，向会员了解企业情况，宣传中共路线、方针、政策，宣传法律、法规，重点宣传新《广东省安全生产条例》及《广东省企业集体合同条例》。

**【服务会员】** 为企业排忧解难，成效明显。2014年，县工商联帮助会员成功调解各种纠纷12起。对待矛盾纠纷，县工商联及时倾听双方意见，深入调查，公平公正，实是求是提出解决方案，耐心细致做好说服教育，通过各种合法途径，协商有关部门解决。

为企业搭建平台，效果显著。2014年，县工商联利用工商联独特优势，搭建商业平台，增强企业互动，增进会员友谊，凝聚工商联活力。如：2014年元月，组织宏远陶瓷与福宝农庄开展联谊活动；2—3

月，县工商联组织全体执委到阳元村旅游发展有限公司、水上丹霞参观学习、联谊；4—5月，县工商联组织全体执委61人参加乐屋电器商行，好邻居购物广场周年庆典活动；7—8月，组织工商联部分会员到金果园生态农庄参观。全年召集组织各种联谊活动15次。

发挥异地分会作用，内引外联。2014年，县工商联佛山分会积极推介仁化招商环境，热情接待仁化会员，促进两地企业交流。年内，广州市工商联一行15人到仁化进行商务考察，加强仁化企业与广州企业交流合作。

**【乒乓球团体赛】** 2014年6月25—27日，县工商联筹资14.6万元举办“仁化县庆‘七一’‘工商联杯’乒乓球团体赛”，有企业队24支118位运动员，机关队16支80位运动员参赛。赛事章程允许各企业队邀请外援，各代表队共邀请国家乒乓球退役队员6人（如麦乐乐），邀请省队18人，其他10人。经过3天竞赛，仁化县财金党委、仁化兴达有色金属有限公司分别获得机关队和企业队第1名，并各获得1万元奖金。活动共发放奖金5.2万元，奖牌28个，价值100多元纪念品261个。

**【光彩事业】** 2014年，县工商联引导会员积极投身民生事业、参与光彩事业、扶贫济困、感恩行动、扶贫双到等社会公益活动。其中，县工商联主席吴壮海，副主席梁志强为韶关光彩事业理事会各捐资5000元；参加“韶关光彩事业仁化扶中村行”活动，副主席黄建国、李细罗、封建华各捐资500元；县讲师团开展“社会主义核心价值观”主题演讲活动，县工商联捐资2万元；响应县文明办“为青少年献书”倡仪，县工商联捐资5000元购买普法书籍300册，赠送给学校；“八一”建军节，县工商联拿出1万多元。组织部分副主席、执委到仁化武装部、消防、武警，开展拥军行动；落实扶贫“双到”工作，通过与韶关立德会联系，县工商联捐资7000元支持挂点村长江镇凌溪村村小学硬件建设。

**仁化县工商业联合会负责人名录：**

**党组书记：**谢树富

**主　席：**吴壮海

**常务副主席：**谢树富

**专职副主席、秘书长：**罗培槐

**兼职副主席：**梁志强　郑鹏飞
杨文根　林祥伦
朱冠明　黄建国
李细罗　封建华
蔡汉苏
谢九发（女）
周志文　黄伟江
刘津降
刘　艳（女）
钟考波　杨　冲
王铁龙　张深文
刘永强

（罗培槐）

## 仁化县归国华侨联合会

**【概况】** 2014年，仁化县归国华侨联合会（简称“县侨联”）围绕县委、县政府中心工作，结合县域侨情实际，团结动员归侨侨眷和海外侨胞为建设“生态、活力、幸福”新仁化服务。按照侨联章程，履行工作职责，做好服务经济、参政议政、拓展海外联谊、依法维护侨益、改进工作作风、加强自身组织建设工作。

**【理论学习】** 2014年，县侨联通过自学和参加县委中心组（扩大）会议学习等多种形式，学习中共十八大精神和习近平在中共十八届中央纪委二次全会关于改进工作作风，密切联系群众的“八项规定”，厉行勤俭节约、反对铺张浪费重要指示精神，学习中共中央办公厅《关于加强和改进新形势下侨联工作的意见》，《中华人民共和国归侨侨眷权益保护法》及其实施办法、《中华人民共和国国籍法》、《中华人民共和国公益事业捐赠法》、《中华人民共和国出境入境管理法》，维护归侨侨眷、海外侨胞合法权益。在开展党的群众路线教育实践活动中，按照“照镜子、正衣冠、洗洗澡、治治病”总体要求，以“为民务实清廉”为主题，提高工作效率，增强为侨服务能力。

**【为侨服务工作】** 2014年，县侨联围绕仁化“四化推四区”发展战略，强化工作举措，发挥“一厅三档案”（干群会客厅、民忧档案、企忧档案和民信档案）“三同三谈”（即到联系点与联系户群众吃同样的饭、睡同样的床、干同样的农活，并利用空闲时间与群众谈产业发展、谈村容村貌、谈干群关系）载体作用，凝聚侨力，服务仁化经济社会建设。密切联系侨眷侨属，帮助侨眷侨属解决生产生活困难。开展新一轮侨情调查，“新侨、老侨”工作并重，做好全县归侨、侨眷及其子女重新造册登记，新移民和海外联姻新侨调研工作。鼓励引导协助归侨侨眷爱岗敬业，开拓进取，勇于创业，自主经营。开展外商企业在仁化投资规模、经营情况摸底调查，帮助外商解决生产和经营中遇到困难。

**【扶贫双到】** 2014年，县侨联主动与扶贫挂点村联系，村抓好基层组织建设，帮助农村群众解决实际困难。在“广东扶贫济困日”活动中，县侨联荣誉主席罗耀祥认捐16000元，并把其中6000元定向捐给侨联扶贫点东光村。解决挂点村幼儿园设备简陋问题，经省幼儿教育研究处李英联系，与广州碧桂园新塘凤凰城加蒙特国际幼儿园联系，东光幼儿园得到价值3万元幼儿教育书籍和8000元果冻资助，以及幼儿玩具1批。发挥侨联外联优势，引进物资和资金帮扶挂点村。年内引进棉被8张，价值1000元；幼儿教材、衣服、书包、玩具3批次，价值6万多元；引进挂点村文化设施建设资金2.1万元；筹措贫困学子学费5万元，资助大学生3人、高中生2人、小学生3人。做好挂点村计划生育工作指导、参与和督促工作，并出资6000元帮扶挂点村开展计生工作。

**【慰问工作】** 2014年，县侨联继续发挥侨联桥梁纽带作用，平时电话联系沟通归侨近况。节假日普遍走访联系，上门拜访归侨、侨眷，了解他们及在海外亲人情况，送上礼物和慰问金。在春节和重阳节重点慰问困难和年岁大归侨（如困难归侨杨佛英、张连睇、黄冠群，老年归侨罗锦华、曾元英、廖荣英等）。全年慰问归侨、侨眷25人次，送上慰问金6000元。

**仁化县归国华侨联合会负责人名录：**

**主　席：**聂东菊（女，任至2014年10月）

**副主席：**罗楚红（兼秘书长）

王文国（兼职）

陈伟平（兼职）

吴晓蓉（女，兼职）

**常　委：**曾宪衔　幸凯斌

（罗楚红）

# 仁化县科学技术协会

**【概况】** 仁化县科学技术协会（简称“县科协”）挂靠在仁化县科技教育局。2014年，县科协贯彻落实《中华人民共和国科学技术普及法》以及省、市有关科技工作方针和政策，建立、完善全县科普管理制度，围绕“三服务一加强”科普工作职能，面向大众普及科学知识，扎实工作，促进全县科普事业健康发展，为全县经济发展服务。

**【仁化县科学技术协会第五次代表大会】** 2014年10月17日，仁化县科学技术协会第五次代表大会在县科教局召开，参加会议代表96人。大会审议通过了县科协主席黎东代表仁化县科学技术协会第四届委员会所作的《肩负起科技工作者的历史责任为建设生态、活力、幸福新仁化而努力奋斗》工作报告，选举产生县科学技术协会第五届委员会委员、主席和副主席等新一届领导班子成员，审议并通过《仁化县科学技术协会第五次代表大会决议》。

**【仁化县《关于加强新时期科协工作的实施意见》出台】** 2014年6月，仁化县根据《中共广东省委广东省人民政府关于加强新时期科协工作的意见》和中共韶关市委办公室韶关市人民政府办公室《关于加强新时期科协工作的意见》精神，经过广泛征求意见，中共仁化县委办公室、仁化县人民政府办公室结合仁化实际，出台仁化县《关于加强新时期科协工作的实施意见》（简称《意见》）。《意见》从加强新时期科协工作的重要意义和指导思想；充分发挥科协人才智力优势；促进科学技术普及和推广；进一步加强科协自身建设，提高服务能力；进一步加强组织领导，保障科协事业健康发展等方面对全县开展科协工作作出明确规定。《意见》的出台，为全县科协工作和科协事业发展创造良好环境和条件，为做好科协工作和发展科协事业指明方向。

**【走访慰问基层科技工作者】** 2014年，县科协带领部分科技工作者、科普志愿者到董塘、石塘等镇，看望和慰问基层科技工作者11人，听取各领域科技工作者科普工作意见。

**【文化、科技、卫生“三下乡”活动】** 2014年3月18日，韶关市、仁化县2014年文化科技卫生“三下乡”活动暨“关爱留守儿童——放飞心意，励志成才”活动在仁化县长江镇启动，县领导和市县科协、红十字会、团委、妇联，长江镇党政班子等单位负责人参加启动仪式。活动动员县域各有关单位在各镇村相应开展该活动。通过开展农业实用技术培训、居民低碳、健康、安全生活科普讲座等系列活动，向农村群众、城镇居民、青少年普及各类科技知识，引导广大群众建立科学、文明、健康生产和生活方式，提高广大群众运用科学知识处理日常工作、生活能力，推动社会主义新农村建设。其间，据统计参加活动各类科技工作者、科普志愿者计156人次，惠及农民、社区居民群体8000人；上“关爱留守儿童——放飞心意，励志成才”励志课1节，听课学生100多人；现场演示培训应急救护1次；在长江镇举办柑橘种植技术培训班1期，在长江镇浒松村委会举办养鸭技术培训班1期；现场发放科普图书和科技、文化影视光盘一批；通过抽奖形式发放种子、化肥和种植技术资料一批。

**【“科技活动周”“科技进步活动月”宣传活动】** 2014年4—6月，县科协组织开展“科技活动周”“科技进步活动月”活动。活动以“节约能源资源、保护生态环境、保障安全健康、促进创新创造、建设生态、活力、幸福新仁化”为主题，通过科普展览、科技咨询、专题讲座、义诊、发放科普资料等互动形式，开展加快转变经济发展方式、低碳经济与低碳生活、节能减排、防震减灾、预防疾病、普法、保障安全、健康生活、科学种养技术科普宣传活动。活动动员单位和部门33个，国家、省市科普基地、科普带头人、科技工作者、科普志愿者100多人参加活动，接受咨询4200人次，发放科普资料1.5万份（本、册），赠送化肥、种子3000多包，展出《青少年如何自我保护》《关注食品安全，保护身体健康》图片80米。

**【“全国科普日”活动】** 9月23日，仁化县2014年“全国科普日”大型系列科普活动在仁化县黄坑镇举行。活动主题是“创新发展，全民行动”，突出“创新引领未来、创新改变生活、创新在我身边、创新圆我梦想”内容。活动通过举办专题知识等讲座、图片展等一系列科普教育活动，为各类人群宣传科普知识。该次“全国科普日”活动有部门和单位32个，专家、科技工作者、科普志愿者60多名参与，参加培训、接受咨询人数3000人次，赠送各种科普宣传资料1.5万份（册），赠送实用科技产品、肥料等价值3万多元，展出宣传图片60多幅。

**【校园科普】** 2014年，县科协结合文化科技卫生“三下乡”暨“关爱留守儿童——放飞心意，励志成才”活动，到周田小学、长江中学、闻韶学校、黄屋警察希望小学等学校，向学生展示科普图、机器人表演、益智玩具、科普秀等，受益学生2300余人。结合“科技进步活动月”“全国科普日”活动，通过科普知识进校园，开展科普演示、展台操作、科普图片展、教育讲座、发送资料等互动活动，宣传创新创造、发明专利相关科普知识，弘扬科学精神，提高全县中小学生创新科技、知识产权保护意识，激发中小学生发明创造热情，推动全县科技进步和教育事业发展。参加活动学生3000多人。9月24—26日，县科协、丹霞街道新城社区联合广东省科技馆、韶关市科技馆在丹霞学校、石塘镇希望小学、仁化县实验学校开展科普知识进校园活动。活动内容有科普展板、益智玩具、3D科普电影、科普机器人表演、移动球幕影院、航模表演，3200余人参与活动，开启师生眼界。

**【科技创新大赛和生物联赛】** 2014年，县科协组织县域青少年参加科技创新大赛和生物联赛。通过初赛选拔后，组织青少年参加第29届科技创新大赛、2014年广东省中学生生物联赛。活动获得多项奖励，其中获得省一等奖3人、省二等奖6人、省三等奖15人，获得市一等奖3人、市二等奖2人、市三等奖3人。通过科学组织，激发青少年学科学、用科学、提升创新科技热潮。

**【科普宣传】** 2014年，仁化县抓好科普宣传工作，发挥阵地作用，提升科普宣传效应。每周二、周四在县电视台播出科普专题节目《科技之窗》，在县信息中心开设科普专栏网页，及时宣传报道。县科协及各学会、协会、研究会利用“科普专栏”或“科普长廊”平台，大力宣传科普知识，适时调整和更新科普内容，其中，县科协“科普长廊”每月更新科普内容2次。

**【“基层科普行动计划”实施】** 2014年，仁化县实施“基层科普行动计划”，调动全县社会大众开展农村和科普工作积极性、主动性，引领和激发广大农民、社区居民学科学、用科学积极性和创造性，提高广大民众科学文化素质，科普公共服务持续惠及广大民众。年内，县科协把仁化县丹霞街道新城社区居委会和仁化县罗汉果协会作为“基层科普行动计划”实施项目向上级部门申报。2014年7月，丹霞街道新城社区居委会被中国科协、财政部评为“基层科普行动计划”全国科普示范社区；2014年12月，仁化县罗汉果协会被广东省科协、广东省财政厅评委“科普惠农兴村计划”农村专业技术协会先进单位，成为全市争取项目、经费最多的县。

**【普惠农服务站示范建设】** 2014年，仁化县加强科普惠农服务站示范建设，发挥科普惠农服务站作用。开展农村农业科技服务工作，探索和建立科普惠农长效服务机制。经过省、市科协指导和支持，仁化县科普惠农服务站通过增添一系列硬件、软件科普设施，参与科技活动周、科技进步活动月、全国科普日等活动，发挥科普惠农示范带动作用。

**【科普示范基地建设】** 2014年，仁化县抓好科普示范基地建设，促进区域经济社会发展。年内，县科协瞄准“建一个基地、成一片产业、惠一方百姓”工作目标，强化科普示范基地现场指导力度，增强科普示范基地技术辐射和带动功能，加强科普示范基地建设，在全县特色区域经济、社会发展中发挥科普示范基地带动、影响、辐射作用。全年全县建成金果科普示范基地和罗汉果科普示范基地共2个。

**仁化县科学技术协会负责人名录：**

**主　席：**黎　东

**副主席：**温美莲（女）

（梁建军）

## 仁化县文学艺术工作者联合会

**【概况】** 仁化县文学艺术工作者联合会（简称“县文联”）隶属中共仁化县委宣传部主管，设兼职主席1人，副主席1人。截至2014年年底，县文联下辖文艺协会8个（其中制度管辖3个），会员237名（其中国家级会员10名\省级会员47名）。

2014年，县文联以科学发展观为指导，深入贯彻中共总书记习近平系列重要讲话精神，坚持“二为”（为人民服务、为社会主义服务）方向和“双百”（百花齐放、百家争鸣）方针，组织和动员广大文艺工作者共同开创全县文艺事业繁荣发展新局面。

**【文艺活动】** ①2014年1月，组织县书协20余人分别在县城文化广场及乡镇开展“笔墨挥春、祝福仁化、道德春联进万家”活动，为群众免费书写送春联3000余对（幅）。②2月，组织县摄协在县城和长江镇举办“关爱计生家庭，建设幸福仁化”免费赠送200幅“全家福”文化惠民活动。③组织参加韶关市文联主办、市民间文艺家协会承办的“北江源、韶韵风”群众性文化系列活动之韶关市第三届民间工艺作（藏）品展。县文联报送市作品展参展作品获二等奖。④协办“仁化杯”广东省第25届摄影展览活动。该次活动是仁化县历次摄影展览活动中规格最高、影响最大、参与人数最多的全省性摄影展览活动，有效提高仁化县知名度。⑤6月协办“梦里的古村”——广东省古村落摄影大展暨广东省“美丽仁化·魅力扶溪”摄影大赛开机仪式活动，年底颁奖及作品展览，展示古村落恢宏实貌和深厚历史文化底蕴。⑥9月，通过配合开展“山不在高——广东四大名山画卷创作·丹霞山站”开笔仪式活动，让广东山水名画家走进丹霞、认知丹霞、感受丹霞、宣传丹霞，多角度挖掘丹霞山自然风光、人文景观与历史事件创作题材，塑造丹霞山文化品牌。⑦12月22—26日，通过配合中国文联美术艺术中心在仁化开展“中国文联·中国美协送欢乐下基层——全国著名美术家下乡采风活动”，以笔会、艺术交流、画室辅导形式送文化、种文化活动，搭建当地基层美术工作者、学生与艺术家近距离接触和艺术家真正深入基层、深入人民汲取营养、创作优秀作品，奉献社会、服务人民桥梁，促进仁化文艺事业发展。

**【专题创作】** 配合深化推进中国特色社会主义、实现中华民族伟大复兴中国梦宣传教育活动。5月，与宣传部共同开展以“中国梦”为主题，面向社会的书法、征文、摄影作品征集活动。收到征文81篇、书法作品80件、摄影作品110件，评出征文、书法、摄影作品一等奖3件、二等奖6件、三等奖9件。6—8月，与县创文办联合开展“弘扬传统美德，践行核心价值观”演讲大赛，参赛选手用真挚语言讲述对弘扬社会主义核心价值观的理解，传递坚持理想信念、努力学习、不懈追求的正能量。

**【作品展示】** ①组织县书法协会在县文化活动中心展出“三省三县”（广东省仁化县、湖南省汝城县、江西省崇义县）廉政文化书画、摄影巡展，展出摄影作品200件。②组织县摄协会员参加在台湾新北市三重社教馆由广东省摄影家协会主办、中华艺术摄影家学会协办的“大美广东——虎门·仁化摄影作品展”，县20名摄协会员的40幅作品从不同视角展现了美丽仁化的名山胜水，天下独绝的丹霞山风光，古塔、古桥、古刹、古村等胜迹给台湾观众留下美好印象。③承办“印象虎门”摄影作品展，展出作品84件（幅），以具象勾画本土人间胜境，尽显“美丽虎门”“文化虎门”“乐游虎门”魅力和风采。④承办当代著名书画家谢墨“浓墨重彩写丹霞”迎新书画展，展出书画作品53幅。

【文学刊物出版】 2014年，县文联克服人手、经费不足等困难独立承办《丹霞》刊物，全年出版2期，刊登文学作品70多篇，摄影、书法、美术等会员作品40多件，展示仁化纯朴风土人情、深厚文化底蕴。县书协首次出版《丹霞书画报》，搭建文艺爱好者展示平台，助推仁化文学繁荣。

【文学创作】 2014年，县文联继续组织人员编辑"仁化历史文化系列丛书"，提升仁化文化品位，发掘仁化文化潜在价值，促进"生态、活力、幸福"新仁化建设。

书画专集。出版谢志明书法作品《谢志明砚边雅锦》《毛泽东诗词（隶书）二十八集》，骆阳叶《骆阳叶画集》、谭志军《丹霞山诗配书画专集》着手筹备出版。

其他。2014年，骆阳叶创作30多米长美术作品《百虾图》，蓝均昔创作书法作品110米毛泽东诗词长卷和多体千字文长卷，龙兆康诗歌作品《诗情画意看丹霞》登载《广州日报》，范全散文《万时山上春雪奇》《丹霞会月》登载《南方日报》，李学田、邓琼诗歌《火灾》登载《韶关日报》。卢丽华《拒绝浮躁》、刘春香《父亲心中的梦》、赖颖《小镇有梦》、邢庆珊《中国梦·信息梦》、谢嘉文《仁化，我没有理由说不爱你》（组诗）刊登韶关市文联主编的"北江文苑"作品选，陈景涛油画《柿子》《农家丰物》，蒙启春油画《盼》，曾虎亮油画《母爱》，何为君摄影作品《浩瀚星空耀古城》、陈志芳摄影作品《玉树冰枝去山行》，谢锦树《日出丹霞》刊登韶关市文联主编的"北江艺苑"作品选。

【文艺精品】 文学方面。卢丽华《拒绝浮躁》获广东省韶关市"廉洁文化进校园"大赛三等奖。参加仁化县"中国梦"主题征文大赛，谭日辉《黑土地的绿色梦》获一等奖，赖颖《小镇有梦》、刘春香《父亲心中的梦》获二等奖，叶华江《丽水之乡的贡柑梦》、黄丽珍《记一名基层宣传工作者的"中国梦"》、邢庆珊《中国梦·信息梦》获三等奖，刘秀琳《我在梦里写诗》、刘三瑞《我的法官梦》、龚洁云《一个语文老师的中国梦》、谢嘉文《仁化，我没有理由说不爱你》（组诗）、范全《丹霞唤我出书梦》、刘雪萍《我的仁化梦》获优秀奖。赖颖《小镇有梦》、郑玉江《瀛南渔歌 涛声依旧》获"湘粤桂南岭三省六市一区青少年原创文学作品"大赛优秀奖。

摄影方面。参加"仁化县首届农产品摄影大赛"，陈伟明《农耕》获一等奖，吴玮《鸡满园》、刘映芳《收获》获二等奖，郭红伟《欢歌》、叶九庭《稻香园》、王凡路《希望的田野》获三等奖。参加"仁化杯"广东省第25届摄影展览大赛，县摄协有6名会员12幅作品获"1金4铜，7幅入选，4幅本土摄影奖"：谢锦树《丹霞地貌》（组图）获艺术类金奖、本土摄影奖；谢锦树《云涌丹山峰欲动》、何为君《浩瀚星空耀古城》获艺术类铜奖、本土摄影奖；梁海《石塘古村》获多媒体类铜奖；张沛然《群鳄出海》获青年组铜奖、本土摄影奖；谢锦树《禅说》《畲族香火龙》，黄付养《永定承启楼》，张标兵《金锣东游》，温亚苟《锦江画廊》获艺术类入选作品；张沛然《灿若明霞》《神鼋朝曦》获青年组入选作品。参加湘粤赣边三省十县（湖南汝城、资兴、桂东、宜章，广东乐昌、仁化、南雄，江西崇义、大余、上犹）"美丽汝城"摄影大赛，谢锦树《古城新貌》获一等奖，罗兆祥《别有洞天》、张玉玲《国宝古楼星辉映》获三等奖，谢锦树《古祠今韵》、罗兆祥《热水镇新貌》获优秀奖，罗兆祥、马联合、黄付养、张焱旻、张玉玲作品入选。

书画方面。蓝均昔书法作品在"全国书画大赛第十二届阳光杯""毛泽东诗词书法大赛""中国书画大辞典"中均获金奖；谢志明书法作品在"全国书画大赛桔子洲杯""中华兰亭杯""光辉历程全国中老年书画名家题贺大典”中均获金奖，在“中华颂竹诗书画大赛”中获一等奖；骆阳叶绘画作品《生态丹霞》获2014年韶关市“大手牵小手，共筑‘中国梦’书画大赛”一等奖，释然书法作品毛泽东诗词《七律·长征》获二等奖，范全书法《中国梦》行书扇面获三等奖。

**【文艺队伍发展】** 2014年，县文联注重全县文艺队伍建设，发挥文联职能作用，壮大文艺创作队伍体系，为仁化文艺事业繁荣输入新鲜“血液”。截至2014年年底，发展摄影、书画、音乐协会制度管辖协会3个，着手筹备作家协会和观赏石协会。经各文艺协会向上级协会推荐，全年加入中国摄协会员2人、省摄协会员2人，全县有中国摄协会员10名，省摄协会员43人，申报加入省作协会员2人。

**【文艺交流】** 2014年，县文联发挥文艺协会和会员较多、民间文化交流简便易行优势，拓宽交流渠道，通过组织文艺家“走出去”和邀请县外文艺家“走进来”，丰富文化交流内容，深化文化交流层次，扩大文化交流范围。年内，先后邀请乐昌书协、南雄珠玑书画院到访，并举办书画联展活动。借助广东省摄影家协会、虎门镇摄影家协会、中华艺术摄影家学会到仁化开展摄影文化交流与创作采风活动时机，邀请摄影界资深摄影家徐晓刚、沈玲、谢墨等到仁化授课，提高县域摄影爱好者创作水平。

**【仁化获授“广东摄影之乡”铭牌】** 2014年，县文联配合仁化县申报“广东摄影之乡”工作，通过有计划开展一系列活动，宣传仁化大美风光和厚重人文。2014年10月，仁化获授“广东摄影之乡”铭牌，成为全省第一个获得该项殊荣山区县（市、区）。

**仁化县文学艺术工作者联合会负责人名录：**

**主　席：**罗有发（兼职）

**副主席：**陈旭虹（女）

（罗有发　陈旭虹）

## 仁化县社会科学学会联合会

**【概况】** 2014年，仁化县社会科学学会联合会（简称“县社科联”）继续围绕中共仁化县委、县人民政府中心工作，开展仁化社会科学与本土特色文化研究，推进社科理论成果交流常态化，推动全县社科工作迈上新台阶。

**【应用对策科学研究】** 2014年，县社科联围绕中共仁化县委、县政府建设“四化推四区”战略部署，与县委讲师团共同开展理论课题立项调研。8月29日，邀请省社科院科研处处长、博士赵细康到仁化作《仁化如何走生态发展之路》专题讲座，为中共仁化县委、县政府施政战略构思提供理论依据和智力支持。9月，围绕乡村旅游、美丽乡村课题，中共仁化县委组团到浙江省德清县、安吉县等地学习考察当地抓“农家乐”经营管理和美丽乡村建设经验和思路，结合仁化实际深入展开学习研讨和论证，提升全县乡村旅游和美丽乡村建设水平。年内，县社科联组织相关单位和部门撰写并在相关刊物刊登一批优秀理论文章，其中，《森林采伐科学分类管理的设想》《当前采伐管理存在的弊端及解决的途径》《浅析林改后我县林木采伐管理方式的转变》等理论文章参加国家林业局森林资源管理司和中国林业杂志社、林业资源管理编辑部联合组织开展“我为采伐管理改革献计策”2014年征文活动，并通过初步评审进入网上投票；在《仁化宣传》“社科论坛”刊登《仁化生态公益林生态效益量化分析》等理论文章2篇。

**【仁化特色文化研究加强】** 2014年，县社科联联合有关部门加大仁化本土特色文化研究力度，并提出充分挖掘、利用好文化资源的合理建议。配合县文联完成“仁化历史文化系列丛书”初稿编撰工作。做好韶关市哲学社科规划立项课题《丹霞山碑碣、楹联古迹文化研究》跟踪指导服务，并向市社科联报送仁化地方特色文化研究课题《石塘月姐歌》。

**【社科普及和常态工作】** 2014年，县社科联按照上级主管部门部署要求，组织全县各基层党委、学会、协会及社会学者积极参与广东省2012—2013年度哲学社会科学优秀成果奖、韶关市第二届哲学社会科学优秀成果奖评奖活动和2014年度韶关市哲学社会科学规划课题申报。抓好学会拓展和管理，发展学会会员，新成立仁化县梅州客家文化促进会、兴宁客家文化促进会。年内，梅州客家文化促进会编辑出版《梅州人在仁化》，组建仁化县梅州客家文化促进会艺术团；县林学会成立工会组织。广泛宣传贯彻《广东省社会科学普及条例》，弘扬中华民族优秀传统文化，配合中共仁化县委宣传部、县文广新局深入基层举行“明礼崇德，以‘仁’化人”优秀传统文化主题文艺巡演活动；配合县文明办培育“以孝为先，以德为本”新民风，在周田镇周田村创建全省第一个孝心示范村。参加省市社科系统干部培训，提升社科队伍整体素质。推广“韶关社科之家”公共微信平台，组织全县社科系统和有关单位下载并扫描订阅“韶关社科之家”，免费接受社科普及知识、热点聚焦及工作互动。

**仁化县社会科学学会联合会负责人名录：**

**主　席：**（空缺）

**副主席：**（空缺）

（唐　军）

## 仁化县残疾人联合会

**【概况】** 2014年，仁化县残疾人事业持续健康发展，残疾人康复、就业、教育培训、扶贫、监测方面取得成绩，成功创建“白内障工作无障碍县”。

**【残疾人实用职业技能知识培训】** 2014年10月27—29日，仁化县残疾人联合会（简称“县残联”）在县水务酒店举办残疾人实用职业技能培训班2期，邀请县农业局技术员讲授地膜花生种植、养鸽、养鸡知识，每期1天，共培训残疾人156人次。通过实用技能培训，帮助残疾人自谋职业，走自食其力之路。

**【残疾人就业】** 2014年，县残联通过开展残疾人分散按比例就业工作，新安排残疾人在企业就业2名，全年收缴残疾人就业保障金140万元。

**【残疾人基本需求信息入户调查】** 2014年10月，县残联按照省残联要求，开展残疾人基本需求信息入户摸底。全县初步确定残疾人对象3970人。12月1日，正式开展残疾人基本需求信息入户调查，截至12月31日，入户登记残疾人3970人，为制定相关政策提供依据。

**【残疾人监测】** 第二次全国残疾人抽样调查工作结束后，残疾人抽样调查事后监测工作成为残疾人工作中重要工作。2014年12月1日，县残联按照省残联监测工作要求，入户调查扶溪镇紫岭村、斜周村2个监测小区共48户，摸清紫岭村和斜周村分别有残疾人19人、29人，其中：紫岭村18岁以上残疾人18人，18岁以下残疾人1人；斜周村18岁及以上残疾人28人，18岁以下残疾人1人。通过入户调查，掌握残疾人当年家庭经济、生产、生活及康复变化情况，为国家和省政府出台相关政策提供依据。

**【残疾人康复】** 2014年，县残联以残疾人康复为中心工作，主要开展脑瘫残疾儿童康复、白内障复明、残疾儿童肢体矫正康复工作。全年县残联康复中心接收脑瘫残疾儿童20名在康复中心进行训练，支出康复经费86万元。

【白内障无障碍县创建】 2014年，县残联组织白内障患者378人接受复明手术，其中，县残联免费资助256人。同时，做好创建白内障无障碍县申报材料，并在2014年11月12日通过“全国白内障工作无障碍县”省专家组评审。

【助残活动】 2014年，县残联利用“全国助残日”及残疾人节日开展助残活动。在2014年第24次“全国助残日”，县残联开展慰问助残活动，走访慰问残疾人贫困户110户，捐赠轮椅10辆。12月2日国际残疾人日，县残联捐赠轮椅15辆，价值1.2万元。

【残疾人信访和维权】 2014年，县残联以残疾人法律援助中心为平台，主动做好残疾人信访和维权工作，为残疾人提供维权服务。在接待残疾人信访工作中，对残疾人反映的热点、难点问题，县残联依据实际情况给予解释和回复，逐一落实，将矛盾化解在萌芽状态。全年受理上访信3件，接受上访36人次，全部信访逐一回复处理，避免越级上访、群访事件发生。

**仁化县残疾人联合会负责人名录：**

**理事长：**谭东明

（彭正源）

## 仁化县个体劳动者协会和私营企业协会

【概况】 2014年，仁化县个体劳动者协会和私营企业协会（简称“县个私协会”）围绕“服务个私经济发展、服务会员发展”宗旨，强化“自我教育、自我服务、自我管理、自我发展”，以“创新社会管理，促进工商职能到位，服务地方经济发展”为目标，立足“全心全意为会员服务”根本宗旨，履行协会职能，加强协会自身建设，拓宽协会服务领域，充分发挥桥梁、纽带和助手作用，协会各项工作取得新成绩。

【会员思想道德教育强化】 2014年，县个私协会通过深入开展“会员服务活动”“文明诚信经营户”活动，促进会员提升诚信守法经营意识。结合区域特点行业特性，开展管理创新、技术创新、制度创新教育活动，提高会员行业知识和专业水平。

【积极组织各种会员活动】 2014年，县个私协会组织各分会开展春节送温暖、献爱心活动，慰问走访困难会员19户，送上慰问金3800元，送去了组织的温暖，受到了贫困会员的称赞。“三八”国际劳动妇女节前夕，仁化工商个私妇委会组织志愿者20多名到董塘敬老院开展慰问活动，利用工商职工及个私业主捐赠爱心款7000余元为该院31位老人购买生活用品、食品、药品等一批，给老人送去关怀和问候，并送上慰问金。3月7日，县工商个私妇委会在县工商局饭堂举行“美味人生·有你做‘煮’”厨艺大展示活动，县工商系统女员工及县个私女业主50多人齐聚一堂PK厨艺，庆祝“三八”。通过厨艺展示活动，倡导健康、文明、科学、简约现代生活理念，感受生活乐趣，营造和谐团队精神，弘扬中国传统美食文化，展现当代女性在家庭生活中风采，促进妇女爱家庭、爱事业，注重健康营养、绿色环保理念，深化巾帼建功、和谐家庭创建工作，构建和谐美好新生活。“广东扶贫济困日”，县个私协会引导企业参与扶贫济困。个私业主积极响应，慷慨解囊，捐款捐物，奉献爱心，主动参与扶贫济困捐款活动。截至2014年7月3日，县个私协会募捐扶贫款8.8万元，农用生产物资一批（价值1万元），得到政府和群众好评。

**仁化县个体劳动者协会负责人名录：**

**会　长：**张祥运

**副会长：**彭金华　郭炎川

**仁化县私营企业协会负责人名录：**

**会　长：**张祥运

**副会长：**梁志强　刘道明

（范　全　张祥运）

## 仁化县红十字会

**【概况】** 仁化县红十字会是中国红十字会地方组织，是仁化县从事人道主义工作社会救助团体、副科级群团机关，直属县人民政府管理。县红十字会参公事业编制3名。2014年，县红十字会有在职人员3人，其中会长1名由县领导兼任，常务副会长1名，秘书长1名，科员1名。

2014年，县红十字会贯彻落实中共各项政策、方针，以弘扬“人道、博爱、奉献”红十字会精神为己任，履行工作职能，促进红十字会工作为群众服务。

**【基层组织建设】** 2014年，县红十字会加强红十字会基层组织建设，推动社区、企业、事业单位、医院建立红十字基层组织。截至2014年年底，全县组建队伍2支：一支是志愿者队伍35人；一支是县红十字会应急救援队伍40人，由县人民医院、疾控中心、公安、武警、消防等单位人员组成，以应对各类突发公共事件。

**【宣传工作】** 2014年，县红十字会重视宣传工作，采取各种手段进行宣传。传播“人道、博爱、奉献”红十字会精神，提高红十字会公益活动知晓率。制定《仁化县红十会“六五”普法宣传教育规划》，借助“六五”普法活动，宣传红十字会相关政策和法律法规。围绕“5·8”世界红十字日、“6·14”世界献血日、世界急救日，组织开展大规模面对面宣传咨询活动，发放红十字会应急救护知识宣传手册2500册

**【“红十字博爱送万家”活动】** 2014年春节前，县红十字会深入孤、老、病、残、特困家庭，开展“红十字博爱送万家”活动，为困难群众提供服务和帮助。全年开展送温暖活动款物合计10226.79元。

**【新农合大病救助】** 2014年，县红十字会发挥红十字会优势，扩大红十字会社会影响力，完善参与新型农村合作医疗方案，发动社会各界人士支持，主动争取上级资金，依照实际情况，对全县参加农村合作医疗特困病人进行救助。全年救助特困病人57人，救助金额4.55万元。

**【救护培训工作】** 2014年，县红十字会重视提高广大群众防灾避险、自救互救能力和现场救护技能，在日常生活工作中，防范于未然，在突发事件发生时，能有效实施现场救护和应急处理，把灾害和事故造成的损失降到最低程度；在突发事件中，减少伤员的痛苦和伤残，提高生存质量。3月，县红十字会联合韶关市红十字会在长江中学举办应急救护培训班1期，受训师生1200人。

**【社会捐赠工作】** 2014年，县红十字会凝聚社会参与力量。截至2014年年底，县红十字会招募人体器官捐献志愿者3名，并签好协议书。有1名造血干细胞志愿者骨髓与深圳1名患者骨髓配型相符，志愿者同意无偿捐献，并得到家人支持。2014年，县红十字会收到定向捐款107145元，并全部发放到受捐赠者手中。

**【开展心脏病手术】** 2014年，县红十字会以“人道、博爱、奉献”精神，争取社会爱心人士大力支持贫困心脏病患者救治工作。全年帮助贫困儿童先天性心脏病免费手术8人。截至2014年年底，8位患儿顺利进行手术，术后身体状况良好。

**仁化县红十字会负责人名录：**

**会　长：**李志贞（女，副县长兼任）

**常务副会长：**肖世强

（谭芳苗）

# 法　治

## 综　述

【概述】 2014年，中共仁化县委政法委员会（简称“县政法委”）以深入学习党的群众路线教育活动和中共十八大、十八届三中、四中全会精神为指导，以全面创建平安仁化为总抓手，围绕中共仁化县委、县政府中心工作，以加强队伍建设为保障，强化法治建设，端正作风，改革创新，真抓实干，提高政法工作公信力，为决战“四化推四区”和建设“生态、活力、幸福”新仁化提供安全稳定社会环境、公平正义法治环境和优质高效服务环境。

【综治维稳暨创建平安仁化工作】 2014年，仁化县抓住平安建设核心工作，组织实施“六大专项”打击行动（即打击毒品、打击黄赌、打击食药和制假售假、打击电信诈骗、打击涉车、打击涉枪犯罪），依法惩治黑恶势力、严重暴力、涉枪涉爆涉恐、“两抢一盗”、诈骗等严重危害人民群众生命财产安全犯罪活动；加大政法部门协调力度，快侦快破、快诉快判严重影响社会稳定大案要案。把“黄、赌、毒”、“邪”专项整治工作列为平安仁化创建重点工作。全县上下齐抓共管，由县综治办牵头，多次组织公安、工商、文化等部门会议，研究、部署专项整治行动，并制定《仁化县集中打击整治涉黄涉赌涉毒问题专项行动工作方案》。公安机关加大工作力度，积极排查、梳理出赌博、卖淫嫖娼案件线索一批；对涉赌严重地区进行集中打击，突出整治“黄、赌、毒”治安问题，形成强大打击声势，给予犯罪分子强大威慑。2014年全县查处涉黄案件6起，其中刑事案件5起，治安案件1起，提请逮捕2人，刑事拘留2人，治安拘留18人，其他处理3人。查处赌博案件26起，其中刑事案件3起，治安案件23起，抓获涉赌违法犯罪人员134人。提请逮捕5人，刑事拘留8人，治安拘留79人，罚款42人。组织公安、工商、文广新局等职能部门对全县娱乐服务场所开展清查行动8次，出动警力和其他单位人员2447人次，清查歌舞娱乐场所379家次，桑拿按摩场所293家次，沐足场所302家次，美容美发场所526间次，其他娱乐服务场所283间次；取缔无证旅馆业两家，对1间沐足场所、两家旅馆业及两家美容美发场所进行停业整改，协助工商、文化部门依法取缔容易滋生涉黄无证照发廊10间。

【立体化社会治安防控体系】 2014年，仁化县加强治安重点地区、领域排查整治。针对重点整治镇涉赌治安问题突出情况，成立重点整治工作领导小组，挂牌重点整治涉赌突出治安问题。通过多部门多次联合出击，立赌博刑事案件1宗，破1宗，受理赌博治安案件6起，查结赌博治安案件5 起，抓获涉赌违法犯罪人员43人，其中，刑事拘留1人，治安拘留32人，罚款10人。同时，针对其他严重影响群众安全感、集中多发案事件和突出治安问题，公安机关对治安重点地区和领域排查17次，破获刑事案件数99起，治安案件数598起。

**【基层综合管理服务平台建设】** 2014年，仁化县在11个镇（街道）建立“便民服务中心”并正常运作，建立健全相关规章制度，将便民服务向村级延伸，确保在最基层有效解决群众在生产、生活中遇到的各种困难和问题，努力实现“群众不出村、便能办成事”目标，为群众提供最方便、最快捷、最直接“一站式”服务，解决群众关心的热点、难点问题，营造良好发展环境。

**【视频监控二类点建设】** 2014年是社会治安视频监控系统建设三年规划最后一年，县综治办领导多次到各镇（街道）和有关单位了解视频监控二类点建设工作进展情况，多次召开专门会议部署落实。截至2014年年底，县财政拨专款22.9万元用于治安视频监控系统二类点接入平台建设，联网接入工作正在进行中，确保按时完成视频监控二类点建设任务，推动实现全县平安校园、平安社区、平安交通、平安电力、平安金融、平安医院、平安能源等行业和领域技防全覆盖，实现人防、物防、技防有机结合，维护全县社会稳定。

**【社会矛盾有效预防和化解】** 2014年，仁化县各级党委、政府坚持树立依法治理理念，针对群众反映突出的征地拆迁、环境保护、劳资关系、山林纠纷等领域问题和特殊利益群体历史遗留问题，积极向当地党委、政府提出政策建言，推动维护群众合法权益制度完善。促进各地各部门科学、民主决策，对直接关系人民群众切身利益的重大政策出台、重大项目建设、重大事项决定等在项目实施前，对该项目实施过程中有可能出现各类矛盾、各类风险进行预测和评估，提前采取措施进行防范和化解，从源头上预防和减少社会矛盾。全年重大决策社会稳定风险评估共11宗，实施10宗，暂缓实施1宗。提升司法执法公信力，提高人民群众对政法工作满意度，防止因执法不严、司法不公引发社会矛盾。

**【“社会矛盾化解年”工作】** 2014年，仁化县制发《关于印发〈仁化县“社会矛盾化解年”工作意见〉的通知》，制定“仁化县‘社会矛盾化解年’专项治理责任分工表”和“仁化县‘社会矛盾化解年’个案化解包案分工表”，明确分工，落实责任。组织召开“综治信访维稳形势分析研判联席会议”14次，分析、梳理可能发生和已发生影响社会稳定重大矛盾纠纷，研究化解方案。强化督促检查，先后4次组织相关人员对矛盾化解年相关单位进行实地检查督导，了解矛盾化解年工作进度情况和存在困难，研究化解对策，提出整改措施。2014年，全县排查出重大社会矛盾29宗，成功化解28宗。其中：涉农问题重大矛盾纠纷12宗，化解12宗，分别为大岭四组与向阳组山地纠纷、中心村与农场土地争议、水心坝土地权属纠纷、古洋大山争议、董塘大石山争议、夏富一组诉李则西承包山不合法争议、周田村委第21组反映新村长合法性问题、扶溪亚公埂山林争议等；涉劳资纠纷问题共12宗，化解12宗，分别为长发建材有限公司欠薪案、董塘高标准农田建设欠薪、县闻韶扶溪镇建设农田水沟工程拖欠工人工资、银海集团拖欠工人工资、广东天立方建筑有限公司欠薪纠纷、黄坑瑶山电站欠薪案、董塘高标准农田建设欠薪案、何凤华王辉2人投诉仁化县金利达有限公司未为其购买社保纠纷，盈锦花园保安要求购买社保矛盾等；涉环境保护问题2宗，为仁化县石窝垃圾填埋场新建项目矛盾纠纷和董塘血铅问题，经县委、县政府卓有成效工作，石窝垃圾填埋场施工顺利，董塘血铅问题妥善解决；涉医患纠纷和医闹问题2宗，化解1宗，产妇曾某麻醉意外死亡事件院方和家属达成协议，黄坑张某事件正在走司法程序解决矛盾；国家信访局交办案件纠纷1宗，张某反映承包煤矿被强行关闭问题，该矛盾已化解。

【肇事肇祸等严重精神障碍患者服务管理加强】 2014年，仁化县贯彻落实《中华人民共和国精神卫生法》、《国务院办公厅转发中央综治办等部门关于加强肇事肇祸等严重精神障碍患者救治救助工作意见的通知》及省、市有关文件精神，细化措施、落实责任，做到“应治尽治、应管尽管、应收尽收”，防止严重精神障碍患者肇事肇祸重大恶性事件发生。2014年，在县综治办组织协调下，公安、卫生部门对全县精神病患者进行地毯式排查，排查出精神疾病患者1027人，并对精神疾病患者942人进行随访，住院治理11人，发现三级以上有23人。

【铁路护路联防工作】 2014年，仁化县综治办铁路护路工作领导小组贯彻落实全国、省、市有关文件精神，深化平安铁路创建，坚持依法治理、综合治理、源头治理，完善和创新铁路护路联防工作体制机制，确保铁路运输安全畅通有序。全年全县召开铁路护路联席会议2次，排查化解涉路安全隐患4宗，集中清查废品收购站7次计86间次，护路宣传7次，重点宣传《中华人民共和国铁路法》、《铁路运输安全保护条例》、铁路安全常识等，向群众发放宣传杯、围裙、宣传手册等宣传资料一批，受教育群众达3319人次，确保韶赣铁路仁化段顺利开通和安全运行。

【反邪教工作】 坚持做好帮教巩固工作，防止已转化人员出现反复。2014年，仁化县根据《仁化县2013—2015年教育转化决战实施方案》，对全县原邪教“法轮功”及其他邪教人员重新进行信息登记，确定仍需重点巩固人员3人，并与需重点巩固人员所在的长江、周田、石塘镇分别签订“教育转化决战目标责任书”，指导督促逐人落实帮教措施。截至2014年年底，3名需重点巩固人员思想稳定，未发现重新参与邪教“法轮功”非法活动现象，基本融入正常社会生活。2014年9月至11月，仁化县对1999年以后曾经参与或练习过“法轮功”人员进行全面排查及信息录入工作；11月对“全能神”邪教人员进行排查登记工作。2014年5月，对2012年12月在始兴抓获的3名仁化籍人员参与“全能神”邪教非法活动情况进行调查走访，初步掌握其本人及家庭基本情况，为刑满释放后的帮教巩固工作打下基础。

纵深开展反邪教宣传和警示教育，提高群众反邪防邪意识和能力。2014年，仁化县开展一系列反邪教警示教育宣传工作。一是开展“识别和抵制‘全能神’邪教组织”宣讲活动，印发《识别和抵制“全能神”邪教组织宣讲提纲》，要求全县各单位要以“全能神”邪教本质充分暴露为契机，大力开展针对“全能神”邪教组织的反邪教警示教育活动，增强干部群众识别抵制“全能神”邪教组织的意识和能力，形成全社会反对邪教氛围。二是协调县电视台及时做好中国反邪教协会制作的《识破邪教“全能神”》反邪教警示片专题片播放工作。三是专门制作1期针对“全能神”邪教组织的反邪教警示教育专题宣传栏。四是会同县司法局、县普法办联合下发《关于认真组织开展反邪教法制知识竞赛活动的通知》，动员干部群众和学生积极参加网上答题。五是纵深推进，及时更换反邪教警示教育宣传橱窗、宣传栏挂图。通过宣传和打击，全年全县没有邪教事件发生。

始终保持高压打击邪教组织态势。2014年8月，仁化县公安机关相关警种协同作战，全力配合市公安机关统一行动，有效摧毁其他邪教组织活动网络，确保其他邪教组织在仁化县的非法活动能发现得早、控制得住、解决得了。

【涉法涉诉信访工作】 2014年，仁化县政法各单位共登记群众来信来访99件，其中：县政法委转办13件，县法院21件，县检察院16件，县公安局49件，比2013年登记的140件群众来信来访减少41件，群众来信来访下降29.3%。全县政法部门受理涉法涉诉信访案件68

件，其中：县法院9件，县检察院16件，县公安局43件，比上年受理的103件减少35件，同比下降34%。与上年同期对比涉法涉诉信访案件明显下降。主要做法是：一是根据县情和工作实际，印发《关于中共仁化县委政法委员会对政法部门执法活动进行监督的规定》通知，构建大信访工作格局，制订政法各部门领导包案制，对重点、难点及上级督办案件，由政法各部门领导包案。二是以政法部门领导接待活动和县委书记大接访活动、干群会客厅为载体，落实信访责任制，做好群众信访工作。三是将案件质量和效率意识贯穿于办案、立案、批捕、审判、执行、回访等各个环节，从源头上减少涉法涉诉信访案件发生。四是加强沟通协调，内外联动，宽严相济解难题。以关注民生、维护民权、化解民怨、排除民忧、温暖民心为目标，提高司法公信力。

**【司法救助工作】** 2014年，仁化县建立和完善司法救助制度，切实做好司法过程中对困难群众的救助工作，维护当事人合法权益，促进社会和谐稳定。一是由县委政法委牵头，成立仁化县国家司法救助领导小组，制定《仁化县建立完善司法救助制度的实施意见》，明确司法救助制度指导思想，司法救助需遵循原则，资金筹集和管理，对象和范围以及发放司法救助方式和标准。二是县财政将司法救助资金列入本级财政预算，每年拿出10万元作为本级司法救助资金，由县财政局统一管理。如有不足将根据实际情况办理追加。三是遵循司法救助原则，确保司法救助资金专款专用。2014年，仁化县实际使用救助金金额为151755元，救助案件数量9宗，案件性质主要是机动车交通事故和刑事附带民事赔偿案件，救助对象是遭受犯罪侵害或民事侵权，无法通过诉讼获得有效赔偿的当事人，受救助人员共13人。

**【国家安全工作】** 2014年，仁化县国安办主要配合上级部门对网络攻击事件进行调查，全面掌握外商在县域投资情况，对涉各领域重点人员维稳情况进行核查，关注环保领域、劳资纠纷等容易发生社会稳定问题。

**【政法队伍建设】** 2014年，县政法委以党的群众路线教育活动为契机，加强政法队伍建设，坚持中国共产党利益至上，人民利益至上，宪法法律至上。加强政法队伍执法能力建设和思想作风建设，提高严格公正执法水平，保障社会公平正义和群众合法权益。加大执法监督工作力度和案件督办力度，自觉接受人民群众和各种形式监督，减少和防止违法乱纪现象发生。并要求政法各部门要扎实开展党的群众路线教育活动，认真学习领会贯彻中共中央总书记习近平在中央政法工作会议上的讲话精神，切实转变政法干警工作作风，提高执行力。

**【完成县委、县政府交办的各项工作】** 2014年，县政法委做好宝能国际旅游度假和物流项目建设相关工作。做好农业现代化示范区建设工作。由政法委牵头，建立健全重点项目保驾机制，从有关部门抽调15人组成项目查处办，主要查处项目推进中非法买卖土地、“幕后”操纵、乱搭乱建抢搭抢建和非法阻工等违法行为。

**【存在问题】** 2014年，仁化县社会管理综合治理与平安创建工作取得一定成效，但也存在一些问题，主要有：一是个别单位的领导对综治工作与平安创建工作不够重视，相关措施落实不到位。二是个别创平成员单位认为创平工作只是某个部门的事，没有真正履行职能。三是平安细胞创建推进力度有待加强，仍有部分单位存在观望态度。四是维稳形势不容乐观。影响全县社会稳定消极因素仍然存在，各种矛盾纠纷时有发生，群众性集体上访事件也时有出现。

**中共仁化县委政法委员会负责人名录：**
**书　记：**李秀荣
**副书记：**杨　云　何庆林
张　童　郭耀珠
**综治办主任：**凌延盛

（吴长发）

## 公　安

**【概况】** 2014年，仁化县公安工作围绕创建“平安仁化”总体工作目标，围绕“六大专项”打击整治行动工作中心，狠抓命案侦破和严打“两抢”犯罪，举全警之力，集全警之智，多措并举，确保全县社会政治和治安大局持续稳定。全年全局共立各类刑事案件763宗，破282宗，破案率36.96%。另补立年前案件22宗，破年前案件27宗。打掉各类犯罪团伙14个，抓获团伙成员54人，涉案26宗。抓获各类刑事案件犯罪嫌疑人 236人，刑事拘留 197人，提请逮捕197人，批准逮捕154人，移送起诉218人。受理并查处行政案件765起，查结431起，查结率56.33%，查处行政违法人员380人，其中行政拘留271人，行政罚款32人，行政拘留并罚款66人，其他11人。

**【维稳安保工作】** 2014年，县公安局坚持“稳定压倒一切”方针，分析研究影响社会稳定新情况新问题，落实各项稳控措施，确保全县社会政治大局和谐稳定。围绕“两会”、“6·4”25周年、国庆65周年、中共十八届四中全会等节点以及全县中心工作，广辟情报信息渠道，加强情报信息收集，获取在重点工程建设、征地拆迁、土地山林纠纷、“三抢两违”整治、卫生环保、涉军群体等方面有价值情报信息88条，并发出预警。促进“两会”、中共十八届四中全会，“盛世丹霞杯”首届山地自行车赛等重大节假日和重大活动维稳安保工作。针对昆明火车站、广州火车站相继发生恐怖砍人事件的严峻形势，组织20人突击小分队，加强对敌恐怖斗争，切实提高应急处突能力。开展对在粤维族人信息采集会战，开展依法使用武器警械专项训练，强化巡逻防控工作。在各个重要节点，均安排警力携带警犬在县城重点路段、校园周边开展联合武装巡逻，并确保2/3以上警力在岗。2014年，全县未发生暴力恐怖袭击事件。加大《广东省信访条例》宣传力度，认真落实公安机关关于进一步加强和改进公安信访工作意见，深入开展社会矛盾化解年活动。对信访积案进行包案化解，协同上级公安机关和有关部门成功稳控涉煤矿关闭重点上访人员，没有发生到省进京非正常上访情况。组织开展局长接访日和局班子成员到信访办开展接访工作，2014年，全局受理群众来信来访49起，全部办结；办理答复网络问政信息105条，县委书记批示、县领导干群会客厅接访件15件；成功处置化解“两违”整治、征地拆迁补偿等引发群体性矛盾纠纷24起。对县委、县政府的重点项目建设工作，县公安局未雨绸缪，提前应对，制订工作预案，规范用警，并安排足够警力应急备勤，全力服务全县重点工作。对阻挠重点项目建设的违法犯罪行为第一时间查处，第一时间打击，为全县重点项目建设顺利发展营造良好环境。全年出动警力800多人（次），处置阻挠施工40多宗（次），确保丹霞火车站、宝能旅游、董塘垃圾填埋场等一批重点项目顺利推进。根据县委、县政府对扶贫工作提出的目标和要求，县公安局结合实际，因地制宜，采取切实可行的措施，整体推进丹霞街道狮井村、长江镇冷饭坑村扶贫“双到”工作。

**【刑事侦查】** 2014年，县公安局以打击犯罪为主责、以群众呼声为导向、以基础建设为驱动、以队伍建设为核心，开展“六大专项”、“海燕—2014”、“2014天网行动”和打击“两抢”犯罪等专项行动，突出打击重点、创新打击方式、增强打击效能、提升打击效果，实现“更快地破大案、更多地破小案、更准地办好案、更好地控发案”总目标。继续以“命案必破”为目标，加大命案侦破力度，先后破获“杨某故意杀人案”、“叶某、吴某抢劫致人死亡案”、“郑某被伤害致死案”，实现命案发3破3目标，破案率100%。通过开展打黑除恶专项行动，破获以谭某林为首恶势力团伙1个，抓获犯罪嫌疑人7人，侦破贩毒案件7宗、非法容留他人吸毒案件5宗、非法持有枪支案件2宗，其他刑事案件2宗。打击多发性侵财犯罪，全县立多发性侵财案件633宗，破171宗，破案率为27%，比上年同期立547破92相比，破案率上升10.2个百分点，破案绝对数多79宗。县森林分局开展“2014天网行动”、“2014亮剑”、“打击盗伐滥伐林木专项行动”等专项行动，受理各类森林案件302宗，查破213宗，查处率70.5%。

**【“六大专项”行动】** 2014年，县公安局按照省公安厅、市公安局部署，因地制宜，结合全县社会治安特点，统筹兼顾，整体推进，举全警之力，狠抓打击整治工作，连续破获一批刑事案件。全年破毒品案件42宗，抓获犯罪嫌疑人52名，查处吸毒管控人员219人，责令社区戒毒35人，强制隔离戒毒54人；特别是侦破“刘某斌运输毒品案”，抓获涉案人员6人，缴获K粉、冰毒等毒品8.6公斤。打击整治涉黄赌违法犯罪方面，查处涉黄案件7起，其中治安案件2起，提请逮捕8人，刑事拘留8人，治安拘留26人，其他处理4人；查处赌博案件26起，其中刑事案件3起，治安案件23起，抓获涉赌违法犯罪人员136人。提请逮捕14人，刑事拘留10人，治安拘留79人，罚款42人，其他处理1人。打击整治涉食药假犯罪方面，县公安局协调相关职能部门开展对食用油、药店、肉类、民俗食品等热销应节食品药品安全检查，立涉食药案件3宗，破3宗，起诉3人，提请逮捕1人，刑事拘留1人。打击整治电信诈骗及银行卡犯罪方面，破涉银行卡犯罪案件3宗，刑事拘留犯罪嫌疑人3人，提请逮捕2人。立电信诈骗案件11宗，破4宗。成功侦破姚某被诈骗案、方某等被诈骗案。打击整治涉车违法犯罪方面，共破涉车案件86宗，其中破盗窃摩托车案件83宗，盗窃汽车案件3宗，盗窃摩托车破案数与上年相比增长245.8%，特别是抓获陈某、莫某、孙某等犯罪嫌疑人，一举侦破盗窃摩托车系列案件25宗，追回被盗摩托车5台。打击整治涉枪违法犯罪方面，立涉枪案件13宗，破13宗，破案率为100%，缴获各类枪支、弹药一批。

**【经济犯罪侦查】** 2014年，县公安局围绕服务经济建设和2014年经侦工作要点，开展打击银行卡犯罪“海燕—2014”专项行动、“六大专项”、涉食药假专项打击行动和网上打假专项打击行动，开展“三难”问题专项整治行动。侦破一批非法倒卖集体土地案件、职务侵占案件，缓解政府部门压力，避免群众连续上访。强力推进打击犯罪举措，做好全国经侦跨区域办案平台工作。在全国经侦跨区域办案平台协助系统单位办理江苏省泗洪县峰山的假冒知识产权案，江苏省宿迁市泗洪县经侦大队的销售伪劣产品案，北京市公安局通州分局梨园派出所的销售伪劣产品案等9宗跨省、跨区域案件。联系县人民银行、药监、国税、地税、水务、工商、文广新、国土、质监、药质、烟草等行政部门，发挥协同作战优势，加大整顿规范市场经济秩序力度。对非法经营河砂，非法买卖土地，假发票，假烟，假、毒食品、药品，银行卡犯罪、恶意透支等进行一系列专项打击、宣传行动。全年，出动警力120多人次，立经济犯罪案件9宗，破案6宗，采取强制措施8人，提请逮捕4人，移送起诉5人，为群众挽回经济损失85万元，收缴假币76105元。

**【治安管理】** 2014年，县公安局在2013年购置2辆电瓶巡逻车基础上，添置2辆小型面包车，加大案件多发地段、时段巡逻防控和伏击力度，提高群众见警率，安排警力加强县委、县政府办公场所安全保卫工作。创新治安管理手段加强治安行政管理工作。推进旅馆业系统专网改造，全面完成旅馆业系统专网改造工作。推进治安动态视频监控系统、区域报警、金融报警“三大技防系统”建设。拓宽视频监控覆盖面，强化街面和重点部位实时监控。贯彻落实校园周边环境治理“八条措施”（即公安部关于《公安机关维护校园及周边治安秩序八条措施》），坚持定期组织各派出所到全县中小学校及幼儿园进行安全检查和开展法制教育，组织交警、特警在县城主要路段学生上放学期间在学校门口等重点部位开展治安巡逻、交通管理、安全防范等工作。全年全局受理并查处行政案件765起，查结431起，查结率56.34%，查处行政违法人员380人，其中行政拘留271人，行政罚款32人，行政拘留并罚款66人，其他11人。全年，情报平台累计有当地重点人员1108名，在控率100%；接收预警信息处置1980条，按时签收率100%、反馈处置率99.8%、目标发现率93%，通过红色预警信息抓获犯罪嫌疑人员6名。

**【道路交通管理】** 2014年，全县道路交通管理工作围绕“降事故、保安全、保畅通”总目标，以“创文”工作为抓手，落实各项工作措施，推进队伍建设、秩序整治、源头管理、宣传教育工作，全面提升公安交警执法、管理和服务水平，完成春运、清明、五一、端午、中秋、国庆等重大时期节点交通安全保卫工作。以“打击整治机动车涉牌涉证违法行为”“夏季行动”“打四非查四违”（打四非：打击非法改装伪装危化品运输车的行为，打击危化品生产、销售企业为不具备运输许可的车辆非法灌装危化品的行为，打击不具备运输许可的车辆非法运输危化品的行为，打击不具备资格的人员非法驾驶、押运危化品运输车辆的行为。查四违：查处客运车辆违反夜间停运规定、违反接驳运输规定、严重交通违法、违反动态监控制度的行为）专项行动为载体，落实各项严管措施，对酒后驾驶、超速、无证驾驶、假套牌、驾乘摩托车不戴安全头盔、冲红灯等严重违法行为“零容忍”整治。以创建“全国文明县城”工作为抓手，开展城区道路交通秩序专项治理，在县城建设路、新东大街等主要道路施划汽车停车位100余个、摩托车停车位190余个、人行横道1组、树立禁停禁止左转等标志14个，翻新一批残缺、磨损标志标线。全年办理车辆登记注册1526辆，办理驾驶证换、补证3536份次，年检车辆6596辆。全县发生道路交通事故1402起，死亡45人，受伤471人，直接经济损失1283980元，与上年同期相比，四项指数分别上升9%，下降11.8%，下降7%，下降13%。查获各类交通违法行为28000余起，其中闯红灯3600余起，违章停车900余起，酒后驾驶6起，醉酒驾驶1起，假套牌17起，假证4起，无证驾驶46起，暂扣各类违法车辆900余辆。

**【出入境户政管理】** 2014年，县公安局以服务群众，创先争优为目标，提高出入境户政管理水平和民警服务工作能力，组织辖区14个派出所户籍民警和县局民警共31人参加韶关市户政工作会议，进行系统户政业务培训，组织出入境户政科民警科室业务培训多次，加强队伍规范管理，提高户籍员各项素质。推进户口登记管理专项清理整顿工作，着力解决突出问题，完善户籍管理制度。全年纠正错误数据项目12条，通过人像比对平台清理重复户口34个，注销应销未销人员15个。结合辖区实际，灵活采取多种方式开展辖区人口基本信息相片数据采集工作，为居民办理身份证199张，单独采集相片389张，注销户口301个，其中清理重复户口85个。开展电子港澳通行证试点工作，办理港澳通行证新证7258个。开展“群众满意服务窗口”创建活动，通过在出入境办证大厅添置新自助签注机、电子叫号机、POS刷卡机，在办证高峰期增开服务窗口、延长办证时间等措施提高办证效率。全年办理居民身份证10366张，临时身份证2884张，办理出生登记3269人、市外迁入556人，迁往市外1286人。受理出国出境申请14505人，其中受理护照2254人次，来往港澳通行证12251人次，前往港澳定居26人次，往来台湾通行证101人次。

**【监所管理】** 2014年，仁化县规范在押人员管理、教育、收押、提讯和监所安全防范程序，县政府划拨专款5万元新购买电视机、书籍等物品丰富在押人员文化生活。拘留所投入3万多元增设完成安全防护网及改造会见室两间。监管场所按上级公安机关要求开展思想作风专项整顿活动，加强队伍建设，配强监管队伍促进监管工作水平提高，实现监管工作新发展。武警中队根据执勤正规化等级评定要求，抓好勤务能力训练，提高哨兵执勤能力，确保监管场所和押解投监行程安全。看守所2014年关押各类犯罪嫌疑人、被告人、罪犯366人次，深挖犯罪线索8条，破案6宗，抓获犯罪嫌疑人4人。拘留所收押拘留人员350人次，其中，行政拘留344人次，司法拘留 5人次，拘留审查1人。

**【公安法治】** 2014年，县公安局稳步推进执法规范化建设，强化执法质量考评和执法审批工作，确保把好执法质量关。一是狠抓执法“回头看”整改落实工作，排查“黄赌毒”案件181宗，发现问题116个，及时纠正问题95个。二是加强执法监督力度，排查敏感部门岗位、执法关键环节71个，纠正窗口单位不规范问题3个，执法办案方面问题1个。三是开展办案区“四个一律”（违法犯罪嫌疑人被带至公安机关后，一律直接带入办案区，严禁违反规定带出办案区讯问询问；违法犯罪嫌疑人进入办案区后，一律先进行人身检查和信息采集；违法犯罪嫌疑人在办案区内，一律要有人负责看管；在办案区内开展执法活动，一律要有视频监控并记录）专项检查活动，完善办案区设置和使用管理，组织开展业务培训，规范执法办案场所建设和使用。四是严格落实案件审批制度，把牢案件质量关，年内审核各类案件539宗800人，其中刑事案件236宗296人、行政案件303起504人。受理并维持行政复议案件2宗2人，出庭应诉行政诉讼案件3宗4人，市局受理并维持行政复议案件1宗1人，无国家赔偿案件。五是把执法质量考评工作常态化，通过执法质量考评提高办案单位和民警执法办案水平。

**【消防管理】** 2014年，县公安局加强消防安全“四个能力”（提高社会单位检查消除火灾隐患的能力；提高社会单位组织扑救初起火灾的能力；提高社会单位组织人员疏散逃生的能力；提高社会单位消防队员进行原地着装训练会单位消防宣传教育培训能力）建设，开展清剿火患工作，加大对各大酒店、公共娱乐场所等重点消防单位、场所安全检查力度，及时发现隐患，及时督导整改，绝不让隐患形成现实危害，实现火灾事故零死亡目标，石塘镇火灾隐患整治工作顺利通过上级检查验收。全年检查单位436家（次），发现火灾隐患或违法行为100处，督促整改火灾隐患或违法行为98处，下发责令改正通知书171份，下发行政处罚决定书6份，临时查封场所6处，责令“三停”（责令停止施工、责令停止使用、责令停止营业）单位两家，罚款4.15万元。

**【警务督察】** 2014年，县公安局加大监督检查力度，及时查纠有令不行、有禁不止问题，为各项重大警务部署顺利完成提供纪律保障。贯彻落实、巩固中共中央八项规定及成果，加大执纪检查力度，切实纠正打折扣、搞变通行为。健全改进作风常态化制度，把监督检查作为经常性工作常抓不懈。开展办公用房超标问题整改工作，加强单位和个人用车管理，规范县公安局公务用车停放地点和使用，全局所有公务用车（包括制式警车、O牌车和民用牌车）实行集中停放、集中管理，完善相关管理制度，严格控制“三公”经费开支，规范公务接待。开展明察暗访活动，纠正公安机关执法执勤、窗口服务和队伍内部管理方面存在的问题。进行专项行动检查督导16次；对县辖区域酒店、宾馆、娱乐场所开展涉“黄赌毒”问题明察暗访5次；对在岗人员上班纪律情况、执勤执法情况和单位队伍管理、内务管理方面进行明察暗访13次。先后开展“纪律作风建设年”“正风肃纪、依法履职”教育整顿活动，对群众反映强烈、意见较多的一线执法和窗口服务单位，出警缓慢、处置不力、服务不周到不细致等问题进行集中整改。从2014年8月份起，县公安局在局机关实行指纹考勤管理制度，工作作风明显好转。全年查处民警违规问题5宗，全局通报批评12人，会议作深刻检讨3人，免职处理2人，了解谈话6人，提醒谈话12人，诫勉谈话4人。全年全局未有民警因违法犯罪受到刑事行政处罚处理。

**【队伍建设】** 2014年，县公安局健全完善绩效考核机制，分别制定派出所和局机关量化考核标准，科学下达思想政治工作、队伍管理、内务管理和业务工作等硬性考核指标，每季度组织考核1次，及时通报考核结果及排名情况，将考核结果与单位年终评先评优挂钩，激发民警工作积极性、主动性。强化教育培训，科学制订2014年民警分类教育训练计划，分6期采取理论教学、实弹射击相结合训练方式，对全县符合培训条件民警244名开展依法使用武器警械专项训练，提升民警法律素养、应急处突和综合实战技能。按照省公安厅和市公安局要求，及时安排12名“三所三队”（“三所”指派出所、车管所、看守所，“三队”指刑警队、巡警队、交警队）正副职参加省公安厅组织的基层所队长培训，3名民警参加省公安厅组织的武器警械教官培训。另有359人次参加上级组织的各类培训。落实民警体检及休假制度，对考上大学的4名民警子女发放奖励金，对生病民警、因工负伤民警以及民警遗属60多人次进行看望慰问，争取县政府支持，落实民警加班补贴每人每月200元。通过举办“三八”妇女节文体比赛，参加县委宣传部“唱响中国梦、百歌颂中华”群众歌会合唱比赛和县“农信杯”男子篮球赛等活动，培育民警健康向上生活情趣、奋发进取精神。大力选树先进典型，全年全局荣立集体三等功单位2个，荣立个人三等功民警7名，被评为第二届“韶关十佳卫士”民警1名，被县级以上单位评为先进个人等荣誉52人次。

**【群众路线教育实践活动】** 2014年，县公安局围绕第二批中共党的群众路线教育实践活动“规定动作”，结合实际，创新形式，开展学习活动，组织局党委中心组集体学习32次，组织党员民警集中学习5次。各支部集体学习10多场次，开展心得交流22场次，提高全体党员民警思想认识。开展谈心活动、召开征求意见会和深入基层走访方式，广泛听取群众意见建议，召开听取意见座谈会20余次，收集意见建议60余条。开展批评与自我批评，自我剖析，召开专题民主生活会，深刻剖析领导班子、成员及党员民警思想和“四风”方面存在的问题，落实整改，确保教育实践活动取得实效。

**仁化县公安局负责人名录：**

**局　　长：** 杨　云
**政　　委：** 徐于平
**副 局 长：** 杨　智（任至2014年7月）
曾秀琴（女，2014年7月任职）
罗金城　谭作胜
郑　戈

（邓健贵　邓立权）

# 检察

【概况】 仁化县人民检察院（简称“县检察院”）内设政工科、侦查监督科、公诉科、侦查一科、侦查二科、反渎职侵权局、职务犯罪预防科、控告申诉检察科、民事行政检察科、监所检察科和办公室（含案件管理中心）等11个副科级内设机构，1个直属行政单位司法警察大队和1个派出机构周田检察室。政法专项编制40名（机关编制34名，司法检察大队编制3名，周田检察室编制3名）、后勤服务人员数5名。2014年，全院实有在职干警43人。

2014年，县检察院学习贯彻中共十八大、十八届三中、四中全会精神和中央、省委政法工作会议、全省检察长会议精神，围绕全县工作大局和“强化法律监督、维护公平正义”检察工作主题，以开展“为民务实清廉”党的群众路线教育实践活动为契机，改进作风、服务群众，顺应人民群众对公共安全公正司法新期待；以争创一流业绩为工作目标，依法履行法律监督职责，忠实履行宪法和法律赋予职责。

【刑事检察】 2014年，县检察院严格落实省、市、县关于创建平安工作部署要求，把维护社会和谐稳定作为首要任务，依法履行批捕、起诉职能，完善打击严重刑事犯罪快速反应、案件指导和侦查引导机制，提高办案效率，确保案件质量。全年受理公安机关移送案件144件198人，经审查批准逮捕122件155人，不捕20件35人，公安机关撤回1件6人，纠正漏捕19人，监督立案8件11人，监督撤案11件11人，建议行政执法机关移送案件2件2人，向公安机关发出检察建议书9份，提前介入案件41件。受理移送审查起诉和审查不起诉案件183件239人，审结案197件270人，其中依法提起公诉159件213人，追诉漏犯24人；移送他院审查起诉12件19人；作出不起诉决定6件11人；移送单位撤回案件20件27人，发出检察建议书8份，发出纠正违法通知书2份，量刑建议书115份。

【反贪污贿赂工作】 2014年，县检察院以“有为检察”为动员令，把握执法办案中心，履行宪法赋予侦查职能，保持对贪污贿赂犯罪的高压态势；以“办案力度大、质量优、效率高、效果好”为工作标准，严格规范执法行为，提高办案质量，确保办案安全。办案中，加大初查力度，采取“由内到外，逐步推进”侦查战术，先后侦破一些重大案件。如李某某行贿案和中国农业银行仁化支行原行长胡某某受贿案，中信银行佛山顺德支行行长刘某某受贿案和中国建设银行顺德分行原副经理周某某受贿案，原始兴县副县长黄某某涉嫌受贿、利用影响力受贿案等。全年立案侦查贪污贿赂犯罪案件13件13人，其中受贿6件6人（1人涉及数罪：受贿罪、利用影响力受贿罪），行贿4件4人（1人涉及数罪：行贿罪、挪用公款罪），单位行贿2件2人，贪污1件1人，涉及正处级干部1名，副处级干部1名，副科级干部1名。案件侦查终结13件13人，其中移送审查起诉11件11人（包含2013年立案2014年侦查终结3件3人），移送不起诉2件2人。2014年立案案件尚未侦查终结3件3人。

【反渎职侵权工作】 2014年，县检察院反渎职侵权局以执法办案为中心，加强队伍建设，促进司法改革，推进执法规范化标准化，加大办案力度，提高执法办案水平和办案效果，坚持有线索必查，有案必办。针对群众举报渎职侵权犯罪线索少情况，县检察院采取多种形式收集线索，拓宽案源渠道：一是通过阅读书刊报纸、观看电视新闻、走访有关行政执法单位、下乡镇开展法律咨询等形式发现渎职侵权犯罪案件线索；二是加强院内部各业务部门协作配合，完善渎职侵权犯罪案件线索移送机制，破解渎职侵权犯罪发现难问题；三是与上级检察机关联系沟通，发现并获取渎职侵权犯罪线索。全年受理渎职侵权犯罪案件线索9件，初查9件，立案3件3人，移送审查起诉2件3人，提请公诉2件3人。

**【职务犯罪预防】** 2014年，县检察院构建职务犯罪惩防体系，健全预防职务犯罪警示教育和法制宣传长效机制，加大惩治和预防职务犯罪工作力度。开展预防职务犯罪“五进”（进机关、进企业、进乡村、进学校、进社区）工作和个案预防“五个一”（一案一剖析、一案一建议、一案一教育、一案一整改，一案一回看）工作，开展重点领域、行业职务犯罪预防宣传活动，营造廉洁高效政务环境，从源头上遏制和减少职务犯罪发生。通过开展以案释法、警示教育、法律咨询活动延伸预防触角，形成侦防一体化工作格局，按照预防工作机制要求，对典型案件进行预防调查分析，形成较高质量调查报告8篇。全年开展预防宣传和警示教育28次，编写《预防信息》7期，撰写预防调查6篇；进行行贿犯罪档案查询256次，对2家有行贿犯罪记录投标商，招标单位取消其投标资格，为净化全县建筑市场发挥作用。

**【控告申诉检察】** 2014年，县检察院落实控告申诉首办责任制和检察长接待日制度，完善涉法信访案件和群体信访案件妥善处置机制，依法办理各类控告申诉案件，对检察机关管辖的重点信访情况进行全面摸底排查，使苗头问题早消化、矛盾纠纷早处理，维护群众合法利益。开展案件评查活动，对重点部门、重点案件进行逐一排查梳理，对可能引发信访的事由和环节进行分析和预测，全年无一起涉检信访问题发生。全年受理举报线索28件，其中来信19件，来访7件，其他2件。 28件举报案件检察长均作批阅，其中转院内其他部门11件，转公安2件，控申自行初核办理15件。受理群众来信来访16件，其中来信5件，来访11件；16件来信来访中控告9件，刑事申诉4件，民事申诉3件。刑事申诉工作中办结刑事申诉案件3件，刑事赔偿案件1件，刑事被害人司法救助2件，举报人奖励1件。办理省院交办案件1件。

**【民事行政检察】** 2014年，县检察院全面履行民事行政检察职能，耐心做好当事人服判息诉工作；发挥民事行政检察解决“申诉难”职能作用，拓展案源，紧抓办案工作。全年受理各类民事行政申诉案件10宗，其中民事申诉案件7宗，行政申诉案件1宗，督促起诉案件1宗，执行监督案件1宗。审结案件11宗，其中不支持监督申请10宗；办理督促起诉案件1宗并向涉案单位发出督促起诉检察建议1份；建议韶关市检察院向省检察院提请抗诉1宗。

**【监所检察】** 2014年，县检察院监所检察科向县检察院有关部门发出书面羁押期届满提示函23份37人，向市院电话汇报催办案件14人次，督促看守所向办案单位催办案件348件469人。参与看守所清仓大检查活动11次，及时发现安全隐患并向县公安局（针对县看守所存在安全隐患问题）发出书面检察建议书6份，向看守所提出口头建议20条，口头纠正意见5次，均被采纳和纠正。处理、防范、化解监管安全事故11起。在监外执行和社区矫正工作中，发现脱管人员5人，重新犯罪人员1人，针对发现的违法情形和存在问题，及时向县公安局、县司法局发出书面“纠正违法通知书”3份、“检察建议书”5份，监管机关全部予以纠正或整改。对在押人员进行谈话教育54人次，应在押人犯约见要求、接待人犯咨询法律61人次；通过监控系统等形式上法制课2次，受教育人员182人。

**【参与和推进社会管理创新】** 2014年，县检察院发挥检察机关在执法办案中社会管理职能，注重将办案效果向完善社会管理机制、促进社会法治进步延伸。一是利用检察资源优势，通过执法办案打击和预防职务犯罪，在办案中留意查找社会管理漏洞，完善社会管理机制，促使国家机关及其工作人员正确履行社会管理职责。二是发挥检察建议在堵漏建制、预防犯罪方面的作用。对在执法办案工作中发现的社会治安防范、社会管理机制方面存在的突出问题，及时向党委、政府和发案单位及其主管部门提出堵塞漏洞、健全制度、强化管理建议，促进社会管理水平提升。三是加强和规范派驻周田检察室工作，主动延伸法律监督触角，促进检力下沉，深入走访基层群众，积极开展法制宣传教育活动，加强初信初访工作和基层执法司法法律监督，依法及时妥善处理信访问题。

**【检察队伍建设】** 2014年，县检察院坚持把队伍建设放在首位，以执法规范化标准化、队伍专业化职业化、管理科学化信息化、保障现代化实用化为目标全面加强队伍建设。全年全院干警未发生违法违纪现象，未收到任何案件当事人、律师投诉。一是通过深入开展“为民务实清廉”党的群众路线教育实践活动、纪律教育学习月活动和“增强党性、严守纪律、廉洁从检”专题教育活动，使干警自觉践行检察职业道德，把“信念坚定、执法为民、敢于担当、清正廉洁”要求真正落实到日常工作和生活中。二是组织干警参加业务、综合素质培训活动，鼓励青年干警参加学历再教育和司法考试培训，全面提高干警文化知识水平。根据工作实际，开展“以案代训”“以案代培”岗位练兵活动，加强素能培养，提高发现违法犯罪、侦查突破案件、收集固定审查运用证据、适用法律政策等法律监督能力，提高干警执法能力、执法水平、执法公信力。三是加强检察文化建设。组织干警撰写“检察日志”，形成勤思考、细观察、善总结工作作风，发扬爱岗、敬业、务实、勤勉工作精神。四是抓好干警“八小时以外”监督管理。通过掌握干警思想动态，组织干警学习《廉政准则》《检察人员八小时外禁令》《检察人员纪律处分条例（试行）》，增强干警廉洁意识、公仆意识和勤政为民思想，杜绝违法违纪事情发生。

**【检察调研宣传工作】** 2014年，县检察院将检察信息和新闻宣传工作有效结合，加大工作力度，完善信息宣传工作机制，检察信息宣传工作呈现良好发展态势。全年全院干警撰写调研文章、工作情况等信息稿件156篇。其中《检察日报》采用4篇，《广东检察队伍建设》采用2篇，《广东省检察理论研讨文章汇编》采用1篇，《韶关日报》采用2篇，《韶关检察》采用8篇。参评韶关市检察机关第二届“我的办案故事”征文评选活动作品17篇，并获得一等奖2篇，获得三等奖2篇，获得优秀奖12篇。

**【“两房”建设】** 县检察院“办案用房和专业技术用房”于2012年9月奠基，建设工程严格按照中共中央关于修建楼堂馆所有关规定公开招投标，厉行勤俭节约。于2014年12月竣工，12月26日正式启用。总建筑面积6790平方米，同步配套临街独立控申视频接访大厅，主楼内配套办案工作区、安全监控防范系统、检察内部网络办公和远程会议视屏系统等设施，检察专业化、信息化水平得到全面提升。设立图书室、电子阅览室、篮球场、干警食堂等学习、锻炼场所。“两房”大楼投入使用，为改变县检察院基础设施落后局面，改善干警学习和办公工作环境，促进规范办案，保障办案安全，推动各项检察工作全面发展提供重要保障。

**仁化县人民检察院负责人名录：**

**检 察 长：**肖建红

**副检察长：**徐友生 冯卫国 李 红（女）

（邱少芸）

# 法　院

【概况】 2014年，仁化县人民法院（简称“县法院”）围绕“努力让人民群众在每一个司法案件中都感受到公平正义”目标，深入开展“三个年”（改革创新推进年、司法公开深化年、队伍建设强化年）活动，忠实履行宪法和法律赋予的职责，为仁化经济建设和社会发展提供坚实的司法保障和法律服务。全年受理各类案件1340件，审（执）结1319件，法定（正常）审限内结案率99.54%，解决诉讼标的金额14910.94万元。11项排头兵核心指标全部达标，名列全市法院第一。

【刑事审判工作】 2014年，县法院开展刑事审判工作，依法打击各类刑事犯罪，受理和审结刑事案件141件185人。依法严惩严重刑事犯罪，维护社会稳定，对一起4人蒙面抢劫犯罪分子分别判处有期徒刑11年5个月至15年，剥夺政治权利3年至5年，并处罚金2万元至3万元。打击贩毒罪行，从严判处贩毒犯罪9件9人，其中最高判处有期徒刑15年1人。配合市、县开展打击盗伐滥伐林木专项行动，判处盗伐滥伐林木犯罪13件16人，其中判处有期徒刑3年以上有2人。严惩贪污受贿犯罪，加大打击行贿犯罪力度，对某单位行贿罪犯判处有期徒刑4年。加强监外执行的审查，对一患有艾滋病的抢劫罪犯，在征求检察院、公安机关意见后，对其提出监外执行的申请未准许，依法将该罪犯移送到专门收押艾滋病犯人的广东省乐昌监狱收监执行。

【民、商事审判】 2014年，县法院精心开展民商事审判工作，推动经济发展家庭和睦。全年受理各类民商事案件868件，审结853件，结案率98.27%，解决诉讼标的金额10820.94万元。依法解决合同纠纷，尊重当事人意思自治，保护守约方合法利益，促进经济发展。慎重审理约定利息借款等易引发社会矛盾的民间借贷案件，依法打击高利贷行为，及时采取诉讼保全措施，尽可能维护债权人合法权益。妥善调处婚姻家庭纠纷，以维护婚姻家庭稳定为原则，做好调解工作，不符合法定条件的，坚决判不离婚。依法稳定农村土地承包经营，妥善处理农村集体土地征用案件，切实保障被征地农民合法权益。在民商事审判中认真贯彻“能调则调，当判则判，调判结合，案结事了”原则，耐心做好调解和息诉工作，从根本上解决纠纷，促进社会和谐、家庭和睦。

【行政审判】 2014年，县法院审慎开展行政审判工作，促进依法行政。全年受理行政诉讼案件33件，审结31件，结案率93.94%，受理审查、裁定准予执行非诉行政执行案件21件。根据《广东省高级人民法院关于调整全省法院行政案件级别管辖的通知》规定，自2014年起，县级以上人民政府作出的土地、山林权属确权行政纠纷类案件，由被告所在地基层人民法院管辖，由此导致行政诉讼案件数量大幅增加。审结行政诉讼案件中，维持具体行政行为9件，驳回诉讼请求或起诉10件，撤销具体行政行为、确认具体行政行为违法或无效8件，经协调和解促成原告撤诉3件，行政争议得到实质性化解。

【执行工作】 2014年，县法院加强执行工作信息化建设，切实实现当事人合法权益。全年受理执行案件294件，执结291件，结案率98.98%，执行到位金额4181.89万元。年内，县法院贯彻全国法院执行信息化建设现场会精神，根据最高人民法院部署的“转变执行作风、规范执行行为”专项活动，克服专项活动任务繁重、人手紧张等困难，扎实开展“一核录、四清理”工作（重新全面核实、登记执行案件，清理金融债权执行案件、一年以上未结执行积案、涉民生执行积案和上一级法院交办督办的执行信访案件），其中，清理涉民生未结执行案件33件涉及金额

216.98万元。解决人民群众反映强烈的消极执行、消极协助执行、规避执行、阻碍执行等突出问题，着力化解执行难、执行乱。一是将2007年1月1日前未录入到“全国法院执行案件信息管理系统”的未结执行案件796件全部补录到系统，所有未结执行案件的被执行人信息均可在“全国法院被执行人信息查询”系统中进行查询，有助于督促被执行人履行法院生效判决。二是按照《最高人民法院关于公布失信被执行人名单信息的若干规定》要求，将不如实反映财产信息、逃避执行的37个失信被执行人信息录入“最高人民法院失信被执行人名单库”。因最高人民法院会同中央文明办、公安部等八部门会签《“构建诚信，惩戒失信”备忘录》，失信被执行人的出行、消费、工作等方面受到诸多限制，年内，有21个失信被执行人主动到法院交纳执行款。

【**群众路线教育**】 2014年，县法院根据《仁化县深入开展党的群众路线教育实践活动实施方案》部署，围绕“为民、务实、清廉”内容，贯彻“照镜子、正衣冠、洗洗澡、治治病”总要求，扎实开展党的群众路线教育实践活动，改进全体干警司法作风，提高审判质效。

*学习理论知识，组织开展教育活动。*组织党员干部学习《论群众路线重要论述摘编》《厉行节约、反对浪费重要论述摘编》读本。组织全体干警听取“党的群众路线理论90年回眸与反思”“我们的红旗是用烈士的鲜血染红的”专题讲座，观看教育影片《焦裕禄》等8部和警示片《昨日法官的铁窗泪》。面向国旗，奏唱国歌，宣读誓词，举行法官宣誓仪式。

*践行群众路线，为民办实事办好事。*落实“扶贫双到”要求，到扶贫联系点向贫困户发放慰问金10200元。开展“五送帮耕”活动，为石塘镇水历村121家农户送去鸡苗、鸭苗1700羽价值8500元。周田法庭、刑庭便民司法，将法庭搬到当事人家中。完善社会治理，各业务庭结合审判执行中发现的问题，向县国土资源局、邮政储蓄银行等单位提出司法建议19件。提供送法上门服务，行政庭庭长到县林业局就办理林业行政确权案件中应注意的问题进行讲座；研究室副主任从司法审查角度，分析银行信贷风险防控，为农信社员工授课；周田法庭副庭长给人民调解员讲授涉农村土地承包纠纷的处理方法及到中核韶关锦原铀业有限公司为干部职工讲解公司法。

【**司法管理完善**】 *加强审判管理，规范司法权力运行。*一是加强办案流程监管。依托法院综合业务系统，案件立案、排期、审判、执行、归档等环节全部纳入审判管理监督范围，形成完整办案流程链条，加强案件节点控制，实现无缝隙监督管理。二是加强案件实体裁判监督。立案阶段严格立案标准，防范虚假诉讼；审理阶段合理运用证据规则，及时查明案件事实；裁判阶段强化文书说理，让胜方明白、败者清楚。三是加强案件评查监督。开展庭审观摩和裁判文书“两评查”活动，并实现制度化、常态化；实行法官庭审活动随时监督，当场评查，发现问题，及时整改；组织开展优秀裁判文书评选活动，发扬长处，改正不足，促进审判质量提高。

*抓好党风廉政建设，开展审务督察工作。*一是全面贯彻落实党风廉政建设责任制，建立健全惩治和预防腐败体系。年初，院长和副院长，副院长和分管庭室队负责人签订“党风廉政建设责任书”，全体干警签订“廉政承诺书”，做到“一岗双责”，层层落实责任，形成反腐倡廉建设齐抓共管局面。二是开展廉洁司法教育活动，坚定理想信念。组织全体干警学习《最高人民法院关于“五个严禁”的规定》《中华人民共和国法官职业道德基本准则》《法官行为规范》等纪律规定。宣传、学习陈光昶等先进典型，弘扬法官

敬业精神。组织领导干部到反腐倡廉警示教育基地（县国土资源局）和县廉政教育基地（石塘双峰寨）参观学习，增强党性修养和廉政自律意识。三是落实审务督察、廉政监察员、廉政档案及案件监督卡等廉政制度。县法院监察室对院内各部门纪律作风、法警队安保措施、公车管理、“三重一大”项目、“三公”经费使用公开及涉案款物管理等方面进行随机督察，全年开展审务督察28次。组织全体干警依时按要求填报2014年度廉政档案信息，各廉政监察员抓好督促落实。监察室制作“廉政与作风评价卡”，要求审判执行部门在每个案件审（执）结后，将评价卡与裁判文书同时送达给当事人及其代理人，全年发出评价卡1132份，回收449份，其中满意427份。

**【阳光司法建设】** 推进司法公开“三大平台”建设，让司法权力在阳光下运行。2014年，县法院贯彻执行《最高人民法院关于推进司法公开三大平台建设的若干意见》，推进司法公开“三大平台”（审判流程公开、裁判文书公开、执行信息公开）建设。一是审判流程公开。将案件的立案、听证、庭审通过公告栏、滚动电子屏幕等向社会公开。二是裁判文书公开。根据《最高人民法院关于人民法院在互联网公布裁判文书的规定》要求，除涉及国家秘密、个人隐私、未成年人违法犯罪等特殊情形外，符合条件的法院生效判决书、裁定书一律上传至“中国裁判文书网”对外公开，公开是原则，不公开是例外。截至2014年年底，县法院在“中国裁判文书网”公开裁判文书467份。三是执行信息公开。受理执行案件后，将案件执行的每一个节点都通过告知、网络等方式适时向当事人和社会公开。

定期联络人大代表政协委员，旁听庭审监证执行。2014年，县法院成立与县人大、县政协联系机构，指定专人负责联络工作。定期走访人大代表、政协委员，征求人大代表、政协委员对法院工作的意见和建议。年内邀请人大代表、政协委员到县法院视察工作、旁听重大案件庭审和现场监督执行活动88人次。

精挑细选严格政审，实现人民陪审员倍增计划。2014年，县法院人民陪审员由原来的9人增至25人，完成最高人民法院提出的人民陪审员倍增计划。在选任人民陪审员工作中，注重来源广泛性和代表性，把群众威信高、品德好、能力强、热爱陪审工作的公民吸收到人民陪审员队伍。新增选的16名人民陪审员有工人、农民、社区居民、退休专家、退伍军人、退休教师等。他们生活在基层，了解社情民意，对社会矛盾排查化解有独到资源优势和丰富经验，有利于协助法官解决纠纷，让人民群众更广泛参与、监督审判工作。

重视司法宣传，发挥隐性司法作用。2014年，县法院印发法院工作简报18期，撰写司法调研文章24篇，在《南方日报》、《南方法治报》、《韶关日报》、韶关广播电视台等各类媒体发表稿件184件，较好宣传法院工作和法官形象。

**【基础设施建设加强】** 加大基础设施投资力度，为法院工作提供硬件支撑。2014年，县法院开通远程视频接访系统，方便涉法涉诉信访当事人向上级法院反映诉求。年内完成视频监控二类点建设，6个监控网点接入县公安局监控平台。建成有42个车位停车棚，车辆摆放整齐。

**【司法救助】** 2014年，县法院关注困难群众司法需求，切实支持老人、儿童、妇女、失业人员、残疾人等困难群体诉讼权利，全年为18件25名经济确有困难当事人缓减免诉讼费9.35万元，给5件5名申请执行人提供执行救助款2.28万元。

**【涉法涉诉信访】** 2014年，县法院接待群众来信来访21件34人次。对法院裁判结果不服的信访，引导其通过上诉、申诉途径予以解决；对不属于法院职责范围内的信访，告知其到相关部门解决。全年没有因涉法涉诉信访工作处理不当引发当事人越级上访事件发生。

**仁化县人民法院负责人名录：**

**院　长：**张少雄

**副院长：**李茂华（女）　陈　斌（何为亲）

## 司法行政

**【概况】** 2014年，仁化县司法局贯彻落实中共十八届三中、四中全会和省、市政法工作会议精神，深入开展党的群众路线教育实践活动和政风行风民主评议活动，履行司法行政职能，推进全县司法行政工作创新发展。

**【法制宣传】** 2014年，县司法局围绕法治仁化做好法制宣传教育。先后到各镇（街道）举办"深入基层、密切联系群众"、"3·8"妇女维权周等法制宣传活动15场次，发放各类宣传资料9000余份，解答群众法律咨询500余人次。同时以丹霞岭田村某组长擅自倒卖集体土地案件为反面典型，编印成2000多份"严禁非法买卖土地，维护土地管理秩序"宣传小册子，发放到全县125个村（居）委，对村组干部和群众进行警示教育。继续开展"创建平安校园""关爱留守儿童、共建平安校园"等法律辅导和法制宣传教育活动。全年到各中小学开展法制宣传活动25场次，受教育师生36000多人次。开展民主法治示范村（社区）创建工作，促进基层自治组织民主管理、依法管理法治创建大格局。开通"仁化县法制宣传手机信息平台"，在全县各村（居）选取"法律带头人"20名，通过发送法律小知识给"法律带头人"进行宣传，带动群众学法。

**【人民调解工作】** 2014年，县司法局围绕基层社会稳定，强化人民调解维护稳定、促进和谐作用。抓好基层司法所建设，年内出资5万多元，为各基层司法所增配办公电脑1台和其他办公设备，完善司法所办公条件。提高各级人民调解员业务工作能力。组织各镇（街道）综治信访维稳专职副主任、专职调解员、村（居）调解委员会主任、企业（行业）调解组织、司法所全体人员180余人参加全县人民调解员培训班学习。基层司法所与当地综治中心共同举办人民调解员培训班22期。积极调处矛盾纠纷，做好各类矛盾纠纷排查、分析、研判，制订解决方案，实行领导包案制度。全年全县各级人民调解组织调解纠纷903件，调解成功894件，调解成功率99%。

**【安置帮教和社区矫正工作】**

安置帮教。2014年，县司法局开展以人为本安置帮教工作。做好刑释解教人员出狱前的有效衔接，及时建档造册，落实帮教措施，全年接收刑释解教人员72人，帮教率100%。

社区矫正工作。2014年，县司法局完善社区矫正监管中心各项硬件设施建设，安装电子监控平台、电脑等设施。强化管理、重在教育。每月定期组织社区矫正对象集中学法和开展公益劳动，社区矫正帮教小组定期开展走访调查，重点开展思想教育。全年全县接收社区矫正人员77人，解除矫正60人，在册114人。开展社会调查评估8起，全部被法院、监狱采纳。对社区矫正人员违反外出规定警告4次。全县社区矫正人员均得到相应思想矫正、心理矫治和行为约束，未出现脱管、漏管和重新犯罪现象。

**【公证工作】** 2014年，县司法局认真办理涉及教育、养老、医疗、就业、住房等重要民生领域公证事项，完善公证窗口服务质量，针对公证法律服务特点，创新服务方式。一是针对休息日公证服务需要，实行"八小时"外和节假日可预约服务。二是针对继承公证多，咨询内容复杂特点，以继承公证为抓手，完善窗口咨询接待制度，制作"继承权公证办证指南"材料，方便办理公证当事人快速了解办证应提交材料、办理程序以及相关法律规定，提高工作效率，强化便民、利民工作机制。三是加强公证服务外部监督，对外公开公证投诉电话。全年办结各类公证事务445件，为预防纠纷、化解矛盾发挥作用。

**【法律援助工作】** 2014年，仁化县推进法律援助民心工程。畅通维权通道，将法律援助触角延伸至基层，利用县妇联、县人社、县工会、县残联和各镇（街道）法律援助工作站，建立联动机制，做到应援尽援。全年全县办理各类法援案件137宗，其中办理民事法援案件110宗、刑事案件27宗。

**【公职律师工作】** 2014年，县司法局提高公职律师为政府服务水平。主动服务政府部门开展各类专项行动，为政府决策和执法行为提供优质高效法律服务，为县政府出谋划策，参与县政府打击“两违”活动，为创建“平安仁化”提供法律服务和法律保障。2014年，县司法局公职律师事务所担任政府和挂点企业法律顾问2家，办理县政府法律事务5宗，对涉法事务问题提出法律意见4宗，办理指派法律援助案件9宗。

**【一村（社区）一法律顾问工作】** 2014年，仁化县作为韶关市一村（社区）一法律顾问2个试点县之一，全县125个村（社区）均有驻点律师作为法律顾问，群众无需出村（社区）就可以得到免费法律服务。8月19日，仁化县贯彻落实《韶关市贯彻落实〈关于开展一村（社区）一法律顾问工作的意见〉工作方案》文件精神，召开“一村一法律顾问”工作动员大会。会后，驻村法律顾问积极下村居开展法律服务，开展法律咨询、法律知识讲座、人民调解等工作。全年全县接访咨询263件，调解纠纷20件，办理法援案件3件，开展法制教育课44场。通过开展一村（社区）一法律顾问工作，并形成长效工作机制，一些困扰村民集体、个人矛盾纠纷得到解决，为服务农村经济社会发展、民主法治建设、维护村民合法权益、化解矛盾纠纷、构建和谐农村，推动社会主义新农村建设发挥社会效益。

**仁化县司法局负责人名录：**

**局　长：** 刘华兴

**副局长：** 张炳贵　杨　敏（女）　陈伟平

（李　健）

# 武　装

## 人民武装

【概况】 2014年，中国人民解放军广东省韶关市仁化县人民武装部（简称“县人武部”）以践行强军目标、开展党的群众路线教育实践活动为主线，按照“抓好基本、补齐短板、打造亮点、创先争优”工作思路，紧贴使命任务，严格标准要求，大力改进作风，狠抓工作落实，各项工作扎实开展，全面建设稳步发展。截至2014年，县人武部连续第14年被广东省军区评为“标兵人武部”。

【政治思想建设】 2014年，县人武部把“牢记强军目标、献身强军实践”主题教育和党的群众路线教育实践活动作为贯穿全年思想政治建设“两条红线”结合起来抓，做到找准存在问题，科学拟制方案；抓好理论武装，加强思想引领；搞好问题整改，增强活动实效；丰富配合活动，激发参与热情；办好十件实事，确保干部职工得到满意实惠；开好民主生活会，抓好“回头看”，推动教育实践活动深入。整个教育实践活动各个环节都按上级部署和计划抓落实，7个方面问题20种表现都及时予以整改，承诺基层和干部职工的10件实事全部办好，专题民主生活会达到预期效果。县人武部《面向社会开展党的群众路线教育实践活动》在广州军区党的群众路线教育实践活动政治工作简报刊登。中共十八届四中全会、全军和军区政工会议召开后，县人武部组织全体干部学习《十八届四中全会公报》《中共中央关于全面推进依法治国若干重大问题的决定》《全军政治工作会议精神传达学习提纲》《发挥政治工作对强军兴军的生命线作用，为实现党在新形势下的强军目标而奋斗》文件精神，组织讨论交流，统一思想认识，加强县人武部思想政治建设。

【军事训练】 2014年，县人武部按照“能打仗，打胜仗”要求，扎实推进军事斗争准备各项工作落实。及时修订完善各类战备方案预案，增强战备方案针对性和可操作性。高标准抓民兵整组工作，严格落实应急分队人员、装备、物资、器材。总结基层武装工作建设情况和以往考评实践，研究制定《镇（街道）武装部全面建设考核评价办法》，推动民兵整组、民兵训练工作落实。聚焦强军目标，狠抓干部职工、专武干部和民兵应急分队军事专业技能训练，提升人武部和民兵预备役“平时应急、战时应战”能力。5月，参加军分区组织的民兵应急分队、职工军事训练比武考核，县人武部采取连队化模式、封闭式管理、强化性训练，组织集训迎考，取得成绩职工第一、民兵应急分队第三，4个集体项目全部得到军分区表彰，县人武部被军分区表彰为“军事训练优胜单位”。现役干部训练坚持常抓不懈，上半年重点抓体能、队列动作和业务基础训练。在11月中旬军分区年度军事训练考核中，县人武部成绩总评优秀，单位和4名个人被分区通报表彰。12月7—9日，县人武部代表韶关军分区到省军区参加人武部比武性竞赛考核，取得总分第三名，被省军区表彰为“人武部现役军官竞赛性考核优胜单位”。

**【部队管理】** 2014年，县人武部正规一日工作秩序，严格“八小时”之外人员管理，分层次抓好“保密、枪弹、人车、钱物”四方面安全重点。开展“消除安全隐患整治”活动，杜绝事故苗头隐患。开展“涉密载体清零”活动，严格落实集中文印要求，做到办公计算机和U盘（含移动硬盘）不上网、上网计算机不办公，文件资料每天登记归档，不留办公室过夜。进行武器弹药普查和结转，定期组织检查维护保养，根据要求调整弹药堆垛和标签设置，确保枪弹数量准确，保管状态良好。坚持每周四过车场日，严格车辆审批派遣，做到非车管干部不开车、不私自动车、不酒后开车、不带故障出车、不超范围用车，县城办事一般不动车，到军分区机关办事尽可能拼车合用。深入开展对外经营场所和空余出租房地产整治活动，完善营门处突方案，多次组织营门处突演练，确保人武部安全稳定。

**【后勤保障】** 2014年，县人武部学习贯彻中共中央八项规定、中央军委十项规定，深入学习省军区从严整治“六个方面问题”电视电话会议精神，认清“四风”危害，坚决执行省军区从严整治“六个方面问题”指示要求，抓好后勤建设保障各项工作。抓好清房清车工作，干部职工无违规使用和占用房产问题，车辆购置使用符合上级政策要求。抓好营院改造工程质量监管和配套建设，严格遵守工程建设管理政策法规，确保用最低的成本建设成功能齐全、配套完善、实用耐用、干部职工满意的廉洁工程、样板工程。规范接待工作，严格控制接待标准，用热情周到服务弥补生活条件不足。在经费管理上，坚持党委集体理财，按照“一保工作、二保生活、三保接待、四保家底，开源节流、勤俭节约”思路，重大开支项目经党委研究决定，各项经费开销实行主官双签制度，部领导带头严格要求自己，从“长流水、长明灯”细小环节抓起，从油料消耗、行政办公经费方面严起，把有限经费管好用好。

**【征兵工作】** 2014年，县人武部针对当年高学历兵员征集比例提高和依托“全国征兵网”实施征兵管理服务新形势，围绕大学生“招得来、留得住、数量够”目标，以高考生、大学在校生和毕业生为基础，加强网上征兵服务管理，狠抓征兵工作落实。新兵入伍后，及时抓好跟踪教育。县人武部审批定兵坚持军烈属家庭青年、高学历青年、上年度合格青年、大龄青年、家境贫寒青年“五优先”做法和开展大学生征集工作经验做法在全市转发，制作征兵宣传CD做法在《军区国防动员工作动态》刊载。全县征兵工作风清气正，圆满顺利。仁化县连续35年无责任退兵。

**【双拥工作】** 2014年，县人武部始终牢记中共和军队性质宗旨，自觉维护军政、军民团结政治局面，参与地方扶贫“双到”、捐资助学、计生迎检、“巩卫创文”活动，以实际行动赢得地方政府和人民群众拥护和支持。为挂点扶贫村脱贫出谋划策、筹集资金，为扶贫点农户送春耕化肥下乡，并定期到贫困户家庭慰问。扶贫工作中，除省、县下拨扶贫资金外，还从企业协调10万元，通过入股锦江电力有限公司提高村集体经济收入，完成凹背河堤和基本农田水利建设、村自来水改造以及乡村公路建设，协助4户低收入家庭完成住房改造，组织农户参加水稻种植技术培训班和家禽养殖技术培训班，发放优质水稻种子、化肥和鸡苗。部领导坚持到仁化中学捐资助学，2014年，县人武部资助3名毕业贫困生全部考上重点院校。发挥“武常委”作用，多次帮助基层政府和人民群众化解复杂矛盾、纠纷，在县干群会客厅接访工作中，主动作为，妥善解决所有接访问题；参与县巩卫创文和“企忧”档案工作，为企业排忧解难。同时，中共仁化县委、县政府主要领导和分管武装工作领导情系国防和军队建设，大力关心和支持人武部建设，全面推动《仁化县关于新形势下加强和改进党管武装工作意见》贯彻落实，提升全县武装工作水平。投资1000万元改造县人武部营院，新建指挥综合楼集作战指挥值班、干部职工办公、民兵教育训练、兵器库、征兵体检等功能于一体，并于10月初投入使用，提升县人武部硬件建设水平。截至2014年年底，全县符合转业安置政策退伍军人安置率100%，优抚费发放率100%，随军家属安置率100%。

**仁化县人民武装部负责人名录：**

**部　长：**郭忠诚
**政　委：**黄飞跃
**副部长：**张焱旻（任至2014年3月）
伍荣文（2014年3月任职）
**政工科长：**朱　彬（任至2014年3月）
李庆云（2014年3月任职）
**后勤科长：**杨　欣

（李庆云）

# 人民防空

**【概况】** 2014年，仁化县人民防空办公室（简称“县人防办”）坚持“长期准备、重点建设、平战结合”方针，贯彻落实《中华人民共和国人民防空法》《国务院中央军委关于进一步推进人民防空事业发展的若干意见》，解放思想、更新观念、创新思路，围绕中共仁化县委、县政府中心工作真抓实干，加强人防法规宣传、人防结建工程监管，发展人防经济，推进人防事业科学发展。

**【部门沟通配合】** 2014年，县人防办加强与县住建局和县发改局沟通、协调，落实人防审批前置条件，督促完善人防审批手续。联合县住建等部门开展联合检查，对全县建设项目人防结建依法依规审核、报批，通过住建局对照图纸、施工现场对照实际面积、审批表对照收费金额“三对照”原则，实现结建管理科学化，确保应收尽收。全年全县受理建设项目人防结建15宗。

**【人防法规宣传】** 2014年，县人防办开展《中华人民共和国人民防空法》等法规宣传教育活动。人防办工作人员走上街头，发放宣传单和讲解人民防空知识、法规。利用人防工程检查验收时机开展人防宣传，增强企业人防认同感和责任感以及防空、防灾意识。继续开展纪念《中华人民共和国人民防空法》电影宣传周活动。坚持“平战结合、常备不懈”原则，做好人民防空应急指挥预案演练工作。2014年9月18日，组织仁化一中全体师生开展防空防灾演练，提高防空国防观念和应对突发自然灾害能力。同时，在县城范围内举行防空警报试鸣活动，发出“预先警报”“空中袭击”“解除警报”3种防空警报信号。

**【人防结建工程监管】** 2014年，县人防办贯彻“长期准备、重点建设、平战结合”方针，把人民防空工程建设规划纳入城市总体规划，完成省、市下达的人防工程任务，增强城市综合防护和防灾减灾能力。全年全县人防结建工程实现“零的突破”。截至2014年12月31日，锦绣城大酒店项目防空地下室建设经设计审核，投入施工。

**【人防工程专项规划编制】** 2014年，仁化县构建完善城市防空防灾体系，提高城市综合防护能力，开展城区人防工程建设专项规划编制工作，由市人防办委托，解放军总参工程兵科研三所人防设计研究室承担设计。截至2014年年底，完成规划成果初稿。

**仁化县人民防空办公室负责人名录：**

**主　任：**刘建新（2014年1月任职）

**副主任：**钟贵松

（潘思琴）

## 武警仁化县中队

**【概况】** 2014年，中国人民武装警察部队广东省总队韶关市支队仁化县中队（简称“武警仁化县中队”或“县武警中队”）按照《军队基层建设纲要》（简称《纲要》）和“五句话”（政治合格、军事过硬、作风优良、纪律严明、保障有力）总要求，始终保持和发扬人民军队的优良传统，牢记职责、不辱使命、努力拼搏、锐意进取、扎实工作，完成以执勤和处突为中心的各项工作任务。2014年，武警仁化县中队被武警广东省总队授予“先进基层单位”“先进团组织”称号；有4人次受支队或总队表彰。

**【组织建设】** 2014年，县武警中队围绕健全组织工作目标，着眼能力建设和先进性要求，狠抓党支部班子自身建设。一是靠理论武装确保政治上清醒坚定。坚持把学习作为加强班子建设根本途径，在武装头脑、指导实践、推动工作上见实效。按照“高起点筹划、高标准推进、高质量落实”要求，扎实开展深入学习党的群众路线教育实践活动。围绕“提高党支部依法决策”“加强遂行多样化任务能力建设”“破解部队安全发展难题”等8个课题，提高中队党支部“三个能力”建设，中队党支部“一线战斗堡垒”作用得到有效发挥。突出实践特色坚持立说立行，强化各级安全发展理念，研究破解安全发展难题，切实把学习成果转化为服务官兵、解决问题的强大动力。通过大抓学习教育实践活动，改进支部班子成员工作作风，提高班子成员理性思维层次和实际工作能力。二是靠共同事业凝心聚力。坚持用“小中队大作为”共同理想信念统一思想，增进团结；用“四抓五突出”（抓执勤、抓训练、抓管理、抓教育；突出党支部、突出两个群众组织、突出党员、突出干部、突出士官）工作思路统一思想，增进团结，形成“想干事、会干事、干好事、好共事”局面。三是靠作风建设促真抓实干。四靠风清气正取信于官兵。中队党支部着力在扭转部队风气上下功夫。坚持抓教育预防，营造“以廉为荣、以贪为耻”氛围；规范重点紧急事务办理，突出“四不”（不勤、不畅、不俭、不廉）问题纠治；严格办事程序，妥善处理官兵关注事务。中队团支部、武警委员会发挥“参谋”“助手”作用，加强自身建设，同时主动协助中队党支部开展工作，促进中队建设。

**【思想政治建设】** 2014年，县武警中队围绕培养“永远做党和人民忠诚卫士”要求，立足“两个前沿”实际，突出学习中国特色社会主义理论体系，打好拒腐防变主动仗，确保官兵政治信念坚定和思想道德纯洁。坚持把学习实践科学发展观活动作为重大政治任务，突出理论武装和解决问题，官兵思想观念和政治觉悟有进步，制度机制建设有加强，一些具体问题得到解决，有效推进部队建设科学发展；着眼官兵思想实际，深入细致抓好经常性思想教育；开展“牢记强军目标，献身强军实践，永远做党和人民的忠诚卫士”主题教育、“学创新理论、学党史军史、学英模典型，做忠诚卫士”和“立足本职为建设现代化武警做贡献”等主题实践活动，打牢部队思想根基。紧贴中心任务和官兵思想实际，抓好遂行任务中的政治工作，为圆满完成执勤处突维稳任务提供强大精神动力。结合支队广泛开展“深知兵、真爱兵、带好兵”活动，加强政治环境建设，扎实做好一人一事经常性思想工作，抓好“四反”（反心战、反策反、反窃密、反渗透）、“个别人”排查转化、心理疏导、法律服务等工作，没有发生政治性问题。广泛参与仁化县“创卫”等警民共建活动，警政警民关系和谐密切。

【军事训练】 2014年，县武警中队按照上级部署，以高标准实现“两个确保”（确保以执勤处突为中心的各项任务圆满完成，确保部队内部高度稳定和集中统一）为目标，以经常性执勤和管理为重点，突出整治固定目标执勤和经常性管理中存在的各种安全隐患；以任务需求为牵引，加强现代条件下执勤信息化指挥手段研究，提高能力素质。贯彻总队《“五小练兵”实施细则》，开展“五小练兵”活动，营造群众性练兵热潮；积极参加市武警支队各项比武科目，加强擒敌术基本动作、射击和五公里武装越野等课目训练，提高官兵体能、军事技能，确保以执勤为中心的各项任务圆满完成。11月份，在省武警总队组织的年终《纲要》考核中，五公里武装越野、擒敌术基本动作、射击等科目均取得优秀成绩。在2014年度军事考核中，县武警中队取得优异成绩，为取得先进中队打下良好基础。

【执勤和处置突发事件】 2014年，县武警中队坚持把“两个确保”作为抓工作搞建设的出发点和落脚点，围绕中心抓建设，抓好建设保中心；依据执勤是武警部队中心工作，县武警中队着重提高官兵体能、擒敌和处置情况的能力，较好地提高官兵的执勤能力。一是按照《军事训练与考核大纲》要求，抓好基础训练，切实提高遂行多样化任务能力。坚持依法治训、严格按纲施训，抓好部队基础技能、体能科目训练，提高单兵执勤（作战）能力，确保人员、内容、时间和质量落实。抓好“五小练兵”、专勤专训和勤训轮换，促进军事训练水平整体提升。二是完成各类勤务。发挥“三个载体”作用，与目标单位共同集中治理执勤隐患，确保固定勤务万无一失。同时，县武警中队精心组织各类临时勤务，出色完成短途武装押解14起。三是战备工作正规有序。按照“执勤安全有保证、处突反恐有把握、防卫作战有准备”目标，县武警中队加大落实战备教育力度，抓好重大时期敌社情教育和对《处置突发事件规定》、《战备工作规定》的学习，牢固树立“上一线、打头阵”思想。执行战备制度规定，有针对性进行模仿对抗性训练和方案演练，严格战备管理，始终保持良好战备状态。

成功处置1起拘留所在押人员翻越围墙逃跑事件。2014年6月25日，武警仁化县中队监墙1号哨哨兵发现有1名在押人员企图翻越监墙逃跑，随即报告中队网络查勤员。网络查勤员立即向中队长黄兵报告情况，并提醒各哨位加强警戒。中队按预案快速展开行动，中队长黄兵带领3人应急小组先期到达现场了解情况、进行处置；其余各组按计划迅速到位，对在押人员逃跑地点进行拉网式搜查，成功将逃跑人员抓获，并移交给县拘留所。该事件成功处置主要得益于：一是勤务教育扎实。中队结合教育日扎实开展勤务教育，不断强化执勤官兵警惕性和忧患意识，哨兵警惕性高，勤务值班员判断准确，为成功处置奠定基础。二是勤务演练经常。中队加强突发情况演练，增强3人应急小组快速反应和协同配合训练，提高官兵情况处置能力。

【正规化建设与后勤保障】 2014年，县武警中队推进正规化建设上新高，执勤设施建设上新台阶。完善监区球机、探照灯、哨位信息化终端系统，全面升级“四防一体化”建设。坚持把后勤建设摆在和其他工作同等重要地位，每月分析形势，查找不足问题，研究解决办法。在后勤人员挑选上，坚持标准，把军政素质过硬、热爱后勤工作、具有一技之长战士选入后勤队伍。严格后勤人员管理，抓好后勤人员思想教育和业务培训，提高后勤人员责任心和业务水平。加强中队营房和系列化营产营具维护，并对营区进行绿化亮化，官兵生活条件得到改善。加强经费管理，严格按照规定，对重大经费开支实行“阳光操作”，互相监督。每月公布经费收支情况，向官兵做好解释说明工作。落实伙食管理五项制度，按照营养均衡、口味兼顾、花色搭配原则，搞好伙食调剂。落实卫生防病工作制度，及时接种疫苗，开展环境卫生整治，突出抓好甲流、口蹄疫、人禽流感、乙肝、肠道传染等重点传染病和食物中毒防控工作，卫生防病工作实现无食物中毒和烈性传染病发生，昼夜发病率控制在1.5%以下。

**【拥政爱民】** 2014年，县武警中队组织官兵与县民政、供电、敬老院等单位，开展“警民共建”活动。4月和9月，武警仁化县中队官兵参加中共仁化县委、县政府组织的烈士陵园祭奠活动。7月，县武警中队参与县公安局警营开放日活动，展示武警部队“文明之师，威武之师”形象。全年，县武警中队参加学雷锋活动12次，植树600多棵，组织官兵义务献血3000毫升。

**中国人民武装警察部队广东省总队韶关市支队仁化县中队负责人名录：**

**中队长：**黄　兵

**指导员：**朱应杰（2014年1月任职）

（朱应杰）

## 仁化县公安消防大队

**【概况】** 仁化县公安消防大队（简称“县消防大队”）始建于1973年，隶属韶关市消防支队和仁化县公安局双重领导，担负仁化县城及下辖11个镇（街道）消防安全保卫任务。2014年，县消防大队有官兵32人，其中干部7人，战士18人，合同制消防员18人。装备有消防车5台，随车配置有破拆、排烟、照明、堵漏等特勤器材装备。其中大功率水罐泡沫车2台，多功能消防主战车1台，抢险救援车1台，云梯车1台。

2014年，县消防大队以班子建设为龙头，以队伍建设为纽带，以深入推进部队正规化建设和创新社会消防管理为重点，与时俱进、开拓创新、求真务实、锐意创新，提升部队正规化建设水平和人民群众对消防工作满意度，完成以防火、灭火和应急救援为中心各项工作任务，确保社会面火灾形势和队伍管理“两个稳定”，消防工作和部队建设在科学发展道路上不断实现创新发展，得到各级党委、政府和人民群众赞誉。2014年，县消防大队被韶关市消防支队授予“执勤岗位练兵先进中队”、“军政一对好主官”称号；县消防大队官兵被韶关市消防支队评为“优秀士兵”4人次、评为“先进个人”1人次，记“个人三等奖”1人次，获嘉奖8人次；被县公安局评为“先进个人”3人次。

**【班子建设】** 2014年，县消防大队党委班子大力营造“家和万事兴”和谐氛围，坚持党委统一的集体领导下的首长分工负责制，自觉接受党组织集体领导，坚决服从、执行党组织集体决定，思想上“合心”、工作上“合力”、行动上“合拍”，打造顾全大局讲政治、公平公正讲党性、严于律已讲正气、谦虚谨慎讲修养、争创业绩讲奉献表率，精诚团结、同心同德、和衷共济，形成坚强有力核心战斗堡垒，齐心协力共同推进各项工作顺利开展。同时，健全以班子目标责任制和干部绩效考核为抓手的责任传递机制，提升大队党委班子凝聚力和战斗力，引领部队开创科学发展新局面。

**【践行群众路线】** 2014年，县消防大队党委按照总队、支队统一部署，开展“牢记强军目标，献身强军实践，永做忠诚消防卫士”主题教育活动，做好“消防监督领域违法违纪突出问题专项整治”“纪律教育学习月”“三项纪律”学习教育活动。县消防大队结合相关教育主题，组织授课86次，新添置文化长廊1条，悬挂宣传横幅5条，新添、更新宣传栏版面15块。县消防大队班子坚持以教育引导为主、奖优罚劣为辅管理措施，通过开展纪律教育学习月主题实践活动，引导官兵树立廉洁从警纪律意识，培养全体官兵真抓实干、开拓创新新风正气。全年，县消防大队无一人出现违法乱纪行为。县消防大队保障官兵切身利益，以正规化建设为契机，为官兵购买球服60余套，翻新大、中队楼厕所和下水管道，新添置一批冷暖空调、运动器材，推进警营文化建设，营造栓心留人警营环境，丰富官兵业余生活，鼓舞全体官兵士气。

**【建设消防“铁军”】** 2014年，县消防大队以正规化建设为契机，向政府申请个人防护装备专项经费54万元，购置高喷消防车200万元。严格要求日常工作和生活，强化官兵条令意识，规范基层部队一日生活秩序、礼节礼貌、警容风纪检查、官兵着装、岗哨交接、车场日活动和各种会议组织实施程序；统一使用支队购买的“八本一表一册”和官兵综合笔记本，结合日常工作，规范记录，形成常态化机制。县消防大队强化执勤训练，日常开展基本技、体能训练和中队指挥员思维训练，提高各级指挥员指挥水平。做到有关工作主动向中共仁化县委、县政府通报，地方有困难主动支援。全年，县消防大队接警194起，其中火灾79起，抢险救援与社会救助115起；出动消防车421车次，出动人员2526人次，救助被困群众60余人，挽救财产损失800余万元。参与“2·6”凡口矿垃圾场火灾、“3·29”宝能集团工地火灾、“4·4”东田采石场救援、“6·9”韶赣高速公路货车火灾以及“7·11”周田新庄工业园中达锌业有限公司火灾扑灭与救援，树立消防部队良好形象。全年，县消防大队开展各类事故演练60余次，制作更新辖区消防重点单位灭火预案67份，支队跨区域演练预案1份，制作“六熟悉卡”67张，重点单位建筑消防设施测试15家，录入社会联动单位信息8个，专家库信息18条，利用系统制作并完善10个类型预案。

**【社会面火灾形势稳定】** 2014年，县消防大队在完成重大任务、应对重大挑战中争当先锋，坚决维护地方经济社会发展大局。年内，县消防大队结合仁化实际，开展一系列有针对性火灾专项整治活动，全检查单位436家（次），发现火灾隐患或违法行为235处，督促整改火灾隐患或违法行为233处，下发责令改正通知书171份，下发行政处罚决定书6份，临时查封场所6处，责令“三停”单位2家，消除火灾隐患一批。

全面构建“平安仁化”政府主导责任工程。2014年，县消防大队提请县政府召开消防工作会议3次，消防安全委员会会议4次，推动县政府与11个镇（街道）、66个重点单位消防安全责任人全部签订责任书。

重大火灾隐患专项整治。年内，对市政府挂牌督办的石塘镇重大火灾隐患重点地区进行专项整治。县政府及时联合各部门召开辖区消防工作会议及推进会，明确石塘镇重大火灾隐患单位工作目标任务，深入重点场所、企业、单位进行“拉网式”排查，“地毯式”排查辖区“三合一”场所、“九小场所”等，及时将摸查情况登记造册，规范建立专项整治档案。截至2014年年底，镇政府按要求设置市政消火栓，制订增建计划，公共消防基础设施得到完善。同时，县消防大队全面摸查辖区重点单位及较大公共场所，确定6家重大火灾隐患单位并进行挂牌督办整改，对严重威胁社会安全的，进行临时查封。结合“六个专项整治”开展“八打八治”打非治违专项行动。协调公安派出所、工商、安监、住建等部门联合，先后出动3个检查组检查80余家单位，打击“三合一”“多合一”场所违法生产经营行为，整治违章建筑、高层地下公共建筑、违规住人、老城区和城中村等重点消防安全隐患，消防设施缺失损坏、不能正常运行、擅自关停，安全出口疏散通道堵塞封闭等问题。

社会消防“网格化”、重点单位“户籍化”管理。继续将消防安全“网格化”管理融入到综治网格管理工作中一并推进，深化消防安全重点单位消防安全“户籍化”管理，100%建立“户籍化”档案。规范落实消防安全管理人员、消防设施维护保养、消防安全自我评估“三项报告备案”。

加强全民消防宣传培训教育工作。2014年，县消防大队借助新闻媒体、社会单位、消防志愿者“三类平台”广泛开展消防宣传。全年全大队悬挂消防安全提示标语30多条，播放消防安全提示标语190余条，组织消防站对学校、社会单位开放活动15次，参观人员5000余人次。推进“消防宣传主题公园”“消防宣传示范街”建设，在LED电子显示屏宣传消防安全知识。结合“11·9”消防启动仪式利用消防车悬挂醒目标语环城游行。11月，与移动公司签订合同，开通短信平台，在节假日、“11·9”宣传日，向辖区群众、机关单位、重点企事业单位发送温馨提示短信，宣传消防安全知识。按时完成《广东安全生产》《中国消防》杂志征订工作，切实提高全社会抗御火灾整体能力，营造消防安全环境。

**【廉政建设】** 2014年，县消防大队党委认真学习中共中央、省、市各级有关加强党风廉政建设法律法规及有关规定，防微杜渐，建立健全纪检组织和有关制度。一是党委“一班人”以身作则，带头践行党的群众路线，压缩“三公”经费，主动倾向于部队建设，恪守勤俭节约，杜绝铺张浪费以自身形象带动部队建设，提升部队正气，树立公正廉明形象。二是按照《消防监督领域违法违纪突出问题专项整治》工作方案，深刻剖析自身问题并及时改正。严格执行公安部“三项纪律”，不该吃的饭坚决不吃，不该去的场所坚决不去，对违反者坚决处理。三是完善监督制约机制。向社会聘请廉政监督员并主动听取地方纪委意见，在接受支队纪委监督的同时，自觉接受社会监督。

**仁化县公安消防大队负责人名录：**

**大队长：**吴云波

**教导员：**朱凯兵

**副大队长：**白洪洋（2014年6月任职）

（李宇峰　王加平）

# 交通·邮电·信息化工作

## 国道省道公路建设与管理

**【概况】** 韶关市仁化公路局（简称“仁化公路局”）隶属韶关市公路局管理，为正科级事业单位，主要负责仁化县境内国、省道公路的建设、养护、路政管理、辖区内机动车辆路桥通行费年票收费工作。仁化公路局内设办公室、生产技术股、人事监察股、路政管理所、收费管理所、财务股、安全生产股7个职能股室和月岭、城口、董塘、扶溪4个养护中心，总养护里程200.381公里，其中国道88.267公里，省道112.114公里。2014年，仁化公路局有职工125人，其中在职中共党员36人，本科学历11人，大专学历30人。

**【公路养护】** 全面完成公路养护生产与小修保养工作。2014年，仁化公路局加强公路预防性养护，执行养护管理标准，做到管养公路路况良好，路面平整、无病害，交通设施齐备、完善，路容路貌整洁，标志完善、醒目、方便行车，国道路况指标MQI（Maintenance Quality Indicatior，公路技术状况指数）值达到94.69，省道路况指标MQI值为82.84。完成沥青路面修补2530平方米、水泥路面修补1412平方米、水泥路面灌缝112公里、路容路貌修整1570公里。清理排水沟1049公里、桥梁43座430次、涵洞624座3334次。总投资20.20万元维修加固国道G106线大桥桥、平甫桥、古洋小桥和国道G323线苗甫桥、石口桥等5座桥梁并于2014年5月完工，确保桥梁安全畅通。

及时抢修水毁公路。2014年，仁化公路局清理管养路段公路塌方累计10500立方米，新建被毁防撞栏116米、水毁涵洞4座，砌筑路基下塌挡土墙207立方米，修复围墙70平方米，投资水毁修复资金46万元。

进一步绿化美化公路。在国道G106线广东桥至高沙段（桩号：K2151＋000—K2174＋500）23.5公里公路绿色通道补种夹竹桃和阴香树苗1575棵。对国道G106线月岭至茨菇塘段（桩号：K2201＋700—K2219＋000）和国道G323线中古坑至月岭段（桩号：K318＋598—K322＋580）、茨菇塘至长坝段（桩号：K346＋963—K352＋529）共26.848公里公路两侧路树进行砍伐并更新，种植阴香、香樟树苗7139棵。

## 2014年韶关市仁化公路局养护里程表

表2

| 路线编号 | 路线名称 | 起讫桩号 | 养护里程（公里） | 路面类型（公里） | | 技术等级（公里） | | | | 备注 |
|---|---|---|---|---|---|---|---|---|---|---|
| | | | | 水泥 | 沥青 | 一级 | 二级 | 三级 | 四级 | |
| G106 | 北京—广州 | K2151+000—K2219+719 | 68.719 | 52.927 | 15.792 | 4.697 | 64.022 | — | — | — |
| G323 | 瑞金—临沧 | K318+598—K352+529 | 19.548 | 19.548 | — | — | 19.548 | — | — | 其中K332+580—K346+963与G106线重复14.383公里 |
| S246 | 长江—新村 | K0+000—K73+228 | 68.744 | 51.998 | 16.746 | 6.045 | 16.525 | 10.06 | 36.114 | 其中K43+207—K47+691与G106线重复4.484公里 |
| S342 | 分水坳—双合水 | K118+551—K145+311 | 26.760 | 26.760 | — | — | — | 26.760 | — | — |
| S345 | 董塘—乐昌 | K0+000—K16+61 | 16.610 | 16.610 | — | — | — | 16.610 | — | — |
| 合计 | — | — | 200.381 | 167.843 | 32.538 | 10.742 | 100.095 | 53.43 | 36.114 | — |

**【省道S246线仁化县城穿城段公路移交】** 因韶关市公路局对仁化境内省道S246线走向进行规划、改造，原省道S246线穿城段成为县城内主要街道，根据《中华人民共和国公路法》《广东省公路条例》有关规定，2014年1月27日，在仁化县人民政府主持和韶关市公路局监证下，仁化公路局与仁化县住建局协商一致，签署“关于S246线仁化县穿城段公路移交管理协议书”，达成以下协议：①仁化公路局将原省道S246线穿城段共3.5公里（桩号：K48+000—K51+500，包括仁化大桥）无偿移交给仁化县住建局，正式化为县城街道；②从移交之日起，该段公路和桥梁的管理及养护工作由仁化县住建局负责；③协议签订前该路段遗留的债权债务以及一切法律纠纷由仁化公路局负责。

**【公路建设】** 省道S246线长江镇至丹霞街道（仁化镇）及仁化大桥至岭田村段路面改造工程完工。2014年9月，仁化公路局全面完成该项目工程任务，并于12月9日完成交工检测工作，改善沿线群众出行环境。

省道S246线康溪2号桥危桥改造工程。修建于1969年的省道S246线康溪2号桥因使用多年，出现多处病害，被鉴定为四类危桥。经韶关市公路局研究，决定由仁化公路局作为业主组织实施该危桥改造工程。2014年4月，仁化公路局在完成各项基建程序后，组织施工单位拆除、新建该桥。截至2014年年底，完成该桥下部结构施工以及上部结构盖梁和桥面施工工作。

省道S246线仁化县狮井至河塘段路面改造工程。该工程起于狮井（桩号：K52+554），经麻塘农场、高坝、长坝岭、董塘、朱屋、岩头村、红梅村，终于河塘（桩号K70+300），路线总长17.746公里。该段公路为沥青路面，经过多年营运大部分路段存在龟裂、裂缝、坑槽、松散、搓板、拥包、沉陷等病害。韶关市交通运输局以《关于对省道S246线仁化县狮井至河塘段路面改造工程建设方案的批复》批准该工程建设。截至2014年年底，仁化公路局完成该工程设计招投标工作。

**【锦江大桥维修加固工程通过竣工验收】** 2014年10月20日，经仁化公路局申请，韶关市交通工程质量监督站对国道G106线锦江大桥维修加固工程进行竣工质量检测。2014年11月15日，由韶关市公路局、韶关市交通质量监督站相关单位和部门负责人组成竣工验收委员会对国道G106线锦江大桥维修加固工程进行竣工验收。竣工验收委员会通过听取建设、设计、监理、施工、监督等单位工程建设情况汇报，实地查看，查阅有关资料等方式，经过评议，一致认为，该工程能按照广东省公路管理局批复的规模及设计图完成建设任务，并根据质量监督部门所做的竣工质量检测报告及有关规定对该工程进行质量评定，工程质量评分为84.6分，工程质量等级为合格，同意竣工验收。该工程从2014年12月5日起正式移交仁化公路局管养。

**【路政管理】** 2014年，仁化公路局坚持依法治路，全体路政人员做到文明巡路、着装整洁、仪表端正、举止大方、语言和善、证徽齐全。①加大公路巡查力度。全年巡查258天，累计巡查公路24000公里。②依照广东省公路管理局《路政许可实施办法》办理行政许可案件3宗。根据《中华人民共和国公路法》《广东省公路条例》等法律法规依法收取路产赔补偿金额51万元。③依法维护路产路权，整治路域环境。配合县交通综合执法局拆除广告牌51块、公路沿线悬挂横幅76幅，清理路障280立方米、乱摆卖70处，制止违法行为83宗。按照《仁化县普通干线公路路域环境综合整治行动实施方案》要求，仁化公路局路政部门出动人员45人次（其中19人次属周末假日）与交通综合执法局、交警、城建、周田镇政府联合执法，对国道G106线丹霞山至周田高速出口段沿途乱摆卖进行清理整治，共清理乱摆卖13处，制止当地农户临时摆卖点23处，拆除横幅6条。出动路政人员9人次协助城管、综合执法局部门整治丹霞大道至青湖塘路段、石塘路段等县城周边脏乱差现象。对在公路上打谷晒粮农户进行劝离，并粘贴、发放通知书75张，保障公路安全。

**【路桥通行费年票收费】** 2014年年初，仁化公路局通过电视广播、社区公共宣传栏、横幅等宣传媒介大力宣传路桥通行费年票收费政策，使广大车主了解年票收费细则和相关缴费办法。全年录入新增车辆1312辆，报废和迁出车辆45辆，路桥通行费年票收费663万元，上级下达任务数551万元、目标数569万元，提前完成任务并超出任务数112万元。

**【安全生产保持平稳态势】** *加强安全生产管理。*2014年年初，仁化公路局完善安全生产目标责任制，认真做好安全责任书签订工作，明确责任和目标。通过组织职工学习安全生产知识并考学、观看安全生产电教片、举行公路养护技能演练等一系列“安全生产月”学习教育活动，加强干部职工安全生产防范意识。

*大力排查并整治道路安全隐患。*2014年，仁化公路局在组织技术人员对所管养路段及桥梁进行全面安全隐患排查基础上，因地适宜制订详细的安全隐患整治方案。全年投入资金2.5万元，在国道G106线高联村路口段（桩号：K2171+300）施划减速带；在国道G106线锦江水库高沙段（桩号：K2176+000—K2178+000）设置连续弯标志和种植高反光警示桩；在国道G106线古洋村段（桩号：K2213+000—K2215+800）设置急弯标志和慢行警示标志并在下坡路段施划减速带30米；在国道G323线周田段（桩号：K331+000—K333+500）和国道G106线大桥段（桩号：K2211+000—K2211+900）设置村庄、慢行警示标志，有效消除道路安全隐患。

*增添硬件配置，改善安全生产工作环境。*2014年，仁化公路局投入资金5.1万元，新配换干粉灭火器6个、安全施工标志一批、新增（换）警示标志牌

66块、发放劳动防护用品80套。

**韶关市仁化公路局负责人名录：**

局　长：姚金林（任至2014年5月）

副局长：梁颂文（2014年7月任职，主持全面工作）

张述堂

梁美聪（女）

郭海珠

***相关链接：**国道G106线锦江大桥维修加固工程位于国道G106线桩号K2279+602韶关市仁化县境内，横跨锦江电站水库，桥梁桥长181.00米，跨径组合为52.50米+80.00米+37.50米，桥梁为单幅桥，桥面宽10.00米，横向布置为防撞栏0.50米+行车道9.00米+防撞栏0.50米，设计荷载标准为汽车-20级，挂车-100级。广东省公路管理局以粤公养函〔2012〕354号文《关于韶关市G106线锦江大桥维修加固工程施工图设计的批复》对该工程施工图设计及预算进行批复，韶关市公路局以韶路养〔2012〕101号文《关于下达G106线锦江大桥维修加固工程任务的通知》要求仁化公路局做项目业主，组织工程建设。该工程设计单位为北京特稀达交通勘察设计有限公司，监理单位为韶关市公路工程监理有限公司，施工单位为广州方阵路桥工程技术有限公司。工程建设的主要内容为：①对71米和51米T构箱梁边腹板增大截面、张拉体外预应力钢束及中腹板张拉体外预应力钢束加固；②对主桥71米和51米T构距牛腿范围内箱梁底板采用粘贴钢板加固；③对17米挂梁T梁粘贴钢板加固，同时通过钢板箍与砼形成支座防护槽，将支座固定；④更换全桥桥面铺装；⑤更换全桥支座、伸缩缝及防撞栏。该工程于2012年9月26日开工，施工期间实行交通封闭，2013年1月25日完工，2月4日全面开放交通，工程总投资553.1万元。2013年11月27日，仁化公路局做为项目业主组织了该工程的交工验收。交工验收委员会评定该项目质量等级为合格。*

（温成娣）

## 地方公路与交通运输管理

**【概况】**　仁化县交通运输局属政府序列行政单位，办公地址设在丹霞大道116号，内设机构有办公室、综合运输股（挂交通战备办牌子）、公路规划股、财务股、交通运输综合行政执法局（单独列编）；下属机构有交通管理总站、地方公路管理站、交通学校；负责监管运输企业有仁化汽车站（含飞马客运公司）、富利捷出租车公司、雄达驾校。2014年，县交通运输局机关在职7人，其中局长1人、副局长2人；综合行政执法局在编人员37人。

截至2014年年底，全县公路通车总里程数为 2140.809公里（新统计口径），公路密度为 96.302公里/百平方公里。按行政等级，国道88.267公里，省道148.344公里，县道252.077公里，乡道公路611.586公里，村道305.953公里，乡村小路712.068公里；按技术等级，一级公路11.681公里，二级公路99.156公里，三级公路268.155公里，四级公路991.065公里，等外公路0公里。高速22.514公里。

截至2014年年底，全县纳入交通运输行业管理客运经营企业3户，客车93辆2916个座位；货运车辆532辆2480吨位；出租汽车经营企业 1户，出租汽车30辆，共150座位。全县乡镇班车线路17条，乡镇客运班车25辆，城乡客运一体化覆盖率100%。全县符合通班车条件行政村班车通达率保持100%。车辆维修业户128户；机动车驾驶培训学校1间，教学车辆80余辆；乡镇渡口8个，渡船3艘。

**【交通重点工程建设】**　仁化县X335线上社至马岭段公路改线工程项目。该项目是仁化县2013年10件“民心工程”之一。2014年，该项目完成征地拆迁等各项前期准备工作，7月初施工单位正式进入建设阶段。截至2014年年底，完成工程表土清理5公里和排水工程建设，累计完成投资1500万元。

仁化岭尾至新庄大坝二级

公路新建工程。该工程公路总长3.431公里，为路堤结合形式。该工程于2013年12月初进场施工建设，2014年完成2公里基础换填、路基填筑、排水工程、路面底基层和路面铺设，完成投资额1700万。

长江内洞至万时山鹰嘴石公路。2014年，县交通运输局协助业主单位长江镇政府完成该工程沿线土地和青苗征地工作，协调建设单位及时进场施工。截至2014年年底，该项工程完成清表1.5公里。

县城候车亭新建和国省道候车亭“穿衣戴帽”工程。2014年，县交通运输局根据县政府9件“民生大事”工作安排，完成县城新建和国道候车亭“穿衣戴帽”改造工程规划、选址、资金落实事宜，拟定方案预算180万元。8月，项目招投标启动；9月25日，工程开标，由韶关市新城兴建筑工程有限公司中标；10月，动工建设。按县政府部署，截至2014年年底，完成资金投入140万元，县城候车亭动工建设25个，其中完成主体建设17个，基本完成装修9个，做好沿线站牌和线路牌。

协调配合做好境内高速公路建设前期工作。2014年，县交通运输局支持配合和参与规划建设途经县域的武深、雄乐高速公路仁化段项目设计、勘测各项前期工作，并结合仁化县发展规划，对路线总体方案和出口设置等提出意见和建议，为仁化县今后社会、经济发展打下基础。截至2014年年底，武深高速仁化段城口先行工程5.188公里完成房屋与土地征收工作，并于12月初正式动工。雄乐（信丰）高速仁化段工程2014年年底完成踏勘报告编制报市交通运输局组织专家评审待批，经县交通运输局争取，县城至石塘段先行进行工程可行性报告编制，市交通运输局同意该线路提前实施。

**【农村公路建设】** 2014年，仁化县全年动工兴建农村通自然村硬底化公路建设52项，完成里程57公里，总投资1423.35万元，超额完成全县全年40公里建设任务。

**【县乡公路养护】** 2014年，县交通运输局围绕服务全县发展大局，坚持发展大交通工作理念，争取上级建设计划和资金，加快全县农村公路建设养护工作。一是抓好农村公路日常养护工作。狠抓全面养护，及时疏通水沟、涵洞、桥梁等设排水施，清扫路面，清除路障，做到路面无杂物、路肩平顺、路基无缺口、公路边沟畅通。全年全县地方公路县道年末好路率达89%，养护率达100%。二是抓好水毁预防和抢修复工作。针对上半年雨水多情况，加强关注天气预报和做好天气信息发送工作，落实汛期值班制度，抢险队伍、物资、机械准备到位，做好县道X335线、X336线、X320线等高危边坡水毁预防工作。2014年，全县地方公路累计坍塌方130处12032立方米，水毁挡土墙31处2217.84立方米，损毁涵洞14道，水毁桥梁3座79米。县交通运输局出动抢修人员112多人次，投入挖掘机、装载机等抢修机械18辆次，清理坍塌方11452立方米，抢通中断交通线路2条，投入抢修资金16万元。全县地方公路水毁直接损失201.75万元。

**【交通运输管理】** 春运工作。2014年春运从1月16日开始至2月24日结束，共40天，其中节前15天，节后25天。县交通运输局重视春运工作，加强组织领导，成立春运工作领导小组及办公室，协调春运各项工作。完善制度措施，确保春运工作落到实处。成立资料统计组、综合执法组、后勤保障组，制订和印发《仁化县交通运输局2014年春运工作方案》《仁化县交通运输局2014年春运工作应急处理预案》《仁化县交通运输局防御低温冰冻保畅通工作预案》。2014年春运期间，全县发出客运车辆26079班次，同比下降5.48%，安全运送旅客预计51.31万人次，同比下降12.03%，未发生客运重特大交通事故，实现旅客走得安全、走得及时、走得有序。

汽车维修业监管。2014年，县交通运输局利用开展"两建"专项活动契机，制定《仁化汽车维修业经营市场监管体系建设工作方案》，强化汽车维修业经营市场监管工作，建立和完善交通运输行业优胜劣汰市场竞争机制及退出机制，引导和促进汽车维修业经营企业依法经营、诚实守信、公平竞争、优质服务，提高县域汽车维修业户维修质量和服务总体水平，维护汽车维修用户合法权益，建立汽车维修行业"惠民交通"窗口，全面推进汽车维修业诚信体系和市场监管体系建设。

交通运输行业质量信誉考核。2014年，县交通运输局按照上级要求和部署，开展县辖区内旅客运输企业、机动车维修业和机动车培训机构质量信誉考核工作。完成县域3家旅客运输企业、9户二类汽车维修企业和雄达驾校质量信誉考核工作，考核结果为3家旅客运输企业2013年度质量信誉考核均为AAA，8户二类汽车维修企业考核结果为AA，1户二类汽车维修企业考核结果为AAA。

交通运输行业行政许可申请。2014年，县交通运输局办证窗口本着便民、廉洁、高效原则，热情接待办证市民，依法严格甄别各类行政许可申请。全年，县交通运输局办证窗口受理并办结道路运输经营许可54宗，新发放道路运输IC卡54张，办理车辆年审278辆，车辆二级维护802辆次，其中货车542辆次，客车260辆次；机动车维修企业经营许可24宗，其中新增机动车维修业户2户，机动车维修业户换证18户，机动车维修业户变更2户，注销业户1户，补发1户。无发生申请行政复议或群众投诉现象。

交通运输行业领域安全生产工作。2014年，县交通运输局重视安全生产工作，制订和完善安全生产应急预案，落实安全生产"一岗双责"制度。重点对全县客货运输企业、乡镇码头游船、公路基建施工现场等领域进行全面日常安全生产工作督查、隐患排查和整治，加大重大节假日安全生产检查和整治力度。全年全县交通运输领域没有发生重特大责任事故。

**【交通综合执法】** 2014年，县交通运输局开展执法人员政治理论学习和业务知识学习培训。每季度组织全体执法人员集中开展业务知识学习和军训活动1次，提高执法队员综合素质。开展严禁超限超载、拒乘非营车、路域环境综合整治宣传活动。年内，《广东交通执法》采用县交通局稿件7篇，"仁化县人民政府门户网"发布新闻4篇，仁化电视台播放新闻5篇，其中年初仁化电视台《百姓生活》栏目公开曝光县域非法营运车辆和出租车违规经营情况，并呼吁人民群众自觉抵制乘坐非法营运车辆，规范出租车经营者文明经营。开展道路运政执法，维护道路运输市场秩序。加强县城客运秩序日常监管力度，及时查处各类违章行为。联合公安等部门开展打击非法营运专项整治行动4次。开展重大节假日运政监管，为群众安全、有序出行提供便利。开展路政执法，保护路产路权。认真开展日常巡查，及时查处各类违章案件；联合公路、交警、住建、镇政府等单位（部门）开展普通干线公路路域环境综合整治、"八打八治"打非治违专项行动、公路及两侧有关违法行为专项整治14次；深入各大企业开展源头治超工作，召开座谈会12次，签订治超责任书18份，源头超限超载趋势下降；联合湖南省汝城县交通执法部门开展边际区域联合治超4次，维护仁化、汝城两地边际区域道路完好、安全、畅通。不定期开展水路运政执法，保障水路运输安全。2014年，县交通运输局出动执法人员5185人次、执法车辆588台次，检查车辆6123台次。查处违法违章案件182宗，其中：非法营运23宗，改装42宗，超限超载31宗，公路违章46宗，其他40宗。执法过程中未发生公路"三乱"现象。所查处案件均做到"事实清楚、证据确凿、适用法律准确、程序规范"，没有发生错案和行政复议案件。

【仁化汽车站】 仁化汽车站是韶关市粤运汽车运输有限公司下属分公司，主要运营仁化—韶关—丹霞山旅游专线车和仁化城区与各乡镇、周边各县市，以及广州、深圳、珠海、东莞、兴宁、湖南汝城、江西赣州等长短途公路客运线路和旅游包车线路。韶关粤运公司收购由仁化汽车站代管的仁化县飞马汽车客运有限公司，主要运行丹霞山、董塘、黄坑、胡坑、月岭、夏富城区公交线路。

2014年，仁化汽车站（含飞马公司）开往省际线路2条，市际线路5条，县际线路31条，县内线路20条；入站运营车辆93台。全年发车班次21.6万班（其中仁化汽车站5.3万班，飞马公司16.3万班），完成客运量477万人次（其中仁化汽车站155万人次、飞马公司278万人次），同比下降2.45%；完成客运周转量14416万人公里（其中仁化汽车站6351万人公里、飞马公司3741万人公里），同比增长2.77%。全年安全行驶里程779万公里，同比下降2%；发生交通事故3宗，事故导致2人死亡、1人受伤。

【仁化县雄达机动车驾驶员培训学校】 仁化县雄达驾驶学校创建于2010年，现位于董塘镇董塘农场，是仁化县唯一一家经交通运输部门批准建立的二级驾驶员培训机构，累计投资800万元，建有总面积4.67公顷符合国家标准机动车驾驶员培训训练场地2个（分别位于大岭和董塘农场），训练区各类道路标志、标线、交通信号以及与考试科目相关各种路形设置齐全，建有模拟高速公路、模拟城市街道、红绿灯、湿滑路、坡道、Z形路、S形路、模拟山区道路等各种标准训练道路。该校多次被市评为“AA”级、“AAA”级优秀驾校。2014年，该校拥有各类教学车辆80余辆，符合资质管理人员10余人、教练员85人，全年培养合格汽车驾驶员2900余人。

**仁化县交通运输局负责人名录：**

**局　长：**钟文辉

**副局长：**郭宝华

钟　健（任至2014年7月）

杨　智（2014年7月任职）

（周国明）

## 邮　政

【概况】 仁化县邮政局位于仁化县新城路21号，是广东省邮政公司韶关市分公司垂直管理单位，内设管理机构综合办公室、市场部、金融业务部3个；设县城丹霞大道、董塘、格顶、凡口、周田、扶溪、长江、城口、红山邮政支局9个，县城储汇营业部1个，县城邮政营业部1个，县城投递部1个，黄坑、大桥、闻韶邮政所3个。截至2014年年底，仁化县邮政局有在职员工106人。

2014年，仁化县邮政局深入开展“人民满意”主题实践活动，主动融入地方经济发展，积极服务“三农”和中小企业，服务百姓生活，不断提高经营、服务、管理水平。全年，仁化县邮政局实现总业务收入2054.45万元，比上年增长9.18%。其中：金融板块业务收入完成1641.61万元，比上年增长14.96%；函件业务收入98.82万元，比上年下降8.7%；集邮业务收入81.75万元，比上年下降36.67%；报刊业务收入86.81万元，比上年增长9.7%；代理住处业务收入80.23万元，比上年增长28.9%；代理速递物流板块业务收入完成15.17万元，比上年下降60.1%；机要业务收入0.47万元；其他业务收入42.34万元，比上年增长164.3%。2014年仁化县邮政局代理金融余额规模达10.90亿元。全员劳动生产率19.38万元/人，资金案件率控制为零。

【企业长远发展基础夯实】 深化管控，提升发展质量。2014年，全县邮政推进管控转型，各专业和职能部室进一步完善关键指标体系，完善日常监控分析、检查整改等工作制度，提升企业管理水平。①扎实推进金融银行化管控。年内，县邮政局落实省、市公司关键指标管控体系，建立领导干部挂钩帮扶机制，挂点干部每周不少于3次到基层网点现场督导和蹲点辅导。②扎实推进邮务市场化管控。一是动态管控全年经营预算。年中根据实际经营情况调整邮务经营预算，提升专业发展积极性。二是实施季度市场经营指标考核，落实重点业务和重点项目。三是面向市场化创新营销队伍培训模式，与优秀名企展开交流，拓宽营销团队视野和业务思维。③扎实推进财务管控转型。一是推进预算管控转型，强化投入产出配比关系，加强收支预算过程管控，推进资产投资评估管理，促进投资项目收益提升。二是完善财务标杆监控管理，建立健全财务标杆体系，重点进行管理成本对标管理，启动全网全环节结算和普遍服务成本核算，完善资金预算制度，强化现金流入和占用过程管控。三是加强合规经营检查和税务管理，促进企业合规经营发展。④扎实推进人力管控转型。落实省、市分公司党组“管控模式转型”战略，开展人力资源专项检查工作，针对检查过程中发现的问题，认真落实整改。重点做好人力资源系统基础数据分类维护工作，及时、准确做好数据维护，确保基础数据完整、准确。

*加强能力建设，提升支撑能力*。①重点提升代理金融渠道服务能力。加大风险内控专项检查力度，提升全局案防风险隐患排查能力。推进增网优网，抓好邮政网点整治工作，周田支局网点纳入整治计划。积极布局农村基础金融服务，加大助农取款点布点力度，提升邮政金融服务能力和延伸邮政金融服务触手。年内更新增加金融机具一批，包括电脑14台、WIN终端9台、A类点钞机（人民币鉴别仪——全智能A类点钞机）4台、激光打印机2台、存折补登机1台。③重视专业素质能力提升。强化银行从业资格考试（下称“银从”）考前培训，制订考核管理办法，提升银从持证率。抓好基层员工普遍学习、职业化学习，抓好支局长、网点主任、金融从业人员、合规经理持证学习。开展各岗位练功比赛，提高员工技能水平。重点强化储汇练功、持证，并举办岗位技能比赛，提高金融从业人员专业服务水平。

*改善服务质量*。按照“一级抓一级、层层抓落实”原则，开展“人民满意”专项服务整治活动。通过自查、抽查、整改及回头看，畅通用户投诉渠道，提升服务质量。加强监督改善服务。开展邮政窗口“人民满意”活动，加强员工营业规范、服务礼仪和业务技能培训、管理，服务质量常态化管理。

**【企业社会效益提升】** 2014年，仁化县邮政局以“关注民生，服务发展”为主题开展各项工作，提高仁化邮政社会效益，融入社会服务建设。一是注重新农村建设。通过农村基础信息搜集做好农村市场调查与分析，以电影下乡、新农保知识讲座、理财知识讲座项目为切入点，开展邮政“三下乡”活动，开发农村大客户农村大项目，以点带面做好邮政强农惠农服务体系建设，融入地方经济发展。二是注重社区建设。抓好落实“门前三包”工作，每周五安排干部员工开展公共卫生日活动，搞好责任包干区环境卫生，助力仁化县创建全国文明县城工作。三是注重灾区建设。仁化邮政人传承“一方有难，八方支援”美德，响应中共中央、国务院号召，全力支援灾区人民抗震救灾、生产自救和重建家园，汇往地震灾区抗震救灾捐款汇款汇费及相关费用一律免收。四是注重间接服务。年内，县邮政局与合作单位成功开发石塘文化宣传册、凡口矿个性化企业文化宣传册、供电微信平台宣传、仁化旅游地图等项目，间接为广大市民提供各种服务。

【和谐企业建设】 扎实有效推进党的群众路线教育实践活动。2014年，县邮政局突出解决“四风”问题，解决企业改革发展中突出的问题。加强党风廉政宣传教育，建立长效工作机制。

关心员工生产生活。一是进一步提升员工薪酬福利。增设员工午餐补贴；提高班组长、外勤、夜班等津贴标准。二是掌握员工思想动态，采用问卷调查、走访基层等渠道方式，了解员工呼声和诉求，加强沟通，化解矛盾。三是开展慰问活动。截至2014年12月底，县邮政局工会组织慰问劳模、先进、病困员工，发放慰问金3万元，开展送清凉慰问活动。四是加强职工小家建设，逐步改善小家环境。年内，添置职工小家系列用品，如员工宿舍床上用品、桌椅、厨房用具、电器等，共计支出4.47万元，占全年工会支出52.49%。五是加强企业文化建设，丰富员工生活，为员工“减压”。组织员工开展联谊、文体活动，丰富员工业余生活，缓解员工压力，促进企业和谐建设。

**仁化县邮政局负责人名录：**

**局　长：**张朝阳

**副局长：**宋洪涛

（陈诗华）

## 中国电信股份有限公司仁化分公司

【概况】 中国电信股份有限公司仁化分公司（简称“中国电信仁化分公司”）是仁化县全业务经营综合信息服务企业，内设综合部、销售部、客响维护部，下辖政企客户服务中心、城区客户营销服务中心和董塘、石塘、凡口、丹霞山、长江、城口、扶溪、红山、闻韶、周田、黄坑、大桥、灵溪13个乡镇客户服务中心。截至2014年年底，中国电信仁化分公司有员工184人（含内退和退休人员65人）。

2014年，中国电信仁化分公司在服务地方经济社会信息化建设中发挥骨干作用，为仁化信息化建设提供先进信息传输、交换及业务平台，全面满足网络互联互通和各单位组建专用信息应用系统需要。

【总体运营情况】 2014年，中国电信仁化分公司完成主营业务收入3146万元，比上年增长2.11%，其中：移动业务累计收入1987万元，比上年增长21.23%；宽带接入累计收入1036万元，比上年增长1.07%。截至2014年年底，全县电信移动用户23846户，其中净增发展1307户；宽带用户18945户，其中净增发展1301户。

【通信工程建设】 2014年，中国电信仁化分公司完成：光缆建设145个点，合计439.2皮长公里、5648.7纤芯公里；管道建设10.5皮长公里，11.3管孔公里；整治线对4532对、用户线1523户。

**中国电信股份有限公司仁化分公司负责人名录：**

**总 经 理：**邓刚琪

**副总经理：**黄伟雄　丘福海

（刘娟宁）

## 中国移动通信集团广东有限公司仁化分公司

【概况】 2014年，中国移动通信集团广东有限公司仁化分公司（简称“仁化移动”）围绕4G发展中心，做强做优网络建设，打造精品网络质量，保持网络领先地位；多措并举巩固既有优势，创新运营思维，推进精细运营，强力发展，助力企业转型升级；狠抓基础管理，加强综合管控能力，夯实企业发展基础。全年公司整体经营情况保持良性稳健发展，完成年度各项经营目标。截至2014年年底，仁化移动在网客户11万户，4G客户0.8万户。

【筑4G网络领先优势】 2014年，仁化移动推动4G网络建设，截至2014年年底，全县建设4G基站50多个，实现县城主干道连续覆盖以及全县乡镇核心区域覆盖，保持移动网络领先优势。仁化移动关注网络质量，塑造网络新品质。针对网络黑点、盲点，通过调整天线角度、更换频点方法优化信号，提升网络稳定性。加强服务前置，主动发现问题，做到服务工作从事后补救向事前预警改进。加强网络服务管控，优化客户投诉处理流程，确保投诉用户得到一次性满意处理。加强应急通信保障能力，通过冰灾、防汛应急演练活动，提高应急保障技能，成功在多次汛情中紧急抢修恢复移动通信信号，为客户通信提供坚强有力保障。

**【全业务发展稳固格局】** 2014年，仁化移动通过装修升级，将"沟通100"服务厅打造成集4G业务形象展示、客户服务、客户体验为一体多功能服务厅，为客户提供优质4G服务创造基础条件。通过免费为客户升级4G卡，开通4G功能以及更换4G套餐，使客户更好地享受4G网络。仁化移动深化信息化服务能力，专注拓展集团市场，发展高价值客户，为分公司信息化收入增量增收。通过打造"拜访—建档—跟踪—回访—维系"专业化客户服务流程，成功解决全县各大中小企业电话、手机、集群网、上网、综合通信方面需求。抓好集群客户发展，对学校、工业园和村委等群体进行拜访和推广信息化业务，成功为全县各个中小学校提供"校讯通"服务、为100多个村委提供"企信通"服务。与丹霞山景区成功开展无线网络覆盖合作项目，配合丹霞山景区旅游文化宣传与推广，提供互联网专线服务以及移动代理服务器。在满足客户高质量通话的同时，满足各单位及企业互联网专线应用需求，助推全县中小企业发展。精心做好家庭宽带业务选址规划，采取专线与家宽共同渗透，做好联动覆盖；采取多样化、灵活主动销售和服务方式，为用户提供差异化、层次化服务；进行上门和下沉方式扩大宣传面、加大宣传力度。

**【提升企业管理水平】** 2014年，仁化移动加强党廉党建工作，遵守中共中央"八项规定"和开展"四风"建设，发挥主观能动性，开展廉洁教育学习活动。开展群众路线实践活动，贯彻执行"三会一课"制度，定期召开民主生活会，进行批评与自我批评，确保公司健康运营，员工健康发展。提升企业安全管理水平，打造良好内外部安全环境。完善应急管理体系，强化安全责任教育，带动提升安全管理整体水平。通过SOX（即《萨班斯法案》，Sarbanes-Oxley Act，简称SOX法案）内控管理和综合管理体系双管齐下，强化内部执行规范，对风险进行预警和纠偏，防范企业经营发展风险。以创建"文明单位"为抓手，贯彻落实"文化到员工、管理到班组"，以打造卓越班组管理模式为目标，提升员工服务水平和企业精神文明创建水平。2014年，仁化移动长江区域被评为省公司"优秀班组"。关怀员工，优化改善工作环境、生活环境、文化环境，通过采购桌面绿色植物、布置温馨舒适员工宿舍、购置各种健身器材以及组织各种文体活动等措施，帮助员工舒缓工作与生活压力，增强员工归属感和幸福感。

**【勇担企业社会责任】** 2014年，仁化移动以提升客户感知为重点，推进服务理念、服务能力和服务资源立体化提升，践行4G服务承诺——"优服务和你心互联"，打造诚信优质本土服务文化。积极参与社会各项公益活动，敢于承担社会责任。持续开展志愿者服务工作，3月，在"雷锋日志愿服务一条街"设立移动志愿者服务站，免费为群众提供4G业务体验、手机检测、软件安装等服务；"六一"儿童节期间，组织员工到贫困村慰问留守儿童，捐赠水杯、文具等爱心礼物；组织青年员工无偿献血。重视和加强扶贫济困工作，组织员工捐款，创新扶贫手段，帮扶公司挂点的康溪村贫困户尽早脱贫。

**中国移动仁化分公司负责人名录：**

**总 经 理：**宋　挺

**副总经理：**邱相群

（冯艳丽）

## 中国联合网络通信有限公司仁化县分公司

【**概况**】　中国联合网络通信有限公司仁化县分公司（简称“联通仁化分公司”）坚持以客户为中心，以市场为导向，完善基础设施，增强通信能力，提高服务质量。2014年，联通仁化分公司获市级“固网发展排头兵”称号。

【**移动网络建设**】　2014年，联通仁化分公司重点规划4G网络建设，其中包括仁化县建设路、新城横路、新东大街、新城路区域4G网络建设。保障仁化县大型综合小区、新市场、锦源商贸城等使用先进4G网络，有效借助优势网络帮助各行各业实现智能化信息化发展。

【**固网建设**】　2014年，联通仁化分公司进行大面积网络建设。新建董塘镇、石塘镇、凡口矿、周田镇、黄坑镇区域光纤网络线路及先进设备，为民众提供高速稳定网络，推动农村光纤网络发展。

【**其他工作**】　2014年，联通仁化分公司帮助扶贫挂点村城口镇东罗村开展计生普查和计生宣传工作。响应政府“固卫创文”号召，引导公司员工从自身做起，从小事做起，注重细节，坚持讲文明、重礼仪、爱卫生，提高员工队伍素质。

**中国联合网络通信有限公司仁化县分公司负责人名录：**

**总经理：**陈发宝

**一级高级业务销售主管：**罗国栋

（罗永宁）

## 信息化工作

【**概况**】　2014年，全县：固定电话交换机总量4.01万门，比上年下降0.5%；当地电话用户35900户，比上年增长1.41%，其中市话9780户，农话26120户；移动电话用户177100户，比上年增长1.14%，电话普及率每百人拥有手机74.7部；互联网用户9.57万户，比上年增长18.15%，电信企业营业收入10797万元，比上年下降3.3%，邮政业务收入4749万元，比上年增长85.15%；信息化发展指数为95.35，比上年增加10.13个百分点，位列全市第5名。

【**农村信息化**】　2014年，全县：接通宽带乡镇比例100%，接通宽带行政村比率100%，行政村3G网络覆盖率99%，农民专业合作社互联网接入率100%，乡镇卫生院互联网接入率100%，乡镇中小学网络接入率100%，行政村接入有线电视比例100%，行政村网上村、财务公开率（即设立网上村务公开栏开展村务信息公开行政村数量占全县行政村数量比例）100%。

【**省农村信息产业专项资金申报**】　2014年，仁化县落实《广东省国民经济和社会信息化“十二五”规划的通知》文件精神，发挥省信息产业发展专项资金农村信息化建设专项的引导和扶持作用，深化农村领域信息技术应用，推动信息服务农村基层，加大信息化支撑农村产业转型升级作用。年内，县域韶关市金果农业生态园有限公司《韶关金果农产品溯源及产销一体化平台项目》成功申报2014年广东省信息产业发展专项资金农村信息化建设专项资金，获得省级专项扶持资金35万元。

【**宽带投资建设计划督办会议**】　2014年6月5日，仁化县根据《广东省信息化工作领导小组办公室关于印发广东省宽带网络基础设施建设督查工作方案》文件精神，召集网络营运商电信、移动、联通、广电召开“仁化县宽带投资建设计划督办会议”。会议明确各网络营运商年度宽带投资建设计划，制定《仁化县2014年宽带网络基础设施建设计划》。

**2014年仁化县宽带网络基础设施建设计划**

表3

| 单位 | 光纤覆盖用户能力（户） | 光纤接入用户（户） | 光缆线路长度（公里） | 3G/4G基站（座） | WLAN热点（个） | AP数（个） | 通信基础设施投资计划（万元） | 其中光纤宽带投资（万元） | 3G/4G网络投资（万元） | WiFi投资（万元） |
|---|---|---|---|---|---|---|---|---|---|---|
| 电信 | 12938 | 4077 | 1745.47 | 77 | 17 | 45 | 761 | 463 | 297 | 1 |
| 移动 | 18969 | 2900 | 1595 | 149 | 38 | 204 | 2244 | 823 | 1198 | 2 |
| 联通 | 2000 | 500 | 146 | 10 | 0 | 40 | 150 | 100 | 100 | 0 |
| 广电 | 3335 | 50 | 100 | 0 | 0 | 0 | 180 | 30 | 0 | 0 |
| 合计 | 37242 | 7527 | 3586.47 | 236 | 55 | 289 | 3335 | 1416 | 1595 | 3 |

**【工程建设领域项目信息公开和诚信体系建设工作】** 2014年，仁化县按照韶关市治理工程建设领域突出问题工作领导小组办公室要求，加强韶关市工程建设领域项目信息和信用信息公开共享平台建设，及时、准确、全面公布工程建设领域项目信息和信用信息。全年全县“双信息”平台发布项目信息和信用信息810条，位居全市26个“双信息”平台前列。

**仁化县经济和信息化局负责人名录：**

**局　　长：**肖俊青（女）

**党委书记：**李世朗

**副 局 长：**张友财　张明福

张水甜　肖润华

（张水甜　钟　福）

# 供电·供水·供气

## 供　电

【概况】　2014年，广东电网韶关仁化供电局（简称“仁化供电局”）围绕“一体化、创先进”工作思路，以可持续、协调、和谐发展为引领，从安全、可靠、优质、经济、绿色“五个维度”入手，扎实开展各项工作，年内，仁化供电局获广东省总工会授予“广东省五一劳动奖状”荣誉称号。全年累计供电量7.89亿千瓦时；售电量7.54亿千瓦时，其中工业6.39亿千瓦时，农业0.09亿千瓦时，商业0.26亿千瓦时，住宅0.80亿千瓦时；缴纳税款0.20亿元，其中上缴仁化县国税局0.16亿元，仁化县地税局0.04亿元。

【电网建设】　2014年，仁化供电局围绕仁化县“四化”推“四区”发展战略，秉承“主动承担社会责任，全力做好电力供电”企业理念，完善电网建设。截至2014年年底，仁化电网范围内共有：110千伏变电站5座，主变9台，容量28.05万千伏安，110千伏线路4回（含代维），全长51.66千米；35千伏变电站4座，主变7台，容量4.19万千伏安，35千伏线路8回（含代维），全长129.195千米；10千伏配电台区763个，容量13.2万千伏安，专变963台，容量34.83万千伏安，10千伏线路91回，全长1643.407千米（含电缆90.729千米、架空导线1552.678千米）。

加大电网改造力度。开展电网滚动规划，围绕基建领域“登高”目标，推进工程建设规范管理，推行民主管理，配合县政府办理人大议案1件、政协提案1件和网络问政24份，重点解决线路、台区异常及其他民生关注突出问题。

稳定推进四区建设。仁化供电局贯彻落实仁化县“主攻项目，决战四区”战略部署，全力做好电网建设。在确保居民基本用电基础上，做好丹霞山火车站广场及周边配套服务设施建设、新庄新农村“三通一平”建设和田家炳小学建设，保障重点项目建设进度。实地研究线路迁改，稳步推进县城重大民生工作绿道项目工程。2014年中低压配网基建工程下达项目36个，项目总投资1308万元。

【安全管理】　2014年，仁化供电局全面推进安全管理一体化、风险管理体系化、应急管理常态化、安全生产标准化，提高电力供应安全性和稳定性。

夯实安全管理基础。年内，仁化供电局严格按照现场安全督查工作指引，加大施工现场督查力度，确保施工进度和施工安全，累计检查1207次，其中督查外单位558次，督查本单位班组649次。加强对承包商的生产安全管理，实行严格准入制度和“红黄牌”处罚标准，准入合计24人次。发出“现场安全督查整改通知书”11份，黄牌10张、红牌4张。

完善风险管控机制。开展春季安全、防汛防风准备工作、迎峰度夏、秋季安全大检查，完成整改142项。开展安全检查，完成元旦、春节、“两会”、清明、“五一”、“‘民生热线’走进仁化”、端午、高考、中秋、国庆期间保供电任务。联合公安、工商部门开展电力设施保护宣传活动，与仁化县公安机关签订联防协议书，打击整治电力设施盗窃破坏行为。

加强设备运行管理。加

强综合停电管理，定期召开停电平衡会，按照综合停电“六步法”（状态检修、工程时间定额管理、转供电管理、合并停电管理、带电作业、重大停电事件管理）优化年度停电计划，重点抓好重复停电、临时停电和延时停、送电管理，减少用户停电时间。加大小水电站管理力度，完成全县280多个小水电站调试管理培训工作和受力资格培训。

深化可靠性管理。提高电压合格率，加强小水电站设备运行管理，减少小水电站因“飞车”造成电网过电压事件，保障用户家电安全。加强可靠性过程管控和指标分析应用，规范可靠性数据维护和质量管理。

推进信息“登高”工作。推进信息化建设和应用，实现客户端计算机防病毒系统覆盖率100%、PKI用户数字证书应用覆盖率100%、信息化全员培训覆盖100%和应用系统培训参训率100%。深化推进信息安全风险体系建设，强化信息安全保障，确保信息安全“零事故”。

【创先争优】 2014年，仁化供电局推进科学经营注重创先争优，通过增强经营管控能力促进企业良性发展。

优化经营管理。树立“过紧日子”思想，实施降本增效措施，深化预算管理，加强预算全过程管控，及时发出差异过大项目预警。根据周田、黄坑、大桥3镇资产移交和丹冶电力营销业务划归仁化供电局实际，做好仁化供电局年度预算调整工作。推行管理线损“七步法”（即阀值管理、数据采集、线损比对、异常分析、闭环处理、统计分析、绩效考核）及管理线损业务表单规范线损“两个比对”（即分线线损精确比对和台区线损趋势分析比对）日常业务管理，提升线损异常闭环管理。

加强经营风险管控。开展民主评议行风政风“回头查”工作，将廉洁教育融入生产经营管理工作，配合开展好上级巡视调研，重点解决群众反映强烈的问题，提升企业行风建设水平。重点围绕大修技改、业扩报装专项治理和物资管理领域的难点和热点工作，开展专项检查3次，查摆问题18个，落实整改15个。

优化人力资源。做好划小核算单位工作，制订仁化供电局定编方案和年度冗缺员解决计划。探索中心供电所和变电巡维中心模式，组织开展助理岗位选聘工作，尝试探索青年人才培养道路，加快青年人才队伍建设步伐。班组结合生产实际，自主提出培训需求和培训项目，着力加强班组在岗培训的有效管理，激活一线员工培训主动性和积极性。全年全局完成培训计划24项，培训1248人次，组织员工参加上级部门培训班82期，培训440人次；员工自主参加网络学院学习1358人次。

【服务提升】 2014年，仁化供电局扎实开展优质便民服务，以实际行动兑现“以客为尊、和谐共赢”供电服务承诺，服务仁化经济社会发展。

注重工业客户服务升级。主动为宝能等新进企业提供配套供电服务，确保“转移”企业电力供应，助力仁化县域经济发展。加强大工业客户管理，规范化整理大工业、小水电用户档案资料，做到一户一档。完善业扩报装制度，简化业扩报装流程，提升办电速度。

深化为民服务内涵。持续开展服务提升活动，落实服务改进工作方案。普及夏季安全用电、节能降耗知识。推广细化客户能效服务管理，兑现服务承诺。加强用户侧配电设施安全运行管理，开展用电检查，及时消除客户用电安全隐患。全年发放安全用电、节能降耗宣传册两千余份，开展用电检查467次，消除客户用电安全隐患149处。

勇担社会责任大梁。配合县政府做好县“创文”资料整理、窗口服务迎检工作，营造仁化县创建全国文明县城氛围。响应县政府关于“企忧”和企业接待日工作部署，与企业建立良好互动关系。组织开展“6·30”扶贫济困日主题捐款活动，筹得善款4150元，用于访贫慰问、行业扶贫、公益慈善活动。多次到扶贫点闻韶镇华塘村走访慰问，捐赠2014年扶贫资金49120元，用于当地经济建设。配合县环保专项行动，整治违法排污企业，打击“黑砖厂”等污染企业。多次组织技术人员走进各类客户，为客户无偿解决用电问题，得到群众好评。响应社会号召，组织志愿者20名无偿献血4700毫升，树立良好企业形象。

**【和谐建设】** 2014年，仁化供电局围绕构建“生态、活力、幸福”新仁化工作要求，以人为本，积极推进企业和谐建设，着力打造企业“幸福家园”。

狠抓党廉促落实。组织召开局领导班子“为民务实清廉”专题民主生活会，把落实党风廉政建设责任制与主营业务工作结合起来，组织签订责任通知书32份，签订廉洁承诺书20份。组织到仁化县反腐倡廉教育基地接受现场警示教育3批次105人，签订党员廉洁承诺书78份。开展特色教育，组织演讲比赛、廉洁读书月、公益文稿征集等多样廉洁文化活动，传播廉洁从业正能量。

发挥工会“家”作用。组织召开文体协会座谈会，调整合并文体协会8个，新成立了文学书法美术协会3个。慰问职工144人次。组织全局在职和离退职工343人健康体检1次。做好计生工作，仁化供电局获仁化县人民政府授予“仁化县2013年度人口与计划生育先进单位”荣誉称号。

激发青年新活力。年内，仁化供电局开展青年评先评优工作，全局有8人次获评为省公司、市局或县局先进个人。第二团支部被市局团委和县团委评为“五四红旗团支部”。开展供电服务集中宣传与咨询、义务植树、雷锋行动到扶贫村、安全用电理念进校园、“烈士纪念日”志愿服务活动、重阳节志愿服务活动，1人被评为省公司2013年度优秀青年志愿者。

**仁化供电局负责人名录：**

**局　　长：**章　文
**党委书记：**陈广平
**党委副书记：**张继友　章　文
**纪委书记：**张继友（任至2014年1月）
**副局长：**魏家韶　刘周如　潘凯宁　陈广平
**工会主席：**刘大福（任至2014年7月）

（章　文　陈广平　张伟民　张达程　邓巍巍）

# 供　水

**【概况】** 2014年，仁化县城、丹霞山、广东铝厂、格顶矿、董塘镇，丹霞街道办墟镇及部分村庄由香港中国水务集团银龙供水公司（简称“仁化银龙供水公司”）采用赤石迳水库水源供水，其余各镇自建饮水工程。截至2014年年底，全县由香港中国水务集团银龙供水公司供水人口7.6万人，由各镇自建饮水工程供水人口约16万人。

**【城市供水】** 基本情况。仁化县城饮用水水源引入赤水迳水库水，主要来源于小楣水、红山茂密森林，活水期水库补充水量每天保持在30万立方米以上。上游没有矿山、工厂，污染源小。化验员每天检测监控水厂出厂水，定期检验水厂制水原水，且每月委托仁化县疾病防疫中心作全分析检验，以保证供水管网水质合格率。截至2014年年底，仁化银龙供水公司水厂日供水能力为4万立方米/日，供水面积为10平方公里，管网总长42公里。水厂内设备有常用机组5台，备有机组2台，使用自动加压电频设备，国家标准水压2.8公斤，因仁化县城地势特殊，住房高差较大，水泵房加压5公斤出厂。制水工艺选用网格反应，斜管沉淀，虹吸过滤组成，工艺流程合理、先进；反应池、沉淀池设有排泥阀，定期清洗；过滤选用自动反冲；清水池采用封闭通气，消毒选用国内先进环保技术，二氧化氯消毒剂发生器。2014年供水量632万立方米，日最高峰为2万立方米/天。平均水价为1.50元/立方米（特种行业2.5元/立方米，商业用水2.2元/立方米，行政用水1.75元/立方米，居民用水1.25元/立方米，特困户1元/立方米）。另县政府对县城居民用户加征污水处理费0.65元/立方米，其他用户加征0.75元/立方米。

县城自来水厂增容扩建工程建设情况。2014年，仁化银龙供水公司完成：①仁化至董塘镇铺设直径400毫米输水管道，总长约6632米，投资410.71万元。该工程于2013年12月开始施工，2014年2月完工，解决董塘片区因流量不足，导致往年5月至11月每天晚上9点至第二天早上6点停水状况，对工业园发展起到重要作用。②完成水厂新建滤水系统2万立方米/天工程，进入试运行阶段，投资515.81万元。该工程于2013年8月开始施工，2014年8月完工，可解决仁化县城正常供水15年之久。③完成赤石径水库至石灰厂直径600毫米源水管铺设，总长约3388米，投资607.98万元。该工程于2013年12月开始施工，2014年5月完工，进入试水验收阶段。该工程可使水库源水以流量5万立方米/日输送至水厂，可满足仁化县城15年发展需要。④完成赤石迳引水隧道工程，投资368.74万元，于2013年12月开始施工，2014年9月完工。截至2014年年底，该隧道待通水。通水后，可避免供水源水管道再继续与水务局电站共用发电管道，解决因取水而对电站发电所产生影响，避免因供水而影响发电经济纠纷问题。⑤完成供水设施增容扩建改造预算外工程赤石迳水库引水隧道护坡工程，投资19.97万元，避免源水地因无护坡而造成严重危害。

**【农村饮水】** 截至2014年年底，全县农村饮水安全工程全面结束，完成预算内和计划外农村饮水安全工程72宗，解决农村9.1673万人饮水不安全问题，农村饮水安全工程建设进入到村村通自来水工程建设。2014年，仁化县按省、市、县工作部署，做好仁化县村村通自来水工程建设初步计划和仁化县村村通自来水工程建设实施方案上报工作。

（刘　志）

## 供　气

**【概况】** 2014年，仁化县新增管道燃气报装用户1900户，投入使用1160户；供应燃气销售3941吨，其中，液化天然气3331吨，液化石油气610吨。

**【安顺达管道天然气有限公司】** 截至2014年12月底，该公司铺设县城高中压管网60公里；完成调压门站主体工程建设，并对调压设施进行安装、调试。拥有居民用户12000多户，管网覆盖整个仁化中心城区，年用气量3331吨。

**【仁化县石油液化气公司】** 2014年，该公司有工作人员8人。全年销售成品油450吨，销售额385万元。

**【仁化县赤老坝石油液化气站】** 该气站属私营企业。截至2014年年底，有工作人员5人，销售成品油260吨。

（肖润华　刘大旺）

# 水利·气象·水文监测

## 水　利

【概况】 2014年，仁化县水务局围绕全县经济会议和农村工作会议精神，提出一系列加快县水利改革发展举措，完善防灾减灾体系，增强了洪涝干旱灾害防御能力；强化水利设施建设，提高了支撑美丽乡村建设能力；抓水电安全生产，实施电站增效扩容工程建设；科学治水依法管水，优化水资源合理配置新格局；加强水土资源保护，巩固仁化水生态自然环境美；落实移民扶持政策，完善移民村乡风文明和谐美；抓精神文明建设，推动水务各项工作全面发展。年内，争取上级水利工程项目资金约1.9亿元，其中：全省中小河流治理重点县综合整治及水系连通试点规划项目6000万元，广东省仁化县小型农田水利重点县项目4901.1万元，仁化县2013年田间工程项目3190.77万元，仁化县农村水电增效扩容改造项目2260.62万元，移民资金1848.98万元，仁化县农村饮水安全工程项目186.75万元。2014年到位资金7230.3万元，主要是：广东省仁化县小型农田水利重点县项目4000万元，移民资金1379.3万元，仁化县2013年田间工程项目960万元，仁化县农村水电增效扩容改造项目753万元，仁化县农村饮水安全工程项目118万元。

【“三防”工作】 基本情况。2014年4—6月，全县遭遇多次暴雨、局部大暴雨降水过程，部分地区出现雷电、大风等强对流天气。5月、6月全县降雨量分别为398.5毫米、258.4毫米；7—8月，全县发生较大旱情，降雨量仅为186.1毫米。8月，全县山塘水库总蓄水量只有17610万立方米，仅为正常蓄水量68.8%。面对洪涝干旱灾害，县水务局派出专业技术人员到受灾现场指导抗洪抢险、抗旱救灾工作，及时投入人力、物力和财力，减轻灾害损失，保障人民群众生命安全和城乡供水安全。

“三防”应急能力建设情况。①落实“三防”责任制。全县49宗水库均签订防汛责任书，各镇（街道）所辖山塘也签订相关防汛责任书。②完善工作预案。编制和完善小型水库《防御特大洪水预案》，制订水库汛期控制运用计划，多次组织有关人员进行汛前汛期检查。③完善“三防”设施。根据《关于开展全省三防信息接收应急保障系统项目建设的通知》文件精神，完善“三防”信息化建设，全县13套“三防”信息接收应急保障系统均完成安装调试投入使用，“三防”责任人系统信息录入工作全部按上级要求如期完成。购置补充防汛抗旱物资一批，包括防洪编织袋1万条，抽水机16台，潜水泵20台，以及救生衣、雨衣、水鞋一批。向市防办争取为仁化县增配冲锋舟1艘，有动力橡皮艇2艘，无动力橡皮艇6艘，并根据“因地制宜、先急后缓、逐镇配备”原则，结合各镇地区特点，下拨4艘无动力橡皮艇到城口镇、长江镇、周田镇、大桥镇。④做好演练、培训。5月19日，派出7名轻舟中队成员参加市轻舟大队举办为期10天的轻舟集训；6月16—20日，组织县轻舟中队全体队员在县城锦江河段开展为期5天集中训练。

防汛抗洪抢险工作。2014年5月，仁化县受高空槽和西南暖湿气流共同影响，普降大雨到大暴雨，造成洪涝。5月21日，县长王晓梅在锦江水库、赤石迳水库、县“三防”办调研时对防御该次强降雨工作作出部署。5月28日，中共仁化县委书记刘锋、县长王晓梅、县委常委谢庆伟、副县长黄付养到县“三防”指挥部指挥防汛工作。洪灾中，全县未出现因洪灾而造成人员伤亡现象，受灾群众得到妥善安置，情绪稳定，受灾镇（村）社会秩序良好，抗洪救灾复产各项工作有序进行。

抗旱减灾救灾工作。2014年7月，仁化县出现持续高温少雨天气，气温高、持续时间长、降水量少、蒸发量大导致全县出现不同程度旱情。该次旱情截至8月12日12时，全县农作物受旱面积935.33公顷，其中农作物轻旱面积637.33公顷，农作物重旱面积298公顷；水田缺水553.33公顷，旱地缺墒66.67公顷。面对旱情，中共仁化县委、县政府高度重视，采取有力措施开展抗旱工作。县政府拨出8万元资金支持各镇（街道）抗旱工作；县“三防”办加强山塘水库用水调配。全年全县投入抗旱工作6500人次，启用多座固定排灌站，投入机动抗旱设备156台套，投入抗旱资金54万元。抗旱浇灌面积1574公顷，挽回粮食作物损失670吨，93.8万元，挽回经济作物损失33.2万元，最大限度降低干旱对全县农业生产和人民生活带来的影响。

灾后恢复生产工作。2014年，据县“三防”办统计：4—6月，全县受灾人口9753人，倒塌房屋43间，安全转移人口276人，损坏小型水库2座，损坏堤防3处50米，冲毁塘坝6处，灌溉设施57处，损坏机电泵站1座，直接经济损失1300.6万元。洪涝灾害发生后，县水务局做好灾后恢复正常生活生产工作部署安排，采取有效措施，派出多个工作组分赴重灾区指导和组织开展救灾复产工作。全县未出现因洪灾而造成人员伤亡现象，受灾群众得到妥善安置，情绪稳定，迅速恢复正常生活、生产秩序。

**【水利工程建设管理】** 2014年，县水务局整合水利技术人才资源，完善水利工程项目管理机制，调动水务系统全体工作人员积极性，做好工程项目申报工作，争取水利项目资金1.9亿元，年内到位资金7230.3万元，用于水利项目工程建设。

实施治洪治涝保安工程建设。完成董塘河治理工程建设，总投资2881.66万元，2014年11月完成单位工程验收。完成城口河治理工程初步设计报告审批工作，总投资2980万元，省级资金下达839万元，进入施工招标工作。完成锦江河上游扶溪镇段治理工程初步设计报告审批工作，总投资2780万元，省级资金下达834万元，进入施工招标前期工作。完成塘村河治理工程初步设计报告审批工作，总投资2900万元。做好黄坑镇项目区、大桥镇项目区、周田镇项目区、丹霞街道办项目区、石塘镇项目区5宗中小河流水系联通项目申报工作，总投资13947.92万元，其中黄坑镇河项目、大桥镇古洋河项目开展施工招标工作。

实施农田水利工程建设。完成黄坑镇蓝田、长江镇里周河小型灌区改造工程建设任务，总投资分别为780万元、720万元，进行单位工程验收。完成石塘镇小型农田水利示范镇工程建设，投资1055万元，完成单位工程验收，做好竣工验收准备工作。完成大桥镇大桥灌区等5宗捆绑山区小型灌区改造工程总体形象进度45%，总投资1549.51万元。广东省仁化县小型农田水利重点县项目（2013—2015年）（1万—5万亩灌区配套改造试点县），工程总投资14415.15万元，项目计划分3个年度完成，第一年度工程建设进入施工阶段，第二年度和第三年度建设项目正在设计审批中。

实施田间水利工程建设。完成扶溪镇田间工程建设任务，总投资647万元，完成单位工程验收工作，并交付使用。完成城口镇田间整治工程形象进度80%，总投资807.57万元。完成董塘镇田间整治工程施工招标工作，进入施工中，总投资1675.78万元。完成丹霞街道田间整治工程设计上报工作，总投资1911.44万元。

实施水库除险加固工程建设。8宗小（二）型小型病险水库除险加固工程，总投资981.36万元，完成6宗主体工程建设，其余2宗完成形象进度80%，完成投资600万元。

【水政水资源管理】 2014年，仁化县落实最严格水资源管理制度，加强饮用水水源监测，强化水土资源治理与保护，稳步推进丹霞源水利风景区建设，巩固仁化水生态自然环境美。

落实最严格水资源管理制度。年内，仁化县一是加大水法规宣传力度。在“世界水日”“中国水周”“科普宣传日”“普法宣传日”期间，通过悬挂水法规宣传横幅、在县广播电视台播放水法宣传片、发送手机宣传短信、出动水法宣传车、派发宣传小册子等形式，加大水法规宣传力度。二是强化水规费征收工作。全年征收水规费1947.8万元，其中征收水资源费273万元、水土保持补偿费2.3万元、河道采砂出让权费711万元、管理费61.5万元、堤围防护费900万元。三是严格水政执法管理。全年全县查处未经批准擅自在县城河堤管辖范围内建房行为1宗，印发“责令停止违法行为通知书”，并拆除违建房屋；查处未经批准擅自采砂行为5宗和超范围采砂行为1宗，印发“责令停止违法行为通知书”；依法处理违法采砂行为2宗。

加强水土资源保护。一是完善水土保持机构机制。年内，县水务局狠抓水保工作软件、硬件建设，成立县水土保持监督管理站，完善水土保持监督管理机制，落实水土保持有关政策法规，制订相关规章制度，完善工作设备设施，建立水土保持监督管理数据库，切实做好资料归档工作。二是提高水土保持监督管理能力。县水务局以列入“全国第二批水土保持监督管理能力建设县”为契机，扎实做好全县水土保持监督管理各项工作。7月，仁化县通过“全国第二批水土保持监督管理能力建设县”省级初步验收。三是实施饮用水水源治理工程建设。赤石迳水库饮用水水源治理工程项目计划总投资356万元，其中上级资金220万元，分2期建设。第一期工程于10月份正式动工，进入施工阶段。四是做好丹霞源水利风景区建设。丹霞源水利风景区建设被水利部列入第十三批水利风景区名单后，县水务局推进丹霞源水利风景区建设，跟踪落实丹霞源水利风景区建设后续工作，为巩固仁化水生态自然环境美奠定坚实基础。

【水库移民工作】 积极开展“直补到人”扶持工作。2014年，仁化县根据省市移民政策，结合县域实际，做好2013年度全县水库移民“直补到人”609.22万元扶持资金发放工作。工作中，克服工作量大、工作难度大问题，做好全县水库移民户数、人数等有关资料收集、核对、公示，确保移民个人直补资金准确无误。同时，做好湾头水库移民后期扶持政策落实工作。

实施移民村公共设施建设。2014年，全县投入移民资金601.42万元，完善移民村公共基础设施。年内，完成移民村公共基础设施建设饮水工程4宗、环境整治10宗、小桥1座、“四通一平”1宗、文化室7间，改善移民群众生产、生活条件，为移民村产业发展奠定基础。

积极做好移民信访维稳工作。2014年，县水务局加强与移民群众联系沟通，增进与移民感情，提高化解移民群众矛盾能力，正确运用经济、政策和法律途径解决好移民信访问题，变移民上访为工作下访，移民信访工作取得效果，年内没有出现越级上访事件。

【内部管理】 2014年，中共仁化县水务局党委围绕水利发展改革大局，以认真贯彻执行中共路线、方针、政策，扎实开展各项教育活动为党建工作着力点，加强中共党组织建设和干部队伍建设，加强和改进新形势下水利系统中共党组织建设。在2014年开展党的群众路线教育实践活动活动中，局领导班子及成员在贯彻中共群众路线和作风建设方面存在的突出问题中，广泛听取意见，认真查摆问题，深入开展批评，确保整改落实，改进工作作风，提升务实工作能力。在创建"全国文明县城"工作中，县水务局以创文工作为着手点，建立健全集中式饮用水地污染来源预警、水质安全应急处理和水厂应急处理饮用水安全保障体系，制定完善《供水应急保障预案》，加强净水、取样、化验等水质管理工作，加强突发性供水服务保障应急演练，加强饮用水地宣传，保证全县安全供水。配合县有关部门，开展扶贫帮困活动、道德讲堂活动、"讲文明树新风"活动和"弘扬传统美德，践行核心价值观"工商联杯演讲大赛，并在"弘扬传统美德，践行核心价值观"工商联杯演讲大赛中取得第2名。2014年度，县水务局党政领导班子在县履行安全生产"一岗双责"考核和开展2014年"企忧档案"考评中被评定为一等奖，在2014度全县信访维稳工作中被评定为三等奖。

**仁化县水务局负责人名录：**

**局　　长：**梁伟军
**党委书记：**林志平
**副 局 长：**胡耀明　李为军　杨永新
**工会主席：**赖冬明（参与班子分工）

（刘　志）

## 气象事业

**【概况】** 仁化县气象局（台）隶属上级气象部门和地方双重管理，内设气象灾害防御管理办公室（重大灾害应急指挥部办公室）、办公室、站网管理股、预报股、发展改革与财务管理股、人力资源股正股级机构6个，仁化县专业气象台、仁化县防雷设施检测所（仁化县防雷中心）、广东省仁化县气象局机关服务中心局（台）直属事业单位3个。管理（下属）仁化县突发事件预警信息发布中心、仁化县南岭生态气象中心副科级地方气象事业单位2个。其中，仁化县突发事件预警信心发布中心内设办公室、业务管理股、运行保障股正股级机构3个；仁化县南岭生态气象中心内设综合办公室、防雷减灾管理中心、人工影响天气管理中心正股级机构3个。

2014年，仁化县气象局坚持把气象服务工作放到首位，继续加强气象设施建设，提升公共气象服务能力和预测预报水平，依法开展防雷安全管理和气象应急管理工作，提高气象灾害风险管理能力。

**【气象设施建设加强】** 2014年，仁化县气象局加快南岭生态气象中心建设步伐，完成《南岭生态气象中心建设方案》编制工作，并得到省局批复同意。完成南岭生态气象中心一期项目立项、工程图纸施工设计、预算审核等招投标前期资料工作。按照人影现代化建设"一个系统一个示范点"要求加大人影作业示范点建设力度，完成人影发射平台周边附属道路、发射平台硬底化、库房改建工作，加强宣传栏、制度牌、弹药箱、防爆空调、监控系统等附属配套设施制作与安装。截至2014年12月底，完成"两室两库一平台"（值班室、休息室、火箭炮库房、弹药库房、作业发射平台）建设。

**【业务质量】** 2014年，仁化县气象局地面测报台站平均错情率0.0‰，台站个人平均错情率0.0‰，报表错情率0.0条/月。农气测报表错情率0.0‰。24小时天气预报质量：暴雨为48%。24小时天气预报相对于中央台指导预报技巧评分：晴雨为29.5，最高气温为18.7，最低气温为21.4，总得分23.2。预报质量达到上级业务部门考核标准，在全市8个县局中排名第二。

**【气象服务】** 2014年，仁化县气象局向当地政府和有关部门发出书面天气报告29份，其中组织调查效益报告2份，气象服务工作总结6份。编发《重大气象信息专报》38期，《重大气象信息快报》10期，《天气报告》29期。发布预警信号182次。发送决策气象服务短信185760条。

**【公共服务和决策服务】** 2014年，仁化县气象局围绕中共仁化县委、县政府重要活动和阶段性重点工作，开展气象服务，做到重要天气及时服务、灾害天气跟踪服务。为各级领导决策准确提供气象服务，及时向公众发布转折性、突发性、灾害性天气气象预警信息，提出相应防御指南，指导公众开展防灾减灾，有效减轻气象灾害对农业及人民日常生产生活影响。做好汛期气象服务，安全度汛。做好汛前组织、规章制度、人员配备及仪器设备准备，关注汛期天气变化，加强24小时值班及领导带班制度，遇有重大天气过程，有条不紊开展气象服务工作。5月17—20日，仁化县出现持续性强降水天气过程，县气象局预报人员严密监测天气变化，提前36小时做出准确、及时预报和预警，业务值班人员坚守岗位，及时、准确为县领导、县“三防”办提供决策气象服务信息，提高全县抢险救灾效率，降低灾害损失。灾后，与县“三防”部门沟通联系，了解最新灾情，做好灾情收集和上报工作，得到县领导和有关单位、人民群众和网友赞许。

**【防雷减灾工作】** 2014年，县气象局办理新建建筑物防雷装置设计审核13宗，竣工验收4宗，雷电风险评估6宗。年度检测相关单位60个，其中对全县49个重点易燃易爆场所防雷装置进行安全检查和检测2次，保证各易燃易爆场所防雷装置处于良好状态，保证生产安全。据不完全统计，全年全县发生雷击事故4宗，未出现人员伤亡，直接经济损失10.2万元，间接经济损失7万。

**【人工影响天气工作】** 2014年10月以后，全县天气持续干燥，县人工影响天气（简称“人影”）作业组密切关注天气变化，抓住有利时机开展人影作业，缓解旱情，增加水库蓄水。11月7日、11月8日、12月26日，县人影作业组在丹霞街道黄屋村老马屋组南岭生态气象中心人影作业示范点和红山镇高坪水库人影作业点进行人工影响天气作业3次，共发射火箭弹9枚，全县区域内分别普降大到暴雨和中到大雨，有效缓解全县冬种春播旱情，降低森林高火险指数，改善空气质量。

**仁化县气象局负责人名录：**

**局　长：**苏祥芳

**副局长：**王玉宝（任至2014年2月）

　　　　李胜利

**纪检监察员：**刘美莲（女，2014年9月任职）

（蓝传宝）

## 水文监测

**【概况】** 仁化水文站为广东省水文局韶关水文分局下属水文站，位于仁化县丹霞街道水南村。1951年6月始建，为雨量站；1953年2月改为水位站；1956年1月改为水文站，测验项目包括水位、流量及降水量。施行巡测方案后，仁化水文站实现有人看管、无人驻守测验方式，测验任务由韶关水文分局属下韶关水文测报中心承担。

**【水量监测】** 仁化水文站负责监测仁化境内各河流水量监测工作。2014年，仁化县境内有水文站1个，巡测断面1个，雨量观测站15个，大中型水库观测站4个、冰冻灾害监测站点1个。各观测站点实现水位、雨量自动测报。流量测验增加走航式ADCP、雷达测速枪等仪器，配备水文测船、冲锋舟、华测RTK型GPS、天宝全站仪、水深测量仪等辅助测量设备，工作效率得到提高。

### 2014年仁化县境内巡测断面一览表

表4

| 水系 | 河名 | 站名 | 断面地点 |
|---|---|---|---|
| 北江 | 百顺水 | 大坝 | 广东省仁化县黄坑镇大坝村下游桥下 |

### 2014年仁化站下属降水量站一览表

表5

| 水系 | 河名 | 站名 | 观测场地点 |
|---|---|---|---|
| 北江 | 浈江 | 周田 | 广东省仁化县周田镇 |
| 北江 | 百顺水 | 黄坑 | 广东省仁化县黄坑镇 |
| 北江 | 闻韶水 | 闻韶 | 广东省仁化县闻韶镇 |
| 北江 | 灵溪水 | 大围 | 广东省仁化县周田镇大围村新屋场 |
| 北江 | 锦江 | 长江 | 广东省仁化县长江镇 |
| 北江 | 扶溪水 | 扶溪 | 广东省仁化县扶溪镇蒙屋街 |
| 北江 | 城口水 | 兰洞 | 湖南省汝城县三江口镇东岭兰洞 |
| 北江 | 城口水 | 城口 | 广东省仁化县城口镇盐街 |
| 北江 | 黎屋水 | 五渡村 | 广东省仁化县红山镇五渡村 |
| 北江 | 黎屋水 | 厚坑 | 广东省仁化县城口镇厚坑 |
| 北江 | 锦江 | 仁化 | 广东省仁化县仁化镇水南村 |
| 北江 | 董塘水 | 石塘 | 广东省仁化县石塘镇礼园村 |
| 北江 | 董塘水 | 大水坝水库 | 广东省仁化县石塘镇上中垒村大水坝水库 |
| 北江 | 西水 | 前洞（仁化） | 广东省仁化县红山镇前洞村前洞小学 |
| 北江 | 百顺水 | 大坝 | 广东省仁化县黄坑镇高塘村大坝组 |

### 2014年仁化县境内大中型水库监测站点一览表

表6

| 水系 | 河名 | 站名 | 观测场地点 |
|---|---|---|---|
| 北江 | 锦江 | 锦江水库 | 广东省仁化县锦江水库 |
| 北江 | 黎屋水 | 高坪水库 | 广东省仁化县高坪水库 |
| 北江 | 董塘水 | 赤石迳水库 | 广东省仁化县董塘镇赤石迳水库 |
| 北江 | 董塘水 | 澌溪河水库 | 广东省仁化县董塘镇澌溪河 |

**【水质监测】** 2014年，仁化境内水质监测断面有仁化、赤石迳水库、锦江水库、周田4个断面，实现各河流水功能区和水库水功能区水质评价。4个水质断面由韶关水文测报中心安排采用，由广东省水环境监测中心韶关分中心进行水质化验。

## 2014年仁化县境内水质监测站点一览表

表7

| 监测站点 | 分布地址 | 监测频次 | 监测项目 |
|---|---|---|---|
| 周田 | 仁化县周田镇司土坝村 | 1年4次 | pH值、电导率、六价铬、总氮、铜、铅、镉、硫化物、砷、硒、汞、氨氮、高锰酸盐指数、阴离子表面活性剂、挥发酚、总磷、氰化物、五日生化需氧量、溶解氧、叶绿素、硫酸盐、氟化物、硝酸盐氮、氯化物、锌、铁、锰、透明度、水温 |
| 仁化 | 仁化县丹霞镇水南村 | 1年4次 | |
| 赤石迳水库 | 仁化县董塘镇赤石迳水库 | 1年4次 | |
| 锦江水库 | 仁化县锦江水库 | 1年4次 | |

**【水文服务】** 2014年，韶关水文测报中心每两个月向丹霞山管委会提供《丹霞山风景区水文综合情况报告》1份，全面介绍流域内水量、水质资料状况。

**韶关水文分局负责人名录：**

**局　长：**谢建强

**副局长：**周　艄　杨创鹏

**总工程师：**韩学军

（王贵妹　文小平）

# 城 乡 建 设

## 概　况

2014年，仁化县住房和城乡规划建设局（简称“县住建局”）围绕全县中心工作，深入学习中共十八大及十八大以后历次全会精神，落实科学发展观，实施“四化推四区”战略部署，以新型城镇化加快城镇建成区建设，以将丹霞山和县城建设成集观光旅游、休闲度假、购物娱乐等于一体的全国生态旅游休闲目的地、广东宜居宜旅休闲“慢城”、珠三角和韶关“后花园城市”，突出做好全县重点项目工程建设。履行职能部门职责，实施城市经营战略，抓好工程质量和安全生产，规范建筑市场秩序，规范有形建筑市场秩序，抓好房地产业管理，促进房地产业健康、有序发展，以巩固“国家卫生县城”和“创建全国文明县城”成果为抓手，着力做好市容市貌和违法建设整治工作，打造宜居城乡，坚持依法行政，抓好城乡规划建设管理工作。2014年10月30日，县住建局获得2014年仁化县“农信杯”篮球赛机关组第1名。

## 城乡规划

**【规划编制】** 2014年，仁化县住建局按照县城发展目标和“发挥旅游资源优势，打造旅游文化品牌，建设旅游名县”要求，编制完成《仁化县建筑风格定位和建筑景观专项规划》，成为全市乃至粤北山区第1个通过城市景观与建筑风格规划县。

2014年，县住建局以“百项工程兴仁化”为目标，集中力量完成丹霞火车站站前广场项目、周田高速公路出入口路段“穿衣戴帽”改造工程项目、宝能国际旅游度假区项目、宝能华南大宗农产品物流交易中心项目、仁化有色金属循环经济产业基地项目、仁化县沿锦江河城市绿道工程项目、丹霞新城项水上丹霞项目等49个项目详细规划。

**【规划管理】** 2014年，县住建局严格执行仁化县城市规划委员会审批制度，依照有关法律法规，在审议工作中坚持公平、公正和公开决策原则，鼓励公众参与，监督规划实施，提高城市规划决策科学性，促进经济、社会和环境协调发展；做好“建设项目选项意见书”“建设用地规划许可证”“建设工程规划许可证”审批和核发关工作，全年办理“两证一书”125宗，涉及商品房开发、村民自建房和市政工程项目，规划用地面积422121.29平方米，总建筑面积44万平方米。

**【新农村建设】** 2014年，县住建局加强全县新农村规划编制力度。年内完成周田镇有色金属搬迁安置新村规划、大桥长坝村整治规划、北门片历史遗留村庄整治规划、红山镇高坪上社村整治规划、红山镇烟竹村鸭麻垄新村规划、红山镇烟竹村良屋新村规划。

**【规划实施】** 2014年，仁化县各镇（街道）村镇规划建设办公室，结合自身工作职责，完善村镇建设审查程序，提高城乡规划、建设和管理水平。县住建局通过印制《村民报建指引》《仁化县城总体规划（2010—2030）》宣传手册等规划资料，发放到广大村民手中，加深村民对城乡规划认识，为全县城乡规划“双到”工作有序开展奠定坚实基础。

【建筑设计】 2014年，仁化县建筑设计室完成建筑工程设计项目周田新庄搬迁新村、仁化县石窝生活垃圾填埋场、县城公厕及公交车候车亭的改造，县城幸福村、大桥至松香厂、垃圾填埋场入口、山塘村、富民新村等道路改造工程和周田镇新徽派仿宋翘角古城建筑“穿衣戴帽”工程；完成韶关富鑫金属有限公司大型厂房车间，仁化县博世铝业有限公司熔铸、氧化、挤压车间及仁化县和兴实业投资有限公司丹霞山北门综合服务区建设工程。

【测绘工作】 2014年，仁化县测量队完成测绘项目34个。其中：市政工程有幸福村至丹霞新城市场道路改造，富民新村、丹霞火车站广场、县城至丹霞山绿道一期（文峰塔至卜古岭村路口段）工程测量；教育强镇项目有大桥省善希望小学、周田镇中心小学测量；房地产项目有丹霞新城房地产开发一期测量；工业项目测量有广东志成冠军集团有限公司测量；“扶贫双到”项目有红山镇烟竹村委鸭麻垅新农村、良屋村小组新农村、红山镇鱼皇村委上社村小组、董塘镇岩头村委大园村小组新农村测量；县第三批生态新农村名村示范村项目有董塘镇新龙村委新塘村小组测量，以及丹霞新城二期地块、宝能集团周田镇周田村B地块、县三馆一中心地块、原建筑公司Ⅲ北侧两地块、原水运公司赤老坝地块项目测量。

## 城镇建设与管理

【重点工程建设管理】 2014年，县住建局按照中共仁化县委、县政府“主攻项目，决战‘四区’”要求，以实施县城重点工程建设为重点，推进新型城镇化建设。

田家炳小学迁建工程项目。2014年12月，该工程1、2、3、4、5号楼全部封顶，4、5号楼进行外墙装饰，完成体育场地土地平整工作，开始铺设排水设施及配套工程建设。

仁化县县城至丹霞山绿道一期（文峰塔至卜古岭村路口段）工程。该工程位于县城锦江河畔文峰塔至卜古岭村路口，总长度2.4公里，工程项目建设内容包括：绿道、机动车道、人行道、休闲广场、景观建筑、绿化工程等，规划总用地面积142346.96平方米。2014年完成该工程总工程量35%，其中包括行车道、自行车道、人行道路基铺设、人行道砖铺设、栏杆贴面、路沿石铺设、雨水、污水管铺设、集水井、污水井、检查井砌筑。

仁化县石窝生活垃圾卫生填埋场工程。工程项目建设地点为“仁化县董塘镇岩头村委会石窝处”，征地红线面积29.67公顷。项目规模：生活垃圾处理量为100吨/天，垃圾渗滤液处理量为120吨/天，近期场区可填埋垃圾约90.436万吨，总填埋容积达139.11万立方米，总服务年限约25年。该工程由仁化县市政工程公司兴建，广州华科环保工程有限公司设计。

仁化县石窝生活垃圾卫生填埋场工程依据“技术先进、环保化、节约与高效、经济适用”原则进行施工图设计。工程内容包括：①填埋场主体工程包括填埋设备、垃圾坝、雨水导排系统、防渗层系统、渗滤液收集系统、渗滤液处理系统、填埋气体导排系统、进场道路和场区道路等。②配套设施包括桥称控制室、取土设施、停车场洗车场、供配电设施、给排水设施、消防设施、通信设施、监测化验设施、维修设施和其他辅助设施等。③行政管理和生活福利设施包括综合楼（办公用房、宿舍、餐厅等）、门卫室和场区绿化等。填埋场分成2个填埋区，一区填埋区位于整个填埋区正西方向最内侧小山窝处，设一区垃圾坝，一区总填埋容积39.00万立方米，服务年限7年；二区填埋区位于整个填埋区正东方向最外侧山窝处，设二区垃圾坝，二区总填埋容积100.11万立方米，服务年限18年。根据工程分期建设需要，填埋场分近期、远期2期建设。近期包含一区填埋区和二区填埋区（至整个近期填埋区终场封场），并预留征地红线范围下方山窝处作为远期工程发展用地。近期工程包含一区填埋区（至临时封场）、二区填埋区（至终场封场），渗滤液调节库、渗滤液处理区、雨水沉淀池、生产生活管理区、进场（含环场）道路、垃圾进场检查区、终场绿化等7个部分。

2014年12月，仁化县石窝生活垃圾卫生填埋场工程全面完成填埋一区、二区工程，以及办公区、渗滤液池、污水处理厂、磅房工程，初步建成并投入使用。

**【燃气管理】** 2014年，县住建局检查全县7家燃气站4次，督促协助各气站做好全县燃气行业与用气企业签订合同工作。

**【城市监察】** 县城市容市貌管理。2014年，仁化县城建监察大队大力整治“六乱”现象，加大整治乱摆卖、乱堆放、乱搭建、乱粘贴等现象，实行门店入室经营，流动摊档入市经营管理。全年对县城范围商户、摊贩发放环境整改通知书2500多份，清理固定门店外经营110户，清理流动摊点220处，办理违法市容环境行政案件40宗，其中申请人民法院强制执行6宗。

“两违”整治工作。2014年，县住建局与县公安、国土、丹霞街道等职能部门成立仁化县拆除违法建筑工作联席会议办公室，成立打击“两违”联合执法队伍，通过加强执法队员学习教育及专业培训，提高执法水平。县住建局拟定并由县政府下发《仁化县对两违建筑不予提供水电等公共服务实施方案》《仁化县查控违法建设工作方案（试行）》《仁化县关于严控道路规划建设实施方案》《仁化县关于严控区规划建设实施方案》，建立每日无间断巡控、零报告制度，向县委、县政府、县人大、县政协主要领导和分管领导周报制度等，健全整治“两违”行为长效监管工作机制。

2014年，县城建监察大队做好整治“两违”行为宣传工作，派出宣传人员、宣传车到各镇（街道）宣传，印制50000份《仁化县城乡规划建设宣传手册》，通过各镇（村）发放至村民手中；制作2000份拆违现场光盘，在巡查中发给有“两违”思想村（居）民，对部分不懂法规或抱有侥幸心理的村民及时教育，把“两违”现象遏止在萌芽状态。

2014年，县住建局按照“早发现、早处理、零增长”工作目标，加大县重点区域和严控区、路段巡查管控力度，全年全县立案查处“两违”案件68宗，建筑面积为16341.5平方米，成功拆除32宗，共计8597方米，查封20宗，面积约3851.1平方米。从不同角度打击以违建获利犯罪分子，震慑敢于挑战法律法规违建分子，营造大打特打“两违”行为氛围。

**【环境卫生管理】** 2014年，县环境卫生管理所加强全县环境卫生管理工作，拟定《仁化县城区生活垃圾清扫保洁、收运加强责任监管工作方案》，报县政府审核通过，并于10月份正式实施。该工作方案围绕“净化、美化”县城目标，实行层级管理，划分治理，量化考核，动态管理，奖优罚劣，末位淘汰原则，实行和落实好全天候保洁，定时定点收集生活垃圾，确保县城生活垃圾日产日清日处理，建立健全长效监管机制。

2014年，县城清扫面积为63万平方米，清理清运垃圾范围覆盖县城周边乡镇。全年投入资金42.9万元用于垃圾填埋工作，使垃圾填埋达到简易填埋标准。县环境卫生管理所围绕国家卫生县城、国家文明县城和旅游城市工作目标，做好县城街道清扫保洁，上门收集，公厕清洗保洁，洒水作业，街道卫生监督，环卫车辆管理工作。

**【城区园林绿化】** 2014年，县城市园林管理所完成周田平甫水果小广场、城南公园广场等一批项目绿化种植，绿化面积约1000平方米，同时，理顺县城公园管理职责，接收维护管理城南森林公园、锦城公园及锦山公园绿化养护和卫生清洁工作，做好县城其他绿化养护工作任务。全年全局按质按量完成上级交付各项园林绿化任务。

**【路灯管理】** 2014年，县城市园林管理所加强巡查，及时更换修复不亮灯盏和破损灯罩，更新老化线路，保证主要街道亮灯率达98%以上。在路灯工作中，强化安全意识，发现问题及时整改，全年检修、翻新路灯934盏次。

**【城市拆迁工作】** 2014年，县房屋征收管理中心根据国务院《国有土地上房屋征收与补偿条例》及省、市相关法律法规，规范房屋拆迁行为，严格拆迁程序，履行工作职责。一是根据县政府城市规划建设要求及各征收地块实际情况，起草电影院片、丹霞山南门服务基地项目，梦幻丹霞等项目房屋征收与补偿方案征求意见稿，提交政府审核、公示并发放给各相关单位及被征收人，对各征收地块进行调查摸底，与被征收人签订征求意见书，收集相关意见和建议并反馈给县政府。拟定房屋征收与补偿合同，并对相关单位工作人员进行业务培训。二是精心组织人员与丹霞新城、林业局仓库、三馆一中心项目、通用厂片、松香厂工艺厂片、原建筑公司二中片、公路局宿舍、原丹霞敬老院等地块房屋被征收人进行征收与补偿协商工作，做好幸福村道路建设、老市场道路改造、文峰宝马花园道路、丹霞绿道拆迁补偿以及樟树林公园建设项目旧房拆除搬迁等工作，协助丹霞街道办、周田镇、大桥镇、长江镇等镇（街道）做好房屋征收工作，全年全县签订征收与补偿合同40多份，涉及征收补偿面积2800多平方米。

## 建筑业

**【安全生产管理】** 2014年，县住建局根据《中华人民共和国建筑法》《中华人民共和国安全生产法》《建设工程质量管理条例》《建设工程安全生产管理条例》《建筑施工现场环境与卫生标准》等有关法律和规范要求，组织检查人员开展在建工程质量、安全、文明施工以及施工企业、监理企业安全生产管理机构和制度、人员配备、应急预案及演练等全面大检查，并按上级要求抓好安全生产各项专项治理检查和管理工作。2014年组织大检查10次，发出整改通知书48份、扣分通知书44份、执法通知书5份。全年全县安全生产情况较好，没有出现安全生产事故。

**【施工工地管理】** 2014年，县住建局围绕“国家卫生县城”标准和创建“省级文明城市”要求，根据《建筑施工现场环境与卫生标准》要求，做好县城建筑工地施工道路硬底化、施工围档设置、洗车槽设置、建筑材料按要求堆放等工作，要求施工现场内的办公室、宿舍、厨房、卫生间及周围环境保持清洁、卫生。

**【建筑工程质量管理】** 2014年，县住建局按照《建设工程质量管理条例》《建设工程安全生产管理条例》等法律法规，做好在建工程日常质量检测和各阶段工程质量验收工作，重点开展建筑工程质量“渗、漏、裂”质量通病防治工作。全年加强建筑原材料，如钢筋、水泥、砂、石等原材料按相关规范进行监测，继续加强工地混凝土试块、砂浆试块半成品检测，强化新增加门窗项目检测工作；推行住宅工程质量分户验收制，严格按竣工验收程序组织有关部门进行房屋竣工验收。

**【专项整治】** 2014年，县住建局制定《仁化县住建局组织开展工程质量安全监督执法检查工作方案》和《仁化县住房和城乡规划建设局创建“平安工地”活动实施方案》专项整治措施，成立“专项整治”工作领导小组，要求各施工、监理单位结合工地施工特点，制订具体施工安全生产实施方案。一是加强重点工程、重大危险源、重点环节项监督检查，开展起重机械登记、备案及安全使用状况专项检查。二是开展全县房屋市政工程消防安全大排查大整治活动专项检查。三是开展打击违反安全生产法律法规生产经营建设、治理纠正违规违章行为专项行动。四是对存在较大安全隐患或管理不到位建筑工地下达整改通知书，并严格按照《广东省建设厅建筑施工安全生产动态管理办法》进行量化扣分，责令施工、监理单位立即组织专人负责落实整改。通过一系列专项行动，各项建筑施工安全生产整治工作取得一定成效。

**【安全生产教育培训】** 2014年，县住建局实行不定期召开安全生产例会制度，重点讲评当前安全生产情况，提出今后整改措施和布置今后安全生产工作。加大安全生产教育培训，2014年6月，举办施工单位“三类人员”（施工单位主要负责人、项目负责人、专职安全员）和工程技术人员继续教育培训班1期，参加培训人员160人。要求施工单位做好“三级”安全教育培训工作，并在日常检查中检查“三级”安全教育培训落实情况。

**【房地产业和建筑业总产值】** 2014年，根据资质房地产开发公司联网直报数据：仁化县房地产开发企业2014年开发投资额42472万元，2013年同期开发投资额38071万元，同比增长11.6%。2014年商品房销售面积151817平方米，2013年同期商品房销售面积164641平方米，同比下降7.8%。2014年商品房销售额43970万元，2013年同期商品房销售额49551万元，同比下降11.3%。

根据仁化县建筑企业联网直报数据，县域（仁化县振华建筑工程有限公司、仁化县建筑安装工程有限公司、仁化县方兴电力安装有限公司、韶关新泰基建筑工程有限公司）4家施工企业建筑业总产值2014年22063万元，2013年同期23010万元，同比下降4.3%。

房屋新开工情况：2014年全县报建项目22项，面积13.534万平方米，工程造价2.1841亿元。

**【建筑节能】** 2014年，县住建局县散装水泥办公室严格按照《民用建筑节能条例》和县政府《关于禁止使用实心粘土砖推进墙体材料革新的实施方案》要求，加强新型墙体材料生产、推广和应用管理，扩大多孔砖和加气砖等新型墙材应用比例，县城新墙材应用比例达80%以上。抓好散装水泥管理工作，县城报建工地凡一次性大量使用混凝土的，要求100%使用预拌混凝土，不定期对商品混凝土进行突击检查，确保预拌混凝土质量。加大“两个基金”征收力度，全年征收散装水泥专项资金159763元，新墙体基金1497630元。

**【工程预结算管理】** 2014年，县建设工程造价管理站审核工程预结算，防止高估冒算，力求节约建设投资，全年完成工程造价预、结算和审核项目143项；其中预算83项，结算53项，审核7项。

## 房地产管理

**【住房保障】** 2014年，仁化县贯彻落实国家和省、市住房保障工作有关政策，推进保障性安居工程建设工作，完成市政府下达年度建设任务，切实解决全县城镇低收入家庭住房困难问题。按照《仁化县城镇廉租住房保障实施办法》《仁化县公共租赁住房管理办法》精神，抓好廉租住房和公共租赁住房建设管理工作。2014年，按照省、市住房保障工作要求，全县竣工验收公共租赁住房56套，开工建设国有工棚户区改造住房1250套，建成并投入使用棚户区改造住房96套，改善仁化县城镇低收入家庭住房状况，维护社会稳定，促进城市建设发展。

【直管公房与房屋租赁】 2014年，县房产管理所加强直管公房管理，以搞好公房管理服务群众为目的，增强工作人员忧患意识和责任意识，加大公房维修费用投入力度，确保直管公房租赁管理工作顺利进行。2014年全县投入4.2万元维修公房61套，维修面积665平方米，房屋安全率达100%，保障公房住户生命财产安全。

【房地产权登记发证】 2014年，县房产管理所加强房地产权登记发证工作人员学习培训工作，加强房产登记工作人员培养，加强工作人员业务能力，提升单位形象。在全县范围内开展房屋产权产籍登记、发证、房屋产权验证换证工作，2014年全县办理产权确认登记、换证、交易3312宗，办证准确率达98%以上。

【房地产交易与房地产抵押登记】 2014年，县房产管理所加强房地产交易、房地产抵押登记管理，继续把房地产交易市场管理及房地产抵押登记管理工作作为中心工作，重点抓、重点管，严格执行房地产交易和商品房预售监管机制，利用房地产交易登记网络信息平台，控制一房多卖现象，保护消费者的合法权益，促进全县房地产市场健康发展。2014年全县办理各类房地产交易1363宗、房地产抵押登记1196宗。

【房产测绘】 2014年，县房产管理所抓好房产测绘工作，规范全县房屋产权产籍登记发证管理工作。按照省、市房屋产权产籍登记发证工作要求，选派房屋测绘业务骨干参加《中华人民共和国城市房地产管理法》《中华人民共和国国家标准房产测量规范》业务培训，以及省、市、县举办的“房产测量规范”研讨会，提高测绘人员业务知识水平，保质保量完成房屋产权产籍登记发证、房产验证、换证工作。2014年全县办理产权确认登记、换证、交易等测绘面积达50.6万平方米，测绘准确率达98%。

【白蚁防治】 2014年，仁化县房产管理所加大白蚁防治宣传力度，提高广大百姓对白蚁危害新认知。提高白蚁防治水平，减低全县白蚁危害程度。全年全县完成新建房屋现场施药28宗，施药面积436424.95平方米，上门灭治白蚁15宗，完成“白蚁预防合同”登记备案28份。

**仁化县住房和城乡规划建设局负责人名录：**

**局　长：**夏德文

**党委书记：**李英云

**副局长：**陈祝强　何述华　章　俊

（刘玉生　刘俊文）

# 环境保护

## 概　况

2014年4月30日，仁化县环保局所属事业单位分类改革。仁化县环境监测站，一类，正股级，核定事业编制14名，其中站长1名，副站长2名，后勤服务人员数1名，经费按县财政补助一类拨付。仁化县水质净化中心，公益一类，正股级，核定事业编制3名，其中主任1名，经费按县财政补助一类拨付。仁化县环境信息中心，公益二类，正股级，核定事业编制10名，其中主任1名，副主任2名，经费按县财政补助二类拨付。撤销仁化县环境保护宣传教育中心，收回事业编制5名。

2014年，仁化县环保局以科学发展观为指导，围绕建设“生态、活力、幸福”新仁化目标，加强建设项目管理，加大环保执法力度，着力解决关系群众切身利益的环境问题，加强农村环境保护，确保农村饮用水安全。全年区域大气环境质量监测357天，优良天数349天，优良率97.76%；水质达标率100%；主要污染物化学需氧量下降41.67%，二氧化硫下降32.77%，氮氧化物下降68.83%，氨氮下降40.08%。

## 环境宣传教育与环保责任考核

**【环境宣传教育】** 2014年，仁化县环保局采取多种形式开展环境宣传教育活动。围绕“提高你的呼声，而不是海平面”“六五”世界环境日主题和“向污染宣战”中国主题以及“同在蓝天下，共爱一个家”广东省环境保护宣传月活动主题，开展“六五”世界环境日环保知识宣传。结合县“科技三下乡”活动，到闻韶镇开展环保公益知识宣传下乡咨询活动，派发环保各类宣传手册、宣传单计3600份。结合县“全国科普日”宣传教育活动，到黄坑镇开展“低碳生活，创建文明县城”主题宣传活动，专门设立环保宣传咨询台，发放环保科普宣传资料、新环保法小册子，悬挂环保宣传挂图，共发放宣传资料1300余份。

**【环保责任考核】** 2014年，仁化县环保局落实环保责任制，分解环保目标到有关责任单位，做好监督工作，完成环保目标责任制考核工作。2013年度，仁化县环保责任制考核得分为74.36分，考核等次为合格。

## 环境监测

2014年，仁化县环境监测站累计建成地表水监测点位 5 个，建成乡镇以上饮用水水源地监测点位 2 个，建有大气自动监测站1个。有大型分析仪器设备109台（套），总价值465万元。开展地表水、饮用水水源水质、环境空气质量、污染源（水、气、声）、声环境、土壤、底泥监测，共取得各类监测数据81994个。其中，环保责任制考核监测数据69974个，与上年持平，企业污染源监测数据4758个，环境评价和环境调查监测数据2160个，环保设施竣工验收监测数据3175个，调查、取证等其他监测数据1927个。

**【地表水监测】** 2014年，县环境监测站主要对县城锦江、董塘河2条主要河流水质进行监测，按照广东省环境监测中心要求每年逢单月必测，监测项目为《地表水环境质量标准（GB 3838—2002）》中24个基本项目，监测断面5个。经监测结果统计，全县主要河流水质达到Ⅲ类水质标准，全县主要河流所有断面水质达标，达到Ⅲ类水质标准，符合广东省地表水环境功能区划Ⅲ类水质要求。在开展的监测项目中，大多数监测项目能达到国家Ⅱ类水质标准。总体讲，董塘河段水质和锦江河段水质稳定在Ⅲ类水质内，水质良好。

**【饮用水水源水质监测】** 2014年，仁化县环境监测站对仁化县城饮用水地水库水质监测，设监测点位2个，按照广东省环境监测中心要求每月上旬采样一次，全年共采样24次。经监测结果统计，2014年县城饮用水源地赤石迳水库水质12个月监测中，有12个月水质达到国家Ⅲ类水质标准。在开展的监测项目中，大多数监测项目能达到国家Ⅱ类水质标准，未出现超标。

**【城市大气监测】** 2014年，仁化县环境监测站对仁化县城区环境空气质量开展全年全天自动监测，测定项目有二氧化硫、二氧化氮、可吸入颗粒物。经监测统计，2014年，县城区环境空气质量达到国家《环境空气质量标准（GB 3095—1996）》二级标准。全年取得有效监测数据天数357天，按空气质量等级分类，其中，优129天，良220天，轻度污染1天，轻微污染7天，中度污染0天，中重度污染0天，重度污染0天。城市环境空气质量优良天数指标达到97.76%，县城区空气质量总体保持稳定，空气质量优良。首要污染物为可吸入颗粒物。

**【降水监测】** 2014年，仁化县环境监测站对降水监测做到逢雨必测，监测项目有pH值、电导率、降雨量等。县城区降水酸度较强，2014年pH年均值为4.83，酸雨频率为52.4%，监测到pH值范围为4.08—7.35，酸雨污染严重。

**【城市环境噪声监测】** 2014年，仁化县环境监测站进行城市环境噪声监测1次。经监测，县城区域声环境较好，等效声级为50.7分贝，未超标，声级范围40.5—58.8分贝。县城区域环境噪声源构成仍以生活和交通类声源为主。县城区城市道路交通声环境较好，等效声级为63.9分贝，未超过城市道路交通噪声等效声级年均值70分贝，声级范围55.5—73.1分贝。

**【污染源监测】** 2014年，仁化县环境监测站继续开展县境内重点污染源定期和不定期监测，并对中金岭南凡口铅锌矿、仁化县生活污水处理厂、丹霞冶炼厂和仁化县华粤煤矸石电厂进行在线自动监测。组织完成多个建设项目环境保护设施竣工验收监测，主要对农业节能减排养殖场进行验收监测。

## 污染防治

**【工业污染防治】** 2014年，全县核发排污许可证7个。2014年度全县工业废水排放量963.5943万吨，工业废水处理量1019.3372万吨；工业废气排放量63.232567亿立方米，工业废气治理设施处理能力191.65万立方米/时；一般固体废物产生量89.631065万吨，综合利用量65.587265万吨，处置量16.6312万吨，贮存量7.4126万吨；危险固体废物产生量10.442466万吨，综合利用量5.771703万吨，处置量4.670762万吨，贮存量0万吨。

**【大气与噪声污染防治】** 2014年6—7月，仁化县华粤煤矸石电力有限公司分别停运1号、2号机组进行除尘器技术改造及脱硫设备技术改造。经过改造，仁化县华粤煤矸石电力有限公司各项污染物排放指标达到2014年7月1日开始执行的《火电厂大气污染物排放标准（GB 13223—2011）》各项污染物排放浓度限值要求，污染物排放浓度降低。

推进小型工业锅炉更新替代，全面实施大中型工业锅炉高效脱硫除尘、低氮燃烧技术改造和烟气脱硝改造等控制措施，重点控制二氧化硫、氮氧化物和颗粒物等污染物。

加快机动车减排工程建设，加强机动车安全检测和环保检测，对达到强制报废年限机动车依法进行强制注销，采取经济补偿等政策手段，鼓励营运类重、中型载货及大型载客等重点车型“黄标车”提前报废，引导非营运“黄标车”自愿报废。

在高考期间开展高考护考行动，成立高考环境巡查小组，全天候巡查县城建筑施工地、娱乐场所、叫卖场等，利用晚上时间联合县公安局、县城监队执法人员对建筑施工地进行执法，严格控制环境噪声，确保考生在高考期间有安静的学习和考试环境。

**【水污染防治】** 2014年，仁化县环保局多次开展对饮用水源保护区专项检查，依法查处影响饮用水安全的违法排污企业、违法建设项目和破坏生态环境的资源开发活动等，开展陆域污染源执法检查与水质监测，查禁饮用水源保护区挖砂作业，严格控制水源保护区木林砍伐，治理饮用水源上游沿岸生活污水、生活垃圾。县环保局联合水务、林业、卫生等部门，加大饮用水源保护区监管力度，落实《仁化县饮用水源管理办法》，确保饮用水源安全。

**【重点污染源在线监控】** 2014年，全县4家国家重点监控企业凡口铅锌矿、丹霞冶炼厂、仁化县华粤电力有限公司和仁化县污水处理厂建成污染源在线监控系统，其中废水监测系统4套，废气监测系统3套。实时在线监控各项污染物排放情况。通过增加对企业在线监控系统现场检查次数，调阅历史数据，查看污染物排放浓度是否达标，各污染物在线监测仪、数采仪、专用管网是否正常运行。做好企业污染源自动监控设施登记备案工作。该在线监控平台与省、市及国家环保部监测平台联网，监测数据实时上传至省、市环境监控中心及环境保护部重点污染源自动监控与基础数据库系统，形成以市环保局为中心，县环保部门为监控终端，涵盖全县主要排污企业的监控网络系统。做到随时掌握企业污染物排放情况，发现异常及时到现场检查，采取有效措施，确保企业各项污染物达标排放。

**【重金属污染防治】** 2014年，县政府编制《仁化县董塘镇污染土地综合治理方案》，各相关部门按照方案要求，有序开展治理工作。增加董塘区域和排污企业监测频次。制定《仁化县环保局关于仁化县董塘地区涉重金属企业监管方案》，加强监管董塘周边废气排放企业，细化董塘地区重点企业检查，完善各企业监管机制。配合韶关市人民政府向中央和省申请土壤改良项目专项资金，董塘镇土壤修复项目联合韶关市翁源县大宝山矿山重金属污染整治项目获得重金属污染防治专项资金560万，督促企业根据《仁化县董塘镇环境综合整治方案》相关要求，落实环境治理整改工作。凡口铅锌矿完成选矿厂破碎工段排气改造工程，落实矿密闭运输、车辆清洗、道路清扫等措施，凡口铅锌矿空气重金属自动监测站站房建设完成。丹霞冶炼厂开展污水处理改造工作，并完成主体工程建设，设计污水处理能力提高至500立方米/小时，整体调试期间运行效果良好。委托广东省环境保护职业技术学校协助开展第二轮清洁生产，完成报告编制工作。开展锅炉尾气脱硝建设工作，委托长沙有色冶金设计研究院有限公司制定《丹霞冶炼厂锅炉房烟气脱硝技术工程初步设计书》，进入建设前期准备阶段。启动镓锗金属综合回收工程前期准备工作。华粤煤矸石电厂2台锅炉除尘器实施达标改造，实现烟尘排放降到20毫克/立方米以下。督促企业落实环境应急预案工作。2014年7、8月，凡口铅锌矿和丹霞冶炼厂的突发环境事件应急预案及环境风险评估报告分别向广东省环境保护厅完成备案。

## 自然生态与农村环境保护

2014年，县环保局指导乡镇开展生态示范村、镇建设，鼓励有条件乡镇申报国家、省环境保护补助资金，拓展整治资金来源，推进农村环境综合整治，加强农村生态环境建设。一是严格建设项目环境管理。依法执行环境影响评价和“三同时”（建设项目中环境保护设施必须与主体工程同时设计、同时施工、同时投产使用）制度。引导项目入园建设，避免工业污染向农村扩散。二是完成农村环境综合整治。年内，黄坑镇农村环境综合整治项目获得120万资金补助，开展镇墟、南庄村、蓝田村、火星村、桥背上村和大面岭村环境综合整治工作，建设农村小型污水处理设施及生活垃圾处理设施，并完成立项工作。丹霞山保护区农村环境综合整治项目完成立项及招投标工作，进入建设施工阶段，包括丹霞街道黄屋村、城南村、岭田村、车湾村、夏富村生活污水截污管网完善工程和污水处理工程、夏富古村环境整治和净清淤净化及生态建设工程、农村生活垃圾清运收集工程。扶溪镇政府申请广东省农村环境综合整治专项资金开展古夏、扶中和紫岭3个村落环境综合整治。三是严格按照《仁化县畜禽规模养殖管理暂行办法》对农村畜禽养殖进行管理，落实环评要求，督促养殖户按照要求做好相关环保措施，减少对周边环境影响。

## 污染物减排

2014年，仁化县政府与各乡镇街道政府签订减排责任书，分解落实减排任务，成立督办小组，每月现场督查督办全县减排项目。建立完善项目计划审核、现场督办及验收工作程序和规范，强化污染减排统计、监测、考核三大体系建设。

推进主要污染物总量减排重点项目建设：污水处理厂及配套管网工程、畜禽养殖减排工程、温氏丹霞分公司有机肥厂、扬子碳素有限公司完成锅炉更新替代、机动车减排项目。

县城污水截污管网支管工程全面完工。长江镇生活污水处理厂、董塘镇生活污水处理厂厂区主体工程完工。规模化畜禽养殖场（小区）治理项目38家养殖场全部完成雨污分流、堆肥场、污水沼液储存池、浇灌管网设施建设，建立减排台账并完成上报。广东华农温氏畜牧股份有限公司丹霞分公司猪粪处理中心建设完成并通过验收正式投产。2014年，县交警大队依规检测各类机动车（含摩托车）6596辆，办理入户、转籍、过户车辆1626辆，查扣逾期未检验、报废小汽车、摩托车970余辆，注销“黄标车”119辆，公示报废机动车357辆（其中汽车36辆，摩托车321辆），查处“黄标车”闯禁行23起。在出入县城主要路口树立“非绿标车”禁行警示标志，限行面积达到35%。

## 核与辐射安全监管

2014年，仁化县开展放射源环境安全检查督查行动，督促涉源单位对未送贮的报废、闲置放射源，须加强内部管理，做好安全防盗等措施，对存在的安全隐患及时整改，确保放射源安全。对无法交回生产单位或者返回原出口方的，送交有相应资质的放射性废物集中贮存单位贮存。协助联系资质单位对深圳市中金岭南有色金属股份有限公司凡口铅锌矿、仁化中学、仁化一中等的放射源进行收贮，截至2014年年底，全县所有废弃放射源共17枚，其中，仁化县水泥一厂、二厂、三厂计5枚，和兴丹霞水泥厂1枚，仁化中学2枚，仁化第一中学2枚，凡口铅锌矿7枚，均委托广东省环境辐射监测中心收贮完毕，处理率100%。

## 环境影响评价

2014年，仁化县环保局严格执行《中华人民共和国环境影响评价法》和《建设项目环境影响保护管理条例》等有关法律规定进行建设项目审批，并按照环境保护部《建设项目环境保护分类管理名录》，对受理项目进行分类管理，做到不越权审批项目，不私自降低环评等级，对不符合国家产业、行业政策，不符合县区域总体规划建设项目，坚决不批。截至2014年12月，全县审批建设项目96宗，总投资458922.52万元，其中环保投资15154.69万元。协助完成韶关富鑫有色金属有限公司年产铅合金5万吨、锌合金1万吨、铅阳极板5万块、铅阴极板5万块项目，韶关中弘金属实业有限公司环保搬迁暨年产3000吨镍系列产品项目和仁化县泰和元有限公司年产3000吨钨制品项目等年度重点项目环评审批工作。

## 环境监察

**【执法检查与环保专项行动】** 2014年，县环保局深入开展环境安全百日大检查、环境保护专项检查行动、整治违法排污企业保障群众健康环保专项行动、安全生产检查督查、放射源环境安全检查督查，严格执行日常巡查和全过程监管制度，排查环境风险及工业园区、尾矿库、重金属污染物、危险废物产生和处置企业，依法处理在检查中发现的治污设施不正常运行、环保手续不完善等问题，督促企业建立健全规章制度和事故应急预案制订及备案，落实环保治理设施。全年全局出动执法人员1346人次，检查企业593家次，下达责令改正违法行为决定书17份、限期整改通知书21份、立即停止排污通知书16份，查处建设项目违法企业13家，查处未采取任何治理设施或配套治理设施排放污染物企业3家，立案查处并实施处罚企业6家，取缔落后产能小型造纸厂1家。

**【排污收费管理】** 2014年，全县排污费核定开单金额数212.6055万元，核定户数49户；实际解缴入库数216.3777万元，解缴入库户数49户；欠缴排污费金额14658万元，户数2户。2014年解缴入库排污费比上年同期减少4.1602万元，同比下降1.89%。排污费主要以废气类排污费为主，其次是噪声类排污费和污水排污费。废气类排污费解缴入库户数26个，累计金额131.4039万元，废气类排污费解缴入库比上年同期减少20.1462万元，同比下降13.29%。噪声类排污费解缴入库金额67.5870万元，征收户数21个，其中，建设施工累计金额56.735万元，征收户数10个。噪声类排污费解缴入库数比上年同期增加26.8945万元，同比增长66.09%，开征户数比上年增加2个。污水类排污费解缴入库户数 14个，金额17.3869万元，比上年同期减少10.9085万元，同比下降38.55%，解缴入户数比上年减少1个。

## 环境信访

2014年，县环保局受理群众投诉118件，其中废水污染投诉19件，占案件总数的16.10%；噪声污染投诉24件，占案件总数的20.34%；废气污染投诉65件，占案件总数的55.08%；固废污染投诉1件，占案件总数0.85%；畜养类投诉3件，占案件总数的2.54%；其他投诉6件，占案件总数的5.08%。处理环境信访案件118件，处理率100%。在环境信访案件中，废气与噪声污染投诉居主导位置，大气污染仍然是仁化环境污染主要问题。承办人大建议1宗和政协提案1宗，均按要求作出答复。

**仁化县环境保护局负责人名录：**

**局　长：**苏　健

**副局长：**温宇军

郭永古（2014年1月任职）

（黄育红　胡宗云　刘韫琦　赖东华）

# 经济综合管理

## 发展和改革管理

【概况】 2014年，仁化县发展和改革局（简称“县发改局”）下设办公室、综合规划股、投资股、经济动员办公室、价格管理股、物价检查所、价格认证中心、重点项目办公室8个部门，定编人数26人，实有人数24人，其中局长1名、副局长3名。

2014年，县发改局围绕“四化推四区”发展战略，协助中共仁化县委、县政府编制相关文件，编制年度计划草案，做好重点建设项目管理等工作。全年全县实现地区生产总值96亿元，完成地方公共财政预算6.1亿元，完成固定资产投资50.7亿元实现社会消费品零售总额22.9亿元城镇居民可支配收入19318元，农村人均纯收入11277元。

【相关文件编制】 2014年，县发改局编制完成《仁化县政府投资项目管理暂行办法》《仁化县贯彻落实〈广东省培育幸福导向型产业体系五年行动计划〉实施方案》《2014年仁化县经济社会科学发展考核实施方案》《仁化县2014年重点建设项目计划草案》《仁化县2014年重点建设预备项目计划草案》《仁化县重点项目调度联席会议制度》等文件，并获得中共仁化县委、县政府批准实施。

【年度计划编制与执行情况】 2014年，按照“加快绿色转型，力促全县经济平稳发展”原则，经过调查研究，编制仁化县2014年国民经济和社会发展计划草案，得到县十四届人大四次会议审议批准，是年4月，县政府在全县范围内印发实施。围绕年度计划，县发改局做好经济运行监测和分析，及时发现经济运行过程中遇到的困难和问题，提出相应对策措施建议，为中共仁化县委、县政府宏观决策提供参考，促进经济社会平稳发展。2014年，全县完成生产总值96亿元，比上年增长7.8%，其中，第一产业增加值17.4亿元，第二产业增加值44.1亿元，第三产业增加值34.5亿元，三次产业比例由2013年的19.9：46.2：33.9调整为18.2：45.9：35.9；全县人均地区生产总值完成46653元，同比增长7%；全县固定资产投资完成50.7亿元，同比增长23.2%；全县公共财政预算收入6.1亿元，同比增长16.1%；全县社会消费品零售总额22.9亿元，同比增长11.1%；全县城镇居民人均可支配收入完成19318元，同比增长8.6%。全县农民人均纯收入完成11277元，同比增长9.5%。全县城镇登记失业率为2.3%。全县农村劳动力技能培训人数359人。全县转移农业劳动力人数5643人。全县高中阶段教育毛入学率为96%。全县城镇基本养老保险参保人数为36534人。全县新型农村社会养老保险参保人数达68220人。全县人口自然增长率为7.69‰。全县森林覆盖率达78.2%。

【固定资产投资管理】 ①开展2014年省、市重点建设项目计划申报工作。县有色金属循环经济产业基地基础设施和配套工程、广东银海有色金属渣业集团有色金属综合回收异地升级扩建项目、华南大宗农产品物流交易中心、宝能国际旅游度假项目、广东富然农科有限公司山油茶综合开发项目、广东志成冠军工业园、梦幻丹霞项目、广东丹霞山博士生态园实业有限公司等8个项目列为市重点项目，其中前5个项目同时列为省重点项目。

②做好省、市、县重点建设项目进展情况跟踪和统计上报工作，每月以简报方式报送给县主要领导、县“四套”班子成员及上报韶关市重点项目办公室。2014年，全县重点建设项目55个，分9类建设项目，全年计划投资42.21亿元。截至2014年12月底，累计完成投资38亿元，占年度计划的90.16%，其中，8个市属重点建设项目累计完成投资20.14亿元，占年度计划的100.68%。

③做好中央和省级项目申报工作。全年，上报中央及省级项目仁化县中医院综合大楼、田间工程及洪涝灾害应急恢复建设等项目16宗，上报资金7911.66万元。积极与上级发改部门沟通，加大攻关力度，争取更多项目纳入中央及省级投资计划，全年，下达资金2224万元，涉及仁化县奥达胶合板有限公司年产3万立方米竹胶合板项目、长江镇卫生院、扶溪镇卫生院、石塘镇卫生院、黄坑镇卫生院、仁化县周田镇沙溪洪涝灾害应急恢复建设工程、全国新增1000亿斤粮食生产能力规划田间工程建设等项目。

④做好“立项”和招标核准工作。执行《广东省企业投资管理体制改革方案》《广东省企业投资项目管理分类改革目录（暂行）》《广东省企业投资管理体制改革方案配套文件》精神，取消省管权限内企业投资项目核准，改革企业投资项目备案制，实行高效便捷“并联”办理流程，构建新型企业投资管理体制。全年完成项目立项手续182宗，其中审批116宗、备案66宗，182宗项目计划总投资72.9亿元。完成项目招标核准手续144宗，核准率100%。同时，会同县统计局做好固定资产投资项目统计工作。

⑤根据《2014年仁化县经济社会科学发展考核实施方案》精神，开展2014年全面建成小康社会考核工作，及时通报仁化县全面建成小康社会经济运行情况和各项经济社会指标完成情况。

**仁化县发展和改革局负责人名录：**

**局　长：**邓诗常

**副局长：**胡庆才　陈应权　张伟强

（钟舒萍）

## 国土资源管理

**【概况】**　仁化县国土资源局（简称“县国土资源局”）是主管土地资源、矿产资源和测绘事业县人民政府工作部门。局机关内设办公室（纪检监察室）、地籍管理股、规划和耕地保护股、土地利用管理股、执法监察大队（副科级）、矿产资源管理股6个职能机构；下设仁化县国土储备交易中心（2014年5月更名为仁化县土地储备中心）、仁化县土地开发整理中心、仁化县国土资源信息中心3个事业单位，以及丹霞国土资源管理所、董塘国土资源管理所、长江国土资源管理所、扶溪国土资源管理所、石塘国土资源管理所、红山国土资源管理所、闻韶国土资源管理所、城口国土资源管理所、黄坑国土资源管理所、大桥国土资源管理所、周田国土资源所11个基层国土资源管理所。县国土资源局机关行政编制10名，行政执法专项编制9名，其中局长1名、副局长3名、执法监察大队长1名、正股级领导职数6名（含执法监察大队副大队长1名）。后勤服务人员2名。基层国土资源所核定行政执法专项编制35名，其中所长12名。3个事业单位共有编制16名。截至2014年年底，县国土资源局（包括各所）实有在职人员112人。

2014年，县国土资源局以《中华人民共和国土地管理法》等相关法律法规为准则，落实最严格的资源保护制度和最严格的资源节约集约利用制度，以服务经济建设为中心，切实转变工作作风，增强服务意识，做好基本农田保护、高标准基本农田建设、建设用地征收报批、“三旧”改造、土地利用总体规划、地籍管理、矿产资源管理、地灾防治、测绘行政管理、国土资源执法监察工作。

【基本农田保护】 截至2014年年底，全县耕地保有量为21093.73公顷，完成市下达任务20271公顷的104%；基本农田面积18838公顷，完成市下达任务17940公顷的105%。

【高标准基本农田建设】 2014年，县国土资源局完成仁化县高标准基本农田建设任务2013年项目建设和2014年项目招投标工作。①2013年高标准基本农田建设规模为1202公顷，投入省级补助资金3300万元，项目范围包括丹霞街道办、黄坑镇、扶溪镇、闻韶镇、周田镇5个镇（街道）19个村委会，截至2014年年底，全部完成施工和验收工作。②2014年，县国土资源局承担高标准基本农田建设总任务为1049.2公顷，涉及丹霞街道办、石塘、扶溪、红山、周田5个镇（街道），按镇（街道）为单位分为5个项目，总投入资金2404.65万元。2014年11月，5个项目均完成项目实施方案、可行性研究评审工作并上报市国土资源局，项目通过发改局立项、规划设计及预算编制，县、市级专家组评审。10月初完成招投标工作，确定工程施工单位，召开施工单位和监理单位碰面会，布置2014年高标准基本农田建设项目第一阶段工作，各施工单位全部进场。

【土地市场建设工作】 2014年，仁化县完善土地市场建设，将县国土资源储备交易中心更名为“县土地储备中心”，履行县国土资源储备交易中心交易职能。国土资源储备中心严格执行国有土地使用权与采矿权招标拍卖挂牌出让制度和出让程序，认真负责组织每一宗地的出让工作，全年组织完成国有土地使用权网上交易21宗，面积40.2332公顷，交易金额1.3663亿元，并超额完成县政府下达县国土资源局1400万元税收任务。

【建设用地征收和报批】 2014年，县国土资源局做好项目征地和报批工作，协助红山等镇完成县道335线红山上社至城口马岭段公路等10余个项目征地政策指导和资料审核相关工作。全年全县组织材料上报省厅7宗批次用地，涉及面积70.2432公顷；争取市下达仁化县用地指标33.33公顷，保障丹霞山南门、宝能物流旅游、县有色金属基地等10余个基础设施和重点项目用地需求，确保县域经济发展必需用地。

【招商引资项目评审】 2014年，完成13个招商引资项目评审工作，分别是仁化县丹霞街道茶叶精深加工新建项目、丹霞仁家农产品（灵芝）加工项目、仁化县周田镇丹霞旅游配套接待服务基地项目、“丹霞仁家”农家乐餐饮服务中心建设项目、丹霞山北门水上入口综合服务区项目、仁化长江全成加油站项目、仁化县周田镇汽车零配件制造项目、仁化县红锦湾农产品（灵芝）加工厂、仁化县肉牛养殖项目、仁化县密封式铅酸蓄电池项目、仁化县周田镇“五朵金花公园”项目、仁化县董塘镇193.33公顷土地综合治理项目、仁化县董塘镇物流仓储项目。

【“三旧”改造】 2014年，仁化县实施“三旧”改造项目4个，分别是：仁化县仁兴家私厂旧厂房（商住项目）“三旧”改造项目、仁化县新华文化广场“三旧”改造项目、县人民法院原宿舍怡雅轩“三旧”改造项目和仁化县丹霞山北门水上入口综合服务区“三旧”改造项目。

【城乡建设用地“增减挂钩”工作】 2014年，仁化县做好城乡建设用地增减挂钩工作，继续抓好“仁化县城乡建设用地‘增减挂钩’试点周田项目区”“仁化县城乡建设用地‘增减挂钩’试点丹霞街道项目区”“仁化县城乡建设用地‘增减挂钩’试点董塘镇拆旧项目区”工作。同时，争取农用地周转指标70.8公顷，破解全县用地“瓶颈”，保障重点项目用地需求。

【土地和矿产资源执法】 卫片执法检查通过验收。2014年，县国土资源局做好2013年度土地矿产卫片执法监督检查工作，核查全县卫片图斑63个点，监测面积51.593公顷，按时完成卫片执法检查核查汇总、信息录入、情况上报工作。2014年9月，国土资源部下发2013年度仁化县土地矿产卫片执法检查最终数据为：违法用地图斑点29个，面积 25.215公顷（其中耕地0.1013公顷），全县违法用地面积占新增建设用地总面积比例为54.12%，违法用地占用耕地面积占新增建设用地占用耕地面积比例为5.26%。仁化县卫片执法检查工作通过上级检查验收。

加大宣传力度，加强土地动态巡查。2014年，县国土资源局开通国土资源违法举报电话“12336”和“6359825”。以“6·25”全国土地日、“4·22”世界地球日、“8·29”《中华人民共和国测绘法》宣传日、“12·4”全国法制宣传日为契机，通过张贴和发放宣传资料、悬挂横幅标语方式开展国土政策、法律法规宣传。县国土资源局执法人员、土地执法监察协管员积极开展土地、矿山动态巡查，全年全县发现违法案件95宗，其中发现土地违法案件76宗，制止、立案查处76宗；发现矿山违法案件19宗，制止、立案查处19宗（其中4宗移送县公安机关，治安拘留违法人员17人），并均已结案。

依法行政，提高案件查处效果。2014年，仁化县按照《建立土地执法共同责任制的意见》《广东省人民政府办公厅关于加强土地执法监管坚决遏制违法违规用地行为的通知》等文件及法律法规要求，依法依规处置涉地、涉矿案件，全年办理非法倒卖农村集体土地案件1宗，煤山非采行为4宗，均依法移交公安刑事立案侦查。

【矿产资源管理】 2014年，县国土资源局加强矿山企业安全生产，与县域16个矿山企业签订“2014年安全生产管理目标责任书”，落实安全生产管理责任。在汛期及节假日期间，多次全面排查矿山安全生产和矿山地质灾害隐患，发现问题立即责令限期整改。依法做好矿山企业矿产资源补偿费征收工作，按规定收取新立矿山企业采矿权价款；与矿山企业签订“自然生态环境治理合同书”，按规定收取矿山企业自然生态环境治理保证金。完成全县持证矿山企业与23个探矿权的年检工作。2014年5月，董塘镇格顶闽富达砖用砂采矿权进行网上公开招拍挂，审批已通过。6月，长江塘洞唐氏石英石矿采矿权转让给广东杜氏矿业有限公司。10月，历经收集资料、野外调查、文字和图件编绘、征求意见、专家评审、报批公布阶段，完成《仁化县矿产资源总体规划（2010—2015年）》印发工作。

【地质灾害防治】 仁化县地处粤北山区，位于南岭巨型纬向构造带中段，地质构造发育，岩浆活动频繁，属地质灾害多发区域。滑坡、崩塌、泥石流等地质灾害分布全县11个镇（街道）。2014年，县国土资源局加强地质灾害巡查，制定《仁化县地质灾害防治方案》。县国土资源局与各镇（街道）国土资源所，县政府与镇（街道）政府（办事处）签订《地质灾害防治目标管理责任书》。组织有关人员到地质灾害易发地红山、长江、扶溪镇检查落实“明白卡”发放及群测群防系统组建工作，发放“明白卡”100余份，提高群众防灾意识和避灾能力。雨季，通过发布预警讯息，及时转移相关人员，避免崩塌、滑坡等地质灾害造成人员伤亡，将灾害造成损失降至最低限度。全年全县没有发生地质灾害造成人员伤亡事故。

【地籍管理】 依法行政，增强地籍服务意识。2014年，县国土资源局在日常土地登记工作中，对申请发证用地单位或个人所报材料认真审查，依法报批，做到速度快、质量高、服务热情。截至2014年11月，办理土地登记899宗，其中国有发证119宗，集体发证737宗，抵押登记43宗，登记面积80.95公顷。

完善2013年度土地变更调查数据。2014年，县国土资源局依据《广东省国土资源厅关于做好2013年度全国土地变更调查国家级内业抽样核查结果意见的函》精神，开展2013年度土地变更调查内业抽样检查工作，核对卫片图斑，核实农业设施用地、临时用地。通过核查，仁化县土地变更调查数据，变更为违法用地面积27.934公顷，其中违法用地占用耕地0.087公顷；2014年度合法新增建设用地22.167公顷，其中占用耕地1.936公顷，违法占用耕地占新增建设用地占用耕地总面积比例为4.49%。

开展宅基地调查试点工作。2014年，县国土资源局根据市政府统一部署，拟定在周田镇开展农村宅基地调查试点工作，及时向县财政申请资金，制订工作方案和公开招投标方案，截至2014年年底，试点工作进入公开招标阶段。

**【土地利用总体规划】** 2014年，县国土资源局严格执行土地利用总体规划，没有突破上级下达的各项土地调控指标。加强土地利用总体规划执行情况和土地利用总体规划实施管理监督检查，实行土地用途管制制度，加大土地利用总体规划行政执法力度。凡不符合土地利用总体规划建设项目一律不予通过用地预审；未经批准占用土地的违法行为都予以制止及处罚。

**【国土资源所规范化建设试点工作】** 2014年5月27日，广东省国土资源厅下发《关于开展基层国土资源所规范化建设试点工作的通知》，根据《广东省国土资源厅关于进一步加强基层国土资源所规范化建设的意见》，确定仁化县为广东省国土资源所规范化建设试点县之一，试点建设时间从2014年7月至12月。截至2014年年底，仁化县11个基层国土资源所工作流程、方法与步骤得到规范，全面达到规范化建设要求，全县国土资源管理工作再上新台阶。①机构设置科学。仁化县各基层国土资源有独立办公楼，并加挂国土资源执法监察中队牌子。规范“六室一厅”（办公室、会议室、信访接待室、档案室、休息室、学习阅览室和办公服务大厅），按标准配备档案柜、电脑、打印机、复印机、数码照相机、GPS定位仪、执法摩托车等办公设备。②人员配置合理。全县核定国土资源所行政执法专项编制35人，在编23人，实际在基层所工作人员30人。在编工作人员工资、生活补贴、办公经费由县财政统一发放，实现人、财、物垂直管理。③制度管理规范化。各国土资源所建立和完善岗位职责、档案、廉政、信访、考勤、财务等内部管理制度，做到“个人有四本、标识有四牌、记录有八簿”（“个人有四本”是指国土所工作人员每人有一本《国土资源法规汇编》、一本《工作制度汇编》、一本政治学习笔记、一本业务学习笔记。“标识有四牌”是指国土资源办公场所有单位名称标识牌、有国土资源徽章标识牌，办公室有岗位桌牌，工作人员有上岗胸牌。“记录有八簿”是指国土所支部学习有记录簿，所务会议有记录簿，来人来访有登记簿，执法巡查有记录簿，日常工作有日志簿，地籍业务有登记簿，矿产管理有登记簿，权属纠纷有登记簿），实现管理规范化。④推进事权下放。通过“事权下放”，充实基层国土资源所实际承接业务能力，全县基层国土资源所成为基层人民群众“一站式”服务最前沿平台。

**【测绘行政管理】** 2014年，县国土资源局严格测绘市场监管，严把地籍测绘资料审核关，保证测绘资料质量。继续加大测绘法律法规宣传贯彻力度，加强测绘行政管理，全面开展测绘业务工作。完成“一村一镇一地图”项目、领导机关工作用图编制、用地报批勘测定界、土地报批图纸及文字资料编辑、协助局执法大队对土地违法案件的测绘等工作。做好宗地测量工作，截至2014年10月底，完成宗地测量及成图任务267宗。通过实地测量和成图，为地籍发证，土地执法及征地提供准确图纸，增添城区变化档案材料，积累地籍管理基础地理信息数据。

**【信访和调处工作】** 2014年，县国土资源局做好“仁化县社会矛盾化解年”工作，通过信访答复和调处，化解涉及土地和矿产的社会矛盾，促进社会和谐发展。全年，县国土资源局执法大队接待群众来信、来访14宗33人，上级交办、转办42宗，网络问政32宗，“12336”热线电话举报信访9宗，解决答复97宗；调处办接访来访48批次、138人次，调处案件7宗。

**【扶贫“双到”工作】** 2014年，县国土资源局通过整合各种资源优势，多方筹集资金，对口帮扶石塘镇上中坌村，解决上中坌小学至芦水头、张屋至大水坝村道硬底化，沙湾、黄岗、青子塘、黄坑等村小组自来水改造及村委会文化广场修建项目资金紧缺难题。截至2014年年底，县国土资源局帮扶上中坌村资金461.2378万元。通过产业扶贫，培育马蹄、柑橘、甜竹笋等主导产业，确保群众增产增收。

**仁化县国土资源局负责人名录：**

**局　长：**温天才

**副局长：**彭长永（任至2014年9月）

邓晓薇（女）

符加方（挂职）

**纪检组长：**林敬文

**执法监察大队长：**邓海华（任至2014年8月）

（温杨明）

## 统　计

**【概况】** 2014年，仁化县统计局围绕中共仁化县委、县政府中心工作，切实履行统计工作职能，推进统计四大工程建设（统计“四大工程”是国家统计局为推进中国统计工作现代化，变革统计数据生产方式，推进统计工作的规范统一、改革创新和公开透明而采取的重要措施和重点推进的四项重要工作。即：一是建立真实完整、及时更新的调查单位名录库，二是建立统一规范、方便填报的企业一套表制度，三是建立功能完善、统一兼容的数据采集处理软件系统，四是建设安全畅通、便捷高效的联网直报系统），有序开展第三次全国经济普查工作，加强统计普法教育和执法检查，加强经济运行和社会发展统计监测，提高统计数据质量，为全县经济社会发展提供优质高效统计服务，开拓统计工作新局面。

2014年，全县经济保持健康发展。全县生产总值（GDP）899220万元，按可比价计算，比上年增长7.2%。第一产业增加值173762万元，比上年增长5.3%；第二产业增加值377169万元，比上年下降0.8%，其中：工业增加值340181万元，比上年下降1.5%；第三产业增加值348289万元，比上年增长20.6%。

**【常规统计调查工作】** 2014年，县统计局以提高统计数据质量为重点，高质量完成国民经济核算、工业、固定资产投资、农业、贸易业、重点服务业、能源、科技等20多项统计年报及定期报表任务。有序开展各项调查工作，完成全县经济发展潜力调查及全县重点调查企业投入产出调查；协助县综治委开展群众安全感和政法工作群众满意度调查；组织实施城乡一体化住户调查、畜禽监测摸底、人口与劳动力调查、非公有制企业人才调查、文化及相关产业统计及妇女儿童发展规划监测等调查任务。严把数据审核和质量评估关，各项统计数据真实反映全县经济发展状况，为县委、县政府和有关部门科学制订政策提供参考数据。

**【统计四大工程建设】** 2014年，县统计局围绕企业“一套表”联网直报，完善统计四大工程建设。一是做好基本单位名录库维护工作。及时做好基本单位变更、注销、新增单位反馈上报和“三上”企业申报工作，确保各专业年报字典库和各项调查工作抽样框与基本单位名录库保持一致。形成部门资料收集工作制度。二是严抓联网直报数据质量。继续在规模以上工业、建筑业、贸易业、房地产业、重点服务业实行网上直报。在联网直报企业报数期间，加强分行业、分企业数据审核以及数据异常企业核查，发现问题及时核查，提高直报平台数据质量。同时，各专业股室深入基层，加强对企业的指导和督查，认真查找和及时敦促纠正联网直报工作中存在的问题，确保数据质量。

**【第三次全国经济普查工作】** 2014年，仁化县第三次经济普查（下称“三经普”）工作在各部门和各镇（街道）支持配合下，经过300多名普查工作者共同努力，圆满完成。一是狠抓普查机构、普查经费、普查队伍、普查制度、普查宣传工作落实，确保普查工作顺利推进。二是明确“三经普”要求，克服时间紧、任务重困难，掌握全新普查方法制度和内容。三是结合全县实际制订方案，重点抓好业务培训、入户登记、数据审核、质量检查环节工作。四是注重数据资料开发应用工作。12月23日，国务院第三次全国经济普查领导小组下发《关于表彰第三次全国经济普查先进集体和先进个人的决定》，仁化县第三次全国经济普查领导小组办公室荣获“先进集体”称号，成为韶关市唯一受到国家表彰的县（市、区）。

**【统计执法工作】** 2014年7—8月，县统计局开展统计执法检查，重点检查40家“三上”企业和各镇（街）统计站统计工作。执法检查重点是工业、固定资产投资、贸易业、房地产业和农业。转变执法检查方式，切实做到“两个转变”，一是检查内容由业务执法向全面执法转变。除统计数据质量情况外，全面涵盖统计工作各个方面，包括机构人员配备情况、规章制度建立情况、原始记录和统计台账设立情况、信息化建设情况等。二是检查方式由事后执法向事前执法转变。对虚报、瞒报、拒报、伪造、篡改统计数据违法行为进行坚决查处。同时，转变检查方式，变事后处理为日常性事前、事中监督，加强检查督导，帮助查缺补漏，发现问题、及时纠正。通过加强统计执法，进一步推动基层基础工作建设。重点抓《中华人民共和国统计法》宣传。一是积极深入企业调研，向企业发放统计法规小册子和宣传统计法律法规。二是利用《仁化统计月报》宣传统计法相关知识。三是利用“12·4”法制宣传日，向广大群众派发宣传资料，扩大统计法律和统计知识宣传。四是通过以会代训方式对各镇（街道）及“三上”企业统计员开展统计法培训。

**【统计服务工作】** 2014年，县统计局履行统计工作监测预警职能。围绕经济社会发展热点问题，重点加强工业、贸易业、服务业、房地产业、固定资产投资、能源消耗以及经济社会科学发展考核相关指标等统计数据监测，开展统计分析研究，为各级党委、政府掌握全县经济形势提供统计监测和信息服务。全年向县各级领导、部门和镇（街道）发放各种统计刊物或资料1200余份；撰写《统计分析》及《统计监测》30多篇，各类统计信息80多条；为县委、县政府各级部门及社会公众提供各类统计咨询服务800次。做好2014年仁化县经济社会科学发展考核相关考核指标数据统计工作，完成仁化县妇女发展纲要、儿童发展纲要监测评估工作。

**【机关作风建设】** 2014年，县统计局按照教育实践活动实施方案要求，结合统计工作实际，组织开展形式多样、富有成效教育实践活动工作。贯彻落实中共中央“八项规定”和省、市、县有关文件精神和要求，改进机关作风，建设节约型机关，开展党风廉政建设，加强政治纪律和职业道德教育，增强全体党员干部凝聚力、战斗力和执行力。加强思想作风建设，大力弘扬统计文化，提高统计人员综合素质。

【队伍建设】 2014年，县统计局抓好全县统计人员业务培训，提升县、镇统计干部业务素质。年内，组织全县统计工作人员47人参加统计从业资格继续教育培训，重点培训统计专业知识及统计法律法规相关知识。组织全县30人报名参加统计从业资格考试，11人报名参加统计专业技术资格考试。举办各专业培训班12次。

**仁化县统计局负责人名录：**

**局　长：**邓又进

**副局长：**刘卫国　马甲娣（女）

（邓慧华）

## 审　计

【概况】 2014年，县审计局发挥审计保障国家经济社会健康运行"免疫系统"功能，全年完成审计项目36个（占年初审计项目计划24项的150%），查出管理不规范金额3182.06万元、违规金额74.63万元，提出审计建议和意见114条，被采纳审计建议和意见114条。

【财政预算管理审计】 2014年，县审计局开展2013年度本级财政预算执行和其他财政收支审计。审计结果表明，2013年县财政部门贯彻落实财政政策，狠抓增收节支，优化支出结构，推动产业结构调整和经济发展方式转变，加大公共投入，保障和改善民生，推进基本公共服务均等化，提高财政管理水平，促进全县经济平稳较快发展。同时，审计发现"对财政部门对预算收入征收部门的监管力度有待加强"等问题，依法提出审计建议并督促县财政局抓好整改落实。

【税收征管审计】 2014年，县审计局开展仁化县地方税务局2013年度税收征管情况审计。审计结果表明，2013年县地方税务局在经济增长放缓、税收任务增长幅度较大，以及政策性减收因素较多、新增税源不明显情况下，努力克服不利因素给征管工作带来的困难和压力，加强税收管理、执法管理、服务管理和队伍管理，实现税收收入稳步增长，超额完成2013年度税收任务。同时，审计发现"部分企业未到税务部门登记房产税信息、企业欠缴房产税"等问题，依法提出审计建议并督促县地税局抓好整改落实。

【部门预算执行审计】 2014年，县审计局开展县人社局部门预算执行审计。审计结果表明，县人社局在部门预算执行方面，年初能基本做好部门预算编制计划工作，加强预算资金管理，对县财政部门按预算批复及时拨付的预算资金，能按其资金用途使用，部门预算执行较好；在财务方面，能进一步规范和完善财务管理，其他资金来源较清楚，使用途径基本合规。同时，审计发现"会计核算不够规范"问题，依法提出审计建议并督促县人社局抓好整改落实。

【乡镇财政决算审计】 2014年，县审计局开展黄坑镇2013年度财政决算和其他财政资金收支情况审计。审计结果表明，黄坑镇能做好当地资源开发利用，培植税源，组织增加财政收入，同时调整和优化财政支出结构，做到收支平衡，保证镇政府各项工作正常运转。同时，审计发现"财务内控制度不够健全完善"等问题并依法提出审计建议。

【企业财务收支审计】 一是开展县赤石迳水利水电管理所2013年资产、负债和损益情况审计。审计结果表明，2013年赤石迳水利水电管理所累计发电量超过历年同期平均发电量，取得一定经济效益，财务收支基本能维持日常工作运转，确保县城供水和附近厂矿的供电和供水，以及农田灌溉；在财务收支管理方面，执行本系统制订财经管理制度等规章制度，开支手续完善，会计账目清晰明细，编报及时，基本上能反映各项经营状况和成果。但是历年来，在经营状况不佳情况下，企业靠借款发放工资，仍要完成上缴上级下达的利润任务数，造成该单位无法清偿债务和弥补以前年度亏损，企业没有利润分配后积累，发展后劲不足。二是开展县锦江电力开发总公司2011—2013年度资产、负债和损益情况审计。审计结果表明，县锦江电力开发总公司2011—2013年度缴纳税金4243.92万元，完成上缴财政任务4500万元，扶持库区移民生产生活，为政府扶贫工作出力，为全县经济社会发展做出一定贡献。同时，审计发现，2011—2013年期间，仁化县锦江电力开发总公司存在九龙岩水电站账务未纳入总公司财务账统一核算管理等问题，依法提出审计建议。

**【经济责任审计】** 2014年，县审计局按照“积极稳妥，量力而行，提高质量，防范风险”工作要求，对18名领导干部进行经济责任审计，完成经济责任审计项目18项，提出审计建议和意见67条，依法发出《单位财务收支情况的审计决定》3份、“涉嫌经济违规的审计移送处理书”1份，审计提出建议和意见得到有效整改，审计查出管理不规范金额728.42万元。

**【民生专项资金审计（审计调查）】** 2014年，县审计局根据县委、县政府、县纪委及相关部门委托，结合审计项目计划，开展2013年城镇保障性安居工程、2012—2013年体育彩票公益金、仁化县农业机械管理局2008—2013年度各级专项资金、县财政局拨入县经信局土地款项等有关资金、县经信局有关资金、2012年1月至2014年5月底社会抚养费征收管理、2013年度计划生育经费、民政局2011年度重建家园专项资金使用、2011年度仁化县丹霞街道办国家农业综合开发土地治理项目专项资金使用、2011年度仁化县董塘镇农业综合开发中低产田项目专项资金使用、仁化县机关事务管理局2011年8月至2014年5月底财务收支情况等11个专项资金审计调查项目。对审计发现的问题，县审计局依法征求被审计单位意见，提出审计意见和建议，出具审计报告并定期跟踪检查；有关部门对审计提出的审计建议都很重视，绝大部分问题得到有效整改，部分问题正在整改落实中。

**【配合上级审计机关开展项目审计】** 2014年，县审计局克服人员少、任务重困难，抽调业务骨干参加上级审计机关组织的社会抚养费征收审计、土地出让金审计、市县书记县长同步审计项目3个，得到上级肯定与认可。

**【临时审计项目】** 2014年，县审计局完成县主要领导临时交办审计项目8个。一是经县主要领导批示，开展县财政局拨入县经信局土地款项等有关资金情况、县经信局有关资金情况、2012年1月至2014年5月底社会抚养费征收管理使用情况、仁化县机关事务管理局2011年8月至2014年5月底财务收支情况、2011年度仁化县丹霞街道办国家农业综合开发土地治理项目专项资金使用、2011年度仁化县董塘镇农业综合开发中低产田项目专项资金使用6个审计项目。二是受县纪委委托，开展仁化县农业机械管理局2008—2013年度各级专项资金使用管理情况、民政局2011年度重建家园专项资金使用两个审计项目。

**【县委、县政府中心工作】** 深入开展党的群众路线教育实践活动，年内，编印活动简报34期；局组织党员干部上教育课6次，集中学习27场次，组织党员干部观看《焦裕禄》《雷锋》《第一书记》《杨善洲》《永远是春天》专题教育片，开展瞻仰铜鼓岭红军烈士纪念碑、“‘七一’纪念建党93周年”、石塘双峰寨廉政教育基地参观暨重温入党誓词、县反腐倡廉警示教育基地参观学习等教育活动，向社会和群众广泛征求意见建议，修订完善内部管理制度17项。做好“企忧档案”工作，与挂点服务单位乐屋电器沟通联系，切实解决企业发展过程中遇到的困难和问题。做好薄弱村整顿工作，全年累计投入资金27480元用于挂点薄弱村扶溪镇长坑村计生、基层组织建设和贫困户春耕生产，配合挂点村做好计划生育、群众路线教育实践活动、基层组织建设等工作。协助丹霞街道夏富村做好贫困户摸底调查、信息录入和“民信档案”工作，2014年支持挂点村饮水安全工程资金3万元。抓好社会治安综合治理和依法治理工作，全年全局没有出现违法犯罪和交通事故现象。履行县计生兼职单位职责，开展计划生育经费分配、管理、使用及奖励扶助金发放情况项目审计和社会抚养费征收项目审计工作。落实保密工作责任制，与全体在职人员签订保密承诺书，明确涉密人员保密义务与责任，全年未发生失密、泄密事件。加强和规范档案管理，促进档案管理工作规范化和科学化。落实各项扶残助残措施，年内，按时缴纳残疾人就业保证金5157.56元，促进残疾人事业发展。

**【审计发现问题整改工作】** 建立审计整改报告制度，安排审计人员对被审计单位提出的审计建议、意见进行跟踪、检查和督促落实，确保审计建议、意见得到落实，有效发挥审计监督作用。2014年开展36个审计项目，除6个项目未到3个月整改时限、尚在整改中，其余30个项目完成整改落实，促进审计决定落实。

**【强化经济责任审计工作的组织领导】** 一是完善经济责任审计工作机制。2014年4月，率先在全市县局制定《仁化县经济责任审计工作联席会议制度》，明确联席会议成员单位工作职责特别是违纪案件移送和联合查办案件方面职责，强化经济责任审计工作合力；9月1日，召开第一次联席会议。二是强化领导干部经济责任履职能力建设。6月24日，联合县委组织部举办领导干部经济责任审计培训班1期，有县党群、政府部门、副科级以上企事业单位及镇（街道）党政“一把手”共97人参加培训。

**【队伍建设】** 县审计局落实党风廉政建设责任制，严格执行审计“八不准”纪律和审计人员守则，坚决依法、廉洁审计，树立良好审计形象。一是抓业务培训，提升干部队伍整体素质，建设“复合型”审计人才队伍，年内选派人员参加省审计厅、市审计局、县委组织部、县人社局等单位组织举办各类培训班39人次。二是深化党风廉政建设，提升审计机关公信力；做好廉政风险防控工作，夯实审计人员廉洁从政思想道德基础，确保审计人员在审计中做到为民、务实、清廉。三是结合党的群众路线教育活动，反对“四风”问题。针对审计工作特点，量化、分解工作任务到各审计组，精简会议文件，坚持开少会、开小会、开短会，提高工作效能，避免审计渗杂形式主义。2014年与2013年相比：压缩会议15次，下降41.7%；压缩文件62份，下降33.16%。深入各审计组、被审计单位、挂点村和企业调查研究并及时解决问题困难，避免官僚主义，全年走访挂点村、挂点企业及审计项目一线25次。坚持勤俭节约、量入为出，严格控制公务用车、公务接待等各项经费开支，杜绝享乐主义和奢靡之风，2014年“三公”经费开支与2013年相比，公务接待费下降86.5%，公务用车费下降27.01%，全局人员未因公出过国，出国费用为零。

**仁化县审计局负责人名录：**

**局　长：**何旺财

**副局长：**梁海钧　林国华

（刘美军）

# 工商行政管理

【概况】 2014年，仁化县工商行政管理局（简称“县工商局”）围绕中共仁化县委、县政府“四化推四区”发展战略部署，履行工商职能，以深入开展党的群众路线教育实践活动、全面推行工商登记制度改革、深入贯彻落实《企业信息公示暂行条例》等工作为抓手，根据上级工作要求和年初工作安排，扎实开展各项工作，提升监管效能，服务仁化经济社会发展。

【工商登记制度改革】 2014年3月1日，全省全面推行工商登记制度改革。县工商局成立工商登记制度改革工作领导小组，开展学习，做到深刻领会、准确把握、规范操作，切实转变工作思路。同时，贯彻落实《广东省工商登记前置审批事项目录》和《广东省工商登记前置改后置审批事项目录》，完善工商登记制度改革并促进工商注册制度便利化。截至2014年12月底，全县登记在册市场主体8352户，同比增长12.74%，其中：各类企业1396户，同比增长21%；个体工商户6736户，同比增长9.04%；农民专业合作社220户，同比增长18.91%。指导13户个体工商户升级为企业，办理动产抵押登记业务44宗，抵押贷款金额13130万元。全县工商系统窗口部门办理登记业务2073宗，其中企业登记业务511宗、个体工商户登记业务1504宗、商标广告登记业务58宗。新设立个体工商户916户，同比增长21.48%；新增企业160户，同比增长15.10%，全部登记业务均实现100%在承诺时限内办结。2014年3月4日，县工商局颁发工商登记制度改革后首张新版营业执照。

【贯彻落实《企业信息公示暂行条例》】 2014年，县工商局召开全体干部职工大会，县局贯彻落实《企业信息公示暂行条例》（下简称《条例》）及国家工商行政管理总局5个配套规章作动员部署，促进全系统干部职工认识建立企业信息公示制度重要性、必要性和紧迫性。同时，通过张贴宣传公告、发放宣传手册、在登记注册大厅悬挂横幅等形式，电视媒体、红盾外网、报纸等平台，开展《条例》宣传活动，确保条例深入人心。配合省、市工商局宣传工作部署，向县主流媒体平台提供相关工作情况及宣传资料，开展《条例》新闻报道，加大社会宣传力度。11月4日，在县工商局4楼会议室举办企业工商联络员《企业信息公示暂行条例》学习培训，有24户企业、7户个体户、2户农民专业合作社及县行政服务中心和物业站代表共36人参加培训。

【流通环节食品安全监管职责移交】 2014年3月27日，根据韶关市人民政府办公室《关于印发韶关市食品药品监督管理局主要职责内设机构和人员编制规定的通知》《关于食品药品监管体制改革工作有关问题的会议纪要》精神和中共仁化县委、县政府工作部署，仁化县工商行政管理局流通环节食品安全监管职责正式划转仁化县食品药品监督管理局。县工商局积极做好职能移交后的组织协调工作，确保流通环节食品安全监管工作不间断、不脱节。同时，以工商管理体制改革为重点，引导干部职工以积极心态正确认识体制调整问题，确保队伍思想稳定、工作平稳有序、事业持续发展，做到思想不乱、队伍不散、工作不断。

【党的群众路线教育实践活动】 2014年，县工商局扎实推进党的群众路线教育实践活动，整理收集社会各界意见建议21条，查摆出“四风”方面的问题16个，调整清理机关办公用房70.56平方米，废止制度1个，修改完善制度5个，新建制度6个。通过深入开展党的群众路线教育实践活动，县工商局队伍凝聚力增强，干部队伍作风明显改观，干部队伍为民服务意识和服务水平提高。

【执法监督加强】 2014年，县工商局加大执法力度，开展查处无照经营、查处取缔“黑网吧”、打击传销规范直销、打击走私、“扫黄打非”、反不当竞争等专项整治行动，维护市场经济秩序。截至2014年12月底，全县工商系统查处各类经济违法违章案件206宗，无证无照经营行为得到遏制，全县市场经济健康有序发展。全年全县工商局没有行政复议和行政诉讼案件发生，也没有出现要求听证案件。

【维护消费者权益】 2014年，县工商局健全“12315”社会维权网络体制机制，提升维权网络工作效能，快速调解消费纠纷，营造良好消费环境。通过召开座谈会、举办知识讲座、张贴宣传横幅等传统宣传方式和完善新建网站、微信、微博平台，加大新修订的《中华人民共和国消费者权益保护法》（以下简称“新《消法》”）宣传力度。在“3·15”消费者权益日，联合县质监、县农业等职能单位15个举办现场宣传咨询活动。活动中，采取发放资料、现场答疑、现场识假打假形式，宣传新《消法》及消费知识。4月3日，由省消委会和市消委会主办，县工商局和丹霞山管理委员会协办的新《消法》与法律法规知识讲座在丹霞山风景区举办，广东省消委会法律理论研究专业委员会专家潘力仁主讲，丹霞山景区内经营户70多户参加讲座。年内，县工商局的县政协委员提交《关于加大我县消费者维权力度的提案》，得到县政府重视支持，增加县消委会工作经费并纳入县财政预算。截至2014年12月底，全县受理消费投诉40宗，成功调解40宗，调解率100%，为消费者挽回经济损失13万余元。

【队伍建设】 2014年，县工商局根据局内股级干部职位空缺情况和工作需要，采用竞争选拔方式，通过民主推荐、民主测评、演讲和组织考察，于3月底完成中层干部调整工作，实现中层干部队伍年龄、文化和知识结构优化组合，增强队伍活力。修订和完善《仁化县工商行政管理系统人员违反纪律作风行为的处理规定》《仁化县工商行政管理局考勤及请休假制度》等规章制度，提供作风建设制度保证。

【“两建”工作】 2014年，县工商局按照工商部门所承担职责，继续推进“两建”工作。根据5月26日广东省全面推开工商登记制度改革、实施“两个目录”（《广东省工商登记前置审批事项目录》和《广东省工商登记前置改后置审批事项目录》）有关部署，县“两建”办与县市场准入体系建设专责小组配合，共同探索市场主体后续监管方法，初步制定《仁化县市场主体登记信息公示及行政审批告知制度》，推进部门之间信息互通共享和企业诚信工作，促进仁化县社会信用体系建设。探索毗邻金融合作模式，促进边际地区金融稳定。5月27日，在仁化城口举行“广东仁化—湖南汝城金融协作协议签约仪式”，开启广东省跨省跨地区毗邻支行金融协作先例。

【其他工作】 2014年，县工商局根据中共仁化县委、县政府《仁化县人口和计划生育目标责任制考评办法》，在登记注册工作中，履行兼职单位职能，协助县计生部门抓好人口计划生育管理工作。开展综治信访维稳工作，强化信访工作责任制，依法、及时处理信访群众投诉请求，全年全局依法处理各类信访19件。开展挂点扶贫村扶溪镇水口村扶贫“双到”工作，进村入户调研，制订帮扶工作规划，开展春节慰问贫困户、“七一”慰问党员活动。开展登革热防控知识宣传工作和爱国卫生行动，清理办公场所并敦促辖区内物业管理站对市场内蚊虫孳生地开展成蚊灭杀工作。推进平安仁化建设工作， 全面完成社会治安视频监控二类点建设工程。指导县个私协会开展送温暖、献爱心慰问特困会员活动。组织仁化县工商个私妇委会举办厨艺大展示比赛。组织个私女业主和工商系统青年志愿者到董塘镇敬老院开展慰问活动。

**仁化县工商行政管理局负责人名录：**

**局　长：**陈治平

**副局长：**范　全（任至2014年1月）

魏皓明（任至2014年1月）

江　傲（任至2014年4月）

陈　彬

钟立强（2014年2月任职）

罗伟雄（2014年4月任职）

（范　全　童凌云）

## 物价管理

**【概况】** 2014年，仁化县物价管理部门围绕“强基础、稳价格、安民生、保改革、促发展、建和谐”工作目标，发挥政府价格主管部门职能作用，加强民生价格监管，依法治价管费，加强清费减负，减轻企业和群众负担，稳定和规范市场价格秩序，维护群众利益，优化招商引资价格环境，促进地方经济社会发展。

**【依法治价管费】** 2014年，县物价局贯彻落实已取消的行政事业性收费、教育收费、医疗收费等项目政策，强化涉农价费监管，加强平价商店作用，督促经营者做好商品价格和服务收费明码标价工作，平抑市场物价，增强政府调控市场价格能力，并向省级价格调节基金申请做好仁化县蔬菜基地、生猪冷藏储备基地扶持，发挥稳定全县市场物价职能作用，维护群众合法利益。继续审核“广东省收费许可证”申领和变更换证工作。2014年全年核发新证4份，变更换证18份。加强行政事业性收费管理，开展2013年行政事业性收费、经营服务性收费年审工作。全县有收费单位（含经营服务性单位）53个，该年度审核金额5100万元，其中，行政事业性收费总额4082万元，经营服务性收费总额1018万元。

**【价格监督检查】** *市场、超市、门店检查。*从检查情况看，全县农贸市场、超市中，粮油、肉禽蛋菜奶等基本生活必需品供应丰富，经营服务性行为产品和服务明码标价，大部分经营者都把明码标价作为规范经营自觉行为，并承诺作出不短斤缺两、以次充好、乱涨价、乱收费等价格违法行为，让消费者明明白白消费。检查发现个别经营者存在标价意识不明确问题。检查组对此进行有关政策宣传，督促做好明码标价工作。

*石油液化气、成品油检查。*县城液化气站燃气供应平稳，相关价格均按照相关文件规定价格标示。2014年11月，县域油价为0号柴油6.67元/升，92号汽油6.94元/升，95号汽油7.52元/升。供应情况正常，没有限量供应或无油供应现象发生。

*旅游景点检查。*节日期间，丹霞山旅游景点价格政策执行好，按照相关文件从2014年9月1日实行丹霞山门票200元/人·次。景区门票处和停车场对收费价格按规定公示，没有发生违规收费行为。有个别景点售票处票价公示栏价格投诉电话由于公示牌长期日晒褪色模糊不清，检查组对上述情况提醒被查单位及时更新。检查景区内宾馆、酒楼实行明码标价工作，大多数经营单位能做好明码标价工作，没有发现存在价格欺诈行为。

*交通客运、出租车服务收费检查。*元旦、春节、中秋、国庆期间，县汽车客运公司能按照物价部门规定票价执行服务收费，如：仁化至韶关线票价16元。站场管理方面做到明码标价、整齐美观。小汽车出租情况正常，县城内起步价5元。存在问题：少数车辆营运者有收10元起步价现象，通过现场教育告诫得以纠正。

检查发现，全县城镇集贸市场商品供应充足，销售畅旺、价格基本平稳、秩序良好。除蔬菜、肉类价格在节前因节日因素影响有一定上涨外，其他商品价格基本稳定，节后粮食、蔬菜、食用油、肉禽、水产品价格处于平稳，没有出现较大价格波动。重要商品和服务价格未发现擅自提价、变相提价等价格违法行为。

加大征收价格调节基金力度，做好市场价格调节基金相关工作。2014年全年征收价格调节基金总额976.98万元，其中县级509.61万元，为政府采取价格干预措施调控价格稳定市场、对低收入困难群众给予临时价格补贴提供资金保障。

**【价格认证】** 涉案物价格鉴定工作。根据国家有关文件要求，涉案物价格鉴定工作是价格认证中心区别于其他中介机构的唯一职能。2014年，县价格认证中心克服任务繁重困难，配合公安部门做好涉案物价格鉴定工作，以刑事案件涉案物价格鉴定为主，遵循“公平、公正、客观、严谨”原则，按照《涉案物价格鉴定价格工作程序》《广东省涉案物价格鉴定操作规程》办事，指导委托单位填写委托书每项内容（如涉案物品价格鉴定的基准日、品牌、型号、数量、使用时间等），提示需提供的资料等。对每个案件力求准确，深入调查，认真分析，严格按工作程序详细核对受理委托材料。办案时不受任何一方干扰，做到“以我为中心”。出具价格鉴定结论书做到依据充足，计算准确，经得起时间考验。截至2014年年底，全县完成各种涉案物品价格鉴定285宗，鉴定标的总额149万元。县价格认证中心所做价格鉴定结论没有1宗提出复议，或者委托上一级政府价格主管部门价格认证中心复核或重新鉴定。为司法、行政执法机关客观、公平、公正、科学办理各种案件提供依据，保护当事人合法权益有力打击违法犯罪和维护社会和谐稳定做出贡献。

涉税财物价格认定工作。2014年，仁化县以存量房交易涉税价格认定工作为主，开展涉税财物价格认定工作，保障国家税收应收尽收。全年全县涉税财物价格认定2宗，鉴定标的总额134万多元。

**【价格信息宣传】** 2014年，县物价局围绕省、市物价局工作重点和中共县委、县政府工作中心，宣传物价工作热点、难点、重点问题，提高宣传工作质量，把价格宣传作为联系群众、服务基层、把握市场动态重要渠道，注重在宣传中搞好服务，在服务中搞好宣传，及时准确宣传价格部门工作、政策和工作亮点。“3·15”期间，开展消费安全宣传活动，曝光立案查处重大典型案例或专项价格整治行动成果，发放宣传手册，现场接受群众价格政策咨询和价格违法案件投诉举报，规范和整顿市场秩序，营造安全放心消费环境，保护消费者合法权益。

**仁化县物价局负责人名录：**

**局　长：**陈应权

（周　璇）

## 质量技术监督

**【概况】** 2014年，仁化县质量技术监督局（简称“县质监局”）围绕质监定位，以“服务经济质量发展，规范市场经济秩序，维护企业合法权益，保障民生质量安全”为使命，以改革创新精神抓质量、保安全、促发展，全方位为仁化经济社会发展服务。

**【党的群众路线教育实践活动】** 2014年，县质监局根据中共仁化县委、县政府统一部署要求，开展党的群众路线教育实践活动，严格贯彻落实中共中央总书记习近平“三严三实”要求，围绕为民务实清廉主要内容，聚焦“四风”突出问题，扎实完成学习教育、听取意见，查摆问题、开展批评，整改落实、建章立制“三个环节”工作任务。全年全局安排集体学习18次；单位主要负责人与班子每名成员之间开展谈心交心活动3次、班子成员之间3次，班子成员与分管部门负责人之间3次，督导组与班子成员2次，主动接受党员、群众约谈3次；走访企业、计生和扶贫挂钩联系村20余次；发放并回收征求意见函100多份、“仁化县质监局窗口服务满意度评价表”44份；活动共征集意见20余条。根据征求意见对局领导班子对照检查材料进行8次大修改完善，提炼出18项整改内容。针对“四风”方面存在的突出问题，制订修改制度15项。

【队伍建设】 2014年，县质监局加强领导班子建设，坚持中共党组中心组理论学习制度，提高领导干部运用科学发展观指导实践能力。大力开展行政执法和法制工作人员等教育培训，提高干部职工知识水平和履职能力。抓好财务管理，保障质监事业健康发展。落实“一岗双责”，党风廉政建设与质监业务工作紧密结合，明确各部门领导反腐倡廉主体责任和工作目标，签订“党风廉政建设和反腐败工作责任书”，推动责任落实。开展纪律教育学习月活动，加强廉政学习教育，坚持正面宣传引导和反面警示教育相结合，筑牢党员干部拒腐防变思想防线。

【质量监督工作】 2014年，县质监局结合全县经济结构和产业布局，明确监督抽查定位，突出监督抽查重点，落实质量状况分析制度，科学安排产品监督抽查工作，提高监督抽查有效性。全年开展产品质量定期监督检验14批次，合格12批次，不合格2批次，不合格产品发现率14%。对不合格企业下发限期整改通知书，要求其认真整改。经复检，2家复检企业产品质量合格。全县有获得认证组织27家（其中管理体系认证11家，食品农产品体系认证16家），拥有3C产品认证（即中国强制性产品认证制度，英文名称China Compulsory Certification，英文缩写“CCC”）企业1家（仁化县韶关保险设备厂），取得工业产品生产许可证企业5家共7张证书。

【食品生产监管工作】 2014年，县质监局在食品监管体制改革过渡期确保了思想不乱、队伍不散、工作不断，坚持不懈抓好生产加工环节食品安全监管。开展日常巡查、隐患排查和专项整治，出动执法人员123人次，对全县41家食品生产加工单位开展日常巡查和监督检查，督促企业落实主体责任，规范生产经营行为。2014年3月27日，县质监局与县食品药品监督管理局正式签订“仁化县食品药品监督管理体制改革职能移交交接书”，标志着生产加工环节食品安全监管职能正式划转给县食品药品监督管理局。

【特种设备安全监察】 2014年，县质监局加强系统性风险防范，举办特种设备安全管理人员培训班，提高企业安全管理人员管理能力和业务水平。组织开展特种设备“打非治违”专项行动，岁末年初安全生产大检查，油气输送管线等安全专项排查，液化石油气质量安全、气瓶安全专项整治，建筑施工起重机械预防坍塌事故专项整治“回头看”，电梯安全专项检查等工作，及时排查和消除特种设备安全隐患。2014年，县质监局出动特种设备安全监察人员321人次，检查特种设备使用单位63家，检查设备444台（套），发出特种设备安全监察指令书29份，截至2014年年底，完成闭环处理27份，其中移交局稽查队立案查处4宗。敦促和引导企业开展事故应急救援演练，提高企业应对突发事件、处置事故能力。创新工作机制，稳步推进电梯监管改革。截至2014年年底，全县150台在用电梯全部明确使用管理责任单位并登记备案。引导和鼓励电梯使用单位购买电梯事故责任保险，2014年，全县购买事故责任保险电梯137台，占全县电梯总数79%。开展特种设备安全知识进“企业、校园、社区”宣传活动，提高群众安全防范意识。2014年，县质监局通过仁化县安全生产“一岗双责”年度考核并获三等奖。

【计量监督工作】 2014年，县质监局深入开展计量惠民活动，为12家集贸市场1757台计量器具和22家基层医疗卫生单位111台（套）医用计量器具实施免费鉴定，约合人民币8.3万元。开展计量专项监督检查。对瓶装液化石油气净含量、大米和商场超市定量包装商品等计量专项监督检查，全年共抽查29批次。做好机动车安全技术检验机构日常巡查和监督检查工作，规范机动车安全技术检验工作，强化安检机构对检验结果负责的责任意识。落实计量保证体系确认工作。2014年有1家企业通过二级计量保证体系确认和1家企业通过三级计量保证体系确认。强化重点耗能企业监督管理，向全县5家重点耗能企业宣贯能源计量相关标准和法律法规，增强企业管理人员法制计量意识。

**【标准化工作】** 2014年，县质监局落实标准化工作，推动企业开展技术标准化战略。鼓励企业采用国际标准及国外先进标准组织生产，全年完成3家企业3个产品“采标”申报工作。推进农业标准化及地方特色产品保护工作，推动县域标准化示范区建设工作，申报农业标准化项目，扎实推进地方特色产品品牌战略。落实《关于免征中央、省设立的涉企行政事业性收费省级收入的通知》文件要求，减轻企业负担，对企业类型的组织机构实行代码证办证免收费。深入企业提供服务，开展标准登记、采标、商品条码注册和续展审查服务。推广商品条码应用，依法开展企业商品条码监督管理工作。通过调查研究、资料收集和征求专家意见，做好地理标志产品“仁化白毛茶”地方标准编写工作。全年全县办理企业产品执行标准登记备案28个，商品条码新注册3家，续展12家，组织机构代码证新办270个，换证245个，变更216个，年检824个，注销43个，办理数字证书414个。2014年7月，组织机构代码仁化分中心获广东省2013年度组织机构代码工作先进集体二等奖，该中心1名工作人员获“全省组织机构代码工作先进个人”荣誉称号。

**【政策法规宣传工作】** 2014年，县质监局围绕政策法规中心工作，积极协助中共仁化县委、县政府做好立法调研、草案起草、征求意见反馈等工作。开展质监行政执法资格考证培训工作，截至2014年年底，县质监局取得行政执法证14人。开展政策法规宣传，结合“3·15”消费者维权日、“5·20”世界计量日、科技下乡、质量月、安全生产月、“12·4”全国法制宣传日、纪律教育月，宣传特种设备安全、产品质量、计量和标准化法律法规，全年免费发放宣传资料5000余份。地理标志产品保护工作取得新进展。2014年9月5日，国家质检总局发布2014年第96号公告，正式批准“仁化白毛茶”成为地理标志保护产品，是仁化县继长坝沙田柚后第2个获批国家地理标志保护产品。

**【稽查打假】** 2014年，县质监局发挥打假办牵头作用和生产加工环节打假主力军作用，深入摸排，重点打击，加强联动。建立打假长效机制，明确各成员单位打假责任，签订“打假责任书”。扎实履行打假办协调组织作用，联合公安、工商、食药监、烟草、农业、经信、盐务等打假成员单位开展春节、农资、卷烟、五一国际劳动节、国庆节等5次联合执法专项行动，专项检查县辖区食品生产加工单位、农资销售点、集贸市场、超市、药店和烟酒销售点，有效整顿和规范市场经济秩序，维护人民群众切身利益。立足质监实际，围绕农资、移动电源转换器、计量器具、儿童玩具、化学胶粘剂、汽车配件、建材、环保等产品开展打假专项行动，严肃查处各类违法行为。2014年出动执法人员446人次，检查各类生产经销单位145家次，立案查处违法单位5家。

**【“两建”工作】** 2014年，县质监局参与“两建”工作，认真履行牵头建设全县质量监管体系职责。在县城第一、第二集贸市场和董塘镇、周田镇集贸市场等4家单位开展诚信计量示范单位创建活动，实现诚信计量自我承诺并向社会公布。组织企业签订诚信计量承诺书并向社会公开，促使企业加强自身管理，积极参与质量管理体系建设，规范企业生产经营行为。

**【扶贫“双到”工作】** 2014年，县质监局挂点扶贫村为丹霞街道办胡坑村。县质监局认真落实中共仁化县委、县政府关于扶贫工作要求，加快基础信息整理工作，完成胡坑村全村541户“民信档案”信息采集录入工作和等级评定工作。加大资金投入力度，为贫困户245户发放扶贫物资及慰问金，为村委集体投入扶贫专项资金3万元。加大产业扶持力度，发展特色农业，协助成立胡坑村西瓜合作社和胡坑村玉米合作社，通过与广东聚宝种业有限公司合作，在胡坑村建成占地6.67公顷玉米种培育示范基地1个。加强基础设施建设，协助胡坑村完成道路“硬底化”及村委会办公楼修缮工程，建成垃圾池26个。

**仁化县质量技术监督局负责人名录：**

**局　长：**钟良万

**副局长：**周海军

赖文斌（2014年1月任职）

（谭　坚）

## 食品药品监督管理

**【概况】** 2014年，是食品药品监管体制改革第一年。仁化县食品药品监督管理局（简称“县食药监局”）坚持以科学发展观为指导，以构建和谐社会为目标，把食品药品质量安全作为改善民生、造福百姓基础工作常抓不懈。贯彻落实省、市、县政府以及上级业务部门工作部署和要求，推进仁化县食品药品安全监管各项工作，未发生重大食品药品安全事故。

**【食品药品监管体制改革工作】** 2014年，县食药监局按照韶关市政府会议精神，多次组织人员对派出机构办公地址、人员配备等情况进行实地查看，充分调研，将设置派出机构以及职能交接会出现的困难作充分论证；积极与乡镇和职能部门沟通，迅速确立派出机构办公场所。3月底，派出机构相继挂牌成立。4月，与县质监局、县工商局、县经信局完成食品生产、食品流通、酒类专卖职能无缝移交。8月份，6个乡镇监管所正常运转，实现监管网络触觉延伸，覆盖农村监管网络框架基本建成。

**【党的群众路线教育实践活动】** 2014年，县食药监局扎实开展党的群众路线教育实践活动，通过学习讨论、召开座谈会、发放征求意见表、设置意见箱方式，利用“批评与自我批评”形式，本着对中共负责、对同事负责、对自己负责原则，积极查找存在问题，共查找出“四风”问题及食品药品方面问题14条，并一一得到有效纠正。

**【食品药品安全责任落实】** 2014年，县食药监局树立科学监管理念，充分发挥市场监管作用，加大日常监督检查力度，坚持以“监督、帮扶、促进”相结合工作方针，督促和指导辖区内食品药品生产、经营企业提升依法经营意识和质量管理水平。组织开展保健食品化妆品专项检查、食品流通市场“三打两整治”、医疗器械“五整治”、药品“两打两建”、保健食品打击“四非”、禽流感防控、食用明胶、集体食堂专项治理专项检查行动，全力推进食品药品安全专项整治。全年出动执法人员2108人次，检查医疗机构146家次，药店92家次，食品生产加工企业和小作坊103家次，食品流通经营企业97户次，食品餐饮服务单位457家次，保健食品经营企业102家次，化妆品经营企业215家次；下发责令整改通知书11份，监督意见书80份；查处一般程序案件42起，办结案件42件，罚没款117571.55元，移送公安机关3起。

**【食品安全综合协调作用发挥】** 2014年，食品药品监管体制改革后，县食药监局加挂仁化县食品安全委员会办公室（简称“县食安委办”）牌子，承担食品安全综合协调工作。年内，县食药监局在中共仁化县委、县政府领导下，根据省、市食安委办有关部署和要求，做好各项工作。通过健全领导机构，调整县食品安全委员会成员；大力推进基层食品安全监管网络建设，构建县、镇、村三级食品安全监督网络；建立完善食品安全工作制度，制定《仁化县食品安全“三打两整治”专项行动方案》《仁化县纠正食品药品安全方面损害群众利益专项行动方案》，协调各有关单位及相关股室开展食品安全工作。全年出动执法人员954人次，检查企业2069家，立案查处9宗（起），发放宣传资料1640份，媒体宣传5次，培训10次507人，抽检1749批次，合格率98.7%；全县产地检疫生猪8.26万头，全部符合要求；县内蔬菜农药残留超标抽检1746批次，合格1725批次，合格率98.8%。

**【药品不良反应和医疗器械不良事件监测】** 2014年，县食药监局根据韶关市《关于开展2014年药械不良反应/事件监测工作的通知》文件精神，在日常工作中积极宣传药品不良反应监测工作重要性和迫切性，督促各单位自觉履行职责和义务。建立药品不良反应动态监测系统，密切关注各单位网上上报数据进展情况，及时掌握各药品经营使用单位工作动态和出现不良反应药品情况，结合药品抽验工作，对出现不良反应几率高的药品增加抽验频率，确保质量安全。全年全县医疗机构上报药品不良反应累计113例，任务完成率128%，其中之前从来没有出现过、或者说明书上未标注的38例，任务完成率146%；医疗器械不良事件39例，任务完成率186%。

**【食品药品抽检工作】** 为充分了解仁化县食品药品生产、经营单位产品及原料的质量安全状况，2014年，县食药监局根据韶关市食品药品监督管理局2014年抽验计划，结合实际，科学合理组织开展食品药品安全监督抽验工作，把抽验重点放在与人民身体健康密切相关、群众关注度高的产品及原料上，并委托第三方进行检验。截至2014年年底，全县完成药品抽样81批次（其中监督性抽样50批次，评价性抽验21批次，中药材10批次），药品快筛快检200批，保健食品监督抽样1批，化妆品评价性抽样3批，化妆品监督抽样2批，茶叶3批次、糕点6批次、面制品3批次；散装食用油20批、大米及米制品24批、食用盐10批、调味品7批、猪肉2批、蔬菜4批、餐饮具1份。其中药品监督性抽样22批，大米及米制品6批，面制品1批次不合格，并移交稽查处理。

**【重大活动期间餐饮安全保障工作】** 2014年，县食药监局食品餐饮安全监管股严格按照重大活动保障有关程序，实行事前监督、落实专人、落实措施，强化餐饮服务食品安全巡查，派驻安全监管人员进驻现场，对食谱进行审定，全程监管食品原料采购、验收、储备，食品加工，餐饮具消毒，食品留样。年内，完成首届石塘堆花米酒旅游文化节、“两会”、高考期间、扶溪摄影节、纪念仁化暴动87周年暨红军长征过境粤北80周年学术研讨会、长坝金柚节等重大活动餐饮环节食品安全保障工作，确保重大活动期间餐饮食品安全零事故。

**【计生工作】** 2014年，县食药监局履行计生兼职单位职责。年初，制定并下发《关于开展终止妊娠药品等检查工作的通知》到药品经营企业及各医疗机构，并派出人员参加县“两非”治理工作；督促单位育龄妇女进行查环查孕工作；做好行政许可计生审核工作。对计生挂点单位丹霞街道车湾村提供计生经费8000元，并派出人力协同该村做好计生工作。

**【酒类专卖监管】** 2014年4月，根据仁化县机构改革方案要求，县食药监局接收县经信局移交的酒类监管职能。年内，县食药监局根据广东省食药监局工作要求、《仁化县食品安全“三打两整治”专项行动方案》等工作部署，扎实开展食品生产经营主体清理规范行动和酒类专项检查行动工作。严格发证程序，集中开展专项执法检查，突出抓好酒类质量监管，重点对酒类经营户台账、索票索证等情况进行检查。截至2014年年底，全县检查酒类经营户134户次，对于记录不全的，下发责令改正通知书，共计核发含酒类经营项目的“食品流通许可证”123张，发出责令改正通知书13份。

**仁化县食品药品监督管理局负责人名录：**

**局　长：**刘世标

**副局长：**陈　健　何　旭
赖东北（2014年1月任职）
叶长盛（任至2014年2月）

（吴孙强）

# 安全生产监督管理

**【概况】** 2014年，仁化县安全生产监督管理局（简称“县安监局”）坚持“安全第一、预防为主、综合治理”方针，树立“红线”意识、“底线”思维，从维护社会稳定大局和人民群众生命财产安全负责高度，加强隐患排查治理、安全生产专项整治、执法监督、队伍建设、宣传教育力度，推进地方党政领导干部安全生产“一岗双责”制度，建立健全安全生产长效机制，促进全县安全生产形势稳定好转。全年全县农机生产保持实现零事故，零死亡目标；发生道路交通事故5起，死亡6人；发生工矿商贸事故2起，死亡2人；发生消防火灾事故31起，无人员伤亡。全县工矿商贸、道路交通、消防火灾生产安全事故宗数和死亡人数均在市政府下达控制指标内。

**【安全生产“一岗双责”制度】** 2014年年初，县政府与11个镇（街道）政府、23个县直有关单位和5个中省及规模以上企业签订年度安全生产和道路交通目标管理责任书，分解落实年度工作目标任务。修订和完善安全生产目标管理责任制，实施安全生产年度目标管理考核，加大考核结果在各镇（街道）及相关部门（单位）党政领导班子和领导干部绩效考核管理比重，推行安全生产“一票否决”制。坚持每季度由分管安全生产工作的县领导主持召开一次防范安全生产事故隐患评析会议，切实落实年头有部署，年中有检查，年底有考核的安全生产“一岗双责”长效机制。

**【非煤矿山监督检查】** 2014年，县安监局实际监管矿山企业15个、尾矿库1座，其中新颁发“非煤矿山企业安全生产许可证”2家，开展建设项目安全设施“三同时”审批4家。年内，县安监局开展非煤矿山专项整治工作，开展尾矿库治理、矿山整顿关闭、地下矿山安全避险“六大系统”和淘汰落后设备与工艺专项检查及矿山防冒顶坍塌、边坡垮塌等专项整治工作。全年深入矿山企业现场检查56条次，参加日常检查执法150余人次，使用各类执法文书83份，排查出一般隐患59处，并按时完成整改，无重大生产安全隐患。

**【危险化学品、烟花爆竹行业整治】** 2014年，仁化县有危险化学品生产经营企业25家（其中生产企业4家，经营企业21家），烟花爆竹批发企业1家。年内，县安监局依法履行职责，严把安全生产许可证初审和办证关，帮助12家加油站完成“危险化学品经营许可证”延期换证材料审查工作，按时取得“危险化学品经营许可证”。开展危险化学品烟花爆竹日常安全监管工作，推进烟花爆竹经营零售企业改造升级，规范全县销售烟花爆竹市场秩序，最大限度保障全县人民生命和财产安全。全年检查危险化学品、烟花爆竹生产经营企业100余家次，发出现场检查记录15份，责令整改指令书78份，现场处理措施决定书20份，及时消除隐患100多处。

**【职业卫生监管】** 2014年，县安监局组织开展全县“工作场所职业卫生监督执法年”活动，督促指导企业组织从业人员定期到具有职业健康体检资质卫生机构体检，确保企业员工身体健康。截至2014年年底，全县有50家企业完成作业场所职业危害因素申报工作，6家企业正在按程序履行职业卫生“三同时”手续，创建韶关市职业卫生示范企业2家。开展职业卫生日常监管，全年全县发现职业卫生一般隐患44处，发出责令限期整改指令书34份，现场检查记录4份，并对发生职业病危害的十六冶矿建一处进行立案查处。

**【工商贸行业安全生产监管】** 年内，县安监局开展液氯使用企业、工贸行业企业有限空间和可燃性粉尘企业安全生产专项检查，检查工贸行业企业一般事故隐患69处，发出责令限期整改指令书36份，现场检查记录3份，整改复查意见书4份。

**【安全生产大检查】** 一是组织实施重大节日和重要时期安全生产大检查活动。在元旦、春节、五一、国庆和“两会”时期，组织开展安全大检查活动，对发现的安全隐患按照“五落实”要求督促有关单位整改到位，确保重要时期社会安全稳定。二是开展专项安全生产大检查。根据国务院安委会和省、市工作部署，按照“全覆盖，零容忍，严执法，重实效”要求，组织开展8—9月安全生产大检查活动。突出重点，部门联动，全面开展，采用企业自查与政府检查督查相结合、安全检查督查与严格执法相结合、推动整改与加强基础建设相结合方式开展安全生产大检查工作，全县排查一般隐患77处，均落实整改。三是组织开展临时性安全生产大检查活动。县安委会结合全国各地发生的重特大事故，及时进行事故情况通报，举一反三，汲取教训，并结合全县实际，组织开展相关检查。如“8·2”江苏昆山金属粉尘爆炸事故发生后，县安监局及时开展爆炸性粉尘企业大排查活动。

**【“八打八治”打非治违专项行动】** 2014年8—12月，县安监局按照国务院安委会和省、市工作部署，开展以油气管道、非煤矿山、危险化学品、交通运输、建筑施工、消防、渔业船舶、粉尘爆炸八个领域为重点“八打八治”。一是打击矿山企业无证开采、超越批准的矿区范围采矿行为，整治图纸造假、图实不符等问题。二是打击危化品非法运输行为，整治无证经营、充装、运输，非法改装、认证，违法挂靠、外包，违规装载等问题。三是打击破坏损害油气管道行为，整治管道周边乱建乱挖乱钻等问题，着力做好各类事故隐患的整治工作。四是打击涉及三场所一企业（有限空间作业、可燃爆粉尘作业、喷涂作业、涉氨制冷企业）无证照生产经营及严重安全生产违法违规行为。五是打击无资质施工行为，整治层层转包、违法分包等问题。六是打击客车客船非法营运行为，整治无证经营、超范围经营、挂靠经营及超速、超员、疲劳驾驶和长途客车夜间违规行驶等问题。七是打击“三合一”、“多合一”场所违法生产经营行为，整治违规住人、消防设施缺失损坏、安全出口疏散通道堵塞封闭等问题。八是打击、取缔涉渔“三无”船舶，整治“船证不符”渔船、渔船超员、超载、抗风力航行或作业等问题。在突出八大重点行业领域和重点内容的同时，其他行业也在积极开展打非治违行动。全县组织执法检查组223次，出动执法检查人员2604人次，检查企事业单位和场所4802家次，打击非煤矿山企业无证开采等问题2起，打击道路交通违章、违法等问题1578起，打击违反消防条例等问题32起，整治违反《严防企业粉尘爆炸五条规定》安全隐患6起。全县生产经营秩序明显好转。

**【安全生产宣传】** 2014年6月，县安监局围绕“强化红线意识，促进安全发展”主题，开展“全国安全生产月”宣传活动。通过新闻媒体，悬挂横幅、标语宣传安全生产知识，营造安全生产氛围。举办仁化县2014年“安全生产月”活动暨职业卫生培训班，在凡口矿文体中心广场举办2014年安全生产月“走进企业”咨询日活动，结合安全应急救援演练、安全生产大检查形式，开展安全生产宣传教育活动，强化安全生产意识。安全生产月期间，全县出动各类安全生产检查宣传800多人次，悬挂各类安全宣传横幅40余条，张贴各种安全生产标语300余条，电视播放安全生产标语及宣传片30余条次，发送安全生产知识、气象预警信息22000多条次，发放各类安全生产宣传单页和小册子4000多份，接受群众咨询、提供法规法律服务300多人次。

**【安全生产培训】** 2014年，县安监局因势利导，举办安全生产培训班，组织相关人员参加各种安全培训，提高全县各类安全管理人员安全知识和业务水平。全年，组织相关工作人员参加省举办各期安监讲堂视频专题讲座20人次，举办职业卫生培训班1期、安全生产应急救援业务知识培训班1期，参加培训企业相关负责人、单位安全监管人员150余人次。参加省市安监局举办各类企业安全管理人员及从业人员130多人次。

**【安全生产应急救援工作】** 2014年，县安监局组织县域各企业根据自身工作重点，做好应急救援各项工作，提高全县应对突发事件处置能力，最大限度减少生命和财产损失。一是开展企业安全生产应急预案备案工作，通过开展应急专项检查督促相关企业特别是预案即将到期企业重新准备应急预案备案，检查发出应急整改指令书12份。二是开展应急救援演练，组织危险化学品、烟花爆竹、非煤矿山、工贸、学校、人群密集场所等重点单位开展应急演练。6月30日，仁化县安委会在广东银海有色金属渣业集团有限公司举办仁化县2014年安全生产应急演练活动。全年全县各企业、各部门开展应急演练30余次。

**仁化县安全生产监督管理局负责人名录：**

**局　长：** 李伟强

**副局长：** 钟福光　吴春球
　　　　何丽红（女）

（杨秀芬）

# 国有资产管理

**【公共资产管理】** 概况。2014年，仁化县公共资产管理中心围绕仁化县“四化推四区”总目标，履行资产管理和优化资源配置职能，通过融资贷款、招标租赁方式，盘活国有资产，拓宽城市建设资金筹措渠道，加快推进城镇化建设进程。

做好产权登记工作。2014年8月，县公共资产管理中心按照上级统一部署和有关要求，组织全县103个事业单位及所办企业对所属资产进行产权登记，并于9月16日组织各单位会计人员进行为期一天的产权登记模块操作培训。该次产权登记是依法确认产权归属关系行为，发放的产权登记证是依法确认产权归属关系法律凭证和依法经营国有资本基本依据，登记基准日为2013年12月31日。

做好资产系统编报工作。做好全县行政事业单位资产管理信息统计报表编报工作，要求全县210个行政事业单位通过资产管理信息系统上报2013年资产信息，并由县公共资产管理中心统一汇总上报市财政局。根据各单位上报的资产信息汇总显示，仁化县行政事业单位资产总额154215.36万元，其中，行政单位资产总额56472.75万元，事业单位资产总额97742.61万元。

依法依规盘活资产。2014年，县公共资产管理中心深挖资产资源增值潜力，通过委托评估，招标租赁等公开方式，确保资产资源保值增值。全年委托社会中介公司评估，通过公共资源交易中心平台对外公开处置资产60件，其中拍卖资产（车辆）8宗，实现收入252250元；公开竞租户外广告使用权9宗，实现收入136400元；公开竞租或续租2014年度行政事业单位商铺43间。

办公用房清理整改。2014年，县公共管理中心按照上级指示精神和省巡视组要求，履行县办公用房管理职责，做好办公用房清理整改工作。年初，向各单位转发上级所有关于清理办公用房文件，多次召开专题会议，有针对性做好政策宣传工作，反复强调清理整改工作重要性和紧迫性。连续下发文件，要求各相关单位提高认识，严格按照规定认真整改。并按照县委、县政府指示，要求各单位结合自身实际，制订切实可行整改方案，统一规定整改时限。全县2316名在编人员，按标准配置面积应该是18268平方米，整改前实际使用面积31342.36平方米，整改后实际使用面积17191.2平方米，腾退面积14151.16平方米。全县党政机关办公用房清理整改工作严格按照上级要求全面完成。

政府融资基础夯实。2014年，县公共资产管理中心发挥资产集中管理优势，盘活国有资产，多渠道筹措建设资金，推进全县城镇化建设进程。在县政府支持下，以下属公司或政府可调配企业做主体，采取资产抵押融资或项目融资方式，加强银企合作，积极争取国家政策性银行支持，成功完成融资项目2个，融资额12500万元，其中：以县国土资源储备交易中心为主体，以黄屋储备土地为项目，向国家农业发展银行融资9500万元；以丹实公司作主体，通过广东东韶实业投资开发有限公司作担保，向东莞银行融资3000万元。

（吴江海）

**【公有企业资产管理】** 概况。2014年，仁化县加强国有企业资产管理，规范国有企业资产管理制度，完善企业国有资产管理体系。对租赁资产实行专人负责、专项管理制度，杜绝企业擅自出租资产行为，确保企业资产保值增值。做好县属国有企业监管工作，要求企业每季度报送财务报表，了解国有企业经营和资产管理情况。立足稳定改革，维护社会和谐。认真、热情接待每一位来访人员，做到正视矛盾、积极听取、认真分析、深入调查、妥善处理，积极稳妥化解纠纷矛盾，重点做好转制企业后续工作。大力解决转制企业霞山总公司遗留问题，妥善处理原国营麻塘煤矿住房安置问题，协助县房屋征收管理中心对工艺厂厂区、化工厂片区、机械厂部分片区进行拆迁安置工作。

企业改革。2014年，仁化县根据县域国有企业现状，开展国企改革工作。年内，做好转制企业后续工作和仁化县工艺厂转制前期工作。①由于霞山建材实业总公司转制过程中，涉及人多、复杂，历史遗留问题多。下属企业包括县水泥厂、县水泥二厂、县水泥三厂、县白水泥厂和县建材厂。年内，发放其中255名移民职工每月生活费47万元，完成县水泥厂职工住宅区自来水改造工程招标，为建材厂退休职工提供休闲娱乐场所，配合县审计局对霞山总公司进行审计。②县工艺厂转制工作在2012年启动，由于资金不到位，搁置至2014年。年内，公开处置县工艺厂土地，指导县工艺厂重新制订转制方案，报县政府审批。

转制企业管理。由于企业转制后遗留问题千丝万缕，涉及面广，工作量大，县经信局建立健全相关规章制度，实行精简人员，合署办公方式，减轻企业负担，提高企业留守人员工作积极性和管理效能。积极配合各职能部门为困难企业职工办实事。年内，为符合参保条件困难企业多名退休职工办理参加医保手续。协助300多名转制职工缴交医保。协助早期离开企业人员查阅历史文书档案，提供必要证明文件，帮助理顺社保人事关系。会同县房屋征收管理中心做好县樟树公园搬迁安置房分配工作，平整县樟树公园土地。加强转制企业善后收尾工作，确保矛盾在最基层得到化解。

国资管理。2014年，县国资办加强企业国有资产监督管理，规范企业行政公章使用程序，对所有纳入国资办监管的资产进行统一管理。县国资办对需要处理国有企业资产严格把关，规范国有资产核销程序，并委托县公共资源交易中心对资产进行公开处置，保证国有资产不流失。要求各国有企业对自身资产登记造册，将企业资产证明原件、物业出租合同原件上缴国资办统一保管、统一管理。实行企业租赁物业公开招标，提高企业收入。要求各企业每季度报送财务报表，严格监管国有企业。全年全县监管国有企业10家，没有发现违规行为。

产权交易。2014年，根据《中共仁化县委办公室、仁化县人民政府办公室关于印发〈仁化县统一规范公共资源交易市场组建方案〉的通知》和《关于印发仁化县公共资源交易中心机构编制方案的通知》精神，撤并仁化县产权交易中心。县经信局及时安排工作人员按文件精神开展工作。移交原属产权交易中心编制4位人员工作及相关材料，保证县公共资源交易中心顺利挂牌。

（张友财　刘庆华）

## 住房公积金管理

**【概况】** 韶关市住房公积金管理中心公积金仁化办事处（简称“公积金仁化办事处”）是韶关市住房公积金管理中心的派出机构，副科级事业单位，主要负责仁化县辖区（除凡口矿外）住房公积金归集、公积金贷款以及公积金存款管理工作，人员编制4名，2014年实有在职工作人员7人，其中聘用制工作人员3人。

2014年，公积金仁化办事处按照国务院《住房公积金管理条例》和韶关市《缴存管理实施规定》《提取管理实施细则》开展各项工作，执行韶关市住房公积金管理委员会的各项决策，加强管理监督，发挥部门职能作用，促进住房公积金管理工作规范化，确保住房公积金资金安全；加强公积金政策宣传，扩大住房公积金制度覆盖面；积极稳妥发放个人住房贷款，提高社会效益；提高工作效率和服务质量，做到让政府放心、群众满意。

**【住房公积金归集情况】** 2014年，公积金仁化办事处向仁化县政府汇报韶关市及其所辖县（市、区）财政供养人员住房公积金月缴存额情况，并于6月向仁化县政府送交《关于仁化县住房公积金缴存比例情况的报告》。该报告于2014年7月11日经中共仁化县委常委会议讨论，决定从2014年7月1日起，财政供养人员公积金月缴存额从月应发工资8%调整为12%，财政按实际所需配套拨付资金。该项决定使得全县财政供养人员公积金月缴存额平均每人每月增加200元。截至2014年年底，全县申报缴交公积金单位233个，公积金缴存人数为1万余人，年度新增缴存单位28个（其中非公企业17个），新增人员786人。2014年月平均缴存额910.02万元，比2013年679.60万元增加230.42万元，同比增长33.91%；归集公积金11429.78万元，比2013年8155.14万元增加3274.64万元，同比增长40.15%；年末公积金缴存余额29302.50万元，比2013年25379.75万元增加3922.75万元，增幅为15.46%；累计上划资金15420.02万元；历年累计归集住房公积金54824.55万元。历年归集的住房公积金，公积金仁化办事处通过上划到韶关市住房公积金管理中心进行大额存款统一保管的方式，确保资金安全。

**【住房公积金使用情况】** 贷款管理。根据相关文件通知，行政、企事业单位职工正常缴存住房公积金为6个月（含）以上职工，购、建、大修理自住住房时，可以申请住房公积金贷款。在韶关市所辖各县（市、区）范围内，可跨地域申请住房公积金按揭贷款。2014年，全县发放住房公积金贷款391户，贷款发放金额7169.45万元，比上年住房公积金贷款2835.7万元增长152.83%，累计贷款19669.15万元，截至12月31日，住房公积金贷款余额为14225.56万元。未发生新增逾期贷款个案。

支取管理。加强住房公积金管理，维护住房公积金缴存者合法权益。根据有关规定，职工在购买、建造、翻建或大修具有所有权自住住房、偿还购房贷款本息、租房自住、离休、退休、与所在单位终止劳动关系、职工死亡以及对既有住宅增设电梯等情形之一者，可申请提取住房公积金账户内存储余额。2014年，全县职工支取住房公积金7507.03万元，比2013年4147.23万元增加3359.8万元，增长81.01%（其中购建房支取5547.51万元，比2013年3520万元增加2027.51万元，增长57.60%）；累计支取住房公积金25522.05万元，其中购建房累计支取住房公积金16971.13万元。截至12月31日，住房公积金余额为29302.5万元；支付住房公积金利息509.53万元，比2013年487.83万元增加21.70万元，增长4.45%。

**【网络信息化管理】** 2014年，公积金仁化办事处加强防盗设施，做好安全防范工作，适时开展安全演练，更新联网报警系统，更换主机系统，电子监控系统加入公安局110联网系统，实行公积金仁化办事处办公场所24小时实时监控。韶关市住房公积金统一开通“12329”服务热线，为广大人民群众答疑解难；同时，鼓励各单位经办人利用公积金余额查询电话热线、网上查询功能和办事处服务大厅触摸屏电脑，进行自行查询。

**【公积金政策宣传】** 2014年12月19日，公积金仁化办事处在中共仁化县委党校举办住房公积金专管员业务知识培训班，200多名住房公积金业务专管员参加培训。仁化电视台宣传报道该次公积金专管员培训情况。通过培训，各单位业务专管员熟悉政策规定，及时了解和准确把握住房公积金制度及相关政策，规范业务流程，确保住房公积金安全运作。公积金仁化办事处与县域各银行沟通，取得银行支持，在各银行电子宣传屏幕不间断滚动醒目宣传公积金政策。同时，公积金仁化办事处会同相关部门到私营企业宣传公积金政策。

**【服务效率提高】** 2014年，公积金仁化办事处围绕“促规范、保安全、明责任、强服务”工作目标，改进工作方法，提高服务效能。2014年6月年度申报期间，公积金仁化办事处更新公积金日常用表，简化各单位经办人办事手续，降低录入数据劳动强度，减少工作重复性，提高工作效率。同时，为偏远山区单位开通电子邮箱，用于收发文件，加强联系沟通，提高办事效率。通过设立业务咨询热线、印发办事流程手册，加大宣传力度，扩大缴交范围，引导职工购房消费。2014年，公积金仁化办事处服务大厅获韶关市“巾帼文明岗”称号。

**韶关市住房公积金管理中心仁化办事处负责人名录：**

**主　任：**周丽娟（女）

**副主任：**刘春玲（女）

（谭玮玲）

# 农 业

## 农业、农村工作

【概况】 2014年，仁化县农业农村工作按照“稳定政策、改革创新、持续发展”总要求，贯彻落实中共中央和省、市关于“三农”工作一系列重大决策部署，深入实施“四化推四区”战略，扎实开展现代农业、新农村建设、扶贫开发、农村改革工作，实现农业稳定发展、农民持续增收、农村全面进步局面。全年全县实现农业总产值27.8亿元，同比增长4.8%，农民人均可支配收入11277元，同比增长8.1%。

2014年，全县农作物总播种面积4.05万公顷，比上年增长4.11%。粮食作物面积1.69万公顷，其中，稻谷播种面积1.29万公顷，比上年增长2.39%。玉米0.124万公顷，比上年增长5.79%。花生0.818万公顷，比上年增长4.2%。蔬菜0.817万公顷，比上年增长4.93%。茶园种植面积0.147万公顷，总产量1500多吨。沙田柚种植面积0.207万公顷，年产值2.7亿元；贡柑种植面积0.313万公顷，产量3万吨，年产值1.9亿元。生猪饲养量34.02万头，出栏17.98万头，存栏量12.88万头，分别比上年增长4.1%、2.8%、2.38%；肉类总产量为2.16万吨，比上年增长3.8%。水产养殖面积1783公顷，其中池塘面积1088公顷，山塘水库面积695公顷。水产品总产量为9113吨，比上年增长3.5%。

【示范区建设】 2014年，仁化县实施沙田柚示范基地、山茶油综合开发、石斛种植基地等现代农业项目25个，成功举办贡柑节、金柚节等活动，提升农特产品知名度和美誉度，全县“三品”（无公害农产品、绿色食品、有机食品）认证35个，仁化白毛茶通过国家地理标志保护产品认定。

【农村土地承包经营权确权】 2014年，仁化县被确定为省、市农村土地承包经营权登记整县推进试点工作县。4月，仁化县印发《仁化县农村土地承包经营权确权登记颁证工作实施方案》，在黄坑镇、董塘镇、长江镇、大桥镇共4个镇8个村委会88个村小组开展农村土地承包经营权确权登记颁证前期试点，聘请珠江水利科学研究院、广州绘宇智能勘测科技有限公司、广州中科雅图信息技术有限公司、深圳市勘察研究院有限公司4家技术服务公司，每1家负责1个镇进行土地确权试点工作。截至2014年12月底，试点镇完成预确权承包土地面积95%，涉及农户2424户，地块2.26万块共1080公顷测量指界工作。

【政策性水稻种植保险】 2014年，政策性水稻种植保险是仁化县承诺9件民生实事之一，起草《仁化县政策性水稻种植保险实施方案》《仁化县政策性水稻种植理赔操作细则》，将政策性水稻种植保险县级财政配套资金38.88万元纳入2014年县级财政预算。全年全县完成政策性水稻种植承保面积17280公顷，其中，早造6773.8公顷，中晚造10506.2公顷，占应承保面积100%，承保农户数32452户，完成省市下达目标任务。同时，开展理赔工作，共核定理赔面积173.33公顷，受灾农户2089户，赔付资金30余万元。

【高标准农田基本建设】 2014年，全县完成2013年和2014年高标准基本农田建设项目建设总面积1513.33公顷，总投资3489.32万元。其中：2013年项目3个，分别在长江木溪等3个村、董塘安岗等3个村、董塘江头等3个村；2014年项目3个，分别是董塘镇董中村等7个村、城口镇上寨村等4个村和长江镇里周村。2013年项目已完成衬砌渠道74350.1米，建机耕路6277.6米，工程完成量100%，同时，完成2013年高标准基本农田建设项目县级验收。2014年项目已完成衬砌渠道57053.42米，建机耕路2908米。

【粮食生产和惠农补助】 2014年，仁化县扎实开展创建粮油高产示范片活动，创建水稻示范片15个，其中：万亩高产示范片2个，面积1820公顷；花生高产示范片1个，面积规模753.33公顷。全县粮食种植面积达1.69万公顷，水稻播种面积1.29万公顷，花生0.818万公顷。

2014年，全县落实发放种粮直补、综合补贴和良种补贴2527.24万元。其中，种粮直补207.36万元，良种补贴401.8万元，综合直补1918.08万元。

【渔政管理】 2014年，仁化县渔政大队加强渔政管理，开展禁（休）渔工作，设立禁渔期、河段。禁渔期间，出动检查车辆81辆次、执法人员240人次，检查渔船214艘次。加强渔船安全生产管理。出动执法车辆180余次、执法人员360人次，发放传单400余份。开展增殖放流工作，2014年春季在仁化县高坪水库举行春季渔业资源休渔放生活动，分批投放鳙鱼、鲢鱼、鲤鱼等鱼苗15万尾。发放休（禁）渔渔民补助260700元，渔船柴油补贴123733元。

【农产品质量安全监管】 农产品专项执法。2014年，仁化县开展农资打假保春耕专项行动、农资打假夏季百日行动、农产品质量安全专项整治行动等专项执法行动和各类种子、农药、肥料、农产品质量安全等专项整治行动。全年出动执法人员1319人次，检查农资经营网点498家次，联合工商、质监部门开展农资市场综合执法检查2次。查处违法案件10起，没收假冒种子23公斤、假劣农药252公斤。

农资监管信用体系建设。年内，仁化县深化农资监管信用体系建设，与全县各农资经营点签订“诚信农资经营目标责任书”，制定《仁化县农业局农产品质量安全黑名单制度》。全县11个镇（街道）依托乡镇农业服务中心加挂乡镇农产品质量安全监管公共服务机构牌子，投入165万元完成周田镇省级乡镇基层农产品质量安全公共服务检测站项目建设和县农产品质量安全监督检验测试站国家重点县级农检站项目建设。

强化农产品质量监测。2014年，仁化县做到“三个结合”（即定期检测与不定期抽查相结合，农产品基地检测与农贸市场抽查相结合，监督监测与风险监测相结合），完成省农业厅要求每月200个以上蔬菜样品检测任务，全年抽检蔬菜样品2460个批次，合格率为98.2%。

启动农产品产地土壤污染普查。2014年8月，仁化县启动农产品产地土壤重金属污染普查工作。普查工作分阶段进行，该次重金属污染普查，在全县共采样770个，涵盖蔬菜、水稻、茶叶、果树等农作物，取得全县土壤重金属污染现状第一手数据。

【农业经营管理】 组织实施“一事一议”财政奖补项目。2014年，全县开展“一事一议”财政奖补工作自然村有205个，上报“一事一议”项目105个，经审核符合条件批复实施项目84个，总投资2453.858万元，其中：农民筹资33.936万元，村民捐资68.82万元，筹劳折款527.656万元，村集体投入467.076万元，社会捐赠339.37万元，其他财政资金385万元，财政奖补金额632万元。受益村民3.4万余人。完成村内水渠修建13.8公里，村道硬底化铺设

54.51公里，安全饮水管线安装69.85公里，村内公共场所建设4040平方米，垃圾收集点24个。

加强农业产业化发展管理。2014年，全县有省级农业龙头企业2家，分别是广东富然农科有限公司和韶关市金果农业有限公司；市级农业龙头企业10家，分别是仁化县中成竹制品厂、仁化县农民头食品有限公司、广东华农温氏畜牧股份有限公司丹霞分公司、仁化县红山镇富农茶叶专业合作社、仁化县和而友生态农业有限公司、仁化县奥达胶合板有限公司、仁化县鑫宇生态开发有限公司、韶关车八岭农业科技有限公司、鸿伟木业（仁化）有限公司、仁化县富民实业有限公司。2014年，全县发展农民专业合作组织220个，其中种植业155家，畜牧业16家，渔业6家，林业18家，加工和服务业25家。被列为省级示范农民专业合作组织有仁化县风顺养殖农民专业合作、仁化县红山镇富农茶叶专业合作社、仁化县金霞水果生产与流通专业合作社、仁化县周田风度星辰贡柑农民合作社、仁化县丹源水果农民专业合作社和仁化县子明优质水稻农民专业合作社6家。入社农户5413户，专业合作社带动农户8071户，入社及带动农户数占全县农户比例达35.3%。

发展家庭农场。2014年，仁化县印发《仁化县人民政府印发仁化县家庭农场认定管理办法（试行）》和《仁化县人民政府印发仁化县示范性家庭农场评选认定及扶持奖励办法的通知》，发展家庭农场。截至2014年年底，全县成立家庭农场12家。

**【扶贫开发“双到”】** 2014年，全县28个省级贫困村共投入扶贫开发“双到”资金3438.64万元，实施村帮扶项目315个；户扶持项目150个。完成160户农村低收入住房困难户住房改造和127户“两不具备”村庄搬迁安置任务。开展贫困村“民信档案”金融扶贫工作，制订出贫困村“民信档案”金融扶贫贷款贴息方案，县金融机构向10个贫困村32户农户发放贷款132万元。2014年贫困村集体经济年平均经营性收入达7.1万元，同比增长36.5%；贫困户年人均纯收入6978.92元，同比增长37.3%；其中有劳动能力贫困户年人均纯收入7097.21元，同比增长36.4%。

**【农业科技】** 开展科技培训工作。2014年，仁化县以基层农技推广体系改革与建设补助项目为依托，继续选送技术指导员参加市、县培训班。全年全县开展现场培训或指导100多次，举办各类培训班30多期，印发技术宣传资料5000余份。同时，申报、实施基层农技推广体系服务云平台项目。

推进“三品”认证工作。2014年，县农业局起草制定《仁化县农产品“三品认证”补助办法》。联合科技局在仁化县电视台《科技之窗》栏目制作播放《科学认证“三品”认证讲座》专题节目3期，举办“三品”认证培训班1期，推荐11家合作社（企业）到广州参加无公害内检员培训。全年全县成功申报“三品”认证证书并获县级补助企业（合作社）5家。

做好莞韶农产品直销对接、交流与合作。年内，仁化县确定第一批共3家企业11个产品直接进驻莞韶对接超市；组织10个产品参加2014年东莞蔬果节暨润丰（粤港澳）产销对接会。

做好农业招商引资工作。2014年，全县引进生态牛养项目、智翔现代农业生态园、蓝森生态农业园有限公司、石斛开发项目4个，总投资额1.45亿元。

**仁化县农业局负责人名录：**

**局　长：**梁钰清

**党委书记：**黄火胜（任至2014年10月）

**副局长：**成晋荣　冯金财
王金焕（女）
谢和平（任至2014年7月）
李佐平（2014年7月任职）

（刘志强　罗献良）

## 种植业

**【概况】** 2014年，全县农作物播种面积4.05万公顷。其中：粮食播种面积1.69万公顷，占农作物播种面积41.73%，平均亩产412公斤，总产104250吨，比上年总产增加4225吨，增长4.22%。水稻播种面积1.29万公顷，亩产438公斤，总产84797吨，比上年总产增加2677吨，增长3.26%。花生种植面积8181公顷，比上年增加329公顷，增长4.20%；总产31159吨，比上年增加1337吨，增长4.48%。果树种植面积4119.13公顷，比上年增加696.8公顷，增长20.36%；总产51384吨，比上年增加6470吨，增长14.41%。

**【测土配方施肥】** 2014年，仁化县农业技术推广中心（简称"县农技推广中心"）按照省农业厅测土配方施肥实施方案要求，在董塘镇高莲村至石塘镇石塘村建立水稻万亩测土配方施肥示范片，在董塘镇新莲村至石塘镇京群村建立花生万亩测土配方施肥示范片，在扶溪镇、丹霞街道办、董塘镇和石塘镇建立4个千亩镇级测土配方施肥示范片，同时，建立10个百亩以上村级测土配方施肥示范片。通过大田连片示范展示，带动广大农民推广应用测土配方施肥技术。在石塘镇区域内、扶溪镇紫岭村和董塘镇高莲村以"整建制"方式开展测土配方施肥，推进区域配方肥施用比例达到化肥使用总量的80%以上，改善农民施肥结构，改变施肥习惯，提高科学施肥水平。在丹霞街道办狮井村圳扶岭进行水稻晚造测土配方肥料利用率试验和测土配方指标体系验证试验，在丹霞街道办康溪村开展早造水稻测土配方肥料配方验证试验，在石塘镇京群村开展花生测土配方肥料利用率试验和测土配方指标体系验证试验，在黄坑镇黄坑村和下营村开展果树测土配方肥效试验2个。通过田间小区肥料试验，取得一系列准确性高的科学试验数据，为全县完善测土配方施肥指标体系奠定基础。全年全县举办测土配方施肥技术培训班22期，培训镇、村技术骨干118人次，培训农民2850人次，发放技术资料10300余份；发放施肥建议卡46602张，应用农户38068户，覆盖109个行政村和1000多个自然村。全县测土配方施肥推广面积3.1万公顷，其中专用配方肥施用面积2.27万公顷。水稻、花生、果树作物取得增产节支效果，全年增产1.29万吨，节约化肥856.92吨，总增产节支7526.05万元。

**【水稻"三控"栽培施肥技术推广应用】** 2014年，县农技推广中心与省农科院水稻所合作，在扶溪镇紫岭村开展水稻"三控"（控肥、控苗、控病虫）技术对比试验示范，以及水稻"三控"技术节水试验。通过水稻"三控"技术集成示范带动，促进全县水稻"三控"施肥技术全面推广，推广应用水稻"三控"技术7866.67公顷，其中早造3200公顷，平均亩产512.4公斤，比普通栽培增产57.42公斤，增幅11.6%。同时每亩节约化肥、农药成本约35元，增产节支效果显著。

**【农作物新品种新技术引进试验】** 年内，县农技推广中心完成水稻新品种大田示范任务。一是早造水稻新品种展示。由市植保植检与种子管理站提供吉优8号、天优363、天优173、粤两优805、泰丰优2213品种5个，由金稻种业公司提供泰丰优2213、广8优188、五优321品种3个。二是晚造水稻新品种展示。由市植保植检与种子管理站提供吉优8号、玉香88、五优618、广8优188、广8优金占品种5个，由现代耕耘种业有限公司提供丰优9802、深优9516、双优2088品种3个。完成中种集团有限公司布置的2014年南方早籼水稻品比试验任务，共24个品种，3次重复。同时，在董塘镇高莲村建立20公顷花生"灰膜"双料覆盖技术示范区，开展花生"灰膜"双料覆盖技术攻关试验示范，示范面积0.667公顷；9个花生新品种对比试验。通过品种示范和对比试验，为选出适合全县推广种植丰产、高抗优良品种提供可靠科学依据。

【土壤有机质提升】 2014年，县农技推广中心实施2013年土壤有机质提升项目，在县农科所、董塘镇董联村开展绿肥品种筛选试验。在石塘镇石塘村、董塘镇高莲村、县农科所、丹霞街道康溪村、扶溪镇紫岭村设立绿肥固定监测点5个，主要用于监测绿肥生长情况，产量测产情况，绿肥产前、产后土壤有机质变化情况，绿肥还田后水稻种植情况。冬种绿肥达2333.33公顷。是年春，在董塘镇、丹霞街道、石塘镇和扶溪镇实地测产，平均鲜草产量1883.95公斤/亩，翻压回田后，全县减少化肥用量1300多吨，直接为农民减少化肥开支约300万元。通过实施土壤有机质提升项目，有效提升土壤有机质含量，全县耕地综合生产能力稳步提高，取得显著经济、社会效益。此外，是年冬，实施2014年国家耕地保护与质量提升项目，推广土壤改良综合培肥技术模式，在董塘镇、丹霞街道办、石塘镇、扶溪镇建立绿肥示范片共133.33公顷，推进全县实施绿肥种植和土壤调理剂施用总面积2226.67公顷。

【土壤修复试验示范】 2014年，在董塘镇红星村进行早、晚两造水稻叶面重金属阻隔剂试验以及晚造镉低累积水稻品种筛选试验。在董塘镇高宅村铁屎岭组进行早、晚两造综合性田间试验；早、晚两造土壤重金属钝化剂试验；早、晚两造稻田土壤修复试验；早、晚两造多个水稻品种田间水分管理试验；春花生、秋花生旱地土壤修复试验及示范；不同棉花品种小区试验及示范；玉米品种试验和蓖麻品种试验。通过试验示范，评价生物产品、化学产品、农艺方法对农作物抑制吸收重金属的效果，筛选出适宜当地土壤、耕作制度的重金属钝化剂、阻遏剂和重金属低累积作物品种，为全县实施污染土壤修复提供技术支撑。

【农村能源工程建设】 2014年，县农技推广中心按照省、市关于安全生产文件要求，加强全县农村沼气安全生产监管工作，预防和遏制农村沼气安全事故发生，制定并下发《关于切实加强我县农村沼气安全生产监管工作的通知》，组织各镇（街道）在辖区内，突出重点，开展农村沼气安全生产风险隐患排查整治专项行动，全面排查治理沼气安全生产隐患，结合农村沼气生产季节性和生产实际，利用各种媒体，采取多种形式，宣传沼气安全管理常识，强化并普及沼气安全生产、管理知识与安全制度规范，扎实开展安全生产培训工作，发放安全使用手册1000份、挂图5000张，培训技工及农户共2000人次。同时，县成立农村沼气安全生产风险隐患排查整治专项行动组，设2个工作分队赴各镇（街道办）开展专项督查，做到随时掌握安全动态，将情况及时上报，坚决防范和遏制农村沼气安全事故发生。

【农科普及和农技培训推广】 2014年，县农技推广中心围绕中央、省及市有关农业农村工作精神，结合全县实际，以农业增效、农民增收为目的，通过举办培训班及电视、墙报、印发农业科技资料，在病虫高发期组织技术人员到各镇开展宣传咨询活动等形式，向农民宣传农科知识，提高农民农业生产管理技术。除项目内容培训外，全年举办各项实用技术培训班22期，培训技术骨干259人次，培训农民2160人，发放技术资料12850份。促进全县农业新技术、新成果推广应用，提高全县农业科技覆盖率，推进全县产业化经营和农业市场化、现代化进程。同时，受仁化县财政局农业综合开发办公室协议委托，组织实施2014年国家农业综合开发科技推广项目，根据国家农业综合开发科技推广项目实施内容相关要求，推广以聚两优751为主优质高产水稻新品种，配套水稻“三控”施肥技术、测土配方施肥技术示范推广，在红山镇烟竹村冬种绿肥，增加施用有机肥，建立80公顷示范区。全年举办培训5次，培训农民1200人次，组织现场观摩1次，参加人数500人次。辐射带动整个项目区及邻近乡镇推广应用新品种新技术，辐射带动面积666.67公顷，涉及农户5000户。

**【病虫预测预报及防控】** 2014年，县农技推广中心坚持“预防为主、综合防治”植保方针，除对水稻病虫调查预测预报外，还开展花生、柑橘、蔬菜、茶树等经济作物病虫调查。全年向上级各相关部门提供书面汇报53次，电话汇报85次，传真及电子邮件70次，填报重大病虫信息周报表26期，印发病虫发生情况简报10期（共1000份，其中水稻6期，经济作物4期），准确性达98%以上。及时做好除虫灭病工作宣传发动，根据各农时季节病虫发生情况组织技术人员深入各镇（街道）田间、地头现场指导，印制各种作物病虫防治资料发放到农户手中，全年发放病虫防治资料（果树、蔬菜、水稻）6000多份。深入中晚造田间现场指导“南方水稻黑条矮缩病”综合防控，发放防控技术挂图及防控手册1万多份，有效控制该病大面积发生。不定期为农户解决玉米、芋头、莲藕、西瓜、花生、茶树、蔬菜、柑橘等生产中遇到的各种病虫防治问题，深入各村进行病虫防治知识授课。中晚造生产期间，协同农业保险公司参与农业水稻受损调查及勘查工作。

**【基层服务体系建设】** 2014年，完成红山、董塘、石塘、长江、闻韶、城口、周田、大桥镇及丹霞街道办9个农技站业务用房改扩建工程施工及购置配套检验试验、培训、办公等仪器设备。完成扶溪、黄坑农技站建设立项。

**仁化县农业技术推广中心负责人名录：**

**主　任：**邹华旭

**副主任：**涂新红　曾志平

（华少滨）

## 林　业

**【概况】** 仁化县林业局内设办公室、财务股、人事股、林政股、营林科教股（县绿化委员会办公室）、政策法规股、森林防火办公室（县森林防火指挥中心）、林权争议调处办公室8个部门，下辖公安森林分局和11个林业工作站、5个林场、3个木材检查站，以及林业资源管护大队、林场管理总站、竹类资源管理站、生态公益林管理中心、森林病虫害防治检疫站、林业资源及产权登记管理中心、林业调查规划与资源资产评估中心和林业科学研究所直属事业机构。核定编制241人，截至2014年年底，全局有在职员工340人。

境内自然保护区和森林公园主要有丹霞山国家级自然保护区、高坪省级自然保护区、粤北华南虎省级自然保护区、仁化林场省级森林公园、澌溪湖省级湿地公园、斯鸡山自然保护区、锦城省级森林公园等。县内驻有丹霞山管理委员会，高坪省级自然保护区办事处，市属国营仁化林场，非公有制林茂林场、云格林场等。全县有木竹加工企业90余家，其中上规模林产品加工企业有鸿伟木业、奥达胶合板公司、富然农科等10余家。

**【绿化植树】** 2014年，全县植树造林2080公顷，其中，用材林1646.67公顷，防护林233.33公顷，经济林200公顷。新增封山育林面积533.33公顷，森林碳汇造林（树种为枫香、杜英、木荷、乌桕）1620公顷，中幼林抚育3333.33公顷。全县参加义务植树人数11.2万人次，义务植树54万株。大田育苗22公顷，培育苗木186万株；容器育苗4.27公顷，培育苗木490万株。

**【生态景观林带建设】** 2014年，完成韶赣高速路仁化段22.5公里两边景观林带抚育、追肥90公顷，增种树高2米以上樱花树11250株，提升景观林带景观效果。

【森林进城围城】 2014年，建立丹霞街道、城口、长江、扶溪镇级森林公园4个。完善镇级森林公园增种绿化，建立起长江镇森林公园2公顷、城口森林公园45公顷、扶溪森林公园54.85公顷、锦山森林公园33.33公顷。

【乡村绿化美化】 2014年，根据《中共广东省委、广东省人民政府关于全面推进新一轮绿化广东大行动的决定》文件精神及仁化县农业农村工作会议要求，在全县开展“乡村绿化美化”建设，建成乡村绿化美化示范点7个、绿化美化村13个。种植樟树、乐昌含笑、八月桂、杜英、罗汉松、四季桂、红叶石楠、红继木球、樱花、阴香共7800多株。

【森林防火】 2014年，仁化县加大森林防火宣传力度，利用宣传车深入乡镇和以电视、手机短信、出租车顶广告等形式宣传，在重要地段设立防火宣传牌，向群众发放防火宣传单40000多份。加强野外火源管理，严防山火发生。开展专职森林防火（30人）及各镇半专业防火队伍防火知识系列培训及防火演练，提高防火队作战能力。完善森林防火装备，配备防火指挥车2台、工具车2台、消防水车1台、运兵车1台、风力灭火机28台，配置一批灭火水枪、油锯、割灌机、二号扑火工具。同时，县林业局投资15万元配备各镇（街道）森林防火物资，其中有进口风力灭火机1台、风水灭火机2台、高压水枪2套，以及2号工具，充实各镇（街道）森林防火设备，增强扑火能力。

【林业有害生物防治】 2014年，健全县乡村三级林业有害生物预测测报网络，全县设立基层测报站点14个，中心测报站点8个，一般测报站点6个，兼职测报员110人，监测面积22.62万公顷，监测准确率89%，监测率100%。无公害防治城口、长江、扶溪镇和丹霞街道辖区竹林、松林，防治面积马尾松166.67公顷、竹蝗面积333.33公顷、华竹毒蛾300公顷，无公害防治率100%。防治用白僵菌2000公斤、森得宝150公斤、仿生物农药640公斤、其他化学农药100公斤。把好入境松科植物检疫关，对调入松科植物及其制品严格进行抽样复检。加强检疫监管县内生产、培育、经营林木种苗单位及个人，检疫面积20.67公顷，产地检疫率100%。木材调运检疫57122立方米，竹材180448株，绿化树苗226株。

【林业行政执法】 2014年，县林业局整合森林公安、林政执法人员开展野生动物专项执法检查行动，累计出动人员300余人（次），及时放生收缴的各类保护野生动物。通过开展专项执法行动，严厉打击破坏森林资源违法犯罪行为，全年公安森林分局立案309宗，结案219宗，依法惩处涉案人员450人，依法没收木材1000多立方米，挽回经济损失上百万元。

【林地林木资源管理】 森林采伐方面。2014年，仁化县严格按照“十二五”期间年森林采伐限额数量，控制林木采伐数量不突破上级下达全县年森林采伐指标，全年全县核发林木采伐许可证313份，限额采伐林木蓄积102145立方米，采伐更新林地面积1300公顷。

林地保护方面。做好征占用林地审核上报工作，全年全县受理征占用林地手续4宗，涉及使用林地面积57.08公顷。完善林地征占用审核审批制度，坚决遏制林地资源非法流失，有效保护全县林地资源。

野生动植物保护方面。2014年，县林业局结合“鸟节”“爱鸟周”活动，会同森林公安、县工商、县渔政大队及县广播电视台等单位，在县城内、丹霞山风景区及董塘镇主要市场、酒家、饭馆开展野生动物清查行动。结合H7N9型禽流感监测防控工作部署，会同各职能部门加大集贸市场、酒楼饭店场所检查力度，严厉打击非法收购、出售、加工经营野禽违法犯罪行为，确保人民生命财产安全。全年组织野生动物专项执法检查行动15次，出动人员500余人次，收缴各类保护野生动物400余只（条），并及时放生。

【林业科技推广与应用】2014年，县林业局通过开展各镇逢墟日送科技下乡科技集市活动，向群众发放林业科技、法律法规资料，推进林业科技宣传推广工作，举办森林消防、林改、营林、林政业务培训班。开展林业科研及技术推广活动，县林业局林业专业技术研究《毛竹抚育施肥改进技术推广应用》和《改良湿地松"脂材两用型"丰产林栽培技术推广》分别获县科技进步二等奖和三等奖。

【党的群众路线教育实践活动】 2月25日，县林业局在局2楼会议室召开第二批党的群众路线教育实践活动动员会。10月24日，县林业局在局2楼会议室召开党的群众路线教育实践活动总结会。全年，局党委有党组织12个、党员192人参加活动，集中学习23次，征求到意见建议46条，上报信息稿件40多篇，编印简报20期，投入资金31万多元解决森林消防、林权换发证、山林权属纠纷调处方面问题24个。

【林权登记】 2014年，县林业局组织林业资源产权登记中心人员全面复核各镇（街道）2003年起所发放林权证，力求把林权证办成"铁证"，维护权利人合法权益。全年全县发放林权证1252本，发证面积9200公顷；变更、流转80宗，面积3500公顷；林权证抵押贷款登记27宗，面积5733.33公顷，贷款金额8300万元；林权证验证166本；完成林权档案归档1838宗106卷。

【山林纠纷调处】 2014年，县林业局明确山林调处工作要点，完善仁化县山林纠纷调处工作接访制度、保密制度、廉洁办案制度、依程序办案制度和案件会审制度。实行包案到人，按照《仁化县山林纠纷调处奖惩办法》《仁化县林权纠纷调处岗位责任制》落实相关责任。全年县山林纠纷调处办公室接待群众来电来访207批522人次，处理案件48宗，其中，下达处理决定21宗，行政调解成功19宗，当事人主动撤案5宗，不予立案3宗。

**仁化县林业局负责人名录：**

**局　长：**邓志立
**副局长：**谢文桥　黄文胜
邓志华
李佐平（任至2014年7月）
**党委书记：**刘贤琴（女）
**副 书 记：**邓志立　刘卫民（任至2014年12月）
（李兴歌　郭六生　崔　鑫）

## 畜牧兽医水产业

【概况】 2014年，仁化县畜牧兽医水产业规范生产管理，优化养殖结构，扶持养殖项目，发展现代、特色养殖业，做好动物防疫和动物卫生监督，整治养殖污染，促进现代、健康养殖。全年全县生猪出栏量17.98万头，存栏量12.88万头，分别比2013年增长2.8%、2.38%，能繁母猪 12110头（其中温氏丹霞分公司8000头），比上年下降2.02%；"三鸟"出栏量115万羽，存栏量72万羽，分别比2013年增长9.2%、15.5%；山羊出栏量8280只，存栏量3930只，分别比上年下降8%、增长16.1%；牛存栏量6990头，与上年持平；人工种植牧草面积324公顷，分别比上年增长21.4%。

水产生产全年全县养殖总水面1783公顷，其中池塘1088公顷、山塘水库695公顷，养殖总面积与2013年持平；水产品产量9113吨，比2013年增长3.5%，其中池塘6830吨，山塘水库1413吨，淡水捕捞870吨；鱼苗产量4.1亿尾，鱼种产量458吨，投放鱼种602吨。

【畜牧业项目管理】 发展草地畜牧业。广东富然农科有限公司改扩建肉牛养殖场，完善配套栏内饲养设施，建设粪污处理池、饲料仓及青贮池等设施，发展牧草种植，2014年申报获批“2013年省级特色优质畜禽品种保护开发利用和草地畜牧业项目”，扶持资金250万元。

开展畜禽标准化健康养殖。仁化县和而友生态农业有限公司发挥省重点猪场作用，提升养殖水平，建设现代养猪生产线，2014年申报获批“广东省2014年中央畜禽标准化健康养殖扶持项目”，扶持资金50万元。

继续开展能繁母猪保险补贴工作。能繁母猪保险费每头60元，其中省、市、县补贴保险费每头53元，农户负担保险费每头7元，全县能繁母猪投保11320头次，母猪死亡580头，理赔金额58万元。

继续开展“全国基层农技推广补助项目”活动。活动由县农业局主管，县畜牧兽医水产局负责养殖技术推广示范工作。全年全县生猪养殖示范户50户、水产养殖示范户10户，设技术指导员6名，活动内容主推品种三元杂交猪、草鱼、三角鲂、罗非鱼，主推技术三元杂交猪养殖技术、草鱼健康养殖技术、鱼类防病技术。年内，县畜牧兽医水产局派出技术指导人员180人次。

**【动物及动物产品质量安全监控】** 专项整治。①兽药饲料经营、使用环节监管。2014年，全县达到兽药GSP 要求经营门店6家，饲料经营门店20家。全年出动执法人员320人次，检查整治兽药饲料经营场所110店次，养殖场240场次。②经营条件审核、经营许可办证。2014年，全县审核办理“兽药经营许可证”6个，“动物防疫条件合格证”6个，“种畜禽生产经营许可证”1个，规模养殖场养殖备案41个。

检疫检验。2014年，全县实行动物检疫申报制度，启用动物检疫申报点动物检疫证明电子出生证；生猪产地检疫17.98万头，羊产地检疫0.2万只，家禽产地检疫38万羽；出县境检疫生猪13.08万头；生猪屠宰检疫4.9万头，无害化处理病猪及其产品3450千克；实施农贸市场猪苗、鸡苗免疫工作。

畜禽质量安全监督检测。采用定性检测与定量分析相结合方式开展监测。2014年，全县抽样检测盐酸克伦特罗（瘦肉精）9300头份、莱克多巴胺9300头份、沙丁胺醇9300头份，药物残留监测63份，检测结果全部阴性和未超标。

**【动物疫情】** 2014年，全县没有发生重大动物疫情。高致病性猪蓝耳病、猪瘟、鸡新城疫呈零星散发。

**【动物防疫】** 2014年，县政府制定《2014年仁化县重大动物疫病防控工作方案》，县政府与各镇（街道）政府、县畜牧兽医水产局与各镇（街道）畜牧兽医水产站分别签订责任书，对牲畜口蹄疫、高致病性猪蓝耳病、高致病性禽流感、猪瘟、鸡新城疫要求免疫率100%。全年全县免疫接种猪瘟30.3万头，猪口蹄疫30.3万头，牛羊口蹄疫2.10万头，高致病性猪蓝耳病29.8万头，高致病性禽流感184.2万只，鸡新城疫120.0万只，免疫率均在97.5%以上。

**【动物疫病监测】** 动物疫控中心监测病种主要有猪瘟、牲畜口蹄疫、猪繁殖与呼吸综合征、人感染高致病性禽流感H5N1、H7N9型禽流感、鸡新城疫、耕牛血吸虫、猪布病、牛结核病、羊痒病、狂犬病等11种。监测工作分日常监测与集中监测，采集动物血清、咽喉、鼻腔、泄殖腔拭子、可疑病料送省（市）监测。2014年，全县血清学监测禽血清2600份、牲畜血清1340份；病原学监测畜禽咽喉、鼻腔、泄殖腔拭子1520份，可疑病料380份。2014年所有动物疫病监测结果均为阴性，全年无重大动物疫情。2014年8月，县动物疫病预防与控制中心购置汽油发电机1台，每小时发电10千瓦。

**【养殖污染整治】** 年内，韶关市下达仁化县2014年国家“十二五”畜禽养殖减排任务，治理养殖场28家（含年生猪出栏量42500头）和建设年产1.5万吨有机肥厂。县畜牧兽医水产局会同县环保部门指导和督促养殖场整治养殖污染工作，全年治理养殖场38家（含年生猪出栏量59850头），其中猪场36家，牛场2家；全面推行干清粪、建设雨污分流、沼气池、沼液池、尿液池；沼液及尿液用于农业种植消纳，粪便用于有机肥生产或农业生产利用。年内通过环保部验收认定养殖场30家，温氏丹霞分公司在董塘镇建设年产1.5万吨有机肥厂1家，完成市下达减排任务，其余8家未通过国家认定养殖场列入2015年减排任务。2014年，省、市养殖污染减排补助资金共365万元，其中养殖场污染减排补助265万元，有机肥厂建设补助资金100万元；补助资金由环保部门负责发放。

**【畜禽屠宰管理】** 根据国家、省、市、县机构职能转变分工要求，县畜禽屠宰监管职能由经信局划由农业局管理，农业局于2014年4月接管了畜禽屠宰环节职能。全县取得经省批准的生猪定点屠宰资格的屠宰场有仁化县祥发生猪定点屠宰（定点代码B13030701）、仁化县董塘祥兴生猪定点屠宰场（定点代码B13030702）、仁化县周田风顺生猪定点屠宰场（定点代码B13030703）3个（根据2012年韶关市生猪定点屠宰管理办提出限期整改的有仁化县祥发生猪定点屠宰场、仁化县董塘祥兴生猪定点屠宰场、取缔的为仁化县周田风顺生猪定点屠宰场），经市登记备案屠宰点有长江镇、大桥镇、黄坑镇生猪定点屠宰场共3个。全年畜牧兽医部门共开展生猪定点屠宰检疫 4.9万头，无害化处理不合格肉品3450千克，出动执法人员192人次，检查生猪定点屠宰经营场所36场次。

**【优质草鱼健康养殖技术示范推广】** 2014年，县畜牧兽医水产局制定《仁化县优质草鱼健康养殖技术示范推广实施方案》，开展优质草鱼健康养殖技术培训活动，举办优质草鱼健康养殖技术培训班8期，参与培训学习810人次，拍摄《仁化县优质草鱼健康养殖技术》宣传专题片，全县优质草鱼健康养殖面积203.33公顷。“仁化县优质草鱼健康养殖技术推广”项目获2014年县科学技术进步奖二等奖。

**【山区特色水产养殖】** *石蛙养殖*。2014年，全县办理石蛙养殖证养殖户3户，分布在2个山区镇，4个养殖点，养殖场累计占地1公顷，养殖面积6600平方米，饲料仓库面积1300平方米，种蛙308对，自养蛙苗71000尾，年产肉蛙3050公斤。养殖户实现蛙苗自繁、自育，蛙苗除自养外部分外销，产品销往“珠三角”、福建、上海等地。

*龟类养殖*。2014年，仁化县龟类养殖方式转变，部分从室内养殖转向室外仿生态养殖，规模扩大。龟类养殖品种增多，有三线闭壳龟、黑颈龟、平胸龟、石金钱等品种。全年全县有持证养龟户10户，累计养殖面积2733平方米，养龟515只，其中三线闭壳龟38只、黑颈龟55只、平胸龟96只。

**仁化县畜牧兽医水产局负责人名录：**

**局　长：**谢和平（任至2014年7月）
　　　　李佐平（2014年7月任职）

**副局长：**谢增纲　蓝长旺
　　　　邹华旭　涂新红
　　　　曾志平

**总畜牧兽医师：**申广秋

（董朝元）

## 农业机械

**【概况】** 2014年，仁化县农业机械管理局（简称“县农机局”）围绕中共仁化县委、县政府“主攻项目、决战四区”战略部署，以广东省农业机械化示范县项目为驱动，结合农机购置补贴工作，提高全县农业机械化水平，促进农业增效、农民增收。截至2014年年底，全县：农业机械总动力13.072万千瓦，12匹马力以上拖拉机2601台，收割机834台，插秧机197台，其他农机具一大批；水稻生产机耕率97%，机插率20.74%，机收率88%，水稻综合机械化水平71.42%，农作物机械化综合水平45.59%。

【农机安全】 落实农机安全生产责任。2014年，县农机局坚持“安全第一、预防为主、综合治理”方针，开展农机安全生产各项工作，层层签订农机安全生产管理责任书，落实各级工作任务和责任，形成齐抓共管局面。

农机安全监理工作。每月定期向上级农机主管部门报送“农机事故月报表”；坚决执行中共中央有关取消涉农收费惠农政策，继续免费为农户办理农机年审、入户手续；做好购置补贴机具注册登记工作，为符合标准要求农机具办证上牌。全年：办理拖拉机年检审156台，办理拖拉机、水稻联合收割机注册登记183台，核发拖拉机、联合收割机驾驶证381本；开展农机安全生产专项宣传、检查与整治活动27次，查处违规拖拉机53台次，教育拖拉机驾驶人员53人次。全年全县没有发生重特大农机安全事故和县城主要路段拖拉机违法载客现象。

创建“平安农机”活动。2014年，县农机局贯彻落实上级“创建平安农机，促进新农村建设”有关文件精神，提升农机“三率”（挂牌率、年检率、驾驶员持证率）水平，深入开展创建“平安农机”各项工作任务。结合《仁化县开展“创建平安农机 促进新农村建设”活动实施方案》要求，开展平安农机“示范镇”“示范村”“示范户”组织创建有关工作。扩大宣传效果，联合县公安交警大队，针对各类拖拉机、农用车违规现象开展联合专项整治行动。编印“仁化县创建‘平安农机’宣传手册”、宣传挂图、公开栏、光盘等各种宣传资料1万余份（套），并下发到各镇（街道）村。继续实施K牌驾照培训考试费用优惠政策，培训费由900元/人，降至300元/人。290余名农机手享受优惠，并考取K牌驾照。

【农机推广】 水稻生产全程机械化。2014年，仁化县水稻生产全程机械化取得突破性进展，种粮大户和农机大户初步实现水稻生产全程机械化。水稻生产全程机械化重点是机插秧、机播育秧、机械化植保、机械化烘干。通过实施省机械化育插秧示范县项目，机插秧技术在仁化县日臻成熟，全年全县有插秧机197台，建成机插秧整村推进示范点3个，高产示范片7个，机插秧面积2674公顷，比上年增加203公顷，机插秧率20.74%，比上年提升1.2个百分点。购置工厂化机播育秧设备2套，建立工厂化育秧中心2个。机播秧方便快捷、高质高效、省时省力，有效解决秧苗“不整齐不均匀”导致空插问题。

花生全程机械化。2014年是仁化县推广使用花生生产全程机械化技术的第四年。年内，分别在董塘高莲和石塘蔡屋各建立示范点1个，合计面积66.67公顷。在花生播种和收获期间，举办机械化播种、机械化收获现场演示会、机具展示会各2场。由县农机局承担的《花生生产全程机械化技术应用》项目，获韶关市2013年度科学技术进步奖一等奖。该技术的推广应用有利于促进农业生产产业化，逐步形成花生旋耕、起垄、播种、收获全程机械化作业，节约劳动力资源，解决农村季节性劳动力短缺矛盾，繁荣农村经济。

农机购置补贴工作。2014年，中央及省下达全县农机购置补贴资金523万元。全年：登记和实际打印指标确认书861份，受益户数 786 户，累计补贴总额244.71万元，购置补贴机具数量904台（套）（其中：耕整地机械122台、收获机械48台、动力机械678台、插秧机6台、排灌机械49台、粮食烘干机1台）。

【农机培训】 2014年，全县举办各类农机培训班9期，受益人数693人，其中培训拖拉机、联合收割机驾驶员85人、维修技术人员42人、农机化管理人员30

人、其他技能培训536人。核发驾驶证356本，农机维修职业技能初级证书42本。为方便农机维修技术人员考取职业技能证书和减轻考证负担，县农机局首次邀请省农机鉴定站专家到仁化开展农机维修技术人员职业技能培训及鉴定工作，并想办法解决鉴定费用230元/人，有42名农机维修人员享受优惠。

**【农机专业合作社建设】** 2014年，全县有农机专业合作社17家，其中新增农机专业合作社1家。年内，县农机局注重从政策、技术和资金方面，给予农机专业合作建设支持和帮助，引导其按照国家、省、市示范合作社标准来建设，指导其按照农机化服务市场化、产业化、社会化方向发展。2014年，省、市领导多次到仁化县调研考察农机合作社建设与发展情况，并给予高度评价。2014年10月，仁化县霞丰农机农民专业合作社谷物烘干中心建成并投入使用，配备10吨能力烘干机1台，建设面积达3000平方米。

**仁化县农业机械管理局负责人名录：**

**局　长：**谭建堂（任至2014年12月）

**副局长：**李长发（任至2014年11月）

李集发

（刘　勇）

# 工　业

## 综　述

【概况】 2014年，仁化县完成规模以上工业总产值776164万元，比上年增长10.4%；完成规模以上工业增加值305110万元，比上年增长13.94%；中省属工业增加值187335万元，比上年增长3.1%，县属工业增加值117725万元，比上年增长12.4%。工业经济支柱行业中：有色金属行业增加值196090万元，比上年增长4.6%；电力行业增加值52015万元，比上年增长13.4%。主要工业产品产量增减情况：火力发电量比上年增长2.8%，铅锌矿比上年下降5.3%，锌锭比上年下降4.8%，人造板比上年增长73.4%。

【工业经济运行存在问题】 缺乏新工业经济增长点，工业增加值增幅不大。2014年，仁化县没有建成大工业项目（工业增加值超亿元项目），新增工业增长点匮乏，导致无法拉动仁化工业经济发展。新增规模以上企业数量不多，新增规上后企业产值不大，对新增经济增长点贡献力度不大。

产业结构不合理，制约仁化工业经济发展。有色金属行业、电力行业是仁化县支柱产业，“两高一资”（高耗能、高污染、资源性）是全县工业基本特征。2014年，“六大高耗能”（化学原料及化学制品制造业、非金属矿物制品业、黑色金属冶炼及压延加工业、有色金属冶炼及压延加工业、石油加工炼焦及核燃料加工业、电力热力的生产和供应业）企业27 家，占规模以上工业数的64.2%。全县支柱产业中，中央、省属代表性企业有深圳市中金岭南有色金属股份有限公司丹霞冶炼厂、深圳市中金岭南有色金属股份有限公司凡口铅锌矿、广东电网韶关仁化供电局3家，其工业增加值占全县规上工业增长值比重的69.7%，其中凡口铅锌矿工业增加值占全县工业增加值比重的64%。由于受国际市场大宗商品价格影响，凡口铅锌矿产品价格大幅下降，产量逐年减产，导致全县工业经济呈现逐年下降趋势。自2011年丹霞冶炼厂10万吨锌锭项目投产以后，拉动全县GDP能耗快速增长。

产业集聚程度不高，缺乏工业园区资源调配。截至2014年年底，仁化县还没有1个省级工业园区，只有2010年获省经信委认定位于丹霞街道大岭村、仁化县小企业创业基地和位于周田镇新庄村仁化县有色金属循环经济产业基地。一是县小企业创业基地对仁化工业经济发展贡献力量非常有限。自认定后，没有新增1家规模以上工业企业。同时基地内各企业占地面较大，亩均产出率低。小企业创业基地内已获土地使用证约52公顷，目前进驻企业20家，规模以上工业企业仅有5家，基地内工业增加值仅占规模以上工业增加值2.3%。二是仁化县有色金属循环经济产业基地建设速度过慢，园区内配套设施没有及时跟上，基地内综合污水处理厂、污水管道铺设、河堤工程等环保配套工程没有建设完成，一定程度上影响投资者投资信心。

【工作措施与建议】 抓项目建设，促经济增长。年内，仁化县抓好重点项目建设，实现以重点项目拉动经济增长基本方针。一是跟踪协调服务好县有色金属产业基地内入园企业，促使企业尽快竣工投产。二是重点培育博世铝业、元泰科技、中弘金属、中腾铜业，闽东金属等6家企业成为新增规上企业，扶持宇鑫机电、高坪电力、长发建材等6家企业由规模以下转为规模以上企业，纳入统计。三是扶持金盛实业、宝峰矿物等增加值率高企业，使其尽快投产，为全县经济增长做贡献。

加大对县有色金属循环经济产业基地投入力度，完善基础配套设施。截至2014年年底，县有色金属循环经济产业基地开工建设有5年，规模以上企业只有6家，大部分企业还是在建中。园区内相关配套设施不完善，供电、供水、污水处理厂等相关设施不能满足现有需求，部分企业建设效率低，投入不足，导致县有色金属产业基地产出不高。建议县政府加大资金投入力度，努力争取各级专项资金扶持，完善县有色金属循环经济产业基地内各项配套设施，同时要求各入园企业加快建设步伐，帮扶企业尽快投产。

加快工业结构调整。2014年，全县产业结构层次较低，需加大结构节能力度，加快低能耗行业发展，壮大发展装备制造业，提高低能耗高附加值产业和产品比重，以调结构促节能、调结构促发展，促进经济健康良性发展。

（肖润华　刘大旺）

## 电力工业

**【水力发电】** 概况。2014年，全县有水电站256座，装机容量18.0465万千瓦（其中：1万千瓦以上电站2座，装机容量3.67万千瓦；0.1万千瓦～1万千瓦电站24座，装机容量5.173万千瓦；0.1万千瓦以下电站230座，装机容量9.2035万千瓦）。全县小水电年发电量5.65亿千瓦小时，发售电收入2.83亿元。

**2014年仁化县新建水电站一览表**

表8

| 电站名称 | 所在地 | 装机容量（千瓦） | 台数 | 投产时间 |
|---|---|---|---|---|
| 梅子坪 | 董塘镇 | 400 | 1 | 2014年 |
| 上槽 | 红山镇 | 400 | 1 | 2014年 |
| 高岭 | 城口镇 | 200 | 1 | 2014年 |
| 荀扶陂 | 闻韶镇 | 250 | 1 | 2014年 |
| 瑶源 | 黄坑镇 | 175 | 2 | 2014年 |

水电站建设管理工作。⑴水电站增效扩容。2014年，全县申报批复农村水电增效扩容改造项目7宗，分别为三里亭电站、厚塘水电站、黄竹坪水电站、茅坪电站、水电站、小浒松水电站、火冲坑水电站，7宗电站改造前总装机为8765千瓦，改造后总装机为11650千瓦，增加2885千瓦，7宗电站改造工程总投资为2260.62万元。2014年中央和省级财政补助资金共下达837万元。7宗开工工程共完成投资1514万元，工程在建设中严格执行项目法人制、招标投标制、建设监理制。截至2014年年底：①黄竹坪水电站新机组安装完毕，进入调试阶段。正在制订引水工程施工方案和前池排泄设施工程设计处理方案。②三里亭电站开始安装第一台机组，完成进水口加大工程、150米水渠加宽工程、安全生产保障桥梁、河道疏浚，进入尾水开挖工程施工。③厚塘水电站完成增效扩容工程总量98%。完成隧洞压

力管安装，进入灌浆作业；机房进行内墙批荡，宿舍楼只剩下围墙未建好；水轮机、发电机安装完毕，进入调试阶段。④茅坪电站引水灌溉农田渠间水渠完工；主机、控制保护设备已订货，开始安装第一台机组。引水渠道正在改造中。⑤火冲坑电站进行分岔钢管开挖，电站机组设备、电气设备、金属结构设备制造正在生产过程中。⑥小浒松水电站厂房改造完成，电站机组设备、电气设备、金属结构设备制造正在生产过程中。⑦西水电站厂房改造正在进行。⑵水电站竣工验收。开展小水电竣工验收工作，对工程基建程序不齐全小水电必须完成安全鉴定，并按照小水电分级管理规定报水行政主管部门审查完成安全鉴定批复，对需整改电站整改完成后再进行竣工验收。

县域小水电站发展存在主要问题与障碍。①仁化县水力资源开发较早，仍有相当部分电站建于二十世纪七八十年代，并运行30多年，机组设备残旧已到报废期，需抓好原有电站技术改造工作。但技改建设资金大，特别是自筹资金难于筹集，需要上级有关部门给予支持。②小水电现代化建设面不广。由于仁化县地处粤北山区县，地方财政收入较为薄弱，致使全县水电现代化建设还停留在局部示范地区，没能全面推广。③由于电站周围原有植被破坏，需要政府协调好，以确保各小电站水库蓄水量充足，实现以林蓄水，以水发电，以电养林的良性循环，最大化发挥电站效益。

（刘　志）

**【锦江电力开发总公司】** 概况。锦江电力开发总公司（以下简称“锦电公司”）设办公室、党办、财务科、生技科4个科室，下辖锦江电厂、黄屋电站、丹霞电站、瑶山电站、九龙岩电站5个厂站。2014年，锦电公司职工总人数346人，其中在职275人，高级工程师2人，工程师35人。2014年全公司发电量16850.52万千瓦小时，上网电量16447.95万千瓦小时，发电收入9657.99万元，上缴财税3711万元（其中，上缴税费1911万元，上缴财政1800万元），利润1472万元。全年安全生产无重大责任事故。

技改和检修工作。完成丹霞电站接地网、高压室技改项目；高压室技改采用全封闭高压柜，配备新型真空断路器和隔离手车，有可靠电气防护措施，有效提高运行可靠性和安全性。比原计划提前7天完成黄屋电站2号机组、瑶山电站2号机组扩大性大修。以上技改、检修工作由公司技术人员和职工共同完成，通过抓好机电设备维护、检修和技改，提高各厂站安全生产水平。

职工教育培训。抓好选派技术专业人员到厂家、院校学习，技术比武培训，机组检修现场培训，师徒培训。师徒培训是2014年开始开展的一种培训模式，公司在各厂站选拔技术能手一批（23名）担任师傅，由师傅1名带徒弟1名进行“一对一”传帮带培训。同时，选派党员干部到党校、进修学校学习，提高职工业务水平和工作能力。

开展中华优秀传统文化教育。3月3—27日，每天下午组织职工集体观看智然《了凡生意经》讲座光盘；每星期五晚上在培训室召开座谈会，交流学习中华优秀传统文化心得体会；分批选派干部职工到韶关省五建公司（同时每期派出义工队伍）、潮安等地参加中华优秀传统文化学习、轮训；发放有关中华优秀传统文化书籍、光盘给职工学习，开展中华优秀传统文化教育，传承中华美德。

党建和党带工青妇工作。围绕生产经济中心工作抓党建，将党务工作结合到企务工作中，实施“将业务骨干培养成党员，将党员培养成业务骨干”的“双培”战略，开展党的群众路线教育实践活动、“廉政文化进企业”活动、纪律教育学习月活动和反商业贿赂活动。定期召开党员干部廉洁从业情况分析会，开好领导班子民主生活会，组织中心组学习廉政教育案例，抓好廉政风险防控工作，推进党务公开和厂务公开，推动干部职工廉洁从业。支持工青妇工作，承办县总工会第五届劳动技能大赛部分赛项（4月11日），并在水库库区防洪及安全劳动赛项中包揽第1、2、3名。

承担企业社会责任。2014年4月，中共仁化县委安排锦电公司为帮扶省级经济薄弱社区凡口社区第一责任单位。至8月，锦电公司筹集投入37万元帮扶凡口社区装修办公楼，建立办事大厅、培训室、图书室、健身室、公开栏，解决凡口社区“三无”（无办公场所、无办公设施、无经济来源）问题。扎实抓好原挂钩点瑶族村后续扶持跟踪工作，投入30.66万元帮扶“西坑新村”基础设施建设、33.33公顷集体残次林改造、200米进村公路硬底化修建、村小组文化室建设，扶持计生经费1万元。协助中共仁化县委办深入新挂扶点董塘镇新龙村抓好扶贫“双到”工作，于6月30日在“广东扶贫济困日”捐款活动上捐出31万元定向扶持新龙村，并扶持计生经费1.3万元。帮扶县职中办学经费10万元、县老区促进会1万元。5月，筹资1.3万元组织职工到扶溪学校开展“关爱留守儿童，共建平安校园”普法宣传活动，送给孩子们书包230多个和文具、牛奶、书籍。发动干部职工捐款9150元帮助患癌症村民宁志康母亲治病，捐款1.3万元帮助被开水深度烫伤贫困家庭5岁儿童朱祖辉治病，勇担企业社会责任，树立公司良好形象。

**锦江电力开发总公司负责人名录：**

**总　经　理：**曾军干

**副总经理：**邓松胜　吴联成　李　颖

（邓松胜　郑荣权　刘春香）

**【火力发电】** 仁化县火力发电项目由仁化县华粤煤矸石电力有限公司所经营仁化县华粤煤矸石电厂承担。2014年，仁化县华粤煤矸石电力有限公司通过提高能源利用效率和充分利用低能级资源，改善环境，向社会提供高质量电力。全年，化县华粤煤矸石电力有限公司完成工业总产值37870万元，工业销售产值34695万元，累计工业产品销售率为91.6%，全年发电量约72793万千瓦时。

（肖润华　刘大旺）

# 冶金工业

**【概况】** 2014年，全县规模以上有色金属完成产值58.4亿元，比上年增长17.36%；工业增加值19.6亿元，比上年增长4.6%，占全县工业增加值比重75%。全年，全县生产锌精矿11.83万吨，比上年下降5.13%；生产铅精矿5.85万吨，比上年下降5.6%；生产锌锭11.5万吨，比上年下降4.8%；生产铝型材12332吨，比上年增长57.6%；上缴利税总额39966万元。

2014年，全县规模以上有色金属行业企业有凡口铅锌矿、丹霞冶炼厂、广东志成冠军电气器材科技有限公司、银海有色金属渣业集团公司、仁化县泰和元有限公司、韶关市鑫海仁丹钨业有限公司6家。

**【仁化县有色金属循环经济产业基地】** 广东省仁化县有色金属循环经济产业基地位于仁化县周田镇浈江之畔，是第一批省市共建循环经济产业基地。截至2014年年底，仁化县有色金属循环经济产业基地有入驻企业20家，总投资18亿元，涉及铝型材、氧化锌、蓄电池、机械加工行业（详见第261页分目“仁化县有色金属循环经济产业基地建设与管理”）。

**【有色金属冶炼工业重点企业】** 深圳市中金岭南有色金属股份有限公司凡口铅锌矿。2014年，凡口铅锌矿完成铅锌金属量生产17.01万吨，比上年下降5.2%；年产值为19亿元，比上年下降10.3%，年国地税收总额为33430万元（详见第382页分目“深圳市中金岭南有色金属股份有限公司凡口铅锌矿”）。

深圳市中金岭南有色金属股份有限公司丹霞冶炼厂。2014年，丹霞冶炼厂生产锌锭110007

吨、硫磺20902吨、硫酸33006吨、七水硫酸锌 7059吨，实现生产值17.66亿元（详见第385页分目“深圳市中金岭南有色金属股份有限公司丹霞冶炼厂”）。

广东志成冠军电气器材科技有限公司。广东志成冠军电气器材科技有限公司位于仁化县有色金属循环经济产业基地，2014年年产值达2.96亿元，铅酸蓄电池产量为57.8万千伏安时，上缴税金988.1万元。

广东银海有色金属渣业集团有限公司。银海有色金属渣业集团公司位于仁化县丹霞街道群乐村，主要生产粗铜、电解银、电解铅、二氧化锗、硫酸锌等产品。2014年，该公司年产值3.55亿元，上缴税金552万元。

仁化县泰和元有限公司。仁化县泰和元有限公司位于仁化县东湖工业区，主要生产仲钨酸铵及钨制品等产品。2014年，该公司年产值3亿元，比上年增长5.4%，上缴税金217万元。

韶关市鑫海仁丹钨业有限公司。韶关市鑫海仁丹钨业有限公司位于仁化县桂花村，主要生产钨粉、碳化钨粉等产品。2014年，该公司年产值1.66亿元，上缴税金132.4万元。

（肖润华　刘大旺）

## 建材工业

**【概况】** 截至2014年年底，全县纳入统计口径（产值500万元以上）建材企业20家，比上年新增100%，其中黏土烧结砖企业7家，竹木材产业7家，安建混凝土1家，其他5家。全年规模以上建材行业企业年产11亿元，比上年增长161.9%，税金1323万元，比上年增长75.79%。

**【铝型材重点企业】** 仁化县雄健铝业有限公司。该公司是韶关市铝型材重点生产企业，位于仁化县坪岗工业基地内，占地面积40000多平方米，交通便利。2014年6月，仁化县雄健铝业有限公司分厂仁化县博世铝业有限公司在仁化县有色金属循环经济产业基地试产，2014年两厂实现生产总值1.9亿元，上缴国家税收144.7万元。

**【竹木加工业重点企业】** 鸿伟木业（仁化）有限公司。鸿伟木业（仁化）有限公司是漳州鸿伟木业集团有限公司下属分公司，成立于2003年5月，总投资2500万元，占地面积73410平方米，建立速生丰产林木营造基地666.67公顷，生产中高档刨花板、人造板及加工各种木材。2014年，该公司产值3.47亿元，比上年增长83.3%，上缴税金337.6万元。

仁化县奥达胶合板有限公司。仁化县奥达胶合板有限公司（原名韶关市竹胶板有限公司）成立于2000年，拥有成竹毛竹生产基地2000多公顷，速生桉树林1333.33公顷；国内先进生产线11条，是广东省唯一集科研、制造、检测为一体竹胶合板生产企业。2014年，仁化县奥达胶合板有限公司被认定为广东省高新技术企业，该公司有车间管理人员36人，后勤管理人员13人，生产车间农民工400多人，带动附近家庭作坊500多家，年产竹胶合板2万多立方米，木胶合板3万多立方米，2014年产值为7997元，比上年增长23%，上缴税金153万元。

仁化县智能木业有限公司。该公司是香港建溢集团在粤北投资兴建木制品玩具品生产企业，项目总投资5000万港币，主要以开发儿童智力木制玩具为主，以工艺精湛家私为辅，兼生产各种竹木制品，产品出口销往欧美市场。2014年，仁化县智能木业有限公司年产值5136万元，比上年增长65.95%，上缴税金6.1万元。

（刘大旺）

## 农产品深加工工业

**【概况】** 仁化县农产品深加工企业主要有仁化县泰亨酱园食品厂、韶关市金果农业生态园有限公司、广东富然农科有限公司、广东丹霞天雄茶叶有限公司等，其中，纳入仁化县规模以上企业有广东富然农科有限公司。

广东富然农科有限公司。该公司坐落在仁化县周田镇，拥有油茶深加工基地8公顷，建设标准生产厂房1.2万平方米，产能1万吨茶籽生产线、2000吨精炼山茶油生产线和1.5万吨茶粕生产线各1条，产品销售遍及长三角、珠三角、港、澳、台等地区。2014年，广东富然农科有限公司年产值4770万元，比上年增长22.89%，年产茶油714.6吨，与上年持平，上缴税金60.8万元。

（肖润华　刘大旺）

## 工业园区建设与管理

**【概况】** 广东仁化丹霞旅游经济开发试验区（简称“丹霞开发区”），属仁化县人民政府派出机构，下设副科级职能科（室）办公室、园区科和招商科3个。丹霞开发区主要负责县内工业园区开发建设和管理服务工作，管理工业园区小企业创业基地、坪岗工业园区、东湖民营企业工业园区3个。2014年4月，丹霞开发区搬迁至县交通局3楼办公。

2014年，丹霞开发区围绕中共仁化县委、县政府中心工作，落实“四化推四区”战略部署，科学谋划、调整园区布置，促进园区转型升级，完善各园区基础建设，加强园区企业管理、服务，加大招商引资力度，推进生态、节约、科技、创税、规模“五型”工业园区建设。

2014年，小企业创业基地（原大岭工业园）、坪岗工业园区、东湖民营企业工业园区3个园区共有生产企业16家，在建企业7家，意向企业2家，企业总产值9.35亿元。全年引进资金1.13亿元，固定资产投入4亿元，企业创税3500万元，解决就业人数2100人。

**【园区工业发展环境优化】** 开展小企业创业基地闲置土地清理工作。2014年，丹霞开发区按照中共仁化县委、县政府部署，联合虎门对口帮扶指挥部和县国土、住建、法制、地税等部门，采取有计划、有针对性措施开展园区闲置土地清查工作，全面清查县小企业创业基地用地情况，初步认定为闲置土地完全未动工建设的有5宗，面积为51.17公顷。完成建设未生产企业有3家，面积为17.33公顷。通过约谈企业宣传国家土地政策、闲置土地处置办法，讲清楚县委、县政府对该工作要求，提出处理意见，仁化县新科金属再生资源有限公司、仁化县维亿电器有限公司、仁化县恒昌隆电器有限公司3家企业同意配合政府，转让土地。

推动有色金属企业搬迁工作。丹霞开发区根据2014年中共仁化县委工作部署，按照《仁化县工业园区建设工作实施方案》要求，把坪岗工业园、东湖工业园内有色金属企业搬迁至仁化县周田有色金属循环经济产业基地。全年完成仁化县泰和元有限公司、仁化县兴达有色冶化有限公司、仁化县科达有色金属有限公司、韶关中弘金属实业有限公司4家搬迁。其中，仁化县泰和元有限公司在县有色金属产业基地注册为“韶关元泰资源科技有限公司”，9月开始试产；仁化县兴达有色冶化有限公司在县有色金属产业基地更名为“韶关凯鸿纳米材料有限公司”，年内完成注册登记手续，项目环评获市环保局审批，建好临新庄大道及临中达锌业两面围墙，项目开工；仁化县科达有色金属有限公司在县有色金属产业基地更名为“韶关富鑫有色金属有限公司”，年内项目环评获市环保局审批，完成项目厂房主体建设；韶关中弘金属实业有限公司完成第2次环评公示，2014年年底试运行。

**【小企业创业基地在建项目建设】** 2014年，丹霞开发区重新启动永恒电器有限公司建设工作，将企业更名为仁化县信德电器制造有限公司。做好园区企业转型升级工作。抓好森帝公司转型升级，引进环保颗粒、燕之园凉席2条新生产线；抓好鸿伟木业年产22万立方米均质刨花板及配套家具产业化扩建项目，并于6月投产；抓好建达机械制造有限公司建设项目。积极联系相关部门，协助企业完善工业用地手续。2014年12月，建达机械制造有限公司正式投入生产，工业产值为500万元。

**【园区基础配套设施】** 2014年2月，丹霞开发区完善坪岗园区排污设施，进行污水池排污清理，确保园区生产安全有序。4月，整治大岭工业园公路两旁卫生，铲除园区工业大道两旁杂草，清除园区大门“牛皮癣”；5月，与县环卫所联系，在园区大道两旁新增置垃圾桶2个，共有垃圾桶10个；积极向县政府申请资金，委托县环卫所定期清扫工业大道和进行卫生监督维护，确保园区环境更加整洁；建设600米双向彩色人行道，按计划完成施工、完工、验收，并投入使用。

**【安全生产检查】** 2014年，丹霞开发区安排1名副主任专门负责园区企业安全生产，定期和不定期巡视园区企业，与相关企业签订安全生产目标责任书，落实安全生产责任制，确保园区安全生产。2014年元旦、春节、3月、5月，丹霞开发区采取自查和督查方式，对照企业安全生产主体责任“五个是否落实”（是否落实安全生产责任制、是否落实专人负责安全生产工作、是否落实日常安全生产自查、是否建立落实安全生产事故应急制度、是否落实安全生产设施配备）情况要求，严格要求企业。通过检查，各企业能按照要求开展安全生产自查1次以上，采取措施及时消除安全隐患。

**【党的群众路线教育实践活动】** 2014年，丹霞开发区围绕党的群众路线教育实践活动，开展“进企业、进工地，促增效、促进度，服务发展、服务项目”为主题内容的“两进两促两服务”活动。园区组织两个走访组，深入园区在建项目和生产企业，重点了解党员干部在“四风”方面存在的问题，征求对园区公共服务、企业帮扶、园区建设、招商引资等方面意见建议，了解企业科技创新、企业用工、企业融资、安全生产和项目建设情况，征集对开展党的群众路线教育实践活动意见建议。全年走访企业10家，发放征求意见表10份，征集各类意见建议20条，帮助解决“企忧”事项3宗。

**【工农协调工作】** 2014年，丹霞开发区加强与园区周边村民联系，设立群众和企业接访日，安排周五为群众接访日，周三为企业接访日；积极接访，下访，探访，及时掌握民情，妥善处理工农矛盾。4月，解决“企忧档案”1宗；10月，解答网络问政1宗；5月和10月，分别解答纪委转来信访件各1宗。协助园区企业招工，动员企业招聘县域农村富余劳动力，解决用工难和务工难问题。

**【党建工作】** 2014年，中共丹霞开发区党总支按照“党要管党、从严治党”方针，加强中共思想、作风、组织建设和干部队伍建设，增强党组织凝聚力和战斗力。一是加强“两新组织”党建，发挥共产党员先锋模范作用，加强园区企业党员情况调查摸底，开展党员亮身份活动，做好建立新的党组织规划。新增县级非公党建示范点1个（奥达木业党支部）。二是抓好非公企业群众路线教育实践活动。推动辖区企业党组织开展党的群众路线教育实践活动，并向非公个党支部派遣4个联络组，负责指导帮助联系点非公党支部企业组织开展教育实践活动。三是班子成员带领单位干部，深入扶贫双到挂点村、计生帮扶村开展“三同三谈”“五送帮耕”“三联三谈三服务”活动，共计下乡20余人次，送去黄豆种子300斤，计生帮扶款2000元，送农业技术下乡1次。四是落实党风廉政建设责任制，推行党务政务公开，堵塞漏洞，从源头上预防腐败。五是抓好综治维稳、计生、档案、统计、普法等工作。

**仁化县丹霞旅游经济开发试验区负责人名录：**

**主　任：** 邱志坚

**副主任：** 曾　文（主持日常工作）

聂郁生（任至2014年10月）

（吴进波）

## 仁化县有色金属循环经济产业基地建设与管理

**【概况】** 广东省仁化县有色金属循环经济产业基地（简称“县产业基地”）始建于2009年8月，位于仁化县周田镇浈江之畔，区位优势明显，与国道323线一桥之隔，距周田镇政府8公里、韶赣高速总甫互通入口4.5公里、韶赣铁路丹霞山火车站9公里，到湖南郴州、江西赣州、广州高速公路里程均在200公里以内，公路、铁路、水运交通便利，基础设施配套完善。

仁化县有色金属循环经济产业基地管理委员会（简称“基地管委会”）内设招商信息股、规划建设股、企业管理股，编制10人，主要负责县产业基地基础设施建设、招商引资和企业管理工作。截至2014年年底，基地管委会有在职人数7人，其中，主任1人，副主任2人。

县产业基地目标定位为发挥仁化县铅锌及稀贵金属资源优势，高起点、高标准打造有色金属产业高度聚集“生态、节约、科技、创税、规模”五型产业基地。2011年1月，县产业基地被省经信委认定为“第一批省市共建循环经济产业基地”；2013年7月，通过省经信委专家组“省市共建循环经济产业基地”中期评估。2014年1月，根据省委部署，县产业基地申报为省产业转移工业园，范围扩到南区和西区。截至2014年年底，县产业基地征用土地243.4公顷，获得经省国土资源厅批准建设用地指标70.87公顷；累计引进企业20家（其中，2014年新增企业8家），总投资18亿元，涉及铝型材、氧化锌、蓄电池、机械加工行业；累计完成工业产值40080.58万元，税收1100多万元。

**2014年仁化县有色金属循环经济产业基地企业情况一览表**

表9

| 序号 | 企业名称 | 注册资本（万元） | 主要产品 | 入园时间 | 试产时间 | 年经济效益（万元） | 法人代表 |
|---|---|---|---|---|---|---|---|
| 1 | 广东省志成冠军集团有限公司仁化分公司 | 1000 | 不间断电源（UPS）、应急电源（EPS）、免维护铅酸蓄电池 | 2011.9 | 2013.6 | 80000 | 韩妹平 |
| 2 | 仁化县博世铝业有限公司 | 1500 | 铝合金 | 2010.8 | 2014.9 | 30000 | 李健强 |
| 3 | 韶关中达锌业有限公司 | 500 | 氧化锌 | 2009.12 | 2013.12 | 40000 | 廖远尧 |
| 4 | 仁化县安顺达管道天然气有限公司 | 3000 | 天然气（销售） | 2011.9 | 2013.3 | 1000 | 曾庆桥 |

续表9

| 序号 | 企业名称 | 注册资本（万元） | 主要产品 | 入园时间 | 试产时间 | 年经济效益（万元） | 法人代表 |
|---|---|---|---|---|---|---|---|
| 5 | 广东升隆电源有限公司 | 1000 | 全密封免维护铅酸蓄电池 | 2012.6 | — | 30000 | 黄培辉 |
| 6 | 韶关凯鸿纳米材料有限公司 | 500 | 纳米氧化锌、粗铅、铟锭、精铁粉 | 2010.9 | — | 30000 | 梁鹤贤 |
| 7 | 韶关元泰资源科技有限公司 | 120 | 碳化钨、钨粉、钼制品、钴制品 | 2012.11 | 2014.9 | 100000 | 钟　建 |
| 8 | 韶关富鑫有色金属有限公司 | 200 | 阴阳极板、铅合金 | 2012.11 | — | 40000 | 曾韶生 |
| 9 | 仁化县古粤新能源科技有限公司 | 100 | 应急电源、灯具及其配套产品 | 2014 | 2014.8 | 1000 | 陈晓颖 |
| 10 | 广东英业达电子有限公司 | 1000 | 不间断电源、应急电源、铅酸蓄电池 | 2014 | 2014.6 | 1000 | 汪国兵 |
| 11 | 广东漫联新能源科技有限公司 | 5000 | 太阳能电池、不间断电源、应急电源、铅酸蓄电池 | 2014 | 2014.8 | 1000 | 赵常凯 |
| 12 | 仁化县百成粮油机械制造有限公司 | 100 | 成套碾米机系列（国家专利） | 2009.12 | — | 9000 | 陈伯诚 |
| 13 | 仁化县龙飞金属有限公司 | 1000 | 铅、锌、铜、锑、银的合金 | 2010.8 | — | 7000 | 陈建锋 |
| 14 | 韶关中弘金属实业有限公司 | 150 | 镍粉、铜材 | 2013.12 | 2014.12 | 30000 | 廖远坤 |
| 15 | 韶关中腾铜业有限公司 | 500 | 高纯铜 | 2014.6 | 2014.12 | 60000 | 刘晓平 |
| 16 | 广东鼎业有色金属资源循环有限公司 | 3000 | 有色金属冶炼、金属废料和碎屑的加工处理 | 2014.5 | — | 80000 | 刘仲恒 |
| 17 | 广东力圣蓄电池有限公司 | 2000 | 铅酸蓄电池 | 2014.8 | — | 60000 | 唐瑞平 |
| 18 | 广东凯汇贵金属有限责任公司 | 1000 | 资源综合再生 | 2014.6 | — | 48000 | 王育林 |
| 19 | 韶关市天伦实业有限公司 | 50 | 锌系列产品铟、锗综合回收 | 2010.9 | — | 40000 | 曾文彬 |
| 20 | 仁化县王氏水务有限公司 | 200（港币） | 自来水供应 | 2011.12 | 2013.8 | 100 | 王思立 |

【重点项目建设】 2014年，县产业基地重点建设项目有县产业基地基础设施项目、广东志成冠军工业园项目、韶关凯鸿纳米材料有限公司项目、韶关元泰资源科技有限公司项目、韶关富鑫有色金属有限公司项目、广东升隆电源有限公司项目6个，计划总投资3.58亿元，其中县产业基地基础设施项目投资1亿元，累计完成投资7800万元，完成78%；其余5家企业建设投资2.58亿元，累计完成投资2.58亿元，完成100%。

【基地基础设施实施】 2014年，县产业基地基础设施计划投资1亿元，截至2014年年底，累计完成投资7800万元。全年，县产业基地完成基地搬迁安置点土地平整工程、搬迁安置点石方工程、基地5个项目（广东升隆电源有限公司、韶关元泰资源科技有限公司、韶关富鑫有色金属有限公司、广东长力电源科技有限公司、污水处理厂）土地平整工程、麻洋排涝站临时用电和线路迁移工程。

【企业建设】 2014年，县产业基地累计进驻企业20家，总投资18亿元。其中，韶关元泰资源科技有限公司、韶关中弘金属实业有限公司、韶关中腾铜业有限公司、仁化县博世铝业有限公司、仁化县古粤新能源科技有限公司、广东英业达电子有限公司、广东漫联新能源科技有限公司试产；韶关凯鸿纳米材料有限公司项目环评报告书获市环保局审批，转入施工阶段；韶关富鑫有色金属有限公司项目完成投资2300万元，占全年投资计划80%；广东升隆电源有限公司项目完成地质勘查、厂区规划设计工作，进入项目报建阶段。

【招商引资工作】 2014年，县产业基地发挥优势，采取以商招商、上门招商方式，积极联系已有项目，争取签约项目早建设，早投产，意向项目早签约，早进驻，形成人气，产生效益。全年招商引资引进了中腾、中弘、鼎业、力圣、凯汇、漫联、英业达、古粤等8个项目，其中鼎业、力圣、凯汇3家企业投资过亿元，8个项目总投资7.09亿元。同时，加强与创铭石墨电池、大余东宏、华电气电站、7431工厂蓄电池项目等意向项目联系协调，争取项目早日签约落地。

【张帼英到县产业基地调研】 3月27日，原省人大常委会主任、省关工委主任张帼英到县产业基地调研，听取县产业基地建设情况汇报，并到志成冠军公司车间参观指导。

【郑振涛到县产业基地调研】 8月22日，市委书记、市人大常委会主任郑振涛到县产业基地实地调研。郑振涛强调，要坚定不移地精心打造仁化县有色金属循环经济产业基地，完善污水处理厂等配套基础设施，加快项目引进和落地，延长产业链条，凸显仁化产业发展特点，力争培育8至10家大型有色金属加工企业，增强聚集效应。

【刘锋到新庄工业园调研】 12月10日，县委书记、县人大常委会主任刘锋在谢庆伟、邱志坚、何庆华、张元展等陪同下，到新庄工业园（县产业基地别称）实地调研园区基础设施建设、企业落地投产、经济效益、企业建设、招商引资情况，并在座谈会上与有关人员探讨如何进一步推进工业园区建设。

**仁化县有色金属循环经济产业基地管理委员会负责人名录：**

**主　任：**曾韶基

**副主任：**侯政春

温石头（2014年1月任职）

（侯燕梅）

## 中小企业管理

【概况】 2014年，仁化县工业经济总体运行保持平稳增长。全年全县完成规模以上民营工业增加值94006万元，同比增长78.6%，民营工业占全县规模以上工业增加值13.1%，2014年全县规模以上民营工业企业达48家，其中2014年度新增12家。

【民营企业家培训】 2014年，全县有规上工业企业52家，其中民营企业48家，占规模以上工业企业92%。4月，仁化县举办企业融资工作座谈会，30多家企业负责人及财会人员共60多人参加座谈。8月26日，组织县属有色金属行业企业负责人举办为期3天有色金属行业现状及发展前景培训班，邀请广东省有色金属行业协会专家学者授课，并现场为企业答疑解惑。同时利用省、市中小企业举办各种培训及服务活动契机，组织县域相关企业分享成功企业案例，借鉴成功企业先进经验，引导企业技术创新、产业升级。

【企业与院校交流】 2014年，仁化县以县有色循环经济产业基地、小企业创业基地为载体，以凡口铅锌矿、丹霞冶炼厂、志成冠军等大型企业为依托，转变职能，改进服务手段，提升服务水平，通过开展“企忧档案”“帮扶挂钩”形式及时为企业排忧解难，打造政府与企业交流平台。同时，积极引导企业与院校之间开展产学研合作和交流，如：奥达胶合板有限公司与中南林业大学，广东富然农科有限公司与华南农业大学、省林科院、韶关学院均保持有长期合作与交流关系。

【企业激励机制】 一是开展帮扶机制。树立“母亲式”服务意识，为企业提供“一站式”服务，切实减轻企业家负担。二是强化保障机制。年内，出台新型工业化目标管理实施方案，开展“推进新型工业化工作明星企业”“推进新型工业化工作先进企业”评选活动，由县委、县政府授予荣誉称号，并颁发一定奖金鼓励。出台“企业凡在当年考核中达80分或以上且当年产值、工业增加值同比增长达20%以上、能耗同比下降6%或以上的，优先享受县中小企业贷款贴息”优惠政策。企业当年实施技术改造（技改投资须达500万元以上），当年实施完成并投产且企业当年工业增加值同比增长达30%以上的优先享受县对工业企业相关优惠政策。2014年，评选出众康环保精细粉有限公司等4家企业为“推进新型工业化工作先进企业”。同时，对县属企业家子女上学给予享受优惠政策。三是继续为创新创业人才提供政策优惠，贯彻落实《仁化县招商引资优惠政策》《仁化县中小企业贷款风险补偿资金管理办法》等优惠扶持创新创业人才政策，减轻企业创业成本，提升创业成功率。年内，中润金属公司等6家工业企业新增纳入仁化县中小企业库，截至2014年年底，有11家企业纳入县中小企业库，可申请中小企业贷款风险补偿资金11000万元。长江电管所1家企业申请纳入市中小企业库。四是协助仁化县奥达胶合板成功申报全国高新技术企业，并通过国家审核、公示。协助富民实业有限公司成功申报为广东省第三批重点帮扶高成长性中小企业（民营企业）专精特新类企业。

【企业服务】 2014年，仁化县强化企业服务，加大企业贷款贴息项目资金的申报力度。2014年上半年，投入86万元对符合条件8家企业进行贷款贴息。下半年，协助企业进行各项省级资金申报，其中：奥达公司申报省中小企业专项资金80万元，鸿伟木业、银海、奥达3家企业申报广东省第四批战略性新兴产业政银企合作专项资金515万元，仁化水泥一厂、仁化水泥二厂、超鹰水泥3家企业申报淘汰落后产能补助资金264万元。同时，支持协助企业进行清洁生产和技术改造，向有色金属循环经济产业基地内16家企业转达县政府文件，严格要求督促企业在2015年6月前开展清洁生产，目前各项工作正在准备阶段。协助引导宇鑫机电设备有限公司等7家企业进行技术改造。结合新一轮技改政策宣讲活动，开展企业政策宣传，全年开展活动6场，参加企业186家次，参加人员354人次。

**【问题与建议】** 2014年，仁化县中小企业管理工作取得一定成效，但与现代信息化、科技化飞跃发展时代要求还存在一定差距，主要体现在企业培训不够全面深入，扶持力度不够。建议在加强产业转型升级培训的同时，重点抓好高成长性民营企业、省民营企业创新产业化示范基地等高管能力提升专题培训。加大扶持力度，协助企业积极申报各级财政专项资金，保持企业优势发展。

（肖润华　刘大旺）

# 商　贸

## 国内贸易综述

【概况】 2014年，仁化县通过开展企业主体培育，扩增限上企业名录库，盘活和规范各类市场，保民生、促消费，扩内需、稳增长，促进经济增长方式转变，推动商贸经济发展。2014年，全县以国内货易为主体第三产业增加值达345257万元，与2013年相比增长11.3%，对GDP贡献率为44.8%。商贸流通业增长平稳，旅游人次和旅游收入同步增长。全年完成社会消费品零售总额229923万元，比上年增长11.1%，其中：批发和零售业零售额198282万元，比上年增长11.5%；住宿和餐饮业零售额31641万元，比上年增长9.2%。全县接待旅游人数614万人次，比上年增长12.3%，旅游总收入347780万元，比上年增长12.3%。

【流通规模持续壮大】 2014年，仁化县做好“限上”企业申报工作，提升商贸流通业发展水平。引导县域新增和限下批发、零售企业向限额以上企业发展，壮大商贸流通业，提升经济增长基础。全年全县有限额以上批发（年主营业务收入2000万及以上）和零售贸易业（年主营业务收入500万及以上）、住宿和餐饮业法人企业（年主营业务收入200万及以上）55个，年内新增6个，其中零售业法人企业3个、住宿业法人企业2个、餐饮业法人企业1个。

【商业经济多元化】 2014年，仁化县商业经济蓬勃发展，大型综合超市、休闲酒店、汗蒸休闲会所、专业艺术摄影、黄金专卖店、美发足浴、连锁餐厅[百胜餐饮（广东）有限公司仁化分店、华莱士炸鸡汉堡]等商业经济不断发展。连锁超市以其便民、利民“一站式购物”优势，改变传统、落后经营方式，深受广大消费者欢迎，促进市场繁荣、兴旺。但专业市场匮乏，如全县建材专业市场只有1家，市场经营规模较小，销售覆盖面不广。

【饮食服务业特色化发展】 2014年，仁化县大力实施美丽乡村休闲旅游建设计划，出台政策和资金支持“丹霞仁家”农家乐建设。全年全县住宿和餐饮业零售额31641万元，比上年增长9.2%。

【房地产交易市场平稳】 2014年，仁化县实施丹霞新城二期、盛世铭庭、晖景一品城C区、怡雅轩等房地产项目建设。全年全县房地产开发投资额42472万元，比上年增长11.6%；商品房销售面积16.08万平方米，比上年下降2.3%，商品房销售额47021万元，比上年下降5.1%。

（张明福　张相群）

## 供销合作

【概况】 2014年，仁化县供销合作社联合社（简称“县供销社”）坚持为“三农”服务办社宗旨，贯彻落实中共十八届三中、四中全会和2014年中央1号文关于“加快供销合作社改革发展”精神，围绕中心服务大局、改革创新，重点在拓宽经营服务网络、基层社组织建设、推进全县供销合作社改革发展、参与农业产业化经营、开展党的群众路线教育实践活动方面开展工作，推动全县供销系统各项业务发展。全系统经济保持稳定增长态势。全年全系统商品总购进额7388.5万元，比上年增长5.65 %，其中：农副产品收购额350万元，比上年增长21.7 %；销售总额7200.9万元，比上年增长4.35%。其中农资销售1763.7万元，与上年持平，日用消费品销售2562.3万元，比上年增长17%；农产品加工与销售1274万元，比上年增长 34 %。全系统利润汇总盈利29.92万元，比上年增长2.47%。

【农资组织供应工作】 2014年，县供销社继续做好农资组织供应工作，保障全县农业生产需要，稳定农资市场价格，通过采取早谋划、早组织、早就位，做好市场分析和需求预测工作，主动到上游厂家协调联系，积极组织采购和调整优化库存品种及数量，确保全县农资货源充足。全年全系统购进化肥7769吨（其中：尿素1772吨，复合肥1556吨，钾肥1457吨，碳铵1648吨，磷肥1336吨），农药 49.5吨，农膜18吨，购进优质水稻种子10吨。发挥农资连锁经营服务网络优势，全系统各农资经营企业及时将适销对路优质农资商品调运至终端网络，并灵活调节经营时间，提高经营服务质量，切实抓好农资销售工作。全年全县系统供应化肥8106吨（其中，尿素1824吨，复合肥1624吨，钾肥1515吨，碳铵1722吨，磷肥 1421吨），农药52.2吨，农膜20吨，销售优质水稻种子8 吨。

【社有资产管理】 2014年，县供销社贯彻落实国家财经法规，确保供销社社有资产保值增值，加强社有资产获取、投资、运营、收回与处置、资本收益、监管与考核等方面管理工作，制定《仁化县供销社社有资产管理制度》，健全和完善全县社有资产管理制度，做到有章可循，职责明确。通过加强社有资产管理，提高全县社有资产经营效益和经济收入，为仁化供销系统社企业发展壮大提供较好基础。

【经营服务网络拓宽】 2014年，县供销社结合实际，重点加强农资连锁终端网点建设工作，在加强县农资龙头企业仁化县兴农农资配送中心建设的同时，通过采取联合共建方式，新建农资连锁网点，拓宽县供销系统经营服务网络。4月，在长江镇新建开设农资连锁网点1间，新增农资经营服务网络场所70多平方米。

【基层组织建设加快推进】 供销社基层组织体系以县社为核心、基层社为骨干、农村基层网点为基础、农民专业合作社及社区综合服务社等为补充的综合性经营服务体系，是供销社参与新农村现代流通网络建设、农业产业化经营、农业社会化服务体系建设和美丽乡村建设重要基础和支撑。2014年，县供销社按“整合、规范、提高”方针，以建设区域性中心社为方向，加快基层社资源整合步伐。9月，整合董塘供销社和石塘供销社资源，合并、组建董塘中心社，统一管理基层社人、财、物，有效推进全县供销社基层组织改革与建设，增强全县基层供销社组织功能和为农服务实力。

【合作经济组织发展】 2014年，县供销社通过向农民宣传国家有关农民专业合作社有关方针政策，引导农民和供销社合作共同组建农民专业合作社，并按照国家、省、市农民专业合作社示范社标准和要求，大力发展合作经济组织。4月23日，通过工商注册，城口恩村果农主动联系县供销社共同出资成立组建水果专业合作社仁化县龙凯富黄金桔专业合作社。

【烟花爆竹专营安全管理】 烟花爆竹是供销社专营的易燃易爆商品。2014年，县供销社坚持“安全第一、预防为主”方针策略，严格执行《烟花爆竹安全管理条例》，确保烟花爆竹经营管理安全无事故。一是继续加强和完善永安烟花爆竹新仓库管理工作。二是探索烟花爆竹零售实行专店经营模式。10月，组织永安烟花爆竹公司和县社办公室、财会股及合作指导股工作人员到翁源县学习取经，学习借鉴该县实行烟花爆竹零售专店经营先进管理模式，召集全县供销系统基层社主任和公司经理，开展全县烟花爆竹零售实行专店经营模式可行性大讨论，做好仁化县烟花爆竹零售全面实行专店经营先进管理模式调查摸底工作。三是切实加强烟花爆竹经营网点管理和服务指导工作。全年到各烟花爆竹经营网点开展安全检查9次，指导各网点改正不合规经营行为。四是开展打击私炮假炮工作，净化全县烟花爆竹市场。全年联合公安、安监等部门开展打击私炮假炮行动18次，查处没收假冒伪劣烟花爆竹商品一批，价值约13万多元。全年全县实现烟花爆竹经营管理安全无事故目标；烟花爆竹销售额93.5万元，比上年下降18%。

**【茶叶产业化经营】** 2014年，红山供销社在县供销社支持下，继续做大做强茶叶产业经营，推动红山茶叶产业化经营发展，帮助农民增收致富。一是利用新扩建的茶叶加工厂年产量大优势，开仓收购茶农生产的茶青，为茶农排忧解难，助茶农增产增收。二是由主任带领全社人员到茶叶加工车间一线，各司其职，共同完成春、夏、秋茶加工制作工作。三是利用稳固销售经营渠道优势，及时将茶叶产品销往广州等地。全年向茶农收购茶青62吨，助农增收100万元，生产加工制作茶叶产品31吨，实现茶叶销售375万元。

**【党的群众路线教育实践活动】** 2014年，县供销社结合实际，按照中共仁化县委实践办部署和要求，组织全体中共党员干部学习，扎实推进党的群众路线教育实践活动。通过开展“三联三访三服务”“五送帮耕”“三同三谈”“回头看”活动，以召开座谈会、认真开展谈心交心活动、征求意见、查摆问题、召开专题民主生活会和民主生活会情况通报会等形式，群策群力，集中解决“四风”问题，加强和改进领导班子作风建设，密切党群、干群关系。

**【计生帮扶工作】** 2014年，县供销社按照中共仁化县委、县政府《关于进一步加强全县人口和计划生育工作管理的若干规定》精神和要求，到计划生育挂点联系村董塘镇董中村，开展计划生育帮扶工作，帮助该村解决计生实际问题，确保董中村计生工作达标。全年，帮扶董中村计生资金7000元。

**仁化县供销合作社联合社负责人名录：**

**主　任：**黄银泰

**副主任：**朱建辉　罗展华　顾仁福（任至2014年7月）

（李伟忠）

## 粮食储备管理与流通

**【概况】** 仁化县粮食局是仁化县发展和改革局管理的公益一类事业单位，副科级，内设办公室、粮食调控股、粮食统计股3个正股级机构，主要负责全县粮食行政管理工作，包括负责全县粮食流通管理审核、发证、监督和检查，县级储备粮、军粮供应、救灾救险、水库移民口粮供应管理，全县粮食流通统计工作，承办县发展和改革局和市粮食局交办其他事项。

县粮食企业总公司是县属国有粮食企业，共有员工70人，内设储运部、劳资部、财务部，下辖附城、董塘、扶溪、周田4个直属库9个库点，承担全县各级储备粮油的储存、轮换任务，负责全县军供粮油、移民粮供应，协助粮食行政机构进行粮油市场监控和各级粮油应急预案实施。截至2014年年底，县粮食企业总公司有员工70人。

**【粮油市场监测】** 2014年，县粮食局根据《广东省粮油市场监测报告制度》《关于建立韶关市级监测网络的通知》要求，指定人员负责，按照“迅捷及时、代表性强、规范连贯、预测预警”原则，加强粮油市场监测预警工作，选定有代表性粮食经营企业为全县监测网点。粮食企业总公司、大型粮油加工企业重点监测收购价格和批发价格；超市和军供粮店重点监测零售价格，并在每周一将全县粮油价格变动状态上报市粮食局。通过合理布局监测网点，规范监测报告工作程序，科学采集加工市场信息，掌握全县粮油流通整体情况，发挥粮油市场监测网络为粮食宏观调控服务作用，确保全县粮油市场稳定。全年累计收集监测网点数据52个，上报市粮食局监测数据52个。

**【粮食流通监督检查】** 2014年，县粮食局发挥粮食管理部门粮食市场监督检查主体作用，定期对辖区内从事粮食收购的各类粮油经营者、加工及转化企业开展监督检查工作并实时监测企业粮油库存量。夏粮、秋粮收购期间由县政府牵头组织粮食、发改、工商部门组成联合监督检查小组，加强粮食收购主体收购经营活动监督检查。严格要求各类粮油企业，特别是领取“粮食收购许可证”的粮食企业遵守“五要五不准”（即要敞开收购，随时收购，不准折腾农民；要公平定等，准确计量，不准克扣农民；要依质论价，优质优价，不准坑害农民；要现款结算，不打白条，不准算计农民；要优质服务，排忧解难，不准怠慢农民）收购守则，按规定执行粮食质量标准，按时向粮食行政管理部门上报粮食收购数量等数据，不人为设置收购障碍和地区封锁阻碍粮食正常流通，执行国家最低收购价。通过准确及时了解掌握粮油市场动态，确保全县粮食安全和社会稳定，农民和消费者利益不受损害。全年全县开展粮食流通监督检查5次，出动人员15人次，检查中未发现违规经营粮食行为。

**【粮食安全保障】** 2014年，县粮食局根据《仁化县人民政府印发仁化县粮食应急预案的通知》要求，抓好粮食应急预案完善及应急管理体制、制度建设、加强应急网点管理和演练，履行粮食应急工作职责，维护粮食应急供应网点，做好应对各种自然灾害、突发事件和市场异常波动粮食应急供应准备，推进粮食应急保障体系建设。

**【粮食库存检查】** 2014年，县粮食局加强粮食库存管理，夯实宏观调控物质基础。年内，仁化县在市粮食局的统一组织安排下，按照“综合交叉、本地回避”原则开展粮食库存检查。成立以粮食局局长为组长，县发改、粮食、财政、农发行等单位为成员的全县粮食库存检查工作领导小组，到乐昌开展检查。同时，接受乐昌粮食库存检查小组对仁化县粮食企业的检查。经检查，仁化县粮食企业粮食库存管理及相关工作符合上级要求，粮食库存数量真实，账实相符；实物账与统计账、会计商品帐、银行库存台账数据一致；库存粮食、粮情，稳定、安全。

**【年度购销任务完成】** 2014年，仁化县粮食企业总公司粮油收购总量15434吨，完成储备粮8995吨和储备油80吨轮换入库任务；粮油销售1544吨，完成储备粮轮换销售8995吨和储备油轮换销售80吨，全年实现销售收入4637万元。

**【粮食储备与流通】** 2014年，县粮食企业总公司按照储备粮油推陈储新要求，按时、高质、高效完成省级储备粮4936吨、市级储备粮2000吨、县级储备粮2059吨和县级储备油80吨轮换，确保储备粮油安全储存。同时，发挥国有粮食部门在粮食储备与流通中主导作用，发挥“庭旺牌”丹霞优质大米和“阳元牌”花生油两家公司自主经营粮油品牌优势，实现商品粮经营6439吨，增加市场粮食收购量，解决当地农户70%以上上市余粮出售问题，推动粮食市场流通，确保当地粮食市场稳定。

**【粮油仓储管理】** 2014年，县粮食企业总公司按照省、市、县储备粮油管理细则和仓储规范管理要求，粮油仓储管理，坚持“六项储粮制度”（岗位责任制度、粮情检查制度、清洁卫生制度、出入库及收粮制度、安全制度、器材及药物管理制度），实行“一符三专四落实”（账实相符，专人、专账、专仓管理，品种、地点、数量、质量确保落实）管理措施，实现各级储备粮油和商品粮油粮宜存率100%，“四无粮仓”（无害虫、无变质、无鼠雀、无事故）率100%。

**【安全储粮设施建设】** 2014年，县粮食企业总公司筹集更新改造资金57万元，投入军供门店设备和军供粮油仓库维修改造15万元，投入新建彩钢过磅亭1座和维修改造附城直属库省级储备粮仓库3座，共计42万元。

**【军粮供应】** 2014年，县粮食企业总公司树立“四个意识”（政治意识、质量意识、服务意识、创新意识），坚持“五个确保”（确保政策、确保质量、确保制度、确保稳定、确保服务），重点加强军粮管理，抓好军粮供应工作软、硬件建设和管理工作，从源头上把好军粮质量关，确保军粮质量安全。推进军粮供应与地方粮食储备融合，建立军民融合、平战结合通用物资保障平台，增强应急保障能力，完成全年军粮供应任务，做到军粮供应及时、部队满意。

**仁化县粮食局负责人名录：**

**局　长：**胡庆才

**仁化县粮食企业总公司负责人名录：**

**总 经 理：**邓济庭

**副总经理：**张侃宁　陈卫权

（张燕梅　蒙传敏）

## 烟草专卖

**【概况】** 2014年，仁化县烟草专卖局（广东烟草韶关市有限公司仁化县分公司）［简称“县烟草专卖局（分公司）”］有在岗员工52人。县烟草专卖局（分公司）坚持“稳中求进”工作总基调，围绕“卷烟上水平”目标任务，贯彻执行省局（公司）“12253”（即围绕“学习好、贯彻好、落实好党的十八届三中全会精神”一个主题，着力“坚持巩固和完善烟草专卖制度、坚持严格规范”两个坚持，抓好“党的群众路线教育实践活动、企业精益管理”两个重点，办好“种好烟叶、卖好卷烟、管好卷烟市场、带好队伍、保证安全”五件事，实践烟草行业“改革的红利在哪里、发展的潜力在哪里、追赶的目标在哪里”三大课题）工作思路，扎扎实实抓好市局（公司）“五个严格落实”（即严格落实烟叶生产计划政策，推动烟叶工作水平上新台阶；严格落实经济运行调控要求，推动卷烟营销工作有新进展；严格落实专卖监管管理职能，推动市场规范水平有新提升；严格落实深化改革总体要求，推动企业内部管理有新成效；严格落实上级各项部署安排，推动人才队伍建设有新突破），稳步有序推进各项工作。截至2014年年底，全县辖区经营卷烟零售户765户，销售卷烟7950.521箱，卷烟销售收入21344.02万元，实现税收2020万元，查处涉烟违法案件88宗。仁化县烟草专卖局（分公司）被韶关市精神文明建设委员会评为2012—2013年度“韶关市文明单位”；仁化县烟草专卖局（分公司）综合管理部被韶关市总工会、韶关市总工会女职工委员会评为2013年度“粤北女职工文明岗”。

**【卷烟经营】** 2014年，县烟草专卖局（分公司）按照“发展同向、工作同心、服务同步、利益同体”总体要求，贯彻落实省、市局（公司）卷烟经营管理工作部署，做好卷烟销售、规范经营、品牌培育、客户服务和现代卷烟零售终端建设工作，优化卷烟物流配送，推进卷烟经营管理工作上水平。全年，全县卷烟销售7950.521箱，做到“100%入网销售、100%落地销售、100%落户销售”，卷烟货款电子结算成功率达100%，实时划扣电子结算比率为99.3%，建成现代卷烟零售终端形象店10家，建成现代卷烟零售终端功能店89家。

**【专卖管理】** 2014年，县烟草专卖局坚持以维护国家利益、维护消费者利益为指导，贯彻省、市局卷烟打假工作部署，保持严厉打击的高压态势，以卷烟打假打私为重点，完善打假体系，强化内部专卖管理监督工作，确保卷烟市场经营秩序健康稳定。全年，县烟草专卖局出动执法人员1944人次，出动车辆486车次，检查零售户17400户次；查处涉烟违法案件88宗（其中一般程序案件25宗，简易程序案件63宗）；查获各类涉案卷烟140.958万支，案值671817.92元，上缴罚没款210228.24元，市场净化率97.6%；受理行政许可申请256份，辖区有效持证户769户（其中城网632户、农网137户），完成合理布局规划数101.2%。执法人员严格依法行政实现“零投诉”，没有违法违纪现象，没有因为行政执法、处理案件引发行政复议、行政诉讼。

**【涉烟违法案件查处】** 2014年，县烟草专卖局多次联合公安、工商、质监部门开展联合行动执法检查，加强全县卷烟零售点经营场所检查，发现问题及时监控，按照执法权限和职责分工及时立案查处。同时，结合日常检查和联合行动，拓宽举报投诉线索来源，加大打击销售“假、私、非”卷烟和无证经营行为力度，维护卷烟市场良好经营秩序。①5月22日，县烟草专卖局在凡口矿706市场执法检查中查获未在当地烟草专卖批发企业进货卷烟案件1起，现场查获双喜（软蓝红玫王）卷烟0.8万支（40条），案值4400元。②5月27日，县公安局城口交警中队在106国道查获无证运输卷烟案件1起，并将案件移交县烟草专卖局处理。现场查获白沙（精品）、白沙（精品二代）、双喜（软）等24个品牌香烟79.96万支（3998条），案值353780元。③11月8日，县公安局城口交警中队和县巡特警大队在城口公安检查站查获无证运输卷烟案件1起，并将案件移交县烟草专卖局处理。经执法人员现场清点，涉案卷烟有白沙（精品）、白沙（精品二代）等13个品牌24万支（1200条），案值141700元。

**仁化县烟草专卖局（分公司）负责人名录：**

**局长（经理）：**苏惠麟

**副局长：**邓满春

**副经理：**周雁南（任至2014年3月）

邓建良（2014年3月任职）

（陈丽娟）

## 食盐专卖

**【概况】** 2014年，全县有销售碘盐网络11个，零售碘盐网点569个，与上年持平。碘盐覆盖率100%，碘盐合格率100%，合格碘盐食用率100%。全年全县完成食盐、生产用盐销售1523吨，比上年减少158吨。其中，小包装食盐731.5吨（低纳盐362吨、自然食用盐37吨、自然晶盐194吨、绿标盐37吨、500克加碘精制盐16吨、500克加碘日晒盐83吨、澳洲湖盐2.5吨）比上年增加41.5吨，低纳盐占小包装销售49.5%；食品加工用盐42吨，比上年增加11吨；小工业盐750吨，比上年减少210吨。

**【食盐宣传与监督管理】** 2014年，全县开展防治碘缺乏病和打击制售假冒盐宣传活动，以及食盐市场综合整治活动。全年全县出动盐政执法人员432人次，出动车辆138台次，检查市场86个、商店2530间、饭店702家、学校和幼儿园23所、食品加工厂12家，走访农户725家。利用“3·15”消费者权益日、“5·15”防治碘缺乏病宣传日，多形式推广“食用低纳盐、预防控制高血压、保护心脑血管”健康食盐理念，派发低纳盐、澳洲湖盐宣传资料4100份，低纳盐赠品880份，电视台宣传报道两次。借助落实“一证两书”（指食盐零售许可证和食盐安全责任书、食盐供应协议），上门办理“食盐零售许可证”换证工作，在县城和各乡镇进行地毯式检查。检查发现假冒食盐0.05吨，开出简易程序处罚决定书1份，责令改正通知书8份，罚款50元。

（张明福　张相群）

## 生猪屠宰供应

【概况】 2014年4月，县农业局接管畜禽屠宰环节职能，全县有生猪屠宰场7家，其中经省政府正式下文挂牌定点屠宰场有县城、董塘和周田3家，小型生猪屠宰场有黄坑、大桥、长江、红山4家。2014年，全县生猪屠宰供应小幅上涨，全年进点生猪屠宰量49321头，比上年增长6.5%；屠宰加工费用145.3万元，比上年增长11%。全年生猪定点情况总体平稳，供应充足。

【生猪屠宰管理】 2014年，仁化县根据《广东省生猪定点屠宰资格审核清理工作方案》，确定县城生猪定点屠宰场在原地改造升级或新建；周田屠宰场完成异地建设工作，未验收。

【行政执法情况】 2014年，县农业局加强屠宰环节监督管理检查工作，打击私屠滥宰行为，入场查物验证率和屠宰检疫率达100%。全年屠宰场无害化处理不合格肉品3450千克；检查生猪定点屠宰经营场所36场次，出动执法人员192人次。

（董朝元）

## 石油销售

【概况】 截至2014年年底，全县有加油站19家，其中，丹霞街道6家，董塘5家，除石塘、闻韶、黄坑外其他镇各1家。全年全县销售成品油294851吨，其中销售柴油19006吨，汽油275845吨，比上年增长3.7%。

（肖润华　刘大旺）

## 对外经济贸易

【概况】 2014年，全县引进外资项目两个，合同吸收外商投资3425万美元，比上年增长7.3%；实际吸收外商投资1721万美元，比上年下降0.5%；外贸出口1075万美元，比上年增长41.8%。

【外商投资企业发展】 截至2014年年底，全县有外商投资企业29家，其中新注册外商投资企业两家，注销外商投资企业两家，转为内资企业两家。全年全县外商企业完成投资1.03亿元，销售收入总额4.56亿元，实现利润3180万元，上缴各类税收394万元，从业人员1400人。

【鸿伟木业上市】 鸿伟木业（仁化）有限公司是鸿伟（亚洲）控股有限公司在境内投资的生产基地，位于仁化县大岭工业园区，创建于2003年5月。2012年6月，该公司投资4.396亿元从德国、瑞士等国家引进9英尺宽度刨花板连续压机生产线和工艺技术，开始改扩建年产22万立方米刨花板生产线项目。2013年9月竣工投产。2014年1月8日，鸿伟（亚洲）控股有限公司在香港联合交易所有限公司创业板块上市，成为仁化县域内首家在香港上市的民营企业总部。

【加工贸易实现增长】 2014年，仁化县智能木业有限公司有员工550人，加工贸易销售总额5106万元（约合821万美元），比上年增长89%，实现利润100万元，缴纳各类税费约6万元。

【招商引资】 2014年，仁化县围绕“四化推四区”发展思路，开展质量招商和主导产业招商，制订和落实一系列招商引资优惠政策。精心编制产业招商规划，重点围绕有色金属循环经济、现代农业、生态旅游业优势产业进行招商推介，通过参加粤港交流会、广东国际旅游文化节、泛珠三角经贸洽谈会、加工贸易博览会、莞韶联合招商活动等一系列经贸活动，开展对外招商活动。年内，引进东莞大通家具材料项目、茶叶精深加工新建项目、丹霞山北门水上入口综合服务区项目、2万吨钨渣综合回收利用项目等优质项目一批。全年全县引进内联招商项目100宗，合同利用外地资金47亿元，比上年增长77.4%，实际到位资金6.7亿元。其中亿元以上项目6个，总投资额38.2亿元，占总投资额81%。

**【专项督导确保签约项目履约】** 2014年，县经信局继续落实县政府外经贸任务目标，实施局领导挂点联系外企项目制度，加强工作任务督促检查，配合市商务局督查鸿伟木业（仁化）有限公司改扩建工程项目，年内开展工作目标任务专项检查26次，并每月汇报任务完成情况。做好“企忧档案”管理，组织人员定期下点调查研究，了解项目进展情况，解决项目跟踪落实过程中存在问题，敦促签约项目落实报批。全年全县签约项目履约率达100%。

（张水甜　钟　福）

# 旅游业

## 综述

【概况】 2014年，仁化旅游业结合全县实施“四化推四区”战略目标，按照“做好规划，擦亮品牌，建好景点”和“人心向旅、规划引旅、项目强旅、服务优旅”发展思路，围绕“寻梦丹霞、悠游仁化”发展定位，发挥县域旅游资源优势，开展环丹霞山生态旅游景点及配套服务区建设。按照《仁化县关于加快发展乡村生态旅游的意见》《仁化县关于进一步促进旅游业发展的暂行办法》，在各镇（街道）开展“两个中心、一家”（旅游发展服务中心、土特产交易中心、“丹霞仁家”）规划建设。按照《仁化县2013年各镇（街）旅游工作目标考核办法》考核办法，开展乡镇旅游工作考核，提高县机关企事业单位和镇（街道）发展旅游业积极性和创造性，实施美丽仁化乡村休闲旅游建设计划，鼓励发展乡村旅游，发展农家乐、农业生态旅游、森林生态旅游、民俗文化旅游项目，将节庆活动延伸到各乡镇，1月举办石塘堆花米酒旅游文化节，2月在县城文化广场举办春色满园春节元宵节庆活动，6月在扶溪镇古夏古村举办“梦里的古村”——广东省古村落摄影大展、广东省“大美仁化·魅力扶溪”摄影大赛，11月在大桥镇长坝举行首届仁化县“生态长坝•柚香万里”金柚节活动，12月在黄坑镇举办第二届黄坑贡柑文化节，深化“旅游带百业、百业促旅游”发展格局。全年全县接待游客人数614.33万人次，比上年增长12.3%，旅游收入347780.53万元，比上年增长12.29%，过夜游客人数196.67万人次，比上年增长12.38%。

【机构编制】 2014年5月5日，仁化县机构编制委员会根据《关于印发〈仁化县事业单位分类改革方案和有关配套政策〉的通知》和《关于印发仁化县旅游局机构编制方案的通知》，明确县旅游局为县人民政府直属公益一类事业单位，正科级。其主要任务：①贯彻执行国家和省、市有关旅游业方针、政策、法规和规划。②制订旅游发展规划和计划，组织指导主要旅游产品开发；拟定国内外旅游市场开发目标和计划，组织旅游整体形象的对外宣传和较大的促销活动，指导旅游企业对外交流与合作。③培育和完善旅游市场，组织旅游资源普查，指导重点旅游区域规划和开发建设。④组织实施旅游景区（点）、度假区及旅游饭店、旅行社服务标准；指导和监督旅游饭店及旅游设施质量规范和管理工作。⑤组织实施旅游教育、培训工作；组织旅游从业人员职业资格和等级考试、考核，指导和实施旅游统计。⑥监督、检查旅游市场秩序、旅游安全和服务质量，受理旅游者投诉，维护旅游者合法利益。⑦承办县人民政府和市旅游局交办的其他事项。内设办公室、业务股两个正股级机构。核定旅游局事业编制4名，其中局长一名，副局长两名，内设机构领导职数两名。经费按财政补助一类拨付。

【县旅游协会改选大会】 2014年8月6日，仁化县旅游协会改选大会在县城锦城宾馆召开。会议通报相关人事变动、部分会员调整情况及财务情况。会议通过民主选举方式，选举谢庆伟为旅游协会名誉会长、黄付养为名誉副会长、叶志琴为会长，选举副会长3名及常务理事。谢庆伟为新任会长、副会长颁发任职证书。会议强调，旅游协会要围绕丹霞山旅游服务配套建设和乡村休闲度假旅游，营造“人心向旅，规划引旅，项目强旅，服务优旅”氛围。各旅游协会成员要积极出谋献策，发挥参谋和助手作用；要加强协调，发挥桥梁和纽带作用；要密切联系，发挥合作和服务作用；要强化自律，发挥监督和约束作用；要认清形势，抓住机遇，利用各种有利条件，借助旅游协会平台，做大做强企业，为全县旅游经济和社会发展作出贡献。县领导谢庆伟、廖兰英、张标兵出席会议，全县旅游协会代表35人参加会议。

**【“丹霞仁家”星级农家乐授牌】** 2014年 4月28日，中共仁化县委、县政府在丹霞街道车湾福宝休闲农庄举行首批“丹霞仁家”星级农家乐授牌仪式。县领导谢庆伟、廖兰英、黄付养出席仪式并为“星级”示范户授牌。全县旅游企业、农家乐业主近百人参加授牌仪式。年初，经仁化星级“丹霞仁家”评审委员会现场评审，评定“福宝农家乐园”为“丹霞仁家”四星级农家乐，山水湾农庄、喜洋洋休闲农庄为“丹霞仁家”三星级农家乐，倚云山庄等11家为“丹霞仁家”二星级农家乐，走马坪农庄等6家为“丹霞仁家”一星级农家乐。仪式上，县人民政府对获得三星、四星级农家乐分别给予10万元、20万元奖励，对获得三星级以下农家乐给予8000元补贴。县旅游局给获得星级“丹霞仁家”农家乐赠送印制统一“丹霞仁家”Logo围裙。2014年，仁化县“丹霞仁家”农家乐共接待游客35万人次，实现经营收入1000多万元。

2014年“丹霞仁家”星级农家乐一览表

表10

| 序号 | 农家乐名称 | 房间（间） | 床位（位） | 餐位（位） | 经营地址 | 特色 | 星级 |
|---|---|---|---|---|---|---|---|
| 1 | 福宝农家乐园 | 10 | 20 | 200 | 丹霞街道车湾村委会岭背云客山 | 钓鱼、果园、烧烤 | 四星 |
| 2 | 山水湾农庄 | 7 | 13 | 480 | 丹霞山街道黄屋村委会青湖塘村丹霞加油站旁 | 钓鱼、烧烤 | 三星 |
| 3 | 喜洋洋休闲农庄 | 8 | 12 | 500 | 董塘镇红星村委会青石桥 | 钓鱼、烧烤 | 三星 |
| 4 | 丹霞印象 | 25 | 50 | 50 | 丹霞街道黄屋村委会丹霞山景区外山门 | — | 二星 |
| 5 | 红豆兰庭客栈 | 17 | 30 | — | 丹霞街道黄屋村委会断石组 | — | 二星 |
| 6 | 景阳农家菜馆 | 20 | 45 | 80 | 丹霞街道黄屋村委会瑶塘组24号 | — | 二星 |
| 7 | 有园山庄 | 6 | 15 | 600 | 长江镇山矿窝锦江村 | — | 二星 |
| 8 | 明昇山庄 | 13 | 30 | 400 | 周田镇平甫村委会石庄村小组 | 钓鱼、果园、烧烤 | 二星 |

续表10

| 序号 | 农家乐名称 | 房间（间） | 床位（位） | 餐位（位） | 经营地址 | 特色 | 星级 |
|---|---|---|---|---|---|---|---|
| 9 | 南庄生态名园 | — | — | 100 | 黄坑镇南庄村 | 农家四合院、鱼塘、田园风、生态林、花圃 | 二星 |
| 10 | 倚云山庄 | 16 | 35 | 200 | 丹霞街道车湾村委会岭头组村口 | 烧烤 | 二星 |
| 11 | 金果山庄 | 20 | 50 | 500 | 大桥镇长坝村 | — | 二星 |
| 12 | 周田农庄 | — | — | 80 | 周田镇周田村委会原周田小学 | 烧烤 | 二星 |
| 13 | 韶石山庄 | 20 | 50 | 100 | 大桥镇水江村 | — | 二星 |
| 14 | 龙坑农庄 | — | — | 50 | 周田镇龙坑村委会 | 钓鱼、果园 | 二星 |
| 15 | 中山门农庄 | 10 | 20 | 80 | 丹霞街道黄屋村委会瑶塘组 | — | 一星 |
| 16 | 金福农庄 | — | — | 50 | 周田镇平甫村委会石庄村小组猪腰盘山 | 果园 | 一星 |
| 17 | 走马坪农庄 | — | — | 70 | 丹霞街道康溪村委会寨子组 | 果园20亩、野炊、烧烤、钓鱼 | 一星 |
| 18 | 思源农庄 | — | — | 150 | 石塘镇石塘村梨树下组29号 | — | 一星 |
| 19 | 杨园农庄 | — | — | 70 | 丹霞街道车湾村委会岭背岭 | 果园 | 一星 |
| 20 | 大田庄园 | — | — | 250 | 丹霞街道岭田村委会大田组 | 野炊、烧烤、钓鱼、儿童游乐 | 一星 |

## 旅游资源

### 仁化县主要旅游资源类型、级别、特征简表

表11

| 序号 | 名称 | 类型 | 级别 | 特征 | 位置 |
|---|---|---|---|---|---|
| 1 | 丹霞山 | 世界自然遗产<br>世界地质公园<br>风景名胜区<br>AAAAA级旅游景区<br>自然保护区<br>度假区 | 世界级<br>世界级<br>国家级<br>国家级<br>国家级<br>省级 | 1.丹霞地貌命名地，是丹霞地貌面积最大、发育最典型、类型最齐全、造型最丰富、风景最优美集中分布区<br>2.丹霞山风景雄、险、奇、秀、幽特点突出<br>3.丹山碧水、田园村舍组合风光别具特色<br>4.具有深厚历史文化和宗教文化底蕴 | 丹霞街道、周田镇、董塘镇、大桥镇 |

续表11

| 序号 | 名称 | 类型 | 级别 | 特征 | 位置 |
|---|---|---|---|---|---|
| 2 | 丹霞源 | 水利风景区 | 国家级 | 1.集绮丽丹霞、蜿蜒锦江、古老寺塔、婆娑绿影于一体<br>2.空间结构沿锦江自北向南延伸，北与长江镇万时山接壤，西临石塘镇双峰寨，南靠周田镇月岭<br>3.水域内有锦江水库和锦江、西岸、黄屋、丹霞、瑶山电站5个梯级电站<br>4.沿岸植被茂盛，森林覆盖率高 | 长江镇、扶溪镇、城口镇、丹霞街道、董塘镇、石塘镇、周田镇 |
| 3 | 丹霞山摩崖石刻 | 保护文物 | 国家级 | 1.内容涵盖僧尼、香客、政要人士、文人墨客登临丹霞山后题字、题名、题记、题诗、碑文、游记<br>2.书法有楷、行、草<br>3.数量逾数百款，镌刻时间跨越北宋至民国期间 | 丹霞山景区、丹霞街道、周田镇、董塘镇、大桥镇 |
| 4 | 古秦城恩村古村 | 保护文物 | 省级 | 1.历史悠久建筑，广东仅存的赵佗城<br>2.白墙黑瓦式民居、鹅卵石街道、古城门、老商铺构成独具地方特色古村落<br>3.蒙氏家族遗风 | 城口镇 |
| 5 | 双峰寨 | 保护文物<br>中共党史教育基地<br>爱国主义教育基地<br>廉政教育基地 | 国家级<br>省级<br>市级<br>县级 | 1.气势雄伟、设计巧妙的清末大型军事堡垒<br>2.被中共广东省委誉为“农民暴动中最伟大的战斗”的仁化暴动主要战斗场所<br>3.古寨、古村落、田园风光组合景观良好 | 石塘镇 |
| 6 | 云龙寺塔 | 保护文物 | 国家级 | 1.广东境内唯一一座列为国家级重点文物保护单位唐塔<br>2.佛禅“一花五叶”最早形成宗派沩仰宗开山鼻祖之一仰山慧寂禅师塔<br>3. 保存完好，具有较高研究价值的唐代方形楼阁式砖构五层实心塔<br>4.古刹、古塔、山林营造出深山藏古刹意境 | 董塘镇 |
| 7 | 石塘古村 | 中国历史文化名村<br>最具红色景观村落<br>最美古村落<br>旅游名村 | 国家级<br>省级<br>省级<br>省级 | 1.集古屋、古巷、古井、古寨、古风、古韵于一体的村落<br>2.悠久而光辉的历史，丰厚的文化底蕴 | 石塘镇 |
| 8 | 澌溪寺塔 | 保护文物 | 省级 | 1.唐末宋初斗拱平座楼阁式砖构半实心七层塔<br>2.古塔、古村落、瑶乡、水库、山林组合景观良好 | 董塘镇 |
| 9 | 凡口矿山公园 | 矿场 | 国家级 | 1.国内产量最大、矿井深达-900米的铅锌矿<br>2.多层保存完好，可供利用的废弃采掘坑道<br>3.升降机、地下车道、供电、通风、安全等配套完善的基础设施 | 凡口矿 |
| 10 | 华林寺塔 | 保护文物 | 省级 | 1.北宋斗拱檐平座楼阁式砖构六角半实心七层塔<br>2.古寺、古塔、古村落、田园组织景观良好 | 闻韶镇 |
| 11 | 文峰塔 | 保护文物 | 省级 | 1.明代八角九层楼阁式砖石空心塔，气势雄伟、建筑完好，塔高属县域之最<br>2.与城区周围文峰体育广场、文峰路景观连为一体 | 仁化县城 |

续表11

| 序号 | 名称 | 类型 | 级别 | 特征 | 位置 |
|---|---|---|---|---|---|
| 12 | 高 坪 | 自然保护区 | 省级 | 1.湖光山色、林深叶茂、风景迷人<br>2.温泉资源品质良好，周边环境优美<br>3.茶园密布，粤北白毛茶传统产地 | 红山镇 |
| 13 | 万时山 | 风景区 | 县级 | 1.山势巍峨，森林茂盛，罕见的南方高山草原<br>2.丰富的动植物资源和温泉<br>3.山下有湘粤赣边境著名的土法造纸地和古商贸城镇 | 长江镇 |
| 14 | 锦江库区 | 风景区 | 县级 | 锦江两岸风光绮丽，山色、田园、村落、桥梁、古塔等构成一道亮丽的风景线 | 丹霞街道 |
| 15 | 扶 溪 | 旅游区 | 县级 | 唐代古庙、古村落、古塔、古亭、古桥、温泉、梯田等旅游资源组合良好 | 扶溪镇 |
| 16 | 暖水温泉 | 风景区 | 县级 | 以温泉资源为主的山林、村落、田园、水库等组合景观良好 | 闻韶镇 |
| 17 | 灵溪河 | 风景区 | 县级 | 架空索道与漂流结合，观赏景区红叶枫树 | 周田镇 |
| 18 | 鸡笼寨 | 风景区 | 县级 | 小丹霞地貌与淳朴古村寨遗址、清浅溪流、神秘洞穴山庄、古寺等景观组合，舒适、恬静 | 董塘镇 |
| 19 | 周田古村 | 风景区 | 县级 | 名人故里、古村古名居 | 周田镇 |
| 20 | 东庄门楼 | 保护文物 | 县级 | 县域古建筑中风格较为独特的一座建筑物 | 黄坑镇 |
| 21 | 南庄村 | — | — | 1.集古屋、古巷、古风、古韵于一体的古村落<br>2.集田园、果园生态休闲旅游于一体 | 黄坑镇 |
| 22 | 夏富古村 | 古村落<br>最美古村落<br>旅游名村 | 省级<br>省级<br>省级 | 1.位于丹霞山核心地带，传统建筑风格独特，古风犹存<br>2.村巷中心地带的“三角街”是古民居建筑之谜<br>3.古村、田园、生态有机组合 | 丹霞街道 |

## 仁化县旅游景点一览表

表12

| 名 称 | 简 介 | 位 置 | 电 话 |
|---|---|---|---|
| 丹霞山风景名胜区 | 世界自然遗产、世界地质公园、国家级重点风景名胜区、国家AAAAA级景区、国家级地质地貌自然保护区，广东四大名山之首，世界地质学上“丹霞地貌”的命名地，中国最美的红石公园，面积292平方公里，以“雄、奇、险、秀、幽”著称，因“色如渥丹、灿若明霞”而得名，千姿百态的赤壁丹崖令人叹为观止。除有别传寺、锦石岩、海天门、一线天等众多的名胜古迹外，还有历代文人墨客留下的诗文题刻。那些奇峰妙景，神形仙态，令人目不暇接。远看丹霞山宝珠峰、海螺峰、长老峰3高峰，高耸对峙，如出天表，蜿蜒变化，奇险雄峻。被誉为“天下第一奇石的阳元石”和“天下第一绝景”的阴元石，则惟妙惟肖。主要游览区有：长老峰游览区、阳元山游览区、翔龙湖游览区、锦江游览区、巴寨景区、韶石山景区 | 丹霞街道、周田镇、董塘镇 | 6291683 |

| 名 称 | 简 介 | 位 置 | 电 话 |
| --- | --- | --- | --- |
| 丹霞源水利风景区 | 国家级水利风景区。位于县境内锦江流域，景区范围东至扶溪镇双合水，南至瑶山电站锦江河段及两岸视线范围内山脊线的内陆地，北至城口镇恩村至锦江入河河段及两岸视线范围内山脊线内陆地，西至董塘镇塘村锦江水库，仁化林场森林公园、丹霞山国家级风景名胜区，总面积约68.9平方公里其中水域面积10.49平方公里，陆地面积58.41平方公里。景区依山傍水，绮丽的丹霞，蜿蜒的锦江，婆娑的竹影，构成她独特的风景线。畅游在锦江中，两岸青山绿水，船在水中走，人在画中游。主要景点有鲤鱼跳龙门、锦岩大赤壁、群象过江、金龟朝圣、五指擒魔、长老仙翁、仙山琼阁等秀美风光 | 长江镇、扶溪镇、城口镇、丹霞街道、董塘镇、石塘镇、周田镇 | 6352328 |
| 丹霞山灵溪河森林旅游度假公园 | 中国飞索第一漂，实现架空索道与漂流的完善结合。灵溪河漂流全长3.5公里，漂流时间约1.5小时；灵溪河大峡谷观光索道全长1520.3米，单线乘坐时间约28分钟，沿途可观赏老鹰石、象鼻石，秋冬可赏红叶。旅游配套设施齐全 | 周田镇 | 6423028 |
| 石塘双峰寨 | 全国重点文物保护单位，省市县爱国主义教育基地，广东省中共党史教育基地。始建于清光绪已亥年（1899年），已有110多年历史。为“河护城”结构，外形长方形，墙体结构呈梯形，城墙全部由石块、石灰和青砖砌成，寨子面积3660.38平方米，寨外有宽13.7米、水深1.5米的护城河环绕。是广东省保存比较完整的古代建筑之一。1928年，双峰寨保卫战震撼整个北江地区，是仁化暴动重要组成部分，在粤北农运史上写下光辉篇章。双峰寨所在地是古老的石塘村，古称“千家村”，建于明代的古村落原貌保存完好，那高梁瓦屋，厅大房小，天井照壁，一应俱全。村里的民俗文化“月姐歌”是一项全省乃至全国唯一独特的传统民间艺术，可与广西的女书相媲美，与该地的“堆花酒酿造技艺”均属省级非物质文化遗产。此外，这里生产的大米、甜竹笋、马蹄、瓜果蔬菜堪称绿色食品 | 石塘镇 | 6394008 |
| 红山高坪省级自然保护区 | 保护区内有青山环抱的大型水库，有3333.33公顷次生林、温泉、峡谷溪流和茶园。四周环境幽雅，宁静秀美，片片茶园分布于山林之中，景色颇为壮观，令人心旷神怡。是粤北白毛茶传统产地 | 红山镇 | 6343702 |
| 长江万时山天山大草原 | 万时山（又称范子山、白云山、氾水山、万子山）位于长江镇与湖南汝城、江西崇义交界处，海拔1559米，是仁化县境内锦江河发源地之一，也是全县最高峰。登临“脚踏三省第一峰”，极目远眺，山势巍峨，林木葱郁。山顶有百亩高山草原，放眼望去，苍山如浪，重重叠叠。夏季清澈溪流，冬季神奇冰挂雾凇，蔚为壮观。长江镇是湘粤赣边境著名的土法造纸地和古商贸城镇 | 长江镇 | 6298666<br>6225051 |
| 锦江库区 | 范围125平方公里，水面916万平方米，库容1.89亿立方米，水位135米。库区悠长，中间有数座孤岛山头，两岸青山，山上满是松林杉林。风光旖旎，空气清新，山岭倒映水面，如真如幻。丰水期，可看见泄洪的美丽壮景；那越过泄洪闸坡的水，咆哮飞流，起落100多米的坝底，下溅出一片白茫茫浪花，蔚为壮观 | 丹霞街道 | — |
| 城口温泉、古秦城 | 位于县城37公里的城口镇。温泉水含有硫黄、碳酸及碱等矿物质，四季达60℃之恒温，流量72立方米/小时，水质优良，含有多种对人体有益的微量元素，经常淋浴有强身健体、消除疲劳之功效。古秦城与城口温泉一街之隔。秦末，南越王赵佗在城口境内筑城。古秦城现为县文物保护单位 | 城口镇 | 6263001 |

续表12

| 名称 | 简介 | 位置 | 电话 |
|---|---|---|---|
| 长江清朝广州会馆 | 长江广州会馆建于清光绪十一年（1885年），占地面积为1571平方米，建筑面积为657平方米。整个会馆分为上、下两座，中间一大院。由广属商贾联手30家商店“仰桃园之义重，恩梓里之情深”集巨资兴建。会馆左右两侧有厢房，中间有天井，馆内顶墙下，有108幅大小彩色壁画清晰易见，木染刻有大小各异龙凤图案。整个会馆用磨制过的青砖砌成，瓦面盖底、面瓦两层，阴瓦为筒瓦，沙灰结构，十分牢固。2007年，县委、县政府投入20多万元对会馆进行全面修葺，在不改变文物原样基础上，更换木柱、木檩椽、硫漓瓦滴水、补跨墙和地面方砖等。广州会馆是古代长江繁荣发展的象征，具有很好的历史研究价值。2011年4月，广州会馆列为县第三批文物保护单位 | 长江镇东风街 | 6225051 |
| 城口古恩村 | 恩村地处城口镇政府西南7公里，距丹霞山景区30公里，国道106线贯穿恩村。该村下辖8个村小组和1个村办林场。全村人口1400多人，是个历史悠久、建筑风格独特、具有深厚文化底蕴的古村落。在历代科举中走出26位进士，考上武举、岁贡、拔贡、监生、庠生、太学生等300多人，可谓冠盖连云，人才济济。在长期的官宦外迁、异地繁衍中，恩村的留守人丁仍然坚守着先人“耕读兴家”祖训，延续着气贯数百年的文化传统和伦理氛围，尽力守护着恩村文化古迹和历史荣耀。这个只有300多户人家的以蒙姓居多的小山村，有7个祠堂、4个牌坊、2座门楼、1座城堡，现在仍然可见古城墙横亘，堞垛巍峨，城门依旧。城楼虽坍塌，雄伟气势犹存；护城河已废，而当年遗泽、洼塘还在。村民家中还珍藏着古画、寿幛、官袍官帽、祖宗画相、神龛祭器、文房四宝、家具古玩……2009年11月，恩村被评为广东省第二批古村落 | 城口镇 | 6263001 |
| 夏富古村 | 夏富古村位于仁化县城西南面，距县城15公里，交通便利，全程为硬底化路面，历史上曾是锦江下游的第一商埠；位于世界自然遗产丹霞山风景区阳元山景区、巴寨风景区中心，是新景区服务基地的首选；合丹山、锦水特色美景为一区，是登山探险、水上漂游的好去处；集自然生态、田园景观为一体，是生态旅游、观光农业的理想地；融乡土民俗、历史文化为一身，是吃住游乐、休闲度假的好地方。夏富古村依山面水，广有田园，竹树村边合，青山廓外斜；岚光绕橘柚，云霞映稻花，开轩面场圃，江湾话渔樵，是人与自然生态和谐的最佳融合。村中有树龄在300年以上的古榕树7棵，见证了数百年的朝代更替。李氏宗祠的门楼风光、丹霞石柱、西北碉楼的凛然兀立，5座祖厅及画檐、藻井、天井、照壁等建筑艺术庄严肃穆，精湛的砖雕、灰塑，精美的供桌、神龛、门窗的雕花、边饰，古老的楹联、匾额，无不渗透出一种古朴文化的传承。夏富村是2011年广东省第三批命名的古村落，2012 年入选“广东最美古村落”，是“广东旅游名村” | 丹霞街道 | 6352698 |
| 石塘古村落 | 石塘村地处广东粤北山区北部的丘陵地带，位于仁化县西南方的一个盆地之中，山清水秀，拥有悠久而又光荣的历史，蕴含着丰厚的文化底蕴。从明洪武年间李可求从福建移居此地、开荒建房算起，石塘古村已经走过640多年的风雨。石塘古村是集古屋、古巷、古井、古寨、古风、古韵于一体的村落，是仁化县乃至韶关市范围内历史较悠久、古建筑群最大、保存最完好的一个古村落。2009年被评为广东省第二批“历史文化名村”和“广东省古村落”，2010年12月，获第五批“中国历史文化名村”称号，填补了粤北韶关在这一领域的空白；2012年入选广东最美古村落，被评为“广东十大最美古村落”评选活动“最具红色景观村落”，并列入第一批中国传统村落名录，是“广东旅游名村” | 石塘镇 | 6394008 |

续表12

| 名称 | 简介 | 位置 | 电话 |
|---|---|---|---|
| 锦城广场 | 位于县城锦江河畔，占地面积12000平方米，广场中央有一座音乐喷泉，喷泉中矗立着体现仁化人精神的雕塑——丹霞之光。晚上锦江两岸的椰树灯、棕榈灯、芝麻灯、霓虹灯、地埋灯、草坪灯等艺术灯饰，华灯四射，喷泉五彩缤纷，令广场流光溢彩。在这里即可观赏到锦江两岸的山水美景和五光十色的灯饰，也可领略到丰富的广场文化 | 县城新城路 | — |
| 古塔 | 县境内有古塔14座，有唐代的董塘云龙寺塔，唐末宋初的澌溪寺塔，宋代的华林寺塔、明代的文峰塔、白塔（又称水口塔）、文明峰塔、华表峰塔、腾凤塔、水口塔，清代丹霞山舍利塔，分布在董塘镇、闻韶镇、丹霞街道、扶溪镇、长江镇、石塘镇、丹霞山风景区内。仁化，是名副其实的"古塔之乡" | 县各镇区 | — |
| 仁化县博物馆 | 位于县城仁化剧院旁，建筑面积987平方米，为半封闭式琉璃瓦盖顶3层展览馆，中央有天井采光。现有馆藏文物800多件 | 县城新城路 | 6354795 |
| 丹霞山中华性文化博物馆 | 建成于2004年3月，是华南地区最大的性健康教育基地，馆内珍藏2500余件历朝历代与性有关的文物展品，形象地展示中华性文化的博大精深，充分展示中国人的性和性生活的演变史 | 丹霞街道丹霞大道 | 6293801 |

## 旅游经济

**【概况】** 2014年，仁化旅游业围绕"神奇丹霞，美丽仁化"发展定位，依托丹霞山旅游资源，科学规划仁化"一日游""两日游"精品旅游线路，实施城乡公交候车亭美化改造工程，开通县城至丹霞山火车站公交路线，合理开发景区（点），完善旅游"食、住、行、游、购、娱"，探索景区开发投资多元化路子，优化旅游业发展环境，吸引"有实力、有经验、有诚意"旅游投资商到仁化投资开发旅游项目，发挥"丹霞仁家"品牌效应，实施美丽乡村旅游，发展农家乐、农业生态旅游、森林生态旅游、民俗文化旅游项目，振兴旅游业，构建"旅游带百业、百业促旅游"发展格局，提升县域旅游经济综合竞争力，发挥仁化旅游网站、"丹霞旅游电子商务平台"资讯平台作用，转变旅游产业经营理念和运营方式，推动旅游产业转型升级，共同打造旅游业"富民工程"。放大和实现旅游业拉动经济发展作用，促进全县旅游经济稳步增长。全年全县接待游客人数614.33万人次，比上年增长12.3%；旅游收入347780.53万元，比上年增长12.29%。

**【国内游客】** 2014年，全县接待国内旅游者614.33万人次，其中过夜人数196.67万人次，分别比上年增长12.3%和12.38%。旅游综合收入347780.53万元，比上年增长12.29%。

**【境外游客】** 2014年，全县宾馆接待过夜境外旅游者540人，平均停留天数为1.6天，旅游外汇收入14.42万美元。

**【"黄金周"假日游】** 2014年春节黄金周，全县接待旅游者31.57万人次，其中过夜人数3.69万人次。"十一"黄金周，全县接待旅游者33.27万人次，其中过夜人数1.07万人次。旅游综合收入6870.75万元。

## 旅游开发与景区（点）建设

**【景区（点）基础设施建设】** 2014年7月，完成石塘村道、古井现状摸底统计。统计显示，石塘村有明清古井47口，风貌较好主要历史街巷有太平巷

（156米）、高门槛+司马第巷（124米）、胡门口+三角街巷（198米）、门前巷（81米）、长巷（100米），另外，沿村落水渠其中1条两侧具有连续传统建筑景观历史街巷，长度超过520米。8月，全面完成石塘旅游咨询服务中心建设，聘请专职工作人员，通过多媒体系统、电子触屏、免费发放宣传册和现场提供咨询服务方式，向游客提供相关旅游信息，全面展示石塘旅游新形象。11月7日，丹霞山博士生态园实业有限公司编制《丹霞山锦江游船码头及生态园详细规划》获仁化县组织的专家评审会通过。工程项目总投资30000万元。

2014年完成投资额10040万元，完成2014年年度计划100.4%。2014年，丹霞山一和国际旅游度假村酒店完成投资额41100万元；宝能国际旅游度假项目完成投资额50000万元。

## 旅游宣传促销

**【国际旅游宣传】** 2014年，县旅游局组织县域旅游企业采取“走出去”方式，利用国际宣传平台宣传推介仁化县旅游资源。6月，组织全县旅游辖区内景区、旅行社、酒店等企业负责人，参加省、市旅游局参展团，到香港参加第28届香港国际旅游展。8月，组队到广州中国进出口商品交易会琶洲展馆，参加省政府主办、省旅游局承办的2014年中国（广东）国际旅游交易会。11月，组团参加澳门金光会展中心举行的2014年澳门国际旅游（产业）博览会。各期旅游交易会共派发推介全县旅游资源宣传资料、小礼品等逾万份。

**【国内旅游宣传促销】** 2014年，县旅游局通过发挥仁化旅游网站，仁化旅游微信、微博，“丹霞旅游电子商务平台”，仁化旅游地理信息等资讯宣传平台，报刊和电视台等媒介，开展旅游宣传活动，推动仁化旅游信息化、产业化发展，提高县域旅游业服务质量。

**【“丹霞旅游电子商务平台”开通】** 2014年3月，县科技局、丹霞街道办与省级电子商务龙头企业——广东省“村村通科技有限公司”合作，开通“丹霞旅游电子商务平台”，利用“乡游天下”旅游宣传平台，实现环丹霞旅游景点推介、线路分享、特产展示和酒店、餐饮、农家乐推荐，以及在线订餐、订房、订土特产品业务，为各地游客提供多元化电商旅游服务。截至2014年年底，全县有涉旅商家、企业30家进入到商家入驻和试运行阶段。3月起，在广州南高铁站投放仁化旅游宣传广告3期，广告时间为2014年3月17日至2015年2月28日止（计12个月）。

**【“仁化旅游”官方微信开通】** 2014年4月，“仁化旅游”官方微信开通，开设“美丽仁化”“旅游服务”“旅游贴士”等栏目，全年发布全县节庆、旅游攻略、旅游线路、旅游文明语、旅游企业简介图文内容微信50条。

**【旅游专题电视片】** ①2014年5月5日，中国中央电视台《科技之光》栏目摄制组到仁化县拍摄专题片，摄录仁化县优美丹霞风光，探秘姐妹峰“丹霞迷宫”峡谷。②6月4日、5日，广东电视台珠江频道《摇钱树》栏目组一行4人到仁化拍摄“丹霞仁家”农家乐乡村旅游推介节目。③6月16日，中国中央电视台《远方的家·江河万里行》栏目播放专题片《丹山碧水话锦江》，以广东仁化锦江中下游自然风光、风土人情，展现韶文化特点以及两岸人们生产生活风貌。④8月，中共仁化县委、县政府投入资金10万元，挑选具有特色鲜明、品质优良“丹霞仁家”农家乐，制作专题片，在韶关市广播电视台作宣传推介。该专题片以访谈形式，宣传“丹霞仁家”扶持政策、发展环境、发展定位及“丹霞仁家”经营特色，打响“丹霞仁家”旅游品牌。8月25日20时20分，该访谈专题片在韶关经济生活频道《民生调查》栏目首次播放，时长10分钟，并在次日7时40

分、12时40分重播。⑤9月16日20时45分，县旅游局与韶关电视台拍摄制作“丹霞仁家”专题系列片《“丹霞仁家”美食篇》在韶关电视台“经济生活”频道《韶关好生活》栏目首播，9月19日8时45分重播。⑥11月18日17时40分至18时00分，专题片《仁化县长坝金柚节》在广东南方电视台卫星频道TVS-2播出。

【旅游宣传册编印】 2014年6月，县旅游局、旅游协会编印出版《仁化旅游指南》（单张折页）2万份，内容有旅游地图、景区（点）、古村、美食、特色小吃、旅途手信（购物、农特产）、古塔、民间娱乐项目（绿道）、星级宾馆、农家乐、精品推荐、精品旅游线路、旅游企业。同时，将“悠游仁化”旅游宣传册600本、《仁化旅游指南》4000册送到县域各宾馆酒店、农家乐、旅行社客房供游客阅读。

【旅游宣传标语制作】 2014年10月，县旅游局投入资金0.6万多元制作“仁而不仁，如礼何？人而不仁，如乐何？”“仁者爱人”“诚者，天之道也；思诚者，人之道也”“以诚待人，人人敬；以信办事，事事成”“诚信是一道山巅的流水，能够洗尽浮华，洗尽躁动，洗尽虚假，留下启悟心灵的妙谛”“诚信是做人之根本，立业之基”“注重微笑招客，落实和气生财，生财重有道，待客重有礼”“人无信不立、店无信不心，一客失了信百客不登门”“诚招天下客，誉从信中来，忠孝不折本，刻薄不赚钱”文明礼仪宣传标语9块共5套，送到“丹霞仁家”主要星级农家乐悬挂，营造文明礼仪氛围。

【旅游宣传广告投放】 2014年4月，第1期“丹霞仁家”星级农家乐宣传广告在广州南高铁站灯箱投放。

【旅游宣传活动】 ①2014年5月1日，在丹霞山举办2014年“中国旅游日”活动启动仪式暨丹霞红豆寄真情——红豆旅游文化宣传活动。②6月，粤台两地摄影文化交流活动在仁化县举行，中国摄影家协会、中华艺术摄影家学会和广东省摄影家协会有关负责人参加活动。③7月，促成仁化乐曙旅行社与东莞市开心旅行社（虎门乐天营业部）合作，成功举办与东莞虎门对接丹霞之旅专线开发项目。活动举办3期，共接待游客156人。④7月19—20日，“虎门——仁化亲子团”旅游观光活动在仁化开展。虎门有14个家庭46人，在“丹霞仁家”四星级农家乐福宝农家乐园、三星级农家乐喜洋洋休闲农庄体验划船采莲、赏花、品尝农家特色菜，在“中国历史文化名村”石塘古村参观古宅古井、红色基地双峰寨，观赏民俗文化“月姐歌”及“堆花米酒”酿制过程，并以1户对结1户形式在古村人家体验农村生活，与古村小朋友交流和互赠学习生活用品。此外，“亲子团”还到丹霞山风景名胜区观赏红石美景。⑤9月19日，仁化县举办“广东四大名山画卷创作•丹霞山站”品茗交流会，来自广州画院、广东美术馆知名画家们相聚一堂，在品茗中即兴泼墨切磋画艺，用画卷展现仁化秀美自然风光和深厚历史文化底蕴。⑥12月4日，新浪网“城记广东”编辑团队携数位微博达人到仁化县采风。采风团到丹霞山、车八岭农业科技有限公司、石塘镇探秘，挖掘素材，考察铁皮石斛育苗和种植，了解石斛产品价值，观看月姐歌、参观双峰寨，了解石塘米酒文化。⑦12月24、25日，中国文联、中国美协艺术家20多人到丹霞山、石塘古村和牛鼻村采风写生，领略仁化县浑厚历史人文风情、大美山水。12月，组织县境内酒店、餐馆、农家乐参加韶关市旅游局在韶关市站南路信德万汇广场举办的2014年韶关金秋旅游嘉年华暨韶关旅游欢乐美食节活动，仁化山水豆腐、酸萝卜等美食获得市民好评。

【旅游节庆活动】 ①1月19日，首届石塘堆花米酒旅游文化节在石塘镇石塘村举办。同时，举办石塘堆花米酒展览馆、石塘镇旅游咨询服务中心、展览中心揭牌仪式。②2月14日，春色满园春节元宵节庆活动在县城文化广场举办，活动有装故事、走马灯、香火龙三大民俗表演。③6月28日，“大美仁化·魅力扶溪”全省摄影大赛暨仁化乡村旅游活动启动仪式（广东省梦里古居摄影大赛、广东省美丽仁化·魅力扶溪摄影大赛开镜仪式）在扶溪镇古夏古村举办。由中共仁化县委常委、县委办公室主任谢庆伟主持开镜仪式。节庆活动安排民俗文化节目闹春牛、舞狮，展示扶溪美丽古村民居和瑰丽田园风光，展现扶溪厚重历史文化、民俗风情、秀美风光、名优特产。④11月8日，2014年广东省水果行业协会年会暨仁化县“生态长坝·柚香万里”金柚节活动在大桥镇长坝村“丹霞仁家”仁化县大桥沙田柚种植农民专业合作社仓储中心举办。活动邀请省农业科学院副院长、省水果行业协会会长易干军，美国农业部园艺研究所柑橘所所长丽枝波多文等多位专家评委，有23个企业、合作社和种植大户参评，现场评审出沙田柚金奖1名、银奖2名、铜奖5名。⑤12月6日，第二届贡柑文化节在黄坑镇黄坑中学体育场举办。截至2014年年底，黄坑贡柑种植面积由800公顷发展到1000公顷，销售价格由每公斤4元上升到每公斤6元，果农每户贡柑平均年收入5万元以上。

## 旅游行业管理

**【市场监管】** 2014年，县旅游局对照《中华人民共和国旅游法》，围绕“神奇丹霞，美丽仁化”发展定位，完善旅游“食、住、行、游、购、娱”功能，倡导“热情服务、规范服务、高效服务”理念，做到监管有法可依，依法办事，提高依法行政能力。3月，开展2014年全县旅游市场秩序专项整治行动，专项检查全县旅游合同违法违规行为，规范旅游合同履约行为，强化旅游企业责任，提升旅游服务质量，重点打击违规经营、超范围经营、是否存在“零负团费”、强迫购物、服务质量低、服务态度差现象，禁止旅游行业超出经营范围进行广告宣传和无证从事旅游活动，发现问题及时处理。9月23日，丹霞山景区“十一”黄金周综合整治工作动员大会在县政府礼堂召开。9月，县旅游局联合韶关市旅游协会，对2013年被韶关市旅游局评为韶关市旅游消费诚信单位仁化县五马寨生态园、仁化县喜洋洋休闲农庄进行旅游消费诚信复查。两家企业通过复查。整治和规范全县旅游市场经营秩序，维护旅游者合法权益，共同营造良好旅游环境。

**【旅行社管理】** 2014年，县旅游局加强旅行社规范经营，根据旅行社经营规模，在旅行社中开展《中华人民共和国旅游法》宣传教育，抓好并协助市旅游局开展年度旅行社业务年检工作，县域旅行社均通过市旅游局业务年检。督促检查县域旅行社贯彻《中华人民共和国旅游法》《旅行社条例》及其实施细则和旅游合同执行情况。4月，在旅行社开展《中国公民出国（境）旅游文明指南》《中国公民国内旅游文明行为公约》和“十大文明旅游提醒语”学习活动，引导旅游者文明旅游，共同营造和谐文明旅游环境。7月，组织辖区内旅行社更换使用广东旅行社行业协会推荐使用的新版旅游合同，加强旅行社备案管理，引导旅行社规范经营、诚信经营。黄金周等重大节庆前夕，县旅游局组成检查小组开展旅行社业务检查，检查中未发现违规经营。

**【导游员管理】** 2014年，县旅游局根据《导游人员管理条例》《导游人员管理实施办法》，围绕“人人都是旅游形象”服务理念，弘扬“游客为本，服务至诚”旅游行业核心价值观，增强导游职业自信心和自豪感，在导游队伍中开展“寻找最美导游”活动。加强导游人员管理，维护仁化县导游窗口行业良好形象，规范导游秩序，确保导游队伍朝良性、持续方向发展。开展《中华人民共和国旅游法》宣传教育，协助省市旅游局开展导游员初级、中级等级考试及相关技能培训工作，开展一年一度导游人员年审和业务指导工作。组织全县旅行社、景区、星级饭店中层以上管理人员、导游（讲解）员60人，参加省、市、县旅游业务相关知识培训。

**【旅游饭店管理】** 2014年，县旅游局以国家旅游局《关于促进旅游饭店业持续健康发展的意见》为指导，执行《旅游饭店星级的划分与评定》（GB/T 14308—2010）国家标准，对2014年度满3年的三星仁化县和景酒店、仁化县丹霞假日山庄进行年度性复核；对仁化县锦城宾馆、仁化县联城酒店进行评定性复核，引导星级饭店重视软件建设，提高全县旅游饭店业服务水平及运营质量。在黄金周等重大节庆前专项检查各星级旅馆，并严格执行客人入住登记制度，审核、检查寄存物品，开展入住客人安全防范宣传，为游客提供祥和住宿环境。

**2014年仁化县宾馆（酒店）招待所一览表（不完全统计）**

表13

| 序号 | 单 位 | 房数（间） | 床位数（张） | 餐位数（个） | 地址 | 电话 | 备注 |
|---|---|---|---|---|---|---|---|
| 1 | 锦城宾馆 | 116 | 250 | 300 | 县城新城路1号 | 6356666 | 三星级酒店 |
| 2 | 和景酒店 | 120 | 250 | 600 | 丹霞山金霞小区 | 6292168 | 三星级酒店 |
| 3 | 丹霞假日山庄 | 135 | 270 | 160 | 丹霞山金霞小区 | 6800666 | 三星级酒店 |
| 4 | 联城酒店 | 36 | 72 | 310 | 董塘镇 | 6366001 | 二星级酒店 |
| 5 | 彤景酒店 | 50 | 100 | 200 | 丹霞山金霞小区 | 6298889 | — |
| 6 | 碧丽华酒店 | 36 | 76 | 360 | 丹霞山金霞小区 | 6292068 | — |
| 7 | （东莞）假日山庄 | 47 | 93 | 100 | 丹霞山金霞小区 | 6291888 | — |
| 8 | 凌波酒店 | 35 | 78 | 500 | 县城新东大街1号 | 6320888 | — |
| 9 | 雅泰宾馆 | 25 | 50 | — | 丹霞山金霞小区 | 6293928 | — |
| 10 | 金凤皇山庄 | 31 | 50 | 200 | 县城建设路6号 | 6358088 | — |
| 11 | 柏豪商务酒店 | 30 | 60 | — | 县城新城路 50号 | 6922168 | — |
| 12 | 丹霞印象 | 25 | 50 | — | 丹霞山外山门 | — | — |
| 13 | 锦园酒店 | 10 | 20 | — | 丹霞山金霞小区 | 6296618 | — |
| 14 | 日出山庄 | 30 | 60 | — | 丹霞山金霞小区 | — | — |
| 15 | 亭景山庄 | 26 | 50 | 100 | 丹霞大道 | — | — |
| 16 | 金辉宾馆 | 22 | 44 | — | 县城建设路34号 | 6341888 | — |
| 17 | 白领宾馆 | 50 | 100 | — | 丹霞山金霞小区 | 6292988 | — |
| 18 | 金达旅店 | 10 | 23 | — | 丹霞大道 | 6343309 | — |

续表13

| 序号 | 单 位 | 房数（间） | 床位数（张） | 餐位数（个） | 地址 | 电话 | 备注 |
|---|---|---|---|---|---|---|---|
| 19 | 霞光酒楼 | 6 | 12 | 150 | 丹霞山金霞小区 | 6351988 | — |
| 20 | 客家宾馆 | 22 | 50 | — | 丹霞山金霞小区 | 6291079 | — |
| 21 | 华山宾馆 | 25 | 50 | — | 丹霞山金霞小区 | 6291328 | — |
| 22 | 怡乐居 | 64 | 128 | — | 丹霞山金霞小区 | — | — |
| 23 | 馨怡酒店 | 30 | 60 | — | 丹霞山金霞小区 | — | — |
| 24 | 肥姨酒店 | 25 | 50 | 100 | 丹霞山金霞小区 | — | — |
| 25 | 海事酒店 | 36 | 87 | — | 丹霞山金霞小区 | — | 对内 |
| 26 | 一缕阳光客栈 | 14 | 30 | — | 丹霞山金霞小区 | — | — |
| 27 | 月福楼 | 15 | 30 | — | 丹霞山金霞小区 | 6291622 | — |
| 28 | 逸风招待所 | 22 | 44 | — | 县城建设路36号 | 6353456 | — |
| 29 | 鸿福宾馆 | 21 | 42 | — | 县城建设路27号 | 6323938 | — |
| 30 | 仁化金城宾馆 | 8 | 20 | — | 丹霞山外山门兴丰路3号 | 6291629 | — |
| 31 | 仁化阅山会所 | 12 | 20 | — | 丹霞山金霞小区 | — | — |
| 32 | 仁化梦轩酒店 | 12 | 22 | — | 丹霞山金霞小区2号台区 | 6296898 | — |
| 33 | 仁化君怡酒店 | 23 | 46 | — | 丹霞大道变电站旁 | 6292858 | — |
| 34 | 仁化意林宾馆 | 20 | 40 | — | 丹霞山金霞小区B面 | 6298923 | — |
| 35 | 品霞小筑 | 10 | 22 | — | 丹霞山金霞小区 | — | — |
| 36 | 水务宾馆 | 22 | 46 | 50 | 县城建设路高坪新村 | — | — |
| 37 | 车站招待所 | 22 | 48 | — | 县城汽车站 | 6357503 | — |
| 38 | 金狮山庄 | 61 | 138 | 360 | 凡口矿内 | — | — |
| 39 | 阳元山度假区 | 296 | 592 | 600 | 阳元山景区内 | — | — |
| 40 | 富华招待所 | 8 | 16 | — | 县城建设路 | — | — |
| 41 | 金叶酒店 | 25 | 60 | — | 县城建设路 | — | — |
| 42 | 仁武宾馆 | 14 | 87 | — | 县城新城路 | — | — |
| 43 | 福生宾馆 | 15 | 31 | — | 丹霞山金霞小区 | — | — |
| 44 | 金霞招待所 | 17 | 34 | — | 丹霞山金霞小区 | — | — |
| 45 | 云霞居 | 17 | 30 | 60 | 丹霞山金霞小区 | — | — |
| 46 | 客家宾馆 | 30 | 60 | — | 丹霞山金霞小区 | — | — |
| 47 | 厚德福酒店 | 30 | 60 | — | 丹霞山金霞小区 | — | — |

续表13

| 序号 | 单 位 | 房数（间） | 床位数（张） | 餐位数（个） | 地址 | 电话 | 备注 |
|---|---|---|---|---|---|---|---|
| 48 | 华泰宾馆 | 30 | 60 | — | 丹霞山金霞小区 | — | — |
| 49 | 仁化湘源酒店 | 20 | 40 | — | 丹霞山金霞小区 | 6291888 | — |
| 50 | 仁化雅洁宾馆 | 20 | 40 | — | 丹霞山外山门金霞小区 | 6354214 | — |
| 51 | 高级商务宾馆 | 20 | 40 | — | 丹霞山金霞小区 | 6298986 | — |
| 52 | 怡景居 | 20 | 40 | — | 丹霞山金霞小区 | — | — |
| 53 | 雯锋宾馆 | 20 | 40 | — | 丹霞山金霞小区 | — | — |
| 54 | 吉祥云舍快捷酒店 | 21 | 45 | — | 丹霞山金霞小区 | — | — |
| 55 | 金领宾馆 | 20 | 40 | — | 丹霞山金霞小区 | 6298222 | — |
| 56 | 红锦湾酒店 | 127 | 250 | — | 丹霞山外山门 | 6296009 | — |
| 57 | 客家农庄 | 7 | 14 | — | 丹霞山瑶塘村 | — | — |
| 58 | 丹霞山1号酒店 | 85 | 180 | — | 丹霞大道 | 6399666 | — |
| 59 | 仁化县仁美大酒店 | 15 | 30 | 200 | 县城金山大道 | 6340888 | — |
| 60 | 卓悦休闲酒店 | 90 | 160 | — | 县城建设路29号 | 6283111 | — |
| 61 | 万事胜意宾馆 | 10 | 20 | — | 县城建设路11-2号 | 6392718 | — |
| 62 | 聚缘大酒店 | — | — | 500 | 县城建设路老车站 | 6358999 | — |
| 63 | 群悦旅馆 | 10 | 20 | — | 县城石坝背斜村3-1号 | 6355516 | — |
| 64 | 樟林旅店 | 10 | 20 | — | 县城建设路15号 | — | — |
| 65 | 仁化县荣华酒楼 | 5 | 10 | — | 县城新市场 | 6382821 | — |
| 66 | 仁化县秀丽招待所 | 5 | 10 | — | 县城建设路27号 | 6328599 | — |
| 67 | 韶石山庄 | 20 | 40 | — | 大桥镇水江村 | 6411483 | — |
| 68 | 桥宏酒店 | 6 | 12 | — | 城口镇地方坪 | 6263888 | — |
| 69 | 兴晖楼 | 20 | 40 | — | 丹霞山金霞小区 | 6296008 | — |
| 70 | 平安居 | 20 | 40 | — | 丹霞山金霞小区 | — | — |
| 71 | 和顺楼 | 20 | 40 | — | 丹霞山金霞小区 | — | — |
| 72 | 丹霞景逸苑 | 17 | 34 | — | 丹霞山金霞小区 | — | — |
| 73 | 华林旅馆 | 20 | 40 | — | 丹霞山金霞小区 | 6293983 | — |
| 74 | 月福楼 | 12 | 24 | — | 丹霞山金霞小区 | 6291889 | — |

续表13

| 序号 | 单位 | 房数（间） | 床位数（张） | 餐位数（个） | 地址 | 电话 | 备注 |
|---|---|---|---|---|---|---|---|
| 75 | 和兴楼 | 20 | 40 | — | 丹霞山金霞小区 | — | — |
| 76 | 断石农民渡假村 | 165 | 330 | — | 丹霞山断石村 | 6291762 | — |
| 77 | 景山宾馆 | 20 | 40 | — | 丹霞山金霞小区 | 6298998 | — |
| 78 | 三嫂酒楼 | 4 | 8 | — | 丹霞瑶塘村 | — | — |
| 79 | 锦城楼 | 14 | 28 | — | 丹霞大道 | 6391688 | — |
| 80 | 润兴酒店 | 20 | 60 | — | 丹霞山金霞小区 | 6296189 | — |
| 81 | 醉月山庄 | 6 | 12 | — | 周田镇 | 6421010 | — |
| 82 | 香格里拉酒店 | 5 | 10 | — | 周田镇 | 6421098 | — |
| 83 | 林溪河漂流公司 | 12 | 24 | — | 周田镇 | 6423028 | — |
| 84 | 鑫三洲酒店 | 90 | 180 | 500 | 周田镇月岭 | 6423888 | — |
| 85 | 东莞外商假日俱乐部 | 81 | 162 | 120 | 丹霞山金霞小区 | — | — |
| 86 | 五嫂酒楼 | 4 | 8 | — | 丹霞山瑶塘新村 | — | — |
| 87 | 长江锦江旅店 | 19 | 38 | — | 长江镇人民街43号 | — | — |
| 88 | 君怡酒店 | 23 | 46 | 60 | 丹霞山外山门 | — | — |
| 89 | 红叶宾馆 | 22 | 44 | — | 县城新城路 | 6353899 | — |
| 90 | 鸣曦宾馆 | 10 | 22 | — | 县城新城路 | 6353398 | — |

**【旅游安全管理】** 2014年，县旅游局组织派出人员50人次、出动车辆15台次，开展县域景区、星级宾馆、旅行社安全检查。下发《旅游安全事故应急预案》，健全和完善旅游应急救援的组织领导机构，明确各岗位人员的责任和任务，利用黄金周旅游安全工作会议，安全督检、检查工作场合和机会。向企业人员，特别是管理人员进行安全生产工作宣传教育和引导，实行重大节日和旅游黄金周期间24小时值班制度，确保及时处理安全应急事故。组织机关工作人员，参加县安委会、县安监局组织安全生产服务“咨询日”活动，向旅游者和市民宣传旅游安全知识。全年全县没有发生重大旅游安全事故，实现旅游投诉率为零目标。

**仁化县旅游局负责人名录：**

**局　长：**洪家贵（任至2014年1月）
　　　　叶志琴（女，2014年1月任职）

**副局长：**沈家富
　　　　李文华（女）

（田小群）

# 财政·税务

## 财　政

【概况】 2014年，仁化县财政工作坚持贯彻落实中共仁化县委、县政府各项决策部署，发挥财政职能作用，克服困难，大力组织财政收入，优化支出结构，深化财政改革，加大财政监管力度，完成仁化县第十四届人民代表大会第四次会议通过年度预算目标任务，预算执行情况良好，推动全县经济社会各项事业持续健康发展。

【财政收入】 2014年，仁化县受矿产品价格持续低迷、新财源不足、国家对环评和用地生产要素控制日益严格等因素影响，全县财政形势严峻。面对各种挑战，中共仁化县委、县政府科学决策，及时出台一系列促进财税增收政策，制订和落实各项有效协税护税措施，扎实做好各项工作，确保各项工作任务完成。一是深入开展财税源调查，摸清全县财源基本情况，抓好重点税源、重点企业收入监控工作，分析解决存在问题，制订措施和计划，挖掘收入潜力。二是县财政局加强与税务部门协作、联系。建立信息相互沟通、数据相互交流情况通报工作机制，随时掌握税收入库动态，及时协调征管中存在的问题，疏通税款流通渠道。三是加强协税护税工作。制定下发《仁化县关于加强协税护税工作的通知》，完善协税护税工作机制，保障税收收入及时足额入库。

2014年，全县财政总收入完成182659万元，同比增长39.51%，其中全县公共财政预算收入累计完成61017万元、上级补助收入105608万元、地方政府债券收入4348万元、2013年滚存结余6686万元、调入资金5000万元。全县公共财政预算收入突破6亿元大关，完成年度预算任务102.74%，比上年增收8460万元，同比增长16.1%，其中：其中税收完成42889万元（国税税收11349万元，地税税收31540万元），比上年增收5988万元，同比增长16.23%；非税收入累计完成18128万元，比上年增收2472万元，同比增长15.79%。

【财政支出】 2014年，全县公共财政预算支出完成158476万元，完成年度支出任务的193.28%，比上年增支38933万元，同比增长32.57%。全县财政总支出162217万元，同比增长30.57%，其中，公共财政预算支出158476万元、上解上级支出2741万元、地方政府债券还本1000万元。全县财政总收支相抵后，滚存结余8276万元，其中，结转下年支出8176万元，净结余100万元。全年实现收支平衡，略有结余。

2014年，全县支出结构继续向民生事业倾斜，其中，11类民生支出119956万元，占公共财政预算支出的75.69%；省级10件民生支出完成5600万元，达到年初资金安排计划支出的105.34%。民生事业中教育、医疗卫生、节能环保、交通运输、住房保障、农林水事务等支出有较大幅度增长。

大力支持和促进社会保障体系建设。年内，仁化县推进城镇居民养老保险和城镇居民基本医疗保险工作。全年全县参加城乡居民养老保险有70766人，参加城镇居民基本医疗保险172028人。完善城乡居民最低生活保障制度，提高动态管理水平。全年争取城乡低保上级配套资金1591.37万元，县级配套资金693.61万元。对468名困难家庭患病发放医疗救助资金192.37万元，对765名城市低保对象和6751名农村低保对象发放城乡低保户资金2022.07万元。继续做好城乡居民最低生活保障、优抚、救灾救济工作。对404名“五保”集中分散供养对象发放“五保”供养金272.78万元，对940名优抚人员发放优抚补助金389.82万元。

积极落实惠农政策，切实保障农民利益。2014年，仁化县加大农村建设各项投入。重点支持新农村建设、扶贫“双到”开发、农业主导产业和优势产业、集体林权制度改革、现代农业和农村能源建设。2014年累计安排农口资金和部门项目预算1823万元，安排县级贫困村补助资金320万元，名镇名村县级配套资金100万元，安排县级老区建设扶贫资金20万元，政策性水稻保险县级配套资金50万元，动物防控经费35万元。落实各项惠民补贴政策。将中央财政农作良种补助401.8万元、中央财政农机购置补贴农业生产补贴523万元、生态公益林基础性补贴1852.95万元等资金落到实处，发放粮食直补资金207万元、农资综合补贴1918万元。

加大投入力度，积极推进重点民生项目建设。2014年，仁化县推进保障性住房建设。筹集保障性住房建设资金2942万元，其中，投入十六冶棚户区改造项目1078万元，投入公共租赁房后续建设项目工程款383万元。加快农村公路建设。筹集公路硬底化建设工程县本级配套资金368万元，改善农村基础设施条件。支持稳定消费价格水平工作。2014年春节向全县低收入群众8764人，其中“五保”户424人，低保户8340人，实行一次性发放每人100元临时价格补贴，发放金额87.64万元，确实保障低收入困难群众基本生活。

加大文教等事业投入。年内，仁化县做好义务教育经费保障工作。发放2014年春、秋季学期，免费农村，城镇义务教育补助资金（含省、市级资金）2422万元，受益学生21001人。做好中职学生国家助学金、免学费发放工作。发放春季学期中职学生国家助学金4.2万元，受益学生28人次；发放中职2014年春秋季免学费136万元，受益学生1383人次。改善全县高中教师补贴待遇。发放2014年春、秋季学期高中教师868人次补贴资金102万元，稳定全县高中教师队伍。

**【财政服务经济】** 2014年，县财政局坚持以支持发展为第一要务，发挥财政职能作用，科学调控，大力培植财源，促进县域经济发展。结合县“四化推四区”工作战略，加大“四区”方面投入，积极争取上级各项资金，加快县域经济发展步伐。加强银企合作，积极争取国家政策性银行支持，成功完成两个融资项目，融资额12500万元。同时，推动土地盘活工作，加快全县城市建设。做好各种专项资金项目申报工作，积极支持中小企业发展。利用财税政策，加强联系与服务，做好扶持项目申报，帮助企业解决发展过程中的困难，促进民营企业、中小企业发展壮大。创造良好体制政策环境，做好服务和配套工作，按照县委、县政府要求制订落实财政优惠政策，支持工业园区和重点项目建设。

**【财政改革】** 2014年，仁化县深化部门预算改革。启用仁化县财政业务一体化平台部门预算编审系统，细化、规范部门、单位预算编制，提高预算科学性，增加预算透明度。贯彻和落实国库集中支付改革，增加国库集中支付资金流量和纳入国库集中支付财政资金项目，完善国库支付中心岗位责任制。2014年，县公共财政预算资金及政府性基金绝大部分纳入集中支付管理，全年纳入财政集中支付资金17.36亿元，占同期财政支出18.69亿元的92.88%。深化政府采购改革。2014年，全县采购预算总金额42973843.68元，实际采购金额40600812.96元，节约资金2373030.72元，节约率为

5.52%。加强财政性资金投资工程项目管理，规范工程项目管理程序。制定完善仁化县《政府投资项目管理暂行办法》《财政投资项目评审操作规程（流程）》《建设工程造价管理规定》《政府投资项目“三超”管理措施》等一系列规章制度。规范财政支出绩效自评和重点评价工作机制。完善财政资金绩效自评制度和财政重点项目绩效评价制度，建立多层次、多类型的绩效评价方式。按照省、市、县部署，完善、完成重点项目评价工作，细化和规范重点评价程序管理，包括依据项目行业特点等情况选取专业评价指标，采取针对性评价方法。规范非税收入管理。全面推进县级非税收入管理系统建设工作，截至2014年年底，全县非税收入电子管理系统共47个单位上线，涵盖行政事业收费收入、罚没收入、专项收入、政府性基金收入、国有资源（资产）有偿使用收入等非税收入，连接工行、农行、建行、农信社、邮蓄银行5家代收银行，使用银行代收、执收单位集中汇缴、银行POS机刷卡、批量扣款等多种征管形式，非税收入征管质量明显提高。贯彻落实《仁化县推进全面深化改革的实施方案》，按照方案要求，有力、有序推进涉及财政部门各项改革，建立健全协税护税工作机制。

**【财政监管】** 完善财政管理一体化平台运行机制，充分发挥其促进财政监管作用。2014年，仁化县规范财政财务管理，提高公务支出透明度，控制现金流量与现金风险，简化行政事业单位财务结算与报销流程，在5月份财政一体化信息系统上开通开卡行、财政、预算单位、代理银行公务卡结算端口。

配合开展各种专项检查和资金审计工作。2014年，县财政局开展2013年度省级财政专项资金检查工作，完成县汽车站、县机关事务管理局、县疾控中心、县有色金属产业基地4个单位会计信息质量检查任务。开展“小金库”专项治理工作，完成县机关事务管理局2013年经费情况调查和全县计生抚养费征收使用管理检查和非税收入及票据管理检查，完成11个财政所内部检查工作，规范财政所运作。

加强资产资源监督管理。2014年8月，县财政局组织全县105个事业单位及所办企业对所属资产进行产权登记，做好全县行政事业单位资产管理信息统计报表编报工作。按照上级要求做好办公用房清理整改工作，全年腾退办公用房面积14151.16平方米。

加强和完善政府投资项目事前、事中审核和监督管理。2014年，县财政局对县科教局创强项目、县农业局农田改造项目、县工业园建设和市政工程等140个工程项目结算进行审核，共涉及财政投资资金160924531.5元，核减金额153963221.6元，核减率4.33%；完成预算审核项目170项，共涉及财政投资资金461690399.6元，核减金额42312994.41元，核减率9.16%。

做好会计管理。2014年，仁化县采用网络培训形式做好会计管理继续教育工作，全年全县完成培训1010人；会计专业职称考试报名，报考初级会计师51人，报考中级会计师的人数为31人；新增会计从业人员7人；调入37人，注册登记14人，各项信息修改89人次。

**【财政队伍建设】** 2014年，县财政局扎实开展党的群众路线教育实践活动，组织学习中共十八大、十八届四中全会精神和中共中央总书记习近平讲话精神。通过采取下基层调研、设置征求意见箱、发放征求意见表、召开专题座谈会、个别访谈方式，广泛听取群众意见，收集意见建议68条。活动中通过制度建设，废止制度1项，修订完善制度8项。抓好干部职工业务培训工作，组织干部职工参加各级部门开展业务培训活动，组织干部参加县委组织举办的干部自主选学培训和公务员全员培训。抓好财政队伍廉政建设和法制教育，贯彻落实党风廉政建设“五个一”制度，开展民主评议政风行风工作，开展纪律教育学习月活动，整治庸懒散奢等不良风气，落实风险防控和绩效考评工作任务。通过组织干部职工廉洁从政教育和法制教育学习，利用播放廉政警示教育电教片进行宣传教育。

**【其他各项工作】** 2014年，县财政局在做好财政中心工作同时，做好上级部门交办的其他各项工作。开展“双到”扶贫开发工作，2014年落实到官口村委会扶贫帮扶资金254.363万元，帮助官口村委会建设饮水工程、村小组文化室、文化休闲广场、垃圾池建设及田螺塘新村建设，并在产业帮扶上从资金保障、技术支持等方面加大帮扶力度。加大保密宣传教育力度。通过签订保密承诺书、讲授保密专题党课、开展自查自纠、进行保密知识测试、发放宣传册形式，推动保密意识深入干部职工，确保全年无泄密事件发生。积极主动开展信息公开工作。升级县财政局门户网站，丰富公开渠道和内容。推进政府信息公开工作有序、高效开展，完成各项公开任务。完成综治维稳、招商引资、信息调研、社会管理、计生、精神文明建设、人事档案等各项工作。2014年，县财政局在2013年度全县信访维稳工作检查考核中获评“优秀单位”，在2013年全县人口与计划生育目标管理责任制考核中获评“工作先进单位”。

**仁化县财政局负责人名录：**

**局　长：**周锦才

**副局长：**周群信　朱少媚（女）
李庆明

（刘工溥）

## 国家税务

**【概况】** 仁化县国家税务局（简称“县国税局”）是仁化县主管国家税收工作职能部门，为正科级全职能局。内设办公室、征收管理股、人事教育股、监察室、收入核算股、政策法规股、纳税服务股、税源管理一股、税源管理二股9个正股级机构，辖1个直属机构（稽查局），1个事业单位（信息中心）和3个派驻机构（董塘税务分局、长江税务分局、周田税务分局）。2014年，县国税局有干部职工68人，其中公务员60人，事业管理人员6人，工人2人；离退休人员34人。

2014年，县国税局按照“依法治税，从严治队，科技兴税，管理强税”发展思路，以科学发展观统领税收各项工作，围绕组织收入中心工作，探索专业化税源管理，创新优质服务方式，深化干部队伍建设，整体推进效能建设，各项税收工作扎实开展。

**【税收收入】** 2014年，全县国税系统组织税收收入46107万元，比2013年下降1.37%，比上年同期减收640万元，完成市局年初下达年度任务的95%。

**【税收执法】** 2014年，县国税局推进依法行政，提高执法人员依法行政意识、能力和防范风险能力。按照全面覆盖、重点突出要求，防范税收执法风险，建立健全机制完善、职责明确、程序严密、运行科学、管理有效税收执法风险控制机制，实现日常税收执法风险有效防控和及时处置。运用计算机技术，建立税收执法风险预警管理体系，加强业务提示和风险预警。按照科学化、精细化管理要求，夯实征管基础。加强税源调查，严格税源管理。每月召开股室负责人碰头会，分析经济税源存在问题及经济变化对税源影响；通过调查，掌握税源全面情况。建立符合实际、适应征管要求新型征管模式，税收征管日趋规范化、制度化和信息化，按照科学化、专业化、精细化要求，强化税收日常征管，落实各项征管制度。完善制度，加强监控，实现税收执法全过程有效监督。建立税收规范性文件会签制度和备查备案制度、重大税务案件集体审理制度、税收执法检查制度，强化内部税收执法权和行政管理权“两权”监督，实现税收执法行为事前、事中、事后监督。加强重点税源监控。完善重点税源数据库，及时掌握重点税源企业生产经营状况，对重点税源企业提高分析层次，增强组织收入工作预见性。做好技术维护及设备与网络安全管理工作，完成局计算机房达标改造工作，提升全局税务信息系统安全防护能力。

**【纳税服务】** 2014年，县国税局以第24个税收宣传月为契机，抓住税收宣传重点、热点，拓宽税法宣传渠道，采取多种宣传形式，召开“税收、发展、民生”税企座谈会，走访重点税源户，优化纳税服务，满足纳税人多元化服务需求。一是做好“营改增”后续服务工作。加强试点纳税人培训，做好办税服务厅和代开发票延伸服务点管理，提供优质高效服务，确保试点纳税人能够掌握运用政策、开具发票和申报纳税。二是加强税收宣传，强化新闻媒体宣传、网络新闻宣传，做好税收政策、热点难点解读。抓好税收宣传月、纳税服务月活动，做好税收咨询解答。三是优化办税服务，推进全程服务、免填单、网上办税、自助办税等方式。提升办税服务人员思想素质和业务水平，开展“服务之星”评比活动。着力减轻纳税人办税负担，解决办税程序繁琐、报送报表资料过多问题，探索将涉税审批事项前移至办税服务厅办理，提高审批效率。四是推进社会化服务，扩大服务主体，拓展服务领域。五是重视服务环节执法风险防范，严格按照有关政策规定和操作规范，做到程序到位，审核认真，工作仔细。创新纳税风险提示服务，帮助纳税人降低税收风险。

**【信息管税】** 2014年，县国税局加强金税工程各系统跟踪管理，保持网上认证面，做好网上申报、财税库银联网等系统优化完善工作，为信息管税提供技术支持。抓好网络和信息安全管理，落实各项制度规定，加强系统安全监控、通报和考核。利用第三方信息，加强信息综合分析利用，抓好信息比对工作。开展有关应急处理预案演练，提高应急处理能力。

**【队伍建设】** 2014年，县国税局坚持抓班子建设，规范落实民主决策机制，广泛听民意，集民智，聚民力，发挥班子领导核心作用。抓好教育培训工作，制定《仁化县国税局2014年教育培训计划》，加强干部职工业务培训和技能培训，积极参与市国税局组织各种培训，培养业务骨干和师资力量。开展局内各类培训，培养高素质、复合型人才队伍。探索分类激励有效措施。重视年轻干部培养锻炼，强化激励与约束有机结合带队观念，完善基层干部激励约束机制，激发干部队伍正能量。

**【廉政建设】** 2014年，县国税局以系统综合考核工作为抓手，以构建廉政风险防范管理为载体，强化教育监督，严格制度落实，提高反腐倡廉水平，为税收工作顺利开展提供坚强政治保证。一是贯彻执行中共中央“八项规定”，抓好税务干部廉洁自律。二是抓好正反典型警示教育，利用预防职务犯罪教育基地，构建反腐倡廉“大宣教”格局。三是强化内控机制和廉政风险排查工作，做好“四大风险”防控，提高反腐倡廉预见性、主动性和实效性，做到关口前移。四是推进政风行风建设和完善权力约束机制，发挥党政机关及特邀监察员、纳税人等多途径监督渠道，在全局形成结构合理、配置科学、程序严密、制约有效权利运行机制。五是运用好预防职务犯罪警示教育基地，加强与当地纪委、检察院联系，上好廉政党课及预防职务犯罪讲座。

**【政务事务】** 2014年，县国税局加强后勤管理，严守公务接待纪律，加强机关庭院绿化、安全保卫、环境卫生等管理，完成办公楼车库扩建和维修工作，完成办公大楼值班室门面、路面维修和办公楼前人行道交通减速带安装。通过抓好办公、住宅绿化、美化，为干部职工创造优美、舒适工作、生活环境。规范财务报账审批手续，严肃财经纪律，加强预算编制和决算管理，完善专项经费管理办法。严格执行政府采购规定，办公用品购置做到按质论价，货比三家，勤俭节约，防止浪费，减少经费开支。完善节能减排措施，开展建设节约型机关活动。加强交通安全教育，加强车辆管理，确保行车安全；抓好税务信息工作，围绕国税部门职能和中心工作开展宣传报道，提高税务信息水平。加大档案管理工作力度，发挥档案功能。严格执行保密工作规定，加强网络安全管理，严防泄密事件发生。

**仁化县国家税务局负责人名录：**

**局　长：**梁志明（任至2014年11月）
黄盛明（2014年11月任职）

**副局长：**刘文健（任至2014年11月）
罗　锋
肖　雄（2014年12月任职）
罗　群（2014年12月任职）

**纪检组长：**肖　雄（任至2014年12月）
曾昭林（2014年12月任职）

（林　洁）

## 地方税务

**【概况】** 2014年，仁化县地方税务局（简称“县地税局”）内设办公室、监察室、征收管理股、税政股、人事教育股、纳税服务股6个职能股（室），1个直属行政单位稽查局，下辖城区税务分局、董塘税务分局、长江税务分局、周田税务分局和城口税务分局。主要负责营业税、企业所得税、个人所得税、资源税、土地使用税、城市维护建设税、印花税、土地增值税、房产税、车船税、契税、耕地占用税等税种，以及社保费、教育费附加、地方教育附加、文化事业建设费、残疾人就业保障金、堤围防护费、工会经费、价格调节基金等“八项规费”征收管理。截至2014年12月31日，全局有在岗干部职工88名，其中本科学历56人，大专学历29人，大专以上学历人员占全局在岗职工的97%；中共党员58名；全局年龄30岁以下18人，31—40岁23人，41—50岁31人，51岁以上16人；平均年龄42岁。

**【地方税费收入】** 2014年，县地税局累计完成税收收入4.74亿元（含省级固定），比上年增收1.04亿元，增长28.25%。其中：中央级收入4697万元，比上年增收582万元，增长14.14%；省级共享收入1.02亿元，比上年增收3805万元，增长59.32%；县级收入3.15亿元，比上年增收5834万元，增长22.70%。完成省级固定收入942万元，比上年增收219万元，增长30.29%。完成“八项规费”收入2.77亿元，比上年增收895万元，增长3.34%。其中，社保费收入2.22亿元，比上年增收695万元，增长3.23%；其他规费收入5526万元，比上年增收200万元，增长3.76%。

**2014年仁化县地方税各税种收入统计表**

表14　　　　单位：万元

| 税种 | 收入 | 比上年增收 | 比上年增长百分比（%） |
|---|---|---|---|
| 营业税 | 13342 | 4305 | 47.67 |
| 企业所得税 | 3890 | 511 | 15.12 |
| 个人所得税 | 3936 | 457 | 13.14 |
| 资源税 | 3422 | –269 | –7.29 |
| 城市维护建设税 | 2704 | –155 | –5.42 |

续表14

| 税 种 | 收 入 | 比上年增收 | 比上年增长百分比（%） |
|---|---|---|---|
| 房产税 | 2308 | 457 | 24.69 |
| 印花税 | 582 | 121 | 26.25 |
| 城镇土地使用税 | 5197 | 2944 | 130.67 |
| 土地增值税 | 4908 | 3137 | 177.13 |
| 车船税 | 308 | 38 | 14.07 |
| 契 税 | 2897 | 727 | 33.50 |
| 耕地占用税 | 3903 | -1833 | -31.96 |
| 合 计 | 47397 | 10440 | 28.25 |

注：以上数据包含省级固定收入

**2014年仁化县各规费收入统计表**

表15　　单位：万元

| 各项规费 | 收 入 | 比上年增收 | 比上年增长百分比（%） |
|---|---|---|---|
| 社会保险费 | 22202 | 695 | 3.23 |
| 工会经费 | 660 | 131 | 24.76 |
| 残疾人就业保障金 | 149 | 14 | 10.37 |
| 教育费附加 | 1581 | -28 | -1.74 |
| 文化事业建设费 | 4 | -2 | -33.33 |
| 堤围防护费 | 1102 | -91 | -7.63 |
| 价格调节基金 | 982 | 164 | 20.05 |
| 地方教育附加 | 1048 | 12 | 1.16 |
| 合 计 | 27728 | 895 | 3.34 |

**【税收征管】** 重点税源管理。2014年，县地税局主要抓好建筑安装业、房地产业等重点行业税源管理，加强重点项目跟踪管理及纳税评估工作，加大重点税源监控力度，促进收入增长。全年征收入库建筑安装业、房地产业营业税8548万元，比上年增收2268万元，增长36.11%。其中：房地产业营业税4400万元，比上年增收2086万元，增长90.15%；建筑安装营业税4148万元，比上年增收182万元，增长4.59%。

所得税征管工作。2013年度归属县地税局负责企业所得税征管纳税户181户。其中实行查账征收128户，实行核定应税所得率征收53户，均按要求进行企业收入税汇算清缴，汇缴面达100%。汇缴入库企业所得税828万元。2014年受理2013年度年所得12万元以上个人所得税自行纳税申报300人，申报年所得税7676.04万元，入库个人所得税1251.44万元，同比上年增收198.17万元。

房产税、土地使用税征收管理。2014年，县地税局落实房产税、土地使用税有关税收政策，做好房产税和土地使用税日常征收管理工作，强化执法力度，促进税收及时足额入库。全年征收入库房产税、土地使用税7505万元。其中：房产税收入2308万元，比上年增收457万元，增长24.69%；城镇土地使用税收入5197万元，比上年增收2944万元，增长130.67%。

土地增值税清算力度加大。年内，县地税局制订2014年土地增值税清算工作实施方案，通过调查摸底、清算审核、开展重点审核、落实清算工作，开展房地产开发项目土地增值税清算工作。同时，贯彻执行省地税局2014年7月1日起施行的《广东省地方税务局土地增值税清算管理规程（暂行）》，加强土地增值税征收管理，规范土地增值税清算工作。2014年，全县组织房地产开发项目土地增值税清算收入2490.75万元，比上年增加2066.55万元，增长487.16%。

地方小税种评估清理。2014年，县地税局加强契税、耕地占用税等地方小税种评估清理，深挖增收潜力。全年征收入库契税2897万元，比上年增收727万元，增长33.50%；征收入库耕地占用税3903万元，2014年，该税种税收因受政策调整影响，加上补缴往年耕地占用税情况逐年减少，比上年同期5736万元减少31.96%，减收1833万元，其中，非农建设用地耕地占用税2810万元。

**【信息管税】** 2014年，县地税局一是深入推进纳税评估，实现征管评良性互动。以专项纳税评估与日常纳税评估相结合，发挥“以评促收、以评促管”作用，推进纳税评估信息化工作。全年评估税收收入2591.44万元。二是坚持政府主导，全力推进协税护税工作。联系县发改、国土、住建、财政、国税部门，通过加强涉税信息交换，及时获取与税收相关联信息。全年，从各成员单位获取涉税信息18802条，通过分析利用，清缴税款3911万元。三是强化存量房交易计税价格评估系统指导应用。加强存量房交易税收征管，确保运用价格评估系统有效堵塞存量房交易税收征管漏洞，实现税负公平。全年应用存量房交易计税价格评估系统受理存量房交易涉税案件302宗， 交易计税金额8119万元，征收相关税费604万元，比上年增收248万元，增长69.66%。

**【规费管理】** 2014年，县地税局加强社保费征管促进企业依法参保缴费。全面梳理检查社保政策执行情况，加强对漏管户监控管理，落实下户检查制度，对连续3个月以上未申报缴费企业，要求管理员必须实施下户检查，与工商、人社、工会、社保分局成立社保扩面联合执法工作小组对全县48家企业进行依法参加社会保险和缴纳社会保险费情况检查，根据县工商局提供的企业户数和职工人数同时结合个税申报人数进行数据对碰，摸清企业用工人数，掌握企业职工工资总额。2014年，县级养老保险缴费人数比2013年新增674人。做好工会经费、残疾人就业保障金及价格调节基金代征工作。根据县工会提供的名单与税务登记户对碰，对尚未成立工会组织企业做好宣传解释工作，落实抓好工会经费及工会筹备金征收工作，扩大征收户数，确保收入稳步增长。2014年征收入库工会经费660万元，比上年增加131万元，增长24.76%。配合县残疾人联合会年审工作，发放年审资料450份，确保残疾人就业保障金代征工作顺利开展。2014年入库残疾人就业保障金149万元，比上年增加14万元，增长10.37 %。严格按照《韶关市价格调节基金征收使用管理暂行办法》及《韶关市价格调节基金征收品目表》，加强与物价部门沟通、协调，依法代征价格调节基金。2014年征收入库价格调节基金982万元，比上年增加164万元，增长20.05%。做好堤围费、文化事业建设费、教育费附加、地方教育附加征收管理工作。及时把握堤围费优惠政策，加强业务指导，做好政策宣传及解释工作。2014年征收入库堤围费1102万元，比上年减少91万元，下降7.63%；征收文化事业建设费4万元，比上年下降33.33%；征收教育费附加1581万元，比上年减收28万元，下降1.74%；征收地方教育附加1048万元，比上年增加12万元，增长1.16%。

**【依法治税】** 2014年，县地税局加大偷税漏税行为查处力度，整顿和规范税收秩序。全年检查纳税户1户，处理上年积案1宗，查补税款、罚款、滞纳金299.44万元。落实税收优惠政策，年内完成审核安置残疾人员就业人员所支付工资企业备案8户；办理申请残疾人税收优惠个体工商户7户，批准减免税额1.91万元；办理持“就业失业登记证”人员从事个体经营申请税收优惠个体工商户5户，批准减免税额2.31万元。做好小型微利企业优惠情况统计分析，开展优惠政策效应评估。年度内享受所得税税收优惠企业34户（其中，实行预缴备案1户，实行汇缴备案的33户），减免税额427万元。其中：符合条件小型微利企业12户，减免税额8万元；符合条件居民企业之间股息、红利等权益性投资收益7户，减免税额63万元；安置残疾人员及国家鼓励安置的其他就业人员所支付工资8户，减免税额7万元；从事农、林、牧、渔业项目所得4户，减免税额8万元；林木培育和种植1户，减免税额338万元；文化事业单位转制1户，减免税额3万元，资产损失专项申报1户。扎实推进“营改增”工作，贯彻落实《财政部、国家税务总局关于将电信业纳入营业税改征增值税试点的通知》规定，做好政策宣传和业务指导，完成对中国电信股份有限公司仁化分公司等5户试点企业基础信息核实工作。

**【纳税服务】** 2014年，县地税局开展“便民办税春风行动”，简化、优化业务流程，全面梳理纳税人办理涉税事项，实现办理流程、提交资料、办理时限“三统一”，减轻纳税人负担，实现涉税事项办理增效提速。结合全国第23个税收宣传月，开展“税收开放日”、“便民办税春风行动”走访重点税源户、税企座谈会、“税法进企业”知识讲座、“短信传真情”和税企联谊羽毛球赛等税法宣传活动。加强纳服事项跟踪督办和回复。全年接受（办理）纳税人来电、来访及咨询111人次（其中，电话咨询85人次，来访咨询26人次）。咨询内容包括社保费、个人所得税、车船税、堤围费缴纳，以及房产交易、住房出租、自助电子办税、发票开具、税务登记，办结率100%。联合国税局做好2012—2013年度纳税信用等级评定工作，按照规定对867户纳税人纳税信用等级进行联合评定工作，其中：评定A级纳税人2户，评定B级纳税人806户，评定C级纳税人59户。

**【队伍建设】** 2014年，县地税局按照省、市地税局全面推进绩效管理工作要求，制定部门及岗位人员绩效管理办法及其实施细则，承接市地税局系统指标，编制和发布部门和岗位人员绩效计划，落实部门和岗位人员绩效工作，全面完成部门及岗位人员绩效考评工作，实现绩效管理全系统覆盖。加强教育培训，提升服务效能。年内组织人员参加公务员培训、税收业务培训等教育培训活动计20期164人次。加大岗位轮换和选拔力度，落实严管厚爱理念，完善干部选拔任用机制，激发队伍活力。加强地税文化建设，以地税成立20周年为契机，发挥党团工青妇组织作用，开展地税征文、书画、摄影等各类文化活动，提升精神文明建设水平。2014年，县地税局被韶关市精神文明建设委员会评为2012—2013年韶关市文明单位，获全县2013年度绩效考评一等奖。

**【党的群众路线教育实践活动】** 2014年，全县地税系统压缩“三公”经费44.46%，其中：接待费用同比下降10.08%，公车运行费用同比下降21.26%；精减会议28.57%、取消评比达标表彰活动100%。根据省、市《关于党政机关和领导干部办公用房清理工作》要求，清理腾退办公用房21间，腾退办公用房面积1105.98平方米。狠抓整改落实，着力解决群众反映强烈的突出问题。全年班子成员提出整改措施65项，列出整改落实清单9项；稽查局、各基层分局领导班子成员提出整改措施167项，立行立改“四风”突出问题12个，解决关系群众切身利益问题6个，联系服务群众“最后一公里”问题5个，结合明察暗访处理违规行为1起。建章立制，推进制度建设常态化、长效化。全面梳理全系统已有制度办法，制订和完善财务管理、公务接待、车辆管理等制度办法42项。

【廉政建设】 2014年，县地税局严格落实党风廉政建设责任制，深入贯彻总局、省市局党风廉政建设工作会议精神，完善落实责任制考核和责任追究办法，进一步健全责任分解、检查监督、倒查追究完整链条，以严格问责追究倒逼责任落实。加强反腐倡廉宣传教育，组织人员参加“三纪教育”培训班、预防职务犯罪教育和预防渎职犯罪专题讲座、廉政教育基地参观学习活动，增强廉政教育导向性、辐射性和渗透力。深化内控机制建设，加强风险防控，内控机制融入业务工作流程，融入绩效管理，针对新一轮岗位风险防控排查新风险点，制订相应防范措施，在绩效管理中强化内控，在内控机制建设中提升绩效管理水平。深入开展整治庸懒散奢等不良风气切实改进工作作风建设活动，严格贯彻执行中央“八项规定”、省委“六条规定”、省市局具体实施意见以及县委县政府“十项制度”，实现反对“四风”制度化、规范化、常态化，该局民主评议政风行风工作在全县名列前茅。

**仁化县地方税务局负责人名录：**

**党组书记、局长：**朱伟东

**纪检组长：**曾庆华（任至2014年9月）

何建生（2014年9月任职）

**副 局 长：**曾庆华（2014年9月任职）

潘德才

**总经济师：**张春庭

**总会计师：**何建生（任至2014年9月）

（蔡俊华　高山妹）

# 银行·保险

## 中国人民银行仁化县支行

【概况】 2014年，中国人民银行仁化县支行（简称“人行仁化县支行”）有在职干部17人，其中，行长1人，副行长1人，主任科员1人；离退休干部20人；内设办公室、综合业务股、会计国库股3个股室。2014年，人行仁化县支行引导全县金融机构贯彻执行稳健货币政策，稳步推进金融改革，注重防范系统性风险，维护金融稳定，全面提升金融管理和服务水平，改善金融生态环境，加大金融对县域经济增长支持力度，金融运行质量提高，经营稳健性增强，金融业总体保持平稳运行态势；存、贷款业务平稳发展，经营效益持续增长，支持县域“三农”发展力度不断加大。截至2014年12月末，全县各项存款余额71.55亿元，比上年增加6.16亿元，增长9.4%。各项贷款余额30.73亿元，比上年增加4.92元，增长19.1%，其中：涉农贷款余额23.91亿元，比上年增加4.11亿元，增长20.7%；县辖银行业机构存贷比为43%，比上年上升3.5个百分点；银行业机构不良贷款余额0.41亿元，比上年减少0.04亿元，不良贷款比率为1.33%，比上年下降0.45个百分点。

【贯彻落实稳健货币政策】 2014年，人行仁化县支行以履行执行货币政策基层央行职责作为支持地方经济发展重要抓手。做好货币政策及其他重大金融政策宣传解释工作，合理引导社会舆论和公众预期，贯彻执行稳健货币政策。加强金融机构指导，明确金融支持地方经济发展工作重点和工作措施。发挥信贷政策导向作用，推动金融机构增加小微企业、创业和“三农”信贷投放。向上级反映“三农”信贷需求和中小金融机构资金需求，争取支农再贷款1.1亿元，截至2014年12月末，累计发放支农再贷款2.6亿元，有效支持县域特色农业、现代农业发展。协助县政府出台《仁化县贫困村信贷风险补偿基金管理办法》，推进仁化县新一轮扶贫开发工作。

【发挥金融支持地方经济发展作用】 2014年，人行仁化县支行落实行县《共建国家现代农业示范区合作框架协议》，支持现代农业发展。推动县政府出台《仁化县省级农业示范区建设贷款贴息方案》，指导金融机构加大农业企业、专业合作社、家庭农场信贷支持。加强与地方政府沟通协调，搭建政银企合作平台。协助县政府分别在有色金属循环经济产业园区、国家现代农业示范区、丹霞旅游景区、重点项目园区现场召开政银企联席会议暨开展“送金融到园区、送服务进企业”活动。打造信用信息共享平台，改善中小微企业、农户融资信用基础。联合县扶贫办在人行仁化县支行建立“仁化县‘金融扶贫’信息中心”。截至2014年12月末，该中心采集录入农户信息5057户，其中484户信用农户获得信用贷款累计0.37亿元。

【金融服务效能提升】 2014年，人行仁化县支行普惠金融服务体系建设取得突破。2014年，全县林权抵押贷款余额1.66

亿元，同比增长50.9%；中小微企业“助保贷”贷款余额4500万元，同比增加4000万元；贫困村农户信贷余额750万元，受益户119户。推进妇女小额贷款工作健康发展。截至2014年12月末，妇女创业小额贷款累计发放贷款1400万元，贷款余额1342万元，惠及创业妇女累计302户。促进县域休闲商旅化发展，截至2014年12月末，全县金融机构累计向“农家乐”发放贷款1021万元。拓展农村金融服务广度和深度，开展银行卡助农取款深化工程，丰富服务点惠民、便民功能。全县建立农村金融综合服务站11家，实现乡镇全覆盖。优化货币流通环境，维护人民币信誉，推进人民币“放心工程”“净化工程”建设和反假人民币工作顺利开展。履行经理国库职责和加强银行结算账户管理。截至2014年12月末，人行仁化县支库办理预算收入金额13.26亿元，其中，中央预算收入3.93亿元，省级1.34亿元，地市级0.06亿元，县级7.93亿元；办理预算拨款19.43亿元，退库0.11亿元；核准单位银行结算账户新开立515户，销户381户，变更账户226户。

**【金融管理和风险防范加强】** 2014年，人行仁化县支行加强毗邻地区金融协作，构建宏观纵向、区域横向、内部双向金融监管协调机制。2014年5月27日，人行仁化县支行与人行汝城县支行共同签订“广东仁化、湖南汝城金融协作协议”，在广东省范围内开启跨省跨地区毗邻支行金融协作先例。加强县辖利率市场化改革、经济金融形势、房地产市场监测分析，提升金融系统风险防范能力。加强金融系统社会管理综合治理工作，督促金融机构加强内控管理和队伍建设，防范业务和道德风险。构建区域金融风险监测预警平台和系统性金融风险监测评估体系，完善风险防范处置应对预案，守住不发生系统性、区域性金融风险底线。开展反洗钱工作，坚持监管与服务并重，加强金融机构业务指导，利用县反洗钱联席会议制度，加强反洗钱宣传培训，夯实县辖反洗钱基础。

**中国人民银行仁化县支行负责人名录：**

**行　长：**谢纪亮

**副行长：**龚国雄

**主任科员：**谭祖国（参与支行班子管理工作）

（谢纪亮　赖建新　龙　飞）

## 中国工商银行仁化支行

**【概况】** 2014年，中国工商银行股份有限公司仁化支行（简称为工行仁化支行）设有支行营业部、凡口支行两个营业网点，一个自助网点。2014年年末，有在职员工25人，其中女员工13人；本科学历7人，大专学历15人。配置存取款机五台，取款机两台。

2014年，工行仁化支行面对经济下行、监管趋严、市场竞争激烈等复杂严峻外部环境，贯彻落实监管部门工作要求和总行、省行、市行决策部署，适应复杂严峻外部环境变化，强化“四大标杆”，深化“四大理念”，以“保持利润持续增长”为中心，以“加快转型发展”为主线，加快经营模式、服务模式、管理模式转型，落实“抓发展、控风险、增效益、保平安”工作方针，寻找新形势下可持续发展新路径，动员全行员工统一思想、坚定信心、凝聚力量、狠抓落实，保持稳定经营发展态势。截至2014年年末，各项存款余额90362万元，比上年减少5874万元，下降6.1%；各项贷款余额33755万元，比上年增加3201万元，增长10.48%；利润1882万元，比上年减少450万元，下降19.3%。全年工行仁化支行实现无不良贷款、无案件、无安全责任事故“三零”目标。

**【业务发展】** *存款业务*。2014年，工行仁化支行适应存款业务发展新形势新要求，注重提高科学统筹能力和精细化管理水平，实现存款业务平稳发展。加大存款考核力度，推进网点对公业务建设，提高全行网点对公业务竞争力。根据存款波动性监管要求，引导网点转变以往冲时点存款业务思想，坚持“日日做，月月做”存款工作思路，夯实对公存款业务发展基础。挖掘存量客户潜力，提升优质客户产品渗透率，强化个人业务全面渗透，巩固优质客户群体。紧密跟进央行降息，及时推出存款利率上浮机制，保证储户利益，确保稳存增存。截至2014年年末，各项存款余额90362万元。

信贷业务。2014年，工行仁化支行推进信贷结构调整，加大实体经济支持力度。一是抓住房贷政策变化机遇，在确保利率水平基础上，加大住房贷款营销力度，做大个人住房贷款规模。截至2014年年末，个人贷款余额达8077万元。二是积极推进网贷通、项目贷款、小企业贷款、银行承兑汇票等业务，通过“主动授信”锁定客户业务量并提高客户忠诚度，加快贸易融资业务发展。三是加强信贷客户风险分析、排查和监测，按月对到期贷款逐笔跟踪，做好收息工作提示，及时了解客户还贷资金到位情况，加强信贷风险预判和处置，加大潜在风险贷款清收化解力度。截至2014年年末，各项贷款余额33755万元，实现不良资产为“零”目标。

【服务快速转型】 2014年，工行仁化支行适应业务长远发展和区域化布局需要，加大自助设备推广建设力度，有效控制机构经营成本，提高经营效率，缓解和分流柜面业务压力。年内，在位于仁化县仁桥北路11号锦轩苑首层商铺4号门店，成立工行仁化支行首家离行式自助网点，配置存取款机1台，取款机1台；支行营业部同时增加存取款机1台，自助发卡机1台，自助回单打印机两台，自助终端两台。通过自助设备有效分流客户，提高品牌认知度，减少人力费用，提高经营效益。注重加强营业网点服务精益管理，着力推广网点岗位人员标准化配置、网点岗位标准工作流程、柜面物品定置化、个人理财经理标准化营销、网点营销信息转介标准化、网点晨会标准化操作、网点厅堂标准化管理、网点排队与分流标准化、网点现场投诉标准化管理等精益项目，改善服务环境，提高服务质量。打造互联网金融新优势，紧跟总行、省行、市分行互联网金融发展战略，推进“融e购”电商平台各项工作，加大营销力度，得到“农民头”辣椒酱商户认可，“农民头”辣椒酱成为工行仁化支行首家签约融e购商户，并成功上线。同时，该商户在“融e购”促销活动中创下销售佳绩。

【党风廉政建设】 2014年，工行仁化支行深入开展党风廉政建设，落实党风廉政建设责任制，中共党员干部党性观念增强。一是加强反腐倡廉教育，促进领导干部廉洁自律。开展示范教育和警示教育，采取不同形式加强党员干部理想信念、从业道德、党纪条例、法律法规、反腐倡廉理论学习和警示教育，筑牢反腐倡廉思想基础。8月18日，组织全行员工到仁化县党风廉政教育基地参观学习，开展反腐倡廉教育活动，增强员工防腐拒变意识。二是认真抓好管理人员廉洁自律工作。各级管理人员以身作则，率先垂范，认真执行中共中央八项规定，查找和纠正“四风”方面问题，提高自身政治素质和精神境界，自觉抵制各种腐朽思想和腐败行为的诱惑侵袭，牢固树立正确发展观、业绩观和风险观，营造风清气正风尚，带动和促进分管范围内的廉洁自律工作。三是加强和改进作风建设，落实中共中央有关厉行节约各项规定和总省行有关规范公务接待活动相关要求，巩固“四风”整治和教育实践活动整改效果；组织开展治理商业贿赂专项工作，落实治理商业贿赂专项工作长效机制。通过制度建设，建立起坚固有效防治商业贿赂闸门，确保全行经营活动合法合规开展，维护全行良好社会形象。

**【内控案防】** 2014年，工行仁化支行落实案件防范工作长效机制，强化“树立三种意识，构筑三道防线”，强化内部控制和案防管理，构建起过程控制、技术约束、风险导向、查防结合内控案防新模式。按照“预防、化解、惩处”工作要求，增强内控案防工作责任感和紧迫感，履行“一岗双责”，在全行形成“一把手”负总责，分管领导协助抓，各部门齐抓共管内控案防工作格局，将内控案防责任落实到每一个部门、每一个网点、每一个岗位、每一个人，群策群力，形成严密防范网络体系。一是加大员工行为规范教育，强化制度执行力度。组织全行员工学习各项规章制度，加强员工职业道德、遵章守纪教育，营造依法合规氛围，消除案件风险隐患，提升内控案防水平。加大对营业网点以及营销、操作人员等职业道德和行为动态管理，规范经营和操作行为，提升全行员工责任感、紧迫感。二是开展重要风险点专项治理活动。在违规放贷、违规参与民间融资和经商办企业、违规代客理财、违规办理柜面和ATM业务、违规套现、违规债券交易、员工涉赌、管理人员违规经营、U盾管理、印章管理等10个重要风险点，进行全面风险分析，制订防控措施，逐项排查，落实整改。同时，开展“一加强两遏制”专项检查活动。三是加强客户经理管理和防范信贷操作风险。加强客户经理日常行为监管和职业道德教育，防止客户经理违规操作和道德风险发生，严格执行“六禁一公开”，严守十大禁令，严防操作风险，增强依法合规意识。四是加强员工思想行为动态管理。开展与员工谈心、家访活动，加强与员工家属沟通联系，向员工家属传递银行发展及员工近期工作情况，做好员工“八小时内外”监管监控，多角度全方位了解员工，及时掌握员工思想行为动态。2014年，全行实现无案件和重大差错事故工作目标。

**【加强队伍建设，构建“共创共健共享”家园文化】** 队伍建设。2014年，工行仁化支行重视干部员工职业规划和发展，不断深化干部选拔任用工作改革，建立“能者上、庸者下”干部进退机制，为优秀人才发挥聪明才智创造机会。2014年，工行仁化支行公开选拔内控主管1名、业务主管1名。动员全行员工积极参加各种任职资格考试，补强支行后备人才库，为各项业务发展增添活力。

家园文化建设。2014年，工行仁化支行发挥工会组织在服务改革发展大局、保障和维护员工合法权益、提升员工素质、推进和谐发展、提升民主管理水平、增强工会活力方面作用。①关爱员工，维护权益，促进员工队伍稳定。建立困难员工救助机制，向在职及退休困难员工进行慰问，并送上慰问金和慰问品，帮助员工解决工作和生活中实际困难，全年慰问困难员工18人次。统一为全行员工订送生日蛋糕。按照在工行服务年限，男员工满28年、女员工满25年评选条件，叶浩清、刘永珍等员工获韶关分行“忠诚员工”奖。组织全行在职及退休（含内退）员工体检，关心员工身体健康。②开展创先争优劳动竞赛活动，提高员工队伍素质。组织全行网点员工开展业务技能竞赛，遴选出梁少嫦、陈莉、谭辉英等业务尖子，代表支行参加韶关分行2014年“人人竞能手、个个赛服务”业务技能比赛。工行仁化支行获“优秀组织奖”。组织员工积极参与总行网上专业知识竞赛。③加强职工之家建设，丰富员工文娱生活。完善“职工之家”基础设施建设，添置健身车1台、扑克牌等活动用品。丰富员工业余文化生活，提升员工业务技能和文化素养，完善“职工书屋”建设，订购书籍、报刊等读物一批，充实“职工书屋”。组队参加韶关分行第二届趣味运动会，并荣团体二等奖。④弘扬中华民族优良传统，开展献爱心活动，2014年“广东扶贫济困日”全行25人捐款，捐款金额3300元。

**中国工商银行股份有限公司仁化支行负责人名录：**

**行　长：**李钢生

**副行长：**李功智

黄　静（任至2014年4月）

夏海帆（2014年4月任职）

（叶仲林）

## 中国建设银行股份有限公司仁化支行

**【概况】** 2014年，中国建设银行股份有限公司仁化支行（简称“建行仁化支行”）有在职员工16人，其中本科学历8人，大专学历6人；新招大学生4人，退休1人。2014年，建行仁化支行贯彻执行上级行经营策略，把握县域经济快速发展良机，抓基础管理，合规经营，加强业务发展，以日均存款和中间业务收入为重点，做实资产业务，并带动负债业务，重视客户新增和提高产品覆盖，拓展、维护好存量对公客户，大力发展个人金融业务，提升综合金融服务水平和价值创造能力。截至2014年年末，各项存款余额为50103万元，比年初减少1378万元；各项贷款余额21430万元。2014年，建行仁化支行获市级“先进集体”称号。

**【资产业务】** 2014年，建行仁化支行发挥建行品牌作用，以“成长之路”“速贷通”“助保贷”等信贷产品为契机，结合实际金融环境，加大贷款营销力度，抓公司类贷款营销，挖掘行内外优质客户，寻找、把握贷款发放商机。同时，抓个人贷款营销，按照上级行战略思想，快速抢占个人住房贷款、个人消费贷款、汽车分期贷款市场，发展个人资产业务。加强与公司业务及房贷业务联动机制，贯彻“联动营销为我己任”营销文化，实现建行资源利用最大化。推动联动交叉发信用卡、储蓄卡，交叉营销网上银行、手机银行、短信电子产品。以代发工资、统发工资、理财客户、房贷客户等优质存量客户为目标客户重点抓联动交叉营销，结合实际制订并执行长期业务发展规划，开拓和拼抢市场。支持仁化县中小企业发展，为当地经济发展做出贡献。截至2014年年末，各项贷款余款21430万元，发放公司贷款20160万元，发放个人贷款513万元。

**【经营管理】** 2014年，建行仁化支行全力推动业务发展和提高服务水平，实现各项业务持续健康发展。加强基础管理，调整业务结构，推动对公、对私业务发展，重点拓展小企业、微型企业相关业务，利用周会、班前班后会时机，做好培训工作，提高员工业务技能和客户满意度。提升网点服务水平，贯彻“以客户为中心”经营理念，推进优质服务，注重服务质量和服务效率，增开服务窗口，大堂经理加强协调，引导客户使用自助设备，竭诚为客户提供差别化、精细化服务，确保营业网点服务紧张、有序、安全。扩大存款规模，加强与主要客户联系沟通，稳固客户关系，拓展新客户，主动拓展财政、外商企业、高端个人客户等资金渠道。提高员工自身业务素质，完善服务手段，改善服务环境，开展优质服务和强化网点管理活动，重点抓好柜员各类业务办理流程梳理，增强员工经营理念、营销技巧理念、服务理念。

**【内控管理】** 2014年，建行仁化支行组织员工学习廉政建设、内部管理等规章制度及行规自律，提高内控和防范能力，确保安全营运。坚持预防为主，以人为本，齐抓共管，确保内控建设不流于形式，杜绝违规违纪案件发生。按照“安全年”工作要求，抓好内部管理，风险控制以及“三防一保”工作，通过组织全体员工对各级行通报的典型案例进行剖析，加大违规违纪查处力度，促使纪检监察工作切实为业务经营起到保驾护航作用。坚持“安全合规每一日一讲，业务学习每周一次，安全检查每周一巡，应急演练每月一练”制度，强化员工防范风险意识。重视营业网点安全保卫工作。做好预案演练工作，重点对营业场所安全管理，防止“四类”案件发生。2014年，建行仁化支行堵截利用二代假身份证开户事件8起，堵截电话诈骗事件两起，全面杜绝安全责任事故发生。

**【企业文化】** 2014年，建行仁化支行以创建“五好”班子为目标，以人为本，关爱员工，注重发挥员工潜能，开展谈心、家访和慰问活动，送给员工人文关怀，营造轻松、愉快进取家园文化氛围。定期家访员工，关心员工成长，不定期与员工及其家人沟通，协助解决员工实际问题，为员工办实事、好事，引导员工提高自身综合素质。教育和引导员工正确履行职责，严格要求自己，廉洁自律，兢兢业业工作，清清白白做人，最大限度调动员工积极性、主动性和创造性。组织员工参加趣味运动、登山运动等集体活动，丰富员工业余生活。

**中国建设银行股份有限公司仁化支行负责人名录：**

**行　长：**曾凡松

**副行长：**陈文胜

（沈远龙）

## 中国农业银行仁化县支行

**【概述】** 2014年，中国农业银行仁化县支行（简称“县农行”）有员工63人，其中：大专以上学历48人，占76.19%；助师级以上职称21人，占33.33%。2014年，县农行全面贯彻落实省行会议精神，在稳中有为总基调下，以“严控风险、加快转型、夯实基础”为主线，实现全年各项业务经营又好又快发展。截至2014年年底，县农行各项存款余额94394万元，比年初净增3618万元，比2013年年底增长3.99%。各项贷款余额为41694万元，比年初净增5355万元，比2013年年底增长14.74%，其中法人贷款余额31363万元，比年初新增3862万元；个人贷款余额10331万元，比年初新增1493万元。

**【信用风险管控加强】** 2014年，县农行加强信贷风险管控，从政策风险、操作风险、实质风险等方面严防信用风险。一是认真执行国家、上级行相关政策，严格客户准入条件，从严把握客户评级、分类和项目准入，对于不符合政策的客户和项目坚决退出。二是结合贷后管理工作，加大风险排查力度，常抓常管，及早发现问题，及时消除风险。三是加强信贷、风险人员素质教育，发挥风险管理部监管职责，对发现存在风险因素不报、瞒报行为，严肃追究责任。加强存量客户资产业务优化，加大新优质客户、大项目、大客户拓展力度。做好新客户产品组合营销。开展走进乡村、走进企业、走进车行、走进楼盘、走进商城、走进市场“6个走进”活动，开展产品组合营销，重视住房按揭贷款营销工作，取得存量楼盘更大份额，促进新楼盘营销。

**【服务水平提升】** ①对公存款抓大不放小。加强扩户提质，积极营销与拓展对公有效户。加大对公司类存款拓展，努力改变公司类存款客户基础薄弱局面。②储蓄存款固本强基。以有效管户为目标，加强贵宾客户营销和维护，深挖客户潜能，拓展中高端客户。做好柜台服务工作，促存款新增。对重点客户存款，做好理财产品及货币基金等产品合理搭配，依托代发工资、转账电话等方式和电子产品，夯实个人客户基础，抢占优质客户资源。提高柜台服务质量，提升服务水平，树立企业良好形象，增强同业竞争力。

**【中间业务渠道拓宽】** ①加大分期业务营销。发挥汽车分期中心集中经营优势，拓展汽车、家装、车位分期业务，加快业务处理速度，提高分期业务收入。②提高信用卡业务收入。加大"赢在大堂"目标客户群体开卡力度，争取优质客户资源，拓展特惠商户，营造良好用卡环境，提升发卡收入，增加收单业务重点营销酒店、餐饮、百货商场等收单收入。③重点发展国际业务收入，加大保险、贵金属、基金产品营销力度，踏实做好传统结算业务。明确客户经理交易类各项业务营销计划任务，做到有的放矢，提高个人客户中收贡献度。

**【案防措施落实】** 2014年，县农行落实防范案件责任制，从行长到员工层层签订"合规经营操作防范案件责任书"，并严格督促落实。加强合规意识教育，组织员工认真学习，加强形势教育和案例分析，提高员工执行规章制度自觉性。强化员工思想行为排查，及时查找漏洞。按照"谁使用、谁管理、谁负责、谁报告"原则，加强员工日常行为管理，将家访、谈话等形式机制化、常态化。同时，按照省行要求，认真抓好员工参与民间借贷专项治理活动。全年全行安全运营。

**【党建工作】** 2014年，县农行明确中共党总支书记抓党建工作主体责任意识，建立"书记抓党建、党委管党建"工作机制。按要求签订党风廉政建设责任书8份，制定支行党建工作思路、规划和重点措施。开展党的群众路线教育实践活动。组织召开支行党总支扩大会议及全行员工大会，对活动中检查发现问题，按时完成整改落实。加强党员队伍建设情况。改选营业网点党支部书记，选优配强基层党组织领导班子，发挥党员干部先锋带头作用，加大优秀年轻干部培养力度，组织、动员员工参加一级支行负责人和二级支行负责人后备人才库竞选，严格发展党员和管理党员。2014年，县农行发展中共预备党员两名，发展中共入党积极分子一名。

**中国农业银行仁化县支行负责人名录：**

**行　长：**刘贻勋

**副行长：**王生点（任至2014年6月）

聂郁龙（任至2014年6月）

陈宏章（2014年7月任职）

欧阳剑（2014年7月任职）

（谭建华）

## 中国银行韶关仁化支行

**【概况】** 2014年，中国银行韶关仁化支行（简称"仁化中行"）贯彻落实韶关分行党委"授信带动业务发展"经营指导方针，发展经营步入平稳增长，多项业务有新发展，全年运营平稳、安全，没有发生任何违法、违规案件。仁化中行参与仁化县域经济发展建设，为地方经济发展给力，取得社会效应与经济效益双赢成绩。

**【经营业绩】** 负债业务。截至2014年12月末，仁化中行本外币各项存款折人民币余额为62981万元，比2013年新增1940万元。其中，人民币储蓄存款余额为52444万元，比2013年新增4178万元，完成全年考核任务90.83%；人民币企业存款余额为9700万元，比2013年下降2412万元；外币存款余额为129万美元，比2013年新增22万美元。

资产业务。截至2014年12月末，仁化中行各项贷款余额为18112万元，比2013年新增5231万元，其中，零售贷款余额为17071万元，中小企业贷款余额1041万元。同时，响应上级行授信产品创新，贸易融资投放282万元。

中间业务及营业净收入。截至2014年12月末，仁化中行实现账面中间业务收入为218.69万元；营业净收入1886.93万元，完成全年任务102.66%。

客户基础取得新发展。截至2014年年底，仁化中行手机银行交易客户数比上年新增824户，完成年度任务142.07%；二代社保卡发卡比上年新增3968张，完成全年任务330.67%；

个人电子银行交易客户数991户，完成全年任务83.98%，借记IC卡1632张，完成全年任务81.60%；行政事业单位开户8户，完成全年任务400%，对公结算业务量95898万元，完成全年任务105.63%。

*产品销售情况*。截至2014年年底，仁化中行保险销售441万元，完成全年任务100.18%；理财产品销售9614万元，完成全年任务127.17%。结构性理财和表外理财均实现“零的突破”，交易量分别为100万元和25万元；对公结算卡39张，完成全年任务97.5%；对公短信通新增25户，上线集团客户新增1户。

**【“授信带动”经营】** 2014年，仁化中行把握“授信带动”经营思路，做到早布局、早投入、早收效。2014年1—3月，实现贷款投放4000多万元；全年投放9800多万元，增加仁化中行营业净收入，为完成全年任务奠定基础。

**【“赢在厅堂”活动】** 2014年，仁化中行扎实推进“赢在厅堂”活动，把支行作为“种子网点”导入“赢在厅堂”，推动中行对私客户基础业务发展。通过开展“赢在厅堂”活动，仁化中行员工面貌焕然一新，工作热情、服务意识和营销意识得到激发和增强，“人人开口营销，各岗位协同营销”成为仁化中行大堂日常工作新常态。

**【队伍建设】** 2014年，仁化中行加强队伍建设，提高队伍战斗力。利用晨训、班后会和例会，做好员工绩效辅导和绩效考核方案传导，让员工清楚全行业务发展现状，明确发展方向，做到有的放矢；做好员工业务培训和产品培训，提高员工营销能力和产品熟悉程度，激活员工开口营销热情和成就感。

**【廉洁从业】** 2014年，仁化中行党支部响应韶关分行安排，扎实开展党的群众路线教育实践活动，以“照镜子、正衣冠、洗洗澡、治治病”为总要求，坚持“三严三实”精神，严以律己，廉洁自律，严格遵守国家法律、法规，坚决执行党中央“八项规定”，反对“四风”，纯洁党性修养，坚定信仰，提高党支部战斗力。

**【服务地方经济社会建设】** 2014年，仁化中行参与仁化县政府组织的各项社会、经济活动，融入其中，助推仁化县经济发展。利用营业大堂、服务窗口，进行标准化服务流程，为广大客户提供优质服务体验；利用金融产品、金融专业，开展“关注征信”送金融下乡活动，实现社会效益与经济效益共赢局面。

**【员工成长】** 2014年，仁化中行注重全行员工成长，提高全行员工综合素质。年内，仁化中行涌现一批先进代表。其中，员工苏俊荣、陈美英、叶福林、王蕾、冯立新、黄银福和徐丽萍被中国银行韶关分行评为优秀员工，行长廖小明被中行韶关分行评为先进个人。

**中国银行韶关仁化支行负责人名录：**

**行　长：**廖小明

**副行长：**燕世林（任至2014年5月）

苏俊荣（2014年5月任职）

徐焕关

林龙田（2014年12月任职）

刘　芳（女）

（林龙田）

## 仁化县农村信用合作联社

**【概况】** 仁化县农村信用合作联社（简称“仁化联社”）是一家服务“三农”和县域经济地方性农村金融机构，内设办公室、运营部、内审监察部、合规与风险管理部、授信管理部、安全保卫部、业务发展与创新部7个部门；下辖1个营业部、4个信用社和9个信用分社；2014年有从业人员180人，其中大专以上学历人员占

90.56%。2014年，仁化联社是全县资金实力最雄厚、营业网点最多、员工队伍最庞大、服务覆盖面最广的金融机构，被当地群众誉为“草根银行”“仁化人的银行”。2014年3月，仁化联社被仁化县精神文明建设委员会评为“2012—2013年度仁化县文明单位”；7月，被韶关市国家税务局和韶关市地方税务局评定为“2012—2013年度广东省纳税信用等级‘A级纳税人’”。

**【存款稳步增长】** 2014年，仁化联社强化奖惩激励机制，将考核结果与员工绩效工资挂钩，激发员工揽存工作积极性。开展首季开门红揽存竞赛活动，首季存款净增1.9亿元，夯实全年存款基础。开展形象宣传、产品宣传，营造良好组织资金氛围，提升农信品牌促增长。巩固规范化服务效果，确保标杆网点工作“标准不降、干劲不退、热情不减”，提升服务质量。健全营销方式促增长，奠定吸储基础，年内，周田信用社积极与各类储源加强沟通和联系，成功取得韶赣铁路、周田工业园等征地补偿款代发权；丹霞信用社加强与当地党政部门沟通和联系，成功争取杜氏集团、丹霞山桃花红度假村等大型招商引资项目基本账户在联社开立。截至2014年年末，仁化联社各项存款余额达25.63亿元，比上年增加4.87亿元，增长23%；市场占有率为35.82%，较上年增加2.15个百分点。

**【信贷规模持续扩大】** 2014年，仁化联社严格落实考核机制，层层分解任务目标，推行客户经理制，实行客户经理权、责、利挂钩，并按“存贷挂钩”原则实施贷款营销，建立正向激励机制，激发客户经理贷款营销工作积极性。加强与人民银行、当地政府部门沟通，寻求建立信息沟通、资源共享平台捷径及解决信息交流不对称、融资渠道不畅通等问题的办法，寻求农信社与企业之间最佳结合点，化解贷款难、难贷款矛盾。以成立“三农”贷款专营中心为契机，以充分利用好支农再贷款为目标，围绕农业丰产、农民增收、信用社增效主线，做好农户春耕备耕、小额农贷发放工作。全年累发春耕备耕生产、小额农贷1553万元，支持农户1603户。四是信贷倾斜，扶持优势产业做强。投放7452万元，重点支持石斛种植、茶叶种植、柑橘类种植；投放1744万元，重点支持生猪饲养和内陆水产养殖加工等项目及配套项目；投放7.35亿元，重点支持有色金属、林业、房地产、旅游等个体工商及小微企业，帮助改进技术，拓展市场，提高经济效益。全年，仁化联社累放贷款9.38亿元，各项贷款余额达181022万元，市场占有率58.91%。

**【案防和安全保卫工作】** 年初，全社层层签订“案件防控责任书”“党风廉政建设责任书暨廉洁从业责任书”“反赌博承诺书”“遵纪守法承诺书”“不参与社会融资活动承诺书”，将案件防控责任目标纳入年度目标管理，落实案件防控责任制。坚持每季度召开案防分析会，开展“合规守法大家谈”活动，举办信贷业务风险与合规辩论赛，举办法律知识和廉洁从业知识专题讲座，组织中层干部和新员工到韶关农信社廉洁从业教育示范基地接受廉洁教育，筑牢思想防线。持续推进长效机制建设，巩固案防成效。全年制订和完善制度113项。实行领导分片挂点责任制，组织辖内信用社开展案件风险防范工作；加大处罚力度，对存在问题责任人落实责任追究。开展常规、文明规范服务、收费项目、反洗钱等稽核检查及离任审计工作，确保各项规章制度有效落实。营造安全环境，提供发展保障。按照省联社网点安全达标建设要求，装修改造丹霞山、闻韶分社，提高安全系数。在长江信用社和闻韶分社实施异地值守试点工作，提高人防、物防、技防能力，筑牢安保屏障。组织开展全辖网点和金库全面摸底检查以及各类安防、消防演练，提高员工处置突发应急事件能力。全年，仁化联社实现全年零案件、零事故目标。

【文化建设】 2014年，仁化联社向社会公开招聘新员工12名，全年举办各类培训班24期，参训人数890人次。继续开展书法、摄影、篮球、健身运动等各类文体活动，冠名举办仁化县第六届“农信杯”篮球赛。

【济困扶贫】 2014年，仁化联社组织慰问离、退休职工或病患穷困职工30人次，发放慰问金近3万元；开展“金秋助学”活动，对当年考入重点高中及大学本科以上职工子女7名发放助学金1.45万元；开展“广东扶贫济困日”活动和向患先天性地中海贫血儿童捐款献爱心捐款，捐款2次合计金额2.4万元；开展对外扶贫活动4次，慰问扶贫对象112人次，累计捐赠财物2.5万元；帮扶挂点单位石塘镇京群村各项经费、捐助款共3.1万元。

【党风廉政建设】 年内，仁化联社抓实党风廉政建设，加强检查和廉洁从业教育。组织中高层人员到韶关农信社廉洁从业教育示范基地接受廉洁教育，举办中高层人员管理能力提升及营销技能培训1期。坚持每季度召开党委理论中心组学习1次，全年召开民主生活会2次；适时开展“合规守法大家谈”活动、从严治党主题教育活动、“中国梦”讲座活动，组织员工观看《基石》《被沾污净土》《纵欲之鉴》等党风廉政教育专题片。实行领导分片挂点制度，领导班子成员挂点到各社，参加基层社案防分析和现场检查交流会，倾听基层员工建议和意见，改进工作作风和提高工作效率。

**仁化县农村信用合作联社负责人名录：**

**党委书记：**凌忠文（任至2014年12月）
卢祖建（2014年12月任职）
**理事长：**凌忠文
**主　任：**罗韶斌（2014年12月任职）
**副主任：**吴伟民
赖海斌（2014年12月任职）
**监事长：**朱玉霞（女）

（周庆国）

## 中国邮政储蓄银行股份有限公司仁化县支行

【概况】 2014年，中国邮政储蓄银行股份有限公司仁化县支行（简称“仁化邮储银行”）有从业人员27人，其中：行长1人，副行长1人，部门经理2人，员工23人；大专以上学历23人（其中，2014年招聘硕士研究生1人），占85.19%；助理师级以上职称4人，占14.81%；正式合同工23人（其中，2014年从派遣合同工转聘为正式合同工2人），派遣合同工4人。截至2014年年底，各项存款余额132140万元，同比净增余额23161万元，增长21.25%；各项贷款余额15118万元，同比净增余额3681万元，增长32.19%。

【银行全面转型发展】 2014年，仁化邮储银行围绕省、市分行“全方位打造升级版”目标，强化效益导向，优化资源配置，完善机制流程，促进业务协同发展，克服经济下行、监管政策调整、资产质量不断承压带来的挑战，秉承“效益、效率、风险”相平衡发展理念，完成防范风险、提升能力、转型升级任务，实现总体风险可控，业务整体稳健运行。截至2014年年底，各项存款余额132140万元，其中个人存款余额123698万元、新增存款余额18165万元，对公存款余额8442万元、新增存款余额4995万元；各项贷款余额15118万元、新增贷款余额3681万元，其中个人贷款余额7667万元、新增贷款余额1308万元，对公贷款余额7451万元、新增贷款余额2373万元。

【业务转型见成效】2014年，仁化邮储银行开展阶段性劳动竞赛活动，促进公司业务稳步发展。通过开展“跨年度劳动竞赛活动”“第二季度劳动竞赛活动”“砺剑行动”营销竞赛活动，以及公司业务“争先创优”活动，带动公司业务稳步快速增长。截至2014年年底，对公存款余额8442万元，比年初净增余额4995万元，增长144.95%；支持服务中小企业，公司贷款余额7451万元、比年初净增贷款余额2373万元，增长46.73%。

【业务稳健发展】 2014年，仁化邮储银行以“商贸大走访”为重点，推进各项业务稳健发展，推进营销体系建设，个金、信贷、公司业务围绕专业市场及特色行业进行方案细化，通过整合资源、稳步推进“低风险+平台类”资产业务创新发展，低风险类贷款产品与平台相匹配，个人存款市场占有率达23.25%，公司业务存款增长率近1.5倍，支持服务中小企业供应链贷款放款4440万元，个人贷款业务成功开发仁化县丹霞新城“一手房”按揭贷款业务、创业再就业小额担保贴息贷款业务、流水贷小额贷款业务及住房公积金贷款业务。

【党群路线工作落实】 2014年，仁化邮储银行开展第二批党的群众路线教育实践活动，成立党的群众路线教育实践活动领导小组及领导小组办公室，制订深入开展第二批党的群众路线教育实践活动方案和理论学习计划，并结合教育实践活动开展内容丰富、形式多样学习教育，观看红色经典影片，学习习近平系列讲话精神、中共十八届三中全会精神、群众路线相关知识；学习“三严三实”“八项规定”等政治理论，以“照镜子、正衣冠、洗洗澡、治治病”为总要求，开展“三个环节六项重点”工作，聚焦“四风”问题及群众反映强烈的突出问题，坚持边查边改，立行立改，做到规定动作规范到位，开展“金融知识进万家”金融知识宣传服务活动。

【风险管理】 2014年，仁化邮储银行通过建立风险考核制度，考核督促风险联络员发挥风险管理抓手作用，提升风险管理水平与能力，推动各项风险管理工作，完善案防管理制度建设，开展2014年案防责任书和全员合规承诺书签订，落实安全保卫管理各类台账，加强安全保卫各项管理制度执行情况检查监督。扎实做好技防物防设施、视频监控设施、联网报警设施、消防安全设施、营业场所安全管理以及自助设备安全管理检查考评工作，及时发现问题，抓好隐患整改。2014年没有发生资金案件，被盗、被抢、被骗案件，内部治安案件，火灾事故，道路交通责任事故，继续保持安全平稳发展，实现“零案件、零重大违规违纪事件”“双零”目标。

**中国邮政储蓄银行股份有限公司仁化县支行负责人名录：**

**行　长：**李概彬

**副行长：**肖国新

（叶建平）

## 中国人民财产保险股份有限公司仁化支公司

【概况】 中国人民财产保险股份有限公司仁化支公司（简称“人保财险仁化支公司”）是中国人民财产保险股份有限公司（PICC P&C，简称“中国人保”）县级分支机构。人保财险仁化支公司位于丹霞大道17号，下设综合部、直销业务一部、营销业务一部、营销业务二部和理赔仁化分部5个内设机构，拥有一个营业部和两个营销网点。2014年年末，人保财险仁化支公司有在职干部职工17人，其中，班子成员2人。

2014年，人保财险仁化支公司秉承“人民保险、造福于民”宗旨，履行保障经济、稳定社会、服务民生职责，发挥国有企业促进经济发展、社会和谐稳定作用。截至2014年12月31日，公司年保费收入2892.8

万元，比上年增长18.14%；为受灾保户支付赔款1541.8万元。

【业务发展】 政策性业务。2014年，人保财险仁化支公司围绕中共仁化县委、县政府“为民办实事惠民工程”主题，开展政策性业务，承办全县政策性农房、水稻、能繁母猪、自然灾害公众责任险等惠及民生系列政策性保险。其中，政策性水稻种植保险被列入仁化县9件为民办实事之首，承保政策性水稻种植保险面积17280公顷；承保政策性农村住房保险39564户；承保政策性能繁母猪保险18520头；承保自然灾害公众责任保险，为全县233065位人民提供意外保障。

车险业务。2014年，人保财险仁化支公司车险保费收入为1574.2万元，同比增长17.9%。

商业非车险业务。2014年，人保财险仁化支公司做好县域各大企业、小水电站财产险承保工作，重点推广环境污染、安全生产、校方责任、医疗责任、火灾公众责任险等与公众利益相关的责任信用保险，以及学生、幼儿意外伤害保险。全年仁化支公司商业非车险实现保费收入661.7万元，其中财产险364.6万元，责任险164.5万元，意外险129.1万元，货物运输保险3.5万元。

理赔。2014年，人保财险仁化支公司采取强有力措施着力提升理赔及客服能力。加强理赔管控，优化理赔流程，简化客户索赔单证，提升客户体验。对小额赔案实行简易、快速理赔。做好政策性业务理赔服务，年内，执行韶关市农业局《关于印发韶关市政策性水稻种植保险保险理赔操作细则的通知》有关规定，做好政策性水稻种植保险理赔工作，做到确实为民办实事，2014年度共支付农险赔款335.1万元。扎实推进人伤调解、诉讼案件管理，改善外部理赔环境。强力抓好反欺诈工作，严厉打击保险欺诈。2014年，人保财险仁化支公司处理赔案2626宗，支出赔款1541.8万元，确实为保户恢复生产、安定生活提供强有力经济支持。

【内控管理】 2014年，人保财险仁化支公司加强内部管控，促进公司合规经营。严格执行公务接待和出差管理、公务用车管理规定。强化合规管理责任，支公司、各营销网点负责人均签署“依法合规经营承诺书”。开展合规宣导和培训，组织员工学习合规政策和分公司下发的每周普法知识，组织单位干部职工参加普法考试。深入开展反洗钱工作，做好客户身份识别，客户资料保存，客户风险等级划分和可疑交易分析工作，加强风险排查，防范洗钱风险。

【内部建设】 2014年，人保财险仁化支公司落实销售队伍人力资源改革，加强销售团队建设。一是加强业务队伍建设，提高销售人员占比。二是加强员工业务培训，提升人均产能，提升队伍战斗力。三是坚持“以客户为中心”，整合服务资源，创新服务举措，提升客户满意度。四是落实省公司关于支公司活力建设要求，加强职工小家建设，2014年9月，人保财险仁化支公司被中国人民财产保险股份有限公司广东省分公司工会委员授予“先进职工小家”称号，同年12月获中国人民财产保险股份有限公司工会授予“模范职工小家”荣誉称号。五是落实员工关爱机制，提高员工幸福感。六是完善“三农”保险服务部建设，为政策性农险服务，夯实镇村保险服务工作基础。

**中国人民财产保险股份有限公司仁化支公司负责人名录：**

**经　　理：**邓军贵

**经理助理：**曾海祥

（黎奎芳）

## 中国人寿保险股份有限公司仁化县支公司

【概况】 中国人寿保险股份有限公司仁化县支公司（简称“中国人寿仁化支公司”）内

设总经理室、办公室、客户服务部、个险销售部、中介代理部、团险销售部，下辖董塘营业部、长江镇营销服务部、周田镇营销服务部、城口镇营销服务部4个营业及服务网点。截至2014年年底，中国人寿仁化支公司拥有人力130人，其中：一线业务骨干及精英120人，在职干部、职工10人（包括正、副总经理各1人、客户服务部经理1人）。

2014年，中国人寿仁化支公司在贯彻落实相关工作部署、艰苦奋斗、拼搏向前，市场份额逆势上升，区域竞争力和影响力提升扩大。

【业务发展新突破】 截至2014年12月31日，中国人寿仁化支公司：总保费收入4455万元，比上年增加124万元，增长2.86%（其中期交首年保费600万元、趸交保费1361万元、短期险保费188万元、续期保费2306万元）；全年给付支出755万元，比上年减少622万元，下降45.17%（其中满期给付支出500万元、年金给付支出42万元、赔款给付支出213万元）。

【客户服务水平提升】 2014年，中国人寿仁化支公司全体员工团结一致，着力打造具有思考力团队，提升整体风险把控能力和服务水平。一是在服务方面以内、外部客户体验为导向，倡导“用心服务”，开展各种新颖客户服务活动，提升客户对公司认同度和满意度。二是向广大市民宣导保险风险管理、基本常识、公司品牌文化、公司产品与服务内容，引导广大市民正确认识保险、增强保险意识和树立科学保险消费观念。三是通过向客户发放“国寿鹤卡”，开展“幸福家庭月”活动，为客户提供更多附加值服务，丰富广大客户物质文化生活，加深客户对公司品牌文化认识。四是通过“95519”客户服务专线、移动“95519”短信服务平台、国寿“1+N”品牌宣传，做好投诉处理工作，提升客户满意度。五是采取客户服务首问负责制，解决承保、理赔速度慢等问题。六是强化对客户服务的内部监控和考评。加强客户回访率、结案率以及理赔时限等关键指标考核。建立服务督察制度，进行远程和现场督察，安排专职人员对公司承保、理赔等环节进行客户服务远程回访监控，并随时进行现场督察。采取指标考核和定期通报等措施，促进公司服务水平提高。七是以理赔速度和质量为重点，解决理赔方面存在的问题。要求限时赔付，提高结案速度和结案率，并作为一项考核指标定期进行考核。加强理赔基础管理工作，转变工作作风，提高干部员工业务素质，解决理赔薄弱环节问题。

【品牌宣传】 2014年，中国人寿仁化支公司扩展服务领域，举办“客户服务节”“国寿健康大讲堂”“少儿绘画大赛”等一系列客户联谊活动，开展专项客户联系活动，提升中国人寿品牌形象。开展问卷调查活动，了解群众最关心热点话题，有目的性加强分红险和意外险宣传和销售，“鑫如意”等险种得到客户普遍认同和青睐。普及保险知识讲座，发挥公司品牌效应，扩大公司影响力，全年共组织保险知识讲座30余场，内容包括风险管理、投资理财、养老、教育、健康知识等，参加人数近1000人次，提高城镇居民保险意识，促进业务增长。借助银行、邮局等窗口行业，推介中国人寿经营理念和保险产品。组织保险知识读本进校园、保险教育进农村、进社区活动。发挥党团组织和工会作用，开展各种形式文体活动，增强中国人寿凝聚力和感召力。

【履行社会责任】 2014年，中国人寿仁化支公司秉持“成己为人，成人达己”的“双成”理念，建设“管治先进、制度健全、内控严密、技术领先、队伍一流、服务优良、品牌杰出”寿险公司，服务于全面建设小康社会和构建社会主义和谐社会。强化执行力建设，处理好加快发展和防范风险、经济效益和社会效益关系，确保公司经营诚信规范，优化公司业务结构，提高经营效益，促进公司可持续发展。

**【队伍建设】** 2014年，中国人寿仁化支公司以“诚信我为先”活动和《综合治理销售误导》等系列规定学习为契机，为公司员工提供培训学习机会，提高员工岗位技能，规范销售人员营销行为教育，抓好内控合规工作，增强公司持续发展能力。全年举办培训学习班8期次，累计参加培训学习人员408人次。

**中国人寿保险股份有限公司仁化县支公司负责人名录：**

**总 经 理：**刘志勇

**副总经理：**范相科

（邹健伟）

# 教科文体卫

## 教育概况

2014年，仁化县教育局内设秘书股、人事股、计财股、教研室、教仪站、教育股、督导室、德体卫艺股、招生考试办公室、结算中心10个股室。行政（事业）编制40人，后勤服务编3人，实有人数32人。其中局长1名，副局长2名。

2014年，全县拥有各类学校109所，其中高级中学、完全中学、中职学校、电大进修学校、特殊学校各1所、初级中学7所、九年一贯制学校7所、完全小学14所，初级小学41所，幼儿园35所。全县中小学教职工2414人，其中在职教师2376人，在职职工38人。全县幼儿教师学历达标率为100%，小学教师学历达标率100%以上，初中教师学历达标率为98.7%，普通高中教师学历达标率为98.2%，中职学校教师学历达标率为71.4%，“双师型”教师占专业课教师80.8%。2014年，全县学龄前三年幼儿9399人，入园幼儿8884人，学前三年教育普及率为94.5%。义务教育阶段在校学生20840人，其中小学405个班，14338人，初中160个班，6502人。小学阶段6至11周岁学龄儿童13614人，在校学生14338人，毛入学率105%，学年内辍学率为“0”。初中阶段12至14周岁人口5909人，在校学生6502人，毛入学率110%，17周岁受完初中教育完成率100%。普通高中学生4877人，高中阶段毛入学率为92.5%。适龄“三残”儿童少年75人，在校学生73人，入学率97.3%。中职学校开设28个教学班，学生1650人，毕业班学生100%推荐就业。有成人文化技术学校11所。全县教育形成以基础教育为主，拥有幼教、普教、职教、成教、特教等布局合理、规模适当多方位教育体系。

## 教育管理

**【教育投入】** 2014年，仁化县加大教育投入力度，全年全县教育经费总投入42501.2万元，比上年32886万元增长29.2%。

2014年，全县免费义务教育学生20840人，其中，小学生14338人，初中生6502人，投入资金达2423万元。同时，财政投入资金161.34万元，对农村家庭经济困难学生提供寄宿生生活费补助，受助学生5864人；财政投入资金101.6万元，对普通高中实施国家助学金补助，受助学生675人；财政投入资金149.8万元，对中等职业学校农村户籍学生实行免费教育，享受免费教育学生757人；对家庭经济困难学生实施国家助学金补助，受助学生人次79人，补助金额5.9万元。

**【教师队伍建设】** 人才引进。2014年，县教育局根据《事业单位公开招聘人员暂行规定》有关要求和经仁化县人民政府批准公开招聘大专院校毕业生到中学及农村基层小学和幼儿园任教，加快实现建设教育强县目标及改善全县中小学教师学科不平衡结构，促进教育事业健康发展。年内，按照“公开、平等、竞争、择优”原则，通过笔试、试教、面试和实践操作方式面向全国和县域户籍生源公开招聘大学本科、专科和幼儿师范学历专业对口应（历）届普通高校（全日制）毕业生52人，充实到全县中小学和幼儿园教师队伍。

职称评定。2014年，仁化县根据广东省人事厅《关于我省教师专业技术资格评审工作的通知》文件精神，全县通过初级职称认定教师57人。

继续教育培训。2014年，仁化县落实《中小学教师继续教育规定》及省、市有关继续教育文件精神，提高中小学教师教育教学水平，促进教师教育改革和发展，提高校长和教师队伍整体素质。①突出校长培训工作，开展分层次、分类别、多形式、重实效中小学校长培训，提高校长管理水平。5月，安排两位村小校长参加第18期、19期省革命老区、边远山区农村小学校长培训，安排1位特校校长参加广东省特殊儿童"随便就读校长与教师"培训学习；9月，安排3位高中校长及1位小学校长到北京参加第1期、2期高级研修班培训，选派1位校长参加韶关市优秀乡村教师和乡村优秀校长培训；9—11月，安排两位村小校长参加第20期、21期省革命老区、边远山区农村小学校长培训；10月，安排1位校长参加"广东省中小学校长省内外挂职锻炼"培训学习，安排4位小学校长参加"市级骨干校长培养"培训学习，安排1位高中校长参加"广东省高中校长任职资格培训班"学习。②加强教师培训，提高队伍素质。从3月份起，安排8位教师参加"国培计划"——骨干教师高端研修项目培训；3月，安排110位教师参加2014年新教师教育技术中级培训工作的培训；3—4月，安排46位中小学教师到深圳参加"两岸三地"德育与班主任管理培训及40位幼儿园骨干教师到顺德幼儿园学校交流学习；4月，安排17位公务员干部参加仁化县干部自主选学培训学习；5月，安排48位班主任参加"校园安全事件的危机干预"培训，安排4位教师参加2014年"教育部—乐高技术教育创新人才培养计划"教师参训；6月，县教育局局长到中山大学参加教育信息化专题培训班学习，选派9位幼儿园教师参加2014年广东省欠发达地区幼儿园骨干教师培训；6—9月，安排17位公务员干部参加仁化县第一至三期干部培训学习；7月，安排325位高中教师参加普通高中教师职务培训，县教育局局长参加2014年全省县（市、区）教育局长培训班学习，选派9位幼儿园教师和3位义务教育教师参加"国培计划（2014）"——示范性集中培训和远程培训，安排9位教师参加2014年中移动教师培训，选派9位教师参加2014年广东省中小学英语教师英语语言村培训班学习，选派两位教师参加省"翰墨薪传工程"中小学书法骨干教师培训，安排4位教师参加2014年"教育部—乐高技术教育创新人才培养计划"培训，选派7位教师参加2014年"国培计划"——骨干教师高端研修项目"教师工作坊"研修培训；7—8月，安排113位近3年招聘的幼儿园教师参加为期1个月的岗位培训；8月，安排153位教师和部分校长参加义务教育阶段（新）教师培训；9月，选派8位教师和1位校长参加韶关市优秀乡村教师和乡村优秀校长培训，安排35位教师参加"国培计划（2014）"——幼儿园骨干教师远程培训；9—12月，安排19位2014年新招聘幼儿园教师到机关幼儿园跟岗学习；10月，选派1位教师到广东省肇庆市端州区东岗肇庆学院参加"中小学书法骨干教师"培训，安排25位教师参加韶关市2014年小学骨干教师培训班学习；10—11月，安排2位科级干部参加县年轻科级干部培训班学习，选送14位中小学教师参加韶关市农村中小学教师置换培训；10—12月，安排35位教师参加2014年度"教育部—乐高技术教育创新人才培养计划"网络研修与校本研修相结合培训学习；11月，安排1位教师参加2014年"国培计划"——示范性集中项目美育骨干教师培训，组织17位公务员参加全县职业道德建设全员培训学习；12月，安排6位校长、教师赴中山市参加校本研修高峰论坛培训学习，安排31位教师参加关于举办东莞市优秀校长、教师专题讲座培训学习，安排69位教师参加“南粤名师大讲堂·走进韶关”培训学习。③抓新教师岗前培训，规范新教师教育教学行为。根据《仁化县九年义务教育阶段教师跟岗培训方案》，有计划有选择地组织全县教师参加跟岗培训学习。年内，选派55位义务教育学校新教师到县城3所学校、19位幼儿园新教师到机关幼儿园跟岗学习。安排部分学校与珠三角地区学校结对跟岗培训学习。制定《仁化县幼儿园新教师跟岗培训计划》，组织101位新招聘幼儿园教师进行为期1个月岗前跟岗学习培训。根据《仁化县中小学新教师岗前培训计划》，8月，组织112名九年义务教育学校新招聘教师开展为期3天岗前集中培训。

先进教师基本情况。2014年，全县有8人被评为韶关市优秀教师，9人被评为韶关市优秀乡村教师，3人被评为韶关市优秀青年班主任，2人被评为韶关市第二批基础教育名校长，2人评为韶关市第二批基础教育名教师，14人被评为韶关市第二批中小学学科带头人，5位教师被遴选为广东省省级骨干教师培养项目首批培养对象。

**【落实山区、农村边远地区义务教育学校教师岗位津贴】** 2014年，县教育局根据省市文件精神，联合县财政局、县人力和社会资源保障局制定《仁化县山区、农村边远地区义务教育学校教师岗位津贴实施细则》，落实山区、农村边远地区义务教育学校教师岗位津贴，激励优秀教师在农村、边远山区安教、乐教。2014年1月起，农村、边远山区在编在岗教师严格按省文件精神发放津贴，具体为山区一类、山区二类、平原学校，最高月津贴1300元，最低月津贴400元，全县山区、农村边远地区义务教育学校共有在岗教师人数1417人，人均山区岗位津贴从原来766.9元/月增加到910元/月。

**【德育工作】** 学生思想道德建设。2014年，仁化县围绕创特色、树品牌工作目标，扎实开展学校德育工作。印发《仁化县教育系统开展培育和践行社会主义核心价值观工作方案》，组织开展“我的中国梦”“孝敬父母、感念师恩”“做一个有道德的人”主题教育活动，开展“学习雷锋、做美德少年”网上签名寄语活动，“我们的节日”系列主题教育活动。清明节期间，各校组织学生开展革命传统教育——祭扫烈士墓和“网上祭英烈”活动。5月，承办韶关市“弘扬中华优秀传统文化，践行社会主义核心价值观”现场会，进行教育成果汇报展示活动；在全县中小学校组织开展评优评先活动，表彰奖励22名“美德少年”、162名“三好学生”、102名优秀学生干部；在广东省“我的中国梦”中小学主题教育活动中有学生2人获省一等奖、19人获省二等奖、19人获省三等奖。

校园文化建设。仁化县依据《仁化县中小学校德育特色创新与发展实施方案（2012—2015年）》总体要求，围绕“遵德守礼，以仁化人”德育理念，加强校园文化建设，确立学校文化主题，德育理念，走文化内涵发展之路。年内，城口学校“诚信文化”、扶溪学校“诗意校园文化”、董塘中心小学“孝德文化”、石塘新华书店希望小学“红色文化”、仁化县中等职业学校“太极文化”建设展开。实验学校“桂花文化”和丹霞中心小学“乒乓球文化”特色明显。11月，广东省慈光慈善基金会为9所学校捐赠书籍22500册，助推全县“书香校园”建设。

班主任培训和课题科研。2014年5月，韶关市名班主任工作室启动仪式在仁化县实验学校举行，“沙桂香工作室”挂牌成立，先后邀请广东省德育研究与指导中心首席专家教授李季、韶关市教育学院教授钟雪梅、韶关市实验学校教师（省名班主任）罗庆元分别在仁化、南雄培训名班主任两期，立项德育课题22个。7月，田家炳小学巢耀明主持的广东省中小学心理健康教育“十二五”规划课题成果

《“后进生”的心理健康教育研究》顺利结题；县教育局举办2014年仁化县中小学班主任专业能力大赛，仁化一中顾丽娟、县实验学校黄慧珠、县田家炳小学吴秀琴和扶溪学校罗宝凤分别荣获高中组、初中组和小学组一等奖。顾丽娟、黄慧珠、吴秀琴3人参加韶关市班主任专业能力大赛均获市二等奖。8月，组织教师参加韶关市创建全国优秀家长学校优秀课例比赛获一等奖1人、二等奖2人、三等奖2人，田家炳小学获优秀组织奖。

安全、法制教育。2014年，仁化各中小学校利用班会、板报、宣传栏、电教媒体以及不定期邀请法制副校长、法制辅导员到校讲课方式，加强学生法制教育、禁毒宣传教育。围绕2014年“全民禁毒宣传月”活动“珍爱生命、远离毒品”主题，开展禁毒宣传教育活动。6月9日，各校开展广东省中小学生普法问卷调查；6月11日，县教育局邀请仁化县检察院副检察长李红到仁化一中开展“预防未成年人犯罪”专题讲座；9月4日，接受爱心企业和单位捐赠《中小学生安全自救手册》《中小学生预防犯罪手册》6503本；10月，南方电网公司仁化供电局到县实验学校、格顶学校举办关爱留守儿童安全用电知识讲座；11月5日，仁化县公安消防大队、县教育局、县普法办联合到周田中学开展消防知识进校园活动。

学校“创文”工作。2014年，县教育局配合县创文办完成系列“创文”工作。开展“我们的节日”系列主题活动、志愿服务活动、“做一个有道德的人”主题实践活动、“节俭养德”活动、“三关爱志愿服务”活动、仁化县首届道德模范评选活动、“仁化好人”评选活动、仁化县“美德少年”评选表彰活动。在韶关市第三届优秀童谣征集评选活动中，全县有1位教师获三等奖、3位教师获优秀奖、5位学生获奖。黄坑中学获中央专项彩票公益金20万元支持，完善乡村学校少年宫设施设备建设，并于年内投入使用。全年全县实现学校乡村少年宫全覆盖。

**【体育工作】** 1小时校园体育活动。2014年，仁化县各中小学校贯彻落实《中共中央国务院关于加强青少年体育增强青少年体质的意见》《国务院办公厅转发教育部等部门关于进一步加强学校体育工作若干意见的通知》精神，执行国家课程标准，保质保量上好体育课，有计划开展各项文体活动，将每天30分钟全校性大课间体育活动列入课表并形成制度，利用大课间、下午活动课，保证中小学生每天1小时校园体育活动，提高学生身体素质。

全面实施《国家学生体质健康标准》（简称《国标》）。2014年，县中小学校按时、按质、按量做好《国标》数据测试和上报工作，全年《国标》数据上报率100%。上报数据反映，全县学生参加测试达标率、优秀率提高，营养不良率、肥胖率下降，近视率得到控制，学生体质健康水平得到提高。

开展体育竞赛，体育竞赛成绩显著。2014年7月，仁化县成功举办仁化县中小学生“供电杯”篮球比赛；11月，成功举办仁化县中小学生田径运动会。组织参加韶关市第十四届运动会暨韶关市第十九届中小学生“英东杯”文体竞赛，仁化学校体育组田径项目获团体总分第2名（其中高中组总分获第2名，初中组总分获第2名，小学组总分获第3名），乒乓球项目获团体总分第一（其中小学组获第2名，初中组获第1名，高中组获第3名），高中组健美操获集体项目第2名，初中组健美操获集体项目第4名，毽球项目小学女子和初中男子均获第5名，高中男子篮球获第6名。仁化中学武术队参加广东省体育传统项目学校武术锦标赛中取得团体总分第2名，仁化中学田径队参加广东省体育传统项目学校田径锦标赛中取得团体总分第7名。仁化中学教师邹文进获全省体育优秀课例比赛一等奖。

**【卫生工作】** 2014年，仁化县落实学校健康教育工作，开齐上足健康教育课。学生健康知识知晓率达80%以上，健康行为形成率80%以上。指导学校开展常见传染病防治工作。组织开展预防接种查验证、造册登记工作，凡漏种计划疫苗的，强制免费补种。突出抓好学校食堂卫生工作。3月和11月，县教育局分别联合县食品药品监督管理局、卫生监督所、疾控中心等部门开展食品卫生安全专项检查，现场指导、纠正管理不规范、存在安全隐患、职责落实不到位学校（幼儿园），并下达书面整改通知书，要求学校限期整改，促进学校食堂管理、食品卫生安全规范。12月，县机关幼儿园、周田中学、县中等职业学校食堂被评为广东省食品安全学校示范食堂。10月，开展九年义务教育阶段学生健康体检工作，确保学生身体健康。9月29日，黄坑镇中心小学发生个别学生误食蓖麻籽引起群体性事件1起。8—12月，县教育局按照全市爱卫办统一部署，在全县中小学校、幼儿园开展灭蚊为主爱国卫生运动，预防登革热。

**【艺术工作】** 2014年7月，县教育局组队参加中共仁化县委宣传部举办“唱响中国梦，百歌颂中华”比赛，合唱《崴萨啰》获一等奖；8月，仁化县第一中学、县实验学校被命名为2014—2016年度韶关市艺术特色学校；10月18—19日，县教育局在县青少年宫承办韶关市第十九届中小学校（幼儿园）“英东杯”艺术竞赛，教育局获“优秀组织奖”，县实验学校参赛项目萨克斯独奏《老男孩》获一等奖，仁化一中、县实验学校合唱均获二等奖，仁化一中、县田家炳小学、县实验学校、仁化中学独奏项目分别获得3个二等奖和1个三等奖；10月，举办全县中小学校“图说我们的价值观”漫画作品比赛和“廉政文化进校园”书法、绘画比赛；11月，举办全县中小学校“文明伴我行，感动一瞬间”摄影比赛活动。

**【教育教学】** 服务基层，提供教师展示平台。2014年，县教研室坚持教学视导、质量跟踪、送教下乡常规工作，开展片区教研和同课异构活动，蹲点调研、指导薄弱学校，开展教师教学基本功竞赛、课堂教学能力竞赛；开展优秀论文评比、优秀教学课例评比、优秀教学设计评比活动，为全县教师提供公开、公平、公正平台。

抓好教育科研，推广教研成果。2014年，县教育局坚持做到立项、推广“两手抓”，提高全县教育科研水平和质量。一手抓县、市级以上课题选题、申报立项、课题开展和结题工作，加强过程管理，学科教研员做好全程跟踪指导；一手抓有价值课题成果推广。如2014年3月，仁化县市级科研课题《小学语文“以读为本”课堂教学模式的实验研究》结题后，在全市推广。县教研室有计划开展推广活动，让教师观摩学习该教学模式操作要领。

**【高考】** 普通高考。一、2014年，全县参加普通高考人数1237人，其中第一批重点本科上线人数106人，占全县参加高考人数8.57%，在全市8县（市、区）中排名第一；前二批本科上线人数563人，占全县参加高考人数45.51%，在全市8县（市、区）中排名第一；前三批总上线人数1203人，占全县参加高考人数97.25%，在全市8县（市、区）中排名第一。仁化县重本上线率8.57%，高于全市平均0.91个百分点，是全市8县（市、区）中唯一超市平均水平县，排位第一；本科上线率高于全市平均7.81个百分点，排位第一；总上线率高于全市平均8.13个百分点，排位第一。仁化县连续5年重本率、总上线率在全市8县（市、区）中排名第一。二、2014年，全县参加普通类高考录取1176人，录取率95.07%。其中：第一批本科院校录取94人；第二批本科A类录取223人，本科B类录取201人，本科录取人数为518人，本科录取率达41.88%；第三批专科A类录取407人，专科B类录取251人，专科录取人数为658人，录取率为53.19%。

高职类专科（3+证书）。2014年，全县参加新职高考生11人，上线11人，上线率100%；高职类录取11人，录取率为100%。

**2014年仁化县普通高考考生上线人数统计表（含艺术单考）**

表16　　单位：人

| 批次 | 理科 | 文科 | 体育 | 美术 | 音乐 | 合计 | 上线率（占全县参加高考总人数） |
|---|---|---|---|---|---|---|---|
| 第一批本科 | 57 | 8 | 8 | 32 | 1 | 106 | 8.57% |
| 第二批本科A线 | 123 | 40 | 23 | 24 | 5 | 215 | 17.38% |
| 第二批本科B线 | 113 | 90 | 1 | 38 | 0 | 242 | 19.56% |
| 第二批本科合计 | 236 | 130 | 24 | 62 | 5 | 457 | 36.94% |
| 本科合计 | 293 | 138 | 32 | 94 | 6 | 563 | 45.51% |
| 第三批专科A线 | 156 | 115 | 11 | 56 | 11 | 349 | 28.21% |
| 第三批专科B线 | 99 | 140 | 5 | 43 | 4 | 291 | 23.52% |
| 专科合计 | 255 | 255 | 16 | 99 | 15 | 640 | 51.74% |
| 总计 | 548 | 393 | 48 | 193 | 21 | 1203 | 97.25% |

**【中考】** 2014年，全县中考600分以上考生人数188人。全县总分平均分455分，各科平均分在全市8县（市、区）名列前三。2014年，高一新生仁化中学录取资格线为470分，仁化县第一中学为386分，全县普高上线率59.84%。

**【教育信息化建设】** 2014年，县教育局出台《仁化县中小学创建教育信息化学校工作方案》，提出至2015年4月，全面完成义务教育学校“三通两平台”（校校通、班班通、人人通和市、县、校三级电子公文交换、资源共享平台和一站式学生学习档案管理平台）和“标准化学校”信息化设备建设工程。2014年9月，县教育局投入经费210多万元，统一采购多媒体电教平台78套，装备董塘中学、董塘中心小学、黄坑中学、黄坑中心小学、城口学校、县实验学校“班班通”，确定仁化一中、县实验学校、董塘中学、董塘小学、黄坑中学、黄坑小学为“中小学教育装备管理与使用示范学校”。2014年12月，组织各中小学业务副校长赴肇庆市、佛山市、东莞市参观学习。2014年，县实验学校教师李桂英论文《交互式电子白板在地理教学中的有效应用》获省三等奖，县长江中学学生李丽作品《天伦》和县第一中学学生朱永钊作品《别爱的太迟》获中小学电脑制作省级初中组三等奖，县第一中学学生李铭锐作品《心里还有妈吗》获中小学电脑制作省级初中组优秀奖。

**【教育督导】** 省教育强镇复评。根据《广东省教育创强督导验收办法（试行）》要求，教育强镇（街道）、强县、强市通过督导验收后，每4年必须复评1次。2014年6月、11月，县督导室对董塘镇、城口镇和丹霞街道所有学校、幼儿园进行调查摸底，实地察看，了解真实情况，及时掌握有关数据，形成督导通报，推动董塘镇、城口镇教育强镇复评工作。配合市做好省教育强市创建工作。6月25日，广东省教育强市督导验收组组长朱俊文一行，在县长王晓梅、副县长李志贞陪同下，先后察看董塘镇中心小学、董塘中学、县实验学校、县机关幼儿园、丹霞中心小学和仁化中学办学条件和校园建设。

义务教育发展基本均衡县申报。2013学年初报的省教育事业平台数据显示，仁化县小学、初中“校际间差距评估”统计差异系数有6项指标和初中综合差异系数不达标。2014年2月，县教育督导室着手对义务教育发展基本均衡县申报工作进行摸底调研，掌握申报义务教育发展基本均衡县各项指标第一手材料。10月，县教育督导室和计财股联合组织各学校统计员集中进行年初报表和均衡县数据校对复核，测算各项指标差异系数是否达标。2014年年底，根据学年初报系统测算各项指标差异系数结果达标，着手准备申报国家义务教育发展基本均衡县相关工作。

督学责任区。2014年，仁化县根据国务院颁布《教育督导条例》、教育部《关于进一步加强中小学校督导评估工作的意见》和省、市文件精神，完善督学岗位职责、督学考核制度、督学培训制度、督学工作报告制度、督学调研报告制度等督学责任区制度，落实省、市督学责任区工作会议精神，开展督学责任区制度。督学分区履行职责，经常深入责任区学校监督、检查、评估、指导、调研、反馈，帮助学校解决热点、难点问题，为县域教育发展决策提供可靠依据，促进督导工作的常态化、制度化，强化教育法律法规以及各项制度执行力。对全县中小学、幼儿园，春季、秋季开学工作进行专项督导。根据《国务院教育督导委员会办公室关于开展农村义务教育学校基本办学条件专项督导的通知》《关于开展农村义务教育学校基本办学条件专项督导的通知》《韶关市人民政府教育督导室关于开展全市义务教育阶段学校规范办学行为专项督导的通知》精神，5月13—16日全县各校开展自查；5月17—31日，组织全县督学做好全县农村义务教育学校办学条件专项督导工作和义务教育学校规范办学行为专项督导工作；7月1日、2日，接受市级复核督导。9月17日、18日，国家教育督导团高学贵、宋师亮在省、市、县相关人员陪同下到董塘中心小学、石塘双峰寨中学、石塘新华书店希望小学、同心教学点和上中垒教学点进行“农村义务教育学校基本办学条件”专项督查。

申报仁化县规范化幼儿园的专项督导。2014年，县教育局根据《仁化县规范化幼儿园评估方案（试行）》，对办园条件和管理水平基本达到规范化标准的凡口蓓蕾文化幼儿园、凡口新世纪幼儿园、仁化县丹霞金果果幼儿园和仁化县华英幼儿园进行专项督导，并提出具体整改意见。

**【教育财务结算中心】** 加强内部管理，加大学校资金宏观调控能力，提高资金合理配置。2014年，县教育局实行会计集中核算，各学校所有资金均通过教育财务结算中心进行管理和核算，由结算中心对学校各项收支进行严格审查。同时，加强结算中心内部管理，对岗位职责和服务范围内的事不推诿、不拖沓，耐心解答部门、单位咨询的问题，及时划拨资金，加强内部监督管理，层层落实责任制。

加强机关作风建设。结算中心是局对外服务窗口，直接面对主管部门、基层单位，工作琐碎，责任重，压力大，要求高。落实“支付就是服务”理念。切实履行服务，按照标准、高效、快捷工作要求，做好资金支付工作。改进工作方式方法，提高服务水平和服务效能。开展廉洁自律教育活动，落实机关作风建设责任制，严格执行反腐倡廉各项规定。

加强学校收支管理，理顺经费收支渠道。集中管理后，结算中心加大学校收入管理，配合计财股加强学校收费票据管理和缴验，遏制学校乱收费行为。严格监管学校每一笔经费使用和报销，真实公开反映各学校财务运作情况。从2014年1月、9月、10月起，仁化县分别执行《财政部关于印发〈中小学校会计制度〉的通知》《广东省财政厅、广东省教育厅关于中小学校的预算管理办法（试行）》《广东省财政厅、广东省教育厅关于义务教育学校公用经费支出的管理办法》《韶关市教育局关于进一步加强全市中小学校（幼儿园）财务管理的通知》，消除各种腐败现象，降低各校不应有开支，促进各学校廉政建设，提高全县各学校财务管理，规范财务行为，提高经费使用效益。

加强学习，提高财务人员综合素质。加大对义务教育学校财务人员的专业知识的学习与培训。2014年6月6日，仁化县举办《中小学校会计制度》及两个“办法”（《关于中小学校的预算管理办法（试行）》和《关于义务教育学校公用经费支出的管理办法》）培训班；8月28日，举办《广东省财政厅、广东省教育厅关于中小学校的预算管理办法（试行）》《广东省财政厅、广东省教育厅关于义务教育学校公用经费支出的管理办法》专题培训班。9月1日，制定并下发《仁化县义务教育学校报账员工作手册》。10月10日，转发《韶关市教育局关于进一步加强全县中小学校（幼儿园）财务管理的通知》，对报账员职责及各项财务工作流程做详细解读，提高报账员业务能力。根据各校财务人员实际情况，建立结算中心QQ群，就有关的财务基础知识、学校经费支出标准和学校报账实际操作存在的问题，进行网上答疑、指导。

实行严格审批制度，确保教育经费支出合理，落到实处。2014年，仁化县根据上级文件精神及《仁化县教育财务结算中心实施细则》要求，启用新系统建立新账，完成新老软件数据衔接真实完整过渡。完成周田等7个镇公办幼儿园在财务方面从镇中心小学分立工作，建立幼儿园账套，对新报账员进行培训，确保学校财务工作正常开展。

**【仁化县青少年宫】** 仁化县青少年宫位于县城中心锦江路2号，成立于2004年9月，为股级全额事业单位，隶属县教育局领导和管理，内设办公室、活动部、培训部，编制为7人。2014年，有在编人员6人，主任1人（法人代表），财务2人（其中1人兼电脑老师，1人兼舞蹈教师），专职教职工3人，特聘兼职指导教师12名。开设电脑、书法、绘画、拉丁舞、跆拳道、舞蹈、钢琴、电子钢琴、电子琴、小提琴、奥数、阅读与写作、开心数学等科目，满足全县青少、学生校外培训和教育活动需求。

## 基础教育

**【幼儿教育】** 概况。仁化县幼儿教育是公办和民办两种体制并存。公办幼儿园分布在县城和各镇中心区域，民办幼儿园分布在丹霞街道办，董塘、长江、黄坑等镇。学制为全日制，招生3—6岁幼儿。幼儿园、混龄幼儿班开设健康、语言、科学、社会、艺术课程五大领域课程。截至2014年年底，全县有幼儿园35所，其中公办幼儿园12所，民办幼儿园23所，边远乡村设有混合幼儿班。全县学龄前三年幼儿9399人，入园幼儿8884人，学前三年毛入园率为94.5%，基本普及学前教育，入园率超出省市平均指标。全县有幼儿园教职工720人，其中教师406人，幼师学历234人，大专以上学历172人。

幼儿教育管理。2014年，仁化县学前教育本着“办好每一所幼儿园；发展好每一位教师，培养好每一位幼儿”办学宗旨，围绕“强师德、树形象、提质量”主线，全县形成城乡幼教共同发展局面。年内，加大学前教育投入，投资200多万元，改建闻韶镇中心幼儿园并正式收编，扩建城口镇中心幼儿园。新增仁化县华英、丹霞金果果、长江小天使、仁化蓝天、仁化麻塘村民办幼儿园，解决幼儿教育学位不足问题。按照省定编制标准，增加学前教育教师编制，加强学前教育师资力量。2014年，全部县公开招聘在编幼儿教师26名，充实到各镇中心幼儿园，解决公办幼儿园师资不足问题。按照省市文件精神，规范民办学前教育机构办园行为，对全县民办幼儿园开展年度检查，对达不到办园条件群乐双语幼儿园予以停办，促进全县学前教育健康发展。

**2014年仁化县幼儿园、学前班统计表**

表17

| 独立幼儿园（所） | | | | | | 小学附设混龄班（个） | 在园在班幼儿（人） | 教职工（人） | | | |
|---|---|---|---|---|---|---|---|---|---|---|---|
| 合计 | 教育局办 | 单位办 | 镇办 | 村办 | 私立 | | | 合计 | 其中 | | |
| | | | | | | | | | 园长 | 教师 | 保育员 |
| 35 | 12 | 0 | 0 | 0 | 23 | 28 | 8884 | 720 | 35 | 406 | 203 |

**2014年仁化县幼儿园情况一览表**

表18

| 幼儿园名称 | 地址 | 开办时间 | 幼儿数（人） | 教学班数（个） | 教职工数（人） | 占地面积（平方米） | 建筑面积（平方米） | 级别 |
|---|---|---|---|---|---|---|---|---|
| 仁化县政府机关幼儿园 | 仁化县新城横路27号 | 1961.8 | 567 | 14 | 64 | 4189 | 4958 | 省级 |
| 第二小学附属幼儿园 | 仁化县解放东路68号 | 2006.9 | 225 | 5 | 20 | 4280 | 962 | 县级 |
| 长江镇中心幼儿园 | 长江镇田心村 | 2012.9 | 423 | 4 | 36 | 1752 | 1752 | 市级 |
| 石塘中心幼儿园 | 石塘镇文昌街 | 2012.7 | 125 | 8 | 19 | 2192 | 1148 | 市级 |
| 黄坑镇中心幼儿园 | 黄坑镇沿堤路5号 | 1996.8 | 206 | 9 | 20 | 1200 | 1120 | 市级 |
| 城口镇中心幼儿园 | 城口镇莲塘口 | 1979.8 | 190 | 4 | 22 | 800 | 1142 | 县级 |
| 红山镇中心幼儿园 | 仁化县红山学校内 | 2013.8 | 173 | 3 | 16 | 901 | 678 | 市级 |
| 周田镇中心幼儿园 | 周田镇居民街 | 1999.9 | 526 | 3 | 49 | 3120 | 2259 | 市级 |
| 大桥镇中心幼儿园 | 大桥镇鸿桥路 | 1999.9 | 202 | 11 | 24 | 1331 | 1331 | 市级 |
| 扶溪镇中心幼儿园 | 仁化县扶溪镇平方馆 | 2009.9 | 399 | 6 | 31 | 2840 | 2851 | 市级 |
| 闻韶镇中心幼儿园 | 仁化县闻韶镇白竹村 | 2010.3 | 120 | 4 | 14 | 3290 | 1020 | 市级 |
| 格顶幼儿园 | 仁化县格顶学校校园内 | 2019. 9 | 80 | 8 | 7 | 1254 | 574 | 无 |
| 仁化小太阳中英文幼儿园 | 仁化县建设路174号 | 1997.7 | 128 | 4 | 11 | 250 | 800 | 无 |

续表18

| 幼儿园名称 | 地址 | 开办时间 | 幼儿数（人） | 教学班数（个） | 教职工数（人） | 占地面积（平方米） | 建筑面积（平方米） | 级别 |
|---|---|---|---|---|---|---|---|---|
| 仁化南中英文幼儿园 | 仁化县水南花苑一至二楼 | 2010.3 | 215 | 7 | 19 | 1800 | 1470 | 县级 |
| 仁化蓝天幼儿园 | 仁化县聚福花园A栋二层 | 2013.8 | 213 | 4 | 16 | 850 | 720 | 无 |
| 仁化华英幼儿园 | 仁化丹霞大道27号银海花园E1E2栋一层 | 2014.9 | 88 | 4 | 13 | 1880 | 1480 | 无 |
| 仁化县蓓蕾幼儿园 | 仁化县建设路23号富临雅苑A栋3–4楼 | 1997.2 | 356 | 9 | 36 | 730 | 1460 | 县级 |
| 仁化海丽达幼儿园 | 仁化县石坝背新村11号 | 2000.2 | 252 | 4 | 18 | 1026 | 903 | 无 |
| 仁化明珠幼儿园 | 仁化县建设路128号 | 2012.9 | 155 | 5 | 14 | 400 | 380 | 无 |
| 凡口新世纪幼儿园 | 凡口矿人民路 | 2003.9 | 132 | 5 | 10 | 611 | 440 | 无 |
| 凡口培正幼儿园 | 凡口新村路新村粮站 | 2000.2 | 133 | 10 | 12 | 500 | 657 | 无 |
| 凡口蓓蕾文化艺术幼儿园 | 凡口建设路 | 2000.7 | 161 | 7 | 12 | 2863 | 1350 | 无 |
| 董塘博雅幼儿园 | 董塘凡塘路13号 | 2001.2 | 388 | 8 | 17 | 820 | 1980 | 县级 |
| 董塘小天才幼儿园 | 董塘中心小学旁 | 1982.8 | 253 | 8 | 16 | 2200 | 870 | 无 |
| 董塘天诚幼儿园 | 董塘镇仁塘路7号 | 2000.7 | 237 | 4 | 19 | 1000 | 1300 | 县级 |
| 董塘开心宝宝幼儿园 | 董塘凡塘路（法庭旁边） | 2005.8 | 265 | 4 | 19 | 420.5 | 960 | 县级 |
| 坪岗凯利幼儿园 | 坪岗晶滢小学内 | 2000.8 | 120 | 7 | 10 | — | — | 无 |
| 董塘金太阳幼儿园 | 坪岗工业园社区 | 2002.8 | 118 | 4 | 11 | 1100 | 680 | 无 |
| 岭田青草地幼儿园 | 岭田小学内 | 2011.9 | 100 | 8 | 10 | 3500 | 850 | 无 |
| 长江小天使幼儿园 | 长江镇供销大厦二楼 | 2014.7 | 127 | 4 | 11 | 800 | 500 | 无 |
| 黄坑阳光幼儿园 | 仁化县黄坑镇丽水街153号 | 2009.9 | 127 | 3 | 10 | 450 | 486.5 | 无 |
| 长江镇锦江幼儿园 | 长江镇粮所 | 2011..9 | 256 | 7 | 22 | 1800 | 635 | 县级 |
| 月岭中英文实验幼儿园 | 周田镇平甫村委石口村小组 | 2003.5 | 198 | 6 | 17 | 1680 | 1000 | 县级 |
| 丹霞麻塘村幼儿园 | 仁化县丹霞街道办原麻塘小学内 | 2013.2 | 116 | 4 | 8 | 700 | 300 | 无 |
| 丹霞金果果幼儿园 | 丹霞大道黄屋村39号 | 2014.9 | 169 | 6 | 17 | 1100 | 917 | 无 |

【义务教育】 2014年，仁化县有义务教育阶段学校71所，其中完全中学1所，初级中学6所，九年一贯制学校8所（含凡口矿学校），中心小学7所，完小7所，教学点41所，特教学校1所。九年义务教育阶段在校学生20840人，其中，小学405个班，14338人；初中160个班，6502人。小学阶段6—11周岁学龄儿童13614人，在校学生14338人，毛入学率105%。学年内辍学率为“0”。初中阶段12—14周岁人口5909人，在校学生6502人，毛入学率110%，学年内辍学学生11人，辍学率0.17%。17周岁受完初中教育完成率100%。适龄“三残”儿童75人，在校73人，其中特教学校14人，随班就读59人，入学率97%。九年义务教育阶段各项指标达到省市要求。

**2014年仁化县九年义务教育情况统计简表**

表19

| 小学 | | | | | | 初中 | | | | |
|---|---|---|---|---|---|---|---|---|---|---|
| 完全小学、一贯制（所） | 分教点（个） | 特教学校（所） | 班（个） | 学生（人） | 入学率（%） | 完全中学（所） | 普通初中（所） | 班（个） | 学生（人） | 入学率（%） |
| 22 | 41 | 1 | 405 | 14352 | 105 | 1 | 6 | 160 | 6502 | 110 |

**2014年仁化县小学基本情况一览表**

表20

| 学校名称 | 地址 | 开办时间 | 学生数（人） | 教学班数（个） | 教职工数（人） | 占地面积（平方米） | 建筑面积（平方米） | 级别 | 体制 |
|---|---|---|---|---|---|---|---|---|---|
| 仁化县第二小学 | 仁化解放东路68号 | 1906年 | 259 | 6 | 22 | 7128 | 2226 | 正股 | 公办 |
| 仁化县田家炳小学 | 仁化新城路32号 | 1962年 | 1938 | 35 | 96 | 13156 | 7054 | 正股 | 公办 |
| 仁化董塘镇中心小学 | 董塘繁塘路12号 | 1919年 | 1456 | 30 | 79 | 24285 | 11765 | 股级 | 公办 |
| 仁化董塘镇坪岗完小 | 董塘坪岗工业园内 | 1950年 | 275 | 6 | 15 | 44689 | 3275 | — | 公办 |
| 仁化董塘镇五一2完小 | 凡口706 | 1986年 | 221 | 6 | 14 | 8000 | 1000 | — | 公办 |
| 仁化石塘新华书店希望小学 | 石塘镇 | 1938年 | 450 | 10 | 29 | 10105 | 5300 | 股级 | 公办 |
| 仁化长江中心小学 | 长江镇锦江村 | 1919年 | 1080 | 24 | 69 | 22102 | 6988 | 股级 | 公办 |
| 仁化长江里周丘超荣小学 | 长江镇里周村 | 1950年 | 194 | 6 | 16 | 10000 | 4536 | — | 公办 |
| 仁化长江秦丽璋纪念小学 | 长江镇木溪村 | 1950年 | 182 | 6 | 15 | 21544 | 1393 | — | 公办 |
| 仁化丹霞中心小学 | 丹霞大道39号 | 1975年 | 562 | 13 | 56 | 6545 | 4965 | 县一级 | 公办 |

续表20

| 学校名称 | 地　址 | 开办时间 | 学生数（人） | 教学班数（个） | 教职工数（人） | 占地面积（平方米） | 建筑面积（平方米） | 级别 | 体制 |
|---|---|---|---|---|---|---|---|---|---|
| 仁化粤港警察希望小学 | 丹霞黄屋村 | 1960年 | 232 | 6 | 14 | 5888 | 2489 | 县一级 | 公办 |
| 仁化周田中心小学 | 周田月岭大街61号 | 1918年 | 1248 | 25 | 87 | 30000 | 8500 | 股级 | 公办 |
| 仁化大桥省善希望小学 | 大桥镇鸿桥路 | 1950年 | 380 | 12 | 39 | 9669 | 4993 | 股级 | 公办 |
| 仁化黄坑铭源希望小学 | 黄坑镇府前路44号 | 1936年 | 636 | 15 | 54 | 36550 | 16280 | 股级 | 公办 |
| 仁化董塘白莲教学点 | 董塘白莲村委会旁 | 1958年 | 33 | 3 | 5 | 4000 | 1052 | 村级 | 公办 |
| 仁化董塘河富教学点 | 董塘河塘村 | 1951年 | 49 | 3 | 5 | 12000 | 1200 | 村级 | 公办 |
| 仁化董塘新莲教学点 | 董塘新莲村委会 | 1950年 | 25 | 3 | 5 | 9000 | 1370 | 村级 | 公办 |
| 仁化董塘高莲教学点 | 董塘高莲村 | 1956年 | 16 | 2 | 4 | 11868 | 1738 | 村级 | 公办 |
| 仁化董塘高宅教学点 | 董塘高宅村委会 | 1940年 | 19 | 3 | 5 | 10392 | 1482 | 村级 | 公办 |
| 仁化董塘五一教学点 | 董塘五一贵地村 | 1948年 | 38 | 3 | 6 | 9600 | 1597 | 村级 | 公办 |
| 仁化董塘安岗教学点 | 董塘安岗村 | 1970年 | 20 | 3 | 6 | 4975 | 1200 | 村级 | 公办 |
| 仁化长江镇省善希望小学 | 长江镇陈欧村 | 1957年 | 77 | 3 | 6 | 3500 | 1921 | 村级 | 公办 |
| 仁化长江镇河田小学 | 长江镇河田村 | 1956年 | 106 | 6 | 13 | 4800 | 1154 | 村级 | 公办 |
| 仁化长江镇白石湾教学点 | 长江河田村白石湾 | 1970年 | 22 | 2 | 2 | 1300 | 256 | 村级 | 公办 |
| 仁化长江镇联河教学点 | 长江镇联河村 | 1953年 | 7 | 2 | 2 | 1600 | 252 | 村级 | 公办 |
| 仁化长江镇凌溪小学 | 长江镇凌溪村 | 1953年 | 9 | 1 | 2 | 2454 | 719 | 村级 | 公办 |
| 仁化丹霞街道胡坑小学 | 丹霞胡坑村 | 1953年 | 38 | 2 | 3 | 3768 | 918 | 村级 | 公办 |
| 仁化丹霞街道官口小学 | 丹霞官口村 | 1954年 | 29 | 2 | 3 | 4800 | 1012 | 村级 | 公办 |
| 仁化丹霞街道康溪小学 | 丹霞康溪村 | 1951年 | 20 | 2 | 3 | 3200 | 855 | 村级 | 公办 |
| 仁化周田镇灵溪小学 | 周田镇灵溪村委 | 1950年 | 56 | 4 | 8 | 3282 | 1496 | 村级 | 公办 |
| 仁化周田镇平甫小学 | 周田镇平甫村委 | 1984年 | 22 | 2 | 3 | 8000 | 1080 | 村级 | 公办 |
| 仁化周田镇较坑小学 | 周田镇较坑村委 | 清末民初 | 4 | 1 | 2 | 5000 | 540 | 村级 | 公办 |

续表20

| 学校名称 | 地　址 | 开办时间 | 学生数（人） | 教学班数（个） | 教职工数（人） | 占地面积（平方米） | 建筑面积（平方米） | 级别 | 体制 |
|---|---|---|---|---|---|---|---|---|---|
| 仁化周田镇周田小学 | 周田村委 | 1918年 | 21 | 2 | 3 | 3000 | 400 | 村级 | 公办 |
| 仁化大桥镇古洋小学 | 大桥镇古洋村委 | 1950年 | 30 | 2 | 4 | 9876 | 2069 | 村级 | 公办 |
| 仁化大桥镇长坝小学 | 大桥镇长坝村委 | 1952年 | 13 | 2 | 4 | 3600 | 1537 | 村级 | 公办 |
| 仁化黄坑镇古竹小学 | 黄坑古竹村委会旁 | 1950年 | 1 | 1 | 1 | 4500 | 915 | 村级 | 公办 |
| 仁化石塘镇同心小学 | 石塘镇下中坌村 | 1960年 | 53 | 3 | 5 | 3500 | 1156 | 村级 | 公办 |
| 仁化石塘镇光明小学 | 石塘镇光明村 | 1950年 | 27 | 3 | 5 | 5652 | 952 | 村级 | 公办 |
| 仁化石塘镇京群小学 | 石塘镇京群村 | 1955年 | 49 | 3 | 5 | 9560 | 2004 | 村级 | 公办 |
| 仁化红山镇烟竹教学点 | 红山镇烟竹村 | 1953年 | 56 | 4 | 5 | 5430 | 1090 | 村级 | 公办 |
| 仁化红山镇前洞教学点 | 红山镇前洞村 | 1954年 | 16 | 1 | 1 | 1680 | 1252 | 村级 | 公办 |
| 仁化红山镇中山教学点 | 红山镇中山村 | 1930年 | 15 | 2 | 3 | 1067 | 650 | 村级 | 公办 |
| 仁化红山镇福和希望小学 | 红山镇青迳村 | 清末民初 | 3 | 1 | 2 | 1814 | 997 | 村级 | 公办 |
| 仁化丹霞岭田小学 | 丹霞岭田村委 | 1950年 | 91 | 3 | 6 | 16000 | 3018 | 村级 | 公办 |
| 仁化丹霞狮井小学 | 丹霞狮井村委 | 1956年 | 62 | 3 | 5 | 18000 | 2790 | 村级 | 公办 |
| 仁化丹霞夏富小学 | 丹霞夏富村委 | 1951年 | 34 | 3 | 4 | 2250 | 1160 | 村级 | 公办 |
| 仁化丹霞车湾小学 | 丹霞车湾村委 | 1954年 | 49 | 3 | 4 | 3730 | 1260 | 村级 | 公办 |
| 仁化城口恩村小学 | 城口恩村 | 1951年 | 102 | 5 | 8 | 4500 | 1440 | 村级 | 公办 |
| 仁化城口上寨小学 | 城口上寨 | 1951年 | 11 | 2 | 1 | 2700 | 1100 | 村级 | 公办 |
| 仁化城口东罗小学 | 城口东罗 | 1951年 | 12 | 2 | 1 | 2100 | 976 | 村级 | 公办 |
| 仁化城口东坑小学 | 城口东坑 | 1951年 | 6 | 2 | 1 | 1864 | 858 | 村级 | 公办 |
| 仁化扶溪镇斜周小学 | 扶溪镇斜周村 | 1967年 | 5 | 2 | 2 | 1300 | 600 | 村级 | 公办 |
| 仁化扶溪镇厚塘小学 | 扶溪镇厚塘村 | 1966年 | 14 | 2 | 4 | 1420 | 1400 | 村级 | 公办 |
| 仁化扶溪镇左龙小学 | 扶溪镇左龙村 | 1966年 | 7 | 2 | 3 | 1480 | 350 | 村级 | 公办 |

## 2014年仁化县中学基本情况一览表

表21

| 学校名称 | 地 址 | 开办时间 | 学生数（人） | 教学班数（个） | 教职工数（人） | 占地面积（平方米） | 建筑面积（平方米） | 级 别 | 体制 |
|---|---|---|---|---|---|---|---|---|---|
| 仁化中学 | 仁化县龙井村3号 | 1925年 | 2910 | 60 | 255 | 166618.3 | 58688.94 | 正科 | 公办 |
| 仁化县第一中学 | 仁化县新东大街16号 | 1979年 | 2782 | 48 | 202 | 60000 | 10000.7 | 副科级 | 公办 |
| 仁化长江中学 | 长江镇长江中学 | 1956年 | 784 | 18 | 70 | 40000 | 15664 | 股级 | 公办 |
| 仁化董塘中学 | 仁化董塘镇五一村 | 1958年 | 692 | 18 | 91 | 100050 | 6080 | 副科 | 公办 |
| 仁化双峰寨中学 | 仁化石塘镇 | 1968年 | 284 | 8 | 36 | 33966 | 10744 | 股级 | 公办 |
| 仁化周田中学 | 周田韶南路北188号 | 1956年 | 608 | 15 | 79 | 59000 | 18210 | 股级 | 公办 |
| 仁化大桥中学 | 大桥鸿桥路42号 | 1964年 | 187 | 6 | 36 | 13259 | 7449 | 股级 | 公办 |
| 仁化黄坑中学 | 黄坑府前路04号 | 1968年 | 323 | 8 | 40 | 25673 | 7319 | 股级 | 公办 |

## 2014年仁化县九年一贯制学校基本情况一览表

表22

| 学校名称 | 地 址 | 开办时间 | 小学学生数（人） | 中学学生数（人） | 小学教学班数（个） | 中学教学班数（个） | 小学教职工数（人） | 中学教职工数（人） |
|---|---|---|---|---|---|---|---|---|
| 仁化县实验学校 | 建设路高坪村38号 | 1994年 | 1168 | 735 | 26 | 17 | 58 | 80 |
| 仁化县丹霞学校 | 仁化建设路198号 | 1964年 | 448 | 369 | 8 | 11 | 76 | 20 |
| 仁化县格顶学校 | 仁化格顶矿 | 1959年 | 202 | 128 | 6 | 3 | 17 | 19 |
| 仁化闻韶镇泰学校 | 仁化闻韶镇白竹村 | 1972年 | 283 | 114 | 6 | 3 | 21 | 12 |
| 仁化县扶溪学校 | 仁化扶溪镇 | 2009年 | 591 | 277 | 20 | 8 | 48 | 36 |
| 仁化县城口学校 | 城口小河背水12号 | 1925年 | 428 | 229 | 12 | 6 | 35 | 22 |
| 仁化县红山学校 | 仁化县红山镇 | 1972年 | 458 | 155 | 21 | 4 | 35 | 26 |

【普通高中教育】 概况。2014年，仁化县高中阶段学龄人口有7820人，在校学生7510人，其中普通高中在校学生4877人（含县域外就读523人），中职在校学生1650人（含县域外就读561人），技校在校学生983人，高中阶段毛入学率96%。2014年，全县有普通高中学校两所，其中仁化中学为广东省国家级示范性高级中学，仁化县第一中学（简称“仁化一中”）是市一级完全中学。

仁化中学。2014年，仁化中学有教学班60个，学生2910人，教职工255人。教职工本科以上学历225人，大专学历2人。学校坚持“全面发展，创办特色”办学理念，“以德立教，教研求精，开发潜能，面向全体”教学理念，秉承“建设好一个服务型的领导班子，一支研究型的教师队伍，一个学习型的班级集体”管理宗旨，确定“教师有专长，学生有特长，办学有特色”省级优质高中办学目标，形成并发展积极向上、健康和谐学校文化与办学特色。全年全校有956人参加高考，其中重本上线人数86人，重本上线率9%；本科上线人数477人，本科上线率49.9%；专科上线人数938人，专科以上上线率98%。学校申报课题15个，其中省级课题2个，市级课题7个，县级课题6个。2014年11月，召开教育学会奖学奖教、扶困助学颁发大会，其中师生获得奖励126人，学生获得扶困助学金30人，两项合计颁发金额12.8万元。

仁化一中。2014年，仁化一中有教学班48个，其中初中部、高中部各有24个班，学生2717人；教职工202人，本科以上学历174人，大专学历25人，高级职称36人，中级职称128人。2014年，仁化一中高考上线率为96.59%，其中，本科上线人数86人，大专上线人数168人；被韶关市教育局评为“普通高中教学质量优胜单位（C类）”，被中共仁化县委、县政府评为“高考优胜学校”。2014年11月，县投资98万元铺设运动场400米塑胶跑道，建成400米跑道标准田径运动场。2014年5月21日，省教育厅副厅长李学明到校开展有关县、校师资和办学经费内容调研。2014年7月，仁化一中参加韶关市第十四届运动会获学校体育组田径类总分第2名。2014年8月25日，仁化一中被韶关市教育局命名为“2014—2016年度韶关市艺术特色学校”。

【特殊教育】 2014年，全县适龄“三残”儿童少年75人，在校学生73人，其中特殊学校14人，随班就读学生59人，入学率97%。

**2014年仁化县特殊教育基本情况表**

表23

| 学校名称 | 地　址 | 开办时间 | 学生数（人） | 教学班数（个） | 教职工数（人） | 占地面积（平方米） | 建筑面积（平方米） |
|---|---|---|---|---|---|---|---|
| 仁化县特殊教育学校 | 仁化县东风路横街30-2号 | 1994年 | 14 | 2 | 5 | 480 | 408 |

| 适龄“三残”儿童（人） | 在校学生数 | | | | 毕业生数（人） | 学校职工数（人） |
|---|---|---|---|---|---|---|
| | 总计（人） | 特殊学校（人） | 随班就读（人） | 入学率 | | |
| 75 | 73 | 14 | 59 | 97% | 6 | 5 |

【职业教育】 2014年，仁化县中等职业技术教育学校（简称“仁化中职学校”）有教学班26个，学生1089人，开设新职高、旅游服务与管理、会计电算化、机械加工（含数控、模具、钳工、焊工、汽车维修）、制冷与家电、幼师、电工、计算机（含平面、动漫设计）等专业9个。教学设备基本完善，按专业性质、学生人数配有各种专业实验实训室27间，实验实训设备总价值1050.82万元，基本满足教学及实操需要。有专任教师68人，专业教师42人，占专任教师61.8%；本科学历61人，占专任教师89.7%；硕士研究生学历2人，占专任教师2.9%；高级职称4人，占专任教师的5.9%；中级职称36人，占专任教师的53%；双师型教师占专业教师73.6%。2014年，仁化中职学校争取广东省中等职业教育专项资金400万元。毕业生就业率98%，对口就业率85%。

### 2014年仁化县中等职业技术教育学校基本情况表

表24

| 学校名称 | 地址 | 开办时间 | 学生数（人） | 教学班数（个） | 教职工数（人） | 毕业人数（人） | 专业分布情况（人） | | | | 占地面积（平方米） | 建筑面积（平方米） | 级别 | 体制 |
|---|---|---|---|---|---|---|---|---|---|---|---|---|---|---|
| | | | | | | | 工科 | 财经 | 文科 | 其他 | | | | |
| 仁化中等职业学校 | 仁化建设路1号 | 1993年9月 | 1089 | 26 | 70 | 561 | 502 | 161 | 355 | 71 | 87500 | 31800 | 省重点 | 公办 |

【成人教育】 2014年，全县有镇（街道）成人文化技术学校11所，全年举办优生优育、种养技术和劳动技能培训班148期，培训学员7992人次，其中发证507人。

### 2014年仁化县成人学校基本情况表

表25

| 学校名称 | 地 址 | 开办时间 | 学生数（人） | 教学班数（个） | 教职工数（人） | 占地面积（平方米） | 建筑面积（平方米） | 级别 | 体制 |
|---|---|---|---|---|---|---|---|---|---|
| 大桥成人文化技术学校 | 大桥镇鸿桥路 | 1980年 | 1862 | 38 | 10 | 650 | 1000 | — | 公办 |
| 石塘成人文化技术学校 | 石塘镇京群村 | 1987年 | 1243 | 6 | 17（含兼职14） | 2148 | 752 | 市级 | 公办 |
| 董塘成人文化技术学校 | 董塘繁塘一路 | 1995年 | 850 | 12 | 21 | 400 | 400 | — | 公办 |
| 长江成人文化技术学校 | 长江沙坪村田心组 | 1988年 | 430 | 9 | 5（兼职） | 2105 | 707.2 | 市级 | 公办 |
| 闻韶成人文化技术学校 | 闻韶镇政府 | 1992年 | 365 | 12 | 15 | 630 | 517 | — | 公办 |
| 丹霞成人文化技术学校 | 丹霞计生办3楼 | 1993年 | 300 | 1 | 兼职10 | 160 | 142.3 | — | 公办 |
| 周田成人文化技术学校 | 周田镇政府 | 1987年 | 880 | 16 | 14 | 6500 | 2000 | — | 公办 |
| 黄坑成人文化技术学校 | 黄坑镇政府大院 | 1987年 | 720 | 12 | 7 | 600 | 470 | 市级 | 公办 |
| 扶溪成人文化技术学校 | 扶溪镇文化馆内 | 1994年 | 860 | 10 | 9 | 1200 | 800 | — | 公办 |

续表25

| 学校名称 | 地　址 | 开办时间 | 学生数（人） | 教学班数（个） | 教职工数（人） | 占地面积（平方米） | 建筑面积（平方米） | 级别 | 体制 |
|---|---|---|---|---|---|---|---|---|---|
| 城口成人文化技术学校 | 城口小河背水12号 | 1996年 | 232 | 11 | 6 | 180 | 180 | — | 公办 |
| 红山成人文化技术学校 | 红山镇文化站 | 1980年 | 1250 | 22 | 7 | 1401.45 | 1238.35 | — | 公办 |

**仁化县教育局负责人名录：**

**局　　长：**黎　东

**党委书记：**曾宪衍

**副 局 长：**肖振东

肖移珍（女）

（何光理）

## 科学技术

**【概况】** 仁化县科学技术局（简称“县科技局”，加挂“仁化县知识产权局”“仁化县地震局”牌子），设立科技管理股和生产力促进中心两个股室。其中，科技管理股负责县科学技术管理工作和知识产权保护、专利申请、防震减灾管理工作；生产力促进中心负责国家、省市、县科技项目申报、组织实施工作，科技成果鉴定、科技进步奖申报工作，国家、省市科技考核工作等。

2014年，仁化县继续实施“科教兴县”战略，推进科技进步，全县科技综合实力增强，“高标准、高要求”通过市推进县域科技进步考核，县域科技进步实绩考核综合评分在全市各县（市、区）名列前茅。

**【科技投入】** 2014年，仁化县本级财政一般预算科学技术支出1532.3万元，比上年增加309.3万元，占当年本级政府一般预算支出科目下决算支出的比例达到1.65%。全县获国家、省、市级科技项目产业技术研发资金40万元，重点用于支持农业产业化、社会发展领域技术创新。

**【科技立项】** 2014年，县科技局争取省、市科技部门立项扶持。全年全县市级以上科技部门共立项3项，县科技部门立项65项。

**2014年仁化县省市科技立项情况表**

表26

| 序号 | 年份 | 项目 | 承担单位 | 文件号 | 金额（万元） | 备注 |
|---|---|---|---|---|---|---|
| 1 | 2013 | 矿区农田土壤重金属复合污染控制与修复技术研究 | 仁化县农业技术推广中心 | 粤科规财字〔2014〕116号 | 20 | 省级 |
| 2 | 2013 | 罗汉果产业化生产 | 仁化县丹源水果农民专业合作社 | 粤科规划字〔2014〕205号 | 10 | 省级 |
| 3 | 2013 | 丹霞铁皮石斛树表附生技术示范推广 | 仁化县生产力促进中心 | 粤科规划字〔2014〕205号 | 10 | 省级 |

注：2013年所申报项目因省科技厅没有启动程序立项，故顺延至2014年立项

【科技成果】 2014年，全县科技部门组织科技成果鉴定3项，分别是仁化县农业机械管理局《花生生产全程机械化技术应用》、深圳市中金岭南有色金属股份有限公司丹霞冶炼厂《氧化锌处理低浓度SO2烟气的研究与应用》、仁化县奥达胶合板有限公司《竹胶板低碳生产技术研究与应用》。全县有4项科技成果获2013年度韶关市科技进步奖，其中：深圳市中金岭南有色金属股份有限公司凡口铅锌矿与中南大学合作完成的《复杂条件顶底柱残矿体安全高效回收关键技术研究》、仁化县农业机械管理局《花生生产全程机械化技术应用》获2013年度韶关市科学技术进步奖一等奖；深圳市中金岭南有色金属股份有限公司丹霞冶炼厂《氧化锌处理低浓度SO2烟气的研究与应用》、仁化县奥达胶合板有限公司《竹胶板低碳生产技术研究与应用》获2013年度韶关市科学技术进步奖二等奖。

【科教平台——《科技之窗》电视专栏】 2014年，县科技局继续打造服务社会科教平台，及时送给广大人民群众实用、实惠科技信息，帮助民众掌握生产、生活、娱乐、疾病防治科技知识，引导民众树立“现代产业”理念，主动结合实际，调整生产结构，发展生产，增收致富。全年开播《科技之窗》专题12个，累计播出82期。

【知识产权管理】 2014年，全县专利申请总量151件，其中发明专利18件，实用新型专利33件，外观设计专利100件；专利授权153件，其中发明专利4件，实用新型专利62件，外观设计专利87件。落实2013年度县资助专利经费28.81万元。

【防震减灾管理】 2014年，县科技局（地震局）继续协助做好地下水位地震测报站粤04号井日常管理，做好统计和检测数据收集工作，及时向省、市汇报数据资料；做好防震减灾宣传工作，联合多个部门到各学校进行防震减灾宣传，开展防震减灾应急演练活动。2014年8月15日，县科技局（地震局）牵头组织文峰花园、富凯华城小区居民，并联合县教育局、县科协、县消防大队、县妇幼保健院4个单位在富凯华城小区开展全县首次大型地震应急救援综合演练。2014年，县丹霞街道富凯华城小区成功申报广东省地震安全示范小区。

【高新技术企业认定】 2014年，仁化县奥达胶合板有限公司被省科技厅认定为广东省高新技术企业，是仁化县首家高新技术企业。

**仁化县科技局负责人名录：**

**局　　长：**黎　东

**专职副局长：**冯碧云（女）

（李杰英）

## 文化行业管理

【概况】 截至2014年年底，仁化县文化广电新闻出版局（简称“县文广新局”）有在职干部职工43人。2014年，县文广新局贯彻落实科学发展观、中共十八大、十八届三中全会精神，围绕中共仁化县委、县政府建设“生态、活力、幸福”新仁化目标，开展党的群众路线教育实践活动、践行社会主义核心价值观、弘扬中华优秀传统文化活动，开展民主评议政风行风等，联系群众，提高服务质量和工作效率。以基层文化基础设施建设、公共文化服务体系建设为重点，抓好文化惠民工程、文化遗产保护、文化市场管理、广电监管、新闻出版监管、群众文化活动各项工作。

【公共文化基础设施】 2014年，仁化县坚持文化建设与经济建设并重，加大投入，以完善公共文化服务体系为重点，完善覆盖城乡公共文化服务网络。推进“三馆”（县图书馆、文化馆、博物馆）文化综合大楼项目建设，取得实质性进展，完成项目可行性研究、立项、建设用地勘探报告、地质灾害评估、环评登记工作及建筑设计等工作。投入50多万元提升“三馆”（县图书馆、文化馆、博物馆）效能。重新调整文化馆、博物馆、图书馆功能布局，优化“三馆”服务环境，充实“三馆”设施设备，如增设非物质文化遗产展厅，宣传橱窗，博物馆革命斗争史展厅布展等内容。投入106万元完成10个镇级、13个村级电子阅览室建设工作，基层文化站服务功能更加完善。投入2万元建成流动图书馆董塘镇分馆、凡口社区分馆两家。投入22万元（每镇2万）为各镇（街道）文化站添置优秀传统文化书籍一批，进丰富镇级图书室藏书。投入16万元，购置书籍8000多册充实县图书馆馆藏书籍。

**【安全播出】** 2014年，县文广新局加强节假日期间安全播出值班工作，制定《开展广播电视岁末年初安全生产和安全播出检查的工作方案》，联合县广播电视台做好岁末年初、“五一”、端午、高考期间、国庆及重要时期广播电视安全播出值班工作。及时转发省市安全播出、广告整治相关文件至县广播电视台，督促县广播电视台做好安全播出和广告整治工作，确保全县广大用户在安全播出基础上看上优质电视节目，完成全年安全播出任务。并于4月15日和4月22日分别参加省监察厅主办的广东省“民生热线”第九批上线直播活动，省新闻出版局对仁化县村民2012年民生热线投诉内容进行跟踪回访，县文广新局进行详细解答。

**【文化市场管理】** 2014年，县文广新局加强文化市场管理，净化全县文化市场经营环境。严格文化市场准入，优化文化市场结构管理。严把审核关，认真核查资料，做好文化市场办证和年审工作，完成文化产业年审换证工作，其中印刷厂6家、书报店16家、音像店13家，网吧12家。加强学习培训，提高执法队伍业务水平，提高业主法律、道德意识。通过办班、参加上级培训、自学等多种形式，组织执法人员开展相关法律法规、业务知识全面系统学习，提高执法干部队伍依法办事能力和执法水平。召开文化市场业主大会4次，学习文化市场相关法律法规，观看中国传统文化教育视频，提高文化市场业主法律意识，提升业主道德修养，自觉做到守法经营。加强文化市场监督管理，净化文化市场环境。①开展文化市场日常巡查。严抓文化市场监管，全年出动执法人员3132人次，检查歌舞娱乐场所145家次、印刷厂102家次、书店251家次、音像店196家次，对1名转包经营娱乐场所未重新办理审批、登记手续当事人依法处罚，确保文化市场安全有序发展。②开展网吧专项整治行动。净化县域网吧市场，制订工作方案，成立专项整治工作领导小组，狠抓各项工作落实，全年出动执法人员6302人次，检查网吧2448家次，对4家违规接纳未成年人网吧依法进行严厉处罚，其中吊销远方网吧“网络文化经营许可证”，对1家存在消防安全隐患的网吧下发“限期整改通知书”并整改完成；配合县工商局开展取缔“黑网吧”行动8次，取缔“黑网吧”窝点3个，依法没收用于从事非法经营电脑24台及其他设备一批。③针对行业重点风险防控点位扎实开展专项检查与整治。年内，联合县工商局、县公安局开展消防安全专项检查、扫黄打非专项行动、安全生产大检查行动、卫星地面接收设施整治行动9次，取缔销售非法出版物1家，收缴“六合彩”等赌博资料2147册、盗版书籍100本、盗版光盘1078张、卫星地面接收设施29个。④加强重大节假日期间重点防控时间节点文化市场监管。研究制订节假日期间及重要时期文化市场监管实施方案、应急预案，加强节假日期间及重要时期值班工作。在“元旦”、“春节”、“五一”、端午、高考、国庆期间加强监管和执法力度，出动执法人员1613人次。

## 群众文化活动

**【概况】** 2014年，县文广新局围绕社会主义核心价值观、中华优秀传统文化主题，坚持“便民、惠民、利民”宗旨，丰富全县群众文化生活。通过开展“文化三送下乡”，与中共仁化县委宣传部联合主办“2014年‘锦江欢歌’广场文化”系列活动，丰富群众文化活动，充实群众精神文化生活。

**【文化活动】** 2014年，县文广新局通过挖掘、开发、扶持和创新途径，形成一大批群众喜闻乐见、乡土特色浓厚、群众互动参与传统节日文化活动。①活跃广场文化和节庆文化，全年开展系列广场文化活动和节庆文化活动12场。春节、元宵、国庆期间，组织开展系列文化活动，有民间民俗艺术非物质文化遗产项目巡游、猜谜语、流动书摊、赠送春联、文艺演出等，营造节日氛围。开展“锦江欢歌”主题广场群众文化活动9场，发挥文化广场宣传阵地作用，宣传党政方针，倡导健康文明生活方式。举办“庆三八，展风采”广场健身舞展示活动、“仁化县道德模范”颁奖典礼暨“孝行天下”走进仁化大型公益晚会、“‘锦江杯’唱响中国梦”歌唱比赛、“一切为了人民健康”文艺晚会、“弘扬苏区精神，促进改革发展”纪念仁化暴动87周年暨红军长征过境粤北80周年文艺晚会等。②扎实推进文化惠民工程，丰富基层精神文化生活。全年，到各镇开展送书下乡活动12场次，送视频下乡16场次，举办种养技术培训班3场次；开展“明礼崇德，以仁化人——弘扬优秀传统美德，践行社会主义核心价值观”主题送戏下乡活动35场次；贯彻落实“2131”惠民放映工程任务，丰富农村文化生活，组织开展送电影下乡1350场；开展群众路线教育实践活动和纪律教育学习月活动，协助纪委和县委宣传部组织广大党员干部观看中共中央纪委拍摄的专题影片《焦裕禄》《南方大冰雪》《天上的菊美》放映工作，共20场次；放映“弘扬中华孝道、感恩天下母亲”主题广场惠民电影播放活动20多场。

## 文艺创作

2014年，县文广新局抓文艺精品创作，完善艺术作品创作奖励制度，组织各类专业和业余作者深入社会、基层，繁荣文化创作。全年全县创作优秀作品有表演唱《老来乐》、采茶戏《阿福轶事》、相声《领导，冒号》、舞蹈《礼》、音乐快板《文明仁化》、小品《你妈，我妈，咱妈》等。其中，2014年1月，仁化县选送表演唱《老来乐》、采茶戏《阿福轶事》参加第四届韶关市小戏小品（曲艺）调演活动，并分别获得一等奖和三等奖。

## 文化交流

2014年，仁化县继续开展粤、赣、湘三省三县（仁化、崇义、汝城）文化交流活动，增进感情，建设“和美边界”，助推三地经济文化发展。年内，粤、湘、赣边三省三县联合出版文艺特刊《南岭风》第7、8期，举办第26届粤赣湘仁化、崇义、汝城三省三县文化艺术节“南岭和韵”专场演出。

## 文物·博物

**【物质文化遗产保护】** 2014年，全县文物保护工作有序进行。一是落实措施，加强管理，推进石塘历史文化名村保护设施建设工程。投入80万元完成石塘杂货铺、石塘门楼、石塘李氏宗祠维修工作。投入682万元进行核心区道路维修、给排水、环境整治等基础设施建设，工程于10月21日完成招投标，进入施工阶段。二是做好双峰寨陈列布展中央资金申报工作。联合相关部门，做好双峰寨廉政教育、爱国主义教育及“申苏”陈列布展，并对外免费开放服务。三是加强文物安全保护和修缮。①加大文物保护单位抢救和修缮。争取各级资金35万元对扶溪水口塔、古秦城、董勤（劝）书院、董塘思诒堂、蒙氏宗祠等文物保护单位进行维修。②争取上级资金80万元进行云龙寺塔、澌溪寺塔保护规划编制，完成招投标，进入编写阶段。③加强文物安全巡查和隐患排查工作。组织开展文物安全巡查4次，历时约35天，巡查文物点95个，全面排查县域文物安全隐患，及时发现红山镇县级保护文物单位“红军桥”、长江镇县级保护文物单位“华表峰塔”安全隐患，确保文物安全。④派出工作人员参加古籍书修复业务培训，购置一批保护设备，加强全县古籍书保护和修复工作。四是有序推进仁化县全国第一次可移动文物普查工作。①组织开展两期第一次全国可移动文物普查业务培训。②利用多种方式进行宣传，营造普查工作氛围。③按照上级统一部署，发放可移动文物普查调查登记表，做好回收和统计工作，并及时上报全县第一次全国可移动文物普查工作各类统计表。④普查工作自8月14日正式进入拍摄和数据录入，拍摄录入工作位居全市前列。五是加大文物保护宣传力度。①利用“5•18”国际博物馆日，围绕2014年国际博物馆日主题和全国第一次可移动文物普查工作，到闻韶镇宣传，展出文物图片一批，发放文物宣传小册子800多份。②到城口镇宣传中国文化遗产日活动。以“让文化遗产活起来”为主题，利用横额、口号和图片进行宣传，发放宣传小册子600多份。③完成县博物馆流动展厅文物点图片展工作，以古宗祠、古桥、围楼、古塔、石雕和木雕为主要展示内容。通过各项宣传活动，加深广大公众了解全县文物古迹，提高公众文物保护认识。六是完成各类申报，争取政策资金支持，加强国家级、省级文物保护单位保护工作。年内，完成云龙寺塔防雷工程、云龙寺塔安防工程、双峰寨防雷工程、双峰寨安防工程、双峰寨保护规划和双峰寨第三期维修工程立项申报和资金申报工作，完成双峰寨和石塘古村消防申报工作，完成双峰寨及陈列展馆中央资金申报工作。

（刘国添）

**仁化县文物保护单位一览表**

表27

| 序号 | 名　称 | 公布或批准机关 | 公布或批准时间、批次 | 批准文号或备注 |
|---|---|---|---|---|
| 1 | 云龙寺塔 | 国务院 | 1988年1月13日第三批国家级文物保护单位 | 国发〔1988〕5号 |
| 2 | 双峰寨 | 国务院 | 2006年5月25日公布为第六批国家级文物保护单位 | 国发〔2006〕19号 |
| 3 | 丹霞山摩崖石刻 | 国务院 | 2014年3月5日公布为第七批国家级文物保护单位 | 国发〔2014〕13号 |
| 4 | 鲶鱼转遗址 | 广东省人民政府 | 1960年10月30日第一批省级文物保护单位，1978年7月18日重新公布 | 粤府办〔2002〕56号 |
| 5 | 澌溪寺塔 | 广东省人民政府 | 1979年12年19日第二批公布广东省文物保护单位 | 粤府办〔2002〕56号 |
| 6 | 华林寺塔 | 广东省人民政府 | 1989年6月29日第三批公布广东省文物保护单位 | 粤府办〔2002〕56号 |

续表27

| 序号 | 名 称 | 公布或批准机关 | 公布或批准时间、批次 | 批准文号或备注 |
|---|---|---|---|---|
| 7 | 水南文峰塔 | 广东省人民政府 | 2008年11月18日第五批公布广东省文物保护单位 | 粤府办〔2008〕68号 |
| 8 | 双水塔 | 广东省人民政府 | 2008年11月18日第五批公布广东省文物保护单位 | 粤府办〔2008〕68号 |
| 9 | 董勤书院（原名：董塘区农会旧址） | 仁化县人民政府 | 1982年3月27日第二批公布为仁化县文物保护单位 | 仁府〔1982〕第009号 |
| 10 | 安岗思诒堂（原名：苏维埃政府旧址） | 仁化县人民政府 | 1982年3月27日第一批公布为仁化县文物保护单位 | 仁府〔1982〕第009号 |
| 11 | 古秦城 | 仁化县人民政府 | 1982年3月27日第一批公布为仁化县文物保护单位 | 仁府〔1982〕第009号 |
| 12 | 仁化县暴动纪念碑 | 仁化县人民政府 | 1989年6月3日第二批公布为仁化县文物保护单位 | 仁府布字〔1989〕4号 |
| 13 | 石塘大革命烈士纪念碑 | 仁化县人民政府 | 1989年6月3日第二批公布为仁化县文物保护单位 | 仁府布字〔1989〕4号 |
| 14 | 红山红军长征革命烈士纪念碑 | 仁化县人民政府 | 1989年6月3日第二批公布为仁化县文物保护单位 | 仁府布字〔1989〕4号 |
| 15 | 长江革命烈士纪念碑 | 仁化县人民政府 | 1989年6月3日第二批公布为仁化县文物保护单位 | 仁府布字〔1989〕4号 |
| 16 | 董塘大革命烈士纪念碑 | 仁化县人民政府 | 1989年6月3日第二批公布为仁化县文物保护单位 | 仁府布字〔1989〕4号 |
| 17 | 覆船岭遗址 | 仁化县人民政府 | 1989年6月3日第二批公布为仁化县文物保护单位 | 仁府布字〔1989〕4号 |
| 18 | 康溪走马坪遗址 | 仁化县人民政府 | 1989年6月3日第二批公布为仁化县文物保护单位 | 仁府布字〔1989〕4号 |
| 19 | 腾凤塔 | 仁化县人民政府 | 1989年6月3日第二批公布为仁化县文物保护单位 | 仁府布字〔1989〕4号 |
| 20 | 历林水口塔 | 仁化县人民政府 | 1989年6月3日第二批公布为仁化县文物保护单位 | 仁府布字〔1989〕4号 |
| 21 | 文明峰塔 | 仁化县人民政府 | 1989年6月3日第二批公布为仁化县文物保护单位 | 仁府布字〔1989〕4号 |
| 22 | 华表峰塔 | 仁化县人民政府 | 1989年6月3日第二批公布为仁化县文物保护单位 | 仁府布字〔1989〕4号 |
| 23 | 张子胄墓 | 仁化县人民政府 | 1984年4月4日公布为曲江县文物保护单位 | 曲府布〔1984〕1号 |
| 24 | 东庄门楼 | 仁化县人民政府 | 1993年6月21日公布为曲江县文物保护单位 | 曲府〔1993〕126号 |
| 25 | 老街万年桥 | 仁化县人民政府 | 1993年6月21日公布为曲江县文物保护单位 | 曲府〔1993〕126号 |

续表27

| 序号 | 名 称 | 公布或批准机关 | 公布或批准时间、批次 | 批准文号或备注 |
|---|---|---|---|---|
| 26 | 水南村梁氏宗祠 | 仁化县人民政府 | 2011年4月21日仁化县第三批文物保护单位 | 仁府〔2011〕10号 |
| 27 | 夏富村李氏宗祠 | 仁化县人民政府 | 2011年4月21日公布为仁化县第三批文物保护单位 | 仁府〔2011〕10号 |
| 28 | 恩村蒙氏家庙 | 仁化县人民政府 | 2011年4月21日公布为仁化县第三批文物保护单 | 仁府〔2011〕10号 |
| 29 | 恩村昆寿公祠 | 仁化县人民政府 | 2011年4月21日公布为仁化县第三批文物保护单位 | 仁府〔2011〕10号 |
| 30 | 恩村蒙氏宗祠 | 仁化县人民政府 | 2011年4月21日公布为仁化县第三批文物保护单位 | 仁府〔2011〕10号 |
| 31 | 恩村德志祠 | 仁化县人民政府 | 2011年4月21日公布为仁化县第三批文物保护单位 | 仁府〔2011〕10号 |
| 32 | 古竹村石拱桥 | 仁化县人民政府 | 2011年4月21日公布为仁化县第三批文物保护单位 | 仁府〔2011〕10号 |
| 33 | 春坑古竹石拱桥 | 仁化县人民政府 | 2011年4月21日公布为仁化县第三批文物保护单位 | 仁府〔2011〕10号 |
| 34 | 下徐村黎氏宗祠 | 仁化县人民政府 | 2011年4月21日公布为仁化县第三批文物保护单位 | 仁府〔2011〕10号 |
| 35 | 左龙村石拱桥 | 仁化县人民政府 | 2011年4月21日公布为仁化县第三批文物保护单位 | 仁府〔2011〕10号 |
| 36 | 灵溪大石围 | 仁化县人民政府 | 2011年4月21日公布为仁化县第三批文物保护单位 | 仁府〔2011〕10号 |
| 37 | 石塘镇贻德堂 | 仁化县人民政府 | 2011年4月21日公布为仁化县第三批文物保护单位 | 仁府〔2011〕10号 |
| 38 | 李仲生故居 | 仁化县人民政府 | 2011年4月21日公布为仁化县第三批文物保护单位 | 仁府〔2011〕10号 |
| 39 | 早禾田民居 | 仁化县人民政府 | 2011年4月21日公布为仁化县第三批文物保护单位 | 仁府〔2011〕10号 |
| 40 | 石塘镇门楼 | 仁化县人民政府 | 2011年4月21日公布为仁化县第三批文物保护单位 | 仁府〔2011〕10号 |
| 41 | 石塘镇杂货铺 | 仁化县人民政府 | 2011年4月21日公布为仁化县第三批文物保护单位 | 仁府〔2011〕10号 |
| 42 | 长江镇广州会馆 | 仁化县人民政府 | 2011年4月21日公布为仁化县第三批文物保护单位 | 仁府〔2011〕10号 |
| 43 | 长江镇刘氏宗祠 | 仁化县人民政府 | 2011年4月21日公布为仁化县第三批文物保护单位 | 仁府〔2011〕10号 |
| 44 | 船背坰石拱桥 | 仁化县人民政府 | 2011年4月21日公布为仁化县第三批文物保护单位 | 仁府〔2011〕10号 |
| 45 | 长江镇陈氏宗祠 | 仁化县人民政府 | 2011年4月21日公布为仁化县第三批文物保护单位 | 仁府〔2011〕10号 |
| 46 | 城口镇红军烈士纪念碑 | 仁化县人民政府 | 2011年4月21日公布为仁化县第三批文物保护单位 | 仁府〔2011〕10号 |
| 47 | 谭甫仁将军故居 | 仁化县人民政府 | 2011年4月21日公布为仁化县第三批文物保护单位 | 仁府〔2011〕10号 |

续表27

| 序号 | 名 称 | 公布或批准机关 | 公布或批准时间、批次 | 批准文号或备注 |
|---|---|---|---|---|
| 48 | 红军石拱桥 | 仁化县人民政府 | 2011年4月21日公布为仁化县第三批文物保护单位 | 仁府〔2011〕10号 |
| 49 | 黄溪水拱桥 | 仁化县人民政府 | 2011年4月21日公布为仁化县第三批文物保护单位 | 仁府〔2011〕10号 |
| 50 | 宝珠峰塔墓 | 仁化县人民政府 | 2011年4月21日仁化县第三批文物保护单位 | 仁府〔2011〕10号 |
| 51 | 雪岩寺 | 仁化县人民政府 | 2011年4月21日仁化县第三批文物保护单位 | 仁府〔2011〕10号 |
| 52 | 海螺峰石乳泉 | 仁化县人民政府 | 2011年4月21日仁化县第三批文物保护单位 | 仁府〔2011〕10号 |
| 53 | 佛日峰塔墓 | 仁化县人民政府 | 2011年4月21日仁化县第三批文物保护单位 | 仁府〔2011〕10号 |
| 54 | 断石村吴氏祠堂 | 仁化县人民政府 | 2011年4月21日仁化县第三批文物保护单位 | 仁府〔2011〕10号 |
| 55 | 细美寨 | 仁化县人民政府 | 2011年4月21日仁化县第三批文物保护单位 | 仁府〔2011〕10号 |
| 56 | 狮子岩庙遗址 | 仁化县人民政府 | 2011年4月21日仁化县第三批文物保护单位 | 仁府〔2011〕10号 |
| 57 | 燕岩禅寺 | 仁化县人民政府 | 2011年4月21日公布仁化县第三批文物保护单位 | 仁府〔2011〕10号 |
| 58 | 锦江岩画 | 仁化县人民政府 | 2011年4月21日仁化县第三批文物保护单位 | 仁府〔2011〕10号 |
| 59 | 澹归塔墓遗址 | 仁化县人民政府 | 1989年6月3日仁化县第二批文物保护单位 | 仁府布字〔1989〕4号 |
| 60 | 锦石岩普同塔 | 仁化县人民政府 | 1989年6月3日仁化县第二批文物保护单位 | 仁府布字〔1989〕4号 |
| 61 | 螺顶浮屠遗址 | 仁化县人民政府 | 1989年6月3日仁化县第二批文物保护单位 | 仁府布字〔1989〕4号 |
| 62 | 金龟岩庙遗址 | 仁化县人民政府 | 1993年6月21日曲江县文物保护单位 | 曲府〔1993〕126号 |
| 63 | 涌泉岩庙遗址 | 仁化县人民政府 | 1993年6月21日曲江县文物保护单位 | 曲府〔1993〕126号 |
| 64 | 打锣岩庙、古道：打锣寨上京古道遗址 | 仁化县人民政府 | 1993年6月21日曲江县文物保护单位 | 曲府〔1993〕126号 |
|  | 打锣岩庙、古道：打锣岩庙遗址 | 仁化县人民政府 | 1993年6月21日曲江县文物保护单位 | 曲府〔1993〕126号 |
| 65 | 穿窿岩庙遗址 | 仁化县人民政府 | 1993年6月21日曲江县文物保护单位 | 曲府〔1993〕126号 |

注：该表由仁化县文化广电新闻出版局、县博物馆提供

【非物质文化遗产保护】 2014年，全县非物质文化遗产保护工作取得实效。一是做好非物质文化遗产项目展示和宣传推广工作。建成仁化县非物质文化遗产展览厅，全面介绍全县非物质文化遗产项目和线索，实物展示“仁化土法造纸技艺”“石塘堆花米酒技艺”项目。组织“石塘堆花米酒”参加第十届中国（深圳）国际文化产业博览会项目并取得成效。做好非物质文化遗产项目传承保护工作。加强省级非物质文化遗产项目“仁化土法造纸技艺”传承保护，维护和修缮该项目传承生产基地，督促基地扎实开展传承性生产，完成第4年生产任务。为“石塘月姐歌”传承队伍配备统一服饰，提高演出观赏性。加强县级非物质文化遗产项目“走马灯”“装故事”传承保护，组织非物质文化遗产项目传承队伍在元宵、文化遗产日进行演出展示。收集非物质文化遗产资料和线索。组织人员，发动镇（街道）文化站站长，收集非物质文化遗产项目线索，收集“土法榨油”线索，收集和整理“走马灯”“装故事”资料。

**仁化县省级非物质文化遗产项目名录一览表**

表28

| 序号 | 保护项目名称 | 项目属性 | 保 护 级 别 | 公布或批准时间 | 批准文号 |
|---|---|---|---|---|---|
| 1 | 石塘月姐歌 | 民间音乐 | 广东省第三批省级非物质文化遗产保护项目名录 | 2009年 | 粤府〔2009〕112号 |
| 2 | 仁化土法造纸技艺 | 民间手工技艺 | 广东省第三批省级非物质文化遗产保护项目名录 | 2009年 | 粤府〔2009〕112号 |
| 3 | “石塘月姐歌”传承人 | 民间音乐 | 广东省第二批省级非物质文化遗产项目代表性传承人 | 2011年 | 粤文非遗〔2011〕2号 |
| 4 | “仁化土法造纸技艺”传承人 | 民间手工技艺 | 广东省第二批省级非物质文化遗产项目代表性传承人 | 2011年 | 粤文非遗〔2011〕2号 |
| 5 | 石塘堆花米酒酿造技艺 | 民间手工技艺 | 广东省第四批省级非物质文化遗产保护项目名录 | 2012年 | 粤府〔2012〕20号 |
| 6 | “石塘堆花米酒酿造技艺”传承人 | 民间手工技艺 | 广东省第三批省级非物质文化遗产保护项目代表性传承人 | 2012年 | 粤文非遗〔2012〕65号 |

（刘俊杰）

【图书】 概况。截至2014年年底，仁化县图书馆有馆藏图书128210册，全年入馆7万人次，借阅书6万人次。

各项工作取得实效。实行全年免费开放、开架借阅、免费上网、取消办证工本费便民服务。全年新办理图书证392个，办理借书证总量3879个。增设仁化县流动图书馆董塘分馆和凡口社区分馆，全县镇级流动图书馆共9家，每个流动图书馆藏图书2000多册，全县公共图书服务体系完善。增购新书7233册，订阅报刊301种，丰富县图书馆馆藏图书，提升县图书馆服务功能。利用流动书香车开展送书下乡活动，在长江、闻韶等山区乡镇街道、中小学校园内开展送书下乡活动，全年完成送书下乡12

场次，服务读者2万多人次。

拓展图书服务活动。①春节期间，利用“流动书摊”开展市民喜闻乐见广场文化读书活动，丰富当地群众精神生活。②“4·23”世界读书日期间，联合仁化县丹霞中心学校举办千人“我读书、我快乐”有奖读书月活动。③在仁化县文化信息资源共享工程举办“2014年仁化县农民工计算机阅读技能大赛”活动，引导农民进入数字阅读。④在图书馆电子阅览室举办“国学经典语家庭教育”公益讲座，邀请专家为仁化市民免费开展中国传统文化教育。⑤配合仁化县纪委在机关行政事业单位举办“廉政读书活动”20多场次，收集读书征文40多篇。⑥“科技活动周”期间，到闻韶镇集市开展送书送信息活动，免费发放科学养猪、鸡、牛、鱼和种菜技术图书1000册。⑦按照国家古籍保护中心、广东省古籍保护中心部署，在全县乡镇和锦城文化广场举办“中华古籍保护成果展”展览6场次，参观人数3万多人。⑧利用全国文化信息共享工程中心仁化支中心资源到幼儿园开展安全意识教育宣传活动，播放动漫、动画视频8场次，到农村播放科学种养视频4场次。

**仁化县文化广电新闻出版局负责人名录：**

**局　长：**刘　强

**副局长：**范彩红（女）　江美成（刘国添）

## 广播电视

**【概况】** 2014年，仁化县广播电视台围绕中共仁化县委、县政府中心工作，把握正确舆论导向，做好宣传报道和安全播出工作，强化内部管理，加大有线电视网络建设和管理力度，扩大中央、省、市、县广播电视节目覆盖，开拓数据多功能增值业务，广播电视事业得到较快发展。2014年，县广播电视台被县评为“安全生产先进单位”。

**【宣传报道工作】** 2014年，县广播电视台坚持正确舆论导向，发挥党和政府舆论喉舌作用，狠抓广播电视新闻及相关专题节目制作播出质量，扎实开展宣传报道工作，新闻数量和质量明显提高。全年在《仁化新闻》栏目播出新闻2469条，《百姓生活》栏目播出节目99期；上送省电视台播出新闻12条，市电视台播出新闻244条，市电台播出新闻311条。所选送节目参评和获奖数量名列全市前茅，其中，在“全国市县电视台推优活动”中获三等奖1个，获全国城市台新闻评比一等奖1个，三等奖1个；获省级评比一等奖1个，二等奖1个，三等奖3个，获广东省政府新闻奖三等奖1个；获市级评比一等奖1个，二等奖4个，三等奖2个。

大型活动宣传报道。2014年，县广播电视台按照中共仁化县委、县政府中心工作，有计划、有重点做好大型活动宣传报道工作。组织做好县人大、县政协“两会”宣传报道，做好“主攻项目、四化推四区”、生态发展、旅游强县、创全国文明县城、巩固全国卫生县城、“两违”整治、计生、党的群众路线教育实践活动、社会主义核心价值观等中心工作宣传报道，促进各项重大工作和大型活动开展。

重点专题宣传报道。2014年，县广播电视台拍摄制作《十年磨砺，建设美丽乡村》《中国摄影之乡》《干群会客厅架起连心桥》《仁化毛竹展辉煌》《文明花开满仁阳》一系列专题片，全年摄制电视专题节目11部，重点宣传仁化经济发展战略，推介仁化旅游风光和投资环境；拍摄制作《科技之窗》栏目12期。

加强市县合作宣传。抓住韶关电视台改版机遇，加强与韶关市台合作进行宣传。从2014年6月起，县广播电视台整合资源，与韶关台开辟《悠游仁化》专栏，每周播出1期，系统、全面宣传中共仁化县委县政府中心工作和五个文明建设成果，介绍仁化自然风光和人文底蕴，提升仁化知名度。

**【广播电视事业建设】** 有线电视网络改造和建设。2014年，县广播电视台继续加大县城和镇村旧网络双向网改造力度，保证有线数字电视网络信号质量优质传输。完成丹霞新城有线电视光纤网建设，做好宝能集团、丹霞火车站及县城原通用厂区有线电视网迁改工作。在城口站、黄坑站机房分别安装1台1310光发射机，解决镇站光资源不足问题。先后对红山镇中山村、烟竹村，董塘镇和平八一村、岩头村，黄坑镇蓝田村，周田镇竹头下村、上坪1村、上坪2村，丹霞街道狮井村进行有线电视光纤网建设，共铺设24芯光缆36.4公里，电缆14.2公里，节光点32个，推进农村有线电视网建设。截至2014年12月底，全县有线数字电视用户共37608 户（主机31319台、副机6289 台），全年全县发展有线数字电视新用户1376户（主机1376台、副机629台），其中，农村新发展用户680多户。

高清互动电视业务。2014年，县广播电视台协助省网络公司和市公司测试高清互动业务平台，做好高清互动点播业务，新增文广专区、卡拉OK等节目。从2014年1月起，全面推行高清互动机顶盒，停止办理标清机顶盒新装业务，发展高清互动业务。截至2014年12月底，安装高清机顶盒 2005 台，开通高清互动业务 43 户。

县社会治安视频监控“天网”工程建设。2014年，县广播电视台争取责任单位支持，同周田、董塘、大桥等镇和县直部门签订社会治安视频监控网二类点项目建设维护使用协议，并按照工程项目建设要求，按计划按时按质推进县社会治安视频监控网（“天网”工程）建设步伐。截至2014年12月底，全年投入资金60多万元，建设治安视频监控网二类点104个，完成大桥、黄坑、城口、红山镇以及县林业局、质监局等治安视频监控网二类点监控摄像点建设，拓展数据多功能增值业务发展。

宽带数据专线业务。2014年，县广播电视台通过调低收费标准、节假日开展促销活动等方式拓展互联网宽带及数据专线业务，截至12月底，个人宽带总用户数1491 户，其中全年新发展用户107户；共有数据专线 493 条，全年新发展专线326条。

**【安全播出】** 2013年，县广播电视台继续按照安全播出管理有关要求，加强安全播出管理，加强前端机房值班人员教育、培训管理和预警演练，实行严格交接审核制度，播出机房实行24小时值班制度，重大节日、重要时段实行双岗值班制。按照有关要求落实各项安全防范措施，确保中共十八届四中全会安全播出，完成“两会”转播任务，确保2014年高考、中考期间信号畅通。做好白石岭差转台防雷工程、电力改造和光纤信号源工程建设预算和规划。全年没有出现安全播出政治事故、责任事故，确保中央、省、市广播电视节目安全、不中断、高质量播出，确保全县广播电视安全播出。

**【内部管理】** 2014年，县广播电台制定《仁化县广播电视台关于违反工作纪律处罚的补充规定》《仁化县广播电视台物品采购管理规定》，严格按照规定执行，加大对台干部职工工作纪律的明察暗访、督促检查工作力度，并对违反规定的行为作出严肃处理。根据新闻记者和专业技术人员短缺实际，公开招聘新闻记者4名和临时合同工3名；组织参加培训10多期共80多人次，提高人员整体素质。同时，开展民主评议行风活动，继续在服务大厅开展服务标兵评选活动，改善办事窗口服务态度，提升窗口工作人员服务意识、服务水平和服务质量。

**【群众路线教育实践活动和扶贫帮困工作】** 2014年，根据中共中央、省、市和县委实践活动部署和要求，开展党的群众路线教育实践活动。在活动中，查出领导班子在“四风”方面存在的问题、群众反映的突出问题和服务群众“最后一公里”问题，并全部落实整改，通过专项整治和建立健全规章制度，使教育实践活动取得成效。在扶贫帮困工作中，台和帮扶干部为帮扶村送上慰问金、支持村委改善办公条件、为村民优惠安装有线数字电视等57340元；为董塘镇岩头村250户村民优惠安装有线数字电视约24万元；支持帮扶计生挂点村扶溪镇扶中村计生工作经费11000元。

**仁化县广播电视台负责人名录：**

**台　长：**廖兰英（任至2014年1月）
许关平（2014年1月任职）

**副台长：**徐迪敏　欧阳剑蔚　郭继周
（欧阳剑蔚　黄敦雄）

# 体　育

**【概况】** 仁化县体育局位于县城锦江路3号，局机关内设人秘股、竞技体育股、群众体育股、体育场馆管理股等4个职能股，行政定编为事业编制7名，其中设局长1名，副局长2名，股长4名。2014年，仁化县体育局围绕中共仁化县委提出“四化推四区”战略和县委十二届八次全会部署，坚持以增强人民体质、提高群众生活质量为根本目标，推进体育发展方式转变，促进群众体育和竞技体育协调发展，加快体育产业发展步伐，各项工作取得成绩。

**【群众体育工作】** 加快体育场地设施建设，推进城乡公共体育场地设施一体化。2014年，仁化县按照《韶关市乡镇农民体育健身工程实施方案（2011—2015年）》，完成各乡镇农民体育健身工程，满足群众体育活动需要。3月，完成扶溪镇、黄坑镇农民健身工程申报工作，获省体育局给予农民体育健身工程建设经费各20万元，并于年底建成投入使用。截至2014年年底，全县乡镇农民体育健身工程建成8个。抓好体育场馆和室外体育设施维修和保养，兑现为民办好事办实事承诺。年内，维修和翻新县体育馆顶棚、县城锦江河堤健身路径和锦山公园健身器材。同时，添置锦山公园室外乒乓球台3张，争取省体育局支持体育器材一批，下拨40张室外乒乓球台和20台室外广场舞播放机至各镇、部分村委会和各广场舞健身点，增强基层群众体育发展硬实力。

**2014年仁化县体育场地统计表**

表29

| 项　目 | | | 单位 | 数量 |
|---|---|---|---|---|
| 标准体育场 | | | 个 | 1 |
| 足球场 | 其中 | 105×70米标准草地场 | 个 | 3 |
| | | 105×70米合格土场 | 个 | 17 |
| | | 70×50米中型场 | 个 | 0 |
| | | 小型场 | 个 | 3 |
| | 合计 | | 个 | 23 |
| 篮球场 | 其中 | 灯光球场 | 个 | 44 |
| | | 水泥场 | 个 | 235 |
| | | 土场 | 个 | 0 |
| | 合计 | | 个 | 270 |
| 排球场 | | | 个 | 18 |
| 羽毛球场 | 室内球场 | | 个 | 15 |
| | 合计 | | 个 | 80 |
| 台球场 | | | 个 | 8 |
| 乒乓球室 | | | 间 | 60 |
| 网球场 | 室内球场 | | 个 | 0 |
| | 合计 | | 个 | 3 |

续表29

| 项 目 | | 单位 | 数量 |
|---|---|---|---|
| 门球场 | | 个 | 2 |
| 手球场 | | 个 | 0 |
| 游泳场 | 标准场 | 个 | 1 |
| | 合计 | 个 | 1 |
| 田径场 | 400米跑道 | 条 | 3 |
| | 200米跑道 | 条 | 17 |
| | 合计 | 条 | 20 |
| 全民健身路径 | | 条 | 6 |
| 综合训练房 | | 间 | 1 |
| 健身室 | | 间 | 0 |
| 保龄球室 | | 间 | 0 |
| 棋牌室 | | 间 | 56 |
| 摔跤柔道房 | | 间 | 1 |

建立健全体育组织网络，提高群众体育服务水平，推进城乡公共体育组织服务一体化。2014年，县体育局按上级要求，加强公共体育组织——体育协会管理，强化群众体育服务水平。截至2014年年底，完成协会年检工作7个；完成县、镇、村三级61名社会体育指导员培训工作，其中组织3人参加省一级培训班；实施社会体育指导员持证上岗和完善工作机构，提供群众体育发展优质服务。

广泛开展体育活动，推进城乡公共体育活动一体化。2014年，仁化县开展一系列城乡共同参与的群众体育活动，助推城乡公共体育活动一体化。1月，举办春节期间文体活动和“体彩杯”青少年羽毛球赛；6月，举办庆“七一”工商联杯乒乓球赛；7月，举办中小学生“供电杯”篮球赛；9月，举办县“工会杯”职工羽毛球团体赛；10月，举办县“农信杯”篮球赛；11月，县体育局联合县教育局举办仁化县中小学生田径运动会；11月，在全县范围内开展国民体质监测活动，监测并收集样本数据1000份，测试系统根据受测者测试数据进行评分、评级，并根据各自体质特征，为每一名受测者开出运动处方提供科学健身方法，使群众更科学地锻炼身体。协助县林业局、县地方税务局和县烟草专卖局等单位举办多场体育单项比赛，协助县老年体协举办健身气功、排舞和太极拳、剑培训班。

**【体育竞赛】** ①国家级竞赛。2014年，仁化县运动员参加省级运动会或单项比赛4次，获得金牌4枚、银牌6枚、铜牌9枚，第4名至第8名30个。

**2014年仁化运动员参加国家级各类竞赛情况**

表30

| 姓名 | 性别 | 竞赛项目 | 所获名次 | 竞赛时间 | 竞赛地点 |
|---|---|---|---|---|---|
| 李婷 | 女 | 75公斤 | 第7名 | 2014年7月 | 安徽合肥 |

②省级竞赛。2014年，仁化县运动员参加省级运动会或单项比赛4次，获得金牌4枚、银牌6枚、铜牌9枚，第4名至第8名30个。

## 2014年仁化县运动员参加省级比赛获奖情况表

表31

| 姓名 | 性别 | 竞赛项目 | 名次 | 时间 | 地点 |
|---|---|---|---|---|---|
| 邱　剑 | 男 | 男子400米 | 第1名 | 2014年8月 | 广东东莞 |
| | | 男子200米 | 第4名 | | |
| 李建霞 | 女 | 女子400米 | 第1名 | 2014年8月 | 广东东莞 |
| 莫国文 | 男 | 男子标枪 | 第2名 | 2014年8月 | 广东东莞 |
| | | 男子铅球 | 第4名 | | |
| 邓意宏 | 男 | 男子标枪 | 第5名 | 2014年8月 | 广东东莞 |
| 钟淑仪 | 女 | 女子800米 | 第6名 | 2014年8月 | 广东东莞 |
| 陈伟聪 | 男 | 皮划艇乙组3项 | 第2名 | 2014年6月 | 广东广州 |
| 李健辉 | 男 | 皮划艇甲组8公里小团体 | 第3名 | 2014年6月 | 广东广州 |
| | | 皮划艇甲组200米双人艇 | 第8名 | | |
| 李泽麟 | 女 | 皮划艇甲组8公里小团体 | 第3名 | 2014年6月 | 广东广州 |
| 邹旺华 | 男 | 皮划艇甲组8公里小团体 | 第3名 | 2014年6月 | 广东广州 |
| | | 皮划艇甲组200米双人艇 | 第8名 | | |
| 黄　婷 | 女 | 赛艇甲组轻量级8公里团体单人双桨 | 第5名 | 2014年6月 | 广东广州 |
| 吴邦志 | 男 | 赛艇乙组轻量级8公里团体单人双桨 | 第6名 | 2014年6月 | 广东广州 |
| 邓慧敏 | 女 | 赛艇甲组公开级8公里单人双桨 | 第5名 | 2014年6月 | 广东广州 |
| | | 赛艇甲组公开级8公里双人单桨 | 第5名 | | |
| | | 赛艇甲组公开级2公里双人单桨 | 第8名 | | |
| 雷灶钊 | 女 | 赛艇甲组轻量级8公里团体单人双桨 | 第5名 | 2014年6月 | 广东广州 |
| | | 赛艇甲组轻量级8公里团体单人双桨 | 第7名 | | |
| | | 赛艇甲组轻量级2公里团体单人双桨 | 第5名 | | |
| 谭梓枨 | 男 | 自选枪术 | 第1名 | 2014年8月 | 广东广州 |
| | | 自选南拳 | 第4名 | | |
| 余佩莹 | 女 | 自选刀术 | 第2名 | 2014年8月 | 广东广州 |
| | | 自选棍术 | 第4名 | | |
| 谢建新 | 男 | 自选长拳 | 第2名 | 2014年8月 | 广东广州 |
| | | 自选枪术 | 第2名 | | |
| 谭丽文 | 女 | 自选棍术 | 第2名 | 2014年8月 | 广东广州 |
| | | 自选剑术 | 第4名 | | |
| 朱曼琦 | 女 | 自选刀术 | 第3名 | 2014年8月 | 广东广州 |
| | | 自选枪术 | 第6名 | | |
| | | 高中组42式太极拳 | 第4名 | | |

续表31

| 姓名 | 性别 | 竞赛项目 | 名次 | 时间 | 地点 |
|---|---|---|---|---|---|
| 李华洁 | 女 | 高中组国家规定刀术 | 第2名 | 2014年8月 | 广东广州 |
| | | 自选长拳 | 第3名 | | |
| 唐丽丽 | 女 | 自选棍术 | 第3名 | 2014年8月 | 广东广州 |
| | | 自选长拳 | 第5名 | | |
| 黄铧森 | 男 | 自选太极拳 | 第3名 | 2014年8月 | 广东广州 |
| | | 自选剑术 | 第4名 | | |
| 徐诗月 | 女 | 高中组国家规定刀术 | 第3名 | 2014年8月 | 广东广州 |
| | | 高中组国家规定棍术 | 第5名 | | |
| 刘　静 | 女 | 高中组国家规定刀术 | 第1名 | 2014年8月 | 广东广州 |
| | | 高中组国家规定棍术 | 第4名 | | |
| | | 自选太极拳 | 第7名 | | |
| | | 自选剑术 | 第7名 | | |
| 阳东强 | 男 | 自选剑术 | 第6名 | 2014年8月 | 广东广州 |
| | | 高中组国家规定剑术 | 第6名 | | |
| | | 自选枪术 | 第8名 | | |
| 袁惠敏 | 女 | 自选枪术 | 第5名 | 2014年8月 | 广东广州 |
| 蓝顺华 | 男 | 自选剑术 | 第8名 | 2014年8月 | 广东广州 |

③市级竞赛。2014年，仁化县运动员参加韶关市第十四届运动会，在全市排名团体总分第4名，获得金牌99枚、银牌68枚、铜牌74枚，第4名至第8名168个。

### 2014年仁化县运动员参加市级比赛获奖情况表

表32

| 时间 | 运动会名称 | 团体名次总分 | 团体项目 | 名次 |
|---|---|---|---|---|
| 2014年9月 | 韶关市第十四届运动会 | 第4名1117分 | 乒乓球 | 第4名 |
| | | | 羽毛球 | 第3名 |
| | | | 击剑 | 第6名 |
| | | | 皮划艇 | 第1名 |
| | | | 赛艇 | 第4名 |
| | | | 武术 | 第1名 |
| | | | 跆拳道 | 第3名 |
| | | | 柔道 | 第2名 |
| | | | 摔跤 | 第3名 |
| | | | 田径 | 第3名 |
| | | | 成年组男子篮球 | 第4名 |
| | | | 成年组男子乒乓球 | 第6名 |
| | | | 老年组女子乒乓球 | 第6名 |
| | | | 老年组太极拳剑 | 第5名 |

**【业余训练】** 2014年，县体育局从基础训练抓起，加大业余体育训练工作力度，提高全县竞技体育水平，并取得成绩。年内，仁化县派出教练员和运动员共350人参加韶关市第十四届运动会老年组、成年组和学生组3个组别17个大项竞技比赛，获得金牌总数全市排名第三；团体总分在全市7县3区排名中，获得第4名。同时，同步抓好学校体育，落实好仁化中学田径训练重点班和羽毛球重点班管理，加快培养后备人才。仁化中学参加广东省田径传统项目学校田径比赛取得团体总分第8名。协助仁化中学、仁化一中做好体育传统校申报工作；向省体校输送运动员2人，向市体校输送运动员6人；组队参加2014年韶关市龙舟赛并获体育道德风尚奖。

**2014年仁化县考入体育院校及大专院校体育系学生人数统计表**

表33　　单位：人

| 年份 | 本科 | 专科 | 合计 |
|---|---|---|---|
| 2014年 | 58 | 12 | 70 |

**2014年仁化县获二级以上运动员称号统计表**

表34

| 级别 | 项目 | 姓名 | 性别 | 时间 |
|---|---|---|---|---|
| 二级 | 长拳 | 谢建新 | 男 | 2014 |
| 二级 | 太极拳 | 黄铧森 | 男 | 2014 |
| 二级 | 自选枪术 | 谭梓枨 | 男 | 2014 |
| 二级 | 400米 | 李林泽 | 男 | 2014 |
| 二级 | 400米 | 李建霞 | 女 | 2014 |
| 二级 | 400米 | 钟淑仪 | 女 | 2014 |

**【党的群众路线教育实践活动】** 2014年，县体育局贯彻落实党的群众路线教育实践活动和中共仁化县委部署及要求，抓好各阶段学习实践。通过开展活动，提高县体育局全体人员政治思想认识、服务群众意识，在整改中落实群众关心的一系列热点问题，得到群众认可。如：添置锦山公园室外乒乓球台3张；及时维修、更换县体育馆场馆照明电路、显示屏、音响设备等服务设施，确保场馆功能正常发挥；经常检查和维护室外部分体育健身路径，排除安全隐患；投入数万元及抢修因暴雨造成漏水的县体育馆顶棚，确保群众正常体育健身锻炼。

**【扶贫“双到”工作】** 2014年，县体育局按中共仁化县委、县政府统一安排部署，计划生育工作挂点黄坑镇黄坑村（3000多人口，黄坑镇最大的村，全县第二大的村）、“企忧档案”对口仁化县日生贸易公司，薄弱村协助县安监局挂扶丹霞街道办麻塘村。县体育局把3项工作摆上重要议事日程，落实工作，得到挂点单位好评。一是确保挂扶人员到位。县体育局根据县要求和工作需要，抽调6名成员（占该单位总人数80%）分成3组，参加挂点计生、“企忧档案”和挂扶薄弱村工作。二是确保工作和经费到位，如期完成各项工作任务，按要求资助黄坑村计生专款9000元，资助麻塘村扶贫薄弱村化肥800元以及价值2万元室外健身器材8件；按时按质完成“企忧档案”，做好与企业主的沟通，及时帮助解决企业实际困难。

**【体育产业管理】** 2014年，县体育局对全县体育场馆经营情况和健身市场进行专题重点调研，探索适合仁化体育产业经营发展思路，加强体育市场管理，繁荣健身休闲、体育用品、体育彩票等体育市场，促进体育产业健康发展。同时，对游泳场等高危体育项目实行有效监管，进行安全检查，保障人民群众健身人身安全，推进全民健身有序开展。加强组织游泳救生员培训，组织3名救生员参加市组织的技能培训，实行救生员凭证上岗，规范游泳救生员资格管理。认真贯彻落实省体彩工作会议精神，强化基础工作，通过政策引导、技术培训、营销宣传、新增站点等措施，抓质量提升，促进体彩销售工作科学有效开展。截至2014年11月10日，全县体育彩票销量达到1150万元。

**仁化县体育局负责人名录：**

**局　长：**何为君

**副局长：**谭菊兰（女）　赖　力（徐志勇）

## 医疗卫生行业管理

**【概况】** 2014年2月16日，仁化县卫生和计划生育局（简称“县卫计局”）正式组建，属政府职能部门。主要负责全县医疗卫生、疾病预防控制、妇幼保健、卫生行政执法、计划生育管理工作。机关行政编制24名，其中局长1名，副局长3名。原卫生局食品安全委员会办公室划入县食品药品安全监督管理局。2014年，仁化县有各类卫生机构156个，其中综合医院2所，妇幼保健院1所，疾病预防控制中心1所，卫生监督所1所，慢性病防治站1所，中医院1所，专科医院1所，计划生育技术服务机构11所，挂靠单位爱国卫生运动办公室1个，社区卫生服务中心1家，乡镇卫生院10所，诊所（医务室）12个，村卫生站113个。2014年，县卫生系统在职人员1276人，其中卫生技术人员1021人，执业医师254人，执业助理医师157人，注册护士362人；初级职称613人，中级职称247人，评定高级职称25人。实有床位数676张。

2014年，县卫计局以民生为己任，坚持政府主导，完善全县公共卫生服务能力和医疗救治水平，稳定低生育水平，提高人口素质，推进全县卫生计生事业协调发展，较好完成各项工作任务。

**【医疗卫生体制改革】** 2014年，仁化县根据《广东省人民政府关于印发“十二五”期间深化医药卫生体制改革实施方案的通知》部署和要求，制定《仁化县2014年深化医药卫生体制改革实施方案》；继续实施基本药物制度，执行药品零差率销售；促进基本公共卫生服务逐步均等化，严格执行11类国家基本公共卫生服务项目服务标准、操作规范和考核办法，提高服务水平。2014年3月，全面开展县级公立医院改革试点工作。加强医院内部管理，促使医院切实履行公共服务职能，为群众提供安全、有效、方便、价廉医疗卫生服务；做好边远地区乡镇卫生院岗位津贴核定工作。根据《广东省边远地区乡镇卫生院医务人员岗位津贴实施方案》，做好编制人数核定工作。2014年11月27日，制定《仁化县乡镇卫生院医务人员岗位津贴实施细则》，根据所在乡镇卫生院与县城距离及医务人员技术职称，补贴标准在每人每月400—1300元，实施细则从2014年1月1日起实施。

**【医疗服务质量管理】** 2014年，仁化县开展“全县医疗卫生系统行业行风专项治理工作暨加强医疗卫生行风建设‘九不准’工作”专项整治行动，“民主评议政风行风工作”活动，强化医疗机构内部管理，完善各种诊疗操作规范和规范诊疗行为，降低医疗成本，保障医疗安全，建立医院科学、规范管理长效机制。2014年1—10月，全县政府办医疗机构总诊疗人次468528人次，出院病人15162人次，业务收入103085387元。严把医疗机构准入管理关和执业医师、护士资格考试报名及相关执业人员注册发证管理工作。严禁医护人员超越执业登记范围执业；完成2014年全县执业医师、执业助理医师（资格考试报名、审核工作由市局负责）及执业护士报名审核工作。

**【基层医疗卫生服务体系建设】** 加快项目建设进度。4月，新建的县人民医院第二幢住院大楼正式投入使用；红山镇卫生院综合楼投入使用；9月，县慢性病和卫生监督大楼开工建设；完成周田镇、闻韶镇卫生院业务楼及县急救中心项目建设前期准备工作；投入140多万元为基层医疗单位添置医疗器械和实验室设备。

加强卫生人才培养和招聘力度。6—7月，开展医护人员培训10期，培训全县医务人员2400多人次。有计划分批选送一线专业技术人员外出进修，组织25名年轻医生赴粤北人民医院、市一医院、市妇幼保健院进修。通过学习新知识、新技术开阔视野，提高业务水平。9月，面向社会招聘医护人员20名充实到乡镇卫生院工作，缓解基层人才紧缺问题。安排有经验医师5名到红山镇卫生院进行传、帮、带培训，提高医疗服务质量。

**【基本公共卫生服务】** 2014年，县卫计局为辖区人口提供11项基本公共卫生服务。①城乡居民健康档案。共为148287名农村居民、52959名城市居民建立纸质健康档案。②健康教育服务。采取多种形式开展健康教育活动，提高健康知识知晓率，全县有健康教育宣传栏174个，编发健康教育宣传板报608期，健康知识喷绘版面4次以上。③儿童保健，2014年儿童健康管理率为98.61%。④孕产妇保健。早期孕妊建册率为98.07%，产后访视率98.40%。⑤老年人保健。65岁以上老年人建档管理19805人，老年人健康管理率为99.34%。⑥慢非传疾病管理。高血压患者规范化管理89.41%，糖尿病规范管理率为89.35%。⑦重性精神疾病管理。为1636名重性精神疾病患者建立专项健康档案，开展随访。⑧适龄儿童预防接种。以县为单位各指标达95%以上。⑨传染病报告和处理。传染病报告由全县16个传染病直报单位上报国家传染病监测网站后，由系统自动统计生成。2014年1—11月，全县报告法定传染病657例。657例均为散发病例，已在各临床医疗单位按《中华人民共和国传染病防治法》规程诊疗，所有病患均得到妥善处理，未造成流行与暴发，未发生传染病突发事件。⑩卫生监督协管服务。建立城乡卫生监督网络开展职业病防治咨询、指导并协助水采样工作。⑪中医药健康管理。为辖区65岁以上老人、0—3岁儿童免费提供中医院体质辨识服务。2014年仁化县人均基本公共卫生服务经费由每人每年30元提高到35元。

**【卫生执法监督】** 2014年，县卫计局先后组织针对“两非”（组织进行非医学需要的胎儿性别鉴定或者选择性别的人工终止妊娠）、“学校卫生”“公共场所”“职业病防治宣传”专项整治行动，打击食品安全、医疗卫生等领域违法违规行为。全年监督503户，出动卫生监督人员1922人次，监督户次数为755户次。卫生行政处罚案件1宗，立案1宗，没收医疗药品、器械37件，共计罚款0.5万元。查处“两非”案件1宗。

**【其他工作】** 2014年，仁化县全力抓好董塘镇部分儿童血铅异常事情后续工作。通过精心组织，制订各项工作方案，落实工作职责，有序开展血铅异常儿童营养干预指导工作。完善突发公共卫生事件应急处理机制，健全应急预案。10月24日，举办突发公共卫生事件应急演练1次，全县14个医疗单位共42名业务骨干参加演练。抓好卫计系统党建、党风廉政、维稳、安全生产、行风建设、综治、“六五”普法及扶贫等工作。

## 社区卫生

**【概况】** 仁化县丹霞街道社区卫生服务中心位于仁化县建设路133号，是集基本医疗和公共卫生服务项目等“六位一体”（健全和完善预防、保健、医疗、康复、健康教育、计划生育技术）非营利性公立医疗机构，服务人口约6万人。开设科室有：内科、外科、儿科、妇产科、肛肠科、中医科、康复科、检验科、预防保健科、公共卫生科等临床、公卫、医技科室。服务中心下属有19个卫生服务站，并负责对辖区内20个村（场）卫生站（所）进行管理、培训和指导。2014年中心有各类卫技人员69人，其中中级职称10人。开放病床26张。设备有B超、心电图、X光机、全自动生化分析仪、全自动血球计数仪、全自动尿液分析仪、血糖仪等，是广东省示范社区卫生服务中心，韶关市医疗保险定点医疗机构。

2014年，社区卫生服务中心强化内部管理，完善各项规章制度，建立各类记录，使各项管理有据可查、有章可循，公示检查及收费标准，药品实行零差率销售，执行一般诊疗费制度，推行院务公开。2014年医疗业务有明显提高，十二项公共卫生服务项目均达标。

**【医德医风建设】** 2014年，社区卫生服务中心健全完善“医德医风建设考核标准”，形成加强医德医风考核、投诉举报、激励和惩戒等机制。定期组织由护理、医疗等人员参加的行风建设座谈会，征求意见建议并及时解决。针对患者提出的各项问题逐一解决，提高患者满意度。

**【业务学习加强】** 2014年，社区卫生服务中心坚持培养引进并举方针，通过派送两名青年医生到市级医院培训学习，请上级专家到院授课，每月组织院内医护人员自定题目、相互讲课等形式，形成良好学习氛围，提高队伍素质。

**【医疗设备添置】** 2014年，社区卫生服务中心投入资金6多万元购置全自动中药薰蒸治疗仪，以合作形式添置20多万元全自动生化仪，并购置办公桌椅一批改善病人就诊环境。

**【基层群众服务】** 2014年，社区卫生服务中心组织“志愿者医疗服务队”到丹霞街道敬老院开展健康体检，免费送药，发放健康宣传资料，免费送药2000余元。有计划对辖区内各村老人、妇女开展免费体检，完善居民健康档案。

**【提高中医康复水平】** 2014年，社区卫生服务中心重点拓展康复业务，开展中医适宜技术12项，分别为针灸、电针、火针、小针刀、艾灸、推拿、空位注射、空位埋线、火罐、刮痧、刺血疗法、中药薰蒸。

## 疾病预防与控制

**【概况】** 2014年5月5日，根据《关于印发〈仁化县事业单位分类改革方案和有关配套政策〉的通知》，县疾病预防控制中心为县卫生和计划生育局管理的公益一类事业单位，副科级，事业编制34名。2014年，单位实有在职人员40人，其中临聘人员6人，退休人员30人（包括原血防站退休人员）。新增血球计数仪1台，诊断听力计1台，建设标准电测听室1间，完善职业健康检查资质认定硬件配套设施。

**【免疫规划】** 2014年，全县出生3175人，免疫规划建卡率达到100%。卡介苗接种3232人，接种率99.94%；脊灰疫苗第一次应服食3116人，已服食3111人，服食率99.84%，脊灰疫苗第二次应服食3368人，已服食3362人，服食率99.82%，脊灰疫苗第三次应服食3377，已服食3373人，服食率99.88%；百白破疫苗第一针应种3168人，已种3162人，接种率99.81%，第二针应种3323人，已种3317人，接种率99.82%，第三针应种3391人，实种3384人，接种率99.79%；麻风疫苗应种3718人，实种3714人，接种率99.89%；乙脑疫苗应种3659人，实种3653人，接种率99.84%；乙肝疫苗第一针应种3765人，实种3765人，接种率100%，第二针应种3737人，实种3378人，接种率99.82%，第三针应种3333人，实种3324人，接种率99.73%，其中第一针及时接种率为99.71%；A群流脑第一针应种3623人，实种3608人，接种率99.59%，第二针应种3519人，实种3507人，接种率99.66%；甲肝疫苗应种3731人，实种3722人，接种率99.76%。

2014年，全县4岁脊灰疫苗应种3261人，实种3256人，接种率99.85%；1岁半至2岁百白破疫苗应种3598人，实种3588人，接种率99.72%；1岁半麻腮风疫苗应种3623人，实种3617人，接种率99.83%；2岁乙脑疫苗应种3603人，实种3593人，接种率99.72%；6岁白破二联疫苗应种2078人，实种2073人，接种率99.76%；3岁A+C流脑疫苗应种3057人，实种3048人，接种率99.71%；6岁A+C流脑疫苗应种1960人，实种1954人，接种率99.69%

2014年度，全县共报疑似预防接种异常反应9例，确诊麻疹病例2例，均及时正确处理。无接种事故发生，未发现AFP、新生儿破伤风、百日咳病例。

**【二类疫苗预防接种工作】** 2014年，全县二类疫苗接种情况：轮状病毒苗137人，HIB苗接种1012人，水痘苗接种728人，兰菌净苗接种165人，甲乙肝苗接种151人。接种狂犬疫苗568人，使用人用狂犬病免疫球蛋白112支。

**【传染病防治】** 2014年，全县报告法定传染病发病15种657例，发病率319.1/10万（按2014年全县常住人口205887人计）；报告法定传染病死亡3种4例，死亡率1.94/10万。其中甲类无病例。乙类发病9种371例，发病率180.2/10万；死亡3种4例，死亡率1.94/10万。丙类发病6种286例，发病率138.9/10万；无死亡病例。

**【突发公共卫生事件应急处置】** 2014年，全县报告未分级突发公共卫生事件1起。9月29日，仁化县黄坑镇中心小学发生误食蓖麻籽中毒事件，导致学生中毒22人，经治疗后全部治愈。

**【卫生监测】** 食品、公共场所从业人员监测。2014年，全县食品、公共场所从业人员健康体检1526人。其中，食品类从业人员1278人，公共场所从业人员248人。查出无“五病”（肝炎、痢疾、伤寒、肺结核、皮肤病）从业人员，发放健康证明1526人。

食品安全风险监测。2014年，全县食品生产经营单位食品送检食用植物油共1份，合格0份，合格率0%。食品安全风险监测份数共65份，合格56份，合格率86.15%，其中：大米5份，合格5份，合格率100%；米面制品10份，合格10份，合格率100%；植物油类5份，合格4份，合格率80%；肉及肉制品类5份，合格4份，合格率80%；熟肉制品类10份，合格5份，合格率50%；蔬菜类10份，合格8份，合格率80%；水产品类10份，合格10份，合格率100%；速冻米面制品类5份，合格5份，合格率100%；桶装水类5份，合格5份，合格率100%。

公共场所卫生监测。全年全县公共场所门店共监测9间，监测总项次1343次，合格项次1287次，合格率95.83%。其中旅店业两间，监测项次640次，合格项次610次，合格率95.31%；娱乐场所两间，监测项次336次，合格项次332次，合格率98.81%；足浴业3间监测项次106次，合格项次84次，合格率79.24%；商场1间，监测项次225次，合格项次225次，合格率100%；游泳场1间，监测项次36次，合格项次36次，合格率100%。

食用碘盐监测。2014年，仁化县加强居民户碘盐监测工作，抽取全县5个镇20个行政村共300户碘盐样品进行检测，其中合格碘盐样品299份，合格率为99.67%。

生活饮用水卫生监测。2014年，县自来水厂、镇自来水站从业人员年度健康检查共14人，发放健康证明14人。水质监测：全县抽送检水样共337份，合格228份，合格率67.65%。农村饮用水工程共检测水质样品67份，合格36份，合格率53.73%；城市饮用水共检测水质样品30份，合格22份，合格率73.33%；其他水源水样送检170份，合格156份，合格率91.76%。

医疗单位消毒效果监测。2014年，全县医疗单位消毒效果质量监测共108间，监测份数共888份，合格份数660份，合格率74.32%。其中，使用中消毒液118份，合格118份，合格率100%；空气中细菌含量121份，合格40份，合格率33.06%；医务人员手123份，合格38份，合格率30.89%；物体表面121份，合格95份，合格率78.51%；紫外线灯强度128份，合格59份，合格率46.09%；压力蒸汽灭菌效果177份，合格177份，合格率100%；无菌器械保存液10份，合格10份，合格率100%；致病菌90份，合格90份，合格率100%。

职业卫生。2014年，仁化县加强工矿企业职工职业健康体检工作，8月对仁化县中润金属科技有限公司在职职工进行职业健康体检45人，无发现疑似职业病。新入厂人员健康体检145人。

学校卫生。2014年3月，在董塘镇中、小学校和幼儿教育机构设置《怎样预防血铅含量的增高》内容宣传栏，在仁化县田家炳小学开展碘盐调查问卷20人，协助县教育局在学校开展血铅、登革热防治知识宣传。9—10月，在全县开展幼儿园、小学入园入学查验免疫接种证工作，对全县8月龄至3岁儿童开展麻疹疫苗查漏补种。10月，进行在校学生健康体检，共检学生15208人。

**【慢性非传染性疾病报告管理】** 居民健康档案规范化管理。居民健康档案考核指标为居民健康档案规范化电子建档率≥75%。截至2014年年底，全县累计建立居民健康档案纸质档案201246人，按2014年年底全县常住人口数205887人计算，建档率为97.75%，其中健康档案规范化电子建档人数163579人，全县城乡健康档案规范化电子建档率为79.45%，达到健康档案规范化电子建档率≥75%指标要求。

高血压患者健康管理。高血压管理考核指标为高血压建档管理率≥60%，高血压规范管理率≥70%，高血压管理人群血压控制率≥60%。建档管理高血压病患者14006人，全县按常住人口200356人（其中35岁及以上常住人口为80142人）推算高血压患者总人数为19830人，高血压患者健康管理率为70.63%；高血压患者规范管理人数12527人，高血压患者规范管理率为89.44%。血压达标人数10379人，高血压患者管理人群血压控制率为74.10%，达到考核指标要求。

糖尿病患者健康管理。糖尿病管理考核指标：糖尿病建档管理率≥70%，糖尿病规范管理率≥75%，糖尿病管理人群血糖控制率≥60%。2014年，仁化县建档管理糖尿病患者4214人，糖尿病患者健康管理率为98.00%；糖尿病患者规范管理人数3771人，糖尿病患者规范管理率为89.48%；血糖达标人数3183人，糖尿病患者管理人群血糖控制率75.53%，达到考核指标要求。

65岁以上老年人健康档案管理。65岁以上老年人健康管理率考核指标：65岁以上老年人健康管理率≥85%。2014年，全县有19805位65岁以上老年人建立健康档案纳入健康管理，按全县老年人总数19935人计算，全县老年人健康管理率为99.34%，达到考核指标要求。

死因监测。全年前三季度全县死亡病例网络直报352例。

**【血吸虫病及寄生虫防治工作】** 2014年4月和11月，对原疫区进行常规查螺，在董塘镇江头村、湾塘、岭背、八一村投入5人查螺6天，查螺面积0.693公顷。查螺框数1410框，未发现活钉螺；并在董塘镇湾塘村水下诱螺，沟渠1100米范围内投放稻草框（1平方市尺）200个，放置7天后回收，共回收181个框，捕获杂螺399个，未发现活钉螺。病情监测，主要加强流动人口监测，重点是来自疫区从事种养业流动人口，共检查200人，无弱阳性。

**【检验检测工作】** 2014年8月，完成上级部门组织碘盐实验室质量监控；11月，完成韶关市卫生局组织的HIV初筛实验室质量监控考核（5个样品）；完成理化指标质控考核。

**2014年仁化县疾病预防控制中心常规及日常检测工作完成情况表**

表35

| 监测项目 | 数量 | 监测情况 | |
|---|---|---|---|
| | | 合格数 | 合格率（%） |
| 1. 食品 | 66份 | 56份 | 84.85 |
| 2. 水质 | 337份 | 228份 | 67.66 |
| 3. 公共场所 | 9家1343项 | 1287项 | 95.83 |
| 4. 医院及托幼消毒效果监测 | 108家888项 | 660项 | 74.32 |
| 5. HIV抗体 | 135份 | — | — |
| 6. 从业人员体检（ALT、HAV、HEV、肠道致病菌） | 1526人 | — | — |
| 7. 学生体检（血常规、ALT、总胆红素） | 5043人 | — | — |
| 8. 职业健康体检（ALT、AST、总胆红素） | 190人 | — | — |

## 卫生监督

**【概况】** 仁化县卫生监督所位于仁化县建设路133A号，是参照公务员法管理副科级事业单位。内设机构有办公室、办证科、卫生监督一科、卫生监督二科、稽查科、科教信息管理科6个科室。核定事业编制18名，其中所长1名，副所长2名；内设机构领导职数6名。后勤服务人员数2名。经费按县财政补助一类拨付。2014年，有在职工作人员8名。主要承担全县卫生法律、法规和规章赋予的卫生行政部门综合卫生监督执法任务，涵盖公共场所卫生、生活饮用水卫生、学校卫生、职业和放射诊疗、医疗机构（监管、血液安全、传染病防控）、各项卫生行政许可事项、预防性卫生监督工作、重大活动卫生保障等涉及人民群众公共健康安全的各项卫生监督工作，担负全县各镇卫生监督协管业务指导工作。

**【医疗卫生监督】** 一是对全县医疗机构开展监督检查工作。全年监督检查医疗机构157户、母婴保健技术服务机构12户，共监督户次数275次，出动卫生监督执法人员787人次。重点检查辖区内各类医疗机构是否超许可范围开展诊疗活动，有无存在未取得“母婴保健技术服务执业许可证”擅自从事助产、婚前医学检查、产前诊断、终止妊娠手术行为。经查，未发现医疗机构超出批准范围，出卖、转让、出借“医疗机构执业许可证”或出租、承包科室情况，违规发布医疗广告。对在日常卫生监督检查过程中发现的问题，下达卫生监督意见书，并跟踪落实整改情况。二是深入开展打击非法行医工作。严厉打击未取得“医疗机构执业许可证”擅自开展诊疗活动、超范围行医、聘请无证人员行医等违法行为。全年出动卫生监督执法人员184人次，出动车辆68台次。全年受理投诉举报非法行医案件1宗，并查封该窝点，没收医疗药品、器械共37件，并对当事人作出责令停止执业活动，罚款5000元行政处罚。清除违法门面医疗广告15家，清除违法牙医场所17家，规范全县医疗秩序，确保人民群众就医安全。

**【生活饮用水卫生监督】** 2014年，县卫生监督所加强辖区生活饮用水卫生安全监督检查。出动执法人员56人次，出动执法车辆14多台次。县持有有效“供水卫生许可证”水厂4家，从业人员持有效健康合格证明上岗14人。水厂总体卫生状况良好，卫生管理到位。县城集中式供水单位每季度监督检查1次。全县无涉及饮用水卫生安全产品生产企业。集中式供水水厂未发现使用不合格涉及饮用水卫生安全产品。大多数涉及饮用水卫生安全产品经营单位符合相关规定要求。针对县城集中式供水单位检查中发现的问题，下达卫生监督意见书限期整改，并跟踪落实，确保全县人民群众饮用水安全。

**【公共场所卫生监督】** 2014年，县卫生监督所加强辖区所有公共场所行业监督检查，全县共有监督户数 285户，已监督户数271户，监督覆盖率95.09%。通过实施量化分级管理工作，建立公共场所卫生信誉度评价体系，对全县住宿业和美容美发业实施量化分级管理 260户，量化率100%。在实施公共场所量化分级管理制度过程中，通过统一制定公共场所卫生监督信息公示和禁止吸烟标识向社会宣传公共场所卫生监督量化分级工作制度，提高人民群众知晓度。

**【学校卫生监督】** 根据国家卫生计生委办公厅《关于开展2014 年公共场所控烟和学校卫生专项监督检查工作的通知》精神，县卫生监督所联合县教育局开展学校及幼托机构卫生安全专项整治，检查学校、幼儿园55家，学校自备水5家。全县各类学校能高度重视传染病防控工作，均建立和落实传染病疫情报告和消毒等管理制度，设立专（兼）职传染病疫情报告人，宣传传染病防控措施。对县城两家学校进行教学环境、教学设施监测。对辖区内学校5间自建设施供水学校进行监测，其中1间学校自备水源水经县疾病控制中心检测不符合国家生活饮用水卫生标准，已经停止饮用，改为饮用集中式供水。

**【放射卫生监督】** 2014年，全县持有“放射诊疗许可证”机构15家，共有放射诊疗设备17台（其中CT机1台，牙片机1台），放射工作人员30人。重点对各类放射诊疗活动的医疗机构“放射诊疗许可证”和“放射工作人员证”持证情况、放射工作人员培训情况，放射工作人员及患者防护用品配备情况进行监督检查。针对监督检查过程中发现的问题，卫生监督所下达卫生监督意见书，并跟踪落实整改情况，确保人民群众放射诊疗安全。

**【卫生监督协管工作】** 2014年，全县开展卫生监督协管工作督导检查3次，各镇（街道）卫生监督协管室均建立卫生监督协管管理相对单位（人）情况一览表（本底资料），开展日常卫生监督巡查和报送卫生监督信息，建立卫生监督协管信息平台并上报县卫生监督所。建立卫生监督协管区域管理档案，对乡镇各村进行巡查。同时，督导发现部分卫生院本底资料建立不全、相关专业未建立本底资料，开展公共卫生单位巡查次数不够，巡查覆盖率不达标及登记和检查记录不完整齐全的情况，大部分卫生院没有做到主动举报无证行医或者无执业资格人员从事临床工作行为的情况。针对存在问题，督导组要求各协管室认真落实完善各项协管资料建立，确保各项卫生监督协管服务工作落到实处。

**【春节、十一黄金周卫生安全监督检查】** 2014年春节、十一黄金周，县卫生监督所共检查公共场所住宿业134户，主要检查住宿业环境卫生，保持旅馆环境整洁，做好公共用品换洗、消毒台账登记工作。要求公共用品严格做到一客一换一消毒，禁止重复使用一次性用品用具，严防疾病传播。开展禁烟宣传工作，要求公共场所张贴禁烟警语和标识。针对现场卫生监督检查发现的问题，下达卫生监督意见书提出整改，并跟踪落实整改工作，确保节日期间卫生安全。

**【卫生法律法规知识宣传】** 2014年，县卫生监督所开展《饮用水卫生知识》《中华人民共和国职业病防治法》《公共场所管理条例实施细则》等法律法规专项宣传活动。在仁化县人民政府信息公众网发布信息报道9条，印刷各类宣传资料5000份，深入街道和学校开展宣传2次，发放各类宣传资料2000份，悬挂横幅宣传标语2幅，新闻媒体报道3次，向韶关市卫生监督所上报信息稿件24篇，及时报道卫生监督工作动态。

**【举办各类培训班】** 2014年，县卫生监督所共选派10人（次）参加省、市卫生监督所举行的6期培训班，举办2期全县卫生监督协管员培训班。同时，针对全所工作人员少，工作任务繁重，点多面广实际情况，采取自学与集中学习相结合，按照国家卫计委及卫计监督中心要求，全体卫生监督员在年内完成30学时网络课程学习和2014年个人线下培训申报，考核通过率100%。通过培训，促进自身业务学习，提高综合执法能力和全县基本公共卫生服务卫生监督协管工作水平。

## 健康教育

**【概况】** 仁化县健康教育所是2007年10月挂牌成立，由县疾病预防控制中心1名副主任兼任所长，所需人员由县疾病预防控制中心调配安排。主要负责全县健康教育与控烟宣传、活动开展、培训、督导检查管理等职责。2014年，有专职人员两人。全年全县设立大型户外健康教育宣传栏13个，内容更新5期41版。

**【血铅防治宣传】** 2014年2月，根据县政府《关于仁化县血铅异常事情后续工作实施方案》责任分工工作要求，增加印刷《血铅防治手册》1000份，布置健康教育宣传点26个。并将《血铅防治手册》1500本、《儿童高铅血症和铅中毒防治简易手册》300本，提供给董塘卫生院及村卫生站开展宣传教育工作。在预防接种门诊设立资料取阅架，放置各类健康教育处方，健康宣传资料等读物，方便居民就诊时阅读。

**【主题实践宣传】** 在“4·25”全国预防接种日、“5·15”防治碘缺乏病日、“5·31”日世界无烟日等特殊宣传日，组织宣教人员在县城市场、学校周边人群密集地方，开展健康教育主题宣传活动6次、知识讲座8次，发放各种宣传资料8685余份，发放结核病防治宣传画55张小册子550本，健康知识标语短信汇编22本。通过仁化县广播电视台《百姓生活》栏目播放“防治碘缺乏病宣传日”专题片。8月，开展居民健康知识知晓率和社区居民满意度调查，结果均为90%。

## 妇幼保健

**【概况】** 仁化县妇幼保健院位于锦江河畔，是一所以妇幼保健为特色专科医院，设办公室信息总务科、医护科、妇幼保健科、妇产科、儿科、药技科、门诊部。县妇幼保健院是全县妇幼保健指导中心，担负着全县10个镇1个街道109个行政村13个助产单位妇幼卫生保健指导工作和计划生育技术指导工作。2014年全院有在职干部职工60人，其中卫生专业技术人员55人，工勤人员5人；退休人员6人。全县基层妇幼医生33人，育龄妇女53104人。

**2014年仁化县妇幼保健院各科室主要大型医疗设备一览表**

表36

| 科室 | 设备名称 | 单位 | 数量 |
|---|---|---|---|
| 妇产科 | 电子阴道镜 | 台 | 1 |
| 妇产科 | 麻醉机 | 台 | 1 |
| 妇产科 | 高频电刀SAIRONG300型 | 台 | 1 |
| 妇产科 | 听力筛查仪 | 台 | 1 |
| 妇产科 | 妇科专用LEEP刀 | 台 | 1 |
| 妇产科 | 神经肌肉刺激治疗仪 | 台 | 1 |
| 妇产科 | 婴儿培养箱 | 台 | 2 |
| 妇产科 | 胎儿监护仪 | 台 | 2 |
| 妇产科 | 多参数监护仪 | 台 | 2 |
| 影像科 | 黑白B超LOGIQC3RRO | 台 | 1 |
| 影像科 | 携式B超 | 台 | 1 |
| 影像科 | 彩超 | 台 | 1 |
| 影像科 | X光射线机-500MA | 台 | 1 |
| 检验室 | 全自动血细胞分析仪 | 台 | 1 |
| 检验室 | 全自动血球分析仪 | 台 | 1 |
| 检验室 | 全自动生化分析仪 | 台 | 1 |
| 检验室 | 尿液分析仪 | 台 | 1 |
| 检验室 | 二通道凝血分析仪 | 台 | 1 |
| 影像科 | 心电图机 | 台 | 1 |

**【妇女保健】** 2013年10月1日至2014年9月30日，全县孕产妇系统管理2929人，住院分娩2992人，系统管理率为97.41%，住院分娩率为100%，高危孕产妇住院分娩率100%，全县有孕产妇死亡1例，孕产妇死亡率为33/10万。全年辖区人员无新生儿破伤风发生。坚持开展每年1次县直机关及全县妇女病普查普治工作。全年全县妇科病普查 18698人，普查率38.86%。检查出患病人数4796人，患病率25.65%，全部患者给予治疗与干预。

**【儿童保健】** 儿童保健系统管理。儿童保健系统管理工作是对0—6岁儿童建立健康手册，并进行管理。儿童系统管理是从产后42天访视开始，及时掌握全县儿童相关信息，监测儿童生长发育情况，采取合理干预措施，指导全县儿童保健工作。2014年，全县7岁以下儿童为17486人，参加保健服务17243人，7岁以下儿童保健覆盖率为98.61%；3岁以下儿童8127人，系统管理7989人，系统管理率为98.30%；5岁以下儿童死亡率4.32‰，婴儿死亡率2.33‰，新生儿死亡率1.33‰，新生儿访视率98.10%；对11803名儿童进行营养评价，生长发育迟缓率0.37%，肥胖率0.23%。

幼儿健康体检。2014年，仁化县加强幼儿园管理，全年新入园体检1004人。“六一”前后，县妇幼保健院组织儿科医务人员对县城区6所幼儿园1427名儿童进行健康体检，检出疾病42人（其中中重度贫血1人），并及时反馈结果，对影响在园儿童健康疾病给予专业指导。做好每一学期的氟化泡沫护齿工作，共护齿1200人次，有效保护儿童口腔健康。

新生儿疾病筛查和出生缺陷监测。2014年全县各助产单位活产儿有 2343人，接受筛查新生儿2299人，筛查率为98.12%，四个出生监测点共计围产儿2068例，出生缺陷14例，出生缺陷发生率为67.7/万，比上年下降58/万。1—10月新生儿听力筛查共筛查2224例，筛查率94.9%，查出转诊44例。新生儿听力筛查、新生儿疾病筛查和出生缺陷监测有效降低全县残疾儿童发生。

**【基本和重大公共卫生服务项目】** 妇幼基本公共卫生服务项目有孕产妇系统管理项目和7岁以下儿童系统管理项目。2014年，县妇幼保健院配合建立居民健康档案，完成0—6岁儿童和孕产妇健康管理。重大公共卫生服务项目有广东省农村孕产妇住院分院补助项目和广东省农村妇女增补叶酸预防神经管缺陷项目。2014年，县妇幼保健院。推进农村孕产妇住院分娩补助和适龄妇女叶酸增补工作。全年全县农村孕产妇数为2512人，应发放叶酸1509人，实际发放叶酸1498人，发放率99.27%；住院分娩补助1027人，补助率40.88%。加强地中海贫血干预项目开展，通过婚前检查、孕前检查，以及产前筛查和诊断等防控措施，减少重症地中海贫血病例出生。加强对预防艾滋病母婴传播宣传咨询，采取有效干预措施预防艾滋病母婴传播，同时按月收集监测资料汇总上报，做好婚姻登记男女青年艾滋病免费自愿检测、孕产妇艾滋病筛查。

**【婚姻保健】** 实行免费婚检。2013年10月1日至2014年9月30日全县登婚人数为4134人，参加婚前医学检查1155人，婚检率为27.9%，检出疾病379人，检出患病率为32.81%，检查出对婚育有影响234人，对全部新人给予婚前卫生指导和咨询。

**【计划生育】** 2014年，全县卫计部门共做计划生育手术4086例，其中男性结扎手术219例，女性结扎手术895例，上环手术1460例，取环手术431例，流产手术527例，药物引流手术342例，均无技术事故发生。

## 爱国卫生

**【概况】** 仁化县爱国卫生运动委员会办公室（简称“县爱卫办”）是县卫生和计划生育局辖下参公公益一类事业单位，机构人员编制4名，主要承担巩固卫生县城、创建卫生镇、村和农村改水改厕、病媒生物防制、无偿献血工作等工作职责。2014年，开展“美丽乡村”创建和村容村貌整治督查，创建董塘镇塘联村委会塘联新村小组为省卫生村，城口镇上寨一组为市卫生村。

**【病媒生物防制】** 2014年，县爱卫办开展病媒生物防制工作，落实除“四害”措施，坚持以环境治理为主综合防治方针，规范开展病媒生物监测工作。加大对县城公厕、公园、广场、下水道、沟渠、垃圾中转站等重点对象消杀力度，加工毒鼠谷5000斤。十一黄金周期间对景区开展病媒生物防治工作，县城区鼠、蚊、蝇、蟑螂等病媒生物得到有效控制，鼠密度达标，蝇密度达到全国爱卫办规定标准，蚊、蟑螂不超过国家标准2倍。开展全县范围统一清积水、防蚊灭蚊，预防登革热活动。在全县11个镇（街道）开展专项督导18次，开展爱国卫生专项行动108次，清理滋生地32600处，出动消杀2860人次，使用灭蚊药物1.8吨，使用灭蚊器械2120台次，入户调查860户。截至2014年12月底，全县除大桥镇有1例输入性病例外，没有发生本土登革热疫情。

**【农村改厕工作】** 2014年，全县申报农村改厕2600户，截至2014年12月底，已改无害化卫生厕所2600户。

**【无偿献血招募工作】** 2014年，县献血办动员社会广大群众参加无偿献血，通过电视媒体、悬挂横幅、张贴宣传标语等形式广泛宣传，得到社会各界积极响应和大力支持。创新工作方法，结合2014年献血宣传主题“安全血液挽救母亲生命”，深入镇、村、企业、厂场宣传发动群众参与无偿献血工作。6月14日世界献血者日，仁化县平安保险公司等单位自发组织员工到县献血屋开展献血宣传和献血活动，献血12人次，完成单位年度献血任务600%。

**仁化县卫计局负责人名录：**

**局　　长：**陈喜年

**党委书记：**肖韶中（任至2014年10月）

**副 局 长：**包伟红（女）

黄正亿　邬立雄

陈春华（任至2014年10月）

赖东北（任至2014年1月）

郭永古（任至2014年1月）

（林　灿　刘文婷）

# 社会生活

## 人事·人才

**【概况】** 2014年，仁化县人力资源和社会保障局（简称“县人社局”）着力规范人事人才管理工作：一是按照《中华人民共和国公务员法》及其配套法规要求，完善和规范公务员（含参照公务员法管理单位工作人员，下同）日常管理工作，做好公务员招考录用、转正定级，登记、考核、任免、奖惩、培训，交流回避、工资福利、辞职辞退工作；二是推进事业单位人事制度改革，做好事业单位岗位设置和人员聘任工作，组织招聘事业单位工作人员，加强事业单位人事管理；三是引进人才，通过职称评定和专业技术职务聘任以及培训、教育等手段，提高人才综合素质。

**【公务员招考录用工作】** 按照省、市批复，2014年仁化县直机关公务员、“参公”单位以及乡镇机关计划招录公务员63人（其中县直机关44人，“参公”单位10人，乡镇机关9人）。公务员招考工作涉及面广、政策性强、社会关注度高。在整个招考录用工作过程中，县人社局做好招考计划编报、笔试后资格复审、体检合格后考察以及录用报批工作，环环抓落实，全年全县实际招录60人。

**【公务员转正登记和信息管理工作】** 新招录公务员一年试用期满后需考核转正定级，报市批准后进行公务员登记，录入公务员管理信息系统。2014年，全县办理公务员转正定级37人，办理公务员登记45人。

**【公务员交流调配和干部任免奖惩工作】** 按照干部管理权限的划分，副科级以下公务员（含“参公”人员，下同）由公务员办公室办理交流调配手续。2014年，全县办理公务员交流调配手续62人次（含新招公务员介绍报到）。按照干部管理条例规定，全年全县办理干部任免手续61人次，办理公务员辞职1人次。

**【机关、事业单位工作人员年度考核工作】** 2014年，县人社局完成2013年度全县机关事业单位工作人员年度考核工作。2013年年度考核工作分3块进行：市管干部报市考核；正乡科级单位“一把手”，按照县落实科学发展观考核实施细则进行考核；其余机关、事业单位工作人员由各单位（或有人事权的主管部门）考核。县考核委员会指导全县考核工作，掌控全县考核情况，最后进行综合汇总，审核、审批。全县有140个单位5892人参加年度考核，其中：公务员单位52个1434人，参照公务员法管理机关事业单位39个279人，事业单位49个4179人。全县2013年年度考核，被确定为：优秀等次821人（公务员201人，“参公”人员34人，事业人员586人），占13.93％；称职（合格）等次4897人；不称职（不合格）等次3人；不定等次171人（其中试用期人员163人，违纪不定等次8人）。

**【公务员培训工作】** 2014年，县人社局举办“《新时期公务员职业道德建设广东读本》学习培训班”10期，共组织公务员参加培训1607名。同时，选派镇（街道）公务员20名到东莞参加培训。

【专业技术人员继续教育公需科目培训】 从2014年5月17日至7月16日，全县举办“新型城镇化实践与发展”培训班23期，每期学习时间为两天半，共有3521人参加培训。

【企业军转干部解困维稳工作】 2014年“八一”建军节前，县人社局经经报请县政府批准，从2004年8月起给10名企业困难军转干部提高解困标准为每人每月200元，给10名企业困难军转干部和2名自主择业军转干部发放两节（建军节和春节）慰问金300元/人。中共第十八届四中全会期间，县人社局按照省、市部署，配合市军转办、县信访局做好军转干部维稳工作。

【专业技术职务资格申报评审和认定工作】 2014年，全县通过认定获得初级专业技术资格大中专毕业生70名。由于是年暂停教师系列职称申报，其他专业全年申报评审各等级专业技术资格37人，其中申报高级职务资格9人、中级职务资格25人、初级职务资格3人。

【专业技术职务聘任】 2014年，县人社局在配合好全县事业单位岗位设置和聘用基础上，认真做好专业技术职务聘任工作。要求事业单位贯彻执行“评聘分开”原则，在主管单位同意聘任和符合岗位设置条件前提下，办理好专业技术人员专业技术职务聘任工作。全年全县为135名专业技术人员办理专业技术职务聘任手续。

【机关事业单位技术工人技术等级晋升和聘用】 2014年，县人社局按照《关于做好机关事业单位技术工人聘用及工资管理有关问题的通知》（粤人发〔2003〕261号文）和《关于贯彻粤人发〔2003〕261号文件有关问题处理意见的通知》（粤人发〔2004〕228号文）要求，为19名技术工人新晋技术等级办理聘用手续。

【农民技术职称申报评审】 2014年，县人社局落实《关于印发〈韶关市农村实用技术人才职称评审办法（试行）〉的通知》（韶人社〔2011〕203号文）精神，会同县农业部门继续做好农民技术职称申报宣传工作，鼓励农民技术人员根据自身条件积极申报相应农民技术职称。全年全县申报（或取得）中级技术资格（证书）农民技术人员3人，申报（或取得）初级技术资格（证书）人员35人。

【工资福利和工资晋升】 2014年，县人社局按照《广东省公务员工资制度改革实施意见》（粤人发〔2007〕55号）、《广东省事业单位工作人员收入分配制度改革实施意见》（粤人发〔2007〕56号）文的规定，为全县机关事业单位符合条件工作人员5697人从2013年1月1日起晋升（薪级）工资。其中，公务员（含参照公务员管理人员）1714人，人均月增资39元；事业单位3983人，人均月增资29元。完成了2014年1月机关事业单位退休人员增加基本离退休费审核工作。机关单位离退休人员824人，人均月增资41.2元，事业单位离退休人员1490人，人均月增资41.3元。

全年，仁化县依据2013年度考核结果，审核发放全县机关事业单位工作人员年度考核优秀等次人员880人的优秀奖金932040元，人均奖金1154元，其中：机关单位238人，优秀奖金253606元，人均奖金1066元；事业单位570人，优秀奖金678434元，人均奖金1190元 。

全年，县人社局按照国家有关工资政策，办理调入调出工作人员、新录用国家公务员、新招聘工作人员相关工资确定和变动手续268人。办理机关单位工作人员工资变动手续138人，办理事业单位工资变动手续178人。办理抚恤金审核手续46人，审批符合条件享受遗属生活困难补助遗属生活补贴21名。增发全县机关事业单位工作人员第13个月工资，在职工作人员人均4020元，退休人员按1000元发给，离休人员参照在职同等人员待遇发给。

【事业单位人事管理】 2014年，县人社局根据《关于印发〈韶关市事业单位岗位设置管理实施意见〉的通知》（韶人社〔2010〕69号）文中岗位类别设置和岗位总量控制、岗位等级和结构比例设置，上报韶关市人社局核准后，对人民医院等86个单位进行岗位设置批复，并指导完善事业单位岗位设置工作。对岗位变动、岗位晋升及新聘用人员拟聘用职务要求用人单位提供事业单位岗位聘用呈批表，待对用人单位的岗位空缺情况、拟聘人员的资料核准后方给予聘用或晋升，并且签订“事业单位聘用合同”或“聘用合同变更书”，全年办理335人次。对有退休、死亡、辞职或调出的，根据事业单位工作人员核减报告单，在韶关市事业单位人事管理信息系统给予核减或划转，全年核减、划转270人次，办理事业单位工作人员离职、辞职30人。

【事业单位人力资源和社会保障统计】 完成上年度人力资源和社会保障统计工作。2013年，全县事业单位人员年龄35岁及以下1312人占28%，36—45岁1979人占42%，46—54岁1084人占23%，55岁及以上318人占7%；文化程度研究生以上37人占0.8%，本科1469人占31.3%，大专2028人占43.2%，中专及高中以下1163人占24.7%；专业技术人员3457人，高级以上职称143人。全县公企人才文化程度本科以上12人占14%，专科35人占40.7%；年龄35岁及以下8人占9.3%，36—45岁39人占45.3%，46—54岁33人占38.4%，55岁及以上19人占7%。

【组织各类公开招聘工作】 2014年，县人社局组织完成机关事业单位各类公开招聘考试12场（事业单位公开招聘考试8场）。其中，完成4个机关单位公开招考28人（计划招考28人）工作任务，完成48个事业单位公开招考116人（计划招考144人）工作任务；该年度事业单位公开招聘116人中，大专及以上学历人员97人，占总录用人数83.62%，缓解了各单位用人压力，人才总量和结构逐步满足全县社会经济发展需要。

【高校毕业生报到、登记、就业推荐工作】 2014年，全县接收普通高校毕业生报到856人次。县人社局参照市人才服务局做法，对高校毕业生实行实名制智能化管理，并提供就业失业登记、政策咨询、就业指导、推荐就业、职业技能培训及鉴定、创业培训和就业见习等服务，有效促进高校毕业生尽快实现就业创业。全年全县应届高校毕业生就业率91%。

【人事代理和高校毕业生档案管理】 2014年，县人社局办理人事代理业务400余人次，其中办理高校毕业生流动代理138人（次），办理后勤人员人事代理及鉴证275人（次）。做好档案管理服务工作，细化工作内容，针对不同人员类型做好各类服务工作：一是做好尚未就业毕业生人事档案管理、相关接收手续出具、年度考核、工资转正定级及档案工资记载工作；二是做好事业单位聘用及非国有企业流动人员工龄连续计算、职称申报、党团关系代管工作；三是做好机关、事业单位聘用制后勤人员聘用合同签订、工龄连续计算、工资调整工作。2014年度，全县接收高校毕业生档案1015份，办理档案调出258人（次），高校毕业生档案库档案数累计8277份。档案接收后，及时办理档案整理和登记入库工作，实行电子化管理，提高档案管理工作效率。

【“三支一扶”志愿者服务】 2014年，仁化县“三支一扶”（支农、支教、支医和扶贫）大学生到岗16人，按照专业及岗位需求，分别安排在县域各镇人民政府（街道办事处）及乡镇中、小学工作，个别需调整的已在县域内进行调整，并将结果上报市局备案。2014年，全县期满“三支一扶”大学生7人，就业率100%。

**【大学生“村官”管理】** 2014年，县人社局做好大学生“村官”年度考核、辞职、辞退、信息收集工作。9月16日，县人社局会同县委组织部组织2008年招聘、在岗县域大学生“村官”18名座谈，听取大学生“村官”对聘期满后意见，以解决大学生“村官”期满后去向问题。经征询各镇（街道）意见，经县委常委会议（十二届县委第六十四次常委会议）和县长办公会议（2015年1月19日）讨论决定，同意对全年全县有两个聘期合同期满大学生“村官”14名，续聘转岗为各镇（街）聘用制后勤服务人员（从2014年10月起聘用）。

## 劳动·就业

**【概况】** 2014年，县人社局结合开展中共群众路线教育实践活动，构建和谐稳定劳动关系。一是促进城乡居民充分就业，提升公共服务质量。鼓励各类用人单位多招聘高校毕业生，增加高校毕业生就业机会，确保高校毕业生充分就业。二是强化就业服务工作力度，做好重点群体就业工作。为城乡求职人员提供免费政策信息咨询、职业指导和职业介绍扶持政策，加大零就业家庭、农村低保家庭劳动力、长期失业人员等就业困难群体帮扶力度，保持动态消除“城镇零就业家庭”。三是深入实施劳动合同制度，增强依法用工意识，着力提高各类企业劳动合同制度覆盖面。四是做好劳动人事仲裁工作，处理来信来访，解决劳动人事争议，及时化解各类矛盾纠纷，维护社会和谐稳定。五是加大劳动保障监察执法工作力度，规范建筑领域用工行为，加强队伍建设，提高劳动监察员素质。

**【就业目标完成情况】** 2014年，仁化县完成城镇新增就业人数3269人，完成市下达任务2800人的117%；完成城镇失业人员再就业人数2114人，完成市下达任务1900人的111%；完成就业困难人员实现就业283人，完成市下达任务250人的113%；完成新增转移农业富余劳动力5643人，完成市下达任务4900人的115%；完成农村劳动力技能培训359人，完成市下达任务300人的119.6%；城镇登记失业率为2.3%，控制在3.0%以下。

**【举办公共就业服务招聘会】** 2014年，全县成功举办招聘会38场，为求职者提供及时有效的就业服务，组织好外省务工人员有序流动，稳定本地就业队伍，为仁化就业服务工作做出贡献。其中在县城文化广场举办大型招聘会2场，完成全年目标任务126.6%。①2月8日举办仁化县2014年“春暖行动”企业用工招聘会，组织企业、单位72家进场招聘（其中，县域企业60家），提供就业岗位6000个，进场求职应聘人员达5600人，现场成功招聘人员1860人其中返乡就业人员362人。②5月6日，成功举办“2014市县联动就业服务招聘会”（仁化县分会场），现场入场参加招聘单位44家（其中县域企业36家），提供就业岗位2900个，接受现场求职者2133人，现场达成就业意向620人。

**【就业服务管理】** 一是继续做好广东省人力资源和社会保障业务管理软件信息录入、更新工作。全年登记招聘单位75家，招聘信息数215条，登记招聘岗位3914个，登记求职人数3520人。二是落实就业政策，做好小额贷款审核和发放工作。全年发放小额贷款14笔，合计发放贷款128万元。三是不断完善劳动保障事务代理。2014年度，全县办理灵活就业人员劳动保障事务代理续保人数1368人次，其中代理单位12家，就业人员210人。四是做好劳动合同鉴证及“就业失业登记证”办理工作。同时，结合县人社局是县计划生育工作兼职单位职责，协助做好计划生育工作，在劳动合同办理及“就业失业登记证”发放工作中，严把办证所需计划生育资料审核关。全年全县办理劳动合同3822份，发放“就业失业登记证”923份。

【创业就业培训】 一是开展技能培训班。2014年12月23日，县就业服务管理局邀请韶关市智行职业培训学校教师到省扶贫点长江镇浒松村举办毛竹种植及经营技能培训班1期，讲解毛竹经济价值、生长环境、栽培技术、主要病虫害防治、玉兰片加工等内容。同时，引入当地浒松腊鸭，围绕产品、市场、顾客需求营销策略，开拓村民视野，打造乡村特色产业，引导村民致富，做到以创业带动就业。二是推广家政服务培训工作。2014年11月，县人社局在周田镇人社所成功举办第一期家政服务培训班，来自周田、大桥、黄坑镇学员59人经过15天免费业务技能培训，掌握家政服务员、“月嫂”等基本技能。12月15日，第二期“月嫂”培训班在县城开班。培训班邀请专家和“金牌月嫂”进行业务技能培训，吸引县城和周边乡镇群众90人参加培训。

【镇（街）人力资源和社会保障服务平台建设】 2014年，县人社局继续完善各镇（街道）人力资源社会保障公共服务平台建设工作。新建基层人社所11个全部完成竣工验收并搬入办公，各所统一配备电脑、打印机、空调等办公设备，并安装办公区域视频监控。

【劳动争议仲裁案件处理】 2014年，仁化县劳动人事争议调解仲裁工作坚持以人为本，把劳资关系和谐和社会稳定作为调解仲裁工作根本点，公平、公正处理劳资纠纷。全年全县人事争议调解仲裁立案23宗，其中社会保险10宗、解除或终止劳动关系6宗、其他争议7宗，涉及劳动者23人，涉案金额101万元。结案23宗，结案率100%。立案后调解处理7宗（其中，案外调解5宗，涉及劳动者5人，涉案金额79.22万元），裁决9宗，劳动者撤诉3宗，不予受理4宗。劳动人事争议仲裁案件法定审限内结案率100%，劳动人事争议仲裁结案率达96%。

【劳动监察执法专项检查】 一是开展全县用人单位遵守劳动用工和社会保险法律法规专项检查。年内，由县人社局牵头，联合地税、公安、社保分局、经信、住建、工商、开发区、工会等单位联合开展全县用人单位遵守劳动用工和社会保险法律法规专项检查，重点检查劳务派遣单位、农民工招用较多的建筑、制造、冶炼、小矿厂、砖厂、服务、餐饮业和其他中小型劳动密集型企业，以及个体经济组织共55家，涉及劳动者2824人。检查发现，各用工企业和劳动者签订合同2548份，未签订劳动合同276人，督促用人单位签订劳动合同276份；参加社保保险1999人，未参加社会保险825人，督促补缴社保903人；未发现违反女职工、未成年人工等特殊保护规定。发现参保率较低或用工不规范企业，当场责令其限期整改，共发出“劳动保障监察限期改正指令书”31份，对无法现场查阅工资表、工资台账、社保缴费清单等资料企业，发出“劳动保障书面材料审查通知书”两份。二是开展社会保险参保情况摸底调查。2014年4月、7月、10月，分别对全县各用人单位展开参加社会保险情况摸底调查，截至10月31日，共摸底排查企业187家，涉及员工人数5510人，签订劳动合同数5112人，参加社会保险（养老保险）人数3111人，未参保人数2399人。

【劳动保障】 一是开展劳动年审检查。2014年共审用人单位173家，涉及劳动者6809人，年审合格率100%。二是开展“社会矛盾化解年”工作。全年排查涉劳资纠纷案件12宗，欠缴社保费案件3宗，拖欠工资案件9宗，其中领导包案6宗，排查矛盾化解率100%。三是规范全县建筑领域用工行为。按照《韶关市建设领域施工企业工人工资支付保证金管理办法》（韶关市人民政府第82号令）和仁化县建筑行业工资支付方案，收取工资支付保证金，2014年1—11月共有6家建筑或承建单位办理存款手续，收取金额为169.5万元。四是认真处理举报投诉信访案。全年受理举报投诉78起，涉及劳动者752人，涉及劳动者工资651万元，结案率90%；受理信访19起，回复率100%。

**【“企忧档案”工作】** 县人社局坚持每月走访及回访“企忧档案”挂点企业，并按时报送相关表格。2014年10月，县人社局挂点企业由仁化县雅苑房地产开发有限公司、仁化县锦源开发置业有限公司调整为仁化县格顶闽富达墙材有限公司、仁化县和而友生态农业有限公司。截至2014年年底，挂点企业未提出“企忧”申请事项，对县人社局2014年“企忧”服务工作表示满意。

## 社会保障

**【概况】** 2014年，县人社局以开展中共群众路线教育实践活动为契机，加大优化服务和改善民生工作力度，推进社会保障统筹发展，按照“广覆盖、保基本、多层次、可持续”方针，坚持“人人有保障”工作目标，以强有力的民生保障促进全县城乡社保工作快速协调发展。

**【城乡居民社会养老保险参保扩面工作】** 2014年，仁化县全面实施城乡居民养老保险制度，基本养老实现全覆盖。市下达城乡居民基本养老保险参保任务数69015人，全县实际完成参保人数70766人，完成参保任务103%。

**【企业职工基本养老保险扩面征缴工作】** 2014年，仁化县企业职工养老保险参保任务30000人，基金征收任务11900万元。实际完成企业职工养老保险参保人数30003人，基金征收收入9924.31万元，分别完成参保、基金征收任务100%、83%。

**【城乡居民医疗保险】** 2014年，仁化县城乡居民医疗保险参保任务是161000人。实际完成参保人数172028人，完成参保任务107%。

**【职工医疗保险】** 2014年，仁化县职工医疗保险参保任务23000人，基金征收任务4700万元。实际完成参保人数23135人，基金征收收入5265.88万元，分别完成参保、征收任务101%、112%。

**【失业保险】** 2014年，仁化县失业保险任务是参保人数13550人，基金征收收入410万元。实际完成参保人数13556人，基金征收收入450.24万元，分别完成参保、征收任务100%、110%。

**【工伤保险】** 2014年，仁化县失业保险任务是参保人数17000人，基金征收收入370万元。实际完成参保人数17003人，基金征收收入412.24万元，分别完成参保、征收任务100%、111%。

**【生育保险】** 2014年，仁化县失业保险任务是参保人数16100人，基金征收收入175万元。实际完成参保人数16102人，基金征收收入192.75万元，分别完成参保、征收任务100%、110%。

**【被征地农民养老保障】** 2014年，仁化县根据广东省人民政府办公厅《转发省人力资源和社会保障厅关于进一步做好我省被征地农民养老保障工作意见的通知》和韶关市人力资源和社会保障局和韶关市国土资源局《转发省人力资源和社会保障厅、省国土资源厅关于征收农村集体建设用地和未利用地养老保障有关问题的通知》有关规定，做好2014年度3批次城镇建设用地申报工作，解决被征地农民42人纳入养老保障范围问题，计提养老保障费用90.72万元，向市人社部门申请开具3批次城镇建设项目征地社会保障审核意见书，确保县国土部门顺利向省、市有关部门办理报批手续。

**【工伤认定】** 2014年，县人社局按照《广东省工伤保险条例》有关程序规定，做好工伤认定和政策宣传工作，对未参加工伤保险各类企业职工发生事故伤害或者被诊断、鉴定为职业病人员，由社会保险行政部门受理工伤认定申请并作出行政决定，保障用人单位和劳动者合法权益。全年全县受理工伤认定申请96宗（其中：认定工伤77宗，调解19宗，结案率100%）；举办《工伤保险条例》《中华人民共和国职业病防治法》宣传活动7次，发放宣传资料5000多份，维护广大群众切身利益。

**仁化县人力资源和社会保障局负责人名录：**

**局　长：**熊树生（任至2014年1月）
李坚平（2014年1月任职）

**副局长：**邓志华（任至2014年7月）
蒙丽萍（女）
黄家磊　谢东生

（李　荣）

# 民　政

**【概况】** 仁化县民政局（简称“县民政局”）是县政府主管社会行政事务的一个职能部门，承担着全县救灾救济、城乡最低生活保障、城乡困难群众重大疾病救助、基层政权建设、区划地名管理、“双拥”、优抚、退役士兵安置、婚姻登记、儿童收养登记、社团登记、民办非企业单位登记、社会救助、殡葬管理、老龄工作职能。下设人秘股、优抚安置股、基层政权股、救灾救济股、社会事务股5个职能股室。2014年，全局有干部职工22人。

**【城乡低保】** 2014年8月，县民政局在全县开展低保“五保”专项检查，组织有关人员逐户检查辖区内救助对象，防止错保、漏保，杜绝关系保、人情保，切实做到应保尽保，应退尽退。通过低保“五保”专项整治，清退低保人数615人。同时，根据低保对象不同情况，实行动态管理，合理补差。从2014年1月1日起，调整月人均补差标准：城镇由243元调整为333元，农村由110元调整为147元。截至2014年12月31日，全县有3728户7522人享受低保，全年发放低保金1604.46万元，其中城镇506户766人，农村3222户6756人。按县政府《城乡特困人员医疗和临时救助管理办法》，及时做好困难群众生活和医疗救助，按省、市有关规定，从1月份起低保户医疗报销比例从60%提高到70%，有效解决城乡困难群众基本生活和医疗困难。全年全县发放医疗和生活救助金151.53万元，救助320人。

**【“五保”供养】** 2014年，县民政局加强敬老院内部管理，利用各种方式提高工作人员管理水平，完善敬老院制度和院务公开，切实解决“五保”对象食住、医葬等问题。扎实推进“五保”供养工作，开展“暖心行动”对全县“五保”老人生活状况进行调查，对分散“五保”进行“一对一”结对子扶贫。从2014年1月起，按上级规定标准要求调整全县“五保”供养标准，“五保”供养从原来每人每月466元调整为每人每月522元。全年全县支出“五保”供金216.8万元，其中在院176人，分散供养270人，入院率39.5%。

**【救灾救济】** 防灾减灾宣传。2014年，县民政局按照救灾工作管理要求，坚持主汛期值班制度，通信保持24小时畅通。开展媒体宣传，在广播电视台重点时段播放“防灾减灾日”宣传教育活动标语，增强社会公众防灾减灾意识，提高群众对突发事件应急反应能力和防灾避险、自救互救能力。

自然灾害救济。2014年5月，仁化县个别镇村不同程度遭受暴雨袭击，民房、农作物遭受不同程度损坏。灾情发生后，县民政局及时组织有关人员深入到受灾较严重大桥镇、丹霞街道了解灾情，及时做好灾情统计和上报工作，对大桥镇受灾较严重灾民及时送去大米、毛毯、油，确保灾民生活需求。据统计，2014年洪灾，全县直接经济损失达1228.7万元，全倒户7户。

【城乡医疗救助】 2014年，县民政局按照县特困人员医疗临时救助管理办法，及时做好城乡困难群众医疗救助工作。全年发放医疗救助金151.53万元，其中：优抚对象67人8.4万元；其他困难群众368人，救助金额83.21万元；购买低保、“五保”合作医疗59.92万元。

【临时困难救济】 2014年，县民政局按照《城市生活无着的流浪乞讨人员救助管理办法》要求，做好流浪乞讨人员甄别工作，维护和保障流浪乞讨人员利益。全年发放临时困难救济金4.2万元，救助困难群众47人。

【慈善救助】 2014年6月24日，仁化县召开“扶贫济困，雪中送炭”主题募捐大会，接受企业家认捐771万元，从慈善会拿出10.5万元，资助困难家庭学生上学63人，救助困难群众医疗生活320人。

【拥军优属】 2014年，仁化县在实现省双拥模范县“四连冠”基础上，对照《双拥模范城（县）创建命名管理办法》，查找“双拥”工作薄弱环节，加大“双拥”工作力度，开展争创全国“双拥”模范城宣传教育活动，积极为驻仁化部队办好事实事，增进军民团结。春节、“八一”期间，组织慰问团慰问驻仁化部队和韶关军分区、驻韶关炮旅、二炮等部队，赠送慰问金20万元。“八一”和春节期间，走访慰问重点优抚对象，给全县“三属”（即烈士遗属、因公牺牲军人遗属、病故军人遗属）困难优抚对象、伤残军人、参战人员发放节日慰问金16万元。在2014年9月30日首个烈士纪念日，开展公祭烈士活动。落实优抚政策，确保优抚对象政治、生活待遇得到保障，按上级有关部门文件精神，从10月起，按规定标准调整优待金，2014年，全县烈属人均月定恤853元，在乡复员军人月均定补810元，带病回乡退伍军人月均定补497元，“五老”人员人均定补342元，参战人员和铀矿开采人员月均定补380元，烈士子女月定补130元，全县定恤定补标准达到全省中等城市标准。

【优抚安置工作】 2014年，全县定恤定补人员940人，发放抚恤补助381万元，兑现军烈属优待201户。其中优待城镇义务兵每人12600元，优待农村义务兵每人10450元；优待定期抚恤“三属”9户，每户优待7315元，兑现金额173万元；兑现2013年现役军人立功奖励17万元。全年发放困难优抚对象生活、医疗困难补助8万元。做好退伍军人接待安置工作，根据省政府《关于做好我省2013年冬季退役士兵接收安置工作的通知》精神，落实城乡退役士兵一次性补助金发放工作，城乡退役士兵发放一次性生产生活补助金每人18000元。全年全县有退伍军人57名免费入读高等技术学院或中等职业学校，培训率100%。开展烈士纪念碑和零散烈士墓维修工作，全年投入资金50万元，维修长江凌溪革命烈士纪念碑和长江革命烈士纪念公园。做好复退军人来信来访工作，制订复退军人维稳方案，深入镇村宣传优抚政策，解决复退军人实际困难，维护社会稳定。全年全县未出现复退军人进京到省上访现象。

【村居（社区）务公开民主管理】 2014年，全县完成第六届村委和第五届居委换届选举工作。截至2014年3月底，全县109个行政村和16个社区居委会完成“两委”换届，实现村委支部书记主任“一肩挑”和村“两委”成员交叉任职达90%以上目标。开展争创村民自治示范村活动，健全和完善村务公开制度，全县村务公开工作规范及时。理顺村委会与党支部关系，发挥党支部领导核心作用，提高村委会干部依法治村，依法办事水平，保障村委会民主决策、民主监督权力，推动农村基层民主政权建设，促进农村各项工作顺利开展。举办社区干部培训班，提高社区干部依法办事能力。结合推进村务公开和民主管理示范创建活动，抓好全县农村党风廉政信息公开平台建设，加强村（居）组织建设，推进“强居促和谐，强村促稳定”工作。

**【区划地名工作】** 2014年，仁化县人民政府拨款5万元，对全县行政区域界线和行政管辖范围分界线进行联检，维修破损界桩，完成边界有偿托管协议签订工作，维护边界稳定。做好新建筑物、住宅小区初审和命名工作，严格按规定申报和审批，年内对县城盛世铭庭进行命名。完善县城路牌，县政府投入8万元维修破损路牌，并新增路牌30个。

**【民间组织管理】** 2014年，县民政局按照《中华人民共和国行政许可法》和《民间组织登记管理条例》，开展社会团体登记和民办非企业单位登记管理工作。全年全县有社会组织79家，其中社会团体56家，办理变更登记10家；民办非企业单位23家，办理变更登记3家。经年检，全县有合格社团56家，合格民办非企业单位23家。

**2014年仁化县社会团体统计表**

表37

| 序号 | 单位名称 | 序号 | 单位名称 | 序号 | 单位名称 |
|---|---|---|---|---|---|
| 1 | 仁化县体育总会 | 2 | 仁化县乒乓球协会 | 3 | 仁化县慈善会 |
| 4 | 仁化县足球协会 | 5 | 仁化县老区建设促进会 | 6 | 仁化县殡葬管理协会 |
| 7 | 仁化县老年人体育协会 | 8 | 仁化县集邮协会 | 9 | 仁化县水利水电行业协会 |
| 10 | 仁化县棋类协会 | 11 | 仁化县历界政协委员联谊会 | 12 | 仁化县仁化中学教育学会 |
| 13 | 仁化县羽毛球协会 | 14 | 仁化县私营企业协会 | 15 | 紫岭病虫专业化防治协会 |
| 16 | 仁化县篮球协会 | 17 | 仁化县性学会 | 18 | 仁化县有机产品种植专业技术协会 |
| 19 | 仁化县建筑工程学会 | 20 | 仁化县质量计量标准化协会 | 21 | 仁化县摄影协会 |
| 22 | 仁化县个体劳动者协会 | 23 | 仁化县婚姻家庭建设协会 | 24 | 仁化县民间企业家协会 |
| 25 | 仁化县林业学会 | 26 | 仁化县董塘镇高莲村沼气协会 | 27 | 仁化县扶溪左龙村毛竹生产加工流通合作社 |
| 28 | 仁化县水利学会 | 29 | 仁化县价格协会 | 30 | 仁化丹霞旭日青少年体育俱乐部 |
| 31 | 高莲病虫专业化防治协会 | 32 | 天湖病虫专业化防治协会 | 33 | 周田病虫专业化防治协会 |
| 34 | 仁化县丹霞山断石乡村旅游协会 | 35 | 仁化县茶业协会 | 36 | 仁化县书画家协会 |
| 37 | 仁化县扶溪镇左龙村扶贫互助社 | 38 | 仁化县青年摄影学会 | 39 | 仁化县旅游协会 |
| 40 | 仁化县红山镇小楣水村扶贫互助社 | 41 | 仁化县罗汉果协会 | 42 | 仁化县妇女健身协会 |

续表37

| 序号 | 单位名称 | 序号 | 单位名称 | 序号 | 单位名称 |
|---|---|---|---|---|---|
| 43 | 仁化县董塘镇塘联村扶贫互助社 | 44 | 仁化县梅州客家文化促进会 | 45 | 仁化县石塘镇农民用水协会 |
| 46 | 仁化县金融协会 | 47 | 仁化县扶溪镇农民用水协会 | 48 | 仁化县小水电行业协会 |
| 49 | 仁化县闻韶镇农民用水协会 | 50 | 仁化县董塘镇农民用水协会 | 51 | 仁化县丹霞街道办事处农民用水协会— |
| 52 | 仁化县兴宁客家文化促进会 | 53 | 仁化县护理学会 | 54 | 仁化县河源移民传统文化促进会 |
| 55 | 仁化县音乐协会 | 56 | 仁化县志愿者联合会 | — | — |

**2014年仁化县民办非企业单位统计表**

表38

| 序号 | 单位名称 | 序号 | 单位名称 | 序号 | 单位名称 |
|---|---|---|---|---|---|
| 1 | 仁化县董塘开心宝幼儿园 | 2 | 仁化县蓓蕾幼儿园 | 3 | 仁化县丹霞山性文化博物馆 |
| 4 | 仁化县董塘镇天诚幼儿园 | 5 | 仁化县培正幼儿园 | 6 | 韶关岭南职业培训学校 |
| 7 | 仁化县海丽达幼儿园 | 8 | 仁化县小太阳幼儿园 | 9 | 仁化县锦江中心幼儿园 |
| 10 | 仁化县希望之星培训中心 | 11 | 仁化县黄坑镇阳光幼儿园 | 12 | 仁化县明珠幼儿园 |
| 13 | 仁化县月岭中英文实验幼儿园 | 14 | 岭田青草地幼儿园 | 15 | 仁化县董塘坪岗凯利幼儿园 |
| 16 | 仁化县水南中英文幼儿园 | 17 | 仁化县凡口新世纪幼儿园 | 18 | 仁化县长江镇小天使幼儿园 |
| 19 | 仁化县华英幼儿园 | 20 | 仁化县董塘镇博雅幼儿园 | 21 | 麻塘村幼儿园 |
| 22 | 仁化县金太阳幼儿园 | 23 | 仁化县丹霞金果果幼儿园 | — | — |

**【殡葬改革工作】** 2014年，仁化县开展“以民为本、为民解困，丧属至上、优质服务”殡仪服务创建活动。按省、市民政部门要求，落实殡改各项政策，完善殡改各项设施，与各镇签订殡改责任书。完善仁仙陵园各项制度，加大基础设施建设，使公墓达到省、市经营性公墓标准。4月，开展“推行文明殡葬，构建和谐社会”主题殡改宣传月活动。积极引导群众革除封建丧葬陋俗，开展“文明殡葬”“绿色殡葬”活动，引导群众美化、绿化环境，推进村级生态公务和骨灰楼建设，完善新殡仪馆建设各项手续。

**【婚姻与儿童福利工作】** 2014年，县民政局以规范化建设促进婚姻登记各项工作顺利开展，同时，根据县纠风办部署，继续开展创建“窗口之星”活动，完善各项规章制度，提高工作人员办事效率和服务质量。截至2014年年底，县民政局婚姻登记处办理结婚登记2050对，离婚登记444对，登记合格率达100%。配合计生、妇儿工委做好计生和婚检工作。做好全县孤儿核查，建立孤儿信息库，按规定从2014年1月起提高孤儿生活保障金，孤儿生活保障金由每人每月600元提高到每人每月700元，保障孤儿基本生活，全年为28名孤儿发放生活保障金23.52万元。

**【老龄工作】** 2014年，仁化县为全县80岁以上老年人4532人发放老龄津贴95.78万元。其中为27个百岁老人每人每月按时发放200元长寿保健金，全年发放长寿保健金6.48万元，并为百岁老人和困难老人发放慰问品共2万元。启动“银龄安康行动”，从慈善会拿出2.8万元为“五保”、低保老人购买意外险，加强养老保障工作，提高老年人抵御风险能力，形成“爱老、敬老”社会氛围。

**【扶贫开发“双到”工作】** 2014年，县民政局从扶贫挂点村城口镇东坑村实际出发，组织局机关全体领导干部职工到挂点扶贫村东坑村开展“五送帮耕”（送技术、送种苗、送农具、送化肥、送农膜，帮助农民春耕生产）和“三同三谈”活动，为困难户送种子、鸡苗和化肥总计价值4.34万元，以及帮助解决困难。

**仁化县民政局负责人名录：**

**局　长：**梁德明

**副局长：**刘韶山

钟　健（2014年7月任职）

刘新娣（女）

（罗润桃　叶莉华）

## 民族宗教事务

**【概况】** 2014年，仁化县民族宗教事务局（简称“县民宗局”）围绕中共仁化县委、县政府中心工作，高举民族团结、宗教和谐旗帜，服务大局保稳定，坚决执行中共中央、国务院关于民族宗教工作的决策部署，坚持稳中求进工作总基调，以改革精神和优良作风推进全县民族宗教工作，加强学习、深入调研，破解难题、夯实基础，凝聚共识、行稳致远，引导宗教与社会主义社会相适应，发挥宗教界人士和信教群众在促进经济社会发展中的积极作用，为全面深化改革创造团结和稳定社会环境，建设“生态、活力、幸福”新仁化做出贡献。

**【民族工作】** 积极稳妥做好涉及民族因素矛盾纠纷处置工作。2014年，县民宗局认真做好涉及民族因素矛盾纠纷排查工作，积极化解矛盾纠纷，协调处置董塘镇瑶族村西坑村组与董联村宋一、宋二组土地纠纷。2014年4月，董联村宋一、宋二、塔三、塔四4个村小组长及部分村民代表因西坑村组整村搬迁工程建设新村与董联村民宋祖林签订土地转让协议一事，到县镇上访，要求政府对该项西坑村组使用土地进行重新征地，以及要求董联村民宋祖林退出土地转让金26万元。县民宗局通过多次深入董塘瑶族村开展调研，多次与仁化县政府分管领导及有关部门沟通协调，促使县政府召开相关部门协调会，责成董塘镇政府、国土部门妥善解决，在董塘镇瑶族村西坑村组与董联村民宋祖林签订协议基础上，重新协商确定土地使用权属和必要的经济补偿。该项土地争议得到妥善处置。

散居少数民族合法权益得到有效保障。一是切实保障少数民族参政议政权利。县和镇党委在人大、政协人事安排上，按要求确定少数民族人大代表和政协委员比例，全年全县有县级少数民族人大代表1人、政协委员3人、镇人大代表5人，副科以上干部10人。二是切实保障少数民族平等受教育权利。落实县域散居少数民族学生升中考照顾10分优惠政策，积极解决流动少数民族人口子女入学问题，全年为10名符合条件少数民族居民办理民族成分变更手续，为42名少数民族高考生和11名中考生办理民族成分审核验证。按省民宗委落实散居少数民族地区少数民族大学生助学金申请审核发放工作，全县有7个少数民族大学生得到资助。

少数民族经济社会发展得到稳步推进。2014年，县民宗局围绕经济建设中心，发挥职能作用，服务民族地区经济社会发展。全年全县有15个村委会得到省宗教界扶贫资金15万元扶持，有6名考上大学少数民族学生享受省财政每生每年1万元助学资助。实施人畜饮水、道路、教育、科技、农田灌溉等发展项目，帮助少数民族地区群众解决生产生活中的困难，促进少数民族地区脱贫致富。

民族团结进步事业得到长足发展。2014年，县民宗局重视民族团结和维护稳定工作，调整和成立民族宗教工作领导小组，与各镇层层签订民族团结目标管理责任书，狠抓落实。一是深入基层开展调研工作，把调研中发现的问题以及群众要求和意见及时向县委、县政府分管领导汇报，把矛盾化解在萌芽状态。二是定期、不定期检查民族团结目标责任书落实情况，发现问题及时提出，逐一落实。三是在工作中始终坚持“是什么问题就按什么问题处理，在哪里发生就在哪里解决”原则，不把不是民族问题的事往民族问题上拉，不把不是宗教问题的事扯到宗教问题上，不把问题扩大化。四是充分相信和依靠基层组织，发挥基层组织积极作用。五是做好来信来访工作，坚持尊重各民族风俗习惯和宗教信仰，不伤害民族感情和宗教感情。六是重视政策法律法规宣传教育，让各族人民学法知法守法，并经常与民族宗教界人士交心谈心，建立友好感情。七是扎实推进民族团结进步创建活动，营造民族团结和谐社会氛围，以点带面，巩固和发展社会主义民族关系。

【宗教工作】 抓“教风年”创建活动，提高宗教人士遵纪守法意识。2014年，县民宗局及时转发上级有关文件，制订全县“教风年”活动工作方案，要求各宗教活动场所，结合自身实际，有针对性开展治理工作。结合“教风年”创建活动和宗教法律法规学习月活动，组织宗教场所负责人参加市民宗局举办的全市宗教团体、活动场所负责人培训班，牢固树立宗教界代表人士遵纪守法意识。

建立健全民族宗教工作机制。2014年，县民宗局以维护公共安全为目的，切实维护社会稳定，成立仁化县民族宗教工作领导小组，印发《仁化县民族宗教事务安全联防联动方案》《仁化县涉及民族矛盾纠纷应急预案》，完善全县民族协调议事机构及工作机制。以管理与服务为重点，创新社会管理和矛盾纠纷应急处理机制，做好少数民族合法权益保障工作，促进民族团结和社会和谐稳定。

加强佛教、道教活动场所规范化建设，积极推动各场所加强自身管理。截至2014年年底，全县宗教活动场所建立相关管理制度，并做到制度上墙；大部分场宗教所建立教职人员人事档案，并指派专人负责管理人事档案资料，人员管理得到加强；各宗教场所建立健全治安消防工作机制，治安、消防安全意识得到提高；各宗教场所保持场所整洁卫生，切实做好疾病防控和文物保护工作。

抓财务监督，推进财务管理制度化、规范化。2014年，县各宗教活动场所基本建立起财务管理制度，成立场所财务管理小组。财务管理较为规范，账目基本清晰。各宗教活动场所能按照要求，在银行开立单位银行结算账户。设有捐款箱的宗教活动场所，指定有专人管理捐款箱，捐款箱开启时有3人在场，当场清点捐款数额、登记并由3人签字后，交给场所财务管理人员入账，年内没有发生将场所收入据为个人所有或在场所会计账簿外核算现象。

【维护民族宗教领域和谐稳定】 巩固基础，提高民宗局服务水平。2014年，县民宗局深入学习民族宗教政策法规，以党的群众路线教育实践活动和民族宗教法规学习月为契机，深入基层为少数民族同胞、宗教教职人员和信教群众服务。开展民族宗教工作情况调研，探索依法管理民族宗教事务有效途径，做好民族宗教领域群众工作。落实中共中央“八项规定”和县委县政府系列要求，勤政务实、清正廉洁，提高执行力。

组织开展全省民族团结进步宣传月活动。2014年，县民宗局扎实开展形式多样的宣传活动，牢固全县民族团结思想基础和群众基础，推动民族团结宣传教育进社区、进村寨。加强少数民族流动人口服务管理工作，依法保障少数民族合法权益。

切实开展“教风年”活动。2014年，县民宗局指导县域各宗教通过开展以“教风”为主题创建活动，抵制不良风气侵袭，营造遵守教规教义氛围，树立仁化宗教界良好形象。指导各宗教团体和宗教活动场所按全省、全市统一部署，将以“教风”为主题和谐寺观教堂创建活动与创建平安宗教活动场所活动相结合，组织宗教教职人员加强宗教教义教规学习，完善民主管理制度，查找存在问题，明确整改重点，落实整改方案和措施，推动宗教活动场所思想、文化、教风建设，并建立完善教风建设长效机制。

扎实做好佛道教寺观专项治理工作。2014年，县民宗局针对部分镇存在非法宗教活动场所有雇用假僧假道、私设功德箱、诱骗游客和信众烧高香、乱建佛道教寺观、滥塑佛神像等情况，深入贯彻国家宗教事务局等十部委《关于处理涉及佛教寺庙、道教宫观管理有关问题意见的通知》文件精神，整治佛教、道教领域存在的突出问题，结合涉及民族宗教矛盾纠纷开展全面排查。对排查出来的问题，特别是历史遗留问题和老大难问题深入分析研究，找准问题根源，提出解决办法，会同有关部门依法依规进行整治。

推动宗教场所参与社会发展事业。2014年，县民宗局积极引导各宗教和社会主义社会相适应，推动宗教界参与社会公益慈善事业，支持宗教团体和宗教场所开展扶贫帮困、助学助残活动。力促宗教活动场所丹霞山别传寺、锦石岩寺、灵树禅寺、妙善禅寺完善工程配套设施建设，助推县域旅游事业发展。

**仁化县民族宗教事务局负责人名录：**

**局　长：**刘建存（任至2014年11月）

（朱福娣）

# 社会工作

**【概况】** 2014年，仁化县社会工作委员会（简称“县社工委”）在省、市社工委和中共仁化县委、县政府领导下，在县社工委各委员单位和各有关部门共同努力下，在广大干部群众大力支持和积极参与下，以保障和改善民生为重点，全面推进社会建设，扎实开展社会治理创新，取得可喜成绩，为县域经济发展营造和谐稳定社会环境。

**【民生事业蓬勃发展】** 一是加大民生事业投入，基本公共服务提升。2014年，中共仁化县委、县政府优化财政支出结构，加大民生事业投入。全年县财政用于民生保障支出12亿元，占地方公共财政预算支出总量75.95%，同比增长44.6%，着力解决与群众息息相关住房、交通、文教、体育、医卫、计生、社保、扶贫、救助、就业、环保、安全等民生问题，提高全县城乡居民基本公共服务水平。二是健全就业服务体系，居民增收环境优化。扎实推进“就业富民”“就业援助”“劳动维权”工程。全年举办劳务招聘会38场，落实就业创业扶持资金128万元，新增城镇就业岗位3269个，转移农村劳动力5643人，完成城镇失业再就业2114人、就业困难就业283人，年检劳动用工单位173家，规范242家单位劳动用工行为、惠及8334人，有效化解劳务争议114宗。三是强化社会保障建设，惠民政策有效落实。国家基本药物制度和一次性诊疗费制度全面覆盖。扶贫“双到”投入1.15亿元，实施帮扶项目315个，完成160户农村贫困户住房改造。基本养老保险和医疗保险分别惠及7.1万人次和17.2万人次，工伤险、失业险和生育险惠及4.7万人次，3728户7522人享受低保，4532名80岁以上老人享受老龄津贴。一大批符合条件人群享受教育、医疗、住房、就业、司法、灾害等方面专项扶持救助。四是注重统筹协调发展，社会事业全面进步。教育创强发展，学前三年毛入园率94.5%，义务教育规范化学校覆盖率100%，普通高考综合排名获全市8县（市、区）“五连冠”。县级公立医院改革试点有序推进，低生育水平持续稳定。县镇村三级食品安全监管网络优化，食品药品安全态势平稳。全民健身运动广泛开展，妇女儿童、社会慈善、残疾人及老龄事业有新发展。民主法治建设不断深化，全年受理人大代表建议65宗、政协提案40宗，妥善处理网络问政、民声热线反映问题896个。

**【体制改革扎实推进】** 一是深化改革创新，政府社会管理效能提高。深化行政审批制度改革，创优行政审批服务平台，取消或转移行政审批事项59项，完善网上办事大厅，开辟重点项目行政审批“绿色通道”，3783个事项实现网上办理。创建综合管理服务平台，11个镇（街道）均建立综合管理服务中心，30个村（社区）建立便民服务代办站，全年县镇村三级综合管理服务平台共为群众办理服务事项2.76万件次，“一站式”管理服务机制初步形成，政府部门社会治理服务职能进一步优化。二是致力固本强基，基层治理服务体系健全。深化基层服务型党组织建设，完成125个村（社区）“两委”换届、12个软弱涣散村（社区）党组织整顿转化工作。健全领导干部联系服务群众制度，县领导干部深入党代表工作室（站），征集意见建议70条，镇（街道）干部做到常态化进村入户访民情、解民忧。县镇村三级食品药品监管网初步建成。创新公共法律服务体系，“一村（社区）一法律顾问”试点全面启动，仁化县被市列为“一村一法律顾问”试点县。三是注重壮大队伍，社会治理实力日益强大。大力发展社会组织，新增登记社会组织25个，总数达86个，平均每万人拥有社会组织数达3.65个，同比增长41%。推进“两新”组织建设，建立“两新”党组织296个，“两新”组织中共工作覆盖率达100%。着力增强社会工作人才队伍，举办全县社会建设和管理创新专题培训班27期、培训干部3150人次，组织激励干部群众参加社工知识培训和全国社工资格考试，新增13人获得全国社工资格证书，全县持社工资格证人数共64人。

**【社会治理铿锵有力】** 一是强化综治维稳，社会秩序良性循环。扎实开展“社会矛盾化解年”活动，妥善解决群众信访问题，有效化解社会矛盾纠纷。辖区内信访总量和赴省、市集体访数量持续下降，实现全年“零”进京非正常上访，完成重要时期信访维稳任务。强化严打整治，执法部门依法严厉查处一批违法犯罪行为，及时化解社会不稳定因素。全县社会秩序良好，没有发生恶性群体性事件、暴力恐怖事件、重大政治事件、重大治安事件、重大舆情事件和重特大安全事故。二是强化平安创建，社会安全指数提高。平安建设“10大工程54个项目”扎实实施，17个“平安细胞”创建全面铺开。建成社会治安视频监控点一类点265个、二类点1382个，立体化社会治安综合防控网基本形成。群防群治队伍壮大，发展“红袖章”队伍400多人。特殊人群有效管理，接收社区矫正人员219人、解除85人，排查和分类管控精神病患者1027人。开展重大决策社会稳定风险评估11宗。经2000份调查问卷民意调查，89.4%群众认为当前社会环境安全。

**【社会创新项目卓有成效】** 2014年，全县“干群会客厅”开展会客活动540场，接待群众733批1373人次，调处群众事项724宗，收集建言396条、采纳73条。成功举办“外出务工人员走进干群会客厅”活动。

“民忧档案”新收集民忧1085宗，化解民忧1035宗。“企忧档案”走访企业1893次，解决“企忧”事项114宗。“民信档案”完成农村信息采集7506户，信用档案建立5740户，信用户评定4905户，16户信用户获得金融信贷56.5万元。“一厅三档案”成为仁化县践行党的群众路线“品牌”，成为知民情、解民忧、汇民智、促发展有效载体，成为全县社会治理创新工作“名片”，受到社会各届关注和新闻媒体宣传报导，得到广大群众认可。

**仁化县社会工作委员会负责人名录：**

**主　　任：**黄令遥（兼）

**副 主 任：**李秀荣（兼）

谢庆伟（兼）

杨　云（兼）

**专职副主任：**袁清华　邓堂忠

（邓堂忠　邱文凤）

# 人　口

**【概况】**　2014年，全县：总人口236948人，比2013年增长0.6%；出生人口3175人，出生率13.4‰，人口性别比为102.5；自然增长率为7.64‰；人口密度为106.6人/平方公里，人口密度超过100人/平方公里的镇（街道）有丹霞街道（含县城）、董塘镇（含凡口矿）、石塘镇；常住人口地域分布最多的镇（街道）是丹霞街道和董塘镇；非农业人口18.35万人；社会各行业在业人口10.87万人。

**【人口变动与迁移】**　人口自然变动。2014年，受国家“单独二胎”政策放开影响，仁化县人口出生率和自然增长率有所提高。全年全县：总人口236948人，比2013年增长0.6%；出生人口3175人，出生率13.4‰，比2013年提高1.86个千分点；自然增长率为7.64‰，比2013年提高0.68个千分点。

**2014年仁化县人口出生、死亡、自然增长统计表**

表39

| 年份 | 年末总人口 | 出生 | | 死亡 | | 自然增长 | |
|---|---|---|---|---|---|---|---|
| | | 人数 | 出生率（‰） | 人数 | 死亡率（‰） | 人数 | 自然增长率（‰） |
| 2014 | 236948 | 3175 | 13.4 | 1365 | 5.8 | 1810 | 7.64 |

注：该表统计数据来自县公安局、县计生局统计年报

人口迁移。2014年，全县年末总人口236948人。迁入人口1177人，其中：省内迁入870人，占73.9%；省外迁入307人，占26.1%；迁出人口2018人，其中迁往省内1588人，占78.7%；迁往省外430人，占21.3%。

**【人口密度】**　2014年年末，全县总人口236948人，全县人口密度为106.6人/平方公里，比2013年105.9人/平方公里增加0.7人/平方公里。全县人口密度较大镇（街道）有丹霞街道（含县城）、董塘镇（含凡口矿）、石塘镇，人口密度均在100人/平方公里以上，其余8个镇人口密度均在100人/平方公里以下。人口密度最高的镇（街道）是丹霞街道，为213.1人/平方公里，人口密度最低的镇（街道）是城口镇，为39人/平方公里，相当于丹霞街道人口密度的18.3%。

### 2014年仁化县各镇（街道）人口密度统计表

表40

| 镇　区 | 土地面积（平方千米） | 总人口（人） | 人口密度（人/平方千米） |
|---|---|---|---|
| 总　计 | 2223.21 | 236948 | 106.6 |
| 丹霞街道 | 288.13 | 61399 | 213.1 |
| 董塘镇 | 243.34 | 42617 | 175.1 |
| 石塘镇 | 77.92 | 13098 | 168.1 |
| 红山镇 | 169.64 | 10246 | 60.4 |
| 城口镇 | 266.89 | 10413 | 39.0 |
| 长江镇 | 300.64 | 26523 | 88.2 |
| 扶溪镇 | 187.90 | 13344 | 71 |
| 闻韶镇 | 85.78 | 6295 | 73.4 |
| 黄坑镇 | 164.94 | 14724 | 89.2 |
| 周田镇 | 296.12 | 27465 | 92.7 |
| 大桥镇 | 132.80 | 10824 | 81.5 |

**【人口性别构成】** 2014年，全县性别比例（女性=100）102.5%，比2013年下降0.33%；男性人口11.99万人、占总人口比重为50.6%，女性人口11.69万人、占总人口比重49.4%。

### 2014年仁化县人口性别构成统计表

表41

| 年份 | 总人口（人） | | | 占总人口（%） | | 性比（女=100） |
|---|---|---|---|---|---|---|
| | 合计 | 男 | 女 | 男 | 女 | |
| 2014 | 236948 | 119949 | 116999 | 50.6 | 49.4 | 102.5 |

注：该表资料来自县公安局统计年报

### 2014年仁化县出生人口性别比例情况统计表

表42

| 年份 | 出生人口（人） | | | 性比例（女=100） |
|---|---|---|---|---|
| | 合计 | 男 | 女 | |
| 2014 | 3175 | 1640 | 1535 | 106.8 |

注：该表资料来自县计生局统计年报

## 2014年仁化县各镇（街道）人口性别比例情况统计表

表43

| 镇 区 | 总人口（人） | | | 性比例（女=100） |
|---|---|---|---|---|
| | 合计 | 男 | 女 | |
| 全县合计 | 236948 | 119949 | 116999 | 102.5 |
| 丹霞街道 | 61399 | 30756 | 30643 | 100.3 |
| 董塘镇 | 42617 | 21683 | 20934 | 103.5 |
| 石塘镇 | 13098 | 6731 | 6367 | 105.7 |
| 红山镇 | 10246 | 5428 | 4818 | 112.6 |
| 城口镇 | 10413 | 5348 | 5065 | 105.6 |
| 长江镇 | 26523 | 13255 | 13268 | 99.9 |
| 扶溪镇 | 13344 | 6802 | 6542 | 103.9 |
| 闻韶镇 | 6295 | 3057 | 3238 | 94.4 |
| 黄坑镇 | 14724 | 7528 | 7196 | 104.6 |
| 周田镇 | 27465 | 13937 | 13528 | 103.0 |
| 大桥镇 | 10824 | 5424 | 5400 | 100.4 |

注：该表资料来自县公安局统计年报

**【常住人口地域分布】** 2014年，全县常住人口205887人，从各镇人口分布构成情况看，人口分布较多地域有丹霞街道61674人，占总人口的29.9%；董塘镇46783人，占总人口的22.7%；周田镇19285人，占9.4%；长江镇22425人，占10.9%。闻韶镇人口分布最少，人口4450人，占总人口2.2%。

## 2014年度仁化县各镇区常住人口分布构成比例统计表

表44

| 镇 区 | 人口数（人） | 占总人口（%） |
|---|---|---|
| 全县合计 | 205887 | 100 |
| 丹霞街道 | 61674 | 29.9 |
| 董塘镇 | 46783 | 22.7 |
| 石塘镇 | 9055 | 4.4 |
| 红山镇 | 7848 | 3.8 |
| 城口镇 | 8582 | 4.2 |
| 长江镇 | 22425 | 10.9 |
| 扶溪镇 | 9746 | 4.7 |
| 闻韶镇 | 4450 | 2.2 |

续表44

| 镇 区 | 人口数（人） | 占总人口（%） |
|---|---|---|
| 黄坑镇 | 8649 | 4.2 |
| 周田镇 | 19285 | 9.4 |
| 大桥镇 | 7390 | 3.6 |

注：该表资料来自县公安局统计年报

**【农业、非农业人口构成】** 2014年，全县总人口23.69万人，其中：农业人口18.35万人，比2013年增长0.9%；非农业人口5.34万人，比2013年下降1.11%；农业人口占总人口比重77.5%，非农业人口占总人口比重22.5%。

**2014年仁化县农业及非农业人口构成情况统计表**

表45

| 年份 | 总人口（万人） | 农业人口 | | 非农业人口 | |
|---|---|---|---|---|---|
| | | 人数（万人） | 占总人口（%） | 人数（万人） | 占总人口（%） |
| 2014 | 23.69 | 18.35 | 77.5 | 5.34 | 22.5 |

注：该表资料来自统计局、公安局统计年报

**【劳动力构成】** 2014年，全县各行业在业总人口10.87万人，占常住人口比重为52.8%，其中：第一产业5.36万人，占各行业在业总人口49.3%；第二产业1.69万人，占各行业在业总人口15.6%；第三产业3.82万人，占各行业在业总人口35.1%。

**2014年仁化县社会劳动力在业人口构成统计表**

表46

| 职业名称 | 2014年 | |
|---|---|---|
| | 人数（万人） | 所占比重（%） |
| 社会从业人口 | 10.87 | 100 |
| 其中：第一产业 | 5.36 | 49.3 |
| 第二产业 | 1.69 | 15.6 |
| 第三产业 | 3.82 | 35.1 |
| 一、城镇职工 | 18974 | 0.1 |
| 1.国有单位职工 | 10354 | 0.1 |
| 2.集体单位职工 | 1851 | 0.1 |
| 3.其他类型职工 | 6769 | 0.1 |
| 二、城镇私营和个体劳动者 | 36136 | 0.7 |
| 三、农村劳动者 | 53626 | −0.3 |

注：该表资料来自县统计局统计年报

（袁 虹）

# 计划生育

【概况】 2014年，全县户籍人口出生3175人，符合政策生育率91.15%，出生人口性别比106.84；常住人口共出生2489人。2014年度仁化县人口与计划生育目标管理责任制考核达标，成绩较好，得到省政府表扬。

【宣传教育】 一是发挥宣传主阵地的作用，在全县各镇（街道）、村（居）建立较高标准“三栏一校”（公开栏、宣传栏、读报栏）。二是发挥媒体宣传作用，在县广播电视台开设人口计生专栏，每周播放两期计生政策、优生优育、生殖保健等人口计生经常性工作。三是开展大型专题活动。1月，组织开展“关爱计生家庭，建设美好仁化”主题活动，免费为100户计生家庭拍摄“全家福”活动。3月8日，组织开展“纪念三八妇女节暨男女平等基本国策宣传”活动。四是通过多种渠道大力宣传“单独二孩”新政策。在县文化广场及各镇（街道）、村（居）制作“单独二孩”政策宣传专栏，同时在仁化电视台制作播放“单独二孩”政策解读内容专题节目。制作发放宣传小册子1万份。五是春节期间开展人口计生集中宣传服务活动，举办活动11场次，出动宣传车11次，发放宣传资料5000多份，慰问计生干部、群众350户，累计投入慰问品、慰问金25万余元。

【依法行政】 2014年，仁化县加强执法力度，促进社会抚养费征收工作。2014年，通过县法院强制执行社会抚养费案件55宗，全年全县征收社会抚养费3000余万元。探索便民措施，简化办事程序，按照“手续简便、规则公开、程序规范、操作科学”原则，实行“一站式管理，一条龙服务”。做好“单独二孩”审批工作。2014年3月27日，“单独二孩”正式实施，仁化县在最短时间内投入到“单独二孩”办理工作中，开展“单独二孩”审批业务学习培训两次。截至2014年10月底，全县办理“单独二孩”审批171宗。

【流动人口管理】 2014年，仁化县扎实开展好元旦、春节期间流动人口计划生育服务管理工作。各镇（街道）利用外出育龄妇女节假日返乡之机，举办“爱在流动”主题大型宣传咨询活动11场次。做好春节期间避孕药具发放工作。春节期间，全县发放避孕药具2500多盒，惠及1200多户家庭。组织召开外出对象座谈活动。全县各镇、村召开计生座谈70多场次，参会1500多人次。

【利益导向】 2014年，仁化县完善利益导向机制，逐步建立和完善奖励、优惠、扶持、救助、保障利益导向政策体系。2014年，全县享受“城镇独生子女父母计划生育奖励”469人，享受“节育奖”3783人，享受“省奖励金”605人，享受“计生家庭特扶金”31人，享受初中升高中加分政策269人，农村纯儿女户人办理计生家庭意外保险700户，政策兑现到位100%。加大财政投入力度。计划生育工作经费全面纳入财政预算，确保免费技术服务基本项目、免费孕前优生健康检查项目、各项优待奖励经费得到落实。

【优质计生服务】 一是实施免费孕前优生健康检查。各镇（街道）利用横幅、标语、宣传栏、手机短信和发放“致准备生育宝宝夫妇的一封信”等形式进行宣传，2014年有1101.5对夫妇参加免费孕前优生健康检查。二是实施避孕药具规范管理和免费发放。全县各村（居）委会设立避孕药具人工发放点，社区（居委）设立人工发放点及药具自助发放箱。三是开通“12356”阳光服务热线，畅通群众诉求渠道，落实计划生育政务公开和村务公开制度。及时向群众公布有关人口与计划生育法律法规、奖惩政策、管理制度、办事制度、执法程序，办证实行首问责任制、一次性告知制度和限时办结制度。

【计生协会各项工作】 一是开展“生育关怀•创建幸福家庭——防治寄生虫，促进健康行动”暨纪念“5·29”计生协会员活动日、“纪念第21个国际家庭日”大型宣传活动。二是组织“一元爱心捐助”活动，筹集捐助款2.2万元。三是开展计生“三结合”项目，在长江镇开展大棚香菇种植项目，帮扶计生户60户，争取省、市资金40万元，发放计生困难家庭伤残儿救助金2万元。

【综合治理工作】 2014年，仁化县在主要业务开展中坚持查验计生证明，实行计划生育“有证先行，无证缓办”制度。全年县纪委查处党员、公职人员违反计生政策超生案件7宗；县法院启动积案清理工作，清理历年社会抚养费征收强制执行积案146宗、多部门联合打击“两非”行为，组织县公安、监察、卫计、食药监等部门成立查处“两非”专项工作执法队，加大医疗保健单位、计生服务机构和私人诊所监管，对14周以上施行人工终止妊娠严格查验计生证明，查处“两非”案件1宗。

【计生队伍建设】 2014年，仁化县配齐配强基层计生队伍，年内招录具有执业（助理）医师资格技术人员18名，充实到县、镇服务站、所。村（居）委配备专（兼）职计生专干，村小组配齐计生信息员。举办各种计生培训班9期，参加培训722人次，多次组织镇、村干部进行计生知识测试，测试成绩在全县通报，提高全县人口计生干部素质和业务水平。

【落实层级动态管理责任制】 2014年，仁化县制定下发《关于进一步加强计划生育管理若干规定的通知》，从工作责任、惩处及各项工作细节操作作出明确规定，并在全县布置落实。县卫计局领导班子及各股室挂钩联系对应的镇（街道），制订考评办法，将县领导及各单位与挂钩联系、帮扶镇（街道）、村（居）进行成绩捆绑，把“四术”落实、“双查”、免费孕前检查等任务分解到村、到人，每月检查，每月兑现奖罚，干部切身利益与计划生育工作效果联系。

【加强督促检查及通报力度】 2014年，县卫计局组成督促指导工作小组，经常性下到镇村督促指导工作，形成督查报告。实行每10日通报制度。开展集中服务月为基础，组织全县掀起春季计划生育集中服务活动高潮，加强对遏制政策外生育、“四术”落实、查环查孕、免费孕前优生健康检查、社会抚养费征收、打击“两非”等经常性工作力度，要求各镇（街道）每10日汇报一次工作情况，并在全县通报排名，促进各镇（街道）人口计生工作开展。

（林 灿 刘文婷）

## 婚姻·家庭

【概况】 2014年，县妇联积极培育和践行社会主义核心价值观，以全县大力开展中华优秀传统文化学习活动为契机，实施“家庭美德”工程，把明事知礼、孝老爱亲、勤俭持家、诗礼传家等家风精华融入到文明家庭创建活动中，不断完善创建机制，拓展创建领域，丰富创建内涵，以家庭文明促进社会和谐稳定，为全县精神文明建设做出贡献。

【家庭美德教育】 2014年，县妇联以弘扬家庭美德为重点，在全县妇联系统开展“感恩父母，践行孝道”主题活动，促进家庭讲文明、讲孝道、讲礼仪、讲仁爱。“三八”妇女节期间，举办以弘扬中华优秀传统文化为主要内容“幸福人生”公益讲座，有农村妇女400多名参加学习。“母亲节”期间，在县体育馆举办了“弘扬美德、感恩母亲、共促和谐”群众性活动和“母亲节”有奖征文活动。11月，在周田镇周田孝心示范村，开展“家多一点孝道、家多一点和谐”妇女小组活动。组织妇联干部参与全县中华优秀文化学习活动，分期分批选送妇联干部或女老板到广州番禺、河源、韶关幸福课堂学习，参加人数30多人。通过开展家庭美德教育，形成“崇善好学”氛围，有效解决家庭道德领域中存在的问题。

【文明家庭创建】 2014年，县妇联坚持以社会主义核价值观为指导，针对新形势下不同领域、不同层次家庭特点，拓展评选表彰内容，推动评选表彰活动达到先进性与广泛性有机结合，创建活动选树典型更加丰富生动，接近百姓，贴近生活。年内，开展文明平安家庭、好邻居、好婆婆、好媳妇、好妻子、绿色家庭等主题评选活动，树立各类特色家庭典型。命名表彰文明平安家庭标兵户21个、好媳妇17名，绿色家庭18个、书香家庭18个。挖掘和推荐优秀家庭参加省、市妇联评选活动，涌现出先进典型一批，其中何秋玉、曾清华家庭被省妇联评为“最美家庭”，赵卉被评为“广东百名孝女”，朱玉彩、陈玉莲被评为“广东百名贤妻”，有20户家庭被评为市级五好文明家庭和平安家庭。

【“平安家庭”创建活动】 2014年，县妇联围绕创建“全国文明县城”及创建“平安仁化”工作总体要求，按照上级妇联开展“平安家庭”创建示范村（社区）活动，激励广大家庭积极参与，推动创建活动深入社区、乡村。其中，长江镇沙坪村、闻韶镇下徐村和丹霞街道3个社区被评为市级创建平安家庭示范村，禹叔伶等10户家庭被评为市级平安家庭。

【家庭助廉活动】 2014年，县妇联注重提高领导干部家属亲情监督意识，发挥家庭成员在反腐倡廉建设中特殊作用，向全县广大家庭发放“家庭助廉倡议书”1万多份，利用手机短信平台，每周向全县领导干部发送廉政短信1条以上，让全县领导干部家庭带头学习，带头实践。

【婚姻家庭调解】 2014年，全县办理结婚登记2050对，办理离婚登记及法院判理、调解离婚479对，离婚率为23.37%。县妇联本着“预防为主、调处结合”方针，与县司法、法院部门密切合作，积极参与婚姻家庭纠纷调解工作，采取社会工作方法，组织乡镇维权干部开展“共同探索，共同成长”成长业务提升小组项目，提高基层妇联干部调解家庭矛盾纠纷水平。主动探索婚姻家庭纠纷调处新思路和新方法，把“以孝为先，以德为本”道德理念融入到调解中，推荐有矛盾家庭参加“家庭教育亲子班”“幸福人生公益论坛”活动，加强与当事人沟通，用真心、细心和耐心帮助梳理矛盾，分清责任，提高调解工作效率，促进婚姻家庭纠纷化解。全年，县妇联接待婚姻家庭权益纠纷34宗，调解率97.06%。

【关爱贫困家庭】 2014年，县妇联开展元旦、春节“真情三送”（送爱心、送知识、送健康）活动，组织动员各级妇联干部、女能手和社会各界热心人士为困难妇女送温暖、献爱心，共慰问贫困妇女儿童110人，送上慰问金4.5万元。持续开展贫困妇女儿童扶贫帮困工作，全年全县有“两癌”妇女6名获得粉红春天关怀基金2.7万元救助，为黎道英、曾庆凤等4名贫困单亲母亲争取上级和社会资金共2万多元，筹措资金3.78万元资助贫困学生78名。

【家庭教育】 2014年，县妇联重视家庭教育工作，邀请教育专家举办题为《父母在孩子成长中的角色责任》父母学堂；在周田中学举办“我的青春我做主——青春期女生的自我保护”知识讲座，教育女生预防性侵犯知识。持续开展“好书进家庭”活动，激发家庭成员读书兴趣，营造浓厚学习氛围，提高广大家庭成员思想道德素质和科学文化水平。

（肖　莲）

## 农村居民收入与消费

2014年，仁化县农村居民收入稳步提高，消费能力增强。据农村住户调查资料显示，全年全县农村居民人均纯收入达到11277元，比上年增长9.5%；人均生活消费支出6473.847元，比上年增长62.37%。

【农村居民收入增长特征】 增速得到进一步提升。2014年，全县农村居民人均纯收入11277元，比上年增长8.1%，增速虽比上年降低3.9个百分点，但总体发展趋势仍是上升的一年。

工资性收入仍就是农村居民收入的主要来源。2014年，全县农村居民工资性收入人均6157元，比2013年增加976元，增长18.84%，占农村居民人均纯收入54.6%。工资性收入主要表现为：一是常住人口外出从业人数增长快，2014年全县农村居民外出从业人数增长20.26%，呈现高速增长趋势。二是在家从业劳动收入增长，2014年全县农村居民在家从业中劳动得到收入人均2249元，增速4.1%。

家庭经营收入有较大下降。2014年，全县农村居民家庭经营人均纯收入3975元，比2013年下降1754元，下降30.61%。从三次产业看：第一产业人均纯收入2274元，比上年下降51.94%；第二产业人均纯收入116元，比上年下降43%；第三产业人均纯收入1585元，比上年增长1倍。

非经营性收入增收带动居民收入大幅增长。2014年，全县农村居民人均非经营性纯收入1145元，比上年增长74%，其中转移性收入人均961元，比上年增长61%；财产性收入人均184元，比上年增长2.22%。

**2014年仁化县农村居民分项收入情况表**

表47　　　　单位：元/人

| 指标名称 | 2014年 | 2013年 | 增幅（%） |
|---|---|---|---|
| 全年纯收入 | 11277 | 10433 | 8.1 |
| （一）工资性收入 | 6157 | 5181 | 18.84 |
| （二）家庭经营纯收入 | 3975 | 5729 | -30.61 |
| 1.第一产业纯收入 | 2274 | 4732 | -51.94 |
| 2.第二产业纯收入 | 116 | 205 | -43 |
| 3.第三产业纯收入 | 1585 | 792 | 100 |
| （三）财产性纯收入 | 184 | 180 | 2.22 |
| （四）转移性纯收入 | 961 | 598 | 61 |

【生活消费支出稳中有升】 2014年，全县农村居民人均生活消费支出6474元，比2013年增加2487元，增长62.6%；“八大类消费”呈“六升二降”态势。居住消费支出、交通通信支出、文化教育支出、医疗保健消费支出出现成倍增长，分别为：135.66%、148.74%、252.41%、171.89%。2014年，全县农村居民用于食品消费支出方面因为生活水平的提高，人均支出为1580元，比上年下降9.26%，恩格尔系数为41.69%，比上年下降19.28个白

分点，显示农村居民整体生活质量比上年有提高。

生活水平提高促进农村居民自我保健意识越来越强，防病治病观念提高到新层次。农村新型合作医疗普及和参保就医报销比例提高，农村就医难现状得到改善。全县农村居民人均医疗保健消费支出677元，同比增长171.89%。其中：购买保健用品家庭越来越多，人均购买保健用品141元，比上年同期增加100元。

随着收入增加，在食物需求基本满足情况下，全县农村居民消费重心开始向穿衣打扮等方面转移，人们开始更加注重衣着消费质量和适用性，对品牌不攀比。2014年，全县农村居民人均衣着消费支出309元，比上年下降6.93%。

教育政策落实到位，文化教育、娱乐消费支出呈现两倍增长。全县农村文教娱乐用品及服务消费支出人均1022元，同比增长252%，与国家教育政策落实有关，中小学义务教育阶段学费全免，大大减少农村居民教育支出。显示消费理念转变，开始向文化娱乐消费领域倾斜。

居住消费支出增长幅度大。全县农村居民家庭居住消费支出人均1150元，较上年增长135.66%。其中购（建）住房550元，占居住消费48%。居民家庭居住消费支出占全县农村居民人均生活消费支出17.76%。

2014年，农村居民交通、通信支出呈大幅增长态势。抽样调查数据显示，农村居民人均交通和通信支出1082元，比上年增长148.74%。随着居民生活理念及生活方式逐步改变，摩托车、农用汽车和生活用汽车快速进入农村家庭；随着摩托车、农用汽车、家用汽车迅速普及，居民购买相关车辆用燃料支出及车辆使用税费支出增长明显增多。随着居民收入提高，以及消费理念转变，汽车不再是高档奢侈品，而是以普通日常出行工具逐渐走进寻常百姓家。手机增长速度加快，每百人手机拥有量74.7部。

**2014年仁化县农村居民人均生活消费情况表**

表48　　单位：元/人

| 指标名称 | 2014年 | 2013年 | 增幅（%） |
|---|---|---|---|
| 生活消费支出 | 6474 | 3987 | 62.62 |
| 1.食品消费支出 | 1580 | 1742 | -9.26 |
| 2.衣着消费支出 | 309 | 332 | -6.93 |
| 3.居住消费支出 | 1150 | 488 | 135.66 |
| 4.家庭设备、用品及服务支出 | 442 | 321 | 37.69 |
| 5.医疗保健消费支出 | 677 | 249 | 171.89 |
| 6.交通通信消费支出 | 1082 | 435 | 148.74 |
| 7.文教娱乐用品及服务消费支出 | 1022 | 290 | 252.41 |
| 8.其他商品和服务支出 | 212 | 129 | 64.34 |

# 城镇居民收入与消费

2014年，仁化县城镇居民收支呈现稳步增长态势。城镇居民抽样调查资料显示，全年全县人均可支配收入19318元，同比增长7.5%；人均消费性支出8864.63元，同比下降12.89%。

【城镇居民收入情况】 2014年，仁化县城镇居民家庭人均总收入21228元，比上年同期18957元增长11.98%；人均可支配收入为19318元，比上年同期17788元增长8.6%；家庭人均消费支出8865元，比上年同期10175元下降12.89%。其中，居民食品消费为3962元，占家庭消费总支出比重（恩格尔系数）40%，比上年下降1个百分点，显示城镇居民整体生活质量比上年有提高。

【城镇居民收入特点】 2014年，据对仁化县40户城镇居民家庭抽样调查资料显示：仁化县城镇居民收入稳定增长。一是收入“四项”（工薪收入、经营收入、财产性收入、转移性收入）构成中，工资性收入是收入主要来源，占家庭总收入61.2%，比上年下降10个百分点。二是由于受到国家调控政策、国际经济形势、证券市场波动因素影响，居民在投资理财方面处于高速增长和房租增长等原因。2014年，仁化县城镇居民财产性收入人均402元，虽比2013年增长280%，但只占家庭总收入2%。三是社会保障能力有待提高，受全国经济下行压力加大影响外出务工收入减少。2014年，仁化县城镇居民转移性收入实现3043元，占总收入的14.3%，比2013年下降13.8%。四是市场经济活跃，经营净收入比2013年增长184%。调查户就业状况为非农自营人员中，从事批发和零售业的经营户占65%，由于商品销售市场活跃，批发和零售业收入大幅增加，人均经营净收入4483元，经营净收入增长与否成为拉动仁化县城镇居民收入稳步增长重要组成部分。

2014年仁化县城镇居民收入情况表

表49

| 项 目 | 2014年 | | 2013年 | | 增幅（%） |
|---|---|---|---|---|---|
| | 金额（元） | 比重（%） | 金额（元） | 比重（%） | |
| 家庭总收入 | 21228 | 100 | 18957 | 100.0 | 7.9 |
| 其中：可支配收入 | 19318 | 91 | 17788 | 93.2 | 8.6 |
| ㈠工薪收入 | 11389 | 61 | 13744 | 72.5 | -17.13 |
| ㈡经营收入 | 4483 | 24 | 1577 | 8.3 | 184 |
| ㈢财产性收入 | 403 | 2 | 106 | 0.6 | 280 |
| ㈣转移性收入 | 3043 | 16 | 3530 | 18.6 | -13.8 |

【城镇居民消费特点】 2014年，城镇居民家庭人均消费性支出为8868元，同比下降12.89%。“八大类支出”呈现“三升五降”：居住支出、教育文化娱乐支出、其他商品和服务支出，同比增长分别为15.37%、62.03%和5.53%；食品支出、衣着支出、家庭设备和服务支出、交通和通信支出、医疗保健支出呈现负增长，分别同比下降5.99%、58.67%、

31%、5.57%、11.94%。

随着生活水平的提高，居民在教育文化娱乐方面投入出现大幅度增长，人均支出1018元，同比增长62.031%。显示消费理念转变，开始向教育文化消费领域倾斜。

2014年，城镇居民居住支出呈增长态势。抽样调查数据显示，城镇居民人均居住支出1399.46元，同比增长15.37%。居民生活理念及生活方式逐步改变，大多数人都购买有物业管理小区，物业管理费和出租房房租上涨导致城镇居民居住支出有较大增长。

由于城镇居民的工资收入和转移性收入大幅下降，对衣着支出、生活用品及服务支出出现大幅下降，分别同比下降58.67%、31%。

随着居民生活水平的提高，食品支出略有下降，食品支出人均3546元，同下降18.51%。恩格尔系数（居民家庭消费支出中用来购买食品支出所占的比重）继续下降，城镇居民家庭恩格尔系数为40%，比2013年同期下降2.77个百分点，比2012年同期下降1.5个百分点。恩格尔系数逐年下降，城镇居民生活质量逐年提高。

其他商品和服务支出增速5.53%。越来越多居民购买金银珠宝饰品，居民消费趋向理性，追求服务消费质量。

随着社会保障投入加大和医疗改革深入，以及居民生活观念转变，居民医疗和保健成本下降，负担减轻，消费支出出现新格局。2014年，仁化县城镇居民人均医疗保健支出253.62元，同比下降11.94%。

**2014年仁化县城镇居民消费性支出情况表**

表50

| 项　目 | 2014年 | | 2013年 | | 增幅（%） |
|---|---|---|---|---|---|
| | 支出额（元） | 比重（%） | 支出额（元） | 比重（%） | |
| 消费性支出 | 8865 | 100 | 10175.33 | 100.0 | -12.89 |
| 1.食品 | 3546 | 40 | 4213.57 | 41.4 | -18.51 |
| 2.衣着 | 393 | 4 | 951.98 | 9.36 | -58.67 |
| 3.居住 | 1399.46 | 16 | 1212.84 | 11.92 | 15.37 |
| 4.家庭设备和服务 | 1011 | 11 | 1463.06 | 14.38 | -31 |
| 5.医疗保健 | 253.62 | 3 | 287.82 | 2.74 | -11.88 |
| 6.交通和通信 | 1161 | 13 | 1229.22 | 12.08 | -5.57 |
| 7.教育文化娱乐 | 1018 | 11 | 627.72 | 6.17 | 62.03 |
| 8.其他商品和服务 | 199 | 2 | 189.12 | 1.86 | 5.53 |

**【存在问题与指导建议】** 2014年，全县城镇居民家庭总收入以工资性收入为主，经营性收入为辅，人均工资性收入与经营性收入之和占家庭总收入比重高达85%，而财产性自主创收的比例较低，占家庭总收入的比重仅为2%，比例较2013年有所增长，表明城镇居民收入渠道较为狭窄，理财及投资意识不强。工资性收入在可支配收入“四项”构成中比重太高，

经营性收入在可支配收入“四项”构成中比重较低。建议政府引导居民树立新就业观念，鼓励劳动者自主创业；引导居民逐步从存款保值向投资生财转变，拓展投资渠道增加财产性收入；提升居民理财水平，培养居民多渠道投资意识，引导拥有财产居民通过财产运营增值财产。通过多种渠道提高城镇居民收入水平，优化居民收入结构。

（王月武）

# 中央、省、市驻仁化单位

## 深圳市中金岭南有色金属股份有限公司凡口铅锌矿

**【概况】** 2014年，深圳市中金岭南有色金属股份有限公司凡口铅锌矿（简称“凡口铅锌矿”）围绕中金岭南公司“战略、文化、管理”三大主题，按照公司整体工作部署，科学分析、超前谋划、统筹兼顾、积极应对，在稳定产能、保障安全、深化改革、加快创新和增收节支等方面取得成绩。全年生产铅锌金属量17.01万吨，生产高铁硫精矿69.75万吨，完成中金岭南公司下达生产任务。

**【安全管理】** 2014年，凡口铅锌矿坚持“安全第一，生命至尊”工作理念，打造本质安全型矿山。确立“完成任务是目标，确保安全是底线”工作思路，以安全标准化要求为基础，重点强化对安全风险危害的辨识、分析和有效防控，通过认真分析、排查风险、细化方案措施、开展相关培训、开展专项检查，树立员工风险观念，把隐患、问题解决在最前端，提高风险防控水平。全面铺开安全生产标准化班组、岗位达标工作，对员工进行应知应会培训，夯实矿山管理基础，提升员工技能素质，促进安标化落实。加强各级领导分级派班、跟班管理，强化安全管理过程执行力。加强矿山职业卫生管理，积极防控职业病的发生。2014年，凡口铅锌矿实现安全生产，粉尘合格率为93.6%。6月9日，驻矿施工单位广东十六冶建设有限公司矿山建设第一工程处发生工亡事故1起，死亡1人，驻矿施工单位发生工伤事故8起，轻伤2人，千人负伤率为1.5‰。

**【环保管理】** 2014年，凡口铅锌矿强化环保意识，深入对环保风险、危害因素的辨识、分析和排查，对广东省、韶关市核查组提出的问题积极进行整改。开展清洁生产审核和环境管理体系审核，稳步推进环境监测站实验室能力认定工作，编制环境事故风险评估报告，完善环境事故应急制度，提高环保管理水平。全年投入资金2000多万元，完成碎矿工段布袋除尘器排气筒加高、新南风井除尘系统建设、危险废物暂存库建设、环境空气质量及重金属自动监测站建设等环保治理项目，同时，加紧尾矿库清污分流及生态恢复、废石堆场整治工程、矿山公园建设、废水“零排放”等项目。全年环保设施运行正常，污染物达标排放，环保态势良好。6月，获2013年广东省“环保诚信企业”称号（绿牌）。7月，被授予广东省“生态文明宣传爱心奖”。11月，再次获“广东省清洁生产企业”称号。

**【创新管理】** 2014年，凡口铅锌矿针对井下优质资源逐年减少，出窿矿石品位逐年下降不利因素，采取一系列有效措施，确保安全生产顺利进行。一是严格执行生产计划，重点组织好重、难点采场作业，精心协调好生产过程各个环节。二是大力推行井下机械化作业，提高机械化采矿作业产能。全年台车采矿完成49.51万吨，VCR法完成46.22万吨。三是组织品位相对较高矿块回采，加强贫损监管力度。四是采取激励措施，在采矿VCR法凿岩、台车凿岩、铲出矿、充填等生产关键环节开展劳动竞赛，提高劳动效率，加快采出充循环，促进产能提升。五是加班加点，集中全部力量做好当年度生产工作，同时兼顾好2015年生产衔接。9月，通过采取一系列措施，扭转矿山上半年生产下行趋势，生产出现回升态势，并逐渐转向平稳运行。

**【成本控制】** 2014年，凡口铅锌矿按照公司降本增效规定，全力落实各项降本增效具体措施，严格控制备品、备件、材料、物资采购，严格审查，合理安排。重视市场调研，实行“比质比价，择优采购”，降低采购成本。推行招投标和物资验收，严把质量关。加大进口备件国产化力度，取得成效。各生产单位严格和规范备件、材料计划申报、仓储、领用环节管理，推行修旧利废，分解成本到各工区（队）、段，严控成本开支。严控差旅费、办公费、公务接待费等非生产性支出，各单位可控费用下调10%。实施技术挖潜，不断探索新效益增长点。全年实际生产成本7.95亿元，比公司预算节约3700万元。

**【技术创新】** 2014年，凡口铅锌矿以技术创新为先导，推动工艺、装备改进和产品结构优化调整，促进效益提升。一是选矿厂升级改造工程可行性报告通过专家评审，5000吨/日选矿技术升级改造工程完成可研报告评审、项目立项备案、安评、环评和职业病危害预评价评审等工作。二是9月份启动铅锌、硫等微细粒金属回收工作，在选矿厂投入200万元进行技改，初步估计每年可多回收高硫6万吨，多回收铅锌金属800—1000吨，两项工作每年可增加效益2000多万元，实现矿产资源最大化回收利用、节能减排。三是选矿加酸改造在2013年试验成功基础上，进一步优化锌尾浓缩搅拌加酸工艺，稳定生产，实现自动控制，减轻操作人员劳动强度，降低硫酸单耗，有效改善操作环境。

**【资源开发】** 2014年，凡口铅锌矿重视资源开发工作，强化地质找矿、资源整合、多边合作、综合利用工作。一是立足矿山，加强深边部及近外围地质找矿，增加资源储备。全年探获黄铁铅锌矿51层次，累计见矿厚度159.64米，单孔最大见矿厚度31.9米，单层最大见矿厚度17.91米。在毗邻采区的狮岭南东南部新发现sh277a矿体，据初步估算，铅锌金属资源量约为7.0万吨，潜在经济价值7.7亿元。二是开展尾矿资源稀贵金属回收，实现资源循环利用与生态保护并举，开展溢流磁选尾矿金属资源浸出回收及浸出液金属分离提纯小试与现场中试研究。三是通过多边合作方式，探索外部资源，提升新增资源控制总量。与广东省地质局合作，做好乐昌找矿项目现场地质和技术管理，圈定坑子和上黄沙两个多金属异常区，经钻探揭露，矿区地表F1断层铅锌矿化，在深部发育不理想。四是配合中金岭南公司参与内蒙古、云南、哈密、蒙古国等有关矿山前期地质调查或项目评价工作，为公司决策提供参考。

**【深化改革进展顺利】** 2014年，凡口铅锌矿围绕公司年度工作会议提出的“改、控、转、增”工作要求，超前谋划，积极行动，以“挖潜增效”为目标，不断创新管理，改革引向深入。一是不断探索减员增效新路子，在相关岗位实施承包制、大工种制和一专多能岗位合并制，有效提高工效。二是优化班组长聘用、考核机制，激励基层管理人员工作积极性。三是启动百万元激励创新工作，全力开展岗位创新、技术创新和管理创新“三个创新”工作，激发矿山技术人员创新创效热情。全年收到申报项目100份，其中“凡口矿机械化采矿新技术的应用”“岗位优化配置”“浮选作业管路清洗疏通”等47个创新项目分获一、二、三等奖。四是为节本增效，保障生产安全，推进岗位创新、技术创新和管理创新工作落实，9月，启动“合理化建议工作”。围绕矿山安全生产、节能环保、技术创新、企业管理等方面存在的问题或薄弱环节组织干部员工、技术人员开展合理化建议工作，激发管理骨干和技术骨干敬业精神和履职自觉，强化工作责任心，年内收到建议789条，部分建议对矿山保障安全、降本增效、提升管理效能、优化生产组织有积极意义。五是结合矿山实际，按照“整体规划、全员参与、创标为本、持续改进”思路，开展标杆管理工作，全部完成年度结题计划。实施标杆管理课题，加强矿山安全环保、节本增效等重点工作流程的梳理、规范和管控，提升科学化管理水平。

**【重点项目有序推进】** 2014年，凡口矿抓好重点工程建设，严格把好工程质量关，做到完成1项验收1项，确保整体工作有序推进。4月19日，由仁化县安全生产监督管理局组织的尾矿库扩容并库工程验收进行现场核查，经过专家和韶关市、仁化县安监局有关负责人现场察看、资料核查与疑问质询，形成专家意见，同意该项目通过验收。尾矿库扩容并库工程由长沙有色冶金设计研究院有限公司设计，广东十六冶建设有限公司负责施工，工程监理由湖南华楚工程建设咨询监理有限公司承担。工程2010年7月1日开工，主要工程项目包括1号坝、2号坝加高，排洪系统改造、公路改造和管理房、供电系统、安全在线监测、环保在线监测建设等，工程于2012年10月顺利完工，2013年5月开始试运行。

5月9日，凡口矿金属非金属矿山安全标准化系统通过广东省技术中心组织的评审。2007年7月，凡口矿在全国率先启动创建“安全标准化系统”，2009年6月初步完成文件系统编辑工作，2011年3月委托广州元景安全评价公司对系统进行外部考评，同年5月被广东省安监局认定为金属非金属矿山三级安全标准化企业。

7月4日，《凡口矿选矿厂技术升级改造工程可行性研究报告》通过专家组评审。凡口矿选矿厂工艺流程复杂，产品品种多，资源优势未得到充分发挥，无法适应未来选矿厂大型化、自动化要求，同时部分厂房设施存在不同程度安全隐患，每年维护费用较高，进行升级改造势在必行。

2014年12月13日，历时7年多凡口矿帷幕注浆工程通过验收，该工程于2007年8月8日开工，2014年2月14日完成所有野外施工任务，共施工钻孔278个，形成帷幕墙1698米。帷幕墙堵水率达68%以上，达到设计要求。

**【和谐矿山】** 2014年，凡口矿在抓好安全生产、环境保护工作同时，抓好“廉洁从业、岗位守法”教育，倡导健康向上文化生活，做到不分主次、全面兼顾，鼓励员工热情工作，关心关爱员工生活，营造和谐生产、生活环境。2014年，仁化县安康公司员工被招收为凡口矿合同制员工有805名。改善员工住房条件，60户员工乔迁新居。为岗薪制人员增加岗位补贴，提高班组长待遇。开展帮贫助困工作，全年发放各类困难补助和慰问金81.2万元。定期为全矿员工体检，强化职业病防治工作，全年组织150名员工及家属到江西宜春疗养。矿维稳风险控制小组加强工作主动性，科学辨识维稳风险，落实维稳责任，精心部署，重点防控，耐心劝导，维护矿山和谐稳定。

**中金岭南公司凡口铅锌矿负责人名录：**

**矿　　长：**姚　曙（2014年8月任中金岭南公司总裁助理兼矿长）

**党委书记：**骆建辉

**党委副书记、纪委书记、工会主　　席：**蔡　文（2014年8月主持凡口铅锌矿行政全面工作）

**副 矿 长：**蔡江松　邓拥军　张卫民　陈坤锐　梁成石

（张秋利）

## 深圳市中金岭南有色金属股份有限公司丹霞冶炼厂

**【概况】** 深圳市中金岭南有色金属股份有限公司丹霞冶炼厂（简称“丹霞冶炼厂”）系国有控股上市公司（股票代码：000060）深圳市中金岭南有色金属股份有限公司直属企业之一，建于2007年3月，工程总投资18亿元，是中国首家采用氧压浸出湿法炼锌工艺专利技术大型锌冶炼企业，锌锭生产规模10万吨/年。主产品有锌锭、硫磺、硫酸、硫酸锌等，其中，“丹霞”牌锌锭在上海有色金属交易所挂牌交易。工厂先后通过ISO 9001：2008质量管理体系认证、ISO 14001：2004环境管理体系认证、OHSAS 18001：2007职业健康安全管理体系认证。2014年，丹霞冶炼厂有在职员工930人，其中，高级职称以上人员41人，中级职称人员75人，技师5人。

2014年，丹霞冶炼厂生产锌锭11万吨，达计划产量100.2%，硫磺2万吨，硫酸3.3万吨，硫酸锌7059吨，完成预期控亏目标。

**【安全环保形势稳定】** 2014年，丹霞冶炼厂传宣传贯彻新安全生产法和环境保护法，推进企业环境在线监测及信息公开工作，实现国控调度平台及省综合管理平台监测数据上传，并通过废水、锅炉废气自动监测数据有效性审核。开展职业卫生现场检测和员工职业健康体检，完善职业病防护设施，健全职业病危害事故应急预案，提高工厂职业卫生管理水平，并获“韶关市工作场所职业卫生管理示范企业”。

**【科技水平提升】** 2014年，丹霞冶炼厂硫浮选、硫热滤系统开展技术攻关和设备改造，熔硫投矿量达到约80吨/班，硫精矿平衡率达到85%；污水处理站改扩建项目投入运行，污水处理能力由原来120立方米/小时提高至300立方米/小时；硫酸锌结晶扩能项目投入运行后，生产能力达1100吨/月。

**【企业管控能力】** 2014年，丹霞冶炼厂标杆管理工作进展顺利，开展标杆管理知识培训、课题辅导及交流分析会，完成47项课题结题。将“三标一体化”（安全、质量、环境3个标准）贯标工作融入企业管理，完善管理制度，修订出台物资采购、产品销售、检化验及工程建设等各项管理制度20余项。开展管理人员、班组长等各项培训，增强广大员工效益观念和成本意识，提升人才队伍素质。组织人员参加“韶关市职工焊接技能比赛”，并取得团体三等奖、3人进入前10名成绩。

**【党建水平】** 2014年，丹霞冶炼厂开展“廉洁从业、岗位守法”和“依法治国”主题教育活动，增强广大干部职工法律意识和法制观念。开展纪律教育月活动，组织党员干部及重要岗位人员到仁化县反腐倡廉警示教育基地参观学习。

**深圳市中金岭南有色金属股份有限公司丹霞冶炼厂负责人名录：**

**厂　长：**刘野平
**党委书记：**江晓武
**纪委书记、工会主席：**李良生
**副 厂 长：**吴　涛　狄国勋
关永华　周　平

（陈铁雄）

## 中核韶关锦原铀业有限公司

**【概况】** 中核韶关锦原铀业有限公司（以下简称“锦原铀业公司”）成立于2002年3月，隶属中国核工业集团公司，是中核金原铀业有限责任公司全资子公司，主要经营天然铀采冶生产，为铀矿冶骨干企业。截至2014年年底，公司共有员工632人。

2014年，锦原铀业公司贯彻落实上级“三条主线、三人突破”战略部署，以生产任务为中心，以项目建设、安全环保管理为重点，着力提升以资源、技术、人才、成本为基本要素的核心竞争力，打造安全生产型、环境友好型、管理规范化企业，在生产、安全环保、项目建设等重点工作以及经济效益方面取得成绩。

【生产经营】 2014年，锦原铀业公司以生产任务为中心，制订工作计划和具体措施，分解任务，狠抓落实，通过“完善JYK（计划、预算、考核一体化）管理体系、实行采掘总承包、优化劳动组织、加强现场管理、开展劳动竞赛”等多项举措，超额完成全年生产任务，铀金属生产完成年计划100.1%，井巷掘进完成年计划100.1%。

【安全环保】 2014年，锦原铀业公司坚持“不安全不生产，不环保不运行，不培训不上岗”原则，党政同责，一岗双责，齐抓共管，以安全生产标准化达标建设为抓手，全面落实安全环保生产责任，提升本质安全度。扎实推进军工系统安全生产标准化达标创建工作，通过对标整改，实现安全生产全面达标。坚持隐患排查治理与反“三违”（违章指挥、违章操作、违反劳动纪律），全年日常检查共发现隐患233项，完成整改231项，整改率99%；防汛、用电、防坠落等专项检查10次，发现隐患127项，整改率100%；领导带班下井发现隐患98项，整改率100%。全年查处“三违”33人次，处罚金额10900元。加强企业安全文化建设。组织开展“4·6”安全生产日、“安全生产月”等专项活动；开展安全生产宣教活动，征集安全生产警示标语210余条，订购“安全生产”学习读本180本，开展新安全生产法等安全知识培训；结合生产实际，与韶关市矿山救援队签订应急救援协议，组织开展矿工井下避灾及矿山安全事故案例分析警示教育活动和硫酸泄漏事故应急演练。修订完善职业健康管理制度，完善职业卫生设施，依法开展职业健康体检，完善职业健康档案和从业人员职业健康监护档案，规范职业健康管理。通过狠抓安全环保管理，公司实现年度安全环保目标，工亡和重大交通、设备、火灾事故率为零，年千人负伤率为3.7，环境污染事故率为零，废水排放、尾矿渣等固体处置符合行业标准，超剂量事故率、职业病发生率为零。

【项目建设】 2014年，锦原铀业公司在建项目共10个。公司按照项目年度投资计划和进度计划，强化项目“五锁定”管理，落实考评追究和奖惩机制，全力推进项目建设，确保完成项目建设目标任务。截至2014年年底，10个项目中4个完成全部建设内容并通过竣工验收。

【科技创新】 2014年，锦原铀业公司与东华理工大学合作“863”项目完成现场试验工作，并通过国家科技部组织验收；公司矿井通风“QC”（质量管理）小组获国家优秀“QC”小组称号；企业管理创新成果《安全型企业基层员工安全素质管理体系建设》获中核集团成果评比三等奖和国防科技工业企业管理创新成果三等奖。

【成本管控】 2014年，锦原铀业公司实行JYK一体化管理，细化成本预算，把成本费用层层分解到各个生产环节和全员，实行资金滚动预算，做到每项费用开支有预算、有落实、有审查，有效保障生产经营和项目建设资金需求。全年各项费用开支均控制在预算内，生产成本同比降低2万元/吨金属，物资采购成本同比降低18.9%，“五项费用”同比下降47.7%。

【企业管理】 2014年，锦原铀业公司规范分公司管理，加强技术支持，选派采矿、物探、化学分析、项目管理等专业技术人员到锦原本部进行培训学习。组织对口管理部门分批次到分公司进行对接业务指导，班子成员多次到现场跟踪检查，同时委派生产、安全管理人员到现场轮流蹲点进行技术交底和指导。加强人才队伍建设，组织生产技术负责人参加中核集团出国（境）考察，拓展视野，提升技术水平；组织安全、生产技术、质量、档案、公文、保密、党风廉政教育等各类培训84期，参加培训2369人次。落实党风廉政责任制和“两个主体”（党委负主体责任，纪委负监督责任）责任，坚持“三重一大”（国有企业重大决策、重要人事任免、重大项目安排和大额度资金运作）决策制度，推进惩防体系建设。开展效能监察立项4项，节约资金66.3万元；抓“三率”达标，促进建设工程专项治理，外审率100%，物资采购稽核率97.3%。打造锦原品牌文化。全年，公司内部刊物《锦原信息》出刊8期，用稿206篇，核工业中心一网一报用稿53篇。

**【获得荣誉】** 2014年，锦原铀业公司被国防科工局、国家安监局评为“军工系统安全生产标准化一级单位”；被韶关市评为“作业场所职业卫生管理示范企业”“模范纳税户”；被中国核工业集团公司地质矿产事业部评为“2014年度安全环保工作先进单位”“2014年内部审计与风险管理先进单位”“管理提升活动先进单位”“新闻宣传工作先进单位”。

**中核韶关锦原铀业有限公司负责人名录：**

**执行董事、总经理：**王　成

**党委书记：**朱曙光

**纪委书记：**张善果

**总工程师：**张宝俊

**副总经理：**朱曙光　张善果　张宝俊　冯海生　谭荣泽

（董育娜）

## 韶关市丹霞山管理委员会

**【概况】** 韶关市丹霞山管理委员会（韶关市环丹霞山旅游产业园管理委员会），与广东韶关丹霞山国家级自然保护区管理局合署办公，为韶关市政府直属事业单位，正处级，公益一类。负责丹霞山风景名胜区保护、开发、利用和管理工作，内设党政办公室、国土规划建设环保科、文物宗教旅游发展科、农林与社会事业管理局、综合执法局、自然保护区与地质公园科技管理科6个部门。2014年4月，成立韶关市公安局森林分局丹霞山警务工作组。机构人员编制35人。2014年，丹霞山管委会推进环丹旅游产业园建设，完善景区基础设施建设，加大宣传推介力度和提升服务质量，全年接待游客284万人次，实现旅游总收入61758万元。

**【环丹霞山旅游产业园建设】** 2014年，丹霞山管委会建立环丹霞山旅游产业园项目联席会议制度、联合会审制度以及管委会领导挂点联系环丹项目制度，跟踪落实项目进展情况。古洋水乡度假区、宝能生态旅游度假区、梦幻丹霞、丹霞山北门山水广场、博士生态园等环丹项目进展顺利。完成丹霞山观光小火车、丹霞山水上游览、自行车观光体验、韶石景区开发、丹霞山庄改造等项目前期研究策划工作，着手项目规划变更申报及立项工作。

**【宣传促销】** 2014年，丹霞山管委会利用中央电视台等主流媒体进行宣传，发挥景区官网作用，启动并推广丹霞山微信公众账号，全面利用社会化媒体，多角度、多层次开展内外宣传工作。组织完成远方网采编行者、央视以及微电影摄制组等对丹霞山拍摄。启动第二届“我心中的丹霞山”全球华文华人散文大赛和2014丹霞山旅游达人邀请赛，推出“春天花花”“丹霞山美景”“美食倾情大放送”，策划和组织开展首届丹霞山亲子旅游节，组织筹备第七届徒步穿越丹霞山、粤湘赣围棋书画艺术节等活动。联合丹霞山经营公司、水上丹霞等开展广州南站站内灯箱广告，深圳北站户外灯箱广告，北京南站、北京机场LED整体旅游形象宣传工作。制作《丹霞山手绘地图》，印制丹霞山中英对照画册等。

**【基础设施建设】** 2014年，丹霞山管委会完成外山门进山公路改造项目可行性研究和道路设计方案编制和项目立项工作，着手推进招投标、征地等工作。完成丹霞山景观大道瑶山至牛鼻3.3公里道路建设项目道路规划设计和招投标工作。完成长老峰山顶步道改造项目规划设计和招投标工作。维修与更新长老峰景区上山步道、仿生栏杆和观日亭平台路面。更换更新地质植被解说牌、导游图、提示牌30余块，新制作临时标识牌18块、景区交通标识牌26块。

**【规划设计】** 2014年，丹霞山管委会完成丹霞山北门水山入口广场规划编制及审批工作，古洋水乡度假区项目控制性详细规划专家评审及报批工作，梦幻丹霞项目规划编制及专家评审工作和自行车观光体验项目规划编制工作。完成北门水山入口山水广场项目、红锦湾温泉度假村项目、宝能现代农业生态园、宝能物流项目、仁化县旅游度假接待中心等项目选址及规划前置审批工作。做好环丹产业园村民建房审核工作。会同仁化县相关部门，做好景区村民建房审核工作，完成村民建房审核46户。

**【遗产地保护管理】** 2014年，丹霞山管委会确定分类保护和更新改造相结合山林管理原则，制定景区人工桉树林采伐与更新改造流程，做好林农和林木承包者政策解析和安抚工作。加强丹霞山范围内森林和野生动植物资源保护管理。将丹霞山景区纳入市拆除“两违”工作，加强与属地政府沟通、协调工作，建立健全工作机制，不定期开展巡查，共同打击“两违”行为。2014年，发现“两违”行为31宗，协助浈江区政府对景区内违法建设强拆行动1宗。大力整治景区“六乱”，联合整治非法营运、无证驾驶等违法行为。开展丹霞山国家重点文保单位保护规划专项资金申报工作。获得2014年国家重点文物保护专项补助资金50万元用于开展丹霞山摩崖石刻保护规划编制工作。完成《广东丹霞山国家地质公园总体规划》招标和编制工作，启动《广东丹霞山国家级自然保护区总体规划》编制工作。初步理顺丹霞山环境监测工作机制。

**【科普科研】** 2014年，丹霞山管委会打造丹霞山高校教学实习实践基地，拓展合作高校范围，支持开展中美丹霞地貌对比研究、韶关学院丹霞山动物资源普查等科研项目。面向全国招募科普志愿者，举办“中国丹霞进校园”科普活动3场，推进中国丹霞进校园、丹霞山公园科普讲座等科普活动。与昆仑山世界地质公园、河北承德丹霞地貌地质公园、西澳大利亚帕奴鲁鲁世界自然遗产缔结友好姊妹公园。

**【旅游安全生产】** 2014年，丹霞山管委会定期巡查景区各主干道及旅游步道，在危险区域设置警示牌，保障游客安全。落实各项安全防范措施。及时检查和更新景区内消防设施，完善应急工作预案，健全安全隐患报告制度。利用视频实时监控系统，实现景区各个票站及游客、车辆与渡船密集区域、游览关键部位24小时实时监控，确保游客安全，维持良好旅游秩序。做好景区森林防火工作。与景区内企业、单位签订森林防火责任书，加大值班巡山力度和宣传力度，严格火源管理。全年未发生一起安全责任事故。

**【门票调价】** 2014年，丹霞山管委会按照门票调价程序，做好丹霞山门票调价各项工作。经过审批，同意2014年9月28日至2015年8月31日，丹霞山景区门票价格调整为150元/人·次（2天内有效），2015年9月1日至2016年8月31日，丹霞山景区门票价格调整为180元/人·次（2天内有效）。从2016年9月1日起，丹霞山景区门票价格调整为200元/人·次（2天内有效）。

**【党的群众路线教育实践活动】** 2014年，丹霞山管委会通过强化学习教育、广泛征求意见，认真查摆问题、深入开展批评，抓好整改落实、建立长效机制，深入开展党的群众路线教育实践活动。丹霞山景区“四风”问题得到遏制，领导班子工作作风好转，群众反映的突出问题得到解决，提升服务质量和水平，推动景区各项工作开展。

**韶关市丹霞山管理委员会负责人名录：**

**党委书记、管委会主任、管理局局长：**陈　波（任至2014年6月）

许　红（女，2014年6月任职，任至2014年10月)

柳琛子（女，2014年10月任职）

**党委副书记、管委会副主任：**邱代胜

**党委委员、管委会副主任：**王明志（任至2014年10月）

**管委会副主任：**侯荣丰

**党委委员、管委会副主任：**邓勇成

**党委委员、纪委书记：**黄德贵

**党委委员、管委会副主任：**段平波（2014年12月任职）

（彭僖华）

## 韶关市国有仁化林场

**【概况】** 韶关市国有仁化林场（简称“仁化林场”）是韶关市市属林场之一，正科级事业单位，实行企业化管理，公司化经营；机构设置有管护股、营林生产股、经营管理股、计划计财股、办公室（下设后勤、工会、计生、武装）。截至2014年年底，全场有干部职工207人，其中，退休人员128人，在职人员79人（管理人员18人，专业技术人员8人，工勤人员53人）。在职干部职工中，具有本科学历5人，大专学历15人，中专学历10人；具有中级职称3人，初级职称5人。

2014年，仁化林场按照省、市林业主管部门统一规划，以强化生态保护作用为主，不断培育森林资源，建设现代国有林场为总体要求，结合自身实际，主要培植速生丰产林建设，开创国有林场资源优势，有序开展各项工作。全年全场木材生产21960立方米，其中国有15193立方米，联营2902立方米，集体3865立方米；毛竹采伐30382根；经营总收入1435万元。

**【营林生产】** 2014年，仁化林场完成林地更新235.67公顷，其中杉树177.74公顷，松树14.93公顷，阔叶树43公顷。新种植苗木长势良好，成活率达95%以上。完成全年丰产林任务100%。木材生产继续采取活立木招标方式向社会公开招标，2014年林木采伐21960立方米。

**【育苗基地建设】** 2014年，仁化林场继续在高沙工队建设优质良种培育基地1个，占地面积0.8公顷。培育杉苗0.47公顷，阔叶树苗（荷木、香樟）0.2公顷，营养杯苗0.13公顷，满足林场自身营林生产需要。

**【森林资源管护】** 2014年，仁化林场加强生态公益林和森林资源管护工作，采取护林员分片包干管护，签订管护目标责任书；实行定人定点，采取定时巡山和不定时巡查重点地段相结合方式，打击偷盗林木现象，维护林区生态正常秩序。

**【护林防火】** 2014年，仁化林场加强护林防火工作。年初，林场与各股室签订护林防火责任书，成立防火队，层层落实责任，采取分片包干形式，安排27名护林员和12名聘用人员专职管理护林防火。全年全场无发生火灾和火警情况。

**【其他工作】** 2014年，仁化林场贯彻落实党的群众路线教育实践活动，开展“纪律教育月”活动，邀请县检察院有关人员到林场为全场干部职工上预防职务犯罪警示教育课，提高干部职工防腐拒变能力。关爱退休员工，为全场退休员工办理老人人身意外保险，提供生活保障。注重密切林场和周边群众关系，完成高联村八

旦丘和摘下村小组饮用水设备工程改造，改善村民饮用水质量。完成林场林区公路锦欧线2.5公里路面硬底化工程。

**【存在问题】** 2014年，仁化林场存在问题主要是经济收入单一，缺乏多种经营，收入不高。林场员工年龄偏大，专业技术人员不多，创新意识不强。由于林场的林区位置中有国道106线和锦江库区，周围紧邻农村，偷盗林木现象时有发生，林木管护压力较大。

**韶关市国有仁化林场负责人名录：**

**党委书记：**叶昌旺

**场　长：**叶昌旺

**副场长：**肖志劭　吕中跃　孟光辉

（吴春松）

# 镇（街道）概况

## 丹霞街道办事处

**【基本情况】** 丹霞街道办事处（简称“丹霞街道”）位于仁化县中南部，四周与黄坑、闻韶、扶溪、仁化林场、董塘、大桥、周田及浈江区接壤，是中共仁化县委、县人民政府驻地，全县政治、经济、文化、金融、信息和科技中心。总面积28813公顷，其中耕地面积2748公顷，山地面积21268.71公顷。

2014年，全街道辖13个村委会，123个村民小组，4个社区居委会，2个农场，总户数18579户，总人口61399人，其中农业人口27970人。

境内自然资源和人文景观丰富。境内丹霞山是世界自然遗产，世界地质公园，国家AAAAA级景区，广东省四大名山之一，省级旅游度假区，被誉为中国红石公园，是“丹霞地貌”命名地。境内还有丹霞源国家水利风景区，“广东省古村落”“广东最美古村落”“广东省旅游名村”夏富村，省级森林公园、瑶前晒谷岭古人类遗址、国家级文物保护单位丹霞山摩崖石刻和省级文物保护单位文峰塔。

**【经济发展概况】** 2014年，全街道实现：工业增加值74476万元，比上年增长11.6%；农业总产值56300万元，比上年增长2.97%；农业增加值34993万元，比上年增长2.71%；农村经济总收入61230.4万元，比上年增长12.8 %；农村人均纯收入12107元，比上年增长9.69%；税收入库8219万元，比上年增长15.6%，完成年度任务105%，其中完成增值税1439万元，完成地方税6780万元；投资22.3亿元，其中镇属投资完成14.3亿元；旅游人数491.2万人次，占全县旅游总人次80%，旅游经济总收入27.8亿元（含辖区内丹霞山收入），占全县旅游总收入80%。

**【基层党组织建设】** 精心组织，有序开展教育实践活动。2014年，中共丹霞街道党工委组织开展党的群众路线教育实践活动。一是率先承诺街道为群众办好事实事10件，各村（居）为群众办好事实事3件。该做法得到上级部门认可，并在全县推广。截至2014年年底，街道落实好事实事9件，各村（居）共完成好事实事69件。二是街道党工委班子制订整改措施11条，办事处制订整改措施9条，领导班子个人制订整改措施共104条，整改落实事项104件，全面完成整改工作。同时，修改制度18项，新建精文简会相关制度和办公用房管理相关制度。

积极建设“五大工程”。丹霞街道实施农村基层党建“五大工程”（基层支部创先争优和整治赶超工程、农村党员创业致富引领工程、农村支部书记和后备干部培训工程、基层组织建设保障激励工程、城乡党建资源统筹工程），表彰一批先进党支部和优秀共产党员；改善薄弱村麻塘村落后状况；制订村干部绩效考核方案，完善对村干部的监督和管理；实行村党组织书记“421”（即结合创先争优公开承诺，街道党委具体掌握村支书的4项承诺，县委组织部重点掌握2项，市委组织部关键掌握1项，作为日常督导和年底考核的重要内容）项目化管理，承诺事项55件，落实完成35件，记录“走访日记”65篇，反映问题

40件，解决率100%；利用党员干部现代远教平台，创建学习型党组织，增强干部素质和业务能力，提高办事效率，转变干部作风。

打造“民情日记”“民忧档案”“干群会客厅”品牌。2014年，丹霞街道抓实“民情日记”“民忧档案”“干群会客厅”工作，推动全街道经济和社会各项事业发展。全年，全街道下乡干部及村干部记录“民情日记”3358篇，办结率98.2%，群众满意率96%以上；发放“民忧卡”1965张，回收“民忧卡”154张，反映民忧113宗，解决处理民忧105宗，办结率92.9%。创新“干群会客厅”活动载体，以打开门会客“拉家常”方式，化解各类矛盾纠纷。全年，街道“干群会客厅”约谈群众43批计80人次，会客领导14人会客43次，会客参与干部共64人。

加强党风廉政建设，深化干部廉洁自律工作。一是抓好党风廉政建设和反腐败工作。制定《2014年丹霞街道党风廉政建设和反腐败暨惩防体系建设工作任务分解表》，将任务细分为25项具体内容分解到各部门各室，并与各村支部签订党风廉政建设责任书；结合开展党的群众路线教育实践活动，组织党员干部学习中共中央“八项规定”和县“十项制度”，以及《农村基层干部廉洁履行职责若干规定（试行）》等党内法规；组织专题辅导；组织党员干部到县反腐教育基地石塘双峰寨参观学习，加强党员干部党性党风党纪教育和廉洁教育，增强党员干部宗旨观念和廉洁意识。二是强化权力运行的制约、监督，从源头上预防腐败。建章立制，制订和完善公务用车制度、公务接待制度等内部管理制度，开展整治“庸懒散奢”活动；拓宽街道党务、政务、村务公开渠道，完善街道电子显示屏和触摸一体机建设，在黄屋、中心、城南、康溪、岭田村委会新安装5个电子触摸屏；实行“村账街道管，组账村代记”，从源头上遏制村干部腐败。三是做好纪检监察信访和案件查办工作，对县纪委转来信访件街道纪工委积极调查并及时给予答复。全年接转来信来访件5件，答复各类纪检监察信访件5件，立案6件，办结6件，处于办理阶段2件。

坚持依法监督，发挥人大代表作用。2014年，丹霞街道人大工委发挥人大代表联络室作用，接访、走访群众多次，切实解决关系民生难点热点问题。全年召开人大代表座谈会8次，人大代表值班共88人次，受理问题3宗，其中，解决1宗，处于处理阶段1宗，上报上级有关部门1宗。

**【重点项目】** 街道主要责任项目进展稳步推进。2014年，红锦湾旅游度假项目完成，酒店开始营业；丹霞新城项目一期工程基本完工，二期工程建设进入筹备阶段；瑶塘新村主体工程完成，开始新村装修；丹霞山1号项目完成青湖塘“水浸田”土地征收工作；宝能国际旅游项目及梦幻丹霞（广东一和）项目，开始与村民商谈征地事宜。

征地工作有进展。全年，丹霞街道完成征地面积31.088公顷，其中：仁化绿道一期项目1.461公顷，县政府储备地29.627公顷（黄屋青湖塘17.6公顷，中心三组12.027公顷）。

完成招商引资工作。2014年，丹霞街道发挥丹霞山世界品牌优势，拓宽招商渠道，完成县下达招商引资任务。全年完成招商引资项目1个（深圳宝能公司属下韶关德丰源投资有限公司建设的人文体验园项目），投资注册资金8000万元。

**【农业农村建设】** 农业生产持续发展。一是农业产业结构优化。2014年，丹霞街道优质谷、水果、茶叶、竹类、蔬菜等农业主导产业和优质鱼、生猪等畜牧水产养殖业得到进一步发展。其中，粮食种植面积达3780.93公顷，粮食总产23607吨；花生、果树、蔬菜等经济作物种植面积和产量比上年均有较大幅度提高，尤其是狮井、岭田、车湾等村新种贡柑面积达133.33公顷。生猪出栏

4.4万头，同比增长5.4%；禽类出栏92.7万羽，同比增长4.9%；水产产量2648吨，同比增长5.4%。铁皮石斛产品系列、农民头辣椒酱成为丹霞街道特色农业产品。二是农科技术进一步推广。全年全街道累计发放病虫害防治通知4000多份。举办农村各类实用人才学习班8期，参加人数1000人次，年内取得农村专业技术人员职称农民14人。实施全国基层农技推广补助项目建设，通过“联户”工作机制和“专家+农业技术人员+科技示范户+辐射带动户”技术服务模式示范户有32户，实现示范农业项目增产增收，并带动其他农户推广使用农业产业主推技术。大力推进农业机械化程度，全年购置各类农机共179台（套），并全部办理农机购置补贴，补贴金额共56.325万元。三是各项惠农政策全面落实。全年全街道发放农资综合直补313.54万元，种粮直补33.89万元，农作物良种补贴48.69万元。按时完成生态公益林补偿资金发放工作，发放生态公益林补偿资金121.23万元，发放水库移民补贴资金31.83万元，发放农村改厕补助资金16万元。

农业基础设施改善。2014年，丹霞街道争取上级专项资金，加大农业基础设施建设步伐。投入资金500万元，按高标准农田水利设施建设标准实施官口村173.33公顷、狮井村166.67公顷农田改造；投入资金630万元，按农业综合开发项目标准实施岭田村666.67公顷农田改造；投入资金2200万元，修复长12公里东渠水利设施，确保麻塘、狮井、岭田等村农田灌溉，同时，维修车湾村上廖陂头，除险加固岭田村大田山塘、夏富村新斗塘。通过一系列水利工程设施建设，改善各村农业基础设施。

扶贫开发“双到”扎实推进。一是贫困村集体经济、贫困户家庭收入实现稳定增收。全年，丹霞街道6个省级贫困村共投入各类帮扶资金2854.52万元，其中：投入到村资金2680.81万元，投入到户资金173.71万元。实施村帮扶项目141个，户扶持项目 5469 个。贫困村集体经济年平均经营性收入6.8万元，同比增长44.37 %；贫困户年人均纯收入7307元，同比增长39.86%，其中有劳动能力贫困户年人均纯收入7379 元，同比增长40.76%。二是贫困村生产生活条件得到改善。6个贫困村结合新农村建设，利用帮扶资金，加大基础设施建设。其中投入实施安全饮水工程16万元；实施投入村内巷道建设工程帮扶资金394.496万元；投入实施农田水利设施建设工程上千万元；投入实施村庄环境卫生整治工程15万元兴建垃圾池50个，年内完工交付使用，并实现定期清理。

生态文明建设成效明显。全年全街道投入环境卫生整治资金40多万元，在辖区国道G106线、省道S246线、丹霞山景区公路沿线两侧及村庄建立“户收、村集、镇运、县处置”生活垃圾收运处置体系，设置垃圾桶142个，垃圾屋14个，受益村庄41个，聘请保洁员24名，委托县环卫所清运垃圾，确保乡村清洁美工程有效推进。

**【各项社会事业发展】** 计划生育工作常抓不懈。2014年，丹霞街道户籍人口61399人，常住人口是61674人，已婚育龄妇女13187对，出生709人，其中一孩412人、二孩280人、多孩17人，政策生育率88.86%，政策外多孩率1.55%；落实“四术”859例，长效措施落实率74.24%、及时率57.58%。

社会治安综合治理稳步推进。2014年，丹霞街道围绕中共仁化县委、县人民政府重大部署和重点工作，抓住制约发展的主要矛盾和各方面关注的热点难点问题，积极破解难题，扎实开展综治信访维稳工作。一是加强领导，明确目标。坚持实行信访排查会议制度、联席会议制度和领导班子成员案件责任制度。2014年，街道、村两级共受理各类矛盾纠纷172宗，成功调处168宗，调解成功率98%，受理网络问政40宗，民生热线2宗。二是加强治安管理，完善社会治安长效机制。发挥公安派出所保驾护航作用，建立全方位“打、防、控”一体化网络，落实群防群治工作措施，定期或不定期对辖区内村街进行治安防范巡逻，组织做好各项活动和节假日安全保卫工作，依法打击各类违法犯罪活动，维护社会安定。2014年，全街道立刑事案件385起，破案74起，破案率20％；受理行政案件314起，查结120起，查结率38％；受理调处民事纠纷案件316宗，全部调处。三是强化刑满解教人员安置帮教。年内，全街道社区矫正44人，刑释解教人员21人。四是加大重大节日或活动期间重点地区、重点部位治安突出问题的整治工作力度，做好综治信访维稳工作。五是积极开展反邪教和打击“黄赌毒”工作。向群众发放宣传资料小册子，主动与群众交流，做好宣传和教育工作，印发《致丹霞街道广大人民群众的一封信》10000份、悬挂横幅10条、利用手机短信平台，不定期向广大群众手机用户发送短信3次。做好社区戒毒（康复）工作，全年到社区戒毒（康复）中心接受社区戒毒（康复）人员60人，其中当年数为52人。六是有效开展创平工作。通过开展“平安街道宣传月”活动、每月发短信等措施，积极开展“平安社区、平安小区、平安家庭”创建工作。七是认真开展精神障碍患者摸排走访工作。通过拉网式排查、台账管理（将患者基本情况、治疗情况及监护情况分别列入台账）、分类管控等措施，对排查出精神障碍患者173名管理或定点向精神障碍患者提供免费药物及体检服务。

抓好精神文明创建，建设“文化大街”。一是抓好精神文明创建，共创全国文明县城。重点抓好文明村（居）创建活动。年内，街道城南、中心、新城、高坪、水南、老城五个村（居）被评为县文明村（居）；高坪社区被评为市文明社区；康溪、高联、城南村申报县文明村（居）；老城社区伍润兰被评为市“道德模范”，何世传被评为县“第一季度好人”。二是加强旅游建设工作，努力打造旅游专业镇。积极推进环丹产业园区、工业园区建设，服务“丹霞仁家”经营户创建工作；指导夏富村评选“广东旅游名村”；创建丹霞旅游电子商务平台，实现景点门票、住宿、餐饮、娱乐、土特产品在线预订。年内，有40家涉旅企业加入丹霞旅游电子商务平台。

民政、城镇医保、教育卫生事业稳步提高。年内，丹霞街道抓好农村最低生活保障工作，做好“五保”救济，定期发放救济金救济粮，妥善解决困难群众基本生活，城乡低保实现应保尽保，“五保”待遇全面落实。学校教学工作正常运转，中小学入学率、德育优良率100%，校内无责任伤亡事故发生，教学成绩突出，其中丹霞中心小学获县教学效果评估“优胜单位”称号。

开展“两违”整治。全年全街道发现“两违”现象27宗，其中制止查处并发放停工通知26宗。

**【旅游产业发展】** 2014年，丹霞街道立足绿色生态发展道路，依托资源优势和区位交通优势，促进全街道观光休闲生态农业、旅游工艺品加工业、酒店饮食业、娱乐业发展。截至2014年年底，全街道有酒店、接待中心58家（星级酒店2家），“农家乐”100多家（有10家“农家乐”被评为县首批星级“丹霞仁家”，“福宝农家乐园”被评为全县唯一一家四星级“丹霞仁家”），建成瑶塘农家旅游服务新村、断石农家旅游服务新村、大山门旅游商贸街、断石旅游商贸街、青湖塘新村等旅游商务服务中心，有省级科普教育基地两家，博物馆两家，农业科技园1家，“五大农业”（沙田柚、台湾百香果、毛竹、五指毛桃、大果红花油茶）旅游观光基地，加工销售旅游工艺品商家100多个。旅游业成为丹霞街道办事处支柱产业和特色产业。

**2014年丹霞街道办事处村（居）委会基本情况一览表**

表51

| 村（居）名称 | 村小组（个） | 自然村（个） | 村（居）委会集体纯收入（万元） | 现有集体经济发展项目 | 特产 | 村（居）委会负责人 |
|---|---|---|---|---|---|---|
| 胡坑 | 14 | 14 | 0.098 | 电站 | 沙田柚、西瓜、糯米、地膜花生、红花油茶 | 林天养 |
| 康溪 | 11 | 8 | 0.18 | 砖厂、果场 | 东田香芋、沙田柚 | 邹国超 |
| 官口 | 10 | 10 | 6.97 | 电站 | 甜竹笋、沙田柚 | 刘卫明 |
| 城南 | 9 | 6 | 6.13 | 门店出租 | 时菜 | 蔡碧松 |
| 新东 | 6 | 6 | 9.32 | — | — | 卢金传 |
| 中心 | 8 | 7 | 0.73 | 门店出租 | 优质鱼 | 吴建辉 |
| 岭田 | 11 | 7 | −17.69 | — | 鸭蛋、鸭 | 李金生 |
| 狮井 | 12 | 10 | −0.27 | — | 油黏米、辣椒 | 谭细祥 |
| 麻塘 | 4 | 1 | −5.72 | — | 油黏米 | 谭文良 |
| 车湾 | 12 | 12 | 5.88 | — | 淮山 | 吴海荣 |
| 夏富 | 12 | 8 | −9.45 | — | 沙田柚 | 李尧星 |
| 黄屋 | 11 | 11 | −13.9 | 电站 | 时菜 | 吴宏斌 |
| 高联 | 3 | 3 | 1.33 | — | 木材 | 刘刚生 |
| 高坪社区 | — | — | −0.3 | — | — | 叶春桃 |
| 水南社区 | — | — | 2.4 | — | — | 梁明福 |
| 老城社区 | — | — | −0.7 | — | — | 李月古 |
| 新城社区 | — | — | 0.4 | — | — | 谢学勤 |

**丹霞街道办事处党政负责人名录：**

**书　记：**连辉标

**副书记：**邱岳铭（主持办事处全面工作）
王剑斌

**党工委委员：**饶长田　赖建明
梁美娥（女）　马兴战　谭　浩
张石龙　连光才
曾威荣

**人大工委主任：**连辉标

**人大工委副主任：**张石龙

**办事处副主任：**卜卫群（女）
谭定权　张增清
（奚铭敏　曾勇权　刘润萍）

# 董塘镇

**【基本情况】** 董塘镇位于仁化县城西南12公里，东邻县城，北毗红山镇，西连石塘镇、乐昌市廊田镇，南接浈江区、花坪镇。辖区总面积24330公顷，其中耕地3384.66公顷，墟镇面积为309公顷。辖17个村委会，3个社区居委会（含凡口社区），198个村民小组。2014年，全镇总人口42617人，其中农业人口31829人。董塘镇是仁化县南大门，省人民政府确立第一批中心城镇之一，省教育强镇。

董塘镇地处粤北山区，属中亚热带季风气候。整个地形四面山地，中间小盆地，墟镇处于盆地中央，主要以丘陵山地为主。董塘镇旅游资源丰富，境内有旅游景点巴寨、燕岩、大石山、飞花瀑布，属丹霞山风景名胜区；该镇古塔林立，有国家级文物保护单位唐代砖塔云龙寺塔，省级文物保护单位唐末宋初澌溪山寺塔，还有建于明代万历年间的腾风塔。

董塘镇境内矿产资源丰富，有煤炭、锌铅、石灰石、铁矿；工业发达，境内有知名企业中金岭南凡口铅锌矿、丹霞冶炼厂；土地肥沃，农业发展以优质水稻和高产地膜花生生产为主，种植农作物主要有优质稻、花生、淮山、竹类。

董塘镇交通便利，省道246线贯穿墟镇可到韶关；省道345线东至仁化县城，西往乐昌，北上红山，南往浈江区花坪镇；全镇村村通硬底化公路。

**【经济发展概况】** 2014年，董塘镇实现：地区生产总值30.92亿元（含中省企业），比上年增长8.23%；税收完成2114.86万元，比上年增长25.51%；农业总产值42324万元，比上年增长3.51%；农村经济总收入39725万元，比上年增长10.01%；农村人均纯收入10920元，同比上年增长2.42%；固定资产投资25138万元，比上年增长38.12%。

**【农业农村工作】** 推进农业基础建设。2014年，董塘镇协助县农业局做好0.14万公顷高标准农田及国家农业综合开发项目建设工作。协助县水务局做好董塘河治理工程，完成董塘河治理工程第二期征地面积0.3494公顷，为该项目施工提供用地保障。2014年11月，董塘镇田间工程项目开始施工，建设内容包括：衬砌渠灌渠14.484千米，维修渡槽两座，项目投资总概算1279.33万元，施工总工期180天。

建设社会主义新农村。2014年，董塘镇加大推广农业机械化技术，提高农业现代化水平。创办高莲村和新莲村花生创高产示范片两个，面积710公顷。推进清洁能源建设，全镇使用太阳能热水器农户近4000户，占全镇农户数65%；沼气池使用农户近3000户。坚持防治结合，狠抓动物春季防疫和秋季防疫工作。免疫镇域家禽35.18万羽、猪9.9万头、牛羊500头，防疫密度95%。扎实推进新一轮扶贫“双到”工作，完成贫困村贫困户危房改造任务，新莲、新龙、岩头采取入股锦电方式增加村集体经济收入，积极争取省、市专项资金，重点帮扶贫困村户产业发展和基础设施建设。筹集资金对岩头桥进行预防性养护，确保群众出行安全。多方筹集资金启动新建墩仔桥工程，2014年12月该工程项目进入招投标阶段。引导贫困户外出务工，摒弃“等、靠、要”思想，尽快依靠产业发展脱贫。同时，建立贫困村“民信档案”，开展金融扶贫工作。

加强“三防”、森林防火和山林纠纷调解工作。2014年，董塘镇在防汛期和防火期加强巡查力度，镇政府实行24小时值班制度，确保发生汛情、火情能及时联络。加大林权、林地纠纷调处力度，充分运用民间调解作用，尽可能把山林权属矛盾纠纷化解在基层。全年全镇成功调处山林纠纷案10宗。

开展农村土地承包经营权登记颁证工作。2014年，董塘镇作为县农村土地承包经营权登记颁证工作试点镇，选取董中、高宅作为试点村，周密安排，狠抓落实，在镇、村工作人员努力下，完成2014年土地测量工作，测量农户774户5574块土地，实际测量面积338.26公顷，增长38.77%，并进行公示。该工作得到市、县领导肯定。董塘镇和董中村在全市农村土地承包经营权登记工作会议上作经验介绍。

开展政策性水稻种植保险工作。全镇完成水稻种植保险农户授权确认协议面积2402.276公顷，承保农户数5440户，占全镇政策性水稻种植承保面积100%，全面完成县政府下达水稻种植保险工作任务。

落实中央强农惠农政策。全年全镇：能繁母猪1712头全部投保，年内病死母猪50头全部得到保险公司赔偿；发放农机补贴款48万元，发放种粮综合直补补贴款3512417.13元。

规模化畜禽养殖场治理项目。2014年，董塘镇规模化畜禽养殖场减排任务6家。通过落实各项防疫措施，6家大规模养殖场全部完成改造工作。

【镇域经济工作】 抓好工业园区建设。2014年，董塘镇结合实际情况，优化投资营商环境，引导相关工业企业技改创新，加快转型升级步伐，增强镇域工业发展竞争力。继续做好广东岭南人文科技创业园建设前期工作，主动搞好周边厂矿、企业服务工作，着力为投资者排忧解难。

加快推进新型城镇化建设。①推进“三旧”改造项目。原董塘贸易公司地块按商住用途改造项目纳入县“三旧”改造项目库，并上报县政府批示。同时，规划通过招商引资在墟镇旁一闲置地块建设物流仓储中心。②完善城镇规划建设。按照县“规划到镇、规划到村”总体要求，完善董塘镇总体规划及示范村规划。8月20日，《董塘镇镇区南片区控制性详细规划（2013—2020）》通过专家评审。完成岩头村大园村小组规划总平面图设计，完成其他5个村小组需规划区域地形测量工作。委托有资质公司编制岩头村、南湖村星光三组、高莲村莲塘坝组、新莲村龙皇宫组、新龙村新塘组污水排放系统布局，污水系统管网收集与处理方案，垃圾收集及转输方案，农村畜禽养殖污染治理方案，加快做好农村环境综合整治工作。9月29日，印发《董塘镇严控区及严控道路周边区域规划建设实施方案》，成立工作领导小组，设立巡查组负责日常巡查工作。年内董塘镇完成严控区村民报建两户。采取各种方式向群众宣传《中华人民共和国城乡规划法》《中华人民共和国土地管理法》及村镇规划建设有关法律、法规，发放宣传手册6000份，在全镇范围内营造依法建设、规范建设的良好氛围。全年受理村（居）民私房报建业务4宗（国有土地拆旧建新3宗，集体土地新建房屋1宗）。加大城乡用地巡查监管力度，依法严厉打击“违法用地、违法建设”行为，发现制止违法用地行为16宗。③完善城镇基础设施，加强生态文明建设。年内，完成镇污水处理厂及配套管网建设项目厂区及管网工程征地工作，10月进场施工。按照省市住建部门“一镇一站”“一村一点”建设要求，完成镇垃圾中转站和全镇19个村（居）委会高标准垃圾收集点建设任务，并协助做好县城生活垃圾填埋场用地补征、工农矛盾协调、综治维稳工作。解决董塘镇自来水供给不足问题，年初开始实施镇自来水扩容工程，改造县城至董塘镇自来水公司自来水管10公里路段，由原来两寸管改为三寸管，截至2014年年底，该工程完工验收。针对董塘镇部分土壤本底超标问题，协助上级有关部门开展土壤综合治理调研，提出土壤综合治理和光伏发电一地两用综合方案。通过招商引资，与广东英利光伏电力开发有限公司形成合作框架，将对丹冶厂周边1公里200多公顷农田进行综合治理，项目计划总投资约10亿元，2014年10月启动编制可研等相关前期工作。开展植树造林活动，镇级森林公园进入规划阶段。投入资金50万元开展乡村清洁美工程，添置垃圾箱100多个，更换墟镇LED路灯16个，完成改厕任务350户。创建市级卫生村1个，名村、示范村4个，高莲村被评为省级名村。

积极推进旅游业发展。年内，董塘镇整合全镇旅游资源，精心策划、包装旅游线路和旅游产品，制作董塘镇旅游线路图，在景点和重要路口安装旅游线路示意图，提升董塘旅游影响力和知名度。加大创建“丹霞仁家”力度，邀请专业人员对“丹霞仁家”三星级喜洋洋休闲农庄进行全面规划，完成喜洋洋生态农业旅游观光园项目可研报告。引导其他农家乐对照创建“丹霞仁家”方案进行整改，向星级农家乐看齐。

**【和谐社会建设】** 社会保障体系不断完善。坚持“上为政府分忧，下为百姓解愁”指导思想，坚持“以民为本，为民解困”作风，完善农村最低生活保障制度。做好敬老院管理和分散供养“五保”户供养工作。落实各项优抚优待政策，按政策标准及时做好定恤定补、优待金发放。全面推行“一站式”医疗救助。做好社会救助工作，每月及时将低保户、“五保”供养户保额发放到位。春节期间发放“五保”户、军烈属等困难群众及敬老院慰问款物。加大殡葬改革力度，全年火化率达100%。加强劳动保障工作，通过组织参加农民工招聘会活动，转移输出农村富余劳动力。稳步推进新农保、城乡居民医疗保险、城镇居民养老保险工作。

创新社会治理。①加大“平安董塘”创建力度。2014年，董塘镇继续投入资金，在4个村委会制作创建“平安董塘”工作栏，开展“平安校园”“平安村居”“平安铁路”“平安家庭”“平安企业”活动，细化平安创建工作。开展集中整治森林秩序打击盗伐滥伐林木专项活动，走访排查镇内13家木材加工厂，镇林业派出所立案查处各类林木案件4起。开展排查打击“黄赌毒”工作，全镇摸排处理涉及“黄赌毒”事件12宗，涉及70人。②加强信访维稳和人民调解工作。通过开展培训班和宣传日活动学习、宣传新修订的《广东省信访条例》，加强镇村干部工作能力和业务水平，帮助群众全面掌握信访渠道、信访程序，引导群众依法、逐级、有序信访，合理表达利益诉求。全年全镇受理群众来信来访案件142宗，其中镇综治信访维稳中心受理群众来信来访12宗，成功调处矛盾纠纷10宗，调处率83%；村级综治信访维稳工作站受理案件130宗，成功调处121宗，调处率93%，成功化解积案2宗。完善网络管理制度，加强网络舆情正面引导。落实治安视频监控建设规划，在辖区内共建高清视频监控点20个。做好全国“两会”和省“三会”信访维稳工作，全年全镇没有发生进京到省集体上访、非正常上访、进京到省聚集和影响社会稳定突发性事件。③“血铅”异常事情后续处置工作。成立后续处置工作领导小组，积极做好相关村安抚、稳定、协调工作，年内未发生因为“血铅”事情越级上访事件。④严格落实安全生产“一岗双责”责任制，严防安全生产事故发生。通过深入开展“安全生产月”、“八打八治”[打击矿山企业无证开采、超越批准的矿区范围采矿行为，整治图纸造假、图实不符等问题；打击危化品非法运输行为，整治无证经营、充装、运输，非法改装、认证，违法挂靠、外包，违规装载等问题；打击破坏损害油气管道行为，整治管道周边乱建乱挖乱钻等问题，着力做好各类事故隐患的整治工作；打击涉及三场所一企业（有限空间作业、可燃爆粉尘作业、喷涂作业、涉氨制冷企业）无证照生产经营及严重安全生产违法违规行为；打击无资质施工行为，整治层层转包、违法分包等问题；打击客车客船非法营运行为，整治无证经营、超范围经营、挂靠经营及超速、超员、疲劳驾驶和长途客车夜间违规行驶等问题；打击“三合一”、“多合一”场所违法生产经营行为，整治违规住人、消防设施缺失损坏、安全出口疏散通道堵塞封闭等问题；打击、取缔涉渔“三无”船舶，整治“船证不符”渔船、渔船超员、超载、抗风力航行或作业等问题]、重点行业领域专项工作和“事故隐患排查整治”活动，防范和坚决遏制各类安全生产事故发生，保证全镇安全生产形势总体稳定。狠抓以煤矿山、“四小”（小档口、小旅店、小娱乐场所、小作坊）场所和道路交通为重点专项整治工作。全年机械封煤垅30条，人工封垅5条，煤区巡查组巡查煤区130人次。全镇有“四小”场所352家，均按照网格化管理模式实施动态管理。不定期进行检查，下发自查自纠整改建议书20多份，敦促不合格场所进行整改。投入资金5万多元完善董塘镇市场消防栓工程，有效保障群众生产生活安全。

实施惠民工程，社会事业全面发展。①推进科教文体事业发展。镇中心幼儿园3层教学楼正式投入使用。8月，启动省教育强镇复核迎检工作。同月，筹集资金6万多元奖励镇域考上重点本科、第二批本科A类学生和取得教研成果先进教师。②落实人口计划生育政策，稳定低生育水平，提高人口素质，树立优先优育风尚，完善计生信息系统，严格执行计划生育“一票否决制”。人口自然增长率各项指标均控制在目标值内。③做好全国第三次经济普查工作。全镇抽调镇村干部38人开展摸底、个体户正式普查、法人单位正式普查3个阶段工作。普查上报个体户1571户，完成率118%；上报法人单位231个，完成率115%，按时超额完成上级下达任务。④文化发展活力增强。全年投入40多万元完善文化站基础设施和周围环境，建设文化小广场兼小型健身广场1个，添置健身器材，供群众休闲娱乐健身。全年组织送戏送电影下乡216场，送书下乡21次，送医送药活动3次。合理使用2014年免费开放资金，购置书籍2万元，免费发放和展出各种图书1000余册，在镇文化站建成电子阅览室，完善相关设备。⑤倡导培育和践行社会主义核心价值观。开展“弘扬美德·感恩双亲·共处和谐”主题感恩活动和“落实‘三严三实’，弘扬优良传统”专题讲座，以高莲村和南湖村作为董塘镇培育和践行社会主义核心价值观示范点，进一步弘扬中华民族传统美德，大力培育“以孝为先，以德为本”新民风。董塘镇高莲村叶炎兰获仁化县首届孝老爱亲模范称号。⑥道路桥梁建设。全年完成农村公路硬底化建设7.5公里，重铺第一市场和平街硬底化道路300米，投入资金3万多元加设董联大桥栏杆。

**【党组织和干部队伍建设】** 抓班子队伍强核心。2014年，中共董塘镇党委围绕“增进团结、提高水平、做好表率”，强化基层党委核心作用，坚持民主议事规则，狠抓思想教育、制度建设、执行落实、班子建设“四个环节”。

抓干部队伍聚人心。积极探索新形势下镇干部队伍建设新路子，强化干部政治理论学习，提高干部政治思想素质，推动学习型党组织建设健康发展，提高党员干部政策理论、依法行政、发展经济能力。按照“想干事、能干事、会干事、干好事”标准，全年发展中共党员16名。加强年轻干部、女干部培养选拔，通过干部选拔任用制度推荐2名年轻干部参加2014年中青年领导后备干部培训班。顺利完成村委会换届，共选举81名村（居）“两委”成员，其中，女干部27名，平均年龄46岁，高中以上文化程度49人。书记、主任“一肩挑”比例90%，交叉任职比例94.12%。

抓好党建惠民生。中共董塘镇党委树立“群众第一、民生优先、基层重要”理念，按照党的群众路线教育实践活动要求，为群众排忧解难，多办好事实事，切实解决群众反映强烈的问题，集中精力做好“为民承诺十项民生实事”。

工青妇组织促和谐。以党建带群团为抓手，发挥群团组织在促进经济发展和社会进步中作用。多部门联动成立董塘镇阳光爱心志愿服务队。全年筹集资金2万元，开展“送温暖、献爱心”活动，营造老有所为、少有所养社会主义新风尚。

**【党的群众路线教育实践活动】** 2014年，董塘镇多形式组织中共党员干部开展党的群众路线教育实践学习活动，举办镇村干部培训班1期，开展参观反腐倡廉警示教育基地、举办“七一”知识竞赛、重温入党誓词、开展弘扬中华民族传统美德专题活动及讲座、组织干部职工到农田疏通灌溉沟渠活动，收集反“四风”意见建议20条，经过归纳整理后“四风”问题12条，群众反映强烈问题和最后“一公里”问题8条。截至2014年年底，完成整改11项，并开展严格控制会议数量、会期和规模，整治门难进、脸难看、事难办7个专项行动和制定《董塘镇干部、职工工作考勤制度》，力求实践活动不走过场，见到实效。

**【党风廉政建设】** 贯彻落实党风廉政建设责任制。2014年，中共董塘镇党委与各党支部签订目标责任书，将工作量化，责任落实到部门、个人，并在党政班子成员中开展贯彻落实党风廉政责任制“五个一”制度。

加强党风廉政宣传教育。组织新一届村（居）“两委”干部学习《农村基层干部廉洁履行职责若干规定（试行）》，并到县党风廉政建设教育基地参观学习。组织镇、村干部学习《广东省纪委通报省6起违反中央八项规定精神典型问题》和观看《村务公开系列暗访调查》专题片，开展“预防职务犯罪”廉政教育课1次。纪律教育学习月活动期间，利用各种平台对全镇党员干部发送廉洁自律警句、格言，累计36条7956人次。

多措并举抓治理，维护群众利益。通过开展廉政风险防控工作、民主评议政风行风和创建“廉洁镇村”活动提升董塘镇廉政建设。抓好农村基层党风廉政信息平台建设、党务政务公开、强化惠农政策落实监督工作，确保党员干部廉洁从政。抓效能建设转变工作作风，坚决贯彻执行中共中央“八项规定”，坚持厉行节约、勤俭办事，坚决反对铺张浪费。

严惩违纪行为，做好信访举报和案件查办工作。全年，镇纪委受理信访件4宗，办结4宗；查办案件3宗，结案3宗。

### 2014年董塘镇村（居）委会基本情况一览表

表52

| 村（居）名称 | 村小组（个） | 自然村（个） | 村（居）委会集体纯收入（万元） | 现有集体经济发展项目 | 特产 | 村（居）委会负责人 |
|---|---|---|---|---|---|---|
| 董中 | 18 | 9 | 18 | 门店出租 | 优质水稻 | 何国强 |
| 高莲 | 10 | 4 | 11 | 鱼塘出租 | 淮山 | 刘煌义 |
| 安岗 | 14 | 6 | 6 | 锦电入股 | 莲藕、茨菇 | 谭世海 |
| 河富 | 12 | 6 | 6.5 | 兴办砖厂 | 优质水稻 | 吴新水 |
| 董联 | 13 | 5 | 6.5 | 土地出租 | 蔬菜 | 叶亚全 |
| 红星 | 9 | 5 | 7.6 | 石灰厂租金 | 优质水稻 | 肖国瑞 |
| 高宅 | 11 | 5 | 14 | 土地租金 | 优质水稻 | 叶运福 |
| 五一 | 26 | 12 | 10 | 石场租金 | 优质水稻 | 谭月福 |
| 瑶族 | 7 | 6 | 7 | 锦电入股 | 茶叶 | 李学强 |
| 岩头 | 6 | 5 | 18 | 开采石场 | 灵芝种植 | 张贻德 |

续表52

| 村（居）名称 | 村小组（个） | 自然村（个） | 村（居）委会集体纯收入（万元） | 现有集体经济发展项目 | 特产 | 村（居）委会负责人 |
|---|---|---|---|---|---|---|
| 坪岗 | 17 | 9 | 9 | 管理费 | 优质水稻 | 陈德优 |
| 新莲 | 8 | 6 | 6 | 锦电入股 | 优质水稻 | 张祖瑞 |
| 新龙 | 7 | 7 | 7 | 锦电入股 | 优质水稻 | 张新祥 |
| 江头 | 10 | 5 | 8 | 山林发包 | 果蔗 | 易有文 |
| 南湖 | 17 | 9 | 9 | 锦电入股 | 优质水稻 | 肖彩英 |
| 白莲 | 10 | 5 | 5 | 水库发包 | 优质水稻 | 彭仕建 |
| 塘联 | 3 | 2 | 4 | 入股锦电 | 砂糖橘 | 张玉秀 |
| 董塘社区 | — | – | 2 | 门店出租 | – | 何志衡 |
| 广东铝厂社区 | — | – | 3 | 绿化环境 | – | 陈书强 |
| 凡口社区 | — | – | 0 | 无 | – | 饶小明 |

**董塘镇党政负责人名录：**

**书　　记：**谭家琪

**副 书 记：**万志明　叶文华

**党委委员：**刘志坚　何　艾(女)
邹明华　黄玉文
谢卫锋　宁家红(女)
刘剑勇　黄大放

**人大主席：**谭家琪

**人大副主席：**黄玉文

**镇　　长：**万志明

**副 镇 长：**马　良　张建忠
肖文荣

（郭　粤　罗　威）

## 石塘镇

**【基本情况】** 石塘镇位于仁化县城西部，距县城19公里，东面与董塘镇接壤，南面与韶关浈江区花坪镇交界，西面与乐昌市廊田镇相连，北面与红山镇相依。石塘是仁化西部小盆地，呈狭长地带，地势西高东低，三面环山。全镇总面积7792公顷，其中，耕地面积1634.37公顷。省道345线由东至西贯穿全镇，交通便利。辖内有6个村委会、1个居委会，43个村民小组，总人口13098人，其中农业人口12267人。

石塘镇历史悠久，南北朝时期就有先民在该地卜居。镇内人文特点以“中国历史文化名村”石塘村为标志，地方语言独特，李氏祠堂和明清时期古建筑群众多，有闻名省内外国家重点保护单位、广东省中共党史教育基地、广东省爱国主义教育基地石塘双峰寨，有流传悠久民间艺术、省级非物质文化遗产“石塘月姐歌”，有以打醮为主庙会活动，还有以清、香、醇著称广东省非物质文化遗产“堆花酒酿造技艺”石塘米酒和各个时节用大米加工而成的各式各样糍粑。

石塘镇具有得天独厚农业资源优势，形成以优质稻、花生、蔬菜、马蹄、西瓜、甜笋竹6大传统项目为主的农业产业结构，建立优质稻、花生、马蹄、甜笋竹基地，形成“一村一品”发展格局。镇内有大水坝水库、工农水库和胡椒冲水库3个，确保土地旱涝保收。石塘土地肥沃，粮油充裕，是县内屯谷镇。旅游资源有“中国历史文化名村”石塘村、国家级文物保护单位双峰寨、古建筑群景点、土法酿酒景点、娘娘庙景点和省非物质文化遗产“月姐歌”。

【经济发展概况】2014年，全镇完成生产总值1.84亿元；完成固定资产投资0.37亿元。全镇农业生产总值1.91万元，同比增长12.35%；农村人均纯收入达10284元。

【农业农村工作】 农村基础设施逐步完善。2014年，石塘镇新建“三面光”灌渠500米、机耕道456米，修缮蔡屋组湾公彬桥，清淤疏通光明村河道500米，维修阳荣沟、新沟、干沟，完成镇域“小五型”水利（小水沟、小水陂、小山塘、小堤防、小泵站）申报工作。

农业产业平稳发展。大力推进农业产业结构调整，确定花生、马蹄、堆花米酒农业主导产业，成立农业专业合作社10个。通过选取科技示范户，引导农民加快发展区域特色现代农业。举办各层次现代农业科技培训班8期，受益人次3000余人。全年全镇生产堆花米酒300吨。

新农村建设稳妥推进。严格把好建房审批关，严格按照相关法律法规要求新建房报建。要求镇域严控区域内新建房以徽派或南派风格装修，统一风格。做好严控区巡查工作，成立查控违法建设巡查小组，工作日每天1次不定时巡查，节假日不定时巡查。建立违章建筑日常巡查日志，实行分工负责、分片包干、责任到人。严厉打击“两违”，年内查处“两违”建筑5宗共2550平方米，拆除官沟（严控区内）11户违章建筑共380平方米，解决石塘村至水历村水沟缺水灌溉农田的历史问题。石塘镇在2014年规划建设工作目标管理考核中排名全县第二。

惠民工程落实有效。年内，石塘镇完成上中垒村3.8公里、石塘村3.2公里、光明村0.55公里、水历村0.3公里、京群3.2公里村道改建，完成上中垒村黄岗饮水管线建设工程。扎实推进扶贫“双到”工作，采取金融帮扶方式，解决农户生产启动资金缺乏难题，引导农户发展生产，加快脱贫步伐。全年全镇投入帮扶资金150万元，实施村帮扶项目56个，户扶持项目2261个。镇域各贫困村集体经济年平均收入6.2万元，同比增长20%；村年人均纯收入达9917元，同比增长11.2%；全镇857户贫困户脱贫率91%。完成年度危房改造任务数6户。

【社会各项事业有序发展】 常抓计划生育工作不松懈。2014年，石塘镇根据县统一部署开展计生集中服务月活动，实行包片、包组、包责任“三包”到人，加强计生对象“双查”“节育措施”落实，全年全镇出生211人，政策生育率91.94%，“四术”落实229例。2014年，石塘镇被韶关市人民政府评为“2014年度人口与计划生育先进单位”。石塘村、光明村、水历村、上中垒村被评为县人口与计划生育先进单位，京群村、下中垒村被评为县表扬单位，石塘社区考核达标并被县通报表扬，石塘镇计划生育工作由二类管理单位升为一类管理单位。

科教文卫事业深入发展。2014年，石塘镇成人学校获“广东省成人教育先进单位”、双峰寨中学获“全县教学优胜奖”。年内，完成综合文化站维修改造工程，新建邱屋农家书屋、上中垒村篮球场和2个电子阅览室。上中垒村、京群村申报市级文明村，双峰寨中学申报市级文明单位，京群村申报县级文明创建活动。石塘镇文化站在仁化县2014年度考核中获得第3名。开展村容村貌整治工作，完成镇垃圾中转站建设工程；提高保洁员、垃圾清运员工资待遇；新增垃圾桶80个、手推垃圾车5辆；形成乡村“清洁美”与村级办公经费挂钩制度，采取标本兼治措施，治理“五乱”，清理“四类垃圾”，村容村貌整治工作在全县督查中排名靠前。

社会保障工作有效落实。2014年，石塘镇城乡居民基本医疗保险参保人数为11103人，超额完成县人社局下达任务数的100.41%；城乡居民社会养老保险新参保人数为215人，续保人数2429人，完成续保任务数的93.03%。做好“五保”救济和拥军优属工作。全镇领取新残疾证残疾人300人，办证率71%。享受低保贫困户218户568人。开展“暖心行动”，及时发放救灾物资。完成灾后重建工作1户。

强化社会治安综合治理。2014年，全镇受理群众来访案件20件，调处网络问政案件2宗、“民声热线”反映案件1宗，全部做到件件有落实，件件有结果。排查出矛盾纠纷72宗，调处72宗，调处成功71宗，调处成功率98.6%。全镇社会治安状况明显好转。2014年度综治维稳暨平安仁化创建工作目标管理责任制考核良好，获全县信访工作检查考核优秀二等奖。

安全生产工作常抓不懈。2014年，石塘镇严格履行“一岗双责”制度，强化消防安全整治。加强消防安全基础设施建设，新增消火栓3个，配备常用消防器材。完成《仁化县石塘镇总体规划（2014—2024年）——石塘镇消防整治专项规划》编制工作，高分通过市火灾隐患重点地区整治检查。严厉打击非法盗采煤矿资源行为，全年出动巡查人员96人次，制止盗采煤矸石行为13起，封闭非法打开窿口32处（次）。全力开展打非治违工作，年内检查小档口、农贸市场、小作坊、学校、饭店30余次，关停无证企业2家，取缔非法营业摊档7处。全年无发生安全事故。

其他各项工作顺利开展。2014年，石塘镇完成招商引资工作任务。年内完成第三次全国经济普查工作，获县级先进集体荣誉称号。档案、保密、工会、团委、妇联、民族宗教、殡葬管理等各项工作取得新进展。

**【旅游配套设施建设】** 2014年，石塘镇完善双峰寨护城河清理、石塘古村历史水系改造工程；完成石塘古村贻德堂、杂货铺和新屋村门楼修旧如旧工程；引导农户房屋“穿衣戴帽”工作；合理利用国家专项资金770万元实施石塘历史文化名村基础设施建设，11月，第一期工程动工建设。2014年，石塘村被评为广东名村、广东旅游名村。

**【首届石塘堆花米酒旅游文化节】** 2014年1月19日，仁化县首届石塘堆花米酒旅游文化节在石塘镇举办，同时举行石塘堆花米酒展览馆、石塘镇旅游咨询服务中心、土特产交易中心揭牌仪式。文化节内容丰富，有石塘“月姐歌”等文艺表演、石塘古村风味小吃展销、石塘古村非遗技艺演示、游览双峰寨和“中国历史文化名村”石塘古村以及堆花米酒品鉴与评比。通过举办该次文化节，进一步挖掘和展示石塘革命老区及仁化丰富旅游资源，提升和创新石塘酿酒文化，推动“美丽仁化”和“魅力石塘”建设。

**【基层党组织建设】** 严抓镇村领导班子和干部队伍建设。2014年，中共石塘镇党委组织领导干部和中共党员学习中共十八大精神和中共总书记习近平讲话精神，提高政治理论素质。发挥基层党组织战斗保垒作用和党员先锋模范作用，加强党员党性锻炼，提高党支部战斗力。选好配强村、社区“两委”干部。村（居）“两委”交叉任职比例为100%，其中书记、主任“一肩挑”比例100%。

群众路线教育实践活动实效明显。2014年，中共石塘镇党委采取“梯次展开、压茬进行”方式，自上而下，有序推进第二批群众路线教育实践活动。全镇党员干部累计走访群众2000户，征集意见和建议经归纳梳理共180条。镇干部骑车下乡直接与群众面对面交流1450次，成功解决矛盾困难52件，为民办好事实事71件。完成镇党委承诺民生实事10件。

党风廉政建设工作扎实开展。2014年，中共石塘镇党委配合县纪委、县委宣传部做好双峰寨申报工作，2014年6月，经批准双峰寨被列为仁化县“廉政教育基地”。通过组织党员干部到县反腐倡廉警示教育基地和县廉政教育基地石塘双峰寨参观学习、开展廉洁读书月活动等形式开展廉政教育。整治“庸懒散奢”，促进干部作风转变。更新党务、政务、村务公开载体，拓宽群众监督渠道。镇级党务、政务公开实现网络平台、手机短信公开服务平台、LED电子显示屏和触摸查询一体机4种公开载体，5个村委会实现利用触摸查询一体机公开党务村务内容。

**2014年石塘镇村（居）委会基本情况一览表**

表53

| 村（居）名称 | 村小组（个） | 自然村（个） | 村（居）委会集体纯收入（万元） | 现有集体经济发展项目 | 特产 | 村（居）委会负责人 |
|---|---|---|---|---|---|---|
| 上中坌 | 11 | 11 | 2.1 | 锦电入股、芦头水电站管理费 | 西瓜、甜竹笋、马蹄 | 刘永松 |
| 下中坌 | 4 | 4 | 3.6 | 锦电入股 | 马蹄 | 何金婷 |
| 石塘 | 8 | 1 | 5.04 | 锦电入股、山林与门店租金 | 堆花米酒、优质米、花生油、甜竹笋 | 李朝用 |
| 光明 | 4 | 4 | 2.13 | 山林租金<br>锦电入股 | 优质米 | 徐文明 |
| 水历 | 7 | 7 | 0.6 | 山林、鱼塘租金 | 优质米 | 朱庆伦 |
| 京群 | 8 | 8 | 2.68 | 锦电入股<br>鱼塘租金 | 花生油、优质米 | 周培全 |
| 居委会 | 1 | 1 | 0.8 | — | — | 王炳养 |

**石塘镇党政负责人名录：**

**书　记：**梁　炜

**副书记：**江艳芬（女）<br>刘志宏（任至2014年3月）<br>李培林（2014年3月任职）

**党委委员：**谢高文　熊　婵(女)　冯智灵　肖志文　郭胜洪　李朝龙　刘祖松　唐　慧(女)

**人大主席：**梁　炜

**人大副主席：**肖志文

**镇　长：**江艳芬（女）

**副镇长：**李志平　刘小巧　林　敏（女，2014年1月任职）

（胡翠秀　聂　超）

## 红山镇

**【基本情况】** 红山镇是革命老区镇、仁化县城居民食水源头地、省自然环境保护区及林业生态镇，地处仁化县城西北部，粤湘两省交界处，东邻城口镇，南接董塘、石塘镇，西连乐昌市五山镇，北与湖南汝城县大坪镇交界。距县城52公里，距国道106线30公里，县道335线贯穿全镇，西面有公路经前洞村通往乐昌市。全镇总面积16964公顷，其中山林面积14985.71公顷，耕地面积1188.40公顷。辖村委会8个，居委会1个，共77个村民小组。全镇总户数2876户，总人口10246人，其中农业人口9837人。全镇以山地为主，山高陡峭，山多田少，是典型“九山半水半分田”山区镇，森林覆盖率达85%，林木、水力、矿产资源丰富，交通方便，通信发达。境内有高坪省级自然保护区，高坪水库和温泉。茶叶产业是红山镇特色农业产业，竹木、茶叶收入是全镇农民主要经济来源。水电站发电收入是镇、村主要经济支柱。

**【经济发展概况】** 2014年，红山镇克服经济社会发展困难和不利因素，因地制宜，发挥自身优势，提升经济综合实力。全年全镇生产总值25664万元，同比增长14.67%；农业增加值6231万元，同比增长5%；工业增加值10890 万元，同比增长7%；本级地方财政收入265万元，同比增长6.9%；农村年人均纯收入11222元，同比增长9.27%。完成固定资产投资 2200万元。

**【农业经济】** *加强农业科普宣传和科技推广，落实各项惠农惠民政策。*2014年，红山镇举办农技培训班3期，发放宣传资料4000多份。推广良种良法和机械化耕种，全年申报农机补贴21台6万多元、在烟竹村建立千亩种植示范片区，重点扶持10户种粮大户。做好畜牧防疫、免疫工作，做到全年无大畜禽疫情发生。成立镇“三防”指挥中心，配备电脑等现代设备，实行汛期专人24小时值班制。落实《仁化县扶持茶叶产业发展实施办法的通知》精神，组织200多名党员干部参与“采茶助农”活动，茶叶育苗繁殖、改种换种、开垦扩种工作稳步推进，全年扩种茶叶、改造老茶园面积20多公顷，繁育丹霞一号茶苗260多万株。

*加大林业法律、法规宣传力度，加强生态公益林管护。*2014年，红山镇加强林政管理，严格审批采伐申请，制止乱砍滥伐；加强对竹木加工厂管理，严查无证生产、运输竹木，确保全镇林业生产、销售秩序稳定；开展森林保险工作，增强林业风险抵御能力；加大封山育林力度，全年全镇种植杉树466.67公顷，改造毛竹疏残林133.33公顷；狠抓森林防火工作，加强宣传力度，完善人员和设施设备，严格控制炼山审批，全年做到无森林火灾险情发生；处理林业纠纷工作，全年妥善调处山林纠纷18宗。

**【招商引资】** 2014年，红山镇贯彻落实上级有关招商引资和发展民营经济政策措施，提供优质服务，营造良好投资环境。利用当地自然资源优势，以保护生态环境为前提，以开发水利资源、生态旅游、茶叶精加工、毛竹加工为主，引进资金和项目，加快发展民营经济。年内，天雄公司投入200多万元完成茶叶加工厂部分扩建。

**【财政收入】** 2014年，红山镇政府开辟财源，培植税源，增加镇财税收入。加强镇属小水电管理，完善经营管理制度，改造陈旧老化设施，优化机电设备，挖掘发电潜力，增加发电量提高经济效益。坚持“量入为出，量财办事”原则，严格执行“收支两条线”管理规定，科学理财，优化支出结构，压缩非生产性一般支出，确保正常运作和重点支出。2014年，红山镇本级地方财政收入265万元。加强税收征管，确保应收尽收，全年完成税收183.34万元，其中国税88万元，地税95.34万元，完成上级下达财税征收任务，确保政府正常运作和各项事业建设需要。

**【基础设施建设】** 2014年，红山镇加快乡村公路硬底化建设。完成前洞村郑屋至背夫坑0.36公里、前洞至中心村0.4公里、前洞村至谭家2.79公里、前洞至中山2.35公里、中山丘屋至连屋0.9公里，共6.8公里公路硬底化工程。加强农田水利设施建设。完成中山村、前洞村、新山村、新白村、青迳村高标准基本农田建设项目（建设规模217.47公顷，总投资468万元），烟竹村农田水利工程（项目投资360万元）规划、设计工作。烟竹村农田水利工程进入施工建设。加快推进社会主义新农村建设。加快农村低收入住房困难户住房改造，完成危房改造7套，低收入困难户住房改造19户，完善2012年、2013年10个新建村庄公共基础设施。新申报烟竹村鸭麻垅、良屋、中山村老屋子3个“两不具备”村庄搬迁工程，覆盖群众117户423人。

【生态环境建设】 2014年，红山镇配合有关单位完成镇总体规划编制，做好村庄整治规划及名镇名村等规划编制和申报工作，加大“两违”整治工作力度，排查和整改违章建筑2宗。开展乡村清洁美工程和县城食水源头保护工程，整顿完善环卫队伍，筹集资金购置垃圾运输车1台；跟踪管理2013年底建设好的水源流域19个村庄生活污水收集处理系统运行情况；定期清运水源流域村庄生活垃圾，清运范围扩展到7个村委会公路沿线村庄；清理镇垃圾填埋场、各村卫生死角、高坪水库库面垃圾，修整镇区及老企业职工住宅区排水沟渠；完成镇区污水处理厂建设征地等前期工作；完成红山镇垃圾中转站主体房屋建设和装修。

【生态旅游开发】 2014年，红山镇完善旅游规划，整合旅游资源，做好镇文化资源调查工作，挖掘镇域生态文化和人文文化，开展乡村旅游特色项目。一是开展高坪水库旅游休闲度假区项目，完成旅游服务中心主体建设、茶叶标志和候车亭建设，筹集资金完善旅游服务中心外墙和内部装修。二是建设田螺塘旅游新村项目，完成新房建设。三是开展中国白毛茶原种园项目建设，完成大门、旅游观光道、排水工程、滴灌设施建设。四是引导农户参与生态旅游开发，建设休闲农家乐1家。五是做好鱼皇村高坪村小组文化室、茶叶展览室规划设计。

【城乡规划建设】 2014年，红山镇完善村镇规划建设相关制度，配备优化工作队伍；通过发放《仁化县城乡规划宣传手册》形式，宣传城乡规划知识；配合有关单位完成镇总体规划编制，做好村庄整治规划及名镇名村等规划编制及申报工作；结合仁化县严控区规划建设管理要求，划分红山镇严控区，制订红山镇严控区规划建设实施方案，做好严控区内规划建设、村民报建程序及采用徽派政策奖励宣传工作。加大“两违”整治工作力度，全年全镇排查和整改违章建筑2宗。

【社会保障体系】 *城乡居民保障工作*。2014年，红山镇做好城乡居民最低生活保障工作，实行动态管理，退出低保6户新增15户，实现应保尽保；及时发放各类救助金、抚恤金，帮助解决弱势群体生活困难问题；发放灾荒粮230包，及时转移危房家庭2户；宣传城乡居民医疗保险政策，完成摸查造册登记，全年城乡居民医疗保险续保8280人，超额完成县级下达任务。

*劳动就业*。2014年，红山镇加强宣传农村劳动力转移就业有关优惠政策，与各用工企业沟通，组织农村劳动力参加“春暖行动企业用工招聘会”“就业服务招聘会”等各种用工招聘会，全年实现劳动力转移就业400多人。

*新一轮扶贫工作*。2014年，红山镇加大扶贫力度，落实帮扶责任和扶贫措施，建立动态管理档案和帮扶台账，健全扶贫机制。年内，烟竹村、中山村2个省级贫困村共争取各级扶贫资金787万元，通过入股扶贫电站、贫困村户脱贫产业建设、基础设施建设、危房改造等，加快贫困村、户脱贫步伐；完成农村低收入住房困难户住房改造19套；新申报烟竹村鸭麻垅、良屋、中山村老屋子等“两不具备”村庄3个，覆盖群众117户423人，截至2014年年底，新村正在抓紧建设。

【各项事业发展】 *文化建设*。2014年，红山镇加大文化设施投入，重视文化队伍建设，挖掘整理民俗民间文化艺术，开展各种文化活动，满足群众精神文化需求，新添置2万多元图书，全面建设图书电子阅览室。全年，组织检查辖区内文化市场24次，文物巡查8次，修缮县级文物红山镇红军桥。

*巩固“普九”成果*。2014年，红山镇巩固“普九”成果，抓好中小学防流控辍工作。加强师生道德教育，推进

师德师风和未成年人思想道德建设工作。完善教育基础设施设备，加强教师队伍建设，巩固省级“教育强镇”成果。与学校、司法所、派出所等单位配合，加强日常巡逻检查，维护学校幼儿园周边治安环境。全年全镇学校没有恶性事件和安全责任事故发生。

*计划生育工作*。2014年，红山镇宣传计划生育法律法规，落实包干责任制，落实层级动态管理，开展基层规范管理和优质服务，抓队伍建设、流动人口基础工作、资料规范等关键工作。截至2014年9月，全镇户籍人口出生人数139人，其中：政策内出生126人，政策外出生13人；政策生育率90.65%，政策外多孩率3.6 %；长效措施落实率92.86%，及时率57.14%；出生人口性别比110.6，征收社会抚养费64.94万元。

*抓好殡葬改革、卫生和妇女儿童保护工作*。2014年，红山镇落实殡葬目标管理责任制，推进殡葬改革。加强医疗队伍建设。完善医疗设施，方便群众看病就医。实施妇女儿童发展纲要，保护妇女儿童合法权益；开展妇女维权法律知识讲座、道德讲堂、关爱留守儿童活动。

*加强社会综合治理，推进依法治镇工作*。2014年，红山镇组织实施“六五”普法规划，普及法律知识，增强全民法制意识。严厉打击各类刑事犯罪活动，维护社会和谐稳定。全年全镇发生各类刑事案件3宗，治安案件立案 14起，破案12宗，查处率80%；调处各类矛盾纠纷 10宗，调解成功5宗，预防群体性事件2宗。防范和惩治邪教组织，扫除“黄赌毒”社会丑恶现象。加强社会矫正人员和“两劳”释放人员监管教育工作，开展“平安镇”“平安村”“无毒社区”“平安校园”创建活动。狠抓社会治安综合治理目标管理责任制落实，重视和加强信访维稳工作，深入开展社会矛盾纠纷排查调处工作，发挥“干群会客厅”沟通作用。

*重视安全生产和食品药品安全*。2014年，红山镇开展安全生产和食品安全宣传教育活动，增强全民安全意识。层层落实安全生产责任制，建立健全安全生产防范网络，加强安全生产巡查力度，全面排查、消除事故隐患。开展消防安全专项整治工作，防止易燃、易爆事故发生。开展食品药品安全专项治理工作，坚决打击违法生产、经营行为，确保人民群众生命财产安全。全年排查各类安全隐患20 宗，妥善处理某饭店疑似食源性疾病事件1宗。

**【基层党组织建设】** *加强基层组织建设*。2014年，红山镇推进固本强基工程，抓好示范点、薄弱村整治工作。深入开展党的群众路线教育实践活动，密切党群、干群关系，夯实党在基层工作基础。坚持标准，保证质量，做好发展党员工作。推进村（社区）“两委”班子换届选举工作，推进党务、政务、村务公开。加快完善干部选拔任用工作机制，加强干部教育培训。

*加强党风廉政建设*。2014年，红山镇加强党风廉政建设责任制落实，开展纪律教育月、民主评议政风行风工作；贯彻落实中共中央“八项规定”，纠正“四风”，践行群众路线。开展案件查办工作，做好群众来信来访；督促做好党务、政务信息公开，按要求做好办公用房清理、“三公”经费公开等工作。加强领导干部廉洁自律教育，建立健全各种监督管理制度，扎实推进党风廉政建设和反腐败工作暨惩防体系建设。

*加强政治思想宣传工作*。2014年，红山镇深入宣传上级重大会议、政策精神，开展社会主义核心价值体系教育活动，开展中心组理论学习活动；报送通讯稿件、调研文章，积极申报开展文明村镇创建工作。

*做好人武工作*。2014年，红山镇深入开展国防教育，加强民兵军事训练和民兵政治教育，做好全年兵役登记和民兵整组工作。

**2014年红山镇村（居）委会基本情况一览表**

表54

| 村（居）名称 | 村小组（个） | 自然村（个） | 村委会（社区）集体纯收入（万元） | 现有集体经济发展项目 | 特产 | 村（居）委会负责人 |
|---|---|---|---|---|---|---|
| 青迳 | 15 | 19 | 5 | 锦电分红、小水电 | 萝卜、毛竹 | （书记、主任）连树苟 |
| 新白 | 10 | 12 | 9.3 | 锦电分红、水电、林业 | 香菇、灵芝 | （支书）连锦华<br>（主任）李章华 |
| 新山 | 10 | 12 | 9.2 | 小水电、林业 | 茶叶、毛竹 | （书记、主任）张正荣 |
| 中山 | 10 | 12 | 8.5 | 锦电分红、小水电、林业 | 毛竹 | （支书）丘祖良<br>（主任）杨贱均 |
| 前洞 | 10 | 10 | 9.5 | 锦电分红、小水电 | 辣椒、芋头 | （书记、主任）叶留玉 |
| 鱼皇 | 7 | 11 | 18.3 | 电站 | 茶叶、鱼 | （书记、主任）谢双传 |
| 烟竹 | 9 | 14 | 5 | 电站 | 茶叶、毛竹 | （书记、主任）张小华 |
| 小楣水 | 3 | 8 | 6.3 | 锦电分红、小水电 | 茶叶、蜂蜜 | （支书）张玉文<br>（主任）张仁发 |
| 社区居委会 | 3 | 4 | 2.6 | 无 | 茶叶、木耳、冬菇 | （书记、主任）谢和安 |

**红山镇党政负责人名录：**

**党委书记：**刘普新

**副 书 记：**李汉辉（任至2014年3月）

刘志宏（2014年3月任职）

刘伟雄

**党委委员：**赖茹辛　刘家雄

刘四娣（女）

李培林　张海斌

蔡定忠　王启贵

**人大主席：**刘普新

**人大副主席：**李培林

**镇　长：**李汉辉（任至2014年3月）

刘志宏（2014年3月任职）

**副镇长：**李培云　张桥古

赖香松

（谢明清）

## 城口镇

**【基本情况】** 城口镇位于粤湘两省交界处，北与湖南省汝城县三江口镇接壤，南连丹霞街道，东邻长江、扶溪镇，西靠红山镇。全镇总面积26689公顷，其中耕地1435公顷，山林面积24278.73公顷，森林覆盖率87.1%。辖7个行政村和1个居委会，共68个村民小组。2014年，全镇总人口10413人，其中农业人口9563人。

城口镇平均海拔318米，是典型的“九山半水半分田”山区镇。境内竹木、水力、矿产、温泉等自然资源丰富，盛产冬菇、竹笋、辣椒、香芋、大棚蔬菜、优质大米、白毛茶、板鸭等特色农副产品。公元前207年，南越王赵佗在仁化北端筑城，为南越北端隘口，城门刻“古秦城”3字，“城口”因而得名。城口有保存较好文物31处，有恩村和上寨2个保存较好古村落，其中，恩村现存古建筑中，有家庙1座，古庙2座、祠堂3座，牌坊2座，门楼4座，城墙1段，古码头1个，古民居50栋（间），历史文化遗产丰厚。

城口镇是革命老区，具有光荣革命斗争史。1927年至1932年，朱德、彭德怀、滕代远率部转战到城口。1934年10月底至11月初，中国工农红军第一方面军红一、三、五、八、九军团长征经过仁化时，突破国民党设在城口一带的第二道封锁线，奇袭城口，在城口进行一系列战斗，如著名的铜鼓岭阻击战等，谱写许多可歌可泣篇章。在城口，留存有红军标语13幅。

**【基层组织建设】** 2014年，城口镇继续开展“民情日记”“民忧档案”活动，开展以“听、看、查、送、解、记”为主要内容特色“登门服务”活动。全镇、村（居）收集民生问题360件，结对帮扶困难户40户、帮扶留守户24户、帮扶计生户5户、解决民生问题325件，排除矛盾纠纷16件，通过上门服务，及时化解并解决了群众问题，密切了党群干群关系。深入开展了以“为民务实清廉”主题教育实践活动，组织“两代表一委员”党员、群众150名进行教育实践活动测评，总体评价为“好”的有126人，占84%；对解决“四风”问题特别是群众反映强烈突出问题的评价为“好”的有129人，占86%。经过“两推”、民主评议、考察和镇党委会研判分析，完成村、社区支部换届，共选出支委24名，其中女性8名，每个村（社区）都配有女性干部1名。本科以上1名，大专以上1名，高中及中专以上14人，初中8人；平均年龄为42岁，最高年龄52岁，最低年龄26岁，符合换届年龄要求。城口“干群会客厅”全年约访座谈群众41批51人次，受理群众反映问题38件，解决35件，调处率100%，办结率达92.1%，得到群众认可。

**【救济优抚】** 2014年，全镇发放救济大米4950公斤，救济花生油150升，解决春节期间及春荒期间困难群众基本生活，保障全镇重点优抚对象、五保户、特困户基本生活。

**【镇域经济情况】** 经济发展概况。2014年，城口镇工业总产值5797万元；农业总产值14986.5万元，比上年增长7.8%；农村年人均可支配收入11802元，比上年增长9.41%。实现财政总收入812万元，比上年增长33%。

农业产业化有序推进。2014年，全镇水稻种植面积875.33公顷。在稳定粮食生产的同时，发展经济作物种植，引导村民种植贡柑、花生等经济作物，全年种植花生53.33公顷，贡柑100多公顷。家畜、家禽数递增，动物防疫做到村不漏户，户不漏栏。发展养殖大户，培养“温氏”养猪大户33户，年出栏生猪1000头以上养殖大户7家，全年全镇出栏生猪21000多头。

林木业发展态势喜人。镇内竹类资源丰富，境内竹林0.27万公顷，全年出产各类竹10万根。加大东罗村毛竹协会支持力度，通过协会指导各农户毛竹生产和经营，扩大毛竹加工厂经营效益。

大力发展第三产业。依托境内历史文化旅游资源，利用当地原有自然环境及丹霞山周边旅游产业优势基础，加大恩村蓝森农庄生态休闲旅游项目宣传和项目扩大建设工作，引导周边群众参与旅游经济，开发“农家乐”、烧烤场等旅游休闲服务项目，拉动经济发展，提升群众收入。

**【新农村建设】** 加大农村环境综合整治力度，改善农村卫生状况。年内，城口镇以“乡村清洁美”和“美丽乡村”为契机，继续加大农村环境综合整治力度，改善人居环境，新聘请村（居）卫生保洁员3名，专职垃圾收运员1名，新购置垃圾设施一批。完善墟镇及各村生活垃圾收运处置体系，建设完成墟镇垃圾中转站1间。健全乡村卫生保洁长效机制，完善环境卫生各项管理制度，落实村民义务责任，有效遏制垃圾污染，解决村庄“脏、乱、差”问题，杜绝群众生活陋习。

加大农业农村基础设施建设力度。实施仁化县田间工程项目建设。年内，全镇总投资807.57万元，加固改造灌渠13.356公里，改造机耕路5.728公里，重建渡槽1座，重建和改造水坡8座。项目受惠灌溉农田面积800公顷。完成厚坑至暖洞林场0.8公里和东坑小学至方洞村5.11公里农村公路路面施工。厚坑灌区改造项目，工程总投资215万元，设计受惠灌溉面积124.33公顷。城口河治理工程立项，并完成前期勘探作业，着手准备招投标前期工作。改善镇农技推广站办公设备，新装修办公场所，建立试验室。

**【社会各项事业稳定发展】** 狠抓信访维稳排查工作，构建和谐稳定社会。2014年，全镇排查出各类矛盾纠纷82宗，成功处理75宗，调处率91.5%。通过开展禁毒宣传活动、反邪教活动、创建平安城口及各平安细胞创建等一系列工作，社会治安好转。开展平安城口创建工作，2014年完成上寨、东光村平安村创建工作。加大“精神病患者伤人事件”社会不稳定因素防范工作力度，成立随访工作小组，开展对87名重性精神病患者进行为期10天随访工作，预防突发事件发生，确保人民群众生命财产安全和患者安全，化解社会不稳定因素。做好刑释解教人员帮教安置工作以及外来人员的服务工作。

持续抓好计划生育工作。2014年，全镇投入计生工作经费150.2万元，其中上级专项资金拨入109.2万元，镇自筹资金41万元。开展“5·29”计生协会活动日、流动人口管理专项服务活动，母亲节暨幸福工程救助贫困母亲活动、敬老文明号活动、免费孕检及地贫筛检宣传咨询活动，定期制订计生课形式培训计划，开展培训两次，参加人员84人次。强化宣传意识，提升计生宣传水平，在位于加油站出口处及厚坑村国道106线旁竖立固定性计生宣传牌，在各村（居）张贴印有打击“两非”内容宣传标语并公布有奖举报电话，投入10万元在社区重新建立宣传长廊。

全面推动精神文明建设。①妇儿维权宣传。年内，举办妇女儿童维权咨询服务活动，发放《学会用法维护妇女权益》《老年人、妇女、儿童保健手册》宣传资料160多份，宣传维护妇女儿童权益相关知识。②开展道德讲堂活动。以“践行社会主义核心价值观，弘扬中华优秀传统文化”为主题，举办城口镇道德讲堂第一讲活动，邀请县机关工委书记刘秀琼主讲，镇村干部职工100多人次参加听讲。举办道德讲堂第二讲活动，学习《弘扬真善美，传递正能量——学习十八大报告中关于道德建设的重要论述》，弘扬中华民族优秀传统文化，提高广大干部群众文化品位和人文素质。③以各大节日为契机，精心策划“我们的节日”主题宣传活动。春节期间，组织策划“凝心聚力幸福城口”元宵烟花文艺晚会，组织群众开展自编自演文艺演出、篮球比赛、放映电影等文体活动。与红山镇联合举办“三八”维权周法律知识竞赛，开展“文明平安家庭”表彰活动，表彰文明平安家庭朱大华、李美金等12户。“七一”期间，邀请县老干部金秋艺术团和组织恩村歌舞团联合开展纪念中国共产党建党93周年同心共筑中国梦文艺联欢活动，展现广大群众爱党爱国、积极向上精神风貌。中秋节，举办放河灯及赏月文艺晚会。11月，举办城口镇首届乒乓球比赛。发挥村（社区）党组织和镇文艺爱好者宣传作用，同时结合主题活动，开展文艺活动。截至2014年年底，全镇组织县老干部金秋艺术团和恩村歌舞团共同举办践行社会主义核心价值观文艺汇演及“道德在我心”文艺汇演两次。④文化市场稽查有力。配合县文化市场综合执法大队，参与文化市场综合治理，做好文化市场监管工作。镇综合文化站每个星期检查网吧1次。4月29日，镇宣传办组织镇文化站、工商所、派出所3个部门开展联合行动，清查黑网吧，净化文化市场。11月4日，协助县文化市场综合执法队清查辖区黑网吧。经检查，全镇无发现黑网吧。

*教育卫生和社保工作得到新发展。*2014年，继续推进镇标准化学校和教育现代化学校建设，完善教育设施，实现中心校多媒体教学进班级目标和建设镇中心幼儿园新教学大楼，结合各校实际和地方特色，发掘历史文化底蕴，创建特色文化。定期组织医护人员到各村检查指导村级卫生站工作，选派一批年轻医护人员到上级部门跟班学习。新建卫生院大楼，完善各类医疗设施，方便群众看病就医。全年全镇农村合作医疗参合率100%，参加新型农村养老保险3894人，新型农村合作医疗参保人数8251人，农村居民最低生活保障人数354人。

*加大旅游资源宣传。*城口是革命老区，具有光荣革命斗争史，是中国工农红军主力长征时突破国民党第二道封锁线所在地，并在此进行一系列战斗。年内，城口镇挖掘红色旅游内容，宣传推介城口在红色岁月中的人物、事迹。以恩村古村落、上寨旧民居等特色为重点，借鉴外地成功经验，营造古村落旅游氛围。打造绿色农产品品牌，加大宣传，促使当地农产品与旅游经济挂钩，共同发展，促进农民收入，提高镇域经济实力。

*重点项目建设及招商引资工作。*城口镇贯彻落实中共仁化县委、县政府关于推进四区及重点项目建设有关工作部署，年内完成招商引资项目丹霞瀛枫温泉征地（初征15.66公顷）工作，重新制订重点项目计划表，并加快温泉项目进一步洽谈工作及土地招拍挂等项目进程。此外，积极配合县相关单位开展城口镇总体规划初步成果、高标准农田建设、城口河治理工程等项目工作。

*其他各项工作稳步开展。*落实基层武装部和村民兵营“四个基本”建设；贯彻执行最低生活保障政策，做到“应保尽保”；抓好婚前检查工作；落实殡葬改革政策；开展“扶贫双到”工作；推进统筹城乡就业，搞好农村劳动力“双转移”及各项技能培训工作；做好食品药品安全；做好档案和保密工作；深入贯彻落实依法治镇工作；落实“农村村务财务管理制度”“村务公开制度”等制度建设。

**2014年城口镇村（居）委会基本情况一览表**

表55

| 村（居）名称 | 村小组（个） | 自然村（个） | 村（居）委会集体纯收入（万元） | 现有集体经济发展项目 | 特产 | 村（居）委会负责人 |
|---|---|---|---|---|---|---|
| 东罗 | 8 | 12 | 21.2 | 毛竹合作社 | 竹笋 | 蔡恒生 |
| 东坑 | 8 | 8 | 13.7 | 小型水电站、毛竹 | 竹笋 | 苏东明 |
| 城群 | 18 | 7 | 32.5 | 萤石矿、石板材、石碑石、硅铁矿 | 香菇、“古秦城”腊味 | 邓国华 |
| 上寨 | 11 | 5 | 24.3 | 小型水电站 | 柑橘 | 黄仁润 |
| 东光 | 5 | 7 | 33.6 | 野猪养殖、优质稻谷、绿色茄子基地、小型水电站、毛竹 | 优质稻谷、柑橘 | 刘红生 |

续表55

| 村（居）名　称 | 村小组（个） | 自然村（个） | 村（居）委会集体纯收入（万元） | 现有集体经济发展项目 | 特　产 | 村（居）委会负责人 |
|---|---|---|---|---|---|---|
| 恩村 | 9 | 5 | 24.4 | 温氏养猪、辣椒合作社、香粘米、毛竹 | 辣椒、砂糖橘 | 蒙荣华 |
| 厚坑 | 9 | 8 | 14.4 | 水电站 | 辣椒 | 曹良平 |

**城口镇党政负责人名录：**

**书　　记：**李建平

**副 书 记：**李汉辉　邓文光

**党委委员：**涂丽玲（女）

蒙书发　顾智波

连志毅　吴书友

叶展飞　欧江锋

**人大主席：**李建平

**人大副主席：**（空缺）

**镇　　长：**李汉辉

**副镇长：**钟叶山　何梅娣(女)

肖焱林

（邓卫华）

## 长江镇

**【基本情况】** 长江镇位于仁化县东北部，南距仁化县城49公里。地处粤赣湘三省五县交界处，东与江西省内良乡、河洞乡接壤，东南与南雄市百顺镇相接，西南与扶溪镇、城口镇毗邻，西北与湖南省汝城县三江口镇、热水镇相依，北与江西省崇义县聂都乡、乐洞乡相连，属省级中心镇，镇政府驻地在沙坪村委会。镇内交通便利，经省道246线与县城接连，经县道336线至城口镇与国道106线相连。锦江河贯穿全境。辖区面积30064公顷，其中耕地面积3101.97公顷，山林面积23596公顷。下辖16个村委会和1个社区居委会。2014年，总户数7328户家庭，总人口26523人。镇内有初级中学1所，学生784人；小学8所（其中中心小学1所，完全小学3所，教学点4个），学生1663人；幼儿园6所（其中公办1所，私立5所），在园幼儿1246人（含混龄班144人）；文化站1个，广播站1个。

资源丰富，山林面积、木材蓄积量均居全县首位，活立木蓄积量130.88万立方米，毛竹8275.9公顷，是全县最大毛竹基地。全镇有小水电站72座，总装机容量27194万千瓦。矿藏资源丰富，有铀、钨、铜、硅石、钾长石、辉绿石、花岗石等，其中铀分布面最广，储量最多，为中国最大铀矿之一。旅游资丰富，镇内有全省第三高峰——万时山（海拔1559米），有风景秀丽、蔚为壮观的万亩竹林，有保留完好的古塔、会馆等自然景观和人文景观。土特产有玉扣纸、浒松腊鸭、冬笋、白糖饼、香菇等，其中以玉扣纸、浒松腊鸭、白糖饼闻名。

**【经济发展概况】** 2014年，全镇实现地区生产总值81150万元，比上年增长11.2%；农业总产值26323万元，比上年增长5.1%；工业总产值27113万元，比上年增长8.8%；农民人均纯收入达11195元，比上年增长11.2%；镇属电站发电量3214.44万千瓦小时，总收入1698.13万元。

**【重点项目建设】** 污水处理厂项目。该项目按照“三边”（边建设、边补充完善手续、边招投标）建设方案，于2014年7月2日开工建设，12月29日进行招投标，截至2014年年底，主厂区主体工程完工，供电线路架设完毕，管网部分铺设工程完成。

中山公园项目。该项目于2014年3月动工建设，11月竣工，主要修缮公园外墙和革命烈士纪念碑，新建休闲道路、观景台、革命烈士事迹展览长廊和“一士一墓”。

综治中心地块开发项目。该项目于2014年10月11日至11

月11日进行第一次招投标流拍，截至2014年年底，该项目仍没有招投标成功。

浒松腊鸭生产加工项目。该项目于2014年11月完成养鸭繁殖基地建设，投放鸭苗2.4万羽，购进成鸭6500只，添置风干机、包装机各两台，冰库两个，并于年底投入生产。

沙坪加油站项目。年内，该项目由县安监、经信、国土等职能部门现场调研，提出意见，并经县政府常务会议通过后报省经信委等职能部门审批。

**【社会建设管理工作】** 信访维稳工作扎实推进。2014年，长江镇利用干群会客厅、人大代表联络室、党代表工作室等平台，结合“民忧档案”，有效化解矛盾纠纷，维护镇区稳定。全年全镇集中开展矛盾纠纷大排查24次，查出矛盾纠纷和信访案件18宗，成功调处16宗，受理群众来信来访20批45人次，上级领导批示交办信访案件2宗，网络问政收集回复42宗，没有立案交办逾期未报案件，未发生越级到市、省和进京上访事件，实现省、市、县提出“四个确保”零上访目标。

严厉打击违法犯罪活动。2014年，长江镇根据上级统一部署，及时治理整顿治安重点地区和突出治安问题，深入开展打击“黄赌毒”专项行动，全年查获涉赌案件2宗，抓获涉赌人员17人，行政拘留11人；查处涉毒案件3宗，处理3人，查处涉毒人员8人，行政拘留8人，其中社区戒毒3人、强制戒毒2人。

普法工作持续开展。2014年，长江镇组织普法宣传活动4次，张贴标语20多张，上法制课4次，组织干部职工参加网络普法考试1次。

法律援助应援尽援。2014年，长江镇实施“一村（社区）一法律顾问”制度，为各村（居）提供低门槛法律服务，全年接到法律援助申请12宗，办理完结11宗。

**【“四风”整治工作】** 长江镇结合党的群众路线教育实践活动，严格执行中共中央八项规定，贯彻“四风”整治要求，抓实抓严干部职工队伍作风建设。年内，镇纪委暗访部门12个，检查办公电脑33台，发现违反作风建设部门6个，违纪工作人员8人，均作出通报批评，并要求作出整改措施。

**【党风廉政建设】** 2014年，长江镇把党风廉政建设与经济工作一同部署，一同督促落实；积极支持和配合镇纪委开展纠正部门不正之风行动；严控政府腐败源头，健全完善公务接待、公务用车管理制度；规范镇级财务收支管理制度，实行镇财政集中结算支付，落实收支两条线管理，坚决遏制奢侈浪费、挥霍公款现象发生；推动村务监督委员会规范运行，全方位、全过程监督日常党务、政务、村务公开情况、村委会财务收支、资金分配、村委会决策等情况；推动“三资”（资产、资源、资金）监管工作和农村集体资源交易平台建设。年内，利用农村集体资产资源交易中心成功拍卖冷饭坑松树埂大排坑林场林木砍伐经营权。

**【“三农”工作】** 发展、培育农业龙头企业和种养大户。通过发展“专业社+基地+农户”产业模式农民专业合作社并做大做强，拓宽群众致富渠道。全年全镇有各类专业合作社15个，科技示范户60户，举办农业科技实用技术培训班5期，取得发明实用新型专利4项，参加科技进步奖申报2项。

完善农村经营管理方式，推进“扶贫双到”工作。抓好农村财务管理、“组账村代记”、“组账镇记”试点和“三资”监管工作，推进农村财务规范化管理；做好贫困村项目资金管理和监督、贫困规划、非贫困村低收入困难户建户资料等工作，保证扶贫资金通过财政专项拨付到困难农户手中；做好“一事一议”工作。2014年，上报批复“ ·事一议”项目18个，申请财政奖补资金65万元。

落实好涉农惠农政策。2014年，全镇落实涉农惠农补贴资金6795394.18元，其中农资综合直补2271697.88元、粮食直补245588.96元、良种补贴351864.43元、生态公益林补偿款 1803422.3元、困难户住房改造补助资金495000元、万时山公路征地补偿款1627820.61元。

推进高标准农田水利设施建设。2014年，完成木溪、锦江、河田3个村高标准基本农田建设项目沟渠建设14.2公里，机耕路建设1.2公里；完成里周村高标准基本农田建设项目沟渠建设13.4公里，机耕路建设1.87公里。

**【林业工作】** 年内，执行森林防火值班制度，镇、村成立护林防火巡逻队，制订防火应急预案，建立防火队伍，24小时巡逻值班。加强宣传工作，及时发放宣传资料和宣传画册，安排选点安装永久性固定宣传栏（牌）30块，宣传标语660多张，森林防火工作纳入镇村干部年度考核。全年全镇调处山林纠纷28宗，其中达成有效协议20宗，下发处理决定2宗，受县委托完善好材料交县处理5宗，截至2014年年底，全镇仍有积案67宗未调处好。

**【城镇规划工作】** 全年查处违法用地42起，对35户违章建筑下发“停工通知”，并对违建当事人做“违建调查笔录”，形成一整套完善调查程序。受理长江镇规划区范围内房屋报建24宗，其中办结11宗，处于正在办理阶段2宗，不符合报建条件9宗，未递交材料2宗。受理长江镇规划区范围外房屋报建74宗，其中完成备案手续56宗，处于正在办理阶段18宗。

**【社会各项事业均衡发展】** 2014年，长江镇按照县计生部门下达“四术”“双查”计生工作任务，有效推进人口和计划生育工作。扎实开展低保、“五保”、双拥、优抚、救灾救济、殡改、老龄、残疾人、基层政权等民政工作，全年发放城乡居民最低生活保障金1397482元，“五保”金137808元，为431位80岁以上老年人申请高龄津贴，发放优抚对象和困难户救济粮600袋计9000公斤，救济油50桶计250升，并于2月27日完成村（居）委会换届工作。全年全镇新农保参保人数10012人，城镇居民养老保险参保人数257人。全年全镇未发生安全事故，长江镇获县安全生产工作三等奖。完善镇村两级档案和档案设备。完善“妇女之家”建设工作，为城乡妇女发展创业提供政策支持，继续实施“爱心父母”结对工作，组织开展公益慈善活动。开展广场舞、歌咏比赛等群众文娱活动，丰富群众文化生活，加强网吧巡查力度，整治违规经营行为，营造健康文化氛围。年内，长江镇被县政府评为人武工作先进集体。

**2014年长江镇村（居）委会基本情况一览表**

表56

| 村（居）名称 | 村小组（个） | 自然村（个） | 村（居）委会集体纯收入（万元） | 现有集体经济发展项目 | 特 产 | 村（居）委会负责人 |
|---|---|---|---|---|---|---|
| 居委会 | 0 | 0 | 0 | 无 | 白糖饼、米粉 | 邹业春 |
| 塘 洞 | 15 | 15 | 0 | 电站、石厂 | 冬笋、香菇、竹木 | 吕家华 |
| 莲 河 | 8 | 8 | 13.06 | 电站、林场 | 砂糖橘、贡柑 | 马雪发 |
| 冷饭坑 | 8 | 8 | 41.06 | 电站、林场 | 冬笋、香菇、竹木 | 曾凡华 |
| 河 田 | 12 | 12 | 5.84 | 电站、林场 | 冬笋、香菇 | 夏后松 |
| 浒 松 | 12 | 12 | 26.69 | 电站 | 腊鸭、腊肠、腊肉 | 曾剑锋 |

续表56

| 村（居）名称 | 村小组（个） | 自然村（个） | 村（居）委会集体纯收入（万元） | 现有集体经济发展项目 | 特　产 | 村（居）委会负责人 |
|---|---|---|---|---|---|---|
| 油　洞 | 9 | 9 | 7.97 | 电站、林场 | 冬笋 | 邹孟宏 |
| 凌　溪 | 9 | 9 | 0 | 电站 | 冬笋、玉扣纸、黄酒 | 黄金发 |
| 芭蕉垅 | 7 | 7 | 2.97 | 电站、林场 | 冬笋 | 梁绘芹 |
| 沙　坪 | 10 | 16 | 1.14 | 电站、物业 | 香菇、椪柑 | 黄美英 |
| 石　崼 | 12 | 12 | 0 | 电站、林场 | 野菊花、冬笋、茶油 | 张根香 |
| 高　洞 | 12 | 12 | 0.48 | 电站 | 冬笋、香菇 | 林应明 |
| 里　周 | 10 | 10 | 0 | 电站、林场 | 袋装香菇、花生油 | 邓利庭 |
| 木　溪 | 8 | 13 | 0 | 电站 | 香菇、腊鸭 | 李祝华、邓立荣 |
| 陈　欧 | 16 | 16 | 0 | 电站 | 冬笋 | 谢节良 |
| 学堂坳 | 7 | 8 | 2.49 | 电站、林场 | 冬笋、香菇 | 刘生贵 |
| 锦　江 | 11 | 11 | 7.45 | 林场、物业、电站 | 白糖饼、长江米粉 | 郭长全 |

**长江镇党政负责人名录：**

**书　　记：**邹汉明

**党委副书记：**谭卫财　曾凡军

**党委委员：**曾细英（女，任至2014年6月）
熊世伟　冯海年
邹家平　庞国雄
冯锐成　周凤林

**人大主席：**邹汉明

**人大副主席：**冯海年

**镇　　长：**谭卫财

**副 镇 长：**刘天蔚　赖东海
谢金云

（温观华）

# 扶溪镇

**【基本情况】** 扶溪镇位于仁化县境东北部，东连百顺镇，南接闻韶镇，西与丹霞街道、县城为邻，北与长江镇交界，属山区镇。镇政府驻紫岭村委会，距县城37公里。省道342线公路贯穿全境，锦江河与扶溪河相接，交通便利。辖区面积18790公顷，山地15942.50公顷；常用耕地面积1927.43公顷，其中水田930公顷。2014年，下辖村委会9个，居委会1个，总户数3972户，总人口13344人。全镇有义务教育学校1所（分为初中部与小学部）、教学点3个，幼儿园1所，在校学生867人；有文化站1个，广播站1个。2014年，全镇工业总产值5069万元，农业总产值19268.5万元，农民人均收入11256元。

扶溪镇是典型盆地山区镇，整个地势属山地丘陵地带，山岭连绵起伏、茂林修竹终年覆盖，地形特征俗有“九山、半水、半分田”之称。境内物产资源丰富，矿产资源主要有铀、铁、钨、硅石、花岗石等，土特产主要有优质稻米、板鸭、砂糖橘、贡柑、冬笋、香菇等。境内水资源丰富，年均降雨量达1690毫米，水能蕴藏量达10000千瓦。

扶溪镇历史悠久，境内存有石拱桥、石坎路、古亭、寺庙、宝塔、碉楼、明清古建筑群体和土法造纸遗址，部分保存完好。其中，明代水口白塔（又名水口塔、双水塔），是省重点文物保护单位；唐代南台庙（龙母庙）具有深厚文化底蕴，是旅游和历史考察景观，具有深度开发前景。镇域有八音、花灯、走马灯、火狮、火龙、禾斋、板凳舞等民俗文化，其中扶溪八音、走马灯列入市级非物质文化遗产名录。

【经济状况】 2014年，扶溪镇实现社会经济生产总值29531万元，比2013年增长9.1%。其中：工业总产值5069万元，比2013年增长12%；农业总产值19268.5万元，比2013年增长4.8%。固定资产投入2730万元，比2013年增长5%；镇财政收入1083.46万元，比2013年增长5%；农村人均纯收入11256元，比2013年增长5%。

【工业运行平稳】 截至2014年年底，扶溪镇境内有水力发电站28座，装机总量达14825千瓦。年均发电量5100万千瓦小时，总产值2080万元。其中镇政府电站7座，总装机容量4395千瓦，是镇财政收入主要来源。

【农业农村工作】 调整农业产业布局。2014年，扶溪镇发展柑橘种植，其中，紫岭、扶中、厚塘、古夏和长坑等村委会新种果树66.67公顷。支持、引导农民专业户加入专业合作社，提高抵御市场风险能力，发挥品牌和专业聚集效应，促进产业专业化、规模化、科学化发展。

推广政策性水稻保险。2014年，扶溪镇通过宣传和引导农民主动参保，全镇完成1244.95公顷农田政策性水稻保险协议签订工作，占全镇农田64.6%。为200多户农户进行20多公顷稻田受灾定损勘查核补，保障农民利益，增强农民水稻种植抗风险能力，减少不必要损失。

畜牧业发展势头良好。2014年，扶溪镇重点抓好猪、鸡、鸭养殖。全年全镇饲养家禽27.93万羽，其中出栏21.3万羽；生猪饲养2.2万头，出栏1.72万头。

做好山林纠纷和护林防火工作。2014年，扶溪镇林业部门受理山林纠纷28宗，在认真调查取证基础上，调解、处理山林纠纷23宗。做好森林防火工作，发放护林防火宣传单，明确在清明等防火戒严期内严禁一切野外违规用火，狠抓全镇各单位、部门和各村防火巡查工作落实，修订《扶溪镇森林防火紧急预案》，完善全镇森林防火救火责任分工，全镇森林防火工作更趋科学合理。

【惠农支农政策】 2014年，扶溪镇贯彻落实“家电下乡”补助、购农机补助、生态公益林补助、种粮补助惠农政策。全年发放“家电下乡”补助425户，金额20.5万元；发放生态公益林补助673户，金额66万元；发放能繁母猪补助60头，补助金额5700元；发放种粮补助2400户，金额113万元。继续增加农业投入，用于地膜花生种植，毛竹抚育，粮食种植，柑橘种植，冬种马铃薯，修建农田水利设施，组织抗旱，禽流感防治，生态公益林保护等。出台一系列鼓励、支持农业发展相关政策，补助优质稻种植谷种，奖励养殖、种植大户。

【基础设施建设】 2014年，扶溪镇完成扶中小河水、左龙温屋村小组道路硬底化及温屋便桥改造。完成扶中村委会门口排污渠建设，扶中坪垐、畔田、新屋场路灯建设，坪垐村巷道建设。支持完成蛇离村小组自来水改造，长坑、左龙村道塌方点治理工作，水口村柑橘打蜡厂建设。完成扶溪文体广场主体工程建设。投资60万元完成左龙电站改造。全镇各村小组实现固定电话、移动通讯信号全面覆盖，电信宽带、有线电视网络平稳发展。投资43.5万元完成墟镇自来水总管改造，解决墟镇群众饮水安全问题。加强社会治安，镇综治办联合多个部门开展创建“平安细胞”工程项目，全镇平安家庭覆盖率98%。

【重点项目】 抓紧落实扶溪镇丰竹源农业生态园建设。2014年，扶溪镇丰竹源农业生态园建设完成投资1500万元，完成综合办公楼3层，进入装修阶段。完成苗圃基地和养殖基地租地工作，做好育苗工作。完成农庄项目内基本绿化和开通森林公园道路。

生态旅游工作取得新突破。2014年，扶溪镇成功承办“梦里的古村”——广东省古村落摄影大展暨广东省“美丽仁化·魅力扶溪”摄影大赛。展示扶溪自然风景、人文历史，促进镇域生态旅游资源挖掘、保护、宣传，提升扶溪梯田、古村、古塔、古拱桥、南台庙、瀑布、红叶等生态旅游资源名气，推动镇域旅游业发展。

发展山楂种植项目。2014年，扶溪镇引进山楂种植产业项目，计划在3年内山楂种植面积达1333.33公顷以上。第1年在水口村委会发展133.33公顷山楂种植片区1个。并成立项目领导小组，制订实施方案，着手准备该项目前期工作。

【社会各项事业稳步发展】 劳动社会保障体系日趋健全。2014年，扶溪镇落实好农村低保、“五保”和救灾救济工作。全镇有低保户278户，低保对象511人。做好低保户、贫困户大病救济，全年全镇大病救助对象20人，救助金额达4万元。开展慰问及优抚工作。全镇有优抚对象15人，全部按民政优抚各项政策落实到位。春节、“七一”、“八一”期间，开展走访慰问活动，发放慰问金10万元。抓好城乡居民养老保险和医疗保险工作。2014年全镇城乡居民养老保险参保2930人，医疗保险参保11380人。加强引导劳务输出，做好劳动力双转移工作。全年培训劳务人员1043人次，劳务输出人员437人，就地转移农村劳动力734人。

人口与计划生育工作得到巩固。2014年，扶溪镇人口与计划生育工作围绕控制人口数量，提高人口素质，以人为本，严格执行计划生育层级动态管理。开展计划生育集中服务月活动，宣传贯彻计划生育法律法规，全年全镇出生人口228人，计划生育率91.23%，男女性别比103.57。引导和鼓励育龄妇女选择长效避孕措施，落实“四术”226例，有效控制计划外生育。通过加大计生宣传和社会抚养费征收力度，形成人人参与计生氛围。

文、教、卫等工作有成效。2014年，扶溪镇巩固“教育强镇”成果。通过投资完善扶溪中小学各项基础设施建设，改善学生学习条件和教职工办公条件，中小学教育教学质量稳步提高。开展尊师重教工作，教师节期间，镇党委、政府拿出4万元表彰奖励和慰问一批优秀教师和部分考入重点大学、重点高中品学兼优学生。镇文化部门完善文体卫生事业，不定期检查镇域网吧等文化市场，全年组织巡查活动22次。文化站基础设施完善，全面装修培训室、图书室、文化信息资源共享工程室。加大各村卫生站投入，完善居民健康档案管理工作，改善农村医疗卫生设施，方便群众减轻患者生活负担。开展乡村“清洁美”活动，2014年在全镇范围内新建垃圾池8个，改造垃圾池10个，购进手推车10辆、垃圾桶20个，将古夏、厚塘村纳入镇集中清运范围，镇区主干道卫生得到改善。2014年，扶溪镇获得全县乡村“清洁美”考核第1名。坚决执行中共仁化县委、县政府关于殡葬改革决定，落实殡葬改革宣传工作重点，继续补助落实殡改、火化尸体的家庭。

【社会治安综合治理】 2014年，扶溪镇贯彻落实“安全第一、预防为主、综合治理”方针，突出重点，严格落实事故隐患排查，重点抓好镇域各企业生产安全。做到强化领导责任制、强化教育和培训、强化安全生产现场管理、强化依法打击力度等“四个强化”。巩固全镇安全生产专项整治成果，确保扶溪镇安全生产实现“零事故”目标。

【组织建设取得新发展】 2014年，扶溪镇扎实践行中共“党的群众路线”教育实践活动，密切党群血肉联系；扎实抓好领导班子和干部队伍建设，打造有为政府形象；扎实开展党性党风党纪教育，创建廉洁镇村。年内，镇成立工作领导小组，按照“照镜子、正衣冠、洗洗澡、治治病”总要求，完善干部直接联系服务群众机制，达到预期目标。开展“五好四有五型”领导班子创建活动，落实班子成员联系村联系户工作责任制，班子成员做到问政于民、问需于民、问计于民。加强干部队伍党性学习，加强纪律教育。组织党员干部采取集中学习和自学方式学习中共中央总书记习近平系列讲话精神，学习有关党纪条规以及《反腐倡廉教育读本（2014）》，树立求真务实、干净干事、廉政为民形象。抓好村（居）“两委”换届工作。组织新一届村（居）“两委”干部举行就职宣誓承诺仪式，增强村干部执政为民、廉洁自律意识，廉洁履职责任感和使命感。镇党委、纪委班子、政府班子和人大班子按照《镇党委党建工作目标责任制》和《仁化县中心组理论学习》要求，加强自身建设，强化党员干部学习培训，党的执政能力建设得到提升。全年全镇培养建党积极分子6名，新发展党员3名。“七一”期间，镇党委筹集资金2万元慰问全镇党龄50年和年龄在70岁以上老党员。

**【扶贫“双到”工作】** 2014年，扶溪镇政府积极配合挂扶单位做好各项扶贫工作。一、通过开展村庄整治，加强基础设施建设。年内，市委统战部、市工商联在扶中村继续投入20.55万元修建村道1条和机耕道6公里，投资8.89万元为3个村小组安装路灯。县水务局、县工商局投入资金7.75万元用于水口村饮水工程设施建设，解决黄泥塘村小组饮水问题。支持兴建水口村贡柑、砂糖橘打腊厂。做好低收入村民住房改造工作，完成贫困村危房改建任务9户，发放补助资金13.5万元。市委统战部、市工商联2014年到扶中村委会共开展免费义诊服务3次，为群众免费赠送价值1.6万多元的药品，慰问贫困户、低保户、“五保户”物质合计1.8万元；资助贫困学生1万元。县水务局、工商局2014年帮扶水口村委会办公经费1.6万多元，用于计生、党建、日常办公等开支，同时筹资15万元入股电站，每年增加1.5万元的村集体收入。投入1.7万元慰问残疾人、低保户、“五保户”等。二、通过帮助做大做强村主导产业，增加贫困户收入。年内，帮扶单位邀请县农技专家到贫困村举办贡柑种植技术培训班6期。市委统战部、工商联投入7.16万元购买化肥，鼓励贫困户种植果树。县水务局、工商局投入12万元购买化肥、果苗和黄豆种子，发动水口村贫困户扩大种植柑橘13.33公顷。

**2014年扶溪镇村（居）委会基本情况一览表**

表57

| 村（居）名称 | 村小组（个） | 自然村（个） | 村（居）委会集体纯收入（万元） | 现有集体经济发展项目 | 特产 | 村（居）委会负责人 |
|---|---|---|---|---|---|---|
| 居委会 | 0 | 0 | — | — | — | 黄丽珠 |
| 紫岭 | 9 | 5 | 8 | 小水电站分红，木材厂租金 | 优质稻米 | 谭东如 |
| 扶中 | 14 | 12 | 2.5 | 砖厂租金，鱼塘、电站入股 | 优质稻米 | 罗明生 |
| 水口 | 4 | 4 | 8.5 | 小水电站分红，林场，砖厂租金 | 砂糖橘 | 谭贵明 |

续表57

| 村（居）名称 | 村小组（个） | 自然村（个） | 村（居）委会集体纯收入（万元） | 现有集体经济发展项目 | 特产 | 村（居）委会负责人 |
|---|---|---|---|---|---|---|
| 古夏 | 13 | 8 | 6.7 | 小水电站分红 | 腊鸭 | 李树全 |
| 厚塘 | 10 | 7 | 7.4 | 小水电站分红，南台庙管理费 | 鸭 | 邓胜华 |
| 长坑 | 9 | 9 | 12.7 | 小水电站分红 | 冬笋 | 谭均发 |
| 斜周 | 8 | 8 | 13.9 | 小水电站分红，沙场，果园 | 优质稻米 | 李文满 |
| 蛇离 | 8 | 8 | 7.6 | 小水电站分红 | 冬笋 | 黄德文 |
| 左龙 | 6 | 6 | 5.5 | 小水电站分红 | 竹笋、香菇 | 阙桥石 |

**扶溪镇党政负责人名录：**

**书　　记：**谭建华（任至2014年3月）
彭国强（2014年3月任职）
**副书记：**詹碧清　张细友
**党委委员：**陈繁秀（女）
吴显桃（女）
罗　耿　刘　东
蒙传文　刘建光
赖道友　骆宝生
**人大主席：**谭建华（任至2014年3月）
彭国强（2014年3月任职）
**人大副主席：**赖道友
**镇　长：**詹碧清
**副镇长：**蒙升龙　何有财
邓　飞

（段子浩）

## 闻韶镇

**【基本情况】** 闻韶镇位于仁化县东部，东连南雄市百顺镇，南接黄坑镇，西与丹霞街道办事处为邻，北与扶溪镇交界，属山区镇，距县城32公里。辖区总面积8578公顷，其中，山地7527.13公顷，常用耕地面积702.55公顷，其中水田539.2公顷。2014年，全镇辖村委会5个，居委会（社区）1个，总户数1306户，总人口6295人。有初级中学和完全小学各1所，在校学生524人。

闻韶山清水秀，植被完好，四季山花烂漫，鸟语花香，有“天然氧吧”美誉，旅游资源有人文景观省级文物保护单位北宋华林寺塔，山寨、古村、古盐关、石拱桥、庙宇和自然风光旅游景点笔架山、风车港、温泉。省道342线公路贯穿全境，交通便利。水力资源丰富，4条河流与浈江相接，境内建有水电站12座，装机5300千瓦，是全镇经济支柱之一。域内矿产资源主要有金、银、铜、磁铁、稀土、翡绿岩、黄蜡石、温泉等。企业有竹制品加工产3家，竹炭厂1家，土特产有罗汉果、冬笋、番薯、优质米，其中以罗汉果闻名。

**【经济发展概况】** 2014年，全镇工业总产值2776万元，农业总产值9778.1万元，比上年增长7.5%，本级财政收入比523万元，比上年增长5%，农村人均收入9847元，比上年增长10%。

【农业产业发展平稳】 稳定粮食生产，落实惠农政策。2014年，闻韶镇农作物种植面积646.5公顷，其中优质稻种植面积556.8公顷。落实惠农政策综合直补716620.44元，粮食直补943532.59元。

养殖业平稳发展。全年全镇：生猪养殖大户有18户，其中新增养猪大户2户；竹鼠养殖户4户，比上年减少2户，养殖竹鼠3563只，比上年减少1737只，下降32.77%；黑山羊养殖950头，比上年增长2.15%，出栏325头，比上年增长13.64%；肉牛存栏465头，比上年减少55头，下降10.58%，出栏260头，比上年增长13.04%；生猪存栏6123头，比上年增长1.63%，出栏6893头，比上年增长5%；“三鸟”存栏23543羽，比上年增长9.86%，出栏13930羽，比上年增长1.41%。

发展柑橘产业。全年全镇柑橘种植面积108公顷，比上年增加2.86%，新种柑橘65公顷，比上年增加18.18%，备耕10.3公顷，比上年增加8.4%。2014年全镇柑橘收入80万元。

科技兴农。2014年，全镇早、中造稻种植面积335公顷，优质稻品种种植面积96%以上。建立下徐、塘源机械化稻秧高产示范基地5.35公顷。全年邀请专家举办各类培训班6期，其中柑橘技术培训班4期，其他农类培训班2期。绿闻果蔬合作社带动下徐、金竹园、白竹加等。塘源漂塘村民种植绿色蔬菜4.35公顷，新增罗汉果基地种植面积8.32公顷。

夯实农业基础设施。全年全镇新建和维修水坡13座，维修水渠3条，白竹横坌、华塘华坑、塘坑5条水渠维修工程完工，完成高标准农田改造300多公顷。

林业持续发展。2014年，闻韶镇新增毛竹面积92.5公顷，比上年下降1.24%。加快残次林改造，新种植杉、松面积189公顷，比上年下降66.06%。抓好好林防火工作，加大防火宣传力度，落实防火责任制，杜绝山火发生。全年全镇发放防火宣传资料1800份，张贴防火宣传标语360多条。

【城镇基础设施建设】 2014年，闻韶镇投资28万元在镇政府大院和综治办附近新建小型公园1个。同时筹建闻韶森林公园，2014年12月26日，完成森林公园基础建设。着手筹备建立暖水水生动物保护区。加强规划建设，成立规划办，安排能力强，经验丰富人员充实规划队伍。开展市场整治专项行动，整治乱摆乱卖，规范市场经营。绿化美化街道两旁，完成农贸市场改造，街道两旁摊档全部搬进市场。加大重点项目建设力度，按计划稳步推进暖水温泉度假村建设和茅坪电站建设工程。

【林业工作】 2014年，闻韶镇深化林权制度改革，加强生态林管护，开展植树造林行动。开展集中整治森林秩序，打击盗伐林木专项行动，打击涉林违法犯罪行为。加强山林纠纷调处和护林员队伍建设，完善山林纠纷调处机制，提高山林纠纷调处率。全年全镇受理山林纠纷案6宗，成功化解6宗，调处成功率100%；历年积案4宗，终结3宗，调处率75%。

【社会保障】 2014年，闻韶镇组织失业人员160名参加县文化广场举行的大型企业招聘会，112人找到工作。实现社会保障全覆盖、城乡基本养老保险全覆盖，城乡医疗保险参保率100%，全年有满60周岁村民办理新农保养老金37名。按照“应保尽保，动态管理，公平、公正、公开”原则，深入村户，及时掌握低保对象实际情况，实行低保对象规范化动态管理，低保名额呈现流动式。全年全镇有低保户116户，共计236人，取消脱贫人员低保待遇17户，新增纳入低保待遇行列困难家庭4户。做好“五保”对象供养工作，全年全镇有“五保”户16人，其中，集中供养11人，分散供养5人。投入资金45万元修缮镇敬老院，添置空调、太阳能热水器、电冰箱、洗衣机等设施，改善孤寡老人居住环境。做好社会优抚和残疾人工作，“八一”建军节期间走访慰问全镇军烈属、复员退伍军人、参战老兵，发放优抚对象慰问金，解决优抚对象困难。帮助白内障患者48人恢复光明。免费为残疾人92名办理城乡居民医疗保险，解决残疾人医疗保障问题。组织残疾人参加职业技能培训班，对残疾人种植柑桔和养殖白鸽进行创业培训，增加残疾人参加社会就业和创业机会。

**【扶贫“双到”工作】** 2014年，闻韶镇扶贫开发工作结合新农村建设、农村基础建设和增加农民收入，突出产业扶贫，加大扶贫力度，做好项目申报工作，成立农民专业合作社，形成“企业＋基地＋农户”经营模式，提高农户种植、养殖热情，增加农民经济收入。上级扶贫资金下达，白竹落实扶贫资金61.1397万元，华塘落实扶贫资金37.5万元，塘源落实扶贫资金45万元。

**【文化建设】** 2014年，闻韶镇投入21万元建立电子阅览室等文化设施。坚持免费开放图书室、娱乐室、文化健身广场等文化设施，鼓励群众参与各项文体活动，享受文化娱乐生活。全年全镇参加广场舞600多人次，播放电影32场次，观众2300多人次，配合县文工团送戏下乡和送电影下乡，悬挂横幅，张贴开展群众路线实践活动和干部普遍联系群众宣传标语200多条，举办各种科普培训班15次，参加培训人员1200多人。开展丰富多彩节假日专题活动。正月初一，镇文化站举办“庆新春游园活动”，有群众300多人参与民间传统活动猜谜语、吹灯、钓鱼、击球、跳绳等。“六一”儿童节期间，协助市、县团委到闻韶镇泰学校开展慰问活动。组织学校师生参加县演讲比赛、文艺演出3次。组织举办闻韶镇2014年“丰收杯”篮球赛（有球队6支参加比赛）和“庆国庆”书法大赛。

**【计生服务】** 2014年，闻韶镇贯彻落实人口与计划生育目标管理责任制。切实增强计生服务，开展计生春季、秋季优质服务月活动，定期组织镇、村干部学习计生政策法规、避孕节育知识。截至2014年12月，当年女性初婚39人，免费孕前优生健康检查参检17对；出生76人，其中一孩出生29人，二孩41人，三孩6人，政策外出生7人，政策生育率90.78%，出生男孩35人，女孩41人，男女性别比为85.37；落实“四术”任务124例，长效措施及时率47.7%，长效措施落实率96.12%；死亡47人，人口自然增长率5.02%；征收社会抚养费73.9353万元。

**【卫生、教育事业发展】** 2014年，闻韶镇深化医疗改革，提高卫生医疗水平，降低人民医疗支出。继续开展奖教奖学，全年奖励考上本科学校闻韶籍学子16人，发放奖学金1.3万元。深入开展扶贫助学，引导全社会参与捐资助学活动，中共闻韶镇党委、政府班子成员14名与贫困儿童14名结成助学对子。同时，联系社会慈善机构和爱心人士支持，争取广州蓝天爱心会、韶关市立德会、韶关市城投公司等慈善组织和企业参与，开展“爱心许愿”等形式多样捐资助学活动，全年全镇捐资捐物价值3万余元。

**【党风廉政建设】** 2014年，闻韶镇完善党政领导班子成员党风廉政建设岗位职责，加强监督力度，加大走访和明察暗访的力度，制定闻韶镇党风廉政建设工作任务分解表，细化责任分工，党政一把手负总责，结合档分廉政建设责任制“五个一”制度狠抓落实，切实履行“一岗双责”，即工作岗位和业务工作职责和党风廉政建设职责。以开展党性党风党纪教育，抓好党政领导干部的廉政学习，增强领导自律意识。镇政府和村委会都安装电子触摸屏，公开党务、政务和村务，接受群众监督，提高工作质量和效率。2014年镇纪委查出信访案件3宗，办结3宗，办结率100%，处理党员3名。

【综治维稳】 2014年，闻韶镇落实信访维稳和社会管理综治工作，开展矛盾纠纷大排查，发现矛盾纠纷及时调处，不留死角，不留隐患，并对排查出来的重大矛盾纠纷和不稳定因素进行调处。全年全镇接受群众来电来访140人次，排查矛盾纠纷34宗，调处34宗，调处率100%，成功调处（办结）33宗，成功调处（办结）率97.1%，其中信访案6宗，山林纠纷10宗，民事纠纷17宗。

【安全生产】 2014年，闻韶镇贯彻落实上级有关安全生产工作指示精神，坚持“安全第一，预防为主，综合治理”方针，以落实责任制为基础，开展安全生产大检查。加强安全隐患大整治为重点，认真督查，消除隐患，建立健全食品药品安全工作机制，加大食品药品整治力度，杜绝食品药品安全事故发生。年内开展安全生产检查出动人员84人次，检查中发现1间木材加工厂乱堆放木材，并限期该厂做好清理工作，全年全镇无安全生产和食品药品事故发生。

【档案工作】 2014年，闻韶镇档案工作经费纳入年度预算，加强镇、村档案员培训，提高业务能力，全年全镇完成2013年度文书、照片和实物档案收集归档工作，整理文书档案65卷、照片档案3卷、实物11件（卷）。

【普法宣传】 2014年，闻韶镇加大创建“平安闻韶”宣传力度，提升群众安全防范法制意识，以治安防范、普法、禁毒、及邪教宣传为重点，通过挂横幅、张贴海报、发放宣传资料、召开座谈会方式进行宣传，全年发放宣传资料1600份。5月26日，邀请县司法局人员到闻韶镇泰学校以问答方式开展法律教育。6月，闻韶镇按照县委、县政府部署开展一系列学习《广东省信访条例》和法律知识宣传活动。向群众发放《广东省信访条例》500多本，举办镇、村、组新信访条例培训班两期，参加培训人员100多人。9月，发放防火宣传册1250本，张贴防火宣传标语500多条，悬挂防火宣传横幅10条。

**2014年闻韶镇村（居）委会基本情况一览表**

表58

| 村（居）委会名称 | 村小组（个） | 自然村（个） | 村（居）委会集体纯收入（万元） | 特产 | 村（居）委负责人 |
|---|---|---|---|---|---|
| 闻韶居委会 | — | — | 1.2 | — | 陈永生 |
| 下徐村委会 | 10 | 7 | 4.9 | 罗汉果<br>冬笋 | 邓有为 |
| 江南村委会 | 6 | 6 | 5.9 | 罗汉果<br>冬笋 | 欧书贵 |
| 塘源村委会 | 6 | 6 | 3.1 | 冬笋 | 温天成 |
| 华塘村委会 | 9 | 7 | 3.2 | 冬笋 | 叶呈飞 |
| 白竹村委会 | 8 | 3 | 2.9 | 冬笋<br>番薯 | 凌家优 |

**闻韶镇党政负责人名录：**

**书　记：**陈俊华

**副书记：**冯　鹄　李杏兰(女)

**党委委员：**李惠芳（女）

黄志军　邓树根

刘厚明　谭志强

张晓彬

**人大主席：**陈俊华

**镇　长：**冯　鹄

**副镇长：**黎郁文　张功庭

谭小念

（黎学荣）

## 黄坑镇

**【基本情况】** 黄坑镇位于仁化县东南部，东接南雄、始兴县，南临周田镇，西与世界地质公园丹霞山相连，北与闻韶镇相邻，面积16494公顷，其中有林地13324.92公顷，耕地1752.41公顷。2014年，全镇人口14724人，其中农业人口有14075人。辖7个行政村和1个居委会，78个村民小组。

黄坑镇地理位置优越，国道106线穿境而过，毗邻世界地质公园丹霞山。镇内山清水秀，风光秀丽，有“丽水之乡”美称。境内矿产资源主要有硅石、稀土矿等，古竹大坪村有地下热水1处。土特产以贡柑闻名。

2014年，中共黄坑镇党委、镇政府学习贯彻中共十八大和十八届三中、四中全会精神，按照工作计划和部署，团结、依靠全镇人民，攻坚克难，贯彻实施“四化推四区”发展战略，实现经济社会平稳发展。

**【经济状况】** 2014年，黄坑镇实现地区生产总值2.57亿元，比2013年增长7.71%，其中农业总产值1.93亿元，比2013年增长48.46%；固定资产投资49056万元；实现财政收入736万元，比2013年下降0.41%；农民人均收入11766元，比2013年增长约10.27%。农村经济结构不断调整、优化和升级，乡镇企业“龙头”效益明显好转，全镇经济呈现出健康稳定发展态势。

**【农业经济】** *贡柑等主导产业培育和发展。*2014年，黄坑镇以贡柑为主，粮食、蔬菜为辅发展模式，培育产业基地，促进全镇农业特色化、规模化发展。全年全镇柑橘种植面积1000公顷，其中，2014年新种贡柑200余公顷，可挂果面积666.67公顷，实现产量超3万吨，产值2亿元。

*落实种粮直补工作。*2014年，黄坑镇按照中央粮食直补政策要求，落实种粮农民直补资金、种粮农民农资综合直补资金和晚稻良种补贴资金发放工作，全年发放种粮农民综合直补资金 169万元。

*农业实用技术推广和应用。*2014年，黄坑镇通过邀请省农科院校和市、县农业局专家到黄坑举办农业科技培训班4期，培训人次500余人。通过培训，提高农户掌握种植与病虫害防治技术水平。发放高产水稻栽培资料1000多份，转发县农业部门下发病虫情报6期。

*强化合作，维护果农权益。*2014年，黄坑镇加大贡柑合作社扶持力度，引导种植户联合成立合作社，以合作社为平台，互帮互助，交流经验，传递信息，开拓市场，提高农业产业化工作水平，维护果农利益，促进农民增收。全年全镇有合作社22家。

*农村土地经营承包权确权登记颁证试点工作。*2014年，黄坑镇是仁化县土地经营承包权确权登记颁证试点镇。镇政府选取下营和曰庄村作为全镇开展该项工作试点村，以积累确权工作经验。全年全镇完成286.67公顷土地测绘工作。

**【林业工作】** *严格林政管理，加大森林防火工作力度。*2014年，黄坑镇依法惩处乱砍滥伐、无证开采林地行为，坚决执行审批制度，全镇所有山林土地使用一律要求进行审批和规划，层层把关木材砍伐和林业用地。同时，加强森林防火工作，聘请14个护林员，分布在7个村。从2014年9月开始，实行24小时全天值班制度，确保山火早发现、打得早、打得了。

*加大山林纠纷调解力度。*2014年，黄坑镇接受山林纠

纷20宗，成功调处山林纠纷12宗，发放林权证8户，下裁决6宗，下终结调解书6宗。

落实生态林保护新增面积申报。2014年，黄坑镇新增上报生态林面积2800公顷。截至2014年年底，全镇有生态林面积4600公顷。同时，购买林地新保险5333.33公顷。

**【水利建设】** 2014年，黄坑镇争取水利项目落户。年内，成功申报黄坑河堤改造项目，工程资金2940万元，拟改造维修河堤6.6公里，截至2014年年底，完成河堤勘测规划工作。争取农田高标准建设任务480公顷，项目于2013年4月动工，规划面积除高塘外6个村委会农田灌溉区480公顷，总投资1008万元。截至2014年12月，该项目基本完工。落实“三防”工作。2014年，黄坑镇投入10多万元修护蓝田水圳等主干渠，并于9月至10月投入4万多元用于全镇抗旱。

**【社会各项事业发展】** 民生工程逐步落实。2014年，中共黄坑镇党委、政府利用开展党的群众路线教育实践活动契机，围绕群众关心的出行难、基础设施落后、生活环境差等民生热点问题，为民办实事。截至2014年年底，全面完成10件惠民、利民民生实事：投资42.9万元完成县道X320线至如塘长沙村乡道和大岭至冯屋村乡道建设，总长度1.65公里；筹集资金50多万元新建群众文化健身广场；投资5万元扩建蓝田村小组有线电视网络；投资30多万元完成高塘等4个村委会6个村小组文化室新建和改造工程；筹集资金10万元完成高塘村新木村小组路面硬底化建设；投资15万元购置环卫设备，改善村居卫生环境；投资600多万元改建蓝田水利灌溉工程，解决蓝田村下游村民农田灌溉用水难问题；投入70多万元新修建下营、高塘2个村委11个村小组自来水工程；投资50多万元建设龙皇坪路口至黄坑村委段县道320线沿线路灯；举办贡柑节，提高黄坑贡柑知名度，吸引游客和投资者，增加村民收入。

计生工作常抓不懈。2014年，黄坑镇以狠抓基层、夯实基础为重点，研究解决人口与计划生育工作新问题，探索人口与计划生育工作新思路、新途径。经镇村干部努力，完成县委、县政府下达的人口与计划生育各项目标任务。2014年，全镇已婚育龄妇女3086人，出生人口222人，其中一孩出生117人，二孩出生97人，多孩出生8人；政策内出生203人，政策外出生19人，政策生育率91.44%。全镇落实“四术”247例，社会抚养费征收1015500元，为58对已婚育龄夫妇提供免费孕前优生健康检查，参检率100%。

扶贫工作深入开展。2014年，市国资委和市人民银行等扶贫单位通过出资给省扶贫村小溪村入股锦江电站80万元和县地税局等单位给省扶贫村古竹村入股黄坑镇属电站10万元，实现村集体收入8万元以上。做好扶贫村扶贫项目实施，改善扶贫村生活条件。投入17万元为小溪村5个村小组进行自来水改造，投入5.5万元为古竹村4个村小组安装路灯和投入12万元新建健身广场1个，通过帮扶单位自筹资金23万元改造古竹村委会办公大楼。协助扶贫户做好生产帮扶资金贷款。全年，协助扶贫农户向信用社申请贷款90户，贷款金额300万元。做好落实“两不具备”整村搬迁瑶山新村项目实施。截至2014年年底，28户集中建房户房屋封顶，并进行室内装修。

宝能旅游项目取得新进展。截至2014年年底，宝能国际旅游度假丹霞天街项目建设基本完工。丹霞天街项目计划投资额约13亿元，总用地面积为124017平方米，主要功能分商业街、办公楼、五星级酒店及酒店式公寓四大部分。2014年，完成冯屋村36.33公顷范围内坟墓迁移、地表附着物及青苗清表，李姓房屋搬迁和冯屋村集体留用地确认等工作；解决红灯村3.7053公顷土地历史遗留问题；新征白沙村“天井堂”林地6.602公顷。

社会保障全面落实。落

实“低保”政策，及时调整脱贫低保人员，妥善解决病、残、孤寡人群生产生活，确保农村低保对象和“五保”老人实现应保尽保，为镇所有“五保户”“低保户”购买农村合作医疗保险。2014年，全镇落实低保户172户，409人受保；安置“五保”老人22人，农村“一保五难”问题得到解决。落实城乡养老保险参保工作。截至2014年年底，全镇参保5225人，其中参加新农保5164人，参加城居保61人。落实城乡医保参保推广工作。结合新政策、参保益处和缴费标准等内容通过多种形式宣传，让群众了解城乡医保政策，消除群众疑虑和担心，使群众看到实惠、感受到好处。2014年，全镇参加2015年城乡医保参保11702人，100%完成参保任务。

文教卫生得到巩固。2014年，黄坑镇扎实开展常规教学管理工作，加强教师队伍建设，改善校容校貌，提高教育教学质量。2014年7月，黄坑中学连续第10年获“县教学质量优胜单位”。卫生院等站所建设完善，服务水平和接待能力明显提升。

继续实施乡村清洁美工程。2014年，黄坑镇开展卫生专项整治活动。组织镇、村干部对街道、城乡结合部、公路沿线开展卫生大扫除，清理卫生死角。继续完善环卫设施设备，在红灯红砖厂新建垃圾中转站1个，在各村委新建垃圾收集点，实现“一镇一站、一村一点”；新购制垃圾车挂桶20多个及小垃圾桶200个分发到各垃圾收集点摆放。抓基础设施建设。投资20多万元修建黄坑中学路口至信用社、黄坑小学至荣昌饭店门口路段下水道，解决街镇污水排放问题。争取环境整治项目。2014年，通过争取，蓝田村小组列入第四批省级环保专项整治农村连片环境综合治理，获财政拨款120万元，截至2014年年底，项目进入规划阶段。

**【社会发展环境优化】** 广泛宣传，民主法制建设深化。2014年，黄坑镇开展普法教育，制定《普法规划》，抓好普法宣传。2014年6月，配合县学习宣传领导小组，对镇部分干部及村（居）委会调解主任和村小组长共130多人开展《广东省信访条例》学习培训。推进依法治镇、依法治村，贯彻《全面推进依法行政实施纲要》，自觉接受镇人大法律监督和政协委员民主监督，人大代表建议、意见办结率达100%。推进政务公开、村务公开和党务公开，增强政府依法行政、民主决策能力。

开展“平安黄坑”创建活动，社会治安综合治理稳步推进。强化调处，深入开展社会矛盾纠纷排查化解。全年，镇综治中心排查出社会矛盾纠纷30件，调解成功28件，调处成功率93%。源头治访，狠抓领导干部接访制度落实。坚持开展“干群会客厅”活动，由镇领导班子成员带班接待群众来访。全年开展干群会客活动76场，座谈会见群众76批90多人次，现场答复解决67件，协调解决4件，调处率100%，办结率达93%。完善机制，落实信访案件办理督办机制。坚持镇主要领导总负责，分管领导分工负责，对口调处，属地配合，信访部门督办办理程序，实现调处、决策、督办程序化。

**【党风廉政建设】** 加强思想理论武装，提高中共党员队伍思想政治素质。镇党委要求各农村党支部坚持“三会一课”制度，建立学习教育长效管理机制，制订具体学习培训计划，树立党员干部勤于学习、终身学习理念，掌握先进理念、科学发展观和现代管理知识，增强服务农村、服务群众能力和意识。

加强党员队伍管理，坚持围绕中心，推进中共党组织建设。坚持正确选人用人导向，加强干部职工教育培训。做好党费收缴工作，按规定做到足额收缴，及时上交，账册、票据记录清楚、明确，无违规现象。做好党员发展工作，全年全镇发展中共党员7名，均为35岁以下优秀青年，其中大专以上学历5人。

加强中共党组织建设，增强基层党组织凝聚力、战斗力、创造力。一是加强学习，坚持中心组学习制度。二是严格党的组织生活。按照“三会一课”制度要求，班子成员都要过双重组织生活会，开展批评和自我批评，增强班子整体合力。三是坚持实行民主集中。四是加强基层政权建设。2014年1月24日，黄坑镇完成村“两委”换届选举试点镇工作，配强配齐8个村（社区）“两委”班子。

深入开展党的群众路线教育实践活动。按照中共中央、省、市、县统一部署和要求，黄坑镇贯彻整风精神，扎实开展学习教育，广泛听取群众意见，边查边改，全镇党的群众路线教育实践活动取得成效。全年全镇参加教育活动党支部20个，其中农村党支部8个，“两新”组织党组织5个，机关、企、事业单位党支部7个，共562名党员。

继续开展好“民情日记”和“民忧档案”活动。狠抓日常工作，确保各项工作齐头并进，截至2014年年底，开展干群会客活动76场，共受理问题67宗，解决问题64宗，其中“民忧”54宗，办结率达95%；镇干部员工撰写“民情日记”4512篇，收到“民忧卡”599张。重视组织宣传和组工工作，抓好党务公开，完成流动党员摸底，做好日常各类报表报送和组干信息调研工作。

**【黄坑贡柑】** 黄坑贡柑果形靓丽、果色金黄、皮薄核少、肉脆化渣、清甜香蜜、高糖低酸、风味浓郁，集中了橙类外形美和柑桔肉质细嫩、易剥皮优点。2014年，全镇柑橘种植面积达1000公顷，其中，新种贡柑200余公顷，可挂果面积约666.67公顷，实现产量超3万吨，产值达2亿元。

**2014年黄坑镇村委会（社区）基本情况一览表**

表59

| 村（居）名称 | 村小组（个） | 自然村（个） | 村（居）委会集体纯收入（万元） | 现有集体经济发展项目 | 特产 | 村（居）委会负责人 |
|---|---|---|---|---|---|---|
| 高塘 | 16 | 16 | 4.3 | 投资镇扶贫电站；山塘、厂场出租；山林发包 | 大米、贡柑、柑橘 | 黄七金 |
| 下营 | 13 | 13 | 4.12 | 投资镇扶贫电站；茶场、鱼塘出租；林地发包 | 大米、贡柑、茶叶 | 简河清 |
| 黄坑 | 13 | 13 | 4.06 | 山塘出租；林地发包；电站、水厂资源费 | 贡柑、柑橘、大米 | 李金荣 |
| 小溪 | 7 | 7 | 5.3 | 电站资源费；厂场出租和林木资源费 | 贡柑、柑橘、白毛银毫茶叶、大米 | 钟新平 |
| 蓝田 | 5 | 5 | 3.5 | 电站资源费；山林发包 | 贡柑、柑橘、大米 | 李世生 |
| 曰庄 | 11 | 11 | 3.5 | 电站资源费；林地发包；厂场出租 | 贡柑、柑橘、大米 | 肖滨 |
| 古竹 | 12 | 12 | 6.6 | 镇政府电站投资 | 竹笋、大米 | 刘永明 |
| 社区 | 1 | 1 | 0 | — | — | 李庚优 |

**黄坑镇党政负责人名录：**

**书　记：**谭建华（2014年3月任职）

**副书记：**彭国强（任至2014年3月）
邓永林
叶长盛（2014年3月任职）

**党委委员：**许俊华　沈家盛
刘德荣　李维胜
张晓飞　李子春（女）
沈　刚　江谷林

**人大主席：**谭建华（2014年4月任职）

**人大副主席：**刘德荣

**镇　长：**彭国强（任至2014年3月）
邓永林（2014年4月任职）

**副镇长：**何海生　刘润芳
张建梅（女）

（李春华）

## 周田镇

**【基本情况】**　周田镇位于仁化县东南部，距县城17公里，距世界自然遗产、世界地质公园、国家AAAAA级旅游风景名胜区丹霞山12公里。东与始兴县太平镇交界，南接大桥镇，西靠丹霞山，北邻黄坑镇。属于省级中心镇，总面积29612公顷，镇域面积500公顷，耕地面积2162.21公顷（其中水田1423.8公顷），山地24438.03公顷。全镇辖15个行政村、1个社区居委会，168个村民小组。2014年年末，全镇总人口27465人，其中农业人口25465人，外来人口578人。镇区属中亚热带季风形成气候区，丘陵地带，年平均气温21.1摄氏度。镇内农业以水稻、蚕桑、花生、西瓜、柑橘传统产业为主。

周田镇具有优越交通和区位优势。国道106线、国道323线、韶赣高速公路和赣韶铁路穿镇而过，并分别设有高速公路出入口和火车站；北江支流浈江河自东向西穿镇而淌，境内另有黄坑河、灵溪河两条支流，形成极其便利水陆交通网络，成为粤北地区交通枢纽重镇。

2014年8月10日，由仁化县和中华孝行天下工程组委会共同在广东省创建的第一个“孝心村”周田孝心示范村正式挂牌。2014年12月，周田村被中共广东省委宣传部、省文明委命名为培育和践行社会主义核心价值观示范点。是年12月，雷坑村被广东省计划生育协会授予“人口和计划生育基层群众自治示范村居”。

2014年，中共周田镇委、镇政府团结带领全镇党员干部和群众，深入贯彻落实科学发展观，贯彻落实中共十八大和十八届三中、四中全会精神，扎实开展党的群众路线教育实践活动，围绕中共仁化县委“四化推四区”发展战略，以“工业兴镇、农业稳镇、商贸兴镇、旅游旺镇、宜居城镇”为目标，进一步解放思想，攻坚克难，较好实现经济社会快速发展。全镇呈现出经济发展、社会大局稳定、人民群众安居乐业局面。

**【镇域经济发展呈现新活力】**　2014年，周田镇围绕“富民强镇”目标，加快经济发展步伐，提升全镇人民生活水平。全年全镇生产总值74357万元，同比增长20.77%；固定资产投资147335万元（其中镇区55925万元，工业园区91410万元）；本级两税收入803.43万元，同比增长26.67%；民营企业91家，其中新增16家；村集体总收入450.2万元，同比增长39.13%；农民人均纯收入12083.31元，同比增长11.6%。

**【“四化推四区”建设】**　新型工业化建设推进有力。2014年，周田镇结合征地拆迁安置工作点多线长面广、任务重和时间紧实际情况，切实强化措施，制定《征地拆迁实施方案》《周田镇征地补偿发放流程》等规范性文件，规范征地工作的征地、拆迁程序，落实工作倒逼机制，稳步推进征地拆迁工作。年内，征收土地43.33公顷，拆迁房屋61户，确保县有色金属循环经济产业基地、宝能、火车站广场等项目用地，有力推进工业、企业建设进程。

新型城镇化建设思路清

晰。2014年，周田镇完成火车站广场建设工程；完成韶赣高速周田出口至灵溪桥段商业街工程规划、设计，进入环境整治工作阶段；推进“亲和园”“丹月花园”住宅小区基础设施建设；完成周田影剧院（文化站）综合楼选址、设计、钻探工作；完成月岭街、韶南北路整治工程规划、设计工作。

现代农业产业化建设成效明显。2014年，周田镇坚持以“农业增效、农民增收、农村稳定”为目标，推进农业产业化发展。落实国家惠农政策，支持购买农村住房保险，水稻保险全覆盖，全年落实农机补贴64台12万元、粮食直补资金318.37万元、基本农田保护补偿资金85.6万元、生态公益林补偿资金341.85万元。加强农业基础设施建设，争取资金290多万元对上坑口、草平龙、蛇颈山塘进行维修加固；争取资金 500多万元，在7个村委开展高标准基本农田建设233.33公顷。集中开展规模养殖场污染整治，完成风顺猪场等5家规模养殖场减排设施建设。按照“一镇一品”“一村一业”发展思路，培育特色农业产业，切实抓好专业合作社申报工作，新成立专业合作7个。推进山地开发利用，以富然农科公司为依托，抓好山茶油、各类水果等特色农作物种植。加强护林防火工作，全面推进集体林权制度改革，加大林权争议调处、涉林信访与山林发证工作力度，全年调处山林纠纷13宗，山林发证76宗，查处盗伐滥伐案件5宗；推进扶贫“双到”工作，截至2014年年底，投入两个贫困村扶贫开发“双到”资金（包括行业资金）1062.82万元，实施村各类帮扶项目40个，户扶持项目800多个，全面完成2014年扶贫开发工作目标任务。

休闲商旅化建设有声有色。2014年，周田镇坚持打造环丹霞山大景观、大旅游工作思路，做好景点景观保护，打击景区各类乱砍滥伐、乱搭乱建行为。做好旅游服务，建设周田旅游咨询服务中心，谋划推介周田旅游景点，提升周田旅游景点知名度。打造“丹霞仁家”品牌，建设和助力“农家乐”管理和升级。完善旅游景点景区配套服务设施建设，加强镇内酒店、旅馆等服务设施管理，提升旅游接待能力和水平，营造良好旅游与人文环境。

**【社会事业全面进步】** 镇村规划管理不断加强。2014年，周田镇主动对接县政府相关职能部门，切实抓好镇村发展及建设规划工作，成立规划建设办，配备专职人员，落实责任，强化镇村管理，镇村规划建设和管理水平得到新提升。

城乡整治工作有力推进。2014年，周田镇深入开展乡村“清洁美”工程建设，全年投入乡村清洁美工作专项资金120万元，其中投入60万元建好垃圾处理中转站，投入10万元建设各村垃圾收集点，投资20万元购置自动装卸环卫车1台和投资10万元购置垃圾桶及清扫工具一批，投入20万元聘请保洁员。加强墟镇、国道106线和国道323线沿线火车站广场等主干道和人群聚集地卫生保洁工作。加大“三抢两违”整治力度，成立土地综合巡查队，招聘工作人员15名，加强严控区巡查管理工作，全年全镇立案查处“两违”案件32宗，制止违法用地21宗，依法拆除违法建筑1015平方米。

教育文化卫生各项事业均衡发展。2014年，周田镇巩固省级教育强镇成果，开展教育表彰大会，表彰奖励年度优秀学生及教师，营造尊师重教氛围。完善医疗卫生基础设施建设，改善医疗条件，采取果断措施预防登革热病发生，提高全镇卫生保健水平。开展群众文化活动和“三下乡”活动，丰富和活跃广大群众文化生活。在周田村委率先创办全省第一个“孝心示范村”，村风民风明显好转。扩大有线电视用户覆盖率，全镇有用户2630户，覆盖率47.8%。开展“双拥”工作，基层民兵武装“四基”建设全面落实达标，鼓励优秀青年参军入伍，超额完成县政府下达的征兵任务。工会、妇女、共青团、档案等各项工作得到较好开展。

人口与计划生育工作水平逐步提升。2014年，周田镇全面落实工作责任制，强调计划生育层级动态管理。制定《周田镇开展计划生育工作实施方案》，做好计生重心下移；加大计生投入，全镇人均计划生育经费达86元。2014年计划生育率达90.77%，排名接近全县平均水平。

10件民生大事基本完成。2014年，周田镇全力抓好践行为民承诺，按照上届人大会提出的工作目标，抓好落实承诺的各项民生大事。截至2014年年底，完成民生大事8件，正在建设2件。

社会保障体系不断健全。2014年，周田镇新型城乡合作医疗参合人数21021人，参合率达 100%，参加新型农村社会养老保险9155人，参保率78.56%，达到年龄领取待遇23170人；城镇居民参保262人，参保率达到28.91%；达到年龄领取待遇153人，80岁以上老年人办理高龄补贴700多人。同时，注重提升离任村干部和在职干部职工待遇。

**【社会大局和谐稳定】** 党的群众路线教育实践活动收实效。一是加强领导，统筹部署。召开动员大会，镇、村（社区）“两新”统一部署，成立领导机构和制订实施方案。二是完善机制。镇领导班子负责对各党支部开展党的群众路线教育实践活动督导帮扶。开展干群会客厅接访日活动，实行党政班子成员轮流接访制度，每周一下午3点至5点，安排1名党政班子成员在干群会客厅值班，接待群众来访，及时处理群众诉求，并取得成效。三是坚持理论与实际相结合、集中学习与个人自学相结合方式，抓好党员干部学习。每位党员都写出学习记录和心得体会、对照检查材料，切实增强自身党性修养，提升宗旨意识。四是组成4个督导组，对各村（社区）及“两新”党组织活动开展情况进行督导，确保活动开展有序，不走形式、不走过场、不出偏差，有效保障全镇群众教育实践活动顺利开展。五是理论联系实际，活动工作“两不误”。首先各党政班子成员结合自身工作实际积极开展下村走访活动和调研活动，并利用“民忧档案”“民忧卡”等载体，问政于民、问需于民、问计于民，实时记录民情，促进干部作风转变。镇党委向群众承诺办好10件民生大事。其次开展联系村、户帮扶活动。结合周田镇项目多、征地任务重实际，将调研、征求意见重点放在征地拆迁任务比较重的新庄、周田、平甫村委会，下到群众当中，听取群众意见、建议和诉求，有针对性开展工作，有效实现工作、活动“两不误、两促进”。六是作风建设持续增强，政府班子开展征求意见活动13次，“五送帮耕”活动15次，“三同三谈”活动19次，查摆和整改“四风”突出问题23条，收集建议意见121条。同时，大力践行为民承诺，镇承诺10件民生大事及各村承诺的5件民生事项得到解决。

工作效能明显提升。2014年，周田镇政府OA电子办公系统建成运行，办事流程更加优化，办事效率明显提升。狠抓服务载体创新，开通“企信通”短信平台，干群会客厅、“民忧档案”活动扎实开展，积极办理人大代表建议，认真处理网络问政、民生热线反映的问题，全年接待来访群众、企业业主133人次，受理和解决问题116宗。

平安周田创建扎实推进。2014年，周田镇按照“打防结合，预防为主，专群结合，依靠群众”工作方针，坚持系统、依法、综合、源头治理，完善“天网工程”区域视频监控系统建设，新增高清视频监控点17个。加强矛盾排查与调解工作力度，全年排查出突出矛盾纠纷80宗，成功调处76宗，成功调处率95%。深入开展法制、安全教育知识进乡村社区、进学校、进企业活动，开展“六大专项”整治、平安镇、平安村居、平安家庭等多种形式基层平安创建活动，提升人民群众安全感和满意度。抓好安全生产工作，落实安全责任，加强巡查检查，严防重大安全事故发生，全镇全年未发生安全生产事故。

**2014年周田镇村委会（社区）基本情况一览表**

表60

| 村（社区）名称 | 村小组（个） | 自然村（个） | 村（社区）集体纯收入（万元） | 现有集体经济发展项目 | 特产 | 村（社区）负责人 |
|---|---|---|---|---|---|---|
| 较坑 | 18 | 14 | 11.63 | 鱼塘、韶石山集体山岭出租 | 蚕桑、蒿竹 | 刘作财<br>杨齐明 |
| 平甫 | 20 | 17 | 8.13 | 鱼塘、电站出租 | 奈李、西瓜、西红柿 | 林红秀 |
| 周田 | 24 | 6 | 20.56 | 鱼塘、韶石山集体山岭出租，土地、房屋出租 | 优质谷、西瓜 | 张宗式 |
| 龙坑 | 5 | 5 | 7.0 | 鱼塘、韶石山集体山岭出租 | 优质谷、西瓜 | 罗东福 |
| 上道 | 10 | 9 | 4.57 | 鱼塘、竹园、孔雀场 | 优质谷、蚕桑、花生、蒿竹 | 王月武 |
| 鸡龙 | 6 | 3 | 5.84 | 鱼塘、竹园 | 萝卜、沙葛 | 杨齐辉 |
| 台滩 | 15 | 15 | 3.04 | 鱼塘、锦江电站分红 | 优质谷、花生 | 龚厘团 |
| 新庄 | 10 | 10 | 7.15 | 新庄电站协调费 | 优质谷、花生 | 朱伟金 |
| 谭屋 | 10 | 10 | 3.10 | 锦江电站分红、新庄电站协调费 | 优质谷、花生 | 谭天茂 |
| 上坪 | 7 | 7 | 4.4 | 锦江电站分红、鱼塘、集体山岭出租 | 优质谷、贡柑、蒿竹 | 赖绍斌 |
| 雷坑 | 7 | 7 | 3.7 | 新庄电站协调费 | 蒿竹 | 彭长明 |
| 麻洋 | 6 | 6 | 10.46 | 鱼塘、集体山岭出租 | 红瓜子、蒿竹 | 詹远城 |
| 灵溪 | 15 | 12 | 17.7 | 竹器厂 | 冬菇、茶叶、冬笋 | 高红星 |
| 下洞 | 10 | 7 | 5.16 | 漂流公司及电站协调费 | 冬菇、冬笋 | 吴娘明 |
| 瑶溪 | 5 | 5 | 27.56 | 锦江电站分红、集体山岭出租 | 冬菇、木耳、蜂蜜 | 邵万明 |
| 社区 | — | — | — | — | — | 孔志海 |

**周田镇党政负责人名录：**

**书　记：**邱志坚

**副书记：**冯奋德　侯政春

**党委委员：**黄玉华　刘群珍（女）　卢明春　邓贵胜　刘小飞　余诗金　邱冬福　许雪峰

**人大主席：**邱志坚

**人大副主席：**刘群珍（女）

**镇　长：**冯奋德

**副镇长：**许兴远　刘新其　罗福贤（2014年1月任职）

（黄福成）

# 大桥镇

**【基本情况】** 大桥镇地处仁化县南部，距县城24公里，与韶关市东郊相连，北部和东部与周田镇相接，南部与曲江区相连，西邻浈江区。大桥镇是因古时附近的干坑河上有一座石砌拱桥故而得名。全镇土地总面积13280.01公顷，其中农用地12055.6公顷，占土地总面积的90.78%，农用地中，耕地面积为1328.57公顷，林地面积10180.55公顷。辖6个村委会，1个居委会，共70个村民小组。2014年，全镇总人口10824人，其中，农业人口10271人。

大桥镇地理位置优越、交通网络发达，国道106线、323线贯通全境，韶赣高速、韶赣铁路穿镇而过，浈江从北至南、锦江从西至东流经辖区在大桥交汇。湾头水利枢纽工程，使韶关至大桥通航能力达50吨。两江四岸景观优美、秀丽。

大桥镇旅游资源丰富，全镇国土面积三分之二在世界自然遗产丹霞山范围内，森林覆盖率66.2%，“五马归槽”“韶石山庄”“大桥青云竹林生态园”等景点是探幽、访古、休闲好去处，丹霞山南门在大桥镇古洋村开工兴建。

大桥镇有得天独厚农业资源优势，地势平坦，土壤肥沃，水源充足，灌溉便利，是仁化县重要的粮食、经济作物区，形成以沙田柚、水稻、蔬菜、蚕桑、西瓜“五大传统项目”为主农业产业结构。其中，长坝沙田柚有“中华名果”之称，具有甜度高、水分多、爽口特点，是国家地理标志产品。

**【经济发展】** 2014年，大桥镇实现地区生产总值3.01亿元，同比增长9.9%；农业生产总值2.09亿元，同比增长5.0%；完成固定资产投资2.47亿元，同比增长215.8%；完成镇本级财政预算收入840.2万元，同比增长14.43%；农村人均纯收入11411元，同比增长9.64%。

**【重点项目建设】** 2014年，大桥镇按照中共仁化县委、县政府“四化推四区”战略部署，抓好重点项目推进工作。

丹霞山南门服务基地项目。2014年9月，丹霞山南门服务基地项目启动征地工作，大桥镇与南门服务基地开发项目所涉古洋村委会东粉、坝子、下村、大路甫、新村、河甫头6个村小组签订拟同意征地协议书。征地工作组对古洋村委会下村、大路甫、新村等村小组土地进行丈量、青苗清点，工作进展顺利，其中：下村丈量土地面积37.24公顷，大路甫丈量土地32.79公顷，新村丈量土地71.43公顷，3个村小组青苗款7366001.5元发放完毕，土地款相关材料上级部门正在核实中。

旭日葡萄观光园项目。该项目2007年启动，项目用地范围涉及大桥镇古洋、长坝2个村委会8个村小组。截至2014年年底，项目征地158.96公顷（其中山地114.67公顷、水田18.41公顷、鱼塘5.90公顷、山塘0.66公顷、荒地2.23公顷、旱地17.09公顷）、租地83.116公顷。项目拆迁24户（其中乳源大桥移民村13户、东山村2户、高脚板村承包户3户、茨菇塘村承包户5户、五马寨片承包户1户）。

宝能现代农业生态园项目。年内，成立征租地工作组并与相关村小组协商征租地事宜。

石斛生态观光园区项目。截至2014年年底，该项目完成固定资产投资9000万元，新建成6900平方米育苗中心和种植示范基地并投入使用，完成10.67公顷仿原生态栽培示范基地建设，完成租地38.67公顷用于扩种石斛。

**【招商引资工作】** 长坝沙田柚仓储加工基地项目。该项目位于大桥镇长坝村，项目计划总投资2000万元，占地2.33公顷，主要由长坝沙田柚合作社社员集资兴建。该项目是集沙田柚仓储、营销、农产品加工于一体大型仓储基地。截至2014年年底，该项目动工兴建。

金桔园生态休闲项目。该项目位于大桥镇长坝村，占地66.67公顷，项目计划投资3000万元，是由韶关市n次方贸易有限公司投资兴建的集沙田柚等各式水果种植以及荷花园观光于一体生态旅游休闲观光项目。截至2014年年底，该项目种植水果40公顷，相应旅游配套设施正在建设当中。

宇鑫机电设备项目。该项目位于大桥镇长坝村，项目总投资3000万元，主要以制造、销售机电设备、矿山设备、五金工具为主。截至2014年年底，已建成投产。

**【农业农村工作】** 2014年，大桥镇继续依托现代农业示范园区辐射示范带动作用，因地制宜抓好农业作物布局调整，发展沙田柚、柑橘、西瓜及花生、蚕桑种植，确保全镇农民增产增收，沙田柚示范基地、石斛种植基地农业项目实施。全年完成粮食播种面积892公顷，总产量5630吨；油料作物种植面积378.33公顷，产量1450吨；水果种植面积983.93公顷，产量6384吨；完成大桥新八角、亲联石坝塘水库除险加固工程2宗，维修多处山塘和农用水渠。完成国道G323线至湾背1.4公里、河背至南坑0.8公里及长坝沙田柚基地2.5公里林区公路硬底化建设；完成水江唐屋、钟屋、水西坑3个村小组饮水安全工程；做好大桥老街、水江唐屋两个村小组共1.5公里水圳三面光工程；依法查处违法用地；建成镇（村）垃圾收运站（点）。年内，长坝村被评为县文明村。完善墟镇路灯建设，农村电网改造工作稳步推进。

**【生态旅游开发】** 全力打造本地特色品牌。2014年11月，大桥镇承办“首届仁化长坝金柚节”活动，邀请30多家沙田柚生产企业、农民专业合作社、种植大户、家庭农场参加，宣传镇域特色农业，提升旅游品牌效应和综合利益，促进镇域旅游产业发展。

协助举办“全国山地自行车赛”邀请赛。2014年12月，按照上级部门要求和分配任务，协助市、县做好征地、维稳工作，促进“全国山地自行车赛”邀请赛在大桥镇如期成功举办。

**【社会各项事业】** 计划生育工作。2013年10月至2014年9月，大桥镇有出生人口169人，其中政策外出生154人，政策生育率91.12%，政策外多孩出生2人，政策外多孩率1.18%，出生性别比108.64，落实“四术”195例，长效措施落实率92.31%，及时率80.77%，“双查”率25%，征收社会抚养费140多万元。2014年6月，大桥镇代表仁化县接受省计划生育飞行检查。

社会管理综合治理及平安建设工作。扎实稳步开展创建平安大桥工作；继续开展“平安镇”“平安村”“平安家庭”“无毒社区”“平安校园”创建活动。通过举办普法知识竞赛及利用干群会客厅、人大代表工作室、党代表工作室、“民忧档案”、信访、网络问政平台化解矛盾纠纷。

安全生产工作。配合市海事局和县安监局成功做好“水上安全生产应急预案演练”活动，定期安排专人安全监管辖区内渡口渡船、山塘水库、道路交通、学校等，整改水江货物渡船，查扣非法车渡船，完成水江渡船招投标工作。

国土工作。全面实行耕地保护动态巡查责任制，形成完整管理监察信息网络。每周至少1—2次对全镇主要公路沿线两侧，村庄周边和基本保护区作为一级巡查区实行重点巡查，全年巡查发现有24户村民（单位）违法占用土地建房和建厂房，已下发停工通知书、现场拍照、对当事人做询问笔录，并向县国土资源局书面汇报。

社会保障工作。2014年，大桥镇新型农村养老保险参保3846人，其中享受待遇的有1401人；城乡医保参保率100%。对原有享受对象，家庭特别困难的类别进行调标，对收入增加有稳定收入家庭和死亡人员及时取消并调整。

生态环境保护。在每个村配备保洁人员，完善保洁设施，制定保洁长效措施，保障村级环境卫生。强化森林防火意识，与各村签订森林防火责任书、封山育林目标管理责任书，要求各村配备防火护林员常年在各山边巡查，防止森林火灾及乱砍乱伐，确保蓝天、青山、绿水常在，全年全镇未发生破坏旅游资源事件。

其他工作稳步推进。发挥工会、共青团、妇联、残联、关工委群众团体桥梁纽带作用，做好人民武装、档案、食品药品安全工作，推动全镇工作开展。

【党建工作开创新局面】 加强镇村领导班子和干部队伍建设。2014年，大桥镇始终坚持“党要管党”原则，着重抓好领导班子建设和干部队伍建设。一是深入学习，组织领导干部和广大共产党员学习中共十八大、十八届三中全会精神、习近平总书记讲话精神、《论群众路线——重要论述摘编》、《群众路线教育实践活动学习读本》等，提高党员干部政治理论素质。二是发挥基层党组织战斗保垒作用和党员先锋模范作用，加强党员党性锻炼，提高党支部战斗力。三是选好配强村、社区“两委”干部。村、社区“两委”班子换届选举工作实现“四个100%”目标，新一届村（居）“两委”干部政治立场坚定、工作务实、群众基础好，年龄层次更趋合理。

开展党的群众路线教育实践活动。2014年，大桥镇结合全镇实际，按照“照镜子、正衣冠、洗洗澡、治治病”总要求，以“为民、务实、清廉”为主题，扎实开展党的群众路线教育实践活动。通过认真开展学习教育、听取意见，查摆问题、开展批评，整改落实、建章立制“三个环节”工作，达到思想认识提高、工作作风改进、宗旨意识明确和参与群众路线自觉性改善、长效机制确立效果。全年召开征求意见座谈会8次，直接到村民家中征求意见342人次，接待来访群众63人，收集意见、建议共52条，其中“四风”问题16条、关系群众切身问题28条、联系服务群众“最后一公里”问题8条。

党风廉政建设扎实有效。一是大力整治“庸懒散奢软”现象，促进全镇干部作风大转变、服务效能大提高。二是坚持不懈推进党风廉政建设和反腐败斗争，健全建设项目招投标、政府采购、专项资金使用等制度。三是开展效能风暴工作，坚决贯彻执行中央“八项规定”和县“十项制度”，坚持厉行节约、勤俭办事，坚决反对铺张浪费。加强作风建设和党风廉政教育，通过开展纪律教育学习月和岗位廉政风险防范管理活动，提高干部廉洁自律意识，提升政府执行力。

抓好干群会客厅接访工作。年初，大桥镇党委制定全体班子领导成员约见座谈重点项目及突出信访问题时间安排表，约谈工作定于每周一15：00至17：00在镇“干群会客厅”进行，由镇党政班子成员定期到干群会客厅开展接待群众活动，广泛征求意见和建议，截至2014年12月底，全镇接访41批86 人次，反映事件41件，收集意见和建议56条。

**2014年大桥镇村（居）委会基本情况一览表**

表61

| 村（居）名 称 | 村小组（个） | 自然村（个） | 村（居）委会集体纯收入（万元） | 现有集体经济发展项目 | 特 产 | 村（居）委会负责人 |
|---|---|---|---|---|---|---|
| 共和 | 9 | 9 | 6 | 无 | 蚕桑 | 张伟坚 |
| 亲联 | 10 | 10 | 10 | 生物燃料加工厂 | 蚕桑 | 邱建新 |
| 长坝 | 10 | 10 | 43 | 沙场、沙田柚种植基地 | 沙田柚 | 谭宜彬 |
| 大桥 | 12 | 12 | 10 | 山林发包、门店出租 | 砂糖橘、贡柑 | 王伟明 |

续表61

| 村（居）名称 | 村小组（个） | 自然村（个） | 村（居）委会集体纯收入（万元） | 现有集体经济发展项目 | 特产 | 村（居）委会负责人 |
|---|---|---|---|---|---|---|
| 古洋 | 21 | 20 | 21 | 无 | 优质水稻、花生、柑橘 | 张传明 |
| 水江 | 9 | 9 | 13 | 无 | 砂糖橘、贡柑 | 丘定志 |
| 居委会 | — | — | — | 无 | — | 余祥军 |

**大桥镇党政负责人名录：**

**书　　记：**林伟清

**副 书 记：**郭兰招（女）
　　　　　刁祥军

**党委委员：**钱世全　徐于传
　　　　　陈少萍（女）
　　　　　曹培镇
　　　　　李贵梅（女）
　　　　　张　文　张保卫
　　　　　肖春荷（任至2014年10月）

**人大主席：**林伟清

**人大副主席：**李贵梅（女）

**镇　　长：**郭兰招（女）

**副镇长：**钟祥坚　曾志坚
　　　　　刘　明

（李少锋）

# 先进单位·先进个人

## 2014年获省级（含省直部门及市委、市政府授予）以上先进单位称号名录

表62

| 单位 | 授予时间 | 荣誉称号 | 授予单位 |
| --- | --- | --- | --- |
| 仁化县 | 2014.10 | 广东摄影之乡 | 广东省摄影家协会 |
| 石塘镇石塘村 | 2014.2 | 广东名村 | 广东省委农村工作办公室、广东省农业厅、广东省住建厅 |
| 仁化县蓓蕾幼儿园 | 2014.3 | 爱心父母大联盟荣誉章集体 | 广东省妇女联合会 |
| 仁化县人民检察院 | 2014.3 | 爱心父母大联盟荣誉章集体 | 广东省妇女联合会 |
| 仁化供电局 | 2014.4 | 广东省五一劳动奖状 | 广东省总工会 |
| 石塘镇成人文化技术学校 | 2014.6 | 广东省成人教育先进集体 | 广东省成人教育协会 |
| 丹霞街道新城社区居民委员会 | 2014.7 | “基层科普行动计划”全国科普示范社区 | 中国科协、财政部 |
| 凡口铅锌矿 | 2014.7 | 广东省“生态文明宣传爱心奖” | 广东省环境保护宣传教育中心 |
| 仁化县质量技术监督局仁化县代码分中心 | 2014.7 | 广东省2013年度组织机构代码工作“先进集体” | 广东省组织机构代码管理中心 |
| 周田镇周田村 | 2014.8 | 孝心村 | 中华孝行天下工程组委会 |
| 中国人民财产保险股份有限公司仁化支公司 | 2014.9 | 先进职工小家 | 中国人民财产保险股份有限公司广东省分公司工会委员会 |
| 中国移动通信集团广东有限公司仁化分公司长江区域 | 2014.9 | 2013—2014年度广东公司优秀班组 | 中国移动通信集团广东公司 |
| 仁化县妇女联合会 | 2014.9 | “妇女之家”标准化建设宣传工作先进集体 | 中国妇女报社、农家女杂志社 |
| 凡口铅锌矿采矿车间 | 2014.11 | 全国有色金属行业先进集体 | 中华人民共和国人力资源和社会保障部、中国有色金属工业协会 |
| 周田镇周田村 | 2014.11 | 广东省培育和践行社会主义核心价值观示范点 | 中共广东省委宣传部、广东省文明办 |

续表62

| 单位 | 授予时间 | 荣誉称号 | 授予单位 |
|---|---|---|---|
| 仁化供电局 | 2014.11 | 2014年广东电网有限责任公司县级子公司配电线路技能竞赛团体优胜奖 | 广东电网有限责任公司 |
| 仁化供电局 | 2014.11 | 广东电网有限责任公司县级子公司配电运维专业技能大比武竞赛中荣获团体优胜奖 | 广东电网有限责任公司 |
| 石塘镇光明村 | 2014.11 | 人口和计划生育基层工作自治示范村居 | 中国计划生育协会 |
| 仁化县罗汉果协会 | 2014.11 | 广东省“科普惠农兴村计划”农村专业技术协会先进单位 | 广东省科协、广东省财政厅 |
| 凡口铅锌矿 | 2014.12 | “2013—2014年度全国‘讲理想、比贡献’活动先进集体” | 中国科协、发展改革委、科技部、国务院国资委、全国总工会 |
| 石塘镇光明村 | 2014.12 | 人口和计划生育基层工作自治示范村居 | 广东省计划生育协会 |
| 石塘双峰寨 | 2014.12 | 成功通过省级爱国主义教育基地复评 | 广东省精神文明建设委员会、中共广东省委宣传部 |
| 韶关市仁化公路局 | 2014.12 | 筑养路机械（补坑槽机械）操作手技能竞赛三等奖 | 广东省公路管理局 |
| 中国人民财产保险股份有限公司仁化支公司 | 2014.12 | 模范职工小家 | 中国人民财产保险股份有限公司工会 |
| 远明工艺品有限公司工会委员会 | 2014.12 | 广东省模范职工之家 | 广东省总工会 |
| 仁化县人民武装部 | 2014.12 | 人武部现役军官竞赛性考核优胜单位 | 广东省军区 |
| 仁化县人民武装部 | 2014.12 | “标兵人武部” | 广东省军区 |
| 武警广东省总队韶关市支队仁化县中队 | 2014.12 | “先进基层单位” | 武警广东省总队 |
| 武警广东省总队韶关市支队仁化县中队 | 2014.12 | “先进团组织” | 武警广东省总队 |
| 周田镇周田村 | 2014.12 | 培育和践行社会主义核心价值观示范点 | 广东省委宣传部、广东省文明委 |
| 周田镇雷坑村 | 2014.12 | 人口与计划生育基层群众自治示范村居 | 广东省计划生育协会 |

# 2014年获省级（含省直部门及市委、市政府授予）以上先进个人称号名录

表63

| 姓名 | 性别 | 授予时间 | 获奖时工作单位 | 荣誉称号 | 授予单位 |
|---|---|---|---|---|---|
| 刘群山 | 男 | 2014.1 | 广东电网韶关仁化供电局 | 中国南方电网广东电网公司四星级员工 | 广东电网公司 |
| 江志辉 | 男 | 2014.2 | 广东电网韶关仁化供电局 | 广东电网公司2013年度安全生产先进个人 | 广东电网公司 |
| 蓝福友 | 男 | 2014.2 | 广东电网韶关仁化供电局 | 广东电网公司2013年度安全生产先进个人 | 广东电网公司 |
| 何小卫 | 男 | 2014.2 | 仁化电信 | 2013年度先进个人个人 | 广东电信公司 |
| 谭伟峰 | 男 | 2014.2 | 仁化电信 | 2013年度先进个人个人 | 广东电信公司 |
| 谢　恩 | 女 | 2014.3 | 个体经营户 | 爱心父母大联盟荣誉章 | 广东省妇女联合会 |
| 谢九发 | 女 | 2014.3 | 个体经营户 | 爱心父母大联盟荣誉章 | 广东省妇女联合会 |
| 邹永怀 | 女 | 2014.3 | 个体经营户 | 爱心父母大联盟荣誉章 | 广东省妇女联合会 |
| 李明辉 | 男 | 2014.3 | 中国移动通信集团广东有限公司仁化分公司 | 先进工作者 | 中国移动通信集团广东公司 |
| 黄智明 | 男 | 2014.3 | 中国移动通信集团广东有限公司仁化分公司 | 先进工作者 | 中国移动通信集团广东公司 |
| 蒙艳青 | 女 | 2014.3 | 中国移动通信集团广东有限公司仁化分公司 | 先进工作者 | 中国移动通信集团广东公司 |
| 杨丽萍 | 女 | 2014.3 | 中国移动通信集团广东有限公司仁化分公司 | 先进工作者 | 中国移动通信集团广东公司 |
| 刘毅聪 | 男 | 2014.3 | 中国移动通信集团广东有限公司仁化分公司 | 先进工作者 | 中国移动通信集团广东公司 |
| 肖　琦 | 女 | 2014.3 | 仁化县实验学校 | “圆中国梦，从我做起”征文评选活动三等奖 | 广东省教育系统关工委 |
| 谭景星 | 男 | 2014.4 | 广东电网韶关仁化供电局 | 广东电网公司2013年度优秀团员荣誉称号 | 共青团广东电网公司 |
| 刘美莲 | 女 | 2014.4 | 广东省仁化县气象局 | 全国“质量优秀测报员” | 中国气象局 |
| 李明辉 | 男 | 2014.7 | 中国移动通信集团广东有限公司仁化分公司 | 优秀共产党员 | 中国移动通信集团广东公司 |
| 梁丽娟 | 女 | 2014.7 | 中国移动通信集团广东有限公司仁化分公司 | 党员先锋奖 | 中国移动通信集团广东公司 |

续表63

| 姓名 | 性别 | 授予时间 | 获奖时工作单位 | 荣誉称号 | 授予单位 |
|---|---|---|---|---|---|
| 吴卫红 | 女 | 2014.8 | 中共仁化县委办公室 | 保密工作铜质纪念章 | 广东省国家保密局 |
| 谢伟贞 | 女 | 2014.8 | 仁化县工商行政管理局 | 保密工作铜质纪念章 | 广东省国家保密局 |
| 陈胜辉 | 男 | 2014.8 | 仁化县保密局 | 保密工作铜质纪念章 | 广东省国家保密局 |
| 邹文进 | 男 | 2014.9 | 仁化中学 | 广东省第七届中小学体育教学比赛高中组一等奖 | 广东省教育厅 |
| 罗秀英 | 女 | 2014.9 | 仁化县第一中学 | 广东省第七届中小学体育教学比赛初中组二等奖 | 广东省教育厅 |
| 肖玲姬 | 女 | 2014.9 | 仁化县实验学校 | 广东省第七届中小学体育教学比赛小学组三等奖 | 广东省教育厅 |
| 刘军元 | 男 | 2014.10 | 武警广东省总队韶关市支队仁化县中队 | 武警广东省总队“百名优秀士官” | 武警广东省总队 |
| 朱荣芳 | 女 | 2014.10 | 广东省仁化县气象局 | 2014年广东省气象行业测报技能竞赛综合业务基础理论专项三等奖 | 广东省气象局 |
| 章　文 | 男 | 2014.11 | 广东电网韶关仁化供电局 | 广东电网公司2013—2014年度党建思想政治研究优秀成果奖 | 广东电网有限责任公司 |
| 张　鑫 | 男 | 2014.11 | 广东电网韶关仁化供电局 | 广东电网公司2013—2014年度党建思想政治研究优秀成果奖 | 广东电网有限责任公司 |
| 林　健 | 男 | 2014.11 | 广东电网韶关仁化供电局 | 广东电网有限责任公司县级子公司配电运维专业技能大比武竞赛个人一等奖 | 广东电网有限责任公司 |
| 骆建辉 | 男 | 2014.11 | 凡口矿 | “全国有色金属行业劳动模范” | 中华人民共和国人力资源和社会保障部、中国有色金属工业协会 |
| 陈怡霖 | 女 | 2014.12 | 广东电网韶关仁化供电局 | 2013–2014年度优秀志愿者荣誉称号 | 共青团广东电网有限责任公司委员会 |
| 王　丽 | 女 | 2014.12 | 广东电网韶关仁化供电局 | 广东电网有限责任公司2014年度法律人员知识竞赛个人一等奖 | 广东电网有限责任公司 |

# 社会经济统计资料

## 2014年仁化县基本情况表

表64

| 项 目 | | 单位 | 2013年 | 2014年 | 增减（%） |
|---|---|---|---|---|---|
| 人口情况 | 一、年末总人口（户籍） | 人 | 235494 | 236948 | 0.6 |
| | 其中：男 | 人 | 119411 | 119949 | 0.45 |
| | 女 | 人 | 116083 | 116999 | 0.79 |
| | 二、年末总户数 | 户 | 70259 | 71322 | 1.5 |
| | 其中：农业户数 | 户 | 36745 | 37301 | 1.51 |
| | 非农业户数 | 户 | 33514 | 34021 | 1.5 |
| | 三、年出生人口 | 人 | 2728 | 3175 | 16.39 |
| | 出生率 | ‰ | 11.54 | 13.4 | 16.12 |
| | 四、年死亡人数 | 人 | 1083 | 1365 | 26 |
| | 死亡率 | ‰ | 4.58 | 5.8 | 26.6 |
| | 五、年平均人口 | 人 | 234279 | 236221 | 0.8 |
| | 六、自然增长率 | ‰ | 6.96 | 7.69 | 10.5 |
| 劳动力 | 年末社会就业人员 | 万人 | 10.86 | 10.87 | 0.09 |
| | 其中：第一产业 | 万人 | 5.38 | 5.36 | －0.37 |
| | 第二产业 | 万人 | 1.67 | 1.69 | 1.19 |
| | 第三产业 | 万人 | 3.81 | 3.82 | 0.26 |
| 土地情况 | 土地面积 | 平方公里 | 2223 | 2223 | — |
| | 1.建成区面积 | 平方公里 | 6.26 | 6.96 | 11.18 |
| | 2.耕地面积 | 公顷 | 21359 | 21450.25 | 0.43 |
| | 其中：水（旱）田 | 公顷 | 17747.4 | 17734.67 | －0.07 |
| | 旱地 | 公顷 | 2707.67 | 3505.01 | 29.45 |
| | 3.鱼塘面积（坑塘水面） | 公顷 | 1783 | 2439.56 | 36.82 |
| | 4.果园面积 | 公顷 | 3422 | 4119.13 | 20.37 |
| | 5.林业用地 | 万公顷 | 18.27 | 18.06 | －1.15 |
| 镇村 | 镇（街道办） | 个 | 11 | 11 | — |
| | 村委会 | 个 | 109 | 109 | — |
| | 居委会（社区） | 个 | 16 | 16 | — |

# 2014年仁化县地区生产总值一览表

表65

| 项 目 | 2013年（万元） | 2014年（万元） | 当年价构成（%） | | 按2010年不变价计算 | | |
|---|---|---|---|---|---|---|---|
| | | | 2013年 | 2014年 | 2013年（万元） | 2014年（万元） | 增减（%） |
| 地区生产总值 | 812945 | 899220 | 100 | 100 | 761016 | 815782 | 7.2 |
| 一、第一产业 | 160873 | 173762 | 19.8 | 19.3 | 133873 | 140968 | 5.3 |
| 二、第二产业 | 381593 | 377169 | 46.9 | 42 | 371761 | 378818 | -0.8 |
| 1.工业 | 347834 | 340181 | 91.2 | 90.2 | 351347 | 346084 | -1.5 |
| 2.建筑业 | 33759 | 36988 | 8.8 | 9.8 | 315320 | 307499 | -2.5 |
| 三、第三产业 | 270479 | 348289 | 33.3 | 38.7 | 245382 | 295996 | 20.6 |
| 1.交通运输、仓储和邮政业 | 31246 | 46443 | 11.6 | 13.3 | 29202 | 37027 | 26.8 |
| 2.批发零售业 | 59645 | 79366 | 22.1 | 22.8 | 56269 | 73870 | 31.3 |
| 3.住宿和餐饮业 | 26336 | 33639 | 9.7 | 9.7 | 23399 | 28099 | 20.1 |
| 4.金融业 | 18809 | 21771 | 6.9 | 6.3 | 17416 | 19628 | 12.7 |
| 5.房地产业 | 23625 | 34694 | 8.7 | 9.9 | 18847 | 19753 | 4.8 |
| 6.其他营利性服务业 | 32904 | 35124 | 12.1 | 10.1 | 29063 | 30592 | 5.3 |
| 7.非营利性服务业 | 77914 | 97252 | 28.9 | 27.9 | 71186 | 87027 | 22.3 |

# 2014年仁化县国民经济主要指标

表66

| 项 目 | 单位 | 2013年 | 2014年 | 增减（%） |
|---|---|---|---|---|
| 国内生产总值（当年价） | 万元 | 812945 | 899220 | 10.6 |
| （可比价） | 万元 | 761016 | 815782 | 7.2 |
| 社会总产出（当年价） | 万元 | 1680898 | 1940305 | 15.4 |
| （可比价） | 万元 | 1773251 | 2042264 | 15.2 |
| 工农业总产值（当年价） | 万元 | 1053739 | 1180513 | 12.0 |
| （可比价） | 万元 | 1213700 | 1379117 | 13.6 |
| 1.工业总产值（当年价） | 万元 | 795668 | 910055 | 14.4 |

续表66

| 项　目 | 单位 | 2013年 | 2014年 | 增减（%） |
|---|---|---|---|---|
| （可比价） | 万元 | 944928 | 1097444 | 16.1 |
| 2.农业总产值（当年价） | 万元 | 258071 | 270458 | 4.8 |
| （可比价） | 万元 | 268772 | 281673 | 4.8 |
| 农业机械总动力 | 万千瓦 | 12.5 | 13.1 | 4.8 |
| 全县固定资产投资总额 | 万元 | 411429 | 506881 | 23.2 |
| 年末通车公路里程 | 公里 | 1330 | 1413 | 6.2 |
| 公路货运周转量（全社会） | 万吨/公里 | 85635 | 90689 | 5.9 |
| 公路客运周转量（全社会） | 万人/公里 | 14028 | 14415 | 2.76 |
| 电话交换机装机总容量 | 万门 | 4.03 | 4.01 | -0.5 |
| 年末电话用户数 | 万户 | 3.54 | 3.59 | 1.4 |
| 年末移动电话用户数 | 万户 | 17.51 | 17.71 | 1.14 |
| 社会消费品零售总额 | 万元 | 206874 | 229923 | 11.1 |
| 外贸出口总额 | 万美元 | 758 | 1075 | 67 |
| 实际利用外资总额 | 万美元 | 1721 | 1721 | 0 |
| 旅游总收入 | 万元 | 309707 | 347780 | 12.3 |
| 接待国内外游客 | 万人 | 547 | 614 | 12.2 |
| 地方财政一般预算收入 | 万元 | 52557 | 61017 | 16.1 |
| 地方财政一般预算支出 | 万元 | 119290 | 158496 | 32.8 |
| 金融机构各项存款余额 | 万元 | 653926 | 715522 | 9.4 |
| 其中：城乡居民储蓄存款余额 | 万元 | 475968 | 531937 | 11.7 |
| 金融机构各项贷款余额 | 万元 | 258095 | 307291 | 19.1 |
| 保险机构保费收入 | 万元 | 6779 | 7347 | 8.4 |
| 职工年平均工资 | 元 | 43852 | 46962 | 7.1 |
| 城镇居民人均可支配收入 | 元 | 17788 | 19318 | 8.6 |
| 农村居民年人均纯收入 | 元 | 10298 | 11277 | 9.5 |
| 年末参加失业保险人数 | 人 | 13405 | 13556 | 1.1 |
| 年末参加社会养老保险人数 | 人 | 38239 | 30002 | -21.5 |
| 年末参加工伤保险在职人数 | 人 | 16455 | 17003 | 3.3 |
| 年末享受社会养老待遇离退休人数 | 人 | 6307 | 6631 | 5.1 |

# 2014年仁化县国民经济主要人均指标

表67

| 项　目 | 单位 | 2013年 | 2014年 | 增减（%） |
|---|---|---|---|---|
| 人口密度 | 人/平方公里 | 105.9 | 106.6 | 0.6 |
| 人均国内生产总值（当年价） | 元 | 41521 | 46722 | 12.5 |
| 人均国内生产总值（2010年价） | 元 | 40137 | 43014 | 7.2 |
| 人均耕地面积 | 亩 | 1.56 | 1.56 | - |
| 人均粮食产量 | 公斤 | 489.3 | 504.4 | 3.1 |
| 人均社会消费品零售总额 | 元 | 10121 | 11183 | 10.5 |
| 人均城乡居民年末储蓄余额 | 元 | 23286 | 25872 | 11.1 |
| 人均地方财政收入 | 元 | 2571 | 2968 | 15.4 |
| 城镇居民人均可支配收入 | 元 | 17788 | 19318 | 8.6 |
| 农村年人均纯收入 | 元 | 10298 | 11277 | 9.5 |
| 每万人拥有卫生技术人员数 | 人 | 46.5 | 49.6 | 6.67 |
| 每万人拥有病床位数 | 张/万人 | 31.1 | 32.8 | 5.5 |

# 2014年仁化县主要农业产品产量一览表

表68

| 项目 | 单位 | 2013年 | 2014年 | 增减（%） |
|---|---|---|---|---|
| 粮食 | 吨 | 100025 | 103720 | 3.7 |
| 其中：稻谷 | 吨 | 82120 | 85347 | 3.9 |
| 花生 | 吨 | 29822 | 31159 | 4.5 |
| 水果 | 吨 | 44914 | 51384 | 14.4 |
| 蔬菜 | 吨 | 189779 | 206362 | 8.7 |
| 水产品 | 吨 | 8805 | 9113 | 3.5 |
| 生猪饲养量 | 万头 | 27.4 | 27.5 | 0.4 |
| 生猪出栏量 | 万头 | 16.6 | 17.2 | 3.6 |
| “三鸟”饲养量 | 万只 | 338 | 321 | -5.0 |
| 出栏和自宰家禽 | 万只 | 250 | 226 | -9.6 |
| “三鸟”存栏量 | 万只 | 88 | 89 | 1.1 |
| 禽蛋产量 | 吨 | 1275 | 1364 | 6.98 |

# 2014年仁化县主要工业产品产量一览表

表69

| 产品名称 | 单位 | 产量 | | 增减（%） |
|---|---|---|---|---|
| | | 2013年 | 2014年 | |
| 发电量 | 万千瓦小时 | 131833 | 104396 | -20.8 |
| 其中：水电 | 万千瓦小时 | 61016 | 31603 | -48.2 |
| 火电 | 万千瓦小时 | 70817 | 72793 | 2.8 |
| 锌精矿 | 万吨 | 124737 | 118289 | -5.1 |
| 锌锭 | 万吨 | 121245 | 115403 | -4.8 |
| 硫酸 | 万吨 | 30927 | 32399 | 4.7 |
| 铝型材 | 吨 | 7826 | 12332 | 57.5 |
| 人造板 | 立方米 | 171647 | 297569 | 73.4 |

# 2014年仁化县文教卫生基本情况表

表70

| 项目 | | 单位 | 2013年 | 2014年 | 增减（%） |
|---|---|---|---|---|---|
| 教育 | 学校数 | 所 | 65 | 67 | 3.1 |
| | 其中：普通教育 | 所 | 32 | 32 | - |
| | 在校学生数 | 人 | 35433 | 34092 | -3.7 |
| | 实际招生数 | 人 | 6075 | 6064 | -0.2 |
| | 实际毕业生数 | 人 | 8950 | 7448 | -16.7 |
| | 教职员工数 | 人 | 2480 | 2940 | 18.5 |
| | 其中：普通教育 | 人 | 2271 | 2240 | -1.4 |
| | 专任教师 | 人 | 2071 | 2035 | -1.7 |
| | 其中：普通教育 | 人 | 2071 | 2035 | -1.7 |
| | 学龄儿童入学率 | % | 100 | 94.5 | -5.5 |
| 卫生 | 卫生机构数 | 个 | 46 | 46 | - |
| | 其中：综合医院 | 间 | 3 | 3 | - |
| | 卫生院 | 间 | 10 | 11 | 10 |
| | 卫生机构床位数 | 张 | 636 | 666 | 4.7 |
| | 卫生技术人员数 | 人 | 952 | 1276 | 34 |
| | 其中：执业医师 | 人 | 231 | 254 | 9.9 |
| | 执业助理医师 | 人 | 157 | 157 | - |
| | 注册护士 | 人 | 319 | 362 | 13.5 |

（袁　虹）

# 附　　录

## 坚持生态发展之路　建设仁化美丽乡村

### ——在中共仁化县委十二届八次全会上的讲话

(2014年10月28日)

中共仁化县委书记　刘　锋

同志们:

这次全会的主要任务是，认真贯彻落实党的十八大、十八届三中、四中全会、中央和全省城镇化工作会议以及市委十一届六次全会精神，研究部署建设仁化美丽乡村工作，审议《仁化县建设美丽乡村行动纲要》，动员全县各级、各部门和广大党员干部群众，统一思想，迅速行动，积极投身于建设仁化美丽乡村实践之中，努力打造幸福美好家园。下面，我代表县委常委会向全会作报告。

**一、客观审视，科学总结我县美丽乡村建设工作**

近年来，我县认真贯彻落实中央和省委、市委精神，高度重视社会主义新农村建设工作，尤其是农村卫生环境整治工作，美丽乡村建设取得了一定成效。

(一)城乡建设布局不断优化。深入开展规划到镇、规划到村的“规划双到”工作，在全市率先成立镇(街)规划建设办，完成了各镇总体规划和10个名村、25个示范村、80个村庄建设规划编制。在周田镇和丹霞街道办成立了城管执法中队，加大对丹霞山周边、县城周边和中心镇的“两违”整治力度，严厉打击“三抢”(抢价、抢种、抢建)行为，依法处置了一批私自买卖土地的违法分子，拆除了一批违法违章建筑(2012年以来，共计拆除各类违章建筑23376平方米)，有效规范了土地市场秩序，维护了城乡规划的严肃性。

(二)农村人居环境不断改善。实施“乡村清洁美”工程，初步建立了以“户收、村集、镇运”为主要模式的农村生活垃圾收运体系，全县10个镇已建成垃圾中转站，共建有村庄垃圾收集点1435个。投入1155.8万元，完成了52个村庄整治点与名村示范村的道路硬底化、排污排水沟渠修建、改水、改厕等基础设施建设。其中，红山镇率先开展了农村污水治理试点，全镇已有19个村庄建成生态污水处理池。积极实施农村公路通达、饮水安全、水土保持等工程，全县共开通村级硬底化道路611公里，农村生产生活条件得到较大改善。

（三）农村特色产业不断发展。依托国家现代农业示范区，通过“公司+基地（合作社）+农户”等经营模式，大力发展各类特色产业，截至目前，全县共实施农业重点项目34个，培育龙头企业20家，发展农民专业合作组织204个，带动农户8071户。积极打造农业特色品牌，全县共有国家地理标志保护产品2个，无公害产品7个，绿色食品2个，有机食品16个。稳步推进农村土地承包经营权确权登记工作，现已完成1.65万亩承包地的测量任务。扎实推进新一轮扶贫开发“双到”工作，共投入扶贫资金1.17亿元，启动贫困村、户帮扶项目612个。大力扶持乡村休闲旅游产业发展，全县共有规模以上休闲农业、乡村旅游企业7家，现代农业科技园6家，星级“丹霞仁家”20家。

（四）农村公共服务水平不断提升。2013年，全县完成农村劳动力技能培训586人，转移农村劳动力6272人；完成城乡居民社会养老保险参保69207人，农村居民基本医疗保险参保率达100%；发放种粮补贴、农业综合直补等惠农补贴4797万元。积极争取政策和资金扶持，完善基层公共文化设施，完成了27个村级电子阅览室和109间农家书屋建设。大力推进义务教育均衡发展，实现了教育强镇（街）全覆盖，城乡教育质量得到全面提高。深入推进基层医药卫生体制综合改革，建立了117个村级卫生服务站，农村公共卫生服务水平得到较大提升。

（五）农村精神文明建设扎实推进。积极培育和践行社会主义核心价值观，扎实推进农村道德讲堂建设，在各镇（街）共举办传统文化学习讲堂50多期。在周田镇周田村开展了以孝道文化为主要内容的孝心村创建活动，目前是我省唯一的孝心村示范点。大力开展“文化三送”下乡活动，今年以来，共开展送戏下乡活动10场，送电影下乡活动660场，送书下乡活动15场，丰富了农村群众的精神文化生活。深入开展农村群众性精神文明创建活动，董塘镇高莲村被列入全国第三批文明村。加强对古村的保护，夏富古村、石塘古村和城口恩村成功申报为省级古村落，其中，石塘古村还被评为“中国历史文化名村”。

以上成绩的取得，是上级部门和社会各界人士关心支持的结果，是全县人民同心同德、奋勇拼搏的结果，更是全体“三农”工作者真抓实干、勤恳工作的结果。在此，我代表县委、县政府，向广大“三农”工作者表示亲切的问候，向关心支持我县乡村建设的社会各界人士表示衷心的感谢！

在肯定成绩的同时，也要清醒地看到，目前我县美丽乡村建设仍处在初级阶段，与浙江安吉、德清等地区相比差距明显。主要表现在：一是村庄规划相对滞后。大部分村庄还没有制定规划，或者已制定规划但编制形式较为单一，宣传不够深入到位，缺乏可操作性。二是有新房无新村现象突出。不少农村建房无序，未能形成规整的村落和新村，同时还存在占用耕地、浪费土地、乱搭乱建等现象。三是环境卫生状况不容乐观。环卫基础设施不够完善，垃圾、污水未能有效治理，农村卫生“脏乱差”现象反弹严重。四是建设资金严重短缺。县域经济基础薄弱，导致县财政投入美丽乡村建设的资金相对偏少；同时，镇、村两级投入也较为乏力，社会参与度不高，资金筹措渠道有限。五是乡村产业发展缓慢。大多数村缺乏主导产业支撑，同时乡村旅游仍处于起步阶段，产业链条较短，带动能力不强。六是农村土地流转困难，可整合利用的用地指标紧缺。七是村民文明素养、卫生意识、生态保护意识有待提高。对此，我们一定要高度重视，采取有力措施，切实加以解决。

**二、提高认识，明确建设仁化美丽乡村的指导思想和目**

标任务

（一）充分认识建设仁化美丽乡村的重要性和紧迫性

我县作为国家南岭生态保护区和广东北部重要的生态屏障，顺应当前发展形势，积极推进美丽乡村建设尤为必要。

一是政策条件支持。从国家层面看，党的十八大报告指出，“要努力建设美丽中国，实现中华民族永续发展”。2013年，中央一号文件作出了美丽乡村建设的决策部署，从战略和全局高度指出美丽乡村建设是生态文明建设的重要组成部分，是建设美丽中国的重要组成部分。今年8月国务院出台的《关于促进旅游业改革发展的若干意见》要求，要大力发展乡村旅游，推动乡村旅游与新型城镇化有机结合。2013年，财政部印发的《关于发挥一事一议财政奖补作用推动美丽乡村建设试点的通知》指出，要加大美丽乡村建设试点资金投入和整合力度。从省、市层面看，广东省政府决定于今年实施“美丽乡村”旅游工程，开展“广东旅游名镇名村”创建工作，并在关于贯彻落实国家《赣闽粤原中央苏区振兴发展规划》的会议上决定，在谋划下一轮扶贫开发工作时，参照国家重点帮扶连片特困地区的做法，集中资源对包括我县在内的地区进行连片重点帮扶；市委十一届六次全会提出，深度挖掘地方非物质文化遗产资源和历史文化资源，开发一批特色乡村旅游文化精品。这一系列政策，为我县建设美丽乡村创造了极为有利的外部条件。

二是基本条件具备。生态自然条件方面，境内有以丹霞山、丹霞源国家水利风景区、万时山高山大草原等为代表的名山、祖山、河流、湖泊、草原；全县森林覆盖率达77.3%，其中阔叶林120万亩，竹类65万亩；建成了白毛茶、沙田柚、贡柑、铁皮石斛、冬菇等一批特色农产品种植基地。人文历史条件方面，有石塘双峰寨、城口古秦城和14座历代不同风格的古塔等一批历史遗迹，土法造纸、石塘月姐歌、石塘堆花酒等被列为省级非物质文化遗产。经济条件方面，2013年我县地方财政一般预算收入突破5亿元，农民人均纯收入突破1万元；2014年，预计地方财政一般预算收入将达到6亿元，并有望在全市县一级率先实现人均GDP超全国平均水平。基础设施条件方面，全县109个行政村全部实现镇通村公路硬底化、通电、通有线电视。人心条件方面，广大农民群众对改善人居环境、提升生活质量、建设美好家园的愿望日益强烈，干群生态建设观念逐步深入。这一系列优势和条件为我县建设美丽乡村奠定了坚实基础。

三是发展现实需要。当前，我县正处在“四化推四区”建设的关键时期。在这个关键时期，提出建设仁化美丽乡村，实为战略之举、明智之举。这是发挥生态优势、建设名副其实旅游强县的有力抓手，是统筹城乡发展、提高新农村建设水平的客观要求，是提升农民生活品质、造福广大群众的重要工程。特别是在当前经济下行压力增大、形势复杂多变、环保和用地指标限制较大的情况下，建设仁化美丽乡村，能为我县开辟新的经济增长点，增强发展后劲，在粤北欠发达地区走出一条生态保护与经济发展共赢的改革发展之路。

同志们，建设仁化美丽乡村，上级有政策、自身有优势、群众有意愿、现实有需要，我们正面临着千载难逢的机遇，务必要统一思想、坚定信心、全力推进。

（二）明确建设仁化美丽乡村的指导思想、目标和原则

基于对以上形势的判断和县情的把握，当前和今后一个时期，建设仁化美丽乡村的指导思想是：深入贯彻落实党的十八大、十八届三中、四中全会、中央和全省城镇化工作会议、市委十一届六次全会精神，发挥生态优势，坚持绿色发展，按照“四化推四区”的总体部署，大力实施规划引领、民居建设、村庄整治、创业增收、以“仁”化人“五大”工程，努力建设“规划科

学布局美、特色鲜明建筑美、生态自然环境美、产业发展生活美、乡风文明和谐美”“五美”和“宜居、宜业、宜游”“三宜”的具有粤北山区特色的美丽乡村，着力打造全国休闲农业与乡村旅游示范县、广东一流生态县。

总体目标是：按照“示范带动、全面推进、重点培育、争创品牌”的思路推进美丽乡村建设。2015年，各镇（街）至少建成1个美丽乡村示范村，并成功创建全国休闲农业与乡村旅游示范县；2016年起，开展全镇全街建设美丽乡村活动，力争到2017年底50%以上行政村建成美丽乡村；2018年起，继续开展全镇全街建设美丽乡村活动，并同步实施“美丽乡村”提质升级工程，力争到2020年年底，80%以上行政村建成美丽乡村，并建成特色村20个以上和品牌村10个以上，确保美丽乡村建设走在全省前列，成为全省生态文明建设知名品牌。

基本原则是：一是坚持乡村建设与生态发展相统一原则。优质的生态资源是我县建设美丽乡村的最大优势。因此，我们建设美丽乡村要把坚持生态发展放在首位，着力优化生态环境、发展生态经济、培育生态文化，切实做到彰显青山秀水，突出乡村特色，体现田园风貌，注重文化传承，把乡村建设成绿色宜居的家园。

二是坚持加快建设与加强保护相统一原则。习近平总书记在中央城镇化工作会议上强调，“要体现尊重自然、顺应自然、天人合一的理念，依托现有山水脉络等独特风光，让居民望得见山、看得见水、记得住乡愁。”因此，我们既要大张旗鼓推进美丽乡村建设，又要防止出现大挖大填、大拆大建，破坏自然环境、自然水系、村庄肌里的现象，并加强对古建筑、古民居的保护，尽量保留古镇古村、名镇名村风貌。同时，要坚持培育与传承相结合，保护农村的文化血脉，不断彰显美丽乡村的乡土特色。

三是坚持政府主导与农民主体相统一原则。农民群众始终是建设美丽乡村的力量源泉，我们要切实把政府主导和农民主体有机统一起来，尊重农民意愿，把群众认同、群众参与、群众满意作为根本要求，防止“替”农民做主、“代”农民决策，反对违背农民意愿搞强迫命令。要通过加强宣传教育、现场观摩、示范引领等途径，激发农民的积极性与主动性，鼓励村民用自己双手改变农村面貌、建设美好家园。

**三、铆劲发力，全面推进仁化美丽乡村建设**

美丽乡村建设是一项复杂而艰巨的工程，在推进过程中，我们必须突出重点、统筹兼顾、合力推进，大力实施“五大”工程，打造“五美”乡村。

（一）大力实施“规划引领”工程，打造“规划科学布局美”乡村。美丽乡村建设是一个“寻找美、打造美、展示美”的过程，离不开“美如画”的科学规划。

一是要高起点制定全县美丽乡村建设整体规划。坚持规划引领，按照“既有共性之美、又有个性之美”的原则，编制具有仁化特色的美丽乡村建设整体规划，统领全县美丽乡村建设。要注重整体设计，把全县当作一个大乡村来规划，把一个村当作一个景区来设计，把一户人家当作一处景点来改造，致力于推进环境、空间、产业和文明相互支撑、一二三产整体联动、城乡一体有机融合，力求全县美丽、全县发展；要注重蓝图指引，做到有设计图、效果图、对照图和作战图；要注重稳步推进，按照近期、中期、远期的工作目标，首先向示范村、示范线路集中投入，再逐步扩大建设面，串点成线，连线成片，最终实现美丽乡村全覆盖。

二是高密度对接各类规划。在制定美丽乡村建设整体规划的同时，要注重统筹兼顾，充分考虑与村庄布局规划、土地利用规划、产业发展规划和乡村旅游规划的衔接，并修编完善农村社会发展规划、农村土地综合整治规划、农村住房改造建设规划等，努力实现各项规划的无缝对接，确保规划能落地、可实施。

三是高效率推进“规划双到”工作。在完成各镇总体规划和名村、示范村建设规划的基础上，通过与高等院校、规划建筑院系合作，建立规划实习基地，聘请当地能工巧匠等方式，深入推进“规划双到”工作，力争2016年年底前全面完成，实现镇、村规划全覆盖。

（二）大力实施“民居建设”工程，打造“特色鲜明建筑美”乡村。美丽民居是建设美丽乡村的根基，要“建”“管”结合，打造一批布局合理、特色鲜明、功能完善的美丽村居。

一是推进美丽民居建设。要坚持群众自愿、规划先行、产业带动的原则，按照居住集中、产业集聚、功能集成的要求，积极稳妥地推进美丽民居建设。要结合文物保护、旅游开发、生态保护、扶贫“双到”、产业发展、异地搬迁、危房改造等政策，打造一批彰显地域特色的古村保护型、休闲旅游型、优质生态型、扶贫示范型、产业带动型、异地安置型、综合提升型的美丽乡村，实现“一村一景”“一村一品”，充分展现乡村的特色和韵味。

二是严格管控新建房屋。建立严格的农村住房规划报建审批制度，对已编制规划的村居，要严格按规划进行审批；对未编制规划的村居，在加紧编制的同时，划定红线区和设立安置点，科学引导村民集中、有序建房。要保护有历史文化价值的传统古村落、古民宅，对不能改建和新建房屋的村居，要科学统筹安排建房新区，满足老百姓建房需求。要加强日常监管，加大“两违”防控巡查力度，努力构建整治和规范相结合的长效机制，推进农民建房管理制度化、规范化。严格管控在建房屋的体量、风格和色调，尤其是环丹霞山周边、主要公路干道两旁的新建房屋，要严格按照“一户一宅、统一风格、彰显特色”的要求建房，着力打造富有仁化特色的客家和徽派民居风格的美丽乡村。

三是完善公共服务设施。抓好乡村主干路网建设，逐步实现所有自然村通水泥路，并不断辐射到“农家乐”等乡村休闲旅游点，推动乡村旅游发展。完善乡村给排水、供电、绿化及垃圾处理、污水治理等基础设施建设，统筹建设乡村综合服务、文化活动、体育健身等公共服务场所，全面改善村庄生态环境和人居环境。同时，要健全农村居民养老和医疗保险、失地农民社会保障、农村最低生活保障、农村社会救助等社会保障体系，让农村居民分享社会进步和经济发展的成果。

（三）大力实施“村庄整治”工程，打造“生态自然环境美”乡村。开展村庄环境整治，是建设美丽乡村的重点和难点，也是最直接、最有效的抓手。

一是大力整治农村生活垃圾。以省制定出台征收生活垃圾处理费制度为契机，建立健全农村环境卫生长效保洁机制。在全县推广董塘镇高莲村、石塘镇京群村的做法，逐步征收生活垃圾处理费。探索建立仁化美丽乡村长效物业管理基金，按照县镇财政拨一点、村组筹一点、村民出一点的渠道筹措资金，重点用于村庄日常保洁和公共基础设施日常维护。总结“乡村清洁美”工程的成功经验，进一步推进农村生活垃圾收运处置体系和农村环境卫生责任体系建设，逐步推行农村生活垃圾分类分拣处运机制。加强环卫宣传教育，发挥《村规民约》等制度约束作用，全面提升村民的环境卫生意识。

二是大力整治农村生活污水。推广红山污水生态治理模式，采取雨污分流、生物厌氧池、人工湿地等污水处理方式，对“农家乐”、畜牧产业及农村生活污水实行无害化处理。加强对饮用水源的保护，确保村民饮水安全。结合开展“三清”（清垃圾、清水体、清堆放）和“五改”（改路、改水、改厕、改灶、改房）工作，逐步提高农村生活污水处理率，使农村始终保持山青、水洁、地净、景美。

三是大力推进绿色村庄建设。加大村旁、宅旁、路旁、水旁“四旁”的绿化力度，实施街道两侧、村庄公共绿地、庭院绿化工程，做到路边有树木、庭院有绿荫、活动有绿地。加强对农家乐、畜牧水产业的环保审批和监督。推广再生能源和太阳能利用、土地资源节约利用、农业生产节水节肥节能新技术。完善生态公益林补偿、执法管理机制，加大对森林植被、野生动植物、水资源和环境保护的力度。

（四）大力实施“创业增收”工程，打造“产业发展生活美”乡村。建设仁化美丽乡村，产业是基础，富民是核心。

一是坚持产业富民。编制农村产业发展规划，依托农民专业合作组织，大力发展各类特色农业产业，努力构建高效的农村生态产业体系，力争每个村庄都有1—2个主导产业。同时，要立足当地农产品资源优势，积极引进配套项目，发展竹木深加工、食品加工、旅游产品制造加工等产业，延伸产业链条，推动产业发展，促进农民增收。发挥世界自然遗产丹霞山和“全国最美生态旅游示范县”品牌效应，完善支持乡村生态休闲旅游发展的优惠政策，鼓励村民充分挖掘乡村山水文化、民俗文化、红色文化等旅游资源，采取独资或与国内外投资者合作的方式，建设集农耕体验、田园观光、教育展示、文化创意于一体的休闲农业创意园，打造一批天然、朴实、绿色、清新的“农家乐”、“洋家乐”，着力打响“丹霞仁家”品牌。

二是坚持创业富民。出台鼓励农民创业的优惠政策，积极引导农民向第二、三产业转型，大力发展乡村旅游服务业、农副产品加工业。鼓励工业园区周边村组发挥产业带动优势，利用征地留用地建设标准厂房、营业用房、仓储设施等生产配套设施，并发展一批餐饮、住宿、娱乐等生活配套设施。完善以“民信档案”为主要载体的农村信贷体系建设，切实解决农民创业“担保难”、“贷款难”问题。强化对农民的创业培训，着力构建农民创业公共服务和社会服务体系，为创业农民提供项目信息、创业指导、融资支持、政策咨询等服务，以形成“家家创业、户户增收”的生动格局。

三是坚持改革富民。加快征地制度改革，在符合规划和用途管制的前提下，落实中央、省、市关于“农村集体经营性建设用地出让、租赁、入股，实行与国有土地同等入市、同权同价”的相关政策。加快农村集体林权、集体建设用地使用权、集体土地承包经营权等产权确权登记颁证工作，加强农村“三资”监管，探索建立县、镇、村农村产权管理服务交易平台，将农村土地承包经营权、林权、宅基地使用权等农村资产产权，按照市场原则实行公开、规范、有序流转，切实增强农村经济发展活力。

（五）大力实施“以‘仁’化人”工程，打造“乡风文明和谐美”乡村。美丽乡村，美在外表，更美在内涵，要让群众有文明健康的生活习惯，实现乡邻和睦、民风淳朴、社会和谐。

一是深入开展中华优秀传统文化进乡村活动。培育和践行社会主义核心价值观，大力弘扬中华优秀传统文化，深入推进乡村道德讲堂建设，发挥礼序家规、乡规民约的教化作用，通过编写村规民约、村民“四德”荣誉榜等方式，开展“乡风文明进农家，传统美德进农户”、“孝行礼仪进农家”等活动，在全县乡村逐步形成“以孝为先，以德为本”的良好风气，进而引导农民开诚信店、种良心菜、栽放心果、育品德粮、办文明农家乐，使传统美德成为助推美丽乡村建设的强大精神力量。

二是深入开展农村精神文明创建活动。以开展文明镇、文明村、文明家庭和“仁化好人”等群众性创建活动为抓手，积极引导农民自觉摒弃封建迷信、奢侈浪费等不良习俗，抵制红白喜事相互攀比、大操大办等不良风气，使农民逐步形成良好的生活习惯和科学的生活方式。传承与弘扬具有仁化特色的传统文化、民俗文化，广泛开展“文化三送”下乡活动，为农民群众提供更多更好的精神文化食粮。

三是全力保护历史文化遗产。要积极响应市委关于推进文化名城建设的号召，加大历史文化遗产保护力度，尤其要采取有效措施，精心保护具有历史价值、艺术韵味的传统村落、古民居、古塔，使其古韵长存、永续利用，更好地传承给后人。科学发展古村落休闲旅游、民间工艺作坊观摩、乡土文化体验等特色文化休闲旅游产业，走古村落保护利用与美丽乡村建设和谐发展的新路子。要深入挖掘月姐歌、土法造纸等非物质文化遗产和文化名镇、名街、名村历史文化资源，开发一批特色乡村旅游文化精品。

四是加强基层组织建设。要切实加强农村干部队伍建设，把作风民主、公道正派、开拓进取、带头致富和带领群众致富能力强，为群众办好事，得到党员群众拥护和信任的党员调整充实到村“两委”班子中来。加大村干部培训力度，引导和鼓励村干部做建设美丽乡村的带头人和推动者，真正使农村基层组织成为带领群众建设美丽乡村的战斗堡垒。健全各类村民自治组织，通过制定村规民约、建立村民理事会等方式，不断规范村级民主决策、民主管理、民主监督程序，提高农村民主管理水平。

五是深入开展平安乡村创建活动。要健全农村矛盾纠纷排查调处机制，着力化解农村各类突出矛盾。加强农村治安综合治理基层组织建设和农村治安防控体系建设，深入开展“平安镇”“平安村”“平安家庭”创建活动，严厉打击各种刑事犯罪以及各类邪教组织，切实维护农村社会稳定。深入贯彻落实党的十八届四中全会精神，扎实推进依法治县工作，加强普法教育，积极开展“民主法治村”创建活动，切实增强村民法制观念。继续深入开展“干群会客厅”和“民忧档案”活动，畅通民意诉求表达渠道，解决群众实际困难。

**四、加强领导，切实保障仁化美丽乡村建设取得实效**

（一）组织保障要到位。美丽乡村建设，是一项综合、系统和长久的工程。要建立党委领导、政府主导、农民主体、部门协作、社会参与的工作机制。县委、县政府将成立县美丽乡村建设工作领导小组及办公室，各乡镇、部门和村也要建立相应的领导班子和工作机构。县美丽乡村建设工作领导小组办公室要充分发挥牵头、指导作用，切实搞好组织协调，及时指导各镇（街）、各职能部门开展工作。各级、各部门要结合自身实际制定具体实施意见和年度工作计划，认真研究落实举措。各镇（街）是美丽乡村建设的责任主体，要切实担负起组织、指导、落实的责任，特别是山区乡镇，要把美丽乡村建设作为加快经济发展的重要突破口。各村组是美丽乡村建设的实施主体，一定要坚决克服“等、靠、要”的思想，根据本地实际积极探索和创新美丽乡村的创建和管理模式，抓紧制定建设计划，理清工作思路，明确具体责任。

（二）资金保障要到位。将美丽乡村发展规划纳入我县国民经济和社会发展年度计划，根据财政增长实际，县财政每年要安排不低于当年财政一般预算收入1%的专项资金，采取“基础普惠投入，特色奖补返还”的方式，不断加大美丽乡村各项基本建设的投入。各级、各部门要积极向上级争取各类涉农专项资金，并按照“渠道不乱、用途不变、统筹安排、集中投入”的原则，及时将各自领域的项目、资金和资源，向美丽乡村布设，提高资金使用效益。加大项目包装和招商引资力度，引导金融资本、社会资本进入美丽乡村建设。同时，各村组可通过向上级争取，统一规划、开发和经营留用地，盘活荒山、荒地、荒滩、荒坡等闲置农村资源的方式筹措建设资金。

（三）用地保障要到位。认真落实农村土地综合整治新增用地指标及收益的分配政策，转变用地观念，不占用农田建房，集约、节约用地。要加快推进乡村闲置土地增减挂钩改革试点工作，通过政策引导、经济补偿等手段，加快旧村改造步伐，盘活农村土地指标，解决美丽乡村产业发展的用地问题。制定农村宅基地流转政策，完善“一户一宅”、“建新还旧”政策配套措施，严控“一户多宅”，解决农村建设用地指标不足问题。

（四）宣传保障要到位。要通过广泛宣传与深度挖掘相结合，着力营造社会高度关注、干部激情创业、群众普遍参与的浓厚氛围。各镇（街）、各部门要多角度、全方位、深层次地宣传美丽乡村建设的重大意义、目标要求和重点内容，最大限度调动群众参与的积极性，不断凝聚推进工作的正能量。宣传部门要大力宣传工作中的好经验、好做法和先进典型，对工作比较突出的乡村、部门和个人，要予以通报表扬，并积极推介，以示范带动促进工作落实。

（五）考核保障要到位。把美丽乡村建设工作纳入镇域经济考核，并作为领导班子和领导干部评价考核的重要依据，以目标倒逼进度，以考核催生动力，确保美丽乡村建设顺利推进。建立工作督查和情况通报制度，定期对美丽乡村建设工作进展情况进行督查，找准问题，督促进度，对推进不力的单位和个人，县委、政府将进行严格问责，并责令限期整改落实到位，以真督实查促进真抓实干。

同志们，建设仁化美丽乡村的蓝图已经绘就，前景无限美好，但任务艰巨而繁重。我们一定要坚定信心，同心同德，一年接着一年干，一届接着一届抓，一张蓝图绘到底，持之以恒，锲而不舍，努力把宏伟蓝图变为惠及仁化百姓的美好现实，为建设“生态、活力、幸福”新仁化和造福23万仁化人民而努力奋斗！

# 政府工作报告

## ——2014年2月27日在仁化县第十四届人民代表大会第四次会议上

仁化县人民政府县长　王晓梅

各位代表：

现在，我代表县人民政府向大会作政府工作报告，请予审议。并请各位政协委员和其他列席人员提出意见。

## 2013年工作回顾

2013年，在上级党委、政府和县委的坚强领导下，在县人大、县政协的监督支持下，我们始终坚持以科学发展观为指导，认真学习贯彻党的十八大和十八届三中全会精神，积极应对国内外复杂经济形势，大力实施“四化推四区”战略，促进经济社会实现平稳发展。

### 一、经济综合实力进一步增强

2013年全县完成生产总值84.86亿元，比上年增长12.4%；其中第一、二、三产业增加值分别完成16.85亿元、39.22亿元和28.79亿元，分别比上年增长6%、15.5%和11%。全县人均GDP为 41521元，比上年增长11.4%。全县三次产业比例由2012年的19.5：47.6：32.9调整为19.9：46.2：33.9。

全县完成工业增加值35.78亿元，比上年增长15.3%，其中完成规模以上工业增加值26.77亿元，比上年增长18.1%。完成农业总产值27亿元，比上年增长5.9%。完成固定资产投资43.29亿元，比上年增长25.1%。完成公共财政预算收入5.26亿元，比上年增长15.9%，首次突破5亿元大关。完成公共财政预算支出11.94亿元，比上年增长20.74%。全县接待游客547万人次，实现旅游总收入30.97亿元，分别比上年增长24.7%和24.3%。完成社会消费品零售总额 20.68亿元，比上年增长12.6%。

### 二、“四区”建设步伐进一步加快

工业园区建设取得新突破。县有色基地自来水厂、35千伏输变电线路、新庄大道绿化及排水排污管道等基础设施已建成投入使用，污水处理厂、滨江大道等项目正在实施。13家企业已入园建设，志成冠军等企业已建成试产。鸿伟木业扩建项目竣工投产，并在香港成功上市。奥达胶合板有限公司技术改造项目顺利实施，工业转型升级步伐加快。

国家现代农业示范区建设取得新成效。按照“一核、两带、三区”的总体布局，加快优质米、山茶油、红山茶等主导产业发展。富然农科、车八岭铁皮石斛、天雄茶叶等农业龙头企业不断壮大。新增农民专业合作社108个，申报省、市、县农业龙头企业5家。完成了黄坑蓝田、长江里周灌区改造等农田水利建设，完成高标准农田建设3.1万亩，农业基础设施日臻完善。

生态旅游景区景点建设

迈出新步伐。成立了县旅游协会，设立了旅游发展专项资金，出台了一系列加快旅游发展的政策和措施，举办了首届“红山茶叶节”、“石塘堆花米酒旅游文化节”等活动，石塘古村开发、宝能旅游项目加快推进，万时山申报省地质公园已通过初步评估，丹霞源水利风景区荣获“国家级水利风景区”称号。我县被评为“全国最美生态旅游示范县”。

城乡建设实现新提升。建成了98套廉租房和56套公租房，丹霞新城、御景阁等房地产开发项目加快建设。董塘骏凯轩等镇级房地产开发项目顺利推进。编制了5个镇、10个名村、25个示范村规划。黄屋新村已建成71栋142套住房。启动了韶赣高速公路丹霞出口“穿衣戴帽”改造工程，完成了韶赣铁路仁化段铺轨和武深高速公路仁化段勘测设计工作，省道246线河塘至先刂鸡坑段改造工程已竣工通车。镇村建设管理不断加强，依法查处违章建筑45宗，拆除违建面积1.5万平方米。生态文明建设扎实推进，完成造林任务5.12万亩，新增省级以上生态公益林9万亩，全县森林覆盖率达77.41%，红山镇和扶溪镇成功列入市生态示范镇。

**三、服务保障水平进一步提升**

健全考核激励机制，招商引资取得明显实效。认真落实《仁化县招商项目奖惩暂行办法》和《招商引资优惠政策》，积极开展招商引资活动。全年引进境外项目6宗，合同利用外资3223万美元，实际利用外资1721万美元；引进境内项目19宗，合同利用外地资金50.56亿元，实际利用外地资金3.1亿元。外贸出口750万美元，比上年增长11%。

创新征拆工作机制，项目建设取得较大进展。抽调了100多名工作人员组建了征拆工作小组，分赴丹霞街道、周田镇和黄坑镇，加快推进项目征地拆迁工作。完成了韶赣铁路新增土地征拆任务，县有色基地、宝能旅游、韶赣铁路丹霞火车站站前广场扩建等重点项目征拆工作取得较大进展。

创新财金工作机制，金融杠杆作用不断加大。健全协税护税机制，试点运行财政管理一体化平台。大力实施“助保贷”“联保贷”等业务，努力解决小微企业、“三农”工作等方面资金紧缺问题。全县涉农贷款资金19.08亿元，发放“丹霞仁家”农家乐贷款998万元、妇女创业小额贷款1075万元。截至2013年12月底，全县金融机构各项存款余额65.39亿元、各项贷款余额25.81亿元，分别比上年增长13.9%和41%。

完善项目服务机制，推动发展氛围更加浓厚。继续实施《仁化县争取上级竞争性项目建设资金工作经费奖励办法》《仁化县项目服务奖励暂行办法》等制度，努力调动各单位抓项目、强服务的主动性。全县“企忧档案”责任单位累计走访企业2790次，受理“企忧事项”265宗，协调解决事项240宗。全年累计争取上级项目123项，到位资金2.87亿元。

**四、人民群众幸福指数进一步提高**

十件民生实事全面推进。一类点社会治安视频监控“天网”工程、县城“一江两岸”美化亮化工程、红山饮用水源保护工程已建成启用，20家星级农家乐已建成运营，丹霞新城农贸市场已基本建成，董塘河流域治理工程建设已进入收尾阶段，300套保障性住房、新田家炳小学建设工作稳步推进，县城至丹霞山绿道一期工程、国道106线城口马岭至红山上社公路改建工程已完成规划设计并正在开展征拆工作。

社会保障体系不断完善。全县新增城镇就业岗位3057个，完成农村劳动力技能培训586人，转移农村劳动力6272人，城镇登记失业率为2.14%。完成城乡居民社会养老保险参保69207人，城镇居民基本医疗保险参保17524人，农村居民基本医疗保险参保率达100%。全年共发放种粮补贴、农业综合直补等惠农补贴4797万元。全年支出低保金1802.4万元、“五保”供养金264.47万元。全县80岁以上高龄老人享受了长寿津贴。

人民生活水平稳步提高。城镇居民人均可支配收入17979元，农村居民人均纯收入10433元，分别比上年增长8.5%和12.1%。城乡居民储蓄存款余额47.6亿元，比上年增长12.3%。面向28个省级贫困村的新一轮扶贫“双到”工作扎实推进，全年投入扶贫资金3000万元，启动贫困村、户帮扶项目80多个。

社会各项事业协调发展。累计投入教育“创强”2.16亿元，成为全市第一个实现省级教育强镇（街）覆盖率100%的省级教育强县。普通高考综合排名连续4年位列全市八县（市、区）第一。县实验学校被评为“全国优秀家长学校实验基地”。公共卫生工作位居全市前列。国家卫生县城成功通过全国爱卫办第二次复检，省文明县城顺利通过复查验收。认真抓好人口计生工作，顺利通过省、市的考核。县人武部连续第13次被省军区评为标兵人武部。

**五、社会发展环境进一步优化**

民主法治不断深化。广泛开展“六五”普法教育，依法治县工作深入推进。积极推进政府信息公开，11个镇（街）均建立了电子政务公开栏，全年公开政务信息1500多条。党风廉政建设不断加强，民主评议政风行风活动深入开展，公务用车等专项治理活动取得实效。自觉接受人大、政协和社会的监督，全年办理人大代表建议52件、政协提案43件，受理网络问政784宗、民生热线53件。

社会管理不断加强。深入推进“民信档案”工作，评定信用户376户。扎实开展“干群会客厅”活动，开设会客厅12个，开展“干群会客”活动175场，帮助企业和群众调处问题840多宗。积极创建“平安仁化”，建成监控摄像点216个和治安卡口8个。落实安全生产“一岗双责”、信访工作责任制，加强社会治安综合治理，社会保持和谐稳定。

政务效能不断提高。积极推进网上办事大厅建设，审批业务事项479项，进驻事项457项，审批事项进驻率95%。贯彻执行国务院调整审批事项要求，取消、转移和下放行政审批事项58项。稳妥推进政府机构改革，卫计、食药、工商、质监等机构改革工作正有序实施。

各位代表，过去的一年，我们在国内外经济形势日益复杂、环保和土地政策日益收紧等综合因素影响下，能够取得这样的成绩，的确来之不易。这是在县委的正确领导下，全县人民团结奋斗、共同拼搏的结果；是各位人大代表、政协委员和社会各界人士有效监督、大力支持的结果。在此，我代表县人民政府表示衷心的感谢，并致以崇高的敬意！

在总结成绩的同时，我们也清醒地认识到，当前我县在推动经济社会发展中还存在不少困难和问题。主要有：一是我县经济增长方式比较粗放，产业结构仍不够优化；二是受征地拆迁等因素制约，部分重点项目建设不够快，影响了全县经济增长后劲；三是财税增长乏力，解决民生等刚性支出压力不断加大；四是有些干部的责任心不够强、工作作风不够扎实，执行力和工作效能仍需进一步提高。对此，我们将高度重视，采取有力措施，认真加以克服和解决。

## 2014年工作安排

根据县委十二届七次全会提出的总体要求和目标任务，今年政府工作的总体要求是：全面贯彻落实党的十八大和十八届三中全会精神，抢抓省委、省政府加快粤东西北地区振兴发展的良好机遇，以科学发展观为指导，以建设“生态、活力、幸福”新仁化为目标，以全面深化改革为动力，以加快转变经济发展方式为主线，以保障和改善民生为重点，全面实施“四化推四区”战略，力促产业加快转型升级、经济总量持续壮大、民生改善不断加强，努力开创仁化经济社会绿色转型、跨越发展的新局面。

2014年全县经济社会发展的主要预期目标是：全县生产

总值比上年增长11%以上；人均生产总值增长10.5%以上；公共财政预算收入增长13%；固定资产投资增长20%以上；城镇居民人均可支配收入和农村居民人均纯收入分别增长9%和10%；社会消费品零售总额增长11%以上；城镇登记失业率控制在3%以内。

为实现上述预期目标，我们将重点做好以下七项工作：

**一、坚持扩充总量和提升效益并重，大力推进工业经济转型发展**

着力抓平台建设，夯实发展基础。全面推进与东莞虎门镇的产业对接工作，尽快完善有色基地与虎门产业园相结合的工业园区规划。加快工业园区报批工作，力争年内成功申报省级产业转移园。加大园区征地拆迁工作力度，力争年内基本建成新庄新村一期项目。加快推进基地滨江大道、110千伏变电站、污水处理厂等基础设施建设，进一步增强有色基地的承载力。加强与广晟集团的沟通协调，加快坪岗工业园创建广东岭南人文科技创意园步伐。

着力抓项目建设，壮大工业总量。进一步优化“企忧档案”工作机制，创新管理模式，实行“企忧档案”电子化跟进管理，让“企忧档案”成为企业排忧解难的重要载体。全面推行网上审批制度，为企业提供“一站式”服务，努力优化企业发展环境。在加快志成冠军、长力电源、元泰科技、富鑫有色等企业建设的基础上，力争年内新引进10家以上企业入园建设。

着力抓转型升级，提升工业效益。大力整合小企业创业基地的闲置土地，充分利用城乡建设用地增减挂钩、“三旧”改造等政策，扩大工业用地储备。按照生态型、节约型、科技型、创税型、规模型的“五型”工业要求，着力引进更多投资强度大、科技含量高、创税能力强、资源能耗低的工业项目。积极引导企业加大科研力度，加快企业升级改造步伐，要求银海、兴达等企业今年完成一期搬迁建设任务。

**二、坚持旅游带动与扩大需求齐驱，大力推进第三产业加快发展**

加快景点景区开发，增强旅游发展影响力。加大旅游招商力度，积极引进“有实力、有经验、有诚意”的旅游投资商，大力开发中国历史文化名村石塘古村、丹霞源国家水利风景区、万时山地质公园、灵溪河漂流等重点精品旅游景点景区。有效整合全县旅游资源，精心策划、包装旅游线路和旅游产品，积极开展各种旅游宣传推介活动，不断提升仁化旅游的影响力和知名度。

推进旅游项目建设，增强旅游发展承载力。加快环丹霞山生态旅游产业园建设，重点推进宝能旅游、丹霞山博士生态园、丹霞山1号温泉酒店、梦幻丹霞、古洋水乡度假区、红锦湾旅游度假养老养生等休闲旅游项目建设，继续做好“丹霞仁家”农家乐品牌的评选和推广工作，进一步完善我县旅游服务配套设施，努力提升仁化旅游发展的承载力。

培育新兴服务业态，增强旅游综合带动力。积极培育总部经济、中介服务、信息咨询、文化创意等新兴服务业态，努力推动高端服务业在仁化聚集发展。加快推进宝能华南大宗农产品物流交易中心等物流平台建设，发挥县城及各镇（街）旅游服务中心和农产品展销中心作用，加快区域内商贸流通行业发展，全面提升旅游综合带动力。

**三、坚持新型城镇化与生态文明建设融合，大力推进宜居仁化建设**

加快县城扩容提质。抢抓当前加快新型城镇化机遇，大力实施“一县两城”发展战略，将周田镇纳入县城总体规划，通过加快县城至丹霞山绿道、宝能旅游等项目建设，促进县城老城区与周田新城区融合。创新城乡建设用地增减挂钩政策实施机制，盘活城乡土地资源，搞好城镇经营开发，加快“旧城镇、旧村庄、旧厂房”改造步伐，重点推进丹霞新城二期、御景阁等房地产开发和原通用厂、丹霞影剧院、十六冶棚户区等“三旧”改造项目建设。结合丹霞火车站、韶赣高速公路丹霞出口改造、有色基地配套服务区建设，不断完善周田镇区功能配套，加快周田同城化步伐。

推进城镇规划建设。继续实施“规划到镇、规划到村”，完成各镇总体规划及示范村规划，重点推进中心镇和示范村建设，引导农村人口向城镇聚集。加大城乡用地巡查监管力度，依法严厉打击“违法用地、违法建设”行为，规范城乡建设管理秩序。加强户外广告、建筑工地、卫生环境和小区物业管理，重点整治“三乱”问题，提高城镇管理水平。积极创建全国文明县城，确保顺利通过上级的考评验收。

加强生态文明建设。充分发挥我县划为国家重点生态功能区的优势，深化生态文明管理体制改革，完善生态文明建设制度。积极开展新一轮绿化广东大行动，加快推进2.43万亩碳汇造林、450亩生态景观林带以及4个森林公园建设。大力实施饮用水源保护、垃圾无害化处理、土壤综合治理等生态治理工程，不断改善全县生态环境。完善节能减排激励机制和环保监督机制，大力开展节能减排全民行动，努力完成上级下达的节能减排任务。

**四、坚持产业发展与富裕农民共进，大力推进“三农”工作稳步发展**

打造“特色+规模”的国家现代农业示范区。建立农村土地流转服务平台，引导农村土地合法、有序流转，促进土地适度规模经营。不断扩大红山茶叶、连片山茶油等特色产业基地，努力夯实农业发展基础。建立农业公共服务平台，构建以公共服务机构为依托、以合作组织为基础、以龙头企业为骨干、其他社会组织为补充的新型农业社会化服务体系。建立国家现代农业示范区投融资平台，发挥政府、金融和社会资金投资效益，推动现代农业产业升级和倍增，全面推进国家和省级现代农业示范区建设。

培育“实力+效益”的现代农业龙头企业。落实税收、直补、贴息等优惠政策，培育壮大天雄茶叶、富然农科等农业龙头企业。积极发展农特产品精深加工业和观光休闲农业，推动特色效益农业快速发展。采取奖励补助办法，积极培育联户经营、农民专业合作社、家庭农场等新型经营主体，大力支持“公司+基地+农户”、“公司+合作社+农户”等现代农业发展模式，不断提高农业生产经营的规模化、产业化、集约化和社会化水平。

建设“美丽+富裕”的社会主义新农村。积极推进农村综合改革，激活农村发展要素。大力实施农村河道治理、自然村道路硬底化和便民服务中心等工程，加快高标准农田建设，推进城口河等中小流域治理。抓好重大动物疫病疫情防治工作。扎实推进新一轮扶贫“双到”工作，重点实施贫困村户产业发展、基础设施建设等帮扶措施，不断改善贫困村户生产生活条件。探索农村建设新模式，引导社会资本参与幸福村居创建，大力推进黄屋新村、瑶塘新村等一批美丽富裕新农村建设。

**五、坚持深化改革与扩大开放联动，大力推进活力仁化建设**

全面深化重点领域改革。坚持把改革贯穿于政府工作的各领域各环节，按照中央和省、市全面深化改革的部署，认真做好各项改革工作。重点推进经济体制改革。建立统一的商事登记制度，推进工商注册便利化。健全矿产、土地等公共资源交易管理制度，推行建设工程和政府采购“网上招投标”机制，促进公共资源交易和项目招投标阳光运作。深化行政体制改革。推进网上办事大厅延伸到镇村，完善网上审批与电子监察系统，简化和规范项目审批程序。推进政府机构、事业单位改革，加快政府职能转变。合理调整县镇（街）事权关系，有效释放镇（街）活力。深化社会体制改革。大力发展社会组织，扩大政府向社会购买公共服务的范围，支持社会参与公共事业管理。深化文化体制改革。推动国有经营文化单位转企改制，鼓励非公有制文化企业发展，完善公共文化服务体系。

积极加强财金体制创新。推进预算编制改革，建立全口径的预算编报体系和跨年度预算平衡机制。健全财政监管机制和国库管理制度，提高财政资金使用绩效。落实财政预决算信息公开制度，扩大公开内容与范围，重点公开“三公经费”、专项资金的使用情况。建立财政激励机制，培育地方税源，深化税收征管改革，不断优化纳税服务。健全协税护税工作机制，完善税费管理一体化机制。抓好增值税、资源税等税制改革工作。有效整合公共资源，发展壮大丹霞实业公司。完善政银企对接合作平台，鼓励金融机构创新金融服务产品，积极支持地方建设。加强债务审批管理，防止发生新的不合理债务。

不断提高对外开放水平。完善投资优惠政策和招商引资奖惩办法，建立健全招商项目综合筛选评审机制，大力开展各种招商引资活动。加强对鑫海仁丹、智能木业等外贸出口企业的管理和服务，帮助企业开拓国际市场和获取外贸订单，努力扩大外贸出口。认真研究国家和省、市资金配套政策，有针对性地做好项目的谋划、编制和上报工作，积极争取上级资金支持。进一步完善创业政策，拓宽创业领域，降低创业门槛。建立健全扶持创业的金融、信息、技术、市场服务体系，加强创业培训和指导，不断提高人民群众的创业能力，鼓励全民积极参与创业。

**六、坚持改善民生福祉与维护社会稳定并举，大力推进和谐社会建设**

发展各项事业，强化公共服务。深入实施学前教育三年行动计划，推进规范化学校建设，促进城乡教育均衡发展。深化基层卫生综合改革和公立医院改革，深入实施基本药物制度，推进县慢性病和卫生监督所综合楼、基层卫生院改建项目，加强公共卫生服务。深入开展全民健身运动，完成两个农民健身广场建设。加快“三馆”（县文化馆、博物馆、图书馆）升级重建步伐。倡导培育和践行社会主义核心价值观，着力开展以道德讲堂、志愿服务为重点的全民修身活动和中华优秀传统文化进农村、进社区活动，大力培育“以孝为先，以德为本”的新民风。抓好人口计生工作，稳定低生育水平。扎实开展“双拥”共建活动，积极争创省“双拥模范县”。继续做好全国第三次经济普查工作。

加强民生保障，改善群众生活。充分发挥县创业培训中心作用，加大就业创业培训力度，提高就业人员的能力素质，积极扩大就业，重点帮助城镇零就业家庭、农村贫困家庭就业。大力推进各类人员参加医疗、养老等保险，逐步扩大社会保险征缴面。强化城乡居民低保，加强社会救助和司法救助，完善社会保障体系。加快廉租房、公租房以及棚户区改造等保障性住房建设，改善城镇居民居住条件。

实施惠民工程，办好民生实事。始终坚持心系群众冷暖，情牵百姓幸福，事谋人民利益，多为百姓办实事、干好事。今年，我们将“量力而行、尽力而为”，着重做好以下民生实事：

1. 开展政策性水稻种植保险；

2. 开通县城至丹霞火车站公交路线；

3. 全面建立城乡生活垃圾收运体系（即建成县城生活垃圾填埋场和完成“一镇一垃圾中转站、一村一垃圾收集点”建设）；

4. 实施高坪灌区改造一期工程；

5. 建设2.87万亩高标准农田；

6. 对县城8间和10个墟镇公厕进行提升改造；

7. 实施城乡公交候车亭美化改造工程；

8. 建成仁化新华文化广场；

9. 建成一镇一公办幼儿园。

创新社会治理，优化发展环境。加强信访维稳和人民调解工作，完善社会治理综合信息平台，推行网格化、信息化治理。完善网络管理制度，加强网络舆情的正面引导。推进“两建”工作，健全社会信用和市场监管体系。严格落实安全生产“一岗双责”责任制，严防安全生产事故发生。加快社会治安视频监控点建设，完善立体化治安防控体系，依法防范和惩治违法犯罪活动，努力创建“平安仁化”。抓好2014年村（社区）“两委”换届选举。

**七、坚持依法行政与提升效能同步，大力推进政府自身建设**

强化法治意识，坚持依法行政。深化民主法治建设，推进依法治县进程。健全民主监督体系，自觉接受人大、政协和社会的监督，切实办好人大代表建议、议案和政协委员提案。推进政务公开，完善决策机制，促进决策民主化、科学化和法制化。规范行政执法，坚持严格执法、公正执法、文明执法，提高政府依法行政水平。

强化责任意识，坚持高效施政。大力发扬敢于担当、真抓实干精神，在推进政务工作中出实招、求实效。贯彻落实中央“八项规定”，精简会议和文件，减少事务性活动，集中精力干实事。加强督查督办，严格行政问责，对县委、县政府的决策部署及群众关切的事情，实行限时办结，提高行政效能，确保政令畅通。

强化服务意识，坚持为民勤政。认真开展群众路线教育实践活动，积极深入基层群众，抓好调研工作，及时协调解决各种涉及群众根本利益的问题，切实做到解民之忧、济民之困。充分发挥镇（街）便民服务中心作用，积极推进网上查询、申报、办证等便民服务，努力提高公共服务水平。

强化清廉意识，坚持从严治政。严格执行党风廉政建设责任制，健全廉政风险防控体系。深入开展“庸懒散奢”整治活动，努力促进干部清正、政府清廉、政治清明。厉行勤俭节约，严控“三公”经费和一般性支出，降低行政成本。推行政府投资项目审核制度，加强工程建设、公共资源交易等重点领域专项治理，让权力在阳光下运行。

各位代表，新的征程已经开启，新的目标催人奋进。让我们更加紧密地团结在以习近平同志为总书记的党中央周围，高举中国特色社会主义伟大旗帜，在县委的坚强领导和县人大、县政协的监督支持下，团结依靠全县人民，胸怀中国梦，积聚正能量，敢于担当，真抓实干，为建设“生态、活力、幸福”新仁化而努力奋斗！

# 仁化县人民政府文件

仁府〔2014〕23号

## 仁化县人民政府印发仁化县公共资源交易管理暂行规定的通知

各镇人民政府、丹霞街道办事处，县府直属有关单位，市垂直管理有关单位：

现将《仁化县公共资源交易管理暂行规定》印发给你们，请认真贯彻执行。

仁化县人民政府

2014年7月28日

## 仁化县公共资源交易管理暂行规定

**第一条** 为规范我县公共资源交易活动，建立统一集中的公共资源交易市场，从源头上预防和治理腐败，保护交易当事人的合法权益，根据有关规定，并结合我县实际，制定本规定。

**第二条** 本规定适用于本县行政区域公共资源交易目录内的各类公共资源交易活动。

**第三条** 本规定所称公共资源交易是指：

（一）建设工程交易；

（二）政府采购；

（三）国土资源交易；

（四）产权交易；

（五）特许经营权交易；

（六）森林资源资产交易；

（七）国家、省、市规定的其它公共资源交易。

本规定所称公共资源是指本条所列各交易事项包含的项目、物品、服务、权益等资源。

**第四条** 符合《仁化县公共资源交易目录》规定的本县范围内公共资源交易项目，交易时必须进入县公共资源交易中心进行交易，上级文件另有规定的，从其规定。

**第五条** 公共资源交易应

当遵循公开、公平、公正、诚实信用、廉洁高效的原则。任何单位和个人不得以不合理的条件限制或者排斥潜在投标人（竞买人）参加各种形式的公共资源交易活动，不得对潜在投标人（竞买人）实行歧视待遇。

**第六条** 公共资源交易活动应依法接受有关行政主管部门、监察、审计等部门的管理和监督。

**第七条** 县公共资源交易管理委员会是公共资源交易工作的议事协调机构，负责公共资源交易工作重大事项的组织领导和决策协调。

**第八条** 县公共资源交易管理办公室（以下简称“县管办”）是县公共资源交易的监管机构，负责县公共资源交易活动的业务指导、协调、监督及协助行政监督部门调查违规违法操作行为等工作，承担县公共资源交易管理委员会日常工作。

**第九条** 县公共资源交易中心是公共资源交易的市场服务主体，负责为各类公共资源交易活动提供规范的场所、设施、信息咨询和服务。维护公共资源交易的正常秩序，见证公共资源交易全过程，确认交易结果。

**第十条** 公共资源的交易范围和规模标准以《仁化县公共资源交易目录》（仁府〔2014〕22号）为准。法律、法规、规章另有规定的，从其规定。

**第十一条** 公共资源交易项目未经项目审批、核准部门依法审批、核准的或权属有争议的，不得进入县公共资源交易中心进行交易。

**第十二条** 建设工程招标可以采取公开招标和邀请招标等方式。具体招标方式由项目审批、核准部门核准。

**第十三条** 政府采购分为公开招标、邀请招标、竞争性谈判、单一来源采购、询价以及国务院政府采购监督管理部门认定的其他采购方式。具体方式由县财政局负责核准。

**第十四条** 国土资源交易依法采取招标、拍卖、挂牌及网上交易等公开方式进行。

**第十五条** 产权和特许经营权交易采用公开招标、邀请招标、拍卖、公开竞价、网上竞价、协议转让以及有关法律、法规和规章规定的其他方式，依照有关法律、法规和规章规定的程序进行。具体方式由项目审批、核准部门核准。

**第十六条** 森林资源资产交易采用公开招标、拍卖、公开竞价、协议转让的方式，依照有关法律、法规和规章规定的程序进行。具体方式由项目审批、核准部门核准。

**第十七条** 招标人（采购人、出让人）要求变更交易方式的，必须经项目审批、核准部门核准，报县管办备案。

**第十八条** 建设工程和政府采购的公开招标项目，全部实施资格后审制度。结构复杂或技术要求较高的特殊性项目，确不适用资格后审的，应报项目审批、核准部门批准。

**第十九条** 300万元以下的建设工程项目、政府采购非招标采购方式（竞争性谈判、询价和单一来源采购）项目，根据质量和服务均能满足招标文件或采购文件实质性要求且报价最低的原则确定中标者或成交供应商。

**第二十条** 公共资源交易各类招标文件内容不得设置不合理的废标条款。凡公共资源交易项目废标的，代理机构应书面说明废标原因后报项目审批、核准部门备案，必要时可由业主组织召开听证会。

**第二十一条** 公共资源交易按下列程序进行：

（一）申请登记。对符合本办法规定范围的交易项目，招标人（采购人、转让人、出资人）应向县公共资源交易中心提出交易申请，并提交项目批复及相关资料，县公共资源交易中心对交易项目进行登记。

（二）选择代理机构。按照有关法律、法规、规章操作。

（三）资料核查。县公共资源交易中心对交易各方提交的材料按有关规定进行审查。

（四）信息发布。根据立项核准内容和相关资料，按法定程序统一发布交易信息。

（五）报名受理。受理工程建设投标人、采购供应商或土地、产权、特许经营权及森林资源资产购买人的报名。

（六）交易保证金。县公共资源交易中心设立保证金专户，按相关规定进行管理，专人负责交易保证金的收取、退还操作。

（七）开标竞价。开标、挂牌、拍卖在县公共资源交易中心场所内进行，由招标人或招标人委托的代理机构（招标拍卖挂牌主持人）主持，投标人（竞买人）持有效证件进入。招标投标管理部门、有关行业主管部门派人参加现场监督。

（八）评标。在县公共资源交易专家库中采用电子方式或摇珠方式随机抽取专家，依法组建项目评标委员会。需要外借专家或推荐特别专业专家的，应在招标文件中注明。县公共资源交易中心负责组织在本地或外地专家库抽取评标专家工作。凡在本县范围内评标的所有项目，抽取评标专家应即时抽取、即时通知、当天评标。评标工作必须在县公共资源交易中心提供的场所进行。因项目特殊，需要在县公共资源交易中心场外进行评标的，应报县公共资源交易管理办公室核准。

（九）结果公告。交易结果由县公共资源交易中心在统一平台进行公示或公告，接受社会各界监督。

（十）交易确认。县公共资源交易中心应在交易结果公示期结束后，向交易双方提供交易确认，发放中标通知书或确认书等。

（十一）合同备案。交易双方应在规定的时间内签订书面合同，并将合同副本报行政监督部门备案。

**第二十二条**　违反本规定的，由相关部门依法处理。

**第二十三条**　本规定自发布之日起施行，《仁化县人民政府印发仁化县工程建设项目招标投标管理暂行规定的通知》（仁府〔2013〕2号）同时废止。

附件：1. 政府采购流程图

2. 建设工程交易流程图

3. 土地交易流程图

4. 产权和特许经营权交易流程图

5. 森林资源资产交易流程图

公开方式：主动公开

抄送：县委办，县人大办，县政协办，县纪委办。

仁化县人民政府办公室　　2014年7月28日印发

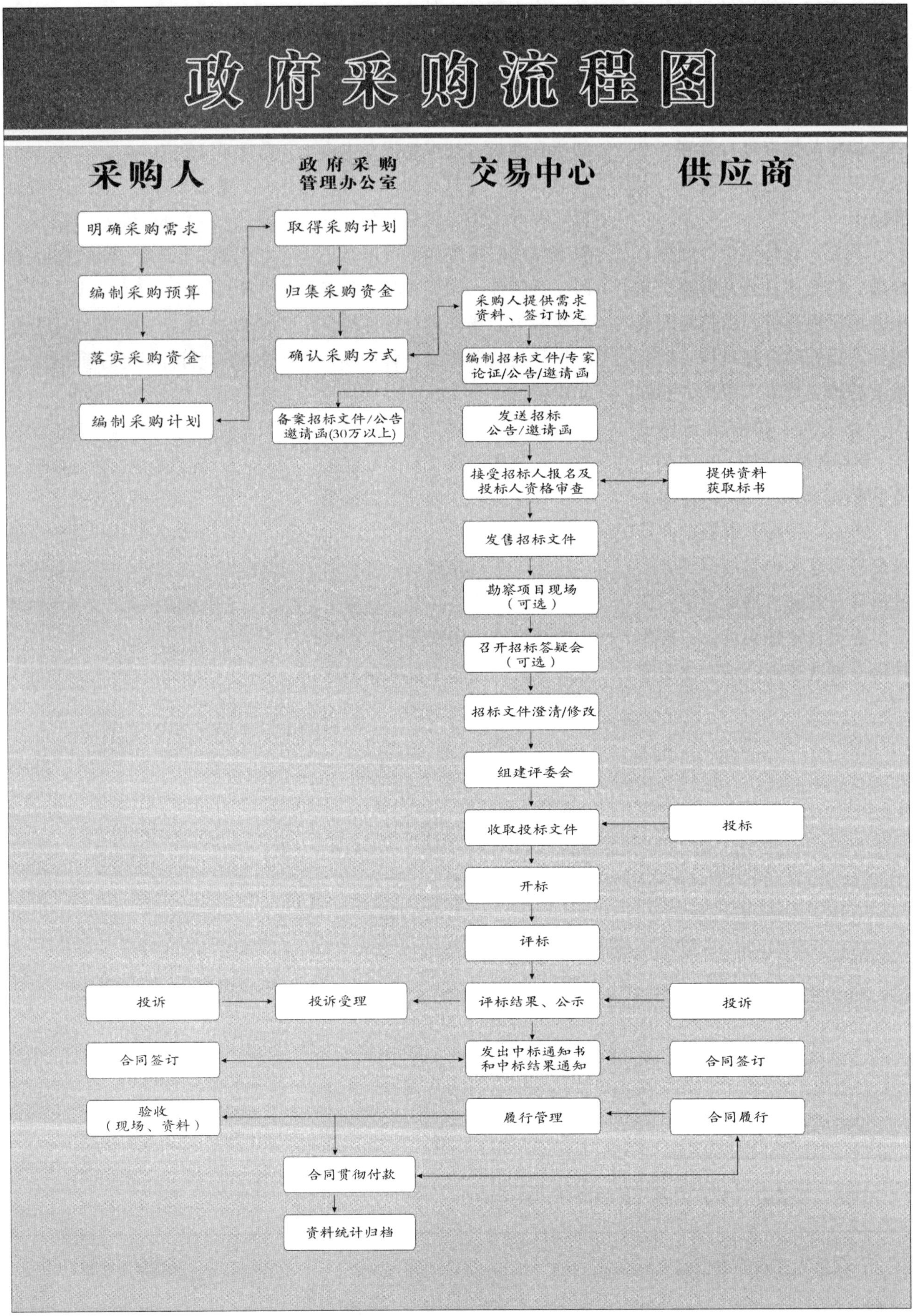
政府采购流程图
采购人
政府采购管理办公室
交易中心
供应商
明确采购需求
编制采购预算
落实采购资金
编制采购计划
取得采购计划
归集采购资金
确认采购方式
备案招标文件/公告邀请函(30万以上)
采购人提供需求资料、签订协定
编制招标文件/专家论证/公告/邀请函
发送招标公告/邀请函
接受招标人报名及投标人资格审查
提供资料获取标书
发售招标文件
勘察项目现场（可选）
召开招标答疑会（可选）
招标文件澄清/修改
组建评委会
收取投标文件
投标
开标
评标
投诉
投诉受理
评标结果、公示
投诉
合同签订
发出中标通知书和中标结果通知
合同签订
验收（现场、资料）
履行管理
合同履行
合同贯彻付款
资料统计归档

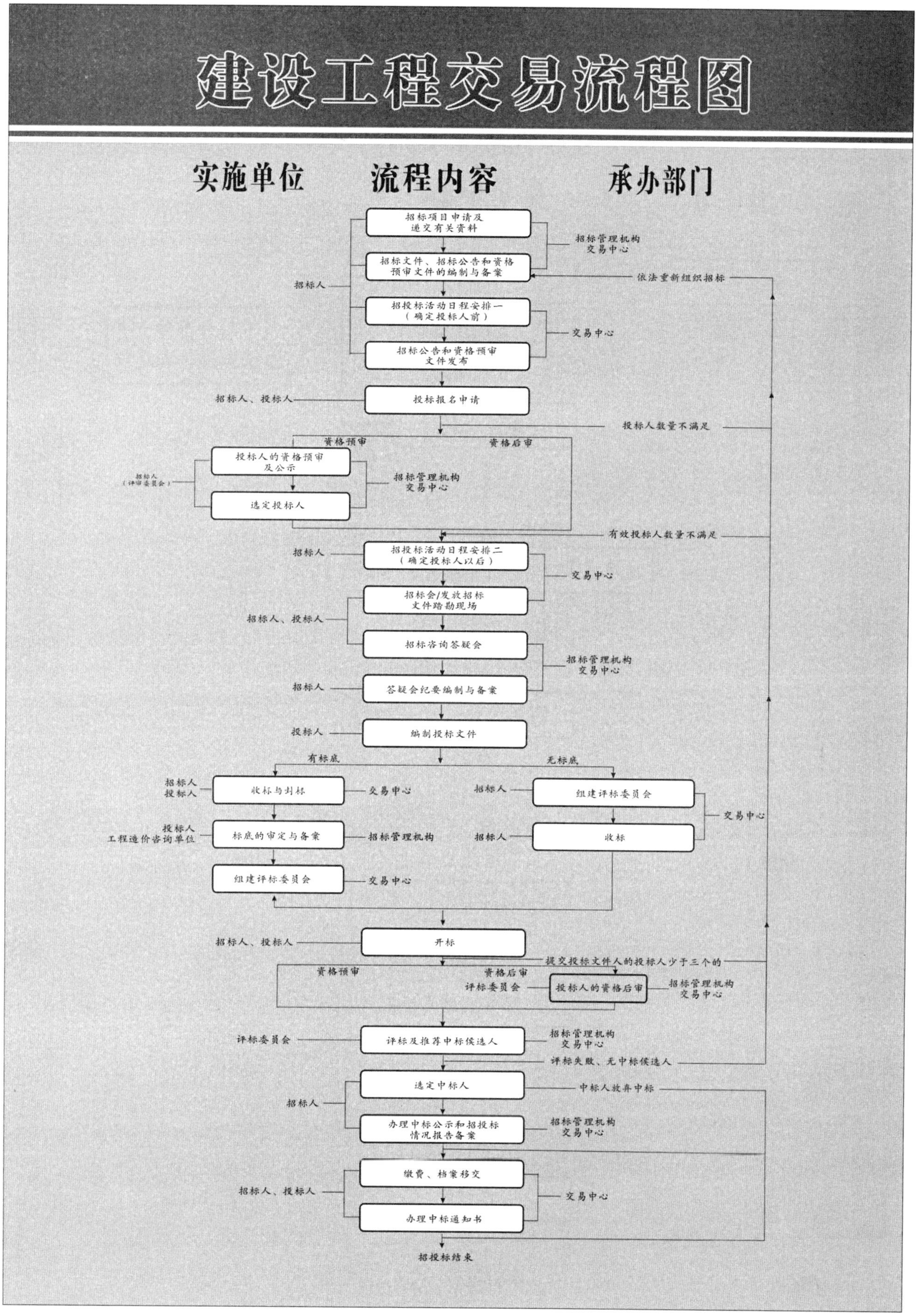
建设工程交易流程图
实施单位
流程内容
承办部门
招标项目申请及
递交有关资料
招标文件、招标公告和资格
预审文件的编制与备案
招投标活动日程安排一
（确定投标人前）
招标公告和资格预审
文件发布
招标人
招标管理机构
交易中心
依法重新组织招标
交易中心
招标人、投标人
投标报名申请
投标人数量不满足
资格预审
资格后审
投标人的资格预审
及公示
选定投标人
招标人
（评审委员会）
招标管理机构
交易中心
有效投标人数量不满足
招标人
招投标活动日程安排二
（确定投标人以后）
交易中心
招标会/发放招标
文件踏勘现场
招标人、投标人
招标咨询答疑会
招标管理机构
交易中心
招标人
答疑会纪要编制与备案
投标人
编制投标文件
有标底
无标底
招标人
投标人
收标与封标
交易中心
招标人
组建评标委员会
交易中心
投标人
工程造价咨询单位
标底的审定与备案
招标管理机构
招标人
收标
组建评标委员会
交易中心
招标人、投标人
开标
提交投标文件人的投标人少于三个的
资格预审
资格后审
评标委员会
投标人的资格后审
招标管理机构
交易中心
评标委员会
评标及推荐中标候选人
招标管理机构
交易中心
评标失败、无中标候选人
选定中标人
中标人放弃中标
招标人
办理中标公示和招投标
情况报告备案
招标管理机构
交易中心
缴费、档案移交
招标人、投标人
交易中心
办理中标通知书
招投标结束

# 土地交易流程图

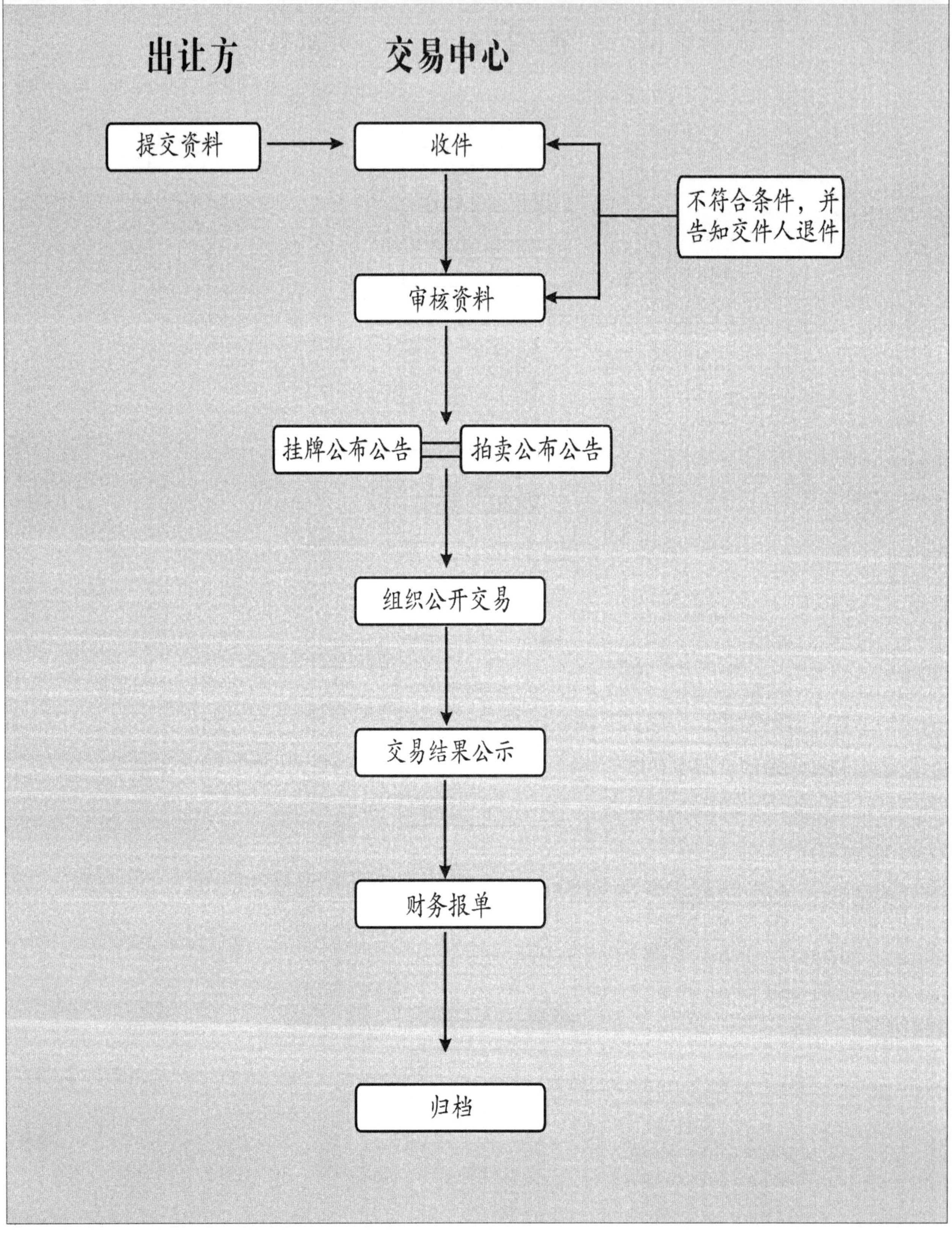
出让方
交易中心
提交资料
收件
不符合条件，并
告知交件人退件
审核资料
挂牌公布公告
拍卖公布公告
组织公开交易
交易结果公示
财务报单
归档

# 产权和特许经营交易流程图

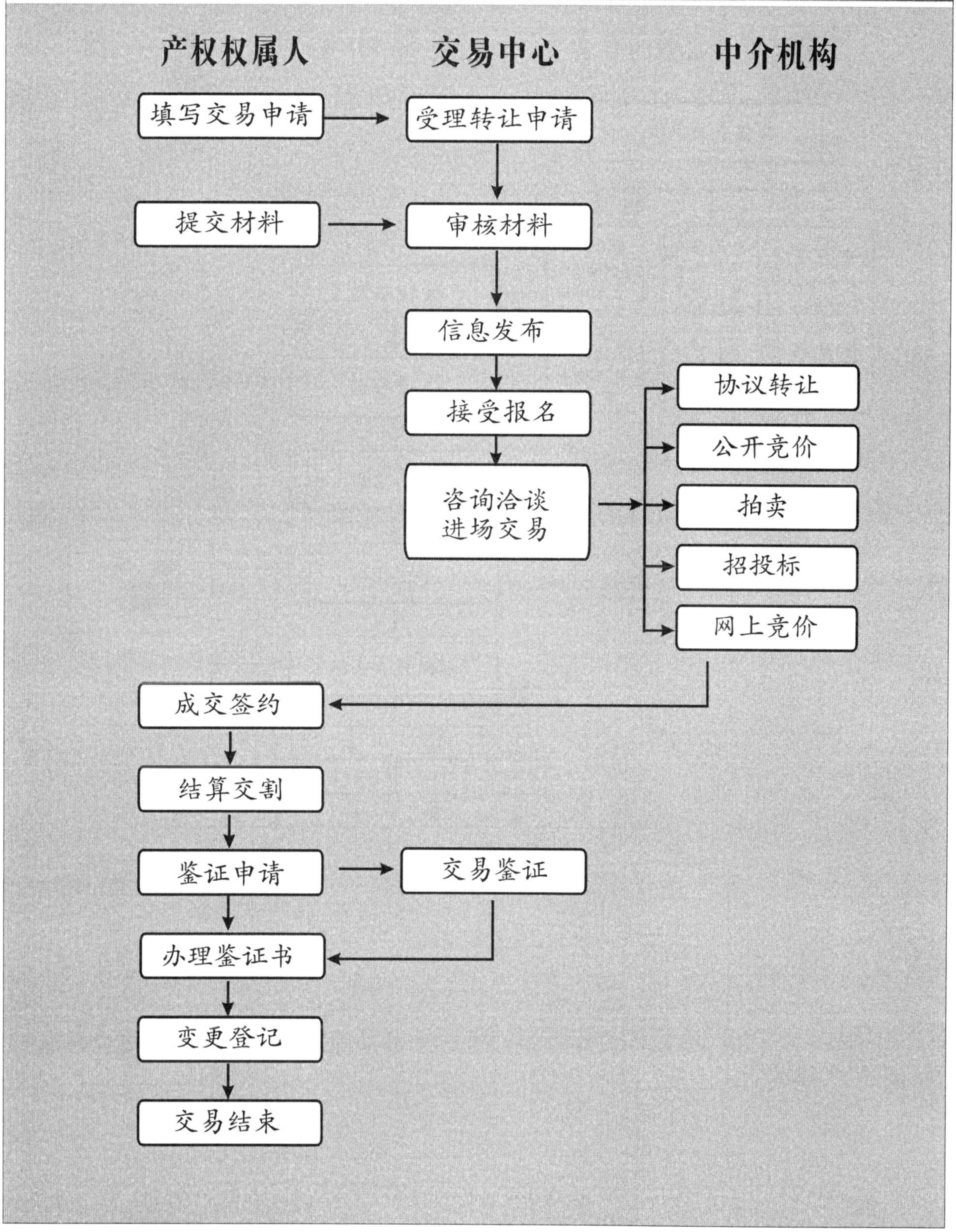

# 森林资源资产交易流程图

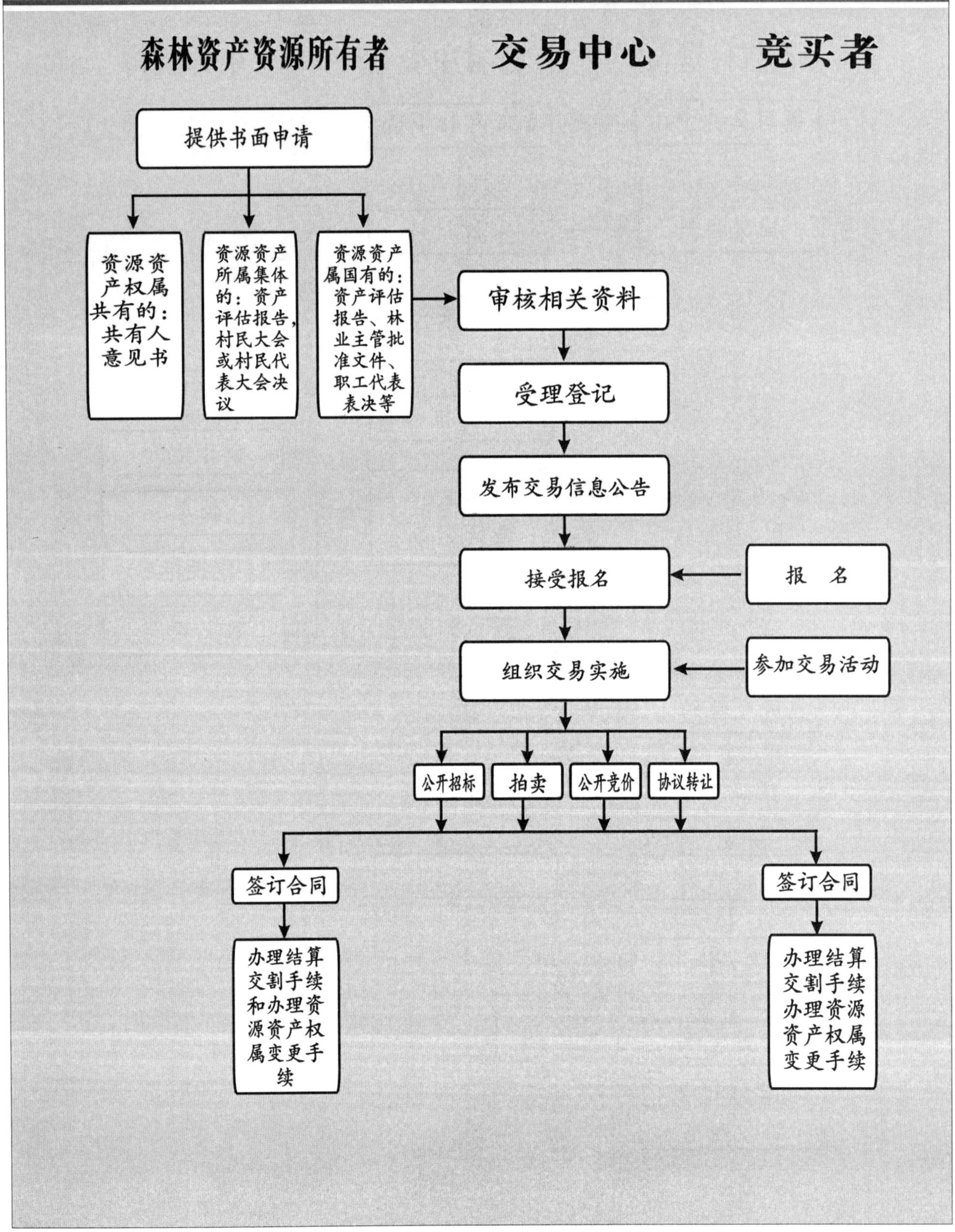

# 仁化县人民政府文件

仁府〔2014〕27号

## 仁化县人民政府印发仁化县家庭农场认定管理办法（试行）的通知

各镇人民政府、丹霞街道办事处，县府直属有关单位，市垂直管理有关单位：

《仁化县家庭农场认定管理办法（试行）》业经2014年9月2日县政府常务会议讨论通过，现印发给你们，请你们认真贯彻执行。

仁化县人民政府

2014年9月10日

## 仁化县家庭农场认定管理办法（试行）

### 第一章　总则

**第一条**　为贯彻落实党的十八大和中央一号文件精神，培育新型农业经营主体，加快构建现代农业产业体系，大力推进我县农村家庭经营水平，结合我县实际，制定仁化县家庭农场认定管理办法。

**第二条**　家庭农场是指以家庭成员为主要劳动力，从事农业规模化、集约化、商品化生产经营，并以农业收入为家庭主要收入来源的新型农业经营主体。

**第三条**　凡在仁化县境内从事农业生产发展的家庭农场，均按照本办法进行推荐认定。

### 第二章　认定标准

**第四条**　家庭农场的规模标

准：

家庭农场根据产业分为种植类、养殖类和特色种养类三种类型（具体标准见附件1）。

**第五条** 家庭农场应具备的准入条件：

（一）家庭常年在农场经营、劳动人员须在2人以上（含2人），同时，家庭农场经营者年龄必须在十八周岁以上、六十周岁以下，且具有完全民事行为能力，可以独立进行民事活动，信誉良好。可以季节性雇工。

（二）家庭农场经营者应接受过农业技能培训，以农业收入为主。家庭农场经营活动有比较完整的财务收支记录。

（三）经营规模达到一定标准并相对稳定。从事粮食作物生产的家庭农场，租期或承包期应在5年以上，连片经营土地面积应达到100亩以上，且从事经营一年以上。从事畜禽养殖的家庭农场须取得《动物防疫条件合格证》和环保部门的批准文件等相关材料。

（四）管理方式先进，土地产出率、经济效益得到明显提升，经营效益比普通农户高出20%以上，对周边农户具有明显示范带动效应，产品基本实现订单生产和销售。

（五）围绕所从事产业，规模适度，相对集中连片，推广应用新品种、新技术，机械化操作水平较高，标准化程度较高，品牌意识和产品市场竞争力较强。

## 第三章 申报程序

**第六条** 家庭农场申报程序：

（一）申请。家庭农场经营者填写“家庭农场认定申请表”（见附件2），向所在镇（街道）提出申请。申报材料包括：

1、“家庭农场认定申请表”；

2、家庭农场经营者户口本复印件和身份证复印件；

3、土地流转合同书复印件或台账；

4、镇（街）农业（畜牧、水产等）机构或村委会核查后出具的经营情况证明材料；

5、从事畜禽养殖的家庭农场需提交《动物防疫条件合格证》和环保部门批准文件的复印件。

（二）初审。镇（街）主管部门对农场所报材料进行审核、筛选，以镇（街）为单位向县农业局报送审核材料。

（三）认定。家庭农场由县农业局会同相关部门进行实地考察、审查、综合评价并予以认定及备案。

**第七条** 认定批准的家庭农场，实行动态管理，两年审定一次。家庭农场不按规定要求按时提供年审材料，拒绝参加年审的，自动取消家庭农场资格。

## 第四章 登记开户

第八条 经认定的家庭农场，到县工商局办理注册登记手续。县工商局按照《韶关市工商局关于做好家庭农场登记工作意见》办理注册登记手续，并结合我县实际，适当放宽家庭农场注册登记条件，实行免费注册登记。

## 第五章 扶持政策

**第九条** 加强基层公益性农技推广机构对家庭农场的指导与技术服务，帮助家庭农场创建品牌，开展无公害农产品、绿色食品、有机农产品、地理标志农产品认证，发展标准化生产。

**第十条** 支持和鼓励农业社会化服务组织为家庭农场提供种子种苗供应、农资供应、农机作业、统防统治、粮食烘干、仓储、农产品物流配送、农产品检测、沼液配送等服务。

**第十一条** 积极支持家庭农场采取产销对接、产品展销展示等方式，与超市、农产品批发市场、城市社区、企业、学校、餐饮集团等对接，发展现代营销。

**第十二条** 指导家庭农场与农业产业化龙头企业、农民专业合作社探索建立长期稳定的利益共享、风险共担的农产品产销衔接机制，支持龙头企业与家庭农场采取保底收购、股份合作、利润返还等多种形式，建立紧密利益联结机制，组建农业联合体。

**第十三条** 凡被认定的家庭农场，优先安排承担各类农业项目，优先安排国家各类支农补贴，各级财政及各类资源予以倾斜扶持。优先安排家庭农场主和经营管理、生产服务人员到外地考察学习，提高经营管理水平。

**第十四条** 把家庭农场的主营产品列入农业政策性保险试点范围，享受各级财政保费补贴，鼓励家庭农场参加农业保险。

**第十五条** 家庭农场购置各类农业机械优先享受农机购置补贴。

**第十六条** 每年在已认定的家庭农场中开展示范性家庭农场评选，并对选出的示范性家庭农场进行奖补。

## 第六章　附则

**第十七条** 本办法由县农业局、工商局负责解释。

**第十八条** 本办法自发布之日起施行。

公开方式：主动公开

抄送：县委办，县人大办，县政协办，县纪委办。

仁化县人民政府办公室　　2014年9月10日印发

附件1

## 仁化县家庭农场认定标准

| 类 别 | 种 类 | 规 模 |
|---|---|---|
| 种植类 | 粮 食（含水稻、大豆、玉米、马铃薯等） | 100亩以上 |
| | 经济作物（含花生、油茶、南药等） | 50亩以上 |
| | 水 果 | 50亩以上 |
| | 茶 叶 | 15亩以上 |
| | 蔬 菜 | 25亩以上 |
| | 花卉、种苗 | 25亩以上 |
| 养殖类 | 猪 | 年出栏量500头以上 |
| | 牛 | 年出栏量100头以上 |
| | 羊 | 年出栏量150头以上 |
| | 肉禽 | 年出栏量10000只以上 |
| | 蛋禽 | 年存栏量5000只以上 |
| | 兔 | 年出栏量2500只以上 |
| | 鱼 塘 | 水面50亩以上 |
| 特色种养类 | 年纯收入25万元以上 | |

附件2

## 仁化县家庭农场认定申请表

________（镇、街道）　　　　单位：亩、头、只、万元

<table>
<tr><td>家庭农场名称</td><td colspan="5"></td></tr>
<tr><td>经营者姓名</td><td></td><td>性别</td><td></td><td>年龄</td><td></td></tr>
<tr><td>家庭从业人数</td><td></td><td>籍贯</td><td></td><td>联系电话</td><td></td></tr>
<tr><td>详细地址</td><td colspan="5"></td></tr>
<tr><td>生产规模</td><td colspan="2"></td><td>其中连片面积</td><td colspan="2"></td></tr>
<tr><td>年产值</td><td colspan="2"></td><td>纯收入</td><td colspan="2"></td></tr>
<tr><td>申报类型</td><td colspan="2"></td><td>主要产品</td><td colspan="2"></td></tr>
<tr><td>基本经营情况</td><td colspan="5"></td></tr>
</table>

<table>
<tr><td>基本经营情况</td><td colspan="3"><br><br>（可另附纸）</td></tr>
<tr><td>乡镇街道审核意见</td><td>盖 章<br>年 月 日</td><td>县农业主管部门认定意见</td><td>盖 章<br>年 月 日</td></tr>
<tr><td>备案情况</td><td colspan="3"></td></tr>
</table>

说明：本表一式三份，仁化县农业局、工商局、镇（街道）各一份

# 仁化县人民政府文件

仁府〔2014〕26号

## 仁化县人民政府印发仁化县示范性家庭农场评选认定及扶持奖励办法的通知

各镇人民政府、丹霞街道办事处，县府直属有关单位，市垂直管理有关单位：

《仁化县示范性家庭农场评选认定及扶持奖励办法》业经2014年9月2日县政府常务会议讨论通过，现印发给你们，请你们认真贯彻执行。

仁化县人民政府办公室

2014年9月10日

## 仁化县示范性家庭农场评选认定及扶持奖励办法

### 第一章　总则

**第一条**　为加快培育发展家庭农场，增加农民收入，完善农业经营体系，提升现代农业发展层次，促进我县家庭农场规范健康快速发展，结合仁化实际，特制定本办法。

**第二条**　本办法适用范围：仁化县家庭农场。

**第三条**　示范性家庭农场的认定，坚持自愿申报、逐级审核、总量控制、公开择优、动态管理的原则。

**第四条**　示范性家庭农场每年评选认定一次，实行动态监测管理。

### 第二章　申报

**第五条**　示范性家庭农场应当具备以下条件：

（一）经营主体合法化。示范性家庭农场必须是我县认定的家庭农场且在县工商局注册登记，具备合法的农业经营主体资格条件。

（二）生产经营规模化。（见附件1）

（三）从业人员知识化。从业人员大多数有农业专业资质证书或参加过农业部门资质的培训，并通过农业专业技能鉴定。其中，全部的家庭成员和80%的常用雇工要参加培训，并取得相关证明。

（四）生产技术标准化。农场有一套完整可操作的标准化生产模式图，按标准化要求进行生产，标准化覆盖面要达到80%以上。主要农业投入品建立进出台帐，产品生产过程要有记录，做到档案完整；开展生产基地“三品一标”认证，建立健全农产品质量安全追溯和自律性检测检验制度。

（五）农场管理企业化。农场要以企业化的理念进行科学化管理，农场和土地拥有者之间有正规合同或协议、雇佣工人要有正式劳动合同、农场有规范的管理制度、有固定的经营场所，有基本的配套设施、有必要的生产设施、有较高的土地产出率。

（六）农场经营品牌化。农产品通过品牌销售，品牌在当地有较大的知名度。

（七）综合效益最大化。注重经济效益，农场每年收益30万元以上；注重生态效益，采用循环农业生产模式，符合生态循环型要求；注重社会效益，发挥示范性作用，对周边农户发展现代农业具有较大影响。

**第六条** 申报材料。所有申报材料装订成册，一式三份。

（一）仁化县示范性家庭农场认定申报表；

（二）营业执照、组织机构代码证、税务登记证、账户复印件；

（三）家庭农场情况介绍；

（四）土地流转相关证明文件；

（五）在农场固定从业的家庭成员户口本复印件和身份证复印件；

（六）产品注册商标证书以及有关认证、奖励、荣誉称号等证书和文件的复印件；

（七）其他证明材料。

## 第三章 评选认定程序

**第七条** 仁化县示范性家庭农场评选认定按下列程序办理：

（一）自愿申报。符合申报条件的家庭农场，按照申报材料的要求，向所在镇（街）提出申请。

（二）初审推荐。县农业局择优推荐，报送县政府。

（三）评审认定。县政府组织农业、林业、畜牧（水产）、工商、财政等部门组成联审联评小组，在初审推荐的范围内组织现场核查和评议，评审结果经“仁化县农业信息网”网站公示后，颁发仁化县示范性家庭农场证书。

**第八条** 县农业局每年11月底前报送推荐名单，县政府12月底前完成对仁化县示范性家庭农场的评选认定。

## 第四章 扶持政策

**第九条** 被认定为示范性家庭农场的，可享受以下扶持政策：

（一）对在本县区域内租赁农田、山地、鱼塘的，认定当年按照每亩30元、10元、100元给予一次性奖补。

（二）认定当年给予出栏商品猪50元/头、肉牛200元/头、肉羊50元/头、肉禽1000元/万只一次性奖补。

（三）种植粮、油、菜，除优先享受国家、省、市的农机购置等相关指标性补贴外，认定当年每亩给予基础设施建设一次性补助100元。

（四）建设栽培设施的，日光温室大棚每亩补助2000元，钢架大棚每亩补助1500元。

（五）养殖场新建30立方米以上单体沼气发酵池沼气工程，每立方米补助300元。

（六）根据全县农业产业布局及发展情况，配合有关重点项目实施，示范带动作用明显的，适当安排示范经费。

（七）优先安排承担农业生产、农业基础设施建设、农业装备保障能力建设等各类农业项目，优先安排国家各类支农补贴，各级财政及各类资源予以倾斜扶持。

**第十条** 对符合该办法，并已获得市级以上（含市级）奖补和《关于加快现代农业发展的奖励办法》奖补的，不再重复奖补。

## 第五章 监测管理

**第十一条** 县农业、林业、畜牧（水产）、工商、财政、环保等相关部门要主动加强对示范性家庭农场的指导和服务，不断提升示范带动能力和水平。

**第十二条** 示范性家庭农场应及时反馈有关业务活动信息，并于每年3月31日前报送年度工作报告，自觉接受社会监督和评审认定机关的检查。

**第十三条** 加强动态监测。县农业局将组织抽查和绩效考评，并公布监测结果。

**第十四条** 监测过程中，发现有下列情形之一的，一经核实，撤销其"仁化县示范性家庭农场"称号，取消其示范性家庭农场资格及相关扶持，并在3年内不予评选认定：

（一）家庭农场在申报过程中提供虚假材料或存在舞弊行为的；

（二）家庭农场因经营不良，资不抵债而破产或被兼并的；

（三）家庭农场经营中违反国家产业政策，存在违法违纪行为的；

（四）家庭农场发生重大生产安全事故和重大质量安全事故的。

**第十五条** 示范性家庭农场经营者不再从事农场经营的，应到工商部门办理注销手续。因未及时注销而享受到家庭农场的扶持政策的，由相关部门收回其所享受的额度，并依法给予处罚。

## 第六章 附则

**第十六条** 本办法由县农业局负责解释，自发文之日起施行。

公开方式：主动公开

抄送：县委办，县人大办，县政协办，县纪委办。

仁化县人民政府办公室　　2014年9月10日印发

附件1

## 仁化县示范性家庭农场认定标准

| 类 别 | 种 类 | 规 模 | 土地流转年限 | 控制名额 |
|---|---|---|---|---|
| 种植类 | 粮食（含水稻、大豆、玉米、马铃薯等） | 100亩以上 | 5年以上 | 3 |
| | 经济作物（含花生、油茶、南药等） | 100亩以上 | 5年以上 | 2 |
| | 水 果 | 100亩以上 | 20年以上 | 1 |
| | 茶 叶 | 30亩以上 | 20年以上 | 1 |
| | 蔬 菜 | 50亩以上 | 10年以上 | 1 |
| | 花卉、种苗 | 50亩以上 | 10年以上 | 1 |
| 养殖类 | 猪 | 年出栏量1000头以上 | 10年以上 | 5 |
| | 牛 | 年出栏量200头以上 | 10年以上 | |
| | 羊 | 年出栏量300头以上 | 10年以上 | |
| | 肉禽 | 年出栏量20000只以上 | 10年以上 | |
| | 蛋禽 | 年存栏量10000只以上 | 10年以上 | |
| | 兔 | 年出栏量5000头以上 | 10年以上 | |
| | 鱼 塘 | 水面100亩以上 | 5年以上 | 1 |
| 特色种养类 | 年纯收入50万元以上 | | 5年以上 | 5 |

附件2

## 仁化县示范性家庭农场认定申报表

<table>
<tr><td>农场名称</td><td colspan="5"></td></tr>
<tr><td>申报人姓名</td><td colspan="2"></td><td colspan="2">联系电话</td><td></td></tr>
<tr><td>住　址</td><td colspan="5"></td></tr>
<tr><td>家庭人口</td><td>人</td><td>家庭劳动力</td><td>人</td><td>雇佣劳动力</td><td>人</td></tr>
<tr><td>自有经营面积</td><td colspan="5">亩，其中农田　亩，山地　亩，鱼塘　亩。</td></tr>
<tr><td>租赁经营面积</td><td colspan="5">亩，其中农田　亩，山地　亩，鱼塘　亩。</td></tr>
<tr><td>种植品种规模</td><td colspan="5"></td></tr>
<tr><td>养殖品种规模</td><td colspan="5"></td></tr>
<tr><td>上年经营收入</td><td colspan="2">万元</td><td>经营利润</td><td colspan="2">万元</td></tr>
<tr><td>开户银行</td><td colspan="2"></td><td>账号</td><td colspan="2"></td></tr>
<tr><td colspan="6">申报理由（依照《仁化县规范家庭农场管理办法》及实际实施情况填写，数据真实准确，相关资料另附）：<br><br><br>签章：<br>申报时间：　　年　　月　　日</td></tr>
</table>

| |
|---|
| 所在镇（街道）初核意见：<br><br><br>签章：<br>审核时间：　年　月　日 |
| 认定组人员及意见：<br><br><br>参与认定人员签名：<br>组长：　　成员：　　组织单位盖章：<br>认定时间：　年　月　日 |
| 县政府审批意见：<br><br><br>县主管领导签名：<br>盖章：<br>时间：　年　月　日 |

# 仁化县人民政府文件

仁府〔2014〕16号

## 仁化县人民政府印发仁化县贫困村信贷风险补偿基金管理办法的通知

各镇人民政府、丹霞街道办事处，县府直属有关单位，市垂直管理有关单位：

《仁化县贫困村信贷风险补偿基金管理办法》（仁府规审〔2014〕7号）业经2014年5月28日县政府常务会议通过，现印发给你们，请认真贯彻执行。

仁化县人民政府

2014年6月3日

## 仁化县贫困村信贷风险补偿基金管理办法

### 第一章　总则

**第一条**　为贯彻落实党的十八大、十八届三中全会精神，按照《中国农村扶贫开发纲要（2011-2020年）》和《中共中央办公厅 国务院办公厅印发〈关于创新机制扎实推进农村扶贫开发工作的意见〉的通知》（中办发〔2013〕25号）的有关要求，进一步加强对仁化县贫困村农户的支持，鼓励金融机构加大对农户的信贷投放力度，解决农民发展生产资金不足的问题，提高贫困村经济社会发展能力和水平，结合本县实际，特制定本办法。

**第二条**　本办法所称仁化县贫困村信贷风险补偿基金（简称“风险补偿金”）是指由县扶贫办安排专项扶贫资金作为

风险补偿金。风险补偿金专门用于对县金融机构为“民信档案”贫困村农户提供贷款所产生的风险损失进行补偿。

**第三条** 由县扶贫办安排的风险补偿资金，以专户存放于金融机构，该账户为风险补偿金专用账户，仅作为风险补偿金存放及代偿支出专用账户。风险补偿金由县扶贫办管理，资金孳生的利息滚存增加本金。与贷款条款相对应的风险补偿金以外的资金县扶贫办如有需要可以随时收回。

**第四条** 本办法所称信贷，是指银行业金融机构向符合条件的贫困村农户发放的用于发展生产、自主创业等用途的生产性信用贷款。

**第五条** 本办法所称贫困村农户应具备下列条件：

（一）具有贫困村当地农村居民户口并被评为良好以上等级的信用户。

（二）申请人需年满18周岁，男不超过60周岁，女不超过55周岁，身体健康，有劳动能力，有生产发展项目；

（三）农户家庭诚实守信，无不良记录，无未解决的经济纠纷；

（四）符合县金融机构规定的其他条件。

**第六条** 本办法所称风险补偿基金管理机构是指由县政府指定的负责对风险补偿金日常运行的执行管理机构。

**第七条** 县政府承诺对金融机构为仁化县贫困村农户提供的贷款提供风险补偿，金融机构承诺按县政府风险补偿金的5倍放大对我县贫困村农户的信用贷款额度。

## 第二章 职责分工

**第八条** 县政府成立仁化县贫困村信贷风险补偿基金管理委员会（简称“管委会”），由县扶贫办、县财政局、县审计局、县金融办、县人民银行组成。县政府分管领导兼任管委会主任，县扶贫办主任、县金融办主任、县人民银行行长兼任管委会副主任，成员单位主要负责人任管委会委员。管委会办公室设在县扶贫办，具体负责日常事务。

**第九条** 管委会行使最高决策权，统筹管理风险补偿金，负责风险补偿金使用的监督。由管委会授权县扶贫办开设风险补偿基金专户，与金融机构签订合作协议。县管委会办公室负责总协调，统筹管理风险补偿金，审核并拨付贫困村农户信贷风险补偿资金。县审计局负责对风险补偿金使用情况进行监督、检查，并做好资金使用绩效评价工作。县金融办、县人民银行负责协调与金融机构的对接。

**第十条** 职责要求：

（一）贷款对象职责

1、根据自身情况提出书面申请并如实填写《贫困村农户贷款申请表》、《农户信用等级评定表》等有关资料，按金融机构、县扶贫办要求提供相关资料。

2、承诺勤劳致富、诚信致富和共同致富。

3、按规定办理贫困村农户贷款借款手续。

4、按规定用途使用贷款，诚实履行贷款合同，按期归还贷款本金和利息。

5、贷款使用及还款情况接受县扶贫办、镇政府、贷款金融机构、村委会监督管理。

（二）村委会职责

1、核实申请贷款农户的个人、家庭基本信息和发展生产项目是否属实，并加盖村委会公章。

2、向县扶贫办、镇政府和金融机构汇报本村农户信贷资金使用情况。

3、协助金融机构做好贷款回收工作。

（三）镇（街）职责

1、按本办法的规定对贫困村农户贷款的申请进行调查，并提出审查意见。

2、指导和帮助贫困村农户贷款使用人搞好生产经营，监控贷款资金使用情况。

3、协助金融机构做好贷款催收工作。

（四）县扶贫办职责

1、规划贫困村农户贷款项目，监测项目进展情况。

2、监督风险补偿金使用

情况，确保风险补偿金账户余额与贫困村农户贷款余额相匹配，按规定为贫困村农户贷款提供风险补偿。

3、参与贫困村农户不良贷款的确认工作，对金融机构提出的不良贷款处理意见在5个工作日内给予书面答复。

（五）金融机构职责

1、对经镇（街）调查后推荐的申请贷款的贫困村农户进行详细调查、审查、审批，对是否给予贷款、贷款金额以及贷款期限提出审查意见。

2、建立贫困村农户贷款台账，对符合信贷条件的贫困村农户办理相关贷款手续，按有关规定授信发放贷款。

3、对贫困村农户贷款的运作情况进行监控，按月向管委会报告贫困村农户贷款有关情况，反馈有关信息；当不良贷款率达3%时，应及时停止贫困村农户贷款，对超过该控制指标继续发放贷款而造成的损失承担全部责任。

4、对不良贷款损失和处置提出具体的处理意见。

5、积极采取措施对到期及逾期贫困村农户贷款的本息进行清收。

## 第三章　风险补偿基金的管理

**第十一条**　对贫困村农户的贷款，由县扶贫办给予相应的贷款贴息，贴息资金在农户按期足额还清银行贷款本息后由县扶贫办一次性补贴。

**第十二条**　风险补偿金仅限于为农户贷款业务增信和风险补偿。

**第十三条**　当农户贷款风险补偿合作机制终止且风险补偿金担保的所有贷款本息结清后，风险补偿金扣减补偿损失后一次性退还给县扶贫办。

第十四条　管委会每季度将风险补偿金的使用情况向县政府报告一次。

## 第四章　贷款的发放和管理

**第十五条**　贫困村农户贷款的额度，原则上单户贷款额度在5万元（含）以内，个别发展项目效益好、资金需求大的可适当放宽额度，最高单户贷款额度不超过8万元。

**第十六条**　金融机构可根据县扶贫办对贫困村农户的信用评定等级给予相应的贷款授信，对于优秀等级的信用户，可适当放宽信贷额度，具体由金融机构掌握。除信用等级外，贷款农户可提供一定比例的、符合金融机构要求的抵（质）押或保证，申请更多的贷款额度。

**第十七条**　贷款利率由借贷双方在公平自愿的原则下依法协商确定。贷款期限一般为1年，最长不超过管委会与委托贷款金融机构所签订的合作协议期限。

## 第五章　风险补偿基金的补偿程序

**第十八条**　当贫困村农户贷款发生风险时，由管委会委托贷款金融机构执行债务追偿程序。追索回的资金或农户恢复还款收回的资金在抵扣追索费用、违约金后，偿还金融机构债权。

**第十九条**　当追偿资金不足以支付逾期贷款本息（含复利和罚息）时，不足部分由金融机构向管委会提出补偿申请，提供贷款损失认定的相关资料，经管委会审批后，由风险补偿金和金融机构分别按80%和20%的比例分摊。

**第二十条**　各个贫困村的风险补偿金统一打包作为总风险补偿金，对所发放的贫困村农户贷款进行担保和风险补偿。

**第二十一条**　风险补偿的范围仅限于金融机构向有风险补偿金的贫困村农户发放的贷款。

## 第六章　监督管理

**第二十二条**　管委会负责风险补偿金使用的监督、建立绩效评价制度，对整体使用情况进行绩效评价。

**第二十三条** 贷款农户违反财经纪律、提供虚假信息，骗取风险补偿金的行为，政府和金融机构根据实际情况将贷款农户及责任人列入人民银行征信不良记录名单，并在村委会、镇政府公告栏公布。

**第二十四条** 对于恶意逃避债务导致风险补偿金和金融机构贷款损失的贷款农户，政府和金融机构按有关法律法规进行追究。

## 第七章 附则

**第二十五条** 本办法由仁化县贫困村信贷风险补偿基金管理委员会办公室负责解释。

**第二十六条** 本办法自发布之日起实施，有效期五年。

**附件：**

1.仁化县贫困村“民信档案”信贷风险补偿基金业务合作协议

2.农户承诺

3.仁化县贫困村信贷风险补偿基金业务实施流程图

公开方式：主动公开

抄送：县委办，县人大办，县政协办，县纪委办。

仁化县人民政府办公室　　2014年6月3日印发

附件1

# 仁化县贫困村“民信档案”信贷风险补偿基金业务合作协议

甲方：

乙方：仁化县贫困村信贷风险补偿基金管理委员会

根据《仁化县贫困村“民信档案”信贷风险补偿基金管理办法》（以下简称风险补偿基金管理办法），甲乙双方本着互惠互利的原则，经协商一致，签订本合作协议。

**第一条** 甲方根据乙方提供的仁化县28条省级贫困村定为贫困村“民信档案”风险补偿基金增信贷款的农户范围。

**第二条** 风险补偿基金账户以______名义开立，开户行为：______，账号为_________（以下简称“风险补偿金账户”），该账户为保证金专用账户，仅作为风险补偿金存放及代偿支出专用账户。

风险补偿金存续的期间至借款农户对甲方的最后一笔贷款债务全部清偿之日止。

**第三条** 乙方应充分利用其自身的有利条件，通过行政途径对农户进行监督和管理；甲方按相关法律、法规和人民银行、银监会要求对贷款进行监督、管理。

**第四条** 贷款发放后，甲乙双方均有义务对贷款进行后期跟踪，任何一方获知借款农户出现违反借款用途、挪用贷款或其他严重影响其还款可能等违约情况时，应尽快书面通知对方，并采取制止、挽救措施。

**第五条** 甲乙双方因业务需要邀请对方参与有关调查研究时，应邀方应予以必要的配合。

**第六条** 当农户贷款发生风险时，由甲方执行追债程序。追索回的资金或农户恢复还款收回的资金在抵扣追索费用、违约金后，偿还甲方。

**第七条** 当追偿资金不足以支付逾期贷款本息（含复利和罚息）时，可启动申请贫困村信贷风险补偿基金补偿程序，由甲方向乙方申请，乙方应根据借款农户贷款逾期发生的先后顺序，以风险补偿金承担代偿责任，从风险补偿金账户主动划付相应欠款债务金额至甲方。

**第八条** 当甲方向乙方提出补偿申请，由甲方和乙方分别按20%和80%比例分摊。乙方最高代偿金额以风险补偿金账户中的最高资金余额为限。

**第九条** 甲方需要提起诉讼时，应事先书面告知乙方。借款农户在有财产可以执行偿还的情况下，甲方有权立即申请法院保全其财产，乙方对此予以协助。

**第十条** 甲方或乙方发生合并、分立、兼并、重组、变更、股份制改造、隶属关系变更等，以及法定代表人或负责人的重大变动、住所变更应及时书面通知对方。

**第十一条** 本协议未尽事宜，甲乙双方依照《仁化县贫困村信贷风险补偿基金管理办法》约定协商解决。

**第十二条** 本协议有效期为叁年，从2014年　月　日至2017年　月　日止。

**第十三条** 双方郑重承诺：双方签署与履行本合同项下的义务符合法律、行政法规、规章和内部组织文件的规定，且已获国家有权机关的批准。签署本协议的行为已取得合法授权。

**第十四条** 本协议一式五份，甲乙双方各执两份，仁化县人民政府一份，本协议经双方法定代表人（负责人）或授权代理人签字并加盖公章后生效，均具有同等法律效力。

甲方：（盖章）

负责人或授权代理人签字：________________

乙方：仁化县贫困村信贷风险补偿基金管理委员会

乙方授权签订本协议单位：仁化县扶贫办

法定代表人（负责人）或授权代理人签字：________________

签订地点：仁化县　　签订日期：　年　月　日

附件2

# 农户承诺

1.我保证《贫困村农户贷款申请表》所载信息全部是真实可靠的，没有隐瞒和虚假成分。

2.我愿承担因提供误导信息而产生的一切责任和后果，并愿意接受风险补偿基金管理机构及有关各方对失信行为的处罚。

3.我保证不会干涉风险补偿基金管理机构为推荐贷款而采取的相关调查活动，并给予必要的配合。

借款人签字：

（按拇指印）

年　　月　　日

**附件3**

# 仁化县贫困村信贷风险补偿基金业务实施流程图

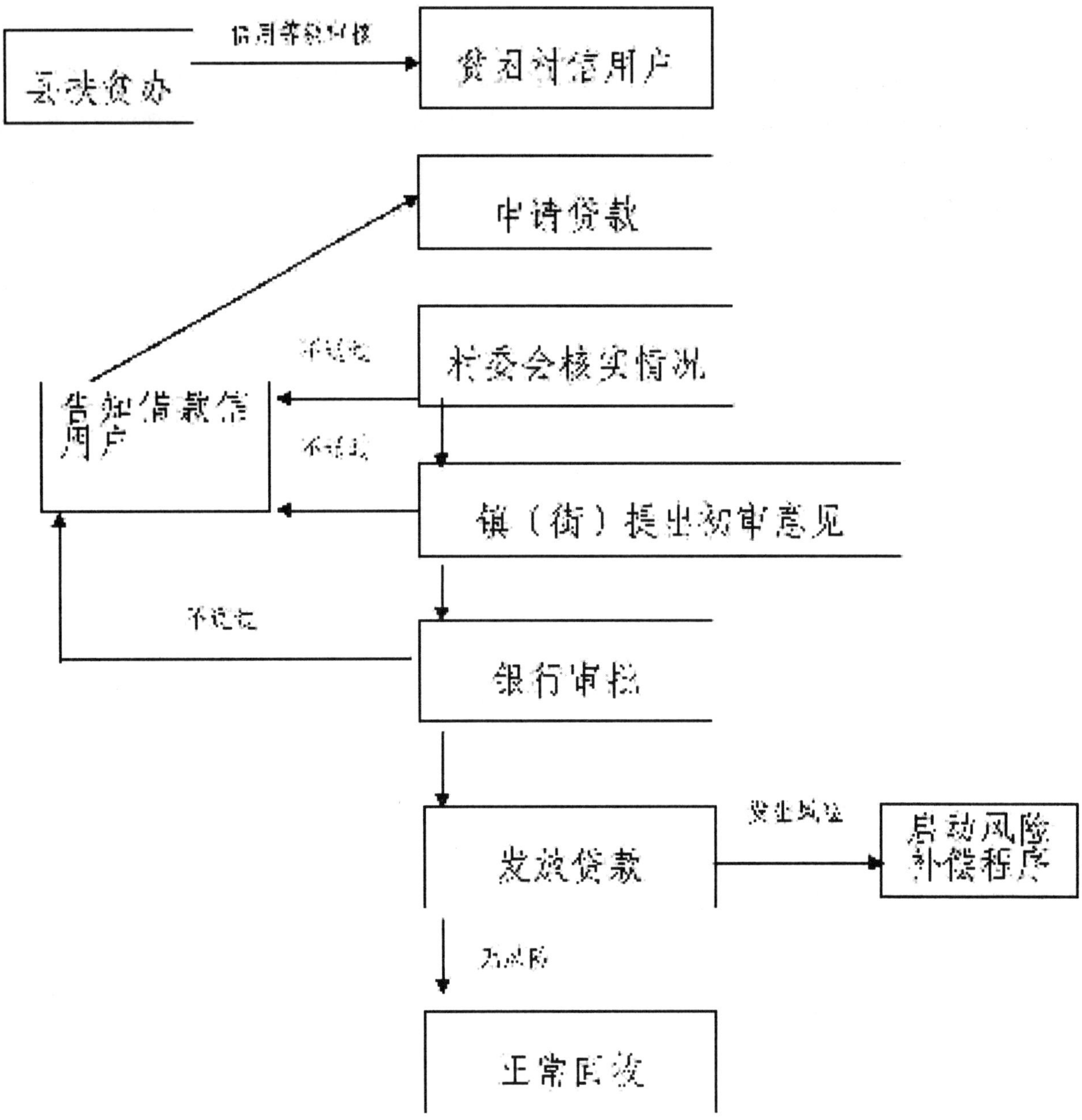

# 仁化县人民政府文件

仁府〔2014〕38号

## 仁化县人民政府关于印发仁化县省级现代农业示范区项目申报、管理、验收及财政扶持资金使用细则（试行）的通知

各镇人民政府、丹霞街道办事处，县府直属有关单位，市垂直管理有关单位：

《仁化县省级现代农业示范区项目申报、管理、验收及财政扶持资金使用细则（试行）》业经2014年12月9日县政府常务会议讨论通过，现印发给你们，请认真贯彻执行。

仁化县人民政府

2014年12月12日

# 仁化县省级现代农业示范区项目申报、管理、验收及财政扶持资金使用细则（试行）

根据《仁化县国家现代农业示范区省级资金使用管理办法》，为细化示范区项目管理，明确验收程序，规范财政扶持资金使用，特制订本须知。

**一、项目管理**

（一）项目确定

县国家现代农业示范区管理委员会（以下简称县示范区管委会）按《广东省仁化县现代农业示范区建设规划（2013—2015年）》，根据示范区建设情况每年拟订当年度应实施的重点项目、资金安排和项目补助标准的意见，报县政府同意后，制定年度项目申报指南，向社会公开，接受农业生产经营单位申报。

（二）项目扶持标准

项目补助标准采取年度动态机制，按照示范区建设进展情况及相关考核指标完成情况，由专家评审委员会进行年度调整，报县政府批准后向社会公示。

（三）项目申报及管理

1. 申报条件：①在仁化县内注册登记的企业、专业合作社、家庭农场，有规范的财务管理制度，组织机构运行正常；

②建设内容符合“十个示范”要求项目；

③原则上企业建设项目当年度投入达到300万元以上、合作社项目当年度投入100万元以上、家庭农场项目当年度投入50万元以上规模的方可申报。

2. 申报材料：申报应按每年的申报指南编制申报书（附件1：2013-2014年度仁化县省级现代农业示范区建设项目申报书），报县示范区管委会。

3. 评审上报：由县示范区管委会组织专家评审委员会实地考察、评审、筛选和整合。对符合条件的项目，由县示范区管委会编制年度项目实施方案，报县政府和市农业、财政部门同意后，上报省农业厅、财政厅审批。

4. 公共基础设施项目：行政事业单位按示范区建设任务分工，提出年度建设方案，报县示范区管委会组织专家组评审后编入县示范区年度实施方案，报县政府确定。

5. 项目补充：申报建设项目、建设内容未纳入县方案的，确需给予扶持的，经专家评审委员会评审报县政府批准后，可在项目建成后申请财政补助或按照《仁化县省级现代农业示范区建设贷款贴息方案》申请贷款贴息。

（四）签订项目合同

获批的承担项目建设的单位，应与县示范区管委会签订项目合同书，并向示范区管委会上报项目的具体实施方案。

（五）项目建设管理

项目建设单位必须按省农业厅、财政厅批复的实施方案建设内容抓好具体落实工作。按要求须进行工程建设项目招投标的必须完善相关手续。建设过程中须建立相关完善工程管理、生产标准管理、生产安全、合同管理、财务制度等，整理保存招投标、工程建设合同、财务档案、项目建设前后图片等相关资料，以备检查验收。

（六）项目跟踪管理

项目经评审上报确定后，申报单位即需承担项目建设任务，项目建设中接受县示范区管委会的指导，积极按确定的建设内容抓好项目落实，并按项目建设情况每月汇报项目进展和投资完成情况。

**二、项目验收**

（一）成立项目评审验收组。由示范区管委会组织成立评审验收组负责可行性评审验收工作，成员由示范区管委会、财政局、农业局、发改局、农机局、畜牧局、农技推广中心等相关部门人员组成。

（二）申请。项目建设单位承担的所有建设内容实施完成后，应先做好项目实施总结材料，并整理好相关验收现场和档案文字图片资料，再向县示范区管委会提交验收申请。

（三）验收。验收申请获批后，由县示范区管委会组织相关业务部门组成验收组验收。验收组验收后，应及时撰写验收报告，报县示范区管委会及财政局。

（四）凡出现以下情况的，验收组有权拒绝验收：

1. 建设过程中出现《办法》中第十五条相关情形的；

2. 建设内容未全面完成或项目建设失败的；

3. 不按国家或地方相关标准实施项目的；

4. 财务账目混乱无法确定相关实际投资情况的；

5. 项目建设过程中出现严重纠纷一时无法解决的；

6. 不按国家和地方规定为职工购买社保，违反薪酬制度和拖欠工人工资的农业企业；

7. 未按国家和地方规定缴纳税费的；

8. 验收组认为存在其他妨碍项目验收和规范报账情形的。

**三、资金拨付**

项目财政扶持资金一律以财政统一报账方式拨付，按《广东省财政支农专项资金报账制实施办法》（粤财农[2005]117号）及《关于印发〈韶关市财政支农专项资金报账制实施细则〉》（韶财农[2005]133号）执行。

（一）预付款。属行政事业单位承担的项目或县重点建设的企业、合作社承担的公共非营利项目，财政部门根据项目单位资金使用计划，可预拨部分项目启动资金，但不得超过该项目财政资金的30%。企业补助性项目不能申请预付款。

项目单位根据项目进度向县示范区管委会提交资金请拨申请、项目支出原始凭证和报账有关资料，县示范区管委会5个工作日内审核同意并出具审核意见后，送交县财政局。县财政局在5个工作日内审核完毕，对不符合要求的拨付申请，退回县示范区管委会，财政部门不予报账；经审核合格的报账申请，县财政局在项目支出原始凭证上加盖审核盖销印记，原始凭证复印件作辅助账凭证，原件退回项目单位记账。报账资金于审核完毕后5个工作日内拨付给项目单位。

（二）财政补助。项目补助标准采取年度动态机制，按照示范区建设进展情况及相关考核指标完成情况，由专家评审委员会进行年度调整，报县政府同意后公布。项目建设完成并经验收后，项目建设单位向县示范区管委会提交资金请拨申请、项目支出原始凭证和报账有关资料，示范区管委会在规定的时限内审核同意并出具审核意见后，送交县财政局，由县财政局按程序和时限拨付。

（三）贷款贴息：贷款贴息《仁化县省级现代农业示范区建设贷款贴息方案》执行。

**附件：2013—2014年度仁化县省级现代农业示范区建设项目申报书**

公开方式：主动公开

---

抄送：县委办，县人大办，县政协办，县纪委办。

---

仁化县人民政府办公室　　　　2014年12月12日印发

---

附件

# 仁化县省级现代农业示范区建设项目申报书

项目名称：________________

项目类别：________________

申报单位：________________

项目负责人：________________ 职务：________________

办公电话：________________ 传真：________________

电子邮箱：________________ 手机：________________

申报时间：________________

## 一、单位概况及优势条件

|  |
| --- |
| （简述单位基本情况、经营模式、规模、技术、人才、项目基础） |

二、项目建设内容

| |
|---|
| 1、总目标及分年度建设目标；<br>2、建设内容及年度计划；<br>3、保障措施及执行的生产技术标准。 |

注：1、涉及土地流转的应附镇街经管站盖章确认的土地租赁合同复印件。2、已成功申报或正在实施相关财政资金或财政资金补助项目的，在此项中应对相关项目名称、内容和资金预算及使用计划进行说明。

三、项目效益分析

|  |
| --- |
| （经济、生态、社会效益及示范效果和带动农户情况） |

**四、资金筹措使用方案与申请补助**

<table>
<tr><th rowspan="2">资金来源</th><th colspan="3">金 额（万元）</th><th>备注</th></tr>
<tr><th>小计</th><th>2014年度</th><th>2015年度</th><th></th></tr>
<tr><td>一、申请财政补助</td><td></td><td></td><td></td><td></td></tr>
<tr><td>二、自筹资金</td><td></td><td></td><td></td><td></td></tr>
<tr><td>合 计</td><td></td><td></td><td></td><td></td></tr>
</table>

**项目资金概算**

<table>
<tr><th rowspan="2">序号</th><th rowspan="2">建设<br>内容</th><th rowspan="2">规模<br>（数量）</th><th rowspan="2">单<br>位</th><th colspan="3">投资（万元）</th><th rowspan="2">建设年度及资金用途说明</th></tr>
<tr><th>小计</th><th>申请补助</th><th>类别</th></tr>
<tr><td>一</td><td></td><td></td><td></td><td></td><td></td><td></td><td></td></tr>
<tr><td>1</td><td></td><td></td><td></td><td></td><td></td><td></td><td></td></tr>
<tr><td>2</td><td></td><td></td><td></td><td></td><td></td><td></td><td></td></tr>
<tr><td>…</td><td></td><td></td><td></td><td></td><td></td><td></td><td></td></tr>
<tr><td>二</td><td></td><td></td><td></td><td></td><td></td><td></td><td></td></tr>
<tr><td>1</td><td></td><td></td><td></td><td></td><td></td><td></td><td></td></tr>
<tr><td>2</td><td></td><td></td><td></td><td></td><td></td><td></td><td></td></tr>
<tr><td>…</td><td></td><td></td><td></td><td></td><td></td><td></td><td></td></tr>
<tr><td></td><td></td><td></td><td></td><td></td><td></td><td></td><td></td></tr>
<tr><td></td><td></td><td></td><td></td><td></td><td></td><td></td><td></td></tr>
<tr><td></td><td></td><td></td><td></td><td></td><td></td><td></td><td></td></tr>
<tr><td></td><td></td><td></td><td></td><td></td><td></td><td></td><td></td></tr>
<tr><td></td><td></td><td></td><td></td><td></td><td></td><td></td><td></td></tr>
<tr><td>合计</td><td>–</td><td>–</td><td>–</td><td></td><td></td><td>–</td><td>–</td></tr>
</table>

注：类别按十个示范序号填写1–10。可申请补助的建设内容：农田基础设施、农业设施、农产品质量安全设备、农业机械及生产加工储藏设备、科技引进、信息化建设设施、环保设施、休闲设施、菜篮子工程建设和企业、合作社在大中城市开设农产品直销点等

# 2014年中国共产党仁化县委员会文件目录一览表

表71

| 序号 | 发文单位 | 文件名 | 发文号 | 发文时间 |
|---|---|---|---|---|
| 1 | 县委、县政府 | 中共仁化县委、仁化县人民政府关于2013年度仁化县主体功能分区绩效考核结果的通报 | 仁发〔2014〕1号 | 2014.3.13 |
| 3 | 县委、县政府 | 中共仁化县委、仁化县人民政府关于调整县党政班子领导成员工作分工的通知 | 仁发〔2014〕2号 | 2014.3.14 |
| 3 | 县委、县政府 | 中共仁化县委、仁化县人民政府关于仁化县2013年度机关绩效考评结果的通报 | 仁发〔2014〕3号 | 2014.3.14 |
| 4 | 县委 | 中共仁化县委关于印发《中共仁化县委常委会2014年工作要点》的通知 | 仁发〔2014〕4号 | 2014.3.24 |
| 5 | 县委、县政府 | 中共仁化县委、仁化县人民政府关于印发《仁化县茶叶产业发展意见》的通知 | 仁发〔2014〕5号 | 2014.4.15 |
| 6 | 县委 | 中共仁化县委关于全面深化改革的实施意见 | 仁发〔2014〕6号 | 2014.5.22 |
| 7 | 县委、县政府 | 中共仁化县委、仁化县人民政府关于调整县党政班子领导成员工作分工的通知 | 仁发〔2014〕7号 | 2014.7.30 |
| 8 | 县委、县政府 | 中共仁化县委、仁化县人民政府关于印发《仁化县人民政府职能转变和机构改革方案》的通知 | 仁发〔2014〕8号 | 2014.9.16 |

# 2014年仁化县人民政府文件目录一览表

表72

| 序号 | 发文单位 | 文件名 | 发文号 | 发文时间 |
|---|---|---|---|---|
| 1 | 县政府 | 仁化县林业局房屋、仓库和丹霞街道办事处职工宿舍“三旧”改造建设项目房屋征收与补偿方案 | 仁府〔2014〕1号 | 2014.1.7 |
| 2 | 县政府 | 仁化县人民政府2013年行政审批制度改革事项目录（第二批）的通知 | 仁府〔2014〕2号 | 2014.1.26 |
| 3 | 县政府 | 仁化县政府投资项目管理暂行办法 | 仁府〔2014〕3号 | 2014.1.26 |
| 4 | 县政府 | 仁化县扶持茶叶产业发展实施办法 | 仁府〔2014〕4号 | 2014.3.26 |
| 5 | 县政府 | 仁化县商事登记制度改革方案 | 仁府〔2014〕5号 | 2014.4.14 |
| 6 | 县政府 | 空号 | 仁府〔2014〕6号 | 2014.4.14 |
| 7 | 县政府 | 县政府2014年工作要点 | 仁府〔2014〕7号 | 2014.4.14 |
| 8 | 县政府 | 仁化县农产品“三品”认证补助办法 | 仁府〔2014〕8号 | 2014.4.18 |
| 9 | 县政府 | 印发仁化县授予荣誉市民称号暂行办法的通知 | 仁府〔2014〕9号 | 2014.4.23 |
| 10 | 县政府 | 仁化县县城新东大街至北门市政道路建设项目房屋征收与补偿方案 | 仁府〔2014〕10号 | 2014.5.4 |
| 11 | 县政府 | 银海有色金属渣业集团有限公司有价金属综合回收异地技术扩建建设项目征收补偿方案 | 仁府〔2014〕11号 | 2014.5.7 |
| 12 | 县政府 | 仁化县韶赣高速出口至周田镇106国道扩建的项目征收补偿标准 | 仁府〔2014〕12号 | 2014.5.13 |
| 13 | 县政府 | 丹霞山南门服务基地项目房屋征收与补偿方案 | 仁府〔2014〕13号 | 2014.5.20 |
| 14 | 县政府 | 仁化县电影院片重点建设项目房屋征收与补偿方案 | 仁府〔2014〕14号 | 2014.5.20 |
| 15 | 县政府 | 关于调整仁化县突发公共事件应急委员会成员的通知 | 仁府〔2014〕15号 | 2014.5.28 |
| 16 | 县政府 | 仁化县贫困村信贷风险补偿基金管理办法的通知 | 仁府〔2014〕16号 | 2014.6.3 |
| 17 | 县政府 | 印发仁化县防盗网管理规定的通知 | 仁府〔2014〕17号 | 2014.6.10 |
| 18 | 县政府 | 长江镇综治中心旁教师住宅地块房屋征收与补偿方案的通知 | 仁府〔2014〕18号 | 2014.6.10 |
| 19 | 县政府 | 长江镇污水处理厂建设项目用地征收补偿标准 | 仁府〔2014〕19号 | 2014.6.10 |
| 20 | 县政府 | 董塘镇污水处理厂建设项目用地征收补偿标准 | 仁府〔2014〕20号 | 2014.6.10 |

续表72

| 序号 | 发文单位 | 文件名 | 发文号 | 发文时间 |
|---|---|---|---|---|
| 21 | 县政府 | 仁化县山林纠纷调处工作考核办法 | 仁府〔2014〕21号 | 2014.6.23 |
| 22 | 县政府 | 印发仁化县公共资源交易目录的通知 | 仁府〔2014〕22号 | 2014.7.27 |
| 23 | 县政府 | 印发仁化县公共资源交易管理暂行规定的通知 | 仁府〔2014〕23号 | 2014.7.27 |
| 24 | 县政府 | 仁化县丹霞山新山门——瑶塘停车场段旅游专线公路扩建工程项目用地征收补偿 | 仁府〔2014〕24号 | 2014.8.11 |
| 25 | 县政府 | 关于表彰2014年优秀校长、优秀教育工作者、优秀教师、优秀班主任、优秀乡村教师、尊师重教先进单位、尊师重教先进个人及模范学生家长的决定 | 仁府〔2014〕25号 | 2014.9.2 |
| 26 | 县政府 | 仁化县家庭农场认定管理办法（试行） | 仁府〔2014〕26号 | 2014.9.10 |
| 27 | 县政府 | 仁化县示范性家庭农场评选认定及扶持奖励办法 | 仁府〔2014〕27号 | 2014.9.10 |
| 28 | 县政府 | 关于修改《仁化县防盗网暂行管理办法》的决定 | 仁府〔2014〕28号 | 2014.9.10 |
| 29 | 县政府 | 武（汉）深（圳）高速公路仁化至新丰段建设项目征收补偿标准 | 仁府〔2014〕29号 | 2014.9.11 |
| 30 | 县政府 | 印发仁化县人民政府2014年决定保留的行政审批事项目录（315项）的通知 | 仁府〔2014〕30号 | 2014.9.19 |
| 31 | 县政府 | 仁化县公共资源交易中心投标保证金管理暂行办法 | 仁府〔2014〕31号 | 2014.9.26 |
| 32 | 县政府 | 仁化县公共资源交易不良行为记录和黑名单制度管理暂行规定 | 仁府〔2014〕32号 | 2014.9.26 |
| 33 | 县政府 | 武深高速公路建设项目（城口段）土地征收补偿标准 | 仁府〔2014〕33号 | 2014.10.13 |
| 34 | 县政府 | 关于进一步加强财务管理做好增收节支工作的通知 | 仁府〔2014〕34号 | 2014.11.18 |
| 35 | 县政府 | 广东省仁化县小型农田水利重点县（1—5万亩灌区配套改造试点县项目）（2013年项目）征收补偿标准 | 仁府〔2014〕35号 | 2014.12.3 |
| 36 | 县政府 | 关于2012—2013年度仁化县科学技术进步奖的表彰决定 | 仁府〔2014〕36号 | 2014.12.4 |
| 37 | 县政府 | 关于印发仁化县党政机关和事业单位差旅费管理办法的通知 | 仁府〔2014〕37号 | 2014.12.16 |
| 38 | 县政府 | 仁化县省级现代农业示范区项目申报、管理、验收及财政扶持资金使用细则（试行）的通知 | 仁府〔2014〕38号 | 2014.12.18 |
| 39 | 县政府 | 仁化县省级现代农业示范区资金使用管理办法（试行）的通知 | 仁府〔2014〕39号 | 2014.12.18 |

# 2014年中共仁化县委办公室文件目录一览表

表73

| 序号 | 发文单位 | 文件名 | 发文号 | 发文时间 |
|---|---|---|---|---|
| 1 | 县委办、县政府办 | 中共仁化县委办公室、仁化县人民政府办公室关于印发《仁化县创建幸福村居工作方案》的通知 | 仁办发〔2014〕1号 | 2014.2.12 |
| 3 | 县委办、县政府办 | 中共仁化县委办公室、仁化县人民政府办公室关于印发《关于县直机关事业单位公开选调镇（街道）工作人员的实施意见》的通知 | 仁办发〔2014〕2号 | 2014.2.26 |
| 3 | 县委办、县政府办 | 中共仁化县委办公室、仁化县人民政府办公室2013年度仁化县党政领导班子关于履行安全生产“一岗双责”考核情况通报 | 仁办发〔2014〕3号 | 2014.3.10 |
| 4 | 县委办、县政府办 | 中共仁化县委办公室、仁化县人民政府办公室关于印发《仁化县2014年重点建设项目计划表》的通知 | 仁办发〔2014〕4号 | 2014.3.12 |
| 5 | 县委办、县政府办 | 中共仁化县委办公室、仁化县人民政府办公室关于印发《仁化县2014年“主攻项目，决战四区”建设考核工作方案》的通知 | 仁办发〔2014〕5号 | 2014.3.17 |
| 6 | 县委办 | 中共仁化县委办公室关于转发《政协仁化县第十届委员会常务委员会2014年工作要点》的通知 | 仁办发〔2014〕6号 | 2014.4.2 |
| 7 | 县委办、县政府办 | 中共仁化县委办公室、仁化县人民政府办公室关于印发《2014年仁化县新闻发言人制度》的通知 | 仁办发〔2014〕7号 | 2014.4.4 |
| 8 | 县委办、县政府办 | 中共仁化县委办公室、仁化县人民政府办公室关于印发《仁化县2014年镇村环境卫生整治方案》的通知 | 仁办发〔2014〕8号 | 2014.4.10 |
| 9 | 县委办、县政府办 | 中共仁化县委办公室、仁化县人民政府办公室关于印发修订后的《仁化县党政领导班子关于改进工作作风、密切联系群众的十项制度》的通知 | 仁办发〔2014〕9号 | 2014.5.6 |
| 10 | 县委办、县政府办 | 中共仁化县委办公室、仁化县人民政府办公室关于印发《仁化县2014年度主体功能分区绩效考核实施方案》的通知 | 仁办发〔2014〕10号 | 2014.6.3 |

# 2014年仁化县人民政府办公室文件目录一览表

表74

| 序号 | 发文单位 | 文件名 | 发文号 | 发文时间 |
|---|---|---|---|---|
| 1 | 县政府办 | 仁化县建立创业培训中心的工作方案 | 仁府办〔2014〕1号 | 2014.1.6 |
| 2 | 县政府办 | 关于调整仁化县山林纠纷调处工作领导小组成员的通知 | 仁府办〔2014〕2号 | 2014.1.6 |
| 3 | 县政府办 | 仁化县2014年春运工作方案 | 仁府办〔2014〕3号 | 2014.1.10 |
| 4 | 县政府办 | 仁化县2014年春运应急预案 | 仁府办〔2014〕4号 | 2014.1.10 |
| 5 | 县政府办 | 关于成立仁化县国家重点生态功能区县域生态环境质量考核工作领导小组的通知 | 仁府办〔2014〕5号 | 2014.1.13 |
| 6 | 县政府办 | 关于印发仁化申报省产业转移工业园工作实施方案的通知 | 仁府办〔2014〕6号 | 2014.1.14 |
| 7 | 县政府办 | 仁化县人民政府办公室转发县国土资源局《关于关于编制2014年度国有建设用地供应计划意见的通知》 | 仁府办〔2014〕7号 | 2014.1.21 |
| 8 | 县政府办 | 关于进一步加强农村药品“两网”建设工作的意见 | 仁府办〔2014〕8号 | 2014.1.21 |
| 9 | 县政府办 | 关于成立仁化县重点消防安全隐患整治工作领导小组的通知 | 仁府办〔2014〕9号 | 2014.1.26 |
| 10 | 县政府办 | 关于成立仁化县假日旅游指挥中心领导小组及成员的通知 | 仁府办〔2014〕10号 | 2014.1.28 |
| 11 | 县政府办 | 关于成立仁化县振兴发展协调领导小组的通知 | 仁府办〔2014〕11号 | 2014.1.28 |
| 12 | 县政府办 | 关于印发仁化县尾矿库综合治理行动方案（2013—2015）的通知 | 仁府办〔2014〕12号 | 2014.2.12 |
| 13 | 县政府办 | 关于印发仁化县三防信息接收应急保障系统和三防责任人管理建设实施方案的通知 | 仁府办〔2014〕13号 | 2014.2.17 |
| 14 | 县政府办 | 关于成立仁化县整治超标配备公车和严格公车经费支出专项行动领导小组的通知 | 仁府办〔2014〕14号 | 2014.2.21 |
| 15 | 县政府办 | 印发仁化县整治超标配备公车和严格公车经费支出专项行动实施方案 | 仁府办〔2014〕15号 | 2014.2.21 |
| 16 | 县政府办 | 关于调整“十二五”时期基干民兵组训任务和开展后备力量组织整顿工作的通知 | 仁府办〔2014〕16号 | 2014.2.24 |
| 17 | 县政府办 | 仁化县政策性水稻种植保险实施方案 | 仁府办〔2014〕17号 | 2014.2.28 |

续表74

| 序号 | 发文单位 | 文件名 | 发文号 | 发文时间 |
|---|---|---|---|---|
| 18 | 县政府办 | 仁化县2014年网吧专项整治方案 | 仁府办〔2014〕18号 | 2014.2.28 |
| 19 | 县政府办 | 仁化县2014年度地质灾害防治方案 | 仁府办〔2014〕19号 | 2014.2.28 |
| 20 | 县政府办 | 关于做好建设项目档案的通知 | 仁府办〔2014〕20号 | 2014.3.3 |
| 21 | 县政府办 | 关于重新调整仁化县“三中心一馆”建设工程领导小组成员的通知 | 仁府办〔2014〕21号 | 2014.3.5 |
| 22 | 县政府办 | 印发2014年仁化县防控重大动物疫病工作实施方案 | 仁府办〔2014〕22号 | 2014.3.11 |
| 23 | 县政府办 | 关于成立丹霞山南门服务基地项目协调工作领导小组的通知 | 仁府办〔2014〕23号 | 2014.3.11 |
| 24 | 县政府办 | 印发仁化县开展2013年度土地矿产卫片执法检查工作方案的通知 | 仁府办〔2014〕24号 | 2014.3.11 |
| 25 | 县政府办 | 关于做好2014年协税护税工作的通知 | 仁府办〔2014〕25号 | 2014.3.12 |
| 26 | 县政府办 | 关于成立仁化县林业生态工程项目建设工作领导小组的通知 | 仁府办〔2014〕26号 | 2014.3.17 |
| 27 | 县政府办 | 仁化县红火蚁应急预案 | 仁府办〔2014〕27号 | 2014.3.18 |
| 28 | 县政府办 | 关于调整仁化县科学技术进步评审委员会成员的通知 | 仁府办〔2014〕28号 | 2014.3.18 |
| 29 | 县政府办 | 关于调整仁化县打假工作领导小组成员的通知 | 仁府办〔2014〕29号 | 2014.3.23 |
| 30 | 县政府办 | 关于印发我县普通干线公路路域环境综合整治行动实施方案的通知 | 仁府办〔2014〕30号 | 2014.3.23 |
| 31 | 县政府办 | 关于成立仁化县赤石迳水库水源治理工程建设工作领导小组的通知 | 仁府办〔2014〕31号 | 2014.3.25 |
| 32 | 县政府办 | 关于调整“企忧档案”工作领导小组的通知 | 仁府办〔2014〕32号 | 2014.3.27 |
| 33 | 县政府办 | 关于成立仁化县农村土地承包经营权确权登记颁证试点工作领导小组的通知 | 仁府办〔2014〕33号 | 2014.3.31 |
| 34 | 县政府办 | 关于印发《仁化县环境整治工作方案》的通知 | 仁府办〔2014〕34号 | 2014.4.1 |
| 35 | 县政府办 | 关于调整仁化县医疗纠纷人民调解工作领导小组成员的通知 | 仁府办〔2014〕35号 | 2014.4.11 |
| 36 | 县政府办 | 关于调整仁化县平安边界创建工作领导小组的通知 | 仁府办〔2014〕36号 | 2014.4.11 |
| 37 | 县政府办 | 关于成立周田镇至韶赣调整丹霞山口市政公路建设工作领导小组的通知 | 仁府办〔2014〕37号 | 2014.4.11 |

续表74

| 序号 | 发文单位 | 文件名 | 发文号 | 发文时间 |
| --- | --- | --- | --- | --- |
| 78 | 县政府办 | 关于调整仁化县采矿权设置会审领导小组成员的通知 | 仁府办〔2014〕78号 | 2014.8.19 |
| 79 | 县政府办 | 关于调整仁化县政府质量奖评审委员会的通知 | 仁府办〔2014〕79号 | 2014.8.21 |
| 80 | 县政府办 | 关于成立“梦幻丹霞”项目协调推进领导小组的通知 | 仁府办〔2014〕80号 | 2014.8.21 |
| 81 | 县政府办 | 关于调整仁化县国有建设用地使用权招标拍卖挂牌领导小组成员的通知 | 仁府办〔2014〕81号 | 2014.8.22 |
| 82 | 县政府办 | 关于成立仁化县基准地价更新工作领导小组的通知 | 仁府办〔2014〕82号 | 2014.8.22 |
| 83 | 县政府办 | 关于调整仁化县质量强县工作领导小组的通知 | 仁府办〔2014〕83号 | 2014.8.22 |
| 84 | 县政府办 | 关于调整仁化县银海有色金属综合回收有限公司搬迁项目工作领导小组的通知 | 仁府办〔2014〕84号 | 2014.8.25 |
| 85 | 县政府办 | 关于成立仁化县矿产资源开发及加工产业招商小分队的通知 | 仁府办〔2014〕85号 | 2014.8.27 |
| 86 | 县政府办 | 关于调整仁化县社会信用体系和市场监管体系建设工作领导小组的通知 | 仁府办〔2014〕86号 | 2014.8.29 |
| 87 | 县政府办 | 关于成立武深高速公路（仁化段）征地拆迁工作领导小组的通知 | 仁府办〔2014〕87号 | 2014.8.29 |
| 88 | 县政府办 | 关于成立仁化县县域严控路段及严控区规划建设工作建设工作领导小组的通知 | 仁府办〔2014〕88号 | 2014.9.1 |
| 89 | 县政府办 | 关于成立仁化县“三馆”建设工作领导小组的通知 | 仁府办〔2014〕89号 | 2014.9.6 |
| 90 | 县政府办 | 仁化县贫困村“民信档案”货款贴息方案 | 仁府办〔2014〕90号 | 2014.9.11 |
| 91 | 县政府办 | 仁化县关于严控道路规划建设实施方案 | 仁府办〔2014〕91号 | 2014.9.12 |
| 92 | 县政府办 | 仁化县查控违法建设工作方案（试行） | 仁府办〔2014〕92号 | 2014.9.12 |
| 93 | 县政府办 | 仁化县地质灾害隐患点搬迁治理工作实施方案 | 仁府办〔2014〕93号 | 2014.9.12 |
| 94 | 县政府办 | 关于印发《仁化县“十三五”规划编制工作方案》的通知 | 仁府办〔2014〕94号 | 2014.9.18 |
| 95 | 县政府办 | 空号 | 仁府办〔2014〕95号 | 2014.9.23 |
| 96 | 县政府办 | 关于成立玻璃产业发展工作领导小组的通知 | 仁府办〔2014〕96号 | 2014.9.25 |
| 97 | 县政府办 | 仁化县旅游安全应急预案 | 仁府办〔2014〕97号 | 2014.9.26 |

续表74

| 序号 | 发文单位 | 文件名 | 发文号 | 发文时间 |
|---|---|---|---|---|
| 98 | 县政府办 | 关于加强建设工作领域务工人员工资管理的若干通知 | 仁府办〔2014〕98号 | 2014.10.10 |
| 99 | 县政府办 | 仁化县工业、商业、贸易业重点用电企业用电产出调控工作方案 | 仁府办〔2014〕99号 | 2014.10.20 |
| 100 | 县政府办 | 仁化县新型工业化目标管理实施方案 | 仁府办〔2014〕100号 | 2014.10.20 |
| 101 | 县政府办 | 关于印发仁化县严控区规划实施方案的通知 | 仁府办〔2014〕101号 | 2014.10.20 |
| 102 | 县政府办 | 仁化县关于落实土地纠纷调处工作分级负责制的通知 | 仁府办〔2014〕102号 | 2014.10.21 |
| 103 | 县政府办 | 关于印发《仁化县校车运营与管理实施方案》的通知 | 仁府办〔2014〕103号 | 2014.10.29 |
| 104 | 县政府办 | 关于成立县国有资产盘活领导小组的通知 | 仁府办〔2014〕104号 | 2014.11.5 |
| 105 | 县政府办 | 仁化县2013年度中央财政造林补贴实施方案 | 仁府办〔2014〕105号 | 2014.11.18 |
| 106 | 县政府办 | 关于成立石塘镇创建广东省名镇申报工作领导小组的通知 | 仁府办〔2014〕106号 | 2014.11.18 |
| 107 | 县政府办 | 关于调整仁化县深化医药卫生体制改革工作领导小组及办公室成员的通知 | 仁府办〔2014〕107号 | 2014.12.11 |
| 108 | 县政府办 | 印发仁化县省级现代农业示范区建设贷款贴息方案的通知 | 仁府办〔2014〕108号 | 2014.12.16 |
| 109 | 县政府办 | 仁化县中小企业货款贴息管理实施方案的通知 | 仁府办〔2014〕109号 | 2014.12.16 |
| 110 | 县政府办 | 关于印发《仁化县行业人才引进培养计划（2014—2018）》的通知 | 仁府办〔2014〕110号 | 2014.12.18 |
| 111 | 县政府办 | 仁化县严控区村民建房外立面规划管理实施细则 | 仁府办〔2014〕111号 | 2014.12.19 |
| 112 | 县政府办 | 关于调整仁化县国家现代农业示范区建设工作领导小组的通知 | 仁府办〔2014〕112号 | 2014.12.19 |

# 仁化县人民政府2014年决定保留的行政审批事项目录（315项）

表75

| 序号 | 实施机关 | 类别 | 项目名称 | 子项 | 共同审批部门 | 审批对象 | 备注 |
|---|---|---|---|---|---|---|---|
| 1 | 县发展和改革局 | 许可 | 依法必须招标的基建工程、特许经营项目招标方式和招标范围的核准 | — | 无 | 机关、事业单位、企业和社会组织 | — |
| 2 | 县发展和改革局 | 许可 | 外商投资限制类项目核准 | — | 无 | 企业 | — |
| 3 | 县发展和改革局 | 非许可 | 县级权限范围内政府投资项目审批 | — | 无 | 机关、事业单位、企业和社会组织 | — |
| 4 | 县发展和改革局 | 非许可 | 固定资产投资项目节能审查 | — | 无 | 机关、事业单位、企业和社会组织 | — |
| 5 | 县物价局 | 非许可 | 平价商店设立审批 | — | 法律法规规定需共同审批的部门 | 企业、个体 | — |
| 6 | 县物价局 | 非许可 | 收费许可证核发 | 1.教育收费许可证核发 | 无 | 机关、事业单位、企业 | — |
| | | 非许可 | | 2.广东省行政事业性收费许可证核发 | | | — |
| | | 非许可 | | 3.广东省经营服务性收费许可证核发 | | | — |

续表75

| 序号 | 实施机关 | 类别 | 项目名称 | 子项 | 共同审批部门 | 审批对象 | 备注 |
|---|---|---|---|---|---|---|---|
| 7 | 县物价局 | 非许可 | 依法实行政府定价、政府指导价管理的价格和收费标准的审批 | 1.医疗单位自制（配）药物制剂价格制定与调整 | 法律法规规定需共同审批的部门 | 机关、事业单位、企业 | — |
| | | 非许可 | | 2.生猪等牲畜定点屠宰加工费（在省规定的范围内）制定与调整 | | | — |
| | | 非许可 | | 3.旅游景点门票价格制定与调整 | | | — |
| | | 非许可 | | 4.经济适用住房销售价格（在省规定的范围内）的制定与调整 | | 事业单位、企业 | — |
| | | 非许可 | | 5.管道燃气销售价格制定与调整 | | 机关、事业单位、企业 | — |
| | | 非许可 | | 6.城市公交汽车、出租小车票价，农村客运票价审核制定与调整 | | | — |
| | | 非许可 | | 7.政府举办和部分民办幼儿园、小学、初中、高中和非学历高等教育收费制定与调整 | | | — |
| | | 非许可 | | 8.机动车辆停放保管服务收费制定与调整 | | | — |
| | | 非许可 | | 9.生活垃圾处理费制定与调整 | | | — |
| | | 非许可 | | 10.国有土地的标定地价、出让底价制定与调整 | | | — |
| | | 非许可 | | 11.殡葬服务收费制定与调整 | | | — |
| | | 非许可 | | 12.依据法律、法规等进行的强制性培训收费制定与调整 | | | — |

续表75

| 序号 | 实施机关 | 类别 | 项目名称 | 子项 | 共同审批部门 | 审批对象 | 备注 |
|---|---|---|---|---|---|---|---|
| 7 | 县物价局 | 非许可 | 依法实行政府定价、政府指导价管理的价格和收费标准的审批 | 13.当地供水、供电、供气、消防等垄断行业的工程安装、维修收费的价格或收费标准制定与调整 | 法律法规规定需共同审批的部门 | 事业单位、企业 | — |
| | | 非许可 | | 14.公有住房、廉租住房租金制定与调整 | | 机关、事业单位、企业 | — |
| | | 非许可 | | 15.除省属和跨地级以上市工程外的地方小水利供水价格（在国家、省规定的范围内）制定与调整 | | 机关、事业单位、企业 | — |
| | | 非许可 | | 16.污水处理费制定与调整 | | 机关、事业单位、企业 | — |
| | | 非许可 | | 17.供水价格制定与调整 | | 机关、事业单位、企业 | — |
| | | 非许可 | | 18.清洁卫生、除“四害”服务费的制定和调整 | | 机关、事业单位、企业 | — |
| | | 非许可 | | 19.当地供热价格的制定与调整 | | 机关、事业单位、企业 | — |
| | | 非许可 | | 20.轮渡票价的制定与调整 | | 机关、事业单位、企业 | — |
| | | 非许可 | | 21.交通事故拯救费制定与调整 | | 机关、事业单位、企业 | — |
| | | 非许可 | | 22.故障、事故车辆拖车费具体标准 制定与调整 | | 机关、事业单位、企业 | — |
| | | 非许可 | | 23.当地公路汽车运输客货站场收费制定与调整 | | 机关、事业单位、企业 | — |
| | | 非许可 | | 24.物业管理服务收费制定与调整 | | 事业单位、企业 | — |
| | | 非许可 | | 25.林业伐区作业设计费的制定与调整 | | 机关、事业单位、企业 | — |
| | | 非许可 | | 26.木材检验费的制定与调整 | | 机关、事业单位、企业 | — |
| | | 非许可 | | 27.非营利性民办社会福利机构以及县级政府部门主办的社会福利机构的服务价格制定与调整 | | 机关、事业单位、企业 | — |

续表75

| 序号 | 实施机关 | 类别 | 项目名称 | 子项 | 共同审批部门 | 审批对象 | 备注 |
|---|---|---|---|---|---|---|---|
| 8 | 县经济和信息化局 | 许可 | 县管权限的工业、商贸流通业和信息化领域技术改造投资项目招标核准 | — | 无 | 工业、商贸流通业和信息化企业主 | — |
| 9 | 县经济和信息化局 | 许可 | 属县级审批权限的外商投资企业设立（含合同、章程）及企业变更和终止审批 | 1.属县级审批权限的外商投资企业设立（含合同、章程）审批 | 无 | 外商投资者 | — |
| | | 许可 | | 2.属县级审批权限的外商投资企业变更审批 | 无 | 外商投资者 | — |
| | | 许可 | | 3.属县级审批权限的外商投资企业终止审批 | 无 | 外商投资者 | — |
| 10 | 县经济和信息化局 | 许可 | 监控化学品用户审核与备案 | — | 无 | 所需企业 | — |
| 11 | 县教育局 | 许可 | 初中、小学、幼儿园教师资格认定 | — | 无 | 应届师范生及社会人员 | — |
| 12 | 县教育局 | 许可 | 民办教育机构审批 | 1.民办学前教育的审批 | 无 | 民办幼儿园 | — |
| | | 许可 | | 2.民办义务教育阶段学校的审批 | 无 | 民办初中、小学 | — |
| 13 | 县教育局 | 许可 | 中外合作开办学前教育机构审批 | — | 无 | 中外合办幼儿园 | — |
| 14 | 县教育局 | 许可 | 自学考试辅导机构审批 | — | 无 | 学生及社会人员 | — |
| 15 | 县教育局 | 非许可 | 中小学生赴境外夏（冬）令营活动审批 | — | 无 | 县直学校 | — |
| 16 | 县教育局 | 非许可 | 举办高校毕业生就业供需见面活动审批 | — | 无 | 大、中专毕业生 | — |
| 17 | 县教育局 | 非许可 | 中小学教师继续教育办学资格审核 | — | 无 | 中小学、幼儿园教师 | — |

续表75

| 序号 | 实施机关 | 类别 | 项目名称 | 子项 | 共同审批部门 | 审批对象 | 备注 |
| --- | --- | --- | --- | --- | --- | --- | --- |
| 18 | 县民族宗教事务局 | 许可 | 设立、变更宗教活动场所审批 | 1.设立除寺院、宫观、清真寺、教堂以外的其它固定宗教活动处所审批 | 无 | 社会团体 | — |
| | | 许可 | | 2.在宗教活动场所内改建或新建建筑物审核 | 无 | 社会团体 | — |
| | | 许可 | | 3.易地重建宗教活动场所初审 | 无 | 社会团体 | — |
| | | 许可 | | 4.宗教活动场所合并、分立、终止或者变更登记内容审批 | 无 | 社会团体 | — |
| | | 非许可 | | 5.集体宗教活动临时地点认可 | 无 | 社会团体 | — |
| 19 | 县民族宗教事务局 | 许可 | 成立宗教团体审核 | — | 无 | 社会团体 | — |
| 20 | 县民族宗教事务局 | 非许可 | 全县性宗教团体负责人审批 | — | 无 | 社会团体 | — |
| 21 | 县民族宗教事务局 | 非许可 | 宗教教职人员办理户口迁移审核 | — | 无 | 社会团体 | — |
| 22 | 县民族宗教事务局 | 非许可 | 中央下拨民族经费项目审批 | — | 无 | 社会团体 | — |
| 23 | 县民族宗教事务局 | 非许可 | 筹备设立寺观教堂和其他固定宗教活动处所变更为寺观教堂初审 | — | 无 | 社会团体 | — |
| 24 | 县公安局 | 许可 | 剧毒化学品购买许可 | — | 无 | 企业 | — |
| 25 | 县公安局 | 许可 | 剧毒化学品运输许可 | — | 无 | 企业 | — |
| 26 | 县公安局 | 许可 | 民用爆炸物品购买许可证核发 | — | 无 | 企业、事业单位 | — |
| 27 | 县公安局 | 许可 | 民用爆炸物品运输许可证核发 | — | 无 | 企业、事业单位 | — |
| 28 | 县公安局 | 许可 | 烟花爆竹运输许可 | — | 无 | 企业、事业单位、个人 | — |

续表75

| 序号 | 实施机关 | 类别 | 项目名称 | 子项 | 共同审批部门 | 审批对象 | 备注 |
|---|---|---|---|---|---|---|---|
| 29 | 县公安局 | 许可 | 第二类易制毒化学品跨区域运输许可 | — | 无 | 机关、事业单位、企业、个人 | — |
| 30 | 县公安局 | 许可 | 旅馆业经营许可 | — | 无 | 事业单位、企业、社会组织 | — |
| 31 | 县公安局 | 许可 | 印章刻制业经营许可 | — | 无 | 事业单位、企业、社会组织、个人 | — |
| 32 | 县公安局 | 许可 | 典当业经营许可 | — | 无 | 事业单位、企业、社会组织、个人 | — |
| 33 | 县公安局 | 许可 | 特种印刷品准印证核发 | — | 无 | 事业单位、企业、社会组织、个人 | — |
| 34 | 县公安局 | 许可 | 举行集会、游行、示威许可 | — | 无 | 企业、社会组织、自然人 | — |
| 35 | 县公安局 | 许可 | 1000人以上5000人以下的大型群众性活动安全许可 | — | 无 | 自然人、社会组织 | — |
| 36 | 县公安局 | 许可 | 大型活动（C级）烟花爆竹燃放许可 | — | 无 | 机关、事业单位、企业、社会组织 | — |
| 37 | 县公安局 | 许可 | 设立内部保安组织许可审核 | — | 无 | 机关、事业单位、企业 | — |
| 38 | 县公安局 | 许可 | 接受办理公民因私前往港、澳、台地区通行证申请 | — | 无 | 自然人 | — |
| 39 | 县公安局 | 许可 | 接受因私办理《中华人民共和国护照》申请 | — | 无 | 自然人 | — |

续表75

| 序号 | 实施机关 | 类别 | 项目名称 | 子项 | 共同审批部门 | 审批对象 | 备注 |
|---|---|---|---|---|---|---|---|
| 40 | 县公安局 | 许可 | 机动车登记、报废、变更审批及驾驶员资格认定 | 1.除进口机动车、危险化学品运输车、校车和中型以上载客汽车外的机动车登记审批 | 无 | 机关、事业单位、企业、社会组织、自然人 | — |
| | | 许可 | | 2.除进口机动车、危险化学品运输车、校车和中型以上载客汽车外的机动车注销审批 | 无 | 机关、事业单位、企业、社会组织、自然人 | — |
| | | 许可 | | 3.除进口机动车、危险化学品运输车、校车和中型以上载客汽车外的机动车临时行驶车号牌核发 | 无 | 机关、事业单位、企业、社会组织、自然人 | — |
| | | 许可 | | 4.除进口机动车、危险化学品运输车、校车和中型以上载客汽车外的机动车抵押登记 | 无 | 机关、事业单位、企业、社会组织、自然人 | — |
| | | 许可 | | 5.除进口机动车、危险化学品运输车、校车和中型以上载客汽车外的机动车检验合格标志核发 | 无 | 机关、事业单位、企业、社会组织、自然人 | — |
| | | 许可 | | 6.机动车变更审批 | 无 | 机关、事业单位、企业、社会组织、自然人 | — |
| 41 | 县公安局 | 许可 | 非汽车类机动车驾驶员资格认定 | | 无 | 自然人 | — |
| 42 | 县公安局 | 许可 | 港、澳、台、外国人考领摩托车驾驶证核准 | — | 无 | 自然人 | — |
| 43 | 县公安局 | 许可 | 机动车检验合格标志核发、补发、换发审核 | — | 无 | 机关、事业单位、企业、个人、社会组织 | — |

续表75

| 序号 | 实施机关 | 类别 | 项目名称 | 子项 | 共同审批部门 | 审批对象 | 备注 |
|---|---|---|---|---|---|---|---|
| 44 | 县公安局 | 许可 | 消防设施设置许可 | 1.建筑工程消防设计审核 | 无 | 机关、事业单位、企业、个人、社会组织 | — |
| | | 许可 | | 2.建筑工程消防验收 | 无 | 机关、事业单位、企业、个人、社会组织 | — |
| 45 | 县公安局 | 许可 | 互联网上网服务营业场所信息网络安全和消防安全审核 | — | 无 | 申请设立互联网上网服务营业场所经营单位的企业 | — |
| 46 | 县公安局 | 非许可 | 公众聚集场所投入使用、营业前消防安全检查 | — | 无 | 场所建设单位、场所使用单位 | — |
| 47 | 县公安局 | 非许可 | 金融机构营业场所、金库安全防范设施建设方案审批和工程验收 | 1.金融机构营业场所、金库安全防范设施建设方案审批 | 无 | 企业 | — |
| | | 非许可 | | 2.金融机构营业场所、金库安全防范设施建设工程验收 | 无 | 企业 | — |
| 48 | 县公安局 | 非许可 | 装置技防系统核准和验收 | 1.县级30万元以下的无风险等级安全技术防范工程设计方案审批 | 无 | 企业 | — |
| | | 非许可 | | 2.县级30万元以下的无风险等级安全技术防范工程竣工验收 | 无 | 企业 | — |
| 49 | 县公安局 | 非许可 | 查阅、复制、调取公共安全视频图像信息资料的审批 | — | 无 | 其他行政管理部门 | — |
| 50 | 县公安局 | 非许可 | 刻制印章审批 | — | 无 | 机关、事业单位、企业、社会组织 | — |
| 51 | 县公安局 | 非许可 | 犬类准养证核发 | — | 无 | 自然人、企业 | — |

续表75

| 序号 | 实施机关 | 类别 | 项目名称 | 子项 | 共同审批部门 | 审批对象 | 备注 |
|---|---|---|---|---|---|---|---|
| 52 | 县民政局 | 许可 | 全县性社会团体登记 | 1.全县性社会团体发起成立登记 | 无 | 社会团体 | — |
| | | 许可 | | 2.全县性行业协会发起成立登记 | 无 | 社会团体 | — |
| | | 许可 | | 3.全县性社会团体成立、变更、注销登记 | 无 | 社会团体 | — |
| | | 许可 | | 4.全县性行业协会成立、变更、注销登记 | 无 | 社会团体 | — |
| 53 | 县民政局 | 许可 | 县级民办非企业单位登记 | 1.民办非企业单位名称预先核准申请 | 需前置审批的单位需本业务范围内的相关主管单位 | 民办非企业单位 | — |
| | | 许可 | | 2.民办非企业单位成立、变更、注销登记 | 需前置审批的单位需本业务范围内的相关主管单位 | 民办非企业单位 | — |
| 54 | 县民政局 | 非许可 | 县辖区建筑物、住宅区命名、更名审批 | — | 无 | 机关、事业单位、企业 | — |
| 55 | 县民政局 | 非许可 | 国内公民收养登记审批 | — | 无 | 个人 | — |
| 56 | 县民政局 | 非许可 | 《城乡居（村）民最低生活保障金领取证》核发 | — | 无 | 个人 | — |
| 57 | 县民政局 | 非许可 | 建设殡仪服务站、骨灰堂，农村公益性墓地的审批 | — | 无 | 建设单位 | — |
| 58 | 县民政局 | 非许可 | 中省驻韶企业和市属企事业单位低保对象低保申请审批 | — | 无 | 个人 | — |
| 59 | 县民政局 | 非许可 | 老年人优待证核发 | — | 无 | 个人 | — |
| 60 | 县司法局 | 非许可 | 公证机构负责人产生核准 | — | 无 | 个人 | — |
| 61 | 县司法局 | 非许可 | 县属公证机构公证员免职审查 | — | 无 | 个人 | — |

续表75

| 序号 | 实施机关 | 类别 | 项目名称 | 子项 | 共同审批部门 | 审批对象 | 备注 |
|---|---|---|---|---|---|---|---|
| 62 | 县司法局 | 非许可 | 基层法律服务所设立、变更注销登记 | 1.基层法律服务所设立登记 | 无 | 基层法律服务所机构 | — |
| | | 非许可 | | 2.基层法律服务所注销登记 | 无 | 基层法律服务所机构 | — |
| | | 非许可 | | 3.基层法律服务所名称、法定代表人、执业场所变更登记 | 无 | 基层法律服务所机构 | — |
| | | 非许可 | | 4.基层法律服务所分立、合并登记 | 无 | 基层法律服务所机构 | — |
| | | 非许可 | | 5.基层法律服务所修改章程核准 | 无 | 基层法律服务所机构 | — |
| 63 | 县司法局 | 非许可 | 基层法律服务所设立接待站点审批 | — | 无 | 基层法律服务所机构 | — |
| 64 | 县司法局 | 非许可 | 基层法律服务所年度检查 | — | 无 | 基层法律服务所机构 | — |
| 65 | 县司法局 | 非许可 | 基层法律工作者年度注册 | — | 无 | 个人 | — |
| 66 | 县财政局 | 许可 | 会计从业资格证书核发 | — | 无 | 申请人 | — |
| 67 | 县财政局 | 非许可 | 设立除会计师事务所以外的代理记账机构审批 | — | 无 | 申请从事代理记账业务的中介机构 | — |
| 68 | 县财政局 | 非许可 | 县级以下社会团体、群众团体公益性捐赠税前扣除资格认定审核 | — | 县国税局、县地税局、县民政局 | 公益性群众团体、公益性社会团体 | — |
| 69 | 县人力资源和社会保障局 | 许可 | 县级民办职业培训学校的设立、变更、注销审批 | — | 无 | 国家机构以外社会组织或者个人 | — |
| 70 | 县人力资源和社会保障局 | 许可 | 县属企业实行不定时工作制和综合计算工时工作制审批 | — | 无 | 企业、国家机关、事业单位、社会团体、个人经济组织、民办非企业单位等 | — |

续表75

| 序号 | 实施机关 | 类别 | 项目名称 | 子项 | 共同审批部门 | 审批对象 | 备注 |
| --- | --- | --- | --- | --- | --- | --- | --- |
| 71 | 县人力资源和社会保障局 | 许可 | 经营劳务派遣业务许可 | — | 无 | 企业 | — |
| 72 | 县人力资源和社会保障局 | 许可 | 县级职业介绍机构设立审批 | — | 无 | 符合设立资质条件的企业 | — |
| 73 | 县人力资源和社会保障局 | 非许可 | 城乡劳动者创业小额担保贷款贴息审核 | — | 县财政局 | 本省城乡劳动者 | — |
| 74 | 县人力资源和社会保障局 | 非许可 | 基本医疗保险定点零售药店资格审查和年审 | — | 无 | 企业 | — |
| 75 | 县人力资源和社会保障局 | 非许可 | 县（市、区）公共就业服务机构办理就业困难人员认定 | — | 无 | 企业和个人 | — |
| 76 | 县人力资源和社会保障局 | 非许可 | 用人单位集体合同审查 | — | 无 | 企业 | — |
| 77 | 县人力资源和社会保障局 | 非许可 | 县管权限专业技术资格评审、认定、审批 | — | 无 | 专业技术人员 | — |
| 78 | 县人力资源和社会保障局 | 非许可 | 举办人才交流会审批 | — | 无 | 企业 | — |
| 79 | 县人力资源和社会保障局 | 非许可 | 县服务型企业（除广告业、房屋中介、典当、桑拿、按摩、氧吧外）、商贸企业、劳动就业服务企业中的加工型企业和街道社区具有加工性质的小型企业吸纳失业人员认定 | — | 无 | 用人单位 | — |

续表75

| 序号 | 实施机关 | 类别 | 项目名称 | 子项 | 共同审批部门 | 审批对象 | 备注 |
|---|---|---|---|---|---|---|---|
| 80 | 县人力资源和社会保障局 | 非许可 | 县职业介绍补贴、职业培训补贴、职业技能鉴定补贴、社会保险补贴、岗位补贴、就业见习补贴审核 | — | 县财政局 | 用人单位或个人 | — |
| 81 | 县人力资源和社会保障局 | 非许可 | 县属事业单位岗位设置方案核准 | — | 无 | 事业单位 | — |
| 82 | 县人力资源和社会保障局 | 非许可 | 县属事业单位人员岗位聘用结果认定 | — | 无 | 事业单位 | — |
| 83 | 县人力资源和社会保障局 | 非许可 | 县属单位纳入市工伤保险统筹的职工工伤认定 | — | 无 | 用人单位 | — |
| 84 | 县人力资源和社会保障局 | 非许可 | 基本医疗保险定点医疗机构资格审查 | — | 无 | 企业 | — |
| 85 | 县国土资源局 | 许可 | 村民宅基地用地审批 | — | 村委会、镇或街道办人民政府 | 村集体村民 | — |
| 86 | 县国土资源局 | 许可 | 临时用地审批 | — | 无 | 项目建设单位 | — |
| 87 | 县国土资源局 | 许可 | 开发未利用土地审核 | — | 无 | 单位和个人 | — |
| 88 | 县国土资源局 | 许可 | 改变土地用途审核 | — | 县规划部门 | 需要更改建设用地规划设计条件的土地使用者 | — |
| 89 | 县国土资源局 | 许可 | 国有土地使用权分割转让审批 | — | 县住建局 | 土地权利人 | — |
| 90 | 县国土资源局 | 许可 | 国有土地使用权转让、出租审核 | — | 无 | 土地权利人 | — |
| 91 | 县国土资源局 | 许可 | 国有划拨土地使用权转让、出租审核 | — | 县住建局 | 土地权利人 | — |
| 92 | 县国土资源局 | 许可 | 国有土地使用权划拨审核 | — | 县住建局 | 用地单位和个人 | — |
| 93 | 县国土资源局 | 许可 | 国有土地使用权出让审核 | — | 县住建局 | 用地单位和个人 | — |

续表75

| 序号 | 实施机关 | 类别 | 项目名称 | 子项 | 共同审批部门 | 审批对象 | 备注 |
|---|---|---|---|---|---|---|---|
| 94 | 县国土资源局 | 许可 | 国有土地租赁（含转租、转让）审核 | — | 无 | 用地单位和个人 | — |
| 95 | 县国土资源局 | 许可 | 国有土地使用权续期审核 | — | 县规划部门 | 土地权利人 | — |
| 96 | 县国土资源局 | 许可 | 土地使用权抵押登记 | 1.国有土地使用权、集体建设用地使用权抵押初始登记 | 无 | 土地权利人抵押权人 | — |
|  |  | 许可 |  | 2.国有土地使用权、集体建设用地使用权抵押变更登记 | 无 | 土地权利人抵押权人 | — |
|  |  | 许可 |  | 3.国有土地使用权、集体建设用地使用权抵押注销登记 | 无 | 土地权利人抵押权人 | — |
| 97 | 县国土资源局 | 许可 | 集体建设用地使用权流转审核（不含宅基地） | — | 县规划部门 | 土地权利人 | — |
| 98 | 县国土资源局 | 许可 | 采矿权新立、延续、变更、注销登记 | — | 无 | 采矿权人 | — |
| 99 | 县国土资源局 | 许可 | 采矿权转让审批 | — | 无 | 采矿权人 | — |
| 100 | 县国土资源局 | 非许可 | 省管权限收回国有土地使用权审核 | — | 无 | 依法收回土地的单位和个人 | — |
| 101 | 县国土资源局 | 非许可 | 省管权限建设用地更换用途审核 | — | 无 | 土地权利人 | — |
| 102 | 县国土资源局 | 非许可 | 农林开发未确定使用权的国有荒山、荒地、荒滩的项目用地审核 | — | 无 | 单位和个人 | — |
| 103 | 县国土资源局 | 非许可 | 土地复垦方案审批 | — | 无 | 土地复垦义务人 | — |
| 104 | 县国土资源局 | 非许可 | 建设项目用地预审 | — | 无 | 建设项目用地单位 | — |
| 105 | 县国土资源局 | 非许可 | 国有（集体）土地更正登记 | — | 无 | 土地权利人 | — |
| 106 | 县国土资源局 | 非许可 | 省级矿泉水注册登记 | — | 无 | 采矿权人（法人） | — |

续表75

| 序号 | 实施机关 | 类别 | 项目名称 | 子项 | 共同审批部门 | 审批对象 | 备注 |
|---|---|---|---|---|---|---|---|
| 107 | 县环境保护局 | 许可 | 排放污染物许可证核发 | — | 无 | 企业和个人 | — |
| 108 | 县环境保护局 | 许可 | 施工噪声排放许可证核发 | — | 无 | 企业和个人 | — |
| 109 | 县环境保护局 | 许可 | 夜间施工许可 | — | 无 | 企业和个人 | — |
| 110 | 县环境保护局 | 许可 | 建设项目环境影响文件审批 | — | 无 | 企业和个人 | — |
| 111 | 县环境保护局 | 许可 | 建设项目环保设施竣工验收 | — | 无 | 企业和个人 | — |
| 112 | 县环境保护局 | 非许可 | 县级自然保护区的调整审核 | — | 无 | 政府部门 | — |
| 113 | 县环境保护局 | 许可 | 县管权限限拟退役关闭固体废物集中处置设施场所核准 | — | 无 | 企业和个人 | — |
| 114 | 县环境保护局 | 许可 | 建设项目发生重大变化后，环境影响评价文件的重新审核（含环境影响报告超过5年的审核） | — | 无 | 企业和个人 | — |
| 115 | 县环境保护局 | 许可 | 停止污染物集中处置设施的核准 | — | 无 | 企业 | — |
| 116 | 县环境保护局 | 许可 | 从事收集、贮存、处置危险废物经营许可证初审 | — | 无 | 企业和个人 | — |
| 117 | 县环境保护局 | 非许可 | 在城市市区建筑施工使用蒸汽桩机、锤击桩机环保审批 | — | 无 | 企业和个人 | — |
| 118 | 县环境保护局 | 非许可 | 关闭、闲置或者拆除生活垃圾处置的设施、场所核准 | — | 无 | 企业和个人 | — |
| 119 | 县环境保护局 | 非许可 | 向大气排放转炉气、电石气、电炉法黄磷尾气、有机烃类尾气审批 | — | 无 | 企业和个人 | — |

续表75

| 序号 | 实施机关 | 类别 | 项目名称 | 子项 | 共同审批部门 | 审批对象 | 备注 |
|---|---|---|---|---|---|---|---|
| 120 | 县住房和城乡规划建设局 | 许可 | 建设项目选址意见书核发 | — | 无 | 符合办理条件的党政机关、企事业单位、社会团体、个人 | — |
| 121 | 县住房和城乡规划建设局 | 许可 | 建设用地规划许可证核发 | — | 无 | 符合办理条件的党政机关、企事业单位、社会团体、个人 | — |
| 122 | 县住房和城乡规划建设局 | 许可 | 建设工程（含临时建设）规划许可证核发 | — | 无 | 符合办理条件的党政机关、企事业单位、社会团体、个人 | — |
| 123 | 县住房和城乡规划建设局 | 许可 | 建筑工程施工许可证核发 | — | 无 | 符合办理条件的党政机关、企事业单位、社会团体、个人 | — |
| 124 | 县住房和城乡规划建设局 | 许可 | 商品房预售许可 | — | 无 | 企业 | — |
| 125 | 县住房和城乡规划建设局 | 许可 | 建设工程项目使用袋装水泥和现场搅拌混凝土许可 | — | 无 | 企业 | — |
| 126 | 县住房和城乡规划建设局 | 许可 | 乡村建设规划许可证核发 | — | 无 | 符合办理条件的党政机关、企事业单位、社会团体、个人 | — |
| 127 | 县住房和城乡规划建设局 | 非许可 | 房屋建筑工程和市政基础设施工程竣工验收备案 | — | 无 | 机关、事业单位、企业、社会组织及自然人 | — |
| 128 | 县住房和城乡规划建设局 | 非许可 | 廉租住房申请审批 | — | 无 | 符合条件的城镇低收入住房困难家庭 | — |
| 129 | 县住房和城乡规划建设局 | 非许可 | 建设工程竣工验收合格通知书核发 | — | 无 | 机关、事业单位、企业、社会组织及自然人 | — |

续表75

| 序号 | 实施机关 | 类别 | 项目名称 | 子项 | 共同审批部门 | 审批对象 | 备注 |
|---|---|---|---|---|---|---|---|
| 130 | 县住房和城乡规划建设局 | 许可 | 划拨土地上建筑物及附作物转让、出租、抵押审批 | 1.划拨土地上建筑物及附作物抵押审批 | 无 | 机关、事业单位、企业、社会组织、自然人 | — |
| | | 许可 | | 2.划拨土地上建筑物及附作物转让、出租审批 | 无 | 机关、事业单位、企业、社会组织、自然人 | — |
| 131 | 县住房和城乡规划建设局 | 许可 | 城市市容和环境卫生许可 | 1.拆除环境卫生设施许可 | 无 | 个人或企业 | — |
| | | 许可 | | 2.在城市建筑物、设施上张挂、张贴宣传品等许可 | 无 | 个人或企业 | — |
| 132 | 县住房和城乡规划建设局 | 许可 | 城市垃圾处置核准 | 1.城市建筑垃圾处置核准 | 无 | 个人或企业 | — |
| | | 许可 | | 2.城市垃圾运输车辆准运证核发 | 无 | 个人 | — |
| | | 许可 | | 3.从事城市生活垃圾经营性清扫、收集、运输、处理服务审批 | 无 | 企业 | — |
| 133 | 县住房和城乡规划建设局 | 许可 | 临时占用或者挖掘城市道路许可 | — | 县公安交通管理部门 | 个人或企业 | — |
| 134 | 县住房和城乡规划建设局 | 许可 | 燃气经营许可证核发 | — | 无 | 企业 | — |
| 135 | 县住房和城乡规划建设局 | 许可 | 燃气经营者改动市政燃气设施审批 | — | 无 | 企业 | — |
| 136 | 县住房和城乡规划建设局 | 许可 | 城市排水许可证核发 | — | 无 | 个人或企业 | — |
| 137 | 县住房和城乡规划建设局 | 许可 | 占用城市绿地、砍伐或迁移城市树木审批 | — | 无 | 个人或企业 | — |
| 138 | 县住房和城乡规划建设局 | 许可 | 居住区和单位附属绿地详细规划的审批 | — | 无 | 企业 | — |
| 139 | 县住房和城乡规划建设局 | 许可 | 城市绿地绿化工程设计方案审批 | — | 无 | 企业 | — |

续表75

| 序号 | 实施机关 | 类别 | 项目名称 | 子项 | 共同审批部门 | 审批对象 | 备注 |
|---|---|---|---|---|---|---|---|
| 140 | 县住房和城乡规划建设局 | 非许可 | 城市绿化工程建设项目综合验收 | | 无 | 个人或企业 | — |
| 141 | 县交通运输局 | 许可 | 县管公路建设项目施工许可 | | 无 | 公民、法人和其他组织 | — |
| 142 | 县交通运输局 | 许可 | 占用、挖掘县管公路审批 | 1.因修建铁路、机场、供电、水利、通讯等建设工程需要占用、挖掘公路、公路用地审核、审批 | 无 | 公民、法人和其他组织 | — |
| | | 许可 | | 2.建设工程占用公路使公路改线审核、审批 | 无 | | — |
| | | 许可 | | 3.跨越、穿越公路修建桥梁、渡槽或者架设、埋设管道、电缆等设施审核、审批 | 无 | | — |
| | | 许可 | | 4.公路用地范围内架设、埋设管道、电缆等设施审核、审批 | 无 | | — |
| | | 许可 | | 5.利用公路桥梁、公路隧道、涵洞铺设电缆等设施审核、审批 | 无 | | — |
| | | 许可 | | 6.在公路建筑控制区内埋设管道、电缆等设施审核、审批 | 无 | | — |
| | | 许可 | | 7.公路维修需要封闭半幅以上公路路面审核、审批 | 无 | | |
| | | 许可 | | 8.利用跨越公路的设施悬挂非公路标志审核、审批 | 无 | | — |
| | | 许可 | | 9.公路拆除分隔带审批审核、审批 | 无 | | — |
| | | 许可 | | 10.铁轮车、履带车和其他可能损害公路路面的机具行驶公路审核 | 无 | | — |
| 143 | 县交通运输局 | 许可 | 县管公路用地范围内设置非公路标志许可 | — | 无 | 公民、法人和其他组织 | — |
| 144 | 县交通运输局 | 许可 | 县管公路增设平面交叉道口许可 | — | 无 | 公民、法人和其他组织 | — |

续表75

| 序号 | 实施机关 | 类别 | 项目名称 | 子项 | 共同审批部门 | 审批对象 | 备注 |
|---|---|---|---|---|---|---|---|
| 145 | 县交通运输局 | 许可 | 超限运输车辆行驶县管公路许可 | — | 无 | 公民、法人和其他组织 | — |
| 146 | 县交通运输局 | 许可 | 从事危险货物运输经营以外的货运经营许可 | — | 无 | 法人 | — |
| 147 | 县交通运输局 | 许可 | 道路旅客运输经营许可 | — | 无 | 法人 | — |
| 148 | 县交通运输局 | 许可 | 道路客运站经营许可 | — | 无 | 法人 | — |
| 149 | 县交通运输局 | 许可 | 道路货运站经营许可 | — | 无 | 法人 | — |
| 150 | 县交通运输局 | 许可 | 机动车维修经营许可 | — | 无 | 公民、法人 | — |
| 151 | 县交通运输局 | 许可 | 机动车驾驶员培训机构许可 | — | 无 | 法人 | — |
| 152 | 县交通运输局 | 许可 | 出租汽车经营许可 | — | 无 | 法人 | — |
| 153 | 县交通运输局 | 非许可 | 道路运输证审批 | 1.道路运输证配发审批 | 无 | 公民、法人 | — |
| | | 非许可 | | 2.道路运输证补发、换发审批 | 无 | 公民、法人 | — |
| | | 非许可 | | 3.道路运输证转籍、过户审批 | 无 | 公民、法人 | — |
| | | 非许可 | | 4.道路运输证注销审批 | 无 | 公民、法人 | — |
| | | 非许可 | | 5.道路运输证年审 | 无 | 公民、法人 | — |
| 154 | 县交通运输局 | 非许可 | 县管交通建设项目审查 | 1.县管交通建设项目（公路、水运工程）初步设计审查 | 无 | 县级交通运输（港口）主管部门、事业单位、企业 | — |
| | | 非许可 | | 2.县管交通建设项目（公路、水运工程）施工图设计审查 | 无 | 县级交通运输（港口）主管部门、事业单位、企业 | — |
| | | 非许可 | | 3.县管交通建设项目（公路、水运工程）竣工决算报告审批（不超规模） | 无 | 公民、法人和其他组织 | — |
| | | 非许可 | | 4.县管交通建设项目（公路、水运工程）竣工验收 | 无 | 公民、法人和其他组织 | — |

续表75

| 序号 | 实施机关 | 类别 | 项目名称 | 子项 | 共同审批部门 | 审批对象 | 备注 |
|---|---|---|---|---|---|---|---|
| 155 | 县农业局 | 许可 | 农作物常规种子生产、经营许可 | 1.主要农作物常规种的大田用种种子生产许可 | 无 | 企业 | — |
| | | 许可 | | 2.主要农作物常规种的大田用种和非主要农作物种子经营许可 | 无 | 企业 | — |
| | | 许可 | | 3.食用菌菌种生产经营许可 | 无 | 企业和个人 | — |
| | | 许可 | | 4.农作物种子生产许可证核发（不含主要农作物杂交种子及其亲本种子、常规种原种种子） | 无 | 企业 | — |
| 156 | 县农业局 | 许可 | 农业植物及其产品检疫证签发 | 1.省际调运植物检疫证书签发 | 无 | 企业和个人 | — |
| | | 许可 | | 2.省内调运植物检疫证书签发 | 无 | 企业和个人 | — |
| | | 许可 | | 3.植物产地检疫证书签发 | 无 | 企业和个人 | — |
| 157 | 县农业局 | 许可 | 大中型畜禽养殖场废水直排农田许可 | — | 县环保局 | 大中型畜禽饲养场 | — |
| 158 | 县农业局 | 非许可 | 占用农地作为固体废弃物堆放、填埋场所审核 | — | 县环保局 | 企业和个人 | — |
| 159 | 县农业局 | 许可 | 种畜禽生产经营许可核发 | — | 无 | 企业和个人 | — |
| 160 | 县农业局 | 许可 | 兽药经营许可证核发、换发、变更 | — | 无 | 企业 | — |
| 161 | 县农业局 | 许可 | 动物诊疗许可证核发、变更 | — | 无 | 动物诊疗机构 | — |
| 162 | 县农业局 | 许可 | 动物防疫条件合格证核发（隔离场所、无害化处理场所） | — | 无 | 动物饲养场（养殖小区） | — |
| 163 | 县农业局 | 许可 | 水产苗种生产许可 | — | 无 | 企业和个人 | — |
| 164 | 县农业局 | 许可 | 渔业航标的设置审批 | — | 法律法规规定需共同审批的部门 | 机关、事业单位、企业、社会组织自然人 | — |

续表75

| 序号 | 实施机关 | 类别 | 项目名称 | 子项 | 共同审批部门 | 审批对象 | 备注 |
|---|---|---|---|---|---|---|---|
| 165 | 县农业局 | 许可 | 渔业捕捞许可证核发 | — | 法律法规规定需共同审批的部门 | 企业、社会组织、自然人 | — |
| 166 | 县农业局 | 许可 | 水域滩涂养殖使用证核发 | — | 无 | 单位和个人 | — |
| 167 | 县农业局 | 许可 | 渔业船舶初次检验、营运检验和临时检验的证书核发 | — | 法律法规规定需共同审批的部门 | 机关、事业单位、企业、社会组织、自然人 | — |
| 168 | 县林业局 | 许可 | 临时占用2公顷以下非生态林、自然保护区林地审批 | — | 无 | 单位或个人 | — |
| 169 | 县林业局 | 许可 | 林木种子生产、经营许可 | 1.林木种子的生产许可（不含主要林木良种种子） | 无 | 单位或个人 | — |
|  |  | 许可 |  | 2.林木种子经营许可（不含主要林木良种种子） | 无 | 单位或个人 | — |
| 170 | 县林业局 | 许可 | 国内森林植物及其产品省际调运植物检疫证书核发 | — | 无 | 单位或个人 | — |
| 171 | 县林业局 | 非许可 | 县级森林公园的建立、撤销、合并、变更经营范围审批 | — | 无 | 单位 | — |
| 172 | 县林业局 | 许可 | 木材运输许可（含出省木材运输许可） | — | 无 | 单位或个人 | — |
| 173 | 县林业局 | 许可 | 林木采伐许可（不含生态公益林和自然保护区采伐） | — | 无 | 单位或个人 | — |
| 174 | 县林业局 | 许可 | 进入林业系统地方级自然保护区从事科学研究审批 | — | 无 | 单位或个人 | — |
| 175 | 县林业局 | 非许可 | 进入森林防火区进行实弹演习、爆破等活动审批 | — | 无 | 单位 | — |

续表75

| 序号 | 实施机关 | 类别 | 项目名称 | 子项 | 共同审批部门 | 审批对象 | 备注 |
|---|---|---|---|---|---|---|---|
| 176 | 县林业局 | 非许可 | 设立临时性森林防火检查站审批 | — | 无 | 单位 | — |
| 177 | 县林业局 | 非许可 | 外国人对国家重点保护野生植物进行野外考察审批 | — | 无 | | — |
| 178 | 县林业局 | 许可 | 猎捕非国家重点保护陆生野生动物狩猎证核发 | — | 无 | 单位或个人 | — |
| 179 | 县林业局 | 许可 | 野外生产用火许可 | — | 无 | 单位或个人 | — |
| 180 | 县林业局 | 非许可 | 因特殊情况在禁猎区狩猎 | — | 无 | 单位或个人 | — |
| 181 | 县林业局 | 许可 | 野生动物经营利用许可及省内运输证核发 | 1.陆生野生动物及其产品运输许可 | 无 | 单位或个人 | — |
| | | 许可 | | 2.国家“三有”保护陆生野生动物驯养繁殖许可 | 无 | 单位或个人 | — |
| | | 许可 | | 3.养殖的国家二级保护野生动物和省重点保护野生动物或其产品收购、经营单位的审批 | 无 | 单位或个人 | — |
| | | 许可 | | 4.国家和省重点保护陆生野生动物及其产品出县境运输许可 | 无 | 单位或个人 | — |
| 182 | 县水务局 | 许可 | 取水许可 | — | 无 | 机关、事业单位、企业、社会组织和自然人 | — |
| 183 | 县水务局 | 许可 | 县管权限的水利工程管理和保护范围内新建、扩建、改建的工程建设项目方案审批 | — | 无 | 机关、事业单位、企业、社会组织及自然人 | — |

续表75

| 序号 | 实施机关 | 类别 | 项目名称 | 子项 | 共同审批部门 | 审批对象 | 备注 |
|---|---|---|---|---|---|---|---|
| 184 | 县水务局 | 许可 | 河道管理范围内建设项目审批和作业许可 | 1.河道采砂许可 | 无 | 企业和个人 | — |
| | | 许可 | | 2.河道占用许可 | 无 | 企业、事业单位和个人 | — |
| | | 许可 | | 3.河道管理范围内工程建设方案审批 | 无 | 机关、事业单位、企业、社会组织和自然人 | — |
| | | 许可 | | 4.入河排污口设置审批 | 无 | 机关、事业单位、企业、社会组织和自然人 | — |
| | | 许可 | | 5.堤围穿堤建筑物工程设计方案审批 | 无 | 机关、事业单位、企业、社会组织和自然人 | — |
| 185 | 县水务局 | 许可 | 开发建设项目水土保持方案审批 | — | 无 | 机关、事业单位、企业、社会组织及自然人 | — |
| 186 | 县水务局 | 许可 | 建设项目水资源论证报告书审批 | — | 无 | 机关、事业单位、企业、社会组织和自然人 | — |
| 187 | 县水务局 | 许可 | 蓄滞洪区避洪设施建设审批 | — | 无 | 个人、企业 | — |
| 188 | 县水务局 | 许可 | 迁移、损坏县管水利工程设施，占用影响县管农业灌溉水源、灌排工程设施审批 | — | 无 | 机关、事业单位、企业、社会组织及自然人 | — |
| 189 | 县水务局 | 许可 | 农村集体经济修建水库批准审批 | — | 无 | 农村集体经济组织或者其成员 | — |
| 190 | 县水务局 | 许可 | 城市建设填堵水域、废除围堤审核 | — | 无 | 个人、企业 | — |
| 191 | 县水务局 | 非许可 | 重大项目洪水影响评价报告、防洪规划同意书审批 | — | 无 | 机关、事业单位、企业、社会组织 | — |

续表75

| 序号 | 实施机关 | 类别 | 项目名称 | 子项 | 共同审批部门 | 审批对象 | 备注 |
|---|---|---|---|---|---|---|---|
| 192 | 县水务局 | 非许可 | 县管权限内水利水电工程项目建议书及可行性研究审核 | — | 无 | 企业、自然人 | — |
| 193 | 县水务局 | 非许可 | 护堤、护岸林木采伐审核 | — | 无 | 机关、事业单位、企业、社会组织、个人、企业 | — |
| 194 | 县水务局 | 非许可 | 小型水库汛期调度运用计划审批 | — | 无 | 小型水库 | — |
| 195 | 县水务局 | 非许可 | 县管权限水利工程项目初步设计审批 | — | 无 | 机关、事业单位、企业、社会组织和自然人 | — |
| 196 | 县文化广电新闻出版局 | 许可 | 广播电视视频点播业务许可证（乙种）审批 | — | 无 | 企业 | — |
| 197 | 县文化广电新闻出版局 | 许可 | 互联网上网服务营业场所经营单位设立审批 | — | 无 | 企业 | — |
| 198 | 县文化广电新闻出版局 | 许可 | 设立娱乐场所审批 | — | 无 | 个人、企业 | — |
| 199 | 县文化广电新闻出版局 | 许可 | 设立营业性文艺表演团体审批 | — | 无 | 企业 | — |
| 200 | 县文化广电新闻出版局 | 许可 | 营业性演出活动审批 | — | 无 | 企业 | — |
| 201 | 县文化广电新闻出版局 | 许可 | 出版物零售业务审批 | — | 无 | 个人、企业 | — |
| 202 | 县文化广电新闻出版局 | 许可 | 电影放映单位设立、变更业务范围或者兼并合并、分立审批 | — | 无 | 个人、企业 | — |

续表75

| 序号 | 实施机关 | 类别 | 项目名称 | 子项 | 共同审批部门 | 审批对象 | 备注 |
|---|---|---|---|---|---|---|---|
| 203 | 县文化广电新闻出版局 | 非许可 | 设立博物馆审批（冠以“中国”、“中华”、“国家”、“广东”等需由省级以上有关行政主管部门审核同意的除外） | — | 无 | 个人、企业、机关单位、社会组织及自然人 | — |
| 204 | 县文化广电新闻出版局 | 非许可 | 有线广播电视传输覆盖网工程建设及验收审核 | — | 无 | 企业 | — |
| 205 | 县文化广电新闻出版局 | 非许可 | 建立城市社区有线电视系统审批 | — | 无 | 企业 | — |
| 206 | 县文化广电新闻出版局 | 非许可 | 县（区）级广播电视台开办群众参与的广播电视直播节目审批 | — | 无 | 辖区内开办群众参与的广播电视直播节目的县级广播电视台、电台 | — |
| 207 | 县文化广电新闻出版局 | 非许可 | 从事音像制品零售业务审批 | — | 无 | 企业 | — |
| 208 | 县文化广电新闻出版局 | 许可 | 设立演出经纪机构审批 | — | 无 | 企业 | — |
| 209 | 县文化广电新闻出版局 | 许可 | 卫星地面接收设施安装许可 | — | 无 | 个人、企业、机关单位、社会组织 | — |
| 210 | 县文化广电新闻出版局 | 许可 | 加工贸易项下光盘进出口审核 | — | 无 | 企业 | — |
| 211 | 县卫生和计划生育局 | 许可 | 县管权限内的医疗机构设置审批及执业许可 | 1.医疗机构设置审批 | 无 | 单位和个人 | — |
| | | 许可 | | 2.医疗机构执业许可（注册登记、校验、变更、注销） | 无 | 个人和企业 | — |
| 212 | 县卫生和计划生育局 | 许可 | 母婴保健服务审批（省：遗传病诊断、产前诊断等方面的母婴保健技术服务执业许可证核发） | 1.母婴保健技术服务执业许可（除新生儿疾病筛查外） | 无 | 开展母婴保健技术服务的医疗机构 | — |
| | | 许可 | | 2.母婴保健技术人员合格证核发（除遗传病诊断、产前诊断） | 无 | 个人 | — |

续表75

| 序号 | 实施机关 | 类别 | 项目名称 | 子项 | 共同审批部门 | 审批对象 | 备注 |
|---|---|---|---|---|---|---|---|
| 213 | 县卫生和计划生育局 | 许可 | 医师执业注册审批 | — | 无 | 个人 | — |
| 214 | 县卫生和计划生育局 | 许可 | 公共场所卫生许可 | 1.公共场所卫生许可证核发（除公园、体育场馆、公共交通工具外） | 无 | 个人和企业 | — |
|  |  | 许可 |  | 2.公共场所卫生许可证复核（除公园、体育场馆、公共交通工具外） | 无 | 个人和企业 | — |
|  |  | 许可 |  | 3.公共场所卫生许可证变更（除公园、体育场馆、公共交通工具外） | 无 | 个人和企业 | — |
|  |  | 许可 |  | 4.公共场所卫生许可证延续（除公园、体育场馆、公共交通工具外） | 无 | 个人和企业 | — |
| 215 | 县卫生和计划生育局 | 许可 | 饮用水供水单位卫生许可 | — | 无 | 供水单位 | — |
| 216 | 县卫生和计划生育局 | 许可 | 放射诊疗许可 | 1.放射诊疗许可（新证） | 无 | 开展放射诊疗工作的医疗机构 | — |
|  |  | 许可 |  | 2.放射诊疗许可（校验） | 无 | 开展放射诊疗工作的医疗机构 | — |
|  |  | 许可 |  | 3.放射诊疗许可（变更） | 无 | 开展放射诊疗工作的医疗机构 | — |
|  |  | 许可 |  | 4.放射诊疗许可（注销） | 无 | 开展放射诊疗工作的医疗机构 | — |
|  |  | 许可 |  | 5.放射诊疗许可（补办） | 无 | 开展放射诊疗工作的医疗机构 | — |
| 217 | 县卫生和计划生育局 | 许可 | 单采血浆站许可证初审 | — | 无 | 单位 | — |
| 218 | 县卫生和计划生育局 | 许可 | 计划生育技术服务机构设立许可 | — | 无 | 镇（街）计划生育服务所 | — |
| 219 | 县卫生和计划生育局 | 非许可 | 医疗卫生机构承担预防性健康检查审批 | — | 无 | 承担预防性健康检查工作的医疗卫生机构 | — |

续表75

| 序号 | 实施机关 | 类别 | 项目名称 | 子项 | 共同审批部门 | 审批对象 | 备注 |
|---|---|---|---|---|---|---|---|
| 220 | 县卫生和计划生育局 | 非许可 | 医疗机构开展医疗气功活动审核 | — | 无 | 开展医疗气功活动的医疗机构 | — |
| 221 | 县卫生和计划生育局 | 非许可 | 政策内怀孕非医学需要施行14周以上终止妊娠手术审批 | — | 无 | 个人 | — |
| 222 | 县卫生和计划生育局 | 非许可 | 输精（卵）管复通手术审批 | — | 无 | 个人 | — |
| 223 | 县统计局 | 非许可 | 地方统计调查项目审批 | — | 无 | 县直部门 | — |
| 224 | 县食品药品监督管理局 | 许可 | 食品流通许可证核发 | — | 无 | 企业和个人 | — |
| 225 | 县食品药品监督管理局 | 许可 | 消费环节餐饮服务许可 | — | 无 | 企业和个人 | — |
| 226 | 县食品药品监督管理局 | 许可 | 保健食品经营企业卫生许可 | — | 无 | 企业和个人 | — |
| 227 | 县食品药品监督管理局 | 许可 | 药品经营许可 | — | 无 | 企业和个人 | — |
| 228 | 县安全生产监督管理局 | 许可 | 县级国土资源部门颁发采矿许可证的非煤矿山企业（不含尾矿库）的安全生产许可证审批 | — | 无 | 符合县级安监部门受理范围的非煤矿山企业 | — |
| 229 | 县安全生产监督管理局 | 许可 | 从事除剧毒化学品、易制爆危险化学品以外的其它危险化学品的企业（无储存设施的、有储存设施经营构不成重大危险源的）经营许可 | — | 无 | 符合县级部门受理范围的危险化学品经营企业 | — |
| 230 | 县安全生产监督管理局 | 非许可 | 非药品类易制毒化学品经营备案证明 | — | 无 | 经营企业 | — |

续表75

| 序号 | 实施机关 | 类别 | 项目名称 | 子项 | 共同审批部门 | 审批对象 | 备注 |
| --- | --- | --- | --- | --- | --- | --- | --- |
| 231 | 县安全生产监督管理局 | 非许可 | 县管权限的建设项目职业卫生“三同时”的备案、审核、审查和竣工验收 | — | 无 | 可能存在职业危害的建设项目 | — |
| 232 | 县安全生产监督管理局 | 许可 | 县级人民政府及其有关主管部门审批、核准、备案的在建建设项目的安全设施设计审查与竣工验收审批 | — | 无 | 符合县级安监部门受理范围的非煤矿山企业 | — |
| 233 | 县安全生产监督管理局 | 许可 | 危险化学品重大危险源《备案告知书》、《备案登记表》、《核销告知书》、《核销登记表》核发 | — | 无 | 构成危险化学品重大危险源的企业 | — |
| 234 | 县安全生产监督管理局 | 非许可 | 金属与非金属矿产资源地质勘探作业备案 | — | 无 | 符合县级安监部门受理范围的地质勘探单位 | — |
| 235 | 县安全生产监督管理局 | 许可 | 烟花爆竹经营（零售）许可证核发 | — | 无 | 符合烟花爆竹经营（零售）许可的单位 | — |
| 236 | 县人民防空办公室 | 许可 | 应建防空地下室的民用建筑项目许可 | — | 无 | 机关、企事业单位、社会组织及自然人 | — |
| 237 | 县人民防空办公室 | 许可 | 拆迁人民防空警报设施的许可 | — | 无 | 机关、企事业单位、社会组织及自然人 | — |
| 238 | 县人民防空办公室 | 非许可 | 人民防空工程改造及安全保障措施审批 | 1.人民防空工程改造审批 | 无 | 机关、企事业单位、社会组织及自然人 | — |
|  |  | 非许可 |  | 2.城市基础设施建设影响人民防空工程安全时的保障措施审批 | 无 | 机关、企事业单位、社会组织及自然人 | — |
| 239 | 县残疾人联合会 | 许可 | 残疾人就业保障金审核 |  | 无 | 机关、团体、企事业单位、城乡经济组织、民办非企业单位 | — |

续表75

| 序号 | 实施机关 | 类别 | 项目名称 | 子项 | 共同审批部门 | 审批对象 | 备注 |
|---|---|---|---|---|---|---|---|
| 240 | 县残疾人联合会 | 非许可 | 盲人保健按摩机构开业资格及保健按摩人员从业资格认定 | 1.开办盲人保健按摩机构资格认定 | 无 | 机构、个人 | — |
| | | 非许可 | | 2.盲人保健按摩人员从业资格认定 | 无 | 盲人个人 | — |
| 241 | 县事业单位登记管理局 | 许可 | 事业单位法人登记 | 1.事业单位法人设立（备案）登记 | 无 | 事业单位 | — |
| | 县事业单位登记管理局 | 许可 | | 2.事业单位法人变更登记 | 无 | 事业单位 | — |
| | 县事业单位登记管理局 | 许可 | | 3.事业单位法人注销登记 | 无 | 事业单位 | — |
| 242 | 县保密局 | 非许可 | 市属及以下涉密计算机、办公自动化设备定点维修维护审批 | — | 无 | 市内注册的内资企业或事业单位 | — |
| 243 | 县保密局 | 非许可 | 市属及以下国家秘密及国家秘密载体制作、复制、销毁定点审批 | — | 无 | 市内注册的内资企业或事业单位 | — |
| 244 | 县档案局 | 许可 | 集体和个人所有的对国家和社会具有保存价值的或者应当保密的档案向国家档案馆以外的任何单位或者个人出卖、转让审批 | — | 无 | 集体和个人（原档案所有者） | — |
| 245 | 县档案局 | 非许可 | 单位和个人利用县档案馆未开放档案的审批 | — | 必要时需征询档案形成单位意见 | 机关、团体、企业事业单位和其他组织以及中国公民 | — |
| 246 | 县档案局 | 非许可 | 档案提前或延期移交进馆的审核 | — | 无 | 机关、团体、企业事业单位和其他组织 | — |
| 247 | 县农业机械管理局 | 许可 | 拖拉机、联合收割机驾驶证核发 | — | 无 | 个人 | — |
| 248 | 县农业机械管理局 | 许可 | 拖拉机、联合收割机号牌、行驶证核发 | — | 无 | 单位或个人 | — |

续表75

| 序号 | 实施机关 | 类别 | 项目名称 | 子项 | 共同审批部门 | 审批对象 | 备注 |
|---|---|---|---|---|---|---|---|
| 249 | 县农业机械管理局 | 许可 | 农业机械维修技术合格证核发 | — | 无 | 企业、社会组织、自然人 | — |
| 250 | 县粮食局 | 许可 | 在县级工商部门登记的粮食企业收购资格认定 | — | 无 | 新申请、申请变更和申请注销的粮食收购许可企业、个体户 | — |
| 251 | 县体育局 | 许可 | 举办健身气功活动及设立站点审批 | — | 无 | 机关、事业单位企业、社会团体、个人 | — |
| 252 | 县体育局 | 许可 | 经营高危险性体育项目许可 | — | 无 | 机关、事业单位、企业、社会团体、独立法人 | — |
| 253 | 县工商局 | 许可 | 内资企业（集团）、个体工商户、农民专业合作社名称核准 | 1.名称预先核准 | 无 | 法人、其他组织、自然人 | — |
|  |  | 许可 |  | 2.名称变更核准 | 无 | 企业 | — |
| 254 | 县工商局 | 许可 | 内资企业、个体工商户、农民专业合作社（设立、变更、注销）登记注册 | — | 法律、行政法规、国务院决定规定工商登记前需取得许可的项目的审批部门 | 法人、其他组织、自然人、企业 | — |
| 255 | 县工商局 | 许可 | 广告经营许可证登记 | — | 无 | 1.广播电台、电视台、报刊出版单位；2.事业单位；3.法律、行政法规规定应进行广告经营审批登记的单位。 | — |
| 256 | 县工商局 | 许可 | 户外广告登记 | — | 无 | 户外广告发布单位 | — |
| 257 | 县工商局 | 非许可 | 内资企业（集团）、个体工商户、农民专业合作社备案 | — | 无 | 企业 | — |

续表75

| 序号 | 实施机关 | 类别 | 项目名称 | 子项 | 共同审批部门 | 审批对象 | 备注 |
| --- | --- | --- | --- | --- | --- | --- | --- |
| 258 | 县工商局 | 非许可 | 内资企业集团（设立、变更、注销）登记注册 | — | 无 | 企业 | — |
| 259 | 县工商局 | 非许可 | 股权出质（设立、变更、注销）登记 | — | 无 | 法人、其他组织、自然人 | — |
| 260 | 县质量技术监督局 | 许可 | 承担国家法定计量检定机构任务的授权 | — | 无 | 企业法人 | — |
| 261 | 县公路局 | 许可 | 占用、挖掘非高速公路国省道审批 | 1.因修建铁路、机场、供电、水利、通信等建设工程需要占用省道公路、公路用地15天（含15天）以内审批 | 无 | 机关、事业单位、企业、个人 | — |
|  |  | 许可 |  | 2.公路维修需要封闭半幅以上省道公路路面30天（含30天）以内审批 | 无 | 机关、事业单位、企业、个人 | — |
|  |  | 许可 |  | 3.履带车、铁轮车及其他有损公路路面的车辆在同一区域公路局范围内行驶国省道公路审批 | 无 | 机关、事业单位、企业、个人 | — |
| 262 | 县公路局 | 许可 | 省管非高速公路用地范围以内设置非公路标志审核 | — | 无 | 机关、事业单位、企业、个人 | — |
| 263 | 县公路局 | 许可 | 在国省道公路及公路两侧设置广告标牌设施审批 | — | 无 | 机关、事业单位、企业、个人 | — |
| 264 | 县公路局 | 许可 | 超限运输车辆行驶县内公路审批（含相邻两个区域公路局之间公路超限运输审批） | — | 无 | 机关、事业单位、企业、个人 | — |
| 265 | 县地方税务局 | 许可 | 对纳税人延期申报的核准 | — | 无 | 纳税人、扣缴义务人 | — |
| 266 | 县地方税务局 | 许可 | 对纳税人变更纳税定额的核准 | — | 无 | 纳税人 | — |

续表75

| 序号 | 实施机关 | 类别 | 项目名称 | 子项 | 共同审批部门 | 审批对象 | 备注 |
|---|---|---|---|---|---|---|---|
| 267 | 县地方税务局 | 许可 | 对采取实际利润额预缴以外的其他企业所得税预缴方式的核定 | — | 无 | 纳税人 | — |
| 268 | 县地方税务局 | 许可 | 非居民企业选择由其主要机构场所汇总缴纳企业所得税的审批 | — | 无 | 非居民企业 | — |
| 269 | 县地方税务局 | 非许可 | 对办理税务登记（注销、外出经营报验）的核准 | — | 无 | 纳税人 | — |
| 270 | 县地方税务局 | 非许可 | 偏远地区简并征期认定 | — | 无 | 纳税人 | — |
| 271 | 县地方税务局 | 非许可 | 对吸纳下岗失业人员达到规定条件的服务型、商贸企业和对下岗失业人员从事个体经营减免税的备案 | — | 无 | 纳税人 | — |
| 272 | 县地方税务局 | 非许可 | 主管税务机关对非居民企业适用行业及所适用的利润率的审核 | — | 无 | 非居民企业 | — |
| 273 | 县地方税务局 | 非许可 | 境外注册的中资控股企业依据实际管理机构标准判定为中国居民企业审批 | — | 无 | 纳税人 | — |
| 274 | 县地方税务局 | 非许可 | 汇总纳税企业组织结构变更审核 | — | 无 | 纳税人 | — |
| 275 | 县地方税务局 | 非许可 | 企业符合特殊性税务处理规定条件的业务的核准 | 1.企业符合特殊性税务处理规定条件的债务重组业务的核准 | 无 | 纳税人 | — |
| | | 非许可 | | 2.企业符合特殊性税务处理规定条件的债权转股权业务的核准 | 无 | 纳税人 | — |
| | | 非许可 | | 3.企业符合特殊性税务处理规定条件的股权收购业务的核准 | 无 | 纳税人 | — |

续表75

| 序号 | 实施机关 | 类别 | 项目名称 | 子项 | 共同审批部门 | 审批对象 | 备注 |
|---|---|---|---|---|---|---|---|
| 275 | 县地方税务局 | 非许可 | 企业符合特殊性税务处理规定条件的业务的核准 | 4.企业符合特殊性税务处理规定条件的资产收购业务的核准 | 无 | 纳税人 | — |
| | | 非许可 | | 5.企业符合特殊性税务处理规定条件的企业合并业务的核准 | 无 | 纳税人 | — |
| | | 非许可 | | 6.企业符合特殊性税务处理规定条件的企业分立业务的核准 | 无 | 纳税人 | — |
| | | 非许可 | | 7.企业符合特殊性税务处理规定条件的跨境重组业务的核准 | 无 | 纳税人 | — |
| 276 | 县地方税务局 | 非许可 | 企业取得的符合条件的技术转让所得享受所得税优惠核准 | — | 无 | 纳税人 | — |
| 277 | 县地方税务局 | 非许可 | 安置残疾人员和国家鼓励安置的其他就业人员所支付工资的加计扣除的核准 | — | 无 | 纳税人 | — |
| 278 | 县地方税务局 | 非许可 | 创业投资企业享受创业投资所得税优惠核准 | — | 无 | 纳税人 | — |
| 279 | 县地方税务局 | 非许可 | 企业享受符合条件的固定资产加速折旧或缩短折旧年限所得税优惠的核准 | — | 无 | 纳税人 | — |
| 280 | 县地方税务局 | 非许可 | 企业享受综合利用资源所得税优惠的核准 | — | 无 | 纳税人 | — |
| 281 | 县地方税务局 | 非许可 | 企业享受文化体制改革中转制的经营性文化事业单位所得税优惠的核准 | — | 无 | 纳税人 | — |
| 282 | 县地方税务局 | 非许可 | 电网企业新建项目分摊期间费用的核准 | — | 无 | 纳税人 | — |

续表75

| 序号 | 实施机关 | 类别 | 项目名称 | 子项 | 共同审批部门 | 审批对象 | 备注 |
| --- | --- | --- | --- | --- | --- | --- | --- |
| 283 | 县地方税务局 | 非许可 | 企业享受生产和装配伤残人员专门用品企业所得税优惠的核准 | — | 无 | 纳税人 | — |
| 284 | 县地方税务局 | 非许可 | 企业境外所得适用简易征收和饶让抵免的核准 | — | 无 | 纳税人 | — |
| 285 | 县地方税务局 | 非许可 | 符合条件的非营利组织享受免税收入优惠的备案核准 | — | 无 | 纳税人 | — |
| 286 | 县地方税务局 | 非许可 | 企业从事农林牧渔业项目的所得享受所得税优惠的备案核准 | — | 无 | 纳税人 | — |
| 287 | 县地方税务局 | 非许可 | 企业从事国家重点扶持的公共基础设施项目投资经营的所得享受所得税优惠的备案核准 | — | 无 | 纳税人 | — |
| 288 | 县地方税务局 | 非许可 | 企业符合条件的环境保护、节能节水项目的所得享受所得税优惠的备案核准 | — | 无 | 纳税人 | — |
| 289 | 县地方税务局 | 非许可 | 企业购置用于环境保护、节能节水、安全生产的专用设备的投资额享受所得税优惠的备案核准 | — | 无 | 纳税人 | — |
| 290 | 县地方税务局 | 非许可 | 软件、集成电路企业享受所得税优惠的备案核准 | — | 无 | 纳税人 | — |
| 291 | 县地方税务局 | 非许可 | 动漫产业企业享受所得税优惠的备案核准 | — | 无 | 纳税人 | — |
| 292 | 县地方税务局 | 非许可 | 节能服务公司实施合同能源管理项目享受所得税优惠的备案核准 | — | 无 | 纳税人 | — |

续表75

| 序号 | 实施机关 | 类别 | 项目名称 | 子项 | 共同审批部门 | 审批对象 | 备注 |
|---|---|---|---|---|---|---|---|
| 293 | 县地方税务局 | 非许可 | 中国清洁发展机制基金及清洁发展机制项目实施企业享受所得税优惠的备案核准 | — | 无 | 纳税人 | — |
| 294 | 县地方税务局 | 许可 | 印花税票代售许可 | — | 无 | 代售者 | — |
| 295 | 县地方税务局 | 非许可 | 个人所得税减免 | 1.残疾、孤老人员和烈属减免 | 无 | 纳税人 | — |
| | | 非许可 | | 2.遭受自然灾害减免 | 无 | 纳税人 | — |
| | | 非许可 | | 3.残疾人员取得的生产经营所得减免 | 无 | 纳税人 | — |
| 296 | 县地方税务局 | 非许可 | 异地从事建筑安装业单位代扣代缴个人所得税纳税地点核准 | — | 无 | 纳税人 | — |
| 297 | 县地方税务局 | 非许可 | 个人所得税纳税有困难审批（审核） | 1.个人认购股票等有价证券而从雇主取得的折扣或补贴分月计入工资、薪金审批 | 无 | 纳税人 | — |
| | | 非许可 | | 2.上市公司高管人员股票期权所得分期缴纳个人所得税审核 | 无 | 纳税人 | — |
| 298 | 县地方税务局 | 非许可 | 纳税人纳税确有困难的房产税减免审批 | — | 无 | 纳税人 | — |
| 299 | 县地方税务局 | 非许可 | 城镇土地使用税减免审批 | 1.纳税人纳税确有困难的城镇土地使用税减免审批 | 无 | 纳税人 | — |
| | | 非许可 | | 2.纳税人经批准开山填海整治的土地和改造的废弃土地的城镇土地使用税减免审批 | 无 | 纳税人 | — |
| | | 非许可 | | 3.企业搬迁后原场地不使用的土地免征城镇土地使用税备案 | 无 | 纳税人 | — |
| | | 非许可 | | 4.对企业范围内的荒山、林地、湖泊等占地，尚未利用的减免城镇土地使用税 | 无 | 纳税人 | — |

续表75

| 序号 | 实施机关 | 类别 | 项目名称 | 子项 | 共同审批部门 | 审批对象 | 备注 |
|---|---|---|---|---|---|---|---|
| 300 | 县地方税务局 | 非许可 | 耕地占用税减免申报审核 | 1.农村居民占用耕地新建住宅，按照当地适用税额减半征收耕地占用税 | 无 | 纳税人 | — |
| | | 非许可 | | 2.农村烈士家属、残疾军人、鳏寡孤独以及革命老根据地、少数民族聚居县（区）和边远贫困山县（区）生活困难的农村居民，新建住宅缴纳耕地占用税的减免 | 无 | 纳税人 | — |
| | | 非许可 | | 3.铁路线路、公路线路、飞机场跑道、停机坪、港口、航道占用耕地，减按每平方米2元的税额征收耕地占用税 | 无 | 纳税人 | — |
| 300 | 县地方税务局 | 非许可 | 耕地占用税减免申报审核 | 4.军事设施占用耕地、学校、幼儿园、养老院、医院占用耕地免征耕地占用税 | 无 | 纳税人 | — |
| | | 非许可 | | 5.经国务院批准后，铁路、公路线路、飞机场跑道、停机坪、港口、航道等耕地占用税可减征或免征 | 无 | 纳税人 | — |
| 301 | 县地方税务局 | 非许可 | 契税减免申报审核 | 1.国家机关、事业单位、社会团体、军事单位承受土地、房屋用于办公、教学、医疗、科研和军事设施的契税减免 | 无 | 纳税人 | — |
| | | 非许可 | | 2.因不可抗力灭失住房而重新购买住房的契税减免 | 无 | 纳税人 | — |
| | | 非许可 | | 3.用于农、林、牧、渔业生产的契税减免 | 无 | 纳税人 | — |
| | | 非许可 | | 4.城镇职工第一次购买公有住房的契税减免 | 无 | 纳税人 | — |
| | | 非许可 | | 5.被县级以上人民政府征用（占用）土地、房屋的契税减免 | 无 | 纳税人 | — |
| | | 非许可 | | 6.对军队、武警部队和政法机关所办企业脱钩移交过程中涉及的契税减免 | 无 | 纳税人 | — |

续表75

| 序号 | 实施机关 | 类别 | 项目名称 | 子项 | 共同审批部门 | 审批对象 | 备注 |
|---|---|---|---|---|---|---|---|
| | | 非许可 | | 7.军建离退休干部住房及附属用房的契税减免 | 无 | 纳税人 | — |
| | | 非许可 | | 8.监狱管理部门的契税减免 | 无 | 纳税人 | — |
| | | 非许可 | | 9.企业公司制改造契税减免 | 无 | 纳税人 | — |
| | | 非许可 | | 10.企业改制过程公司合并的契税减免 | 无 | 纳税人 | — |
| | | 非许可 | | 11.企业改制过程公司分立的契税减免 | 无 | 纳税人 | — |
| | | 非许可 | | 12.企业改制过程企业出售的契税减免 | 无 | 纳税人 | — |
| | | 非许可 | | 13.企业改制过程企业破产的契税减免 | 无 | 纳税人 | — |
| | | 非许可 | | 14.企业改制过程债权转股权的契税减免 | 无 | 纳税人 | — |
| | | 非许可 | | 15.企业改制过程资产划转的契税减免 | 无 | 纳税人 | — |
| | | 非许可 | | 16.改制事业单位的契税减免 | 无 | 纳税人 | — |
| | | 非许可 | | 17.个人购买家庭唯一住房的契税减免 | 无 | 纳税人 | — |
| | | 非许可 | | 18.个人购买经济适用住房的契税减免 | 无 | 纳税人 | — |
| | | 非许可 | | 19.已购公有住房的契税减免 | 无 | 纳税人 | — |
| | | 非许可 | | 20.企业以售后回租方式进行融资等有关契税政策 | 无 | 纳税人 | — |
| | | 非许可 | | 21.中国联合网络通信集团有限公司重组过程中有关契税减免 | 无 | 纳税人 | — |
| | | 非许可 | | 22.房屋土地权属由夫妻一方所有变更为夫妻双方共有契税减免 | 无 | 纳税人 | — |
| | | 非许可 | | 23.社会力量办学，其承受的土地、房屋权属用于教学的免征契税 | 无 | 纳税人 | — |
| | | 非许可 | | 24.对拆迁居民因拆迁重新购置住房的，对购房成交价格中相当于拆迁补偿款的部分免征契税 | 无 | 纳税人 | — |

续表75

| 序号 | 实施机关 | 类别 | 项目名称 | 子项 | 共同审批部门 | 审批对象 | 备注 |
| --- | --- | --- | --- | --- | --- | --- | --- |
| 302 | 县地方税务局 | 非许可 | 土地增值税减免审批 | 1.对于一方出地，一方出资金，双方合作建房，建成后按比例分房自用的，暂免征收土地增值税 | 无 | 纳税人 | — |
| | | 非许可 | | 2.在企业兼并中，对被兼并企业将房地产转让到兼并企业中的，暂免征收土地增值税 | 无 | 纳税人 | — |
| | | 非许可 | | 3.因国家建设需要依法征用、收回的房地产免征土地增值税 | 无 | 纳税人 | — |
| | | 非许可 | | 4.城市实施规划、国家建设的需要而搬迁，由纳税人自行转让原房地产的，比照本规定免征土地增值税 | 无 | 纳税人 | — |
| | | 非许可 | | 5.以继承、赠与方式无偿转让房地产的行为减免土地增值税 | 无 | 纳税人 | — |
| | | 非许可 | | 6.对个人销售住房暂免征收土地增值税 | 无 | 纳税人 | — |
| | | 非许可 | | 7.以房地产进行投资，投资、联营的一方以土地作价入股进行投资或作为条件，将房地产转让到所投资、联营的企业中时，暂免征土地增值税（投资方或被投资方为房地产公司除外） | 无 | 纳税人 | — |
| | | 非许可 | | 8.对个人之间互换自有居住用房地产的免征土地增值税 | 无 | 纳税人 | — |
| | | 非许可 | | 9.纳税人建造普通标准住宅出售，增值额未超过扣除项目金额20%的，免征土地增值税 | 无 | 纳税人 | — |
| 303 | 县地方税务局 | 非许可 | 城市和国有工矿棚户县（区）改造项目有关税收优惠审批（审核） | 1.个人首次购买城市和国有工矿棚户县（区）改造安置住房的契税减免 | 无 | 纳税人 | — |
| | | 非许可 | | 2.转让旧房作为廉租住房、经济适用住房、公租房、改造安置住房房源的，且增值额未超过扣除项目金额20%，，免征土地增值税 | 无 | 纳税人 | — |

续表75

| 序号 | 实施机关 | 类别 | 项目名称 | 子项 | 共同审批部门 | 审批对象 | 备注 |
| --- | --- | --- | --- | --- | --- | --- | --- |
| 304 | 县地方税务局 | 非许可 | 家政服务企业由员工制家政服务员提供的家政服务取得的收入免征营业税备案 | — | 无 | 纳税人 | — |
| 305 | 县地方税务局 | 非许可 | 农产品批发市场 农贸市场房产税 城镇土地使用税政策备案 | — | 无 | 纳税人 | — |
| 306 | 县地方税务局 | 非许可 | 对城市公交站场、道路客运站场的运营用地，免征城镇土地使用税备案 | — | 无 | 纳税人 | — |
| 307 | 县地方税务局 | 非许可 | 关于科技企业孵化器税收政策备案 | — | 无 | 纳税人 | — |
| 308 | 县地方税务局 | 非许可 | 国家大学科技园税收政策备案 | — | 无 | 纳税人 | — |
| 309 | 县地方税务局 | 非许可 | 扶持自主就业退役士兵创业就业税收政策备案 | — | 无 | 纳税人 | — |
| 310 | 县地方税务局 | 非许可 | 社保费延期缴纳审批 | — | 无 | 缴费人 | — |
| 311 | 县地方税务局 | 非许可 | 社保费退费审批 | — | 无 | 缴费人 | 财政部门拨款，地税部门审批 |
| 312 | 县地方税务局 | 非许可 | 地方各税退库 | — | 无 | 纳税人 | 财政部门最终审批或财政部门授权地税部门审批 |
| 313 | 县气象局 | 许可 | 大气环境影响评价使用非气象主管部门提供的气象资料审查 | — | 无 | 机关、事业单位、企业、社会组织 | — |
| 314 | 县气象局 | 许可 | 防雷装置设计审核和竣工验收 | — | 无 | 机关、事业单位、企业、社会组织 | — |
| 315 | 县气象局 | 许可 | 升放无人驾驶自由气球或者系留气球活动审批 | — | 飞行管制部门 | 机关、事业单位、企业、社会组织 | — |

# 仁化县汽车客运站各班次时刻表

## 韶关粤运班次时间表（仁化汽车站）

（2015年4月9日更新修改）

表76

| 序号 | 班线 | 里程（公里） | 票价（元） | 时间 | 主要途经站点 |
|---|---|---|---|---|---|
| 1 | 仁化—韶关高铁 | 72 | 20 | 7：00至16：00每隔半小时1班 | 月岭、大桥、长坝 |
| 2 | 韶关高铁—仁化 | 72 | 20 | 8：40至17：40每隔半小时1班 | 月岭、大桥、长坝 |
| 3 | 仁化—韶关东 | 56 | 16 | 6：00至19：00每隔10分钟1班 | 月岭、大桥、长坝 |
| 4 | 韶关东—仁化 | 56 | 16 | 6：50至20：30每隔10分钟1班 | 月岭、大桥、长坝 |
| 5 | 仁化—深圳 | 548 | 130 | 9：00每天1班 | 月岭、韶关、马坝 |
| 6 | 仁化—兴宁 | 465 | 140 | 6：00隔天1班 | 董塘、花坪、犁市、马坝 |
| 7 | 仁化—广州 | 365 | 90 | 8：30每天1班 | 月岭、韶关、马坝 |
| 8 | 仁化—东莞 | 426 | 140 | 9：15每天1班 | 韶关、马坝 |
| 9 | 仁化—城口 | 38 | 8 | 6：30至17：00每隔半小时1班 | 恩村 |
| 10 | 仁化—长江 | 50 | 12 | 6：40至17：30每隔半小时1班 | 胡坑、电站、双合水 |
| 11 | 仁化—闻韶 | 50 | 12 | 7：40、10：30每天2班 | 胡坑、电站、双合水 |
| 12 | 仁化—扶溪 | 38 | 6 | 6：30、9：30、<br>13：40、16：00 每天4班 | 胡坑、电站、双合水 |
| 13 | 仁化—红山 | 52 | 13 | 7：00、9：30、11：30、<br>14：30、17：15 每天5班 | 后塘、塘村、烟竹 |

注：班次、时间、票价如有变动，以当天售票为准

# 仁化县乡村班次信息表（仁化汽车站）

表77

| 始发站—终点站 | 发车时间 | 里程（公里） | 票价（元） | 主要途经站点 |
|---|---|---|---|---|
| 仁化—长江 | 6：50\7：20\7：50\8：30\9：10\9：30\10：10\10：40\11：20\12：00\12：40\13：30\14：00\14：30\15：00\16：10\16：50\17：30 | 49 | 12 | 胡坑、河边、双合水、低坪 |
| 长江—仁化 | 6：50\7：30\8：00\8：30\9：00\9：30\10：10\10：50\11：30\12：10\13：00\13：30\14：00\14：30\15：10\15：40\16：10\16：50\17：30 | | 12 | |
| 仁化—扶溪 | 6：30\7：30\10：00\14：00\16：20 | 37 | 6 | 胡坑、河边、双合水 |
| 扶溪—仁化 | 7：40\9：00\11：40\15：00\17：30 | | 6 | |
| 仁化—闻韶 | 10：00 | 50 | 12 | 胡坑、河边、双合水 |
| 闻韶—仁化 | 11：20 | | 12 | |
| 仁化—城口 | 6：30\7：00\8：30\9：10\9：50\10：50\12：10\13：20\14：00\14：40\15：20\16：10\17：20 | 38 | 8 | 后塘、恩村 |
| 城口—仁化 | 7：30\8：00\8：40\9：30\10：10\11：00\12：00\13：20\14：20\15：00\15：40\16：20\17：10\18：10 | | 8 | |
| 仁化—红山 | 10：30\17：15 | 52 | 13 | 后塘、塘村、电站、水库 |
| 红山—仁化 | 7：30\14：00 | | 13 | |

注：如有变化，以当天排班为准。咨询/投诉电话：13542276630或6352441

# 仁化飞马汽车客运班次信息表（仁化汽车站）

表78

| 始发站—终点站 | 发车时间 | 里程（公里） | 票价（元） | 主要途经站点 |
|---|---|---|---|---|
| 仁化—董塘 | 6：10时至18：00时，每隔10分钟1班 | 12 | 2 | 师井、麻塘、高宅 |
| 董塘—仁化 | 6：40时至18：15时，每隔10分钟1班 | | 2 | |
| 仁化—黄坑 | 6：25时至17：30时，每隔25分钟1班 | 17 | 3 | 丹霞山、农中、塔下 |
| 黄坑—仁化 | 6：50时至17：50时，每隔25分钟1班 | | 3 | |
| 仁化—夏富 | 6：50时至17：30时，每隔80分钟1班 | 16 | 2 | 岭田、车湾 |
| 夏富—仁化 | 7：20时至17：50时，每隔80分钟1班 | | 2 | |
| 仁化—胡坑 | 6：25时至17：30时，每隔80分钟1班 | 12 | 2 | 康溪、官口 |
| 胡坑—仁化 | 7：00时至18：00时，每隔80分钟1班 | | 2 | |
| 董塘—石塘 | 7：35时、16：40时 | 4 | 2 | 京群、江头 |
| 石塘—董塘 | 8：00时、17：00时 | | 2 | |
| 董塘—广东铝厂 | 6：40时至17：00时，每隔半小时1班 | 8 | 2 | 董联、岩头 |
| 广东铝厂—董塘 | 7：30时至17：30时，每隔半小时1班 | | 2 | |
| 仁化—月岭 | 6：40时至17：20时，每隔40分钟1班 | 20 | 3 | 丹霞山、龙坑、周桥 |
| 月岭—仁化 | 7：00时至18：00时，每隔40分钟1班 | | 3 | |
| 仁化—丹霞山 | 6：40时至18：00时，每隔80分钟1班 | 6 | 2 | 丹霞山、龙坑、周桥 |
| 丹霞山—仁化 | 7：00时至18：30时，每隔80分钟1班 | | 2 | |
| 仁化—丹霞山火车站 | 12：30时 18：30时 | 23 | 6 | 丹霞山、龙坑、周桥 |
| 丹霞山火车站—仁化 | 1：30时 19：30时 | | 6 | |

注：如有变动，以当天运行为准。咨询/投诉电话：6352441

# 索　引

## 主题索引

### 说　明

1. 主题索引请按所排顺序以下粘贴，如果在更正的过程中，遇类目、分目、条目位置改变的情况下，请将带红色字的页码位置作相应调整。
2. 款目中，凡属仁化县的单位或事、物名称，均省去仁化县3个字；
3. 《特辑》《大事要闻》《先进单位、先进个人》《社会经济统计资料》《附录》表格等不作内容主题分析；
4. 索引款目后的数字表示内容所在的页码，数字后的拉丁字母（a、b、c）表示栏别（即版面的左、中、右栏）。

### A



### B

## E



## F



## G

## H



## J

## M



## N



## P



## Q

# R



# S

## T

## Y



## Z

# 表格索引